J. von Staudingers
Kommentar zum Bürgerlichen Gesetzbuch
mit Einführungsgesetz und Nebengesetzen
Buch 2 · Recht der Schuldverhältnisse
§§ 830–838
(Unerlaubte Handlungen 3)

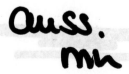

Kommentatorinnen und Kommentatoren

Dr. Karl-Dieter Albrecht
Vorsitzender Richter am Bayerischen Verwaltungsgerichtshof, München

Dr. Hermann Amann
Notar in Berchtesgaden

Dr. Georg Annuß
Rechtsanwalt in München, Privatdozent an der Universität Regensburg

Dr. Christian Armbrüster
Professor an der Freien Universität Berlin

Dr. Martin Avenarius
Professor an der Universität zu Köln

Dr. Wolfgang Baumann
Notar in Wuppertal, Professor an der Bergischen Universität Wuppertal

Dr. Winfried Bausback
Privatdozent an der Universität Würzburg

Dr. Roland Michael Beckmann
Professor an der Universität des Saarlandes, Saarbrücken

Dr. Detlev W. Belling, M.C.L.
Professor an der Universität Potsdam

Dr. Andreas Bergmann
Wiss. Assistent an der Universität des Saarlandes, Saarbrücken

Dr. Werner Bienwald
Professor an der Evangelischen Fachhochschule Hannover, Rechtsanwalt in Oldenburg

Dr. Claudia Bittner, LL.M.
Privatdozentin an der Universität Freiburg i. Br., Richterin am Sozialgericht Gießen

Dr. Dieter Blumenwitz †
Professor an der Universität Würzburg

Dr. Reinhard Bork
Professor an der Universität Hamburg

Dr. Elmar Bund
Professor an der Universität Freiburg i. Br.

Dr. Jan Busche
Professor an der Universität Düsseldorf

Dr. Georg Caspers
Professor an der Universität Erlangen-Nürnberg

Dr. Michael Coester, LL.M.
Professor an der Universität München

Dr. Dagmar Coester-Waltjen, LL.M.
Professorin an der Universität München

Dr. Heinrich Dörner
Professor an der Universität Münster

Dr. Christina Eberl-Borges
Professorin an der Universität Siegen

Dr. Dr. h. c. Werner F. Ebke, LL.M.
Professor an der Universität Heidelberg

Dr. Jörn Eckert †
Professor an der Universität zu Kiel, Richter am Schleswig-Holsteinischen Oberlandesgericht in Schleswig

Dr. Volker Emmerich
Professor an der Universität Bayreuth, Richter am Oberlandesgericht Nürnberg a. D.

Dipl.-Kfm. Dr. Norbert Engel
Ministerialdirigent im Thüringer Landtag, Erfurt

Dr. Helmut Engler
Professor an der Universität Freiburg i. Br., Minister in Baden-Württemberg a. D.

Dr. Karl-Heinz Fezer
Professor an der Universität Konstanz, Honorarprofessor an der Universität Leipzig, Richter am Oberlandesgericht Stuttgart

Dr. Johann Frank
Notar in Amberg

Dr. Rainer Frank
Professor an der Universität Freiburg i. Br.

Dr. Robert Freitag
Professor an der Universität Hamburg

Dr. Bernhard Großfeld, LL.M.
Professor an der Universität Münster

Dr. Beate Gsell
Professorin an der Universität Augsburg

Dr. Karl-Heinz Gursky
Professor an der Universität Osnabrück

Dr. Martin Gutzeit
Privatdozent an der Universität Mannheim

Dr. Ulrich Haas
Professor an der Universität Mainz

Norbert Habermann
Weiterer aufsichtsführender Richter bei dem Amtsgericht Offenbach

Dr. Stefan Habermeier
Professor an der Universität Greifswald

Dr. Johannes Hager
Professor an der Universität München

Dr. Rainer Hausmann
Professor an der Universität Konstanz

Dr. Jan von Hein
Professor an der Universität Trier

Dr. Tobias Helms
Professor an der Universität Marburg

Dr. Dr. h. c. mult. Dieter Henrich
Professor an der Universität Regensburg

Dr. Reinhard Hepting
Professor an der Universität Mainz

Dr. Elke Herrmann
Professorin an der Universität Siegen

Christian Hertel, LL.M.
Notar a. D., Geschäftsführer des Deutschen Notarinstituts, Würzburg

Joseph Hönle
Notar in Tittmoning

Dr. Bernd von Hoffmann
Professor an der Universität Trier

Dr. Heinrich Honsell
Professor an der Universität Zürich, Honorarprofessor an der Universität Salzburg

Dr. Dr. Dres. h. c. Klaus J. Hopt, M.C.J.
Professor, Direktor des Max-Planck-Instituts für Ausländisches und Internationales Privatrecht, Hamburg

Dr. Norbert Horn
Professor an der Universität zu Köln, Vorstand des Arbitration Documentation and Information Center e.V., Köln

Dr. Peter Huber, LL.M.
Professor an der Universität Mainz

Dr. Rainer Hüttemann
Professor an der Universität Bonn

Dr. Florian Jacoby
Professor an der Universität Bielefeld

Dr. Rainer Jagmann
Vorsitzender Richter am Oberlandesgericht Karlsruhe

Dr. Ulrich von Jeinsen
Rechtsanwalt und Notar in Hannover

Dr. Joachim Jickeli
Professor an der Universität zu Kiel

Dr. Dagmar Kaiser
Professorin an der Universität Mainz

Dr. Bernd Kannowski
Professor an der Universität Freiburg i. Br.

Dr. Rainer Kanzleiter
Notar in Neu-Ulm, Professor an der Universität Augsburg

Dr. Sibylle Kessal-Wulf
Richterin am Bundesgerichtshof, Karlsruhe

Dr. Frank Klinkhammer
Richter am Oberlandesgericht Düsseldorf

Dr. Hans-Georg Knothe
Professor an der Universität Greifswald

Dr. Jürgen Kohler
Professor an der Universität Greifswald

Dr. Stefan Koos
Professor an der Universität der Bundeswehr München

Dr. Heinrich Kreuzer
Notar in München

Dr. Jan Kropholler
Professor an der Universität Hamburg, Wiss. Referent am Max-Planck-Institut für Ausländisches und Internationales Privatrecht, Hamburg

Dr. Hans-Dieter Kutter
Notar in Schweinfurt

Dr. Gerd-Hinrich Langhein
Notar in Hamburg

Dr. Martin Löhnig
Professor an der Universität Konstanz

Dr. Dr. h. c. Manfred Löwisch
Professor an der Universität Freiburg i. Br., Rechtsanwalt in Stuttgart, vorm. Richter am Oberlandesgericht Karlsruhe

Dr. Dirk Looschelders
Professor an der Universität Düsseldorf

Dr. Stephan Lorenz
Professor an der Universität München

Dr. Peter Mader
Professor an der Universität Salzburg

Dr. Ulrich Magnus
Professor an der Universität Hamburg, Richter am Hanseatischen Oberlandesgericht zu Hamburg

Dr. Peter Mankowski
Professor an der Universität Hamburg

Dr. Heinz-Peter Mansel
Professor an der Universität zu Köln

Dr. Peter Marburger
Professor an der Universität Trier

Dr. Wolfgang Marotzke
Professor an der Universität Tübingen

Dr. Dr. Dres. h. c. Michael Martinek, M.C.J.
Professor an der Universität des Saarlandes, Saarbrücken, Honorarprofessor an der Universität Johannesburg, Südafrika

Dr. Annemarie Matusche-Beckmann
Professorin an der Universität des Saarlandes, Saarbrücken

Dr. Jörg Mayer
Notar in Simbach am Inn

Dr. Dr. Detlef Merten
Professor an der Deutschen Hochschule für Verwaltungswissenschaften Speyer

Dr. Rudolf Meyer-Pritzl
Professor an der Universität zu Kiel, Richter am Schleswig-Holsteinischen Oberlandesgericht in Schleswig

Dr. Peter O. Mülbert
Professor an der Universität Mainz

Dr. Daniela Neumann
Justiziarin des Erzbistums Köln

Dr. Dirk Neumann
Vizepräsident des Bundesarbeitsgerichts a. D., Kassel, Präsident des Landesarbeitsgerichts Chemnitz a. D.

Dr. Ulrich Noack
Professor an der Universität Düsseldorf

Dr. Hans-Heinrich Nöll
Rechtsanwalt in Hamburg

Dr. Jürgen Oechsler
Professor an der Universität Mainz

Dr. Hartmut Oetker
Professor an der Universität zu Kiel, Richter am Thüringer Oberlandesgericht Jena

Wolfgang Olshausen
Notar in Rain am Lech

Dr. Dirk Olzen
Professor an der Universität Düsseldorf

Dr. Gerhard Otte
Professor an der Universität Bielefeld

Dr. Hansjörg Otto
Professor an der Universität Göttingen

Dr. Holger Peres
Rechtsanwalt in München

Dr. Lore Maria Peschel-Gutzeit
Rechtsanwältin in Berlin, Senatorin für Justiz a. D. in Hamburg und Berlin, Vorsitzende Richterin am Hanseatischen Oberlandesgericht zu Hamburg i. R.

Dr. Frank Peters
Professor an der Universität Hamburg, Richter am Hanseatischen Oberlandesgericht zu Hamburg

Dr. Axel Pfeifer
Notar in Hamburg

Dr. Jörg Pirrung
Richter am Gericht erster Instanz der Europäischen Gemeinschaften i. R., Professor an der Universität Trier

Dr. Ulrich Preis
Professor an der Universität zu Köln

Dr. Manfred Rapp
Notar in Landsberg a. L.

Dr. Thomas Rauscher
Professor an der Universität Leipzig, Dipl. Math.

Eckhard Rehme
Vorsitzender Richter am Oberlandesgericht Oldenburg

Dr. Wolfgang Reimann
Notar in Passau, Professor an der Universität Regensburg

Dr. Tilman Repgen
Professor an der Universität Hamburg

Dr. Dieter Reuter
Professor an der Universität zu Kiel, Richter am Schleswig-Holsteinischen Oberlandesgericht in Schleswig a. D.

Dr. Reinhard Richardi
Professor an der Universität Regensburg, Präsident des Kirchlichen Arbeitsgerichtshofs für die Bistümer im Bereich der DBK, Bonn

Dr. Volker Rieble
Professor an der Universität München, Direktor des Zentrums für Arbeitsbeziehungen und Arbeitsrecht

Dr. Anne Röthel
Professorin an der Bucerius Law School, Hamburg

Dr. Christian Rolfs
Professor an der Universität Bielefeld

Dr. Herbert Roth
Professor an der Universität Regensburg

Dr. Rolf Sack
Professor an der Universität Mannheim

Dr. Ludwig Salgo
Professor an der Fachhochschule Frankfurt a. M., Apl. Professor an der Universität Frankfurt a. M.

Dr. Martin Josef Schermaier
Professor an der Universität Bonn

Dr. Gottfried Schiemann
Professor an der Universität Tübingen

Dr. Eberhard Schilken
Professor an der Universität Bonn

Dr. Peter Schlosser
Professor an der Universität München

Dr. Dres. h. c. Karsten Schmidt
Vizepräsident der Bucerius Law School, Hamburg

Dr. Martin Schmidt-Kessel
Professor an der Universität Osnabrück

Dr. Günther Schotten
Notar in Köln, Professor an der Universität Bielefeld

Dr. Hans Schulte-Nölke
Professor an der Universität Osnabrück

Dr. Robert Schumacher, LL.M.
Notar in Aachen

Dr. Roland Schwarze
Professor an der Universität Hannover

Dr. Hans Hermann Seiler
Professor an der Universität Hamburg

Dr. Reinhard Singer
Professor an der Humboldt-Universität Berlin, vorm. Richter am Oberlandesgericht Rostock

Dr. Dr. h. c. Ulrich Spellenberg
Professor an der Universität Bayreuth

Dr. Sebastian Spiegelberger
Notar in Rosenheim

Dr. Ansgar Staudinger
Professor an der Universität Bielefeld

Dr. Malte Stieper
Akademischer Rat an der Universität zu Kiel

Dr. Markus Stoffels
Professor an der Universität Osnabrück

Dr. Hans-Wolfgang Strätz
Professor an der Universität Konstanz

Dr. Dr. h. c. Fritz Sturm
Professor an der Universität Lausanne

Dr. Gudrun Sturm
Assessorin, Wiss. Mitarbeiterin

Burkhard Thiele
Präsident des Landesarbeitsgerichts Mecklenburg-Vorpommern, Rostock

Dr. Karsten Thorn
Professor an der Bucerius Law School, Hamburg

Dr. Gregor Thüsing, LL.M.
Professor an der Universität Bonn

Dr. Barbara Veit
Professorin an der Universität Göttingen

Dr. Bea Verschraegen, LL.M.
Professorin an der Universität Wien

Dr. Klaus Vieweg
Professor an der Universität Erlangen-Nürnberg

Dr. Markus Voltz
Notar in Lahr

Dr. Reinhard Voppel
Rechtsanwalt in Köln

Dr. Günter Weick
Professor an der Universität Gießen

Gerd Weinreich
Vorsitzender Richter am Landgericht Oldenburg

Dr. Birgit Weitemeyer
Professorin an der Bucerius Law School, Hamburg

Dr. Olaf Werner
Professor an der Universität Jena, Richter am Thüringer Oberlandesgericht Jena a. D.

Dr. Wolfgang Wiegand
Professor an der Universität Bern

Dr. Susanne Wimmer-Leonhardt
Privatdozentin an der Universität des Saarlandes, Saarbrücken

Dr. Peter Winkler von Mohrenfels
Professor an der Universität Rostock, Richter am Oberlandesgericht Rostock

Dr. Hans Wolfsteiner
Notar in München

Heinz Wöstmann
Richter am Bundesgerichtshof, Karlsruhe

Dr. Eduard Wufka †
Notar in Starnberg

Dr. Michael Wurm
Richter am Bundesgerichtshof, Karlsruhe

Redaktorinnen und Redaktoren

Dr. Dres. h. c. Christian von Bar, FBA

Dr. Christian Baldus

Dr. Michael Coester, LL.M.

Dr. Heinrich Dörner

Dr. Helmut Engler

Dr. Karl-Heinz Gursky

Norbert Habermann

Dr. Johannes Hager

Dr. Dr. h. c. mult. Dieter Henrich

Dr. Norbert Horn

Dr. Jan Kropholler

Dr. Dr. h. c. Manfred Löwisch

Dr. Ulrich Magnus

Dr. Dr. Dres. h. c. Michael Martinek, M.C.J.

Dr. Jörg Mayer

Dr. Gerhard Otte

Dr. Lore Maria Peschel-Gutzeit

Dr. Manfred Rapp

Dr. Peter Rawert, LL.M.

Dr. Dieter Reuter

Dr. Herbert Roth

Dr. Hans-Wolfgang Strätz

Dr. Wolfgang Wiegand

J. von Staudingers
Kommentar zum Bürgerlichen Gesetzbuch
mit Einführungsgesetz und Nebengesetzen

Buch 2
Recht der Schuldverhältnisse
§§ 830–838
(Unerlaubte Handlungen 3)

Neubearbeitung 2008
von
Detlev W. Belling
Christina Eberl-Borges

Redaktor
Johannes Hager

Sellier – de Gruyter · Berlin

**Die Kommentatorinnen
und Kommentatoren**

Neubearbeitung 2008
§§ 830; 833, 834: CHRISTINA EBERL-BORGES
§§ 831, 832; 835–838: DETLEV W. BELLING

Neubearbeitung 2002
DETLEV W. BELLING/CHRISTINA EBERL-BORGES

Dreizehnte Bearbeitung 1997
DETLEV W. BELLING/CHRISTINA EBERL-BORGES

12. Auflage
Senatspräsident i. R. Dr. KARL SCHÄFER (1985)

11. Auflage
Senatspräsident i. R. Dr. KARL SCHÄFER (1969)

Sachregister

Rechtsanwältin Dr. MARTINA SCHULZ, Pohlheim

Zitierweise

STAUDINGER/BELLING (2008) § 831 Rn 1
Zitiert wird nach Paragraph bzw Artikel und Randnummer.

Hinweise

Das Abkürzungsverzeichnis befindet sich auf www.staudingerbgb.de.

Der Stand der Bearbeitung ist jeweils mit Monat und Jahr auf den linken Seiten unten angegeben.

Am Ende eines jeden Bandes befindet sich eine Übersicht über den aktuellen Stand des „Gesamtwerk STAUDINGER".

Die Deutsche Nationalbibliothek verzeichnet diese Publikation in der Deutschen Nationalbibliografie; detaillierte bibliografische Daten sind im Internet über http://dnb.d-nb.de abrufbar.

ISBN: 978-3-8059-1061-3

© Copyright 2008 by Dr. Arthur L. Sellier & Co. – Walter de Gruyter GmbH & Co. KG, Berlin. – Printed in Germany.

Dieses Werk einschließlich aller seiner Teile ist urheberrechtlich geschützt. Jede Verwertung außerhalb der engen Grenzen des Urheberrechtsgesetzes ist ohne Zustimmung des Verlages unzulässig und strafbar. Das gilt insbesondere für Vervielfältigungen, Übersetzungen, Mikroverfilmungen und die Einspeicherung und Verarbeitung in elektronischen Systemen.

Satz: fidus Publikations-Service, Augsburg.

Druck: H. Heenemann GmbH & Co., Berlin.

Bindearbeiten: Buchbinderei Bruno Helm, Berlin.

Umschlaggestaltung: Bib Wies, München.

♾ Gedruckt auf säurefreiem Papier, das die DIN ISO 9706 über Haltbarkeit erfüllt.

Inhaltsübersicht

Seite*

Buch 2 · Recht der Schuldverhältnisse

Abschnitt 8 · Einzelne Schuldverhältnisse
Titel 27 · Unerlaubte Handlungen
§§ 830–838 _____ 1

Sachregister _____ 413

---

* Zitiert wird nicht nach Seiten, sondern nach Paragraph bzw Artikel und Randnummer; siehe dazu auch S VI.

§ 830
Mittäter und Beteiligte

(1) Haben mehrere durch eine gemeinschaftlich begangene unerlaubte Handlung einen Schaden verursacht, so ist jeder für den Schaden verantwortlich. Das Gleiche gilt, wenn sich nicht ermitteln lässt, wer von mehreren Beteiligten den Schaden durch seine Handlung verursacht hat.

(2) Anstifter und Gehilfen stehen Mittätern gleich.

Materialien: E I § 714; II § 753; III § 814; Mot II 738; Prot II 2790.

Schrifttum

ARAGHI, Mass Toxic Torts – Zur Entwicklung des Umwelthaftungsrechts in den USA (2004)
ASSMANN, Multikausale Schäden im deutschen Haftungsrecht, in: FENYVES/WEYERS, Multikausale Schäden in modernen Haftungsrechten (1988) 99
BAUER, Die Problematik gesamtschuldnerischer Haftung trotz ungeklärter Verursachung, JZ 1971, 4
BENICKE, Deliktische Haftung mehrerer nach § 830 BGB, Jura 1996, 127
BODEWIG, Probleme alternativer Kausalität bei Massenschäden, AcP 185 (1985) 505
BRAMBRING, Mittäter, Nebentäter, Beteiligte und die Verteilung des Schadens bei Mitverschulden des Geschädigten (1973)
BREHM, Zur Haftung bei alternativer Kausalität, JZ 1980, 585
BRÜGGEMEIER, Die Haftung mehrerer im Umweltrecht, Multikausalität – Nebentäterschaft – „Teilkausalität", UTR 12 (1990) 261
BUXBAUM, Solidarische Schadenshaftung bei ungeklärter Verursachung im deutschen, französischen und anglo-amerikanischen Recht – Zur Anwendung des § 830 Abs 1 S 2 BGB (1965)
BYDLINSKI, Haftung bei alternativer Kausalität – Zur Frage der ungeklärten Verursachung, besonders nach österreichischem Zivilrecht, JurBl 1959, 1
ders, Mittäterschaft im Schadensrecht, AcP 158 (1959/60) 410
ders, Probleme der Schadensverursachung nach deutschem und österreichischem Recht (1964) 76
ders, Aktuelle Streitfragen um die alternative Kausalität, in: FS Beitzke (1979) 3
CYPIONKA, Deliktsrechtliche Haftung trotz ungeklärter Schadensverursachung (1985)
DEUBNER, Zur Haftung bei alternativer Kausalität – BGHZ 33, 286, JuS 1962, 383
DEUTSCH, Das Verhältnis von Mittäterschaft und Alternativtäterschaft im Zivilrecht, JZ 1972, 105
ders, Die dem Geschädigten nachteilige Adäquanz – Zur einschränkenden Auslegung des § 830 I 2 BGB durch den BGH, NJW 1981, 2731
DIEKMANN, Voraussetzungen und dogmatische Grundlagen des § 830 I 2 BGB (Diss Göttingen 1971)
EBERL-BORGES, § 830 BGB und die Gefährdungshaftung, AcP 196 (1996) 491
dies, Vertragliche Haftungstatbestände im Rahmen des § 830 I 2 BGB, NJW 2002, 949
EHRICKE, Zur Teilnehmerhaftung von Gesellschaftern bei Verletzungen von Organpflichten mit Außenwirkung durch den Geschäftsführer einer GmbH, ZGR 2000, 351
FROMMHOLD, Der „Rohrloch"-Fall und die Anwendung von § 830 I 2 BGB, JURA 2003, 403
GERNHUBER, Haftung bei alternativer Kausalität, JZ 1961, 148
GOTTWALD, Kausalität und Zurechnung, Karlsruher Forum 1986, 1

HAGER, Die Kausalität bei Massenschäden, in: FS Canaris (2007) 403
HARTUNG, Möglichkeiten und Grenzen des zivilen Haftpflichtrechts bei Massenauffahrunfällen, VersR 1981, 696
vHEIN, Neutrale Beihilfe im Zivilrecht, AcP 2004 (2004) 781
HEINZE, Zur dogmatischen Struktur des § 830 I S 2 BGB, VersR 1973, 1081
HENNE, Eine fragwürdige Karriere des § 830 Abs 1 S 2 BGB: Analoge Anwendung beim vertraglichen Schadensersatzanspruch?, VersR 2002, 685
KLUGE, Alternative Kausalität (Diss Tübingen 1973)
KRAUSE/WESTPHAL, Demonstration als unerlaubte Handlung – Anmerkung zum Grohnde-Urteil des OLG Celle vom 16.12.1981, Krit Justiz 1982, 179
KREUTZIGER, Die Haftung von Mittätern, Anstiftern und Gehilfen im Zivilrecht (1985)
KRUSE, Alternative Kausalität im Deliktsrecht – Eine historische und vergleichende Untersuchung (2006)
LAUENSTEIN, Ist § 830 Abs 1 Satz 2 BGB auf Verkehrsunfälle anwendbar?, NJW 1961, 1661
MEHRING, Beteiligung und Rechtswidrigkeit bei § 830 I 2 BGB. Zugleich ein Beitrag zur Behandlung der Fälle von Anteilszweifeln und Opfermehrheiten (2003)

TOBIAS MÜLLER, Wahrscheinlichkeitshaftung von Alternativtätern: ein Beitrag zur Dogmatik des § 830 BGB (2001)
RIES, Zur Haftung der Nebentäter nach § 830 und § 840 BGB, AcP 177 (1977) 543
RÖCKRATH, Kausalität, Wahrscheinlichkeit und Haftung. Rechtliche und ökonomische Analyse (2004)
SANDER, Teilnahme an unerlaubten Handlungen im Zivilrecht, insbesondere der Begriff der unerlaubten Handlung in § 830 BGB (Diss Göttingen 1925)
SCHANTL, Zum Anwendungsbereich des § 830 Abs 1 Satz 2 BGB, VersR 1981, 105
SEYFERT, Mass Toxic Torts: Zum Problem der kausalen Unaufklärbarkeit toxischer Massenschäden – Eine rechtsvergleichende und interdisziplinäre Studie (2004)
STAUDER, Probleme der Mehrtäterschaft im deutschen, französischen und englischen Deliktsrecht (Diss Bonn 1964)
TRÄGER, Der Kausalbegriff in Straf- und Zivilrecht – Zugleich ein Beitrag zur Auslegung des BGB (1904) 273
WECKERLE, Die deliktische Verantwortlichkeit Mehrerer (1974)
WEIMAR, Die gesamtschuldnerische Haftung Beteiligter nach § 830 I 2 BGB, MDR 1960, 463.

Systematische Übersicht

I.	**Grundgedanken der Norm**	1
II.	**Mittäterschaft und Teilnahme (§ 830 Abs 1 S 1, Abs 2)**	
1.	Zweck der Norm	7
2.	Mittäterschaft (§ 830 Abs 1 S 1)	9
a)	Der Begriff des Mittäters; das Kausalitätserfordernis	10
aa)	Bewußtes und gewolltes Zusammenwirken hinsichtlich des Taterfolges; Verzicht auf das Kausalitätserfordernis	11
bb)	Verzicht auf das Erfordernis vorsätzlichen Zusammenwirkens hinsichtlich des Taterfolges	16
cc)	Erfordernis der Kausalität	19
dd)	Umkehr der Beweislast hinsichtlich der Kausalität	20
ee)	Kritik	21
b)	Fallbeispiele aus der Rechtsprechung	26
3.	Anstiftung und Beihilfe (§ 830 Abs 2)	27
a)	Anstiftung	28
b)	Beihilfe	38
c)	Begünstigung, Strafvereitelung und Hehlerei	49
4.	Der Sonderfall der unfriedlichen Großdemonstration	50
5.	Einzelfragen	55
a)	Anwendungsbereich	55
b)	Verletzung besonderer Pflichten	57
c)	Exzeß des Mittäters	58

d)	Rechtswidrigkeit	59	b)	Verwirklichung der Tatbestandsmerkmale durch jeden Beteiligten	79
e)	Deliktsfähigkeit	60			
f)	Mitverschulden	61	6.	Unzweifelhaftes Bestehen eines Ersatzanspruchs	83
g)	Rücktritt von einer Verabredung	62			
h)	Fortsetzungstat	63	7.	Potentielle Kausalität	87
i)	Selbständige Entscheidung des Zivilrichters	64	8.	Unaufklärbarkeit der Verursachung	90
			a)	Sog Folgeschadensfälle	91
III.	**Beteiligte (§ 830 Abs 1 S 2)**		b)	Fälle vom Typ des „Kanalschachtbeispiels" des BGH	96
1.	Regelungsbereich	65	c)	Sonstige Fälle	99
2.	Zweck der Norm	66	9.	Weitere Voraussetzungen für eine Beteiligung iS des § 830 Abs 1 S 2	100
3.	Alternative und kumulative Kausalität	67	10.	Die Anwendbarkeit des § 830 Abs 1 S 2 bei Massenschäden	106
4.	Unabhängigkeit der Handlungen	70	a)	Massenunfälle im Straßenverkehr	107
5.	Verwirklichung eines Haftungstatbestandes	71	b)	Produkt- und Arzneimittelhaftung	108
a)	In Betracht kommende Haftungstatbestände	72	11.	Beweislastverteilung	114
			12.	Fallbeispiele aus der Rechtsprechung	118

Alphabetische Übersicht

Ad-hoc-Mitteilungen, fehlerhafte	57	Kausalität	1 ff, 13, 19 ff, 35, 39 ff, 51, 62, 65	
Alternative Kausalität	67	Kausalitätsverdacht	20	
Anstiftung	27 ff, 49	Kumulative Kausalität	68 f	
Begünstigung	49	Marktanteilshaftung	109 ff	
Beihilfe	27, 38 ff	Massenschäden	106 ff	
Bestimmen zur Tat	29 f	Mittäter	9, 11, 21, 51	
Beteiligter	65, 100 ff, 111	Mitverschulden	61, 85	
Beweislast	4, 20, 22, 25, 35, 41, 45, 114			
Beweisnot	4, 7, 22, 66, 69, 74, 93 ff, 112	Nebentäter	6, 65	
Deliktsunfähigkeit	36, 60, 81	Potentielle Kausalität	75, 87 ff, 111	
Demonstration	50 ff	Psychische Beihilfe	11, 41, 43 f, 49, 53	
Exzeß	58	Rechtswidrigkeit	59, 80	
		Rücktritt	62	
Fahrlässigkeit	16 ff, 31 ff, 46			
Folgeschaden	91	Strafvereitelung	49	
Fortsetzungstat	63			
		Tatentschluß, gemeinschaftlicher	12, 52	
Gefährdungshaftung	56, 72 ff, 86, 89			
Gleichartigkeit	101, 105	Verschulden	81	
		Vorsatz	8, 16, 28, 31 ff, 46, 56	
Hehlerei	49			

I. Grundgedanken der Norm

1 Das Deliktsrecht des BGB beruht auf dem Verursachungsprinzip, dh Schadensersatz kann nur von demjenigen verlangt werden, der den Schaden verursacht hat. Die Verursachung, und zwar sowohl haftungsbegründende als auch haftungsausfüllende Kausalität, hat nach den allgemeinen Regeln über die Beweislastverteilung der Geschädigte zu beweisen.

2 Diese Grundsätze durchbricht § 830 im Hinblick auf zwei Fallgruppen, die beide dadurch gekennzeichnet sind, daß nicht nur eine einzige Person als Schädiger in Betracht kommt, sondern bei der Entstehung des Schadens mehrere Personen im Spiel sind. Die in § 830 Abs 1 S 1 und Abs 2 geregelte Fallgruppe betrifft die Mittäterschaft (§ 830 Abs 1 S 1) und die Teilnahme (Anstiftung und Beihilfe, § 830 Abs 2) und zeichnet sich durch das bewußte und gewollte Zusammenwirken mehrerer bei einer unerlaubten Handlung aus. Die Norm bestimmt, daß Mittäter und Teilnehmer für den eingetretenen Schaden verantwortlich sind, und entbindet auf diese Weise den Geschädigten von dem Nachweis der Kausalität im Hinblick auf jeden einzelnen Mittäter und Gehilfen.

3 Die in § 830 Abs 1 S 2 geregelte zweite Fallgruppe unterscheidet sich von der ersten dadurch, daß die verschiedenen Beteiligten unabhängig voneinander handeln, also nicht bewußt und gewollt zusammenwirken. Sie ist dadurch gekennzeichnet, daß jeder Beteiligte den Schaden verursacht haben kann, der wirkliche Urheber aber nicht zu ermitteln ist. Die Norm ordnet an, daß jeder Beteiligte für den Schaden verantwortlich ist, befreit den Geschädigten also auch hier vom Kausalitätsnachweis (s hierzu aus rechtshistorischer Sicht KRUSE, Alternative Kausalität im Deliktsrecht [2006]).

4 § 830 verfolgt somit bei beiden Fallgruppen das Ziel, die Beweisnot des Geschädigten zu beheben. Dabei verzichtet die Norm allerdings nicht auf das Kausalitätserfordernis, sondern kehrt lediglich die Beweislast um. Dem in Anspruch Genommenen steht also die Möglichkeit offen, sich zu entlasten.

5 Die nach § 830 Verantwortlichen haften dem Geschädigten nach §§ 840 Abs 1, 421 als Gesamtschuldner. Den Ausgleich im Innenverhältnis regelt § 426 (vgl BGHZ 9, 65, 67).

6 Liegt keine der beiden genannten Fallgruppen vor, so bleibt es bei der Haftung der – dann als Nebentäter bezeichneten – mehreren Personen nach den allgemeinen Zurechnungsregeln. Soweit sie für ein und denselben Schaden verantwortlich sind, haften auch sie nach § 840 Abs 1 gesamtschuldnerisch (BGHZ 17, 214, 221; MünchKomm/ STEIN[3] Rn 6).

II. Mittäterschaft und Teilnahme (§ 830 Abs 1 S 1, Abs 2)

1. Zweck der Norm

7 In den von § 830 Abs 1 S 1, Abs 2 erfaßten Fällen ist der Anspruchsteller durch *eine* Tat geschädigt worden. Insofern steht die Ursache des Schadens fest. Außerdem ist sicher, daß ihm dieser Schaden zu ersetzen ist: nämlich von denjenigen, die diese Tat begangen haben. Da mehrere Personen an der Herbeiführung des Schadens teilgenommen haben und somit mehrere Kausalketten von verschiedenen Personen in Gang gesetzt worden sind und zusammengewirkt haben, ist es oft schwierig festzustellen, ob und inwieweit sich der Verursachungsbeitrag einer Person in dem eingetretenen Schaden niedergeschlagen hat. In dieser Situation hilft § 830 Abs 1 S 1, Abs 2 dem Geschädigten aus seiner Beweisnot.

Die ratio des § 830 Abs 1 S 1, Abs 2 erschließt sich von der Täterseite her, und zwar aus einem Element im subjektiven Bereich. Mittäter wollen die Tat als gemeinsame verwirklichen (vgl u Rn 11 f, 17 f); der Vorsatz von Anstiftern und Gehilfen ist nicht nur auf den eigenen Beitrag, sondern auch auf die Vollendung der Tat durch den Täter gerichtet (vgl u Rn 31 f, 46). Aus dieser zwischen den Beiträgen bestehenden Abhängigkeit ergibt sich die Beweisschwierigkeit im Hinblick auf die Kausalität. Da gerade das eingetreten ist, was Mittäter, Anstifter und Gehilfen wollten und worauf sie auch bewußt hinwirkten, erscheint es gerechter, diese mangels angetretenem oder gelungenem Entlastungsbeweis hinsichtlich der Kausalität haften zu lassen als den Anspruch des Geschädigten abzuweisen (vgl näher EBERL-BORGES AcP 196 [1996] 491, 495 ff). 8

2. Mittäterschaft (§ 830 Abs 1 S 1)

§ 830 Abs 1 S 1 regelt die Haftung für den Fall, daß mehrere eine unerlaubte Handlung gemeinschaftlich begangen haben, also die Haftung von Mittätern (vgl § 830 Abs 2). 9

a) Der Begriff des Mittäters; das Kausalitätserfordernis
Zu der Frage, wie der Begriff des Mittäters zu bestimmen ist, werden unterschiedliche Ansichten vertreten. 10

aa) Bewußtes und gewolltes Zusammenwirken hinsichtlich des Taterfolges; Verzicht auf das Kausalitätserfordernis
Die Rechtsprechung hat keinen eigenen zivilrechtlichen Begriff der Mittäterschaft entwickelt. Sie nimmt vielmehr auf das Strafrecht bezug: Mittäterschaft ist iS von § 25 Abs 2 StGB zu verstehen (BGHZ 8, 288, 292 = NJW 1953, 499, 500; 63, 124, 126; 89, 383, 389 = NJW 1984, 1226, 1228; BGH LM Nr 15 = NJW 1972, 40, 41 = VersR 1971, 820, 821; BGH NJW 1998, 377, 381 f; BGH VersR 1967, 471, 473; ebenso: ESSER/WEYERS, Schuldrecht BT § 60 I 1 a; ERMAN/SCHIEMANN Rn 3; PALANDT/SPRAU Rn 3; Hk-BGB/STAUDINGER Rn 6; MünchKomm/WAGNER Rn 9; SOERGEL/ZEUNER Rn 4; kritisch vHEIN AcP 204 [2004] 761, 770 ff; LARENZ/CANARIS, Schuldrecht II/2, § 82 I 1 d). Das bedeutet, daß ein bewußtes und gewolltes Zusammenwirken zur Herbeiführung des Verletzungserfolges erforderlich ist (BGHZ 8, 288, 294 = NJW 1953, 499, 500; 17, 327, 333 = NJW 1955, 1274, 1275; BGH VersR 1960, 540; BGH NJW-RR 1990, 604, 605; vgl MünchKomm/WAGNER Rn 9; SOERGEL/ZEUNER Rn 4; LARENZ/CANARIS, Schuldrecht II/2, § 82 I 2 c). Dabei tritt das objektive Element der Mittäterschaft gegenüber dem subjektiven in den Hintergrund: Auf Art und Umfang des objektiven Tatbeitrags kommt es nicht an. Es ist auch gleichgültig, wieviel der einzelne Mittäter zum Schaden beigetragen hat (BGHZ 8, 288, 294 = NJW 1953, 499, 500; 17, 327, 333 = NJW 1955, 1274, 1275; BGH LM Nr 15; vgl MünchKomm/WAGNER Rn 9). Insbesondere bedarf es einer physischen Mitwirkung bei der Ausführung der Tat nicht; auch eine rein intellektuelle, geistig bestimmende oder den Täter ermunternde Tätigkeit genügt (BGHZ 8, 288, 294 = NJW 1953, 499, 500; 17, 327, 333 = NJW 1955, 1274, 1275; 63, 124, 126; BGH VersR 1960, 540; 11

ERMAN/SCHIEMANN Rn 3; PWW/SCHAUB Rn 4). Wer mit einem anderen einen gemeinschaftlichen Überfall verabredet, haftet, auch wenn die Tat von dem anderen in Ausführung des gemeinsamen Plans allein verübt wird (BGH VersR 1963, 1141). Im Einzelfall kann der mit der bloßen Anwesenheit verbundene psychische Unterstützungsbeitrag für die Begründung der Mittäterschaft ausreichen (BGHZ 8, 288, 294 = NJW 1953, 499, 500; BGH VersR 1960, 540).

12 In subjektiver Hinsicht ist ein gemeinschaftlicher Entschluß erforderlich. Die Mittäter müssen derartig vorsätzlich zusammenwirken, daß sich jeder Mittäter an der schadensstiftenden Handlung mit dem Willen beteiligt, sie als eigene Tat gemeinschaftlich mit anderen zu verwirklichen (BGHZ 63, 124, 126; BGH VersR 1960, 540; OLG Hamm NJW 1985, 203; AG Hamburg NJW 1981, 1454, 1455). Dabei braucht er nicht jede einzelne Handlung des oder der anderen zu kennen und den Schaden nicht in allen Einzelheiten vorauszusehen und zu billigen, vielmehr genügt es, wenn er ohne weiteres alles in Kauf nimmt, was der andere tut, um das gemeinsame Ziel zu erreichen (BGH VersR 1960, 540; RG WarnR 1929 Nr 144). Der gemeinsame Handlungswille kann aus äußeren Umständen geschlossen werden (BGH NJW 1972, 1571, 1572).

13 Das alleinige Abstellen auf das subjektive Element der Mittäterschaft hat zur Konsequenz, daß die Rechtsprechung und die ihr folgenden Stimmen in der Literatur nicht verlangen, der Tatbeitrag des einzelnen Mittäters müsse für den Erfolg kausal sein (BGHZ 63, 124, 126; BGH LM Nr 15; OLG Schleswig VersR 1977, 183; vgl ERMAN/SCHIEMANN Rn 3; Hk-BGB/STAUDINGER Rn 6; BGB-RGRK/STEFFEN Rn 5; MünchKomm/WAGNER Rn 16 f). Das Tatbestandsmerkmal der Kausalität wird vielmehr durch den gemeinsamen Willen kompensiert: Weil jeder Mittäter den Willen habe, durch seine Handlung zugleich dieselbe Tat des anderen als eigene zu verwirklichen, hafte er gemäß § 830 Abs 1 S 1 ohne Rücksicht darauf, ob nun er oder der andere den Schaden verursacht hat (BGH LM Nr 15). Oder anders ausgedrückt: Schon der gemeinschaftliche Wille erzeugt die gemeinschaftliche Verursachung (BGHZ 17, 327, 333; BGH LM Nr 15; die Formulierung geht zurück auf RG Gruchot 51, 990, 994; vgl zu diesem Problemkreis BRAMBRING 20–29).

14 § 830 Abs 1 S 1 erlangt so die Funktion einer haftungsbegründenden Norm (BGHZ 72, 355, 358; HEINZE VersR 1973, 1081, 1085; MünchKomm/WAGNER Rn 2; Hk-BGB/STAUDINGER Rn 6): Indem die Vorschrift den Verletzungserfolg allen Mittätern zurechnet, regelt sie nicht nur die Art und Weise einer sie nach anderen Deliktsvorschriften treffenden Verantwortlichkeit, sondern begründet selbst ihre Haftung; die einzelnen Mittäter müssen nicht etwa schon nach § 823 verantwortlich sein (BGH LM Nr 15). Dies entspreche gerade dem Zweck der Regelung: Für den Geschädigten könne es schwierig sein, den Nachweis zu führen, daß ohne den Beitrag des einzelnen Mittäters sein Schaden nicht eingetreten wäre; diesen Nachweis wolle die Norm dem Geschädigten ersparen. Da die Tat vom Bewußtsein und Wollen des Mittäters mitgetragen werde, liege es auf der Linie des Verschuldensprinzips, Kausalitätszweifel und -lücken zurücktreten zu lassen (BGHZ 63, 124, 126; BGB-RGRK/STEFFEN Rn 2).

15 Die von der Rechtsprechung abweichenden Auffassungen interpretieren den Begriff des Mittäters entweder im Hinblick auf die subjektive Komponente weiter (siehe unten bb) oder im Hinblick auf die Kausalität der Tatbeiträge enger (s unten cc und dd).

bb) Verzicht auf das Erfordernis vorsätzlichen Zusammenwirkens hinsichtlich des Taterfolges

Die ältere Rechtsprechung und Teile des (auch neueren) Schrifttums verzichten für **16** die Mittäterschaft auf das Erfordernis vorsätzlichen Zusammenwirkens hinsichtlich des Taterfolges. Auch das bloße tatsächliche Zusammentreffen mehrerer vorsätzlicher oder fahrlässiger Handlungen soll nach der älteren Ansicht genügen, wenn der eingetretene Schaden das Ergebnis einer Gesamtwirkung aller feststellbaren Handlungstatbestände bildet (RGZ 58, 357, 359; vgl auch OLG Hamburg Recht 1912 Nr 1001: § 830 verlange die objektive Tatsache gemeinschaftlichen Handelns; PLANCK Anm 1; OERTMANN Anm 2b). Nach einer neueren Ansicht setzt Mittäterschaft bei fahrlässigen Delikten voraus, daß jeden Täter dieselbe Pflicht trifft und sie durch ihr subjektiv gemeinschaftliches Zusammenwirken bei Steuerung des Geschehensablaufs unter Außerachtlassung der von jedem zu fordernden Sorgfalt den tatbestandsmäßigen Erfolg herbeiführen (WECKERLE 69; DEUTSCH JZ 1972, 105, 106; ders, Allgemeines Haftungsrecht [2. Aufl 1996] Rn 507; K SCHMIDT JZ 1978, 661, 666).

Diese Ansichten verwischen die Grenze zwischen § 830 Abs 1 S 1 und S 2 und führen **17** zu einem Wertungswiderspruch (KREUTZIGER 131). Läßt sich nicht aufklären, wer von mehreren vorsätzlich oder fahrlässig Handelnden den Erfolg verursacht hat, es aber feststeht, daß es einer gewesen sein muß und jeder gewesen sein kann, so ist dies ein klassischer Fall für den Anwendungsbereich des § 830 Abs 1 S 2. Steht der unmittelbare Verursacher fest oder kann jedenfalls ein Beteiligter beweisen, daß er für den Erfolg nicht kausal geworden ist, so trifft diesen Beteiligten keine Haftung nach § 830 Abs 1 S 2 (s unten Rn 90, 115). Dieses Ergebnis würde überspielt, rechnete man diesem Beteiligten den Erfolg nach § 830 Abs 1 S 1 zu, weil seine Handlung mit den Handlungen anderer Beteiligter rein tatsächlich zusammentraf oder er gemeinsam mit den anderen lediglich *handeln* wollte, ohne daß ein gemeinsamer Tatentschluß bezüglich des *Erfolges* bestand (vgl auch BGH NJW 1988, 1719, 1720 bzgl des bloßen Einverständnisses mit dem gefährlichen *Tun* der anderen Täter).

Im übrigen begründen bei fahrlässigem Verhalten oft bereits die allgemeinen Zu- **18** rechnungsnormen eine Haftung, weil jeder Beteiligte für den Erfolg kausal geworden ist. So liegt es etwa in WECKERLES Beispiel der beiden Bauarbeiter, die gemeinsam einen Balken sorgfaltswidrig vom Gerüst werfen (WECKERLE 70): Hier haften beide Bauarbeiter gemäß § 823 Abs 1 auf vollen Schadensersatz, weil sie den Erfolg pflichtwidrig (mit-)verursacht haben (KREUTZIGER 128 f).

Die Ansichten, die auf die subjektive Komponente der Mittäterschaft ganz verzichten oder jedenfalls einen gemeinsamen *Handlungs*willen genügen lassen, ohne einen gemeinsamen *Tat*willen zu fordern, sind daher abzulehnen.

cc) Erfordernis der Kausalität

Ein Teil der Literatur sieht in § 830 Abs 1 S 1 im Gegensatz zur Rechtsprechung **19** keine haftungsbegründende, sondern lediglich eine haftungsklarstellende Norm. Das bedeutet, daß Mittäter nur sein kann, wer bereits Täter einer unerlaubten Handlung ist. Jeder Mittäter muß deshalb eine ursächliche Bedingung für den Schadenserfolg gesetzt haben. Der Sinn des § 830 Abs 1 S 1 liege darin, daß es auf das Maß des von jedem einzelnen Mittäter verursachten Schadens nicht ankomme. Vielmehr hafte jeder Mittäter für den gesamten Schaden, denn er wisse, daß er nicht allein, sondern mit anderen zusammen handele, und wolle deren Handlungen, gleichgültig, ob als eigene oder als fremde (BRAMBRING 48, 50 f; TRAEGER 278; TODENHÖFER, Die deliktische Haftung des Hehlers unter besonderer Berücksichtigung des § 830 BGB [Diss Freiburg 1969] 42, 45).

dd) Umkehr der Beweislast hinsichtlich der Kausalität

20 Eine weitere Ansicht in der Literatur verzichtet bei der Mittäterschaft nicht wie die Rechtsprechung auf das Kausalitätserfordernis, befürwortet hinsichtlich der Kausalität aber eine Umkehr der Beweislast. Sie leitet aus dem gemeinsamen Vorsatz nicht schlechthin die Feststellung, sondern nur die Möglichkeit oder Wahrscheinlichkeit der Kausalität ab. Das bewußte Zusammenwirken mehrerer Täter löse gegen jeden Beteiligten einen Kausalitätsverdacht aus. Die Haftung entfalle, wenn ein Beteiligter nachweisen könne, daß er durch seinen Beitrag keinen Schaden angerichtet habe (BYDLINSKI AcP 158 [1959/60] 410, 416 ff; HENNE NJW 2001, 1472, 1473; KREUTZIGER 91; LARENZ/ CANARIS, Schuldrecht II/2, § 82 I 2 b; MünchKomm/WAGNER Rn 4).

ee) Kritik

21 Bei der Bestimmung des Begriffs Mittäterschaft – wie der Begriffe Anstiftung und Beihilfe – an das Strafrecht anzuknüpfen, ist richtig und entspricht der Vorgehensweise des historischen Gesetzgebers, der diese Begriffe aus dem Strafgesetzbuch von 1871 übernommen und von einer eigenen Bestimmung abgesehen hat (vgl KREUTZIGER 15 ff). Die Rechtsprechung übersieht allerdings, daß der Begriff der Mittäterschaft im Strafrecht selbst nicht unbestritten ist. Die Strafgerichte wandten ursprünglich die extreme „animus-Theorie" an, stellten also für die Mittäterschaft auf das Wollen der Tat als eigener ab. Demgegenüber folgt die strafrechtliche Literatur im wesentlichen der sog Tatherrschaftslehre (vgl dazu ROXIN, Täterschaft und Tatherrschaft [6. Aufl 1994] 60 ff), dh sie bestimmt Mittäterschaft danach, ob der Beteiligte den tatbestandsmäßigen Geschehensablauf steuernd in Händen hält, und verlangt damit auch Kausalität als objektives Element (vgl statt aller ROXIN 277 ff). Die Rechtsprechung übersieht außerdem, daß hinsichtlich des Mittäterbegriffs im Strafrecht inzwischen ein gewisser Wandel eingetreten ist. Die „animus-Theorie", wie sie der BGH in Zivilsachen anwendet, wird heute im Strafrecht nicht mehr vertreten. Sie wird vielmehr ergänzt durch objektive Kriterien. Das ist gerade auf die in der Literatur entwickelte Tatherrschaftslehre zurückzuführen, die zumindest in Teilaspekten auch von der Rechtsprechung akzeptiert wurde und demgemäß gerade im Strafrecht eine Abkehr von der subjektiven Betrachtungsweise bewirkt hat.

22 Im Hinblick auf den Zweck des § 830 Abs 1 S 1, dem Geschädigten aus seiner Beweisnot zu helfen, verzichtet die Rechtsprechung unnötigerweise auf das Kausalitätserfordernis. Dieser Zweck kann auch erreicht werden, wenn insofern die Beweislast dem Mittäter auferlegt wird. Steht fest, daß ein Beteiligter nicht für den eingetretenen Schaden kausal geworden ist, so ist kein schützenswertes Interesse des Geschädigten dafür erkennbar, diesen Beteiligten dennoch haften zu lassen.

23 Zu einem Fall mit ausgeschlossener Kausalität s auch HENNE NJW 2001, 1472 f. Die von ihm besprochene Entscheidung OLG Brandenburg NJW 2000, 3579 f (einem Mittäter wurde sexuelle Nötigung zur Last gelegt, während die beiden anderen zusätzlich gemeinschaftliche gefährliche Körperverletzungen begangen hatten; das Gericht hielt alle drei als Gesamtschuldner zur Zahlung von Schmerzensgeld

[§ 847 aF] in Höhe eines einheitlichen Betrages für verpflichtet) lehnt allerdings Mittäterschaft des einen Beteiligten hinsichtlich der Körperverletzungen ebenfalls ab; er schulde dennoch Schmerzensgeld in gleicher Höhe, weil er bei der sexuellen Nötigung einen vergleichsweise stärkeren Tatbeitrag geleistet habe. Hier stand also nicht die richtige Anwendung des § 830 Abs 1 S 1 in Frage, sondern die des § 840 Abs 1.

Die Ansicht, die § 830 Abs 1 S 1 nur eine klarstellende Funktion zuweist, berück- **24** sichtigt die Belange des Geschädigten insoweit zu wenig, als Zweifel an der Kausalität im haftungsbegründenden Bereich immer zu Lasten des Geschädigten gehen sollen.

Im Ergebnis ist deshalb an der Kausalität als Voraussetzung für eine Haftung nach **25** § 830 Abs 1 S 1 festzuhalten. Die Beweislast trifft allerdings die Mittäter. Das bedeutet, daß der Geschädigte im Prozeß lediglich ein Verhalten des Mittäters darlegen und beweisen muß, das den Schaden verursacht haben *kann*. Gelingt ihm das, so obliegt es dem Mittäter, sich zu entlasten (vgl dazu KREUTZIGER 110 ff).

b) Fallbeispiele aus der Rechtsprechung

Der Grundstückseigentümer veräußert einzelne Inventarstücke zum Nachteil der **26** Hypothekengläubiger an einen oder mehrere Erwerber, die Inventarstücke werden vom Grundstück weggeschafft (RG WarnR 1915 Nr 52); Verletzung durch mehrere bei einer Schlägerei (RG Gruchot 51, 990); Jugendliche bewerfen sich gegenseitig mit Steinen (BGH LM Nr 15 = NJW 1972, 40); gemeinsames Verprügeln eines Dritten (OLG Schleswig VersR 1977, 183); grober Behandlungsfehler bei gemeinsamer Operation durch zwei Tierärzte (OLG Oldenburg NJW 1978, 594, 595); an einem gestellten Unfall Beteiligte täuschen aufgrund gemeinsam gefaßten Tatplans die Haftpflicht- oder Kaskoversicherung (OLG Frankfurt Zfs 1995, 405, 406); gemeinsames Anhäufen von Verpackungsmüll durch Demonstranten (AG Hamburg NJW 1981, 1454); eine GmbH veranlaßt Anleger ohne hinreichende Risikoaufklärung zu Warenterminoptionsgeschäften und verwirklicht dadurch § 826 BGB, eine Vermittlungs-GmbH, die die wesentlichen Geschäftspraktiken kennt, wirkt an dem schädigenden Verhalten umfassend mit, die Geschäftsführer der Vermittlungs-GmbH verhindern die Schädigungshandlungen bewußt nicht (BGH NJW-RR 1999, 843 f m abl Anm OECHSLER WuB IV A § 826 BGB 2. 99).

3. Anstiftung und Beihilfe (§ 830 Abs 2)

Im zivilen Deliktsrecht werden Teilnehmer im Interesse des Geschädigten gegen- **27** über dem unmittelbaren Schädiger haftungsrechtlich nicht privilegiert: Anstifter und Gehilfen stehen Mittätern gleich (§ 830 Abs 2). Damit legt das Deliktsrecht den extensiven Täterbegriff zugrunde, wodurch die im Strafrecht erforderliche Abgrenzung zwischen Täterschaft und Teilnahme hinfällig ist. Das ist interessengerecht: Das Strafrecht, das die Strafwürdigkeit eines Verhaltens zum Gegenstand hat, geht bei der Teilnahme von einem Unrecht minderer Art aus (vgl die obligatorische Strafmilderung bei der Beihilfe in § 27 Abs 2 S 2 StGB). Demgegenüber geht es im zivilen Deliktsrecht lediglich um den Ausgleich eines Schadens, bei dem der Grad der Verursachung bzw der Grad des Verschuldens – zumindest im Außenverhältnis zum Geschädigten – keine Rolle spielen darf (KREUTZIGER 138).

a) Anstiftung

28 Auch bei der Bestimmung des Begriffs Anstifter ist an das Strafrecht anzuknüpfen (§ 26 StGB; vgl BGHZ 8, 288, 292 = NJW 1953, 499, 500; 89, 383, 389 = NJW 1984, 1226, 1228; BGH VersR 1967, 471, 473). Anstifter ist danach, wer vorsätzlich einen anderen zu der von ihm vorsätzlich begangenen unerlaubten Handlung bestimmt hat.

29 „Bestimmen" bedeutet, daß der Anstifter beim Täter den Entschluß zur Tat hervorrufen muß. Im einzelnen ist die Auslegung dieses Tatbestandsmerkmals im Strafrecht umstritten. Nach einer Ansicht soll es für Anstiftung bereits genügen, eine Situation zu schaffen, die einen anderen zu einer rechtswidrigen Tat provoziert. Andere verlangen einen geistigen Kontakt zwischen Angestiftetem und Anstifter. Eine dritte Ansicht verlangt darüber hinaus ein kollusives Verhalten zwischen Anstifter und Angestiftetem (heute hM im Strafrecht; vgl die Darstellung der Meinungen bei KREUTZIGER 143 ff; ROXIN, in: Strafgesetzbuch, Leipziger Kommentar [10. Aufl 1985] § 26 Rn 3). Die zivilrechtliche Rechtsprechung hat zu dieser Problematik noch nicht Stellung genommen.

30 Da der Begriff der Anstiftung seinen Ursprung im Strafrecht hat, muß die Auslegung bei § 26 StGB ansetzen. Diese Norm gibt zwar nicht selbst eine Auslegungshilfe, wohl aber ihr Vorläufer, § 48 aF StGB. Darin waren als Mittel der Anstiftung beispielhaft aufgezählt: die Bestimmung durch Geschenke oder Versprechen, durch Drohung, durch Mißbrauch des Ansehens oder durch Gewalt oder durch absichtliche Herbeiführung oder Beförderung eines Irrtums. Durch die Neufassung der Norm im heutigen § 26 StGB war keine sachliche Änderung beabsichtigt (vgl D MEYER, Das Erfordernis der Kollusion bei der Anstiftung [Diss Hamburg 1973] 57). Das Wesen der Anstiftung besteht demnach in der Willensbeeinflussung eines anderen bezogen auf ein konkretes Ziel. Diese Auslegung gilt auch für das Zivilrecht (vgl KREUTZIGER 151).

31 Hinsichtlich der Schuldform ist im Zivilrecht umstritten, ob – wie § 26 StGB bestimmt – Anstiftung nur eine *vorsätzliche* Bestimmung zum *vorsätzlichen* Delikt sein kann. Rechtsprechung und herrschende Lehre bejahen dies (BGH VersR 1967, 471, 473; vgl zur Beihilfe auch BGHZ 42, 118, 122; 70, 277, 285; RGZ 129, 330, 332; 133, 326, 329; SOERGEL/KRAUSE Rn 8; ERMAN/SCHIEMANN Rn 3; PALANDT/SPRAU Rn 4; BGB-RGRK/STEFFEN Rn 6). Nach einer anderen Ansicht in der Literatur kommen alle denkbaren Kombinationen von Vorsatz und Fahrlässigkeit in Frage: vorsätzliche Bestimmung zum vorsätzlichen Delikt, vorsätzliche Bestimmung zum fahrlässigen Delikt sowie fahrlässige Bestimmung zum vorsätzlichen und fahrlässigen Delikt (WECKERLE 77; FRAENKEL, Tatbestand und Zurechnung bei § 823 Abs 1 BGB [1979] 272, 279 ff). Eine weitere Ansicht verlangt Vorsatz beim Anstifter, läßt aber beim Angestifteten eine fahrlässige (DEUTSCH, Allgemeines Haftungsrecht [2. Aufl 1996] Rn 515; EHRICKE ZGR 2000, 351, 356–361; K SCHMIDT JZ 1978, 661, 666; ders ZIP 1980, 328, 329) oder gar schuldlose (DEUTSCH Rn 515) Tatausführung genügen. Eine letzte Ansicht unterscheidet danach, ob zu einer unmittelbaren Rechtsgutsverletzung (insbes § 823 Abs 1) oder zur Verletzung eines Schutzgesetzes (§ 823 Abs 2) angestiftet wird. Bei der Anstiftung zu einem unmittelbaren Eingriffsdelikt sei Doppelvorsatz erforderlich. Bei Schutzgesetz- und Verkehrspflichtverletzungen genüge es, wenn der Täter das Schutzgesetz oder die Verkehrspflicht vorsätzlich verletze, im Hinblick auf die deliktische Interessenverletzung aber nur fahrlässig handele; der „Anstifter" hafte lediglich, wenn er entweder eine eigene

deliktische Handlung begehe, also selbst eine Verkehrspflicht verletze oder die Voraussetzungen des § 826 erfülle (Haftung als Täter), oder hinsichtlich der deliktischen Interessenverletzung vorsätzlich handle (Haftung als Anstifter) (vgl MünchKomm/WAGNER Rn 15 f; vgl auch KREUTZIGER 165, der auch beim Anstifter Fahrlässigkeit hinsichtlich des Erfolgseintritts genügen läßt).

Auch im Strafrecht war bis zum Inkrafttreten des 2. Strafrechtsreformgesetzes 1975 **32** sehr streitig, welche Schuldform bei der Anstiftung zu verlangen sei. Der BGH hat zunächst auch die vorsätzliche Bestimmung zu unvorsätzlicher (dh meist fahrlässiger) Tat als Anstiftung anerkannt (vgl BGHSt 4, 355, 357 f; 5, 47, 48), verlangte dann aber die vorsätzliche Bestimmung zu vorsätzlicher Begehung (vgl BGHSt 9, 370, 375; ihm folgend für das Zivilrecht BGH VersR 1967, 471, 473). Diese Rechtslage ist heute in § 26 StGB klargestellt. Bereits die Anknüpfung des Begriffs Anstifter in § 830 Abs 2 an das Strafrecht spricht dafür, auch im Zivilrecht die vorsätzliche Bestimmung zu vorsätzlicher Tat zu fordern.

Dieses Ergebnis folgt auch aus dem Erfordernis des kollusiven Zusammenwirkens **33** zwischen Anstifter und Angestiftetem, also aus dem Wesen der Anstiftung als Willensbeeinflussung eines anderen bezogen auf ein konkretes Ziel (s oben Rn 30). Danach muß der Anstifter einen *Tat*entschluß beim Täter wecken, nicht einen irgendwie gearteten *Handlungs*entschluß (vgl BGHSt 9, 370, 379 f). Das entspricht der Rechtslage bei der Mittäterschaft, wo sich der gemeinsame Tatentschluß nicht nur auf die Verletzungs*handlung*, sondern auch auf den Verletzungs*erfolg* beziehen muß (s oben Rn 17 f). Es reicht also nicht aus, wenn beim Schädiger der Entschluß nur bezogen auf ein gefährdendes Handeln geweckt wird oder wenn der Täter durch ein fahrlässiges Handeln des „Anstifters" zu seinem Entschluß gelangt.

In den Fällen der vorsätzlichen Bestimmung zu einem objektiv rechtswidrigen Verhalten, **34** insbesondere einem Fahrlässigkeitsdelikt, hilft oft die Kategorie der mittelbaren Täterschaft. Sie kommt allerdings nicht in Betracht, wenn der „Hintermann" nicht Täter sein kann, weil ein Pflichtdelikt (zB § 64 Abs 1 GmbHG) in Rede steht und der „Hintermann" die erforderliche Pflichtenstellung nicht innehat (vgl KREUTZIGER 162 ff).

Diese Grundsätze gelten auch bei Schutzgesetzverletzungen im Rahmen des § 823 **35** Abs 2, wenn das Schutzgesetz ein Fahrlässigkeitsdelikt zum Gegenstand hat. Lediglich bei Gefährdungs- (vgl RGZ 166, 61, 63) und schlichten Tätigkeitsdelikten, die einen Verletzungserfolg gerade nicht tatbestandlich voraussetzen, ist Anstiftung möglich, ohne daß ein auf einen Verletzungserfolg gerichteter Tatentschluß beim Täter geweckt wird und ohne daß der Anstifter diesen Verletzungserfolg in seinen Vorsatz mit aufnimmt. In diesen Fällen genügt es, daß der Täter vorsätzlich dazu bestimmt wird, den Tatbestand des Gefährdungs- oder schlichten Tätigkeitsdelikts vorsätzlich zu erfüllen.

Parallel zu den bei der Mittäterschaft dargelegten Grundsätzen (s oben Rn 22 ff) trägt **36** der Anstifter die Beweislast dafür, daß seine Handlung für den Verletzungserfolg nicht kausal geworden ist (vgl dazu KREUTZIGER 185 ff). Das bedeutet, daß der Geschädigte – neben der Verursachung des Schadens durch den Täter – lediglich ein Verhalten des als Anstifter in Anspruch Genommenen darlegen und beweisen muß, das den Entschluß des Täters geweckt haben *kann*, also eine kollusive Einwirkung des Anstifters auf den Täter. Es ist dann Sache des Anstifters zu beweisen, daß seine Einwirkung für die Entstehung des Schadens nicht kausal geworden ist, der Täter also bereits zur Tat entschlossen war (vgl KREUTZIGER 189).

Wie im Strafrecht (vgl SCHÖNKE/SCHRÖDER/CRAMER/HEINE, StGB [27. Aufl 2006] Vorbem 36 zu §§ 25 ff) wird die Haftung des Anstifters nicht dadurch berührt, daß der Angestiftete – was der Anstifter nicht erkannte – deliktsunfähig (§§ 827, 828) ist (ebenso Hk-BGB/ STAUDINGER Rn 13; **aA** JAUERNIG/TEICHMANN Rn 6) oder daß er zwar einsichtsfähig iS des § 828 Abs 2 ist, seine Schuld aber bei Anwendung des alterstypischen Verschuldensmaßstabs verneint werden muß und er daher selbst nur ggf nach § 829 haftet. Denn § 26 StGB verlangt lediglich eine vorsätzlich begangene rechtswidrige Haupttat; die Schuld des Täters ist nicht Voraussetzung für eine Anstiftung. Kennt der Tatbeteiligte die Schuldunfähigkeit des Täters, so liegt regelmäßig mittelbare Täterschaft vor (vgl BGHZ 42, 118, 122).

37 **Fallbeispiele** aus der Rechtsprechung: Aufforderung zum Schießen an bewohnten Orten (RGZ 166, 61); Aufforderung, eine gemeinschaftliche Schwarzfahrt zu unternehmen (OLG Königsberg VerkehrsR 1941, 1821); Aufforderung, gegenüber einer Bank, mit der ein Globalabtretungsvertrag zur Sicherung eines Kredites besteht, zu verschweigen, daß die Forderungen selbst eingezogen werden (OLG Frankfurt VersR 1979, 162); ein Kreditinstitut verleitet einen Kunden dazu, vor der Antragstellung auf Eröffnung des Konkursverfahrens über sein Vermögen der Belastung seines Kontos auf Grund einer berechtigten Einziehungsermächtigungslastschrift allein deshalb zu widersprechen, um den Lastschriftbetrag einem anderen Gläubiger noch vor der Konkurseröffnung zuzuwenden, wodurch die Kreditverbindlichkeit dieses anderen Gläubigers gegenüber dem Kreditinstitut getilgt wird (BGH NJW 1987, 2370).

b)   Beihilfe
38 Bei der Bestimmung des Begriffs Gehilfe ist wiederum an das Strafrecht anzuknüpfen (§ 27 StGB; vgl BGHZ 63, 124, 126; 70, 277, 285 = NJW 1978, 816, 819; BAG NJW 1964, 887; BGB-RGRK/STEFFEN Rn 7; ERMAN/SCHIEMANN Rn 3). Gehilfe ist danach, wer vorsätzlich einem anderen zu dessen vorsätzlich begangener unerlaubter Handlung Hilfe geleistet hat.

39 Als Beihilfehandlung kommt jede physische oder psychische Förderung der Haupttat, auch im Stadium ihrer Vorbereitung, in Betracht (BGHZ 63, 124, 130; BGB-RGRK/ STEFFEN Rn 7). Sehr umstritten ist dabei, ob die Beihilfehandlung für den Erfolg der Tat kausal geworden sein muß. Das gilt für das Zivilrecht genauso wie für das Strafrecht.

40 Die ältere Rechtsprechung des Reichsgerichts hat eine Haftung des Gehilfen gemäß § 830 Abs 2 nur bejaht, wenn der Erfolg der Haupttat durch den Tatbeitrag des Gehilfen mitverursacht wurde (RGZ 65, 157, 160; 101, 135, 140; RG WarnR 1917 Nr 17). Der BGH hat diese Rechtsprechung nicht fortgesetzt. Er geht von der Prämisse aus, der Tatbeitrag des Gehilfen brauche für den Taterfolg nicht ursächlich zu sein. Das bedeutet, daß auch bloße Solidarisierungshandlungen, die lediglich nach außen erkennbar geworden sind, sich aber nicht im Erfolg ausgewirkt haben, Beihilfehandlungen iS des § 830 Abs 2 darstellen (BGHZ 63, 124, 130; 70, 277, 285 = NJW 1978, 816, 819;

ebenso BAG NJW 1964, 887; OLG Celle NJW-RR 1999, 102). Dabei verweist der BGH auf die strafrechtliche Rechtsprechung, die die Formel geprägt hat: Der Gehilfe muß den *Erfolg* der Tat nicht ursächlich mitbewirkt haben; es genügt, daß die den Tatbestand verwirklichende *Handlung* durch die Hilfeleistung gefördert wird (vgl dazu RGSt 6, 169, 170; 58, 113, 114 f; 67, 191, 193; 71, 176, 178; 73, 52, 54; BGH bei DALLINGER MDR 1972, 16; BGH StrafV 1981, 72 f; diese Rechtsprechung wird von der ganz überwiegenden Meinung in der strafrechtlichen Literatur abgelehnt, vgl zum Meinungsstand SCHÖNKE/SCHRÖDER/CRAMER/ HEINE, StGB [27. Aufl 2006] § 27 Rn 7 ff).

Die Literatur folgt teilweise der Rechtsprechung ohne eigene Begründung (SOERGEL/ **41** KRAUSE Rn 8; ERMAN/SCHIEMANN Rn 3; JAUERNIG/TEICHMANN Rn 6). Manche Autoren kommen zum gleichen Ergebnis, indem sie auf den gemeinschaftlichen Willen von Täter und Gehilfen abstellen, der Mängel im objektiven Bereich kompensiere (SPITZER, Teilnahme an unerlaubten Handlungen [1931] 34 f; WECKERLE 75 ff; FRAENKEL 285 f). Auch STEFFEN (BGB-RGRK Rn 7) meint, der Beitrag des Gehilfen müsse für den Erfolg nicht ursächlich gewesen sein. STEFFEN fordert allerdings, daß dieser Beitrag auf das Verhalten des Haupttäters eingewirkt, in der konkreten Tatverwirklichung wenigstens die Modalitäten in Richtung auf eine Erleichterung oder Begünstigung des Erfolgs, eine Verbesserung der Situation des Haupttäters beeinflußt haben müsse (unter Bezugnahme auf ROXIN, in: Strafgesetzbuch, Leipziger Kommentar [10. Aufl 1985] § 27 Rn 3 ff; sog „Verstärkerkausalität"). Im Falle psychischer Beihilfe reiche es aus, wenn dem Haupttäter das Gefühl der Alleinverantwortung genommen und er dadurch in seinem noch nicht ganz gefestigten Tatentschluß bestärkt werde; oder wenn ihm der Gehilfe – auch durch bloßes Dabeistehen – das Gefühl vermittle, in einer gewissen Anonymität wirken zu können. Ein weiterer Teil der Literatur will beim Gehilfen auf einen kausalen Tatbeitrag grundsätzlich nicht verzichten (vgl MünchKomm/WAGNER Rn 16 f); allerdings soll die generell-abstrakte Eignung des Gehilfenbeitrags bzw die psychische Beihilfe genügen, wenn sich ein physischer Tatbeitrag im Erfolg nicht ausgewirkt hat (RUMPF, Die Teilnahme an unerlaubten Handlungen nach dem BGB [1904] 59 ff; TRAEGER 280). Eine letzte Ansicht hält streng am Kausalitätserfordernis fest, befürwortet diesbezüglich allerdings eine Umkehr der Beweislast zugunsten des Geschädigten (KREUTZIGER 229, 255).

Der hM, die auf das Kausalitätserfordernis bei der Beihilfe verzichtet, ist vorzuwer- **42** fen, daß sie die Grenze zwischen versuchter und vollendeter Beihilfe verwischt (vgl KREUTZIGER 211 ff). Diese Abgrenzung ist aber von entscheidender Bedeutung, da § 830 Abs 2 eine Schadensersatzpflicht desjenigen anordnet, der Hilfe geleistet hat, nicht aber desjenigen, der versucht hat, Hilfe zu leisten. Nicht der Eintritt des Schadens ist daher für die Frage der Schadensersatzpflicht ausschlaggebend, sondern die Beziehung des Verhaltens des Gehilfen zu diesem Schaden. Die Abgrenzung zwischen versuchter und vollendeter Beihilfe kann allein durch die Erfolgskausalität erreicht werden. Die bloße Absicht, Hilfe zu leisten, reicht für vollendete Beihilfe genauso wenig aus wie eine Einwirkung auf das Verhalten des Haupttäters, die für den Erfolg nicht kausal ist. Der gleiche Vorwurf der Grenzverwischung ist der Literaturmeinung zu machen, die die generell-abstrakte Eignung zur Schadensverursachung ausreichen läßt. Die Kausalität wird durch dieses Kriterium, das die Beihilfe zum Gefährdungsdelikt umfunktioniert, gerade ersetzt.

Auch bei der Beihilfe ist daher am Kausalitätserfordernis festzuhalten. Dabei ist jede **43**

Hilfe, die die Rechtsgutsverletzung objektiv fördert, als kausaler Tatbeitrag ausreichend. Der Tatbeitrag des Gehilfen muß über die Tathandlung des Haupttäters bis zur Tatvollendung fortwirken (Kreutziger 232 f). Das gilt auch für die psychische Beihilfe. Beim Einwirken auf die intellektuelle Psyche des Täters (Fall der Rathilfe) liegt Erfolgskausalität vor, wenn der Täter den Rat des Gehilfen befolgt. Beim Einwirken auf die voluntative Psyche läßt sich die Erfolgskausalität nicht einfach damit begründen, der Haupttäter sei in seinem Tatentschluß bestärkt worden. Es kommt vielmehr darauf an, ob die vom Haupttäter herbeigeführte Rechtsgutsverletzung durch die psychische Bestärkung modifiziert worden ist oder nicht. Nur wenn das der Fall ist, also der Erfolg ohne die psychische Bestärkung so nicht eingetreten wäre, ist der Tatbeitrag des Gehilfen für den Erfolg kausal (Kreutziger 248 f).

44 Physische Beihilfe liegt danach beispielsweise vor, wenn der Gehilfe bei einem Einbruchsdiebstahl Wache steht und über das bloße Wachestehen hinaus irgendetwas tut, was auf den Eintritt des tatbestandlichen Erfolges Einfluß hat (Ablenken von Passanten, Warnen des Diebes usw). Psychische Beihilfe durch Bestärkung des Tatentschlusses liegt beispielsweise vor, wenn der Eintritt des Erfolges erleichtert oder beschleunigt wurde. In jedem Fall ist die Gehilfenhandlung kausal, wenn der Haupttäter die Tat ohne den (physischen oder psychischen) Unterstützungsbeitrag nicht gewagt hätte.

45 Wie bei der Mittäterschaft und der Anstiftung ist es auch bei der Beihilfe gerechtfertigt, in der Kausalfrage die Beweislast umzukehren. Der potentielle Gehilfe trägt daher die Beweislast dafür, daß sein Tatbeitrag für den Erfolg nicht mitkausal geworden ist.

46 Nicht anders als der Anstifter muß auch der Gehilfe vorsätzlich handeln und muß die unterstützte Haupttat vorsätzlich begangen werden (so die hM: RGZ 129, 330, 332; 133, 326, 329; BGHZ 42, 118, 122; 70, 277, 285 f = NJW 1978, 816, 819; BGH VersR 1967, 471, 473; Palandt/Sprau Rn 4; Jauernig/Teichmann Rn 7 iVm 5; vgl Soergel/Krause Rn 8; Larenz/Canaris, Schuldrecht II/2 § 82 I 2 c; Erman/Schiemann Rn 3; BGB-RGRK/Steffen Rn 7; MünchKomm/Wagner Rn 14; ausführlich Kreutziger 264 ff). Nicht ausreichend ist die vorsätzliche Förderung einer Fahrlässigkeitstat (so aber K Schmidt JZ 1978, 661, 666; ders ZIP 1980, 328, 329; Scholz/K Schmidt, Kommentar zum GmbH-Gesetz, II. Bd [9. Aufl 2002] § 64 Rn 54; Konow GmbH-R 1975, 104, 106) oder die fahrlässige Förderung einer vorsätzlich oder fahrlässig begangenen unerlaubten Handlung (so aber Weckerle 76 f; Fraenkel 274; Deutsch, Allgemeines Haftungsrecht [2. Aufl 1996] Rn 516). Die Anknüpfung des Gehilfenbegriffs an das Strafrecht (§ 27 StGB) spricht für das Erfordernis des Vorsatzes sowohl beim Täter als auch beim Gehilfen. Im übrigen ist die vorsätzliche „Beihilfe" zu einer Fahrlässigkeitstat konstruktiv keine Beihilfe, sondern mittelbare Täterschaft. Mittelbare Täterschaft scheidet allerdings im Rahmen des § 823 Abs 2 aus, wenn es sich bei dem verletzten Schutzgesetz um ein Pflichtdelikt handelt und der Hintermann die betreffende Pflichtenstellung nicht innehat. Es bleibt dann nur der Weg über § 826. Wer eine fremde Tat nur fahrlässig unterstützt, ist nicht Gehilfe, sondern Täter (Nebentäter), weil er selbständig eine Ursache für die Erfolgsherbeiführung setzt. Im Falle der Verletzung eines Pflichtdelikts hilft allerdings § 826 nicht weiter, da es am notwendigen Vorsatz zur Schadensherbeiführung fehlt.

Im Strafrecht bereitet die Abgrenzung der Mittäterschaft von der Beihilfe mitunter **47**
Schwierigkeiten. Die praktische Bedeutung der Frage ergibt sich im Strafrecht daraus, daß nach § 27 Abs 2 StGB der Gehilfe milder als der Haupttäter (Mittäter) bestraft wird. Im Zivilrecht hat die Frage keine praktische Bedeutung, da § 830 Abs 2 haftungsrechtlich den Gehilfen dem Mittäter gleichstellt, einen Beteiligten also – soweit nicht ein Exzeß des andern vorliegt – ohne Rücksicht darauf, inwieweit der Schaden gerade durch sein Verhalten verursacht ist, in vollem Umfang für den von einem Haupttäter verursachten Schaden neben dem Haupttäter gesamtschuldnerisch haften läßt (BGHZ 63, 124, 126; LG Itzehoe NJW 1987, 1269, 1270).

Fallbeispiele aus der Rechtsprechung: Die Gewerkschaft, die einen arbeitsrechtlich **48** unzulässigen Streik zwar nicht beginnt und auch nicht übernimmt, jedoch an die Streikenden Gemaßregelten-Unterstützung zahlt und sie dadurch in ihrem Streikwillen bestärkt, haftet dem bestreikten Arbeitgeber als Gehilfin der streikenden Arbeitnehmer für alle durch den Streik entstandenen Schäden (BAG NJW 1964, 887). Der Hersteller von Tonbandgeräten, die für die Aufnahme und Wiedergabe von Musik eigens eingerichtet sind, haftet für Urheberrechtsverletzungen der Gerätebenutzer (§ 97 UrheberrechtsG 1965), wenn er die Geräte ohne Sicherungsmaßregeln in einer Weise vertreibt, daß sie von den Gerätebenutzern vorwiegend unter Verletzung urheberrechtlicher Rechte verwendet werden (BGHZ 42, 118, 133 zu § 36 des früheren LitUrhG). Der Verkäufer eines nicht zugelassenen und unversicherten Kfz, das der Käufer so im öffentlichen Verkehr benutzen will, begeht Beihilfe zum Verstoß gegen § 6 PflVG (OLG München VersR 1979, 656). Der Fluglotsenverband unterstützt einen Bummelstreik der Fluglotsen: Grundsätzlich kann der Koalition auch nicht im Blick auf Haftungsinteressen untersagt werden, sich in Verfolgung eigener koalitionsmäßiger Aufgaben mit den Zielen von Aktionen „Außenstehender" zu solidarisieren, die als solche rechtlich neutral und nur in ihrer Durchführung zu beanstanden sind, auch wenn damit zugleich das Vorgehen der „Außenstehenden" psychisch unterstützt wird; anderes muß gelten, wenn die Koalition als Repräsentant solcher Aktionen auftritt, mag sie sich auch innerlich von ihnen distanzieren (BGHZ 70, 277, 288 ff = NJW 1978, 816, 819 f).

c) Begünstigung, Strafvereitelung und Hehlerei
Begünstiger, Strafvereitler und Hehler (§§ 257, 258, 259 StGB) können Anstifter **49** oder Gehilfen iS des § 830 Abs 2 sein, wenn sie durch die Inaussichtstellung eines späteren entsprechenden Verhaltens den Entschluß des Täters zur Tatbegehung hervorgerufen (Anstiftung; vgl OLG Koblenz NJW-RR 1988, 662, 663) oder ihn in seinem Entschluß zur Durchführung der Tat bestärkt haben (psychische Beihilfe; zu den genauen Voraussetzungen s oben Rn 43 f). Von diesen Fällen abgesehen, findet § 830 Abs 2 auf Begünstiger, Strafvereitler und Hehler keine Anwendung, weil ihr Verhalten nicht kausal für die vorangegangene unerlaubte Handlung des Vortäters ist (AG Essen VersR 1987, 472). Eine besondere Vorschrift für ihre Haftung hielt der Gesetzgeber nicht für erforderlich (Mot II 738, 749). Sie begehen selbständige unerlaubte Handlungen gemäß §§ 823, 826 und haften nach Maßgabe des von ihnen verursachten Schadens, zB wenn sie die Wiedererlangung der gestohlenen Sache verhindern (RG JW 1921, 1532; BGHZ 8, 288, 292). Ob, wenn der durch sie bewirkte Schaden mit dem durch die Vortat verursachten Schaden zusammenfällt, gesamtschuldnerische Haftung – gemäß § 840 Abs 1 oder nach §§ 823 iVm 421 – eintritt, ist streitig (mit Recht

bejahend MANTEY LZ 1917, 455; verneinend STARCK LZ 1917, 314; s auch LG Berlin JW 1924, 333 mit abl Anm MERKEL).

4. Der Sonderfall der unfriedlichen Großdemonstration

50 Die Grundsätze der mittäterschaftlichen Haftung und der Teilnehmerhaftung finden auch im Falle unfriedlich verlaufender Demonstrationen Anwendung (BGHZ 89, 383, 389 ff = NJW 1984, 1226, 1228 = JZ 1984, 521 mAnm STÜRNER; 59, 30, 41 f; 63, 124, 126; BGHZ 137, 89, 102 = NJW 1998, 377, 382; OLG Hamm NJW 1985, 203; AG Hamburg NJW 1981, 1454, 1455; vgl MünchKomm/WAGNER Rn 18; DIMSKI VersR 1999, 804, 805 f). Zwar ist in der Literatur teilweise versucht worden, dort, wo es um Eingriffe in den Gewerbebetrieb oder um den Nötigungstatbestand geht, über die Mittel-Zweck-Relation eine begrenzte Anwendung von Gewalt zuzulassen und demgemäß durch Art 8 GG als gedeckt anzusehen (DEUTSCH, Allgemeines Haftungsrecht [2. Aufl 1996] Rn 511; DIEDERICHSEN/MARBURGER NJW 1970, 777, 780 ff; SÄCKER ZRP 1969, 60, 65). Diese Ansicht haben auch einige Untergerichte vertreten (LG Köln JZ 1969, 80, 82; AG Bremen JZ 1969, 79, 80; AG Frankfurt DRiZ 1969, 94, 95). Die hM verneint jedoch bei Gewaltanwendung zu Recht eine Kollision des Demonstrationsrechts mit den Grundrechten der Betroffenen, da Art 8 GG nur das Recht zu friedlichen Versammlungen gewährleistet und damit jegliche Gewaltanwendung gegen Personen oder Sachen rechtswidrig bleibt (so ausdrücklich BVerfG NJW 1985, 2395, 2400 [Brokdorf]).

51 In der Grundsatzentscheidung BGHZ 89, 383 (= NJW 1984, 1226 = JZ 1984, 521 m Anm STÜRNER) ist der BGH in wesentlichen Punkten von seiner bisherigen Rechtsprechung zu § 830 Abs 1 S 1, Abs 2 abgerückt und hat die Norm bedeutend restriktiver ausgelegt. Er verlangt für die Haftung als Mittäter oder Gehilfe in objektiver Hinsicht eine Beteiligung an der Ausführung der Tat, die in irgendeiner Form deren Begehung fördere und für diese relevant sei (BGHZ 89, 383, 389 = NJW 1984, 1226, 1228; bestätigt in BGHZ 137, 89, 102). Einen derartigen Tatbeitrag findet der BGH nur bei solchen Demonstranten, die sich aktiv an Gewaltaktionen beteiligt haben (BGHZ 89, 383, 395 = NJW 1984, 1226, 1229; bedenklich insofern LG Itzehoe NJW 1987, 1269, 1270, das Mittäterschaft eines Sympathisanten bejahte, der am Werkszaun stehend über ein Funksprechgerät mit Schornsteinbesetzern Kontakt hielt; vgl auch OLG Hamm NJW 1985, 203; in beiden Fällen handelte es sich allerdings nicht um Großdemonstrationen). Damit hat sich der BGH über den weiten Mittäterbegriff hinweggesetzt, der über Jahrzehnte hinweg mit dem Satz begründet wurde, der gemeinschaftliche Wille erzeuge die gemeinschaftliche Verursachung. Der BGH hat die entscheidenden Haftungskriterien nunmehr vom subjektiven in den objektiven Bereich verlagert. Indem der BGH eine Haftung nur derjenigen Demonstrationsteilnehmer bejaht, die selbst aktiv Gewalt ausgeübt haben, erkennt er an, daß im haftungsbegründenden Bereich ein Kausalbeitrag vorliegen muß.

52 Darüber hinaus schränkt der BGH im subjektiven Bereich die Reichweite des gemeinschaftlichen Tatentschlusses ein. Der BGH unterscheidet zwischen denjenigen Demonstrationsteilnehmern, die sich maßgeblich an vorbereitenden Planungen von bestimmten Gewalttätigkeiten beteiligen, und denjenigen, die sich nur verabreden, im Rahmen einer Großdemonstration ein Gelände notfalls mit Gewalt zu besetzen, bzw sich erst im Verlauf der Demonstration aufgrund eines spontanen Entschlusses an der einen oder anderen gewalttätigen Handlung beteiligen (BGHZ

89, 383, 392 f = NJW 1984, 1226, 1228). Der BGH stellt klar, daß selbst die Planung von bestimmten Gewaltaktionen nicht allein das haftungsbegründende Kriterium sein könne, sondern nur die zusätzliche Beteiligung zur Durchsetzung des Planes in leitender Funktion (BGHZ 89, 383, 390, 392 f = NJW 1984, 1226, 1228). Bezüglich der zweiten Gruppe sei kein gemeinschaftlicher Tatentschluß im Hinblick auf alle im Verlauf der Demonstration von Mitdemonstranten verübten Körperverletzungen und/oder Beschädigungen anzunehmen. Der jeweilige Wille des einzelnen Demonstrationsteilnehmers zur Begehung von Gewalttaten sei in der Regel nur auf einen bestimmten Tatkomplex zu beziehen (BGHZ 89, 383, 392 = NJW 1984, 1226, 1228).

Den Anwendungsbereich der psychischen Beihilfe beschränkt der BGH bei Großdemonstrationen auf wenige Fälle, wobei er auch hier zu mehr objektiven Kriterien tendiert. Der sich an gewalttätigen Ausschreitungen nicht aktiv beteiligende Demonstrant werde nicht dadurch zum Mittäter oder Gehilfen, daß er bei Ausschreitungen an Ort und Stelle verharre, auch wenn er von vornherein mit Gewalttätigkeiten einzelner oder ganzer Gruppen rechne und wisse, daß er allein schon mit seiner Anwesenheit den Gewalttätern durch Gewährung von Anonymität Förderung und Schutz gewähre (BGHZ 89, 383, 395 = NJW 1984, 1226, 1229). Eine Haftung könne erst dort beginnen, wo sich der Demonstrant in eine überschaubare Gruppe begebe, aus der heraus Gewalt gegen Personen und Sachen verübt werde, und dort während schwerer Auseinandersetzungen ohne äußeren Zwang verbleibe, obwohl für ihn die Möglichkeit bestanden habe, sich vorher zu entfernen (BGH NJW 1984, 1226, 1232 [insofern in BGHZ 89, 383 nicht abgedruckt]). Es müsse sich allerdings um ein „ostentatives" Zugesellen (BGHZ 89, 383, 395 = NJW 1984, 1226, 1229) handeln oder um ein Verharren in der Gruppe in der „offenkundigen" Absicht, durch das Verschaffen eines Gefühls größerer Stärke Unterstützung zu leisten (BGH NJW 1984, 1226, 1234 [insofern in BGHZ 89, 383 nicht abgedruckt]). Das sei bei Bestärkung der Gruppe durch Anfeuerungsrufe (BGHZ 89, 383, 395 = NJW 1984, 1226, 1229) oder bei einem freiwilligen und bewaffneten Anschluß an die Gruppe (BGH NJW 1984, 1226, 1235 [insofern in BGHZ 89, 383 nicht abgedruckt]) der Fall. **53**

Der BGH hat diese restriktive Auslegung des § 830 Abs 1 S 2, Abs 2 damit begründet, die Demonstrationsfreiheit dürfe nicht dadurch unterlaufen werden, daß an die Bejahung einer haftungsbegründenden Teilnahme an Gewalttaten anderer Demonstranten zu geringe Anforderungen gestellt würden (BGHZ 89, 383, 395 = NJW 1984, 1226, 1229). Es ist zu wünschen, daß diese Auslegung nicht auf Großdemonstrationen heutigen Stils beschränkt bleibt (vgl auch KREUTZIGER 313). Die Entscheidung sollte vielmehr zum Überdenken des allzu subjektiven Verständnisses der Mittäterschaft und Teilnahme im allgemeinen Anlaß geben (so auch ERMAN/SCHIEMANN Rn 4; auf BGHZ 89, 383 verweisend BGH NJW 1990, 2553, 2554 und hieran anschließend OLG Oldenburg NJW-RR 2004, 1671, 1672 in Fällen zündelnder Kinder). **54**

5. Einzelfragen

a) Anwendungsbereich
Die in § 830 Abs 1 S 1, Abs 2 normierte Voraussetzung der Beteiligung an einer „unerlaubten Handlung" bedeutet nicht, daß alle Beteiligten nach den allgemeinen Deliktsvorschriften haften müßten. Gefordert wird nur, daß die Tat, wegen der neben dem Täter auch der Teilnehmer zur Verantwortung gezogen wird, die Merk- **55**

male einer unerlaubten Handlung (vorwiegend iS der §§ 823 ff, aber auch der in anderen Haftungsgesetzen normierten Deliktstatbestände) aufweist. Ist das zu bejahen, dann kann eine Sondervorschrift, die die Haftungsfolgen für einen Beteiligten besonders regelt (im Fall: § 78 BBG bzw § 14 BAT), allenfalls für *diesen* die Anwendung des § 830 einschränken. Für die übrigen Beteiligten, denen die Sonderregelung nicht zugute kommt, hat das keinen Einfluß (BGH NJW 1978, 816, 818 [insofern in BGHZ 70, 277 nicht abgedruckt]).

56 Auf die Gefährdungshaftung ist § 830 Abs 1 S 1, Abs 2 nicht anwendbar. Sie betrifft die Haftung für Schäden, die durch eine an sich gestattete, spezifische Gefährdung entstehen. Von einem Vorsatz im Hinblick auf die Rechtsgutsverletzung – die unabdingbare Voraussetzung für Mittäterschaft, Anstiftung und Beihilfe (s oben Rn 17 f, 31 f, 46) – ist die Gefährdungshaftung unabhängig, dieser Vorsatz hat im Rahmen der Gefährdungshaftung keinerlei Bedeutung. Bei der Gefährdungshaftung ist deshalb eine bewußt und gewollt gemeinschaftliche Herbeiführung des Schadens nicht möglich. Ebensowenig ist ein auf Verwirklichung des Schadens durch einen anderen gerichteter Wille bei demjenigen haftungsrechtlich relevant, der den anderen zur Unterhaltung einer Gefahrenquelle im Sinne eines Gefährdungshaftungstatbestandes veranlaßt oder ihn dabei unterstützt hat. Weder Mittäterschaft noch Anstiftung oder Beihilfe sind demnach bei der Gefährdungshaftung denkbar (vgl dazu EBERL-BORGES AcP 196 [1996] 491, 498 ff). Unzutreffend ist daher die Ansicht des AG Hannover (NJW-RR 1986, 704; zu dieser Entscheidung EBERL-BORGES AcP 196 [1996] 491, 500, 523 f), das über einen Fall zu entscheiden hatte, in dem sich drei Hunde ineinander verbissen hatten, wodurch einer der Hunde verletzt wurde. Das Gericht entschied, die beiden anderen Hunde hätten nicht gemeinschaftlich gehandelt, wenn einer von ihnen zugebissen haben sollte, prüfte also offenbar § 830 Abs 1 S 1 iVm § 833 S 1, allerdings nicht im Hinblick auf eine Mittäterschaft der Hundehalter, sondern der Hunde (!). Richtigerweise wäre nicht § 830 Abs 1 S 1, sondern § 830 Abs 1 S 2 anzuwenden gewesen. Der danach dem Grunde nach zu bejahende Anspruch hätte aber in der Höhe gekürzt werden müssen, weil sich der Halter des verletzten Hundes die von diesem ausgehende Tiergefahr entsprechend § 254 anrechnen lassen muß (zu dieser Problematik EBERL-BORGES AcP 196 [1996] 491, 523 f).

57 b) Wenn es um die **Verletzung besonderer Pflichten** geht (§§ 142, 332 StGB), kommt als Mittäter nur der Pflichtenträger in Frage. Entsprechendes gilt für Delikte mit besonderen Tätermerkmalen. Eigenhändige Delikte (Meineid: RGSt 61, 199, 201; § 173 StGB) können nur in Alleintäterschaft begangen werden. Insoweit kommt aber für den „Außenstehenden" eine Haftung nach § 830 Abs 2 in Betracht.

Eine deliktische Außenhaftung von Organmitgliedern (insbes Vorstandsmitgliedern einer Aktiengesellschaft) für fehlerhafte Ad-hoc-Mitteilungen lässt sich über § 830 Abs 1 S 1, Abs 2 nicht begründen (ebenso MAIER-REIMER/WEBERING WM 2002, 1857, 1864; MÖLLERS/ROTTER/MÖLLERS/LEISCH, Ad-hoc-Publizität [2003] § 14 Rn 138–140; ASSMANN/SCHNEIDER/SETHE, Wertpapierhandelsgesetz [4. Aufl 2006] § 37b, 37c Rn 133; SCHWARK/ZIMMER, Kapitalmarktrechts-Kommentar [2004] §§ 37b, 37c WpHG Rn 130; **aA** wohl RIECKERS BB 2002, 1213, 1220; SCHWARK EWiR 2001, 1049, 1050). Die Ad-hoc-Publizitätspflicht nach § 15 WpHG trifft nämlich nur den Emittenten (das Unternehmen), während die Organmitglieder keiner eigenständigen Pflicht unmittelbar gegenüber den Anlegern unterworfen sind und daher nicht als Mittäter in Betracht kommen. Normadressat der zum Schadensersatz verpflichtenden Normen, §§ 37b, 37c WpHG, ist vielmehr nur der Emittent (zu der Frage, ob die Haftung aus §§ 37b, 37c WpHG überhaupt als deliktische Haftung oder vielmehr als Vertrauenshaftung zu sehen ist, vgl MÖLLERS/ROTTER/MÖLLERS, Ad-hoc-Publizität [2003] § 13 Rn 9, 12; SCHWARK/ZIMMER, Kapitalmarktrechts-Kommentar [2004] §§ 37b, 37c WpHG Rn 6 ff). Geben die Organmitglieder eine fehlerhafte Ad-hoc-Mitteilung ab, verletzen sie daher nur ihre Pflichten gegenüber dem Unternehmen, das sie leiten. Eine Haftung als Anstifter oder Gehilfe kommt ebenfalls nicht in Betracht (ebenso MAIER-REIMER/ WEBERING WM 2002, 1857, 1864; MÖLLERS/ROTTER/MÖLLERS, Ad-hoc-Publizität [2003] § 14 Rn 140; SCHWARK/ZIMMER, Kapitalmarktrechts-Kommentar [2004] §§ 37b, 37c WpHG Rn 130). Denn die juristische Person handelt (und unterläßt) durch ihre Organe. Die Organmitglieder als Anstifter oder Gehilfen der juristischen Person im Hinblick auf eben diese Handlung oder Unterlassung anzusehen, würde die juristische Konstruktion überstrapazieren. Den geschädigten Anlegern haften Organmitglieder daher nur, wenn sie ein über die Verletzung der Ad-hoc-Publizität hinausgehendes Delikt verwirklicht haben, sie also eine Straftat begangen oder eine vorsätzliche sittenwidrige Schädigung (§ 826) einzelner Anleger bezweckt haben.

c) Überschreitet ein Täter den Rahmen des gemeinsam Gewollten, so haften die **58** anderen für diesen **Exzeß des Mittäters** nicht (BGHZ 59, 30, 42; 63, 124, 128; 89, 383, 396 = NJW 1984, 1226, 1229; BGH VersR 1960, 540; OLG Frankfurt NJW-RR 1989, 794, 795). Das gilt auch für Anstifter und Gehilfen, dh die Haftung nach § 830 Abs 2 greift nicht ein, soweit der Täter über das vom Vorsatz des Teilnehmers Umfaßte hinausgeht (BGHZ 89, 383, 396 = NJW 1984, 1226, 1229; NJW 2005, 3137, 3140).

d) § 830 Abs 1 S 1 ist nur anwendbar, wenn und soweit alle Mittäter **rechtswidrig 59** handeln. Haben mehrere Personen durch teils erlaubte, teils unerlaubte Handlungen als einheitliche Ursache einen Schaden herbeigeführt, so ist für den ganzen Schaden nur haftbar, wem eine unerlaubte Handlung zur Last fällt (vgl RGZ 73, 289, 290). Auch Anstiftung und Beihilfe müssen rechtswidrig sein und sich auf eine rechtswidrige Haupttat beziehen.

e) Mittäterschaft, Anstiftung und Beihilfe werden nicht dadurch ausgeschlossen, **60** daß einer der Mitwirkenden nicht **deliktsfähig** ist (§§ 827, 828). Dieser haftet dann nur nach § 829 (BGH LM Nr 15). Bei Deliktsunfähigkeit des „Haupttäters" wird aber vielfach mittelbare Täterschaft des „Anstifters" oder „Gehilfen" vorliegen (vgl MünchKomm/WAGNER Rn 7).

f) § 830 Abs 1 S 1 ist entsprechend anwendbar bei **Mitverschulden** (§ 254) des **61** durch unerlaubte Handlung Verletzten, wenn an dem als Verschulden anzurechnenden Verhalten mehrere mittäterartig beteiligt sind (RG Recht 1911 Nr 2091).

g) Rücktritt von einer Verabredung
Verabreden A und B die gemeinsame Begehung einer unerlaubten Handlung und **62** führt nur A die Tat aus, während B abredewidrig nicht mitwirkt oder gar seine Mitwirkung ausdrücklich verweigert, so ist B gleichwohl für den von A herbeigeführten Schaden in vollem Umfang haftbar, wenn sein vorangegangenes Verhalten kausal im Tun des A (durch Weckung des Tatentschlusses, Hinweise für die Durchführung der Tat) weiterwirkt (BGH VersR 1963, 1141).

63 **h)** Der Begriff der **Fortsetzungstat** – deren Anwendungsbereich auch für das Strafrecht durch den Beschluß des GrSenBGH v 3. 5. 1994 (BGHSt 40, 138) auf Ausnahmefälle eingeschränkt worden ist (vgl dazu TRÖNDLE/FISCHER, StGB [53. Aufl 2006] vor § 52 Rn 47 ff) – ist für das Zivilrecht ohne Bedeutung. Im strafrechtlichen Sinn liegt eine fortgesetzte Handlung vor, wenn der Täter denselben Grundtatbestand durch Verletzung gleichartiger Rechtsgüter in gleichartiger Begehungsform auf Grund eines Gesamtvorsatzes durch mehrfache Einzelhandlungen verwirklicht; die Fortsetzungstat bildet dann juristisch (für die Bestrafung, Verjährung, Konsumtionswirkung des rechtskräftigen Urteils usw) eine einzige Handlung. Ob und inwieweit der Begriff der fortgesetzten Handlung auch im Zivilrecht verwendbar ist, bedarf hier keiner Erörterung. Denn schon im Strafrecht wird nicht die Folgerung gezogen, daß bei einer auf eine Einzelhandlung oder einen Teil der Einzelakte beschränkten Teilnahme (als Mittäter, Anstifter oder Gehilfe) der Täter als Teilnehmer an der gesamten Fortsetzungstat verantwortlich sei (vgl DREHER/TRÖNDLE, Strafgesetzbuch [47. Aufl 1995] Rn 37 vor § 52 StGB mwN). Auch im Bereich des § 830 beschränkt sich die zivilrechtliche Haftung des Teilnehmers für den angerichteten Schaden nur auf den Teil einer „fortgesetzten Handlung", an dem er ausführend, bestimmend oder fördernd mitgewirkt hat (BGH LM § 823 BGB [Be] Nr 4). Der von der Rechtsprechung entwickelte Begriff der Fortsetzungstat als einer Handlungseinheit trägt bestimmten spezifisch strafrechtlichen Bedürfnissen Rechnung und nötigt nicht dazu, aus ihm Folgerungen zu ziehen, die zu unangemessenen Ergebnissen – hier: dem Einstehen für den durch die Fortsetzungstat verursachten Schaden – führen.

64 **i)** Ob im Einzelfall Mittäterschaft vorliegt, **entscheidet der Zivilrichter selbständig**. An eine abweichende rechtliche Beurteilung im Strafverfahren ist er nicht gebunden (BGHZ 8, 288, 293 = NJW 1953, 499, 500).

III. Beteiligte (§ 830 Abs 1 S 2)

1. Regelungsbereich

65 Auch § 830 Abs 1 S 2 betrifft – wie § 830 Abs 1 S 1, Abs 2 – den Fall, daß nicht nur eine Person als Schädiger in Betracht kommt, sondern bei der Entstehung des Schadens mehrere Personen im Spiel sind. Anders als bei § 830 Abs 1 S 1, Abs 2 wirken diese mehreren Personen allerdings nicht bewußt und gewollt zusammen, sondern handeln unabhängig voneinander. Die Kategorie der Beteiligten iS des § 830 Abs 1 S 2 ähnelt somit in subjektiver Hinsicht der nicht im Gesetz geregelten Kategorie der Nebentäter, die durch selbständige Einzelhandlungen ohne bewußtes Zusammenwirken einen Schaden mitverursachen (BGHZ 30, 203, 206). Der Unterschied zwischen Nebentätern und Beteiligten besteht in folgendem: Der Nebentäter hat für die Folgen seines eigenen rechtswidrigen Verhaltens nach den allgemeinen Zurechnungsregeln einzustehen (BGH NJW 1988, 1719, 1720). Er haftet also auf das Ganze, wenn sein Verhalten den Gesamtschaden mitverursacht hat (vgl BGH NJW 1994, 932, 934 [Kindertee]), sonst auf den bestimmten, unterscheidbaren Teil des Schadens, den sein Verhalten verursacht hat (MünchKomm/STEIN[3] Rn 6). Die Kausalität muß somit feststehen. Demgegenüber ist das Handeln der Beteiligten iS des § 830 Abs 1 S 2 nur potentiell kausal für den eingetretenen Schaden: Die Vorschrift ordnet die Verantwortlichkeit jedes Beteiligten an, wenn sich nicht ermitteln läßt, welcher

Beteiligte ihn durch seine Handlung verursacht hat. Beteiligte sind damit potentielle Nebentäter.

2. Zweck der Norm

§ 830 Abs 1 S 2 verhilft dem Geschädigten zu einem Ersatzanspruch in Fällen, in 66 denen sich nicht ermitteln läßt, wer von mehreren Beteiligten den Schaden verursacht hat. Damit ist es Zweck der Vorschrift – nicht anders als bei § 830 Abs 1 S 1, Abs 2 – eine Beweisnot des Geschädigten zu beheben. Es haften dann neben dem, der den Schaden wirklich verursacht hat, aber nicht genau ermittelt werden kann, auch die weiteren Handelnden, die ihn nur möglicherweise verursacht haben. Die ratio des § 830 Abs 1 S 2 erschließt sich – anders als bei § 830 Abs 1 S 1, Abs 2 – nicht von seiten des potentiellen Schädigers her, sondern aus der Position des Geschädigten. Dieser hat einen Schaden erlitten, der nach den Gerechtigkeitsentscheidungen der Haftungsordnung unzweifelhaft auszugleichen, dh von Dritten zu ersetzen ist. Demgegenüber hat der Beteiligte – abgesehen vom Merkmal der Kausalität – einen Haftungstatbestand verwirklicht. Er hat eine Handlung vorgenommen, die zu dem eingetretenen Schaden führen konnte. Ob sie tatsächlich für ihn kausal wurde, war nur noch eine Frage des Zufalls. Wurde sie nicht kausal, so war dies jedenfalls kein Verdienst des Beteiligten. Unter diesen Voraussetzungen erscheint es gerechtfertigt, das Interesse des Geschädigten, überhaupt Ersatz zu erlangen, gegenüber den Interessen der Beteiligten, nicht ohne Kausalitätsnachweis haften zu müssen, höher zu bewerten und das Unaufklärbarkeitsrisiko auf die Beteiligten zu verlagern (vgl BAUER JZ 1971, 4, 6 f; EBERL-BORGES AcP 196 [1996] 491, 502 ff, insbes 510 f; SOERGEL/KRAUSE Rn 14; MünchKomm/WAGNER Rn 4 ff).

3. Alternative und kumulative Kausalität

Seinem Wortlaut nach betrifft § 830 Abs 1 S 2 zunächst den Fall, daß der wirkliche 67 Urheber des Schadens nicht ermittelt werden kann. Diese sog alternative Kausalität (auch Urheberzweifel genannt) ist durch vier Kriterien gekennzeichnet (vgl BGHZ 25, 271, 274; 33, 286, 292; 67, 14, 19; 72, 355, 358; BGH LM Nr 23; BGH NJW 1987, 2810, 2811):

(1) Mehrere Personen haben unabhängig voneinander eine für den Rechtskreis des Geschädigten gefährliche Handlung begangen.

(2) Eine dieser Handlungen hat den Schaden tatsächlich verursacht.

(3) Die Handlung einer jeden Person kann den Schaden verursacht haben.

(4) Der wirkliche Urheber des Schadens ist nicht zu ermitteln.

Seinem Sinn und Zweck nach wird § 830 Abs 1 S 2 auch auf den Fall erstreckt, daß 68 sich nicht ermitteln läßt, welchen Schadensanteil der einzelne Beteiligte verursacht hat, sein Verhalten aber für den gesamten Schaden kausal sein kann. Diese sog kumulative Kausalität (auch Anteilszweifel genannt) läßt sich durch folgende vier Kriterien kennzeichnen (vgl BGHZ 33, 286, 292 f; 55, 86, 92 f; 72, 355, 358; 85, 375, 383; OLG Düsseldorf MDR 1984, 400, 401):

(1) Mehrere Personen haben unabhängig voneinander eine für den Rechtskreis des Geschädigten gefährliche Handlung begangen.

(2) Eine dieser Handlungen hat den Schaden tatsächlich verursacht, oder mehrere dieser Handlungen haben den Schaden gemeinsam tatsächlich verursacht.

(3) Die Handlung einer jeden Person kann den gesamten Schaden verursacht haben.

(4) Welchen Anteil jeder einzelne an dem Schaden wirklich hat, ist nicht zu ermitteln.

69 Eine kumulative Kausalität iS des § 830 Abs 1 S 2 liegt nicht vor, wenn feststeht, daß die Beteiligten nur je einen Teil des Schadens verursacht haben, aber unklar ist, wie groß die einzelnen Anteile sind (aA MEHRING 54–67). Hier besteht die für § 830 Abs 1 S 2 charakteristische Beweisnot des Verletzten nicht, weil der Schaden durch richterliche Schadensschätzung gemäß § 287 ZPO auf die verschiedenen Schädiger aufgeteilt werden kann (BGHZ 101, 106, 113; KG NZV 1989, 232). Diese – nicht von § 830 Abs 1 S 2 erfaßte – Fallgruppe ist in der Praxis anhand von Fallgestaltungen entwickelt worden, bei denen mehrere Täter gleichzeitig oder nacheinander in Ausnutzung derselben Gelegenheit, jedoch ohne Verbindung miteinander, aus einem Warenlager plünderten, ohne daß sich ermitteln ließ, wie hoch der Anteil des einzelnen an dem insgesamt entstandenen Schaden war (vgl OLG Bamberg NJW 1949, 225 f; OLG Koblenz AcP 150 [1949] 453 f; OLG Braunschweig JR 1951, 658 f; OLG Hamburg MDR 1956, 676 f; BAUER JZ 1971, 4, 8; MünchKomm/STEIN[3] Rn 22).

4. Unabhängigkeit der Handlungen

70 Beiden Fallgruppen des § 830 Abs 1 S 2 ist das erste Kriterium gemein, daß mehrere Personen unabhängig voneinander eine für den Rechtskreis des Geschädigten gefährliche Handlung begangen haben. Dieses Kriterium bezeichnet zunächst die Beteiligung als „potentielle Nebentäterschaft" und grenzt die Vorschrift von § 830 Abs 1 S 1, Abs 2 ab (s oben Rn 65): Die mehreren Personen haben nicht bewußt und gewollt zusammengewirkt, sind also nicht Mittäter, Anstifter oder Gehilfen.

5. Verwirklichung eines Haftungstatbestandes

71 Darüber hinaus ist mit dem Merkmal der Begehung einer für den Rechtskreis des Geschädigten gefährlichen Handlung gemeint, daß jeder Beteiligte einen Haftungstatbestand verwirklicht haben muß, wobei abgesehen von der Kausalität alle Tatbestandsvoraussetzungen vorliegen müssen.

a) In Betracht kommende Haftungstatbestände

72 Es kommen alle Haftungstatbestände des Titels 27 in Betracht, einschließlich der Haftung für vermutetes Verschulden und der Gefährdungshaftung (BGHZ 55, 96, 98; BGH VersR 1956, 627, 629; OLG Düsseldorf VersR 1980, 1171; MünchKomm/WAGNER Rn 31 f) sowie der Billigkeitshaftung nach § 829 (RGZ 74, 143). Außerdem ist § 830 Abs 1 S 2 auf alle Gefährdungshaftungstatbestände außerhalb des BGB entsprechend anwendbar.

Das RG hat die Anwendbarkeit des § 830 Abs 1 S 2 auf Gefährdungshaftungstat- **73**
bestände noch abgelehnt (RGZ 102, 316, 319 zu einem Fall der Haftung für Bergschäden nach
§ 148 des Preußischen Allgemeinen Berggesetzes) und darauf abgestellt, die Beweiserleichterung der Norm finde ihre Rechtfertigung im deliktischen Charakter der Handlung,
der ein rechtswidriges und schuldhaftes Verhalten des Täters voraussetze (RGZ 102,
316, 320; zu dieser Argumentation EBERL-BORGES AcP 196 [1996] 491, 503 ff). Die Gefährdungshaftung betrifft demgegenüber Tatbestände, in denen eine Gefahrenquelle in
rechtmäßiger und erlaubter Weise unterhalten wird.

Der innere Grund des § 830 Abs 1 S 2 erklärt sich jedoch nicht im Hinblick auf die **74**
Person des Beteiligten und sein vorwerfbares Verhalten, sondern im Hinblick auf die
Person des Geschädigten und seine Beweisnot. Die Vorschrift hat die Überwindung
einer Beweisschwierigkeit des Geschädigten zum Ziel, dessen Ersatzanspruch nicht
daran scheitern soll, daß nicht mit voller Sicherheit festgestellt werden kann, wer von
mehreren Beteiligten der eigentliche Schädiger gewesen ist. Dieser Gesetzeszweck
kann auch dann zutreffen, wenn die mehreren Beteiligten eine Gefährdungshaftung
trifft (vgl BGH LM Nr 12). Die dem § 830 Abs 1 S 2 zugrundeliegende Sach- und
Interessenlage (s oben Rn 66) ist keine Besonderheit der Verschuldenshaftung; sie
kann genauso vorliegen, wenn die Verwirklichung von Gefährdungshaftungstatbeständen in Rede steht. Der BGH ist der Argumentation des RG daher zu Recht
nicht gefolgt und wendet mit der allgemeinen Meinung in der Literatur § 830 Abs 1
S 2 auch auf die Gefährdungshaftungstatbestände an (BGH LM Nr 12 [zu § 7 StVG];
BGHZ 101, 106, 111 = NJW 1987, 2811, 2812; ebenso OLG Stuttgart VersR 1973, 325, 327; EBERL-
BORGES AcP 196 [1996] 491, 512 f; vgl BAUER JZ 1971, 4, 10; SOERGEL/KRAUSE Rn 14; SCHANTL
VersR 1981, 105, 106; MünchKomm/WAGNER Rn 31 ff; WEIMAR MDR 1960, 463, 464; die analoge
Anwendbarkeit ist allerdings – wegen weitgehend fehlender Gesetzeslücke – eingeschränkt im Hinblick auf § 22 WHG und § 1 UmweltHG, vgl EBERL-BORGES AcP 196
[1996] 491, 541 ff, 547 ff).

Es wird befürchtet, daß es durch diese Anwendung zu einer zu weitgehenden Aus- **75**
dehnung der Gefährdungshaftung kommen könnte, weil sich neben dem sowieso
schon entfallenden Verschuldensnachweis zusätzlich der Kausalitätsnachweis erübrige (vgl SCHANTL VersR 1981, 105, 106). Eine derartige Gefahr besteht jedoch nicht. Eine
Ausuferung der Gefährdungshaftung wird verhindert durch das dritte Kriterium der
alternativen und der kumulativen Kausalität: Die Unterhaltung der Gefahrenquelle
muß den (gesamten) Schaden verursacht haben *können*. Diese potentielle Kausalität
liegt nicht schon durch die generelle, abstrakte Gefährlichkeit der betriebenen Anlage, des gehaltenen Tieres usw vor, an die die Gefährdungshaftungstatbestände
anknüpfen (s unten Rn 89).

§ 830 Abs 1 S 2 ist auch anwendbar, wenn ein Verschuldenshaftungstatbestand mit **76**
einem Gefährdungshaftungstatbestand zusammentrifft (BGB-RGRK/STEFFEN Rn 15).

Auf vertragliche Schadensersatzansprüche ist § 830 Abs 1 S 2 entsprechend anwend- **77**
bar (OLG Hamm, einschlußweise wiedergegeben in BGH VersR 1968, 493, 494; SCHANTL VersR
1981, 105, 107; aA HENNE VersR 2002, 685, 687 f; der BGH hat die Frage in VersR 1968, 493, 494
noch offengelassen, nunmehr in NJW 2001, 2538, 2539 aber bejaht [zu einem Anspruch aus positiver
Forderungsverletzung; auf die Verwirklichung eines Haftungstatbestandes durch einen weiteren
Beteiligten geht das Gericht allerdings nicht ein, ausführliche Kritik bei EBERL-BORGES NJW

2002, 949; FROMMHOLD JURA 2003, 403, 408–410 und HENNE VersR 2002, 685, 686 f]). Der historische Gesetzgeber hat den Fall, daß dem Geschädigten der Verursachungsnachweis infolge der Beteiligung mehrerer Vertragspartner erschwert sein kann, nicht absichtlich ungeregelt gelassen. Das gesetzgeberische Motiv für die Beweiserleichterung des § 830 Abs 1 S 2 rechtfertigt die analoge Anwendung (vgl SCHANTL VersR 1981, 105, 107 f). Sie setzt ein vertragswidriges Verhalten jedes Beteiligten voraus (BGH VersR 1968, 493, 494; OLG Hamm NJW 1982, 2005, 2007).

78 Entsprechend anwendbar ist § 830 Abs 1 S 2 schließlich auch auf den Ausgleichsanspruch nach § 906 Abs 2 S 2 (BGHZ 101, 106, 111 = NJW 1987, 2811, 2812; PALANDT/SPRAU Rn 13), auf den Beseitigungsanspruch nach § 1004 Abs 1 (LG Köln NJW-RR 1990, 865, 866), auf Entschädigungsansprüche aus enteignendem und enteignungsgleichem Eingriff (BGHZ 101, 106, 111 = NJW 1987, 2811, 2812; vgl PALANDT/SPRAU Rn 14), den Anspruch auf Ersatz von Wildschaden nach § 29 BJagdG (STAUDINGER/BELLING § 835 Rn 3; **aA** LG Krefeld, Jagdr Entsch, Bd II, Sachg IX, Nr 21) sowie auf Schadensersatzansprüche des Dienstherrn nach öffentlichem Dienstrecht (BVerwG NJW 1999, 3727, 3729 zu § 24 Abs 1 Soldatengesetz).

b) Verwirklichung der Tatbestandsmerkmale durch jeden Beteiligten

79 Die Voraussetzung, daß jeder Beteiligte einen Haftungstatbestand verwirklicht haben muß, bedeutet, daß abgesehen vom Tatbestandsmerkmal der Kausalität bei jedem Beteiligten die Voraussetzungen einer unerlaubten Handlung nach §§ 823 ff, eines außerhalb des BGB geregelten Gefährdungshaftungstatbestandes oder eines sonstigen Tatbestandes, auf den § 830 Abs 1 S 2 entsprechend anwendbar ist, vorliegen müssen (vgl BGH NJW 1989, 2943, 2944).

80 Im Falle eines Verschuldenshaftungstatbestandes muß das Verhalten jedes Beteiligten also insbesondere rechtswidrig sein (BGH VersR 1979, 822; vgl LG Essen, Jagdr Entsch, Bd XI, Sachg XI, Nr 101 – Keine Anwendung des § 830 Abs 1 S 2, wenn bei einer Wildtaubenjagd Brieftauben getötet werden). § 830 Abs 1 S 2 entfällt, und zwar auch für den oder die anderen Beteiligten, wenn für einen Täter ein Rechtfertigungsgrund eingreift. Denn es besteht die Möglichkeit, daß die Verletzung des Geschädigten zulässig war, und diese Zweifel räumt die Vorschrift nicht aus (BGH LM Nr 2; SOERGEL/KRAUSE Rn 21; BGB-RGRK/STEFFEN Rn 17; MünchKomm/WAGNER Rn 37).

81 Gleiches gilt für das Verschulden: Handelt einer der möglichen Schädiger nicht vorsätzlich oder fahrlässig, so steht dem Geschädigten ein Ersatzanspruch nicht zweifelsfrei zu. § 830 Abs 1 S 2 ist in diesem Fall unanwendbar (BGH LM Nr 2; OLG Karlsruhe OLGRspr 9, 41; BAUER JZ 1971, 4, 7; LARENZ/CANARIS, Schuldrecht II/2 § 82 II 3 a; vgl MünchKomm/WAGNER Rn 36, 37). Umstritten ist, ob dies auch dann gilt, wenn einem Schädiger die Deliktsfähigkeit fehlt. Teilweise wird die Ansicht vertreten, daß die Deliktsunfähigkeit eines Beteiligten die übrigen nicht entlasten könne. Die Ersatzpflicht der anderen Beteiligten bleibt danach unberührt, und nur die Haftung des Zurechnungsunfähigen wird nach Maßgabe des § 829 beschränkt (MünchKomm/STEIN Rn 25; BGB-RGRK/STEFFEN Rn 17; ebenso noch STAUDINGER/SCHÄFER[12] Rn 34; die zitierte Entscheidung RGZ 74, 143 besagt lediglich, daß im Rahmen des § 830 Abs 1 S 2 auch eine Haftung nach § 829 in Betracht kommt). Dem ist zu widersprechen (ebenso OLG Schleswig MDR 1983, 1023, 1024; SOERGEL/ZEUNER Rn 18; BYDLINSKI, in: FS Beitzke [1979] 3, 19 ff; BAUER JZ 1971, 4, 7). § 830 Abs 1 S 2 betrifft den Fall, daß dem Geschädigten ein Ersatzanspruch zweifelsfrei zusteht und lediglich unklar ist, gegen wen er sich richtet. Ist ein Beteiligter deliktsunfähig, steht dem Geschädigten ein Ersatzanspruch gerade nicht zweifelsfrei zu: Ist der Deliktsunfähige der tatsächliche Verursacher, so kann ihn der Geschädigte nach der Risikoverlagerung der §§ 827, 828 nicht in Anspruch nehmen, sondern hat den Schaden hinzunehmen – es sei denn, die Billigkeitshaftung nach § 829 greift ein. Das Risiko, daß einer der Beteiligten schadensersatzrechtlich nicht belangt werden kann, soll dem Geschädigten nicht durch § 830 Abs 1 S 2 abgenommen werden. Er hat dieses Risiko genauso hinzunehmen, wie wenn er durch einen deliktsunfähigen Alleinbeteiligten geschädigt worden wäre. Bestünde dem deliktsunfähigen Beteiligten gegenüber ein Anspruch aus § 829, so haften alle Beteiligten nur in dem sich daraus ergebenden Umfang.

Ist zweifelhaft, ob dem in Anspruch Genommenen überhaupt eine unerlaubte Handlung zur Last fällt, so ist für die Anwendung des § 830 Abs 1 S 2 kein Raum (BGH NJW 1989, 2943, 2944; BGHZ 89, 383, 399 f = NJW 1984, 1226, 1230; BGH VersR 1961, 85, 86; 1965, 1046, 1048; OLG Stuttgart NJW 1968, 2202; OLG Hamburg MDR 1968, 321; OLG Hamm VersR 2000, 55, 57; vgl MünchKomm/WAGNER Rn 36, 37; BGB-RGRK/STEFFEN Rn 17). § 830 Abs 1 S 2 kommt also nicht zum Tragen, wenn nur möglicherweise mehrere Beteiligte vorhanden sind (so aber LG Freiburg MDR 1981, 497). Hat sich ein Demonstrant erst ab einem bestimmten Zeitpunkt einer Gruppe von Gewalttätern angeschlossen und ist nicht feststellbar, ob die eingetretenen Schäden vor oder nach diesem Zeitpunkt entstanden sind, so läßt sich die Haftung nicht über § 830 Abs 1 S 2 begründen (BGHZ 89, 383, 399 f = NJW 1984, 1226, 1230). **82**

6. Unzweifelhaftes Bestehen eines Ersatzanspruchs

Nach dem zweiten Kriterium muß eine der gefährlichen Handlungen den Schaden tatsächlich verursacht haben (so bei alternativer Kausalität), oder es müssen jedenfalls mehrere dieser Handlungen den Schaden gemeinsam tatsächlich verursacht haben (so bei kumulativer Kausalität). Daraus folgt in Zusammenhang mit dem ersten Kriterium, daß dem Geschädigten auf jeden Fall ein Ersatzanspruch zustehen muß (vgl BGHZ 60, 177, 181; MünchKomm/WAGNER Rn 38). Es muß also sicher sein, daß der Schaden nicht auf anderen Ursachen als dem Verhalten der möglichen Schädiger beruht. § 830 Abs 1 S 2 ist demnach unanwendbar, wenn der Schaden auch durch Naturereignisse verursacht worden sein kann (ERMAN/SCHIEMANN Rn 7; BGB-RGRK/ STEFFEN Rn 18; MünchKomm/WAGNER Rn 38). **83**

Das gleiche gilt, wenn der Verletzte selbst als Verursacher des Schadens in Betracht kommt (BGHZ 60, 177, 181; 67, 14, 20; BGH NJW 1973, 1283; vgl LOOSCHELDERS, Die Mitverantwortlichkeit des Geschädigten im Privatrecht [1999] 324 ff; ERMAN/SCHIEMANN Rn 7; BGB-RGRK/STEFFEN Rn 19; MünchKomm/WAGNER Rn 40). Die Gegenmeinung bejaht eine nach § 254 geminderte Haftung (OLG Celle NJW 1950, 951 f; SOERGEL/KRAUSE Rn 22; WECKERLE 146 f; DEUTSCH, Allgemeines Haftungsrecht [2. Aufl 1996] Rn 526 f; HEINZE NJW 1973, 2021, 2022; ders VersR 1973, 1081, 1086). Diese Ansicht verkennt, daß es nicht dem Zweck der Vorschrift entspricht, dem Geschädigten auch bei nur möglicher Berechtigung einen Ersatzanspruch zu verschaffen. Kommt allerdings nur eine Mitbeteiligungsquote des Geschädigten in Betracht, so bleibt § 830 Abs 1 S 2 wegen der (hypothetischen) Restquote anwendbar. Auszugehen ist dann von derjenigen Konstellation, die dem Geschädigten am ungünstigsten ist. Nur bezüglich dieser „geringsten" (hypotheti- **84** schen) Restquote steht eine Haftung eines der übrigen Beteiligten zweifelsfrei fest (BGHZ 72, 355, 363; BGH LM Nr 23; BGH VersR 1976, 992, 995; BGB-RGRK/STEFFEN Rn 19; ERMAN/SCHIEMANN Rn 7).

85 Trifft den Geschädigten im Verhältnis zu einem von mehreren nach § 830 Abs 1 S 2 haftenden Beteiligten ein Mitverschulden, so können auch die anderen Beteiligten, wenn ihr Verursachungsbeitrag nicht positiv festgestellt ist, nur zu der geringsten (hypothetischen) Haftungsquote verurteilt werden (BGH LM Nr 23; MünchKomm/WAGNER Rn 39).

86 Vor allem im Rahmen der Gefährdungshaftung – namentlich bei der Kraftfahrzeughalterhaftung nach § 7 StVG angesichts der heutigen Intensität des Straßenverkehrs – kann die Situation eintreten, daß neben den sicheren Beteiligten weitere nur mögliche Beteiligte vorhanden sind oder nicht ausgeschlossen werden kann, daß es weitere mögliche Beteiligte gibt. Der ratio des § 830 Abs 1 S 2 entspricht es, die Norm auch in solchen Fällen anzuwenden, sofern nur der Geschädigte mit Sicherheit einen Ersatzanspruch hat. Der Geschädigte kann dann lediglich die erwiesenermaßen Beteiligten nach § 830 Abs 1 S 2 in Anspruch nehmen. Die nur möglicherweise Beteiligten sind insofern von Bedeutung, als in ihrer Person – die Verwirklichung eines Haftungstatbestandes unterstellt – kein Grund für einen Haftungsausschluß vorliegen darf (vgl EBERL-BORGES AcP 196 [1996] 491, 530 ff).

7. Potentielle Kausalität

87 Nach dem sowohl für die alternative als auch für die kumulative Kausalität maßgeblichen dritten Kriterium muß die Handlung eines jeden Beteiligten den Schaden verursacht haben können. Auf diese Weise wird die für einen Ersatzanspruch allgemein erforderliche (wenn auch – wie bei der Arzthaftung – teilweise vermutete) Kausalität durch die Voraussetzung ersetzt, daß das Verhalten jedes Beteiligten geeignet sein muß, den schädigenden Erfolg herbeizuführen. Die Anforderungen an diese potentielle Kausalität sind je nach Art des in Frage kommenden Haftungstatbestandes unterschiedlich zu bestimmen.

88 Bei der Verschuldenshaftung kommt eine Anwendung des § 830 Abs 1 S 2 nur in Betracht, wenn eine rechtswidrige und schuldhafte Verletzungshandlung im Sinne der Haftungsnorm vorliegt (s oben Rn 80 f). Eine Verletzungshandlung iS eines Verschuldenshaftungstatbestandes begründet bereits als solche die Gefahr eines Schadens. Bei der potentiellen Kausalität geht es dann nur noch um die Frage, ob der tatsächlich eingetretene Schaden von eben dieser Art ist. Ist das der Fall, so liegt ohne weiteres die potentielle Kausalität vor. Das gilt für die Deliktshaftung ebenso wie für die vertragliche Haftung.

89 Anders als bei der Verschuldenshaftung läßt sich bei der Gefährdungshaftung die potentielle Kausalität nicht auf die Entstehung einer Gefahr stützen: Die Gefährdungshaftungstatbestände knüpfen an das – erlaubte – Unterhalten einer Gefahrenquelle an, eine Gefahr liegt also von vornherein vor. Da das betreffende Verhalten somit generell Schäden verursachen kann, stellt sich die Frage nach dem maßgeblichen Wahrscheinlichkeitsgrad. Die abstrakte, von der Gefahrenquelle generell ausgehende Gefahr genügt für die Bejahung der potentiellen Kausalität nicht. Viel-

mehr ist erforderlich, daß sich diese abstrakte Gefahr in einer bestimmten Weise konkretisiert hat, so daß die Verursachung des Schadens nicht nur als theoretisch denkbar, sondern als praktisch möglich erscheint (vgl BODEWIG AcP 185 [1985] 505, 520). Es muß eine Situation eingetreten sein, in der sich die ständig vorliegende, abstrakte Gefahr derart verdichtet hat, daß die Verursachung der Rechtsgutsverletzung nur noch eine Frage des Zufalls ist. Bei der Bestimmung dieser Situation im einzelnen kommt es auf die Art der Gefahrenquelle und die von ihr ausgehende abstrakte Gefahr an. Da die Gefährdungshaftung kein einheitlicher Tatbestand ist, sind die Anforderungen an die potentielle Kausalität für jeden Gefährdungshaftungstatbestand gesondert zu spezifizieren (vgl dazu eingehend EBERL-BORGES AcP 196 [1996] 491, 522 ff). Für die Beteiligung an einer nach § 7 StVG zu beurteilenden Körperverletzung eines von einem Kraftfahrzeug überfahrenen Mopedfahrers reicht es beispielsweise nicht aus, daß der in Anspruch genommene Kraftfahrer zur fraglichen Zeit mit seinem Kraftfahrzeug an der Unfallstelle vorbeigefahren ist und den Mopedfahrer daher überfahren haben könnte. Der Geschädigte hat vielmehr den Nachweis einer verkehrswidrigen Fahrweise des in Anspruch Genommenen zu führen (vgl OLG Düsseldorf VersR 1987, 568; strenger SCHANTL VersR 1981, 105, 106: Der Geschädigte müsse nachweisen, daß der in Anspruch Genommene ihn tatsächlich überfahren habe, offen könne nur bleiben, ob ihn nicht möglicherweise noch ein weiterer Kraftfahrer überfahren habe), einen Fehler in der Beschaffenheit des Fahrzeugs oder sonst den Eintritt einer kritischen Situation nachzuweisen, in der es nur noch vom Zufall abhing, ob ein Unfall passierte oder nicht. Entlaufen drei Pferde von einer Weide und kommt es 800 m von der Weide entfernt zu einem Zusammenstoß zwischen einem Pkw und einem Pferd, wobei sich mehr als drei Pferde an der Unfallstelle aufhalten, so ist im Hinblick auf eine Haftung des Halters jener drei Pferde nach §§ 833 S 1, 830 Abs 1 S 2 die potentielle Kausalität nicht zu bejahen (EBERL-BORGES AcP 196 [1996] 491, 524 f; **aA** OLG Köln NZV 1990, 351, 352).

8. Unaufklärbarkeit der Verursachung

Nach dem vierten Kriterium setzt § 830 Abs 1 S 2 voraus, daß unaufklärbar ist, welcher der Beteiligten den Verletzungserfolg verursacht hat (so bei alternativer Kausalität) oder jedenfalls zu welchem Anteil jeder daran mitgewirkt hat (so bei kumulativer Kausalität). Haftet auch nur einer der Beteiligten aus nachgewiesener Kausalität für den ganzen Schaden, kommt deshalb eine Haftung der übrigen, nur möglicherweise kausalen Schädiger nicht in Betracht (vgl MünchKomm/WAGNER Rn 43; umfangreiche Nachweise aus Rechtsprechung und Schrifttum bei MünchKomm/STEIN[3] Rn 28).

a) Sogenannte Folgeschadensfälle

Diese Konsequenz ist Gegenstand einer Kontroverse im Hinblick auf die Fälle, in denen die mehreren Beteiligten zeitlich nacheinander unerlaubte Handlungen begehen, namentlich im Hinblick auf Verkehrsunfälle. Hier hat häufig der Ersttäter durch sein Verhalten schon eine adäquate Ursache für den gesamten Schaden gesetzt und haftet deshalb aus nachgewiesener Kausalität. So liegt es, wenn ein bei einem Verkehrsunfall Verletzter auf dem Transport ins Krankenhaus erneut einen Unfall erleidet (Fallkonstellation nach BGHZ 55, 86) oder ein auf der Straße liegendes Unfallopfer von einem weiteren Fahrzeug erfaßt wird (Fallkonstellation nach BGHZ 33, 286). Umstritten ist, ob der Geschädigte in diesen Fällen auch den Zweitschädiger über § 830 Abs 1 S 2 in Anspruch nehmen kann.

92 Der BGH hat die Anwendbarkeit des § 830 Abs 1 S 2 unter Hinweis auf die Beweisschwierigkeiten des Geschädigten zunächst bejaht (BGHZ 33, 286, 291, 292 = NJW 1961, 263, 264). Das Schrifttum hat diese Rechtsprechung überwiegend gebilligt (statt vieler zB DEUTSCH, Allgemeines Haftungsrecht [2. Aufl 1996] Rn 524; so heute noch SOERGEL/ KRAUSE Rn 25). Teilweise hat sich aber auch Widerspruch erhoben: Da der Erstschädiger erwiesenermaßen den Schaden in vollem Umfang adäquat verursacht habe, komme eine Anwendung des § 830 Abs 1 S 2 und damit eine zusätzliche Haftung des potentiellen Zweitschädigers nicht in Betracht (sog Subsidiarität der Haftung aus § 830 Abs 1 S 2; GERNHUBER JZ 1961, 148; KÖNDGEN NJW 1970, 2281; HEINZE VersR 1973, 1081, 1086; BRAMBRING 113). Der BGH hat seine Rechtsprechung in BGHZ 55, 86 (= NJW 1971, 506) verteidigt: Auch wenn der Erstschädiger unter dem Gesichtspunkt der adäquaten Kausalität rechtlich für den gesamten Schaden hafte, sei ein berechtigtes Interesse des Geschädigten anzuerkennen, den Zweitschädiger in Anspruch zu nehmen, so wenn der Erstschädiger der Person nach nicht mehr festgestellt werden könne oder vermögenslos sei. § 830 Abs 1 S 2 verstehe das alternative Kausalverhältnis nur in einem natürlichen Sinne (BGHZ 55, 86, 90 ff).

93 Beginnend mit der Entscheidung BGHZ 67, 14 (= NJW 1976, 1934) hat der BGH seine Rechtsprechung geändert: Die Anwendbarkeit des § 830 Abs 1 S 2 entfalle, wenn einer der für die Beteiligung in Betracht Kommenden erwiesenermaßen hafte, denn in diesem Fall bestehe nicht die Beweisnot des Geschädigten, die dem Gesetzgeber Veranlassung zu der Sonderregelung des § 830 Abs 1 S 2 gegeben habe (BGHZ 67, 14, 19 f). Allerdings hat der BGH in dieser Entscheidung noch offengelassen, ob an der früheren Rechtsprechung festzuhalten sei, sofern es nicht nur ein Schadensereignis gebe, sondern jeder „Beteiligte" selbständig einen Schadensfall verursacht habe und sich der zweite Schadensfall als ein dem ersten Schädiger ursächlich zuzurechnender Folgeschaden darstelle (BGHZ 67, 14, 21 f). Erst in BGHZ 72, 355 (= NJW 1979, 544) hat der BGH entschieden, daß diese „Privilegierung der Folgeschadensfälle" nicht aufrechterhalten werden könne (BGHZ 72, 355, 361; ihm folgend KG NZV 1989, 232). § 830 Abs 1 S 2 dürfe nicht dazu mißbraucht werden, dem Geschädigten weitere, eventuell solventere Schuldner zu verschaffen (BGHZ 72, 355, 361, 362). Im Schrifttum hat die Abkehr von der früheren Rechtsprechung teils Zustimmung gefunden (BAUMGÄRTEL, Handb der Beweislast I [2. Aufl 1991] Rn 10 mwN; MünchKomm/WAGNER Rn 45; BGB-RGRK/ STEFFEN Rn 20; SCHNEIDER JR 1977, 330, 331), teils ist sie – insbesondere im Hinblick auf die ratio des § 830 Abs 1 S 2 – auf Kritik gestoßen (vgl insbes FRAENKEL NJW 1979, 1202 f; DEUTSCH NJW 1981, 2731; BREHM JZ 1980, 585; BYDLINSKI, in: FS Beitzke [1979] 3, 16 ff; ESSER/ WEYERS, Schuldrecht BT, § 60 I 1 d; vgl detaillierter zur geschichtlichen Entwicklung STAUDINGER/ SCHÄFER[12] Rn 22 ff).

94 Der neueren Rechtsprechung des BGH ist beizupflichten. Die Durchbrechung des Kausalitätsprinzips in § 830 Abs 1 S 2 rechtfertigt sich aus dem Gedanken, daß es gerechter erscheint, auch die nur möglichen Schadensverursacher haften als den Geschädigten leer ausgehen zu lassen, falls eine Beweisnotlage eingetreten ist, die gerade darin besteht, daß der Geschädigte nicht nachzuweisen vermag, welche Gefährdungshandlung der potentiellen Schädiger seinen Schaden tatsächlich verursacht hat. Diese Beweisnotlage besteht in den Folgeschadensfällen gerade nicht. Der Schadensausgleich scheitert nicht an der Unmöglichkeit festzustellen, wer von mehreren den Schaden verursacht hat. Der Geschädigte erhält nur deshalb keinen Ausgleich, weil er den bestehenden Anspruch nicht durchsetzen kann, da sich die

Identität des Schädigers nicht ermitteln läßt oder dieser vermögenslos ist. Diese Umstände sind von der in § 830 Abs 1 S 2 gemeinten Beweisnotlage völlig verschieden (BRAMBRING 116). Es handelt sich um Risiken, die bei jedem Schadensereignis auftreten können und keine Spezialität von Schadensfällen mit Beteiligung mehrerer Personen darstellen (vgl BRAMBRING 112; das verkennen BREHM JZ 1980, 585 f; BYDLINSKI, in: FS Beitzke [1979] 4, 8 ff). Es ist nicht Zweck des § 830 Abs 1 S 2, dem Geschädigten auch diese Risiken abzunehmen.

Die gegen die neuere Rechtsprechung von Teilen der Literatur vorgebrachten Einwände greifen nicht durch. Die von DEUTSCH (NJW 1981, 2731, 2732) der Vorschrift des § 830 Abs 1 S 2 zugrunde gelegte Zweckerwägung, es erscheine gerecht, lieber mehrere gefährlich Handelnde gemeinschaftlich haften als den Verletzten ohne Anspruch ausgehen zu lassen, ist zwar nicht falsch. Diese Zweckerwägung gilt aber nur auf der Grundlage der soeben dargelegten Beweisnot des Geschädigten, nicht im Hinblick auf sonstige Umstände, die bei Folgeschadensfällen allein vorliegen, wie die Nichtermittelbarkeit der Person des Schädigers oder dessen Vermögenslosigkeit. Ob es eine zweite wesentliche Funktion des § 830 Abs 1 S 2 ist, einen gerechten Ausgleich zwischen Erst- und Zweitschädiger zu ermöglichen (so FRAENKEL NJW 1979, 1202; DEUTSCH NJW 1981, 2731, 2732), erscheint zumindest zweifelhaft. Jedenfalls hat diese Erwägung allein den Ausgleichsanspruch des Erstschädigers gegen den Zweitschädiger im Blick. Für den – auf der Grundlage dieser Ansicht – vom Geschädigten nach § 830 Abs 1 S 2 in Anspruch genommenen Zweitschädiger ist dagegen ein gerechter Ausgleich gerade nicht möglich, wenn die Person des Erstschädigers nicht zu ermitteln oder dieser vermögenslos ist. 95

b) Fälle vom Typ des „Kanalschachtbeispiels" des BGH
Eine ähnliche Problematik wie in den Folgeschadensfällen entsteht, wenn neben einer Schadensursache, die aus einem Kreis von Alternativtätern stammt, eine eigenständige weitere Schadensbedingung vorliegt, für die ein anderer aus feststehender Verursachung haftet. Zur Veranschaulichung diene das berühmte „Kanalschachtbeispiel" des BGH: Auf der Straße steht ein Kanalschacht offen, weil der für die Abdeckung Verantwortliche schuldhaft seine Pflicht versäumt hat; der Verletzte fällt, von zwei Personen angestoßen, infolge des einen (welchen?) der Stöße in den Kanalschacht (BGHZ 67, 14, 20; 72, 355, 359). In diesem Fall haftet der für die Nichtabdeckung des Schachts Verantwortliche für die Verletzungen aus dem Sturz, so daß – wie in den Folgeschadensfällen – ein dem Geschädigten erwiesenermaßen Haftender feststeht. Gleichwohl soll nach Ansicht des BGH (BGHZ 67, 14, 20; 72, 355, 359) – ihm folgend die Literatur (SOERGEL/KRAUSE Rn 26; BGB-RGRK/STEFFEN Rn 21; Münch-Komm/WAGNER Rn 46) – § 830 Abs 1 S 2 gegenüber den beiden Alternativtätern anwendbar bleiben. 96

Die vom BGH für diese Privilegierung gegenüber den Folgeschadensfällen angegebenen Gründe leuchten nicht ein. Der BGH führt an, der Zugriff auf den sicher Haftenden könne aus rechtlichen wie aus wirtschaftlichen Gründen weniger erfolgreich sein (BGHZ 72, 355, 359). Jedoch können wirtschaftliche Gründe für die Frage der Anwendbarkeit des § 830 Abs 1 S 2 keine Rolle spielen (s oben Rn 93 f). Welche rechtlichen Gründe der BGH im „Kanalschachtbeispiel" im Blick hat, ist nicht erkennbar. Denkbar sind andere Fälle, in denen der aus feststehender Verursachung Haftende nicht für den gesamten Schaden einzustehen hat, weil er ihn nur zum Teil 97 verursacht hat. Hier ist bezüglich des restlichen Schadensanteils § 830 Abs 1 S 2 ohne weiteres auf die Alternativtäter anwendbar, die als Verursacher ausschließlich in Frage kommen. In wieder anderen Fällen mag dem feststehenden Verursacher ein Rechtfertigungsgrund zur Seite stehen oder er mag entschuldigt gehandelt haben oder deliktsunfähig sein. Jedoch besteht das Risiko, von einer solchen Person geschädigt zu werden, auch in Alleintäterfällen. Der Geschädigte hat dieses Risiko nach der Rechtsordnung zu tragen, und auch § 830 Abs 1 S 2 nimmt es ihm nicht ab (s oben Rn 80 f).

98 Die selbständige Anwendung des § 830 Abs 1 S 2 auf den Gefahrenkreis der beiden Beteiligten, die den Geschädigten angerempelt haben – im Unterschied zur Anwendung des § 830 Abs 1 S 2 auf das Schadensereignis als solchem – rechtfertigt sich allerdings mit der Erwägung, daß im Unterschied zu den Folgeschadensfällen eine haftungsbegründende Schadensverursachung aus ihrem Kreis feststeht (vgl SOERGEL/ KRAUSE Rn 26). Der Geschädigte hat also insbesondere auch dann mit Sicherheit einen Ersatzanspruch, wenn die Haftung des für die Abdeckung des Kanalschachts Verantwortlichen entfällt, weil er beispielsweise gerechtfertigt oder entschuldigt handelte. § 830 Abs 1 S 2 verhilft dem Geschädigten somit in Fällen vom Typ des „Kanalschachtbeispiels" zu einem (uU zusätzlichen) Ersatzanspruch gegen die Alternativtäter.

c) **Sonstige Fälle**
99 Der Grundsatz, wonach eine Haftung der nur möglicherweise kausalen Schädiger nicht in Betracht kommt, wenn ein weiterer Beteiligter aus nachgewiesener Kausalität für den ganzen Schaden haftet, steht der Anwendung des § 830 Abs 1 S 2 nicht entgegen, wenn ein sicherer Ersatzanspruch aufgrund eines Versicherungsvertrages besteht (BGHZ 55, 86, 90; MünchKomm/WAGNER Rn 46). Denn der Versicherer haftet nicht aus feststehender Verursachung für den Schaden. Aus dem gleichen Grund schließt die rechtskräftige Verurteilung eines der Alternativtäter die Inanspruchnahme eines anderen nicht aus (BGH LM Nr 23; SOERGEL/KRAUSE Rn 26 mit Fn 80).

9. Weitere Voraussetzungen für eine Beteiligung iS des § 830 Abs 1 S 2

100 Ob die Anwendbarkeit des § 830 Abs 1 S 2 von weiteren Voraussetzungen im Hinblick auf den Begriff des Beteiligten abhängt, ist in Rechtsprechung und Literatur umstritten.

101 Die Rechtsprechung und ihr folgend ein Teil des Schrifttums verlangen, daß die mehreren selbständigen Gefährdungshandlungen in räumlicher und zeitlicher Hinsicht einen tatsächlich zusammenhängenden einheitlichen Vorgang bilden, der insbesondere durch die Gleichartigkeit der Gefährdungshandlungen gekennzeichnet ist (BGHZ 25, 271, 274; 33, 286, 291; 55, 86, 93, 95 f; OLG Köln MDR 1982, 408 f; offengelassen in BGHZ 101, 106, 112). Teilweise zusätzlich zu dieser objektiven Voraussetzung fordert eine weitere Ansicht in der Literatur, daß zwischen den potentiellen Schädigern auch eine subjektive Verbindung besteht, indem sie voneinander wissen (TRAEGER 284 ff; OERTMANN Anm 3; ebenso noch die ältere Rechtsprechung, RGZ 96, 224, 226; vgl auch RG JW 1909, 687) oder wissen müssen (DEUTSCH, Allgemeines Haftungsrecht [2. Aufl 1996] Rn 523; ders JZ 1972, 105, 106 f). Die hL lehnt demgegenüber jede Einschränkung objektiver oder subjektiver Art ab (BGB-RGRK/STEFFEN Rn 25; ERMAN/SCHIEMANN Rn 8; Hk-BGB/

STAUDINGER Rn 22; ESSER/WEYERS, Schuldrecht BT § 60 I 1 b; BYDLINSKI JurBl 1959, 1, 12; BAUER JZ 1971, 4, 5; DEUBNER JuS 1962, 383, 385 f; BRAMBRING 48; vgl SOERGEL/KRAUSE Rn 27; MünchKomm/WAGNER Rn 51).

Die Ansicht, die auf eine subjektive Verbindung der Beteiligten abstellt, ist abzulehnen. Haftungsgrundlage des § 830 Abs 1 S 2 ist nicht das besondere Risiko gemeinschaftlicher Gefährdung oder deren Erkennbarkeit durch die Beteiligten, sondern die zurechenbare Rechtsgutsgefährdung durch jeden einzelnen der Beteiligten (vgl MünchKomm/WAGNER Rn 51). Würde gerade die bewußte Beteiligung an einem gefährlichen Tun die Mitverantwortung aller Beteiligten begründen, hätte § 830 Abs 1 S 2 den Charakter eines Gefährdungstatbestandes. Jeder Beteiligte müßte bereits wegen dieser Beteiligung haften, ohne Rücksicht darauf, ob er oder ein anderer den Schaden verursacht hat, so daß eine Entlastung insoweit ausgeschlossen wäre. Über die Zulässigkeit des Entlastungsbeweises besteht jedoch seit RGZ 121, 400, 404 in Rechtsprechung und Lehre zu Recht Einigkeit (vgl BAUER JZ 1971, 4, 5; BRAMBRING 88 f; s zum Entlastungsbeweis auch u Rn 115 ff). Im übrigen dürften Fallgestaltungen, in denen mit einer hinzutretenden Gefährdungshandlung eines weiteren Beteiligten nach dem Sorgfaltsmaßstab des § 276 Abs 1 S 2 nicht gerechnet werden müßte, kaum denkbar sein (vgl BGB-RGRK/STEFFEN Rn 25). **102**

Auch das Erfordernis eines objektiv einheitlichen Vorgangs ist durch das Ziel des § 830 Abs 1 S 2, die Beweisnot des Verletzten zu beheben, nicht bedingt. Zwar wird sich in den meisten Fällen gerade infolge eines nahen örtlichen und zeitlichen Zusammenhangs der Handlungen und der Gleichartigkeit der Gefährdung die Schadensursache sehr schwer oder gar nicht aufklären lassen. Doch ist das allenfalls die typische Situation, die nicht allein deswegen zur einschränkenden Haftungsvoraussetzung erhoben werden darf. Die gleichen Beweisschwierigkeiten können sich bei zeitlich und örtlich weit auseinanderliegenden, verschiedenartigen Deliktshandlungen ergeben, so namentlich bezüglich einer alternativen Kausalität für Spät- und Folgeschäden (BAUER JZ 1971, 4, 6; DEUBNER JuS 1962, 383, 385 f). Sofern eine Ersatzberechtigung des Verletzten feststeht, ist es auch in diesen Fällen interessengerecht, die Unaufklärbarkeit des Kausalzusammenhangs dem möglichen Schädiger anzulasten. **103**

Die Bedeutung des Streits relativiert sich dadurch, daß das Erfordernis des objektiv einheitlichen Vorgangs soweit ersichtlich in der Praxis bisher nur ein einziges Mal, und zwar in einer Entscheidung des RG vom 9.6.1913 (RG Recht 1913 Nr 2415) streitentscheidend gewesen ist. Dort war die Klägerin, die in längeren Zeitabständen mit mehreren syphilitisch erkrankten Männern geschlechtlich verkehrt hatte, an Syphilis erkrankt. Das Gericht verneinte die zeitliche und örtliche Einheitlichkeit des Vorgangs. In den beiden anderen Entscheidungen des RG (RGZ 96, 224 und RG Warn 1908 Nr 315), die immer wieder als Beleg für das Erfordernis des objektiv einheitlichen Vorgangs in der Rechtsprechung angeführt werden (vgl BGB-RGRK/STEFFEN Rn 24; ebenso STAUDINGER/SCHÄFER[12] Rn 39), scheiterte die Anwendbarkeit des § 830 Abs 1 S 2 schon aus anderen Gründen (vgl WECKERLE 127). In der Entscheidung RGZ 96, 224, die einen ähnlichen Sachverhalt wie RG Recht 1913 Nr 2415 betrifft, schied eine Haftung bereits deshalb aus, weil nicht nachgewiesen war, daß der Beklagte zu der Zeit, als er mit der Klägerin geschlechtlich verkehrte, geschlechtskrank war; es stand somit nicht fest, ob der Beklagte überhaupt – abgesehen vom Merkmal der Kausa- **104** lität – den Tatbestand einer unerlaubten Handlung verwirklicht hatte. In RG Warn 1908 Nr 315 ging es um einen Fall, in dem sich in einem Treppenhaus Glatteis gebildet hatte, auf dem der Kläger ausrutschte und zu Fall kam. Es ließ sich nicht feststellen, ob das Wasser, das zur Glatteisbildung führte, durch das schadhafte Dach eingedrungen oder ob es vom Dienstmädchen eines Mieters dort verschüttet worden war. Es stand demnach gar nicht fest, ob mehrere zur Herbeiführung des Schadens geeignete Handlungen gegeben waren; es mangelte also nicht am einheitlichen Vorgang, sondern am Nachweis mehrerer rechtsgutsgefährdender alternativ ursächlicher Handlungen.

105 Dem BGH lagen zunächst keine Fälle zur Entscheidung vor, in denen eine Haftung am Fehlen des objektiv einheitlichen Vorgangs hätte scheitern müssen. Erst die Intensivierung des Kraftfahrzeugverkehrs führte zu Sachverhalten, in denen dieses Kriterium problematisch wurde (vgl Brambring 86). Der BGH ließ allerdings in keinem Fall die Haftung wegen des fehlenden zeitlichen oder örtlichen Zusammenhangs scheitern, sondern verringerte schrittweise die Anforderungen an die Einheitlichkeit. Der zeitliche Zusammenhang wurde beispielsweise in einem Fall bejaht, in dem der hilflos auf einer wenig befahrenen Straße liegende Geschädigte nachts in Abständen von vielen Stunden mehrfach überfahren wurde (BGH VersR 1967, 999). Am örtlichen Zusammenhang sollte es in einem Fall nicht fehlen, in dem der bei einem Verkehrsunfall Verletzte auf dem Transport ins Krankenhaus 2,5 km von der ersten Unfallstelle entfernt einen zweiten Unfall erlitt (BGHZ 55, 86, 95 f). Der zeitliche und örtliche Zusammenhang ist damit so weit relativiert, daß diesen beiden Merkmalen heute keine praktische Bedeutung mehr zukommen dürfte. Die Gleichartigkeit der Gefährdungshandlungen – die vom Kriterium des objektiv einheitlichen Vorgangs noch übrig bleibt – ist bereits in dem Merkmal enthalten, daß das Verhalten jedes Beteiligten geeignet sein muß, den Schaden herbeizuführen. Insofern erscheint das Kriterium der Einheitlichkeit heute nur noch als Sicherheitsvorbehalt der Rechtsprechung gegenüber nicht abschätzbaren besonderen Fallkonstellationen, für die Möglichkeiten der Haftungsbeschränkung nicht verschlossen werden sollen (BGB-RGRK/Steffen Rn 25). Ein solcher Sicherheitsvorbehalt ist allerdings unnötig. Die Gefahr einer „uferlosen Ausweitung" (BGHZ 55, 86, 94) des § 830 Abs 1 S 2 besteht nicht, wenn nur das Tatbestandsmerkmal der potentiellen Kausalität (s dazu o Rn 89) mit der erforderlichen Genauigkeit angewandt wird.

10. Die Anwendbarkeit des § 830 Abs 1 S 2 bei Massenschäden

106 Die Anwendbarkeit des § 830 Abs 1 S 2 kann auch bei sog Massenschäden in Frage stehen, dh Schadensereignissen, durch die Rechte und Rechtsgüter einer Vielzahl von Personen betroffen sind (vgl vBar, in: Verh d 62. DJT [1998] Bd I, A 9; Müller VersR 1998, 1181), und zwar dann, wenn sich ein bestimmter Schädiger nicht finden läßt, vielmehr neben einer Vielzahl von Geschädigten auch zahlreiche Beteiligte in die Schadensverursachung verwickelt sind. In derartigen Fallkonstellationen bereitet bereits die Suche nach dem richtigen Anspruchsgegner Schwierigkeiten. Das BGB geht im Grundsatz davon aus, daß sich bei der Schadensregulierung allein der Geschädigte und der Schädiger gegenüberstehen, und knüpft an die individuelle Verantwortlichkeit an (Müller VersR 1998, 1181). Mit einer Mehrzahl von Personen auf Schädigerseite befaßt sich § 830. Der Fall, daß zugleich auf Geschädigtenseite mehrere Personen vorhanden sind, ist vom BGB dagegen nicht erfaßt.

a) Massenunfälle im Straßenverkehr

Die eine Fallgruppe, bei der eine Anwendung des § 830 Abs 1 S 2 diskutiert wird, betrifft Massenkarambolagen im Straßenverkehr mit einer Vielzahl von Geschädigten, die auch noch selbst in die Schadensverursachung verwickelt sind: Zahlreiche Fahrzeuge fahren teils aufeinander auf, teils werden sie aufeinander aufgeschoben, auch wieder auseinandergerissen, und bleiben schließlich in einem wilden Durcheinander liegen, das es auch dem Sachverständigen unmöglich macht zu entscheiden, wer der Schädiger und wer der Geschädigte ist.

Die Anwendbarkeit des § 830 Abs 1 S 2 scheitert hier deswegen, weil die Norm nicht Zweifel daran überbrückt, ob ein auf Schadensersatz in Anspruch Genommener überhaupt einen Haftungstatbestand (abgesehen vom Merkmal der Kausalität) verwirklicht hat (s oben Rn 82). Die Vorschrift findet auch deswegen keine Anwendung, weil der einzelne Geschädigte nicht beweisen kann, daß eine Verursachung durch ihn selbst außer Betracht bleibt. § 830 Abs 1 S 2 setzt voraus, daß ein Ersatzanspruch des Geschädigten unzweifelhaft feststeht. Im Falle einer möglichen Selbstverletzung ist daher für die Anwendung der Norm kein Raum (s oben Rn 84; gegen eine Anwendbarkeit des § 830 Abs 1 S 2 bei Massenunfällen im Straßenverkehr auch vBAR, in: Verh d 62. DJT [1998] Bd I, A 18; MÜLLER VersR 1998, 1181, 1182; kritisch auch BRAUN NJW 1998, 2318, 2319 f).

Zu Vorschlägen de lege ferenda betr Massenkarambolagen im Straßenverkehr s vBAR, in: Verh d 62. DJT (1998) Bd I, A 23 f; BRAUN NJW 1998, 2318, 2320; MÜLLER VersR 1998, 1181, 1182 f.

b) Produkt- und Arzneimittelhaftung

Die zweite Fallkonstellation, bei der eine Anwendung des § 830 Abs 1 S 2 in Frage steht, kennzeichnet sich dadurch, daß fehlerhafte Produkte, insbesondere Arzneimittel, die von mehreren Herstellern vertrieben werden, Schäden verursachen und sich später nicht mehr ermitteln läßt, welcher Geschädigte das Produkt welchen Herstellers verwendet hat oder wenn ein Geschädigter Produkte mehrerer Hersteller verwendet hat. So wird von Fällen berichtet, in denen Personen durch HIV-verseuchte Blutkonserven oder Blutgerinnungsmittel für Bluter mit dem Aids-Virus infiziert wurden und nicht nachzuweisen vermochten, welcher Hersteller die Anstekkung verursacht hatte (vBAR, in: Verh d 62. DJT [1998] Bd I, A 57 f). Arbeiter, die über Jahre hinweg mit Asbestprodukten zu tun hatten und dabei dauernd Asbeststaub einatmeten, erlitten schwere Lungenschäden. Da diese oft erst nach 20 Jahren zutage traten, waren die Betroffenen nur in den seltensten Fällen in der Lage nachzuweisen, welche Produkte, mit denen sie im Laufe der Zeit gearbeitet hatten, ihre Schäden verursacht hatten (vBAR, in: Verh d 62. DJT [1998] Bd I, A 59; BODEWIG AcP 185 [1985] 505, 507; zum englischen Recht: Fairchild v Glenhaven [2003] 1 AC 32; 2002 WL 820081 [HL] und dazu KRUSE 196–207. Zu weiteren Fällen – dem Agent-Orange-Fall und dem Fall des vergifteten spanischen Speiseöls – s vBAR A 59 f; BODEWIG AcP 185 [1985] 505, 506).

Aus den USA ist eine weitere Arzneimittelkatastrophe mit dem Mittel DES bekannt: Ca 200 Unternehmen stellten zwischen 1941 und 1971 in unterschiedlichem Umfang Diethylstilbestrol (DES) her, ein synthetisch produziertes weibliches Sexualhormon, das Schwangeren zur Vermeidung von Fehlgeburten verschrieben wurde. Dabei war es in den USA Praxis, daß die Ärzte das Mittel häufig nur unter der Gattungsbezeichnung DES verschrieben. Auch waren die Apotheker an den in einem Rezept eventuell angegebenen Markennamen nicht gebunden, sondern es stand ihnen frei, welches Mittel welchen Herstellers sie der Patientin aushändigten. Nach 12 bis 20 Jahren wurde bei Töchtern der betreffenden Frauen eine seltene Art von Unterleibskrebs festgestellt, der auf DES zurückgeführt werden konnte. Die Geschädigten waren in vielen Fällen nicht in der Lage, den Hersteller des Mittels zu identifizieren, das ihre Mütter eingenommen hatten (s vBar, in: Verh d 62. DJT [1998] Bd I, A 58 f; Bodewig AcP 185 [1985] 505, 507, 509).

109 Angesichts der DES-Problematik ist die Ansicht entwickelt worden, die Produkt- und Arzneimittelhaftungsfälle könnten nach US-amerikanischem Vorbild über eine Marktanteilshaftung gelöst werden, mit § 830 Abs 1 S 2 als gesetzlicher Grundlage (s Bodewig AcP 185 [1985] 505). Nach der vom California Supreme Court in der Entscheidung Sindell v Abbott Laboratories (26 Cal 3d 588, 607 P 2d 924; die Entscheidung hat in den USA viel Kritik erfahren, und ihr sind andere Gerichte nicht gefolgt, s die Nachweise bei Araghi 105–109; Bodewig AcP 185 [1985] 505, 508 Fn 11, 12; Seyfert 223) entwickelten Theorie entspricht die Wahrscheinlichkeit, daß die Mutter einer Geschädigten das DES-Präparat eines bestimmten Herstellers eingenommen hat, im großen und ganzen dessen Marktanteil. Entsprechend diesem Marktanteil soll er deshalb auch Schadensersatz leisten, wenn er nicht nachweisen kann, daß er als Verursacher im konkreten Fall nicht in Frage kommt. Das führt insgesamt dazu, daß sich bei jedem Hersteller die Ersatzleistungen, die in den verschiedenen Fällen auf ihn entfallen, zu einem Anteil am Gesamtschaden summieren, den er tatsächlich bei allen Geschädigten zusammengenommen verursacht hat. Zwar muß nicht jeder Schädiger konkret bei der Person, deren Schaden gerade er verursacht hat, den Schaden ausgleichen; er ist vielmehr allen Geschädigten jeweils nur zu einem Teil ersatzpflichtig. Insgesamt wird jedoch jedem Geschädigten sein gesamter Schaden ersetzt und jeder Schädiger gemäß seiner tatsächlichen Verursachung belastet (s Bodewig AcP 185 [1985] 505, 507, 509 f).

110 Bodewig (AcP 185 [1985] 505, 507, 516 ff; ebenso Seyfert 238 f; ähnlich Hager, in: FS Canaris [2004] 403, 413 f, ergänzt durch eine Poolbildung der Geschädigten) hält § 830 Abs 1 S 2 in Fällen wie denen der DES-Schäden für anwendbar. Die für die potentielle Kausalität bei Gefährdungshaftungstatbeständen erforderliche Gefahrkonkretisierung (s oben Rn 89) liege vor, wenn der Geschädigte zu einem ganz bestimmten Zweck eines aus einer Gruppe von Arzneimitteln eingenommen habe, die alle zur fraglichen Therapie eingesetzt wurden und alle die eindeutig geklärte schadensbegründende Eigenschaft besaßen (ähnlich Assmann, in: Fenyves/Weyers 99, 125). In den DES-Fällen habe für jede schwangere Frau und ihr Ungeborenes die abstrakte Gefahr bestanden, daß der sie betreuende Arzt einmal Anlaß sehen könnte, sie mit DES zu therapieren. Spätestens mit dem Griff des Arztes zum Rezeptblock sei diese Gefahr konkret geworden (Bodewig AcP 185 [1985] 505, 507, 521 f). Alle Hersteller von DES müßten danach an sich jeder Geschädigten gesamtschuldnerisch haften, wobei für den Innenausgleich der jeweilige Marktanteil maßgeblich sein soll (Bodewig AcP 185 [1985] 505, 507, 523 f). Die gesamtschuldnerische Haftung erscheint Bodewig allerdings als zu weitreichend. Bei einer Mehrzahl von Geschädigten, also insbes bei Massenschäden, trete deshalb – in Weiterentwicklung des § 830 Abs 1 S 2 – neben die Solidargemeinschaft der Schädiger eine Solidargemeinschaft der Geschädigten (Bodewig AcP 185 [1985] 505, 507, 542 ff) mit der Konsequenz, daß jeder Geschädigte von jedem Hersteller nur denjenigen prozentualen Anteil seines individuellen Schadens ersetzt verlangen kann, der dem Marktanteil des Herstellers entspricht (BODEWIG AcP 185 [1985] 505, 507, 548 f). Damit ist diese Ansicht bei einer Marktanteilshaftung auf der Basis des § 830 Abs 1 S 2.

Gegen diese Ansicht spricht, daß sie das Erfordernis der Gefahrkonkretisierung **111** falsch interpretiert. Sie stellt auf den Griff des Arztes zum Rezeptblock ab, macht den Eintritt einer konkreten Gefahr aber zugleich davon abhängig, daß der Patient ein Mittel einnimmt. Tritt diese Situation ein, so konkretisiert sich die Gefahr aber nur für dieses eine Mittel. Warum gleichzeitig alle anderen, vergleichbaren Mittel in das Stadium der konkreten Gefahr eintreten sollten, ist nicht erkennbar. Zwischen der von dem eingenommenen Mittel einerseits und den übrigen Mitteln andererseits ausgehenden Gefahr besteht vielmehr ein wesentlicher gradueller Unterschied. Eine Verursachung des Schadens durch die übrigen Mittel wird durch die Einnahme des einen Mittels ausgeschlossen. Unklarheiten in der Kausalkette bestehen nicht, unbekannt ist lediglich die Identität des (einen) Beteiligten. Bei dieser Sachlage findet § 830 Abs 1 S 2 keine Anwendung (EBERL-BORGES AcP 196 [1996] 491, 537; gegen eine Anwendbarkeit des § 830 Abs 1 S 2 in den Produkthaftungsfällen auch vBAR, in: Verh d 62. DJT [1998] Bd I, A 69; MÜLLER VersR 1998, 1181, 1185 jeweils mit der Begründung, die verschiedenen Hersteller seien keine Beteiligten im Sinne eines einheitlichen Lebensvorgangs; für eine Anwendbarkeit des § 830 Abs 1 S 2 dagegen BRAUN NJW 1998, 2318, 2320 f). Nach richtiger Ansicht wird eine Beteiligung iSd § 830 Abs 1 S 2 vielmehr erst dann begründet, wenn der Geschädigte ein Arzneimittel des betreffenden Herstellers tatsächlich eingenommen hat und sich damit die abstrakte, von dem Arzneimittel ausgehende Gefahr für den Geschädigten konkretisiert hat (DEUTSCH NJW 1990, 2941, 2942; ders VersR 1979, 685, 689; EBERL-BORGES AcP 196 [1996] 491, 536; MÜLLER, in: Verh d 62. DJT [1998] Bd I, I 128 f; RÖCKRATH 170; vgl auch BARTRAM, in: Verh d 62. DJT [1998] Bd I, I 122). Die Norm betrifft Fälle, in denen der Geschädigte mehrere Medikamente verschiedener Hersteller eingenommen hat, die alle geeignet waren, den eingetretenen Schaden herbeizuführen, ohne daß aber die tatsächliche Kausalität eines der Medikamente nachweisbar wäre (die Einnahme des Medikaments als maßgebliches Kriterium wird auch bestätigt durch den neu eingeführten § 84 Abs 2 S 1 AMG [Zweites Schadensrechtsänderungsgesetz 2002]). Eine Marktanteilshaftung ließe sich im deutschen Recht nur de lege ferenda einführen. Wegen der damit verbundenen praktischen Schwierigkeiten, etwa der Bestimmung der Marktanteile (zu weiteren Schwierigkeiten BODEWIG AcP 185 [1985] 505, 507, 552 ff), kann ihre Einführung allerdings nicht befürwortet werden (gegen eine Marktanteilshaftung im deutschen Recht auch vBAR, in: Verh d 62. DJT [1998] Bd I, A 71; RÖCKRATH 174–176; BAMBERGER/ROTH/SPINDLER Rn 37).

In Deutschland werden die Beweisschwierigkeiten der Geschädigten auch nicht in **112** der gleichen Schärfe auftreten wie in den USA, da die Ärzte hierzulande bestimmte Medikamente verschreiben und die Apotheker diese auch nicht ohne weiteres substituieren können (s dazu den Diskussionsbeitrag von BARTRAM, in: Verh d 62. DJT [1998] Bd I, I 123; inzwischen sind allerdings auch in Deutschland die Möglichkeiten der Substitution erweitert worden, um Einsparungen im Arzneimittelbereich zu erreichen). S auch den Diskussionsbeitrag von MARTIN (in: Verh d 62. DJT [1998] Bd I, I 114), der darauf verweist, eine Identifikation des tatsächlich verantwortlichen pharmazeutischen Herstellers lasse sich ohne weiteres durch entsprechende ärztliche Dokumentations- und Befundsicherungspflichten erreichen (s auch BARTRAM, in: Verh d 62. DJT [1998] Bd I, I 123 f).

113 In Deutschland sind die HIV-Schäden – ebenso wie seinerzeit die Contergan-Schäden (bei denen das verursachende Unternehmen feststand) – durch ein besonderes Hilfegesetz geregelt worden (Gesetz über die humanitäre Hilfe für durch Blutprodukte HIV-infizierte Personen [HIV-Hilfegesetz] v 24. 7. 1995, BGBl I 972; Gesetz über die Errichtung einer Stiftung „Hilfswerk für behinderte Kinder" v 17. 12. 1971, BGBl I 2018). Es hat die Haftung durch periodische Leistungen aus einem Fonds ersetzt. Dazu wurde eine rechtsfähige Stiftung des öffentlichen Rechts unter dem Namen „Humanitäre Hilfe für durch Blutprodukte HIV-infizierte Personen" errichtet, deren Vermögen insgesamt 250 Millionen DM beträgt, die aus Bundes- und Ländermitteln, von pharmazeutischen Unternehmen und von den Blutspendediensten des Deutschen Roten Kreuzes stammen (s dazu vBar, in: Verh d 62. DJT [1998] Bd I, A 58). Es erscheint vorzugswürdig, auf besondere Fälle mit individuellen Lösungen dieser Art zu reagieren, anstatt haftungsrechtliche Grundprinzipien allgemein aufzugeben.

Zu Vorschlägen de lege ferenda betr die Produkthaftung vBar, in: Verh d 62. DJT (1998) Bd I, A 70 f, 73 und die Diskussionsbeiträge von Bartram, in: Verh d 62. DJT (1998) Bd I, I 121 f, Martin I 113–115 und Wagner I 136 f; Braun NJW 1998, 2318, 2320; Müller VersR 1998, 1181, 1185.

Gegen eine Änderung des § 830 Abs 1 S 2 im Hinblick auf Massenschäden vBar, in: Verh d 62. DJT (1998) Bd I, A 22 f; Müller VersR 1998, 1181, 1182 f.

11. Beweislastverteilung

114 Der Geschädigte muß für jeden Beteiligten die Voraussetzungen eines Haftungstatbestandes – allerdings ohne die haftungsbegründende Kausalität – nachweisen. Der Geschädigte hat ferner zu beweisen, daß das Verhalten aller Beteiligten geeignet war, den schädigenden Erfolg herbeizuführen (BGHZ 89, 383, 399 = NJW 1984, 1226, 1230; BGH MDR 1968, 399, 400; vgl MünchKomm/Wagner Rn 47).

115 Jeder Beteiligte vermag sich durch den Nachweis zu entlasten, daß sein Verhalten für den Verletzungserfolg nicht ursächlich war (ganz hM, vgl ua BGHZ 33, 286, 292; BGH NJW 1960, 862, 863; MünchKomm/Wagner Rn 47; weitere Nachweise aus Rechtsprechung und Schrifttum bei Baumgärtel, Hand der Beweislast I [2. Aufl 1991] Rn 6; aA – gegen die widerlegbare „Kausalitätsvermutung" – Deutsch, Allgemeines Haftungsrecht [2. Aufl 1996] Rn 528). Für einen solchen Beweis des Gegenteils gelten keine erleichternden Beweisregeln. Der Beweis ist nur geführt, wenn das Gericht die Überzeugung gewonnen hat, daß der in Anspruch Genommene als Verursacher nicht in Betracht gezogen werden kann (BGH VersR 1962, 430, 431).

116 Nach den zu den Folgeschadensfällen dargelegten Grundsätzen (s oben Rn 91 ff) kann sich jeder Beteiligte außerdem dadurch entlasten, daß er nachweist, daß ein anderer Beteiligter den ganzen Schaden tatsächlich verursacht hat. Denn bei feststehender Verursachung eines der Beteiligten scheidet nach den oben dargelegten Grundsätzen eine Anwendung des § 830 Abs 1 S 2 aus.

117 Schließlich entlastet es den Beteiligten, wenn er nachweist, daß ein anderer Beteiligter einen Rechtfertigungs- oder Entschuldigungsgrund hat, als Deliktsunfähiger

handelte, ohne daß § 829 eingreift, oder der Geschädigte sich selbst verletzt hat bzw als potentieller Schadensurheber in Betracht kommt (vgl PALANDT/SPRAU Rn 11).

12. Fallbeispiele aus der Rechtsprechung

Zwei Jäger schießen gleichzeitig, getroffen wird ein Passant (RG Recht 1911 Nr 1551; **118** s auch LG Passau, Jagdr Entsch, Bd VII, Sachg XI, Nr 68 – Jagdunfall, Verletzung eines Treibers); Gallenanfall, ausgelöst durch drei von verschiedenen Personen schuldhaft verursachte Erregungen in derselben Nacht, von denen jede den Anfall zur Folge haben konnte (RGZ 148, 154, 166; BGHZ 33, 286, 288); ein Hauseinsturz konnte sowohl auf Mängeln der gelieferten Tragbalken wie auch auf dem fehlerhaften Einbau dieser Balken durch einen anderen Unternehmer beruhen (BGH LM Nr 4); Gesundheitsschädigung einer Frau, mit der zwei Personen in derselben Nacht und in demselben Raum den Beischlaf vollzogen (RG WarnR 1912 Nr 387); mehrere Personen bewerfen sich mit Steinen, ein Mensch wird verletzt (RG JW 1909, 136; BGH NJW 1960, 862); mehrere Personen werfen Knallerbsen auf Menschen, ein Mensch wird verletzt (RGZ 58, 357); ein infolge schuldhafter Vernachlässigung verkehrsunsicherer Weg verläuft über die unmittelbar benachbarten Grundstücke verschiedener verkehrssicherungspflichtiger Eigentümer, und ein Wegebenutzer kommt infolge dieser Vernachlässigung im Grenzbereich zu Fall, wobei nicht festgestellt werden kann, ob sich der Unfall auf dem einen oder auf dem anderen Grundstück ereignet hat (BGHZ 25, 271); Steine, die von Häusern verschiedener Eigentümer herabfallen, beschädigen eine Sache (BGH VersR 1956, 627, 629); ein von einem Bau, an dem Arbeiter mehrerer Baufirmen arbeiten, herabfallender Stein verletzt einen Fußgänger, beide Baufirmen haben ihre Pflicht zur Sicherung des Verkehrs gegen herabfallende Steine und sonstige Gegenstände schuldhaft verletzt (BGH BB 1960, 1181); bei einem Silvesterfeuerwerk entsteht durch einen Feuerwerkskörper ungeklärter Herkunft ein Schaden (OLG München MDR 1967, 671; OLG Köln MDR 1982, 408); auf ein haltendes Kfz fährt schuldhaft das nachfolgende und auf dieses schuldhaft ein drittes Kfz auf; ob der an dem haltenden Kfz entstandene Schaden schon durch den ersten oder erst durch den zweiten Aufprall verursacht wurde, ist nicht festzustellen (LG Essen VersR 1963, 100); zwei benachbarte Hauseigentümer haben beide ihre Streupflicht verletzt; unaufklärbar ist, welcher von ihnen die Ursache für den Sturz eines Passanten auf dem vereisten Bürgersteig gesetzt hat (OLG Bamberg VersR 1968, 1069).

§ 831
Haftung für den Verrichtungsgehilfen

(1) Wer einen anderen zu einer Verrichtung bestellt, ist zum Ersatz des Schadens verpflichtet, den der andere in Ausführung der Verrichtung einem Dritten widerrechtlich zufügt. Die Ersatzpflicht tritt nicht ein, wenn der Geschäftsherr bei der Auswahl der bestellten Person und, sofern er Vorrichtungen oder Gerätschaften zu beschaffen oder die Ausführung der Verrichtung zu leiten hat, bei der Beschaffung oder der Leitung die im Verkehr erforderliche Sorgfalt beobachtet oder wenn der Schaden auch bei Anwendung dieser Sorgfalt entstanden sein würde.

(2) Die gleiche Verantwortlichkeit trifft denjenigen, welcher für den Geschäftsherrn die Besorgung eines der im Absatz 1 Satz 2 bezeichneten Geschäfte durch Vertrag übernimmt.

Materialien: E I §§ 711, 712; II § 754; III § 815; Mot I 736, Prot II 596.

Schrifttum

ALTMEPPEN, Deliktshaftung in der Personengesellschaft, NJW 2003, 1553
vBAR, Verkehrspflichten (1980)
ders, Gutachten und Vorschläge zur Überarbeitung des Schuldrechts, Bd II (1981) 1716
ders, culpa in contrahendo und Schutzwirkung zugunsten Dritter, JuS 1982, 1615
ders, Gemeineuropäisches Deliktsrecht, Bd I (1996)
BAUMGÄRTEL, Handb der Beweislast im Privatrecht, Bd I (2. Aufl 1991)
BAUMS, Haftung für Verrichtungsgehilfen nach deutschem und schweizerischem Recht, in: FS Rudolf Lukes (1989) 623
BAUR, Zur dogmatischen Einordnung der Haftung für „Verrichtungsgehilfen", Karlsruher Forum 1962, 16
BELLING, Die Haftung des Betriebsrats (1990)
BELLING/RIESENHUBER, Beweislastumkehr und Mitverschulden, ZZP 108 (1995) 455
vBODENHAUSEN, Haftung des Geschäftsherrn für Verrichtungsgehilfen im Straßen- und Schienenverkehr (2000)
BRÜGGEMEIER, Organisationshaftung, AcP 191 (1991) 33
BURHOFF, Haftungsfragen beim Einsatz von Hilfspersonal. Abgrenzung von Erfüllungs- und Verrichtungsgehilfen, Neue Wirtschaftsbriefe 1989, 2569
vCAEMMERER, Wandlungen des Deliktsrechts, Hundert Jahre deutsches Rechtsleben, in: FS zum hundertjährigen Bestehen des DJT Bd 2 (1960) 49
CANARIS, Ansprüche wegen „positiver Vertragsverletzung" und „Schutzwirkung für Dritte" bei nichtigen Verträgen, JZ 1965, 475
ders, Schutzgesetze – Verkehrspflichten – Schutzpflichten, in: FS Karl Larenz z 80. Geburtstag (1983) 26

DENCK, Die Haftung des Vertragsschuldners für den Hauptgläubiger als Erfüllungsgehilfen im Vertrag mit Schutzwirkung für Dritte, JuS 1976, 429
ders, Der Schutz des Arbeitnehmers vor der Außenhaftung (1980)
DEUTSCH, Allgemeines Haftungsrecht (2. Aufl 1996)
DEUTSCH/AHRENS, Deliktsrecht (4. Aufl 2002)
DIETZ, Anspruchskonkurrenz bei Vertragsverletzung und Delikt (1939)
DUBISCHAR, Richtiges und Mißverständliches am Begriff der Haftungseinheit, NJW 1967, 608
ECKARDT, Deliktische Haftpflicht im Konkurs, KTS 1997, 411
ERDSIEK, Karlsruher Forum (1960)
ESSER, Grundfragen der Reform des Schadensersatzrechts, AcP 148 (1943) 121 = Wege der Rechtsgewinnung (1990) 3
ders, Grundlagen und Entwicklung der Gefährdungshaftung (1969)
ders, Die Verantwortung des Verletzten für mitwirkendes Verschulden seiner Hilfspersonen, JZ 1952, 257
ESSER/WEYERS, Schuldrecht II, Teilband 2 (8. Aufl 2000)
FIKENTSCHER/HEINEMANN, Schuldrecht (10. Aufl 2006)
FLUME, Allgemeiner Teil des Bürgerlichen Rechts, 1. Band, 2. Teil, Die juristische Person (1983)
ders, Die persönliche Haftung der Gesellschafter einer BGB-Gesellschaft für deliktisches Handeln der geschäftsführenden Gesellschafter, DB 2003, 1775
FOERSTE, Deliktische Haftung für Schlechterfüllung, NJW 1992, 27
FUCHS, Arbeitsteilung und Haftung, JZ 1994, 533

FUNDEL, Die Haftung für Gehilfenverhalten im Bürgerlichen Recht (Diss Tübingen 1999)
GERNHUBER, Drittwirkungen im Schuldverhältnis kraft Leistungsnähe, in: FS Arthur Nikisch (1958) 249
ders, Gläubiger, Schuldner und Dritte, JZ 1962, 553
ders, Das Schuldverhältnis (1989)
vGIERKE, Der Entwurf eines bürgerlichen Gesetzbuchs und das deutsche Recht (1889)
ders, Deutsches Privatrecht, Dritter Band, Schuldrecht (1917)
GROSS, Deliktische Außenhaftung des GmbH-Geschäftsführers, ZGR 1998, 551
HAAS, Geschäftsführerhaftung und Gläubigerschutz (1997)
HASSOLD, Die Lehre vom Organisationsverschulden, JuS 1982, 583
HEISEKE/LARENZ, Zur Schutzwirkung eines Schuldvertrages gegenüber dritten Personen, NJW 1960, 77
HELM, Rechtsfortbildung und Reform bei der Haftung für Verrichtungsgehilfen, AcP 166 (1966) 389
HERBER, Das neue Haftungsrecht der Schiffahrt (1989)
HIRTE, Berufshaftung: ein Beitrag zur Entwicklung eines einheitlichen Haftungsmodells für Dienstleistungen (1996)
HUBER, Zivilrechtliche Fahrlässigkeit, in: FS Ernst Rudolf Huber (1973) 255
HÜBNER, Diskussionsbeitrag, Karlsruher Forum 1962, 24
JAKOBS, Über die Notwendigkeit einer Reform der Geschäftsherrenhaftung, VersR 1969, 1061
vJHERING, Culpa in contrahendo oder Schadensersatz bei nichtigen oder nicht zur Perfektion gelangten Verträgen, JherJb 4 (1861) 1
KADEL, Die Haftung für Verrichtungsgehilfen nach deutschem und japanischem Recht, ZfRV 1997, 56
KONOW, Probleme der Eisenbahnhaftung, DB 1983, 1185
KÖTZ/WAGNER, Deliktsrecht (10. Aufl 2006)
KREUZER, Culpa in contrahendo und Verkehrspflichten, Freiburger Habilitationsschrift (1972)
ders, Prinzipien des deutschen außervertraglichen Haftungsrechts, in: FS Werner Lorenz (1991) 109
KUPISCH, Die Haftung für Verrichtungsgehilfen (§ 831 BGB), JuS 1984, 250
LANDWEHR, Die Haftung der juristischen Person für körperschaftliche Organisationsmängel, AcP 164 (1964) 482
LARENZ, Vertrag und Unrecht, Teil 1 (1936), Teil 2 (1937)
LARENZ/CANARIS, Lehrbuch des Schuldrechts II/2 (13. Aufl 1994)
LESSMANN, Haftung für schädigendes Drittverhalten, JA 1980, 193
LORENZ, Die Einbeziehung Dritter in vertragliche Schuldverhältnisse – Grenzen zwischen vertraglicher und deliktischer Haftung, JZ 1960, 108
LOOSCHELDERS, Die Mitverantwortlichkeit des Geschädigten im Privatrecht (1999)
LÜKE, Die persönliche Haftung des Konkursverwalters (1986)
MARTINEK, Repräsentantenhaftung (1979)
MATUSCHE-BECKMANN, Das Organisationsverschulden (2001)
MEDICUS, Zur Verantwortlichkeit des Geschädigten für seine Hilfspersonen – Das Zusammentreffen von Sonderverbindung und Delikt, NJW 1962, 2081
ders, Deliktische Außenhaftung der Vorstandsmitglieder und Geschäftsführer, ZGR 1998, 571
ders, Zum Anwendungsbereich der Übernehmerhaftung nach § 831 Abs 2 BGB, in: FS Erwin Deutsch (1999) 291
ders, Verschuldensabwägung bei Beweislastumkehr, in: FS Ulrich Huber (2006) 437
MÜNZBERG, Verhalten und Erfolg als Grundlagen der Rechtswidrigkeit und Haftung (1966)
NIPPERDEY (Hrsg), Grundfragen der Reform des Schadensersatzrechts, 1. Arbeitsbericht des Ausschusses für Personen-, Vereins- und Schuldrecht der Akademie für Deutsches Recht, Unterausschuß Schadenersatzrecht (1940)
ders, Rechtswidrigkeit, Sozialadäquanz, Fahrlässigkeit, Schuld im Zivilrecht, NJW 1957, 1777
NITSCHKE, Die Anwendbarkeit des im § 31 BGB enthaltenen Rechtsgedankens auf alle Unternehmensträger, NJW 1969, 1737
OERTMANN, Bürgerliches Gesetzbuch, Zweites

Buch, Recht der Schuldverhältnisse (3. u 4. Aufl 1910)
PICKER, Positive Forderungsverletzung und culpa in contrahendo – zur Problematik der Haftung „zwischen" Vertrag und Delikt, AcP 183 (1983) 369
ders, Vertragliche und deliktische Schadenshaftung, JZ 1987, 1041
RICHTER/HANNES/TROTZ, Kommentar zum Seehandelsschiffahrtsgesetz der Deutschen Demokratischen Republik – SHSG – vom 5. Februar 1976 (1979)
RENNER, Die deliktische Haftung für Hilfspersonen in Europa (2002)
SANDMANN, Die Haftung von Arbeitnehmern, Geschäftsführern und leitenden Angestellten (2001)
SCHÄFER, Die Erfüllung deliktsrechtlicher Pflichten durch Übertragung der Verkehrssicherungspflicht auf Dritte (2005)
SCHERPING/VOLLBACH, Das Reichsjagdgesetz vom 3. Juli 1934 (4. Aufl 1938)
SCHLECHTRIEM, Vertragsordnung und außervertragliche Haftung (1972)
E SCHMIDT, Zur Dogmatik des § 278 BGB, AcP 170 (1970) 502
K SCHMIDT, Die Gesellschafterhaftung bei der Gesellschaft bürgerlichen Rechts als gesetzliches Schuldverhältnis, NJW 2003, 1897
SCHMITZ, Die deliktische Haftung für Arbeitnehmer (1993)
SEILER, Die deliktische Gehilfenhaftung in historischer Sicht, JZ 1967, 525
THIELE, Leistungsstörung und Schutzpflichtverletzung, JZ 1967, 649
TISCHENDORF, Anmerkung zu OLG München, Urt v 20. 3. 2002 – 27 U 576/01, NZV 2003, 473
TRULI, Probleme und Entwicklungen der Dienstleistungshaftung im griechischen, deutschen und Gemeinschaftsrecht (2001)
WEITNAUER, Grundsätze der Haftung, Karlsruher Forum 1962, 3
WESTERMANN, Haftung für fremdes Handeln, JuS 1961, 333
WIETHÖLTER, Der Rechtfertigungsgrund des verkehrsrichtigen Verhaltens (1960)
WICKE, Respondeat Superior, Haftung für Verrichtungsgehilfen im römischen, römisch-holländischen, englischen und südafrikanischen Recht (2000)
ZIMMERMANN (Hrsg), Grundstrukturen des Europäischen Deliktsrechts (2003)
ZWEIGERT/KÖTZ, Einführung in die Rechtsvergleichung auf dem Gebiete des Privatrechts (3. Aufl 1996).

Systematische Übersicht

A. Grundsätze

I. Entstehungsgeschichte _____ 1

II. Grundgedanke der Regelung
1. Haftung für vermutete eigene Schuld _____ 2
2. Folgerungen _____ 8
3. Geschäftsherrnpflichten als gesetzlich konkretisierte Verkehrssicherungspflichten – Verhältnis zu den Organisationspflichten _____ 9

B. Verhältnis der Haftung des Geschäftsherrn zu derjenigen des Verrichtungsgehilfen

I. Gesamtschuld im Außenverhältnis _____ 13

II. Regreß im Innenverhältnis _____ 14

III. Innerbetrieblicher Schadensausgleich und Freistellungsanspruch _____ 15

IV. Zusammentreffen von Freistellungsanspruch und gestörter Gesamtschuld _____ 15a

V. Mehrzahl von Gesamtschuldnern _____ 16

VI. Haftungsausschluß _____ 17

C. Verhältnis von § 831 zu anderen Vorschriften

I. Vorschriften des BGB
1. § 823 18
   a) Grundlagen 18
   b) Haftung für betriebliches Organisationsverschulden 19
2. Vertragshaftung und § 278 22
   a) Unterschiede zu § 831 23
   b) Ausdehnung der Vertragshaftung .. 25
   aa) Vertragliche und vertragsähnliche Nebenpflichten 25
   bb) Vertrag mit Schutzwirkung zugunsten Dritter 31
   cc) Faktische Vertragsverhältnisse und Verträge aus sozialtypischem Verhalten 34
   c) Anspruchskonkurrenz und Wechselwirkungen 35
   aa) Grundsätzliche Gleichrangigkeit .. 35
   bb) Wechselwirkungen 36
   d) Stellungnahme 37
3. § 254 38
   a) „Gehilfenhaftung" des Geschädigten .. 39
   b) Mitwirkendes Verschulden des Verletzten 40
4. § 839, Art 34 GG 41
5. §§ 31, 89 42
6. §§ 701 f: Gastwirtshaftung 43

II. Vorschriften außerhalb des BGB
1. Schiffahrt 44
2. Luftverkehr 45
3. §§ 428, 462 HGB: Haftung des Frachtführers und des Spediteurs 46
4. §§ 1, 2 und 3 HaftPflG: Haftung des Betreibers, § 2 Abs 2 S 1 PflVG: Haftung des freigestellten Fahrzeughalters 47
5. § 33 Abs 2 BJagdG: Haftung des Jagdausübungsberechtigten 48
6. § 8 Abs 2 UWG, §§ 14 Abs 7, 15 Abs 6, 128 Abs 3 MarkenG, § 100 UrhG: Haftung des Geschäftsinhabers bei Wettbewerbshandlungen, Markenrechtsverletzungen und Urheberrechtsverletzungen der Angestellten 49

7. § 7 StVG 50
8. §§ 25, 26 AtG 51
9. § 22 WHG 52
10. §§ 110 f SGB VII: Regreßhaftung des Unternehmers bei Arbeitsunfällen .. 53
11. Insolvenzverwalter und Insolvenzmasse 54
12. § 15 AGG: Haftung des dienstberechtigten Geschäftsherrn für Benachteiligungen durch seine Arbeitnehmer 54a

III. Zusammenfassung 55

D. Verantwortlichkeit des Geschäftsherrn nach § 831 Abs 1

I. Bestellung eines Gehilfen zu einer Verrichtung
1. Funktionale Begriffsbestimmung 56
2. Gehilfe 59
3. Geschäftsherr 63
4. Einzelfälle 66

II. Widerrechtliche Schadenszufügung
1. Kein eigener Begriff der Widerrechtlichkeit 67
2. Abgrenzung von Handlungs- und Erfolgsunrecht 68
   a) Lehre vom Erfolgsunrecht 69
   aa) Grundsätze 69
   bb) Modifizierung bei mittelbaren Ursachen 69
   b) Lehre vom Handlungsunrecht 70
   c) Konsequenzen der Unterscheidung .. 71
   aa) Grundsatz: Keine Konsequenz 71
   bb) Ausnahme: § 831 72
   α) Erfolgsunrecht 73
   β) Handlungsunrecht 74
   γ) Verschulden als Regelerfordernis .. 75
   δ) Rechtsprechung 76
   ε) Leitentscheidung BGHZ 24, 21 77
   ζ) Eigene Ansicht 78

III. Handeln in Ausführung der Verrichtung
1. Allgemeine Umschreibung 79
2. Im einzelnen 80

a)	Erfordernis eines objektiv bestehenden unmittelbaren inneren Zusammenhangs	80	b)	Sachverantwortung – Sorgfalt bei der Beschaffung von Vorrichtungen und Gerätschaften	108
b)	Handeln „bei Gelegenheit der Ausführung"	81	aa)	Systematik	108
			bb)	Bestehen einer Beschaffungspflicht	109
c)	Abgrenzung	82	cc)	Vorrichtungen und Gerätschaften	111
d)	Vorsätzliche Handlungen des Bestellten	83	dd)	Inhalt der Beschaffungspflicht	112
			α)	Allgemeines	112
e)	Beispiele für den inneren Zusammenhang zwischen Verrichtungsausführung und Schadenszufügung	86	β)	Delegierbarkeit	112
			2.	Entlastung hinsichtlich der Kausalität	113
f)	Beispiele für das Fehlen des inneren Zusammenhangs zwischen Verrichtungsausführung und Schadenszufügung	87	a)	Grundgedanke der Regelung	113
			b)	Varianten der Entlastung	114
			aa)	Schadenseintritt auch bei erforderlicher Sorgfalt	115
3.	Schadenszufügung durch den Verrichtungsgehilfen beim Führen eines Kraftfahrzeugs	88	α)	Auswahlverschulden	115
			β)	Aufsichtsverschulden	115
a)	Schwarzfahrt	88	γ)	Beschaffung von Gerätschaften	115
b)	Der Grundsatz, die Ausnahmen	89	bb)	Verkehrsrichtiges Verhalten des Gehilfen	116
c)	Einzelfälle	90			
aa)	Abweichen vom Auftrag	90	c)	Anforderungen an den Entlastungsbeweis	117
bb)	Verbotswidrige Mitnahme betriebsfremder Personen	91	aa)	Allgemeines	117
d)	Haftung des Halters wegen Schaffung einer besonderen Gefahrenquelle durch Zulassung der Fahrt	92	bb)	Unterschiedlichkeit der Haftungslage	118
			cc)	Kritik	119
			3.	Dezentraler Entlastungsbeweis	120
IV.	**Entlastung durch den Geschäftsherrn, § 831 Abs 1 S 2**	93	a)	Regelungssituation	120
			b)	Entwicklung der Rechtsprechung	121
1.	Entlastung hinsichtlich der Pflichtverletzung, § 831 Abs 1 S 2, 1. Alt	94	c)	Stellungnahme	122
a)	Personenverantwortung	94			
aa)	Allgemeine Regeln	94	E.	**Übernehmerhaftung, § 831 Abs 2**	
α)	Beobachtung der im Verkehr erforderlichen Sorgfalt	94	I.	**Dogmatische Stellung der Regelung**	124
β)	Verhältnis von Auswahl und Überwachungspflicht	96	II.	**Anforderungen an den Vertrag**	125
			1.	Wirksamkeit des Übernahmevertrags	126
γ)	Auswirkungen nachträglicher Änderungen auf die Sorgfaltsanforderungen	98	2.	Vertragliche Übernahme einer eigenen Verkehrspflicht	127
δ)	Mehrzahl von Gehilfen	100	a)	Meinungsstand	128
bb)	Auswahlsorgfalt	101	b)	Stellungnahme	129
cc)	Übertragungssorgfalt	104			
dd)	Überwachungssorgfalt	105	III.	**Einzelfälle**	130
α)	Grundlagen	105			
β)	Einzelfälle	106			
ee)	Leitungssorgfalt	107			

Titel 27 § 831
Unerlaubte Handlungen

F. **Reformvorschläge zu § 831** _____ 131

I. **Referentenentwurf eines Gesetzes zur Änderung und Ergänzung schadensersatzrechtlicher Vorschriften des Bundesministeriums der Justiz von 1967 (E-1967)** _____ 132

II. **Kritik der Literatur zum E-1967** ___ 133

III. **Stellungnahme** _____ 134

Alphabetische Übersicht

Abgrenzung von § 831 und § 823 ___ 10 ff, 18 ff
Abstufung der Sorgfaltspflichten bei Gehilfenauswahl _____ 94 ff, 101 f
Abweichungen des KFZ-Fahrers vom Fahrauftrag _____ 90
Allgemeine Verkehrssicherungspflicht s Verkehrssicherungspflicht
Allgemeine Aufsichtsanordnungen _____ 121 f
Amtliche Befähigungsnachweise _____ 103
Amtspflichtverletzung _____ 41, 66
Angestellte _____ 14 f, 41, 121 f
Anlage _____ 47
Anscheinsbeweis _____ 21, 118, 122
Anspruchskonkurrenz _____ 21, 35, 37, 44
Arbeitnehmer _____ 1, 5, 9, 12 ff, 33, 44, 60, 66, 82, 103, 120, 133, 134
Arbeitskollegen _____ 66
Arbeitsunfälle _____ 53
Architekt _____ 60, 66
Arzt _____ 41 f, 56, 66, 98 f, 107
Aufsichtspflicht _____ 9, 11, 21, 66
Aufsichtsanweisungen _____ 20, 121
Ausdehnung der Vertragshaftung _____ 23 ff, 32, 36, 66, 125, 134
Ausführung der Verrichtung _____ 1, 5, 21, 42, 44 f, 66 f, 79 ff, 89 ff, 107 f, 132, 133
Ausführung bei Gelegenheit _ 42, 46, 48, 81 ff
Auskunfteiunternehmen _____ 66
Ausübung öffentlicher Gewalt _____ 41, 48, 66
Auswahl, Sorgfaltspflicht bei _____ 1 ff, 10 ff, 21, 39 f, 55, 65, 72, 75, 84, 89, 93 ff, 104 ff, 114 ff, 120 ff, 132
Auszubildender _____ 59, 66, 82
Außenhaftung, subsidiäre _____ 13
Außenverhältnis _____ 13, 16, 42, 123

Baggerführer _____ 64 f, 86, 90, 97
Bahnangestellte _____ 66, 84
Bank _____ 42, 66, 86

Bauherr _____ 60, 66
Bauunternehmer _____ 60, 65 f
Benachteiligung _____ 54a, 66
Bergwerk _____ 47
Beschaffungspflicht hinsichtlich der Vorrichtungen und Gerätschaften ___ 108 ff
– Delegierbarkeit der _____ 112
Bestellung zu einer Verrichtung _____ 56 ff, 63 ff, 66, 85, 113, 133
Betriebsrisiko _____ 5, 7, 40
Betriebsvorschriften _____ 107
Beweislast _____ 6, 9 ff, 18, 21, 23, 40, 76, 93, 107, 118, 121, 132 ff
Beweislastregel _____ 10, 40
Beweislastumkehr _____ 133 f

Culpa in contrahendo _____ 31, 133
– in eligendo _____ 1, 88

Dezentraler Entlastungsbeweis _____ 11 f, 19, 116, 120 ff, 123, 131
Dienstanweisungen _____ 11, 107
Dienstvertrag _____ 60
Diskriminierung s Benachteiligung
Drittauskünfte _____ 103
Drittschäden _____ 24

Ehegatten _____ 66
Eigenhaftung
– des Beamten _____ 41
– des Insolvenzverwalters _____ 54
– des nicht beamteten Mitarbeiters _____ 41
– des Verrichtungsgehilfen ___ 13, 40, 44, 122
Eignungszweifel _____ 98 f, 102 f, 105
Eingrenzung des Betriebsbereichs _____ 43, 96 f, 103
Einweisungspflicht _____ 96 f, 103
Einzelanweisungen _____ 99

43   Detlev W. Belling

Eisenbahn	21, 35 f, 66, 76, 86, 107
Entlastungsbeweis	
s Exculpationsbeweis	
Entlastung, graduelle	40
Entstehungsgeschichte	1
Erfolgsunrecht	68 ff
Erfüllungsgehilfe	23, 39, 44 f
Erlaubtes Risiko	69
Erschöpfende Regelung	35
Exculpationsbeweis	117
Fahrlehrer	66, 94
Fahrschule	66
Fahrzeughalter, freigestellter	47a
Faktisches Vertragsverhältnis	34
Fiktionshaftung	42
Fiskus	41
Flughafenbetreiber	66
Frachtführer	35 f, 46
Freier Mitarbeiter	66
Freistellungsanspruch	14 ff
Führungszeugnis	103
Garantiehaftung	24
Gastwirt	43, 66
Gefährdungshaftung	7, 49, 52, 69, 88 f
Gehilfenhaftung	
s Eigenhaftung des Verrichtungsgehilfen	
Gemeindliche Unternehmen	66
Gerichtsvollzieher	66
Gesamtschuldner	13, 16, 44, 65, 123
Gesamtschuldnerausgleich	13, 15a
Geschäftsherr	63 ff
Geschäftsherrenpflichten	9 ff, 93 ff
Geschäftsführer	66, 103, 130
Gesellschafter (§ 705)	66
Gesellschaftsjagd	66
Gesetzlicher Vertreter	31, 61
Gewässerverunreinigung	51
Gewerbetreibende	60
Gewerkschaft	42
Grube	47
Grundgedanke der Regelung	2 ff
HaftpflichtG (HaftPflG)	47
Haftpflichtversicherung	132, 134
Haftungsausschluß	17, 44
Haftungsbegründendes deliktisches Verhalten	3, 19

Haftungsbeschränkung	35 f, 43 f
Haftungseinheit	16
Haftungshöchstgrenzen	134
Haftungskonzept, individualistisches	5
Haftungssubsidiarität	41
Handelsvertreter	60
Handlungsunfähigkeit	4
Handlungsunrecht	68 ff
Handwerker	60, 66
Hausangestellte	33, 66
Haushalt	66, 133
Hauskind	66
Hebamme	66
Heilung unterbliebener Eignungsnachforschung	98
Herstellerhaftung	
s Produzentenhaftung	
Indizwirkung der Rechtsgutsverletzung	69
Innenverhältnis	7, 13 f, 16, 123
Insolvenzverwalter	54
Integritätsverletzung	30, 35
Jagdaufseher	48, 66, 87, 107
Jagdausübungsberechtigter	66
Jagdgast	66
Jagdrevierinhaber	66
Jagdschaden	48, 66
Juristische Person	11, 39, 42, 61
Kartelle	42
Kausalzusammenhang	80
Kernanlagen	50
KFZ-Führer	66, 88
Konstruktionsfehler	66
Körperschaft des öffentlichen Rechts	41, 61, 66
Kranführer	66
Krankenhausträger	66
Kreditvermittler	66
Kritik am dezentralen Entlastungsbeweis	122
Landwirt	66
Lehre vom betrieblichen und körperschaftlichen Organisationsverschulden	19, 42
Lehrling	
s Auszubildender	
Leiharbeit	65 f
Leitende Angestellte	12, 121, 130

Leitungspflicht	96 ff, 107 f	Reeder	44
Leitungssorgfalt	107 f	Referentenentwurf	1, 66, 132
Lotse	44	Reformbestrebungen	131 ff
Luftverkehr	45	Reformentwurf von 1958	132
		Reformkommission	132
Maßstab der Verhaltenspflicht	94 ff, 103	Regreß	14 f, 44, 52
MarkenG	49	Reiseveranstalter	66
Markenrechtsverletzung	49	Repräsentantenhaftung	42, 134
Mehrzahl von Gehilfen	100		
Mehrzahl von Gesamtschuldnern	16	Sachkunde, Prüfung der	57, 103
Mehrzahl von Geschäftsherren	65	Schadensausgleich, innerbetrieblicher	14 f
Mietvertrag	32 f	Schiffseigner	16, 44, 60
Mitarbeit im Beruf (Geschäft) des anderen Ehegatten	66	Schiffskollision	44
		Schmerzensgeld	24, 52
Miterben	66	Schuldhaftes Handeln des Verrichtungsgehilfen	71 ff
Mitnahme betriebsfremder Personen	90 ff		
Mitwirkendes Verschulden des Verletzten	40 ff	Schuldlosigkeit, Nachweis der	40
		Schuldunfähigkeit des Verrichtungsgehilfen	74
Nebenpflicht, vertragliche, vertragsähnliche	25 ff	Schutzbereich eines Vertrags	33
		Schutzwirkung für Dritte	31
Nichtrechtsfähiger Verein	42	Schwarzfahrt	88
		Selbständig Handelnde	24, 56 f, 59 f
Oberaufsicht des Unternehmers	20, 121	Selbstauskünfte	103
Obhutspflicht	28, 35	Sonderaufsicht	107
Ölheizungsanlagen	104	Sonderverbindung	23, 26, 37, 39, 53
Organgemeinschaften	66	Sorgfaltsmaßstab	99
Organhaftung	5, 19, 42	Sorgfaltsmängel	98
Organisationshaftung	21, 133	Sozialgesetzbuch (SGB)	53
Organisationsmangel	9, 11, 42, 66, 85	Spediteur	46
Organisationspflichten, betriebliche, körperschaftliche, allgemeine	9 ff, 19 f, 121	Staatshaftung s Amtshaftung	
Organisationsverschulden – betriebliches	19 ff	Staatliche Unternehmen	66
– korporatives s Fiktionshaftung		Statiker	60, 66
		Stauerei	60
		Steinbruch	47
Organpflichten	42	Straftaten des Verrichtungsgehilfen bei der Verrichtung	12, 83 f
Organverschulden	42		
		Streitverkündung	123
Patentverletzung	49	Streupflicht	9, 21, 66, 121
Pflichtwidrigkeitszusammenhang	21, 98, 113	Substantiierungslast	95
Positive Forderungsverletzung	24, 27, 133		
Produzentenhaftung	10, 21	Taxifahrer	66
		Tätigkeit kraft Amtes	62
Rechtfertigungsgrund des verkehrsrichtigen oder ordnungsgemäßen Verhaltens	76, 116	Testamentsvollstrecker	23, 62
		Transportunternehmer	60, 66
Rechtsanwalt	42, 66	Treibjagd	66
Rechtswidrigkeit	67 ff	Türsteher	66
Redakteur	66		

Übernahmevertrag	125
Übernehmerhaftung	123 ff
Überschreitung der aufgetragenen Verrichtung	80
Übertragungssorgfalt	104
Überwachungspflicht und -sorgfalt	2, 96 ff, 105
Umkehr der Beweislast s Beweislastumkehr	
Universitätsklinik	99
Unlauterer Wettbewerb, Gesetz gegen den	49
Unternehmer	20, 24, 57, 60, 66
Unterschiede der Haftung	23 ff
Unterweisungspflicht s Einweisungspflicht	
UrheberrechtsG (UrhG)	49
Vereinsmitglieder	33, 66
Verfassungsmäßig berufener Vertreter	9, 11, 42, 66
Verfrachter	44
Verhältnis zwischen Auswahl-, Einweisungs- und Überwachungspflichten	96 f
Verjährung	24, 31, 35 f, 44
Verkehrsrichtiges Verhalten s Rechtfertigungsgrund des	
Verkehrssicherungspflichten	2, 5, 8 ff, 18 f, 102
Verleger	66
Vermutung für eigene Schuld und Kausalzusammenhang	2 ff, 10, 17, 23 f, 39 f, 71, 93, 123
Verrichtungen	56, 64 f, 79 f, 83, 89, 91, 94, 104, 107, 132 f
– Erweiterungen der	99, 103
Verrichtungsgehilfe	4, 13, 15, 55 f, 59 f, 66
– Qualifikation des	100 ff
Verschuldensstufen	40, 92
Vertrag, Haftung aus	22 ff, 31 ff, 35 ff, 42, 125
Vertragliche Übernahme der Verkehrssicherungspflicht	123 ff
Vertraglicher Haftungsausschluß	17, 42
Vertrauenstatbestand, Haftung aus	23, 89, 134
Vormund	23
Vorrichtung und Gerätschaften	6, 108 ff
Vorsätzliche Schädigung durch den Verrichtungsgehilfen	84
Vorstand einer juristischen Person	42, 66
Vorstrafen	97, 103
Warschauer Abkommen	45
WasserhaushaltsG (WHG)	52
Wechselwirkungen der Ansprüche	36
Weisungsgebundenheit	56 ff, 66
Weisungsrecht, -gewalt	57 f, 60, 63, 65 f
Werkvertrag	28 f, 33, 60
Wettbewerbshandlungen	48
Widerrechtlichkeit s Rechtswidrigkeit	
Zeugnisse	103
Zivildienstleistende	65
Zurechnung des Gehilfenverhaltens	40, 42, 54 f, 66, 122, 134
Zusammenhang, innerer – zwischen Verrichtungsausführung und Schadenszufügung	86 f
Zusammenhänge zwischen der Haftung des Geschäftsherrn und der des Verrichtungsgehilfen	13 ff
Zuverlässigkeit, Prüfung der – des Verrichtungsgehilfen	94, 99, 103, 115
Zuweisung von Arbeitskräften	103
Zweistufenaufsicht	85
Zwischengehilfe	65, 100, 120 ff

A. Grundsätze

I. Entstehungsgeschichte

1 Das ältere deutsche Recht sah in erheblichem Umfang eine deliktische Haftung für widerrechtliche Schadenszufügung durch andere vor (DERNBURG, Das bürgerliche Recht des Deutschen Reichs und Preußens, 2. Bd, 2. Abteilung [1901] § 387 I). Haftungsgrund war die personenrechtliche Verbundenheit, die dem Angehörigen einer Gemeinschaft eine Verantwortlichkeit für die von einem Gemeinschaftsangehörigen ausgehende Schädigung Dritter auferlegte (näher vGIERKE, Privatrecht III 922). Das römische

Recht kannte die sog Noxalhaftung des pater familias für sämtliche Delikte seiner Hauskinder und Sklaven sowie – davon ausgehend – mehrere Tatbestände einer Haftung für Hilfspersonen (Seiler JZ 1967, 525, 526; vorzüglich Wicke 42 ff), namentlich die auf prätorischem Edikt beruhende Haftung der Schiffer, Wirte, Stallhalter und Zollpächter (nautae, caupones, stabularii, publicani. Waentig, Über die Haftung für fremde unerlaubte Handlungen nach römischem, gemeinem, königlich sächsischem und neuerem deutschen Reichsrechte [1875] 51 ff, 57 ff; vWyss, Die Haftung für fremde Culpa nach römischem Recht [1867] 57 ff), aber keine geschlossene Regelung der Gehilfenhaftung (H H Jakobs VersR 1969, 1061, 1065 Fn 26) wie nach § 831. Im Anschluß an das gemeine Recht (Windscheid, Lehrbuch des Pandektenrechts II Bd, § 455, 642 Fn 12, 645 Fn 27a) und das preußische Recht (ALR I 13 § 36, 6 §§ 50, 53, 64, 65; zur Rechtsentwicklung s auch Fundel 28–50) erkannte E I, strikt am *Schuldprinzip* festhaltend, die Ersatzpflicht des Geschäftsherrn für den durch Handlungen seiner Angestellten oder Arbeiter in Ausübung ihrer geschäftlichen Verrichtungen verursachten Schaden nur insoweit an, als den *Geschäftsherrn* ein *eigenes Verschulden für eigenes Tun oder Unterlassen* (culpa in eligendo vel in custodiendo [vBodenhausen 20–23]) trifft. (§ 50: Wer einem Anderen einen in den Gesetzen nicht gemißbilligten Auftrag macht, haftet nicht für den von selbigem bei Ausrichtung dieses Auftrages verursachten Schaden. § 53: Hat der Machtgeber bei der Auswahl eines untüchtigen Bevollmächtigten sich ein grobes oder mäßiges Versehen zu Schulden kommen lassen, so haftet er für den von selbigem auch bei der Ausrichtung eines erlaubten Auftrages durch seine Untüchtigkeit verursachten Schaden so weit, als der Beschädiger selbst zum Ersatz unvermögend ist [s auch vBodenhausen 26 f]). Gesetzesvorschläge, die sich von dem Erfordernis eigenen Verschuldens des Schadenersatzpflichtigen lösten und – wie Art 1384 Code Civil (Abs 5: „Les maîtres et les commettants, du dommage causé par leurs domestiques et préposés dans les fonctions auxquelles ils les ont employés" [vBodenhausen 28]), Art 2049 Codice Civile („I padroni e i committenti … sono responsabili per i danni … arrecati dal fatto illecito dei loro domestici e commessi nell'esercizio delle incombenze a cui sono adibiti.") oder Art 55 Schweiz OR (Abs 1: „Der Geschäftsherr haftet für den Schaden, den seine Arbeitnehmer oder andere Hilfspersonen in Ausübung ihrer dienstlichen oder geschäftlichen Verrichtungen verursacht haben, wenn er nicht nachweist, daß er alle nach den Umständen gebotene Sorgfalt angewendet hat, um einen Schaden dieser Art zu verhüten, oder daß der Schaden auch bei Anwendung dieser Sorgfalt eingetreten wäre.") – darauf abzielten, daß der Geschäftsherr für den durch seinen Vertreter bzw der Unternehmer für den durch die von ihm zur Leitung oder Beaufsichtigung des Betriebs oder der Arbeitnehmer eingesetzten Personen einem Dritten zugefügten Schaden unbedingt verantwortlich sei, wurden abgelehnt (Prot II 597 ff; vBodenhausen 41 ff). Namentlich O Meyer setzte sich auf dem 17. Deutschen Juristentag (Verh I S 125 ff; II S 124 ff; s auch vBodenhausen 40) für eine unbedingte *Einstandspflicht* der Dienstherren und Auftraggeber für ihre Leute im Dienst ein. Das Prinzip, daß derjenige, der einen anderen zur Verrichtung einer Rechtshandlung oder tatsächlichen Handlung beauftragt, für die vom Beauftragten in Vollziehung des Auftrags begangenen Delikte hafte, wurde zurückgewiesen (Mot II 736) und hat sich bis heute im deutschen Deliktsrecht nicht durchgesetzt, obwohl es entsprechende rechtspolitische Vorstellungen gab (Referentenentwurf eines Gesetzes zur Änderung und Ergänzung schadensersatzrechtlicher Vorschriften 1967: „[§ 831] Wer einen anderen zu einer Verrichtung bestellt, ist, wenn der andere in Ausführung der Verrichtung durch eine vorsätzlich oder fahrlässig begangene unerlaubte Handlung einem Dritten einen Schaden zufügt, neben dem anderen zum Ersatz des Schadens verpflichtet." – Zu den Reformbestrebungen s Rn 131 ff). Statt dessen begründet § 831 die Pflicht, eine geeignete Person zur Verrichtung auszuwählen und die zu einer Verrichtung bestellte Person zu beaufsichtigen (Mot II 736 f) und knüpft an die Verletzung dieser Pflicht die Haftung des Geschäftsherrn. Sein Verschulden wurde darin gesehen, daß dieser es bei der Auswahl oder bei der Beaufsichtigung des Ausführenden an der erforderlichen Sorgfalt hat fehlen lassen oder zur Ausführung fehlerhafte Werkzeuge (culpa in eligendo sive custodiendo sive inspiciendo) gestellt hat (so auch schon DREYER auf dem 17. Deutschen Juristentag, Verh I S 46 ff, 52 ff). Diese Pflichten sind nicht abschließend, sondern beispielhaft (E SCHMIDT AcP 170 [1970] 502, 520).

II. Grundgedanke der Regelung

1. Haftung für vermutete eigene Schuld

2 Die Vorschrift begründet eine Haftung für die Verletzung einzelner *Verkehrssicherungspflichten*, die sich daraus ergeben, daß der Geschäftsherr nicht selbst tätig wird, sondern ungeeignete Hilfspersonen einsetzt, deren Tun und Lassen er steuern (beherrschen) kann. Die Haftung des Geschäftsherrn greift ein, wenn er schuldhaft iSv § 276 seine Auswahl-, Ausrichtungs- oder Überwachungspflicht (zur letzten RGZ 128, 149, 153) verletzt und ein anderer dadurch einen Schaden erlitten hat, der von der Hilfsperson durch eine unerlaubte Handlung rechtswidrig herbeigeführt wurde (BGH LM Nr 1 zu § 831 F c). Durch die Verletzung der Auswahl-, Ausrichtungs- oder Überwachungspflicht und das dadurch ermöglichte unerlaubte Gehilfenhandeln muß der Geschäftsherr nicht in ein nach § 823 Abs 1 absolut geschütztes Rechtsgut des Geschädigten eingegriffen haben. Der Geschäftsherr haftet auch, wenn der Tatbestand einer Vermögensinteressen schützenden Haftungsnorm (§ 823 Abs 2 [zB iVm §§ 263 oder 266 StGB] oder § 826) durch den Verrichtungsgehilfen verwirklicht worden ist (vgl dazu LARENZ/CANARIS, Schuldrecht II/2 § 79 III 1c; CANARIS, Schutzgesetze, in: FS Larenz [1983] 26, 82; Hk-BGB/STAUDINGER § 831 Rn 8; SOERGEL/KRAUSE[13] Rn 35; BGH LM Nr 1 zu § 831 Fc).

3 Der Tatbestand von § 831 Abs 1 wird gelegentlich vergröbernd dadurch gekennzeichnet, daß er sich aus dem (vermuteten) ursächlichen Verschulden des Geschäftsherrn und aus der Tat des Gehilfen zusammensetze (RG JW 1933, 830, 831). Das *haftungsbegründende deliktische Verhalten* besteht in der Verletzung von Verhaltenspflichten (Verkehrspflichten), nämlich der Auswahl-, Ausrichtungs- oder Überwachungspflicht, durch den Geschäftsherrn. Dem Geschäftsherrn wird vorgeworfen, daß er Verrichtungen von dazu ungeeigneten Personen vornehmen läßt, ohne die notwendigen Sicherheitsmaßnahmen zu treffen (H H JAKOBS VersR 1969, 1061, 1065). Darauf muß sich das Verschulden beziehen. Die Haftung wird dadurch freilich noch nicht ausgelöst. Denn der Pflichtverstoß als solcher hat noch keine schädigende Außenwirkung, sondern ist nur eine *mittelbare Verletzung* (LARENZ/CANARIS, Schuldrecht II/2 § 79 III 1a). Der Pflichtverstoß des Geschäftsherrn läßt nur eine von der Rechtsordnung mißbilligte Gefahr entstehen, indem das sorgfaltswidrige Handeln des Gehilfen tendenziell begünstigt wird (E SCHMIDT AcP 170 [1970] 502). Die Gefahr muß sich erst durch ein nachfolgendes Ereignis, eine fremde (nicht notwendig schuldhafte) Tat, das unerlaubte rechtswidrige Handeln des unzureichend ausgewählten, angeleiteten oder überwachten Gehilfen, realisieren. Da es sich um die Tat eines anderen handelt, wird sie dem Geschäftsherrn nicht vorgeworfen, sondern ist

für seine Haftung nur insofern von Bedeutung, als sie *weitere* notwendige *Bedingung für den Schadenseintritt* ist *(schadensauslösende Ursache)*.

Nicht jede Schädigung durch einen Gehilfen führt zur Haftung des Geschäftsherrn **4** nach § 831, sondern nur eine solche, die unter einen Haftungstatbestand des Deliktsrechts fällt (BGHZ 24, 21, 24) und widerrechtlich ist. Für die unerlaubte Handlung des Gehilfen ist es ohne Bedeutung, ob er Tatbestände der §§ 823 ff oder solche außerhalb des BGB (zB im UWG oder etwa § 92 BinSchG, §§ 734 ff HGB) erfüllt (vgl RG HRR 1929 Nr 704). § 831 bezieht sich auf unerlaubte Handlungen aller Art, auch solcher, die unter § 823 Abs 2 und § 826 fallen, also dem Schutz reiner Vermögensinteressen dienen (CANARIS, Schutzgesetze, in: FS Larenz [1983] 26, 82). § 831 setzt eine Handlung des Gehilfen voraus. Daher kommt es zu keiner Haftung des Geschäftsherrn, wenn der Verrichtungsgehilfe nicht handeln konnte, weil er vor dem Unfall handlungsunfähig war (BGH VersR 1978, 1163 betr Entgleisen eines Zugs infolge plötzlich eingetretener Handlungsunfähigkeit – Verlust oder Trübung des Bewußtseins – des Lokomotivführers). Es ist erforderlich, genügt aber auch, daß der Verrichtungsgehilfe *objektiv rechtswidrig* gehandelt hat, also sein Handeln auch nicht gerechtfertigt ist (BGHZ 24, 21). Ein Verschulden des zur Verrichtung Bestellten ist nicht erforderlich (RGZ 50, 60, 65, 67; 91, 60; BGHZ 24, 21, 29; **aA** VCAEMMERER, Wandlungen Ges Schr I 537 – restriktive Interpretation). Die Haftung des Geschäftsherrn greift daher auch ein, wenn beim Verrichtungsgehilfen die Verantwortlichkeit nach §§ 827, 828 fehlt (RGZ 129, 60; 135, 149, 155; 142, 368; RG JW 1931, 3319).

§ 831 knüpft nicht einfach an die Schädigung durch die Hilfsperson eine Haftung des **5** Geschäftsherrn (keine Verursachungshaftung; BÖHMER JR 1963, 134). Es handelt sich nicht um eine Haftung für unerlaubte Handlungen anderer, wie VLISZT (Die Deliktsobligationen im System des Bürgerlichen Gesetzbuchs [1889] 101) noch annahm. Der Geschäftsherr hat nur für die von ihm selbst aus *(vermutetem) eigenem Verschulden begangene unerlaubte Handlung* einzustehen (BGHZ 32, 53, 59), nämlich die *Verletzung einer* vom Gesetzgeber aufgestellten *Verkehrspflicht* (ESSER/WEYERS, Schuldrecht II/2 § 58 I 1; LARENZ/CANARIS, Schuldrecht II/2 § 79 III 1a). Er haftet aber nicht für die unerlaubte Handlung der Hilfsperson (RGZ 78, 107, 108; 140, 386, 392; 151, 296, 297; KUPISCH JuS 1984, 250, 251), *nicht für fremdes Delikt* (dazu H H JAKOBS VersR 1969, 1061, 1064; FLUME, Die Juristische Person § 11 III 4). Die Tat des Verrichtungsgehilfen wird also nicht zur eigenen Tat des Geschäftsherrn. Es handelt sich somit um eine Haftung für (vermutetes) *Geschäftsherrnverschulden* und nicht um eine Haftung für (nachzuweisendes) Gehilfenverschulden. § 831 beruht auf dem *individualistischen Haftungskonzept*: Jeder haftet nur für die eigene unerlaubte schuldhaft begangene Handlung, nicht für eine fremde Tat und nicht für fremde Schuld (sehr klar H H JAKOBS VersR 1969, 1061). § 831 knüpft an die persönliche Verantwortung des Geschäftsherrn an. Zweck der Bestimmung ist aber nicht die Zuordnung der Wagnisse, die mit der Arbeitsteilung verbunden sein mögen. Das Haftungskonzept, das § 831 zugrunde liegt, unterscheidet sich damit von demjenigen der §§ 31, 89 (Organhaftung), § 278, § 3 HaftPflG, § 33 Abs 2 HS 2 BJagdG, §§ 3, 4, 114 BinSchG, §§ 485, 510 HGB. Es geht nicht – wie in diesen Bestimmungen – um eine Haftung für fremde Schuld und auch nicht um eine Haftung für fremde objektive Schadenszufügung. Die deliktsrechtliche Einstandspflicht (gegenüber jedermann) folgt nicht schon daraus, daß jemand die wirtschaftlichen Vorteile der Arbeitsteilung für sich nutzt; denn diese hat als solche keine besondere Gefährdung anderer zur Folge (VCAEMMERER, Wandlungen Ges Schr I 531; BÖHMER JR 1963, 134; H H

JAKOBS VersR 1969, 1061, 1064; anders WEITNAUER VersR 1970, 585, 593; WICKE 23). Erst wenn jemand die Arbeitsteilung nicht ordnungsgemäß betreibt, indem er seine Hilfspersonen nicht sorgfältig genug auswählt, anleitet, ausrüstet oder beaufsichtigt, schafft er einen erhöhten Gefahrenbereich (ähnlich E SCHMIDT AcP 170 [1970] 502), für dessen typische Folgen er einstehen muß. Deliktisch wird nur für die Risiken gehaftet, die aus der vom Geschäftsherrn *fehlerhaft* organisierten und geführten Unternehmens-, Betriebs- oder (allgemein) Arbeitsorganisation hervorgehen. In der Regelung kommt – wenn auch unvollkommen – der **Gedanke des Einstehens für das Betriebsrisiko**, namentlich das Organisationsrisiko, zum Ausdruck (BGHZ 24, 21, 30) – freilich nicht losgelöst vom Vorwurf des persönlichen Verschuldens. Dieses Risiko trägt der Unternehmer im Verhältnis zum Arbeitnehmer (BAG AP Nr 101 zu § 611 BGB Haftung des Arbeitnehmers; BAG GS NJW 1995, 210) zwar verschuldensunabhängig, im Verhältnis zum geschädigten Dritten dagegen nur, wenn er es schuldhaft ausgelöst hat. Das Personalrisiko, also das Risiko, daß dem Gehilfen bei Ausführung der ihm übertragenen Tätigkeit ein Versehen unterläuft, liegt aber nicht beim Geschäftsherrn (anders nach § 278, dazu BGHZ 31, 358, 366). Denn nach dem Willen des Gesetzgebers ist er gegenüber der Allgemeinheit nur zur ordnungsgemäßen Auswahl und Aufsicht der Hilfsperson (Mot II 736 f), also nur zur Beachtung von eigenen Verkehrssicherungspflichten, verpflichtet, aber eben nicht zur ordnungsgemäßen Verrichtung selbst. Das letzte ist typischerweise eine vertragliche Pflicht, die grundsätzlich nur gegenüber dem Gläubiger besteht; dieser hat einen Anspruch auf obligationsmäßige Erfüllung (vgl STAUDINGER/LÖWISCH [2004] § 278 Rn 1). Damit bleiben die deliktsrechtlichen Pflichten deutlich hinter den vertragsrechtlichen zurück. Daraus folgt: Hat der Geschäftsherr seine Sphäre ordnungsgemäß organisiert, haftet er *deliktisch nicht,* wenn bei der Ausführung Störungen durch seine Hilfspersonen auftreten (BGHZ 24, 188, 194; ESSER/WEYERS, Schuldrecht II/2 § 58 I 1). Gegenüber dem Partner in einer individualisierten und konkretisierten Rechtsbeziehung (Sonderverbindung) wird dagegen schärfer gehaftet. Der Schuldner in einer Sonderverbindung hat gegenüber seinem Partner erklärt oder zumindest in ihm das Vertrauen hervorgerufen, daß *er* alle eingegangenen Verpflichtungen *ordnungsgemäß* erfüllen, die Leistungshandlung also fehlerfrei durchführen werde, damit der Leistungserfolg eintritt. Der Schuldner trägt alle Einzelverbindlichkeiten selbst; denn er hat sie willentlich übernommen, ohne Rücksicht darauf, ob er sie „eigenhändig" erfüllt oder durch einen anderen ausführen läßt. Bedient er sich dazu eines Gehilfen, muß er sich nach § 278 so behandeln lassen, als wäre er selbst tätig geworden (STAUDINGER/LÖWISCH [2004] § 278 Rn 1 f). Die Arbeitsteilung soll nicht zu Lasten dessen wirken, der an sich eigenes Tätigwerden des Schuldners erwarten kann (E SCHMIDT AcP 170 [1970] 502). Die Erfüllungshandlungen werden daher an der Person des Schuldners gemessen (E SCHMIDT aaO): Das Gehilfenhandeln wird dem Schuldner wie eigenes zugerechnet. Im Gegensatz dazu hat der Geschäftsherr im Sinne von § 831 keine derartige Verpflichtung gegenüber dem Geschädigten übernommen. Dieser kann berechtigterweise nicht erwarten, daß der Geschäftsherr selbst handelt. Der Haftungsgrund ist also jeweils verschieden: Die Haftung nach § 831 kompensiert nur die schuldhaft erzeugten Gefahren gegenüber der Allgemeinheit, die daraus erwachsen, daß der Geschäftsherr andere für sich arbeiten läßt, ohne diese sorgfältig ausgewählt, angeleitet oder ausgerüstet zu haben. Die Haftung in der Sonderverbindung beruht darauf, daß der Schuldner diese willentlich (privatautonom) für seine Person eingegangen ist und für die ordnungsgemäße Ausführung einsteht. Diese strukturellen Unterschiede rechtfertigen die vergleichsweise schwächere Haftung nach § 831, wenn auch nicht einzelne Unzulänglichkeiten, die der Entlastungsbeweis mit sich bringt. Die §§ 31, 89, § 3 HaftPflG, § 3 BinSchG, §§ 485, 510 HGB, § 33 Abs 2 HS 2 BJagdG zeigen freilich, daß auch dem deutschen Recht die Haftung für das Verschulden Dritter außerhalb von Sonderbeziehungen nicht fremd ist, jedoch läßt sich diesen Bestimmungen kein verallgemeinerungsfähiger Grund für die Zurechnung fremden Verschuldens entnehmen, der im Deliktsrecht tragfähig wäre; zu denken ist allenfalls an die Beweisnot des Geschädigten. Zu berücksichtigen ist aber stets, daß das Deliktsrecht des BGB nur allgemeine Rechtspflichten begründet (BGHZ 9, 301, 302; 24, 188, 191), „die allen Rechtsgenossen im Interesse des Zusammenlebens auferlegt sind" (HEINRICH STOLL AcP 136 [1932] 257, 298), also nur die gesamtgesellschaftlichen Rahmenbedingungen für ein Minimum an gesicherten Lebensverhältnissen der Bürger zueinander schafft (STAUDINGER/J SCHMIDT [1995] § 242 Rn 1223). Gegenüber der Allgemeinheit wird nicht ordnungsgemäße Verrichtung, nur gegenüber dem Vertragspartner wird ordnungsgemäße Erfüllung geschuldet. Das rechtfertigt es, die deliktsrechtlichen Pflichten des Geschäftsherrn – wie oben beschrieben – zu begrenzen.

Zwar hält § 831 am Verschuldensprinzip fest. Der Geschädigte braucht das Verschulden des Geschäftsherrn aber nicht zu beweisen. § 831 regelt somit die Haftung für vermutetes Eigenverschulden des Geschäftsherrn (KÖTZ/WAGNER, Deliktsrecht Rn 291). Das Gesetz stellt eine – widerlegbare – *Verschuldens- und Kausalitätsvermutung* auf und bewirkt dadurch eine Umkehr der Beweislast zu Lasten des Geschäftsherrn (BELLING/RIESENHUBER 460). Durch die Verschuldensvermutung wird das Verschuldensprinzip abgeschwächt. Denn zur Haftung kann es auch kommen, wenn der Entlastungsbeweis mißlingt, ein Verschulden positiv aber nicht festgestellt werden kann (vBAR, Verkehrspflichten 240). Vermutet wird, daß a) der Geschäftsherr bei der Auswahl, Überwachung und Leitung des Verrichtungsgehilfen und bei der Beschaffung der erforderlichen Vorrichtungen und Gerätschaften nicht die gebotene Sorgfalt hat walten lassen und b) zwischen der Sorgfaltsverletzung und dem durch den Verrichtungsgehilfen bewirkten Schaden ein ursächlicher Zusammenhang bestehe (BGHZ 32, 53, 59; BGH VersR 1966, 564). Die Verschuldensvermutung bezieht sich nicht auf das Handeln des Gehilfen, denn dessen Handeln muß nur rechtswidrig sein (BGHZ 24, 21, 29; aA vCAEMMERER, Wandlungen Ges Schr I 537 – restriktive Interpretation). Bei ungeklärtem Schadenshergang begünstigt die Verschuldensvermutung den Geschädigten insofern, als er bei einer eigenen unmittelbar schädigenden Handlung des Geschäftsherrn dessen Verschulden beweisen müßte (BGHZ 24, 21, 30; ablehnend vCAEMMERER, Wandlungen Ges Schr I 540).

Da es sich – im Gegensatz zu § 833 S 1 – um eine Verschuldenshaftung, nicht um eine Gefährdungshaftung handelt, muß die gesetzliche Vermutung durch den Beweis des Gegenteils widerleglich sein. Der Exculpationsbeweis ist das Gegenstück zur Verschuldensvermutung. Es ist einseitig, die „Schwäche der Rechtsposition des Geschädigten" auf die „Möglichkeit des Entlastungsbeweises" zurückzuführen (HASSOLD JuS 1982, 583, 584). Durch den Exculpationsbeweis wird die Verschuldensvermutung kompensiert. Welches Gewicht dem Verschulden im Rahmen von § 831 zukommt, wird dadurch bestimmt, welche Anforderungen an die Entlastung gestellt werden: Sind diese hoch, wird die Vermutung zunehmend unwiderleglich oder gar fiktiv. Wer die Abschaffung des Entlastungsbeweises forciert oder durch die Konstruktion von Organisationspflichten in § 823 oder in § 31 ausweicht, muß bekennen, daß er das Verschuldensprinzip preisgibt und nicht mehr Unrecht auszugleichen, sondern Unglück „nach objektiven, sozial abgestuften, Verantwortungskreisen" (ESSER AcP 148 [1947] 121, 139) zu verteilen bestrebt ist. ESSER (VersR 1953, 129) führte dieses Streben „auf die allgemeine Versorgungsmanie und die populäre Überzeugung zurück, daß es keinerlei Unfallrisiko ohne Haftpflichtigen geben dürfe". Nach § 831 Abs 1 S 2 entgeht der Geschäftsherr der Haftung, wenn er wenigstens *eine* der beiden Vermutungen widerlegt. Dazu ist der Nachweis erforderlich, entweder daß der Geschäftsherr die ihm durch § 831 auferlegten Verkehrssicherungspflichten erfüllt hat oder daß die Schädigung unabhängig von seiner Pflichtverletzung eingetreten ist, also etwa auch ein sorgfältig ausgewählter und beaufsichtigter Angestellter in der gegebenen Lage nicht anders hätte handeln können (RGZ 79, 312, 315). Die gesetzlichen Vermutungen sind weniger dadurch gerechtfertigt, daß der Geschäftsherr Gefahren geschaffen hat, indem er die Verrichtung auf einen Gehilfen übertragen hat und nur jener die daraus erwachsenden Gefahren übersehen und kraft seiner Organisationsgewalt beherrschen kann. Wesentlich ist, daß es für den Geschädigten kaum möglich ist, Unzulänglichkeiten in der Organisationssphäre des Geschäftsherrn (dem „‚Innenverhältnis' zwischen Geschäftsherrn und Gehilfen" [BGB-RGRK/ STEFFEN Rn 2; LARENZ/CANARIS, Schuldrecht II/2 § 79 III 1b; BGHZ 24, 188, 195]) darzulegen und zu beweisen und noch den Beweis zu erbringen, daß gerade diese zum Schaden geführt haben. Dagegen ist der Schädiger, der den Einsatz des Gehilfen beherrscht, eher als der Geschädigte in der Lage, seine schadensverhütenden Vorkehrungen offenzulegen. Daher ist es gerechter, ihm das Risiko der Unaufklärbarkeit aufzuerlegen (BGHZ 51, 91, 106). Demjenigen, der das Betriebsrisiko trägt, ist die Beweisführung über das Zustandekommen der Schädigung eher zuzumuten, als demjenigen, auf den das Ereignis zugekommen ist (BGHZ 24, 21, 30; krit LARENZ/CANARIS, Schuldrecht II/2 § 79 III 1b).

2. Folgerungen

8 Da § 831 den Schadenersatzanspruch an die *schuldhafte* Verletzung bestimmter Verkehrssicherungspflichten knüpft, entfällt die Haftung, wenn der Geschäftsherr nach §§ 827, 828 nicht verantwortlich ist. Der Beweis obliegt ihm (BGHZ 39, 103, 108). Möglich bleibt aber die Haftung des deliktsunfähigen Geschäftsherrn nach § 829.

3. Geschäftsherrnpflichten als gesetzlich konkretisierte Verkehrssicherungspflichten – Verhältnis zu den Organisationspflichten

9 Verkehrssicherungspflichten obliegen demjenigen, der eine Gefahrenquelle schafft. Er haftet für die Gefahrenverwirklichung, wenn er schuldhaft mögliche (und zumutbare) Maßnahmen zur Abwehr der Gefahr unterlassen hat. § 831 ist ein *Sondertatbestand* gegenüber § 823 (CANARIS, Schutzgesetze, in: FS Larenz [1983] 26, 82; LARENZ/ CANARIS, Schuldrecht II/2 § 79 III 1d; MATUSCHE-BECKMANN 98; **aA** H H JAKOBS VersR 1969, 1061, 1062; ESSER/WEYERS, Schuldrecht II/2 § 58 I 1 entnehmen § 831 nur eine Regelung der Beweislast) insofern, als *einzelne Verkehrssicherungspflichten* im Rahmen der Exculpation (§ 831 Abs 1 S 2) beispielhaft konkretisiert werden. Der Geschäftsherr hat unter anderem die *Pflicht*, eine geeignete Person zur Verrichtung auszuwählen, sowie die *Pflicht*, die zu einer Verrichtung bestellte Person zu beaufsichtigen. Nach heutigem Verständnis ist dem Geschäftsherrn eine allgemeine und dauernde Aufsichtspflicht auferlegt (BGH VersR 1959, 994, 995). Diese Pflichten wurden im I. Entwurf zum BGB (§§ 711, 712) noch ausdrücklich statuiert. Daneben hat die Rspr später im Rahmen von § 823 allgemeine Verkehrssicherungspflichten, namentlich die (betrieblichen und körperschaftlichen) Organisationspflichten entwickelt (allgemein zu Verkehrs[sicherungs]pflichten iRv § 823 Voss, Die Verkehrspflichten [2007]). Dadurch entstand die Frage nach dem Verhältnis von § 831 zum deliktsrechtlichen Grundtatbestand des § 823 (dazu Rn 19) und zur Organhaftung nach § 31 (dazu Rn 42). *Betriebliche Organisationspflichten* sollen den Geschäftsherrn treffen, wenn er die Erfüllung ihm obliegender Verkehrssicherungspflichten an Hilfspersonen delegiert (MATUSCHE-BECKMANN 100, 108 f). Dabei kann es sich um allgemeine Verkehrssicherungspflichten (zB Streupflicht, BGH VersR 1962, 1013, 1014) handeln oder auch um die besonderen Pflichten aus § 831, also die Pflicht zur ordnungsgemäßen Auswahl, Überwachung und Anleitung. In den letztgenannten Fällen obliegt es dem Geschäftsherrn, durch allgemeine Aufsichtsanordnungen dafür zu sorgen, daß die Aufsichtspersonen unerlaubte Handlungen durch die Arbeitnehmer unterbinden (BGHZ 32, 53, 59). *Körperschaftliche Organisationspflichten*, die aus § 31 hervorgehen, betreffen Mängel der körperschaftlichen Struktur, die unzureichende Organbestellung (s unten Rn 42). Es wird als haftungsbegründender Organisationsmangel angesehen, wenn die Körperschaft nicht für die Bestellung eines verfassungsmäßigen Vertreters nach § 31 oder eines Sondervertreters nach § 30 gesorgt hat, für die sich die Körperschaft nicht wie nach § 831 Abs 1 S 2 entlasten kann, sondern „nur" Verrichtungsgehilfen einsetzt (dazu BGH NJW-RR 1998, 250, 252; ESSER/WEYERS, Schuldrecht II/2 § 58 I 2). Das Organisationsverschulden gipfelt darin, daß die Körperschaft sich die Exculpationsmöglichkeit im Wege der Einsetzung eines Verrichtungsgehilfen offen zu halten versucht (zu der parallelen Entwicklung körperschaftlichen Organisationsverschuldens einerseits und der teleologischen Erweiterung der Haftung nach § 31 näher unten, Rn 42).

Vereinzelt wird ein tatbestandliches Nebeneinander von § 831 und § 823 angenommen: Dieselben Verkehrssicherungspflichten, die § 831 begründe, seien auch § 823 zu entnehmen (KÖTZ/WAGNER, Deliktsrecht Rn 304 f). § 831 betreffe danach nur gesetzlich geregelte Anwendungsfälle aus dem Haftungsspektrum von § 823 (so BGB-RGRK/STEFFEN Rn 4). Folgerichtig wird § 831 für weitgehend obsolet gehalten (vBAR, Verkehrspflichten S 243), zumindest wenn Kausalität und Verschulden feststehen (BGB-RGRK/STEFFEN Rn 4). Andererseits wird gefordert, beide Haftungsgrundlagen sorgfältig auseinanderzuhalten (HASSOLD JuS 1982, 583, 585; MATUSCHE-BECKMANN 98). Der tatbestandlichen Abgrenzung zwischen § 831 und § 823 bedarf es vor allem deshalb, weil die Darlegungs- und Beweislast unterschiedlich verteilt ist (RGZ 53, 53, 57; HASSOLD JuS 1982, 583, 585; MATUSCHE-BECKMANN 98). Eine Kausalitäts- und Verschuldensvermutung und eine Exculpationsmöglichkeit ist in § 831 Abs 1 S 2, aber nicht in § 823 vorgesehen, wenngleich die Vermutung – im Bereich der Produkthaftung – auf § 823 übertragen wird. Hinzu kommt, daß § 831 – im Gegensatz zu § 823 Abs 1 – auch zur Haftung führt, wenn der Geschäftsherr fahrlässig Vermögensschäden durch sein Auswahl-, Leitungs- und Aufsichtsverschulden herbeiführt, indem der Verrichtungsgehilfe gegen ein entsprechendes Schutzgesetz (etwa § 263 oder § 266 StGB) verstößt oder den Tatbestand von § 826 erfüllt (dazu Rn 2; KUPISCH JuS 1984, 250, 253). Die Abgrenzung ist umstritten und wirkt mitunter zufällig: § 831 sei anzuwenden, wenn der Schaden durch das fehlerhafte Verhalten eines mit einer bestimmten Aufgabe betrauten Gehilfen verursacht worden sei. Dagegen sei auf § 823 zurückzugreifen, wenn den Geschäftsherrn ein sonstiges Organisationsverschulden, namentlich Vernachlässigung der allgemeinen Aufsicht, treffe (KÖTZ/WAGNER, Deliktsrecht Rn 304 ff; RGZ 53, 53, 57; 128, 149, 153; BGHZ 4, 1, 2 f; 24, 200, 214; BGH MDR 1957, 214 215 m zust Anm ESSER; anders noch RGZ 78, 107, 110; RG JW 1914, 758, 760; 1920, 492; 1933, 831). Die „konkrete, praktische Aufsicht", die „Aufsicht im einzelnen" sei Gegenstand der Pflichten aus § 831 Abs 1, die fehlerhafte Wahrnehmung der Leitungsfunktionen der Unternehmensführung im Großbetrieb stelle dagegen ein Organisationsverschulden dar (HASSOLD JuS 1982, 583, 585). Kaum erklären läßt sich, warum die Verletzung der in § 831 erfaßten speziellen Organisationspflichten hinsichtlich der Kausalitäts- und Verschuldensvermutung anders zu behandeln sein soll als die Verletzung der allgemeinen Organisationspflichten. Wenn § 831 den Zweck hat, die Verletzung der in dieser Bestimmung konkretisierten Verkehrssicherungspflichten „einer abweichenden Beweislastregel zuzuführen" (BGB-RGRK/STEFFEN Rn 4), so müßte ein Differenzierungsgrund ersichtlich sein. Erkannt wurde dieser bislang nicht.

11 CANARIS (Schutzgesetze, in: FS Larenz [1983] 26, 82) bezeichnet es als gedankenlos, allgemeine Organisationspflichten in § 823 anzusiedeln. In der Tat: *Sedes materiae* für diese ist § 831. Hat der Geschäftsherr seine Auswahl-, Leitungs-, Aufsichtspflichten oder andere Verkehrssicherungspflichten Hilfspersonen auferlegt, so stellt die Verletzung der dem Geschäftsherrn obliegenden Organisationspflichten – entgegen der herrschenden Lehre und Rspr – keine eigenständige unerlaubte Handlung iSv § 823 dar, sondern schließt nur den Entlastungsbeweis nach § 831 Abs 1 S 1 aus. Denn diese Organisationspflichten erwachsen dem Geschäftsherrn anstelle seiner ursprünglich eigenen Verkehrssicherungspflichten (vgl LANDWEHR AcP 164 [1964] 482, 486). Die weithin vorherrschende Ansicht, die Organisationspflichten seien Teil der allgemeinen Verkehrssicherungspflichten, erklärt sich aus dem rechtspolitischen Anliegen, die Schwächen der Gehilfenhaftung nach § 831 – vor allem wegen der Möglichkeit des (dezentralen) Entlastungsbeweises – zu vermeiden (vBAR, Gutachten, Bd II [1981] 1716) und im Ergebnis eine unbedingte Einstandspflicht zu begründen (ESSER, Grundlagen 37). Ausgangspunkt nicht nur für die Lehre vom körperschaftlichen Organisationsverschulden waren Fälle, „wo das Unerträgliche einer Entlastungsmöglichkeit aus § 831 [...] besonders in die Augen sprang" (RGZ 162, 129, 166). Pointiert, aber keineswegs unzutreffend, meint H H JAKOBS (VersR 1969, 1061, 1063) freilich, die angeblichen Mängel von § 831 seien vor allem Mängel des herrschenden Verständnisses dieser Vorschrift. Es ist ihre gegenwärtige Interpretation, die das Bemühen nahelegt, den Anwendungsbereich einzuschränken, die Vorschrift „zu entschärfen" (vBAR, Verkehrspflichten 241), „sozusagen scheibchenweise auszuschalten" (KUPISCH JuS 1984, 250, 256). Man versucht dieses Ziel zu erreichen, zum einen indem der Tatbestand von § 823 um Organisations-Verkehrssicherungspflichten erweitert wird (vgl KUPISCH JuS 1984, 250, 256), zum anderen indem Verrichtungsgehilfen von juristischen Personen fiktiv zu verfassungsmäßigen Vertretern oder Sondervertretern gemacht werden (Beispiele bei ESSER, Grundlagen 34). Die Geltung von § 31, der zur Haftung für fremdes Verschulden (ohne Exculpation) führt, soll auf nicht zu Organen bestellte Personen erstreckt werden (NITSCHKE NJW 1969, 1737, 1739; LANDWEHR AcP 164 [1964] 482, 513; vgl dazu STAUDINGER/WEICK [2005] § 31 Rn 2 f mwN). Methodisch ist das aber eine – vom RG (RGZ 78, 107, 110; 79, 101, 106) noch gemiedene – Fehlentwicklung, die LANDWEHR (AcP 164 [1964] 482, 514) hinsichtlich der Lehre vom körperschaftlichen Organisationsverschulden bereits aufgezeigt hat. Heute wird zugegeben, daß die Lehre vom betrieblichen und körperschaftlichen Organisationsverschulden überholt wäre, wenn der Gesetzgeber den Exculpationsbeweis fallen ließe (HASSOLD JuS 1982, 583, 585). Damit erweist sich die Lehre vom betrieblichen und körperschaftlichen Organisationsverschulden als nur scheinbar „geschickter Kunstgriff", um den Entlastungsbeweis abzuschneiden (NITSCHKE NJW 1969, 1737, 1739), also eine rechtspolitische Korrektur vorwegzunehmen, die vorzunehmen der Gesetzgeber bislang nicht bereit war. Mit einer restriktiven Auslegung oder teleologischen Reduktion hat das wenig zu tun. Es geht vor allem darum, das Schuldprinzip zurückzudrängen, indem die Beweislast des Geschädigten durch den Beweis des ersten Anscheins erleichtert wird, während der Entlastungsbeweis ausgeschlossen ist. Das wird durch die Heranziehung von § 31 in bezug auf das körperschaftliche Organisationsverschulden besonders deutlich (vgl OLG Stuttgart NJW 1951, 525). In Wahrheit handelt es sich um einen methodischen Mißgriff, der zu Wertungswidersprüchen führen muß. Sie ergeben sich daraus, daß die Verletzung ähnlicher Verkehrssicherungspflichten verschieden behandelt wird. Weitere Konsequenz ist, daß die juristische Person – und im Wege der Analogie auch die OHG und KG (BGH NJW 1952, 537, 538; BGH VersR 1962, 664) – uU im Vergleich zur natürlichen Person schärfer haftet, nämlich ohne Entlastungsmöglichkeit, indem man ihr die Möglichkeit abschneidet, Verrichtungsgehilfen einzusetzen. Warum eine Körperschaft sich nur in geringerem Maße der Tätigkeit von Verrichtungsgehilfen bedienen können soll als eine natürliche Person, läßt sich deliktsrechtlich nicht rechtfertigen (dazu auch MARTINEK, Repräsentantenhaftung [1979] 32 ff; STAUDINGER/WEICK [2005] § 31 Rn 33). Darüber hinaus ist es widersinnig, den dezentralen Entlastungsbeweis (BGHZ 4, 1, 2 f) infolge einer Überspannung des Schuldprinzips oder aus Zweckmäßigkeits- und Billigkeitsgründen zuzulassen, das als unbefriedigend empfundene Ergebnis aber durch die Entwicklung von Verkehrssicherungspflichten (Organisationsverschulden) zu korrigieren, die § 823 zugeordnet werden, um schließlich bei einer Erfolgshaftung zu enden. Auf diesen Zusammenhang weisen deutlich ESSER/WEYERS (Schuldrecht II/2, § 58 I 2) hin. Dieser Vorwurf trifft freilich nicht in erster Linie das RG, sondern vor allem den BGH hinsichtlich seiner frühen Rspr (BGHZ 4, 1, 2 f), wie JAKOBS (VersR 1969, 1061, 1068 f) nachgewiesen hat. Des Rückgriffs auf § 823, des „Gegengewichts" (so BGB-RGRK/STEFFEN Rn 8), bedarf es im übrigen nicht, um den dezentralen Entlastungsbeweis zu vermeiden: Hat der Geschäftsherr seine Verkehrssicherungspflichten auf Gehilfen übertragen, so genügt zu seiner Entlastung nicht schon, daß er diese sorgfältig ausgewählt und überwacht hat. Denn mit der Delegation erwachsen für ihn allgemeine (den von § 831 vorausgesetzten eng verwandte) Organisationspflichten, die er zusätzlich erfüllen muß, um sich nach § 831 Abs 1 S 2 zu exculpieren. Er kann sich nicht schon durch den bloßen Nachweis entlasten, daß er Aufsichtspersonen ordnungsgemäß ausgewählt und überwacht hat. In diesem Sinne ist auch das RG (RGZ 78, 107, 110; 79, 101, 106; RG, JW 1914, 758, 760; 1933, 831) zu verstehen. Wie das OLG München (VersR 1963, 1208, 1209) zutreffend erkannt hat, führt daher ein schuldhafter Organisationsmangel, der sich in der Lückenhaftigkeit von Dienstanweisungen äußere, zur Haftung nach § 831 Abs 1. Der BGH läßt in BGHZ 32, 53, 59 offen, wo das Organisationsverschulden anzusiedeln ist, weist aber zutreffend darauf hin, daß die Entlastungsmöglichkeit entfällt (zum dezentralen Entlastungsbeweis näher unten, Rn 120–122).

Auszugehen ist davon, daß die in § 831 Abs 1 S 2 im Rahmen der Exculpation **12** konkretisierten Verkehrssicherungspflichten nur *beispielhaften Charakter* haben (E SCHMIDT AcP 170 [1970] 502, 520, Fn 67). Danach lassen sich sämtliche Organisationspflichten, die den von § 831 Abs 1 S 1 vorausgesetzten Pflichten wesentlich ähneln, durch die (analoge) Anwendung dieser Bestimmung erfassen. Zugleich müssen freilich ihre Schwächen punktuell beseitigt werden. Das bedeutet vor allem, die Exculpationsmöglichkeit einzuschränken (ESSER/WEYERS, Schuldrecht II/2 § 58 I 2). Wird der dezentrale Entlastungsbeweis gemieden, was der Tendenz der Rspr ohnehin entspricht (BGH NJW 1968, 247, 248; NJW 1973, 1602, 1603), besteht kein Grund, durch neue Rechtsinstitute wie die Lehren vom betrieblichen bzw körperschaftlichen Organisationsverschulden auf § 823 oder § 31 auszuweichen. Anstatt betriebliche Organisationspflichten im Rahmen von § 823 und körperschaftliche Organisationspflichten im Rahmen von § 31 zu konstruieren, ist § 831 auf derartige Pflichten (analog) anzuwenden. Dem Geschäftsherrn ist demnach die Exculpation zu versagen, wenn er die ihm nach § 831 obliegenden Verkehrssicherungspflichten durch Hilfspersonen (leitende Angestellte) erfüllen läßt, diese also zur Auswahl, Überwachung und Anleitung seiner Arbeitnehmer einsetzt, ohne seine Gehilfen so einzuteilen, ihre Vertretung so zu regeln und sie zur Sorgfalt derart anzuhalten, wie es unter den gegebenen Umständen von einem sorgfältigen Unternehmer zu verlangen war. Es ist auch kaum zu rechtfertigen, daß der Geschäftsherr nach § 831 haften soll, wenn sein Kontrollpersonal bei der Aufsicht versagt, er aber nach § 823 haftet, wenn er kein Aufsichtspersonal eingeteilt, also weniger für die Sicherung getan hat (so aber BGHZ 11, 151, 155). Wertungsmäßig liegt es näher, beide Fälle gleich zu behandeln, indem § 831 analog auf den zweiten Fall angewendet wird. Begeht der Gehilfe eine Vermögensstraftat (vgl dazu Rn 2), so müßte die Haftung des Geschäftsherrn wegen Organisationsverschuldens nach § 823 ausscheiden, während die analoge Anwendung von § 831 seine Haftung zuläßt. In § 823 sind dagegen diejenigen Verkehrssicherungspflichten anzusiedeln, die sich von den in § 831 vorausgesetzten im wesentlichen unterscheiden, wie zB die Pflichten, die daraus resultieren, daß jemand sein Eigentum dem allgemeinen Verkehr öffnet oder einen gefährlichen Gewerbebetrieb ausübt (vgl RGZ 53, 53, 57).

B. Verhältnis der Haftung des Geschäftsherrn zu derjenigen des Verrichtungsgehilfen

I. Gesamtschuld im Außenverhältnis

13 Im Verhältnis zum Geschädigten bestehen die Haftung des Geschäftsherrn und die des Verrichtungsgehilfen unabhängig voneinander. Erfüllt der Verrichtungsgehilfe selbst die Voraussetzungen der §§ 823 ff, weil er nicht nur objektiv rechtswidrig, sondern auch schuldhaft unerlaubt gehandelt hat, so haftet er persönlich und unabhängig davon, ob der Geschäftsherr nach § 831 verantwortlich ist (RG JW 1910, 653; Recht 1911 Nr 1745; KÖTZ/WAGNER, Deliktsrecht Rn 31 f). Haften Geschäftsherr und Verrichtungsgehilfe nebeneinander, so sind sie Gesamtschuldner nach § 840 Abs 1. Der Geschädigte kann also nach § 421 wählen, ob er den Geschäftsherrn oder den Verrichtungsgehilfen in Anspruch nimmt. *Rechtspolitisch* wird von HEINZE (NZA 1986, 545, 550) gefordert, entsprechend § 771 nur eine subsidiäre Außenhaftung des Arbeitnehmers (für den Fall der Insolvenz des Arbeitgebers) neben einer primären Außenhaftung des Arbeitgebers einzuführen. Es ist zumindest widersprüchlich, die Gleichstufigkeit der Haftung des Geschäftsherrn und derjenigen des Verrichtungsgehilfen aufzugeben, im Innenverhältnis aber – so HEINZE (aaO) – den Gesamtschuldnerausgleich nach § 426 Abs 1 zuzulassen. Was im Außenverhältnis (zum Geschädigten) keine Gesamtschuld mehr ist, wird im Innenverhältnis (zwischen den Schädigern) als solche behandelt.

II. Regreß im Innenverhältnis

Hat der Geschäftsherr Schadenersatz geleistet, kann er im Innenverhältnis beim **14** Verrichtungsgehilfen in **vollem Umfang** Regreß nehmen (§ 840 Abs 2). Dabei handelt es sich um eine andere Bestimmung des Ausgleichs im Sinne von § 426 Abs 1 S 1 zu Lasten des Verrichtungsgehilfen. Sie beruht auf der Erwägung, daß im Verhältnis der Gesamtschuldner zueinander die Haftung aus wirklichem Verschulden der aus vermutetem Verschulden vorgehen soll (ERMAN/SCHIEMANN § 840 Rn 11). Der Regreß des Geschäftsherrn entfällt jedoch ganz oder teilweise, wenn der Verrichtungsgehilfe Arbeitnehmer ist und im Wege des innerbetrieblichen Schadensausgleichs einen Freistellungsanspruch gegen den Arbeitgeber bzw Geschäftsherrn hat (dazu unten Rn 15 f). Hat der Verrichtungsgehilfe seinerseits Schadenersatz geleistet, kann er grundsätzlich – wegen § 840 Abs 2 – keinen Regreß (nach § 426 Abs 2) beim Geschäftsherrn nehmen. Ist der Verrichtungsgehilfe aber Arbeitnehmer, so führt der innerbetriebliche Schadensausgleich dazu, daß jener entsprechend seinem Verschuldensanteil bei seinem Arbeitgeber (Geschäftsherr) vollständig oder teilweise Regreß nehmen kann (dazu unten Rn 15 f). § 840 Abs 2 wird insoweit durch das arbeitsrechtliche Haftungsprivileg verdrängt.

III. Innerbetrieblicher Schadensausgleich und Freistellungsanspruch

Ist der Verrichtungsgehilfe Arbeitnehmer und haftet er dem Geschädigten etwa **15** nach § 823, so steht ihm gegenüber seinem Arbeitgeber, dem Geschäftsherrn, im Wege des *innerbetrieblichen Schadensausgleichs* ein *Freistellungsanspruch* zu (RAG ARS 41, 55, 61; 43, 108, 111 f; BAGE 1, 5, 19; BAG AP Nr 37 und 94 zu § 611 BGB Haftung des Arbeitnehmers; BAG NJW 1963, 1940, 1941; NJW 1963, 411, 412; BGHZ 41, 203, 204; BGH NJW 1961, 2156; HELM AcP 160 [1961] 134; ACHTERBERG AcP 164 [1964] 14, 47; CANARIS RdA 1966, 47; KÖBLER RdA 1975, 97; GICK JuS 1980, 399; MünchArbR/BLOMEYER Bd 1 [2000] § 60 Rn 15 f), der sich nach dem Verschuldensmaß des Arbeitnehmers richtet. Dabei ist es ohne Bedeutung, ob sich der Arbeitgeber nach § 831 Abs 1 S 2 gegenüber dem Dritten exculpieren kann. Der Freistellungsanspruch besteht auch, wenn sich der Geschädigte nicht aus dem Vermögen des Arbeitnehmers bzw Verrichtungsgehilfen befriedigen kann (BGHZ 66, 1). Da der Freistellungsanspruch grundsätzlich pfändbar (BAG AP Haftung des Arbeitnehmers Nr 37 Anm HUECK = NJW 1967, 238 und Nr 45; NOEL HARDT DB 2000, 1814) ist, kann sich der geschädigte Dritte den Anspruch zur Einziehung überweisen lassen und diesen anschließend selbst gegen den Arbeitgeber geltend machen (vgl MünchArbR/BLOMEYER Bd 1 [2000] § 60 Rn 17). Hat der Arbeitnehmer den Schadenersatzanspruch bereits erfüllt, so hat er einen – ebenfalls von seinem Verschuldensmaß abhängigen – *Regreßanspruch* gegen den Arbeitgeber bzw Geschäftsherrn.

IV. Zusammentreffen von Freistellungsanspruch und gestörter Gesamtschuld

Da Geschäftsherr und Verrichtungsgehilfe unabhängig voneinander haften, kann **15a** sich der Geschädigte aussuchen, gegen wen er vorgehen will (s Rn 13). Daß der Verrichtungsgehilfe Arbeitnehmer ist, ändert daran grundsätzlich nichts. Besonderheiten ergeben sich aber, wenn die Arbeitnehmereigenschaft des Verrichtungsgehilfen mit Haftungsprivilegierungen zusammentrifft, so zB, wenn der Verrichtungsgehilfe einen Dritten schädigt, der mit ihm auf einer gemeinsamen Betriebsstätte iSd § 106 Abs 3 Var 3 SGB VII arbeitet. Das gem § 840 zwischen Geschäftsherr und

Verrichtungsgehilfe bestehende Gesamtschuldverhältnis ist durch die sozialversicherungsrechtliche Haftungsprivilegierung des Verrichtungsgehilfen gestört. Das führt nach den von der Rspr entwickelten Grundsätzen zum gestörten Gesamtschuldnerausgleich zu einer Beschränkung der Haftung des Geschäftsherrn auf den Anteil, den er im Innenverhältnis nach § 426 tragen müßte, wenn die Schadensverteilung nicht gestört wäre (BGH MDR 1993, 623). Danach haftete der Arbeitgeber im Endeffekt gar nicht aus § 831, weil § 840 Abs 2 es im Innenverhältnis dem Arbeitnehmer zuweist, den Schaden zu tragen. Grundgedanke der Norm ist, daß derjenige, der wegen erwiesenen Verschuldens haftet, im Innenverhältnis zu dem, der nur aus vermutetem Verschulden haftet, den ganzen Schaden tragen soll (BGH NJW 2004, 951, 953). Wenn dem Verrichtungsgehilfen als Arbeitnehmer aber ein Freistellungsanspruch gegen den Geschäftsherrn zusteht, müßte dieser auch (bei leichtester Fahrlässigkeit des Arbeitnehmers) den Schaden voll tragen, wäre der Verrichtungsgehilfe nicht in der Haftung privilegiert. Resultat wäre, daß der Geschädigte im Endeffekt doch in voller Höhe gegen den Geschäftsherrn vorgehen könnte.

Das OLG Hamm (NJW-RR 2003, 1026, 1028; siehe auch OLG Oldenburg, OLGR 2001, 349, 350) hat dementsprechend erkannt: Der Freistellungsanspruch des haftungsprivilegierten Arbeitnehmers sei im gestörten Gesamtschuldverhältnis zu berücksichtigen und gehe dem § 840 Abs 2 vor. Der Arbeitnehmer müsse so geschützt werden, weil ihm das Risiko verbleibe, trotz der gesetzlich geregelten Haftungsprivilegierung in Anspruch genommen zu werden.

Das OLG München (NZV 2003, 472) hat dagegen erkannt, daß im Rahmen des gestörten Gesamtschuldnerausgleichs der Freistellungsanspruch unbeachtlich sei. Der BGH (NJW 2004, 951, 953; 2005, 2309, 2310, NZV 2005, 515, 517) hat sich der Argumentation des OLG München angeschlossen. Der Freistellungsanspruch betreffe nur das Innenverhältnis des Arbeitsverhältnisses und führe nicht zur Erweiterung der haftungsrechtlichen Verantwortlichkeit des Arbeitgebers. Dessen Fürsorgepflicht und die Verteilung des Risikos im Rahmen des innerbetrieblichen Schadensausgleichs zwischen Arbeitgeber und Arbeitnehmer gehe den Geschädigten nichts an (siehe dazu auch BGH AP § 611 Haftung des Arbeitnehmers Nr 104). Auch sei es widersprüchlich, daß der Geschädigte in Fällen leichter oder mittlerer Fahrlässigkeit des Arbeitnehmers gegen den Arbeitgeber weitergehende Schadenersatzansprüche geltend machen könne als im Fall grober oder gröbster Fahrlässigkeit. Im Ergebnis ist dem BGH darin beizupflichten, daß der arbeitsrechtliche Freistellungsanspruch in bezug auf den geschädigten Dritten keine Wirkungen entfalten kann (so auch WALTERMANN NJW 2004, 901). Dem Anspruch sind „keine auf den Geschädigten bezogene Schutzzwecke" immanent, deshalb kann er nicht „ins Haftungsrecht implantiert werden" (so TISCHENDORF NZV 2003, 473). Erst nach einer umfassenden haftungsrechtlichen Beurteilung eines Falls unter Einschluß der Problematik der gestörten Gesamtschuld könne mit Blick auf das Verhältnis zwischen Arbeitgeber und Arbeitnehmer möglicherweise festgestellt werden, daß diesem ein Freistellungsanspruch zusteht; vor allem läßt die mangelnde soziale Schutzbedürftigkeit des Arbeitnehmers wegen der Deckung des Schadens durch einen Pflichtversicherer einen Freistellungsanspruch von vornherein entfallen (BGH VersR 1972, 166; 1992, 437; IMBUSCH VersR 2001, 1485). TISCHENDORF (aaO) verweist zutreffend darauf, daß im Fall der Exculpation des Arbeitgebers nach § 831 Abs 1 S 2 die Haftung des Arbeitnehmers nach § 823 nicht übergeleitet wird; es stellt sich lediglich die Frage, ob der Arbeitnehmer einen

Freistellungsanspruch hat. Wenn der Arbeitnehmer nun privilegiert ist, steht allein der Anspruch aus § 831 gegen den Arbeitgeber zur Debatte, es liegt keine Konstellation vor, „in der über einen Freistellungsanspruch eine Übernahme von eigentlich den Arbeitnehmer treffenden Lasten möglich wäre".

V. Mehrzahl von Gesamtschuldnern

Kommt eine Haftung noch anderer Gesamtschuldner – außer dem Geschäftsherrn **16** und dem Verrichtungsgehilfen – in Betracht, so bilden bei der Ausgleichung Geschäftsherr und Verrichtungsgehilfe eine Einheit, weil die Haftung des Geschäftsherrn von der des Gehilfen „abgeleitet" ist (BGHZ 6, 3, 27 f; 55, 344, 349; 61, 213, 219 f; vgl DUBISCHAR NJW 1967, 608). Gemeint ist damit, daß die *Haftungseinheit* beim Ausgleich unter den Gesamtschuldnern wie ein einziger Schuldner zu behandeln ist. Die „Zusatzhaftung", die durch § 831 im Außenverhältnis entsteht, wird im Innenverhältnis eliminiert (DUBISCHAR NJW 1967, 608), weil die Haftung für den Verrichtungsgehilfen im Interesse des Geschädigten besteht, nicht aber, um einen Mitschädiger zu entlasten. Diese „abgeleitete" Haftung ist allerdings nicht „adjektizischer Natur" wie die des Reeders und Schiffseigners (unten Rn 44), derart, daß bei rechtskräftiger Abweisung der Klage gegen den Verrichtungsgehilfen der Geschäftsherr nicht mehr in Anspruch genommen werden könnte (vgl BGH VersR 1965, 230). Vielmehr liegt eine gewöhnliche Gesamtschuld vor, für welche der Grundsatz der Einzelwirkung des § 425 gilt.

VI. Haftungsausschluß

Die Haftung des Geschäftsherrn für den Verrichtungsgehilfen kann nach § 276 durch **17** vorherige Vereinbarung in vollem Umfang ausgeschlossen werden. Zwar schließt § 276 Abs 3 aus, daß der Geschäftsherr sich für eigenen Vorsatz freizeichnet. § 276 Abs 3 hindert aber nicht den vertraglichen Haftungsausschluß des Geschäftsherrn für vorsätzliches Handeln des Verrichtungsgehilfen, eben weil die Haftung aus § 831 keine Haftung für die unerlaubte Handlung der Hilfspersonen, sondern nur eine Haftung aus vermuteter Fahrlässigkeit des Geschäftsherrn darstellt (RGZ 157, 288; RG HRR 1929 Nr 1728). Im übrigen umfaßt ein zugunsten des Geschäftsherrn vereinbarter Haftungsausschluß im allgemeinen auch die Haftung aus § 831 (OLG Hamm VersR 1976, 764; s auch BGH VersR 1976, 1129). Ein **formularmäßiger Haftungsausschluß** kann nur in den Grenzen der §§ 305 ff, vor allem § 309 Nr 7, erfolgen. Die Vorschriften über die Allgemeinen Geschäftsbedingungen sind auf deliktische Ansprüche analog anwendbar (BGH NJW 1995, 1448; ERMAN/ROLOFF § 309 Rn 64; MünchKomm/KIENINGER [2007] § 309 Rn 9). Der Geschäftsherr kann sich somit durch Verwendung einer Freizeichnungsklausel nicht von seiner Haftung nach § 831 befreien, soweit ihn ein grobes Auswahl- oder Überwachungsverschulden treffen würde (BGH ZIP 1985, 687).

C. Verhältnis von § 831 zu anderen Vorschriften

I. Vorschriften des BGB

1. § 823

a) Grundlagen

18 Das Verhältnis der §§ 823, 831 wird von der hM dahingehend bestimmt, daß § 831 für eine beschränkte Zahl von Verkehrssicherungspflichten, die grundsätzlich bei § 823 zu lokalisieren sind, eine Sonderregelung enthalte. Es handelt sich danach bei § 831 wie bei § 836 (s unten § 836 Rn 3) um einen Fall normierter Verkehrssicherungspflichten, bezüglich derer die Beweislastverteilung besonders ausgestaltet ist.

Zur Eigenhaftung des Gehilfen aus § 823 bereits oben (Rn 13).

b) Haftung für betriebliches Organisationsverschulden*

19 Die Haftung für betriebliches Organisationsverschulden (zum körperschaftlichen Organisationsverschulden unten Rn 42) wurde im Rahmen von § 823 mit dem Ziel entwickelt, den Anwendungsbereich von § 831 zu verlassen. Methodisch handelt es sich dabei – wie bereits gezeigt (oben Rn 11) – um eine Fehlentwicklung. Betriebliche Organisationspflichten sollen den Geschäftsherrn treffen, wenn er ihm obliegende Verkehrssicherungspflichten durch Hilfspersonen erfüllen läßt (RGZ 53, 53, 57; 128, 149, 153; BGHZ 4, 1, 2 f; 24, 200, 214; BGH MDR 1957, 214, 215; BGH VersR 1962, 1013, 1014). Er kann sich durch deren Einsatz seiner Verkehrssicherungspflichten nicht völlig entledigen. Anstelle der ursprünglichen Pflichten muß er den Einsatz der Hilfspersonen ordnungsgemäß organisieren. Da durch deren Versagen der Schaden ausgelöst wird, liegt das haftungsbegründende Verhalten des Geschäftsherrn offenkundig nicht darin, die letzte Verletzungsursache gesetzt zu haben. Ihm wird vielmehr vorgeworfen, bei der Organisation des von ihm zu betreuenden Verkehrsbereichs die erforderliche Sorgfalt nicht beobachtet und dadurch Gefahren nicht vermieden zu haben, so daß diese sich in einem Schaden realisieren konnten. Dadurch, daß die Haftung auf § 823 zurückgeführt wird, wird der dezentrale Entlastungsbeweis (dazu unten Rn 120 ff) vermieden.

20 Während das Reichsgericht in gewissem Umfang eine Haftung für Organisationsverschulden § 831 unterstellte (RGZ 78, 107, 110; RG JW 1914, 758, 760; 1920, 492; 1933, 831; anders dagegen RGZ 53, 53, 57; 113, 293, 297: § 823), ordnet die hM (BGB-RGRK/STEFFEN Rn 6; MünchKomm/WAGNER[4] Rn 7; ERMAN/SCHIEMANN Rn 3, ders § 823 Rn 83 ff) nunmehr die Organisationspflichten den allgemeinen Verkehrspflichten nach § 823 zu (dazu kritisch oben Rn 11). Für den Geschädigten hat das beweisrechtliche Nachteile zur Folge, da ihm keine Kausalitäts- und Verschuldensvermutung zugute kommt. Dementsprechend entfällt auch die Exculpationsmöglichkeit nach § 831 Abs 1 S 2 (dazu sogleich).

Wegen Organisationspflichtverletzung haftet der Geschäftsherr, wenn er es schuldhaft versäumt hat, die stets ihm verbleibende allgemeine Oberaufsicht auszuüben, vor allem allgemeine Aufsichtsanweisungen zu geben (BGH NJW 1968, 247, 248). Namentlich der Unternehmer eines größeren, arbeitsteilig organisierten Betriebs

---

* **Schrifttum**: HASSOLD JuS 1982, 583 ff.

hat die erforderliche Organisation derart auszugestalten, daß Schädigungen vermieden werden (BGH NJW 1973, 1602; FIKENTSCHER/HEINEMANN, Schuldrecht § 107 III 2 I).

Nach verbreitetem Verständnis steht die Haftung wegen Organisationsverschuldens **21** selbständig neben der Haftung aus § 831. Sofern das Organisationsverschulden sich auf eine der in § 831 normierten Verkehrspflichten bezieht, wird die Haftung aus § 823 praktisch jedoch nicht zum Zuge kommen (BGHZ 24, 188, 199). Wird dem Geschäftsherrn ein Organisationsverschulden außerhalb der ordnungsgemäßen Auswahl und Überwachung vorgeworfen, liegt eine echte *Anspruchskonkurrenz* vor (etwa RGZ 53, 53, 57: Die Eisenbahn konnte sich hinsichtlich der Auswahl des Gehilfen entlasten, der für die verletzungsursächlich unzureichende Beleuchtung des Zufahrtswegs zuständig war; das RG erwägt eine Haftung wegen mangelhafter Überwachung aus § 823; ähnlich RGZ 113, 293, 295: – Streupflicht – Exculpation hinsichtlich des Gehilfen, aber Haftung wegen Verletzung der allgemeinen Aufsichtspflicht).

Ansprüche wegen Organisationsverschuldens nach § 823 erfordern den vollen *Beweis* einschließlich der Schuld; eine Kausalitäts- oder Verschuldensvermutung greift nicht ein (RGZ 53, 53, 57). Allerdings hat die Rspr die Darlegungs- und Beweislast des Geschädigten durch den *Anscheinsbeweis* (vgl BGH DB 1974, 426) erleichtert. Bestand über längere Zeit ein nach der Lebenserfahrung im Organisationsverschulden fußender sorgfaltswidriger Zustand, so begründet das die vom Beklagten zu erschütternde Vermutung des Verschuldens bzw des Pflichtwidrigkeitszusammenhangs (RGZ 113, 293, 294: „Die in ihrem äußeren Tatbestand gegebene Verletzung des öffentlich-rechtlichen Schutzgesetzes über die Streupflicht rechtfertigt zunächst [für die erste Betrachtung] auch die Folgerung des Berufungsgerichts, daß die Unterlassung gehörigen Streuens auf einem Verschulden der Beklagten als der Trägerin der Streupflicht beruhe. Es ist Sache der Beklagten, den Widerlegungsbeweis zu führen, daß sie dasjenige getan habe, was geeignet gewesen sei, die Ausführung des Schutzgesetzes zu sichern, oder welche besonderen Umstände sie von dem Vorwurf eines für den Unfall ursächlichen Verschuldens entlasten." [zuvor ähnlich RGZ 89, 136]). Auch der BGH wendet seit NJW 1968, 247, 248 f (bestätigt in NJW 1969, 269; NJW 1973, 1602; NJW 1975, 1827) in Produkthaftungsfällen den Anscheinsbeweis an: „Schon nach der Lebenserfahrung deutet es zunächst auf einen fahrlässigen Mangel im Organisationsbereich der Beklagten hin, wenn diese dem Autohersteller ein für die Betriebssicherheit des Kraftwagens entscheidendes Werkstück in schadhaftem Zustand anliefert und wenn zudem feststeht, daß die Herstellung fehlerhaft und eine Stückkontrolle unzureichend war. (...) Es ist (...) Sache des Produzenten, sich zu entlasten (...)."

Die Organisationshaftung greift weiterhin unabhängig von der *Gehilfen*eigenschaft eines etwaigen Letztverursachers ein.

Schließlich sind Organisationspflichten nur beschränkt *delegierbar* (s oben Rn 11).

2. Vertragshaftung und § 278*

Nach § 278 hat der Schuldner ein Verschulden der Personen, deren er sich zur **22**

---

* **Schrifttum:** PICKER AcP 183 (1983) 369 ff; und
ders JZ 1987, 1041 ff; CANARIS, Schutzgesetze,
in: FS Larenz (1983) 27 ff.

Erfüllung seiner Verbindlichkeit bedient (dazu sowie zur Erweiterung der „Haftung für eingeschaltete Gehilfen" vgl die Kommentierung von STAUDINGER/LÖWISCH [2004] § 278 Rn 17 ff), in gleichem Umfang zu vertreten wie eigenes Verschulden.

a) Unterschiede zu § 831

23 Strukturell unterscheiden sich die vertragliche und vertragsähnliche Haftung „in Verbindung mit" § 278 von derjenigen nach § 831 dadurch, daß jene auf einer Zurechnung (nachzuweisenden) fremden Verschuldens, des Erfüllungsgehilfen, beruht, diese hingegen einen Haftungstatbestand für vermutetes eigenes Verschulden des Geschäftsherrn vorsieht (kritisch H H JAKOBS VersR 1969, 1061, 1063, der in § 831 lediglich eine Vorschrift über die Beweislast sieht). Wie aufgezeigt (oben Rn 5), setzt der Plan des Gesetzes für die garantiegleiche Einstandspflicht über § 278 das Bestehen einer **Sonderverbindung** voraus, also einer Verbindlichkeit, die bereits vor dem Schadenseintritt besteht, und nicht erst durch den Schadenseintritt entsteht (BGHZ 24, 188, 192). § 278 bringt dieses Erfordernis dadurch zum Ausdruck, daß sich die Bestimmung auf den „Schuldner" und die „Erfüllung seiner Verbindlichkeit" bezieht. Der Gesetzgeber ging dabei ersichtlich von einem eng umgrenzten Begriff der „Verbindlichkeit" aus. Gedacht war vornehmlich an die Vertragsverbindung (MUGDAN II 16: „Wenn der Schuldner eine Leistung *versprochen* hat, so erblickt der heutige Verkehr in diesem Versprechen auch die Übernahme einer Garantie für das ordnungsmäßige Verhalten derjenigen, deren Mitwirkung bei der Leistung sich zu bedienen dem Schuldner ausdrücklich oder stillschweigend gestattet ist."); nichts Abweichendes gilt für die Legalobligationen etwa des Vormunds (§ 1833) oder des Testamentsvollstreckers (§ 2219). Die nachzuzeichnende (unten Rn 25 ff) Ausdehnung der Vertragshaftung hat den Anwendungsbereich von § 278 erheblich erweitert. Außerhalb des vertraglichen Kontakts sind danach Sonderverbindungen auch in sozialen Beziehungen zu erblicken, sofern diese bestimmte *Pflichtverstärkungsfaktoren* aufweisen, nämlich die Inanspruchnahme gewährten Vertrauens und die erhöhte Einwirkungsmöglichkeit auf die Rechtsgüter des Partners (dazu mwN zum Diskussionsstand BELLING, Haftung 89 ff; krit PICKER AcP 183 [1983] 369 ff und JZ 1987, 1042 ff: PICKER nimmt an, jegliche Ersatzhaftung beruhe auf einem einheitlichen Rechtsgrund, der dem vorpositiven Grundsatz „neminem laedere" entstamme. Die unterschiedliche Ausgestaltung von Vertrags- und Deliktshaftung rühre nur aus einer technisch auf verschiedenen Wegen begründeten Haftungsbegrenzung. Im Deliktsrecht verwirkliche die Beschränkung auf die sozial offenkundigen Schutzgüter des § 823 Abs 1 die Haftungsbeschränkung, in der Sonderverbindung die anfängliche Individualität und Vereinzelung der Partner).

24 Auf der Grundlage dieser Strukturen sind im einzelnen folgende Hauptunterschiede hervorzuheben: Da § 278 eine Garantiehaftung für zu beweisendes fremdes Verschulden bedeutet, nicht eine Haftung für vermutetes eigenes Verschulden, kommt ein Entlastungsbeweis des Geschäftsherrn nicht in Betracht. Die iVm § 278 begründete Vertragshaftung greift entsprechend der allgemeinen Systematik auch bei bloßen *Vermögensschäden* ein und nicht allein bei der Verletzung der deliktisch geschützten Rechtsgüter und absoluter Rechte (§ 823 Abs 1; anders nur §§ 823 Abs 2 und 826). Der Begriff des Erfüllungsgehilfen ist von dem des Verrichtungsgehilfen verschieden: Während in § 831 der Kreis der Hilfspersonen auf Weisungsunterworfene beschränkt ist (LARENZ/CANARIS, Schuldrecht II/2 § 79 III 2a), können auch selbständige Unternehmer *Erfüllungs*gehilfen iSv § 278 sein (zum Begriff des Erfüllungsgehilfen BGHZ 13, 111; BGH VersR 1965, 240, 241). Art und Umfang des Ersatzes aufgrund der Vertragshaftung unterliegt der Beschränkung auf das Gläubigerinterese (wohinge-

gen im Rahmen von §§ 844 Abs 2, 845 in begrenztem Umfang auch *Drittschäden* zu ersetzen sind). Den *Beweis* erleichtern im Rahmen der Vertragshaftung die Vorschriften der §§ 280 Abs 1 S 2, 286 Abs 4, von denen § 280 Abs 1 S 2 auch bei positiver Vertragsverletzung, §§ 280 Abs 1, 241 Abs 2, Anwendung findet.

In der Praxis hat sich die – auch nur drohende – Entlastungsmöglichkeit als ein wesentliches Hindernis herausgestellt. Um den Mängeln der Deliktshaftung (zu nennen sind neben der Gehilfenhaftung vor allem die anfänglich unzureichend ausgebauten Verkehrs[sicherungs]pflichten) zu begegnen und um die bereits vor Erlaß von § 831 geforderte Garantiehaftung zu erreichen, haben Literatur und Rspr verschiedene Wege zur Ausdehnung der Vertragshaftung gefunden (ESSER/WEYERS, Schuldrecht II/2 § 58 I 3).

b) Ausdehnung der Vertragshaftung*
aa) Vertragliche und vertragsähnliche Nebenpflichten

Als „genuin deliktisch" (vBAR JZ 1979, 7; NIRK RabelsZ 18 [1953] 310, 311, 350 ff; dagegen **25** CANARIS, Schutzgesetze, in: FS Larenz [1983] 27, 85 ff) angesehene Pflichten zur Integritätswahrung wurden von der Rspr weithin zugleich zu Vertragspflichten erhoben und somit – auch – der Gehilfenhaftung iVm § 278 unterstellt.

Im Bereich der Haftung wegen Verschuldens bei *Vertragsverhandlungen* (rechtsver- **26** gleichend dazu NIRK RabelsZ 18 [1953] 310 ff) nahm diese Entwicklung ihren Ausgang in der *Linoleumteppich*-Entscheidung des RG (RGZ 78, 239). Eine von einem Angestellten des Kaufhauses versehentlich gekippte Linoleumrolle fiel um und verletzte die Kundin. Ein Vertrag kam nicht zustande. Anders als in früheren Entscheidungen, die auf dem Boden der Deliktstheorie gestanden hatten (RG JW 1909, 683, 684; 1910, 784), gewährte das RG nunmehr einen „vertraglichen" Schadenersatz gegen den Inhaber des Kaufhauses als potentiellen Vertragspartner.

Die Entscheidung des RG aus dem Jahre 1911 bildet den Ausgangspunkt für eine Entwicklung, die eine Hilfsfunktion (SOERGEL/WIEDEMANN[12] vor § 275 Rn 108) der von JHERING begründeten Lehre (JherJb 4 [1861]) in den Vordergrund rückt, nämlich den Integritätsschutz. Entgegen der ursprünglichen Konzeption geht es nicht allein um vertragsbezogene Pflichten; Ansprüche aus cic werden auch außerhalb des Bereichs gewährt, der allein die *Sonderverbindung* der Parteien ausmacht.**

Mit der im Jahr 2002 erfolgten Schuldrechtsreform erfuhr das in Rspr und Literatur weitgehend anerkannte Institut der culpa in contrahendo (vgl zB § 11 Nr 7 AGBG, der ein vorvertragliches Schuldverhältnis unausgesprochen voraussetzte) in § 311 Abs 2 und 3 erstmals eine ausdrückliche gesetzliche Kodifikation, ohne daß damit eine sachliche Änderung verbunden ist (Begr BT-Drucks 14/6040, S 161). Die in vorvertraglichen Schuldverhältnissen bestehenden Pflichten nach § 241 Abs 2 begründen somit nun ein gesetzliches Schuldverhältnis ohne Primärleistungspflichten (STAUDINGER/LÖWISCH [2005] § 311 Rn 94).

---

* **Schrifttum:** LORENZ JZ 1960, 108 ff; GERNHUBER JZ 1962, 553 ff; ESSER JZ 1952, 257 ff; vBAR, Verkehrpflichten § 8 II, 220 ff.

** **Schrifttum:** KREUZER, Culpa in contrahendo und Verkehrspflichten; ders JZ 1976, 778 ff.

27 Eine entsprechende Tendenz, allgemeine Verkehrspflichten in größerem Umfang vertragsrechtlich zu bewehren, ist auch bezüglich der (nach-)*vertraglichen Nebenpflichten* festzustellen. Zunächst – im Jahr 1926 – wurde eine Vertragshaftung des Zeitungsunternehmens für Verletzungen, die ein Kunde nach Aufgeben einer Anzeige bei einem Sturz auf dem unzureichend gestreuten Gehweg vor dem Geschäftshaus erlitt, noch abgelehnt (RGZ 113, 293, 294; sa RGZ 74, 124, 125). Entsprechend der Annahme von STAUB (Die positive Vertragsverletzung und ihre Rechtsfolgen, in: FS DJT [1901/1902] 29), blieb die positive Vertragsverletzung zunächst auf die Bewehrung von leistungsbezogenen Pflichten beschränkt. Die grundsätzliche Möglichkeit eines Ersatzanspruchs wegen vertraglicher Schutzpflichtverletzung neben dem Erfüllungsanspruch war demgegenüber in dieser Fallkonstellation im Wege einer Gesamtanalogie zu den §§ 280, 285, 325, 326 aF gewohnheitsrechtlich allgemein anerkannt (s nur SOERGEL/WIEDEMANN[12] vor § 275 Rn 509, 518; WERTHEIMER/ESCHBACH JuS 1997, 605). So hat der BGH (VersR 1965, 241) eine Vertragshaftung für die Verletzung durch ein herabfallendes Brett bei Verlassen des Ladenlokals bejaht. Mit der Schaffung des einheitlichen Haftungstatbestands in § 280 Abs 1 für Verletzungen von Haupt- und Nebenpflichten ist auch die positive Forderungsverletzung durch das Schuldrechtsmodernisierungsgesetz 2002 kodifiziert worden, ohne daß damit sachliche Veränderungen beabsichtigt waren.

28 Sofern das Eigentum im Rahmen der Vertragsdurchführung der Einwirkung des Vertragspartners ausgesetzt ist, vor allem bei Miet- und Werkverträgen, führt die Verletzung von Obhutspflichten ebenso zu einer Vertragshaftung (BGH VersR 1966, 1154 – Brennprobe –: Vertragshaftung für Feuerschäden am Gebäude des Bestellers, die aufgrund eines von Arbeitern des Unternehmers „aus Neugier" verursachten Brandes entstanden; BGH VersR 1983, 891: Werkvertrag über den Ausbau von Mieträumen schützt auch den Mieter).

29 Die – uU erst durch Annahme vertraglicher Schutzpflichten eröffnete – Vertragshaftung hat die Rspr noch um ein Element des Deliktsschutzes erweitert: Im Wege der entsprechenden Anwendung von § 618, vor allem § 618 Abs 3, im Bereich des Werkvertrags finden im Rahmen der Vertragshaftung (§ 278!) auch die §§ 842–846 Anwendung (RGZ 159, 268, 269 ff; BGH [GS] BGHZ 5, 62, 66: „[Es] wäre in hohem Maße unbillig, den Hinterbliebenen vertragliche Schadensersatzansprüche aus dem formalen Grunde zu versagen, daß nur der tödlich Verunglückte, aber nicht sie selbst Vertragspartner gewesen seien, und sie, obwohl der tödliche Unfall auf ein *vertragliches* Verschulden des Dienstherrn zurückgeht, auf den Nachweis einer unerlaubten Handlung zu verweisen, und dem Dienstherrn die weitgehende Entlastungsmöglichkeit des § 831 BGB für Verrichtungsgehilfen zu eröffnen." [Hervorhebung im Original]; BGHZ 26, 365, 370, 372 [„Fürsorgepflicht" unabdingbar]; BGH VersR 1963, 1076, 1077). Argumentativ handelt es sich um einen beachtlichen Kunstgriff, der praktisch bedeutet, sich selbst an den eigenen Haaren emporzuheben. Denn auf der selbstgeschaffenen Plattform der Vertragshaftung für Deliktsunrecht wird nunmehr postuliert, diese Haftung dürfe hinter der deliktischen nicht zurückstehen und damit die Erweiterung der Vertragshaftung begründet.

30 Die Annahme vertraglicher Ersatzansprüche wegen Integritätsverletzung stellt im internationalen Vergleich eine Besonderheit dar (zur cic: SOERGEL/WIEDEMANN[12] vor § 275 Rn 124 mwN; zur pVV: SOERGEL/WIEDEMANN[12] vor § 275 Rn 484; LORENZ JZ 1995, 317). Die Ursache ihrer Ausbildung liegt besonders in der Ausgestaltung der Deliktshaftung (MünchKomm/EMMERICH [2007] § 311 Rn 57; auch SOERGEL/WIEDEMANN[12] vor § 275 Rn 484).

Ohne den Exculpationsbeweis wären die Figuren der culpa in contrahendo, §§ 241 Abs 2, 311 Abs 2 und 3, der Schutzpflichtverletzung aus Vertrag (§§ 280 Abs 1, 241 Abs 2; pVV) und des Vertrags mit Schutzwirkung zugunsten Dritter kaum so stark ausgebaut worden (vBar, Gesamteuropäisches Deliktsrecht I Rn 189; Wicke 27; kritisch dazu Böhmer MDR 1964, 968 ff).

bb) Vertrag mit Schutzwirkung zugunsten Dritter*

Die Rspr hatte in Anlehnung an § 328 und als besondere Art der vertraglichen Drittberechtigung den Vertrag mit Schutzwirkung zugunsten Dritter herausgebildet. Dieses Rechtsinstitut beruhte nach richterlicher Rechtsfortbildung auf der Grundlage von § 242 und ergänzte das dispositive Recht. Teilweise stützte sich die Rspr auf die Regeln der Vertragsauslegung, §§ 133, 157 (BGHZ 56, 269, 273; BGH NJW 2004, 3035). Die Schutzwirkung für Dritte war fast einhellig anerkannt (Gernhuber, Schuldverhältnis § 21; MünchKomm/Gottwald [2007] § 328 Rn 106; grundsätzlich ablehnend: Ernst Wolf, Schuldrecht § 187 A IV; Ziegler JuS 1979, 328; Hattenhauer, Grundbegriffe des Bürgerlichen Rechts [1982] 95 f). Der Grund für die Entwicklung dieses Rechtsinstituts war der begrenzte Schutz des Deliktsrechts, das in § 823 Abs 1 das Vermögen nicht schützt, in § 831 Abs 1 S 2 die Exculpation des Geschäftsherrn zuläßt und nur die dreijährige Verjährungsfrist nach § 852 aF kannte. Die durch das Schuldrechtsmodernisierungsgesetz in § 311 Abs 3 S 1 geschaffene Regelung stellt nun klar, daß Schutzpflichten iSv § 241 Abs 2 auch gegenüber Dritten bestehen können. Geschützt werden alle Rechte, Rechtsgüter und Interessen, auf die sich eine Schutzpflicht nach § 241 Abs 2 beziehen kann (Looschelders, Schuldrecht AT [2006] Rn 199). Beim Vertrag mit Schutzwirkung für Dritte handelt es sich um ein vertragsähnliches gesetzliches Schuldverhältnis. Das Entstehen der Ersatzansprüche des objektiv geschützten Dritten ist daher vom Willen der Parteien unabhängig. Durch den Vertrag mit Schutzwirkung für Dritte soll ein bei der Vertragsabwicklung geschädigter Dritter in der Weise in die vertraglichen Sorgfalts- und Obhutspflichten einbezogen sein, daß er bei deren Verletzung vertragliche Schadenersatzansprüche geltend machen kann (vgl BGHZ 49, 350, 353; BGH NJW 1959, 1676 f). Die vertragliche Ersatzpflicht stellt den Geschädigten günstiger, weil sie das Verschulden des Erfüllungsgehilfen dem Schuldner der Pflicht ohne Exculpationsmöglichkeit zurechnet (§ 278) und die Verschuldensvermutung des Schädigers nach § 280 Abs 1 S 2 vorsieht. Nachteilig für den geschädigten Dritten wirkt sich freilich aus, daß er sich gegenüber einem deliktischen Anspruch ein Mitverschulden seiner gesetzlichen Vertreter und Hilfspersonen sowie nach hM auch des Gläubigers analog zu den §§ 334, 846 anrechnen lassen muß, § 254 (vgl dazu BGHZ 9, 316, 318; 33, 247, 250; BGH NJW 1995, 392; BGB-RGRK/Ballhaus § 328 Rn 84; aA Bayer JuS 1996, 473; Berg JuS 1977 363; Looschelders S 526 ff, die eine Anrechnung des Gläubigermitverschuldens nach §§ 254 Abs 2 S 2, 278 befürworten).

Wurde mit dem Ausbau von Nebenpflichten die Vertragshaftung in ihrem sachlichen Anwendungsbereich erweitert, so ermöglichte die Konstruktion von drittschützenden Vertragspflichten den Ausbau in persönlicher Hinsicht. Die Schutzwirkung bedeutet, daß nunmehr die – wie dargestellt erheblich ausgeweiteten – vertraglichen Nebenpflichten auch Dritten gegenüber bestehen. Der Anwendungsbereich kann

---

* **Schrifttum:** Gernhuber JZ 1962, 553 ff; ders, in: FS Nikisch (1958) 249 ff; ders, Das Schuldverhältnis § 21; Larenz Anm NJW 1956, 1193 f; Heiseke und Larenz NJW 1960, 77 ff; Canaris JZ 1965, 475 ff; vBar JuS 1982, 16 ff; Lorenz JZ 1960, 108 ff.

sich auf schuldrechtliche Verpflichtungsverträge jeder Art, die culpa in contrahendo (§§ 241 Abs 2, 311 Abs 2 und 3; vgl BGHZ 66, 51, 56) und nichtige Verträge wie auch öffentlich-rechtliche Nutzungsverhältnisse (BGH NJW 1974, 1816 f) erstrecken. Der Haftungsgrund ist also unabhängig vom Abschluß und der Wirksamkeit des Vertrags zwischen den Hauptparteien (GERNHUBER, Schuldverhältnis § 8 I 1 c).

32 Zur Vermeidung einer konturenlosen Ausdehnung der vertragsähnlichen Haftung sind an die Einbeziehung Dritter in den vertraglichen Schutz strenge Anforderungen zu stellen (vgl BGHZ 51, 91, 96; 69, 82, 86; BGH NJW 1976, 1843 f). Die Einbeziehung des Dritten setzt deshalb voraus: (1) *(Leistungsnähe)* Der Dritte muß sich durch Vermittlung oder mit Willen des primären Anschlußgläubigers (iSv GERNHUBER 514 f) obligationsgemäß im Leistungsbereich aufhalten und den Gefahren von Schutzpflichtverletzungen ebenso ausgesetzt sein wie der Gläubiger selbst (vgl BGHZ 49, 350, 354; 70, 327, 329). Ein nur zufälliger Leistungskontakt genügt nicht. Der einbezogene Personenkreis muß eng und überschaubar sein. (2) *(Gläubigernähe)* Der Gläubiger muß ein berechtigtes Interesse am Schutz des Dritten haben. Die Rspr hat eine solche Schutzpflicht ursprünglich nur bejaht, wenn der Gläubiger für das „*Wohl und Wehe*" des Dritten mitverantwortlich war (vgl BGHZ 51, 91, 96; 56, 269, 273; BGH NJW 1970, 38, 40) (Fälle sozialer Abhängigkeit des Dritten im Bereich des Familien-, Arbeits- und Sozialrechts). Nunmehr ist anerkannt, daß ein Drittschutz auch zu bejahen ist, wenn der Dritte mit der im Vertrag versprochenen Leistung bestimmungsgemäß in Kontakt kommt (vgl BGH NJW 1976, 1843, 1844; 1985, 489) oder wenn sich aus dem Verhältnis des Dritten zum Leistungsgegenstand Anhaltspunkte für einen auf den Schutz des Dritten gerichteten Parteiwillen ergeben (vgl BGHZ 69, 82, 86; BGH NJW 1984, 355, 356; dazu CANARIS, Bankvertragsrecht Rn 21 ff; GERNHUBER, Schuldverhältnis § 21 II 6 h). Die Entwicklung geht nunmehr in die von GERNHUBER schon früh (in: FS Nikisch [1958] 249 ff) vorgeschlagene Richtung, wonach die Leistungsnähe, nicht die Gläubigernähe das entscheidende Kriterium darstellt. (3) *(Erkennbarkeit)* Leistungsnähe und Schutzpflicht des Gläubigers müssen für den Dritten beim Vertragsschluß subjektiv erkennbar, dh übersehbar, kalkulierbar und ggf versicherbar sein (vgl BGHZ 49, 350, 354 f; 75, 321, 323; BGH NJW 1985, 489 u 2411). Grund: Er muß wissen, auf welches Risiko er sich einläßt. (4) *(Schutzbedürftigkeit)* Der Dritte muß schutzbedürftig sein. Daran soll es fehlen, wenn der Dritte selbst vertragliche Ansprüche gegen den Anschlußgläubiger hat (vgl BGHZ 70, 327, 329 f [Mietvertrag schützt nicht den Untermieter, der selbst Vertragsansprüche gegen den Mieter hat]; BGH NJW 1995, 1739, 1747). Der Schadenersatzanspruch erstreckt sich auf alle Rechtsgüter des Dritten, also nicht nur auf Personen-, sondern auch auf Sach- und Vermögensschäden (vgl BGHZ 49, 350, 355; 69, 82; BGH NJW 1977, 2073, 2074). Er setzt voraus, daß das Integritätsinteresse des Dritten verletzt ist. (Zur Kritik der vorgestellten Konzeption der Schutzwirkung, wie sie von der Rspr im Anschluß an LARENZ NJW 1956, 1193 entwickelt wurde, sowie zu anderen Ansätzen GERNHUBER, Schuldverhältnis § 21; GERNHUBER selbst hat bereits früh [in: FS Nikisch (1958) 249 ff, 270] eine eigene Konzeption entwickelt und hebt hervor, daß es sich um die Teilhabe am Schuldverhältnis als Fall der Sozialwirkungen des Schuldverhältnisses handelt.)

33 *Beispiele* für die drittschützende Wirkung finden sich besonders im Mietrecht, im Arbeitsrecht sowie im Werkvertragsrecht (vorzüglich RIESENHUBER, Die Rechtsbeziehungen zwischen Nebenparteien [1997]). Familienangehörige und Hausangestellte sowie sonstige Dritte, die mit der Mietsache bestimmungsgemäß in Kontakt kommen, unterstehen dem Schutzbereich (BGHZ 49, 350, 353; BGH NJW 1965, 1757, 1758: Mietvertrag des

Vereins schützt dessen Mitglieder). Arbeitnehmer, die vertragsgemäß mit dem Arbeitgeber gelieferten Material in Berührung kommen, können von dem Schutzbereich des Liefervertrags erfaßt sein (BGH VersR 1959, 645, 646 ff – Capuzol – und dazu HEISEKE und LARENZ NJW 1960, 77, 79). Gehilfen einer Werkvertragspartei, die der Vertragssphäre ausgesetzt sind, genießen vertraglichen Integritätsschutz (BGHZ 33, 247, 248 f [von Unternehmer errichtete Decke stürzt auf Arbeitnehmer des Bestellers]; BGH VersR 1983, 891, 892 [Werkvertrag mit dem Eigentümer schützt auch den Mieter und dessen Eigentum]).

cc) Faktische Vertragsverhältnisse und Verträge aus sozialtypischem Verhalten
Schließlich mag auch die Annahme „faktischer Verträge" („fehlerhafte Gesellschaft"; „faktisches Arbeitsverhältnis"; zum Ganzen FLUME, Das Rechtsgeschäft [4. Aufl 1992] § 8) im Zusammenhang mit den Defiziten der Deliktshaftung gesehen werden. Namentlich der erstrebte Vertragsschutz für Dritte (oben Rn 31) war anfänglich mit der Konstruktion faktischer Verträge gesucht worden (vgl SOERGEL/HADDING[12] Anh § 328 Rn 3 mwN). Heute ist vor allem bei in Vollzug gesetzten Dauerschuldverhältnissen anerkannt, daß „vertragliche" Verhaltenspflichten trotz Vertragsnichtigkeit entstehen können. Freilich dürften diese eher dem Bereich der erörterten gesetzlichen Schutzpflichten zuzuordnen sein (oben Rn 25 ff; zur Diskussion um das „einheitliche gesetzliche Schutzpflichtverhältnis" vgl SOERGEL/WIEDEMANN[12] vor § 275 Rn 362 f; GERNHUBER, Schuldverhältnis § 2 IV 4). **34**

c) Anspruchskonkurrenz und Wechselwirkungen*
aa) Grundsätzliche Gleichrangigkeit
Vertrags- oder vertragsähnliche Ansprüche wegen Integritätsverletzung werden aufgrund des parallelen Ausbaus vertraglicher Nebenpflichten und deliktischer Verkehrspflichten weithin zusammentreffen mit deliktischen Ansprüchen. Diese Ansprüche stehen grundsätzlich gleichrangig nebeneinander. Es handelt sich um eine Anspruchskonkurrenz im Gegensatz zur Gesetzeskonkurrenz. Erfüllt ein Vorgang sowohl den Tatbestand des Vertragsrechts als auch den des Deliktsrechts, so folgt aus jedem Rechtsgrund ein Schadenersatzanspruch (BGHZ 9, 301, 302; 66, 319). Jeder Anspruch folgt seinen eigenen Regeln (BGHZ 17, 214, 217 f – Rübenschnitzel – [Deliktsansprüche bestehen neben Ansprüchen aus Beförderungsvertrag; die Haftungsbeschränkung der §§ 82 ff EVO betrifft nur die beförderten Gegenstände, nicht sonstiges Eigentum]; 24, 188, 191 f [die beschränkte Vertragshaftung der Eisenbahn gem §§ 454, 459 aF HGB iVm EVO stellt keine „erschöpfende Regelung" dar und berührt daher deliktische Ansprüche nicht]; 32, 194, 203 f [Ersatzansprüche aus KVO und Delikt stehen gleichrangig nebeneinander]; 46, 140, 141 [die Beschränkung der Frachtführerhaftung gem § 430 aF HGB (jetzt § 429 HGB) läßt deliktische Ansprüche unberührt]; BGHZ 86, 256, 260 = JZ 1983, 499 m Anm STOLL – Gaszug – [Abgrenzung von Produzenten- und Gewährleistungshaftung]; BGHZ 101, 337 – Korkenfall – [kein Ausschluß der Deliktsansprüche durch Rügeversäumnis nach § 377 Abs 1 HGB des Käufers]; BGH VersR 2005, 282). Die vor Inkrafttreten des Schuldrechtsmodernisierungsgesetzes bestehenden Unterschiede in der Verjährung vertraglicher (§ 195 aF) und deliktischer (§ 852 aF) Ansprüche sind durch §§ 195, 199 nF aufgehoben. Gleiches gilt für die Hemmung der Verjährung (vgl § 203 sowie § 852 Abs 2 aF). **35**

---

* **Schrifttum:** SCHLECHTRIEM, Vertragsordnung (1972); LARENZ, Vertrag und Unrecht II: Die Haftung für Schaden und Bereicherung (1937) §§ 38–40 (S 74 ff); DIETZ, Anspruchskonkurrenz bei Vertragsverletzung und Delikt (1939); MEDICUS NJW 1962, 2081 ff; DENCK JuS 1976, 429 ff.

Die Vertragshaftung in Verbindung mit § 278 und die Deliktshaftung nach § 831 schließen sich nicht gegenseitig aus, wenn sie sich tatbestandlich überschneiden. Vertraglich und deliktisch haftet daher der Geschäftsherr, wenn seine Hilfsperson, die zugleich Verrichtungs- und Erfüllungsgehilfe ist, vertrags- und rechtswidrig sowie schuldhaft seinen Vertragspartner schädigt (RGZ 88, 433; 131, 67, 73 f; RGZ 99, 265; BGHZ 24, 188, 193 ff. Anders BGHZ 4, 138, 152 wonach neben § 278 im Rahmen eines öffentlich-rechtlichen Schuldverhältnisses für § 831 kein Raum ist). So kann die Hilfsperson beispielsweise gleichzeitig die Verkehrssicherungspflicht und die sich aus Vertrag ergebende Obhutspflicht verletzen (BGH VersR 1965, 240, 241).

bb) Wechselwirkungen
36 Jedoch können die Haftungsregimes nicht ohne Wechselwirkungen nebeneinander bestehen, da sonst verschiedene Haftungsprivilegierungen – etwa jene der §§ 521, 599, 690, 708 – aber auch ein Ausschluß von Schadenersatz (BGH NJW 1954, 145) oder eine Haftungsverschärfung vereitelt würden. Dieser komplexe Bereich kann nur andeutungsweise behandelt werden (näher F LENT, Die Gesetzeskonkurrenz im bürgerlichen Recht und Zivilprozeß, Bd 1 [1912]; R SCHMIDT, Die Gesetzeskonkurrenz im bürgerlichen Recht [1915]; A KLEIN, Konkurrenz und Auslegung [1997]); im übrigen ist auf die Kommentierung zu den jeweiligen Normen zu verweisen (vgl STAUDINGER/PETERS [2004] § 195; STAUDINGER/ EMMERICH [2006] § 548). Eine einheitliche Aussage über die Wechselwirkungen kann mit Rücksicht auf die jeweilige Zwecksetzung der Haftungsausgestaltung nicht gemacht werden (zum Ganzen ausführlich SCHLECHTRIEM, Vertragsordnung, 3. Teil; MünchKomm/ GROTHE [2006] § 195 Rn 44 ff).

Die Rspr hat weithin angenommen, die **Haftungsbeschränkung** auf Vorsatz und grobe Fahrlässigkeit (§§ 521, 599 und §§ 690, 708 iVm 277) finde auch im Rahmen deliktischer Haftung Anwendung (RGZ 66, 363; 88, 317; BGH NJW 1954, 145 [Rücktritt vom Vertrag schließt auch den deliktischen Schadensersatzanspruch wegen eines Verhaltens aus, das zugleich den Tatbestand der Vertragsverletzung erfüllt]; VersR 1960, 802 m Anm BÖHMER VersR 1960, 943; ESSER/WEYERS, Schuldrecht II/2 § 112 V 3; ENNECCERUS/LEHMANN § 232, 934, 935; BGHZ 93, 23 ff – Kartoffelpülpe – m Anm SCHLECHTRIEM BB 1985, 1356 und STOLL JZ 1985, 384 ff). Anderen Haftungsbeschränkungen wurde diese „durchschlagende" Wirkung nicht zuerkannt (BGHZ 46, 140, 144 f [Frachtführerhaftung aus § 430 aF HGB]; BGHZ 24, 188, 192 f mwN [Haftung der Eisenbahn nach §§ 454, 459 aF HGB]). Vertragliche Erweiterungen der Zurechnung können sich auch auf deliktische Ansprüche auswirken (MEDICUS NJW 1962, 2081 zur Anwendung von §§ 254, 278 auf deliktische Ansprüche).

Diese Rspr hat nicht uneingeschränkt Zustimmung gefunden. Problematisch ist besonders die Anwendung einer vertraglichen Haftungsmilderung (zB § 521 im Kartoffelpülpe-Fall) im Bereich der (Integritäts-)Schutzpflichten; insoweit kann die Privilegierung schon im Bereich der Vertragshaftung nicht überzeugen (SCHLECHTRIEM, Vertragsordnung [1972] 333, 442 und BB 1985, 1356). Eine Ausdehnung auf die Deliktshaftung überzeugt erst recht nicht (so aber BGHZ 93, 23, 29 ohne Begründung mit Hinweis auf BGHZ 46, 140, 145).

Hinsichtlich der **Verjährung** gilt zunächst der Grundsatz, daß nebeneinander bestehende vertragliche und deliktische Ansprüche jeweils eigenständig nach den für sie geltenden Fristen verjähren (BGH NJW 2004, 3420 mwN). Soweit eine *kurze Verjährung* eingreift, hat die Rspr diese tendenziell – aber nicht ohne Einschränkungen – auch im Deliktsbereich eingreifen lassen (RGZ 66, 363 – §§ 558, 606; aber RGZ 49, 92, 95; 77, 317, 321 betr § 414 HGB). Maßgeblich dafür ist, ob die kurze Verjährung ihrem Schutzzweck nach auch die konkurrierenden Ansprüche erfassen will (BGHZ 116, 297, 300). Das soll nach Rspr des BGH der Fall sein, wenn die Befugnis des Gläubigers, nach Verjährung des einen Anspruchs auf die aus demselben Sachverhalt hergeleiteten anderen Ansprüche mit längerer Verjährung ausweichen zu können, den Zweck der besonders kurz bemessenen Verjährungsfrist vereiteln und die gesetzliche Regelung im Ergebnis aushöhlen würde (BGHZ 66, 315, 319). Bei vertraglich vereinbarten kürzeren Verjährungsfristen ist wegen der unterschiedlichen Schutzrichtungen der konkurrierenden Ansprüche ein Eingreifen der vertraglichen Verjährung bei den Deliktsansprüchen nur nach eingehender Prüfung des erklärten Willens der Beteiligten und deren Interessen zu bejahen.

Anderes gilt für die Rügepflicht nach § 377 HGB (BGHZ 101, 337 – Korkenfall –): Die Verletzung der Rügepflicht hat nicht den Verlust deliktischer Ansprüche zur Folge, da diese auf der Verletzung von Verkehrspflichten durch den Verkäufer beruhen und nicht auf der vertraglichen Beschaffenheit der gelieferten Sache; aus der Unterlassung der Rüge kann nicht geschlossen werden, der Käufer habe in die Verkehrspflichtverletzung und die daraus resultierende Beschädigung eigener Rechtsgüter eingewilligt.

d) Stellungnahme
Der Ausbau der (deliktischen) Verkehrspflichten durch die Rspr könnte es ermöglichen, integritätsschützende vertragliche Nebenpflichten in den Bereich der Deliktshaftung zurückzuführen (vBAR, Verkehrspflichten 248; MEDICUS, Bürgerliches Recht Rn 199). Das **Sachproblem** der deliktischen **Gehilfenhaftung** bleibt einstweilen jedoch ungelöst. Insoweit behalten die vorgestellten Instrumentarien des vom Vertragsrecht beeinflußten Deliktsrechts (MünchKomm/WAGNER [2004] § 823 Rn 126) – trotz weithin zweifelhafter Konstruktionen – ihre Bedeutung (SOERGEL/WIEDEMANN[12] vor § 275 Rn 125).

Die Vertragshaftung bietet jedoch zum einen nur in begrenztem Umfang Lösungen: etwa hinsichtlich der mitunter willkürlich ausfallenden Abgrenzung des Kreises vertraglich geschützter Dritter. Zum anderen sind die immanenten Grenzen der Vertragshaftung (vCAEMMERER, Wandlungen Ges Schr I 466 f), namentlich die Möglichkeit der Freizeichnung (dazu SOERGEL/HADDING[12] Anh § 328 Rn 20 ff) zu erwähnen.

Weiterhin verdeutlicht die angesprochene Problematik der Anspruchskonkurrenz die Gefahren einer *unbedachten* Ausweitung vertraglicher Schutzpflichten. Denn wie die Diskussion um § 521 ausweist, entspricht die Anwendung der Vertragsnormen auf diese Pflichten nicht dem Plan des Gesetzes. Die von der Rspr gefundene Lösung des – erst durch die Ausweitung von integritätsschützenden Vertragspflichten entstandenen – Konkurrenzproblems, wonach die Haftungsprivilegierung auch außerhalb der Sonderverbindung gelten soll, stellt sodann lediglich eine Verschärfung der Problematik dar. Positiv gewendet ist bei der – kaum noch umkehrbaren – Anwendung der Vertragshaftung wegen Schutzpflichtverletzung im Einzelfall sorgsam zu prüfen, ob die vom Gesetz vorgegebenen Vertragshaftungsinstrumentarien ihrem Zweck nach auf die Schutzpflichten zugeschnitten sind. Dies gilt freilich erst recht bei Annahme ihres Durchwirkens auf den Bereich der Deliktshaftung.

Es ist aber im Blick zu behalten, daß das Sachproblem im Bereich der deliktischen Gehilfenhaftung zu lokalisieren ist; hier ist in erster Linie anzusetzen. Zur Korrektur ist freilich angesichts der derzeitigen Rechtslage der Gesetzgeber aufgerufen (z Reformbestrebungen näher unten Rn 131 ff). Solange eine Reform ausbleibt, sind jedoch Restriktionen hinsichtlich des Entlastungsbeweises und Erweiterungen hinsichtlich der von § 831 erfaßten Verkehrspflichten angebracht. Nur eine anforderungsgerechte Auslegung vermag die zu verzeichnende „zentrifugale Wirkung" abzumildern.

3. § 254*

38 Im Verhältnis zu § 254 sollen hier nur zwei Problemkreise vorgestellt werden, die im Zusammenhang mit der Struktur des § 831, der *Verschuldensvermutung* und dem *Entlastungsbeweis* stehen. Auf angrenzende Fragen, die sich etwa bei § 17 StVG stellen, kann nur hingewiesen werden.

a) „Gehilfenhaftung" des Geschädigten

39 § 254 Abs 2 S 2 sieht vor, daß auch der Geschädigte für seine Erfüllungsgehilfen einzustehen hat, § 278. Nach überwiegender Meinung gilt das auch für den Tatbestand des Abs 1 (STAUDINGER/SCHIEMANN [2005] § 254 Rn 95). Wie oben (Rn 23) ausgeführt, setzt die Haftung iVm § 278 eine Sonderverbindung voraus. Nichts anderes gilt auch hinsichtlich der Mitverschuldenszurechnung. § 254 Abs 2 S 2 ist insoweit als Rechtsgrundverweisung zu verstehen (RGZ 62, 346, 349 f; MEDICUS NJW 1962, 2081 und STAUDINGER/SCHIEMANN [2005] § 254 Rn 97 ff). Relevant ist die Frage der Sonderverbindung jedoch nur im Fall des Abs 1. Denn in den Fällen des Mitverschuldens bei der Schadensabwendungs- oder Schadensminderungspflicht besteht die Sonderverbindung bereits in Form der Ersatzpflicht.

Auch außerhalb von Sonderverbindungen soll sich jedoch der Geschäftsherr das bei der Schadensentstehung mitursächliche Verhalten von Verrichtungsgehilfen entgegenhalten lassen. Die Rspr wendet insoweit *§ 831 entsprechend* an: Der Geschädigte muß sich sein vermutetes, nicht widerlegtes (Entlastungsbeweis!) Auswahl- oder Überwachungsverschulden im Rahmen von § 254 zurechnen lassen (BGHZ 1, 249; 3, 49; 73, 192; BGH NJW 1977, 1148; 1980, 2575; OLG Köln NJW 2000, 2905; BGB-RGRK/ALFF § 254 Rn 72 mwN); entsprechend wird bei juristischen Personen etc § 31 hinsichtlich des mitursächlichen Verhaltens von Organen angewandt (BGHZ 68, 151; LM HGB § 126 Nr 1).

Die Beachtlichkeit der Haftung des Geschädigten für Gehilfenverhalten kann auch in der Sonderverbindung eine Rolle spielen. Wenn etwa der verschuldensunfähige Gehilfe den Lieferwagen des Verkäufers derart einweist, daß ein Schaden am Eigentum des Geschäftsherrn entsteht, so kommt eine Haftung über §§ 278, 276 Abs 1 S 3, 827, 828 nicht in Betracht. §§ 254 Abs 2 S 2, 831 heranzuziehen hat dann für den Schädiger den Vorteil der Verschuldensvermutung.

b) Mitwirkendes Verschulden des Verletzten

40 Bei der nach § 254 vorzunehmenden Abwägung ist stets im Auge zu behalten, daß es sich bei der Haftung nach § 831 um eine solche *wegen vermuteten eigenen Verschul-*

---

* **Schrifttum:** MEDICUS NJW 1962, 2081 ff.

dens handelt. Das eigene Verschulden des Geschäftsherrn ist also jenem des Verletzten gegenüberzustellen, nicht ein etwaiges Verschulden des Gehilfen. Auf dessen Verschulden kommt es nicht an. Für den Grundsatz, daß im Falle vorsätzlicher Schädigung eine Schadensteilung zu Lasten des Geschädigten nicht in Betracht kommt (dazu und zu den Einschränkungen STAUDINGER/SCHIEMANN [2005] § 254 Rn 107, 121 f; RGZ 148, 48, 58; BGHZ 98, 148, 158), kommt es also nicht auf das Verhalten des Gehilfen, sondern jenes des Geschäftsherrn an, dem regelmäßig nur Fahrlässigkeit zur Last fallen wird (RGZ 157, 228, 233).

Das ist im Grundsatz unbestritten. Gleichwohl wird sich dafür ausgesprochen, „auch das gesamte **Verhalten des Verrichtungsgehilfen** zu berücksichtigen, da die unmittelbare Verletzungshandlung zusammen mit der mangelnden Sorgfalt des Geschäftsherrn die Haftungsgrundlage bildet" (STAUDINGER/SCHIEMANN [2005] § 254 Rn 107; BGB-RGRK/STEFFEN Rn 13; RGZ 139, 302, 304; 140, 386, 392; 142, 356, 368; JW 1931, 3306, 3308). Dem liegt der Gedanke zugrunde, daß der Tatbestand von § 831 gleichsam die Zusammenfügung des objektiven Deliktstatbestands des Gehilfen mit dem vom Geschäftsherrn verwirklichten subjektiven Tatbestand darstellt (RG JW 1933, 830, 831). Da es aber für die Frage des Mitverschuldens auch auf die Kausalitätsbeiträge ankommt, soll der objektive Tatbestand, also das Gehilfenverhalten, ebenfalls Gewicht gewinnen.

Die vorgestellte Meinung ist **abzulehnen**, das Gehilfenverhalten ist – jedenfalls vom Standpunkt des § 831 aus – nicht in die Abwägung nach § 254 einzubeziehen. Bereits das Bild von dem „zusammengesetzten Tatbestand" ist schief: Die Haftung nach § 831 ist eine solche für durch eigenen schuldhaften Verstoß gegen die Verkehrssicherungspflicht herbeigeführte Verletzung (s oben Rn 3). Die klare Abgrenzung zu der Haftung für zugerechnetes fremdes Verschulden (nämlich über § 278) ist auch im Rahmen von § 254 durchzuhalten. Es kommt überhaupt nicht darauf an, ob ein Gehilfenverschulden vorliegt. Neben diesen aus der Normstruktur abgeleiteten Bedenken ist zu beachten, daß die Zurechnung des Gehilfenverhaltens zu dem Beitrag des Geschäftsherrn im Falle schuldhaften Gehilfenhandelns dazu führte, das „Gehilfenverhalten" doppelt zu berücksichtigen, nämlich auch noch im Rahmen von dessen Eigenhaftung. Liegt auf der anderen Seite ein Verschulden des Gehilfen nicht vor, so bedeutete die Berücksichtigung seines Verhaltens zu Lasten des Geschäftsherrn die Begründung einer Haftung für das allgemeine Lebensrisiko des Geschädigten: Denn von zB einem Verschuldensunfähigen geschädigt zu werden, ist nur allgemeines Lebensrisiko. Freilich wird hier nicht verkannt, daß in der Auswahl eines (im Beispiel) Verschuldensunfähigen selbst ein (erhöhtes) Auswahlverschulden liegen mag; das aber ist nicht im Rahmen einer „Berücksichtigung des gesamten Verhaltens des Verrichtungsgehilfen" einzustellen. Es gilt die allgemeine Regel, daß die nach § 254 maßgebenden *Umstände* kein Einfallstor für eine allgemeine Billigkeitshaftung sind (MünchKomm/OETKER [2007] § 254 Rn 116; STAUDINGER/SCHIEMANN [2005] § 254 Rn 112). Auch hinsichtlich der Berücksichtigung des *Verursachungsbeitrags* gilt nichts anderes: Auch insoweit ist nur der aus der Verletzung der Verkehrssicherungspflicht fließende eigene Verursachungsbeitrag des Geschäftsherrn in die Abwägung einzustellen.

Völlig unberücksichtigt bleibt aber das Verhalten des Gehilfen letztendlich nicht: Im Rahmen von § 254 selbst, der dem Wortlaut nach auf Zwei-Personen-Verhältnisse zugeschnitten ist, hat – nachdem die Haftungsanteile nach je eigenem Verschulden dem Grunde nach erkannt wurden – eine *Gesamtschau* zu erfolgen (im einzelnen STAUDINGER/SCHIEMANN [2005] § 254 Rn 137 ff mwN).

Die Maßgeblichkeit des – bis dahin **nur vermuteten** – Geschäftsherrn-Verschuldens bringt Schwierigkeiten hinsichtlich der **Abwägung** mit sich. Denn für § 254 kommt es maßgeblich auf den *Grad des Verschuldens* an. Demgegenüber wird das *Vorliegen eines Verschuldens* gem § 831 vermutet und ist der Verschuldensgrad gem § 276 für den Haftungsgrund nicht entscheidend. § 254 erfordert sogar die Feststellung des Verschuldensumfangs, § 831 verzichtet völlig auf einen Nachweis des Verschuldens. Entsprechende Fragen tauchen auch an anderer Stelle auf, wenn es nicht nur auf das Vorliegen, sondern auf den Umfang des Verschuldens ankommt, etwa im Rahmen von § 486 HGB, Art 4 Londoner Übereinkommen (dazu näher unten II 1, Rn 44; zu weiteren Konstellationen BELLING/RIESENHUBER 455 ff).

Unproblematisch sind Fälle, in denen sich im Rahmen des Entlastungsversuchs auch der Verschuldensgrad ergibt. Bleibt aber der Verschuldensgrad unklar – etwa weil ein Entlastungsbeweis gar nicht angetreten wurde – so stellt sich die Frage, welcher Verschuldensgrad auf seiten des Schädigers einzustellen und mit dem – feststehenden – Mitverschulden des Geschädigten abzuwägen ist.

Die Rspr und ihr folgend die hL löst die Problematik mit dem Hinweis, daß bei der Abwägung im Rahmen von § 254 nur feststehende Umstände berücksichtigt werden dürften, bloß vermutetes Verschulden müsse außer Betracht bleiben; die Verschuldensvermutung des § 831 habe Bedeutung nur für die Haftungsbegründung, nicht auch für die Schadensteilung (BGH LM StVG § 17 Nr 10; BGH NJW 1957, 99; MünchKomm/OETKER[5] § 254 Rn 117, 137 aE; HERM LANGE, Schadensersatz § 10 IX 1a und XI 2; kritisch STAUDINGER/SCHIEMANN [2005] § 254 Rn 107, 122; ebenso BELLING/RIESENHUBER 457 f; kritisch dazu MEDICUS, in: FS Huber 437, 442, 446).

Die hM greift indes zu kurz. Sie führt zunächst praktisch zu einer Art Culpacompensation, insofern als die Haftung praktisch *wegen* des Mitverschuldens des Geschädigten gekürzt wird oder entfällt; das widerspricht dem in § 254 ausgedrückten Verantwortungsprinzip. Die Behauptung des BGH, die Schadensteilung sei losgelöst von der Haftungsbegründung zu sehen, trifft nicht zu und kann deshalb einer Anwendung der Beweislastregel im Rahmen der Schadensteilung nicht entgegenstehen. Darüber hinaus verfehlt die hM den Normzweck der Beweislastregel, der für deren Anwendung auch im Rahmen der Schadensteilung Geltung beansprucht (ebenso STAUDINGER/SCHIEMANN [2005] § 254 Rn 122; LOOSCHELDERS 584). § 831 beruht auf einer Sphärenabgrenzung, die dem Geschäftsherrn das Betriebsrisiko zuweist (zum Sphärengedanken s BELLING/RIESENHUBER 461 ff). Der Geschädigte, der den Bereich des Geschäftsherrn regelmäßig schwerlich einsehen kann, wird um den Verschuldensnachweis entlastet; dem Geschäftsherrn wird die Widerlegung der „Verschuldensvermutung" zugemutet, da sie ihm praktisch unschwer möglich sein wird. Darüber hinaus soll der Geschäftsherr das durch den Gehilfeneinsatz erweiterte Betriebsrisiko tragen. Diese Normzwecke greifen auch Platz, wenn den Geschädigten ein Mitverschulden trifft.

Allerdings erfordert die Anwendung der Beweislastregel im Falle des Mitverschuldens eine teleologische Erweiterung: Denn eine Beweislastregel ermöglicht nur die Bestimmung des „Ob", nicht des „Wie". Für die Schadensteilung ist es aber – darin ist dem BGH zuzustimmen – erforderlich, einen bestimmten Verschuldensgrad einzustellen. Um der Beweislastregel einen bestimmten Verschuldensgrad zu entnehmen, ist sie dahin zu modifizieren, daß sie eine Vielzahl von Einzelregeln enthält, welche die verschiedenen Verschuldensstufen betreffen. Vereinfachend kann man sich die Beweislastregel fünfstufig vorstellen: Sie betrifft dann den direkten und den Eventualvorsatz sowie die grobe, die mittlere und die leichte Fahrlässigkeit. Gelingt dem Geschäftsherrn die Entlastung auf der Ebene der Haftungsbegründung nicht, so ist es im Rahmen der Schadensteilung an ihm, sich *graduell zu entlasten* (zum Ganzen ausführlich BELLING/RIESENHUBER 465 f; zustimmend LOOSCHELDERS 585; dazu kritisch mit eigenem Ansatz MEDICUS, in: FS Huber 437, 442, 446).

4. § 839, Art 34 GG

Soweit der „Beamte im haftungsrechtlichen Sinne" (vgl dazu die Kommentierung zu **41** § 839) **in Ausübung öffentlicher Gewalt** durch Verletzung einer drittbezogenen Amtspflicht schuldhaft einen geschützten Dritten verletzt, kommt eine Haftung der Anstellungskörperschaft gem § 839 iVm Art 34 GG in Betracht (RGZ 155, 257, 266 f). Für § 831, vor allem für den **Entlastungsbeweis**, ist insoweit **kein Raum** (RGZ 139, 149, 151 f). Die Bedeutung der Amtshaftung ist besonders mit Rücksicht auf den weiten haftungsrechtlichen Beamtenbegriff, die Verantwortlichkeit für Organisationsfehler sowie die Entbehrlichkeit der Individualisierung des betreffenden Beamten erheblich (MünchKomm/PAPIER [2004] § 839 Rn 121).

Im **fiskalischen Bereich** kommt dagegen eine Haftung des Staats allein nach § 831 bzw §§ 31, 89 in Betracht; Art 34 GG ordnet die Haftungsübernahme nur im Falle der Ausübung öffentlicher Gewalt an (BGH NJW 1980, 1901, 1902 [Krankenbehandlung durch beamteten Arzt]; zur haftungsrechtlichen Verantwortlichkeit im Fall der Organleihe vgl BGH VersR 2006, 803). Es ist zu beachten, daß die vorgenannte Haftung der Körperschaft nur eintritt, *soweit zugleich eine allgemeine deliktische Verhaltenspflicht verletzt wurde*. Für die Wahrung von Amtspflichten steht die Körperschaft nur nach Art 34 GG („nach außen gewandte Innenhaftung"), nicht aber nach §§ 831, 31, 89 ein (RGZ 78, 325, 329; 131, 239, 249; BGHZ 42, 176, 178).

Die **Eigenhaftung des Beamten** (nunmehr: im statusrechtlichen Sinne, vgl die Kommentierung zu § 839) kann in diesem Bereich aus allgemeinen Deliktsnormen ebenso wie aus § 839 begründet sein; doch umfaßt der Kreis der Amtspflichten zugleich sämtliche deliktische Verhaltenspflichten und stellt § 839 die *lex specialis* dar. Die Eigenhaftung aus § 839 hat in zweierlei Hinsicht Bedeutung: Auf der einen Seite kann die Haftung aus § 839 gegenüber jener aus § 823 weiter gehen, insofern die Amtspflichten über den Bereich der Verkehrspflichten hinausgehen können. Andererseits greift im Falle der nur in § 839 begründeten Eigenhaftung die Subsidiaritätsklausel des § 839 Abs 1 S 2 Platz, die eine Realisierung der Eigenhaftung praktisch ausschließt, soweit eine Haftung des Staats nach §§ 831, 31, 89 gegeben ist, es sei denn, der Beamte hätte vorsätzlich gehandelt (RGZ 155, 257, 269). Die Körperschaft kann sich auf die Haftungsprivilegien des § 839 nicht berufen.

Die **Eigenhaftung eines nicht-beamteten Mitarbeiters** richtet sich allein nach allgemeinem Deliktsrecht, § 839 greift nicht ein. Die Gehilfenhaftung des Dienstherrn kann auch hier nur aus § 831 oder §§ 31, 89 begründet sein. Allerdings erfaßt der haftungsrechtliche Beamtenbegriff iSv § 839 Abs 1 S 1 jede Person, der ein öffentliches Amt im funktionellen Sinn anvertraut ist; das setzt nicht notwendig einen Beamten im staatsrechtlichen Sinn voraus (BGH DÖV 1991, 798 mwN). Verletzt eine mit der Wahrnehmung eines öffentlichen Amts betraute Person drittbezogene Amtspflichten, kommt auch hier eine Haftung der Anstellungskörperschaft gem § 839 iVm Art 34 GG in Betracht (vgl dazu Näheres bei STAUDINGER/WURM [2007] § 839 Rn 37 ff). Die Haftung aus § 839 iVm Art 34 GG (hoheitliches Handeln) kann somit mit jener aus §§ 831, 31, 89 (fiskalisches Handeln) konkurrieren (BGH NJW 1955, 1025: Amtspflichtverletzung ist zugleich Verkehrspflichtverletzung im nicht-hoheitlichen Bereich; RGZ 151, 385: Verkehrspflichtverletzung durch nicht-beamtete Gehilfen im fiskalischen Bereich wirkt mit Amtspflichtverletzung im hoheitlichen Bereich zusammen).

5. §§ 31, 89*

42 Für amtliches Handeln von verfassungsmäßig berufenen Vertretern haften juristische Personen sowie OHG und KG wie für eigenes Verhalten (Organhaftung). Auf die Tendenz zur Repräsentantenhaftung ist hier nur hinzuweisen (näher MünchKomm/ REUTER [2006] § 31 Rn 3 ff). Das Organverschulden wird der Körperschaft zugerechnet; ein Eigenverschulden der juristischen Person gibt es nicht (FLUME, Die Juristische Person § 11 I). Eine Entlastung oder Beschränkung auf weisungsabhängige Gehilfen kommt hier nicht in Betracht. Soweit diese Organhaftung reicht, ist § 831 ausgeschlossen (RGZ 55, 171, 176; 155, 257, 266 f). Im Verhältnis zu § 831 ist daher besonders die Abgrenzung von Gehilfen und Organen von Bedeutung. Dabei sind die verschiedenen Erweiterungen der Organhaftung zu berücksichtigen, die weithin aus dem Bestreben ersonnen wurden, den Entlastungsbeweis des § 831 zu vermeiden (BGHZ 49, 19, 21: „Bei einer solchen Sachlage wäre es unangemessen, der juristischen Person den Entlastungsbeweis nach § 831 zu eröffnen.").

Während § 31 nur Vorstandsmitglieder und verfassungsmäßig berufene Vertreter erwähnt, knüpft die Rspr nicht so sehr an diese formalen Kriterien an. Maßgeblich sind vorwiegend materielle, einer teleologischen Auslegung entnommene Gesichtspunkte. Danach sind verfassungsmäßig berufene Vertreter „nicht nur Personen, deren Tätigkeit in der Satzung der juristischen Person vorgesehen ist; auch brauchen sie nicht mit der rechtsgeschäftlichen Vertretungsmacht ausgestattet zu sein. Vielmehr genügt es, daß dem Vertreter durch die allgemeine Betriebsregelung und Handhabung bedeutsame, wesensmäßige Funktionen der juristischen Person zur selbständigen, eigenverantwortlichen Erfüllung zugewiesen sind, daß er also die juristische Person auf diese Weise repräsentiert" (BGHZ 49, 19, 21 [Filialleiter einer Auskunftei]; BGH NJW 1980, 1901, 1902 [im medizinischen Bereich weisungsfrei arbeitender Chefarzt]; BGH NJW 1972, 334 [Behandlungsfehler des Chefarztes]; NJW 1984, 922 [unzutreffende Auskunft eines Filialleiters]; OLG Nürnberg NJW-RR 1988, 1319 [ungetreuer Zweigstellenleiter einer Bank]; BAG NJW 1989, 57, 61 = JZ 1989, 85 m Anm LÖWISCH/RIEBLE [Streikleitung der Gewerkschaft]; BGH NJW 1998, 1854, 1856 [selbständiger Handelsvertreter in einer Außendienstorganisation]; KG Urt v 23. 7. 2004 – 5 U 61/03 – [Bankfilialleiter]). Der Vertreter muß eine gewisse Selbständigkeit haben (RGZ 157, 228, 236). Entscheidend ist der „Verkehrs-

---

* **Schrifttum:** MARTINEK, Repräsentantenhaftung (1979) und dazu JOHN AcP 181 (1981) 150 ff.

schutz im Außenverhältnis, nicht (der) interne ‚Rang' des Berufenen" (BGH NJW 1977, 2259, 2260 [Leiter der Zweigstelle einer Bank]; BGH BB 1990, 94 [Filialleiter einer Bank]). So bejahte bereits das RG (RGZ 129, 166) die Zurechnung der unerlaubten Handlung eines Sachbearbeiters zu der ihn beschäftigenden Gesellschaft nach § 31, solange diesem eine wichtige Angelegenheit zur eigenverantwortlichen Erledigung übertragen ist.

In anderer Hinsicht hat die Rspr die Organhaftung mittels der Haftung für korporatives Organisationsverschulden (auch sog Fiktionshaftung) erweitert (RGZ 89, 136, 137 f; 157, 228, 234 f; 162, 129, 166; 163, 29, 30; RG JW 1932, 2076 Nr 9; JW 1932, 3702 Nr 1; JW 1936, 915 Nr 1; RG DR 1944, 287; BGHZ 24, 200, 212 ff; 39, 124, 130 ff; BGH VersR 1965, 1055, 1056; BGH NJW 1980, 2810; OLG Stuttgart NJW 1951, 525; OLG Celle VersR 1961, 1143; LANDWEHR AcP 164 [1964] 482, 483, 498; WEITNAUER VersR 1970, 585, 593 f; HASSOLD JuS 1982, 583, 586), wenn auch die Notwendigkeit dieser Lehre mit Blick auf die vorgestellte weite Definition des verfassungsmäßigen Vertreters obsolet bzw redundant erscheinen mag (vgl FLUME, Die Juristische Person § 11 III 2). Diese Lehre fußt einerseits auf einer teleologischen Auslegung von § 31, andererseits auf den Grenzen der Übertragbarkeit von Verkehrspflichten. Die korporative Organisationspflicht geht dahin, genuine Organpflichten von Organen betreuen zu lassen, für die keine Entlastungsmöglichkeit nach § 831 Abs 1 S 2 besteht. Werden diese nicht bestellt, obwohl der Vorstand nicht in der Lage ist, den Verpflichtungen zu genügen, denen eine Körperschaft wie jede natürliche Person nachkommen muß, soll darin ein Organisationsmangel liegen. MaW soll die Organhaftung nicht durch das Unterlassen des Einsatzes von Organen oder durch den Einsatz von Verrichtungsgehilfen umgangen werden (teleologische Auslegung). Hinsichtlich nicht-delegierbarer Pflichten wird die juristische Person so gestellt, als sei eine Übertragung auf ein Organ erfolgt. Die Definition der genuinen Organpflichten bereitet freilich Schwierigkeiten (SANDMANN, Haftung 446 ff, am Beispiel des GmbH-Geschäftsführers). Bei ihrer Bestimmung darf nicht der rechtspolitische Wunsch der Haftungsbegründung maßgebend sein; das öffnete die Tür zu einer Billigkeitshaftung (bedenklich daher Formulierungen wie zB anderenfalls „könnten sich Körperschaften ihrer Haftung aus § 31 allzu leicht entziehen" [RGZ 163, 21, 30] oder mit Blick auf den „gebotenen Rechtsschutz" sei so zu organisieren, daß eine haftungsrechtliche Entlastung nicht in Betracht komme [BGH NJW 1980, 2810, 2811]). Auch hier gilt, daß die Mängel von § 831 primär in ihren Ursachen zu beheben sind (dazu bereits oben Rn 11). Entscheidendes Sachkriterium für die Bestimmung ist die Unentbehrlichkeit der Tätigkeit für die juristische Person, die anzunehmen ist, wenn ohne den Vertreter Grundfunktionen der Rechtsperson nicht ausgefüllt werden könnten (RGZ 157, 228, 235 f; BGH NJW 1980, 2810, 2811 [Übertragung der Prüfung eines gefährlichen Buchbeitrags auf einen dem Unternehmen nicht angehörenden Rechtsanwalt begründet Fiktionshaftung]; BGHZ 11, 151, 155 f [Pflicht, Monteure auf der Baustelle zu überwachen, kann delegiert werden, so daß nur noch die Gehilfenhaftung aus § 831 verbleibt]; BGH NJW-RR 1998, 250 [Potentiell ehr- und persönlichkeitsrechtsverletzende Artikel müssen Verleger und Herausgeber grundsätzlich selbst oder von in Organstellung stehenden Personen überprüfen lassen]; OLG München JurBüro 2003, 52 [Unerlaubte Veröffentlichung von Nacktbildern begründet Fiktionshaftung]).

Der vorgestellte weite Bereich der Organhaftung gilt im wesentlichen auch für juristische Personen des öffentlichen Rechts, § 89 (RGZ 62, 31, 34 ff; BGH NJW 1972, 334 [zur Definition des verfassungsmäßigen Vertreters]; RGZ 53, 53, 57; 157, 228, 235; BGH NJW 1980, 1901, 1902 [zum Organisationsverschulden]).

Ferner haften nichtrechtsfähige Vereine, § 54, analog § 31 für das Handeln verfassungsmäßiger Vertreter nach den vorgestellten Grundsätzen (SOERGEL/HADDING[13] § 54 Rn 22; BGHZ 42, 216; BAG NJW 1989, 57, 61 [Gewerkschaft]; anders noch die Rspr des RG in RGZ 135, 242).

In jüngerer Zeit hat die Rspr im Zuge der Anerkennung der Rechtssubjektivität der (Außen-)Gesellschaft bürgerlichen Rechts die entsprechende Anwendung von § 31 auf die Gesellschaft bürgerlichen Rechts erweitert (BGH NJW 2001, 1056; NJW 2003, 1445; NJW 2003, 2984; aA noch BGHZ NJW 1966, 1807; zum Ganzen STAUDINGER/WEICK [2005] § 31 Rn 45). Die Rspr und mittlerweile hM (vgl MünchKomm/ULMER[4] § 705 Rn 303 ff mwN; SOERGEL/HADDING[13] § 31 Rn 7) erkennt an, daß auch deliktisches Verhalten als Zurechnungsgrund in Betracht kommt. So bejaht der BGH (NJW 2001, 1056) die Haftung einer als Gesellschaft bürgerlichen Rechts organisierten Rechtsanwaltssozietät für das deliktische Handeln eines Scheinsozius, und zwar auch für berufshaftungsrechtliche Verbindlichkeiten der Gesellschaft (BGH NJW 2007, 2490). Gegen die damit verbundene Gesellschafterhaftung für deliktisch begründete Verbindlichkeiten der Gesellschaft analog § 128 HGB spricht aber, daß im deutschen Recht niemand ohne – zumindest vermutetes – eigenes Verschulden für fremde Delikte haften muß (ALTMEPPEN NJW 2003, 1553; FLUME DB 2003, 1775, 1776; siehe dazu auch SEIBT NJW-Spezial 2004 Heft 4, 171; K SCHMIDT NJW 2003, 1887).

Jedes ersatzbegründende Verhalten kommt für die Zurechnung in Betracht und zwar sowohl als Vertragshaftung als auch als Deliktshaftung. Erforderlich ist freilich, daß es im Rahmen der Amtstätigkeit, also „in Ausführung der zustehenden Verrichtung" ausgeübt wurde. Das Verhalten muß dabei nicht organspezifisch erscheinen (BGH NJW 1972, 334); es kann auch über die Vertretungsmacht hinausgehen. Die Handlungen dürfen nur nicht „so sehr außerhalb (des) sachlichen Wirkungsbereichs liegen, daß der innere Zusammenhang zwischen ihnen und dem allgemeinen Rahmen der dem Vertreter übertragenen Obliegenheiten nicht mehr erkennbar und der Schluß geboten ist, daß er nur bei Gelegenheit, aber nicht in Ausführung der ihm zustehenden Verrichtungen gehandelt habe" (RGZ 162, 129, 169; BGHZ 98, 148, 152; 99, 298, 300; BGH NJW 1980, 115).

Die Haftung kann im Umkehrschluß zu § 40 nicht durch Satzung ausgeschlossen werden. Die Haftung juristischer Personen des öffentlichen Rechts kann nur durch Gesetz, nicht auch durch Ortssatzung eingeschränkt werden (BGHZ 61, 7, 14 f; BGH NJW 1974, 1816 – Schlachthof –).

Unbenommen bleibt der vertragliche Haftungsausschluß im Einzelfall. Bei Organen ist dieser jedoch gem § 276 Abs 3 auf den Ausschluß der Fahrlässigkeitshaftung beschränkt, da es insoweit um *eigenes Verschulden* der juristischen Person geht.

6. §§ 701 f: Gastwirtshaftung

43 Verschuldensunabhängige Erfolgshaftungstatbestände bedeuten stets zugleich eine unbedingte Einstandspflicht für Gehilfen – kommt es doch auf die Art und Weise der Erfolgsverwirklichung nicht an (s Rn 46). Das zeigt etwa die Gastwirtshaftung für eingebrachte Sachen (§§ 701 f). *Insoweit*, nämlich hinsichtlich der Gehilfen, greift die

Entlastung nach § 701 Abs 3 nicht ein. Wenn § 701 Abs 2 auf ein Verhalten der „Leute" des Gastwirts abstellt, so geht es nicht um das Verschulden hinsichtlich der Verletzung, sondern um die Eingrenzung des Betriebsbereichs, für den die Einstandspflicht besteht. Eine eigene Anspruchsgrundlage, nicht nur eine Ausnahme von der Haftungsbeschränkung, findet sich in § 702 Abs 2. Nach dessen Nr 1 trifft den Gastwirt (auch) eine gesetzliche (Sachschadens-)Haftung wegen zugerechneten Gehilfenverschuldens, mithin also unabhängig von eigenem Verschulden. Die deliktische Haftung steht selbständig neben jener aus § 701 f. Sie hat wegen der Haftungsbeschränkung nach § 702 Gewicht.

II. Vorschriften außerhalb des BGB

1. Schiffahrt*

Der Reeder (§ 484 HGB; ebenso der Ausrüster, § 510 HGB [dazu BGHZ 25, 244]) **44** haftet gem § 485 S 1 HGB für Schäden, die von Schiffsbesatzung oder Lotsen (die möglichen Hilfspersonen behandelt ie RABE, Seehandelsrecht § 485 Anm D 1, 2; RGZ 126, 35 betr Stauereiarbeiter; BGHZ 26, 152 stellt Stauervizen der Schiffsbesatzung gleich; zur Rechtslage nach dem Seehandelsschiffahrtsgesetz [SHSG] der ehemaligen DDR s RICHTER-HANNES/TROTZ § 105 Anm 5) in Ausführung von Dienstverrichtungen *schuldhaft* einem Dritten zugefügt werden. Dabei kann sich das Verschulden auf vertragliche sowie gesetzliche, vor allem auch deliktsrechtliche Pflichten beziehen (BGH VersR 1967, 599; BGHZ 22, 197, 198). Die Haftung besteht (nur) neben der jeweiligen Eigenhaftung des Gehilfen (adjektizische Haftung). § 485 HGB stellt also nicht etwa einen eigenen Haftungstatbestand dar. Die Reederhaftung beruht auf dem Gedanken, es sei wegen der mit der Schiffahrt verbundenen besonderen Gefahren den im Betrieb der Schiffahrt Geschädigten ein besonderer Anspruch gegen den Reeder zu geben, der sich einerseits auf das Schiffsvermögen (Schiff und Fracht) beschränkt, andererseits durch den Entlastungsbeweis aus § 831 nicht gefährdet ist (RGZ 126, 35, 38). Der Tatbestand unterscheidet sich von § 278 insofern, als es dort nur auf das Verschulden des Gehilfen ankommt: § 485 HGB setzt nicht nur ein Gehilfenverschulden, sondern eine Gehilfenhaftung voraus (RGZ 9, 158, 160 ff zu Art 451 ADHGB). Eine sonstige deliktische Eigen- oder Gehilfenhaftung des Reeders konkurriert mit § 485 HGB (RGZ 151, 296; BGHZ 26, 152). Eine Haftung aus Sonderverbindung iVm § 278 tritt mit Rücksicht auf § 485 S 2 HGB nur subsidiär ein. Reeder und Gehilfe haften gesamtschuldnerisch (BGHZ 26, 152, 158).

§ 486 Abs 1 HGB erlaubt die Beschränkung der Haftung nach dem Übereinkommen von 1976 (BGBl II 1986, 786 – Haftungsbeschränkungsübereinkommen), auf die sich nach dessen Art 1 Abs 4 auch eine Hilfsperson berufen kann. Zu den Hilfspersonen, für welche die Haftungsbeschränkung eingreift, gehören – unter anderem zur Vermeidung einer Haftung im Regreßwege – nicht nur Arbeitnehmer oder unselbständige Gehilfen. Eine Haftung aus § 831, die freilich solche für Eigenverschulden ist, unterfällt ebenfalls der Haftungsbeschränkung nach Art 1 Abs 4 des Übereinkommens. Mit Unsicherheiten belastet die Haftungsbeschränkung zugunsten der Hilfsperson die Tatsache, daß sie nur eingreifen soll, wenn auch eine Haftung des Reeders in Betracht kommt. Steht nur eine Haftung aus § 831 in Rede und kann sich der Reeder

---

* **Schrifttum:** HERBER, Haftungsrecht (1989).

schon entlasten, so steht dem Verrichtungsgehilfen die Berufung auf das Haftungsprivileg nicht offen (im einzelnen HERBER, Haftungsrecht 25 f, 49 f).

Neben der Haftung aus § 485 HGB besteht im Falle der *Weisung* des Reeders jene nach § 512 Abs 3 HGB, für die der Haftungsausschluß des § 485 S 2 HGB nicht gilt.

Beim Zusammenstoß von Schiffen haftet der Reeder deliktisch nach §§ 734 HGB ff und hat dabei für ein Verschulden der Besatzung gem §§ 735, 736 HGB einzustehen (für Schiffe verschiedener [Vertrags-]Staaten gilt die Regelung des Internationalen Übereinkommens zur einheitlichen Feststellung von Regeln über den Zusammenstoß von Schiffen [IÜZ] v 23. 9. 1910, in Kraft getreten am 1. 3. 1913 [RGBl 1913, 49]); die Haftung aus Art 3, 4 IÜZ verdrängt jene aus § 831; die Verjährung folgt einheitlich aus § 902 Nr 2 HGB (BGH MDR 1981, 120; s auch Art 7 S 1 IÜZ).

Der Schiffseigner haftet nach § 3 Abs 1 BinSchG für eine schuldhafte Schädigung Dritter in Ausführung einer Dienstverrichtung durch ein Besatzungsmitglied oder einen an Bord tätigen Lotsen (RGZ 119, 270 betr Festmacher; BGHZ 3, 34, 40 zum Begriff Schiffsbesatzung, entsprechende Anwendung auf Bewacher beladener Schuten). Die Haftung für Personen- und Sachschäden kann der Schiffseigner unter den in §§ 4 bis 5k, 114 BinSchG näher beschriebenen Voraussetzungen begrenzen. Im Gegensatz zu der Haftung aus § 831 handelt es sich um eine Einstandspflicht für fremdes Verschulden (BGHZ 70, 127, 129 f; 88, 309, 313). Die Haftung aus § 831 besteht neben derjenigen nach dem BinSchG und wird von deren Beschränkungen nicht berührt (RGZ 151, 296; HRR 1941, Nr 42; VersR 1957, 286; 1958, 163; 1967, 599; BGHZ 6, 102, 107; 82, 162; Rheinschiffahrtsobergericht Köln BinSchiff 1996 Nr 4, 48).

Der Verfrachter haftet gem §§ 606 bis 609 HGB gegenüber den Ladungsbeteiligten und zwar gem § 607 Abs 1 HGB auch für „seine Leute", also unselbständige Hilfspersonen. Die „Haftung für Leute" ist gegenüber der Haftung für Erfüllungsgehilfen insofern weiter, als der Geschäftsherr auch für jene Gehilfen einstehen muß, deren er sich nicht zur Erfüllung seiner Verbindlichkeiten bedient hat. Die Gehilfenhaftung gem § 607 HGB entspricht strukturell jener des § 278, doch ist das Einstehenmüssen des Verfrachters für Gehilfen gem § 607 Abs 2 HGB in bestimmten Fällen des nautischen Verschuldens eingeschränkt. Des weiteren sieht der Abschnitt über Seefracht verschiedene Haftungsbefreiungen und Haftungsbeschränkungen vor, auf die sich gem § 607a HGB auch die „Leute des Verfrachters" berufen können (dazu auch DENCK, Schutz [1980]).

Das im Zusammenhang mit der Vertragshaftung (oben Rn 35 ff) angesprochene Problem der Anspruchskonkurrenz hat § 607a Abs 1 HGB für den Ausschnitt der Haftungsprivilegien durch eine Erstreckung auch auf die Deliktshaftung *("Himalaya-Klausel")* ausdrücklich gelöst (HERBER, Haftungsrecht 198 f).

Die Vertragshaftung iVm § 278 findet für andere als in § 606 HGB genannte Schäden Anwendung. Die Deliktshaftung, § 831, tritt neben die Verfrachterhaftung, entspricht ihr aber inhaltlich, § 607a HGB.

2. Luftverkehr*

Luftfrachtführer haften vorrangig nach dem „Übereinkommen zur Vereinheitli- **45** chung bestimmter Vorschriften über die Beförderung im internationalen Luftverkehr" (Montrealer Übereinkommen) vom 28.5.1999 (BGBl 2004 II 458). Es gilt aufgrund der VO EG Nr 2027/97 in der durch die VO EG Nr 889/2002 geänderten Fassung nicht nur für internationale Flüge, bei denen die Staaten des Abflugs- und Bestimmungsorts das Montrealer Übereinkommen ratifiziert haben, sondern in der EG auch für alle innerstaatlichen Flüge, darüber hinaus für alle Flüge von Luftfahrtunternehmen der Gemeinschaft außerhalb der EG (GEIGEL/MÜHLBAUER 29.1 Rn 11). Das „Abkommen zur Vereinheitlichung von Regeln über die Beförderung im internationalen Luftverkehr" (Warschauer Abkommen) vom 12.10.1929 (RGBl 1933 II 1039 in der Fassung des Haager Protokolls v 28.9.1955, BGBl 1958 II 292, 312) und die §§ 44 ff LuftVG haben daneben eine untergeordnete Bedeutung, sie gelten nur subsidiär (GEIGEL/MÜHLBAUER 29.1 Rn 6, 29.3 Rn 113).

Soweit nach Art 17 ff Montrealer Übereinkommen, §§ 44 ff LuftVG ersatzfähige Schäden geltend gemacht werden, scheiden gemäß Art 29 Montrealer Übereinkommen, § 48 Abs 1 LuftVG alle anderen Anspruchsgrundlagen (§ 280 Abs 1, §§ 823 ff und damit auch § 831) für eine Haftung des Luftfrachtführers aus (GEIGEL/MÜHLBAUER 29.3 Rn 84, 125; noch zu Art 24 Warschauer Abkommen: BGH NJW 74, 1617 mwN). Auch im Rahmen der Haftung nach Art 17 ff Montrealer Übereinkommen, §§ 44 ff LuftVG muß sich der Luftfrachtführer aber das Verschulden seiner „Leute" (zu diesem Begriff BGH VersR 2001, 526; NJW-RR 1989, 723; OLG München ZLW 2000, 118, 119; OLG Köln ZLW 1998, 117) zurechnen lassen (vgl Art 17 Abs 2 S 3, 18 Abs 2b, 19 S 2, 21 Abs 2a, 22 Abs 5 Montrealer Übereinkommen; §§ 45 Abs 2 Nr 1, 46, 47 Abs 2 S 2, 3, 5 LuftVG).

Das Montrealer Übereinkommen und die §§ 44 ff LuftVG erfassen allerdings nur die sich aus dem Luftverkehr ergebenden charakteristischen Gefahren (noch zum Warschauer Abkommen: BGH NJW 1979, 495; OLG Düsseldorf VersR 1997, 1022; OLG Köln NZV 1998, 204). Werden andere als nach Art 17 ff Montrealer Übereinkommen, §§ 44 ff LuftVG ersatzfähige Schäden geltend gemacht, gilt das Ausschließlichkeitsprinzip nicht. In diesen Fällen finden allgemeine vertrags- und deliktsrechtliche Anspruchsregelungen Anwendung (GEIGEL/MÜHLBAUER 29.3 Rn 85, 125).

3. §§ 428, 462 HGB: Haftung des Frachtführers und des Spediteurs

Den Frachtführer trifft einerseits eine Haftung für „Leute", andererseits eine Ein- **46** standspflicht für Erfüllungsgehilfen, § 428 HGB. In Struktur und Rechtsfolge entspricht die Vorschrift jener des § 278. Die Haftung für „Leute" bewirkt einen gegenüber der Haftung für Erfüllungsgehilfen erweiterten Einstandskreis. Denn sie greift auch ein, wenn die fragliche Person nicht im Rahmen der fraglichen Verbindlichkeit tätig wurde. Ausreichend ist, daß die Anstellung den Schadenseintritt erleichtert hat. „Da der Frachtführer nicht nur einen Frachtvertrag durchführt, sondern eine Vielzahl von Frachtgeschäften bei ihm zusammenkommt, hält man es für ungerecht, wenn seine Haftung für seine Gehilfen jeweils davon abhängig wäre, ob der Gehilfe

---

* **Schrifttum:** GIEMULLA/SCHMID, Die Haftung der „Leute" des Luftfrachtführers, in: FestG Rolf Herber (1999) 258; BENKÖ/KADLETZ, Unfallhaftpflicht in Luftverkehrssachen (2000).

von ihm gerade bei der Ausführung des betreffenden Frachtgeschäfts hinzugezogen war oder nicht." (DENCK, Schutz 153; K SCHMIDT, in: FS Raisch 189 ff, nimmt an, die Leutehaftung sei heute obsolet, da sie in der Erfüllungsgehilfenhaftung aufgehe).

Gemäß § 436 HGB können die „Leute" allgemeine und vertragliche Haftungsbefreiungen und -begrenzungen direkt einwenden.

Nach RGZ 7, 125 geht die Haftung für Leute sogar so weit, daß nicht einmal ein Zusammenhang zwischen schädigender Handlung und der Tätigkeit erforderlich ist: Auch für Freizeit- und Gelegenheitsverhalten seiner Leute hat danach der Frachtführer einzustehen (ferner RGZ 101, 349 zu § 417 HGB aF).

Der ausführende Frachtführer haftet nach § 437 HGB; Abs 4 der Vorschrift ermöglicht es auch seinen „Leuten", sich auf die Haftungsbegünstigung des § 436 HGB zu berufen.

Nach der zu § 428 HGB weitgehend parallel gestalteten Vorschrift des § 462 HGB haftet der Spediteur für Handlungen und Unterlassungen seiner Leute (S 1) oder anderer Personen (S 2), deren er sich bei Erfüllung seiner Pflicht, die Versendung zu besorgen, bedient. Die die Spediteurshaftung auslösende schädigende Handlung muß durch die Hilfsperson „in Ausübung der Verrichtung" erfolgt sein, dh zwischen Schadenshandlung und Verrichtung muß ein innerer Zusammenhang bestehen (EBENROTH/BOUJONG/JOOST-GASS HGB § 462 Rn 4). Für gelegentlich der Speditionsausführung durch Hilfskräfte des Spediteurs vorgenommene unerlaubte Handlungen braucht dieser nicht nach § 462 HGB einzustehen (EBENROTH/BOUJONG/JOOST-GASS aaO).

4. §§ 1, 2 und 3 HaftPflG: Haftung des Betreibers; § 2 Abs 2 S 1 PflVG: Haftung des freigestellten Fahrzeughalters

47 Der Betreiber einer (Schienen- oder Schwebe-)Bahn (§ 1 Abs 1 HaftPflG), der Anlagenbetreiber (§ 2 Abs 1 HaftPflG) und der Betreiber eines Bergwerks, Steinbruchs, einer Grube oder Fabrik (§ 3 HaftPflG) haftet für ein Verschulden von Personen, die an seiner Stelle den Betrieb leiten oder beaufsichtigen (Repräsentantenhaftung). Ein Entlastungsbeweis ist im Gegensatz zu § 831 nicht möglich. Für Sachschäden wird im Rahmen von § 3 HaftPflG allerdings nicht gehaftet.

47a Gem § 2 Abs 2 S 1 PflVG haben von der Versicherungspflicht freigestellte Fahrzeughalter für den Fahrer und andere Personen, die durch eine aufgrund des PflVG abgeschlossene Haftpflichtversicherung Deckung erhalten würden, genauso einzutreten wie der Versicherer einer solchen Haftpflichtversicherung. Allerdings haften jene beschränkt auf den Betrag der festgesetzten Mindestversicherungssummen, § 2 Abs 2 S 2 PflVG. Eine Entlastungsmöglichkeit gibt es dabei nicht. Vielmehr tritt diese Eintrittspflicht neben die eigene Haftung des von der Versicherungspflicht befreiten Fahrzeughalters aus § 831.

5. § 33 Abs 2 BJagdG: Haftung des Jagdausübungsberechtigten für Jagdschäden

48 S unten § 835 Rn 26 ff, 36.

6. § 8 Abs 2 UWG, §§ 14 Abs 7, 15 Abs 6, 128 Abs 3 MarkenG, § 100 UrhG: Haftung des Geschäftsinhabers bei Wettbewerbshandlungen, Markenrechtsverletzungen und Urheberrechtsverletzungen der Angestellten

Eine Erfolgshaftung (von Verfassungs wegen ist kein schuldhaftes Verhalten des Unternehmers nötig, BVerfG NJW 1996, 2567), die auf Abwehr unlauterer Wettbewerbsmaßnahmen durch Unterlassung und Beseitigung, nicht auch auf Schadenersatz gerichtet ist, bestimmt § 8 Abs 2 UWG. Der Betriebsinhaber kann sich insofern nicht entlasten (BGH NJW-RR 2001, 620, 622 [keinerlei Entlastungsmöglichkeit für den Inhaber eines Einzelhandelsunternehmens bei irreführender Werbung durch eine örtlich selbständige Filiale]; OLG Stuttgart OLGR Stuttgart 1999, 252 [Haftung auch für Wettbewerbsverstöße gegen den Willen des Betriebsinhabers]). Zweck der Regelung ist, einer Umgehung durch Vorschieben von Hilfspersonen von vornherein den Weg zu versperren (RGZ 151, 287, 292; BGH GRUR 2003, 453).

Für schuldhaft begangene Markenrechtsverletzungen seiner Angestellten bzw Beauftragten haftet der Betriebsinhaber nach §§ 14 Abs 7, 15 Abs 6, 128 Abs 3 MarkenG nicht nur auf Unterlassung und Beseitigung wie bei § 8 Abs 2 UWG, sondern auch auf Schadenersatz.

Die § 8 Abs 2 UWG (s auch § 13 Abs 4 UWG aF) nachgebildete Regelung des § 100 S 1 UrhG bietet dem Verletzten sowohl Unterlassungs- und Beseitigungsansprüche als auch die spezifischen Vernichtungs- bzw Überlassungsansprüche nach § 98 und § 99 UrhG. Die Geltendmachung von Schadenersatz ist dagegen ausdrücklich ausgeschlossen.

§ 831 behält neben dem UWG, MarkenG und UrhG für den Schadenersatzanspruch seine Bedeutung (BGH NJW 1980, 941; näher HEFERMEHL/KÖHLER/BORNKAMM-KÖHLER, Wettbewerbsrecht [2007] § 8 Rn 2.32 ff).

7. § 7 StVG

Die unbedingte Einstandspflicht für Hilfspersonen ist folgerichtig auch im Rahmen erfolgsbezogener Gefährdungshaftung nach § 7 StVG gegeben.

8. §§ 25, 26 AtG

Ähnlich verhält es sich bei der Haftung für Kernanlagen. § 25 AtG sieht in den im Pariser Übereinkommen genannten Fällen eine ausschließliche Haftung des Inhabers der Kernanlage vor. In den nicht dem Pariser Übereinkommen unterfallenden Schadensfällen soll § 26 Abs 1 S 2 AtG die Haftung nur im Falle unabwendbarer Ereignisse vermeiden. Der Haftungsausschluß nach § 26 Abs 1 S 2 AtG ist aber im Fall des Eingreifens von Abs 1a seinerseits ausgeschlossen.

9. § 22 WHG

Entsprechendes gilt für die (ebenfalls erfolgsbezogene) Anlagenhaftung nach § 22 Abs 2 WHG: Auch sie begründet eine Einstandspflicht für Gehilfenverhalten. Demgegenüber enthält § 22 Abs 1 WHG eine handlungsbezogene Gefährdungshaftung;

hier ist § 831 anwendbar (nicht grundsätzlich verneinend SIEDLER/ZEITLER/DAHME/KNOPP, WasserhaushaltsG § 22 Rn 40a). Manche verneinen insoweit die Zulässigkeit der Exculpation (CZYCHOWSKI, WasserhaushaltsG § 22 Rn 6a). Richtig ist, daß die widerrechtliche Schadenszufügung iSv § 831 auch in einer Gewässerverunreinigung gem § 22 Abs 1 WHG liegen kann und zwar selbst bei schuldlosem Gehilfenverhalten. Doch wird darüber § 831 noch nicht zu einem Gefährdungshaftungstatbestand; solches liefe auf eine dem Gesetzgeber vorbehaltene Erweiterung der Gefährdungshaftung hinaus. Wie sonst auch steht daher die Exculpation offen.

10. §§ 110 f SGB VII: Regreßhaftung des Unternehmers bei Arbeitsunfällen

53 Die Regreßhaftung für Arbeitsunfälle gem § 110 SGB VII greift (in Höhe des übergegangenen Schadenersatzanspruches des Verletzten) gem § 111 SGB VII (früher § 641 RVO) auch ein, wenn ein Gehilfe den Arbeitsunfall vorsätzlich oder grob fahrlässig herbeigeführt hat. Das ist insofern bemerkenswert, als durch die Einschaltung der Unfallversicherung der Haftungsbereich des Unternehmers erweitert wird: Denn nach Zivilrecht bräuchte er nur im Rahmen der Sonderverbindung für Fremdverschulden einzustehen, hinsichtlich der schuldhaften Herbeiführung des Arbeitsunfalles durch einen Verrichtungsgehilfen könnte er sich entlasten. Deutlich wird das, wenn der von einem Verrichtungsgehilfen grob fahrlässig verletzte Arbeitnehmer vom Arbeitgeber gem §§ 831, 253 Abs 2 ein Schmerzensgeld verlangt und die Berufsgenossenschaft Regreß gem §§ 110 f SGB VII nimmt: Gegenüber dem Arbeitnehmer, nicht aber gegenüber der Berufsgenossenschaft kann sich der Arbeitgeber exculpieren.

11. Insolvenzverwalter und Insolvenzmasse*

54 Der Insolvenzverwalter haftet persönlich gegenüber den Verfahrensbeteiligten bei Verletzung insolvenzspezifischer Pflichten, §§ 60, 61 InsO. Es besteht ein gesetzliches Schuldverhältnis zwischen den Beteiligten des Insolvenzverfahrens und dem Verwalter als Inhaber eines privaten Amtes. Daher hat er für das Gehilfenverschulden nach § 278 einzustehen (ANDRES/LEITHAUS, InsO §§ 60, 61 Rn 22; MünchKomm-InsO/ BRANDES[2] §§ 60, 61 Rn 93 f; vgl § 60 Abs 2 InsO). Davon zu unterscheiden sind die sonstigen, nicht-insolvenzrechtlichen allgemeinen Pflichten gegenüber Dritten (ECKARDT KTS 1997, 411; W LÜKE § 7 S 121 ff). Eine persönliche Haftung des Insolvenzverwalters aus Delikt kann neben jene aus der insolvenzrechtlichen Sonderverbindung treten; er kann damit grundsätzlich auch aus § 831 haften. Wegen seiner fremdbezogenen und fremdnützigen Tätigkeit (ECKARDT KTS 1997, 411, 421 f) gelten die zur deliktischen Eigenhaftung von Organen entwickelten Grundsätze (dazu GROSS ZGR 1998, 551; MEDICUS ZGR 1998, 570); das bedeutet jedoch nicht, daß man sich deshalb der Organtheorie anschließen müßte.

Die Insolvenzmasse hat analog § 31 für Handlungen des Insolvenzverwalters einzustehen. Während bei der Massehaftung § 31 als Zurechnungsnorm früher umstritten war (zum Streitstand W LÜKE § 6 S 106 ff), befürwortet nunmehr die ganz überwie-

---

* **Schrifttum:** GERHARDT ZIP 1987, 760 f); PAPE, Das Risiko der persönlichen Haftung des Insolvenzverwalters aus § 61 InsO, ZInsO 2003, 1013; K SCHMIDT, „Amtshaftung" und „interne Verantwortlichkeit" des Konkursverwalters – Eine Analyse des § 82 KO –, KTS 1976, 191.

gende Meinung die entsprechende Anwendung von § 31 iVm § 55 Abs 1 Nr 1 InsO (ANDRES/LEITHAUS, InsO [2006] §§ 60, 61 Rn 25; MünchKomm-InsO/BRANDES² §§ 60, 61 Rn 112 ff mwN).

12. § 15 AGG: Haftung des dienstberechtigten Geschäftsherrn für Benachteiligungen durch seine Arbeitnehmer*

Die Schutzpflichten des Arbeitgebers nach § 12 AGG, vor allem nach Abs 3, gegenüber seinen Arbeitnehmern entsprechen weitgehend den Überwachungspflichten des Geschäftsherrn nach § 831. Eine für die Überwachung grundsätzlich ausreichende, präventiv wirkende Schulung (vgl § 12 Abs 2 S 2 AGG) der Mitarbeiter genügt aber nicht mehr, wenn der Arbeitgeber gegen eine ihm bekannt gewordene **Benachteiligung**, zB eine (sexuelle) Belästigung, eines Arbeitnehmers nicht die nach § 12 Abs 3 AGG geeigneten, erforderlichen und angemessenen Maßnahmen zum Schutz vor weiteren Benachteiligungen ergreift. Die Aufzählung nach § 12 Abs 3 AGG regelt ihrem Wortlaut nach die im Einzelfall in Betracht kommenden Maßnahmen nicht abschließend (ERMAN/BELLING AGG § 12 Rn 7) und steht neben den sich aus der Vertragspflichtverletzung (vgl § 7 Abs 3 AGG) des Arbeitnehmers ergebenden arbeitsvertragsrechtlichen Maßnahmen. Ergreift der dienstberechtigte Geschäftsherr keine angemessene Maßnahme zur Unterbindung der drohenden bzw weiteren Benachteiligung, kommt neben einer Haftung nach § 15 AGG ggf iVm §§ 278 oder 31 (ERMAN/BELLING AGG § 15 Rn 4 f) und § 823 Abs 1 wegen eines Organisationsverschuldens (dazu oben Rn 19 ff) auch eine Haftung aus § 831 in Betracht (BAG NZA 2007, 1154; KOCH VersR 2007, 288; vgl zum Ganzen BAUER/EVERS NZA 2006, 893). Voraussetzung dafür ist, daß die Benachteiligung des Arbeitnehmers durch die Arbeitskollegen in einem engen unmittelbaren Zusammenhang mit der arbeitsvertraglichen Aufgabenerfüllung steht (s Rn 66; ferner Rn 79 ff). Daran wird es zB bei sexuellen Belästigungen in der Regel fehlen (so auch SIMON/GRESSLIN BB 2007, 1782, 1785 f), weil die Belästigung zwar gelegentlich der Erbringung der Arbeitsleistung, aber zumeist aus persönlichen Gründen erfolgt (WILLEMSEN/SCHWEIBERT NJW 2006, 2583, 2590 mit weiteren Beispielen).

54a

III. Zusammenfassung

Die Haftung bei Verwendung von Hilfspersonen läßt sich in folgende Fallgruppen einteilen.

55

Unbedingte Einstandspflicht. Eine solche ist stets bei der Erfolgshaftung gegeben, weil es dann auf die Art und Weise der Schadensverursachung nicht ankommt. Darüber hinaus sieht etwa § 33 BJagdG eine unbedingte Einstandspflicht für Jagdgäste und vom Jagdausübungsberechtigten bestellte Jagdaufseher vor, soweit diese Jagdschäden iSd BJagdG anrichten (s unten § 835 Rn 26 ff, 36).

Zurechnung von Gehilfenverschulden. Fremdes Verschulden wird dem Geschäftsherrn wie eigenes zugerechnet in folgenden Fällen: §§ 278, 702 Abs 2 Nr 1, §§ 428, 607 HGB.

---

* **Schrifttum:** Grundsätzlich zur Haftung wegen Benachteiligungen am Arbeitsplatz: BENECKE, Mobbing (2005); WOLMERATH, Mobbing im Betrieb (2. Aufl 2004).

Haftung für Eigenverschulden. Das Eigenverschulden bei der Gehilfenauswahl und -überwachung erfaßt § 831.

Adjektizische Haftung. Adjektizisch ist die Haftung nach § 485 HGB.

Die Haftung für Verrichtungsgehilfen findet grundsätzlich auch Anwendung, wenn der Gehilfe Deliktstatbestände außerhalb des BGB verwirklicht.

Die Verschuldensvermutung des § 831 kann sich auch im Rahmen von haftungsausfüllenden Vorschriften, namentlich bei § 254 auswirken (ausführlich dazu BELLING/RIESENHUBER 455 ff und MEDICUS, in: FS Huber 437 ff).

D. Verantwortlichkeit des Geschäftsherrn nach § 831 Abs 1

Der Geschäftsherr ist aus § 831 Abs 1 S 1 zum Schadenersatz verpflichtet, wenn sein Gehilfe in Ausführung der Verrichtung einen Dritten widerrechtlich schädigt, sofern er sich nicht nach § 831 Abs 1 S 2 exculpieren kann. Als haftungsbegründende Voraussetzungen sind also die Bestellung eines Verrichtungsgehilfen sowie die widerrechtliche Schadenszufügung in Ausführung der Verrichtung erforderlich; haftungsausschließend wirkt sich ein fehlendes Verschulden des Geschäftsherrn sowie eine fehlende Kausalität aus.

I. Bestellung eines Gehilfen zu einer Verrichtung

Der handelnde Schädiger muß von dem Geschäftsherrn zu einer Verrichtung bestellt werden.

1. Funktionale Begriffsbestimmung

56 Die von § 831 normierte Verkehrspflicht beruht auf dem Gedanken, daß derjenige, der weitere Personen in seinen Verantwortungsbereich einschaltet, dafür Sorge zu tragen hat, daß sich dadurch das Gefahrenpotential nach außen nicht erhöht. An dieser ratio muß sich die Auslegung und Begriffsbestimmung orientieren. Der Verantwortungsbereich des Geschäftsherrn ist dabei jedoch normativ bestimmt und unterliegt nicht seiner Disposition; disponieren kann der Geschäftsherr lediglich durch völlige Übertragung *des Verantwortungsbereichs*, nicht bereits durch die vordergründige Gestaltung (OLG Köln VersR 1982, 677 [Daß der Stationsarzt mit der selbständigen Leitung der Abteilung betraut war und der Chefarzt ihm dabei völlig freie Hand ließ, hinderte das OLG Köln nicht, ihn als Verrichtungsgehilfen zu qualifizieren]). Daß die Abgrenzung von Gehilfen und Selbständigen zur Bestimmung des Anwendungsbereichs in den Vordergrund gerückt wird, ändert daran nichts. Die Weisungsgebundenheit als greifbare Einordnung in die Organisationssphäre wird daher erst durch normative, teleologische Bestimmung taugliches Abgrenzungskriterium. Aus diesem Grunde kommt eine schematische Anwendung des Merkmals nicht in Betracht. Im Einzelfall ist die Konkretisierung des Tatbestands stets mit Rücksicht auf die vorgestellte *ratio* vorzunehmen; dabei darf der bloß vermittelnde Charakter der Begriffsbestimmungen nicht übersehen werden.

Unter Berücksichtigung dieser Einschränkungen ist aber weiterhin die Weisungsge- 57
bundenheit das nächste Kriterium für die Abgrenzung des Tatbestands. Die Weisungsbindung trägt zugleich dem Verschuldensprinzip Rechnung, da sie die Beherrschbarkeit berücksichtigt. Die Weisungsgebundenheit manifestiert die Zuordnung des Gehilfen zur Herrschaftssphäre des Geschäftsherrn (LARENZ/CANARIS, Schuldrecht II/2 § 79 III 2a). Weisungsgebundenheit als Ausdruck der Eingrenzung der Organisationssphäre ist denn auch entscheidend für die Bestimmung, ob ein Verrichtungsgehilfe gehandelt hat, für welchen Geschäftsherrn usw. Da es um die Abgrenzung der Verantwortungsbereiche geht, ist für die Weisungsgewalt nicht erforderlich, daß der Geschäftsherr fachlich mitsprechen kann: „Das Weisungsrecht braucht nicht ins einzelne zu gehen. Es genügt, daß der Geschäftsherr die Tätigkeit des Handelnden jederzeit beschränken oder entziehen oder nach Zeit und Umfang bestimmen kann" (BGHZ 45, 311, 313). Irreführend ist es daher, wenn darauf abgestellt wird, daß selbständig sei, wer „gemäß eigener Sachkunde und Erfahrung ausführt" (RGZ 58, 199, 201; 92, 345, 349; HRR 1933 Nr 371; BGH VersR 1957, 301; OLG Koblenz NJW-RR 1989, 363 [Rechtsanwalt als Verrichtungsgehilfe des Mandanten]). Nicht das, sondern die Tätigkeit im eigenen Verantwortungsbereich ist entscheidend. Erst durch die Ergänzung der Definition durch das kumulative Erfordernis, daß der Betreffende „über seine Person frei verfügen und Zeit und Umfang der Tätigkeit selbst bestimmen kann" (RGZ 92, 345, 349), wird der erforderliche Bezug auf den Verantwortungsbereich hergestellt. Die teleologische Blickrichtung führt übrigens auch dazu, daß das gelegentlich angeführte Erfordernis der Abhängigkeit nur iS einer Weisungsbindung zu verstehen ist; eine soziale Abhängigkeit oder dgl ist nicht erforderlich. Auch die Rspr versäumt es nicht, neben der Selbständigkeit die teleologische Absicherung der Einordnung aufzuzeigen: Nach der Feststellung, daß die Baufirma selbständige Unternehmerin gewesen sei, führt das OLG Stuttgart (VersR 1954, 39) aus: „Die Beklagte durfte sich darauf verlassen, daß die Baufirma (...) den Träger sachgemäß lagern würde" (BGHZ 24, 247, 248 [Hausschlachter des Käufers trägt als Unternehmer die alleinige Verantwortung für die sachgemäße Durchführung seiner Aufgabe]; zweifelhaft hingegen RGZ 120, 154, 161 [private Vereinbarung, der Fahrer der Mieterin gelte als in den Diensten des Auto-Vermieters stehend, mache den Fahrer zum Verrichtungsgehilfen des Vermieters]).

Die Weisungsbeziehung beschreibt ein tatsächliches Verhältnis. Diesem wird häufig 58
eine rechtliche Beziehung zugrunde liegen, erforderlich ist das nicht. Ein *Weisungsrecht* ist daher nicht erforderlich, maßgeblich ist die tatsächliche Steuerungsmöglichkeit. Auch ein Geschäftsunfähiger, der eine rechtliche Weisungsbeziehung nicht begründen könnte, kann danach einer Weisungsbindung in dem für § 831 maßgeblichen Sinne unterliegen.

2. Gehilfe

Verrichtungsgehilfe iS der Vorschrift ist demnach, wer weisungsabhängig in frem- 59
dem Verantwortungsbereich tätig wird (RGZ 51, 199, 201 [der in Abwesenheit seines Meisters beauftragte Lehrling ist dem Auftraggeber gegenüber weisungsgebunden und insoweit dessen Verrichtungsgehilfe]).

Dem Verrichtungsgehilfen wird zur Abgrenzung der Selbständige gegenübergestellt. Nach der schon bekannten Definition wird der Selbständige gekennzeichnet durch die autonome Tätigkeit (RGZ 92, 345; 148, 154, 161; BGHZ 14, 163, 177; 24, 247, 248; 26, 152;

45, 311, 313; BGH VersR 1964, 46; 1965, 185; SOERGEL/KRAUSE[13] Rn 19 f; ESSER/WEYERS, Schuldrecht II/2 § 58 I 2).

60 Nur als Faustregel kann der Satz dienen, daß der „selbständige Unternehmer, Handwerker oder Gewerbetreibende" kein Verrichtungsgehilfe sei (BAG NZA 2000, 1052, 1054 [Lackierer eines Chemieunternehmens sind im Verhältnis zu dessen Arbeitnehmer in der Regel keine Verrichtungsgehilfen]; BGH NJW 1994, 2756 [Subunternehmer kein Verrichtungsgehilfe des Bauunternehmers; s unten Rn 66]; BGHZ 24, 247, 248; 26, 152, 159 [Stauervize und Staueifirma sind im Verhältnis zum Reeder keine Verrichtungsgehilfen]; RG HRR 1933, Nr 371 [Töpfermeister]; RGZ 79, 312, 315 [Inhaber der Autoreparaturwerkstatt im Verhältnis zum Fahrzeughalter]; RGZ 78, 179; RG JW 1915, 1357 [Schleppunternehmer]; LG Hannover VersR 1967, 962 [das mit der Gehwegreinigung beauftragte Reinigungsunternehmen ist kein Verrichtungsgehilfe des Hauseigentümers]; BGHZ 42, 374, 375 [Architekt, Statiker und Bauunternehmer sind selbständig und nicht Verrichtungsgehilfen]; BGHZ 80, 1, 3 [Transportunternehmer ist gegenüber dem Spediteur selbständiger Unternehmer; auch sein Fahrer ist Weisungen des Spediteurs nicht unterworfen]; OLG Stuttgart VersR 1954, 39 [Baufirma ist nicht Verrichtungsgehilfin]; RG WarnR 1911 Nr 180; 1912 Nr 301 [jeweils: selbständiger Straßenbauunternehmer ist nicht Verrichtungsgehilfe der das Werk bestellenden Gemeinde]; BGH VersR 1953, 358 [selbständiger Unternehmer ist nicht Verrichtungsgehilfe des sich die Oberleitung vorbehaltenen Bauherrn]; BGH VersR 1974, 243 [Arbeiter bleiben Verrichtungsgehilfen ihres Bauunternehmers, auch wenn eine Bauoberleitung mit Überwachungs- und Weisungsrecht vorhanden ist]). Entscheidend ist aber nicht eine allgemeine Qualifikation, sondern der jeweilige Einsatz. Je nach den Umständen kann auch ein Selbständiger derart in einen Organisationsbereich eingegliedert sein, daß er als Verrichtungsgehilfe erscheint (BGH NJW 1956, 1715 f [Ein sonst selbständiger Generalvertreter ist Verrichtungsgehilfe, soweit er vertragsstrafe- und kündigungsbewehrten Weisungen unterliegt]; BGH WM 1971, 906 [Provisionsvertreter]; BGH NJW 1980, 941= BB 1979, 1734 = GRUR 1980, 116 m zust Anm SCHULZE ZUR WIESCHE [Der selbständige Handelsvertreter gemäß § 84 Abs 1 HGB ist Verrichtungsgehilfe, soweit er einen Messestand betreut]; DEUTSCH/AHRENS, Deliktsrecht Rn 318). Entsprechendes gilt für die Bezugnahme auf die vertragliche Ausgestaltung: Dienstvertrag oder Werkvertrag. Diese führt zu dem Kriterium der Weisungsgebundenheit, insofern der Dienstverpflichtete (besonders der Arbeitnehmer) der Direktion (§ 315) durch den Dienstberechtigten unterliegt. Demgegenüber ist der Werkunternehmer regelmäßig nicht weisungsunterworfen (BGH MDR 1953, 666 [Bauunternehmer ist auch nicht Verrichtungsgehilfe, wenn der Bauherr sich eine gewisse Oberleitung vorbehält]; VersR 1956, 504 [Schlepperführer, der aufgrund des Werkvertrags tätig wird und die nautische Leitung innehat, ist nicht Verrichtungsgehilfe des Schiffseigners. Entscheidend sind Überlegungen zu den jeweiligen Verantwortungsbereichen, die ihren Niederschlag in der Frage der nautischen Leitung finden]). Doch können auch Dienstverpflichtete selbständig tätig werden. Das gilt grundsätzlich für den Handelsvertreter, dessen Vertrag einen Dienstvertrag über eine Geschäftsbesorgung darstellt: Er ist nur in besonderen Fällen Verrichtungsgehilfe (BGH NJW 1956, 1715 f; NJW 1980, 941). Umgekehrt ist eine Weisungsbindung des Unternehmers, dessen Einsatz schon gem § 649 jederzeit gesteuert werden kann, nicht ausgeschlossen.

61 Kein Verrichtungsgehilfe ist derjenige, dessen Tätigkeit nicht auf dem Willen eines Bestellers, sondern unmittelbar auf dem Gesetz beruht. Keine Verrichtungsgehilfen sind daher die Organe juristischer Personen, ebenso nicht die gesetzlichen Vertreter natürlicher Personen; für diese gilt aber § 278. Ein unter elterlicher Sorge stehendes Kind oder ein Mündel kann daher grundsätzlich nicht aus § 831 für die unerlaubten

Handlungen seines gesetzlichen Vertreters haftbar gemacht werden (RGZ 67, 154; 121, 118; 132, 76, 80). Ferner sind die kraft verfassungsrechtlicher Regelung mit der Verwaltung der Bundesstraßen betrauten Länder und Selbstverwaltungskörperschaften nicht Verrichtungsgehilfen des Bundes iSv § 831 (BGHZ 16, 95, 98).

Kein Verrichtungsgehilfe ist ferner derjenige, der für einen anderen kraft Amts **62** Geschäfte besorgt, die sich nicht aus dem Willen des anderen herleiten. So ist zB der Testamentsvollstrecker nicht Verrichtungsgehilfe des Erben, da ihm seine Befugnisse nicht von diesem übertragen sind; für unerlaubte Handlungen bei der Ausübung seines Amts haftet der Testamentsvollstrecker ausschließlich persönlich (RGZ 144, 401; 158, 361; BGHZ 21, 285; BGH VersR 1957, 297). Gleiches gilt für den Insolvenzverwalter im Verhältnis zur Insolvenzmasse.

3. Geschäftsherr

Auf der Grundlage der durch den Schutzzweck abgesicherten Maßgabe der Wei- **63** sungsbindung ist der Geschäftsherr derjenige, der den Gehilfeneinsatz durch seine Weisungsgewalt planvoll steuern kann.

Nichts anderes besagt es der Sache nach, wenn man auf die Bestellung abstellt: Wer einen anderen bestellt, ist der Geschäftsherr. Die Bestellung ist die willentliche Indienstsetzung, der tatsächliche Vorgang, mit dem der Verrichtungsgehilfe eingestellt wird. Auf ein etwa zugrundeliegendes Rechtsverhältnis, kommt es nicht an.

Mißverständlich ist es, wenn angenommen wird, der Gehilfe müsse nicht notwendig **64** eine Tätigkeit für den Geschäftsherrn entfalten (so STAUDINGER/SCHÄFER[12] Rn 76). Zutreffend ist, daß der Geschäftsherr von dem Verrichtungseinsatz nicht unmittelbar zu profitieren braucht. Auch wenn der Arbeitgeber seinen Baggerführer anweist, gefälligkeitshalber für den Nebenunternehmer zu planieren, wird der Baggerführer für seinen Arbeitgeber – genauer: in dessen Verantwortungsbereich – tätig (RGZ 170, 321; BGHZ 80, 1, 3).

Kommen mehrere Geschäftsherren in Betracht, so entscheidet maßgeblich, welchem **65** für die schadenbringende Verrichtung das letztverbindliche Weisungsrecht zustand, in wessen Verantwortungsbereich maW der Gehilfe schadensursächlich geworden ist (BGH JZ 1983, 764, 764 m Anm PAPIER [Der dem Roten Kreuz von der Bundesrepublik Deutschland zugewiesene Zivildienstleistende ist bei seiner Tätigkeit bei dem DRK – Krankenfahrt – nicht Verrichtungsgehilfe der Bundesrepublik. Der BGH stützt sich auf die Weisungsbefugnis nach § 30 ZDG]). Regelmäßig wird sich bei dieser Prüfung nur *ein* weisungsbefugter Geschäftsherr ergeben. So ist der von der Reichsbahn bestellte Schrankenwärter, der eine gemeinsam mit einer Privatbahn benutzte Gleisanlage betreut, nur der Reichsbahn weisungsunterworfen und nicht auch Verrichtungsgehilfe der Privatbahn, die sich insoweit des maßgeblichen Verantwortungskreises insgesamt, nicht nur der ausfüllenden Tätigkeit entledigt hat (RGZ 170, 321). Ebenso wird der Lastkraftfahrer nicht zum Verrichtungsgehilfen des Dritten, für den der Transportunternehmer tätig wird (BGHZ 80, 1, 3). Anders verhielte es sich, wenn – wie im Fall von BGHZ 80, 1 – Lastwagen und Fahrer dem Dritten zum eigenverantwortlichen Einsatz überlassen gewesen wären (OLG Schleswig OLGR 2003, 56, 58 [Haftung bei Arbeitsunfall mit vermietetem Autokran und mitüberlassenem Kranführer]). Im Fall echter Leiharbeit ergänzen sich die

Verantwortungskreise der beteiligten Arbeitgeber, so daß hier eine eindeutige Zuordnung möglich ist: Die Auswahlsorgfalt hat der Verleiher zu beobachten. Demgegenüber obliegen dem Entleiher die Einweisung und Überwachung (so wohl auch OLG München VersR 1985, 271; BGH VersR 1968, 779, 780 und 1979, 674, 675 [jeweils Gestellung eines Baggers mit Führer]; eine mögliche Haftung des Verleihers wegen Auswahlverschuldens vernachlässigt LG Dortmund VersR 1965, 887, 888 [Der verliehene Baggerführer, über dessen Einsatz der Entleiher disponieren kann, sei nicht Verrichtungsgehilfe des Verleihers]; so auch OLG Düsseldorf NJW-RR 1998, 382). MaW ist auch der Verleiher hinsichtlich der Auswahl nicht Zwischengehilfe des Entleihers, sondern ohne weiteres selbständiger Unternehmer: Denn ihm wird nicht die Auswahl übertragen, er beherrscht den gesamten Verantwortungsbereich schon kraft normativer Zuordnung. Denkbar ist freilich, daß Ent- und Verleiher jeweils eigene Pflichtverstöße begehen, einerseits bei der Auswahl, andererseits bei der Überwachung. Sie haften dann bei Vorliegen der übrigen Voraussetzungen gesamtschuldnerisch (§ 840) jeweils aus § 831. Im Fall einer „Gehilfenüberlassung" können sich Zweifel ergeben, wenn der Überlassende sich Aufsichtsrechte vorbehält und somit der Gehilfe auf den ersten Blick zwei Herren dient. Lassen sich die konkurrierenden Weisungsbefugnisse nicht schon (wie im Fall der Leiharbeit) gegenständlich nach Verantwortungsbereichen abgrenzen, so kommt es darauf an, welche den höheren und damit letztverbindlichen Rang einnimmt (BGH LM Nr 3 zu § 831 C; zweifelhaft: BGH VersR 1956, 322 [Verantwortlicher Geschäftsherr bleibt der Bauunternehmer, der einem Dritten für einen eigenen Tätigkeitsbereich Arbeiter überläßt, die in dessen Betrieb nicht eingegliedert, aus dem eigenen Betrieb nicht herausgelöst werden]; OLG Köln DRW 1940, 723; BGH VersR 1974, 243; 1979, 674; BB 1968, 809; LG Lübeck BB 1965, 689). Sofern gleichrangig mehrere Geschäftsherren in demselben Verantwortungsbereich anweisen, können sie ausnahmsweise gemeinsam verantwortlich sein.

4. Einzelfälle

Arbeiter: Der verleihende Arbeitgeber haftet im Rahmen eines Leiharbeitsvertrags für Fehler, die seinen Arbeitnehmern bei der Ausführung ihrer Arbeit unterlaufen, falls nicht der entliehene Arbeitnehmer so in das entleihende Unternehmen eingegliedert wird, daß die Abhängigkeit vom bisherigen Arbeitgeber aufgehoben wird (BAG NZA 1989, 340; BAG DB 1989, 131; OLG Düsseldorf NJW-RR 1995, 1430; aA DENCKER ZfA 1989, 267). Ordnet ein Arbeitgeber auf Anforderung eines anderen Unternehmens seine Arbeitnehmer zu Schweißarbeiten auf eine gemeinsame Baustelle ab, für die das anfordernde Unternehmen hinsichtlich Material und Arbeitszeit aufkommen muß, liegt dagegen lediglich ein Dienstverschaffungsvertrag vor. Auch hier kommt es für die Haftung des entsendenden Unternehmers auf das Kriterium der Eingliederung in das anfordernde bzw die Herauslösung aus dem bisherigen Unternehmen an. So muß der entsendende Arbeitgeber haften, wenn er sein Personal jederzeit zurückziehen und anders verwenden kann (BGH NJW-RR 1995, 659; OLG Brandenburg VersR 2003, 215). Selbständige Handwerker und Unternehmer sind in der Regel jedoch keine Verrichtungsgehilfen des Bauherrn (BGH r+s 1994, 454 mwN); Arbeiter eines Subunternehmers sind daher regelmäßig auch dessen Verrichtungsgehilfen und nicht die des Bauherrn (BGH aaO). Der als freier Mitarbeiter tätige Warenhausdetektiv ist dagegen Verrichtungsgehilfe des Warenhausinhabers (OLG Frankfurt NJW-RR 1989, 794). Arbeiter bleiben Verrichtungsgehilfen ihres Bauunternehmers, auch wenn eine Bauoberleitung mit Überwachungs- und Weisungsrecht vorhanden ist (BGH VersR

1974, 243). Zur Arbeitnehmerüberlassung: OLG München VersR 1985, 271; BGH VersR 1968, 779 und 1979, 674.

Arbeitskollegen: Diskriminieren oder belästigen Arbeitnehmer einen Arbeitskollegen aus einem der in § 1 AGG genannten Gründe und erfolgen Diskriminierung oder Belästigung in einem qualifizierten und engen Zusammenhang mit der arbeitsvertraglichen Aufgabenerfüllung und damit nicht nur bei Gelegenheit, handeln sie als Verrichtungsgehilfen des Arbeitgebers (Soergel/Krause[13] Rn 34; Willemsen/Schwebert NJW 2006, 2583, 2590; Simon/Gresslin BB 2007, 1782, 1785; s dazu Rn 54a). Ergreift der Arbeitgeber gegen die (drohende) **Benachteiligung** keine geeigneten Schutzmaßnahmen iSv § 12 Abs 3 AGG, haftet er gegenüber dem benachteiligten Arbeitnehmer neben § 15 AGG auch aus § 831, der gem § 15 Abs 5 AGG anwendbar bleibt (vgl dazu Erman/Belling AGG § 15 Rn 13; Bauer/Evers NZA 2006, 893; für eine analoge Anwendung von § 831 vgl Schwab DNotZ 2006, 649, 666).

Architekt: Fachleute zur Durchführung eines Bauvorhabens sind wegen ihrer Selbständigkeit und Weisungsunabhängigkeit grundsätzlich keine Verrichtungsgehilfen, so daß der Bauherr für deren Versäumnisse nicht nach § 831 haftet (OLG Hamm ZfS 1996, 6). So sind zB Architekt, Statiker und Bauunternehmen beim Anbau einer halbscheidigen Giebelwand nicht Verrichtungsgehilfen des Bauherrn (BGHZ 42, 374).

Arzt: Der Vertrauensarzt einer Krankenkasse ist deren Verrichtungsgehilfe, nicht jedoch der Kassenarzt an sich (RGZ 131, 67). Die Urlaubsvertretung eines Arztes ist dessen Verrichtungsgehilfe (BGH NJW 1956, 1834 = VersR 1956, 714).

Im Krankenhaus ist die angestellte Krankenschwester Verrichtungsgehilfin des Krankenhausträgers, bei Behandlung eines Patienten nach den Weisungen des Arztes auch dessen Verrichtungsgehilfin (RGZ 139, 255). Die angestellte Hebamme ist Verrichtungsgehilfin des Krankenhausträgers, des Arztes jedoch nur, wenn dieser sie als seinen Weisungen unterworfene Gehilfin bei einer spezifisch ärztlichen Verrichtung heranzieht (BGH VersR 1982, 677; NJW 2000, 2737).

Der angestellte Chefarzt einer Klinik, der im medizinischen Bereich weisungsfrei ist, ist insoweit als Organ (verfassungsmäßig berufener Vertreter) des Krankenhausträgers anzusehen (BGHZ 77, 74 = NJW 1980, 1901 unter teilweiser Aufgabe von BGHZ 1, 383; 4, 138; s auch Lippert NJW 1984, 2606; vgl auch BVerfG NJW 1981, 1995; OLG Brandenburg NJW-RR 2003, 1383, 1385). In sonstigen Fällen ist er wie alle angestellten Ärzte Verrichtungsgehilfe des Krankenhausträgers (BGH VersR 1956, 221; NJW 1975, 1463), es sei denn, er hat eine selbstliquidierende Stellung im Rahmen eines gespaltenen Aufnahmevertrags (BGH NJW 1975, 1463). Überwacht der Chefarzt den Stationsarzt, dem zur selbständigen Leitung eine Abteilung übertragen worden ist, nicht, haftet er für dessen Behandlungsfehler nach § 831 (OLG Köln VersR 1982, 677). Ansonsten haftet jeder Arzt grundsätzlich nur für eigene Fehler (OLG Koblenz Urt v 9. 5. 2005 – 12 U 420/02).

Ein Krankenhausträger ist auch für das Verhalten eines Kinderarztes verantwortlich, der als ansonsten frei praktizierender Arzt vertraglich die kinderärztliche Versorgung der Neugeborenen in dem Krankenhaus übernommen hat, wenn dieser während der Zeit seiner Anwesenheit auf der Station bei der ärztlichen Notfallversorgung fehlerhaft handelt (OLG Oldenburg VersR 1989, 1300).

Die niedergelassene Konsiliarärztin ist jedoch nicht Verrichtungsgehilfin des Krankenhauses, weil sie durch die konsiliarische Hinzuziehung nicht in den Betrieb des Krankenhauses eingebunden wird, sondern selbständige niedergelassene Ärztin bleibt, und es daher an der für eine Zurechnung nach § 831 erforderlichen Weisungsabhängigkeit fehlt (OLG Stuttgart VersR 1992, 55). Demgemäß ist sie als Verrichtungsgehilfin anzusehen, wenn sie fortdauernd mit festen Aufgaben in den Dienstbetrieb des Krankenhauses integriert ist und ihre Stellung mithin der eines hauptberuflich angestellten Krankenhausarztes entspricht (OLG Brandenburg NJW-RR 2003, 1383).

Begibt sich ein Patient während eines stationären Krankenhausaufenthalts in die Behandlung eines in Absprache mit dem Klinikträger tätigen Belegarztes, so hat in der Regel allein dieser haftungsrechtlich für in sein Fachgebiet fallende Fehlleistungen einzustehen, während der Klinikträger die Gewähr für eine einwandfreie Tätigkeit der im übrigen hinzugezogenen, bei ihm angestellten Ärzte übernehmen muß (OLG Düsseldorf NJW-RR 1993, 483).

Der Träger des Belegkrankenhauses hat weder für Fehler des Belegarztes noch der Beleghebamme einzustehen, da er deren Leistungen nicht schuldet; allerdings ist die freiberufliche Hebamme Verrichtungsgehilfin des Belegarztes, der die Schwangere bereits vor der Entbindung betreut hat (BGH NJW 1995, 1611; aA MÜLLER MedR 1996, 208, 210).

Zwischen Ärzten, die in einer Gemeinschaftspraxis zusammen arbeiten, besteht grundsätzlich kein Verhältnis, das es rechtfertigt, den einen als Verrichtungsgehilfen des anderen einzuordnen. Das gilt jedenfalls für Fälle einer gemeinschaftlichen Zusammenarbeit von Ärzten, die über gleiche berufliche Erfahrungen und Qualifikationen verfügen (OLG Düsseldorf OLGR Düsseldorf 1991, Nr 6). Dagegen ist ein Arzt, der befristet mit der Verwaltung der Praxis eines anderen Arztes während dessen Abwesenheit beauftragt wird, als dessen Verrichtungsgehilfe anzusehen (OLG Oldenburg VersR 2003, 375). Zur Haftung der GbR selbst s unten Personen-/Organgemeinschaften.

Auszubildender: Ein Lehrling ist nur Verrichtungsgehilfe des Meisters, wenn er mit der selbständigen Ausführung von Arbeiten betraut ist (OLG Celle VersR 1959, 379).

Bahn: Bahnangestellte sind bezüglich der Beförderung von Gepäckstücken Verrichtungsgehilfen, wenn sie mit der Beförderung des Guts dienstlich beauftragt waren (RGZ 120, 313; RG SeuffA 80, Nr 174; BGHZ 24, 188).

Bank: Der Leiter einer Zweigniederlassung kann je nach Satzung sein: Vertreter nach § 31, wenn er dem Gesamtvorstand angehört, besonderer Vertreter nach § 30, wobei zur satzungsmäßigen Bestellung genügt, daß die Zweigniederlassung ausdrücklich vorgesehen ist und die Stellung des Leiters durch Satzungsauslegung ermittelt wird, oder lediglich Angestellter und damit Verrichtungsgehilfe (vgl RGZ 91, 3; 94, 318; 117, 61; 157, 28; RG JW 1930, 2927; 1933, 2513). Entsprechendes gilt für den Vorsteher der Depositenkasse einer Bank (RGZ 94, 318; JW 1930, 2927).

Da es an einer Weisungsabhängigkeit fehlt, ist der Kreditvermittler nicht Verrichtungsgehilfe der Bank, die auch nicht das Risiko der Veruntreuung trägt (OLG Frankfurt WM 1989, 1461).

Bei einem Auskunfteiunternehmen dagegen kann der durch eine täuschende Handelsauskunft einer örtlichen „Erledigungsstelle" Verletzte das Auskunftsunternehmen selbst in Anspruch nehmen, auch wenn die „Erledigungsstelle" die Auskunft selbständig erteilte (BGH VersR 1968, 92; aA OLG Frankfurt MDR 1962, 987).

Bedienungspersonal: Wird ein Kran nebst Bedienungspersonal für mehrere Tage vermietet, um nach Anweisung des Mieters Arbeiten auszuführen, ist der Kranführer während dieser Arbeiten Verrichtungsgehilfe des Mieters (OLG Düsseldorf NJW-RR 1995, 1430). Das gleiche gilt bei der Vermietung einer Spezialpumpe nebst Bedienungspersonal (HansOLG Hamburg BauR 1994, 529). Überläßt ein Unternehmer einem anderen zu betrieblichen Zwecken ein Fahrzeug nebst Bedienung, so ist das Bedienungspersonal in aller Regel nicht Erfüllungs- oder Verrichtungsgehilfe des Vermieters oder Verleihers, und zwar auch nicht, wenn die dem Fahrer übertragenen Aufgaben zeitlich, örtlich und dem Gegenstand nach genau abgegrenzt sind (LG Kaiserslautern VersR 1992, 55).

Ehegatte: Der den Haushalt führende Ehegatte ist nicht Verrichtungsgehilfe des anderen Ehegatten, da die Haushaltsführung als Beitrag zum ehelichen Unterhalt (§ 1360) in eigener Verantwortung erfolgt (GERNHUBER/COESTER-WALTJEN, Familienrecht [5. Aufl 2006] § 20 Rn 7; SOERGEL/LANGE[12] § 1356 Rn 13). Dies gilt auch bei einer Tätigkeit im Rahmen des § 1357; das entspricht der bereits unter der Herrschaft des § 1357 aF vertretenen hM (vgl WEIMAR JR 1967, 248; SCHLOSSER FamRZ 1961, 287; MERTENS FamRZ 1968, 130). Auch ein Ehegatte, der zur Entlastung des Haushaltsführenden im Haus mitwirkt, ist nicht dessen Verrichtungsgehilfe.

Eine sich aus der Lebensgemeinschaft (§ 1353) ergebende Mitwirkung des Ehegatten im Beruf oder Geschäft des anderen macht den Mitarbeitenden grundsätzlich nicht zum Verrichtungsgehilfen (anders unter dem früher geltenden § 1365 Abs 2, dazu RGZ 152, 222). So ist zB die als Fleischverkäuferin in dem Metzgereibetrieb ihres Manns mitarbeitende Ehefrau in der Regel nicht dessen Verrichtungsgehilfin, weil sie nicht dessen Weisungen unterworfen ist (OLG Düsseldorf OLGR Düsseldorf 1992, 83). § 831 greift jedoch, wenn der Ehegatte in einem Anstellungsverhältnis zu dem anderen steht oder der eine Ehegatte vom anderen mit bestimmten Verrichtungen besonders betraut ist (vgl BGB-RGRK/STEFFEN § 831 Rn 21 – unter „Ehegatten"; STAUDINGER/VOPPEL [2007] § 1356 Rn 78). So kommt nach WEIMAR (JR 1979, 271) § 831 in Betracht, wenn ein Ehegatte Grundeigentum in die Zugewinngemeinschaft einbringt und mit Tätigkeiten, die sich daraus ergeben, den anderen Ehegatten „beauftragt", zB die Ehefrau als Hauseigentümerin den Ehemann mit der Erfüllung der Streupflicht auf dem Gehweg vor dem Haus.

Eine Bestellung iS des § 831 kann darin liegen, daß ein Ehegatte dem anderen Generalvollmacht zur Verwaltung seines Vermögens erteilt (RGZ 91, 363). Überläßt ein Ehepartner dem anderen ein KFZ zur Führung, wird dieser nicht zum Verrichtungsgehilfen (BGH VersR 1956, 211; 1972, 832; offen gelassen in BGH VersR 1980, 740; OLG Nürnberg VersR 1954, 132). Der Ehegatte, der in dem vom anderen Ehegatten gehaltenen und geführten KFZ mitfährt, hat die Führung nicht iS des § 831 an diesen übertragen (BGHZ 35, 317).

Zum Entlastungsbeweis, wenn im Einzelfall ein Ehegatte als Verrichtungsgehilfe des anderen anzusehen ist, vgl RGZ 152, 222; WEIMAR JR 1967, 248; 1979, 271.

Im Haushalt ist § 831 uneingeschränkt auf Hausangestellte, Kinderbetreuer und Hauskinder (§ 1619) anwendbar (vgl dazu aus der Begr [Bd II 110] zum Referentenentwurf eines Ges z Änd schadensersatzrechtlicher Vorschriften 1967: „Eingehende Erörterungen haben gezeigt, daß eine Ausnahme [für den Bereich des Haushalts] sich nicht rechtfertigen (...) läßt" sowie BGH NJW 1996, 53, der eine Ausdehnung des Haftungsprivilegs des § 1664 auf andere Personen ablehnt).

Gastwirt: Der Inhaber einer Gaststätte ist bei einer von ihm veranstalteten Tanzunterhaltung Geschäftsherr der Musizierenden (OLG Kiel HRR 1941 Nr 635).

Gerichtsvollzieher: Der Gerichtsvollzieher ist nicht Verrichtungsgehilfe der Partei, die den Auftrag erteilte, obwohl er zT an deren Weisungen gebunden ist. Er haftet aus § 839, Art 34 GG (vgl dazu die Kommentierung zu § 839).

Handwerker: Selbständige Handwerker und Unternehmer sind regelmäßig keine Verrichtungsgehilfen des Bauherrn (BGH NJW 1994, 2756 f; vgl Rn 60).

Jagdverhältnisse: Der Jagdrevierinhaber ist Geschäftsherr des von ihm bestellten Jagdpersonals (RG WarnR 1928 Nr 76; 1930 Nr 103). Das gilt jedoch nur mit den folgenden Einschränkungen:

Nach § 33 Abs 2 HS 2 BJagdG haftet der Jagdausübungsberechtigte ohne die Entlastungsmöglichkeit nach § 831 für den Jagdschaden, der durch einen von ihm bestellten Jagdaufseher (oder durch einen Jagdgast) angerichtet wird (s unten § 835 Rn 26 ff, 36, 40 – auch zur Haftung bei einem behördlich bestätigten [§ 25 BJagdG] Jagdaufseher, der in Ausübung der ihm übertragenen öffentlichen Gewalt handelt; zur Haftung bei Treib- und Gesellschaftsjagden s unten § 835 Rn 33).

Kinder: Gegenüber ihren Eltern sind erwachsene Kinder mangels Weisungsgebundenheit generell keine Verrichtungsgehilfen; wird jedoch ein im elterlichen Haushalt lebendes erwachsenes Kind mit bestimmten Verrichtungen besonders betraut (Beaufsichtigung des Hausgrundstücks während der urlaubsbedingten Abwesenheit der Eltern), so liegt keine Tätigkeit im Rahmen der häuslichen Gemeinschaft mehr vor und das Kind wird als Verrichtungsgehilfe tätig (OLG Köln NJW 2000, 2905).

Kraftfahrer: Der mit der Führung, Pflege und Beaufsichtigung des KFZ betraute Kraftfahrer ist Verrichtungsgehilfe des Halters, der ihn bestellt hat (RGZ 128, 149; 135, 149; 146, 97; BGH VersR 1965, 290), auch der Fahrer eines für längere Zeit vom Halter an einen Dritten vermieteten Fahrzeugs (OLG Köln DR 1940, 723; im Ergebnis anders OLG Düsseldorf VersR 1979, 674; LG Kaiserslautern VersR 1992, 705). Ebenso verhält es sich mit dem Angestellten, der sich zur Erledigung seiner Aufgaben des vom Geschäftsherrn zur Verfügung gestellten Kraftwagens bedient (OLG Köln DRW 1941, 383). Der einem Transportunternehmen dienstverpflichtete Fahrer ist dessen Verrichtungsgehilfe

(OLG Dresden TranspR 1998, 28; OLG Köln VersR 2005, 851 [angestellter LKW-Fahrer als Verrichtungsgehilfe]). Der Fahrlehrer ist Verrichtungsgehilfe des Inhabers einer Fahrschule (OLG Hamm NJW-RR 2004, 1095, 1096).

Es besteht kein Gehilfenverhältnis, wenn der KFZ-Halter seinen Wagen einem Dritten zur selbständigen Benutzung überläßt (BGH VersR 1966, 877). Der im Firmenwagen beförderte Angestellte einer Firma ist für das Verhalten des Firmenchauffeurs nicht ohne weiteres Geschäftsherr iS des § 831 (RG JW 1938, 456; BGH VersR 1962, 475). Auch der Arbeitnehmer ist nicht Gehilfe des Arbeitgebers, den er in seinem eigenen Wagen gelegentlich einer von ihm ohnehin durchgeführten Fahrt mitnimmt, selbst wenn dies ohne das bestehende Arbeitsverhältnis nicht geschehen wäre (BGH NJW 1978, 1920).

Nicht Verrichtungsgehilfe, sondern selbständiger Unternehmer ist der Taxifahrer gegenüber dem Fahrgast, da dieser ihm nur Weisungen hinsichtlich des Fahrtziels, nicht jedoch über die technische Durchführung der Fahrt erteilen kann (RG JW 1935, 35).

Landwirt: Der Landwirt, dem ein Reitpferd in „Pension" gegeben wird, ist in der Regel nicht Verrichtungsgehilfe des Eigentümers und Halters des Pferds (OLG Hamm OLG-Rp Hamm 1993, 240).

Personen-/Organgemeinschaften: Miterben und Mitglieder eines aus mehreren Personen bestehenden Organs stehen ebenso wie die Gesellschafter einer GbR grundsätzlich nicht im Verhältnis von Geschäftsherrn und Verrichtungsgehilfen, wenn sie die ihnen obliegenden Aufgaben untereinander aufteilen (RGZ 91, 72; BGHZ 45, 311). Die Gesellschaft bürgerlichen Rechts selbst kann dagegen durchaus Geschäftsherrin sein (K Schmidt NJW 2003, 1897, 1898). So bejaht OLG Koblenz (VersR 2005, 655) die Geschäftsherrnhaftung einer von mehreren Ärzten als Gesellschaft bürgerlichen Rechts betriebenen Gemeinschaftspraxis für das deliktische Handeln eines ihrer behandelnden Ärzte (Zurechnung analog § 31). Eine Bestellung zum Verrichtungsgehilfen kann vorliegen, wenn ein Gesellschafter einer OHG oder ein Geschäftsführer einer GmbH im Einzelfall von den übrigen zu einer Verrichtung bestellt wird (vgl RGZ 91, 72). Mitglieder eines Vereins können Verrichtungsgehilfen der staatlichen Luftaufsicht (nicht des Vereins) sein, wenn sie zu Startleitern bestellt sind (OLG Hamm VersR 1995, 309). Ein eingetragener Verein, der eine Therapie zur Heilung Drogenabhängiger durchführt, haftet jedoch in vollem Umfang, wenn sein Therapieleiter die Teilnehmer aufgefordert hat, ohne Sicherheitsvorkehrungen eine mehr als 6 m hohe Eiche zu besteigen, und ein Teilnehmer sich bei einem Absturz aus dieser Höhe verletzt (OLG Frankfurt SpuRt 1994, 93).

Rechtsanwalt: Der als Prozeßvertreter bestellte Rechtsanwalt ist nach der Rspr Verrichtungsgehilfe der Partei, auch bei unbeschränkter Vollmacht (RGZ 96, 177; BGH VersR 1957, 301; LM Nr 5 zu § 823 Hb; **aA** BGB/RGRK/Steffen Rn 21 – unter Rechtsanwalt –, der dies nur für den Syndikus, nicht jedoch für das Verhältnis zum normalen Mandanten gelten lassen will; kritisch auch Soergel/Krause[13] Rn 24). Die Partei haftet für ehrverletzende Äußerungen in den Schriftsätzen ihres Rechtsanwalts auch, wenn diese nicht auf ihren Informationen beruhen (BGH NJW 1962, 1390).

Zur Haftung eines Rechtsanwalts für eine von seinem Bürovorsteher erteilte Auskunft s RG Recht 1906 Nr 1168.

Reiseveranstalter: Die einzelnen Leistungsträger einer Reiseleistung sind keine Verrichtungsgehilfen des Reiseveranstalters (BGHZ 103, 298 = NJW 1988, 1380; NJW 2007, 2549; OLG Frankfurt MDR 2000, 141; OLG Frankfurt RRa 1997, 180). Die Hotelleitung ist nicht Verrichtungsgehilfe des Reiseveranstalters, da es insoweit an jeglicher Weisungsgebundenheit fehlt (BGHZ 103, 298; LG Frankfurt RRa 1995, 84; LG Frankfurt RRa 1994, 98; AG Baden-Baden RRa 1994, 16; LG Hamburg RRa 1995, 187). Auch der selbständige und nicht weisungsgebundene Transportunternehmer kann nicht als Verrichtungsgehilfe des Reiseveranstalters angesehen werden (LG Konstanz RRa 1994, 152; AG Königstein RRa 1994, 46; LG Frankfurt TranspR 1991, 443; OLG Frankfurt NJW-RR 1993, 1329; LG Frankfurt TranspR 1993, 442).

Zur Haftung des Flughafenbetreibers für von seinem Personal begangene oder wegen nicht sorgfältig ausgeführter Sicherheitskontrolle der Fluggäste nicht verhinderter Terrorangriffe vgl VORRATH ZLW 2007, 181.

Schäfer: Der Schäfer, der von einem Schäfermeister zum Treiben seiner Herden beschäftigt wird, ist Verrichtungsgehilfe. Jener haftet, wenn der Schäfer eine Schafherde über Wildäcker und Weideland des Jagdausübungsberechtigten treibt (LG Trier, Jagdr Entsch, Bd VII, Sachg IX, Nr 81).

Staatliche/gemeindliche Unternehmen: § 831 ist hier nur anwendbar, wenn es sich nicht um Amtspflichtverletzungen in Ausübung öffentlicher Gewalt handelt, wo nur eine Haftung aus § 839, Art 34 GG in Betracht kommt, und wenn der Schädigende nicht als verfassungsmäßig berufener Vertreter iS der §§ 30, 31, 89 anzusehen ist. Auch ist zu prüfen, falls ein Vertreter iS der §§ 30, 31 fehlt, ob ein Organisationsmangel darin liegt, daß trotz der Art und Bedeutung der Verrichtung die Bestellung eines besonderen Vertreters unterblieben ist. Siehe dazu aus der Rspr:

– für den Generaldirektor eines staatlichen Hüttenwerks (RG SeuffA 96 Nr 68)
– für den Vorstand eines staatlichen Wasser- und Straßenbauamts (RG DRW 1940, 2105)
– für einen Offizier in Angelegenheiten der militärischen Vermögensverwaltung (RGZ 120, 304)
– für den Vorsteher eines Stadtbauamts (RGZ 157, 228)
– für den Direktor einer Staatsbank (RGZ 157, 228)
– für den Betriebsdirektor einer städtischen Straßenbahn (RG WarnR 1916 Nr 125)
– für den Leiter der städtischen Gasanstalt (RGZ 74, 21; JW 1915, 395)
– für einen Sparkassenrendanten (RGZ 162, 202)
– für einen Sachbearbeiter einer Oberpostdirektion (RGZ 162, 129)
– für den Zugführer eines Straßenbahnunternehmens (BGH VersR 1959, 375)
– für den Lokführer eines Eisenbahnunternehmens (BGH VersR 1959, 310)

Die verkehrssicherungspflichtige Gemeinde muß sich einen Konstruktionsfehler einer Rutsche nicht zurechnen lassen, denn der dafür verantwortliche Hersteller ist nicht als ihr Verrichtungsgehilfe zu werten (OLG Hamm OLGR Hamm 1995, 174).

Subunternehmer: Ein Subunternehmer, der vom Bauunternehmer zur Durchführung der ihm vom Bauherrn übertragenen Arbeiten eingeschaltet wird, ist im allgemeinen kein Verrichtungsgehilfe des Bauunternehmers iSv § 831 (BGH NJW 1994, 2756).

Türsteher: Der Türsteher einer Diskothek handelt als Verrichtungsgehilfe des Betreibers, wenn er sich zur Durchsetzung von Hausverboten mit Gästen prügelt und diese dabei rechtswidrig schädigt (OLG Hamm OLGR Hamm 1999, 47).

Verleger: Der Verleger haftet für einen Redakteur, der von seinen Weisungen abhängt (BGHZ 3, 270; VersR 1965, 477). Ist dies nicht der Fall, kann der Herausgeber Geschäftsherr sein (BGHZ 14, 163). Hier kann sich jedoch eine Haftung des Verlegers aus § 823 wegen Verletzung der allgemeinen Aufsichtspflicht ergeben (BGHZ 14, 163). Der Verleger eines Restaurantführers hat für seine Testesser als Verrichtungsgehilfen einzustehen (BGH ZIP 1998, 39).

II. Widerrechtliche Schadenszufügung

1. Kein eigener Begriff der Widerrechtlichkeit

Der in § 831 verwendete Begriff der Widerrechtlichkeit entspricht dem in §§ 823 f **67** verwendeten (BGB-RGRK/STEFFEN Rn 27).

2. Abgrenzung von Handlungs- und Erfolgsunrecht

Wie bei § 823 stellt sich auch bei § 831 die Frage, ob die Widerrechtlichkeit eines Ver- **68** haltens bereits aus der Herbeiführung des deliktischen Erfolgs – der Verletzung eines der in §§ 823 f geschützten Rechte bzw Rechtsgüter – durch den Handelnden folgt oder ob es zur Feststellung der Rechtswidrigkeit noch weiterer Voraussetzungen bedarf (ausführlich zum Rechtswidrigkeitsbegriff iRv § 823 mwN und eigenem Ansatz Voss, Die Verkehrspflichten [2007] 58 ff). Die zu dieser Frage vertretenen Auffassungen werden herkömmlicherweise unter den Oberbegriffen „**Erfolgsunrecht**" und „**Handlungsunrecht**" zusammengefaßt. Grundlage des Rechtswidrigkeitsurteils ist nach der Lehre vom Erfolgsunrecht der negative Erfolg als solcher, nach der Lehre vom Handlungsunrecht dagegen der Verstoß gegen ein Verhaltensgebot bzw -verbot (MünchKomm/ GRUNDMANN[5] § 276 Rn 13 ff; LARENZ/CANARIS, Schuldrecht II/2 § 75 II 3a aE). Die Lehre vom Erfolgsunrecht stellt demnach geringere Anforderungen an die Rechtswidrigkeit als die Lehre vom Handlungsunrecht. Anders als bei § 823 hat die Unterscheidung zwischen Erfolgs- und Handlungsunrecht bei § 831 praktische Auswirkungen, weil es nach dieser Bestimmung entscheidend auf die Rechtswidrigkeit des Gehilfenhandelns ankommt, während nach überwiegender Auffassung das Verschulden des Gehilfen irrelevant ist. Es wirkt sich für den Geschäftsherrn haftungsverschärfend aus, wenn die Anforderungen an die Rechtswidrigkeit des Gehilfenhandelns gering sind.

a) Lehre vom Erfolgsunrecht
aa) Grundsätze
Nach der herkömmlichen Betrachtungsweise vom Erfolgsunrecht, wie sie von der **69** Rspr (zB RG JW 1926, 364; RGZ 50, 60, 65; BGHZ 24, 21, 27; 39, 103, 108; 74, 9, 14; 90, 255, 257; BGH NJW 1993, 2614) und Teilen des Schrifttums (etwa MünchKomm/GRUNDMANN[5] § 276 Rn 13 ff; JAUERNIG/TEICHMANN § 823 Rn 50; PALANDT/SPRAU § 823 Rn 24) vertreten wird, er-

gibt sich die Rechtswidrigkeit eines Verhaltens im Regelfall schon aus der Tatsache, daß durch dieses Verhalten der deliktische Erfolg herbeigeführt wird. Der Verletzungserfolg „indiziert" also die Rechtswidrigkeit (BGHZ 74, 9, 14). Die Erkennbarkeit und Vermeidbarkeit der Rechtsgutverletzung durch den Schädiger ist danach erst bei der Frage des Verschuldens zu erörtern und ggf zu berücksichtigen. Sie wirkt sich nicht auf das Rechtswidrigkeitsurteil aus (BGB-RGRK/STEFFEN § 823 Rn 107). Diese Indizwirkung gilt nicht bei den sog Rahmenrechten oder offenen Deliktstatbeständen, also vor allem nicht bei Verletzungen des durch § 823 geschützten allgemeinen Persönlichkeitsrechts oder des Rechts am eingerichteten und ausgeübten Gewerbebetrieb (BGHZ 74, 9, 14). Hier bedarf es zur Beurteilung der Rechtswidrigkeit stets einer einzelfallbezogenen Güter- und Interessenabwägung, bei der die Interessen und Motive des Rechtsinhabers und die des Handelnden zu berücksichtigen sind, bevor das Unwerturteil der Rechtswidrigkeit ausgesprochen werden kann. Die Indizwirkung wird widerlegt, wenn zugunsten des deliktisch Handelnden ausnahmsweise ein besonderer Rechtfertigungsgrund (Notwehr, Notstand, [mutmaßliche] Einwilligung usw) eingreift.

Sofern die Indizwirkung eingreift, bewirkt sie eine Beweiserleichterung zugunsten des Geschädigten. Zwar hat an sich der Kläger alle Voraussetzungen des deliktischen Ersatzanspruchs zu beweisen. Die Widerrechtlichkeit des Verletzungserfolgs wird aber vermutet, so daß der Schädiger ggf das Vorliegen eines Rechtfertigungsgrunds für sein Verhalten zu beweisen hat (DEUTSCH, Haftungsrecht Rn 254 f; zur Darlegungslast BGH NJW 1993, 2614).

bb) Modifizierung bei mittelbaren Ursachen
Um zu vermeiden, aufgrund der Indizwirkung der Rechtsgutverletzung auch solche Handlungen als rechtswidrig einstufen zu müssen, die zwar adäquat kausal zur Schädigung des fremden Rechtsguts beigetragen haben, aber nach allgemeinem Urteil als bloße **„mittelbare Eingriffe"** (LARENZ/CANARIS, Schuldrecht II/2 § 75 II 364) dennoch nicht rechtswidrig sind – Schulbeispiel ist die Herstellung eines später an einem Unfall beteiligten Kraftfahrzeugs oder einer Waffe, die dann zur Verletzung eines Menschen verwendet wird – beschränkt ein Teil der Lehre die Indizwirkung auf unmittelbar schädigende Handlungen, dh auf Handlungen, die selbst ohne weitere, von dritter Seite hinzutretende Zwischenschritte zur Rechtsgutverletzung führen (etwa LARENZ, in: FS Dölle Bd 1 [1963] 187 f; vCAEMMERER, in: FS zum hundertjährigen Bestehen des DJT [1960] Bd 2, 49 [77 f]; ERMAN/SCHIEMANN § 823 Rn 146; STAUDINGER/HAGER [1999] § 823 Rn H 16; näher dazu DEUTSCH, Haftungsrecht Rn 237).

Die übrigen Vertreter der Lehre vom Erfolgsunrecht müssen in den Fällen nur mittelbarer Rechtsgutverletzung bereits die adäquate Kausalität des Verhaltens für die Rechtsgutverletzung verneinen, um so nicht zur Erörterung der Rechtswidrigkeit zu kommen (etwa JAUERNIG/TEICHMANN § 823 Rn 50). Dieser Weg erscheint unbefriedigend, da es nicht außerhalb aller Lebenswahrscheinlichkeit liegt, daß durch das Kraftfahrzeug oder die Waffe künftig Menschen zu Schaden kommen, die Adäquanz sich in diesen Fällen also kaum leugnen läßt (KÖTZ/WAGNER, Deliktsrecht Rn 106). vCAEMMERER (Wandlungen Ges Schr I 537) bezeichnet die Heranziehung der Kausalitätstheorie für die Abgrenzung des deliktischen Verhaltens als „abwegig".

b) Lehre vom Handlungsunrecht

Nach der Lehre vom Handlungsunrecht kann nicht vom eingetretenen Schaden auf 70 die Rechtswidrigkeit der Handlung rückgeschlossen werden. Handlungen oder Unterlassungen sind rechtswidrig, wenn oder weil sie den Geboten oder Verboten der Rechtsordnung widersprechen (vCAEMMERER, Wandlungen Ges Schr I 537). Dagegen ist der Verletzungserfolg allein im Regelfall nicht geeignet, die Rechtswidrigkeit des Handelns zu begründen; mit dem Verschuldensprinzip sei das schwerlich vereinbar. An den Verletzungserfolg anzuknüpfen, sei nur bei vorsätzlichem Handeln angebracht, da die Rechtsordnung die vorsätzliche Schädigung von Rechtsgütern Dritter schlechthin verbieten wolle (KÖTZ/WAGNER, Deliktsrecht Rn 104). Bei einer lediglich fahrlässigen Verletzung der Rechtsgüter eines anderen kann dagegen, so die Grundidee des Handlungsunrechts, das Unwerturteil der Rechtswidrigkeit nur ausgesprochen werden, wenn der Schädiger gegen spezielle Verhaltensnormen verstoßen oder aber die generell von der Rechtsordnung zur Vermeidung eines Schadenseintritts geforderte Sorgfalt (§ 276 Abs 2) außer acht gelassen hat (NIPPERDEY NJW 1957, 1777 f; MÜNZBERG, Verhalten [1966] 49 f, 141 f; WIETHÖLTER, Rechtfertigungsgrund 33 f; STAUDINGER/ LÖWISCH [2004] § 276 Rn 14; vgl auch SCHUBERT/SCHMID/REGGE [Hrsg], § 1 Abs II Entwurf einer deutschen Schadensordnung, Akademie für Deutsches Recht 1933–1945, Protokolle der Ausschüsse [1993] 688). Denn wenn die Rechtsordnung ein potentiell gefährdendes Verhalten wie die Teilnahme am Straßenverkehr oder den Betrieb eines gefährlichen Industriebetriebs zuläßt und reglementiert, können Rechtsgutverletzungen, die trotz Einhaltung der zugrundeliegenden Regeln entstehen, nicht rechtswidrig sein. Die Rechtsordnung spricht durch die Zulassung und Reglementierung des gefährdenden Verkehrs gleichzeitig aus, daß sich ein Verhalten unter Beachtung der erlassenen Vorschriften im Rahmen des Rechts hält (NIPPERDEY NJW 1957, 1777, 1779; vCAEMMERER, in: FS zum hundertjährigen Bestehen des DJT [1960] Bd 2, 49, 77 f; so auch BGHZ GS 24, 21, 26). Der Verstoß gegen die Sorgfaltspflicht stellt nach diesem Ansatz also kein Element des Verschuldens dar, sondern ist ein Merkmal der Rechtswidrigkeit (ESSER/WEYERS, Schuldrecht II/2 § 55 II 3).

Die trotz Einhaltung der Regeln entstehenden Schäden sind nach der Lehre vom Handlungsunrecht lediglich das erlaubte Risiko der erlaubten gefährlichen Betätigung und stellen als solche nicht Unrecht, sondern nur ein Unglück dar (NIPPERDEY NJW 1957, 1777, 1778). Der Ausgleich eines solchen Schadens könne daher nicht die Aufgabe des Deliktsrechts sein, sondern müsse grundsätzlich einer verschuldensunabhängigen Gefährdungshaftung vorbehalten bleiben, deren Risiko durch die Möglichkeit des Abschlusses entsprechender Versicherungen einzugrenzen sei (NIPPERDEY NJW 1957, 1778).

c) Konsequenzen der Unterscheidung
aa) Grundsatz: Keine Konsequenz

Im allgemeinen Deliktsrecht stellt die Unterscheidung zwischen Erfolgs- und Hand- 71 lungsunrecht mehr eine Frage der systematischen Einordnung der Pflichtverletzung in den Deliktsaufbau als eine Kontroverse von praktischer Bedeutung dar. Die von der Lehre vom Handlungsunrecht geforderte Prüfung einer Sorgfaltspflichtverletzung wird auch von den Anhängern der Lehre vom Erfolgsunrecht befürwortet, allerdings nicht schon beim Merkmal der Rechtswidrigkeit, sondern (erst) bei der Schuld (STAUDINGER/LÖWISCH [2004] § 276 Rn 14). Im Rahmen der verschuldensabhängigen Deliktstatbestände der §§ 823 f wird es bei dieser bloß terminologischen Unterscheidung kaum zu unterschiedlichen Ergebnissen kommen. Denn ob ein pflichtgemäßes („verkehrsrichtiges") Verhalten des Schädigers bereits die Rechtswidrigkeit seines Tuns oder aber erst sein Verschulden entfallen läßt, wirkt sich hier nicht aus (BGH NJW 1981, 570, 571).

Zu Abweichungen kommt es nur bei der Frage, ob gegen eine ein Rechtsgut verletzende, aber nicht sorgfaltswidrige Handlung Notwehr oder negatorischer Rechtsschutz möglich ist (dazu PALANDT/SPRAU § 823 Rn 24; LARENZ, in: FS Dölle Bd 1 [1963] 169, 173; BAUR AcP 160 [1961] 466, 469).

bb) Ausnahme: § 831

72 Auswirkungen haben die beiden Konzeptionen aber bei der Haftung für den Verrichtungsgehilfen nach § 831. Die Rechtswidrigkeitstheorien führen bei konsequenter Anwendung in Fällen, in denen der Verrichtungsgehilfe zwar adäquat kausal den deliktischen Erfolg verursacht, dabei aber nicht sorgfaltspflichtwidrig handelt, zu unterschiedlichen Ergebnissen. Denn es kommt nicht darauf an, ob der Verrichtungsgehilfe schuldhaft gehandelt hat (BGHZ 24, 21, 29; aA vCAEMMERER, Wandlungen Ges Schr I 537). Die Frage nach dem Rechtswidrigkeitsbegriff hat daher praktische Bedeutung (STAUDINGER/LÖWISCH [2004] § 276 Rn 14). Die Frage stellt sich, wenn der Verrichtungsgehilfe bei seiner Tätigkeit jede erforderliche Sorgfalt beachtet hat, die durch ihn erfolgte Schädigung aber nicht durch einen besonderen Rechtfertigungsgrund gerechtfertigt ist.

Nach dem Wortlaut der Norm, die nur die „Widerrechtlichkeit" der Schädigung als Voraussetzung für eine Haftung des Geschäftsherrn voraussetzt, ist ein schuldhaftes Handeln des Verrichtungsgehilfen nicht erforderlich, um die Haftung auszulösen (vgl dazu RGZ 50, 60, 65; BGHZ 24, 21, 29; aA vCAEMMERER, Wandlungen Ges Schr I 537). Als subjektives Element wird lediglich gefordert, daß in Fallgestaltungen, in denen die Widerrechtlichkeit erst durch Kenntnis der Tatumstände begründet wird, welche die Tat zB zu einer sittenwidrigen machen, diese Kenntnis bei dem Verrichtungsgehilfen vorhanden ist (BGH NJW 1956, 1715; ERMAN/SCHIEMANN Rn 13). Der Verzicht auf ein schuldhaftes Handeln des Verrichtungsgehilfen entspricht grundsätzlich dem Sinn der Norm, die eine Haftung für ein vermutetes eigenes Verschulden des Geschäftsherrn begründet.

α) Erfolgsunrecht

73 Nach der Lehre vom Erfolgsunrecht sind in diesen Fällen die Voraussetzungen für eine Haftung nach § 831 grundsätzlich erfüllt: Die vom Gesetz geforderte Widerrechtlichkeit des Handelns des Verrichtungsgehilfen ist gegeben, sie wird durch die Erfolgsverursachung indiziert; denn Rechtfertigungsgründe greifen nicht ein. Einer darüber hinausgehenden Sorgfaltspflichtverletzung durch den Verrichtungsgehilfen – an der es hier fehlt – bedarf es nach der Lehre vom Erfolgsunrecht zur Bejahung der Widerrechtlichkeit nicht.

Gleichwohl scheidet eine Haftung aus, wenn dem Geschäftsherrn kein Verschuldensvorwurf gemacht werden kann, falls er persönlich anstelle des Gehilfen gehandelt hätte (KÖTZ/WAGNER, Deliktsrecht Rn 289; MEDICUS, Bürgerliches Recht Rn 782; ERMAN/SCHIEMANN Rn 13; PALANDT/SPRAU Rn 16). Zur Begründung wird angeführt, daß es in diesen Fällen an dem Verantwortungszusammenhang zwischen dem Verschulden des Geschäftsherrn und dem entstandenen Schaden fehle, da auch ein sorgfältig ausgewählter, beaufsichtigter und angeleiteter Gehilfe den Schaden herbeigeführt hätte. Das vermutete Verschulden des Geschäftsherrn wäre nicht kausal für den entstandenen Schaden; die Kausalitätsvermutung sei dann widerlegt. Im Ergebnis hafte der Geschäftsherr nach § 831 bei fehlendem Gehilfenverschulden nur, wenn das fehlende Verschulden auf den §§ 827, 828 beruhe oder der Gehilfe geringeren Sorgfaltsanforderungen unterliege. Das Gehilfenverschulden fällt unter die Kausalitätsvermutung und ist daher von dem Geschäftsherrn zu widerlegen (MEDICUS, Bürgerliches Recht Rn 782; BGH NJW 1996, 3205; aA ERMAN/SCHIEMANN Rn 13).

β) **Handlungsunrecht**
Dagegen fehlt es bei Zugrundelegung der Lehre vom Handlungsunrecht bereits an einer Tatbestandsvoraussetzung für die Haftung des Geschäftsherrn. Denn der sorgfältig – nicht vorsätzlich oder fahrlässig – handelnde Verrichtungsgehilfe verstößt nicht gegen die allgemeine oder eine spezielle Sorgfaltspflicht. Ohne einen solchen Pflichtverstoß ist das Handeln des Verrichtungsgehilfen nicht rechtswidrig (NIPPERDEY NJW 1957, 1777, 1779). Die Lehre vom Handlungsunrecht gelangt so zu einer einheitlichen Einstufung des verkehrsgerechten oder sozialadäquaten Verhaltens in § 823 und § 831. Denn bei verkehrsrichtigem Verhalten kommt nach diesem Ansatz weder § 823 noch – bei Handeln eines Verrichtungsgehilfen – § 831 zur Anwendung; es fehlt jeweils am Tatbestandsmerkmal der Rechtswidrigkeit (NIPPERDEY aaO). **74**

γ) **Verschulden als Regelerfordernis**
Von einem anderen Ansatz her verneint ein Teil der Literatur die Haftung des Geschäftsherrn, wenn der Verrichtungsgehilfe schuldlos handelt: Aus der Gesetzgebungsgeschichte ergibt sich, daß durch das Absehen vom Verschulden des Verrichtungsgehilfen – während der Beratungen zum BGB wurde die Fassung von § 831 dahingehend abgeändert, daß statt auf die Zufügung einer unerlaubten Handlung durch den Verrichtungsgehilfen auf dessen widerrechtliches Verhalten abgestellt wurde – verhindert werden sollte, daß sich ein Geschäftsherr eines schuldunfähigen Verrichtungsgehilfen bediene und sich bei der Inanspruchnahme aus § 831 auf dessen Unzurechnungsfähigkeit berufen könne (vCAEMMERER, Wandlungen Ges Schr I 534; ESSER/WEYERS, Schuldrecht II/2 § 58 I; BGB-RGRK/STEFFEN Rn 28; ausführlich zur Entwicklung der Norm während der Beratungen des Bürgerlichen Gesetzbuchs STOLL JZ 1958, 137, 138). Keinesfalls sollte durch die Änderung des Wortlauts bewirkt werden, daß nunmehr auch alle Fälle von § 831 erfaßt werden, in denen der Verrichtungsgehilfe nicht schuldhaft handelt (STOLL aaO). Die Haftung des Geschäftsherrn sei nur gerechtfertigt, wenn sich aus dem schuldlosen Verhalten des Verrichtungsgehilfen auf ein Verschulden des Geschäftsherrn schließen läßt (STOLL JZ 1958, 137, 138; SOERGEL/KRAUSE[13] Rn 36; KUPISCH JuS 1984, 250, 253). Das sei etwa der Fall, wenn der Geschäftsherr einen deliktsunfähigen Gehilfen einstellt oder den Gehilfen fehlerhaft anleitet und dieser deshalb die schädigende Handlung vornimmt (RGZ 50, 60, 67; WIEACKER JZ 1957, 535; KUPISCH JuS 1984, 250, 253; BGB-RGRK/STEFFEN Rn 28 f). In allen anderen Fällen sei das Verschulden des Verrichtungsgehilfen – entgegen dem Gesetzeswortlaut – Voraussetzung für die Haftung des Geschäftsherrn (SOERGEL/KRAUSE[13] Rn 36; STOLL JZ 1958, 137, 138; KUPISCH JuS 1984, 250, 253). **75**

δ) **Rechtsprechung**
In der Rspr ist wiederholt der **Grundsatz** aufgestellt worden, daß der Geschäftsherr **76**

nicht wegen des schädigenden Verhaltens des Verrichtungsgehilfen haftet, wenn er für dasselbe Verhalten nicht haften müßte, hätte er selbst gehandelt. Wenn danach der Geschäftsherr bei eigenem Handeln wegen fehlenden Verschuldens nicht gehaftet hätte, so müsse er auch nicht haften, wenn nicht ein eigenes, sondern ein sorgfältiges Verhalten des Verrichtungsgehilfen den Schaden herbeigeführt habe (RGZ 76, 35, 48; RG JW 1936, 2394, 2396; BGHZ 12, 94, 96, BGH VersR 1957, 247; 1975, 440; OLG Oldenburg NJW-RR 1988, 36; BGH NJW 1996, 3205, 3207). Dieser Ausgangspunkt ist nach Sinn und Zweck von § 831 zutreffend; denn die Haftung des Geschäftsherrn ist nur gerechtfertigt, wenn er die Gefahr eines Schadens durch den Einsatz einer Hilfsperson erhöht hat. Eine erhöhte Gefahr entsteht aber nicht, wenn die Hilfsperson mit aller erdenklichen Sorgfalt vorgeht, so wie der Geschäftsherr selbst auch gehandelt hätte. Die von der Rspr entwickelte Regel ist teilweise *neben* einer nach dem Sachverhalt gegebenen Exculpation des Geschäftsherrn nach § 831 Abs 1 S 2 zu dessen Entlastung herangezogen worden (RG JW 1936, 2394, 2396; wohl auch OLG Celle VersR 1958, 405), teilweise aber auch als Anwendungsfall des § 831 Abs 1 S 2 betrachtet worden: Der Geschäftsherr werde bei einem verkehrsrichtigen Verhalten nach § 831 Abs 1 S 2 auch entlastet, wenn ihn ein Überwachungs- bzw Auswahlverschulden treffe (OLG Oldenburg NJW-RR 1988, 38; zur Exculpation wegen verkehrsrichtigen Verhaltens siehe unten Rn 77, 78, 116). Zumeist hat die Rspr die Möglichkeit einer Exculpation aber mit dem Argument offengelassen, eine solche sei nicht erforderlich, wenn der Verrichtungsgehilfe so handele, wie sich eine mit Sorgfalt ausgewählte Person verhält (BGHZ 12, 94, 96; BGH VersR 1957, 247; 1975, 447, 449; wohl auch schon RGZ 78, 35, 48).

ε) **Leitentscheidung BGHZ 24, 21**

77 Der Große Zivilsenat des BGH hat anläßlich einer Vorlage nach § 132 GVG (§ 137 GVG aF) für einen begrenzten Lebensbereich zu der Frage Stellung genommen, ob die Rechtswidrigkeit einer deliktischen Schädigung nur angenommen werden kann, wenn besondere Sorgfaltspflichten verletzt sind.

In dem zugrundeliegenden Fall wollte der Kläger auf einen Straßenbahnwagen aufspringen. Dabei wurde er von der anfahrenden Bahn überrollt und schwer verletzt. Die Beklagte, Betreiberin der Straßenbahn, hatte zum Ablauf des Geschehens vorgetragen, der Kläger sei überraschend der anfahrenden Bahn nachgeeilt und habe versucht aufzuspringen, nachdem Schaffner und Fahrer sich an der Haltestelle ordnungsgemäß versichert hätten, daß keine Fahrgäste mehr zusteigen wollten, und daher das Abfahrtsignal gegeben bzw den Zug in Bewegung gesetzt hätten. Dagegen hatten nach der Darstellung des Klägers der Schaffner das Abfahrtsignal gegeben und der Fahrer den Zug in Bewegung gesetzt, obwohl für beide erkennbar war, daß der Kläger Anstalten machte, die Zugplattform zu besteigen. Es ließ sich nicht klären, wessen Sachverhaltsdarstellung richtig war. Den Entlastungsbeweis nach § 831 Abs 1 S 2 trat die Beklagte nicht an.

Anläßlich der Prüfung, ob die Beklagte unter diesen Umständen nach § 831 für den vom Schaffner und vom Fahrer adäquat kausal verursachten Schaden des Klägers haften müsse, hat der vorlegende Zivilsenat dem Großen Zivilsenat die Frage zur Entscheidung vorgelegt, ob „Widerrechtlichkeit" iSv § 831 im Bereich des Straßen- und Eisenbahnverkehrs schon bei einer kausalen Rechtsgutverletzung (durch den Verrichtungsgehilfen) gegeben sei, oder ob dazu weiter Voraussetzung sei, daß sich der Verrichtungsgehilfe im Verkehr objektiv ordnungswidrig (verkehrswidrig) verhalten habe.

Der Große Senat hat den **Rechtfertigungsgrund des verkehrsrichtigen oder ordnungsgemäßen Verhaltens** entwickelt. Er hat in diesem Zusammenhang ausgeführt: Die Rechtsordnung reglementiere den Straßen- und Bahnverkehr in immer größerem Umfang. Mit dieser Rechtsentwicklung sei nicht vereinbar, auch unvermeidbare Schädigungen der Rechtsgüter Dritter durch diesen Verkehr deliktsrechtlich als rechtswidrige Eigentums- bzw Körperverletzungen zu betrachten und die Schadenshaftung in diesen Fällen erst unter dem Gesichtspunkt fehlender Schuld zu verneinen (BGHZ 24, 21, 24). Indem die Rechtsordnung den Straßen- und Bahnverkehr zulasse und reglementiere, spreche sie zugleich aus, daß sich ein Verhalten unter Beachtung dieser Regeln im Rahmen des Rechts halte. Ein solches Verhalten könne deshalb nicht mit dem negativen Urteil der Rechtswidrigkeit versehen werden.

Als Konsequenz aus seinen Überlegungen hat der Große Zivilsenat in seinem Beschluß den Satz aufgestellt, daß bei verkehrsrichtigem (ordnungsgemäßem) Verhalten eines Teilnehmers am Straßen- oder Eisenbahnverkehr, das zu einer Schädigung der Rechtsgüter Dritter führe, eine rechtswidrige Schädigung nicht vorliege. Dabei hat er nicht das verkehrswidrige Verhalten als Voraussetzung für die Rechtswidrigkeit, sondern das **verkehrsrichtige Verhalten** ausdrücklich als **Rechtfertigungsgrund** eingeordnet.

Daraus ergeben sich Konsequenzen für die Beweislastverteilung. Zu der ebenfalls von der Vorlage umfaßten Frage, welche Seite **beweispflichtig** dafür sei, daß sich der Verrichtungsgehilfe verkehrsrichtig oder ordnungsgemäß verhalten habe, hat der Große Zivilsenat folgendes ausgeführt: Wie bei anderen Rechtfertigungsgründen auch obliege dem **Verletzer** eines fremden Rechtsguts im Rahmen von § 823 der **Beweis seines verkehrsrichtigen Verhaltens** im Straßen- bzw Eisenbahnverkehr, während der Geschädigte die adäqat kausale Rechtsgutverletzung, die – freilich indizierte – Rechtswidrigkeit und das Verschulden zu beweisen hat (BGHZ 24, 21, 28 f; OLG Köln OLGR 2004, 185, 186). Auch bei § 831 müsse der Geschädigte die adäquat kausale Rechtsgutverletzung, aber nicht deren Rechtswidrigkeit beweisen; dem Geschäftsherrn obliege die Beweislast für die Rechtmäßigkeit des Gehilfenhandelns, also dafür, daß sich der Verrichtungsgehilfe verkehrsrichtig verhalten habe.

Werden diese Grundsätze angewendet, wird der Geschädigte bei einem nicht aufklärbaren Unfallhergang besser gestellt, wenn ein Verrichtungsgehilfe den Unfall verursacht, als wenn ein Verhalten des Geschäftsherrn selbst zur Rechtsgutschädigung führt: Handelt der Geschäftsherr selbst, so wird seine Haftung häufig daran scheitern, daß der Geschädigte – trotz des ihm zugute kommenden Beweises des ersten Anscheins – nicht das Verschulden des Schädigers zu beweisen vermag, also die im Verkehr erforderliche Sorgfalt außer acht gelassen hat (bei Fahrlässigkeit); die mangelnde Aufklärung geht zu seinen Lasten. Hat dagegen der Verrichtungsgehilfe adäquat kausal die Rechtsgutverletzung herbeigeführt, so wird der auf § 831 Abs 1 gestützte Anspruch regelmäßig begründet sein, weil es dem Geschäftsherrn schwerlich gelingt, sich zu exculpieren: Dazu muß er nämlich beweisen, daß sich der Verrichtungsgehilfe (rechtmäßig) verkehrsrichtig verhalten hat (BGHZ 24, 21, 29). Zweifel gehen zu Lasten des Geschäftsherrn. Auf ein Verschulden des Verrichtungsgehilfen, das der Geschädigte zu beweisen hätte – kommt es dagegen nicht an (BGHZ 24, 21, 29; aA vCAEMMERER, Wandlungen Ges Schr I 537. Somit wirkt sich die Beweislast anders als bei § 823 aus. Der BGH hat diese Besserstellung erkannt und damit begründet, daß der Gesetzgeber sie erkennbar gewollt und daher geringere Anspruchsvoraussetzungen aufgestellt habe BGHZ 21, 24, 30). Die beweisrechtliche Besserstellung des durch einen Verrichtungsgehilfen Geschädigten sei gerechtfertigt, weil der von einem Verrichtungsgehilfen Geschädigte im übrigen schlechter gestellt sei, da sich der Geschäftsherr häufig entlasten könne.

Der Beschluß des Großen Zivilsenats aus dem Jahr 1957 hat eine lebhafte Diskussion mit weit auseinandergehenden – wenn auch zumeist kritischen – Einschätzungen der Entscheidung zur Folge gehabt (nachgewiesen bei WIETHÖLTER, Rechtfertigungsgrund 13 Fn 32; MÜNZBERG, Verhalten [1966] 5 Fn 12; WUSSOW/KUNTZ, Unfallhaftpflichtrecht Rn 23; LARENZ/CANARIS, Schuldrecht II/2 § 79 III 2c). So bezeichnete vCAEMMERER (Wandlungen Ges Schr I 551) die Annahme eines Rechtfertigungsgrunds des verkehrsrichtigen Verhaltens als „geradezu anstößig". Diese Diskussion war geprägt von der Frage, wie der aus dem Strafrecht bekannte Begriff der Sozialadäquanz für das Zivilrecht fruchtbar zu machen sei. Zutreffend weisen LARENZ/CANARIS (Schuldrecht II/2 § 79 III 2c) darauf hin, daß es um die objektive Vermeidbarkeit der Verletzung und damit des Vorliegens einer zurechenbaren Handlung geht. Dafür obliegt dem Verletzten die Beweislast.

Große praktische Auswirkungen hat die Entscheidung dagegen nicht gehabt (vgl DUNZ, in: 100 Jahre Karlsruher Forum, Beiheft zu VersR 1983, 99; WUSSOW/KUNTZ, Unfallhaftpflichtrecht Rn 23). Zwar hat die Rspr in späteren Entscheidungen an dem Ansatz festgehalten, daß es im Straßen- und Schienenverkehr einer besonderen Pflichtverletzung bedürfe, um die Rechtswidrigkeit feststellen zu können (etwa BGH VersR 1957, 519, 520; 1958, 626; BGH NJW 1971, 31, 32; KG VersR 1977, 723, 724; offenlassend BGH NJW 1981, 570, 571). Infolge der Bewertung des verkehrsrichtigen Verhaltens als Rechtfertigungsgrund durch den Großen Zivilsenat änderte sich aber im praktisch bedeutsamen Bereich der Beweislast nichts: Indem der Große Zivilsenat nicht das verkehrswidrige Verhalten als Voraussetzung der Rechtswidrigkeit bewertete, sondern das verkehrsrichtige Verhalten als Rechtfertigungsgrund, für dessen Vorliegen der Geschäftsherr den Beweis zu führen hat, ließ er die Haftung des Geschäftsherrn bestehen. Mußte der Geschäftsherr bei pflichtwidrigem Verhalten des Verrichtungsgehilfen nach herkömmlicher Sichtweise haften, weil er den Entlastungsbeweis nach § 831 Abs 1 S 2 nicht führen konnte, so tritt die Haftung jetzt bereits ein, da der Geschäftsherr den Rechtfertigungsgrund des verkehrsrichtigen Verhaltens nicht beweisen kann (STOLL JZ 1958, 137; DUNZ NJW 1960, 507, 508; BGB-RGRK/STEFFEN Rn 31). Allerdings hätte sich dieser Aufwand zur Sicherung der bisherigen Beweislastverteilung auch vermeiden lassen, da der Geschäftsherr, wenn er das verkehrsrichtige Verhalten seines Verrichtungsgehilfen beweisen kann, regelmäßig auch die Kausalitätsvermutung des § 831 Abs 1 S 2 widerlegen kann (BÖHMER MDR 1958, 745; DUNZ NJW 1960, 507, 509; MEDICUS, Bürgerliches Recht Rn 782; ESSER/WEYERS, Schuldrecht II/2 § 58 I 2).

In dem hier interessierenden Zusammenhang wurde die Entscheidung des Großen Zivilsenats sowohl als Ausdruck der Lehre vom Erfolgsunrecht (HAASE NJW 1957, 1315) als auch als Hinwendung des BGH zum Handlungsunrecht bewertet (LARENZ, in: FS Dölle Bd 1 170; MEDICUS, Bürgerliches Recht Rn 606). Tatsächlich enthält die Entscheidung Elemente beider Theorien, da sie von der Indizwirkung der Rechtsgutverletzung und damit vom Erfolgsunrecht ausgeht, für den Bereich des Auto- und Schienenverkehrs mit dem Erfordernis der Pflichtverletzung auf der Rechtswidrigkeitsebene aber den Ansatz des Handlungsunrechts aufgreift. Da der Große Zivilsenat aber mit dem Ziel der Aufrechterhaltung der bisherigen Beweislastverteilung (STOLL JZ 1958, 137, 140) das verkehrsrichtige Verhalten als vom Geschäftsherrn zu beweisenden Rechtfertigungsgrund einordnet, kommt er zu einem anderen Ergebnis als bei konsequenter Anwendung der Lehre vom Handlungsunrecht: Danach hätte die Klage abgewiesen werden müssen; denn der Geschädigte konnte das verkehrswidrige Verhalten als Rechtswidrigkeitsvoraussetzung nicht beweisen. Ob die Entscheidung des Großen Senats die Lehre vom Handlungsunrecht stützt, ist zweifelhaft. Der Große Zivilsenat legt zwar den Rechtswidrigkeitsbegriff des Handlungsunrechts zugrunde, verteilt aber die Beweislast nach der Lehre vom Erfolgsunrecht (KÖTZ/WAGNER, Deliktsrecht Rn 288 f), ohne sich einer Auffassung klar anzuschließen.

ζ) **Eigene Ansicht**
Der modifizierten Lehre vom Erfolgsunrecht ist im Grundsatz zu folgen. Bei unmittelbaren Eingriffen indiziert die Verletzung die Rechtswidrigkeit, während es bei mittelbaren Schädigungen darauf ankommt, ob der Schädiger eine Verkehrspflicht verletzt. Dafür spricht nicht nur, daß sich diese Ansicht als hM zu § 823 systematisch gut (STAUDINGER/HAGER [1999] § 823 Rn H 16 mwN) einfügt, sondern auch die abgestufte Indizwirkung der Rechtsgutverletzung: Bei unmittelbar erfolgreichen Verletzungshandlungen ist es unnötig, nach der verletzten Handlungspflicht zu suchen, da insoweit die absolute Wirkung des geschützten Rechtsguts reicht. Diese Indizwirkung schwächt sich ab, wenn andere Faktoren zwischen Handlung und tatbestandlichen Erfolg treten. Durch die abgestufte Indizwirkung der Rechtsgutverletzung wird die Beweislast differenziert zugunsten des Geschädigten verteilt. Schließlich verwischt die Lehre vom Handlungsunrecht die grundlegende Unterscheidung von Rechtswidrigkeit und Verschulden, indem sie die Sorgfaltswidrigkeit als Voraussetzung für die Rechtswidrigkeit statuiert; danach würde zu Unrecht das Notwehrrecht vom Verschulden des handelnden Schädigers abhängen und der Geschädigte hätte entgegen dem Wortlaut von § 831 Abs 1 das Verschulden des Verrichtungsgehilfen zu beweisen.

III. Handeln in Ausführung der Verrichtung

Der Gehilfe muß *„in Ausführung der Verrichtung"* gehandelt haben.

1. Allgemeine Umschreibung*

Der Geschäftsherr haftet nur für solche widerrechtlichen Schädigungen des Verrichtungsgehilfen, die dieser *„in Ausführung der Verrichtung"* begeht. Die schädigende Handlung kann dabei wie nach § 823 Abs 1 in einem Tun oder in der Unterlassung einer auftrags- oder pflichtgemäß vorzunehmenden Tätigkeit bestehen (RG JW 1910, 334; 1911, 183), zB in der nicht gehörigen Erfüllung einer aufgetragenen Verkehrssicherungspflicht (RGZ 159, 283, 290; vgl dazu oben Rn 12). Der Schaden ist „in Ausführung

---

* Vgl dazu ergänzend auch die Auslegung des Merkmals „in Ausübung eines ihm anvertrauten öffentlichen Amtes" (Art 34 GG) in STAUDINGER/WURM (2007) § 839 Rn 89, 93 ff.

der Verrichtung" zugefügt, wenn die schädigende Handlung noch in den Kreis der Tätigkeiten fällt, welche die Verrichtung mit sich bringt, also der Tätigkeiten, welche die Ausführung der aufgetragenen Verrichtung darstellen (BGH VersR 1955, 214; 1966, 1074; 1968, 93).

2. Im einzelnen

a) Erfordernis eines objektiv bestehenden unmittelbaren inneren Zusammenhangs

80 Ein Handeln in Ausführung der Verrichtung erfordert nicht, daß gerade die den Schaden unmittelbar verursachende Handlung dem Verrichtungsgehilfen aufgetragen war (RG JW 1909, 358, 360; 1915, 704; WarnR 1913 Nr 55; BGH MDR 1955, 288; VersR 1982, 498, 499). Ausreichend ist, daß die Handlung zu dem Geschäftskreis des Bestellten im allgemeinen gehört (RGZ 92, 345). Ein nur örtlicher oder zeitlicher Zusammenhang wie zB die Schädigung Dritter durch einen Unfall des Gehilfen in unmittelbarer Nähe der Arbeitsstelle (BGH VersR 1960, 424) genügt jedoch nicht. Das gleiche gilt für das Vorliegen eines nur adäquaten Kausalzusammenhangs zwischen der Beauftragung des Gehilfen und dessen widerrechtlicher Handlung (aM WEIMAR DRiZ 1958, 21). Über den äußeren Zusammenhang hinaus ist vielmehr erforderlich (und ausreichend), daß das Handeln der Hilfsperson mit dem ihr übertragenen Aufgabenkreis nach Zweck und Art objektiv in einem *engen oder unmittelbaren inneren (sachlichen) Zusammenhang* steht (BGHZ 11, 152; VersR 1955, 205, 214; 1960, 134 = NJW 1960, 335; BGH MDR 1958, 680; VersR 1966, 1074; 1967, 354; NJW 1971, 31; NJW-RR 1989, 723, 725; HansOLG Hamburg MDR 1977, 752, 753; OLG Düsseldorf r+s 2006, 483). Es muß sich um eine noch im Leistungsbereich liegende Fehlleistung handeln (FIKENTSCHER/HEINEMANN, Schuldrecht § 111 I 2 c). Die irrtümliche und selbst die eigenmächtige Überschreitung der Grenzen eines Auftrags stellt das Handeln des Gehilfen nicht außerhalb des Kreises der ihm aufgetragenen Verrichtungen, solange es mit dem Aufgabenkreis noch in einem inneren Zusammenhang steht (RG WarnR 1928 Nr 74; SeuffA 80 Nr 174; JW 1910, 652; 1938, 2744; RAG 16, 226, 229; BGHZ 11, 151, 153; VersR 1955, 205, 214; 1960, 134, 137; 1963, 1076; 1967, 354; NJW 1971, 31; OLG München HRR 1939 Nr 1220; OLG Düsseldorf DR 1939, 1238).

b) Handeln „bei Gelegenheit der Ausführung"

81 Wird der Auftrag aber nicht nur nicht ordnungsgemäß erledigt, sondern ist der innere Zusammenhang mit dem erteilten Auftrag gänzlich entfallen, so ist lediglich ein Handeln „bei Gelegenheit" oder „aus Anlaß" der Ausführung der Verrichtung gegeben; § 831 kommt nicht zur Anwendung (s auch § 835 Rn 28 – Jagdschaden bei mißbräuchlicher Jagdausübung). An dem inneren Zusammenhang fehlt es, wenn sich die Verrichtungsperson mit ihrem Handeln vom Auftrag löst (zB während der Erledigung des Auftrags vergiftet der Geselle des Malermeisters vorsätzlich den Hund des Bestellers) oder sich bei Gelegenheit der Verrichtung einem anderen Tätigkeits- oder Gefahrenkreis zuwendet (der Geselle des Malermeisters hilft dem Besteller zusätzlich bei Malerarbeiten am Haus, die nicht mehr zu seinem Auftrag gehören [BGB-RGRK/STEFFEN Rn 23]). Dann ist die schädigende Handlung dem zugewiesenen Aufgabenbereich fremd, so daß sie nicht mehr der Vollziehung des Auftrags dient und mithin nicht Grundlage für die Haftung nach § 831 sein kann. Der Gehilfe ist ggf aus § 823 allein verantwortlich (RG JW 1910, 652; BGH MDR 1955, 282; WM 1959, 80).

c) Abgrenzung

Ob wegen des objektiv bestehenden inneren Zusammenhangs mit dem übertragenen **82** Aufgabenbereich ein Handeln in Ausführung der Verrichtung vorliegt, oder ob die schädigende Handlung nur bei Gelegenheit, nur aus Anlaß der Ausführung der Verrichtung vorgenommen wurde, richtet sich nach den *Umständen des Einzelfalls*, vor allem nach dem Grad der Abweichung von dem erteilten Auftrag. So fehlt zB der objektive Zusammenhang, wenn der Kraftfahrer eines Unternehmens, ohne daß diesbezüglich eine vertragliche Rechtspflicht des Unternehmens besteht, beim Abladen des Transportguts behilflich ist und es dabei beschädigt; denn er handelt insoweit nicht mehr im Rahmen des Auftrags (OLG Hamburg VersR 1974, 52; OLG Köln VersR 1996, 523). Ebenso verhält es sich, wenn der Geschäftsherr den Lehrling beauftragt, gelegentlich bei der Heimfahrt von der Arbeitsstelle eine Besorgung mitzuerledigen und der Lehrling auf dem Heimweg einen Unfall verursacht. Denn durch den Besorgungsauftrag wurde die Unfallgefahr weder begründet noch erhöht; der Verrichtungsauftrag war für die Schädigung nicht adäquat ursächlich (BGH NJW 1958, 774 = VersR 1958, 549 = MDR 1958, 680; s auch BGH VersR 1955, 205). Auch bei Fahrten eines Arbeitnehmers (mit dem Fahrrad usw) zur Arbeits- oder Verrichtungsstelle fehlt es an dem inneren Zusammenhang, wenn er dabei einem Dritten widerrechtlich Schaden zufügt (RG DRW 1942, 1280).

Fehlt objektiv der innere Zusammenhang, so wird er durch die bloß irrtümliche Annahme (etwa eines Geisteskranken), in Ausführung eines Auftrags zu handeln, nicht ersetzt (RG JW 1910, 652; WarnR 1928 Nr 74).

d) Vorsätzliche Handlungen des Bestellten

Vorsätzliche Schadenshandlungen wie zB Diebstähle und Unterschlagungen, zu **83** denen der Gehilfe durch den Auftrag veranlaßt oder angereizt wurde, erfolgen nach hM in der Regel nicht in Ausführung, sondern bei Gelegenheit der Ausführung der Verrichtung (RGZ 65, 292; RG JW 1920, 284; BGHZ 11, 151, 153; BGH NJW-RR 1989, 723, 725; OLG Düsseldorf r+s 2006, 483). Die Pflicht, strafbare Handlungen zu unterlassen, besteht allgemein für jedermann jedem anderen gegenüber. Durch das Hinzutreten eines Schuldverhältnisses gewinnt diese keinen spezifisch neuen Inhalt (OLG Hamburg MDR 1977, 752). Für solche Pflichtverletzungen soll der Geschäftsherr nicht einstehen müssen. Es besteht hier kein innerer Zusammenhang mehr mit der Auftragserfüllung. Eine andere Auffassung vertreten LARENZ/CANARIS (Schuldrecht II/2 § 79 III 2 d). Der Geschäftsherr soll vor der Einstandspflicht für *nur* solche Taten bewahrt werden, bzgl derer die Einschaltung von Gehilfen keine spezifische Risikoerhöhung darstellt. Bei Straftaten der Hilfspersonen verwirkliche sich aber gerade das spezifische Risiko des Einsatzes von diesen Gehilfen. Denn ein entsprechendes Verhalten des Geschäftsherrn selbst wäre keineswegs „ebenso gut vorstellbar" (CANARIS s oben). Es ist jedoch nicht ausgeschlossen, daß der Geschäftsherr, erledigte er selbst den Auftrag, dabei strafbare Handlungen begeht. Seine Stellung als Geschäftsherr garantiert nicht sein ordnungsgemäßes Verhalten. Das Risiko einer strafbaren Handlung besteht beim Geschäftsherrn und Gehilfen in gleichem Maße. Des weiteren wird der geforderte innere Zusammenhang bei dieser Betrachtungsweise außer acht gelassen. Nach § 831 *muß* die Handlung in Ausführung der Verrichtung begangen werden. Strafbare Handlungen fallen aber in der Regel gerade nicht unter den Kreis der Tätigkeiten, welche die Verrichtung mit sich bringt. Die Verrichtung ist nur der Anlaß dafür (zB BGH NJW 1989, 723, 725). Möglich bleibt aber eine Haftung des

Geschäftsherrn aus § 823 im Hinblick auf die schuldhafte Verletzung von ihm obliegenden Sicherungs- und Organisationspflichten.

84 Vorsätzliche Straftaten schließen jedoch den inneren Zusammenhang nicht notwendig aus. § 831 ist anwendbar, wenn die Hilfsperson durch die vorsätzliche unerlaubte Handlung **gerade der besonderen Verpflichtung zuwiderhandelt**, deren Wahrnehmung den Inhalt ihres Auftrags bildet (RG SeuffA 84 Nr 174; BGHZ 24, 188, 196; VersR 1968, 93; BGB-RGRK/STEFFEN Rn 23), vor allem wenn die Hilfsperson durch die vorsätzliche unerlaubte Handlung ein fremdes Gut verletzt, das ihrem Schutz anvertraut ist, und das sie gegen entsprechende Angriffe seitens Dritter schützen soll. Wenn zB der zur Sicherung fremder Güter bestellte Bewacher seine Aufgabe schlecht erfüllt und dadurch dem Auftraggeber ein Schaden entsteht (es kommt trotz der Bewachung zum Diebstahl), ist diese Schädigung in Ausübung der Verrichtung erfolgt. Vergreift sich der Bewacher selbst an den zu sichernden Gütern, erfüllt er seinen Auftrag damit „*noch schlechter*". Es ändert sich nur die „Qualität der Schlechtleistung". Der innere Zusammenhang zwischen Auftrag und schädigender Handlung ist aber noch gegeben. Die vorsätzliche Schädigungshandlung ist in diesen Fällen in Ausführung der Verrichtung begangen (vgl dazu die Parallele bei der Auslegung des Begriffs „in Ausübung eines öffentlichen Amtes" bei STAUDINGER/WURM [2007] § 839 Rn 89, 93 ff). Der Geschäftsherr soll für die Zuverlässigkeit seines Gehilfen *nach Art und Umfang der übertragenen Tätigkeit* einstehen müssen, wenn ihn ein eigenes Auswahl- oder Überwachungsverschulden trifft. **Beispiele**: Der Bürovorsteher unterschlägt die für den Rechtsanwalt in Empfang genommenen Fremdgelder; der mit der Beförderung von Gütern dienstlich beauftragte Bahnangestellte beseitigt Stücke (RGZ 120, 313; SeuffA 80 Nr 174; BGHZ 24, 188, 196), oder er wirkt bei einem Betrug mit einem gefälschten Frachtbriefduplikat mit (RG JW 1924, 1714); ein Finanzierungsvermittler, der mit dem Verkauf eines Guts beauftragt war, verkauft es vorsätzlich für eigene Rechnung oder veruntreut den Erlös (BGH VersR 1964, 754); der Filialleiter eines Auskunfteiunternehmens erteilt bewußt falsche Kreditauskünfte und nimmt an den dadurch ermöglichten Betrügereien Dritter teil (BGH VersR 1968, 92); der Angestellte, der eine Arbeitsbaracke gegen das Betreten durch Unbefugte zu sichern hat, läßt eigenmächtig Freunde darin übernachten, beheizt in ihrem Interesse den Raum und verursacht dabei einen Brand (vgl BGH VersR 1967, 353, 354); ein nicht inkassoberechtigter Angestellter nimmt vom Kunden den Kaufpreis an und gibt ihn nicht an den Berechtigten weiter (OLG Saarbrücken NJW-RR 1986, 672).

85 Die Haftung des Geschäftsherrn nach § 831 kann in Betracht kommen, auch wenn eine Hilfsperson durch vorsätzliche unerlaubte Handlung sich völlig von ihrem Aufgabenbereich löst, zB die auf einem Grundstück beschäftigten Arbeiter die Gelegenheit nutzen, dort Diebstähle zu begehen. Voraussetzung für die Haftung ist, daß es nach den Umständen des Falls (zB wegen des erkennbar bestehenden großen Anreizes zum Diebstahl) geboten war, diese Hilfspersonen durch eine andere Hilfsperson zu überwachen und der mit der Überwachung Beauftragte seine Aufgabe nicht erfüllt hat, unerlaubte Handlungen zu verhindern (BGHZ 11, 151, 154) *(Zweistufenaufsicht)*. Ist die gebotene Bestellung einer Aufsichtsperson unterblieben, so kann darin ein haftungsbegründender Organisationsmangel liegen (§ 832 Rn 164). Auch kann die Bestellung eines Verrichtungsgehilfen in Kenntnis seiner Neigung zu unerlaubten Handlungen den Geschäftsherrn aus § 823 Abs 1 haftbar machen (RG JW 1910, 652).

Einzelfälle wegen der Benutzung von Kraftfahrzeugen s auch Rn 88 ff.

e) Beispiele für den inneren Zusammenhang zwischen Verrichtungsausführung und Schadenszufügung

Ein höherer Angestellter einer Bank erteilt trotz Verbots der Auskunftserteilung **86** eine falsche Auskunft (RGZ 94, 318); ein Baggerführer führt den Auftrag, den Bagger zur Reparaturwerkstatt bringen zu lassen, entgegen der allgemeinen Weisung, daß der Bagger nur auf einem Tieflader mit dem dazu bestellten Fahrer befördert werden dürfe, in der Weise aus, daß er den Bagger selbst ohne Tieflader fährt, und verursacht dabei einen Unfall (BGH VersR 1966, 1074); die mit Abbrucharbeiten beauftragten Arbeiter reißen versehentlich einen nicht abbruchreifen Teil des Gebäudes mit ab; der mit der Bedienung einer Maschine betraute Arbeiter betätigt sie weiter entgegen der Anordnung, sie bei bestimmten gefährlichen Situationen zeitweise abzuschalten; Arbeiter, die ein Dach reparieren und den dabei anfallenden Schutt hinunterschaffen sollen, werfen nicht nur den Schutt, sondern weiteres auf dem Dachboden lagerndes Gerümpel auf die Straße; das Gerümpel trifft einen Passanten (OLG Nürnberg VersR 1966, 767); der Führer einer Spätschicht, der die Arbeitsbaracke außerhalb der normalen Arbeitszeit gegen unbefugte Benutzung zu sichern hat, aber spät eintreffende Fernfahrer übernachten lassen darf, läßt eigenmächtig Touristen übernachten und verursacht beim Beheizen der Baracke einen Brand, der auf Nachbargebäude übergreift (BGH VersR 1967, 354); Hilfspersonen, die mit der Beaufsichtigung lagernden Brennholzes betraut sind, vertreiben spielende Kinder durch Werfen mit Holzstücken (BGH LM Nr 2 zu § 831 D = MDR 1955, 282); Arbeiter, die an Stellen oder Maschinen arbeiten, die mit Gefahren für Dritte verbunden sind, halten auftragswidrig Dritte nicht von der Gefahrenquelle fern, zB sie dulden das Betreten eines für Dritte gefährlichen Bauplatzes (RG JW 1911, 182); Arbeiter, die ein fremdes Haus zur Vornahme von Reparaturarbeiten betreten, beschädigen dabei dessen Einrichtung (BGHZ 11, 151); ein nicht inkassoberechtigter Angestellter nimmt vom Kunden den Kaufpreis an und gibt ihn nicht an den Berechtigten weiter (OLG Saarbrücken NJW-RR 1986, 672); Führer von Kraftfahrzeugen, Straßen- oder Eisenbahnen verstoßen gegen die Verkehrs- oder Bedienungsvorschriften und verursachen dadurch Personenschäden (zB BGH NJW 1971, 31, 32); ein für einen Restaurantführer tätiger Testesser behauptet in seinem Bericht unwahre Tatsachen über ein Konkurrenz-Restaurant (BGH GRUR 1998, 167).

f) Beispiele für das Fehlen des inneren Zusammenhangs zwischen Verrichtungsausführung und Schadenszufügung

Nur „bei Gelegenheit", „aus Anlaß" der Verrichtung handelt der Geselle des Ma- **87** lermeisters, der bei der Ausführung von Anstricharbeiten in einem fremden Haus nicht nur durch Unvorsichtigkeit die Möbel beschmutzt, sondern bei dieser Gelegenheit auch einen Diebstahl begeht; der Jagdaufseher, der die Gelegenheit eines Kontrollgangs benutzt, um im Nachbarrevier zu wildern; ein nicht vertretungsberechtigter Angestellter einer Sparkasse, der eine Bürgschaftserklärung abgibt (RG JW 1929, 1002); der Kassierer einer Genossenschaft, der nicht zum Abschluß von Verträgen ermächtigt ist, wenn er Darlehen für die Genossenschaft aufnimmt und das Geld unterschlägt (RGZ 65, 292); der Sparkassenangestellte, der von dem Einleger lediglich mit der Einzahlung auf ein Sparbuch beauftragt ist und das durch Mißbrauch des Sparbuchs erlangte Geld unterschlägt (RG DRW 1943, 984); der Fahrer, den der Geschäftsherr einem Dritten zur Beförderung seiner Waren zur Verfügung stellte, wenn er dabei Unterschlagungen begeht (RG JW 1920, 284); der beauftragte Privatpilot, der mit den wartenden Passagieren den geplanten Rundflug entgegen der Anweisung des Geschäftsherrn unternimmt und dabei einen Absturz verursacht (NJW-RR 1989, 723, 725). Der Geschäftsherr haftet nicht, wenn ein Angestellter, der nur mit laufenden Geschäften eines Betriebs betraut ist, außergewöhnliche Handlungen vornimmt, zB hohe Kredite aufnimmt (RG JW 1938, 2744; zur Haftung eines Vermieters für eine beim Mietvertragsschluß für ihn tätige „Vertrauensperson" vgl BGH NJW 1967, 2255, 2257). Nach OLG Hamburg (VersR 1974, 52) handelt der mit dem Transport des Guts beauftragte Kraftfahrer nicht mehr als Verrichtungsgehilfe eines Unternehmens, wenn er nach der Erledigung seines Auftrags und ohne rechtliche Verpflichtung sich bei dem Abtransport des Guts beteiligt und es dabei beschädigt (vgl auch OLG Köln VersR 1996, 523).

3. Schadenszufügung durch den Verrichtungsgehilfen beim Führen eines Kraftfahrzeugs

Die folgenden Besonderheiten gelten, wenn der Verrichtungsgehilfe beim Führen eines Kraftfahrzeugs einen Schaden verursacht.

a) Schwarzfahrt

88 Fügt ein Verrichtungsgehilfe einem Dritten widerrechtlich Schaden bei der Führung eines Kfz des Geschäftsherrn zu, der zugleich dessen Halter ist, so ist zu unterscheiden zwischen der Haftung des Geschäftsherrn aus § 831 wegen *culpa in eligendo vel custodiendo* und der Gefährdungshaftung des Halters, wenn das Fahrzeug ohne Wissen und Willen des Halters (Schwarzfahrt) benutzt wird.

b) Der Grundsatz, die Ausnahmen

89 Benutzt der Verrichtungsgehilfe das Kfz ohne Wissen und Willen des Geschäftsherrn, so handelt er regelmäßig nicht in Ausführung der ihm aufgetragenen Verrichtung; § 831 ist also unanwendbar (RGZ 135, 149, 154; 161, 145, 149; BGHZ 1, 388, 390; VersR 1966, 1074; NJW 1971, 31). Hinsichtlich der *Gefährdungshaftung* bestimmt § 7 Abs 3 StVG: „(1) Benutzt jemand das Fahrzeug ohne Wissen und Willen des Fahrzeughalters, so ist er anstelle des Halters zum Ersatz des Schadens [gem § 7 Abs 1, 2 StVG] verpflichtet; daneben bleibt der Halter zum Ersatz des Schadens verpflichtet, wenn die Benutzung des Fahrzeugs durch sein Verschulden ermöglicht worden ist. (2) Satz 1 findet keine Anwendung, wenn der Benutzer vom Fahrzeughalter für den Betrieb des Kraftfahrzeugs angestellt ist oder wenn ihm das Fahrzeug vom Halter überlassen worden ist. (3) Die Sätze 1 und 2 sind auf die Benutzung eines Anhängers entsprechend anzuwenden." Danach besteht grundsätzlich keine Haftung des Halters aus Gefährdung für Schädigungen Dritter durch den Schwarzfahrer (§ 7 Abs 3 S 1 HS 1 StVG). Dieser **Grundsatz** ist aber in zweierlei Hinsicht durchbrochen.

Die Haftung des Halters bleibt nach § 7 Abs 3 S 1 HS 2 StVG neben der des Benutzers bestehen, wenn der Halter durch sein Verschulden – durch schuldhafte Unterlassung der Sicherungsvorkehrungen gegen unbefugte Benutzung – die Benutzung des Fahrzeugs ermöglicht hat. Der Halter haftet nur nach dem StVG, wenn sich sein Verschulden darin erschöpft, daß er die Benutzung des Fahrzeugs ermöglicht hat. Geht sein Verschulden aber darüber hinaus, so kommt gem § 16 StVG eine Haftung nach §§ 823 ff in Betracht, wenn sich das Verschulden darauf bezieht, daß das Fahrzeug in verkehrsgefährlicher Art benutzt worden ist. Er haftet dafür, daß er durch *Verletzung der allgemeinen Verkehrssicherungspflicht* schuldhaft eine adäquate Ursache für die durch verkehrswidriges Verhalten des Schwarzfahrers hervorgerufenen Schädigungen gesetzt hat; zur Haftung für diese Schäden genügt, wenn er bei Beachtung der erforderlichen Sorgfalt die Möglichkeit des schädigenden Erfolgs seines Verhaltens *im allgemeinen hätte* erkennen können (BGH VersR 1958, 413; 1960, 736; 1962, 333; 1966, 79, 166; vHippel VersR 1966, 507). Diese Voraussetzung ist erfüllt, wenn der Halter grob fahrlässig eine unbefugte Benutzung ermöglicht, die von vornherein ungewöhnlich ist, zB die Benutzung durch einen jugendlichen Fahrer ohne Führerschein, dessen Neigung zu verbotswidrigem Fahren der Halter kennt (BGH MDR 1962, 393). Zünd- und Garagenschlüssel dürfen nur zuverlässigen Personen anvertraut werden (BGH VersR 1970, 66).

Nach § 7 Abs 3 S 2 StVG ist für die Schädigungen bei Schwarzfahrten des (für den Betrieb) *angestellten Fahrers* der arbeitgebende Kfz-Halter stets nach dem StVG haftbar, also ohne daß es darauf ankommt, ob der Halter die Schwarzfahrt schuldhaft ermöglicht hat. § 831 ist im Hinblick auf die abschließende Regel des § 7 Abs 3 StVG unanwendbar, wenn eine zur Überwachung des Fahrdienstes bestellte Aufsichtsperson pflichtwidrig eine Schwarzfahrt nicht verhindert hat (RGZ 136, 15; BGHZ 1, 388, 390).

In gleicher Weise haftet der Halter bei Schwarzfahrten von Personen, denen er das Fahrzeug *überlassen*, dh die tatsächliche Benutzungsmöglichkeit eingeräumt hat (BGHZ 5, 269; BGH NJW 1954, 392). Diese Haftung beruht auf dem Gesichtspunkt der Verantwortlichkeit für die Auswahl der Personen, denen der Halter sein Vertrauen geschenkt hat.

Für die Anwendbarkeit von § 831 kommt es darauf an, wann eine dienstliche Fahrt des beauftragten Fahrers durch **eigenmächtige Abweichung vom Fahrauftrag in eine Schwarzfahrt übergeht**. Maßgeblich sind auch hier die Umstände des Einzelfalls, vor allem der Grad der Abweichung vom erteilten Auftrag.

c) Einzelfälle
aa) Abweichen vom Auftrag
In Ausführung der Verrichtung handelt noch der Kraftfahrer, der bei der ihm aufgetragenen Fahrt trotz Verbots mit einem Anhänger gefahren ist, durch dessen Schleudern ein Dritter verletzt wurde (BGH NJW 1971, 31) oder der entgegen der Anordnung des Geschäftsherrn, nach Erledigung seines Auftrags sofort zurückzukehren, die Fahrt eigenmächtig in mäßigem Umfang ausdehnt (vgl dazu einerseits RG Recht 1913 Nr 193, andererseits RG JW 1927, 921). **Umwege** bei Fahrten, die sich noch im Rahmen des Fahrauftrags halten, sind keine Schwarzfahrten (BGH VersR 1955, 345), dagegen ist ein längerer Umweg entgegen ausdrücklichem Verbot eine Schwarzfahrt (BAG VRS 21, 398). Eine Schwarzfahrt oder schwarzfahrtähnliche Willkür liegt auch nicht vor, wenn der Fahrer eine Probefahrt nicht, wie vorgeschrieben, auf dem Werkshof, sondern auf der Straße ausführt (OGH Köln VRS 2, 374), ebenso nicht, wenn ein Baggerführer, der den Bagger grundsätzlich mit Wissen und Willen des Halters benutzt, die Weisung, den Bagger nur mittels Tiefladers mit besonderem Fahrer zum Bestimmungsort zu verbringen, überschreitet und den Bagger selbst unter Verzicht auf den Tiefladertransport auf der Straße fährt (BGH VersR 1966, 1074).

Ein Schwarzflug und damit ein Handeln bei Gelegenheit der Ausführung der Verrichtung liegt vor, wenn ein beauftragter Privatpilot trotz gegenteiliger Anweisung des Geschäftsherrn den geplanten Rundflug mit den wartenden Passagieren unternimmt und dabei den Absturz verursacht (BGH NJW-RR 1989, 723, 725).

bb) Verbotswidrige Mitnahme betriebsfremder Personen

91 Streitig ist, ob und inwieweit der angestellte Fahrer nicht mehr in Ausführung der ihm aufgetragenen Verrichtung handelt, wenn er entgegen dem Verbot des Geschäftsherrn eine betriebsfremde Person auf einer ihm aufgetragenen Geschäftsfahrt mitnimmt und diese durch fahrlässige Fahrweise schädigt. Nach der vom RG (Recht 1913 Nr 194; Gruchot 51, 604, 607) vertretenen und auch im Schrifttum (STOLL, Handeln auf eigene Gefahr [1961] 52) gebilligten Auffassung bewegt sich der Fahrer noch in Ausführung seiner ihm aufgetragenen Verrichtung. Dagegen läßt sich nach dem BGH (MDR 1965, 197 = VersR 1965, 131; s auch BGH NJW 1971, 31) ein solcher Grundsatz nicht allgemein aufstellen. Es kommt auf die Umstände des Einzelfalls an. Danach kann zB jemand, der nachts auf längerer Strecke als Privatgast mitgenommen werden will, verständigerweise nicht ohne weiteres davon ausgehen, der Dienstherr des Fahrers werde damit einverstanden sein; die Beschränkung der Aufgaben des Fahrers (durch das Mitnahmeverbot) sei einem solchen Benutzer gegenüber wirksam. Daher fehle der innere Zusammenhang zwischen der dem Fahrer aufgetragenen Tätigkeit und der Schädigung, auch wenn die Fahrt selbst keine Schwarzfahrt ist (ebenso OLG Bamberg NJW 1949, 506). Dieser Auffassung ist zuzustimmen.

d) Haftung des Halters wegen Schaffung einer besonderen Gefahrenquelle durch Zulassung der Fahrt

92 Der Halter kann sich bei gestatteten Fahrten, die keine Verrichtungsausführung darstellen, für Schäden, die der angestellte Fahrer Dritten widerrechtlich zufügt, unmittelbar aus § 823 haftbar machen, wenn er durch die Zulassung der Fahrt schuldhaft eine besondere Gefahrenquelle schafft. Gestattet zB der Halter seinem wegen Trunkenheit am Steuer erheblich vorbestraften Fahrer die Benutzung des Fahrzeugs für private Zwecke nach Feierabend, so haftet er dem Geschädigten für Schäden, die der Fahrer bei einer solchen Privatfahrt im Zustand der Trunkenheit verursacht hat (OLG Hamm MDR 1962, 570).

Geschädigter iS des § 831 kann auch eine bei derselben Verrichtung mitwirkende andere Hilfsperson desselben Geschäftsherrn sein (RG JW 1912, 96).

IV. Entlastung durch den Geschäftsherrn, § 831 Abs 1 S 2

93 Der Geschäftsherr hat nicht aus § 831 Abs 1 S 1 einzustehen, wenn er sich nach § 831 Abs 1 S 2 hinsichtlich der Pflichtverletzung oder der Kausalität der Pflichtverletzung für den eingetretenen Schaden entlasten kann. Auf die Besonderheiten des dezentralen Entlastungsbeweises wird gesondert eingegangen.

Bei § 831 handelt es sich um einen Deliktstatbestand, der nur hinsichtlich der Beweislast besonderen Regeln folgt. Das Vorliegen zweier Deliktsmerkmale (1) des Verschuldens des Geschäftsherrn und (2) der Kausalität der Sorgfaltspflichtverletzung für den Schaden wird vermutet. Da die beiden der Vermutung unterliegenden Elemente zur Haftungsbegründung ebenso erforderlich sind wie die weiteren vom

Kläger zu beweisenden Tatbestandsmerkmale, reicht es aus, wenn der Beklagte zu seiner Entlastung eine der genannten Vermutungen entkräftet. Hat der Geschäftsherr dargetan und bewiesen, daß sich sein Verrichtungsgehilfe so verhalten hat, wie sich jede mit Sorgfalt ausgewählte und beaufsichtigte Person verhalten hätte, kommt es auf eine Entlastung hinsichtlich der Auswahl und Leitung nicht mehr an. Nach verbreiteter Auffassung fehlt es bereits am Pflichtwidrigkeitszusammenhang (BGHZ 12, 94, 96; BGH VersR 1957, 2467; 1966, 564; OLG Köln NZV 1992, 279).

1. Entlastung hinsichtlich der Pflichtverletzung, § 831 Abs 1 S 2, 1. Alt

Der Geschäftsherr haftet nicht für den Verrichtungsgehilfen, sofern er das vermutete Verschulden widerlegt. Im Rahmen von § 831 Abs 1 S 2, 1. Alt unterscheidet das Gesetz zwischen der Personen- und der Sachverantwortung.

a) Personenverantwortung
aa) Allgemeine Regeln
α) Beobachtung der im Verkehr erforderlichen Sorgfalt

Wie die allgemeine Deliktshaftung erfordert die Haftung des Geschäftsherrn nach § 831 Verschulden, das freilich vermutet wird. Für die Bestimmung des **Verschuldensmaßstabs** und dementsprechend für die Anforderungen an den Entlastungsbeweis gelten die allgemeinen zu § 276 entwickelten Regeln. Danach kann die im Verkehr erforderliche Sorgfalt (§ 276 Abs 1 S 2) nicht allgemein bestimmt werden; sie richtet sich nach den Umständen des Einzelfalls. Es ist eine Konkretisierung erforderlich, die sich an typischen Fallgruppen orientieren kann (STAUDINGER/LÖWISCH [2004] § 276 Rn 34 ff).

Grundsätzlich gilt, daß Maß und Umfang der Pflicht des Geschäftsherrn zur Auswahl, Überwachung und Leitung des Verrichtungsgehilfen sich nicht nach starren Regeln beurteilen lassen, sondern nach der *Verkehrsanschauung* und den Besonderheiten des Einzelfalls zu bestimmen sind (BGH NJW-RR 1987, 1469; NJW-RR 1996, 867). Der Geschäftsherr darf Verrichtungsgehilfen nur solche Tätigkeiten übertragen, deren gefahrlose Durchführung er von ihnen erwarten kann. Verrichtungsgehilfen müssen die ggf vorgeschriebenen gesetzlichen Anforderungen erfüllen sowie eine ausreichende Sachkunde (zB durch Zertifikate oä nachgewiesene Spezialkenntnisse) besitzen (BGH r+s 2003, 78). Bei ganz **einfachen Verrichtungen** und untergeordneten Tätigkeiten, etwa jenen einer Haushaltsgehilfin, genügt es im allgemeinen, daß der Gehilfe nach Beruf, Alter und Geschlecht geeignet und zuverlässig erscheint und besondere Bedenken gegen die Übertragung der Verrichtung nicht aufgetreten sind (OLG Stuttgart OLGZ 9, 42). Strengere Anforderungen sind bei **höheren Verrichtungen** zu stellen, die mit erhöhter Verantwortung oder mit Gefahren für die öffentliche Sicherheit, besonders für Menschenleben, verbunden sind (RGZ 142, 356; BGH VersR 1961, 330; BGH NJW 2003, 288; OLG Köln VersR 1988, 44 st Rspr). Einen solchen, besonders strengen Sorgfaltsmaßstab legt die Rspr etwa bei der Auswahl von Fahrern schwerer, besonders großer, schwer lenkbarer oder zum Massentransport bestimmter Fahrzeuge an, etwa bei Zugmaschinen (BGH VersR 1955, 186), Omnibussen (BGH VersR 1957, 63; OLG Koblenz VRS 1972, 466), schweren Lastkraftwagen (RGZ 159, 312); Lastzügen (BGH VersR 1966, 929), Lokomotiven und Straßenbahnen (RG JW 1920, 492). Auch für Fahrlehrer gelten entsprechende Sorgfaltsmaßstäbe (KG VersR 1966, 1036) sowie für Gehilfen, die mit anderen gefahrdrohenden Verrichtungen beschäftigt werden, wie Öllieferanten (OLG Düsseldorf NJW-RR 1991, 1178), Dachdecker in feuergefährdeten Betriebsstellen (OLG Köln VersR 1992, 115), Feuerwerker (RG JW 1913, 737) oder Schaltwärter im Stromschaltwerk (BGH NJW 2003, 288). UU kann weitergehend auch eine Zuverlässigkeitsprüfung zur erforderlichen Sorgfalt zählen.

95 **Die Anforderungen an den Beklagtenvortrag** unterliegen den allgemeinen Regeln zur Substantiierungslast. Der Geschäftsherr muß demgemäß anhand *konkreter Tatsachen* aufzeigen, daß er die erforderliche Sorgfalt beobachtet oder sich eine Sorgfaltspflichtverletzung nicht ausgewirkt habe. Da es um ein konkretes Verschulden und nicht um eine Beurteilung der „allgemeinen Lebensführung" des Geschäftsherrn geht, ist es nicht ausreichend, darauf hinzuweisen, daß die ordentliche Auswahl nach dem Ruf des Geschäfts oder der Bedeutung und dem Ansehen der Behörde selbstverständlich sei (RGZ 87, 1, 4; 159, 283; BGH VersR 1955, 746, 747). Es genügt nicht, pauschal darauf hinzuweisen, der Geschäftsherr habe bei der Auswahl des Verrichtungsgehilfen „größtmögliche Sorgfalt" aufgewandt; dieser habe seine Arbeit „optimal und ohne jede Beanstandung" ausgeführt (BGH NJW 1980, 1901, 1902); der allgemeine Vortrag, „man beschäftige nur erfahrene Mitarbeiter und habe diese während der gesamten Arbeiten sorgfältig überwacht", ist ebenfalls nicht hinreichend bestimmt. Hat der Geschäftsherr bei der Einstellung des Verrichtungsgehilfen unter mehreren Bewerbern ausgewählt, reicht sein Vortrag, der Verrichtungsgehilfe sei der geeignetste unter mehreren Bewerbern gewesen, zur Exculpation nicht aus. Vielmehr muß er auch zur Qualifikation und Erfahrung der übrigen Bewerber substantiiert vortragen (OLG Köln OLGR Köln 2004, 185, 187). Der Geschäftsherr muß den Verrichtungsgehilfen namhaft machen, der den Schaden herbeigeführt hat; lediglich vorzutragen, der eingesetzte (Ersatz-)Mann sei zuverlässig und hinreichend ausgebildet, genügt den zu stellenden Anforderungen nicht (BGH NJW 1968, 247, 248).

β) **Verhältnis von Auswahl und Überwachungspflicht**

96 Während § 831 lediglich von der Auswahlsorgfalt spricht, hat bereits das Reichsgericht angenommen, daß der Geschäftsherr auch für die **Überwachung** der Gehilfen verantwortlich sei. Zu diesem Grundsatz, den auch der BGH anerkannt hat (BGH NJW 1972, 42), gelangt das Reichsgericht dadurch, daß es annimmt, der Sorgfaltsbeweis müsse für die Auswahl zu der schadenbringenden Verrichtung erbracht werden (RGZ 53, 53). Mit anderen Worten versteht das Reichsgericht die Überwachung als „Auswahl in der Zeit". Diese – gedankliche – Unterscheidung der von § 831 normierten Pflichten des Geschäftsherrn wird teilweise noch weiter ausdifferenziert. Als Unterfall der Überwachungspflicht wird eine **Einweisungspflicht** angenommen usw (zur Leitungspflicht nach § 831 Abs 1 S 2 und ihrem Verhältnis zu den hier besprochenen Pflichten unten Rn 107).

Daher ist zu erkennen, daß die „Auswahl" in § 831 *pars pro toto* für einen umfassenden Pflichtenkreis der Verkehrspflichten bei Einschaltung von Verrichtungsgehilfen steht. Eine Beschränkung auf die „Auswahl" ieS ist oftmals, besonders bei länger dauernder Tätigkeit, sinnlos. Die Auswahl läßt sich zwar gedanklich, selten aber sachlich von der Überwachung und Einweisung scharf trennen. Ohne Einweisung und Überwachung kann in vielen Fällen auch die sorgfältige Auswahl nicht befriedigen. Dementsprechend darf auch die Einteilung in die drei genannten Pflichtenkreise nicht zu der Annahme verleiten, es handele sich um eine abschließende Aufzählung aller maßgeblichen Pflichten. Mit Auswahl, Einweisung und Überwachung sollen lediglich die Verkehrspflichten des Geschäftsherrn entsprechend der praktischen Bedeutung kategorisiert werden.

Auswahl-, Einweisungs- und Überwachungspflichten stehen nicht beziehungslos nebeneinander. Verallgemeinernd läßt sich sagen, daß die Überwachungspflichten umso geringer sind, je sorgfältiger und strenger der Gehilfe ausgewählt und eingewiesen wurde. Der Geschäftsherr, der einen makellosen Gehilfen einstellt, dessen Fähigkeiten ihm aussagekräftig bescheinigt wurden, braucht ohne besonderen Anhalt (zB bei hohem Schwierigkeitsgrad der übertragenen Aufgabe) eine besondere Überwachungssorgfalt nicht walten zu lassen. Wer hingegen einen „unsicheren Kandidaten" einstellt, muß das Defizit bei der Auswahl durch erhöhte Überwachungsmaßnahmen ausgleichen. Stellt der Geschäftsherr einen Verrichtungsgehilfen ein, der wegen seiner Vorstrafen als unzuverlässig zu gelten hat, muß er diesen über einen angemessenen Zeitraum hinweg besonders intensiv überwachen. Entsprechend verhält es sich mit der Einweisungspflicht. Unzureichende praktische Erfahrungen können durch eine eindringliche und umfassende Instruktion wettgemacht werden. Und umgekehrt bedarf etwa der berufserfahrene Baggerführer keiner detaillierten Hinweise zur Bedienung seines Geräts.

γ) **Auswirkungen nachträglicher Änderungen auf die Sorgfaltsanforderungen**
Aus dem Vorgenannten ergibt sich zugleich die Möglichkeit einer Art „Heilung" von vorangegangenen Sorgfaltsmängeln, wenn eine längere Beschäftigung und ausreichende Aufsicht bei dem Geschäftsherrn die Überzeugung von der Eignung der Hilfsperson begründen durfte. Bei sorgfaltswidriger Einstellung genügt es zur Entlastung jedoch noch nicht, daß der Geschäftsherr die Hilfsperson täglich mehrfach kontrolliert hat, wenn der Schaden kurze Zeit nach Dienstantritt verursacht wurde, wenn maW die Dauer der Beschäftigung die Überzeugung des Geschäftsherrn von der Eignung des Gehilfen noch nicht begründen konnte (RG JW 1931, 3340; BGH VersR 1963, 1076).

Die Kausalität der Sorgfaltspflichtverletzung ist von der hier behandelten Frage zu trennen. Wer eine unzureichende Auswahl durch besondere Überwachung ausgleicht, der handelt schon nicht sorgfaltswidrig; die Frage des Pflichtwidrigkeitszusammenhangs stellt sich gar nicht erst.

Sind bei der Erkundung Mängel hervorgetreten, aber unberücksichtigt geblieben, oder sind solche Mängel infolge unzulänglicher oder unterbliebener Nachforschung nicht bekannt geworden, so ist es für das Mißlingen des Entlastungsbeweises ohne Bedeutung, ob die spätere Schadenszufügung gerade auf diese Mängel zurückzuführen ist (BGH LM [1950–1965] Nr 6 Fa; VersR 1961, 848). Dieser Grundsatz gilt ebenso bezüglich schuldhaft nicht erkannter Mängel bei der Überwachungspflicht: auch hier braucht sich im Schadensfall nicht derjenige Mangel ausgewirkt zu haben, den der Geschäftsherr schuldhaft nicht beachtet hat (BGH NJW 1978, 1681 betr Krankenhausarzt). Verursacht zB ein Kraftfahrer, bei dessen Einstellung infolge unzulänglicher Erkundigung unbekannt blieb, daß er zu alkoholischen Exzessen neigt, durch verkehrswidriges Verhalten einen Unfall, so ist es ohne Bedeutung, ob er zur Unfallzeit infolge Alkoholgenusses verkehrsuntüchtig war oder ob er sich in nüchternem, verkehrstüchtigem Zustand befand (RG JW 1920, 492; 1934, 2973; s auch RGZ 146, 97).

99 Ebenso wie Bewährung des Gehilfen einerseits ein Auswahlverschulden „heilen", andererseits die Überwachungsanforderungen senken kann, können nachträglich auftretende Zweifel an der Eignung zu einer **Verschärfung** der Sorgfaltspflichten führen. Die Orientierung des Sorgfaltsmaßstabs an der *Verkehrserforderlichkeit* bringt es notwendig mit sich, daß die Verhaltensanforderungen variabel nach Lage des Falls ausgestaltet sind.

Sehr strenge Anforderungen an die Überwachungspflicht sind zu stellen, wenn sich ergibt, daß der zunächst sorgfältig ausgewählte *Gehilfe sich als unzuverlässig erweist.* Erfährt **zum Beispiel** der Geschäftsherr, daß der Baggerführer entgegen einer ihm allgemein erteilten Weisung ohne Führerschein einen für den Verkehr nicht zugelassenen Bagger auf öffentlicher Straße gefahren hat, statt ihn mittels Tiefladers durch einen anderen Fahrer befördern zu lassen, so braucht er ihn zwar nicht schon deshalb aus seiner Stellung zu entfernen. Er muß aber mit besonderer Sorgfalt dafür sorgen, daß sich dies nicht wiederholt, vor allem wenn es sich um einen jugendlichen Verrichtungsgehilfen handelt. Nachdem es sich erwiesen hat, daß dieser nicht so zuverlässig ist, um das Vertrauen, er werde früher erteilte allgemeine Weisungen ohne weiteres befolgen, zu rechtfertigen, genügen weitere Maßnahmen allgemeiner Natur nicht mehr. Nicht ausreichend wären etwa tägliche Besuche des Geschäftsherrn auf der Baustelle oder auf dem Bauhof, um sich im allgemeinen über die Arbeitsweise zu unterrichten. Vielmehr müßte im Einzelfall der Geschäftsherr bei einem neuen Auftrag, der mit einem Transport des Baggers auf öffentlicher Straße verbunden ist, den Baggerführer mindestens nochmals ausdrücklich darauf hinweisen, wie der Transport richtig durchzuführen ist (BGH VersR 1966, 1074; vgl auch RGZ 78, 107; KG DRW 1939, 168; BGH VersR 1955, 746; BGB-RGRK/STEFFEN Rn 43 mwN zur Rspr).

Die Pflicht zu detaillierten Einzelanweisungen ergibt sich auch bei mit Veränderungen verbundener *Erweiterung bisheriger Verrichtungen*, vor allem bei Unterweisungsbedürftigkeit aus Anlaß neuer Techniken, neu erkannter Gefahrenquellen usw (BGH VersR 1978, 722).

Bei *langer Bewährung* eines sorgfältig ausgewählten Fachkundigen können sich hingegen weitere Überwachungsmaßnahmen erübrigen; sie zu fordern, bedeutete eine Überspannung der Anforderungen an die Sorgfaltspflicht (BGHZ 1, 383 betr Chefarzt und Operationsschwester; s auch KG VersR 1968, 286 betr Oberarzt – „hochqualifizierter Wissenschaftler" – einer Universitätsklinik und BGH VRS 69, 403 betr Kraftfahrer). Ebenso darf der Geschäftsherr davon ausgehen, daß ein sorgfältig ausgewählter Gehilfe *einfache Arbeiten* auch ohne Überwachung pünktlich verrichten wird, sofern kein besonderer Anlaß zu Zweifeln an seiner Zuverlässigkeit auftritt (RGZ 53, 53).

δ) Mehrzahl von Gehilfen

100 Sind **mehrere** (gleichrangige) **Gehilfen** an der schadenbringenden Verrichtung beteiligt, so genügt es für eine Haftung aus § 831, wenn die Voraussetzungen hinsichtlich eines Gehilfen erfüllt werden (RGZ 157, 228). Der Verletzte (Kläger) muß weiterhin nur dartun, daß der Schaden durch einen der Verrichtungsgehilfen rechtswidrig verursacht wurde. Der Kläger muß die konkreten Umstände des schädigenden Ereignisses so genau bezeichnen, daß der Geschäftsherr daraus entnehmen kann, wer als Beteiligter in Betracht kommt; den konkreten Schädiger braucht der Geschädigte nicht aufzuzeigen (RGZ 70, 379; 87, 1; 159, 283, 290; RG JW 1933, 824). Für den

Umfang der an den Geschäftsherrn zu stellenden Entlastungsanforderungen kommt es dann auf den Einzelfall an: Sofern der Geschäftsherr den Schädiger nicht identifizieren kann, muß er sich hinsichtlich aller in Betracht kommenden Hilfskräfte entlasten (RGZ 70, 379; 87, 1; RG JW 1914, 759; BGH VersR 1955, 746; 1958, 107; 1967, 1199; 1971, 1021; NJW 1968, 247; 1973, 1603; ERMAN/SCHIEMANN Rn 14). Kann der Geschäftsherr den oder die Verantwortlichen genau aufzeigen, so beschränkt sich seine Entlastungsobliegenheit entsprechend (KUCHINKE, in: FS Laufke 113, 128).

Sofern der Geschäftsherr seine Sorgfaltspflichten auf einen **Zwischengehilfen** delegiert, stellt sich die Frage, ob zu seiner Entlastung die sorgfältige Auswahlüberwachung dieses Mittlers ausreicht (**dezentraler Entlastungsbeweis**, vgl dazu unten Rn 120 ff).

bb) Auswahlsorgfalt

101 Die Auswahlsorgfalt beschreibt diejenigen Verhaltensmaßstäbe, die bei der **Erstübertragung** neuer Aufgaben anzuwenden sind. Sie ist nicht allein bei der Neueinstellung eines Mitarbeiters anzuwenden, sondern auch, wenn einem Verrichtungsgehilfen neue Aufgaben mit anderem Anforderungsprofil erstmals übertragen werden. Die Auswahlsorgfalt ist daher anläßlich der Einführung neuer Techniken anzuwenden, aber auch, wenn lediglich neue Gefahrstellen erkannt werden (BGH VersR 1978, 722).

102 Gegenstand der Auswahl ist die Befähigung des Gehilfen für die zu übernehmende Tätigkeit. Es kommt auf seine Qualifikation an, die Verrichtung ohne Schädigung Dritter auszuführen. Da es um die Schadensvermeidung, nicht um den angemessenen Schadensausgleich geht, kommt jedenfalls *hier* nicht in Betracht, eine Pflicht zur Auswahl eines potenten Schuldners anzunehmen bzw mangels dessen für Versicherungsschutz zu sorgen. Denn damit würde der Bereich des Integritätsschutzes verlassen. Dahinstehen kann an dieser Stelle, ob es eine Pflicht gibt, für einen solventen Schuldner im Rahmen der Übertragung von Verkehrssicherungspflichten zu sorgen (bejahend FUCHS JZ 1994, 533, 536).

Welche Qualifikationen im Einzelfall zu fordern sind, läßt sich nicht abstrakt beschreiben. Das hängt von der Art der zu übertragenden Verrichtung und den sonstigen Sicherungsmaßnahmen ab. Beispielsfälle werden nachfolgend im Zusammenhang mit den einzelnen Auswahlkriterien behandelt (Rn 106).

In jedem Fall obliegt es dem Geschäftsherrn nachzuweisen, welcher Mittel er sich zum Zeitpunkt der Einstellung bedient hat, um eine positive Überzeugung von der Eignung des Verrichtungsgehilfen zu erhalten (RG WarnR 1912 Nr 388).

103 Sofern der Geschäftsherr den Verrichtungsgehilfen nicht bereits aus einer Vorbeschäftigung (etwa Lehre) kennt, ist er in erster Linie darauf angewiesen, **Auskünfte Dritter** einzuholen. Der Wert solcher Drittauskünfte hängt besonders davon ab, auf welcher Grundlage sie erteilt wurden und zu welchem Zeitpunkt. Die sachlichen und zeitlichen Grenzen sind am Einzelfall zu erarbeiten (so darf etwa die ältere Rspr zu der bei Kraftfahrern anzuwendenden Auswahl- und Überwachungssorgfalt nicht ohne weiteres übernommen werden; vor allem ist festzustellen, daß sich die Anforderungen an die Führerscheinprüfung verändert haben und zusätzliche Prüfungen für besondere Kraftfahrzeugarten bestehen; zweifelhaft

RGZ 142, 357, 361 wonach der Geschäftsherr den Personenkraftfahrer dazu anhalten müsse, bei Bahnübergängen besondere Sorgfalt walten zu lassen). Sofern es sich bei der zu übertragenden Tätigkeit nicht lediglich um eine solche von höchst untergeordneter Bedeutung handelt, wird die **Selbstauskunft** des Gehilfen regelmäßig nicht ausreichen. Auf der anderen Seite ist als Minimum der Auswahlsorgfalt die Nachfrage bei dem einzustellenden Gehilfen doch erforderlich.

Amtliche Befähigungsnachweise wie etwa der Führerschein oder die Approbation, die zur Ausübung der fraglichen Verrichtung zwingend *erforderlich* sind, sind stets maßgebliche Auswahlkriterien (RG Recht 1908 Nr 3606; 1913 Nr 940; LZ 1923, 229). *Ausreichend* ist deren Vorlage jedenfalls, wenn – wie etwa bei Rechtsanwälten – eine weitere Kontrolle nicht erwartet wird oder dem Geschäftsherrn nicht möglich ist. Im Regelfall, wenn also keine besonderen Schwierigkeiten die Verrichtung prägen, genügt es den Sorgfaltsanforderungen, wenn der Geschäftsherr sich die entsprechenden Befähigungsnachweise vorlegen läßt (RG Recht 1908 Nr 3606; 1913 Nr 940; LZ 1923, 229). Der Geschäftsherr muß sich dabei die fraglichen Unterlagen selbst vorlegen lassen und darf nicht auf Auskünfte Dritter vertrauen (BGH VersR 1955, 186; Wussow/ Kuntz, Unfallhaftpflichtrecht Rn 368).

Befähigungsnachweise besitzen naturgemäß nur eingeschränkte Aussagekraft. Auch die Vorlage eines Befähigungsnachweises enthebt den Geschäftsherrn daher nicht der Beaufsichtigungs- und Überwachungspflichten hinsichtlich der erforderlichen Sachkunde (OLG Karlsruhe VersR 1989, 1053), besonders wenn es dem Gehilfen an *praktischer Erfahrung* fehlt oder der Befähigungsnachweis schon älter ist und die Prüfungsanforderungen inzwischen gestiegen sind. Ein Befähigungszeugnis berechtigt darüber hinaus nur zu der Annahme, daß die allgemein erforderlichen *Grundkenntnisse* vorliegen, nicht auch daß der Inhaber besonderen, schwierigen Aufgaben gewachsen sei. Da die einschlägigen Befähigungsnachweise sich regelmäßig auf einen bestimmten *Zeitpunkt* beziehen, können sie einen Nachweis der Sachkunde dann nicht ausreichend erbringen, wenn eine Einweisung hinsichtlich zwischenzeitlicher Entwicklungen nicht erfolgt ist (BGH VersR 1960, 19). Praktisch wird das etwa, wenn eine approbierte Pharmazeutin wegen zwischenzeitlicher Kindererziehung nach mehreren Jahren erstmals als Apothekerin tätig wird.

Zeugnisse früherer Dienstherren können unter Berücksichtigung der ihnen eigenen Grenzen zur Eignungsprüfung herangezogen werden (RG JW 1921, 526). Als Eignungsnachweis sind sie jedoch nur in Ausnahmefällen (RG VR 1939, 1295) geeignet, da in Zeugnissen negative Tatsachen oftmals nicht direkt ausgesprochen werden oder unerwähnt bleiben. Umstritten ist, ob Erkundigungen bei einem früheren Arbeitgeber, vor allem die Einsicht in Personalakten verlangt werden kann, wie das noch das Reichsgericht annahm (RG Recht 1912 Nr 57; 1913 Nr 1139; DRiZ 1929 Nr 251, 1062; JW 1931, 3340). Auszugehen ist davon, daß nach wohl herrschender Meinung der frühere Arbeitgeber berechtigt und auf Wunsch des Arbeitnehmers auch verpflichtet ist, dem prospektiven neuen Arbeitgeber Auskünfte zu erteilen (MünchArbR/Wank [2000] § 128 Rn 57 ff); sofern dem Geschäftsherrn nach der Durchsicht eines Zeugnisses Zweifel an der Eignung des Gehilfen bleiben oder ein Zeugnis völlig fehlt, ist er auf diese – nächstliegende – Möglichkeit der Eignungsprüfung zu verweisen. Sofern in diesem Zusammenhang der Persönlichkeitsschutz des Arbeitnehmers berührt wird, ist der Geschäftsherr verpflichtet, den prospektiven Gehilfen in Kenntnis zu setzen und um Zustimmung zur Auskunftserteilung zu ersuchen. Lehnt der Gehilfe das ab, so obliegt es der Entscheidung des Geschäftsherrn, von der Einschaltung dieses Gehilfen abzusehen oder sie unter Anwendung besonderer Überwachungsmaßnahmen gleichwohl vorzunehmen.

Sofern der betreffende Gehilfe von dritter Stelle **vermittelt** wurde, enthebt das den Geschäftsherrn nicht von der Beobachtung der Auswahlsorgfalt. Ausnahmsweise kann eine *bindende behördliche Zuweisung* von Arbeitskräften für eine bestimmte Verrichtung bewirken, daß eine weitere Prüfung seitens des Arbeitgebers nicht erforderlich ist (LG Berlin VersR 1956, 230; Wussow/Kuntz, Unfallhaftpflichtrecht Rn 361); auch in diesem Fall trifft jedoch den Geschäftsherrn die Überwachungs- und Einweisungspflicht (BGH JZ 1983, 764 m Anm Papier JZ 1983, 766, 767). Selbst wenn eine echte *Auswahl* zwischen mehreren Gehilfen nicht besteht, bleibt der Geschäftsherr an die Auswahlpflichten gebunden. Arbeitskräfteknappheit reduziert den Sorgfaltsmaßstab nicht. Wählt er in dieser Situation einen nicht voll geeigneten oder unzureichend überprüften Gehilfen, so wirkt sich auch das wieder auf den Maßstab der Überwachungssorgfalt aus.

Die Vorlage eines **polizeilichen Führungszeugnisses** ist zu fordern, wenn andere Informationsquellen nicht offenstehen. Vor allem kommt das in Betracht, wenn der prospektive Gehilfe bislang einer selbständigen Tätigkeit nachgegangen ist (BGH VersR 1966, 929). Weiterhin ist die Einholung von tätigkeitsspezifischen Informationen bezüglich Vorstrafen nicht nur (arbeits-)rechtlich zulässig, der Geschäftsherr ist dazu auch verpflichtet. Nach dem Grundsatz der Einheit der Rechtsordnung kann darüber hinaus nicht zweifelhaft sein, daß der Geschäftsherr nur insoweit zur Erkundigung verpflichtet sein kann, wie er dazu gegenüber dem einzustellenden Gehilfen berechtigt ist. Divergenzen zwischen Arbeitsrecht und Deliktsrecht dürfen dabei nicht auftreten. Soweit deliktsrechtlich die Überprüfung auch auf „nicht einschlägige" Vorstrafen hin gefordert wird, ist diese Terminologie schief. „Tätigkeitsspezifisch" und damit arbeitsrechtlich zulässig können nämlich auch solche Vorstrafen sein, die zwar mit der auszuübenden Tätigkeit konkret nichts zu tun haben, die jedoch Mängel in der *erforderlichen* charakterlichen Eignung aufweisen. Auch hinsichtlich der Vorstrafen muß die Verweigerung der Auskunft durch den einzustellenden Gehilfen Zweifel an der Eignung wecken.

Eine **Zuverlässigkeitsprüfung**, welche über die Nachprüfung hinausgeht, ob der Gehilfe die erforderlichen technischen Fähigkeiten, Sachkunde und Geschicklichkeit, die Vertrautheit mit den einschlägigen Vorschriften usw besitzt, kann erforderlich werden, wenn der Gehilfe mit der Ausführung höherer Verrichtungen betraut wird. Diese Zuverlässigkeitsprüfung erstreckt sich auf die Vergewisserung darüber, ob der Gehilfe für eine gewissenhafte Ausführung der Verrichtung die nötigen sittlichen, moralischen und charakterlichen Eigenschaften (Besonnenheit, Gewissenhaftigkeit, Verantwortungsbewußtsein, bei Jugendlichen auch die Reife) besitzt, die ihn vor leichtfertiger Gefährdung fremder Schutzgüter bewahrt (BGH VersR 1957, 463). Namentlich bei *Kraftfahrern* ist zu prüfen, ob der Gehilfe bei der Berufsausübung zu Alkoholkonsum neigt (BGH VersR 1967, 53). Die mangelnde Zuverlässigkeit des Gehilfen kann sich aus Vorstrafen ergeben, sofern diese einen Rückschluß zulassen, ob dem Betreffenden die für eine einwandfreie Leistung erforderlichen charakterlichen und anderen Eigenschaften fehlen: Die starke Neigung zu Straftaten gegen das

Vermögen und entsprechende einschlägige Vorstrafen lassen einen Mitarbeiter als Geschäftsführer eines Maklergeschäfts ungeeignet erscheinen (BGH NJW 1970, 1314); Vorstrafen wegen Verkehrsdelikten und Körperverletzung führen bei einem Planierraupenführer zu Zweifeln an der Zuverlässigkeit (BGH VersR 1963, 1076). Die charakterliche Unzuverlässigkeit kann sich auch aus für die Verrichtung nicht *einschlägigen Vorstrafen* ergeben, wie aus einer Bestrafung wegen Meineids oder anderer schwerer Straftaten (RG JW 1931, 3340, 3343; 1932, 2393). So hat der BGH einen Lastzugführer, der wegen Diebstahls, Urkundenfälschung, Untreue und mehrfachen Fahrens mit nicht zugelassenen oder nicht haftpflichtversicherten Fahrzeugen vorbestraft war, für diesen Beruf für ungeeignet gehalten, da sich aus den Vorstrafen ein Mangel an Verantwortungsgefühl ergebe (BGH VersR 1966, 929). Hält der Geschäftsherr trotz der bei Erkundigung erlangten Kenntnis mangelnder Zuverlässigkeit des Gehilfen eine Einstellung für vertretbar oder erforderlich, so bedarf es jedenfalls einer ganz besonders sorgfältigen Überwachung und fortlaufender Kontrolle.

cc) Übertragungssorgfalt

104 Gedanklich läßt sich von der Auswahlsorgfalt die Übertragungssorgfalt trennen, welche vor allem die Pflicht zur **Einweisung** in die zu übernehmende Tätigkeit umfaßt. Diese Einweisung ist im Regelfall bereits von der Auswahl erfaßt, denn ohne eine Einweisung in die zu übernehmende Tätigkeit läßt sich die Qualifikation des Bewerbers nicht sinnvoll überprüfen. Auch über die Übertragungssorgfalt lassen sich nur allgemeine Angaben machen, sie ist *dynamisch*, maßgebend ist letztlich der Einzelfall. Unverzichtbar werden in den meisten Fällen grundsätzliche Verhaltensunterweisungen sein. Auf die üblichen Gefahrsituationen muß der Geschäftsherr hinweisen (BGH VersR 1966, 387); ebenso wie die allgemeine Auswahl, hat auch die Einweisung in der Überprüfungssorgfalt ein Korrelat bei längerdauernder Verrichtungstätigkeit: Der Geschäftsherr muß sich uU von der Einhaltung seiner Anweisungen vor Ort überzeugen (OLG Düsseldorf BauR 1993, 233). Die bei der Übertragung zu beachtende Sorgfalt gebietet es zum Beispiel, den Tankkraftfahrer, der auch mit dem Betanken von Ölheizungsanlagen betraut wird, über die üblichen technischen Einrichtungen der in Betracht kommenden Tankanlagen zu unterrichten und darüber, wie der Abfüllvorgang zu überwachen ist (BGH NJW 1972, 42; 1978, 1576; MDR 1982, 733 Instruktionspflicht).

Wie bei den sonstigen Verkehrspflichten richtet sich der Umfang der zu beobachtenden Sorgfalt vor allem auch danach, welche Erwartungen der Geschäftsherr an den Gehilfen stellen darf und welche Verletzungsrisiken die übertragene Tätigkeit mit sich bringt. Eine Verrichtung, die hohe Verletzungsrisiken birgt, erfordert entsprechend detaillierte Einweisung (RGZ 120, 154, 161; 128, 149, 153; BGH VersR 1954, 414; 1955, 746; OLG Koblenz VRS 1972, 466; OLG Köln NJW 1987, 2302). So kann es erforderlich sein, Personenkraftfahrer auf besondere Gefahrensituationen nachdrücklich hinzuweisen (RGZ 142, 356, 361 f; die Entscheidung dürfte freilich in ihrer *konkreten* Aussage heute überholt sein).

dd) Überwachungssorgfalt
α) Grundlagen

105 Bereits das Reichsgericht hat von der Auswahlsorgfalt, die § 831 Abs 1 S 2 erwähnt, die Überwachungssorgfalt unterschieden. Diese hat es nicht in Analogie zu der Vorschrift entwickelt, sondern aus dem Grundsatz, daß es für die Beurteilung der

Sorgfaltspflichtverletzung auf den Verletzungszeitpunkt ankomme. Überwachung ist damit gleichsam als *„Auswahl in der Zeit"* herausgebildet worden (RGZ 78, 109 f; 79, 106, 109; 87, 1, 4; 136, 4, 11; JW 1928, 1046 f; BGH NJW 1972, 42; 1977, 2259 f; 1986, 776 f; 1989, 769, 771; anders noch RGZ 53, 53). Der Geschäftsherr kann sich mit anderen Worten nicht schon durch die sorgfältige Auswahl (bei der Einstellung) entlasten, „nur ein wohl beaufsichtigtes und überwachtes Personal darf als wohl ausgewählt gelten" (RGZ 79, 101; 128, 140, 153; BGH VersR 1966, 1074; KG VersR 1966, 1036; OLG Celle VRS 1978, 171). Demgemäß ist der Geschäftsherr bei längerer Dauer der Anstellung verpflichtet, sich über die allgemeine Dienstführung seines Angestellten so planvoll auf dem Laufenden zu halten, daß er keinen Anlaß hat, an der (fort-)bestehenden Eignung für die aufgetragene Verrichtung zu zweifeln (BGHZ 8, 239, 243).

β) **Einzelfälle**
Es richtet sich jeweils nach den Umständen des Einzelfalls, welche Anforderungen an die Überwachungssorgfalt zu stellen sind (BGH VersR 1966, 364). Dabei ist immer die Person des Gehilfen und die Art seiner Tätigkeit zu beachten. So sind Gehilfen, deren Tätigkeit mit Gefahren für Leib und Leben anderer verbunden ist, besonders aufmerksam zu überwachen (BGH NJW 2003, 288, 290). Wenn keine Anhaltspunkte für eine etwaige Unzuverlässigkeit des Gehilfen vorliegen, genügt die regelmäßige und unauffällige Kontrolle desselben (RGZ 142, 356).

Kraftfahrer: Die Überwachungssorgfalt bei angestellten Kraftfahrern hat sich nicht **106** nur auf die **fachliche**, sondern auch auf die **charakterliche Eignung** zum Führen von Kraftfahrzeugen zu erstrecken (BGHZ 8, 239). Die Eignung eines Kraftfahrers kann nicht allein aus der Tatsache abgeleitet werden, daß er einen Führerschein erhalten hat, vielmehr bedarf es der **regelmäßigen Kontrolle** und **Anweisungen** (RGZ 142, 356 auch bzgl des Verhaltens an Bahnübergängen). Insbesondere bei Lastkraftfahrern ist eine charakterliche Überprüfung geboten, vor allem bei einem mehrfach vorbestraften Fahrer (BGH VersR 1966, 929), zumal von Lastzügen im Vergleich zu Personenkraftwagen eine erhöhte Gefahr für Dritte ausgeht. Beim Einsatz von Müllwagen muß der Geschäftsherr auf das Verantwortungsgefühl des Fahrers achten und auf die erheblichen Gefahren der Tätigkeit am Wagen hinweisen, sowie das Personal laufend auf seine Eignung überprüfen (OLG Düsseldorf VersR 1971, 573). Sofern kein besonderer Anlaß besteht, muß der Halter eines Traktors den Fahrer nicht darauf hinweisen, daß er sein Fahrzeug selbst zu führen hat und nicht Dritten überlassen darf (RGZ 158, 352). Es genügt nicht, sich auf die über den Fahrer eingeholten Auskünfte zu verlassen (RGZ 136, 11). Als Entlastung genügt nicht der Nachweis, der Führer habe sich von Jugend auf mit den Verrichtungen bei der Lenkung von Kfz vertraut gemacht, sei bisher unfallfrei gefahren und habe schon öfter mit Eisenträgern beladene LKW gelenkt (BGH VersR 1961, 447). Hat ein Fahrer bereits Unfälle verursacht, sind sogar zusätzliche Kontrollen erforderlich (BGHZ 8, 239).

Zur Entlastung des Geschäftsherrn ist daher neben dem Nachweis der sorgfältigen Auswahl bei der früheren Einstellung auch der Nachweis erforderlich, daß der Unternehmer den Fahrer während seiner bisherigen Tätigkeit überwacht und dieser keinen Anlaß gegeben hat, an seiner Eignung zu zweifeln (RGZ 128, 150; 136, 4; 142, 356; BGHZ 8, 239). An die planmäßige und dauernde Beaufsichtigung ist ein **strenger Maßstab** anzulegen (RGZ 120, 161; 128, 153; 142, 356; 158, 352; BGH VersR 1965, 473), vor allem, wenn der Fahrer erst 22 Jahre alt ist und über nur 10 Monate Fahrpraxis verfügt (RGZ 135, 156) oder zuvor einen anderen Beruf ausgeübt hat (OLG Celle VersR 1977, 84). Dabei kann die laufende Überwachung auch durch verschiedene Vorgesetzte vorgenommen werden (BGH VersR 1963, 239 [Krankentransporter]). Die Überwachung darf aber nicht bloß flüchtig erfolgen, so durch zufällig gleiches Abfahren vom Hof hinsichtlich eines LKW-Fahrers mit gefährlichen Walzentransporten (BGH VersR 1970, 284) oder bei zufälligem Antreffen auf der Autobahn (BGH VersR 1961, 330). Statt dessen ist die Überwachung unauffällig vorzunehmen, etwa durch unbemerktes Hinterherfahren oder durch so häufiges Mitfahren des Vorgesetzten, daß es nicht mehr als Kontrolle empfunden wird (BGH VersR 1966, 364; 1984, 67). Bei Spezialtransportern sind auch bzgl der Befestigung verladener Maschinen **Stichproben** durchzuführen (BGH VersR 1970, 318). Nicht erforderlich ist dagegen, einen Fahrer über das Einstellungsverfahren hinaus auch weiterhin auf seine **körperliche Eignung** untersuchen zu lassen (LG Baden-Baden VersR 1972, 163), außer bei gesetzlichen Vorgaben oder bei konkreten Zweifeln des Geschäftsherrn (BGH NJW 1964, 2401).

Unterschiedliche Anforderungen müssen im Hinblick auf **Tätigkeiten im inner- und außerbetrieblichen Bereich** gestellt werden. Im innerbetrieblichen Bereich (zB für die Tätigkeit eines Gabelstaplerfahrers – OLG Düsseldorf NZV 2002, 91) gelten verminderte Anforderungen an die Überwachungspflicht, da sich innerbetriebliche Tätigkeiten unter den Augen des Geschäftsherrn und der anderen Mitarbeiter abspielen, so daß besonders angesetzte Überwachungsmaßnahmen entbehrlich sind. Es reicht hingegen nicht, wenn der Fahrer eines mit einem Schwenkkran ausgerüsteten LKW bei der Bedienung des Kranwagens auf dem Betriebsgelände unter Aufsicht steht, nicht aber bei Fahrten außerhalb des Betriebsgeländes, wo der Unfall geschieht (OLG Düsseldorf NJW-RR 2002, 1678, 1679).

Die Aufsichtspflicht erstreckt sich auch darauf zu verhindern, daß der Führer das Fahrzeug zu **Schwarzfahrten** mißbraucht (RGZ 119, 58), da diese Versuchung regelmäßig selbst bei erfahrenen Fahrzeugführern besteht, denen eine große Freiheit eingeräumt wird. Hierbei ist die größte Aufmerksamkeit zu verlangen, zumal bei Schwarzfahrten die Kfz-Führer öfter die verkehrserforderliche Sorgfalt außer acht lassen und damit die Betriebsgefahr erhöhen (RGZ 119, 347).

Allerdings dürfen die Anforderungen an die den Geschäftsherrn treffenden Überwachungspflichten **nicht überspannt** werden (BGH VersR 1983, 668; BGH Zfsch 1986, 37: Planmäßigkeit, Überwachungskonzept und eine Regelmäßigkeit der Überwachung sind nicht erforderlich), ein Fahrer ist nicht immer unauffällig zu überwachen und unvermutet zu kontrollieren (BGH LM Nr 8; VersR 1960, 473). Es gibt **keine starre Regel**; ist ein Fahrer nach sorgfältiger Überprüfung eingestellt worden, scheitert der Entlastungsbeweis nicht schon am Fehlen einer unerwarteten Prüfung (BGH VersR 1958, 29; VersR 1960, 473). Öfteres Mitfahren des Dienstherrn genügt, wenn auch unauffällige Kontrollen, etwa durch unbemerktes Hinterherfahren häufig erforderlich erscheinen (BGH VersR 1955, 745; VersR 1966, 364). Bei längerer unfallfreier Tätigkeit kann der Geschäftsherr die Fahrerqualität nicht nur durch seinen persönlichen Eindruck, sondern auch durch die Auswertung des Fahrtenschreibers bewerten (BGH VersR 1984, 67; anders BGH VersR 1961, 330, wonach ein Fahrtenschreiber einem anderen Zweck dient).

Auch ist zur **Entlastung** zu berücksichtigen, wenn sich ein Fahrer bei Nottransporten des Roten Kreuzes bewährt hat und sodann einen Lieferwagen neun Jahre unfallfrei gefahren hat. Wenn der Geschäftsherr gelegentlich mitfährt und sich auch von anderem Personal berichten läßt, muß er einen solchen Fahrer nicht noch unauffällig beobachten (BGH VersR 1965, 473). Der Entlastungsbeweis kann auch darauf gestützt werden, daß der Arbeitgeber dem Fahrer nach längerer Tätigkeit den Erwerb des Führerscheins Klasse 2 zum Führen schwerer Lastzüge des Betriebs finanziert hat. Daraus ist zu entnehmen, daß er sich von dessen Besonnenheit und zuverlässiger Fahrweise überzeugt hat, insoweit sind anschließende sporadische Kontrollen ausreichend (KG VerkMitt 1995 Nr 54).

Je nach Fahrzeugtyp können **besondere Anforderungen** bestehen, zB für Bagger (KG VersR 1967, 560: vor allem bzgl des Verbots der Benutzung öffentlicher Verkehrswege); Fahrschulwagen (KG NZV 1989, 150); Krankentransporte (BGH VersR 1963, 239); Müllwagen (OLG Düsseldorf VersR 1971, 573); Omnibusse (BGH VersR 1970, 327); Pferdefuhrwerke (BGH VersR 1965, 37); Schulbusse (OLG Karlsruhe VersR 2000, 863); schwere Lastzüge (KG VerkMitt 1995 Nr 54); Spezialfahrzeuge (OLG Celle VersR 1975, 572); Spezialtransporte (BGH VersR 1970, 318); Taxis im großstädtischen Verkehr (BGH VersR 1965, 290); Trekker (BGH VersR 1969, 906).

Entsprechendes gilt für den **Schienenverkehr** zB für Straßenbahnführer (BGHZ 24, 21); Triebwagenführer (BGH VersR 1978, 1163 mwN) und sonstige mit der Personen- und Güterbeförderung beauftragte Personen (vgl dazu BGB-RGRK/STEFFEN Rn 44). Ist eine Überwachung durch Mitfahren des Arbeitgebers oder durch einen Vertreter nicht möglich, sind stichprobenweise durchgeführte **verdeckte Kontrollfahrten** ein geeignetes Überwachungsmittel (KG NZV 2003, 416, 418).

Krankenhaus: Bezüglich der Aufsicht über **angestellte Ärzte in leitender Position** hatte die Rspr ursprünglich einen großzügigen Maßstab angelegt. Sofern eine langjährige pflichtgemäße Durchführung der übertragenen Aufgaben durch den Arzt gegeben war, wurde ein weiterer Entlastungsbeweis iSd § 831 durch den Geschäftsherrn für nicht zumutbar gehalten (BGHZ 71, 383 betr Chefarzt und Operationsschwester; BGHZ 4, 138 betr Leiter einer chirurgischen Abteilung; BGH LM Nr 1 zu § 831 [Fc] BGB betr leitenden Arzt in einem Hygieneinstitut). Diese Sichtweise wird seit der Entscheidung BGHZ 77, 74 (= NJW 1980, 1901) nicht mehr in vollem Umfang aufrechterhalten. Danach ist ein leitender Arzt entweder verfassungsmäßig bestelltes Organ (§§ 31, 89) des Krankenhausträgers oder aber dessen Verrichtungsgehilfe. Die Unterscheidung ist danach zu treffen, ob der Arzt in seiner konkreten Position weisungsgebunden ist und fachlicher Aufsicht unterliegt oder nicht, was sich etwa aus einer im Krankenhaus geltenden, die interne Organisation regelnden Dienstanweisung ergeben kann. Liegt dienstliche Weisungs- und Aufsichtsgebundenheit vor, so ist der Arzt Verrichtungsgehilfe und unterliegt dann auch der laufenden allgemeinen Pflicht zur Überwachung seiner Tätigkeit (BGHZ 77, 74, 78). Anderenfalls bestünde die Gefahr, daß sich der Krankenhausträger der Verantwortung für den Arzt dadurch entzieht, daß er ihn einerseits von jeder sachlichen Einflußnahme freistellt und damit die Anwendung des § 831 ausschließt, andererseits den Arzt aber auch nicht zum verfassungsmäßigen Vertreter iSd §§ 30, 31 bestellt (BGHZ 77, 74, 77; vgl auch OLG Bamberg VersR 1994, 813). Die damit bei Weisungsgebundenheit des Arztes grundsätzlich bestehende Pflicht zu seiner Beaufsichtigung und Kontrolle kann sich aber bei langjähriger Zuverlässigkeit, für deren Fortbestehen die Lebenserfahrung spricht, auf die Prüfung beschränken, daß diese Zuverlässigkeit nicht durch nachfolgende

Entwicklungen (Krankheiten, außerdienstliche Einflüsse und Belastungen) gemindert wird (OLG Köln VersR 1989, 708; wohl auch OLG Bamberg VersR 1994, 813). Diese Kontrolle soll schon durch die Teilnahme des Arztes am Dienst im Krankenhaus gewährleistet sein, da im Rahmen einer arbeitsteiligen Patientenversorgung – vor allem bei großen Operationen – ein Arzt der hinreichenden Kontrolle seiner Arbeit durch Kollegen und sonstiges Personal unterliege (OLG Köln VersR 1989, 708 für einen Chirurgen). Mit dieser großzügigen Handhabung der Überwachungspflicht nähert sich das OLG Köln aaO der früheren BGH-Rspr an, wonach eine neben den regulären Dienstbetrieb tretende Kontrolle nicht erforderlich war. Ist die fachliche Überwachung eines Arztes nicht mehr möglich, weil er aufgrund seiner Ausbildung besser qualifiziert ist als die für ihn zuständige Kontrollinstanz, so entlastet dieser Umstand den Krankenhausträger nicht. Es bleibt dann bei der Haftung aus § 831 Abs 1 S 1, da es sich um einen Fall der Nichterbringung des Entlastungsbeweises handelt, der sich nach der gesetzlichen Wertung zulasten des Geschäftsherrn auswirken muß (OLG Bamberg VersR 1994, 813).

Naturgemäß bestehen für die Tätigkeit von weniger erfahrenen **Assistenzärzten** strengere Überwachungsmaßstäbe. Hier ist zunächst zu prüfen, ob der Arzt über das für die *spezielle übertragene Aufgabe* erforderliche Maß an Wissen und Erfahrung verfügt (BGH NJW 1978, 1681; vgl auch BGH NJW 1988, 2298). Werden dienstliche Anweisungen erteilt, so ist zumindest in der Anfangszeit regelmäßig deren Einhaltung durch den Assistenzarzt zu kontrollieren (BGH NJW 1988, 2298). In diesem Zusammenhang hat der Krankenhausträger die Pflicht zu überwachen, ob der Arzt im gebotenen Umfang der Pflicht zur Aufklärung der Patienten über die Risiken der geplanten Behandlung nachkommt (BGH NJW 1956, 1106). Dazu ist es nicht ausreichend, wenn der Chefarzt in schwierigen Fällen floskelhaft auf das Risiko einer Operation hinweist und die Patienten im übrigen nur fragt, ob sie die vom Stationsarzt gegebene ausführliche Aufklärung verstanden haben, nicht aber kontrolliert hat, ob diese Aufklärung in der angeordneten Form und mit entsprechendem Inhalt überhaupt durchgeführt wurde (OLG Köln NJW 1987, 2302). Darüber hinaus ist zu prüfen, ob der Verrichtungsgehilfe *allgemein* die erforderliche fachliche und charakterliche Qualifikation besitzt (BGH NJW 1978, 1681, wo diese Qualifikation in Frage gestellt wird, weil der Assistenzarzt bei einer Entbindung einen nicht durch den Arztkittel abgedeckten Shetland-Pullover trug). Besonderheiten gelten bei der sog Anfängeroperation. Hier muß der Krankenhausträger zwar nicht unbedingt den Patienten darauf hinweisen, daß die angesetzte Operation durch einen unerfahrenen Assistenzarzt durchgeführt werden soll (BGH NJW 1984, 655 mAnm DEUTSCH 650). Er muß aber eine zusätzliche Gefährdung des Patienten dadurch vermeiden, daß er sich besonders gründlich der theoretischen Kenntnisse und praktischen Fähigkeiten des Assistenten vergewissert, derer es zur Durchführung der in Rede stehenden Operation bedarf. Erforderlichenfalls ist eine zusätzliche Unterweisung und Belehrung bezüglich der anatomischen Gegebenheiten der Operation, ihrer besonderen Risiken und deren Vermeidung durchzuführen. Generell ist die Überlassung einer Operation erst nach einer hinreichenden Zahl von Operationsassistenzen und anfänglich auch nur unter fachkundiger Überwachung zulässig (BGH NJW 1984, 655 mAnm DEUTSCH 650; OLG München OLGR München 2003, 101). Der Umfang der Aufsichtspflicht vermindert sich bei einem langjährig bewährten Assistenzarzt, der am Ende seiner Facharztausbildung steht, deutlich (BGH VersR 1989, 1270).

Bei selbständigen Tätigkeiten von **Krankenschwestern, Arzthelferinnen und anderem medizinischen Hilfspersonal** ist zunächst zu fragen, ob nicht schon in der Übertragung der Tätigkeit auf das Hilfspersonal ein eigener Behandlungsfehler des Arztes liegt. Diese Frage, die sich in der Praxis vor allem bei der Verabreichung von Injektionen und der selbständigen Bedienung von Geräten durch medizinisches Hilfspersonal stellt, wurde in der früheren Rspr nicht einheitlich beurteilt (offengelassen von BGH NJW 1959, 2302; VersR 1960, 19; weitere Nachweise bei BGH NJW 1979, 1935 mAnm RIEGER; OLG Köln VersR 1988, 44). Heute ist von der grundsätzlichen Zulässigkeit der Übertragung bei der Verabreichung von Injektionen auszugehen, soweit es sich um qualifiziertes Hilfspersonal handelt (nicht: ein Medizinstudent im 3. Semester, der im Rahmen seines Studiums den vorgeschriebenen Pflegedienst im Krankenhaus ableistet, OLG Köln VersR 1988, 44), das besonders angewiesen und belehrt wurde und daneben kontinuierlich überwacht wird (LG Berlin NJW-RR 1994, 801; in diese Richtung schon BGH NJW 1959, 2302 für besonders problemträchtige Injektionen bei Kindern; BGH VersR 1960, 19; näher zur Zulässigkeit der Übertragung bei der Verabreichung von Injektionen RIEGER NJW 1979, 1936). Das gilt aber nur, solange nicht wegen der Art der Erkrankung und der Lokalisation der Spritze besondere Komplikationen drohen (LG Berlin NJW-RR 1994, 801). Entsprechende Überwachungspflichten gelten auch bei der Bedienung medizinischer Apparate durch Hilfspersonal (RG JW 1935, 354 betr Röntgenapparat; BGH VersR 1960, 371 betr elektrisches Messer).

Auch **Hebammen** können – abhängig von ihrer Weisungsgebundenheit in der jeweiligen Stellung – von § 831 erfaßt sein. Ist das der Fall, so sind auch sie planmäßig und dauerhaft zu überwachen (BGH VersR 1964, 948, wo eine erhöhte Überwachungspflicht aufgrund des fortgeschrittenen Alters der Hebamme – 68 Jahre – gefordert wird). Der Träger eines Belegkrankenhauses hat zB für die Fehler einer bei ihm angestellten Hebamme nach § 831 Abs 1 einzustehen, solange diese nicht wegen einer besonderen ärztlichen Weisungskompetenz oder der Übernahme der Geburtsleitung durch den Belegarzt diesem zugerechnet werden können (BGH NJW 2000, 2737; BGH VersR 1995, 706 zum Fall der Geburtsleitung durch den Belegarzt statt der Hebamme). Im Regelfall wird aber von einer deutlichen Trennung der Aufgabenbereiche von ärztlicher Tätigkeit und den Aufgaben einer Hebamme auszugehen sein, so daß Hebammen häufig nicht als Verrichtungsgehilfen zu betrachten sein werden (vgl BGH VersR 1966, 580).

Sonstige Fälle: Im Rahmen seiner Verkehrssicherungspflicht ist ein Hauseigentümer gehalten, die Tätigkeit eines von ihm beauftragten Hausverwalters hinsichtlich der verschiedenen Tätigkeiten in geeigneter Weise zu überwachen (BGH VersR 1967, 877). Ein Unternehmer, der auf einem fremden Grundstück eine nicht unbeträchtliche Anzahl von Arbeitern für eine nicht unerhebliche Zeit beschäftigt, ist, wenn die Gefahr planmäßiger Diebstähle auf dem Grundstück des Auftraggebers durch seine Arbeiter erkennbar ist, verpflichtet, entsprechende Überwachungsmaßnahmen zu ergreifen (BGHZ 11, 151). Die Überwachungspflicht des Geschäftsherrn umfaßt bei der Einführung neuer Arbeitsvorgänge auch eine entsprechende Schulung des Personals. So muß zB die Forstverwaltung ihre Bediensteten über die Wirkungsweise und Anwendung chemischer Unkrautbekämpfungsmittel in der Weise unterrichten, daß sie über deren Einsatz verantwortlich entscheiden können (OLG Karlsruhe MDR 1972, 144). Delegiert der Forsteigentümer eines an einer öffentlichen Straße belegenen Forstes seine ihm obliegenden Verkehrssicherungspflichten (Schutz gegen Windbruch, jährlich zweimal durchzuführende Sichtprüfung) auf einen angestellten

Revierleiter, muß er durch geeignete Auswahl und Überwachung des Revierleiters sicherstellen, daß dieser die Verkehrspflichten erfüllt (LG Arnsberg AUR 2007, 27). Werden Elektrokabel mit einer Fräsmaschine in den Boden eingepflügt, so muß der Bauleiter zumindest Verlegungspläne lesen und diese bei den Arbeiten heranziehen können (OLG Braunschweig VersR 1999, 502). Wegen ungenügender Überwachung der beauftragten Personen haftet der Unternehmer von Abflußreinigungsarbeiten für ein durch die Verschmutzung eines fließenden Gewässers mit Fettabfällen hervorgerufenes Fischsterben. Auch wenn der Vorarbeiter Fachmann war und bisher keinen Anlaß zu Beanstandungen gegeben hat, durfte der Unternehmer unter den besonderen Verhältnissen nicht darauf vertrauen, daß seine Arbeiter nicht der Versuchung unterlagen, den Abraum in den nahe gelegenen Bach zu schütten. Er hätte seine Leute ausdrücklich auf die Möglichkeit der Verschmutzung aufmerksam machen und sie vor deren Folgen warnen müssen (BGH VersR 1965, 183, 185; zur Haftung einer Agrargenossenschaft für ein von ihrem Beauftragten durch fahrlässiges Einleiten von Pestiziden verursachtes Fischsterben vgl OLG Thüringen OLG-NL 2005, 217). Überträgt der Anlieger seine Streupflicht auf einen Gehilfen, sind wegen der besonderen Gefährlichkeit von Glatteis an dessen Überwachung strenge Anforderungen zu stellen (OLG Frankfurt VersR 1985, 768; s auch BGH BB 1957, 15). So ist es zB nicht ausreichend, wenn ein Hauseigentümer, der die Wahrnehmung der Streupflicht vor seinem Haus auf den dortigen Hausmeister überträgt, mit seinem PKW an dem Haus vorbeifährt, denn im Vorbeifahren sind gefährliche Stellen nicht zu erkennen. Eine telefonische Nachfrage, ob gestreut worden ist, genügt der Überwachungspflicht ebenfalls nicht. Es sind vielmehr fortdauernde unerwartete und genaue Kontrollen notwendig (OLG Celle VersR 1990, 169). Die Überwachung von Dachdeckern, die an feuergefährdeten Betriebsstätten arbeiten, erfordert, daß der Geschäftsherr genau prüft, ob die Sicherheitsvorkehrungen beachtet werden. Er muß deren Beachtung anordnen und die Durchführung seiner Anordnungen sicherstellen (OLG Köln VersR 1992, 115). Der Geschäftsherr genügt seiner Überwachungspflicht nach § 831 nicht schon dadurch, daß er den Verrichtungsgehilfen regelmäßig auf die Notwendigkeit der Beachtung von Unfallverhütungsvorschriften hinweist. Er muß sich durch Kontrollen vor Ort vielmehr davon überzeugen, daß die Unfallverhütungsvorschriften auch tatsächlich eingehalten werden (OLG Düsseldorf BauR 1993, 233).

ee) Leitungssorgfalt

107 Die Pflicht zur Beobachtung der Leitungssorgfalt, die in § 831 Abs 1 S 2 gesondert ausgewiesen ist, unterscheidet sich von den anderen bislang erörterten Pflichten dadurch, daß sie nach dem Wortlaut des Gesetzes nur in *besonderen Fällen* Anwendung findet. Sie ist aus diesem Grunde gedanklich und terminologisch von den übrigen Pflichten zu unterscheiden und vor allem nicht mit der Pflicht zur Übertragungs- und Überwachungssorgfalt zu vermengen. Will man dem im Gesetz ausgedrückten Anliegen, die Leitungssorgfalt besonders zu behandeln, Genüge tun, so muß man bereits bei der Herausarbeitung des entsprechenden Pflichtenkreises ansetzen. Die Leitungspflicht unterscheidet sich nicht nur graduell, sondern qualitativ von den „allgemeinen Auswahlpflichten", die ihr in § 831 gegenübergestellt sind (zur Beschränkung der Leitungspflicht auch vBar, Verkehrspflichten § 9 I 1 und § 1 III 3 c mit Hinweis auf Prot II 598 und 603).

Unter **Leitung** der Ausführung der Verrichtung ist eine in Einzelheiten gehende Anleitung und Betreuung bei der Durchführung der Verrichtung zu verstehen. Erfaßt werden nur jene Fälle, in welchen es nach der Verkehrsanschauung, mit Rücksicht auf die Umstände des Falles erforderlich ist, daß sich der Geschäftsherr bzw der verantwortliche Delegatar des Falls im Sinne einer „Fachaufsicht" annimmt (RGZ 53, 53, 56; JW 1911, 403; Recht 1924 Nr 27; WarnR 1938 Nr 155). Es handelt sich mithin um eine Sonderaufsicht über einzelne konkrete Verrichtungen, die bei einfachen Tätigkeiten nicht erwartet wird (RGZ 53, 53; 82, 206; 142, 356).

Die **Erforderlichkeit** der beschriebenen Fachaufsicht ist im Einzelfall festzustellen, sie kann besonders mit Rücksicht auf die Natur der Verrichtung, die Eigenschaften des Gehilfen oder die Umstände der Ausführung gegeben sein (RGZ 82, 206; JW 1935, 3540). Aus der *Natur der Verrichtung* folgt die Pflicht zur Leitung der Ausführung bei besonders gefährlichen Tätigkeiten, vor allem, wenn diese über den Regelbetrieb hinausgehen (RG Recht 1910 Nr 3494; OLG Nürnberg VersR 1966, 767 nimmt zB eine Leitungspflicht bei Dachreparaturen dahingehend an, daß der Geschäftsherr die Arbeiter in regelmäßigen Abständen über die Dringlichkeit der Beachtung von Vorkehrungen zum Schutz der Sicherheit Dritter zu belehren und überwachen hat, soweit das Herabwerfen von Schutt in Frage steht). Der BGH (NJW 1972, 42) hat eine solche Leitungspflicht gegenüber dem Tanklastfahrer angenommen, der mit dem Betanken der Ölheizungsanlagen betraut ist: Der Geschäftsherr muß diesen über Lage und Beschaffenheit von Einfüllstutzen unterrichten und Verhaltensmaßregeln aufstellen für den Fall, daß Ölstandsmesser und Warnanlage nicht funktionieren. Auch *Eigenschaften der Verrichtungsperson*, etwa jugendliches Alter oder Unerfahrenheit können eine Leitungspflicht begründen. Das kann etwa der Fall sein, wenn der Chefarzt einen Assistenzarzt mit der Übernahme einer gefahrträchtigen Behandlung betraut (BGH NJW 1978, 1681 betr Kaiserschnitt) oder einem nicht befähigten Aushilfspfleger die Durchführung intramuskulärer Injektionen übertragen wird (BGH VersR 1988, 44 betr Spritzenabszeß). Bieten Art und Umstände der Verrichtung nach Lage des Falls einen besonders hohen Anreiz zum Diebstahl, so soll entsprechende Vorsorge Teil der Leitungspflicht sein (BGHZ 11, 151, 154 f).

Umstritten ist, wer die **Beweislast** für die *Erforderlichkeit der Ausführungsleitung* trägt. BAUMGÄRTEL (Handb I Rn 12 mwN) rechnet diese Frage zu der innerbetrieblichen Sphäre des Geschäftsherrn und begründet damit dessen Beweislast. Angesichts des eindeutigen Wortlauts („sofern") überzeugt das nicht. Mit der herrschenden Meinung ist daher davon auszugehen, daß den Kläger insoweit die Darlegungs- und Beweislast trifft (RGZ 53, 123, 125).

Der **Umfang der erforderlichen Leitungssorgfalt** bestimmt sich wiederum nach den Gegebenheiten des einzelnen Falls. Die Sonderleitung kann in geeigneten Fällen auch durch Dienstanweisungen erfolgen (RGZ 142, 356). Eine eingehende vorher erfolgende Unterweisung mag die Überwachung erübrigen (RG JW 1910, 111). Der Geschäftsherr kann die Sonderleitung auch durch geeignete Hilfspersonen ausüben (RGZ 53, 123, 125; RG JW 1910, 111; 1913, 33; LZ 1928, 53).

Beispiele: Bei einem Gasrohrbruch, der die Räumung eines gasbedrohten Anwesens erforderlich macht, müssen die Bediensteten des Gasversorgungsbetriebs sich auch überzeugen, ob nicht schlafende Bewohner zurückbleiben. Eine Entlastung nach § 831 beim Tod eines unentdeckt gebliebenen Bewohners ist ausgeschlossen, wenn die Betriebsvorschriften keine Weisungen an die Bediensteten für den Fall enthalten, daß Wohnungs- oder Zimmertüren versperrt sind und nicht mit voller Gewißheit festgestellt werden kann, ob sich jemand in den verschlossenen Räumen befindet (OLG München VersR 1963, 1208). Vgl ferner wegen der Anforderungen an die „Leitung" aus der Rspr RGZ 142, 356 betr Dienstanweisung an die Fahrer eines Kraftfahrunternehmens über notwendige Maßnahmen bei Annäherung an Eisenbahnübergänge; RG SeuffA 88 Nr 40 betr Leitung der Verrichtungen der Lernschwestern eines Krankenhauses; OLG Düsseldorf DRW 1939, 1238 betr Anleitung des Lehrlings einer Reparaturwerkstatt; RG WarnR 1928 Nr 76 betr Anleitung eines Jagdaufsehers; RG JW 1934, 3126; 1937, 1917; BGH VersR 1956, 382 betr die Anweisung des Fahrers bzgl Anbringung eines Anhängers und Funktionsweise des Bremssystems; OLG Celle VRS 1978, 171 betr Anleitung des Hausverwalters zur Überwachung des Hauswarts (weitere Beispiele bei BGB-RGRK/STEFFEN Rn 51).

b) Sachverantwortung – Sorgfalt bei der Beschaffung von Vorrichtungen und Gerätschaften
aa) Systematik

108 Strukturell entspricht die Beschaffungssorgfalt der Leitungssorgfalt. Auch hier handelt es sich nicht um eine allgemeine Pflicht des Geschäftsherrn, sondern um eine besondere, die sich nur aktualisiert, wenn die Ausführung der Verrichtung die Beschaffungen erforderlich macht. Dementsprechend obliegt hier – wie auch bei der Leitungspflicht (s oben Rn 107) – dem Verletzten zunächst der Beweis, daß eine Beschaffungspflicht überhaupt bestand. Erst wenn das feststeht, trifft den Geschäftsherrn die Beweislast, den Anforderungen an die Beschaffungssorgfalt genügt zu haben (RGZ 53, 123; 82, 206 mwN; JW 1911, 403 und 939; 1928, 1726; 1935, 3540; Recht 1924 Nr 27; WarnR 1938 Nr 155).

bb) Bestehen einer Beschaffungspflicht

109 Eine allgemeine Formel dafür, ob eine Beschaffungspflicht besteht, läßt sich schwerlich aufstellen. Denn die Beschaffungspflicht hängt von den Umständen des Falls und der Verkehrsauffassung ab (BAUMGÄRTEL Handb I Rn 22; ERMAN/SCHIEMANN Rn 22). Die Umstände des Einzelfalls erlauben die Berücksichtigung zB der gewählten Ausführungsweise. Die Verkehrsauffassung, auf der anderen Seite, orientiert sich auch an dem, was technisch machbar ist. Eine Beschaffungspflicht besteht danach, wenn nach den Umständen des Falls, der Verkehrsauffassung und dem Stand der Technik die betreffende Verrichtung in ihrer konkreten Ausführungsweise nur mittels Vorrichtungen oder Gerätschaften zuverlässig ausgeführt werden kann.

110 Eine Beschaffungspflicht des Geschäftsherrn wurde zB in folgenden Fällen angenommen: Der Leiter des Unternehmens muß die zum Transport von Gerüstholz erforderlichen Gerätschaften beschaffen (RGZ 53, 123). Der Dienstherr hat dafür Sorge zu tragen, daß dem angestellten Kutscher eine verkehrstüchtige Droschke zur Verfügung steht (RG JW 1931, 862). Ebenso muß dem beschäftigten Fahrer zur Ausführung seiner Tätigkeit ein Fahrzeug mit ordnungsgemäßer Bremsanlage bereitgestellt werden (BGH VersR 1953, 117). Ein Unternehmer hat das erforderliche Baugerät zu beschaffen. Eine Sorgfaltspflichtverletzung liegt vor, wenn diesen Geräten die nach den Unfallverhütungsvorschriften erforderlichen Schutz- und Sicherungsvorkehrungen fehlen (OLG Köln VersR 1979, 266). Der Krankenhausträger muß die notwendigen Gerätschaften für die Behandlung der Patienten beschaffen; er haftet für seine Verrichtungsgehilfen, wenn er bei der Beschaffung nicht die im Verkehr erforderliche Sorgfalt beachtet hat (LG Karlsruhe KH 1955, 279). Röntgenapparate muß er

dabei zB, wenn diese Apparate Serienware sind, keiner gesonderten Prüfung unterziehen (RG JW 1935, 3540). Für den Krankenhausträger besteht des weiteren die allgemeine Verpflichtung, für die jeweilige Operation mangelfreie Geräte bereitzustellen. Durch technische Kontrollen muß gewährleistet werden, daß die entsprechenden Geräte, wenn sie zum Einsatz kommen, funktionsfähig sind und fehlerfrei arbeiten (OLG Düsseldorf VersR 1985, 744).

cc) **Vorrichtungen und Gerätschaften**
Vorrichtungen sind die Einrichtungen des Betriebs als sachliche Voraussetzungen für **111** die Tätigkeit, Gerätschaften sind das Arbeits- und Werkzeug. Beide Bereiche gehen ineinander über, wegen der gesetzlichen Gleichbehandlung besteht kein Anlaß, sie zu trennen. Die Formulierung ist dahin zu verstehen, daß *alle sachlichen Hilfsmittel* für die Gehilfentätigkeit erfaßt sein sollen.

Als Vorrichtungen hat die Rspr zum **Beispiel** die Gleisanlage bei einem Bahnbetrieb angesehen (RG Recht 1914, 2073).

Gerätschaften sind zB für den Kraftfahrer das betriebssichere Fahrzeug (BGH VersR 1966, 564 – Brems- und Lenkvorrichtung; OLG Köln NZV 1992, 279 – Betriebssicherheit eines Busses), das auch die nach den Umständen erforderliche Ausstattung wie etwa Schneeketten, Gepäcksicherung usw haben muß (RG WarnR 1916 Nr 165; 1919 Nr 36; HRR 1933 Nr 751; BGH LM Nr 1 zu § 831 FB). Bei Bauarbeiten gehört zu den Gerätschaften das Material und Werkzeug für die Errichtung von Bauzaun (RG Recht 1908 Nr 741), Gerüst, Schutzdächern, Schutzverschalungen usw (RG Recht 1914 Nr 1418; WarnR 1916 Nr 304). Zur Frage der Haftung des Krankenhauses nach § 831 und des Beginns der Entlastungsnotwendigkeit bei Fehlfunktionen eines gelieferten technischen Geräts (hier: Narkosegerät, vgl DEUTSCH JZ 1978, 278 und NJW 1978, 1658).

dd) **Inhalt der Beschaffungspflicht**
α) **Allgemeines**
Die Beschaffungspflicht läßt sich in die Beschaffung, die Bereitstellung und die **112** Einweisung unterteilen. Der Geschäftsherr muß die Vorrichtungen oder Gerätschaften zunächst erwerben und in concreto bereitstellen. Sie müssen im Hinblick auf die auszuführende Verrichtung tauglich sein. Je nach Gefährlichkeit der Verrichtung und Besonderheit des fraglichen Sachmittels sind außerdem mehr oder weniger detaillierte Anweisungen zu fordern. Gehört das fragliche Gerät zu der „Standardausrüstung" und kann der Geschäftsherr erwarten, daß der von ihm ausgewählte Verrichtungsgehilfe damit umgehen kann, genügt die bloße Beschaffung und Bereitstellung. Je nach Schwierigkeitsgrad der Bedienung des Geräts ist eine Einweisung erforderlich, die den Umfang einer speziellen Ausbildung annehmen kann.

β) **Delegierbarkeit**
Ebenso wie die anderen Pflichten des Geschäftsherrn kann auch die Beschaffungspflicht auf Mitarbeiter übertragen werden (RGZ 53, 123, 124). Die Pflicht zur Beschaffung der Vorrichtungen oder Gerätschaften bedingt nicht, daß der Geschäftsherr in jedem Einzelfall aus den vorhandenen Stücken das vorhandene Gerät selbst (persönlich) auswählt und dem Verrichtungsgehilfen speziell zuweist. Das kann durch allgemeine Anweisung geregelt oder dem fachkundigen Ermessen eines Betriebsleiters oder Poliers überlassen werden. Es gelten die ausgeführten allgemeinen

Grundsätze. Die Übertragung muß ihrerseits sorgfältig erfolgen. Die Grenze der Übertragbarkeit ist auch hier die Organebene.

2. Entlastung hinsichtlich der Kausalität

a) Grundgedanke der Regelung

113 Nach § 831 Abs 1 S 2 kann der Geschäftsherr sich auch hinsichtlich des **Pflichtwidrigkeitszusammenhangs** entlasten. MaW entfällt die Haftung, wenn der Geschäftsherr den Beweis erbringt, seine Pflichtwidrigkeit iSv Abs 1 S 1 sei für den eingetretenen Schaden nicht ursächlich geworden.

Das Fehlen des ursächlichen Zusammenhangs kann aber nicht daraus hergeleitet werden, daß für den Schaden nicht gerade der Mangel des Verrichtungsgehilfen ausschlaggebend war, der ihn bei Beachtung aller nötigen Sorgfalt durch den Geschäftsherrn als ungeeignet für die Bestellung zur Verrichtung erwiesen hätte (RG JW 1934, 2973; BGH NJW 1978, 1681). Da der Geschäftsherr die Bestellung bei Beobachtung der verkehrserforderlichen Auswahl- und Überwachungssorgfalt unterlassen hätte, wäre es in diesem Fall nicht zur Schadenszufügung gekommen. Vereinzelt wird auch angenommen, § 831 verzichte auf den konkreten Rechtswidrigkeitszusammenhang zwischen der Fehlhandlung des Geschäftsherrn und der Schädigung durch den Verrichtungsgehilfen (so MünchKomm/STEIN³ Rn 59) (Haftung für abstrakte Gefahrerhöhung).

Der Geschäftsherr kann sich auf die fehlende Kausalität auch berufen, wenn ihm der Beweis nach Abs 1 S 1 nicht gelungen ist. Diesen Einwand muß er im Prozeß jedoch selbst vorbringen (RGZ 142, 356; BGH NJW 1978, 1681; BAUMGÄRTEL Handb I Rn 16). Auch steht ihm offen, sich von vornherein auf die Entlastung wegen mangelnder Kausalität zu berufen, ohne den Versuch zu unternehmen, sich nach Abs 1 S 1 zu entlasten.

Inhalt dieses Entlastungsbeweises ist es, darzutun, daß der gleiche Schaden *mit Gewißheit* auch eingetreten wäre, wenn dem Geschäftsherrn kein Pflichtversäumnis nach Abs 1 S 1 vorzuwerfen wäre (RGZ 128, 149; BGH VersR 1952, 117). Ein Beweis dahingehend, daß der gleiche Schaden bei pflichtgemäßem Verhalten *möglicherweise* auch hätte eintreten können, ist dagegen nicht ausreichend (RGZ 159, 283, 312; RG WarnR 1916 Nr 304; Recht 1919 Nr 1448; JW 1930, 3213; 1934, 90; BGH MDR 1980, 647).

b) Varianten der Entlastung

114 Für den Entlastungsbeweis mangels Ursächlichkeit kommen zwei Möglichkeiten in Betracht:

aa) Schadenseintritt auch bei erforderlicher Sorgfalt
α) Auswahlverschulden

115 Sind dem Geschäftsherrn Versäumnisse bei der Auswahl des Gehilfen vorzuwerfen, muß er nachweisen, daß auch die (unterbliebenen) ausreichenden Ermittlungen über die Zuverlässigkeit des Gehilfen dazu geführt hätten, diesen als geeignet und vertrauenswürdig einzustufen (RG JW 1921, 526; BGHZ 4, 1).

β) Aufsichtsverschulden

Trifft den Geschäftsherrn ein Aufsichtsverschulden, muß er nachweisen, daß der Gehilfe auch bei genügend sorgfältiger Aufsicht den Schaden angerichtet hätte (zB indem er sich der Beaufsichtigung auf raffinierte Weise entzogen hätte).

γ) Beschaffung von Gerätschaften

Trotz Vernachlässigung der verkehrserforderlichen Sorgfalt bei der Beschaffung von Gerätschaften ist der Geschäftsherr durch den Nachweis entlastet, daß derselbe Schaden eingetreten wäre, wenn das schadhafte Gerät sich in einwandfreiem Zustand befunden hätte (BGH VersR 1953, 117).

bb) Verkehrsrichtiges Verhalten des Gehilfen

Zur Entlastung mangels Ursächlichkeit genügt auch der Nachweis, daß sich der **116** Gehilfe selbst trotz der Pflichtverletzungen des Geschäftsherrn nach Abs 1 S 1 bei der Verrichtung entsprechend der gegebenen Sachlage so verhalten hat, wie sich jede andere zuverlässige Person verhalten hätte. Verhält sich demnach ein solcher Gehilfe zB in einer Gefahrensituation objektiv falsch, muß der Geschäftsherr nachweisen, daß sich auch ein fehlerfrei ausgewählter und überwachter Gehilfe in dieser Situation ebenso falsch verhalten hätte (RGZ 135, 149; 159, 312; RG JW 1921, 526; 1943, 2973; BGHZ 4, 1; 12, 94; BGH NJW 1957, 1149; VersR 1957, 247; 1959, 104; 1966, 564; 1975, 447; KG VersR 1968, 1036; OLG Köln NZV 1992, 279).

Kann der Geschäftsherr den Beweis erbringen, daß sich sein Gehilfe im Straßenverkehr verkehrsrichtig verhalten hat, ist er schon deshalb entlastet, weil es an der Widerrechtlichkeit der Schadenszufügung fehlt (dazu oben Rn 76).

In den Fällen des sog dezentralen Entlastungsbeweises genügt es der Rspr zur Entlastung des Geschäftsherrn, wenn er zwar für die Aufsichtsperson den Nachweis sorgfältiger Auswahl usw nicht führen kann oder will, aber dartun kann, daß der von der Zwischenperson bestellte unmittelbare Verrichtungsgehilfe sich sachgemäß verhalten hat (RG JW 1906, 547; WarnR 1914 Nr 53; BAUMGÄRTEL Handb I Rn 26).

Schuldloses Verhalten des Gehilfen allein genügt zur Entlastung jedoch nicht, da eine objektiv widerrechtliche Schadenszufügung ausreicht, die Haftung des Geschäftsherrn auszulösen. Der Beweis mangelnden Verschuldens kann es allerdings erleichtern, den Nachweis nach Punkt 2 a (s oben Rn 113) zu führen. In diesem Fall hätte auch ein sorgfältig ausgewählter und beaufsichtigter Gehilfe nicht anders handeln können (RG JW 1911, 979; BGHZ 4, 1).

c) Anforderungen an den Entlastungsbeweis
aa) Allgemeines

Der Entlastungsbeweis der mangelnden Kausalität oder der fehlenden Widerrecht- **117** lichkeit wegen verkehrsrichtigen Verhaltens der Verrichtungsperson obliegt in vollem Umfang dem Geschäftsherrn. Die Rspr stellt strenge Anforderungen an den Entlastungsbeweis. Jede Unaufklärbarkeit eines Unfallhergangs geht zu Lasten des Geschäftsherrn. Mißlingt der Entlastungsbeweis, so erhält der Verletzte Schadenersatz, möglicherweise ohne daß in Wahrheit überhaupt ein Verschulden gegeben ist, sei es auf seiten des Geschäftsherrn, sei es auf seiten des Gehilfen.

bb) Unterschiedlichkeit der Haftungslage

118 Bei einem Unfall mit ungeklärtem Hergang befindet sich der Verletzte beweisrechtlich in einer günstigeren Lage, wenn ein Verrichtungsgehilfe den Schaden bewirkt hat. Ein Beispiel (vgl vCAEMMERER, Wandlungen Ges Schr I 539 f mit ähnlichen Fallgestaltungen) mag den Unterschied verdeutlichen: Ein Verkehrsteilnehmer kommt bei einem Überholvorgang am Steuer seines PKW von der Spur ab und stößt auf der Gegenfahrbahn mit einem anderen PKW zusammen. Dessen Fahrer wird verletzt. Fordert dieser Schadenersatz, trägt er als Kläger die Beweislast für das Verschulden des Schädigers. Der zunächst für ein Verschulden des Schädigers sprechende Anscheinsbeweis läßt sich durch die Feststellung entkräften, daß er durch einen dritten Wagen beim Überholvorgang in seiner Weiterfahrt behindert und gefährdet worden ist. Kann der Kläger nicht beweisen, daß der Schädiger noch andere Ausweichmöglichkeiten hatte, mißlingt der Schuldbeweis. Läßt sich der besagte Verkehrsteilnehmer jedoch von einem Angestellten chauffieren, der den Unfall verursacht, obliegt dem Chauffierten der Beweis des verkehrsrichtigen Verhaltens seines Fahrers. Dieser Beweis mißlingt, wenn es nicht unmöglich erscheint, daß zum Unfall auch ein waghalsiges Verhalten des Chauffeurs beigetragen hat. Die Entkräftung der Vermutung mangelnder Beaufsichtigung mißlingt, wenn sich nicht ausschließen läßt, daß der Chauffierte die Fahrweise seines Fahrers billigte. Der Beweis, daß auch ein pflichtgemäßes Anhalten zu besonnener Fahrweise an dem Unfall nichts geändert hätte, läßt sich bei der ungeklärten Sachlage nicht führen (BGH VersR 1967, 583).

Bei unaufklärbarem Unfallhergang ersetzen hier also die durch den Beweis des Gegenteils nicht positiv auszuschließenden „Möglichkeiten" der mangelnden Beaufsichtigung seitens des Geschäftsherrn und des verkehrswidrigen Verhaltens seitens des Verrichtungsgehilfen den Verschuldensbeweis, den der Verletzte führen müßte, wenn der Chauffierte selbst den Wagen gesteuert hätte.

cc) Kritik

119 Die von der Rspr aus § 831, namentlich der Einstufung des verkehrsrichtigen Verhaltens als Rechtfertigungsgrund (nicht als Rechtswidrigkeitsvoraussetzung), abgeleitete unterschiedliche Beweislastverteilung hat im Schrifttum berechtigte Kritik ausgelöst (statt vieler vCAEMMERER, Wandlungen Ges Schr I 539 f; LARENZ/CANARIS, Schuldrecht II/2 § 79 III 2c). vCAEMMERER bezeichnet das Ergebnis als „unmöglich" und fordert deshalb, daß der Verletzte das Verschulden des Täters (sei dieser auch Verrichtungsgehilfe) beweisen muß. Ein wesentlicher Grund für die Vorschläge zur Umgestaltung des § 831 ist, eine unterschiedliche Beweislastverteilung, je nachdem ob der Täter Verrichtungsgehilfe ist oder nicht, *de lege ferenda* im Bereich der Verschuldenshaftung zu vermeiden (Begr II 96 zum Referentenentwurf eines Gesetzes zur Änderung und Ergänzung schadensersatzrechtlicher Vorschriften 1967, vgl unten Rn 132 ff).

3. Dezentraler Entlastungsbeweis

a) Regelungssituation

120 Der in § 831 vorgesehene Entlastungsbeweis beruht auf der Vorstellung, daß der Geschäftsherr sich eines von ihm selbst ausgewählten und überwachten Verrichtungsgehilfen bedient und dieser den Schaden unmittelbar herbeiführt. In der Praxis, vor allem in Großbetrieben, ist der Geschäftsherr aber regelmäßig nicht selbst in der

Lage, die Auswahl, Beaufsichtigung und Leitung sämtlicher Verrichtungsgehilfen wahrzunehmen. In einem Unternehmen mit einer Vielzahl von Arbeitnehmern ist ihm die persönliche Auswahl und Beaufsichtigung weder möglich noch zumutbar. Ohne die Dezentralisierung dieser Aufgaben wäre ein größeres Unternehmen nicht funktionsfähig, so daß die Delegation der Auswahl-, Beaufsichtigungs- und Leitungsfunktionen unumgänglich ist (BGB-RGRK/STEFFEN Rn 52). Der Geschäftsherr ist auf Mittelspersonen oder Zwischengehilfen (Auswahl- und Aufsichtspersonen [zB Personalleiter]) angewiesen, auf die er seine Pflichten überträgt. Sie sind seine (nächsten) Verrichtungsgehilfen bei der Auswahl, Beaufsichtigung und Leitung; unter Umständen müssen diese ihrerseits wieder Auswahl- und Aufsichtspersonen einsetzen. Es entsteht eine mehrstufige Einschaltung von Verrichtungsgehilfen, die der Organisationshierarchie im Unternehmen entspricht. Die unmittelbar schädigende Handlung führt der unterste Verrichtungsgehilfe aus. Problematisch ist, wofür sich der Geschäftsherr entlasten muß: für jede oder nur für die nächste Hierarchieebene. Obwohl auch zur Zeit des Inkrafttretens des BGB Großbetriebe nicht unbekannt waren, läßt § 831 ungeregelt, ob sich der Geschäftsherr für die ordnungsgemäße Auswahl, Beaufsichtigung und Leitung sämtlicher Verrichtungsgehilfen oder nur für die sorgfältige Auswahl und Aufsicht des mit der Überwachung betrauten höheren Angestellten zu exculpieren braucht (so RGZ 78, 107; 89, 136; BGHZ 4, 1, 2; BGH VersR 1974, 244; 1978, 723). Ausschlaggebend ist, in welchem Umfang der Geschäftsherr seine Pflichten delegieren kann bzw welcher Pflichtenkreis unübertragbar beim Geschäftsherrn verbleibt; auf diesen muß sich der Entlastungsbeweis beziehen.

b) Entwicklung der Rechtsprechung

Die Rspr des Reichsgerichts (richtungweisend RGZ 78, 107, 108; s ferner die unveröffentlichten, von vBODENHAUSEN 118–123 besprochenen Entscheidungen), die vom BGH fortgeführt wurde (BGHZ 4, 1, 2 f „Gutsverwalter"), hat den sogenannten *dezentralisierten Entlastungsbeweis* eingeführt, der besser als dezentraler Entlastungsbeweis bezeichnet wird (MEDICUS, in: FS Deutsch 291, 301 Fn 29). Wenn der Umfang des Betriebs oder persönliche Hindernisse dem Geschäftsherrn selbst die Auswahltätigkeit hinsichtlich der niederen Angestellten unmöglich machen und diese einem Angestellten höherer Ordnung übertragen werden muß, soll sich der Entlastungsbeweis nur auf die letztere Person beziehen (RGZ 78, 107, 108). Für die Entlastung genügt die Darlegung sorgfältiger Pflichterfüllung auf der ersten (obersten) Stufe. Freilich hat schon das Reichsgericht (RGZ 78, 107, 109) hervorgehoben, daß lediglich die „praktische Aufsichtstätigkeit" vom Geschäftsherrn auf einen höheren Angestellten übertragbar sei, während die allgemeinen Aufsichtsanordnungen Aufgabe des Geschäftsherrn selbst blieben. Der BGH (BGHZ 4, 1, 2) bezieht den Sorgfaltsbeweis des Geschäftsherrn ebenfalls auf die Auswahl und Beaufsichtigung des von ihm ausgewählten höheren Angestellten. Es reiche demnach aus, daß der Geschäftsherr den mit der Auswahl und Einstellung weiterer Mitarbeiter betrauten sog Zwischengehilfen sorgfältig ausgewählt und überwacht habe. Dagegen komme es für die Entlastung des Geschäftsherrn nicht darauf an, ob der zur Überwachung des unteren Verrichtungsgehilfen eingesetzte Angestellte seine Pflichten erfüllt habe (BGHZ 4, 1). Der BGH erkannte ebenfalls an, daß es Aufgabe des Geschäftsherrn sei, allgemeine Aufsichtsanordnungen zu treffen. Vernachlässige der Geschäftsherr diese allgemeine Pflicht, scheitere deshalb aber nicht der Exculpationsbeweis, sondern der Geschäftsherr hafte wegen Mängeln der Organisation aus § 823 Abs 1. Davon ist der BGH (BGHZ 32, 53, 59) abgerückt. Die allgemeinen Aufsichtsanordnungen seien Aufgabe des Geschäftsherrn selbst; vernachlässige er diese, indem er die Führung des Betriebs den leitenden Angestellten zur eigenständigen Erledigung überlasse, so daß diese völlig selbständig handeln könnten, entfalle für den Geschäftsherrn jede Entlastungsmöglichkeit. In einem späteren Urteil läßt der BGH (NJW 1968, 247, 248) offen, ob an der Rspr zum dezentralen Entlastungsbeweis festzuhalten sei, und verweist wiederum darauf, daß der Unternehmer jedenfalls nicht der Pflicht enthoben sei, die allgemeinen Aufsichtsanweisungen selbst zu treffen (Pflicht zur allgemeinen Oberaufsicht). Vor allem im Zusammenhang mit fehlerhaften Produkten hat sich der BGH vom dezentralen Entlastungsbeweis entfernt: Nach dem Urteil (BGH VersR 1973, 862) hat der Geschäftsherr (Hersteller von Knallkörpern) für Fehlleistungen aller zur Fertigung herangezogener Personen einzustehen. Er muß sie nicht nur benennen, sondern sich bezüglich der Auswahl und Überwachung jedes einzelnen entlasten (BGH VersR 1973, 862, 863). Dabei trägt der Geschädigte die Beweislast dafür, daß sein Schaden auf dem Versagen eines Verrichtungsgehilfen beruht, während der Hersteller beweisen muß, daß der organisierte Produktionsablauf keiner Störung durch individuelle Fehlleistungen von Bediensteten ausgesetzt war. Gestützt auf diese BGH-Rspr hat das OLG Stuttgart (VersR 1977, 846) den dezentralen Entlastungsbeweis aufgegeben (Haftung des Krankenhauses für ärztlichen Fehler). Zur Entlastung genüge nicht der Nachweis, daß der Geschäftsherr seine höheren Angestellten sorgfältig ausgewählt und überwacht habe. Erforderlich sei vielmehr, daß die Aufsichtsperson ihrerseits den schadenstiftenden Betriebsangehörigen sorgfältig ausgewählt und überwacht habe.

Während der BGH (BGHZ 4, 1, 2) den dezentralen Entlastungsbeweis auf Zweckmäßigkeits- und Billigkeitsgründe stützt, blieb das Reichsgericht eine Begründung für die „Dezentralisierung" schuldig; es verweist lediglich auf eine unveröffentlichte Entscheidung vom 6.3.1911. Es ist aber anzunehmen, daß das Reichsgericht die später besorgte Begünstigung von Großbetrieben gar nicht in der Beschränkung auf die sorgfältige Auswahl des Zwischengehilfen angelegt sah. Denn bereits in RGZ 78, 107, 109 f ist die Unterscheidung zwischen „praktischer Aufsichtstätigkeit auf der Grundlage der vom Geschäftsherrn getroffenen allgemeinen Aufsichtseinrichtungen" und den „allgemeinen Aufsichtseinrichtungen" selbst getroffen. Letztere sind nicht delegierbar, für ihre Beobachtung „muß der Geschäftsherr den Sorgfaltsbeweis für seine eigene Tätigkeit führen". Eben letzterem ist zu entnehmen, daß es sich hier nicht um die später entwickelten Organisationspflichten, für deren Verletzung nach § 823 gehaftet wird, sondern um Überwachungspflichten handeln soll, die unter § 831 fallen (ähnlich RGZ 87, 1, 4 hinsichtlich der „allgemeinen Oberaufsicht, deren er sich niemals entschlagen kann und die er auch den sorgfältig ausgewählten Aufsichtsbeamten nicht selbständig überlassen kann": auch deren Wahrnehmung ist vom Geschäftsherrn zur Entlastung zu beweisen).

c) Stellungnahme

122 Die Entwicklung des dezentralen Entlastungsbeweises hat teils Zustimmung, teils Ablehnung erfahren, teils wird er als überholt angesehen (ERMAN/SCHIEMANN Rn 21; SCHMITZ 99 f).

Von den Kritikern wird darauf hingewiesen, daß die Lösung der Rspr zu einer Besserstellung größerer, gut durchorganisierter Unternehmen führe (vCAEMMERER, Wandlungen Ges Schr I 534; ERMAN/SCHIEMANN Rn 21; H H JAKOBS VersR 1969, 1061, 1062; NIPPERDEY, Gutachten zum 34. Deutschen Juristentag 1927, 411; vgl auch § 6 Abs 2 S 3 des Entwurfs einer deutschen Schadensordnung [1940]; danach sollte es für die Entlastung auf das Auswahl- und Überwachungsverhalten des Zwischengehilfen ankommen; SCHMITZ 30, 98). Eine sachliche Rechtfertigung für die haftungsrechtliche Besserstellung größerer Unternehmen fehle indes. Auch drängt der Utilitätsgrundsatz, wonach „derjenige, der die Vorteile eines Unternehmens genießt, auch für die Schäden, welche für Dritte daraus [entstehen] einzustehen [hat]" (MUGDAN II 1094; Dig 50, 17, 149), dahin, eine Entlastung auch hinsichtlich der Auswahl und Überwachung des Verrichtungsgehilfen zu fordern. Der Geschäftsherr, der den größeren Nutzen aus der Organisation zieht, müsse auch die erweiterten Risiken tragen. Die ältere BGH-Rspr zum dezentralen Entlastungsbeweis wird auch aus anderen Gründen angegriffen. Es ist unzureichend, den Geschädigten auf die Eigenhaftung des Gehilfen zu verweisen; denn dieser ist kein vollwertiger Übernehmer der Sorgfaltspflichten des Geschäftsherrn (Münch-Komm/WAGNER[4] § 823 Rn 370 f; ders aaO Rn 39): Der Zwischengehilfe haftet nämlich regelmäßig nicht selbst aus § 831, weil er nicht Unternehmer ist (s oben Rn 65). Seine Haftung nach § 823 folgt einer für den Geschädigten weniger günstigen Beweislastverteilung. Daneben ist er finanziell regelmäßig weniger leistungsfähig als der Geschäftsherr. Unangebracht ist auch, im Rahmen von § 823 die deliktische Verantwortlichkeit des Unternehmers durch den Ausbau der Verkehrspflichten und die Entwicklung des Organisationsverschuldens zu erweitern (s oben Rn 11; auf diese Haftung verweist bereits RG JW 1932, 2076; 1938, 1651; RGZ 113, 293, 296; BGHZ 4, 1, 3; 11, 151, 155; WESTERMANN JuS 1961, 333, 343), um den angenommenen Schwächen des dezentralen Entlastungsbeweises zu entgehen (ähnlich ESSER/WEYERS, Schuldrecht II/2 § 58 I 2 c; BGB-RGRK/STEFFEN Rn 56). Die Zweispurigkeit der Haftung aus § 831 und § 823 Abs 1 führt ohne Grund zu höheren Beweisanforderungen für den Geschädigten im Hinblick auf das Organisationsverschulden.

Der dezentrale Entlastungsbeweis erscheint problematisch, weil vielfach zu geringe Anforderungen an die Entlastung gestellt werden. Nach dem geltenden, auf dem individuellen Schuldprinzip beruhenden Recht ist der dezentrale Entlastungsbeweis nicht vollends aufzugeben, sondern daran auszurichten, daß im Großbetrieb die Auswahl, Überwachung und Anleitung auch in der ordnungsgemäßen Organisation besteht. Vom Geschäftsherrn ist dagegen nicht zu verlangen, daß er sich für sämtliche Gehilfen entlastet, bis hin zu dem am Ende der Kette stehenden, in der Hierarchie untersten Mitarbeiter. Der Geschäftsherr kann nicht ohne weiteres dafür einstehen, daß auch der Zwischengehilfe den Verrichtungsgehilfen sorgfältig ausgewählt und überwacht hat. Denn das bedeutete die Zurechnung fremden Verschuldens und somit die Anwendung von § 278 außerhalb des Rechts der Sonderverbindung. (Tatsächlich hatte die Berufungsinstanz in RGZ 113, 293, 296 sich darauf gestützt, das Überwachungsverschulden des Zwischengehilfen müsse sich der Geschäftsherr gem § 278 zurechnen lassen, da in der gesetzlichen Streupflicht eine Sonderverbindung liege.) Es ist daran festzuhalten, daß § 831 keine Haftung für fremdes Verschulden, sondern für eigenes Verschulden des Geschäftsherrn begründet (RGZ 78, 107, 108; BGHZ 32, 53, 59). Diese setzt voraus, daß ihm ein persönlicher, kein fremder, Pflichtverstoß vorzuwerfen ist. Da es unzumutbar ist, daß der Geschäftsherr in einem Unternehmen sämtliche Verrichtungsgehilfen persönlich auswählt und überwacht, und ihm zuzubilligen ist, seine Sorgfaltspflichten (zumindest teilweise) zu delegieren, wird dadurch der Kreis der Pflichten des Geschäftsherrn begrenzt, deren Verletzung den Schuldvorwurf begründet. Der Geschäftsherr hat die höheren Angestellten auf der ihm nächsten Hierarchieebene (zB Personalleiter) ordnungsgemäß auszuwählen, zu beaufsichtigen und anzuleiten. Begehen diese Mittelspersonen oder Zwischengehilfen eigenständige Pflichtverletzungen bei der Auswahl und Überwachung, ist deren Verschulden dem Geschäftsherrn grundsätzlich nicht vorzuwerfen. Zumutbar ist dem Geschäftsherrn freilich, seine Pflichten bis zur untersten Hierarchieebene ordnungsgemäß zu delegieren, dh durch allgemeine Arbeitsanweisungen eine Organisation zu schaffen, welche die ordnungsgemäße Auswahl und Überwachung der unteren Gehilfen gewährleistet und dem Organisationsgehilfen die wirksame Kontrolle seiner Untergebenen ermöglicht. Diese Organisationspflicht ist nicht delegierbar (BGB-RGRK/ STEFFEN Rn 52). Demnach muß sich der Geschäftsherr, der Zwischengehilfen einsetzt, im Rahmen von § 831 Abs 1 in zweifacher Hinsicht entlasten: zum einen muß er seinen nächsten Verrichtungsgehilfen (höheren Angestellten, zB Personalleiter) ordnungsgemäß ausgewählt und überwacht haben; zum anderen muß er die Auswahl und Aufsicht durch seine Zwischengehilfen durch allgemeine Anforderungsprofile, Aufsichtsanordnungen und Sicherheitsvorschriften sorgfältig organisiert haben (JAUERNIG/TEICHMANN Rn 13; BGHZ 32, 53, 59). Ein Geschäftsherr, der entweder die konkrete Auswahl, Überwachung und Anleitung seiner nächsten Angestellten vernachlässigt oder seine allgemeine Organisationspflicht verletzt, kann sich nicht exculpieren, wenn dadurch das schädigende Fehlverhalten des Verrichtungsgehilfen ausgelöst wird. Der Geschäftsherr hat aber nicht dafür einzustehen, daß die Zwischengehilfen seine ordnungsgemäßen allgemeinen Auswahl- und Überwachungsinstruktionen mißachten und der untere Gehilfe infolgedessen Schäden verursacht. Wird der dezentrale Exculpationsbeweis so verstanden, verringert sich die angebliche haftungsrechtliche Besserstellung der Großunternehmen (unter Wahrung des individuellen Schuldprinzips), und es wird überflüssig, in die allgemeine deliktische Haftung (wegen Organisationsverschuldens) nach § 823 auszuweichen (so aber BGH VersR 1978, 722, 723). Das bedeutet beispielsweise, daß der Geschäftsherr sich nur exculpiert, wenn er technische Anweisungen sowohl den ihm unmittelbar unterstellten Angestellten erteilt, als auch durch allgemeine organisatorische Maßnahmen sichergestellt hat, daß diese Anweisungen den letztlich ausführenden Angestellten erreichen. Die genannten Umstände, die zur Entlastung führen, hat der Geschäftsherr darzulegen und zu beweisen (BGH NJW 1986, 776, 777). Indem vermieden wird, in die allgemeine deliktische Haftung wegen Organisationsverschuldens (§ 823 Abs 1) auszuweichen, braucht der Verletzte das Vorliegen eines Organisationsmangels nicht zu beweisen. Er benötigt keine Beweiserleichterung durch den Anscheinsbeweis (so aber BGHZ 51, 91, 97; BGH VersR 1956, 410; NJW 1968, 247, 248; DB 1974, 426), weil die Kausalitäts- und Verschuldensvermutung nach § 831 Abs 1 S 2 (auch hinsichtlich des Organisationsverschuldens) zu seinen Gunsten eingreift (BGB-RGRK/STEFFEN Rn 56).

E. Übernehmerhaftung, § 831 Abs 2

123 Übernimmt jemand für den Geschäftsherrn vertraglich die Auswahl, Überwachung, Ausstattung oder Leitung von Verrichtungsgehilfen, haftet er nach Abs 2 ebenso wie der Geschäftsherr nach Abs 1. Den Übernehmer trifft bezüglich der Vermutung des Verschuldens und der Kausalität die gleiche Verantwortung für Schäden durch Verrichtungsgehilfen wie den Geschäftsherrn; er haftet neben diesem, sofern er eine ihm selbst obliegende Pflicht verletzt. § 831 Abs 2 begründet eine gesamtschuldnerische Haftung im Außenverhältnis gem § 840 unabhängig davon, wie Geschäftsherr und Übernehmer die Verantwortlichkeit im Innenverhältnis verteilt haben.

Ist die Übernahme streitig, ist eine Streitverkündung durch den Geschädigten in Betracht zu ziehen (zur Streitverkündung s auch BGH VersR 1990, 1280 im Zusammenhang mit der Gebäudeunterhaltungspflicht, § 838; ferner § 832 Rn 40).

Nach § 421 kann der Verletzte wahlweise gegen den Geschäftsherrn nach § 831 Abs 1 oder gegen den Übernehmer nach § 831 Abs 2 vorgehen. Im Ergebnis wird die Person des Schuldners davon abhängen, wer von ihnen den Entlastungsbeweis nach § 831 Abs 1 S 2 führen kann. Nur wenn der Geschäftsherr nachweist, daß er gerade durch die Übertragung nach § 831 Abs 2 die verkehrserforderliche Sorgfalt beachtet hat, kann er sich von der Haftung befreien. Die Übertragung allein schützt ihn nicht vor der Regreßpflicht, anders als – nach verbreitetem Verständnis – beim dezentralen Entlastungsbeweis; denn Abs 2 betont die grundsätzlich parallele Haftung von Geschäftsherrn und Übernehmer. Zusätzlich steht die Haftung aus § 831 Abs 2 neben der aus Organisationsverschulden des Geschäftsherrn, sofern sich diese aus § 823 ergibt (vgl dazu oben Rn 19).

I. Dogmatische Stellung der Regelung

Mit § 831 Abs 2 wird die Eigenhaftung des Übernehmers einer Verkehrspflicht besonders geregelt. Die Übernahme der in § 831 Abs 1 S 2 genannten Verkehrspflichten begründet einen Vertrauenstatbestand, der eine Übertragung der Kausalitäts- und Verschuldensvermutung auf den vertraglich Verpflichteten rechtfertigt. Diese in § 831 Abs 2 normierte Eigenhaftung des Übernehmers ist im Zusammenhang mit der allgemeinen Übernehmerhaftung gem § 823 zu sehen (MEDICUS, in: FS Deutsch 291, 294 f). So wie § 831 Abs 1 eine Sonderregelung zur Haftung des Pflichtigen wegen Verletzung einer Verkehrspflicht aus § 823 Abs 1 darstellt (s oben Rn 9), ist auch § 831 Abs 2 als lex specialis gegenüber der allgemeinen Übernehmerhaftung nach § 823 Abs 1 zu sehen. § 831 Abs 2 normiert in einem besonderen Fall die Voraussetzungen, unter denen derjenige, der die Verkehrspflichten für den genuin Pflichtigen wahrnimmt, selbst deliktisch verantwortlich ist und wegen der angeordneten Beweislastumkehr hinsichtlich der Kausalität und des Verschuldens verschärft haftet; die strengeren Voraussetzungen in § 831 Abs 2 haben demnach weitergehende Rechtsfolgen, auch weil für Vermögensschäden gehaftet wird (s oben Rn 2). Dagegen bestimmt die allgemeine Übernahmehaftung gem § 823 Abs 1, wann der Übernehmer selbst neben dem eigentlich Verkehrspflichtigen nach den allgemeinen Grundsätzen deliktisch einzustehen hat. Dabei ist § 831 Abs 2 ein Fall der mittelbaren Schädigung durch den Übernehmer einer Verkehrspflicht, weil nicht er selbst die letzte Ursache setzt, sondern der von ihm zu beaufsichtigende Gehilfe. Damit tritt wie bei § 823 Abs 1 das Problem der Eigenhaftung von fremdnützig oder fremdbezogen Handelnden bei mittelbaren Schädigungen auf, wie zB bei den Organen juristischer Personen (dazu ECKARDT KTS 1997, 411, 417 ff; GROSS ZGR 1998, 551; MEDICUS ZGR 1998, 570; ders, in: FS Deutsch 291, 294 f).

Die Übernehmerhaftung richtet sich also allgemein nach § 823. Liegen die Voraussetzungen des spezielleren § 831 Abs 2 vor, so haftet der Übernehmer auch unter den verschärften Bedingungen der Kausalitäts- und Verschuldensvermutung. Seine allgemeine Einstandspflicht aus § 823 Abs 1 für die Übernahme einer Verkehrspflicht bleibt neben § 831 Abs 2 bestehen.

II. Anforderungen an den Vertrag

125 Voraussetzung der Haftung aus Abs 2 ist die vertragliche Übernahme der Haftung für Verrichtungsgehilfen, das bloß tatsächliche Übernehmen (gefälligkeitshalber) ohne Rechtsbindungswillen genügt nicht. Auch ist die Übernahme der Haftung durch GoA nicht ausreichend; denn es fehlt an der **rechtsgeschäftlichen Gewährsübernahme**, die § 831 Abs 2 ausdrücklich fordert (zur dann aber möglichen Haftung aus § 823 vgl BGB-RGRK/STEFFEN Rn 64).

1. Wirksamkeit des Übernahmevertrags

126 Erforderlich ist nach der **hM** die Wirksamkeit des Übernahmevertrags (STAUDINGER/SCHÄFER[12] Rn 255; auch noch STAUDINGER/BELLING/EBERL-BORGES [1999] Rn 122; BGB-RGRK/STEFFEN Rn 64; vgl LARENZ/CANARIS, Schuldrecht II/2 § 79 III 7). Die Vertreter der Gegenmeinung kritisieren, daß man damit allgemeinen Grundsätzen der Übernehmerhaftung nicht gerecht werde. Danach braucht der Vertrag zwischen dem zunächst Verpflichteten und dem Übernehmer nicht wirksam zu sein (eingehend BGH LM Nr 72 zu § 823 [Ea] unter 3 b; STAUDINGER/HAGER [1999] § 823 Rn E 64). SCHÄFER (S 184) schließt daraus, daß § 831 Abs 2 als lex specialis zu § 823 Abs 1, der seinerseits keinen wirksamen Übernahmevertrag für die Übernehmerhaftung voraussetze, erst recht keinen wirksamen haftungskonstitutiven Übernahmevertrag erfordere; bedeutsam sei das Bestehen eines Übernahmevertrags daher (nur) für die aufgrund der modifizierten Beweislastregelung geltende schärfere Haftung des Übernehmers. Der deliktische Haftungsgrund für die Übernehmerhaftung sei allein in dem Äquivalent dafür zu sehen, daß die Rechtsordnung dem Erstgaranten die Übertragung seiner Obliegenheiten auf einen anderen erlaube und ihn dann nur zu sorgfältiger Auswahl und Überwachung verpflichte (MünchKomm/WAGNER[4] Rn 45; ders § 823 Rn 288 f mit Verweis auf ULMER JZ 1969, 163, 174). Auf das Erfordernis eines wirksamen Vertrags müsse verzichtet werden, weil die Entlastungsmöglichkeit des Erstgaranten der Ausdehnung der deliktischen Handlungspflichten auf denjenigen entsprechen müsse, auf den sich der Erstgarant zu Recht verlassen dürfe. Allerdings sei die Haftung aus § 831 Abs 2 dabei auf solche Übernehmer zu beschränken, für die der Geschäftsherr nicht nach § 831 Abs 1 oder § 31 hafte, also in der Regel auf selbständige Unternehmer.

Für die hM spricht zwar, daß § 831 Abs 2 (im Gegensatz zu § 838) seinem Wortlaut nach explicit einen Vertrag voraussetzt. Diesen zu fordern, erscheint unter dem Gesichtspunkt gerechtfertigt, daß in der Regel der Übernehmer aufgrund des Übernahmenvertrags durch eine Gegenleistung für das aufgebürdete Risiko entschädigt wird (Dieser Aspekt wird von OERTMANN 1119 im Zusammenhang mit der Übernehmerhaftung nach § 838 betont). Freilich sind dessen Interessen mit denen des Geschädigten in Ausgleich zu bringen, dem die Haftung des Übernehmers unter den verschärften Bedingungen der Kausalitäts- und Verschuldensvermutung zugute kommt. Das § 311 zugrundeliegende Vertragsprinzip darf nicht überspannt werden. Unter Umständen kann eine **wirksame Übernahmeverpflichtung (Selbstbindung), dh rechtsgeschäftliche, Vertrauen begründende Gewährsübernahme**, statt eines Übernahmevertrags, genügen. Entscheidend ist, daß der Übernehmer sich **verbindlich für zuständig erklärt**; er muß mit **Rechtsbindungswillen** die **Verantwortung übernommen** haben. Das Vertrauen des Verkehrs wird nicht erst durch einen wirksamen Vertrag erzeugt, sondern schon durch die einseitige Selbstverpflichtung des Übernehmers; sie begründet eine entsprechende personenbezogene Verhaltenserwartung. Wie auch § 832 zeigt, ist ggf nach dem Grund für die Nichtigkeit des Übernahmevertrags zu differenzieren (vgl auch § 832 Rn 40; zustimmend Schäfer 186). Personen, die eine Beaufsichtigung iSv § 832 nur aus Gefälligkeit, also rein tatsächlich, übernommen haben, sollen nicht mit der Beweislastumkehr (oder mit einer Haftung aus Vermögensdelikt) belastet werden (so auch Ulmer JZ 1969, 163, 164 f). Für diese Personen gelten lediglich die allgemeinen Grundsätze der Übernehmerhaftung nach § 823. Um diesen Zweck zu erreichen, muß es aber nicht notwendig auf die Wirksamkeit des Vertrags, sondern nur auf die Wirksamkeit der Übernahmeverpflichtung des Übernehmenden ankommen. Entsprechendes gilt für § 831 Abs 2. Der Drittschutzcharakter beider Normen gebietet, daß derjenige für die Verletzung der übernommenen Pflicht einsteht, der hinsichtlich seiner Person alle Voraussetzungen für einen wirksamen Vertragsschluß erfüllte. Zur Wahrung des Minderjährigenschutzes reicht es, wenn die Wirksamkeit der Übernahmeverpflichtung, und damit die Verbindlichkeit gegenüber dem geschädigten Dritten, nur von Umständen abhängig ist, die in der Person des Übernehmers liegen (s auch Schäfer 185 f). Liegt dagegen der Wirksamkeitsmangel außerhalb der Person des Übernehmers (zB mangelnde Bevollmächtigung des für den Geschäftsherrn handelnden Vertreters beim Abschluß des Übernahmevertrags), reicht der tatsächliche Vertragsschluß aus. Im Zweifel ist der Schutzzweck der Norm heranzuziehen, die zur Unwirksamkeit des Übernahmevertrags führt. Wer beispielsweise unter Verstoß gegen das Gesetz zur Bekämpfung der Schwarzarbeit (BGBl 1995 I 165; § 1 Abs 2 SchwArbG) für den Geschäftsherrn die Besorgung eines der im Abs 1 bezeichneten Geschäfte bzw die Aufsicht iSv § 832 Abs 1 vertraglich übernimmt, kann sich nicht auf die Unwirksamkeit nach § 134 berufen, es sei denn, auch dem Geschäftsherrn ist ein derartiger Gesetzesverstoß anzulasten (zu den Rechtsfolgen einseitiger und beiderseitiger Verstöße gegen das Verbot der Schwarzarbeit s BGHZ 85, 39, 42 ff; 89, 369, 373; 111, 308, 311; zur „halbseitigen Teilnichtigkeit" bei nur einseitigem Verstoß s Canaris NJW 1985, 2405 und MünchKomm/Armbrüster[5] § 134 Rn 77). Hat der Erstgarant den Übernehmer durch Täuschung dazu bewogen, verbindlich die Verantwortung zu übernehmen, kann der Erstgarant auf die Übernahmeverpflichtung nicht vertrauen; denn er weiß vom Willensmangel des Übernehmers. Der Erstgarant bleibt haftungsrechtlich voll verantwortlich (vgl auch § 832 Rn 40).

Dagegen ist im weiteren nicht erforderlich, daß der Vertrag (im oben beschriebenen Sinn) unmittelbar mit dem Übernehmer geschlossen wird; der Abschluß kann auch über einen Dritten erfolgen (RGZ 82, 206, 217).

2. Vertragliche Übernahme einer eigenen Verkehrspflicht

Weiterhin ist erforderlich, daß sich der Übernehmer verpflichtet, die in § 831 Abs 1 S 2 bezeichneten Geschäfte als eigene Pflichten zu übernehmen. Es reicht nicht aus, daß er sich auf die Wahrnehmung der allein dem eigentlich Verkehrspflichtigen obliegenden und damit für ihn fremden Pflichten beschränkt. Durch diese qualifizierten Anforderungen an den Übernahmevertrag wird der Anwendungsbereich von § 831 Abs 2 eingeschränkt. Die Reduktion von § 831 Abs 2 sowie deren Begründung sind umstritten. Dabei befinden sich die zum Anwendungsbereich des § 831 Abs 2 vertretenen Ansichten im Fluß und lassen sich nicht immer eindeutig zuordnen.

a) Meinungsstand

128 Die Rspr des BGH zu § 831 Abs 2 läßt keine eindeutige Festlegung erkennen (einerseits BGH VersR 1960, 371, 372; BauR 1991, 380; andererseits BGH NJW 1974, 1371; BGHZ 109, 297, 302 ff; 125, 366, 375). Der Streit über eine Einschränkung des Anwendungsbereichs von Abs 2 wird deshalb vorwiegend in der Literatur ausgetragen.

Nach einer ersten in der Literatur vertretenen Ansicht ist § 831 Abs 2 weit auszulegen. Eine Einschränkung des Anwendungsbereichs, etwa in bezug auf die Organe einer juristischen Person, sei abzulehnen (STAUDINGER/SCHÄFER[12] Rn 246; SOERGEL/ZEUNER[12] Rn 55; aA SOERGEL/KRAUSE[13] Rn 61 mwN, ERMAN/SCHIEMANN Rn 27).

Dagegen nimmt die zweite von MERTENS begründete Meinung an, die Regelung erfasse nur Personen, für welche der Geschäftsherr selbst nicht nach §§ 823, 31 und 831 Abs 1 hafte. Demnach haften vorwiegend selbständige Unternehmer nach § 831 Abs 2 (so noch MünchKomm/STEIN[3] Rn 68; früher auch MEDICUS, SR II Rn 860).

Eine dritte Ansicht stellt zur Einschränkung des tatbestandlichen Anwendungsbereichs auf den Vertragsinhalt ab (LARENZ/CANARIS, Schuldrecht II/2 § 79 III 7; BGB-RGRK/STEFFEN Rn 64 f). Erforderlich sei wegen der weitreichenden Folgen von Abs 2 eine vertragliche Übernahme der Geschäftsherrenpflichten in einem Ausmaß, daß der Übergang der Organisations- und Leitungsbefugnisse zu einer Repräsentation des eigentlich Verkehrssicherungspflichtigen nach außen führe.

Schließlich hat sich in neuerer Zeit MEDICUS (in: FS Deutsch 291, 298 ff, ihm folgend ERMAN/SCHIEMANN Rn 27) des Problems angenommen und eine eigene Lösung vorgestellt. Danach soll die Eigenhaftung des Übernehmers davon abhängen, daß sich die Gefahr eines Schadenseintritts durch die vertragliche Übernahme erhöht, und daß der Übernehmer in gleicher Weise wie der Geschäftsherr Zugang zu den für eine Entlastung erforderlichen Beweismitteln hat. Das sei bei Gesellschaftsorganen regelmäßig nicht der Fall.

b) Stellungnahme

129 Zutreffend ist der Ausgangspunkt der meisten Autoren, die deliktische Haftung des Übernehmers gem § 831 Abs 2 einzuschränken. Nicht jeder, der Pflichten für einen anderen wahrnimmt, ist persönlich für deren Verletzung verantwortlich. Davon geht auch die Rspr aus, namentlich bei der deliktischen Verantwortlichkeit von Gesellschaftsorganen (BGH NJW 1974, 1371; BGHZ 109, 297, 302 ff; BGH ZIP 1991, 1140). Dieser Grundsatz der allgemeinen deliktischen Übernehmerhaftung gilt auch für den speziellen § 831 Abs 2 (ECKARDT KTS 1997, 411, 446 f; MEDICUS, in: FS Deutsch 291, 294 ff).

Entscheidender Grund für eine Reduktion der Übernehmerhaftung nach § 831 Abs 2 ist der Interessengedanke: Die Vor- und Nachteile dürfen auch bei fremdbezogen und fremdnützig Handelnden nicht unterschiedlich zugeordnet werden (vgl ECKARDT KTS 1997, 411, 417 f, 446 f). Kommen die Vorteile der Geschäftseröffnung beispielsweise der Gesellschaft zugute, so haftet primär sie deliktisch für die Verletzung der damit verbundenen Verkehrssicherungspflichten. Nur bei Hinzutreten besonderer Umstände hat der für die Gesellschaft Handelnde selbst deliktisch einzustehen. Dieser in den §§ 93 AktG, 43 GmbHG und 34 GenG angelegte Grundsatz, wonach generell die originär verkehrssicherungspflichtige Gesellschaft deliktisch haftet, wird als Kanalisierung (HAAS 127) oder besser als Konzentration der Haftung bezeichnet (MEDICUS ZGR 1998, 570, 578). Die Eigenhaftung des Übernehmers nach § 831 Abs 2, der die Verkehrssicherungspflichten vertraglich übernimmt, ist im Zusammenhang mit den anderen, vor allem gesellschaftsrechtlichen Regelungen und der allgemeinen Übernehmerhaftung nach § 823 Abs 1 zu sehen. Vergleicht man etwa die Haftung eines Geschäftsführers nach § 43 GmbHG mit den §§ 823 Abs 1 und 831 Abs 2, so gebietet die Anerkennung der juristischen Person und die daraus folgende Haftungsprivilegierung ihrer Organe eine einschränkende Auslegung von § 831 Abs 2.

Eine stimmige und folgerichtige Haftungsreduktion läßt sich entgegen der zweiten Ansicht jedoch nicht dadurch erreichen, daß als Übernehmer nach § 831 Abs 2 nur Personen in Betracht kommen, für welche der Geschäftsherr selbst nicht nach §§ 823, 31 und 831 Abs 1 haftet. Wie MEDICUS (in: FS Deutsch 291, 299 f) zutreffend darlegt, darf die Eigenhaftung von Verrichtungsgehilfen gem Abs 2 nicht davon abhängen, ob dem Geschäftsherrn der Entlastungsbeweis gelingt. Daneben hat die von MERTENS begründete zweite Ansicht zur Folge, daß sich Geschäftsherrn- und Gehilfenhaftung weitgehend ausschließen. Angesichts des Wortlauts von Abs 2 („die gleiche Verpflichtung") und des Vergleichs mit § 837 („an Stelle") ist eine alternative Haftung anstelle einer regelmäßig kumulativen Verantwortung bei systematischer Gesetzesauslegung abzulehnen. Schließlich entspricht die alternative Haftung von Verkehrssicherungspflichtigem und Übernehmer nicht dem Schutzzweck von Abs 2, der den Geschädigten durch eine zusätzliche Eigenhaftung privilegiert. Die zweite Ansicht vermag also aus diesen Gründen nicht zu überzeugen.

Vielmehr ist mit der dritten Ansicht entscheidend darauf abzustellen, ob nach dem Vertragsinhalt bzw der Übernahmeverpflichtung und den damit begründeten berechtigten Verkehrserwartungen eine eigene Verkehrssicherungspflicht des Übernehmers entsteht (aA SCHÄFER 184). Ähnlich wie bei der allgemeinen Übernehmerhaftung nach § 823 Abs 1 kommt es bei § 831 Abs 2 auf das berechtigte Vertrauen des Verkehrs in den Übernehmer an, wobei dieses bei Abs 2 primär durch den Vertrag bzw die Übernahmeverpflichtung begründet wird. Denn mit der verbindlichen Übernahme eines Aufgabenbereichs kann auch eine entsprechende personenbezogene Verhaltenserwartung begründet werden, der Übernehmer werde selbst den Verkehrssicherungspflichten nachkommen. Wenn die Auswahl-, Überwachungs- und Übertragungsaufgaben zu eigenen Pflichten des Übernehmers werden, haftet dieser nach Abs 2. Davon abzugrenzen sind die Fälle, in denen jemand aufgrund einer vertraglichen Verpflichtung für einen anderen dessen Verkehrspflichten wahrnimmt; das begründet keine eigene Haftung nach Abs 2. Anders als MEDICUS (in: FS Deutsch 291, 302 ff) ist demnach nicht entscheidend auf eine Gefahrerhöhung durch die Übernahme fremder Verkehrspflichten abzustellen, sondern allgemeiner auf das durch die vertragliche Übernahme begründete berechtigte Vertrauen des Verkehrs.

Die Kriterien, aus denen sich ein derartiges berechtigtes Vertrauen des Verkehrs ergibt, sind nur unter Schwierigkeiten allgemein zu bestimmen. Das gilt für die allgemeine Übernehmerhaftung nach § 823 Abs 1 (vgl STAUDINGER/HAGER [1999] § 823 Rn E 63 ff) und für die spezielle Übernehmerhaftung gem § 831 Abs 2. Eine subsumierbare Definition gibt es nicht, vielmehr ist auf die folgenden haftungsbegründenden und -verstärkenden Kriterien abzustellen; dabei müssen nicht alle Merkmale vorliegen, vielmehr kann das besonders starke Auftreten eines Merkmals ein fehlendes kompensieren:

Für eine eigene Verkehrssicherungspflicht des Übernehmers nach Abs 2 sprechen etwa die vertragliche Verpflichtung, zum Schutz eines hochwertigen Rechtsguts tätig zu werden, das hohe oder das durch die Übernahme erhöhte Risiko eines Schadenseintritts, die gesonderte Vergütung des Haftungsrisikos sowie der Übergang der Organisations- und Leitungsbefugnisse in einem Umfang, der die Beherrschbarkeit des gesamten Gefahrenbereichs zur Folge hat. Schließlich ist der Interessengedanke von Bedeutung, wonach der Übernehmer selbst verkehrssicherungspflichtig ist, wenn ihm auch die damit einhergehenden Vorteile zukommen.

Diese Kriterien führen regelmäßig zur Übernehmerhaftung nach Abs 2 beim selbständigen Unternehmer, etwa dem Subunternehmer auf der Baustelle, aber auch beim Chefarzt, unabhängig davon, ob er Organ der Krankenhausgesellschaft ist oder nicht. Dagegen scheidet beim Arbeitnehmer regelmäßig ein Übernahmevertrag gem Abs 2 aus.

Dagegen sprechen folgende Gesichtspunkte gegen einen Übernahmevertrag im Sinne von Abs 2: Der vertraglichen Übernahme von Verkehrssicherungspflichten stehen keine entsprechenden Vorteile für den Übernehmer gegenüber, es geht nicht um den Schutz hochwertiger Rechtsgüter, er beherrscht den Gefahrbereich nicht umfassend und tritt nach außen nicht als Verkehrspflichtiger auf.

III. Einzelfälle

130 *Aufsichtspersonal:* Leitende Angestellte übernehmen in der Regel vertraglich nicht die Pflichten der Geschäftsherren (Werks- und Betriebsleiter, Poliere, Vorarbeiter, aA OERTMANN 1096 [Maurerpolier]; RG Gruchot 51, S 997 und Voraufl).

Ärzte: Chefärzte sind üblicherweise in Krankenhäusern vertraglich zur Aufsicht über Krankenschwestern beauftragt (vgl BGH VersR 1960, 371, 372).

Geschäftsführer: Ein Sonderfall betrifft die Geschäftsführer einer GmbH. Nach § 43 Abs 2 GmbHG sind die Geschäftsführer bei Verletzung ihrer Obliegenheiten nur der Gesellschaft, nicht aber den Gläubigern gegenüber verantwortlich. Auch eine unerlaubte Handlung, die der Geschäftsführer in Ausübung seiner Verrichtung einem Dritten gegenüber begeht, läßt nur die Gesellschaft haften (BAUMBACH/HUECK-ZÖLLNER/NOACK, GmbHG § 43 Rn 28; SCHOLZ, GmbHG [9. Aufl 2000] § 43 Rn 229; aA ROTH/ALTMEPPEN-ALTMEPPEN, GmbHG § 43 Rn 44 ff). Der Geschäftsführer haftet unmittelbar nur, wenn er sich ausnahmsweise persönlich zur Einhaltung der in Abs 2 bezeichneten Verkehrspflichten verpflichtet und damit nicht lediglich als Organ, sondern auch als Privatperson eine unerlaubte Handlung begeht (vgl BGH NJW 1974, 1371; BGHZ 56, 73, 77 = NJW 1971, 1358; BGHZ 109, 297, 302 ff). Kann demnach ein GmbH-Geschäftsführer nicht nach § 831 Abs 2 oder nach § 823 Abs 1 in Anspruch genommen werden, scheidet generell auch eine Durchgriffshaftung aus (BGH NJW 1974, 1371 = LM § 831 B Nr 7; MünchKomm/STEIN[3] Rn 68; aA FRANCK BB 1975, 588).

F. Reformvorschläge zu § 831

Die Kritik richtete sich schon gegen E I §§ 711, 712 (vGIERKE, Entwurf 261 f: Der Entwurf **131**
„hat so wenig Fühlung mit der Lebensbewegung unserer Zeit, daß ihn nicht einmal eine Ahnung davon beschleicht, wie allgemein die Überzeugung von der Unhaltbarkeit des reinen Deliktsstandpunktes für eine moderne Schadenersatzordnung und das Verlangen nach einer an altnationales Recht wieder anknüpfenden Reformgesetzgebung verbreitet ist"; zur kritischen Diskussion zur Zeit der Entstehung des „kranken" § 831 s SEILER JZ 1967, 525), dessen rein individualistische (romanistische) Konzeption bemängelt wurde. Der Schwerpunkt der Reformdiskussion liegt bei der Exculpationsmöglichkeit, namentlich dem dezentralen Entlastungsbeweis. Dieser hat auch den stärksten Anstoß für die Reformdebatte gegeben. Der Gedanke einer Unternehmerhaftung unabhängig von der Eigenverantwortlichkeit des Unternehmers hat im 1978 novellierten Haftpflichtgesetz (§ 3 HaftPflG) und vor allem im Referentenentwurf des Bundesministeriums der Justiz zur Neugestaltung des Schadensersatzrechts von 1967 Ausdruck gefunden. Dieser blieb von ESSERS Kritik (AcP 148 [1943] 121–146 = Wege der Rechtsgewinnung 3, 13–17) am geltenden § 831 und seinen Reformvorstellungen offenbar nicht unbeeinflußt; auch dürften die Vorschläge des Ausschusses für Personen-, Vereins- und Schuldrecht der Akademie für Deutsches Recht, Unterausschuß Schadensersatzrecht, nachgewirkt haben (Vorschlag des Unterausschusses für Schadensersatzrecht der Akademie für Deutsches Recht, § 6 der Deutschen Schadensordnung: *(I) „Wer einen anderen zu einer Verrichtung bestellt, ist zum Ersatz des Schadens verpflichtet, den der andere in Ausführung der Verrichtung einem Dritten rechtswidrig zufügt. (II) Die Ersatzpflicht tritt nicht ein, wenn der Geschäftsherr nachweist, daß den Verrichtungsgehilfen kein Verschulden trifft. Es bleibt jedoch auch in diesem Falle bei der Ersatzpflicht des Geschäftsherrn, wenn er nicht außerdem nachweist, daß er bei der Auswahl und bei der Beaufsichtigung des Gehilfen sowie der ihm etwa obliegenden Beschaffung von Gerätschaften und dergleichen, die im Verkehr erforderliche Sorgfalt beobachtet hat, oder daß der Schaden auch bei Anwendung dieser Sorgfalt entstanden wäre. Hat der Geschäftsherr aus zwingenden Gründen, namentlich wegen des Umfangs des Betriebes, den Gehilfen nicht selbst ausgewählt und beaufsichtigt oder die Gerätschaften nicht selbst beschafft, so befreit ihn von der Ersatzpflicht nur der Nachweis, daß die mit der Auswahl und Beaufsichtigung oder der Beschaffung der Gerätschaften betrauten Personen hierbei die im Verkehr erforderliche Sorgfalt beobachtet haben, oder daß der Schaden auch bei Anwendung dieser Sorgfalt entstanden wäre. (III) Die gleiche Verantwortlichkeit trifft denjenigen, der für den Geschäftsherrn die Besorgung eines der im Absatz II Satz 2 bezeichneten Geschäfte durch Vertrag übernimmt."*
– zitiert nach LÖNING, in: NIPPERDEY [Hrsg], Grundfragen 62 f sowie ESSER AcP 148 [1943] 121, 136 = Wege der Rechtsgewinnung 3, 14; s auch ZELLER, ZAkadDR 1939, 164). Doch hat auch der Referentenentwurf die schon seit 1940 geführte Reformdiskussion nicht beenden können (NIPPERDEY NJW 1967, 1985 mwN; s auch § 28 der Haftungsordnung des von der Akademie für Deutsches Recht im Jahr 1941 vorgelegten Systems des Volksgesetzbuches: SCHUBERT [Hrsg], Protokolle der Ausschüsse Bd 3 [1988] 144).

I. Referentenentwurf eines Gesetzes zur Änderung und Ergänzung schadensersatzrechtlicher Vorschriften des Bundesministeriums der Justiz von 1967 (E-1967)

Der Entwurf ersetzt vollständig die geltende Regelung. Die **Neufassung von § 831** **132**
sollte lauten: *„Wer einen anderen zu einer Verrichtung bestellt, ist, wenn der andere in Ausführung der Verrichtung durch eine vorsätzlich oder fahrlässig begangene unerlaubte Handlung einem Dritten einen Schaden zufügt, neben dem anderen zum Ersatz*

des Schadens verpflichtet". Nicht mehr vorgesehen war der S 2 eines ansonsten entsprechenden **Reformentwurfs von 1958**: *„Ist der Verrichtungsgehilfe für einen von ihm verursachten Schaden aufgrund der §§ 827, 828 nicht verantwortlich, so hat gleichwohl der Geschäftsherr den Schaden insoweit zu ersetzen, als die Billigkeit nach den Umständen, insbesondere nach den Verhältnissen der Beteiligten eine Schadloshaltung erfordert."*

In der Begründung, Teil II des Referentenentwurfs, betonen die Mitglieder der Kommission (BAUR, vCAEMMERER, DÖLLE, ERMAN, ESSER, HAUSS, LARENZ, LORENZ, NIPPERDEY, REINHARDT, SCHMIDT-RIMPLER, WUSSOW) die Notwendigkeit einer Reform von § 831 unter verschiedenen Aspekten: In der Generalbegründung (Begr II 11 f) fordern sie die Abkehr vom Entlastungsbeweis der bisherigen Regelung und den Übergang zu einem **System unbedingten Einstehens des Geschäftsherrn für seine Verrichtungsgehilfen**. Wie in den weltweit meisten Rechtsordnungen müsse die Geschäftsherrenhaftung die Handlungen umfassen, die ein Verrichtungsgehilfe in Ausübung der ihm übertragenen Tätigkeit schuldhaft begeht, ohne daß es auf eigenes Verschulden des Geschäftsherrn bei Auswahl, Unterweisung oder Überwachung ankomme. Wegen der zahlreichen Umgehungen der rechtlichen Folgerungen aus § 831 werde dessen Grundgedanke in der praktischen Rechtsanwendung verneint. Daran zeige sich, daß sich die Norm nicht bewährt habe. Gefordert wird statt dessen die **Angleichung von § 831 an § 278** (Begr II 12; so schon ESSER AcP 148 [1943] 121, 135 = Wege der Rechtsgewinnung 3, 13).

Im einzelnen argumentiert die Kommission in der General- und Spezialbegründung: Wegen der erforderlichen **Harmonisierung der europäischen Rechtsordnungen** und zur **internationalen Rechtsvereinheitlichung** über diese Grenzen hinaus bestehe ein Bedürfnis zur Abkehr vom Entlastungsbeweis. Denn weder im anglo-amerikanischen Rechtskreis noch im Code Civil sowie mit Ausnahmen im nordischen Rechtskreis sei ein dem § 831 entsprechender Entlastungsbeweis vorgesehen. Das schweizerische (Art 55 SchweizOR) und österreichische Recht (§§ 1314, 1315 öABGB), sehen zwar einen Entlastungsbeweis generell vor, doch werde dessen Anwendungsbereich beschränkt (Begr II 11 ff, 78 ff).

Die Begründung im Referentenentwurf verweist zudem darauf, daß nach § 2 RHaftPflG (jetzt § 3 HaftPflG) für die Gehilfenhaftung ein Verschulden des Gehilfen und nicht des Geschäftsherrn vorausgesetzt werde. Für die unterschiedliche Regelung in § 831 sei eine Rechtfertigung nicht zu erkennen, die Norm müsse daher auch zur **nationalen Rechtsvereinheitlichung** reformiert werden: § 831 E-1967 setzte ebenfalls ein Verschulden des Gehilfen voraus, der Geschäftsherr sollte jedoch nicht adjektizisch zur Haftung des Gehilfen haften (Begr II 109).

Ferner sei im Schadensfall die folgende Unterscheidung der Haftungsvoraussetzungen nicht gerechtfertigt: Während sich die Beweislast des Verletzten bei einer unerlaubten Handlung des Schädigers nach § 823 auf dessen Verschulden richte, werde im Fall einer unerlaubten Handlung des Verrichtungsgehilfen nach § 831 eine Beweislast des Geschäftsherrn für die eigene Sorgfalt begründet. Dieses **Auseinanderklaffen der jeweiligen Prozeßgegenstände** sei unter zwei Gesichtspunkten fragwürdig. Zum einen ergebe sich ein **soziales Bedenken** daraus, daß § 831 dazu zwinge, stets das Vorleben des Verrichtungsgehilfen ohne konkreten Bezug zum schädigenden Ereignis zu durchleuchten und ihn im Schadensfall für die Zukunft zu brandmarken. Zum anderen entstehe durch die unterschiedlichen Haftungsvoraussetzungen ein **unübersehbares Prozeßrisiko** für den Geschädigten. Könne er die Prozeßvoraussetzungen bezüglich eines Verschuldensnachweises des Schädigers noch einschätzen, entzögen sich die betriebsinternen Voraussetzungen des Entlastungsbeweises regelmäßig seinem Beurteilungsvermögen.

Die Kommission **mißbilligt rechtspolitisch**, daß selbst bei Verschulden des Verrichtungsgehilfen der Verletzte nicht entschädigt werde, wenn der Entlastungsbeweis gelinge und der Gehilfe selbst zum Schadenersatz wirtschaftlich nicht in der Lage sei. Umgekehrt könne das Mißlingen des Entlastungsbeweises auch dazu führen, daß unter Umständen der Geschäftsherr hafte, obwohl weder ihn noch den Gehilfen ein Verschulden treffe.

Wenn auch meistens die Haftpflichtversicherung des Geschäftsherrn die durch Verrichtungsgehilfen verursachten Schäden mit abdecke und der Entlastungsbeweis somit wirtschaftlich an Bedeutung verliere (zB Pflichtversicherung der Kfz-Halter, Jäger, Betriebs- und Haushaltsversicherung), so würden Unternehmer dennoch oft aus Prestigegründen sowie wegen der gerichtlichen und außergerichtlichen Kosten **unnötige Prozesse** führen.

II. Kritik der Literatur zum E-1967

Die überwiegend **zustimmende Meinung** hält eine Reform von § 831, wie sie der E-1967 vorsieht, für wünschenswert (zur Reformdiskussion vor allem vBar, Gutachten 1758 f, 1776 f mwN; dort auch Schlechtriem 1616 f; Soergel/Zeuner[12] Rn 2; Wagner, in: Zimmermann, Grundstrukturen 189, 298 ff). Begrüßt wird der vorhersagbare **Verzicht auf Notlösungen** wie die culpa in contrahendo, die positive Forderungsverletzung, den Vertrag mit Schutzwirkung für Dritte, teilweise auch die Drittschadensliquidation, auf die nach einer befriedigenden Reform nicht mehr zurückgegriffen werden müßte (Jauernig/Teichmann Rn 4; Esser/Weyers, Schuldrecht II/2 § 58 I 2; s auch vBar, Gesamteuropäisches Deliktsrecht I Rn 189). Auch müsse die richterrechtliche Fortentwicklung der Geschäftsherrenhaftung im Rahmen der Organisationshaftung konsequenterweise aus § 823 Abs 1 in den § 831 zurückverlagert werden (Brüggemeier AcP 191 [1991] 33 ff mwN). Die Rechtfertigung der Reform wird nicht nur im verbesserten **Schutz für den Geschädigten** gesehen, sondern auch im **Schutz des Verrichtungsgehilfen**. Dieser werde nicht mehr wie bei der sozial unangemessenen bisherigen Regelung primär und gegebenenfalls allein der Klage des Geschädigten ausgesetzt (Denck, Schutz 172, 174). Für die verschärfte Haftung des Geschäftsherrn, dem nach der Reform der Entlastungsbeweis nicht mehr zugute kommt, spreche dabei der **Gedanke des Unternehmerrisikos** im Verhältnis zum Geschädigten. Wer den Nutzen aus der Beschäftigung von Gehilfen im eigenen Betrieb ziehe, und so den Tätigkeitsbereich ausweite, müsse auch für das erhöhte Haftungsrisiko einstehen (Denck, Schutz 175 mit Verweis auf vCaemmerer, Wandlungen Ges Schr I 531 f; ders ZfRV 1973, 261; ders BB 1989, 1192, 1196; Wicke 23). In rechtstechnischer Hinsicht füge sich die neue Vorschrift als Ausdruck einer „**Bereichshaftung**" in den Rahmen von § 1004, § 2 RHaftPflG (jetzt § 3 HaftPflG) und der Haftung des Reeders im Schiffahrtsrecht ein (Baur, Karlsruher Forum 1962, 16; Baur/Stürner, Sachenrecht [17. Aufl 1999] § 5 II 1c, cc). Darüber hinaus wird der E-1967 auch als ein Schritt zur **internationalen Rechtsvereinheitlichung** befürwortet (Zweigert/Kötz, Rechtsvergleichung, § 41, 649).

Obwohl generell für nötig erachtet wird, daß die Entlastungsmöglichkeit im Zuge der Reform wegfällt, wird dennoch nicht verkannt, daß auch ein gewisses Bedürfnis für die Exculpation besteht. Es ist nicht zu übersehen, daß der Entlastungsbeweis für den Geschäftsherrn einen Anreiz dafür bietet, Sorgfalt bei der Auswahl und Überwachung walten zu lassen. Die Entlastungsmöglichkeit solle für **Kleinbetriebe** bleiben, die überwiegend mit Familienangehörigen arbeiteten, sowie für Hilfskräfte in **privaten Haushalten**. Denn insoweit gelte die berechtigte Erwägung der Verfasser der alten Regelung fort, daß der Kleinunternehmer nur selten von den ihm zu Gebote stehenden Versicherungsmöglichkeiten Gebrauch mache (LARENZ/CANARIS, Schuldrecht II/2 § 79 III 6, mit Verweis auf MUGDAN II 1094; im Gegensatz dazu vgl Begr II, 110 und vCAEMMERER ZfRV 1973, 241, 251 ff; WEITNAUER VersR 1970, 585, 593 ff, 596). Demgegenüber wird nach anderer Auffassung weniger das Interesse des Kleinunternehmers als vielmehr der Arbeitnehmerschutz in den Vordergrund gestellt. Zugunsten des Arbeitnehmers (als auch des Geschädigten) solle nicht nur die Entlastungsmöglichkeit einheitlich wegfallen, wie es der E-1967 bereits vorsehe, sondern zudem eine **Beweislastumkehr für das Gehilfenverschulden** zu Lasten des Geschäftsherrn eingefügt werden. Es solle gerade auch der kleine Unternehmer gezwungen werden, sich zu versichern (DIEDERICHSEN ZRP 1968, 61; so auch BGB-RGRK/STEFFEN § 831 Rn 3; vgl zusätzlich für die Pflichtwidrigkeit der Gehilfenhandlung E SCHMIDT AcP 170 [1970], 530).

Eine andere modifizierende Auffassung (vBAR, Gutachten 1706 f, 1762, 1776) schlägt den folgenden Wortlaut vor: „*Wer einen anderen zu einer Verrichtung bestellt, hat für den Schaden einzustehen, den der andere einem Dritten in Ausführung der Verrichtung widerrechtlich zufügt. Die Ersatzpflicht des Geschäftsherrn nach Satz 1 ist ausgeschlossen, wenn den Geschäftsherrn kein Verschulden trifft.*"

Die **Gegner der Reform** kritisieren, daß diese bei **richtiger dogmatischer Einordnung** und **Verschärfung der bestehenden Regelung** nicht nötig sei (JAKOBS VersR 1969, 1061; vgl auch HELM AcP 166 [1966] 389 ff, 408; MünchKomm/STEIN[3] Rn 8; dogmatische Bedenken vor allem bei E SCHMIDT AcP 170 [1970] 525). Mit der beabsichtigten Annäherung der Geschäftsherrenhaftung an § 278 seien die aktuellen Probleme noch nicht gelöst (E SCHMIDT AcP 170 [1970] 529; ähnlich HELM AcP 166 [1966] 389, 406), etwa die zentrale Frage, welche Bestellung zu einer Verrichtung tatbestandsmäßig ist (schon ESSER AcP 148 [1943] 121, 136 f = Wege der Rechtsgewinnung 3, 15 bezeichnete die „zu einer Verrichtung bestellte Person" als „blasses juristisches Schemengebilde"; KUPISCH JuS 1984, 250 ff; WICKE 31). Im übrigen trügen die **rechtsanwendenden Instanzen** die Verantwortung für eine gerechtere Haftung nach § 831, auch wenn sie nur kasuistisch reagieren könnten (KUPISCH aaO). Gegen den E-1967 spreche auch, daß er nicht für **private Haushalte** und für die im wesentlichen mit Familienangehörigen arbeitenden **Kleinbetriebe** passe. Um den größten Unzuträglichkeiten von § 831 zu begegnen, gestalte sich vielmehr die Lehre vom **Organisationsverschulden** als flexibler und daher geeigneter (LESSMANN JA 1980, 193 ff). Ebenso könne die uneingeschränkte Abschaffung des Entlastungsbeweises nicht zu gerechten Ergebnissen führen, wenn von der Einschaltung des Verrichtungsgehilfen keine **erhöhte Gefährdung** des Publikums ausgehe (ESSER/WEYERS, Schuldrecht II/2 § 58 I 2). BÖHMER (MDR 1964, 968, 969) gab zu bedenken, daß der Geschäftsherr unter Umständen sogar auf die Sorgfalt bei der Auswahl und Überwachung seiner Verrichtungsgehilfen verzichten werde, wenn er sich sagen müsse, daß ihn diese Sorgfalt nicht von der Haftung befreie. BÖHMER weist darauf hin, daß das Verantwortungsbewußtsein des Schädigers gemindert werde, wenn das Gesetz ihn trotz Fehlens jeder Schuld für haftpflichtig erkläre. KÖTZ/WAGNER (Deliktsrecht Rn 328) halten den Reformvorschlag des Jahres 1967 heute „für obsolet", weil er im Rahmen des aktuellen Vorhabens zur Reform des Schuldrechts nicht aufgegriffen wurde. Zum letzten ist anzumerken: Zwar hält § 278 nF daran fest, daß dem Geschäftsherrn die Verantwortung für schuldhafte Fehlhandlungen von Hilfspersonen nur im Rahmen von Sonderverbindungen zugerechnet wird. Obwohl alles mit allem zusammenhängt, ist aber zu bezweifeln, daß die Entwurfsverfasser zugleich eine Entscheidung über die Personalverantwortung des Geschäftsherrn in Jedermann-Beziehungen treffen wollten, indem sie § 278 unverändert ließen. Der Schuldrechtsreform ist keine Bestätigung von § 831 zu entnehmen.

III. Stellungnahme

Angesichts der Fülle der Rspr und der Streitpunkte zu § 831 stellt sich die berechtigte Frage, ob die Norm sich in den über einhundert Jahren ihres Bestehens bewährt hat. Während BÖHMER (JR 1963, 134) das bejaht, behauptet vCAEMMERER (Wandlungen Ges Schr I 529), die Bestimmung habe sich „in der Praxis als mißlungen erwiesen" (s auch WEITNAUER VersR 1963, 101); LÖNING (in: NIPPERDEY [Hrsg], Grundfragen 50) meinte gar, sie habe „zu Mißständen geführt". Dafür könnte sprechen, daß zur Umgehung des Entlastungsbeweises eine starke Verlagerung der Geschäftsherrenhaftung in den vertraglichen Bereich stattgefunden hat, etwa durch Ausdehnung der vertraglichen Schutzpflichten auf Dritte (s auch WICKE 27 ff). Deshalb aber vom Versagen der Norm zu sprechen (E-1967, Begr II 12), geht zu weit. Es darf nicht vergessen werden, daß es sich bei dem BGB um ein alterndes Gesetz (FIKENTSCHER, Methoden des Rechts I S 3) handelt, das in allen seinen Feinheiten und Interpretationen nunmehr herangereift ist. Die Norm lebt in der Zeit (FIKENTSCHER, Methoden des Rechts I S 4) und die Geschäftsherrenhaftung wird heute nicht nur in rechtlicher, sondern auch in gesellschaftspolitischer Hinsicht anders gedeutet als beim Inkrafttreten des BGB. Die später entwickelten und herangezogenen alternativen Grundlagen für die Geschäftsherrenhaftung, wie die cic, pFV, der Vertrag mit Schutzwirkung für Dritte, Schutzverbindlichkeiten aus sozialem Kontakt und die Organisationshaftung, sind Rechtsfortbildungen, die eine **permanente, konstruktive Kritik** an § 831 darstellen (kritisch dazu ESSER AcP 148 [1943] 121 ff = Wege der Rechtsgewinnung 3, 13 ff; BÖHMER MDR 1964, 968 ff; FUNDEL 205). Jede Anwendung der Norm durch die Rspr läßt diese nicht unberührt, sondern bestimmt ihre konkrete Bedeutung fortdauernd weiter (CANARIS, Schutzgesetze, in: FS Larenz [1983] 161 ff). Die Dynamik der Rechtsordnung erlaubt der Wissenschaft und Rspr den Vorbehalt der besseren Erkenntnis, was durch die genannten Rechtsfortbildungen bestätigt wird. Dieser Zustand ist Ausdruck der Offenheit der Rechtsordnung und als solcher nicht aus sich heraus zu kritisieren (LARENZ, Methodenlehre der Rechtswissenschaft 115 ff). Zwar gleicht das genannte Richterrecht nur kasuistisch die Schwächen von § 831 aus, doch wurde damit ein funktionierendes Haftungssystem entwickelt, das noch immer nicht seine Grenzen erreicht haben mag. Es wäre eine Illusion, zu glauben, daß eine Reform von § 831, wenn sie auch Schwächen wie den Entlastungsbeweis beseitigt, zu allseits befriedigenden Ergebnissen führen werde. Auch ist fraglich, ob dann nicht eine Verlagerung der Probleme, etwa in den prozessualen Bereich der Beweisführung stattfinden wird (HELM AcP 166 [1966] 406; E SCHMIDT AcP 170 [1970] 529). Wer eine Reform iSv E-1967 befürwortet, muß bekennen, daß Anknüpfungspunkt für die Haftung nicht mehr die Unrechtssühne, sondern der gerechte Schadensausgleich sein soll (s ESSER 106). Damit ist die Pflicht verbunden, die Gerechtigkeit des Schadensausgleichs (Verteilungsgerechtigkeit) zu begründen. Sie läßt sich nicht – wie die anerkannten Tatbestände der Gefährdungshaftung – durch eine besondere Gefährdung anderer rechtfertigen (BÖHMER JR 1963, 134). Gefordert ist eine nachvollziehbare Zuordnung der Wagnisse, die mit der Arbeitsteilung verbunden sind. Nach wie vor sprechen gute Gründe dafür, den Geschäftsherrn nur für Gefahren einer *fehlerhaft* organisierten und geführten Unternehmens-, Betriebs- oder (allgemein) Arbeitsorganisation einstehen zu lassen. Denkbar ist aber auch, den Gleichlauf von Macht und Verantwortung zu betonen. Nach ESSER (Gefährdungshaftung 100) besteht das Wesen der Einstandspflicht darin, daß in dem Maße, in dem ein Sozialpartner durch Aneignung fremder Kräfte eine erhöhte Macht erwerbe, sich auch die Wagnisbeherrschung (die „Verantwortlichkeit") erhöhe, die er sich selbst beimesse. Zu bedenken ist schließlich, daß eine deliktische Haftung für andere die individualistische Grundkonzeption des BGB verläßt. Wenngleich die Vorstellung einer Haftung für unerlaubte Handlungen anderer alt ist (vGIERKE, Privatrecht III 922; vLISZT, Die Deliktsobligationen im System des Bürgerlichen Gesetzbuchs [1889] 101) und sich in Art 1384 Code Civil wiederfindet (vBODENHAUSEN 28–31), entsprach sie auch nationalsozialistischer Rechtsauffassung (als Beleg ZELLER ZAkadDR 1939, 164). Der Unterschied zwischen Vertrags- und Deliktsunrecht wurde vom Dogma der Volksgemeinschaft geleugnet. Nach dem Motto „Einer für alle, alle für einen" wurde gefordert, daß ein Unternehmen für das Tun seiner Gefolgsleute ohne Exculpationsmöglichkeit einzustehen habe (so zuvor schon vGIERKE, Privatrecht III, 924, der forderte, „daß der Unternehmer als Haupt eines herrschaftlich organisierten Verbandes für die im Betriebe tätigen Verbandsangehörigen einstehen muß, weil die Schadensverursachung von diesem Verbande als einem einheitlichen Ganzen ausgeht"). ZELLER (ZAkadDR 1939, 164) kennzeichnete die geltende Regelung des BGB als liberalistisch, nicht nationalsozialistisch. Den freiheitlichen Geist des BGB sollte man bewahren.

Neben der Frage nach dem Funktionieren der bestehenden Regelung stellt sich jene nach der Erforderlichkeit ihrer **Anpassung an andere nationale Haftungsinstitute**, wie § 3 HaftPflG, § 1004, § 31, Art 34 GG, § 33 Abs 2 HS 2 BJagdG. Diesen Bestimmungen eine gemeinsame und generalisierende Tendenz im Sinne einer Haftung für den eigenen Lebensbereich zu entnehmen (BAUR, Karlsruher Forum 1962, 16), wird mit Recht bezweifelt (E SCHMIDT AcP 170 [1970] 502 ff). Die Haftung für Verrichtungsgehilfen nach dem E-1967 ist weder mit einer Zustandshaftung, wie nach § 1004, noch mit einer Repräsentantenhaftung, wie in § 3 HaftPflG, in § 31, in Art 34 GG, § 33 Abs 2 HS 2 BJagdG, vergleichbar. Vielmehr ist die Entwurfsregelung schlicht eine eng begrenzte Haftung für eigenes Verschulden beim Einsatz von Hilfspersonen, die am ehesten § 278 gleicht. Die **Angleichung an § 278**, wie sie der E-1967 erstrebt (Begr II 12), besitzt die geringste dogmatische Legitimation. Zu Recht wird bezüglich der Verschuldenszurechnung durch § 278 darauf verwiesen, daß der gesteigerte soziale Kontakt „mit seinen besonderen Vertrauensgewährungen und -erwartungen (...) die weite Einstandspflicht des Vertrauensempfängers rechtfertigt" (JAKOBS VersR 1969, 1061, 1064; s oben Rn 5). Diese **gezielte Verantwortlichkeit** kennt das Deliktsrecht nicht (E SCHMIDT AcP 170 [1970] 502, 531). Die Schwäche der dogmatischen Legitimation einer Haftung für andere zeigt sich auch in § 33 Abs 2 S 2 HS 2 BJagdG. In dieser Bestimmung ist die Ersatzpflicht des Jagdausübungsberechtigten für Jagdaufseher und Jagdgäste geregelt (näher § 835 Rn 26). Durch die auf § 48 Abs 2 RJagdG zurückgehende Regelung soll erreicht werden, daß der Geschädigte nicht jedesmal erst den Schuldigen feststellen muß, sondern stets den Jagdausübungsberechtigten in Anspruch nehmen kann (SCHERPING/VOLLBACH RJagdG § 48 Erl 3) – ein recht schlichtes, zweifelhaftes Regelungsziel (s oben). Der Forderung nach nationaler Rechtsvereinheitlichung aus systemimmanenten Gründen ist daher zu widersprechen. Die Angleichung war von den Verfassern des BGB nicht gewollt, wenn sie auch zuvor auf dem 17. Deutschen Juristentag befürwortet wurde (vgl Prot II 2777 f; O MEYER auf dem 17. Deutschen Juristentag, Verh I 125 ff; II 124 ff; s oben Rn 1).

Anders stellt sich die Reformfrage im Zusammenhang mit dem **Bedürfnis nach einer internationalen Rechtsvereinheitlichung**, vor allem im Bereich der EU-Staaten, wobei allerdings die Skepsis und Zurückhaltung gegenüber legislatorischen Vereinheitlichungsprojekten der EU (WICKE 33 f) nicht unbegründet ist. Dennoch: So ausgefeilt und überwiegend funktionierend die jetzige Rechtslage in Deutschland erscheint, muß sie doch bei Juristen aus anderen Rechtsordnungen Unverständnis erwecken. Vor allem die anglo-amerikanischen und romanischen Rechtsordnungen weisen für die Geschäftsherrenhaftung denkbar einfache Lösungen auf, wie sie auch im E-1967 aufgegriffen worden sind. In diesen Ländern ist daher nie der Gedanke einer Reform so weit vorangetrieben worden wie in Deutschland. Im Gegenteil werden eher die Schwächen des eigenen Systems akzeptiert, als eine Änderung zu fordern (VCAEMMERER 251 ff), auch wenn das teilweise zu einer erheblichen Tatbestandseinengung etwa des ansonsten weitgefaßten Art 1384 Code civil geführt hat (HELM AcP 166 [1966] 389, 407; HÜBNER Karlsruher Forum 1962, 24 mit der gleichen Befürchtung für den E-1967). Mit Recht wird vor der Abschaffung der Einstandspflicht für Delikte der eigenen Leute gewarnt, wie sie im Common Law anerkannt ist (eingehend WICKE 155–319). Die Folge wäre „*a huge expansion of implied, i.e. fictitious contracts, to no great advantage of either law or conscience*" (POLLOCK, in: MARK DE WOLFE HOWE [Hrsg], Holmes-Pollock-Letters, 1872–1932, [Cambridge 1961] 234, dazu ZWEIGERT/KÖTZ, Rechtsvergleichung § 41).

Die kritische Frage, warum Deutschland mit dem am **feinsten durchgebildeten Haftungssystem** den Anfang für eine internationale Rechtsvereinheitlichung machen solle (E SCHMIDT AcP 170 [1970] 502, 526), wirkt vor diesem Hintergrund verfehlt. Daß ein Handlungsbedarf für eine Angleichung der Geschäftsherrenhaftung an die Systeme im Common Law, im Code civil und auch im Codice civile besteht, ist in anderen Rechtsordnungen erkannt worden. So haben in Schweden und Finnland, wo früher der Geschäftsherr auch nur im Fall eigenen Verschuldens haftete (ANDRESEN RabelsZ 27 [1962/63] 252), die Gesetzgeber den Entlastungsbeweis inzwischen beseitigt (ZWEIGERT/KÖTZ Rechtsvergleichung, § 41, 634 f mit Verweis auf WOELLERT, Die außervertragliche Gehilfenhaftung im nordischen Recht, RabelsZ 39 [1975] 304). Im japanischen Recht ist zwar die Möglichkeit der Exculpation ebenso wie im deutschen Recht ausdrücklich im Gesetz vorgesehen. In der Praxis wird der Entlastungsbeweis aber seit Jahrzehnten nicht mehr zugelassen. Voraussetzung der Einstandspflicht des Geschäftsherrn ist allerdings, daß der Verrichtungsgehilfe den allgemeinen Deliktstatbestand voll erfüllt hat; das heißt, der Verrichtungsgehilfe muß auch schuldhaft gehandelt haben. Damit erfolgt in Japan im Rahmen der Haftung für Verrichtungsgehilfen im Ergebnis eine Zurechnung fremden Verschuldens (KADEL ZfRV 1997, 56, 64). Zumindest das Erfordernis einer starken Einschränkung des Entlastungsbeweises ist gesehen worden, etwa für die Rechtslage, die Art 55 SchweizOR geschaffen hat. Zwar ist der sog „Befreiungsbeweis" gem Art 55 SchweizOR durch den Geschäftsherrn führbar, doch genügt nicht allein dessen Beachtung der „üblichen Sorgfalt", sondern erst aller objektiv gebotenen Maßnahmen (BGE 47 II 425/428; BGE 56 II 283/287, Nachweis bei BREHM, Berner Kommentar, Das Obligationenrecht, VI 1 3 1, Art 41–61 OR [1990] Art 55 Schweiz-OR). Der Einwand, daß auch die unserem Rechtssystem am engsten verbundenen Nachbarländer keinen Grund zur Rechtsanpassung sehen (HELM AcP 166 [1966] 389, 407), ist daher heute nicht mehr tragfähig. In die gleiche haftungsrechtliche Richtung, nur vor einem anderen gesellschaftspolitischen Hintergrund, ging die Lösung des § 331 des Zivilgesetzbuchs der ehemaligen DDR (ZWEIGERT/KÖTZ, Rechtsvergleichung II, Institutionen [2. Aufl 1984] 379).

Zu befürworten sind die Bemühungen um ein **einheitliches EU-Schuldrecht**. Sie gerieten ins Stocken, weil Kompetenzfragen ungeklärt sind (ARMBRÜSTER RabelsZ 60 [1996] 88), ruhen aber nicht (Mitteilung der Kommission an den Rat und das Europäische Parlament zum Europäischen Vertragsrecht KOM [2001] 398 v. 11.7.2001). Der Entwurf für eine Dienstleistungs-Haftungsrichtlinie wurde zurückgezogen (Schreiben an die deutsche Regierung vom 10.6.1994 – IP/94/524, BLE 27.6.1994, S 4; zum Richtlinienvorschlag eingehend TRULI 29–82; GRUNDMANN ZGR 1999, Sonderheft 15, 310 ff; HIRTE 220 ff; WALKER/LOHKEMPER RdA 1994, 105; HEINEMANN ZIP 1991, 1193; ferner Versicherungswirtschaft 21/1995, 1501 zum sektoriellen Entwurf im Baubereich sowie zum Verbraucherschutz und medizinischen Dienstleistungen; s auch WICKE 38). Der Entwurf hielt zwar formal am Verschuldensprinzip fest (eingefügt durch den dritten Vorentwurf s TRULI 28), sachlich gab er es aber weitgehend auf (HIRTE 224; zu einer solchen Regelungstechnik kritisch schon ESSER AcP 148 [1943] 121, 137 = Wege der Rechtsgewinnung 3, 15). Der E-1967, der an das Verschulden des Gehilfen anknüpfte, entsprach dem Richtlinienentwurf insofern, als er auf der Seite des Anspruchsberechtigten auf die Unterscheidung zwischen Vertragspartner und Drittem verzichtete. Mit der Richtlinie 2006/123/EG v 12.12.2006 (ABl L 2006/376/36) über Dienstleistungen im Binnenmarkt sollen zunächst Beschränkungen der Niederlassungs- und Dienstleistungsfreiheit im Rahmen des bis 2010 laufenden Wirtschaftsreformprogramms beseitigt und den Dienstleistungserbringern und -empfängern Rechtssicherheit gewährleistet werden (s Mitteilung der Kommission an den Rat, das Europäische Parlament, den Europäischen Wirtschafts- und Sozialausschuß und den Ausschuß der Regionen KOM [2004] 2 v 27.1.2005; Stellungnahmen des Europäischen Wirtschafts- und Sozialausschusses ABl C 2005/221/113, des Ausschusses der Regionen ABl C 2005/43/18 und der Kommission ABl C/2007/138/6). Die Schaffung eines einheitlichen EU-Schuldrechts rückt damit wieder verstärkt in den Mittelpunkt.

Zu nennen sind auch die Arbeiten unabhängiger internationaler Kommissionen, die sich mit der EU-weiten Vereinheitlichung des Schuldrechts bzw des Deliktsrechts befassen, so der Study Group on a European Civil Code (dazu vBAR ZEuP 2001, 515 ff; ders, Die Study Group on a European Civil Code; in: FS Henrich [2000] 1) und der European Group on Tort Law (zu einem Vergleich der Vorschläge beider Gruppen zum Deliktsrecht s MAGNUS ZEuP 2004, 562; grundsätzlich zu den vorgeschlagenen Konzepten JANSEN RabelsZ 70 [2006] 732). Die Study Group on a European Civil Code geht davon aus, daß die Arbeitgeberhaftung nicht dem Modell des § 831 folgen könne (vBAR ZEuP 2001, 515, 523 Fn 18, 529). Die Endfassung des Formulierungsvorschlags ihres Arbeitsteams aus dem Jahr 2006 lautet in Art 3:201: *„(1) A person who employs or similarly engages another, is accountable for the causation of legally relevant damage suffered by a third person when the person employed or engaged (a) caused the damage in the cause of employment or engagement, and (b) caused the damage intentionally or negligently, or is otherwise accountable for the causation of damage. (2) Paragraph (1) applies* *correspondingly to a legal person in relation to a representative causing damage in the cause of their engagement. A representative is a person who is authorised to effect juridicial acts on behalf of the legal person by its constitution."*

Auch die European Group on Tort Law (EGTL) sieht eine strikte Geschäftsherrenhaftung für Delikte von Hilfspersonen, die im Rahmen des ihnen übertragenen Aufgabenbereichs handeln, vor (s Koziol ZEuP 2004, 234, 253; Magnus ZEuP 2004, 562, 572). Die im Jahr 2005 veröffentlichten Principles of European Tort Law (PETL) (zum Text s ZEuP 2004, 427 ff) bestimmen in Art 6:102 zur Haftung für Hilfspersonen: *„(1) Soweit Hilfspersonen im Rahmen ihres Aufgabenbereichs tätig werden, dabei aber den erforderlichen Sorgfaltsmaßstab verletzen, haftet ihr Geschäftsherr für den dadurch verursachten Schaden. (2) Ein selbständiger Unternehmer ist keine Hilfsperson im Sinne dieses Artikels."* (Art 6:102 Liability for Auxiliaries: *(1) A person is liable for damage caused by his auxiliaries acting within the scope of their functions provided that they violated the required standard of conduct. (2) An independent contractor is not regarded as an auxiliary for the purposes of this Article.*) Koziol (aaO) hält diese Haftung zumindest für den Einsatz von Hilfspersonen im privaten Bereich für zu weitgehend, da deren Einsatz kaum erhöhte Risiken für Dritte zur Folge habe.

Die Reform von § 831 ist, wenn man sie für nötig erachtet, nur im **Rahmen des E-1967** zu vertreten („eine eminent praktikable Lösung" - so Deutsch/Ahrens, Deliktsrecht Rn 332). Der einschränkende Vorschlag durch die Vornahme einer Differenzierung zwischen Klein-/Großunternehmen (Larenz/Canaris, Schuldrecht II/2 § 79 III 6 mit Verweis auf Mugdan II S 1094) ist kaum durchführbar, da vor allem die Grenzziehung nicht ohne Willkür erfolgen könnte (überzeugend vCaemmerer ZfRvgl 14 [1973] 241, 252 f; Renner 193). Auch sollte die Reichweite der Geschäftsherrenhaftung nicht von schwankenden Umsatz- oder Beschäftigungszahlen abhängig gemacht werden, da kein innerer Bezug zwischen Haftung und Umsatz oder Beschäftigungskapazität besteht (vBar, Gutachten 1776). Vielmehr ist darauf zu verweisen, daß jeder Unternehmer und Privatmann sich hinsichtlich seiner Arbeitnehmer bzw Haushaltsangestellten versichern kann (Denck, Schutz 179). Für die **einheitliche Haftung** aller Geschäftsherren ohne Unterscheidung spricht der Gedanke des von jedem zu tragenden Unternehmerrisikos. Derjenige soll das Risiko tragen, der auch den Nutzen aus der Verrichtung zieht (vCaemmerer, Wandlungen Ges Schr I 531; Wicke 23). Dieser Aspekt des *qui sentit commodum debet sentire et onus* besteht sowohl im Code Civil als auch im Common Law (zur „l'idée de profit" wird die Frage gestellt: „N'est-ce pas le service dont le maître profite qui a produit le mal qu'on le condamne à réparer?", Mazeaud, Tunc, Responsabilité Civile, Tome Premier, Nr 930; idS auch PS Atiyah's Vicarious Liability in the Law of Torts 12 ff). Rechtspolitisch über den Utilitätsgrundsatz und die Korrelation von Macht und Verantwortung hinausgehend, aber durchaus überzeugend argumentiert auch die Lehre in den USA zur Fortentwicklung der Unternehmerhaftung *(respondeat superior):* Es soll derjenige die Haftung für Schäden aus Unfällen tragen, der sich am besten dagegen versichern kann. Das ist für Schäden durch Verrichtungsgehilfen weder der Geschädigte noch der Gehilfe, sondern der Geschäftsherr (s auch Wicke 23). Zudem hat dieser als einziger die Möglichkeit, die Kosten der Versicherung durch die eigene Preisgestaltung auf die Allgemeinheit umzulegen; er ist daher der beste *„risk absorber"* (Zweigert/Kötz Rechtsvergleichung § 41, 648, 649). Oder wie es CJ Holt bereits 1701 in *Hern* v *Nichols* formulierte: *„somebody must be a loser by this deceit, it is more reason that he that employs and puts a trust and confidence in the* *deceiver should be a loser, than a stranger"* (aus CRONIN and GRIME, Labour Law 160/161 Fn 14). Bei privaten Hausangestellten wird das Schadensrisiko in der Regel durch die Privathaftpflichtversicherung prämienfrei mitgedeckt (DENCK, Schutz 165 ff, 179 mit Verweis auf BRUCK/MÖLLER/JOHANNSEN, VVG IV, H. 11; STELZER VersR 1962, 307 f), auch wäre eine Abgrenzung von privater und wirtschaftlicher Betätigung in der Praxis häufig nur schwer durchführbar (ebenso RENNER 195). Zudem gilt der Gedanke des Unternehmerrisikos unterschiedslos für jegliche Gehilfenhaftung.

Die Einführung von **Haftungshöchstgrenzen** bedürfte der Erstreckung bestehender Spezialgesetze (zB HaftPflG) auf die Haftung für den Verrichtungsgehilfen, um Wertungswidersprüche zu vermeiden (so RENNER 195), und ist daher wenig praktikabel.

Noch weitergehende Vorschläge, wie eine **Beweislastumkehr** für das Verschulden zugunsten des Verletzten (WEITNAUER Karlsruher Forum 1962, 7), sind jedoch unberechtigt und verlassen den Rahmen der Rechtsvereinheitlichung. Der **Widerspruch zur Produkthaftpflicht**, auf den hingewiesen wird (eingehend DENCK, Schutz 173), hat seinen Grund darin, daß das Anbieten von Dienstleistungen und von Waren nur beschränkt vergleichbar sind (kritisch zur Gleichbehandlung von Produkthaftung und Dienstleistungshaftung auch DEUTSCH ZRP 1990, 454, 455); gleichwohl beruht der Entwurf einer Richtlinie über die Haftung bei Dienstleistungen (s o) auf diesem gedanklichen Ansatz. Die Arbeitskraft mit einer Ware gleichzustellen, hieße dem Arbeitnehmer jedes Maß an Eigenverantwortlichkeit und -ständigkeit abzusprechen. Die Tätigkeit eines Arbeitnehmers in Ausübung einer Verrichtung ist kein Produkt, für das der Unternehmer uneingeschränkt garantieren könnte und sollte, ohne daß es auf ein Verschulden des Arbeitnehmers ankäme. Denn das bedeutete, jeden Arbeitnehmer als potentielles Schadensrisiko einzustufen, was nur in seltenen Fällen gefährlicher Verrichtungen zutrifft.

§ 832
Haftung des Aufsichtspflichtigen

(1) Wer kraft Gesetzes zur Führung der Aufsicht über eine Person verpflichtet ist, die wegen Minderjährigkeit oder wegen ihres geistigen oder körperlichen Zustandes der Beaufsichtigung bedarf, ist zum Ersatz des Schadens verpflichtet, den diese Person einem Dritten widerrechtlich zufügt. Die Ersatzpflicht tritt nicht ein, wenn er seiner Aufsichtspflicht genügt oder wenn der Schaden auch bei gehöriger Aufsichtsführung entstanden sein würde.

(2) Die gleiche Verantwortlichkeit trifft denjenigen, welcher die Führung der Aufsicht durch Vertrag übernimmt.

Materialien: E I § 710; II § 755; III § 816; Mot II 734; Prot II 593.

Titel 27 §832
Unerlaubte Handlungen

Schrifttum

ADEN, Die Beweislast des Klägers in § 832, MDR 1974, 9
ALBILT, Haften Eltern für ihre Kinder? (1987)
BARFUSS, Verantwortlichkeit und Haftung des Ausbilders im Berufsausbildungsverhältnis, BB 1976, 935
BERNAU, Die Aufsichtshaftung der Eltern nach § 832 BGB – im Wandel! (2005)
ders, Die Elternhaftung aus § 832 BGB – Eine Übersicht der seit 2000 veröffentlichten Rechtsprechung, FamRZ 2007, 92
ders, Elternhaftung beim unbeaufsichtigten Radfahren von Kindern – Verschuldens- oder Gefährdungshaftung, DAR 2005, 604
ders, Führt die Haftungsprivilegierung des Kindes in § 828 II BGB zu einer Verschärfung der elterlichen Aufsichtshaftung aus § 832 I BGB?, NZV 2005, 234
ders, Versicherungspflicht für das Schadensrisiko Kind?, VersR 2005, 1346
BERNING/VORTMANN, Haftungsfragen bei von Kindern verursachten Schäden unter besonderer Berücksichtigung der Brandstiftung, JA 1986, 12
BOLLWEG, Gesetzliche Änderungen im Schadensersatzrecht?, NVZ 2000, 185
BOSCHER, Haftung Minderjähriger und ihrer aufsichtspflichtigen Eltern – eine Übersicht über die Rechtsprechung –, VersR 1964, 888
BUSCHMANN, Die Haftung von Aufsichtspflichtigen und Kindern, RdJ 1967, 12
DAHLGRÜN, Aufsichtspflicht der Eltern nach § 832 (Diss München 1979)
DEINERT/SCHREIBAUER, Haftung und Haftungsübernahme im Betreuungsverhältnis, BTPrax 1993, 185
dies, Die Haftung bei einer Schadensverursachung durch den Amtsvormund, Amtspfleger, Amtsbeistand und Behördenbetreuer, DAVorm 1993, 1143
DEUTSCH, Urteilsanmerkung, JZ 1969, 233
DEUTSCH/AHRENS, Deliktsrecht (4. Aufl 2002)
DÖLLE, Familienrecht II (1965)
ECKERT, Wenn Kinder Schaden anrichten (2. Aufl 1993)
FRIEDRICH, Die Selbstaufopferung im Straßenverkehr für ein Kind und die Inanspruchnahme der Eltern aus Geschäftsführung ohne Auftrag, VersR 2000, 697
FRIEDRICH, Das Ende der Selbstaufopferung für Minderjährige im Straßenverkehr?, VersR 2005, 1660
FUCHS, Studien zur elterlichen Aufsichtspflicht (Diss Bonn 1995)
ders, Die deliktsrechtliche Verantwortung der Eltern für Schäden von und an Kindern im Straßenverkehr, NZV 1998, 7
GERNHUBER/COESTER-WALTJEN, Lehrbuch des Familienrechts (5. Aufl 2006)
GOECKE, Die unbegrenzte Haftung Minderjähriger im Deliktsrecht (1997)
ders, Unbegrenzte Haftung Minderjähriger?, NJW 1999, 2305
GRANDKE (Hrsg), Familienrecht, Lehrbuch (3. Aufl 1981)
GROSSFELD/MUND, Die Haftung der Eltern nach § 832 I BGB, FamRZ 1994, 1504
HABERSTROH, Haftungsrisiko Kind – Eigenhaftung des Kindes und elterliche Aufsichtspflicht, VersR 2000, 806
HARTMANN, „Unmittelbare" und „mittelbare" Aufsichtspflicht in § 832 BGB – pflichtenbeschränkende Übertragung der Verkehrssicherung auf Dritte?, VersR 1998, 22
HESS/BULLER, Der Kinderunfall und das Schmerzensgeld nach der Änderung des Schadensrechtes, ZfS 2003, 218
HESS/BURMANN, Der Kinderunfall, NJW-Spezial 2005, 15
HESS/JAHNKE, Das neue Schadensrecht (2002)
vHIPPEL, Zur Haftung Aufsichtspflichtiger für durch Kinder verursachte Schäden, FamRZ 1968, 574
IMMENGA, Aufsichtspflichtverletzung und Gleichberechtigung, FamRZ 1969, 313
KARCZEWSKI, Der Referentenentwurf eines Zweiten Gesetzes zur Änderung schadensersatzrechtlicher Vorschriften, VersR 2001, 1070
KOEBEL, Aufsichtspflicht der Eltern und Gleichberechtigten, NJW 1960, 2227
KÖTZ/WAGNER, Deliktsrecht (10. Aufl 2005)
KUHFUHS, Haftet der Lehrherr gemäß § 832 für schadenstiftende Handlungen seines Lehrlings?, GewArch 1969, 7

Lang/Stahl/Huber, Das Modell „Begleitetes Fahren mit 17" aus haftungs- und versicherungsrechtlicher Sicht, NZV 2006, 449
Marburger, Therapie und Aufsichtspflicht bei der stationären Behandlung psychisch Kranker, VersR 1971, 777
O Mayr, Die Aufsichtspflicht der Eltern nach dem BGB, SeuffBl 71, 109
Mertens, Zur Beweislastverteilung bei Aufsichtspflichtverletzungen im Rahmen eines Amtshaftungsanspruchs, MDR 1999, 998
H F Müller, Privilegierung von Kindern nach der Schadensersatzrechtsreform 2002, ZfS 2003, 433
Ohm, Die Aufsichtspflicht der Eltern unter Berücksichtigung der neueren Rechtsprechung, VersR 1959, 780
Ollmann, Zur Aufsichtspflicht in Jugendschutz- und Bereitschaftspflegestellen, ZfJ 1986, 349
Pardey, Aufsichts- und Schutzpflichten zur Teilnahme von Kindern am Straßenverkehr, DAR 2001, 1
ders, Reichweite des Haftungsprivilegs von Kindern im Straßenverkehr, DAR 2004, 499
Preiss, Die Haftpflichtversicherung des Aufsichtspflichtigen, VersPrax 1968, 63
Rauscher, Haftung der Eltern für ihre Kinder, JuS 1985, 757
Riedel, Aufsichts- und Erziehungspflicht, DJZ 1905, 693
Roth-Stielow, Haftung der Eltern für Verkehrsunfälle durch spielende Kinder, NJW 1957, 489
Sapp, Das Modell „Begleitetes Fahren ab 17" im Haftungsrecht, NJW 2006, 408
Scheffen, Der Kinderunfall – Eine Herausforderung für Gesetzgebung und Rechtsprechung, DAR 1991, 121
dies, Änderungen schadensersatzrechtliche – Vorschriften im Hinblick auf betroffene Kinder und Jugendliche, ZRP 2001, 380
Scheffen/Pardey, Schadensersatz bei Unfällen mit Kindern und Jugendlichen (2. Aufl 2003)
Schlegelmilch, Die elterliche Aufsichtspflicht – Haftungsfragen, ZAP Fach 2, 121
Schmarsli, Kinder im Straßenverkehr nach neuem Recht: Die Auswirkungen der Neuregelungen auf die Praxis, PVR 2002, 355
Schmid, Die Aufsichtspflicht nach § 832 BGB, VersR 1982, 822
Schnitzerling, Schäden am Wohngebäude und auf dem Wohngelände durch Kinder, DWW 1966, 386
ders, Die Aufsichtspflicht über Minderjährige im Straßenverkehr, DAR 1967, 151
ders, Grenzen elterlicher Aufsichtspflicht, Staats- und Kommunalverwaltung 1969, 44
ders, Aufsichts- und Verkehrssicherungspflichten gegenüber Kindern im Haus- und Grundstücksbereich, BlGBW 1978, 28
Schoof, Die Aufsichtspflicht der Eltern über ihre Kinder iSd § 832 Abs 1 BGB (Diss Hamburg 1999)
E Schultze, Schadensersatzpflicht des Anstaltsarztes für die Handlungen der seiner Aufsicht unterstellten Geisteskranken, ArchBürgR 17, 99
Schwintowski, Pflicht einer Privathaftpflichtversicherung für Schäden durch Kinder?, ZRP 2003, 391
Steffen, Zur Haftung von Kindern im Straßenverkehr, VersR 1998, 1449
Tacke, Die Haftung für von Minderjährigen verursachte Schäden im französischen Zivilrecht – im Vergleich zum deutschen Recht (Diss Bonn 2000)
Theda, Die Haftung Minderjähriger und ihrer Eltern, VW 1969, 361
Wagner, Das Zweite Schadensersatzrechtsänderungsgesetz, NJW 2002, 2049
Weimar, Zur Haftung bei Aufsichtsverschulden gem § 832 Abs 2 BGB, MDR 1962, 356
ders, Zur Haftung bei Aufsichtsverschulden gem § 832 Abs 2, VersR 1967, 117
ders, Rechtsfragen zu Heimverträgen, ZMR 1976, 136
Wolf, Billigkeitshaftung statt überzogener elterlicher Aufsichtspflichten – ein erneutes Plädoyer für die Anwendung des § 829 BGB aufgrund einer Haftpflichtversicherung, VersR 1998, 812.

Titel 27
Unerlaubte Handlungen

§ 832

Systematische Übersicht

I. Grundsätze der Regelung	
1. Entstehungsgeschichte	1
2. Regelungsgedanke/Schutzrichtung	2
a) Regelungsgedanke	2
b) Schutzrichtung	4
3. Tatbestandsstruktur und Haftung für vermutetes eigenes Verschulden	5
4. Analogiefähigkeit der Vorschrift	7
II. Aufsichtsbedürftige und Adressaten der Aufsichtspflichten	
1. Kreis der Aufsichtsbedürftige	9
a) Minderjährige	9
b) Volljährige	10
2. Kraft Gesetzes Aufsichtspflichtige	11
a) Aufsicht über Minderjährige	11
aa) nach dem BGB	11
bb) nach Vorschriften außerhalb des BGB	21
b) Aufsicht über Volljährige	24
c) Fehlende Entäußerbarkeit der gesetzlichen Aufsichtspflicht	28
3. Vertragliche Übernahme der Aufsichtsführung	29
a) Übernahmevertrag	29
aa) Entstehungsgeschichte	29
bb) Bedeutung der vertraglichen Übernahme	30
cc) Vertragspartner	31
dd) Zustandekommen des Vertrags	32
ee) Wirksamkeit des Vertrags	40
b) Tatsächliche Übernahme der Beaufsichtigung	41
c) Bedeutung der vertraglichen Aufsichtsübernahme für die Beaufsichtigungspflicht des gesetzlich Aufsichtspflichtigen	42
d) Fehlende Entäußerbarkeit der vertraglichen Aufsichtspflicht	43
4. Analoge Anwendung	44
III. Widerrechtliche Schadenszufügung durch den Aufsichtsbedürftigen	
1. Unerlaubte Handlung	46
a) „Dritter" – der Kreis der geschützten Personen	47
b) Zurechenbare Verursachung des Schadens	48
c) Subjektive Tatbestandselemente	49
2. Rechtswidrigkeit	50
3. Verschulden des Aufsichtsbedürftigen	51
IV. Aufsichtspflicht und ihre Verletzung	
1. Allgemeines/methodisches Vorgehen	52
a) Konkreter Inhalt der Aufsichtspflicht	54
b) Erfüllung der Aufsichtspflicht in ihrer konkreten Gestalt	57
2. Aufsichtsanlaß	58
a) Eigenschaften des Aufsichtsbedürftigen	59
aa) „Normaleigenschaften"	60
bb) Abweichende individuelle Eigenschaften	62
b) Schadensgeneigtheit des Umfelds/Gefährlichkeit des Verhaltens	67
3. Aufsichtsanforderungen mindernde Umstände	70
a) Zumutbarkeit für den Aufsichtspflichtigen	71
aa) Zumutbarkeit bei der gesetzlichen Aufsichtspflicht	73
bb) Zumutbarkeit bei der vertraglichen Aufsichtsübernahme	76
b) Erziehungsauftrag/therapeutische Zielsetzungen	77
aa) Erziehungsauftrag	78
bb) Therapeutische Zielsetzungen	86
c) Reichweite der vertraglich übernommenen Aufsicht	87
4. Gebotene Aufsichtsmaßnahmen im Einzelfall	89
a) Allgemeines	89
b) Pädagogischer Ermessensfreiraum/Erschöpfung zumutbarer Maßnahmen	96
5. Einzelfälle	97
a) Verkehrsgefahren durch spielende Kinder	97
b) Kinder als Fußgänger im Straßenverkehr	100

aa)	Kinder ohne Begleitung Erwachsener	100	cc)	Hinsichtlich des Verschuldens 146

- aa) Kinder ohne Begleitung Erwachsener ... 100
- bb) Kinder in Begleitung Erwachsener ... 101
- c) Kinder als Verkehrsteilnehmer mit Fahrzeugen oder anderen Mitteln zu schnellerer Fortbewegung ... 102
- aa) Mit Fahrrädern ... 102
- bb) Mit Rollern oder ähnlichen Fortbewegungsmitteln ... 103
- cc) Mit Rollschuhen und Rollerskates ... 104
- dd) Mit Kraftfahrzeugen ... 105
- d) Umgang mit gefährlichem Spielzeug ... 107
- aa) Begriffsbestimmung ... 107
- bb) Sorge um die Freizeitgestaltung des Kindes ... 108
- e) Umgang mit Zündmitteln ... 109
- f) Umgang mit Schußwaffen und Jagdausübung ... 111
- 6. „Unmittelbare" und „mittelbare" Aufsichtspflicht – Übertragung der Aufsicht als pflichteneinschränkender Faktor? ... 112
- a) Herrschende Konzeption zur Übertragung der Aufsicht ... 113
- b) Kritik ... 122
- 7. Erfüllung der Aufsichtspflicht in ihrer konkreten Gestalt ... 127
- a) Allgemeines ... 127
- b) Erfüllung durch teilweise Aufsichtsübertragung ... 128
- 8. Prinzip der Einzelverantwortung ... 131
- 9. Ursächlichkeit der Aufsichtspflichtverletzung für den Schadenseintritt ... 132

- V. Verschulden ... 135

- VI. Verteilung der Darlegungs- und Beweislast
- 1. Allgemeines ... 137
- 2. Beweislastumkehr nach § 832 Abs 1 S 2 ... 140
- a) Ratio ... 140
- b) Reichweite der Beweislastumkehr ... 141
- aa) Hinsichtlich des „Genügens der Aufsichtspflicht" (§ 832 Abs 1 S 2, 1. Alt) ... 141
- bb) Hinsichtlich der Kausalität der Pflichtverletzung für den Schaden (§ 832 Abs 1 S 2, 2. Alt) ... 145
- cc) Hinsichtlich des Verschuldens ... 146
- 3. Für die Bestimmung der konkret gebotenen Aufsichtsmaßnahmen maßgebliche Tatsachen ... 148
- a) Den Aufsichtsanlaß kennzeichnende Tatsachen ... 149
- b) Die Aufsichtsanforderungen mindernde Tatsachen ... 151
- 4. Vermutungsbasis ... 152

- VII. Bedeutung des Mitverschuldens des Verletzten
- 1. Mitverschulden des verletzten Dritten ... 153
- 2. Mitverschulden des Aufsichtspflichtigen bei Schädigungen seiner Person durch den Aufsichtsbedürftigen ... 154

- VIII. Haftung wegen der Verletzung einer Verkehrssicherungspflicht
- 1. In der Haus- und Familiengemeinschaft ... 155
- 2. Bei Übernahme der tatsächlichen Aufsicht/Duldung von gefährlichem Tun ... 160

- IX. Verhältnis zu anderen Vorschriften
- 1. § 823 ... 162
- 2. § 831 ... 164
- 3. § 839 ... 166

- X. Eigenhaftung des Aufsichtsbedürftigen ... 168

- XI. Exkurs: Schädigung des Aufsichtsbedürftigen
- 1. Schädigung durch den Aufsichtspflichtigen ... 169
- 2. Schädigung durch einen Dritten und den Aufsichtspflichtigen ... 170
- a) Das Gesamtschuldverhältnis ... 170
- b) Zur Anrechnung des Mitverschuldens des Aufsichtspflichtigen ... 172
- 3. GoA ... 175

- XII. Reformtendenzen ... 176

Titel 27 §832
Unerlaubte Handlungen

Alphabetische Übersicht

Adäquanz	48
Altersgruppen	61
Analoge Anwendung der Norm	7 f, 21, 30, 44
Anstalt	38 f, 159
Aufsichtsbedürftigkeit	9
– Minderjähriger	9
– Volljähriger	10, 24
Aufsichtsanlaß	55, 58 ff, 67 ff
– besonderer	62 ff, 82 ff
Aufsichtsmaßnahmen	
– erzieherische	91, 93, 114, 142
– im Einzelfall gebotene	89 ff
– Katalog der	90
– Verhältnismäßigkeit der	71, 90
Aufsichtspflicht	
– Abwägung mit Erziehungsauftrag	80 ff
– Inhaltsänderung der	123 ff, 130
– Konkretisierung der	54
– Ruhen der	19
Aufsichtspflichten, gesetzliche	11 ff
– außerhalb des BGB	21
– familienrechtliche	11 ff
– über Minderjährige	11 ff
– „mittelbare"	115 ff
– über Volljährige	24, 27 ff
– Zielrichtung der	11
Aufsichtsübernahme, tatsächliche	29 f, 32 f, 41, 44, 121, 126, 160
Aufsichtsübernahme, vertragliche	
– bei Auszubildenden	21
– Bedeutung	30
– Indizien für rechtsgeschäftlichen Charakter	33 ff
– Umfang	76, 86
– Vertragspartner	31
– Wirksamkeit des Vertrags	40
– Zustandekommen des Vertrags	32
Auswahlpflicht	11, 39, 42, 120, 123, 126
Auszubildende	21
Bauernhof	68
Begleitetes Fahren mit 17	105
Behinderte	86, 100, 177
Beistand	17
Belehrungen	91, 93
Berufstätigkeit des Aufsichtspflichtigen	74
Besuche bei anderen Kindern	36, 66
Betreuung	10, 24 f
Betreuungshelfer	17
Bewährungshelfer	20
Beweislastumkehr	140 ff
– und Amtshaftung	167
– ratio der	3, 8, 140
– hinsichtlich der Kausalität	3, 6, 145
– Reichweite der	141 ff
– hinsichtlich des Verschuldens	146 f
– Vermutungsbasis	152
Darlegungs- und Beweislast	137 ff
– hinsichtlich Aufsichtsanlaß	148 ff
– hinsichtlich Rechtswidrigkeit	139
– tatsächliche Vermutung für normalen Aufsichtsanlaß	150
Dritter	47, 153
Eigenhaftung des Aufsichtsbedürftigen	168
Eigenschaften des Aufsichtsbedürftigen	58 ff
– Individuelle Eigenschaften	62 ff
– Normaleigenschaften	60 f
Einstandspflicht des Aufsichtspflichtigen für Hilfspersonen	124 f
Einzelverantwortung, Prinzip der	131
Entäußerbarkeit der Aufsichtspflicht, fehlende	28, 42 f, 128
Entgeltlichkeit der Aufsichtsübernahme	33, 38, 76
Entstehungsgeschichte	1, 29
Entwicklung des Minderjährigen	9, 59 ff
Entwicklungsfreiräume für Kinder	61, 81 f, 91, 177
Erfüllung der Aufsichtspflicht	57, 127
– durch Übertragung der Aufsichtspflicht	28, 42 f, 127 ff
Erklärungen	91
Erziehung	
– Erfolg der	63, 78 f, 83 f
– Haftung für fehlgeschlagene	83 f
– Trennung von der Aufsicht	63, 78, 91
– Stand der	59, 63
Erziehungsauftrag	56, 70, 77 ff
Erziehungsbeistand	17, 20
Erziehungshilfe	19, 95
Erziehungsmaßregel	19
Exzesse	66

Fahrräder	61, 64, 102
Ferienlager	39, 68
Feuer	69, 73, 109, 114
Feuerwerkskörper	110
Feuerzeug	69
Freibad	68
Freiräume des Aufsichtsbedürftigen zur Entwicklung	81
Freizeitgestaltung des Kindes	108
Fußballspiel	64, 98
Garten	68
Gefährlichkeit des Verhaltens	67 ff
Gefälligkeit	32, 35 f, 121
Gegenvormund	17
Geisteskranke	8, 25, 27, 156 ff
Gesamtschuldverhältnis	131, 170 f
Geschwister	47
Go-Kart	106
GoA	48, 175
Großeltern	34, 74, 116
Haftung für vermutetes Verschulden	6, 145
Haftungseinheit	170, 172
Informationspflicht	28, 42 f, 119 f, 126, 129
Instruktionspflicht	28, 39, 42 f, 117, 123 f, 126, 129
Jagdausübung	111
Kaufhaus	68
Kausalität	
– der Aufsichtspflichtverletzung für den Schaden	3, 132 ff
– doppelte Anknüpfung der	5
– des Verhaltens des Aufsichtsbedürftigen für den Schaden	48
Kenntnis vom Aufsichtsanlaß	136
Kinder	
– als Fußgänger	100 f
– nicht miteinander verheirateter Eltern	15
– spielende	97 ff
Kindergärtnerinnen	38
Kinderheim	31, 38 f, 63
Kontrollpflicht	92, 118, 120, 126
Kraftfahrzeuge	105 f
Krankenhaus	39, 76, 120, 163 f,

Lehrer an öffentlichen Schulen	22, 166
Lehrherr	21
Mahnungen	90, 93
Mehrere Aufsichtspflichtige	18, 125, 131
Messer	69
Militärische Vorgesetzte	23
Minderjähriger, verheirateter	13
Mitverschulden	153 f
– des Aufsichtspflichtigen bei Verletzung seiner Person	154
– des verletzten Dritten	153
– Zurechnung des Mitverschuldens des Aufsichtspflichtigen bei Drittschädigung	172 ff
Obhut	33, 39
Organisationspflicht	39, 74, 120, 125 f, 130, 134, 164
Pädagogischer Ermessensfreiraum	96
Personensorge	11
– Beschränkung, Entziehung der	14
– elterliche	12
Pflegeeltern	37
Pflegeheim	38 f, 156, 159
Pflegschaft	10, 16, 24, 26 f
Pflichtversicherung	175
Rechtswidrigkeit der Schadenszufügung	50
Rechtswidrigkeitszusammenhang	132
Reformtendenzen	175 f
Regelungsgedanke	2, 3
Roller	61, 94, 103
Rollerskates	104
Rollschuhe	104
Schadensgeneigtheit des Umfelds	67 ff
Schadensverursachung	5, 48, 145
Schädigung des Aufsichtsbedürftigen	169 ff
– durch den Aufsichtspflichtigen	169
– durch Dritten und Aufsichtspflichtigen	170 ff
Schlitten	111a
Schulen	22, 38, 166
Schußwaffen	107, 111, 162
Schutzrichtung	4
Spielplatz	68
Spielzeug, gefährliches	107 f

Stiefeltern	8, 159
Stiefkind	37, 155
Strafvollzugsbeamte	23
Straßenverkehr	48, 68 f, 97 f, 100 f
Tatbestandsstruktur	5
Tempo-30-Zone	61, 97, 102
Therapeutische Zielsetzungen	77, 85
Übertragung der Aufsicht	112 ff
– auf ältere Kinder	116
– auf Ehegatten	116, 125 f, 130
– Erfordernis rechtsgeschäftlicher	121, 126
– auf Großeltern	116
Überwachung	90, 92 f
Umgangsrecht	14
Unerlaubte Handlung	
– objektiver Tatbestand	46
– subjektiver Tatbestand	49
Unmöglichmachen von Verhaltensweisen	90, 94
Unterbringung	95
Unterlassungsdelikt	2
Verbot	90, 92
Vereinsvormundschaft	47
Verhaltensgestörtheit	64, 74, 93
Verhältnis zu anderen Vorschriften	
– § 823	2, 162 f
– § 831	164 f
– § 839	166 f
Verkehrsberuhigte Zone	61, 97, 102
Verkehrssicherungspflicht	2, 21, 41
Verletzung der Verkehrssicherungspflicht	155 ff
– bei Duldung gefährlichen Tuns	161
– in der Haus- und Familiengemeinschaft	155 ff
– bei Übernahme tatsächlicher Aufsicht	160
Vermutung	
s Beweislastumkehr	
Verschulden	
– des Aufsichtsbedürftigen	51
– des Aufsichtspflichtigen	135 f, 146
Verschuldenshaftung	5
Vormundschaft	16
Widerrechtliche Schadenszufügung	45 ff
Zumutbarkeit	56, 58, 70 ff
– bei Aufsicht über mehrere Kinder	76
– Maßstab der	72 ff
Zündeln	73, 110
– Neigung zum	64, 66, 69, 74, 82, 93, 110
Zündmittel	61, 69, 109 f
Zurechenbarkeit des Schadens	48

I. Grundsätze der Regelung

1. Entstehungsgeschichte*

Das BGB kennt keine aus der Hausherrschaft als solcher fließende Verantwortlichkeit für Hausangehörige (vGierke, Privatrecht III 925). Nach E I sollte jede Verletzung einer gesetzlichen Aufsichtspflicht einen Schadenersatzanspruch begründen, so daß auch die aus dem Gewerbe-, Schul-, Gesinderecht usw sich ergebenden Fälle gesetzlicher Aufsichtspflicht mitumfaßt waren (Mot II 735; ZG II 406 ff). Die II. Komm hielt das für zu weitgehend und beschloß die jetzige Fassung. Die Minderjährigen und die ihnen wegen geistiger oder körperlicher Mängel gleichgestellten Personen seien wegen ihres Zustands, der in ihrem eigenen Interesse die Aufsicht über sie notwendig mache, gefährlich. Die Aufsichtsführung müsse sich deshalb auch darauf erstrecken, den Gefahren vorzubeugen, welche Dritten von dem zu Beaufsichtigen-

---

* Mot II 734 ff; ZG II 406 ff, VI 515; Jakubetzky Bem 167; Prot II 593 ff; D 102; auch Schoof 17 ff; Fuchs 91 ff.

den drohen (MUGDAN, Materialien II, 1089 f). Die Aufsicht über Volljährige dagegen, wie sie im Heeresdienst, im Staat und in der Kirche im Verhältnis des Vorgesetzten zu den Untergebenen, im Hauswesen im Verhältnis des Dienstherrn zu dem Gesinde stattfinde, habe nicht den Zweck, Dritte vor Beschädigung zu schützen, sondern diene anderen Interessen. Der zur Führung der Aufsicht Berufene begehe demgemäß durch Vernachlässigung der Aufsichtspflicht kein Unrecht gegen denjenigen, welchem der zu Beaufsichtigende einen Schaden zufüge. Er dürfe daher auch dann nicht für den Schaden haften, wenn dieser bei ordnungsmäßiger Führung der Aufsicht nicht entstanden wäre. Ein Volljähriger, der in ein solches Verhältnis trete, werde hierdurch dritten Personen nicht gefährlicher, als er es vorher gewesen sei (Prot II 594 ff; D 102).

Eine weitere von der II. Komm beschlossene Änderung der E I besteht in der Umkehrung der Beweislast (vgl u Rn 3).

2. Regelungsgedanke/Schutzrichtung

a) Regelungsgedanke

2 § 832 stellt im Rahmen der Verschuldenshaftung einen eigenständigen Haftungstatbestand in Form eines Unterlassungsdelikts dar. Er regelt den Sonderfall einer Verkehrspflichtverletzung (LARENZ/CANARIS, Schuldrecht II/2 § 79 IV 1; FUCHS NZA 1998, 8 f; MünchKomm/WAGNER Rn 1; ALBILT 20; SCHOOF 40) und ist damit Spezialnorm zu § 823 Abs 1. Die Gefahr geht von denjenigen Eigenschaften des Aufsichtsbedürftigen aus, die seine Aufsichtsbedürftigkeit begründen. Die Zuweisung der „Zuständigkeit" für die Abwehr der Gefahr folgt, anders als bei den sonstigen Fällen der Verkehrssicherungspflicht, nicht allein aus der faktischen Beherrschbarkeit der Gefahrenquelle (so aber ADEN MDR 1974, 9, 11), sondern auch und vor allem aus einer dem Deliktsrecht vorgelagerten gesetzlichen oder vertraglichen Aufsichtspflicht (ALBILT 20). Darin liegt der Umstand, der die Spezialität von § 832 gegenüber der allgemeinen Haftungsnorm von § 823 Abs 1 (Gesichtspunkt der Verkehrspflichtverletzung) begründet.

3 Der Aufsichtspflichtige ist nach § 832 Abs 1 S 1 für den Schaden verantwortlich, den der Aufsichtsbedürftige einem Dritten rechtswidrig zufügt. Abs 1 S 2 schließt die Haftung aus, wenn der Aufsichtspflichtige seiner Aufsichtspflicht genügt hat oder der Schaden auch bei gehöriger Aufsicht eingetreten wäre, es also an der Kausalität der Pflichtverletzung für den Schaden fehlt. Die ratio der damit ausgesprochenen Pflichtwidrigkeits- und Kausalitätsvermutung ist nicht ganz klar. Deutlich ist zunächst nur, daß die Rechtfertigung der vergleichbaren Regelungen in den §§ 831 Abs 1 S 2, 833 S 2, 834 S 2, 836 Abs 1 S 2 die Beweislastumkehr in § 832 nicht (mehr) trägt (DEUTSCH JZ 1969, 233, 234; GROSSFELD/MUND FamRZ 1994, 1504, 1508). Während dort die Belastung des Schädigers mit der Beweislast den Ausgleich dafür bietet, daß dieser eine Gefahrenlage entweder freiwillig geschaffen hat oder zur vorteilhaften Gestaltung seiner Verhältnisse ausnutzt, fehlt es bei der Aufsichtshaftung an einem wirtschaftlichen Nutzen des Aufsichtspflichtigen, der eine entsprechende Haftungsverschärfung als konsequent erscheinen ließe: Kinder stellen heute nicht mehr die wirtschaftliche Sicherung der Eltern dar, vielmehr sind sie ein für die Allgemeinheit kostbares Gut, das den Eltern erhebliche wirtschaftliche Opfer abverlangt (DAHLGRÜN 76 ff). Die II. Komm (Prot II 595 f) stützte die Beweislastumkehr primär auf die

Erwägung, der Aufsichtspflichtige sei leichter im Stande, sein Verhalten zu belegen, als es dem Geschädigten falle, belastende Momente darzutun (MUGDAN, Materialien II, 1090). Auch dieser zunächst einleuchtende Aspekt trägt die Beweislastumkehr nicht. Zwar ist der Aufsichtspflichtige bei aller Schwierigkeit, die familienintern vor sich gehenden Aufsichtsmaßnahmen zu substantiieren und zu beweisen (vgl dazu BGH NJW 1990, 2553, 2554; u Rn 142), in einer beweisnäheren Position als der Geschädigte. Diesen Umstand haben die Aufsichtsfälle jedoch mit allen übrigen Konstellationen der Garantenstellung für Gefahrenquellen gemein, ohne daß für § 823 Abs 1 eine generelle Beweislastumkehr vertreten würde. Tragfähiger erscheint demgegenüber der zweite Gedanke, der bei den Gesetzesverfassern anklingt. Dem Wesen der Aufsichtspflicht als einer gesetzlichen Pflicht gegenüber dem Geschädigten entspreche es, daß der Pflichtige Rechenschaft darüber ablege, was er zur Erfüllung seiner Pflicht getan habe (Prot II 595; JAKUBETZKY, Bemerkungen zu dem Entwurfe eines Bürgerlichen Gesetzbuches für das Deutsche Reich 167). Das entspricht allgemeinen Grundsätzen, die ihren Niederschlag in §§ 280 Abs 1 S 2, 286 Abs 4 gefunden haben. Insgesamt jedoch ist denen beizupflichten, welche die legislatorische Grundlage von § 832 Abs 1 S 2 für recht schmal halten (so DEUTSCH JZ 1969, 233, 234; GROSSFELD/MUND FamRZ 1994, 1504, 1509; vgl auch DAHLGRÜN 43).

b) Schutzrichtung

Aus dem Charakter als spezieller Verkehrspflichtentatbestand folgt die begrenzte Schutzrichtung von § 832. Die Aufsichtspflicht iS dieser Norm dient dem Schutz der Allgemeinheit. § 832 bietet daher nur für die Schäden eine Haftungsgrundlage, die der Aufsichtsbedürftige Dritten zugefügt hat. Erleidet der Aufsichtsbedürftige selbst durch die Verletzung der Aufsichtspflicht Schaden, so haftet der Aufsichtspflichtige ihm uU aus Vertrag, aus Verletzung familienrechtlicher Pflichten oder aus § 823 (BGHZ 73, 190, 192; s auch Rn 169), aber nicht nach § 832 (RGZ 75, 253; BGH VersR 1958, 85, 86; BGHZ 73, 190, 194; BGH NJW 1996, 53, 54; OLG Karlsruhe VersR 1977, 232; OLG Celle VersR 1978, 1172; ENNECCERUS/LEHMANN § 242 I 2; WEIMAR MDR 1962, 356). Zu der Frage, ob und inwieweit sich eine Beschränkung der Haftung aus § 1664 ergibt, vgl STAUDINGER/VIEWEG (2007) § 840 Rn 67 f. **4**

3. Tatbestandsstruktur und Haftung für vermutetes eigenes Verschulden

Nach dem Wortlaut der Regelung scheint für die Haftungsbegründung nur das Bestehen einer Aufsichtspflicht über eine aufsichtsbedürftige Person sowie ein von dieser einem Dritten widerrechtlich, nicht notwendig schuldhaft zugefügter Schaden vorausgesetzt zu sein. Abs 1 S 2 lehrt jedoch, daß damit der Tatbestand unvollständig beschrieben ist: Erforderlich ist zudem die **Verletzung der Aufsichtspflicht in ihrer konkreten Gestalt**. Darin liegt der eigentliche Anknüpfungspunkt für die Haftung (FUCHS 119; ALBILT 20), die wie bei § 831 nicht wegen fremder, sondern wegen eigener vorwerfbarer Pflichtwidrigkeit einsetzt. Ferner muß die Pflichtverletzung auch ursächlich für den Schaden geworden sein. Der Schaden muß also mit der Handlung des Aufsichtsbedürftigen und der Aufsichtspflichtverletzung eine **doppelte kausale Verknüpfung** aufweisen. Schließlich setzt die Haftung Verschulden des Aufsichtspflichtigen in bezug auf die konkrete Aufsichtspflichtverletzung voraus (allgM; BGB-RGRK/KREFT Rn 2). Zwar läßt die Fassung von § 832 Abs 1 S 2 im Gegensatz zu den vergleichbaren Regelungen in den §§ 831 Abs 1 S 2, 833 S 2, 834 S 2, 836 Abs 1 S 2 nicht auf ein Verschuldenserfordernis schließen. Für einen Schluß, daß damit der **5**

Boden der Verschuldenshaftung verlassen werden sollte, fehlt jedoch jeder Anhalt (vgl auch Mot II 735).

6 Der Vergleich mit den genannten Beweislastregeln wirft jedoch die Frage auf, ob § 832 Abs 1 S 2 das Verschulden ebenso vermutet wie jene. Denn entgegen dem Beschluß der II. Komm (Prot II 593) und anders als bei §§ 831, 833 ff fehlt hier die Bestimmung, daß sich die Entlastung auf die Beobachtung der „im Verkehr erforderlichen Sorgfalt" und damit auch auf das Verschulden zu beziehen habe (vgl FUCHS 206). Ein Umkehrschluß ist gleichwohl nicht gerechtfertigt. Wie §§ 280 Abs 1 S 2, 286 Abs 4 zeigen, ist der Gesetzgeber am ehesten geneigt, Beweiserleichterungen bei der Kategorie des Verschuldens zuzulassen. Vor diesem Hintergrund liegt es nahe anzunehmen, daß bei einer Vermutung sogar der Pflichtwidrigkeit und ihrer Kausalität für den Schaden erst recht von einer Beweislastumkehr beim Verschulden auszugehen ist. Im Ergebnis zu recht – wenn auch etwas voreilig – geht daher die allgemeine Meinung davon aus, § 832 regele eine Haftung für „vermutetes eigenes Verschulden" (s etwa BGH NJW 1976, 1684, 1685; NJW 1983, 2821; ERMAN/SCHIEMANN Rn 1; KÖTZ/WAGNER 340; gegen diese Begrifflichkeit WOESNER MDR 1983, 463 – keine echte Verschuldensvermutung, da sonst auch für §§ 254 BGB, 17 StVG das Verschulden ohne konkreten Nachweis berücksichtigungsfähig). Zur Reichweite der Beweislastumkehr s u Rn 141 ff.

4. Analogiefähigkeit der Vorschrift

7 An eine analoge Anwendung von § 832 ließe sich in zweierlei Hinsicht denken: hinsichtlich des Kreises der Aufsichtsbedürftigen wie auch desjenigen der Aufsichtspflichtigen. Eine Ausweitung von § 832 auf andere Aufsichtsbedürftige als die in der Norm genannten scheitert jedoch an der bewußten Entscheidung des Gesetzgebers für eine insoweit restriktive Fassung des Tatbestands (s oben Rn 1).

8 Demgegenüber wird **beim Kreis der Aufsichtspflichtigen** eine Analogie erörtert. In Betracht kommt eine Einbeziehung derjenigen, die zwar nicht kraft Gesetzes oder Vertrags aufsichtspflichtig sind, wohl aber die tatsächliche Obhut über eine aufsichtsbedürftige Person innehaben. Wer eine solche tatsächliche Aufsicht führt, wird nicht selten unter dem Aspekt der Verletzung einer Verkehrssicherungspflicht iSd § 823 Abs 1 aufgrund der tatsächlichen Beherrschung einer in seiner Sphäre befindlichen Gefahrenquelle haftbar sein (s u Rn 155 ff). In diesem Sinne kann man von einer deliktsrechtlichen „Aufsichtspflicht" sprechen. Darüber hinaus wird teilweise die analoge Anwendung von § 832 vertreten (BERNING/VORTMANN JA 1986, 12, 15; LG Bielefeld NJW 1998, 2682, 2683). In diesem Sinne soll ein „Haushaltsvorstand", auch wenn er nicht isd § 832 aufsichtspflichtig ist, aus dem Gedanken der Verkehrssicherungspflichten gefährliche Haushaltsangehörige davon abhalten müssen, daß sie Dritte rechtswidrig verletzen, weil – und wenn – er eine in seiner Stellung als Haushaltsvorstand begründete tatsächliche autoritative Einwirkungsmöglichkeit, eine gewisse tatsächliche Verfügungsmacht in bezug auf deren Tun und Treiben habe (LG Bielefeld NJW 1998, 2682, 2683; STAUDINGER/SCHÄFER[12] Rn 27). Die Rspr hat Dritten gegenüber eine Verpflichtung des Haushaltsvorstands angenommen, wenn § 832 mangels einer gesetzlichen Regelung der Aufsichtspflicht unmittelbar nicht eingriff, aber ein dem Tatbestand dieser Vorschrift vergleichbarer Sachverhalt gegeben war. Vor diesem rechtlichen Hintergrund ist der Ehemann als Haushaltsvorstand für verpflichtet erachtet worden, im Interesse der mit den Familienangehörigen in Berührung kommenden Personen wie Dienstboten oder Hausmitbewohnern für eine Unterbringung und Bewachung der geistesgestörten und gemeingefährlichen Ehefrau zu sorgen (RGZ 70, 48, 50). Auch der Stiefvater eines in einer Familie aufwachsenden Minderjährigen ist als Haushaltsvorstand für verpflichtet gehalten worden, Vorsorge dafür zu treffen, daß der Stiefsohn nicht unbeaufsichtigt mit einem Luftgewehr Schießübungen veranstaltet und dadurch andere gefährdet (BGH VersR 1954, 118). Gleiches soll für Eltern ohne Sorgerecht gelten (BERNING/VORTMANN JA 1986, 12, 15). Zu Recht lehnt dagegen die ganz hM eine Erstreckung von § 832 auf andere „Aufsichtsverhältnisse" ab (RGZ 53, 312, 314; BGH NJW 1958, 1775; OLG Koblenz OLGR 1998, 29, 30; OLG Karlsruhe OLGR 2006, 426, 427; BGB-RGRK/KREFT Rn 5; SCHOOF 40). In den in Frage kommenden Fällen wird regelmäßig nach § 823 gehaftet. Daher geht es bei einer Analogie zu § 832 im Kern um eine solche zur Beweislastumkehr von § 832 Abs 1 S 2. Deren ratio aber steht einer Erstreckung auf die Fälle bloß tatsächlicher Obhut unüberwindbar entgegen: Die einzig tragfähige Rechtfertigung der Beweislastumkehr liegt gerade in der die Fälle von § 832 qualifizierenden **vordeliktsrechtlichen Pflichtenstellung gesetzlicher oder vertraglicher Art** (s oben Rn 3). Daran aber fehlt es in den Fällen bloß tatsächlicher Obhut. § 832 ist daher **in keiner Hinsicht analogiefähig**.

II. Aufsichtsbedürftige und Adressaten der Aufsichtspflichten

1. Kreis der Aufsichtsbedürftigen

a) Minderjährige
Aufsichtsbedürftig sind alle Minderjährigen, nicht etwa nur solche Minderjährigen, bei denen im Einzelfall ein Bedürfnis zur Beaufsichtigung besteht. Denn die Vorschriften, welche die Aufsichtspflicht regeln (s Rn 11 ff), statuieren eine solche Pflicht gegenüber allen Minderjährigen, weil die Minderjährigkeit als solche der Zustand ist, der eine **generelle** Aufsichtsbedürftigkeit begründet (RGZ 52, 69, 73; BGH FamRZ 1965, 75; LM Nr 1; allgM). Das gilt auch für Minderjährige, die kurz vor der Volljährigkeit stehen (BGH NJW 1980, 1044; OLG Hamm OLGZ 1992, 95, 96). Eine strikt davon zu trennende Frage ist, welches Maß an Aufsicht im Einzelfall **konkret** verlangt wird, um Dritte vor Schäden zu bewahren. Allein in diesem Kontext sind Alter und individuelle Entwicklung eines Minderjährigen von (entscheidender) Bedeutung (s u Rn 55, 59 ff). Daher wird die (generelle) Aufsichtsbedürftigkeit iSd Vorschrift selbst dann nicht berührt, wenn in der zum Schaden führenden Situation eine konkrete Aufsichtsmaßnahme des Aufsichtspflichtigen gar nicht angezeigt war (zu einem solchen Fall OLG Köln OLGR 1996, 85; vgl auch OLG Hamm OLGZ 1992, 95, 96 zum Zurücklassen eines 17jährigen Auszubildenden während des Urlaubs der Eltern).

b) Volljährige
Volljährige sind aufsichtsbedürftig, wenn und soweit sie wegen ihres geistigen oder körperlichen Zustands **im Einzelfall** beaufsichtigt werden müssen, so zB Geistesgestörte, Epileptiker, Blinde, Taubstumme usw. Hier ist stets der Nachweis der Aufsichtsbedürftigkeit im Einzelfall erforderlich. Praktisch ist er jedoch als erbracht anzusehen, wenn der Volljährige unter Betreuung oder Pflegschaft steht und diese gerade zum Schutz der Allgemeinheit vor Schädigungen angeordnet worden ist.

2. Kraft Gesetzes Aufsichtspflichtige

a) Aufsicht über Minderjährige
aa) nach dem BGB

11 **Nach den familienrechtlichen Vorschriften des BGB** besteht eine Aufsichtspflicht über Minderjährige nur als Bestandteil der Sorge für ihre Person (vgl § 1631 Abs 1). Eine Aufsichtspflicht, die von der Personensorge gelöst ist, findet im BGB keine Grundlage (OLG Düsseldorf NJW 1959, 2120, 2121). Die Aufsichtspflicht als Bestandteil der Personensorge hat eine zweifache Zielrichtung. Sie dient einerseits – und primär – dem Schutz des minderjährigen Kindes vor Schäden. Die abverlangte Aufsicht dient jedoch daneben dem Schutz Dritter, die durch ein Verhalten des Minderjährigen geschädigt werden könnten. Nur an diese selbständige Dimension der familienrechtlichen Aufsichtspflicht knüpft § 832 an.

Aufsichtspflichtig iSd § 832 ist demnach, wem nach den familienrechtlichen Vorschriften die Sorge für die Person des Minderjährigen zusteht. Im einzelnen:

12 **Bei Kindern unter elterlicher Sorge** (§§ 1626 ff, 1671 ff, 1751, 1754, 1764) steht die Personensorge grundsätzlich dem Inhaber der elterlichen Sorge zu. Das sind bei bestehender Ehe beide Elternteile (§ 1626 Abs 1, § 1631 Abs 1), nach Auflösung der Ehe durch Tod der überlebende Ehegatte allein (§ 1680), nach Scheidung der Ehe und bei dauerndem Getrenntleben während fortbestehender Ehe der Elternteil, dem nach Entscheidung des Familiengerichts die elterliche Sorge zusteht (§§ 1671, 1672; BVerfG NJW 1983, 101). Das Sorgerecht des Elternteils entfällt grundsätzlich (Ausnahme: § 1673 Abs 2 S 2), wenn die elterliche Sorge ruht oder entzogen ist (§§ 1673 ff); inwieweit der andere Elternteil sorgeberechtigt ist, ergibt sich aus §§ 1678, 1680.

13 Ein **Minderjähriger** (Mann oder Frau), **der verheiratet ist oder war**, unterliegt keiner Beaufsichtigung (§ 1633).

14 Ist **das Sorgerecht der Eltern beschränkt oder entzogen** (§§ 1666, 1666a), so sollen sie auch dann keine Aufsichtspflicht haben, wenn das Kind tatsächlich weiter in ihrem Haushalt verbleibt, da es eine abstrakte, vom Personensorgerecht abgelöste Aufsichtspflicht nicht gibt (OLG Düsseldorf NJW 1959, 2120; Wussow Rn 543, s aber u Rn 155 ff).

Eine Ausnahme wird jedoch jedenfalls dann gelten, wenn der nicht sorgeberechtigte Elternteil sein **Umgangsrecht** nach § 1684 ausübt. Dieses stellt einen nicht entziehbaren Restbestand elterlicher Sorge dar und schränkt, soweit es wahrgenommen wird, die elterliche Personensorge des sorgeberechtigten Elternteils ein (BGH NJW 1969, 422; OLG Frankfurt FamRZ 1999, 1008; Motzer FamRZ 2000, 925, 927; Staudinger/Rauscher [2006] § 1684 Rn 63 ff). Da dieser insoweit tatsächlich an der Ausübung der Personensorge gehindert ist, obliegt im Rahmen der Ausübung des Umgangsrechts auch die gesetzliche Aufsichtspflicht dem zwar nicht sorge-, aber umgangsberechtigten Elternteil (das OLG Frankfurt FamRZ 1999, 1008 erkennt daher zu Recht darauf, daß nicht nur aus der Beschränkung des elterlichen Sorgerechts durch das Umgangsrecht, sondern auch aus der Haftung nach § 832 das Aufenthaltsbestimmungsrecht der aktuell umgangsberechtigten Person zu folgern ist). Das Umgangsrecht führt zur „faktischen" Ausübung der Personensorge (BGH NJW 1988, 2667, 2669). Wer das Umgangsrecht tatsächlich ausübt, hat unabhängig vom Sorgerecht die Befugnis zur alleinigen Entscheidung in Angelegenheiten der tatsächlichen Betreuung (§§ 1687 Abs 1 S 4, 1687a). Diese, aus der Natur der Sache abgeleitete Befugnis, soll die Erfüllung der Obhutsaufgaben ermöglichen (PALANDT/ DIEDERICHSEN § 1687 Rn 12). Zur Obhut gehört auch die Aufsichtspflicht nach § 832 als Nebenpflicht (s auch u Rn 33). Gleiches gilt, wenn Dritte das Umgangsrecht nach § 1685 tatsächlich ausüben. Die verstärkte Einbeziehung des Umgangsberechtigten in den Kreis der gesetzlich Aufsichtspflichtigen findet ihre Erklärung in der Verselbständigung des Umgangsrechts gegenüber dem Sorgerecht. Zwar ist das Umgangsrecht ein Bestandteil des Sorgerechts, es kann aber eben auch unabhängig vom Sorgerecht bestehen (§§ 1684 f). Auch wenn es grds nicht darauf gerichtet ist, das Kind zu erziehen (PALANDT/DIEDERICHSEN § 1684 Rn 3), so ist es der lediglich faktischen Übernahme der Aufsicht nicht gleichzusetzen, welche der Gesetzgeber nicht zum Gegenstand der Aufsichtspflicht machen wollte. Es ist eher der vertraglichen Übernahme der Aufsichtspflicht vergleichbar (ähnlich auch OLG Jena OLGR 2002, 381, 382). So wie dort, wird während der Ausübung des Umgangsrechts die Obhut über das Kind – hier jedoch kraft einer gesetzlichen Befugnis und Verpflichtung (§ 1684 Abs 1) – übernommen.

Auch wird für die Fälle der **Beschränkung und des Entzugs des Sorgerechts** nunmehr zu differenzieren sein. Das Alleinentscheidungsrecht des nicht sorgeberechtigten Elternteils (§ 1687a) verweist gerade auch für diese Fälle auf die Entscheidungsbefugnis in Angelegenheiten der tatsächlichen Betreuung (§ 1687 Abs 1 S 4). Ist den Eltern oder einem Elternteil daher die elterliche Sorge für ein aufsichtsbedürftiges Kind entzogen worden, besteht wegen § 1687a die Aufsichtspflicht jedenfalls für den Zeitraum fort, in dem sich das Kind mit Zustimmung des Sorgeberechtigten oder aufgrund gerichtlicher Entscheidung beim nicht mehr Sorgeberechtigten aufhält (GEIGEL 16. 4. Rn 33). Entsprechendes gilt, wenn wegen § 1626a Abs 2 das Sorgerecht allein bei der Mutter liegt und sich das Kind mit deren Zustimmung beim Vater aufhält, wobei hier regelmäßig zur Umgangsrechtsausübung abzugrenzen ist. Anders daher nur, wenn sich das Kind dauerhaft – dann keine Umgangsrechtsausübung mehr – beim Vater aufhält.

Sind die **Eltern bei der Geburt des Kindes nicht miteinander verheiratet**, hat die **15** Mutter die elterliche Sorge, es sei denn, die Eltern geben eine Sorgeerklärung ab oder heiraten einander (§ 1626a) und die Elternschaft steht fest (§§ 1591 ff).

Bei minderjährigen Kindern, die unter **Vormundschaft** stehen oder für die ein **Pfleger 16** mit dem Recht der Personensorge bestellt ist, wird der Vormund oder Pfleger gesetzlich aufsichtspflichtig (§§ 1793, 1794; 1800, 1909, 1915).

Dem **Beistand** und dem **Gegenvormund** obliegt dagegen die Personensorge nicht **17** (§§ 1716, 1792, 1799). Gleiches gilt für den Erziehungsbeistand und den Betreuungshelfer (§§ 27, 30 SGB VIII). Sie sind daher hinsichtlich des Kindes nicht kraft Gesetzes aufsichtspflichtig.

Mehrere Aufsichtspflichtige. Steht die Personensorge **zwei** Personen zu (beiden El- **18** ternteilen gemäß §§ 1626, 1626a Abs 1, einem Elternteil neben einem Vormund in den Fällen von § 1673 Abs 2 S 2) oder existiert neben einem sorgeberechtigten Elternteil eine Umgangsperson nach §§ 1684, 1685, so sind beide Personen aufsichtspflichtig (zur Möglichkeit, in diesem Fall die Aufsichtsmaßnahmen funktionsteilig durchzuführen, s u Rn 125). Verletzen beide ihre Aufsichtspflicht, haften sie dem Verletzten nach Maßgabe der §§ 832, 840 als Gesamtschuldner.

19 Erziehungshilfe, Erziehungsmaßregeln: Die Aufsichtspflicht der Eltern, Vormünder und Pfleger besteht nicht (ruht), solange das Sorgerecht nicht ausgeübt werden kann, weil der Minderjährige nach Anordnung von Maßnahmen der Erziehungshilfe (§§ 33–35a, 38 SGB VIII) oder Erziehungsmaßregeln nach §§ 9, 12 JGG oder einer Anordnung nach § 1666a Abs 1 in einer anderen Familie oder in einem Heim untergebracht ist. Sie lebt aber auf, wenn der Minderjährige infolge Beurlaubung oder Entweichens zu dem Aufsichtspflichtigen zurückkehrt (RGZ 98, 246, 247). Bei einer solchen Unterbringung haften, wenn sie in einer anderen Familie durchgeführt wird, diejenigen nach § 832 Abs 2, denen die Erziehung übertragen worden ist. Bei einer Unterbringung in einem Heim öffentlich-rechtlicher Trägerschaft richtet sich die Haftung der für die Beaufsichtigung Verantwortlichen nach § 839, Art 34 GG (OLG Dresden NJW-RR 1997, 857; SCHOOF 30).

20 Erziehungsbeistand, Bewährungshelfer: Die Bestellung eines Erziehungsbeistands gemäß §§ 27, 30 SGB VIII oder §§ 9 Nr 2, 12 Nr 1 JGG iVm 30 SGB VIII hat keinen Einfluß auf die Aufsichtspflicht des kraft Gesetzes Erziehungsberechtigten. Die Erziehungsbeistandschaft dient nur der Unterstützung und Förderung des Kindes (§ 30 SGB VIII). Diese Aufgabe des Erziehungsbeistands umfaßt nicht die allgemeine Beaufsichtigung des Minderjährigen. Entsprechendes gilt, wenn einem straffällig gewordenen Jugendlichen die Verhängung von Jugendstrafe oder die Vollstreckung der erkannten Jugendstrafe oder eines Strafrests zur Bewährung ausgesetzt und er für die Dauer der Bewährungszeit unter Bewährungshilfe gestellt wird (§§ 24, 25, 29, 88 JGG). Denn auch die Aufgaben des Bewährungshelfers bestehen nur in betreuender Hilfe (§ 24 Abs 3 JGG), ohne Eingriff in Rechte und Pflichten des Sorgeberechtigten (SCHOOF 30). Er soll mit den Erziehungsberechtigten und dem gesetzlichen Vertreter zur Aufgabenerfüllung vertrauensvoll zusammenwirken. Hierbei wird die Aufsichts- und Berichtspflicht nach §§ 24 Abs 1, 25 JGG nicht zur Aufsichtspflicht nach § 832. Die Aufsichtspflicht gem § 24 Abs 1 JGG dient im wesentlichen zur Erfüllung der Berichtspflicht gegenüber dem Gericht (§ 25 JGG; BRUNNER/DÖLLING § 25 JGG Rn 5).

bb) nach Vorschriften außerhalb des BGB

21 Auszubildende: Zur bis 1969 geltenden Rechtslage wurde – mit diversen Differenzierungen – vertreten, daß die Vorschriften der GewO (§§ 127, 127a) sowie später die §§ 26–28 HandwO eine „gesetzliche Aufsichtspflicht" des Lehrherrn für die ihm anvertrauten Lehrlinge begründeten (ausführliche Darstellung bei STAUDINGER/SCHÄFER[12] Rn 17 ff). Nunmehr sind die Pflichten des Ausbildenden abschließend in §§ 14–16 BBiG (§§ 6–8 BBiG aF) geregelt. Danach hat der Ausbildende neben der rein fachlichen Ausbildung lediglich dafür zu sorgen, „daß der Auszubildende charakterlich gefördert sowie sittlich und körperlich nicht gefährdet wird" (§ 14 Abs 1 Nr 5 BBiG). Damit sind die letzten Anklänge an eine patriarchalische Stellung des Lehrherrn, die noch in § 28 HandwO idF von 1965 zurückblieben (seiner „väterlichen Obhut anvertraut"), verschwunden. Dennoch wurde weiterhin vertreten, der „Lehrherr" sei iSd § 832 kraft Gesetzes aufsichtspflichtig, wenn auch, sofern der Auszubildende nicht in den Hausstand des Ausbildenden aufgenommen ist, nur für die

Aufenthaltsdauer im Betrieb (BARFUSS BB 1976, 935, 937; BERNING/VORTMANN JA 1986, 12, 14; FUCHS, Deliktsrecht 140; HOFMANN, Haftpflichtrecht für die Praxis [1989] 1. 5. 3. 3. Rn 14; GEIGEL 16. 4. Rn 32; ECKERT 13) oder für Verrichtungen, die der Auszubildende außerhalb des Betriebs oder der Ausbildungsstätte auf Weisung des Ausbildenden, des Ausbilders oder anderer weisungsberechtigter Personen (§ 13 Nr 3 BBiG) durchzuführen hat (WOHLGEMUTH[2] § 6 BBiG Rn 72). Begründet wurde das auch für die Geltung von § 14 BBiG (§ 6 BBiG aF) damit, der Auszubildende sei in den Betrieb eingegliedert und stelle wegen seiner Jugend dort ein Sicherheitsrisiko dar (BARFUSS BB 1976, 835, 837). Diese Auffassung geht am normativen Gehalt von § 14 BBiG vorbei. Die dort festgelegte Betreuungspflicht bezweckt ersichtlich ausschließlich die Förderung und den Schutz des Auszubildenden. Mit einer Pflicht zur Beaufsichtigung des Auszubildenden zwecks Abwendung von Schädigungen Dritter hat sie nichts zu tun (SCHOOF 30; SCHEFFEN/PARDEY Rn 116, 186; SOERGEL/KRAUSE Rn 11; MünchKomm/WAGNER Rn 12). Eine andere Fragestellung ist diejenige nach der **Haftung des Ausbildenden für die aus seinem Betrieb hervorgehenden Gefahren** für Dritte. In diesem Rahmen haftet er auch für die Gefahren, die im Zusammenhang mit der betrieblichen Tätigkeit von Dienstverpflichteten und damit auch von Auszubildenden stehen. Die Verletzung dieser Verkehrssicherungspflicht macht aus §§ 823 Abs 1, 831 haftbar, nicht jedoch aus § 832. Eine Analogie zu dieser Vorschrift scheidet aus (s oben Rn 8).

In Betracht kommt schließlich die Übernahme der Aufsichtsführung durch Vertrag (§ 832 Abs 2); diese liegt aber nicht schon ohne weiteres – stillschweigend vereinbart – in der Aufnahme des Auszubildenden in die häusliche Gemeinschaft des Lehrherrn (ähnlich BGB-RGRK/KREFT Rn 17). Durch eine solche Aufnahme entfällt im übrigen die Aufsichtspflicht der Eltern grundsätzlich nicht, sondern beschränkt sich nur auf die aus der räumlichen Trennung sich ergebenden tatsächlichen Möglichkeiten (OLG Köln MDR 1957, 227).

Lehrer an öffentlichen Schulen, gleichviel ob beamtet oder nicht, sind kraft der **22** Schulgesetze gegenüber minderjährigen Schülern aufsichtspflichtig. Die Pflicht der Lehrer, minderjährige Schüler zur Verhinderung von Schäden ua während der Schulpausen zu beaufsichtigen, ist eine Amtspflicht, die den Lehrern auch und gerade gegenüber Dritten obliegt. Sowohl bei der Beaufsichtigung der Schüler durch die Lehrer selbst, als auch bei der Organisation dieser Maßnahmen handelt es sich um die Ausübung öffentlicher Gewalt iSv Art 34 GG (OLG Hamburg OLGR 1999, 190, 191). So dienen ua nach § 63 Abs 1 BbgSchulG die Erziehungs- und Ordnungsmaßnahmen auch dem Schutz von Personen oder Sachen. Im Ergebnis entspricht diese öffentlich-rechtlich gestaltete Amtspflicht inhaltlich der allgemeinen Aufsichtspflicht nach § 832 (OLG Karlsruhe OLGR 2006, 426, 427; OLG Düsseldorf NJW-RR 1996, 671; RuS 1997, 413). Die Haftung bei Verletzung der Aufsichtspflicht ist aber entgegen der früher vertretenen Auffassung (vgl RGZ 65, 290 und Anm II 1 a β der 9. Aufl mwN) nicht in § 832, sondern abschließend in § 839, Art 34 GG geregelt (hM; vgl BGHZ 13, 25; LM Nr 4; OLG Düsseldorf RuS 1997, 413; OLG Hamburg OLGR 1999, 190, 191 und das gesamte Schrifttum; gleiches gilt für die Aufsichtspflicht der Erzieherinnen, vgl OLG Karlsruhe OLGR 2006, 426, 427; wegen der Einzelheiten vgl STAUDINGER/SCHÄFER[12] § 839 Rn 592 sowie FRIEBE, Die Haftung des Lehrers und Schulträgers [2. Aufl 1957]; BÖHM, Aufsicht und Haftung in der Schule [1999]; GAMPE/JANSSEN/KRÄMER/LOHRMANN/RIEGER, Sicherheit in der Schule [1995]; PFRETSCHNER ZfBeamtenR 1956, 389; ferner unten Rn 166 ff). Auch aus der Stellung eines Lehrers als

Vater des einen Unfall verursachenden Schülers ergibt sich keine Haftung aus § 832, wenn § 839, Art 34 GG Anwendung finden (vgl RG WarnR 1939 Nr 135).

23 Das gleiche gilt, wenn ein **militärischer Vorgesetzter** minderjährige untergebene Soldaten (§ 41 WehrstrafG) oder ein **Strafvollzugsbeamter** minderjährige Gefangene nicht pflichtgemäß beaufsichtigt und diese rechtswidrig andere Personen verletzen.

b) **Aufsicht über Volljährige**

24 Eltern sind im Verhältnis zu ihren geisteskranken volljährigen Kindern nicht schon kraft Gesetzes aufsichtspflichtig iSv § 832 (LG Bielefeld NJW 1998, 2682, 2683). Mit Erreichen der Volljährigkeit, § 2, endet diese Aufsichtspflicht unabhängig von der geistigen Reife oder den Lebensumständen des Heranwachsenden (BGH NJW 1958, 1775; SCHOOF 24). Eine gesetzliche Aufsichtspflicht über Volljährige kommt nur in Betracht, wenn sie unter Betreuung oder Pflegschaft stehen. Da die aus dem BGB folgenden gesetzlichen Aufsichtspflichten untrennbar mit der Personensorge verbunden sind, besteht eine Aufsichtspflicht für Betreuer oder Pfleger nur, mögen es auch die Eltern sein, wenn und soweit die Personensorge zum übertragenen Aufgabenkreis gehört.

25 Wenn aus der fehlenden Verweisung des Betreuungsrechts (§§ 1896 ff) auf die Vorschriften über die Personensorge (§§ 1631, 1793, 1800) gefolgert wird, für den **Betreuer** komme eine Aufsichtspflicht – anders als beim Vormund – nicht mehr in Betracht (FUCHS 98), so geht das fehl. Das Gesetz folgt insoweit der Zielsetzung, prinzipiell lediglich einzelne Aufgabenkreise, also Teilausschnitte der Personensorge, auf den Betreuer zu übertragen (§ 1896 Abs 2; JÜRGENS/KRÖGER/MARSCHNER/WINTERSTEIN, BetreuungsR Rn 81 ff), weshalb eine Generalverweisung auf die Personensorgevorschriften nicht in Betracht kam. Daraus folgt aber bloß die Einschränkung, daß der Betreuer nur aufsichtspflichtig ist, wenn ihm entweder die gesamte Personensorge zugewiesen oder er vom Gericht besonders mit der Aufsicht betraut ist (LG Bielefeld NJW 1998, 2682, 2683; JÜRGENS/KRÖGER/MARSCHNER/WINTERSTEIN, BetreuungsR Rn 257; BIENWALD § 1869 Rn 215).

26 Die Beaufsichtigung des Betreuten muß Bestandteil des übertragenen Aufgabenkreises sein (JÜRGENS § 832 Rn 2). Die Übertragung des Aufenthaltsbestimmungsrechts oder der Vermögenssorge genügt nicht (LG Bielefeld NJW 1998, 2682, 2683). Der zum Betreuer seiner geisteskranken Ehefrau bestellte und mit der Aufsicht gerichtlich betraute Ehemann ist – wie unter Geltung des Vormundschaftsrechts – dafür verantwortlich, daß die Geisteskranke nicht durch schwere Beschimpfungen Dritter fortdauernd den nachbarlichen Frieden erheblich stört (vgl die zum Vormundschaftsrecht ergangene Entscheidung BGH MDR 1961, 222).

27 **Steht ein Volljähriger nicht unter Betreuung**, so ist, auch wenn er wegen seines geistigen oder körperlichen Zustands (zB als Epileptiker) der Beaufsichtigung bedarf, eine kraft Gesetzes aufsichtspflichtige Person iS von § 832 nicht vorhanden (RG LZ 1915, 624; LG Bielefeld NJW 1998, 2682, 2683). Auch hier läßt sich eine gesetzliche Aufsichtspflicht nicht durch *entsprechende* Anwendung von § 832 begründen (zur fehlenden Analogiefähigkeit der Norm s Rn 8). § 832 ist also zB nicht anwendbar, wenn sich ein volljähriger Sohn weiterhin im Haushalt der Eltern befindet (RGZ 92, 126; BGH NJW 1958, 1775 betr volljährigen vorbestraften Sohn, der Dritte durch Unterschlagungen

schädigt); ein Ehemann ist nicht gesetzlich aufsichtspflichtig iS des § 832 hinsichtlich der geisteskranken Ehefrau (RGZ 70, 48, s aber Rn 155 ff). Ggf können aber die Voraussetzungen von § 832 Abs 2 vorliegen, zB bei der Unterbringung eines Geisteskranken in einer offenen Anstalt (OLG München NJW 1966, 404, 405; s unten Rn 39). Bei Unterbringung eines Geisteskranken in einer geschlossenen Anstalt kann sich eine Haftung für Schädigungen Dritter durch den Geisteskranken aus § 839, Art 34 GG ergeben. Wegen einer Haftung aus § 823 s Rn 154 ff.

c) Fehlende Entäußerbarkeit der gesetzlichen Aufsichtspflicht
Häufig wird davon gesprochen, daß der kraft Gesetzes Aufsichtspflichtige seine **28** Pflicht auf andere „delegieren" könne. Diese Formulierung ist mißverständlich. Seiner generellen gesetzlichen Aufsichtspflicht kann sich niemand dadurch entledigen, daß ein anderer im Wege der Übertragung iSe Sukzession in die Pflichtenstellung eintritt. In diesem Sinne gibt es keine privative Pflichtenübernahme (vgl KOEBEL NJW 1960, 2227). Die Übertragung der Aufsicht auf eine andere, geeignete Person kann jedoch nach ganz hM für den Pflichtigen eine Beschränkung seiner Aufsichtspflicht auf deren ordnungsgemäße Instruktion, Kontrolle und auf Information bewirken. Die kraft Gesetzes Aufsichtspflichtigen bleiben in ihrer Pflichtenstellung auch, wenn neben ihnen noch weitere Personen durch vertragliche Absprachen zur Aufsicht verpflichtet sind. Lediglich die inhaltlichen Anforderungen an die Pflichterfüllung werden durch die Mehrheit der Aufsichtspflichtigen beeinflußt. Derjenige, der den näheren körperlichen Kontakt zur aufsichtsbedürftigen Person hat, ist direkt und unmittelbar zu schadensverhindernden Maßnahmen angehalten. Die entferntere (übertragende) Person ist lediglich auf vorbeugende, überwachende und kontrollierende Maßnahmen beschränkt (SCHOOF 33). Daher kann in der Übertragung der Aufsicht, Instruktion usw eine – auf den Zeitraum und die Reichweite der Übertragung beschränkte – **teilweise Erfüllung der Aufsichtspflicht** zu sehen sein (s dazu unten Rn 112 ff, 128 f).

3. Vertragliche Übernahme der Aufsichtsführung

a) Übernahmevertrag
aa) Entstehungsgeschichte
Die gleiche Verantwortlichkeit wie einen kraft Gesetzes Aufsichtspflichtigen trifft **29** nach § 832 Abs 2 denjenigen, der die Führung der Aufsicht über eine wegen Minderjährigkeit oder wegen ihres geistigen oder körperlichen Zustands aufsichtsbedürftige Person durch Vertrag übernommen hat. Nach E I sollte – außer den kraft Gesetzes aufsichtspflichtigen Personen – entsprechend §§ 831 Abs 2, 834 S 1, 838 ersatzpflichtig nur sein, wer die Aufsichtsführung *für* den durch das Gesetz Verpflichteten übernommen hat. Der in der II. Komm gestellte Antrag auf Beseitigung dieser Einschränkung wurde abgelehnt. Durch die geltende, auf Beschluß der Reichstagskomm beruhende Fassung sollte klargestellt werden, daß einerseits Personen, welche nur tatsächlich die Beaufsichtigung übernommen haben (vgl unten Rn 41) nicht haften, daß aber andererseits der vertragsmäßig zur Aufsichtsführung Verpflichtete auch haftet, wenn es an einem kraft Gesetzes Verpflichteten fehlt (Mot II 735 ff, ZG II 406 ff, Prot II 596; RTK 103; SCHOOF 21; BERNAU 45). In der II. Komm wurde ebenfalls beantragt, es solle schon die Übernahme tatsächlicher Obhut für eine Gleichstellung mit den kraft Gesetzes Aufsichtspflichtigen ausreichen. Diese Position wurde ausdrücklich verworfen (Prot II 596).

bb) Bedeutung der vertraglichen Übernahme

30 Die Abgrenzungsfunktion des Merkmals der Übernahme „durch Vertrag" wird aus der Entstehungsgeschichte heraus deutlich (soeben Rn 29): Es sollte gerade nicht die rein tatsächliche Obhut über eine aufsichtsbedürftige Person den Fällen der gesetzlichen Aufsichtspflicht gleichgestellt sein (OLG Saarbrücken OLGR 2007, 572). Die erleichtert eingreifende Haftung nach § 832 setzt voraus, daß sich der die Aufsicht Übernehmende dabei einer rechtlichen Bindung – gleich wem gegenüber – unterwirft. Nur dann tritt er – auch subjektiv – verbindlich an die Stelle dessen, der gegenüber Dritten die Zuständigkeit für die Beherrschung der Gefahrenquelle innehat. Dieser verstärkte Grad an rechtlichem Bewußtsein beim Übernehmer ist für die Überbürdung der Haftung aus § 832 auf einen anderen unverzichtbar (vgl BERNING/VORTMANN JA 1986, 12, 15). Aus diesem Grunde scheidet auch eine Analogie von § 832 Abs 2 auf die vom Gesetzgeber bewußt ausgenommenen Fälle bloß tatsächlicher Obhutsübernahme aus (vgl oben Rn 8).

Die **besondere haftungsrechtliche Bedeutung von § 832 Abs 2** wird darin gesehen, daß der obligatorischen Bindung Außenwirkung beigelegt wird und die vertragliche Übernahme wie eine gesetzliche Verantwortung nach außen haftbar macht. Das ist jedoch nicht so zu verstehen, daß hier die relative Wirkung der Obligation überwunden würde. Vielmehr achtet der Gesetzgeber den Umstand rechtsverbindlicher Übernahme von Verantwortung für eine aufsichtsbedürftige Person (gleich gegenüber wem, s sogleich Rn 31) der Zuständigkeitsbegründung über eine gesetzliche Aufsichtspflicht gleich.

cc) Vertragspartner

31 Ob der Vertrag mit der kraft Gesetzes aufsichtspflichtigen Person oder mit der der Aufsicht bedürftigen Person bzw deren gesetzlichem Vertreter oder mit einem Dritten abgeschlossen wurde, ist für die Anwendbarkeit von § 832 Abs 2 bedeutungslos (OLG Köln OLGZ 34 [1917] 120, 121; ALBILT 29; SCHEFFEN/PARDEY Rn 192; BERNAU 47; ROGGE, Selbständige Verkehrspflichten bei Tätigkeiten im Interesse Dritter [1997] 139; **aM** HOFMANN 1. 5. 3. 4. Rn 17 – nur ein Vertrag mit dem Aufsichtspflichtigen möglich). So liegt zB eine vertragliche Übernahme der Aufsicht vor, wenn ein schwer erziehbares Kind auf Anordnung des Jugendamts in einem von einem privaten Rechtsträger unterhaltenen Kinderheim untergebracht wird. Dem Inhaber des Heims werden damit nicht etwa hoheitliche Machtbefugnisse übertragen; für Schäden aus Verletzung der Beaufsichtigungspflicht haftet er aus § 832 Abs 2, nicht etwa das Jugendamt aus § 839, Art 34 GG (BGH VersR 1965, 48).

dd) Zustandekommen des Vertrags

32 Der Aufsichtsvertrag kann ausdrücklich, aber auch stillschweigend geschlossen werden (RG WarnR 1934 Nr 155, 322, 324; BGH FamRZ 1968, 587; NJW 1985, 677, 678; OLG Celle NJW-RR 1987, 1384; LG Bremen NJW-RR 1999, 969; OLG Jena OLGR 2002, 381, 382; OLG Saarbrücken OLGR 2007, 572; s auch BOSCHER VersR 1964, 888; ROGGE 140; in der Einladung zu einem von den Eltern gestalteten Kindergeburtstag liegt ein Angebot zur vertraglichen Übernahme der Aufsicht durch die Eltern oder von diesen eingesetzte Hilfspersonen, so OLG Celle NJW-RR 1987, 1384). Eine Übernahme der Aufsicht wird selten ausdrücklich vertraglich vereinbart (OLG Saarbrücken OLGR 2007, 572). Daher liegt die Hauptproblematik der Vorschrift in der Bestimmung der Voraussetzungen, unter denen bei tatsächlicher Übernahme der Aufsicht ein über eine Gefälligkeit hinausgehender rechtsgeschäft-

licher Übernahmewille (BGH LM Nr 9 = NJW 1968, 1874) angenommen werden kann. Daß an das Zustandekommen eines stillschweigend geschlossenen Vertrags keine hohen Anforderungen zu stellen sind (BGH NJW 1976, 1145, 1146; OLG Koblenz OLGR 1998, 29, 30; OLG Jena OLGR 2002, 381, 382), ist richtig, hilft insoweit aber nicht weiter. Untauglich ist die Aufstellung pauschaler Regeln, etwa derart, daß der Aufenthalt von Kindern bei Verwandten stets auf Basis einer bloßen Gefälligkeit (so LG Osnabrück VersR 1954, 518; LG Heilbronn VersR 1955, 414, 415; OHM VersR 1959, 780, 782) oder immer auf rechtsgeschäftlicher Grundlage erfolge (so WEIMAR MDR 1962, 356, 357, der § 832 Abs 2 erklärtermaßen extensiv auslegen möchte). Unzulässig ist erst recht, die Haftung nach § 832 Abs 2 in eine allgemeine Haftung des Hausvorstands oder des „Familienoberhaupts" entsprechend der Regelung in § 333 Schweizer ZGB umzufunktionieren (so aber WEIMAR MDR 1962, 356, 357). Maßgeblich ist vielmehr, ob nach den Umständen des Einzelfalls **die Zuständigkeit für die in den Eigenschaften des Aufsichtsbedürftigen liegende Gefahrenquelle gerade im Hinblick auf Dritte rechtsverbindlich übernommen sein soll**. Ob das so ist, bestimmt sich nach einer Reihe von Indizien. Wie auch sonst, muß der nötige **Rechtsbindungswille**, welcher der Abgrenzung von Vertrag und bloßer Gefälligkeit dient, zum Ausdruck gekommen sein (aA MünchKomm/WAGNER 18, der einfach an die faktische Aufgabenübernahme anknüpfen will, soweit letztere auf seiten des primär Verantwortlichen das berechtigte Vertrauen in die Wahrnehmung der übernommenen Aufgaben erzeugt). Erst danach kann für den Einzelfall entschieden werden. Starre Kriterien sind unangebracht.

Die **Unentgeltlichkeit** der Aufsichtsübernahme hindert entgegen DEUTSCH (JZ 1969, 233, 234) die Annahme rechtsgeschäftlicher Bindung nicht prinzipiell (OLG Düsseldorf VersR 1992, 310). Rechtsbindungswille kann auch bei Unentgeltlichkeit feststellbar sein, wie die Regelungen in §§ 662, 598 f, 690 zeigen (SCHOOF 32). Umgekehrt aber läßt die **Entgeltlichkeit** auf ein zugrundeliegendes Rechtsverhältnis schließen. Das gilt selbst dann, wenn die Beaufsichtigung nur von kurzer Dauer war (ROGGE 143).

Von Bedeutung ist, ob mit der tatsächlichen Aufsicht auch andere Elemente der Personensorge (zB Erziehung) Dritten zur Ausübung überlassen werden und damit die Einräumung einer umfassenderen Verantwortung für den Aufsichtsbedürftigen gewollt ist. Dafür spricht etwa die Eingliederung in eine häusliche Gemeinschaft oder ein Heim sowie die Verbringung an einen anderen Ort.

Aussagekräftig kann auch sein, wie intensiv und weitreichend die tatsächlichen Einwirkungsmöglichkeiten auf den Aufsichtsbedürftigen sind, die mit der Übernahme der Obhut verbunden sind (BGH NJW 1976, 1145, 1146). Soweit aber eine rechtsgeschäftliche Übernahme ausschließlich **bei einer weitreichenden Obhut von längerer Dauer und weitgehender Einwirkungsmöglichkeit angenommen** wird (BGH NJW 1968, 1874; OLG Schleswig VersR 1980, 242, 243), ist das zu eng und verkennt, daß es sich dabei lediglich um wichtige, nicht aber die einzigen Indizien für das Bestehen eines Rechtsbindungswillens handelt. Ausreichend ist, wenn sich der Dritte ausdrücklich zur vertraglichen Übernahme der Obhut verpflichtet. Die Aufsichtspflicht wird stillschweigend als vertragliche Nebenpflicht übernommen (BUSCHMANN RdJ 1967, 13; ROGGE 140; OLG Koblenz NJW-RR 1997, 345).

Daß eine danach festzustellende rechtsgeschäftliche Aufsichtsübernahme in erster Linie die Interessenwahrung des Kindes bezweckt, ist mit der Annahme, daß zu den übernommenen Aufgaben der Schutz Dritter vor Gefahren gehört, die von dem Kind ausgehen, nicht unverträglich (RG WarnR 1934 Nr 155, 322 betr Aufnahme des minderjährigen Bruders nach dem Tod der Eltern in den Haushalt der verheirateten Schwester mit Zustimmung des Vormunds).

Einzelfälle:

34 Die zeitliche Dauer der übernommenen Aufsicht gibt einen Abgrenzungsfaktor vor (ROGGE 141; WUSSOW Rn 556). Ein Besuch bei Großeltern oder anderen Verwandten während der **Ferien** geht regelmäßig mit einer solchen Eingliederung in die Hausgemeinschaft einher, die eine umfassende Einwirkung ermöglicht; der Ferienbesuch bedeutet demgemäß eine rechtsgeschäftliche Zuständigkeitsübernahme. Das gilt vor allem, wenn den Eltern infolge der räumlichen Trennung die Ausübung der Aufsichtspflicht weitgehend unmöglich ist (OLG Celle OLGR 1994, 221).

35 Die **kurzfristige Aufsichtsübernahme aus reiner „Gefälligkeit"**, etwa unter Nachbarn, läßt regelmäßig nicht auf eine umfassende Verantwortungsübernahme gerade im Hinblick auf den Schutz Dritter schließen (SCHOOF 33). Gleiches gilt für Verwandte (OLG Hamm OLGR 1999, 102). Ein Vertrag liegt daher meist nicht vor. Der nur für kurze Zeit und gefälligkeitshalber Beaufsichtigende darf nicht mit einem erheblich gesteigerten Haftungsrisiko „bestraft" werden (SCHEFFEN/PARDEY Rn 196). Beispiele: „Babysitter"; Eltern holen neben ihrem eigenen noch ein anderes Kind vom Kindergarten ab (LG Karlsruhe VersR 1981, 143, 144); Großeltern oder Freunde nehmen das Kind auf, während die Mutter Besorgungen tätigt (BGH NJW 1968, 1874, 1875). Erst recht gilt das, wenn in der Übernahme der Obhut des Aufsichtsbedürftigen eine Geschäftsführung ohne Auftrag liegt. Beispiel: Das von der Mutter allein gelassene Kind schreit und wird von einer mitleidigen Nachbarin bis zur Rückkehr der Mutter versorgt; die Nachbarin fällt nicht unter § 832 Abs 2 (aM WEIMAR MDR 1962, 356, 357).

36 **Besuche bei anderen Kindern**, um bei und mit ihnen zu spielen, lösen ebenfalls normalerweise keine Gewährsübernahme durch deren Eltern aus (BGH NJW 1968, 1874, 1875; VersR 1964, 1085, 1086). Gleiches gilt grds für die Ausrichtung eines Kindergeburtstags durch Eltern (offengelassen OLG Düsseldorf VersR 2000, 1254). Anders kann die Bewertung ausfallen, wenn ein außenstehender Dritter über eine Gefälligkeit hinausgehend selbständig die Ausrichtung des Geburtstags übernimmt (OLG Celle NJW-RR 1987, 1384: 21jähriger Absolvent einer Kinderpflegeschule im Rahmen eines Praktikums). Auch beim Kindergeburtstag ist bezüglich seiner konkreten Ausgestaltung zu prüfen, ob noch eine alltägliche Gefälligkeit gegeben ist oder aber wegen des Aufwands eine erhöhte Verantwortung hinsichtlich der Aufsichtspflichten übernommen wurde (ROGGE 142). Eine Geburtstagstafel in der elterlichen Wohnung oder im Garten zeigt eine andere Übernahmebereitschaft als eine Fahrt zu Zoo, Badeanstalt, Reiterhof, Kino oder Freizeitpark. Wer den Gefahrenkreis deutlich erweitert, wird sich seiner Verpflichtung zur Aufsichtsführung gerade gegenüber den Eltern der Gästekinder bewußt sein. Daher ist es auch gerechtfertigt, in der Einladung von Kindern zur Geburtstagsfeier des eigenen Kindes ein Angebot der Eltern auf Übernahme der Aufsichtspflicht über die eingeladenen Kinder zu sehen (OLG Celle NJW-RR 87, 1384; GEIGEL 16. 4. Rn 35).

37 Eine vertragsmäßige Übernahme durch den Stiefelternteil wird regelmäßig vorliegen, wenn ein **Stiefkind** dauerhaft in die häusliche Gemeinschaft aufgenommen wird

(BGH LM Nr 3; OLG Düsseldorf VersR 1992, 310; SCHLEGELMILCH 125). So haftet aus vertraglicher Übernahme bspw die neue Ehefrau des sorgeberechtigten Kindvaters bzw der neue Lebenspartner des allein sorgeberechtigten Elternteils. Gleiches gilt bei Pflegeeltern (GEIGEL 16. 4. Rn 35) und dem nicht sorgeberechtigten Elternteil (OLG Jena OLGR Jura 2002, 381).

Der Übernahme von **Aufsicht gegen Entgelt** liegt ein Vertrag zugrunde. Das gilt nicht **38** nur für die unmittelbaren Beziehungen zwischen Aufsichtspflichtigen und Kinderpflegerinnen, Tagesmüttern usw. In gleicher Weise wird die Aufsicht iSd § 832 Abs 2 von denen vertraglich übernommen, die mit einem seinerseits kraft Vertrags aufsichtspflichtigen Rechtsträger ein Dienstverhältnis eingehen, das zumindest auch die Aufsicht über beaufsichtigungsbedürftige Personen zum Gegenstand hat (MARBURGER VersR 1971, 777, 783). Beispiele: Kindergärtnerinnen, Erziehungspersonal von privaten Schulen oder Kinderheimen, Ärzte und Pflegepersonal privater Heil- und Pflegeanstalten. Ob Entgeltlichkeit vorliegt oder lediglich Aufwendungsersatz geleistet sein soll, ist im Einzelfall abzugrenzen.

Erfolgt wegen der Aufsichtsbedürftigkeit eine **Unterbringung in Anstalten, Kranken-** **39** **häusern, Heimen** usw, liegt regelmäßig eine vertragliche Aufsichtsübernahme vor (OLG Saarbrücken OLGR 2007, 572). Mit der Aufnahme in einem Erziehungs- und Pflegeheim geht regelmäßig die Übernahme der Obhut einher. Mit dieser Obhutsübernahme geht der Heimträger – ohne daß es hierfür noch zwingend einer besonderen vertraglichen Erklärung bedarf – die Verpflichtung zur Aufsichtsführung nach Abs 2 ein (OLG Koblenz NJW-RR 1997, 345; LG Bremen NJW-RR 1999, 969). Die Heilbehandlung von Kranken erfolgt auch in öffentlichen Krankenhäusern regelmäßig auf privatrechtlicher Basis, so daß § 832 Abs 2 nicht in Konkurrenz zu § 839 tritt (BGH NJW 1985, 677, 678). § 839 verdrängt allerdings § 832, wo es sich um eine Zwangsbehandlung handelt, wo der Arzt unmittelbar in Ausübung eines öffentlichen Amtes tätig wird, zB als Amtsarzt (BGH NJW 1985, 677, 678) oder wo dem Krankenhausaufenthalt eine gerichtlich verfügte Unterbringung iSv § 1906 vorausging (LG Bremen NJW-RR 1999, 969). Zur Konkurrenz von § 832 und § 839 unten Rn 166 f.

Wird entgegen der gerichtlich verfügten Unterbringung in einer geschlossenen psychiatrischen Abteilung der Aufsichtsbedürftige einer Heilbehandlung zum Zwecke der Befähigung zu einem Leben außerhalb einer Klinik unterzogen, richtet sich die Haftung nicht nach § 839, sondern nach § 832 Abs 2. Entscheidend ist nicht der Anlaß der Aufnahme in die Klinik, sondern ob lediglich eine Unterbringung oder aber darüber hinaus eine Heilbehandlung vorgenommen wird (BGH NJW 1985, 677, 678; LG Bremen NJW-RR 1999, 969). Vertragspartner ist bei der Krankenhaus- oder Heimaufnahme der Rechtsträger oder Leiter. Das Personal ist Verrichtungs- und Erfüllungsgehilfe. Begeht das Personal eine Aufsichtspflichtverletzung nach § 832 Abs 2 (s Rn 38), so muß der Rechtsträger gem §§ 278, 831 einstehen (zur Haftung des Aufsichtspflichtigen nach § 831 s unten Rn 164 f). Auch eine Haftung aus § 832 Abs 2 kommt nach ganz hM (nur) in Betracht, wenn dem Rechtsträger ein Auswahl-, Instruktions- oder Organisationsverschulden zur Last fällt (s unten Rn 112 ff, 129). Ein solches liegt schon darin, daß zur Erfüllung der Beaufsichtigung ungeeignetes Personal verwendet, zB die Aufsicht über schwer erziehbare Kinder einem 17jährigen überlassen wird (BGH NJW 1985, 677).

Der Träger eines Krankenhauses übernimmt mit dem auf die Aufnahme eines 7jährigen gerichteten Krankenhausvertrag zugleich auch vertraglich die Aufsicht (BGH NJW 1976, 1145). Wenn ein Säugling dadurch zu Schaden kommt, daß sich der im Nebenzimmer untergebrachte 7jährige an ihm zu schaffen macht – hier: ihn aus dem Bettchen nimmt und fallen läßt –, kann daher der Krankenhausträger aus §§ 831, 823 oder § 832 Abs 2 haften.

Anders als bei einem Pflegeheim hat die Aufnahme in ein Alten- oder Seniorenwohnheim noch nicht ohne weiteres eine vertragliche Übernahme auch der Aufsicht iS von § 832 zum Gegenstand (OLG Celle NJW 1961, 223; WEIMAR ZMR 1976, 136, 137). Eine später eintretende Aufsichtsbedürftigkeit kann allerdings nachträglich zu einer konkludenten rechtsgeschäftlichen Übernahme der Aufsichtspflicht führen. Eine Gefahrenabwendungspflicht kann sich hier aber jedenfalls unter dem Aspekt der Verkehrssicherungspflicht ergeben (OLG Celle NJW 1961, 223; HOFMANN 1. 5. 3. 4. Rn 19; vgl unten Rn 159 ff).

Wegen weiterer **Kasuistik** vgl zB OLG Hamburg (VersR 1973, 828) betr von gemeinnützigen Organisationen und Sozialwerken für Kinder einkommensschwacher Eltern veranstaltete Ferienaufenthalte; LG Landau (NJW 2000, 2904) Pfadfinderlager; LG München II (NJW 1978, 108) betr Zeltlagerveranstaltungen für in einem Heim untergebrachte Jugendliche; AG Flensburg (NJW-RR 1999, 1041) betr ein privates Kinderheim. Zum Umfang der nach § 832 zu beurteilenden Pflicht zur Beaufsichtigung von Personen, die sich wegen ihres geistigen Zustands freiwillig oder im Einverständnis ihres gesetzlichen Vertreters in einer von einer Körperschaft des öffentlichen Rechts getragenen offenen psychiatrischen Klinik befinden vgl BGH NJW 1985, 677, 678; OLG Saarbrücken OLGR 2007, 572.

ee) Wirksamkeit des Vertrags

40 Nach **hM** setzt § 832 Abs 2 aufgrund seiner Entstehungsgeschichte einen **rechtswirksamen Vertrag** voraus (BGB-RGRK/KREFT Rn 22; ALBILT 39; ECKERT 19 f, BERNAU 45 f; BERNING/VORTMANN JA 1986, 12, 15). Die äußere Hülle einer unwirksamen rechtsgeschäftlichen Einigung soll nicht ausreichen, um eine Haftung nach § 832 Abs 2 zu begründen. Problematisch ist diese Auffassung in Konstellationen, in denen der Übernehmende selbst geschäftsunfähig oder beschränkt geschäftsfähig ist. Deren Schutz verlangt es, in der aufgrund fehlerhaften Rechtsgeschäfts erfolgenden Übernahme eben nur eine rein tatsächliche Übernahme der Aufsicht zu sehen, welche die Gleichstellung mit dem Fall der gesetzlichen Aufsichtspflicht nicht trägt (s Rn 8, 41; zur vertraglichen Übernahme der Aufsicht durch Minderjährige vgl ECKERT 19 f).

Um nicht Personen mit einer haftungsrechtlichen Verantwortlichkeit zu belasten, die eine Beaufsichtigung nur aus Gefälligkeit tatsächlich übernommen haben, wurden von der Reichstagskomm die Worte „welcher (…) für den kraft Gesetzes Verpflichteten übernimmt" durch „welcher (…) durch Vertrag übernimmt" ersetzt (MUGDAN II 1300). Der Gesetzeswortlaut ist insofern mißverständlich und gibt den Willen des Gesetzgebers nicht zutreffend wieder. Wurde mit der Abänderung der Zweck verfolgt, die Haftung von dem abzuwenden, der ohne eine rechtliche Verpflichtung eingehen zu wollen, die Aufsicht gefälligkeitshalber übernimmt, muß es nicht zwingend auf die Wirksamkeit des Vertrags, sondern auf die Wirksamkeit der Übernahmeverpflichtung des Übernehmenden ankommen. Weniger geht es darum, ob ein

Vertrag zustande gekommen ist, sondern um die Rechtserheblichkeit der Erklärung des Übernehmers. Nicht Angebot und Annahme müssen vorliegen und wirksam sein, entscheidend ist vielmehr die verpflichtende Willenserklärung des Übernehmers. Für eine Aufsichtsübernahme nach § 832 Abs 2 kommt es daher darauf an, ob der Erstgarant aus Erklärungen oder aus dem Verhalten des Übernehmers berechtigterweise den Schluß ziehen durfte, daß dieser an seiner Stelle die Aufsicht übernehmen würde (MünchKomm/STEIN[3] Rn 13; MünchKomm/MERTENS[3] § 823 Rn 227). Zutreffend ist an der hM, daß ein nur tatsächlich, aber unwirksam erfolgter Vertragsschluß für sich allein nicht ausreichend ist. Gerade zur Wahrung des Minderjährigenschutzes ist es aber hinreichend, wenn die Wirksamkeit der Übernahmeverpflichtung, und damit die Verbindlichkeit gegenüber dem geschädigten Dritten, nur von Umständen abhängig ist, die in der Person des Übernehmers liegen. Ist der Übernehmer nicht voll geschäftsfähig, dürfen weder der Erstgarant noch der Rechtsverkehr darauf vertrauen, daß die Aufsichtspflicht vom Übernehmer getragen werde. Liegt dagegen der Wirksamkeitsmangel außerhalb seiner Person, reicht der tatsächliche Vertragsschluß aus (ROGGE 144 f). Der Drittschutzcharakter der Norm gebietet, daß derjenige für die Verletzung der übernommenen Aufsichtspflicht einsteht, der für sich alle Voraussetzungen für einen wirksamen Vertragsschluß erfüllt. Im Zweifel wird der Schutzzweck der Nichtigkeitsnorm heranzuziehen sein. Es wäre kaum verständlich, warum der Heimträger, nur weil der aufsichtsbedürftige Heimbewohner nicht wirksam beim Vertragsschluß vertreten wurde, von der Haftung befreit sein sollte. Auch wer unter Verstoß gegen das Gesetz zur Bekämpfung der Schwarzarbeit (BGBl I 2004, 1842) in Tagespflege die Kinderbetreuung vertraglich übernimmt, kann sich nicht auf die Unwirksamkeit nach § 134 berufen, es sei denn, auch dem gesetzlich Aufsichtspflichtigen ist ein derartiger Gesetzesverstoß anzulasten. Wer bewußt in Schwarzarbeit die Kinderbetreuung überläßt, entledigt sich seiner Aufsichtspflicht nicht (zu den Rechtsfolgen einseitiger und beiderseitiger Verstöße gegen das Verbot der Schwarzarbeit s BGHZ 85, 39, 42 ff; 89, 369, 373; 111, 308, 311; zur „halbseitigen Teilnichtigkeit" bei nur einseitigem Verstoß s CANARIS NJW 1985, 2405 und MünchKomm/ARMBRÜSTER[4] § 134 Rn 77).

Hat der Erstgarant den Übernehmer **durch Täuschung** dazu **bewogen**, verbindlich, dh nicht nur gefälligkeitshalber, die Aufsicht zu übernehmen, dann haftet der Übernehmer nicht. Die Täuschung kann bspw darin bestehen, daß die Eltern gegenüber einer Kindertagesstätte verschweigen, daß ihr Kind hochgradig aggressiv ist. Sie sind zur Aufklärung über Eigenschaften verpflichtet, die sowohl für die Entscheidung zur Übernahme als auch für die erforderliche Beaufsichtigung von wesentlicher Bedeutung sind. Nur wenn der Übernehmer bei dem Erstgaranten die objektiv gerechtfertigte Erwartung ausgelöst hat, daß er an dessen Stelle zur Erfüllung der Aufsichtspflicht tätig wird, kann es zu einer Übernahme der Haftung kommen (vgl für die Übernahme einer Verkehrssicherungspflicht STAUDINGER/HAGER [1999] § 823 Rn E 63). Eine derartige Erwartung entsteht aber nicht, wenn nur der Erstgarant um die Gefahren weiß, die aus dem Verhalten oder den Eigenschaften des Kindes resultieren können, dem Übernehmer aber wegen der Täuschung die Kenntnis fehlt. Der Erstgarant kann nicht davon ausgehen, daß der Übernehmer in Kenntnis aller Umstände die Aufsicht übernommen hätte oder daß er die erforderlichen Aufsichtsmaßnahmen trifft. Er bleibt haftungsrechtlich daher allein und voll verantwortlich und hat seine Aufsichtspflicht schon dadurch verletzt, daß er unzureichende Aufsichtsmaßnahmen veranlaßt hat.

Die Übernahme der Aufsichtspflicht ist vom Geschädigten zu beweisen (BAUMGÄRTEL/ LAUMEN § 832 Rn 10), wenn er gegen denjenigen vorgeht, der die Führung der Aufsicht übernommen hat (Übernehmer).

Verklagt der Geschädigte zunächst den Übernehmer und wendet dieser ein, es gäbe keine oder keine wirksame Übernahmeverpflichtung, kommt eine Streitverkündung des Klägers gegenüber dem gesetzlich Aufsichtspflichtigen in Betracht (§§ 72 ff ZPO; zur Streitverkündung s auch BGH VersR 1990, 1280 im Zusammenhang mit der Gebäudeunterhaltungspflicht, § 838). Gleiches gilt, wenn der Geschädigte den gesetzlich Aufsichtspflichtigen in Anspruch nimmt und dieser sich darauf beruft, er habe die Aufsichtsführung durch Vertrag übertragen. Dem steht nicht entgegen, daß möglicherweise der gesetzlich Aufsichtspflichtige und der Übernehmer gesamtschuldnerisch haften. Bereits die Ungewißheit darüber, ob auch nur einer der beiden mutmaßlichen Gesamtschuldner letztlich allein haftet, genügt dem Erfordernis der Alternativität der Ansprüche für eine Streitverkündung. Eine Streitverkündung kann schon erfolgen, wenn der Streitverkünder im Zeitpunkt der Streitverkündung jedenfalls auch die Möglichkeit in Rechnung stellen kann, daß nur der Streitverkündungsempfänger für den Schaden verantwortlich ist (BGHZ 65, 127, 133).

b) Tatsächliche Übernahme der Beaufsichtigung

41 Den Gegensatz zur vertraglichen Übernahme der Aufsichtsführung bildet die bloß tatsächliche Übernahme der Aufsicht, die – im Gegensatz zum stillschweigend geschlossenen Übernahmevertrag (§ 832 Abs 2) – vorliegt, wenn es an einem Verpflichtungswillen des Übernehmenden fehlt oder der Übernahmevertrag unwirksam ist (Rn 40); § 832 Abs 2 ist nicht – auch nicht entsprechend – anwendbar (Rn 8). In Betracht kommt aber die Verletzung einer Verkehrssicherungspflicht und damit eine Haftung nach § 823 Abs 1 (BGH LM Nr 9; OLG Celle NJW 1961, 223; ERMAN/SCHIEMANN Rn 5; dazu s unten Rn 160 f).

c) Bedeutung der vertraglichen Aufsichtsübernahme für die Beaufsichtigungspflicht des gesetzlich Aufsichtspflichtigen

42 Wer die Aufsicht auf Grundlage eines Vertrags übernimmt, wird damit Adressat einer eigenen und gegenüber der des gesetzlich zur Aufsicht Verpflichteten **selbständigen** Aufsichtspflicht iSd § 832. Der Bestand der gesetzlichen Aufsichtspflicht wird dadurch im Grundsatz nicht berührt: Es findet keine Rechtsnachfolge, **keine privative Pflichtenübernahme** statt (Rn 28). Die Übertragung der Aufsicht auf eine andere, geeignete Person kann nach der Konzeption der hM zu einer Reduktion der Aufsichtspflicht auf eine Pflicht zur ordnungsgemäßen Auswahl, Instruktion, Kontrolle des übernehmenden Dritten und zur Information führen; wird dieser „mittelbaren" Aufsichtspflicht genügt, hat der Aufsichtspflichtige § 832 Abs 2 entsprochen (s unten Rn 113 ff, 128 ff).

d) Fehlende Entäußerbarkeit der vertraglichen Aufsichtspflicht

43 Auch der durch Vertrag übernommenen Aufsichtspflicht kann man sich nicht durch deren Weiterübertragung entäußern. Der Gesetzgeber achtet die vertraglich übernommene Aufsichtspflicht in § 832 Abs 2 der gesetzlichen gleich. Daher gilt auch das zur fehlenden Entäußerbarkeit der gesetzlichen Aufsichtspflicht und zum Ausschluß einer privativen Pflichtenübernahme Ausgeführte (oben Rn 28, 42) entsprechend.

4. Analoge Anwendung

Eine analoge Anwendung von § 832 auf Fälle lediglich tatsächlicher Obhut und **44** Aufsicht über eine aufsichtsbedürftige Person kommt nicht in Betracht (RGZ 53, 312, 314; 70, 48, 50; BGH LM Nr 6 = NJW 1958, 1775; OLG Celle NJW 1961, 223; BGB-RGRK/Kreft Rn 5). In diesen Fällen fehlt es an der vordeliktsrechtlichen Zuständigkeit für die von einem Aufsichtsbedürftigen ausgehenden Gefahren, die § 832 – in Abgrenzung zu § 823 Abs 1 (Verkehrssicherungspflichtverletzung) – voraussetzt (s oben Rn 8). Eine Haftung richtet sich vielmehr nur nach letzterer Vorschrift (s unten Rn 155 ff).

III. Widerrechtliche Schadenszufügung durch den Aufsichtsbedürftigen

Voraussetzung für die Haftung des gesetzlich oder vertraglich Aufsichtspflichtigen **45** ist zunächst, daß der Aufsichtsbedürftige einem Dritten widerrechtlich Schaden zugefügt hat.

1. Unerlaubte Handlung

Die Schadenszufügung muß den objektiven Tatbestand einer unerlaubten Handlung **46** erfüllen (BGH NJW 1990, 2553, 2554; BGB-RGRK/Kreft Rn 27). Allgemein wird zu der Frage, unter welchen Voraussetzungen die Verwirklichung des objektiven Tatbestands einer unerlaubten Handlung vorliegt und die Widerrechtlichkeit der Schadensverursachung gegeben ist, auf die Ausführungen zu den entsprechenden Merkmalen von § 831 (vgl dort Rn 67 ff) verwiesen.

a) „Dritter" – der Kreis der geschützten Personen

Dritter, dem der Schaden zugefügt wird, kann nach der Schutzrichtung von § 832 **47** jeder außer dem Aufsichtsbedürftigen und dem oder den Aufsichtspflichtigen sein (aA Wussow Rn 554, der die Haftung der Mutter gegenüber dem Vater und umgekehrt aus § 832 bejaht, wobei im Einzelfall die jeweilige konkrete Aufsichtspflicht nachzuweisen sein soll. Sofern beide Elternteile zur Beaufsichtigung berufen waren, soll eine Abwägung nach § 254 erfolgen). Das OLG Stuttgart (FamRZ 1983, 68, 69) verneint dagegen mit Recht die Eigenschaft als Dritter für den Fall, daß ein Kind mit der Mutter zusammenlebt und dem noch nicht geschiedenen und daher noch aufsichtspflichtigen Vater einen Schaden zufügt. Ersatz nach § 832 soll nur verlangen können, wer sich nicht um den Aufsichtsbedürftigen „zu bekümmern" hat (OLG Saarbrücken OLGR 2007, 572). Anderes gilt jedoch, wenn das alleinige Sorgerecht bereits vor der Scheidung einem Elternteil übertragen wurde (§ 1671), einem Elternteil entzogen wurde (§§ 1666, 1666a) oder gegenüber dem geschädigten Elternteil ruhte (§§ 1673 ff). Dann kann der nicht sorgeberechtigte Elternteil, sofern er im Zeitpunkt des schädigenden Ereignisses nicht sein Umgangsrecht (§ 1684) ausübte, durchaus Dritter sein.

Trotz Verletzung der Aufsichtspflicht haftet der Aufsichtspflichtige nicht für einen Schaden des Aufsichtsbedürftigen nach § 832. Auch bei dieser Gestaltung geht es nicht um einen Schaden, den der Aufsichtsbedürftige infolge mangelhafter Beaufsichtigung einem Dritten zugefügt hat. Diese Schäden müssen nach § 823 beurteilt werden (BGH NJW 1979, 973; NJW 1996, 53; OLG Celle FamRZ 2000, 1214; s unten Rn 169). Gleiches gilt, wenn die Aufsichtspflicht nach Abs 2 durch Vertrag übernommen worden war (OLG Celle VersR 1986, 972).

Dritter ist aber eine Person, die der Aufsicht desselben Aufsichtspflichtigen unterliegt wie der verletzende Aufsichtsbedürftige (RG DJZ 1907, 657; OLG Celle FamRZ 1998, 233; FUCHS 114). Danach können Dritte auch Geschwister des Aufsichtsbedürftigen sein. Gleiches wird für mehrere Aufsichtsbedürftige eines Vormunds oder Pflegers gelten. Auch bei Vereinsvormundschaft (§ 1791a) haftet der Verein gegenüber einem zugeordneten Aufsichtsbedürftigen. Das gilt auch, wenn verschiedene Aufsichtspersonen mit der Führung der Vormundschaft über den schädigenden und den geschädigten Aufsichtsbedürftigen betraut waren (§§ 1791a Abs 3, 31) (s oben Rn 39).

b) Zurechenbare Verursachung des Schadens

48 Der eingetretene Schaden muß durch ein Verhalten des Aufsichtsbedürftigen verursacht und bei wertender Betrachtung diesem als sein Werk objektiv zurechenbar sein. Es muß sich gerade das vom Aufsichtsbedürftigen rechtswidrig gesetzte Risiko im Schaden realisieren. Die Rspr verlangt neben der Kausalität iSe conditio sine qua non in einem wertenden Schritt deren Adäquanz (RG LZ 1918, 501). Der Verletzungserfolg braucht danach nicht die unmittelbare Folge seines Verhaltens zu sein. Es genügt auch eine mittelbare Verursachung in dem Sinn, daß der Aufsichtsbefohlene eine, wenn auch entfernte Ursache gesetzt hat, sofern die eingetretene Folge nicht so ungewöhnlich ist, daß damit nach der Erfahrung des Lebens vernünftigerweise nicht zu rechnen ist (BGH VersR 1966, 386). Eine objektiv zurechenbare Verursachung liegt zB vor, wenn ein 12jähriger beim Spielen mit einem gefährlichen Wurfpfeil den Pfeil einem 6jährigen mit der Weisung überläßt, ihn nicht weiterzugeben, der 6jährige den Pfeil aber doch weisungswidrig einem gleichaltrigen Spielkameraden übergibt oder sich den Pfeil von diesem im Spieleifer abnehmen läßt und der letztere damit einen anderen verletzt (BGH VersR 1966, 368, die Adäquanz bejahend): Es verwirklicht sich hier wegen der geringen Einsichtsfähigkeit des 6jährigen das vom 12jährigen gesetzte Risiko. Zurechenbare Verursachung liegt auch vor, wenn ein Kraftfahrer, um ein im Straßenverkehr sich verkehrswidrig verhaltendes Kind nicht zu verletzen, Maßnahmen ergreift, durch die er selbst zu Schaden kommt (BGH NJW 1968, 249 m krit Anm GANZESCHIAN/FINK NJW 1968, 641; AG Frankfurt/M NJW-RR 1997, 1314; zu den nur noch sehr selten in Betracht kommenden Ansprüchen aus GoA gegenüber den Eltern s unten Rn 175). So, wenn ein 4jähriges Kind die Fahrbahn einer belebten Straße betreten hat und ein entgegenkommender Kraftfahrer, der befürchtet, das Kind werde die Fahrbahn überquerend weiterschreiten und mit ihm kollidieren, scharf abbremst und das Steuer herumreißt, dabei ins Schleudern gerät und Schaden erleidet. Es kommt dabei nicht darauf an, ob das Kind wirklich weitergelaufen wäre oder angehalten und das Vorbeifahren des Kfz abgewartet hätte. Denn angesichts der Unberechenbarkeit des Verhaltens von Kleinkindern, das allein schon das Betreten der Fahrbahn als widerrechtlich erscheinen läßt, durfte der Fahrer nicht darauf vertrauen, daß das Kind, nachdem es einmal verkehrswidrig die Fahrbahn betreten hatte, sich jetzt – wie ein Erwachsener – verkehrsrichtig verhalten und sein Vorbeifahren abwarten würde. Er mußte vielmehr, da bei Kleinkindern grundsätzlich unbesonnenes Verhalten in Rechnung zu stellen ist, rechtzeitig Maßnahmen zur Vermeidung eines Zusammenstoßes treffen. Dabei ist es für die Zurechenbarkeit zu der durch das kindliche Verhalten gesetzten Unfallursache bedeutungslos, ob der Fahrer die geeignetsten Mittel zur Gefahrenabwehr gewählt hat, da auch ein schuldhaftes Vergreifen im richtigen Mittel mit Rücksicht darauf, daß bei einer gefahrträchtigen Lage rasche Entschlüsse zu fassen sind, nicht außerhalb des durch das Verhalten des Kindes gesetzten Risikos liegt (vgl die Adäquanzbetrachtungen des BGH NJW 1968, 249; ausführlich dazu BERNAU 67 ff; kritisch GANZESCHIAN/FINK NJW 1968, 641; SCHMID VersR 1982, 822, 824; DAHLGRÜN 64 f; FUCHS 108; SCHOOF 44).

Ebenfalls eine zurechenbare Schadensfolge kann vorliegen, wenn ein zweieinhalbjähriges Kind einen Beinahe-Unfall mit einem herzkranken Autofahrer verursacht und dieser infolge der Schrecksituation 40 Minuten später den Herztod erleidet (OLG Düsseldorf VersR 1992, 1233, 1234). Das Risiko, daß der mit einer von einem Kind verursachten Gefahrensituation Konfrontierte schreckbedingt Gesundheitsschäden erleidet, gehört mit zu den Risiken, die mit unkontrolliertem kindlichen Verhalten im Straßenverkehr verbunden sind.

Die Haftung des Aufsichtspflichtigen erstreckt sich auf den Fall von § 830 Abs 1 S 2 (OLG Stuttgart LZ 1914, 596; GEIGEL 16. 4. Rn 38).

c) Subjektive Tatbestandselemente

Was die *subjektive* Seite anbelangt, so gilt auch für § 832, daß da, wo zur Erfüllung **49** des Tatbestands eine bestimmte Willensrichtung gehört oder wo die Rechtswidrigkeit von subjektiven Merkmalen abhängt, diese subjektiven Merkmale (im „natürlichen" Sinn) auch bei dem Deliktsunfähigen oder schuldlos Handelnden gegeben sein müssen (RGZ 73, 434; HRR 1929 Nr 705; WEIMAR MDR 1962, 356; PALANDT/SPRAU[67] Rn 7; allgM). ZB muß beim Betrug die Absicht, sich einen rechtswidrigen Vermögensvorteil zu verschaffen, bei der Sittenwidrigkeit eines Verhaltens iRd § 826 etwa die Kenntnis der die Sittenwidrigkeit begründenden Tatumstände feststellbar sein.

2. Rechtswidrigkeit

Die Widerrechtlichkeit der Schadenszufügung ist nur ausgeschlossen, wenn das **50** schädigende Verhalten des Aufsichtsbedürftigen von einem Rechtfertigungsgrund gedeckt ist. Im übrigen sei auf die Darstellung bei § 831 (dort Rn 67 ff) verwiesen.

3. Verschulden des Aufsichtsbedürftigen

Ein Verschulden des Aufsichtsbedürftigen ist nicht erforderlich; es ist gerade eine **51** wichtige Funktion der Vorschrift, eine Verantwortlichkeit für solche Fälle zu gewährleisten, in denen der unmittelbare Verursacher deliktsunfähig (§§ 827, 828) oder zwar einsichtsfähig iS von § 828 Abs 3 ist, aber wegen der an Jugendliche seiner Altersstufe zu stellenden geringeren Sorgfaltsanforderungen (s § 828 Rn 17) nicht schuldhaft gehandelt hat (RGZ 50, 65; 53, 315; BGH VersR 1954, 558; 1966, 368; NJW 1985, 677, 678; OLG München FamRZ 1997, 740, 742; OLG Celle FamRZ 1998, 233; einhellige Meinung; Zur Reform des § 828 durch das Zweite Gesetz zur Änderung schadenersatzrechtlicher Vorschriften hinsichtlich der Haftung Minderjähriger bei Unfällen mit Kraftfahrzeugen, Schienenbahnen oder Schwebebahnen s unten Rn 61). Andererseits wird die Haftung aus § 832 aber auch nicht dadurch ausgeschlossen, daß der Aufsichtsbedürftige den Schaden schuldhaft verursacht hat (vgl OLG München ZfS 2002, 170).

IV. Aufsichtspflicht und ihre Verletzung

1. Allgemeines/methodisches Vorgehen

52 Üblicherweise gehen Rspr und Literatur bei der Festlegung des Prüfungsprogramms für die entscheidende Tatbestandsvoraussetzung der Aufsichtspflichtverletzung von der Formulierung von § 832 Abs 1 S 2 aus. Danach tritt die Haftung ua nicht ein, wenn der Aufsichtspflichtige seiner Aufsichtspflicht „genügt" hat. Das ist nach einhelliger Auffassung der Fall, wenn er zur Verhinderung der Schädigung Dritter alles getan hat, was von einem verständigen Aufsichtspflichtigen in seiner Lage nach den Umständen des Einzelfalls vernünftiger- und billigerweise verlangt werden konnte (BGH VersR 1965, 606; 1969, 523; 1980, 278, 279; FamRZ 1968, 455; BGH NJW 1976, 1684; 1980, 1044; 1984, 2575; 1993, 1003 f; 1995, 3385 f; 1996, 1404 f; OLG Köln VersR 1975, 162; OLG Karlsruhe VersR 1979, 58; OLG Oldenburg FamRZ 1994, 834; NJW-RR 1996, 153; OLG Hamm NJW-RR 1996, 153; VersR 1999, 843; MDR 2000, 454, 455; NZV 2001, 42; OLG München FamRZ 1997, 740, 741; KG MDR 1997, 840; OLG Düsseldorf OLGR 2001, 22, 23). Dabei ist ausschlaggebend, ob der Aufsichtspflichtige in bezug auf die konkrete Gefahrensituation diejenigen erforderlichen und verhältnismäßigen (vor allem zumutbaren) Aufsichtsmaßnahmen schuldhaft unterlassen hat, die verständige Aufsichtspflichtige zur Verhinderung derartiger Schädigungen nach vernünftigen Anforderungen hätten ergreifen müssen (BGH VersR 1957, 799; 1965, 137; 1980, 279; FamRZ 1965, 77; 1968, 454; NJW 1984, 2575; 1990, 2553, 2554; 1993, 1003; NJW-RR 1987, 13, 14; 1987, 1430; 1990, 1248; RuS 1992, 233 f; OLG Celle FamRZ 1966, 107; OLG Oldenburg VersR 1976, 199; FamRZ 1994, 834; OLG Koblenz VersR 1980, 752; OLG Düsseldorf RuS 1997, 413; OLG Jena OLGR 1998, 101; OLG Schleswig NJW-RR 1999, 606, 607; OLG Hamm NZV 2001, 42).

53 Die richtigen Grundaussagen orientieren sich an der Beweislastregelung von § 832 Abs 1 S 2. Diese Ausrichtung trägt nicht zu einer systematisch sauberen Prüfung der Frage einer Aufsichtspflichtverletzung bei. Tatbestandsmerkmal und somit Anknüpfungspunkt für die Haftung aus § 832 ist die **Verletzung der Aufsichtspflicht** (s oben Rn 5), und zwar **in ihrer konkreten Gestalt**. Der Aufsichtspflichtige muß maW diejenigen Verhaltensanforderungen unerfüllt gelassen haben, die vernünftigerweise zu beachten waren, um der **allgemeinen Pflicht**, durch die Aufsicht über den Aufsichtsbedürftigen die Schädigung Dritter zu verhindern, **für die konkrete Gefahrensituation zu genügen** (OLG Schleswig NJW-RR 1999, 606, 607).

Diese Umschreibung der maßgeblichen Tatbestandsvoraussetzung von § 832 läßt die Frage der Beweislastumkehr zunächst bewußt außer acht. Sie verdeutlicht die für eine methodisch korrekte Vorgehensweise erforderliche **Zweistufigkeit der Prüfung**: Zunächst sind die **Anforderungen der Aufsichtspflicht** an ihren Adressaten **für den konkreten Fall herauszuarbeiten (a)**. Sodann ist im Wege der Subsumtion des festgestellten Sachverhalts unter diese Anforderungen **zu prüfen, ob der Aufsichtspflichtige dem entsprochen, er also seine Pflicht erfüllt hat (b)**.

a) Konkreter Inhalt der Aufsichtspflicht

54 Die Konkretisierung der Anforderungen bezüglich der allgemeinen Aufsichtspflicht für den Einzelfall bildet zunächst den Schwerpunkt der Tatbestandsproblematik von § 832. Die Frage, was an Aufsichtsmaßnahmen konkret geboten war, ist **reine Rechtsfrage**.

Ihre Beantwortung bemißt sich im Ausgangspunkt nach der **konkreten Vorherseh-** 55
barkeit von Schäden (BGH RuS 1992, 233; OLG Hamm VersR 1990, 743, 744; OLG Nürnberg
RuS 1992, 233; SCHMID VersR 1982, 822, 823). Dieses Kriterium ist gleichbedeutend mit der
Frage, ob ein entsprechender **Aufsichtsanlaß** gegeben war. Ein solcher ist Voraussetzung dafür, daß sich die allgemeine Aufsichtspflicht überhaupt konkret zu einem
bestimmten Handlungsgebot für den Aufsichtspflichtigen verdichtet (OLG Köln VersR
1976, 162; OLG-Rep 1996, 85; ADEN MDR 1974, 9, 10; RAUSCHER JuS 1985, 757, 761). Der
konkrete **Aufsichtsanlaß bestimmt sich nach zwei Faktoren: den Eigenschaften des
Aufsichtsbedürftigen** sowie der **Schadensgeneigtheit des Umfelds bzw der Situation.**

Stehen Art und Reichweite des Aufsichtsanlasses aufgrund des Tatsachenmaterials 56
fest, hat der Richter **zu werten, welche Maßnahmen der Aufsicht erforderlich und
verhältnismäßig** gewesen wären, um der Pflicht zur Schadensverhinderung zu genügen. Im Rahmen dieser Wertung sind auch die **Zumutbarkeit für den Aufsichtspflichtigen** zu berücksichtigen und eine **Abwägung mit dem Erziehungsauftrag von § 1631
Abs 2 und der Erziehungszielbestimmung von § 1626 Abs 2** vorzunehmen.

b)   Erfüllung der Aufsichtspflicht in ihrer konkreten Gestalt
Nach der Bestimmung dessen, was an Aufsichtsmaßnahmen geboten war, ist daran 57
das tatsächliche Verhalten des Aufsichtspflichtigen zu messen, wie es sich nach dem
Parteivortrag und dem Ergebnis der Beweisaufnahme darstellt. Hat danach der
Aufsichtspflichtige der Aufsichtspflicht nicht genügt, greift, sofern dies zu seinem
Verschulden gereicht, die Haftung gem § 832 Abs 1 S 1 ein.

2.   Aufsichtsanlaß

Der Grad des Aufsichtsanlasses bestimmt maßgeblich die Erforderlichkeit und Zu- 58
mutbarkeit von Aufsichtsmaßnahmen. Entscheidend für das Gewicht des Aufsichtsanlasses ist das Ausmaß der Gefahr, die außenstehenden Dritten durch den Aufsichtsbedürftigen droht. Dieses wird bestimmt durch die **Eigenschaften** des Aufsichtsbedürftigen **(a)** und die **Schadensgeneigtheit des Umfelds**, in dem sich der
Aufsichtsbedürftige konkret befindet, bzw der von ihm ausgeübten Tätigkeit **(b)**
(OLG Schleswig NJW-RR 1999, 606, 607). Diese beiden Faktoren des Aufsichtsanlasses
will zutreffend auch das OLG Celle (FamRZ 1998, 233) berücksichtigt wissen, wenn es
für die elterlichen Pflichten einerseits nach Alter, Entwicklungsstand, Charakter
sowie Vorverhalten des Aufsichtsbedürftigen und andererseits nach der Art der
Tätigkeit bzw der Gefahrgegenstände (Schußwaffen, Streichhölzer etc) differenziert.
So auch das OLG Hamm (NZV 2001, 42), wenn es ausdrücklich den Umfang der
Aufsichtspflicht zum einen durch die Eigenschaften des aufsichtsbedürftigen Kindes
und zum anderen durch die Schadensgeneigtheit des Umfeldes und der danach
gegebenen und zu erwartenden konkreten Gefahrensituation bestimmt wissen will
(s auch GRANDKE [Hrsg], Familienrecht 159 zu § 351 ZGB [DDR]).

a)   Eigenschaften des Aufsichtsbedürftigen
Das Gewicht des Aufsichtsanlasses richtet sich einerseits nach den Eigenschaften des 59
Aufsichtsbedürftigen wie Alter, geistige Fähigkeiten, Eigenart, Charaktereigenschaften (BGH NJW 1984, 2474, 2475; 1995, 3385; 1996, 1404 f; 1997, 2047, 2048; OLG Oldenburg
FamRZ 1994, 834; OLG Hamm NJW-RR 1996, 153; VersR 1999, 843; MDR 2000, 454, 455; NZV
2001, 42; OLG München FamRZ 1997, 740, 741; OLG Düsseldorf NJW-RR 1997, 343; RuS 1997,

413; OLGR 2001, 22, 23; KG MDR 1997, 840; OLG Jena OLGR 1998, 101; OLG Schleswig NJW-RR 1999, 606, 607), sowie dem Stand der Erziehung (RGZ 98, 246; WarnR 1910 Nr 60; 1911 Nr 241; 1912 Nr 28; BGH VersR 1965, 48; NJW 1980, 1044; NJW 1984, 2575; DAHLGRÜN 56). Daraus lassen sich Art und Maß der von ihm drohenden Gefahr ableiten.

Allein entscheidend sind die **individuellen Eigenschaften** des Aufsichtsbedürftigen. Deren Feststellung wird jedoch dadurch erleichtert, daß mangels anderweitiger Indizien regelmäßig **typisierend von altersentsprechenden Eigenschaften und einem „normalen" Entwicklungsstand auszugehen ist** (BGH NJW 1984, 2574, 2575). Verbreitet wird gar von einer tatsächlichen Vermutung dieses Inhalts gesprochen (LG Heilbronn VersR 1955, 414; ADEN MDR 1974, 9, 10; FUCHS 221; DAHLGRÜN 114, 174; ALBILT 238; dazu näher unten Rn 150). Maßgeblich bleiben jedoch die individuellen Gegebenheiten des Aufsichtsbedürftigen (OLG Hamm NZV 2001, 42; eingehend: BERNAU DAR 2005, 604, 607 ff mwN). Praktisch bedeutsam werden sie freilich nur dort, wo sie negativ oder positiv vom regelmäßigen Normalbild abweichen. Verstärkte Aufsicht ist daher geboten, wenn der Minderjährige im Gegensatz zu anderen Kindern gleichen Alters Verhaltensauffälligkeiten gezeigt hat (OLG Hamm NJW-RR 1997, 344; SCHOOF 43). Bei volljährigen Aufsichtsbedürftigen spielt dagegen das Erforschen von „Normaleigenschaften" keine Rolle, da sie nur aufsichtsbedürftig iSd Norm sind, wenn und soweit ihre Eigenschaften gefahrbegründend von den altersgemäßen abweichen.

aa) „Normaleigenschaften"

60 Verbreitet werden in der Rspr Ausführungen zu den üblichen Eigenschaften und dem „normalen Entwicklungsstand" von Kindern gemacht (zB BGH NJW 1995, 3385; NJW 1996, 1404, 1405; OLG Hamm VersR 1990, 743; OLG München FamRZ 1990, 159). Stets dienen solche Überlegungen als Basis für die konkrete Erörterung des Einzelfalls. So vorsichtig man mit solchen Erfahrungssätzen sein muß, geben sie doch eine wichtige Grundlage, von der aus die Anforderungen an die konkrete Aufsicht zu entwickeln sind, wenn entweder keine besonderen gefahrsteigernden oder -mindernden Eigenschaften vorgetragen sind oder es insoweit bei einem „non liquet" bleibt (FUCHS 221).

Generell verlaufen die fortschreitende Entwicklung des Kindes und das Wachsen der Fähigkeit zur vernunftsmäßigen Verhaltenssteuerung umgekehrt proportional zum Grad der zur Gefahrenneutralisierung erforderlichen Aufsicht.

61 Als Leitlinien können die nach **Altersgruppen** abgestuften Anforderungen aus der Rspr dienen.

Wegen ihres Entwicklungsstands, der eine rationale Verhaltenssteuerung nicht zuläßt, sind **Kleinkinder** (bis 4 Jahre) generell in ihrem Verhalten unberechenbar und impulsiv. Ihnen fehlt regelmäßig noch die Fähigkeit zu ruhiger Überlegung und Gefahreinschätzung (SCHOOF 45). Sie bedürfen daher allgemein besonderer und ständiger Aufsicht (OLG Köln VersR 1969, 44, 45; OLG Düsseldorf VersR 1992, 1233; OLG Hamm RuS 2000, 237, 238; FUCHS 230). Dabei wird es als grundsätzlich zulässig angesehen, wenn ein Kleinkind sich in einer überschaubaren Wohnung ohne ständige Aufsicht bewegt (OLG Düsseldorf OLGR 2001, 22, 23; LG Potsdam NJW-RR 2002, 1543). Zu beachten ist jedoch stets, daß Kleinkinder auf Grund ihrer Unerfahrenheit und Unbesonnenheit regelmäßig nicht in der Lage sind, die in ihrer Umgebung befindlichen Gefahren zu erkennen oder gar zu beherrschen. Hinzu kommt, daß für Kleinkinder schon aus Situationen eine Gefahr resultieren kann, welche für andere, ältere Personen völlig ungefährlich sind. Der Aufsichtspflichtige muß daher umfassend sicherstellen, daß er stets die Möglichkeit hat, Gefahrensituationen in kürzester Zeit zu erkennen und sachgerecht einzugreifen (OLG Hamm RuS 2000, 237, 238; OLG Düsseldorf OLGR 2001, 22, 23).

Für **4jährige** Kinder ist das Überqueren eines Fußgängerüberwegs mit einem Roller noch ein schwieriges Unterfangen (OLG Hamm NZV 1995, 112). Spielen sie nicht auf einem eingefriedeten Grundstück mit verschlossener Pforte, sondern im öffentlichen Verkehrsraum, ist eine unmittelbare Beaufsichtigung an Ort und Stelle erforderlich (LG Lüneburg NJW-RR 1998, 97). In einem Freizeitbad müssen sie dauernd beaufsichtigt werden (LG Mannheim VersR 1999, 103). Dennoch ist in diesem Alter regelmäßig die Grenze für eine permanente Überwachung anzusiedeln (vgl OLG Hamm VersR 1999, 843). Die Zäsur erst ab Erreichen des Grundschulalters vorzunehmen (so Schoof 45), ist nicht gerechtfertigt. Die Überwachung von Kindern im Kindergartenalter „auf Schritt und Tritt" ist im Regelfall daher nicht mehr erforderlich (OLG Düsseldorf VersR 1996, 710; OLG Hamm MDR 1999, 677; VersR 2000, 457). **5jährige** Kinder müssen somit nicht mehr ständig überwacht werden. Kindern in diesem Alter muß bereits die Möglichkeit zum Aufenthalt und Spielen im Freien ohne unmittelbare Gegenwart der Eltern eröffnet werden (BGH VersR 1964, 314). Sie dürfen in einer Wohngegend ohne besondere Gefahrenquellen (ruhige Wohnstraße, vor allem Spielstraße [§ 42 Abs 4a StVO, Zeichen 325]) durchaus allein außerhalb des Hauses spielen, solange dem Aufsichtspflichtigen die Möglichkeit sofortigen Eingreifens verbleibt. Das Verhalten ist jedoch regelmäßig in etwa viertel- bis halbstündigen Abständen zu kontrollieren (OLG Hamm NJW-RR 1997, 344; LG Bayreuth DAR 1998, 143, 144). Ein altersgerecht entwickeltes 5jähriges Kind ist, wenn es bereits seit einem Jahr mit dem Fahrradfahren vertraut ist, üblicherweise in der Lage, die Funktionen des Fahrrads weitgehend zu beherrschen. Die Eltern genügen der Aufsichtspflicht, wenn sie sich in Sichtkontakt und einer Entfernung von 15 bis 20 Schritten vom Kind aufhalten (LG Düsseldorf VersR 1994, 484; näher unten Rn 102). **6jährige** Kinder dürfen, sofern ihre individuellen Fähigkeiten es zulassen, frei und unbeobachtet in einer Spielstraße Fahrrad fahren (OLG Hamm VersR 2002, 376; LG Bielefeld IVH 2004, 34; allgemein auf das Wohnumfeld abstellend und deshalb zu weitgehend: AG Brühl ZfS 2002, 275; für eine Aufsichtspflichtverletzung bei unbeaufsichtigtem Radfahren eines 6jährigen Kindes in einer verkehrsberuhigten Straße, die eine Straße mit einer zulässigen Höchstgeschwindigkeit von 30 km/h kreuzt: AG Neuss NJOZ 2003, 760). Bei ihnen soll eine halbstündige stichprobenartige Kontrolle des Spielgeschehens zureichend sein (OLG München FamRZ 1997, 740, 741). Kindern in diesem Alter müssen im Rahmen einer verantwortungsvollen Erziehung Freiräume geschaffen werden, bei denen ein sofortiges Eingreifen des Aufsichtspflichtigen nicht möglich ist (OLG Hamburg OLGR 1999, 190, 192). Es besteht grds kein genereller Anlaß, 6- bis 8jährige Kinder ohne weiteres regelmäßig auf den Besitz von Streichhölzern oder Feuerzeugen hin zu durchsuchen (BGH VersR 1969, 523; OLG Celle OLGR 1994, 221; Rauscher JuS 1985, 757, 762).

7- bis 8jährige Kinder haben üblicherweise die Fähigkeit, sich den Ermahnungen entsprechend zu verhalten, so daß es keiner Überwachung auf Schritt und Tritt bedarf (BGH NJW 1995, 3385; BGH NJW 1996, 1404, 1405; OLG Düsseldorf RuS 1997, 413). Für Kinder der Altersgruppe von sieben bis neun Jahren stellt sich die Frage, wie sich der aus § 828 Abs 2 folgende weitgehende Ausschluss der deliktischen Verantwortlichkeit bei Unfällen im Straßen- und Bahnverkehr auswirkt. Er beruht auf der Erkenntnis, daß Kinder frühestens ab dem vollendeten 10. Lebensjahr imstande sind, die besonderen Gefahren des motorisierten Verkehrs zu erkennen und sich den erkannten Gefahren entsprechend zu verhalten. Die körperlichen Bedingungen erlauben es den Kindern erst ab diesem Alter, Entfernungen und Geschwindigkeiten richtig einzuschätzen. Daneben stehen kindliche Eigenheiten, wie Lauf- und Erprobungsdrang, Impulsivität, Affektreaktionen, mangelnde Konzentrationsfähigkeit und gruppendynamisches Verhalten oft einem verkehrsgerechten Verhalten entgegen (Begr des RegE BT-Drucks 14/7752, 16, 26; vgl auch SCHEFFEN ZRP 2001, 380; BOLLWEG NVZ 2000, 185, 186; KARCZEWSKI VersR 2001, 1070; HESS/BULLER ZfS 2003, 218, 219 mwN). Teilweise wird davon ausgegangen, daß der Gesetzgeber mit der Haftungsprivilegierung Kindern unter zehn Jahren von Amts wegen völlige verkehrsrechtliche Inkompetenz bescheinigt und damit eine Haftungsverlagerung auf die Eltern stattgefunden habe (SCHMARSLI PVR 2002, 355; ähnlich: JAEGER/LUCKEY Rn 305 f, 320; für eine Intensivierung der Aufsichtspflicht auch ERMAN/SCHIEMANN[11] § 832 Rn 7; AG Neuss NJOZ 2003, 760). Vielfach wird eine Ausweitung der Aufsichtspflichten aber auch abgelehnt (OLG Oldenburg VersR 2005, 807; MünchKomm/WAGNER[4] Rn 31; PARDEY DAR 2001, 1, 7; ders DAR 2004, 499, 508; H F MÜLLER ZfS 2003, 433, 434; HESS/BURMANN NJW-Spezial 2005, 15, 16; HESS/JAHNKE 61; FRIEDRICH VersR 2005, 1660; GREGER § 8 Rn 15; BERNAU NZV 2005, 234, 236 ff; ders DAR 2005, 604, 609 f). Dem ist insoweit zuzustimmen, als durch die Neuregelung nicht per se eine Umschichtung der Haftungsrisiken und -lasten innerhalb der Familie gewollt war: In seiner Begründung ging der Gesetzgeber davon aus, daß Folge der Haftungsbeschränkung eine vermehrte Kostentragung der anderen Unfallbeteiligten sein wird, obwohl auch die Möglichkeit der Inanspruchnahme von Aufsichtspflichtigen nach § 832 gesehen wurde (Begr des RegE BT-Drucks 14/7752, 16; vgl auch OLG Oldenburg VersR 2005, 807; BERNAU NZV 2005, 234, 237 f mwN). Außerdem ist die fehlende Eigenhaftung des Minderjährigen keine Tatbestandsvoraussetzung von § 832 (BERNAU NZV 2005, 234, 236 ff), sie führt nicht automatisch dazu, daß eine Aufsichtspflichtverletzung gegeben ist (vgl unten Rn 168). Dennoch sind die inzwischen als gesichert geltenden entwicklungspsychologischen Erkenntnisse bei der Bestimmung der individuellen Eigenschaften des Aufsichtsbedürftigen und damit bei der Frage, ob eine Aufsichtspflichtverletzung vorliegt, zu berücksichtigen. Soweit ein Kind Entfernungen und Geschwindigkeiten noch nicht richtig einzuschätzen vermag, kann die unbeaufsichtigte Teilnahme am Verkehr mit erheblichen Gefahren für das Kind selbst und die anderen Verkehrsteilnehmer verbunden sein. In solchen Fällen ist eine Heranführung des Kindes an die Teilnahme am Straßenverkehr in Abwesenheit der Eltern unmöglich. Kindern sind zur eigenen Entwicklung zwar Freiräume zuzugestehen, in denen sie trotz bestehender Unsicherheiten den Umgang mit der Gefahr erlernen können, das gilt aber nur, wenn damit nicht besondere Gefahren für das Kind oder für andere verbunden sind (unten Rn 81; vgl BGH NJW 1984, 2574, 2575), was gerade im Straßenverkehr häufig der Fall ist. Eine Verschärfung der gebotenen Aufsicht führt auch nicht zu einem Widerspruch zu den Vorgaben von § 1626 Abs 2 (so aber BERNAU NZV 2005, 234, 237; ähnlich: H F MÜLLER ZfS 2003, 433, 434; Hk-BGB/STAUDINGER Rn 11). Die Berücksichtigung der wachsenden Fähigkeiten und Bedürfnisse des Kindes zu selbständigem verantwortungsbewußtem Handeln ist nämlich nur so weit möglich, wie diese Fähigkeiten und Bedürfnisse reichen (MünchKomm/HUBER[4] § 1626 Rn 65; hierfür ua auf § 828 abstellend: STAUDINGER/PESCHEL-GUTZEIT [2007] § 1626 Rn 119). Aus § 1626 Abs 2 S 1 ergibt sich damit keine Pflicht der Eltern,

Kinder, welche die dafür erforderlichen Fähigkeiten noch nicht haben, unbeaufsichtigt am Straßenverkehr teilnehmen zu lassen. Gegen eine Ausweitung der Aufsichtspflichten wird auch angeführt, die Eltern seien für die entwicklungsbedingten Defizite, die zur Heraufsetzung der Deliktsfähigkeitsgrenze in § 828 Abs 2 geführt haben, nicht verantwortlich (H F MÜLLER ZfS 2003, 433, 434). Das mag zwar richtig sein, das gleiche gilt aber ebenso für einen gewichtigen Teil der anderen die Aufsichtspflicht begründenden Defizite von Kindern (s aber Rn 63, 79). Eine Verschärfung der Aufsichtspflicht abzulehnen, da ansonsten die Lasten bzw Haftungsrisiken nur innerhalb der Familie umgeschichtet (H F MÜLLER ZfS 2003, 433, 434) und die Wertung von § 828 Abs 2 rückgängig gemacht werde (MünchKomm/WAGNER[4] Rn 31), ist aus rechtspolitischer Sicht begrüßenswert. Kinder sind ein wichtiges Gemeinschaftsgut, durch sie verursachte Schäden sollten zum allgemeinen Lebensrisiko gehören, gegen das sich jeder selbst versichern kann (vgl unten Rn 176). Der Gesetzgeber hat den Tatbestand von § 832 aber nicht verändert (gegen eine Ausweitung der Haftung aus diesem Grund: PARDEY DAR 2004, 499, 508), insoweit muß für das Bestehen einer Aufsichtspflicht weiter daran angeknüpft werden, ob ein entsprechender Aufsichtsanlaß gegeben war, wofür die individuellen Eigenschaften des Aufsichtsbedürftigen und die Schadensgeneigtheit des Umfelds bzw der Situation maßgeblich sind (Rn 55, 58). Was sich aufgrund entwicklungspsychologischer Erkenntnisse verändert hat, ist die Beurteilung des Entwicklungsstands von Kindern in bezug auf die Teilnahme am Straßenverkehr und damit die Beurteilung ihrer Eigenschaften. Sich über diese Erkenntnisse hinwegzusetzen und rein ergebnisorientiert eine Aufsichtspflicht abzulehnen, hieße an die individuellen Eigenschaften von Kindern für eine unbeaufsichtigte Teilnahme am Straßenverkehr geringere Anforderungen zu stellen, als das bei anderen Aufsichtsszenarien der Fall ist. Wird eine – rechtspolitisch sinnvolle – Einschränkung der Elternhaftung aus § 832 dergestalt gewünscht, daß die Haftungsprivilegierung aus § 828 Abs 2 nicht zumindest teilweise durch eine Verschärfung der Aufsichtspflicht wieder entwertet wird, ist eine Korrektur von § 832 durch den Gesetzgeber geboten, durch welche die Aufsichtspflichten für Minderjährige im Alter von sieben bis neun Jahren für die Teilnahme am Straßenverkehr verringert werden. Eine vergleichbare Änderung der sich aus § 1631 Abs 1 ergebenden Aufsichtspflichten, welche nicht dem Schutz Dritter, sondern dem des Kindes dienen (MünchKomm/HUBER[4] § 1631 Rn 1), ist allerdings nicht angezeigt. Insofern würden sich für diesen Teilbereich unterschiedliche Anforderungen an das Maß der erforderlichen Aufsicht aus § 832 und § 1631 Abs 1 ergeben (bisher wurden die zu § 832 entwickelten Kriterien auch zur Bestimmung des Inhalts der Aufsichtspflicht aus § 1631 herangezogen [MünchKomm/HUBER[4] § 1631 Rn 8; GERNHUBER/COESTER-WALTJEN § 62 Rn 26] oder die Pflichten aus § 1631 zum Teil sogar als weniger streng bewertet [STAUDINGER/SALGO ⟨2007⟩ § 1631 Rn 35]). Jedenfalls kann es de lege lata nicht überzeugen, wenn ein Großteil der Rspr und Literatur sich weiter ausschließlich an den bisherigen Rechtsprechungsgrundsätzen orientiert (so OLG Oldenburg VersR 2005, 807; LG Stade Urt v 18.3.2004, – 4 O 166/03; PARDEY DAR 2001, 1, 7; ders DAR 2004, 499, 508; H F MÜLLER ZfS 2003, 433, 434; HESS/BURMANN NJW-Spezial 2005, 15, 16; FRIEDRICH VersR 2005, 1660; BERNAU NZV 2005, 234, 236 ff; ders DAR 2005, 604, 609 f). Das schließt die Möglichkeit der unbeaufsichtigten Teilnahme am Straßenverkehr für Kinder unter 10 Jahren aber nicht generell aus (anders SCHMARSLI PVR 2002, 355; JAEGER/LUCKEY Rn 305 f, 320). Entscheidend sind weiterhin allein die individuellen Fähigkeiten des Kindes und die jeweilige Verkehrssituation. Die unbeaufsichtigte Teilnahme am Straßenverkehr in verkehrsberuhigten oder Tempo-30-Zonen mit geringem Verkehrsaufkommen und nur langsam fahrenden PKW wird für Kinder unter 10 Jahren trotz ihrer Defizite vielfach weiterhin zulässig sein (zu den Einzelfällen unten Rn 97 ff; vgl insoweit bereits AG Wetzlar VersR 2006, 1271; LG Bielefeld IVH 2004, 34; AG Wermelskirchen NJOZ 2004, 1856) während das Befahren von Bundesstraßen mit dem Fahrrad durch einen 8- bzw 9jährigen (dafür: LG Stade Urt v 18.3.2004 – 4 O 166/03; OLG Celle VersR 1988, 1240) oder das Überqueren einer Bundesstraße ohne Fußgängerampel durch einen 6jährigen (vgl OLG Oldenburg VersR 1972, 54 f) in der Regel zu hohe Anforderungen an die Fähigkeiten der Kinder stellt. Weitere Einschränkungen der Aufsichtspflicht können sich allenfalls noch unter dem Gesichtspunkt der Zumutbarkeit (Rn 71 ff) ergeben. Kindern im Alter von **8 bis 9 Jahren** muß das Spielen im Freien ohne direkte Aufsicht auch in einem räumlichen Bereich gestattet sein, welcher dem Aufsichtspflichtigen ein sofortiges Eingreifen nicht ermöglicht (BGH NJW 1997, 2047, 2048). Ein sorgfältig eingewiesenes Kind im Grundschulalter kann auch seinen Schulweg allein bewältigen (LG Berlin VersR 1967, 237), sofern die dabei auftretenden Verkehrssituationen nicht zu einer Überforderung des Kindes führen (soeben Rn 61 und unten Rn 100).

Ein **11jähriger** darf in der Regel für einige Zeit allein in der Wohnung gelassen werden (BGH VersR 1957, 131). In diesem Alter ist eine dauernde Beaufsichtigung nicht erforderlich (AG Köln VersR 1997, 492). Eine Überwachung auf Schritt und Tritt und eine regelmäßige Kontrolle, etwa in halbstündigen Abständen, ist bei 10- bis 11jährigen Kindern bereits unangemessen (BGH NJW 1996, 1404, 1405; OLG Dresden NJW-RR 1997, 857, 858). Nach Ende des Grundschulalters (12 Jahre) sind Überwachungen in regelmäßigen Zeitabständen nicht mehr notwendig. Die Eltern müssen sich in groben Zügen in unregelmäßigen Abständen einen Überblick über das Tun ihrer Kinder verschaffen, weil gerade Kinder diesen Alters, die sich unbeaufsichtigt fühlen, noch zu Unfug neigen (Schoof 45 mwN). **13jährige** Kinder haben bei normalem Entwicklungsverlauf bereits ein Maß an Eigenverantwortlichkeit entwickelt, daß eine permanente Beaufsichtigung nicht mehr angezeigt ist (LG Erfurt NVwZ-RR 1999, 363; OLG Hamburg VersR 1973, 828). Es sind allgemein erzieherische Hinweise geboten über die generelle Gefährlichkeit des Umgangs mit Wurfgeschossen oder ähnlich verletzungsgeeigneten Gegenständen. Eine speziellere Belehrung ist nur bei einem besonderen Anlaß erforderlich (OLG Celle VersR 1999, 192).

Bei **Jugendlichen (14–16 Jahre)** verringert sich wiederum der Umfang der Beaufsichtigung (Schoof 45). Die Grenze wird spätestens dort zu setzen sein, wo die Eltern ihre Kinder sich mehr oder weniger selbst überlassen und sich nur noch sporadisch für das Verhalten und die Freizeitgestaltung interessieren. 14jährige ohne nennenswerte Einschränkungen des intellektuellen oder psychischen Entwicklungsstands dürfen ihre Freizeit nachmittags auch mehrere Stunden lang ohne elterliche Aufsicht verbringen (OLG Frankfurt aM NJW-RR 2005, 1188).

Minderjährige, die kurz vor der Volljährigkeit stehen und deren Lebensführung bislang sonst keinen Anlaß zu außergewöhnlichen Maßnahmen gab, bedürfen kaum noch der Aufsicht (RG Recht 1909 Nr 681; BGH LM Nr 1; s auch RG JW 1914, 298 betr das Maß der Aufsichtspflicht bei einem fast volljährigen Sohn, der sich zu Erwerbszwecken außerhalb des Elternhauses aufhält; OLG Celle FamRZ 2000, 1214). Generell kann davon ausgegangen werden, daß **17jährige** auch über einen längeren Zeitraum hinweg sich selbst überlassen werden können (OLG Hamm OLGZ 1992, 95, 96: urlaubsbedingte Abwesenheit der Eltern; vgl allg Fuchs 240).

bb) Abweichende individuelle Eigenschaften

Von besonderer Bedeutung sind individuelle Eigenarten des Aufsichtsbedürftigen, 62
die sich gefahrsteigernd auswirken und daher einen **besonderen Aufsichtsanlaß** bewirken. Die Bedeutung solcher gesteigerter Aufsichtsanlässe umschreibt der BGH treffend: „Außergewöhnliche Gefahren erfordern im Einzelfall auch ein außergewöhnliches Maß an Aufsicht" (BGH NJW 1996, 1404 f; 1995, 3385 f; OLG Hamm FamRZ 1990, 741 f). Der Normalmaßstab finde daher keine Anwendung auf Kinder, bei denen davon auszugehen ist, daß sie sich den Belehrungen des Aufsichtspflichtigen verschließen, die Erfahrungen des Lebens mit seinen Gefahren nicht in sich aufnehmen und ihr Verhalten nicht im allgemeinen altersentsprechend danach ausrichten (BGH NJW 1997, 2047, 2048; LG Landau NJW 2000, 2904). Die außergewöhnlichen Umstände, welche eine Beaufsichtigung auf Schritt und Tritt notwendig werden lassen, müssen konkret festgestellt werden. Der bloße Vortrag des Geschädigten, die Kinder seien milieugeschädigt oder verhaltensgestört, reicht nicht aus, selbst wenn es sich um Heimkinder handelt. Auch hier ist individuell zu ergründen, ob und ggf welche Verhaltensstörungen oder welche Aggressionsbereitschaft bestand. Es sind Tatsachen festzustellen, aus welchen sich beim Aufsichtspflichtigen das Mißtrauen, daß bei den Kindern mit gefährlichen Streichen zu rechnen ist, ergeben mußte (BGH NJW 1997, 2047, 2048).

Denkbar sind allerdings auch individuelle Besonderheiten, die einen Aufsichtsanlaß mindern können (Beispiel: 5jähriger fährt geübt auf verkehrsberuhigten Flächen Fahrrad, AG Bersenbrück VersR 1994, 108). Praktisch relevanter sind dagegen vor allem geringer Erziehungsstand, Charaktermängel, schadensträchtige Gewohnheiten. Im einzelnen seien genannt:

Der **Stand und der bisherige Erfolg der Erziehung** ist ein entscheidender Gradmesser 63
zur Bestimmung des Gewichts des Aufsichtsanlasses (RG JW 1926, 1149; BGH VersR 1957, 131, 370; 1960, 355; 1962, 783; FamRZ 1962, 424; NJW 1980, 1044; 1993, 1003; OLG Düsseldorf NJW-RR 1997, 343; OLG Jena OLGR 1998, 101). Zwar müssen auch an sich wohlerzogene Kinder beaufsichtigt werden (RG Recht 1911 Nr 1554). Je weniger Erfolg die bisherigen Erziehungsbemühungen jedoch gezeigt haben, desto größer ist der Aufsichtsanlaß (RGZ 98, 246; WarnR 1910 Nr 60; 1911 Nr 241; 1912 Nr 28; BGH VersR 1965, 48; NJW 1980, 1044; NJW 1984, 2575; NJW 1995, 3385; NJW 1996, 1404; OLG Hamm VersR 1990, 743, 744; OLG Düsseldorf NJW-RR 1997, 343; OLG Jena OLGR 1998, 101; DAHLGRÜN 56). Mit Recht wird darauf hingewiesen, daß Erziehung und Aufsicht iRd § 832 zu trennen sind und nur die Verletzung der konkreten Aufsichtspflicht und nicht etwa ein allgemeines Versagen bei der Erziehung den Haftungsgrund darstellt (RG WarnR 1914 Nr 217; BGH VersR 1958, 85, 86; OLG Köln VersR 1975, 162; OLG Koblenz VersR 1980, 753; FUCHS 146). Daß sich jedoch der Erfolg oder Mißerfolg der bisherigen Erziehung auf das Maß des konkreten Aufsichtsanlasses auswirkt, ist evident; dessen (mittelbare) Berücksichtigung iRd § 832 verstößt deshalb nicht gegen die Beschränkung von § 832 auf die Fälle gerade der Aufsichts- (und nicht der Erziehungs-)pflichtverletzung (FUCHS 202). Der Erziehungserfolg und das Maß der anzuwendenden Aufsicht stehen mithin in einer Wechselwirkung (OLG Jena OLGR 1998, 101).

Bei Minderjährigen, die zu üblen Späßen neigen, bei Minderjährigen, die sich als **schwer erziehbar** erwiesen haben oder eine erheblich verringerte Einsichtsfähigkeit zeigen oder gar schon **straffällig** geworden sind, besteht ein besonders gewichtiger

Aufsichtsanlaß (BGH NJW 1980, 1044, 1045; NJW 1995, 3385; NJW 1996, 1404; NJW 1997, 2047, 2048; OLG Hamm NJW-RR 1988, 798; OLG Hamburg NJW-RR 1988, 799; OLG Dresden NJW-RR 1997, 857, 858; AG Flensburg NJW-RR 1999, 1041; LG Zweibrücken NJW-RR 2005, 1546). Die sich daraus ergebenden gesteigerten Anforderungen gelten vor allem für die vertragliche Übernahme der Aufsichtspflicht durch Heime für schwererziehbare Kinder im schulpflichtigen Alter (BGH VersR 1965, 48; OLG Hamm aaO; AG Flensburg aaO; LG Zweibrücken aaO). Ein hohes Maß an Aufsicht (BGH NJW 1996, 1404, 1405; OLG Hamburg aaO), vor allem durch zeitlich enge Kontrollen des Verhaltens (OLG Dresden aaO), ist geboten. Es ist daher regelmäßig zu fordern, daß diese Kinder einer Aufsicht „auf Schritt und Tritt" unterzogen werden (BGH NJW 1997, 2047, 2048). Eine gefängnisartige Einschließung ist allerdings nicht erforderlich, auch bei der Aufsicht über einen straffälligen, heimuntergebrachten Jugendlichen ist dem Aufsichtspflichtigen ein gewisser Freiraum für vertretbare pädagogische Maßnahmen zu belassen (OLG Hamm NJW-RR 1988, 798; LG Zweibrücken NJW-RR 2005, 1546).

64 Ferner begründen individuell gesteigerte Aufsichtsanlässe: Abgleiten eines Jugendlichen in die Drogenszene wegen der damit verbundenen Gefahr der Beschaffungskriminalität; **schwere Verhaltensgestörtheit** mit ausgeprägter Aggressionsneigung (BGH NJW 1995, 3385; OLG Hamm VersR 1990, 743); bereits mehrfach zu Tage getretene **Zündelneigung** (BGH NJW 1996, 1404; 1997, 2047, 2048); Neigung eines Kindes zu **Rennfahrten mit dem Fahrrad** (BGH VersR 1961, 838) oder zu **Fußballspielen auf öffentlichen Straßen** (BGH VersR 1961, 998). Es entspricht allgemeiner Erfahrung, daß Kinder mit zunehmendem Alter sich den Belehrungen der Erziehungsberechtigten nicht grundsätzlich verschließen, die Erfahrungen des Lebens mit seinen Gefahren in sich aufnehmen und ihr Verhalten entsprechend ausrichten. Bleibt ein Kind dagegen etwa aufgrund seiner psychischen Situation in seinem Entwicklungszustand hinter gleichaltrigen Kindern zurück, geht von ihm für Dritte eine erhöhte Gefahr aus, die eine intensivere Beaufsichtigung erfordert.

65 Eine spezielle Eigenschaft des Aufsichtsbedürftigen ist bei der Bewertung des Aufsichtsanlasses jedoch nur zu berücksichtigen, wenn gerade sie Einfluß auf die Verursachung des konkreten Schadens hatte (BGH VersR 1957, 799).

66 Auch bei einem prinzipiell gesteigerten Aufsichtsanlaß, wenn etwa eine Zündelneigung bereits zutage getreten ist, bleiben **Exzesse** des Aufsichtsbedürftigen bei der Bewertung des Aufsichtsanlasses außer Betracht, sofern der Aufsichtspflichtige damit wegen ihrer Außergewöhnlichkeit unter keinen Umständen hätte rechnen müssen. So hatte ein 6jähriger die Kleidung seines Spielkameraden angezündet. Der Täter war vorher zwar schon einmal wegen Kokelns aufgefallen. Mit dem Anzünden von Menschen war gleichwohl nicht zu rechnen. Darauf hätten sich die Aufsichtspflichtigen daher nicht einstellen und etwa Besuche bei anderen Kindern verbieten müssen. Die Mutter des Täters wurde jedoch deshalb verurteilt, weil die Tat darauf schließen lasse, daß die wegen der bekannten Neigungen besonders intensiv zu erwartenden Ermahnungen und Warnungen der Mutter offenbar nicht eindringlich genug gewesen seien (OLG Oldenburg FamRZ 1994, 834). Für die Mutter eines bisher unauffälligen und erzieherisch beeinflußbaren 11jährigen Jungen wurde es als nicht vorhersehbar angesehen, daß dieser, nach der Aufforderung des geschädigten Nachbarn, doch an anderer Stelle Fußball zu spielen, unmittelbar unter ihrem Fenster „ausrastet" und aus Rache den Lack vom Pkw des Nachbarn nahezu ganzflächig mit einem Nagel zerkratzt (AG Köln VersR 1997, 492; s auch OLG Frankfurt MDR 2001, 752, 753).

b) Schadensgeneigtheit des Umfelds/Gefährlichkeit des Verhaltens
Die Eigenschaften des Aufsichtsbedürftigen gewinnen ihre eigentliche Aussagekraft **67**
für die konkrete Gewichtung des Aufsichtsanlasses erst im Zusammenspiel mit der Schadensgeneigtheit des Umfelds, in dem sich der Aufsichtsbedürftige aufhält, bzw der Gefahrenträchtigkeit des Verhaltens. So kann die Aufsichtspflichtverletzung gerade darin bestehen, daß der Aufsichtspflichtige den durch eine konkrete Gefahrenlage gesteigerten Anforderungen nicht mehr genügt (OLG Hamm MDR 1999, 677). Erst aus der Relation beider Faktoren erwächst ein **flexibles System abgestufter Aufsichtsanlässe**. Auch diese Faktoren stehen somit zueinander in einer inhaltlichen Wechselbeziehung (OLG Hamm NZV 2001, 42).

Für **Kleinkinder** (bis ca 4 Jahre) läßt sich der Grundsatz aufstellen, daß bereits ohne **68**
nähere Prüfung der Schadensgeneigtheit des Umfelds und der Gefährlichkeit des Verhaltens stets ein Aufsichtsanlaß gegeben ist. Je älter das Kleinkind ist, desto eher ist eine Durchbrechung dieses Grundsatzes vorstellbar. So haben die Eltern eines 2jährigen ersichtlich unterschiedlichen Anlaß zur Aufsicht, je nachdem, ob sich das Kind in einem geschützten **Garten** ohne Nähe zum Straßenverkehr aufhält oder ob es in einem stark besuchten **Kaufhaus** zwischen den Kunden auf dem Boden krabbelt (s zum letztgenannten Fall OLG Düsseldorf FamRZ 1980, 181; ferner OLG Hamm RuS 2000, 237, 238; AG Konstanz Urt v 10.5.2007 – 4 C 43/07 –). Ein **4jähriges Kind** darf niemals ohne Begleitung Erwachsener eine belebte **Straße** überqueren (BGH NJW 1968, 249), wohl aber auf einem **Spielplatz** in der Nähe des Elternhauses eine gewisse Zeit unbeaufsichtigt spielen (BGH VersR 1964, 313, 314). In diesem Alter ist ohne unmittelbare Aufsicht das Spielen auf einem **eingefriedeten Grundstück** mit abgeschlossener Pforte, nicht jedoch im **öffentlichen Verkehrsraum** möglich (LG Lüneburg NJW-RR 1998, 97 f). 4jährige dürfen gleichfalls nicht in einem **Freizeitbad**, auch nicht für nur wenige Minuten, unbeaufsichtigt in einer Spielecke zurückgelassen werden, wenn diese nur geringfügig gesichert ist und durch das Kind selbständig ohne größere Anstrengungen verlassen werden kann (LG Mannheim VersR 1999, 103). Ein **6jähriges Kind** muß auf einem **Bauernhof** mit Landtechnik (Futtersilo) mindestens halbstündig zum Spielgeschehen kontrolliert werden, nachdem es ausreichend über die auf dem Bauernhof lauernden Gefahren aufgeklärt worden ist (OLG München FamRZ 1997, 740, 741 f). Auch wenn der Aufenthalt in einem **Ferienlager** wegen der Abwesenheit der Eltern die Selbständigkeit der Kinder fördern kann und soll, muß beachtet werden, daß die Atmosphäre eines Ferienlagers zu Abenteuerspielen und zur Mißachtung von Verboten verführt. Ferner darf die Gruppendynamik nicht unterschätzt werden. Gerade die gegenseitige Beeinflussung in der Gruppe kann dazu führen, daß die Kinder auch bei erkannt verbotenem Tun nicht zurückstehen wollen, um nicht ängstlich und kindlich zu erscheinen. Es ist daher geboten, die am Ferienlager teilnehmenden Kinder strenger als in häuslicher Umgebung nötig zu beaufsichtigen und zu kontrollieren (OLG Hamm VersR 1996, 1513; LG Landau NJW 2000, 2904).

Eine besonders hohe Gefahrträchtigkeit und Schadensgeneigtheit weist außer dem **69**
Straßenverkehr vor allem der Umgang mit Feuer oder objektiv gefährlichen Gegenständen auf. Je jünger die Minderjährigen, desto weniger ist ihnen die Beherrschung von Streichhölzern oder Feuerzeugen zuzutrauen. Generell besteht daher in diesem

Bereich ein gewichtiger Aufsichtsanlaß. Hat das Kind bislang keine Zündelneigung offenbart, haben die Aufsichtspflichtigen gleichwohl stets durch wiederholte und nachdrückliche Belehrung über die Gefahren des Feuers aufzuklären und zudem Streichhölzer und Feuerzeuge für Kinder unerreichbar aufzubewahren (BGH NJW 1990, 2553, 2555; OLG Koblenz RuS 1995, 413). Bei **Kleinkindern** sind wegen der fehlenden Einsichtsfähigkeit hohe Anforderungen an die Aufsichtspflicht zu stellen, wenn es um die Verhinderung von **Brandschäden** geht (OLG Düsseldorf NJW-RR 2002, 235). Der Vater eines 8jährigen darf kein Feuerzeug unbeaufsichtigt in einer abgelegten Hose aufbewahren (OLG Hamm MDR 1995, 370). Das Postulat der Unerreichbarkeit gilt eingeschränkt für ältere Kinder (ab 12 Jahre), die wegen ihrer größeren Reife eher für Aufsichtsmaßnahmen auf intellektueller Ebene zugänglich sind. Hier reicht neben Belehrungen und Erklärungen, daß Feuerzeuge nicht beliebig erreichbar sind (BGH NJW 1993, 1003). **7–8jährige** sind nicht generell regelmäßig auf Streichhölzer/Feuerzeuge zu durchsuchen (OLG Celle OLGR 1994, 221). Sind dies die abgestuften Grade von Aufsichtsanlässen bei in bezug auf Feuer bislang unauffälligen Kindern, bilden die Fälle mit schon bekannter Zündelneigung eine andere Kategorie: Eine hartnäckige Neigung eines Kindes zum Zündeln stellt wegen der besonderen Schadensträchtigkeit dieser Eigenschaft den denkbar schwersten Aufsichtsanlaß dar, der eine engmaschige Überwachung des Kindes verlangt (BGH NJW 1995, 3385; 1996, 1404, 1405). Hinsichtlich objektiv gefährlicher Gegenstände ist eine erhöhte Schadensgeneigtheit des Umfelds bspw erkennbar, wenn auf der Küchenarbeitsplatte ein spitzes, scharfes Kartoffelschälmesser abgelegt wird und zwei 5jährige Kinder spielend in der Küche zurückbleiben (OLG Hamm MDR 1999, 677). Geöffnete Fenster erhöhen ebenfalls die Schadensgeneigtheit (OLG Hamm VersR 2000, 457).

3. Aufsichtsanforderungen mindernde Umstände

70 Der Aufsichtsanlaß bestimmt zwar entscheidend die Anforderungen, die für den Aufsichtspflichtigen im Einzelfall aus der Aufsichtspflicht folgen. Bei der wertenden Entscheidung, welche Aufsichtsmaßnahmen geboten sind, müssen jedoch weitere Umstände einbezogen werden, welche die Anforderungen im Einzelfall mindern können: die Zumutbarkeit für den Aufsichtspflichtigen (a), die Autonomie der Familie (Art 6 GG), der Erziehungsauftrag (§ 1631 Abs 1), das Erziehungsziel (§ 1626 Abs 2), bei psychisch Kranken das Persönlichkeitsrecht (Art 2 Abs 1 GG) und therapeutische Erwägungen (b) sowie – bei der vertraglichen Aufsichtsübernahme – die im vertraglichen Innenverhältnis vereinbarte Reichweite der übernommenen Aufsicht (c).

a) Zumutbarkeit für den Aufsichtspflichtigen

71 Die Rspr betont, daß bei der Konkretisierung der Anforderungen der Aufsichtspflicht auch die Verhältnisse des Aufsichtspflichtigen zu berücksichtigen sind. Diese seien maßgeblich für die ihm nach seiner Lebenslage, seinen wirtschaftlichen Verhältnissen sowie nach seinen Kräften möglichen und vernünftigerweise zumutbaren Abwehr- und Überwachungsmaßnahmen (RGZ 50, 60; JW 1914, 298; BGH VersR 1957, 370; 1960, 355; 1965, 48, 137; NJW 1980, 1044; FamRZ 1962, 424; 1964, 84; 1966, 228; OLG Koblenz NJW-RR 2002, 900; DÖLLE II, § 92 I 2 b [153]; KOEBEL NJW 1960, 2227). Die Zumutbarkeit stellt somit eine Grenze für das Maß der zu stellenden Anforderungen dar (vgl BGHZ 44, 103, 106; NJW 1980, 1044; OLG Hamm NZV 1995, 112 f). Das Abstellen auf die persönlichen Verhältnisse des Pflichtigen wird von SCHMID (VersR 1982, 822 f) unter Verweis auf

den bewußt objektiv gefaßten Pflichten- und Sorgfaltsmaßstab von § 276 kritisiert, der keinen Raum für eine Berücksichtigung subjektiver Verhältnisse des Aufsichtspflichtigen lasse. Diese Kritik überzeugt indes nicht. Durch das Abstellen auch auf die individuelle Zumutbarkeit bei der Festlegung der konkret gebotenen Aufsichtsmaßnahmen wird lediglich einem allgemeinen Rechtsgrundsatz, dem Grundsatz der Verhältnismäßigkeit (dazu unten Rn 90), entsprochen. Denn in unserer Rechtsordnung ist jegliche Art von Pflichtenstellung begrenzt durch die Zumutbarkeit der Pflichtenbefolgung (s hierzu im gegebenen Zusammenhang ALBILT 164). Durch das Korrektiv der individuellen Zumutbarkeit ist zugleich der Gefahr einer unerträglichen Überspannung der Anforderungen an die Aufsichtspflicht vorgebeugt.

Mit der Anerkennung des Zumutbarkeitskorrektivs ist freilich noch nichts über **72** den anzuwendenden **Zumutbarkeitsmaßstab** gesagt. Im allgemeinen ist eine Lockerung der Aufsichtsanforderungen mit Blick auf die individuellen Gegebenheiten des Aufsichtspflichtigen nur unter strengen Voraussetzungen anzuerkennen. Zu differenzieren ist dabei zwischen den Fällen gesetzlicher und vertraglicher Aufsichtspflicht.

aa) Zumutbarkeit bei der gesetzlichen Aufsichtspflicht
Selbstverständlich ist, daß im Rahmen der Aufsichtspflicht **Unmögliches nicht ver- 73 langt werden kann**. So kann von Eltern eines 6jährigen nicht verlangt werden, daß sie ihre Warnungen vor den mit Feuer verbundenen Gefahren darauf erstrecken, daß man beim Zündeln anderer Kinder nicht psychische Beihilfe leisten darf (BGH NJW 1990, 2553, 2554 f; OLG Oldenburg NJW-RR 2004, 1671). Der kleinen, physisch unterlegenen Mutter eines 16jährigen kann es nicht angelastet werden, wenn sie nicht alle – erkennbar nutzlosen – Bemühungen anstellt, um ihren straffällig gewordenen Sohn am Verlassen der Wohnung zu hindern (OLG Koblenz NJW-RR 2002, 900).

Hauptfall, in dem die Begrenzung der Aufsichtsanforderungen unter dem Aspekt **74** der Zumutbarkeit erörtert wird, ist die **Berufstätigkeit** des Aufsichtspflichtigen (RGZ 98, 246, 248; JW 1926, 1149). Soweit seine Berufstätigkeit zeitlich reicht, ist ein Aufsichtspflichtiger zur Aufsicht faktisch außerstande. Entschieden ist jedoch der denkbaren Folgerung entgegenzutreten, daß das bereits ausreiche, um die normative Reichweite des konkreten Aufsichtsgebots unter Verweisung auf eine Unzumutbarkeit zu beschränken (so auch ALBILT 156 f). Im Fall der tatsächlichen Verhinderung – etwa durch Berufstätigkeit – aktualisiert sich die Aufsichtspflicht in Form einer **Organisationspflicht**: Wer zur Aufsicht außerstande ist, hat für eine anderweitige ordnungsgemäße Beaufsichtigung Sorge zu tragen (ALBILT 156). Dieser Aspekt der Aufsichtspflicht ist dem Einwand der Unzumutbarkeit nur sehr begrenzt zugänglich. Er kommt von vornherein nur in Betracht, wo die Berufstätigkeit existenziell erforderlich ist und es zudem aus besonderen – etwa wirtschaftlichen – Gründen faktisch ausgeschlossen ist, für eine anderweitige Aufsicht Rechnung zu tragen (ALBILT 158). Aber auch hier gelten umso strengere Anforderungen, je größer der Aufsichtsanlaß an sich ist. So führt der Einwand der Mutter eines hochgradig verhaltensgestörten, aggressiven und zum Zündeln neigenden Kindes, sie sei alleinerziehend und berufstätig, nicht dazu, das wegen des extremen Aufsichtsanlasses bestehende Gebot „engmaschiger Überwachung" abzumildern (BGH NJW 1996, 1404, 1405; auch BGH NJW 1995, 3385). Insgesamt ist die Berufstätigkeit von Aufsichtspflichtigen somit nur unter engen Voraussetzungen geeignet, unter dem Zumutbarkeitsaspekt mildere Aufsichtsanforderungen zu begründen. Regelmäßig stellt sich vielmehr die andere Frage, unter welchen Voraussetzungen und mit welcher Reichweite der beruflich verhinderte Aufsichtspflichtige seine Pflicht durch die Übertragung der Aufsicht auf Dritte (den anderen Elternteil, Großeltern, Geschwister usw) erfüllt (s dazu unten Rn 113 ff, 129 f).

75 Eine Milderung der Aufsichtsanforderungen unter Zumutbarkeitsgesichtspunkten kommt ferner in Betracht, wenn etwa eine **Mutter mehrerer Kinder** rein tatsächlich nicht zur Führung der Aufsicht im an sich gebotenen Maß in der Lage ist (BGH VersR 1957, 340; 1965, 385). Auch wenn die Mutter nicht berufstätig ist, spielt die **Zahl und das Alter** der von ihr zu betreuenden minderjährigen Kinder eine wesentliche Rolle (vgl ua BGH FamRZ 1966, 228, 230). Eine Mutter, die fünf minderjährige Kinder zu betreuen hat, kann den 11jährigen Sohn beim Rollschuhlaufen auf der Straße nicht ständig überwachen (BGH VersR 1965, 385). Aber auch hier ist zu verlangen, daß der überforderte Aufsichtspflichtige primär dafür Rechnung trägt, daß Unterstützung durch den Ehegatten oder Dritte gewährleistet ist. So ist es auch einer Mutter mit vier minderjährigen Kindern zuzumuten, Maßnahmen – sei es auch nur durch Unterrichtung des Ehemanns – zu ergreifen, um eine Beteiligung ihrer Kinder an gefährlichen Spielen zu verhindern, die tagelang unter den Fenstern der ehelichen Wohnung stattfinden (BGH VersR 1966, 368). Erst wo die Beschaffung von Unterstützung nicht möglich oder zumutbar ist, kann in der eigenen Überlastung ein entlastender Faktor erblickt werden. Zu beachten ist, daß ein berufstätiger Elternteil, der die ihm gebotene Aufsicht einem zwar zu Hause bleibenden, jedoch überforderten Elternteil überträgt, seine Aufsichtspflicht nicht erfüllt (unten Rn 116, 125).

bb) Zumutbarkeit bei der vertraglichen Aufsichtsübernahme

76 Regelmäßig **kein Raum** für die Berücksichtigung individueller Belange des Aufsichtspflichtigen unter dem Zumutbarkeitsaspekt dürfte im Fall der **vertraglichen Übernahme der Aufsicht** bestehen. Denn hier ist die Aufsicht mit der damit verbundenen Verantwortung willentlich und in Kenntnis der eigenen Verhältnisse übernommen worden (ALBILT 169 f). Damit ist in einem gewissen Umfang die Übernahme des Risikos von individuellen Schwierigkeiten bei der Durchführung der Aufsicht verbunden. In besonderem Maße gilt das, wenn die Aufsicht gegen Entgelt übernommen wurde. Der Zumutbarkeitsaspekt kann sich daher nur unter engsten Voraussetzungen auswirken, etwa wenn sich die Verhältnisse des Übernehmers völlig unvorhersehbar geändert haben. Ein Krankenhaus etwa, das die Aufsicht über einen Patienten vertraglich übernimmt, hat uneingeschränkt dafür Sorge zu tragen, daß das erforderliche Maß an Aufsicht gewährleistet ist (MARBURGER VersR 1971, 777, 785). Daß die finanzielle Ausstattung eines Heims für schwererziehbare Kinder eine ständige Beaufsichtigung wegen Personalmangels unterläßt, vermag nicht zu entlasten (OLG Saarbrücken OLGR 2007, 572). Es gehört zu den vertraglich übernommenen Aufgaben des Kinderheims, die Überwachung und Kontrolle der Zöglinge sicherzustellen (AG Flensburg NJW-RR 1999, 1041, 1042).

b) Erziehungsauftrag/therapeutische Zielsetzungen

77 Zu den Faktoren, die Maß und Art der gebotenen Aufsicht entscheidend mitbestimmen, gehören vor allem der mit der elterlichen Sorge untrennbar verbundene Erziehungsauftrag (§ 1631 Abs 1) mit dem in § 1626 Abs 2 beschriebenen Ziel der Einübung selbständigen und verantwortlichen Handelns. Soweit die Erziehung öf-

fentlichen Trägern anvertraut ist (Kindertagesstätte), wird die gebotene Aufsicht von den Bestimmungen geprägt, die deren Aufgaben und Ziele festlegen. Bei Personen, die wegen eines psycho-pathologischen Befundes der Aufsicht bedürfen, wird die Aufsichtspflicht durch Bestimmungen der Psychisch-Kranken-Gesetze konkretisiert. Auch Erfordernisse der Therapie sind geeignet, die Reichweite der Aufsicht mitzubestimmen.

aa) Erziehungsauftrag
Aufsicht und Erziehung werden in § 1631 nebeneinander genannt. Beides ist zu trennen. Daran ändert nichts, daß etwa eine elterliche Belehrung sowohl Erziehungs- als auch Aufsichtsmaßnahme und damit doppelfunktional sein kann (ALBILT 73 f). Für § 832 spielt ausschließlich der Aspekt der Verletzung der konkreten Aufsicht eine Rolle (RG WarnR 1914 Nr 217; BGH VersR 1958, 86; OLG Köln VersR 1975, 162; GROSSFELD/MUND FamRZ 1994, 1504, 1507). Gleichwohl stehen Aufsicht und Erziehung in § 1631 wie iRd § 832 in einer komplexen Beziehung, die durch zwei verschiedene Einwirkungsweisen des Erziehungs- auf den Aufsichtsaspekt gekennzeichnet sind.

Einerseits bestimmt das **Maß des bisherigen Erziehungserfolgs** den Grad des Aufsichtsanlasses mit (RGZ 98, 246, 248; BGB-RGRK/KREFT Rn 11, s oben Rn 63). In diesem Sinne kann der Aspekt der Erziehung auch im allein auf die Aufsichtspflichtverletzung abstellenden § 832 eine mittelbare, aber im Einzelfall durchaus entscheidende Bedeutung gewinnen.

Andererseits begrenzt der zukunftsgerichtete Erziehungsauftrag die Anforderungen, die aus der Aufsichtspflicht für den Einzelfall wertend abzuleiten sind. Es sind die Eltern, welche die Erziehungsweise und -ziele für ihre Kinder festlegen (Art 6 GG). Der Schutz fremder Rechtsgüter ist dabei von den Eltern zu respektieren. Für Kindertagesstätten ergibt sich der Erziehungsauftrag aus dem Gesetz (zB § 3 BbgKitaG); ebenso für Schulen (zB § 4 BbgSchulG); dieser prägt die Aufsichtspflicht. Der Inhaber der elterlichen Sorge bzw der an seiner Stelle Handelnde ist somit Adressat sowohl einer auf den Minderjährigen bezogenen Erziehungs- als auch einer auf den Schutz Dritter gerichteten Aufsichtspflicht. Die Erziehungspflicht mit der Vorgabe, mit dem Minderjährigen selbständiges und verantwortungsbewußtes Handeln einzuüben (§ 1626 Abs 2), steht dabei in einem gewissen Spannungsverhältnis zu den Erfordernissen der Aufsicht. Im Rahmen der Aufsicht im Drittinteresse an sich angezeigte Maßnahmen wie Belehrungen, Kontrollen, Verbote, Unmöglichmachen von Verhaltensweisen dürfen sich nicht als Gängelung und Freiheitsbeschränkung auswirken. Die Entwicklung des Kindes zur Selbständigkeit und Eigenverantwortung darf nicht behindert werden. Die Sorgeberechtigten scheinen sich in einer **Pflichtenkollision** zu befinden. Sie ist nicht im Sinne des allgemeinen absoluten Vorrangs einer der beiden Pflichten aufzulösen. Vereinzelt wird gemeint, letztlich sei der Erziehung der Vorrang einzuräumen: Denn die Eltern könnten nicht von § 832 zu etwas gezwungen werden, was ihnen §§ 1626, 1631 verbiete (FUCHS 158; SCHOOF 94; KÖTZ/WAGNER, Deliktsrecht Rn 315; GROSSFELD/MUND FamRZ 1994, 1504, 1507). Dabei wird das Verhältnis zwischen Erziehungsrecht und Aufsichtspflicht verkannt. **Beide Aspekte**, die Autonomie der Erziehung und die Aufsicht zur Wahrung fremder Rechtsgüter, beeinflussen sich wechselseitig und gleichen sich aus (BGH NJW 1980, 1044, 1045; OLG Düsseldorf RuS 1997, 413), so daß bereits die Rechtsordnung keine

Kollisionslage entstehen läßt. Die Eltern müssen bei der Erziehung ihres Kindes zu einem selbständigen und verantwortungsbewußten Menschen auf die Rechtsgüter anderer Rücksicht nehmen, indem sie ihr Kind bei dessen Entwicklung beeinflussen. Die Aufsicht dient im übrigen nicht nur Dritten. Sie ist auch geeignet, dem Kind zu vermitteln, daß kein Mensch die Rechte anderer verletzen darf (Art 2 Abs 1 GG). Freilich sind Dritte gehalten, besonders Kindern gegenüber Toleranz und Nachsicht zu üben. Die Gesellschaft muß bereit sein, auch im Rahmen des Rechtsgüterschutzes gewisse Opfer hinzunehmen, soweit diese unvermeidbar sind, um selbständige Menschen heranwachsen zu lassen (s unten Rn 177).

Mit einem Grenzfall hatte sich das LG Hildesheim (VersR 1972, 672) zu befassen: Ein 15jähriger war bereits mehrfach wegen KFZ-Diebstahls verurteilt. Da auch andere Maßnahmen nicht gefruchtet hatten, sah das Gericht allein die Heimeinweisung durch die Eltern als geeignete Aufsichtsmaßnahme an. Gleichwohl hielt es diese Maßnahme für unverhältnismäßig, da diese Maßnahme den Abbruch einer Lehre und deren erzieherischer Wirkungen bedeutet hätte. Das Verhalten des Jugendlichen wertete das Gericht demgegenüber als nicht schwerwiegend genug, um den Erziehungsaspekt derart zurücktreten zu lassen. Die Entscheidung ist nachvollziehbar, bewegt sich aber an der Grenze des Vertretbaren.

81 Grundlegende Aussagen zu den Auswirkungen des Erziehungsziels auf die Aufsichtsanforderungen enthält die Entscheidung BGH NJW 1984, 2574. Dort betont das Gericht zu Recht mit Nachdruck, daß Kindern **Freiräume zur eigenen Entwicklung** zugestanden werden müssen (auch schon DÖLLE II § 92 I 2 b [153]), in denen sie – durchaus auch noch unsicher tastend – Neuland entdecken und erobern können; andernfalls würde jede vernünftige Entwicklung gehemmt, vor allem der Lernprozeß im Umgang mit der Gefahr (eingehend BGH NJW 1984, 2574, 2575; BGH FamRZ 1976, 330, 331: Heranführung an die Gefahren eines Holzkohlegrills; OLG Celle FamRZ 1998, 233; auch GROSSFELD/MUND FamRZ 1994, 1504, 1507; SCHOOF 95, 99 ff). Ein normal entwickeltes Kind braucht gewisse Freiräume pädagogisch vertretbarer Maßnahmen, die sich aus den Erziehungszielen der §§ 1631 Abs 1 und 1626 Abs 2 ergeben (OLG Hamm MDR 2000, 454, 455). Dieser erwünschten Persönlichkeitsentwicklung ist eine dauernde Kontrolle hinderlich. Aus diesem Grunde dürfen und müssen den Kindern im Rahmen der Erziehung auch Freiräume eingeräumt werden, bei denen ein sofortiges Eingreifen der Aufsichtspflichtigen nicht mehr möglich ist (OLG Düsseldorf RuS 1997, 413; vgl auch OLG Frankfurt NJW-RR 2005, 1188; bemerkenswert auch GRANDKE [Hrsg], Familienrecht 158 f zu § 351 ZGB [DDR]).

Das gilt für Kinder aller Altersgruppen, wobei die Freiräume jeweils anders gelagert sind.

Normal entwickelte 8–9jährige dürfen im Freien ohne Aufsicht auch in einem räumlichen Bereich spielen, welcher den Eltern ein sofortiges Eingreifen nicht ermöglicht (BGH NJW 1997, 2047, 2048; s aber Rn 61, 97). Es genügt im allgemeinen, daß sich die Eltern über das Tun und Treiben in großen Zügen einen Überblick verschaffen. Es bedarf auch keines verbalen Verbots, bestimmte Örtlichkeiten und Räumlichkeiten nicht zu betreten sowie fremdes Gut nicht anzutasten, wenn dazu nicht besonderer Anlaß besteht. Denn „die zu jeder Erziehung gehörige Bewußtseinsbildung, grundsätzlich fremdes Eigentum zu achten, vollzieht sich im allgemeinen weniger in verbalen Verboten als in einem gemeinsam erlebten und vorgelebten Umgang mit fremden Sachen" (BGH NJW 1984, 2574 f). Es besteht auch grundsätzlich keine allgemeine Pflicht der Eltern, Kinder dieses Alters jeweils nach Rückkehr von einer „Unternehmung" zu befragen, was sie im einzelnen gemacht haben. „Solche Anforderungen an die Sorgfaltspflicht würden den notwendigen Entwicklungsprozeß zur Selbständigkeit stören und auch der Lebenswirklichkeit nicht entsprechen" (BGH aaO). In diesem vom BGH einfühlsam und treffend umschriebenen Rahmen ist ein gewisses und damit notwendig verbundenes Maß an Schadensrisiko hinzunehmen (OLG Celle VersR 1979, 476; BGH NJW 1984, 2574, 2575 spricht davon, daß die Eroberung von Neuland nicht generell zu untersagen sei, „wenn damit nicht besondere [!] Gefahren für das Kind oder für andere verbunden sind"). Im Interesse der Kindesentwicklung zu selbständigem und verantwortungsvollem Handeln ist damit das **Maß der gebotenen Aufsicht erheblich zu reduzieren.** Insoweit ist umgekehrt der Allgemeinheit ein höherer Grad an Umsicht und Vorsicht in der Begegnung mit Kindern zuzumuten. Kommt es im Rahmen der vertretbaren Freiräume zur Entwicklung der Kinder zu schädigenden Ereignissen, so müssen diese von der Allgemeinheit und auch vom Geschädigten als allgemeines Lebensrisiko regelmäßig entschädigungslos hingenommen werden (OLG Hamm MDR 2000, 454 f).

Uneingeschränkt gilt das jedoch nur für **normal entwickelte Kinder,** „bei denen 82 vorauszusetzen ist, daß sie sich den Belehrungen der Erziehungsberechtigten nicht grundsätzlich verschließen, die Erfahrungen des Lebens mit seinen Gefahren in sich aufnehmen und ihr Verhalten im allgemeinen altersentsprechend danach ausrichten" (BGH NJW 1995, 3385, 3386; NJW 1996, 1404, 1405; OLG Saarbrücken OLGR 2007, 572). **Die Konzessionen an das Erziehungsziel sind jedoch umso stärker abzuschwächen, je mehr sich der Aufsichtsanlaß im Einzelfall vom Normalmaß entfernt.** „Bei außergewöhnlichen Gefahren ist auch ein außergewöhnliches Maß an Aufsicht" angezeigt, das nicht ohne weiteres unter Hinweis auf die „vernünftige Entwicklung des Kindes" zu mindern ist (BGH NJW 1996, 1404, 1405, für den Fall eines geistig zurückgebliebenen 10jährigen, der vorher durch Aggressivität und Zündelneigung aufgefallen war; BGH NJW 1995, 3385; vgl auch OLG Saarbrücken OLGR 2007, 572). Aber auch insoweit sind Abstufungen vorzunehmen, und vor überzogenen Anforderungen ist zu warnen; eine Grenze ist bei einem besonderen Aufsichtsanlaß – etwa bei schwer erziehbaren Kindern – regelmäßig dort erreicht, wo eine effektive Gefahrenabwehr nur durch gefängnisartiges Einschließen des Aufsichtsbedürftigen gewährleistet wäre. Solange kein Fall von Gemeingefährlichkeit vorliegt, bei welchem dem Schutz der Allgemeinheit Priorität gebührt, ist eine solche Aufsichtsmaßnahme pädagogisch nicht vertretbar und dem Aufsichtspflichtigen nicht geboten (so zu Recht OLG Hamburg NJW-RR 1988, 799 im Fall zweier 14- bzw 15jähriger, die aus einem im übrigen gute pädagogische Betreuung bietenden Heim entwichen waren und zwei Tage in einem entwendeten Boot auf einem Fluß verbracht hatten; vgl auch LG Zweibrücken NJW-RR 2005, 1546).

Schwierig ist die Bestimmung des gebotenen Maßes an Aufsicht bei **Jugendlichen, die** 83 **sich der Volljährigkeit nähern** und bei denen **alle Erziehungs- und Aufsichtsbemühungen fehlgeschlagen** sind. Mit einem solchen Fall befaßte sich der BGH (NJW 1980, 1044): Ein 17 3/4 jähriger hatte sich in einer Gastwirtschaft mehrfach in Schlägereien mit Gästen verwickelt und im letzten dieser Fälle einen Gast schwer verletzt, der sowohl den Sohn wie auch – aus § 832 – den Vater in Anspruch nahm. Dem war vorausgegangen, daß der Jugendliche schon während seiner Unterbringung in einem

Lehrlingsheim zu trinken begonnen hatte; die Eltern hatten sich jeweils bei Stellen- und Arbeitswechsel bemüht, ihm eine neue Stelle zu verschaffen; das Landesjugendamt hatte auf ihren Antrag freiwillige Erziehungshilfe gewährt; sie hatten ihn ohne Ergebnis in einer Nervenklinik untersuchen lassen. Der Kläger sah die Aufsichtsverletzung darin, daß die Eltern in der Gaststätte kein Lokalverbot erwirkt und ihm durch Belassung seiner Lehrlingsvergütung von monatlich 300 DM den Gaststättenbesuch geradezu ermöglicht hätten. Dem widersprach der BGH: Die Vorenthaltung der Lehrlingsvergütung wäre kein pädagogisch erwägbares Mittel zur Verhinderung des Wirtshausbesuchs gewesen. Dem Sohn wäre es, vom Vater unbemerkt, ein Leichtes gewesen, sich das zum Wirtshausbesuch erforderliche Geld auf andere Weise zu verdienen, oder er hätte gar ohne Geldmittel das Lokal in der Hoffnung besuchen können, ein anderer werde ihm ein Bier spendieren.

84 In solchen Fällen, in denen der Aufsichtspflichtige mit einer nachvollziehbaren Hilflosigkeit dem Aufsichtsbedürftigen gegenübersteht, ist nicht etwa von der Ableitung einer konkreten Verhaltenspflicht aus § 832 abzusehen (BGH NJW 1980, 1044, 1045: Der Aufsichtspflichtige bleibt gehalten, Einfluß auf dessen Lebensführung zu behalten). IRd § 832 ist diejenige Verhaltensweise geboten, die den meisten Erfolg bei dem Unterfangen verspricht, „zu retten, was zu retten ist". Deshalb können strenge Aufsichtsmaßnahmen gerade in Anbetracht des Schwunds an tatsächlichem Einfluß des Aufsichtspflichtigen auf den noch Minderjährigen nicht nur wenig erfolgversprechend, sondern darüber hinaus geradezu kontraproduktiv wirken. Durch an sich angezeigte Maßnahmen kann ein letzter Rest von Einflußnahmemöglichkeit und Verhältnis zum Minderjährigen zerstört werden (OLG Hamm NJW-RR 1988, 798). Hier wird angemessen sein, mit „sanfteren" und letztlich gerade deshalb effektiveren Mitteln vorzugehen (vgl BGH aaO). **Pädagogisch objektiv Sinnloses** verlangt § 832 nicht ab (BGH aaO; LARENZ/CANARIS, Schuldrecht II/2 § 79 IV 2 c). Sind aber die Aufsichtsmaßnahmen, die in einer solchen Sondersituation aus § 832 ableitbar sind, regelmäßig gerade nicht so streng, wie das Gewicht des Aufsichtsanlasses an sich nahelegt, wird sich eine Haftung aus § 832 oftmals nicht begründen lassen (anders MünchKomm/STEIN[3] Rn 18: § 832 gebiete zwar nicht völlig lebensfremde und praktisch undurchführbare Aufsichtsmaßnahmen, aber hier sei die Einschränkung „angebracht, daß ein Autoritätsverlust der Eltern, der den Versuch ihrer Einflußnahme auf den Jugendlichen als aussichtslos erscheinen läßt, ihre Verantwortung **gegenüber dem Verkehr** nicht aufheben kann"). Es sollte (s oben Rn 19) das Pendel (...) nicht allzuweit zugunsten einer Berücksichtigung emanzipatorischer Pädagogik und praktischer Hilflosigkeit der Eltern ausschlagen. Die Situation zeigt zwar, daß der Erziehungsberechtigte offenbar mit dem Gesamtplan seiner Erziehung gescheitert ist. Das ist jedoch, da § 832 ausdrücklich an die Verletzung der konkreten Aufsichts- und gerade nicht der allgemeinen Erziehungspflicht anknüpft, ein haftungsrechtlich irrelevanter Umstand. Daß es de lege lata **keine Haftung der Sorgeberechtigten für ihren erzieherischen Mißerfolg** (RG JW 1914, 298; OLG Köln VersR 1975, 162) gibt, zeigt sich an dieser Sonderkonstellation mit aller Deutlichkeit.

85 Führen die Berücksichtigung des Erziehungsziels oder – bei sich der Volljährigkeit nähernden Minderjährigen – der Ausschluß erfolgversprechender und zumutbarer Einwirkungsmaßnahmen im Einzelfall zu einer deutlichen Absenkung des gebotenen Aufsichtsmaßes, wird oftmals aus diesem Grund eine Haftung der Aufsichtspflichtigen aus § 832 im Ergebnis scheitern. Der Geschädigte bleibt dann auf **Ansprüche gegen den Minderjährigen** verwiesen (so auch SCHMID VersR 1982, 822, 824).

Gerade bei sich der Volljährigkeit nähernden Jugendlichen ist diese Verschiebung der Verantwortlichkeit von den Aufsichtspflichtigen hin zu den jugendlichen Schädigern eine konsequente Entwicklung, die ohnehin ihre Vollendung an dem Tag findet, an dem der Jugendliche volljährig wird.

bb) Therapeutische Zielsetzungen
Das in Ansehung des Erziehungsauftrags (§§ 1631, 1626 Abs 2) Ausgeführte gilt in **86** gleicher Weise für therapeutische Zielsetzungen bei psychisch kranken Erwachsenen und Minderjährigen. Auch hier kann ein Spannungsverhältnis zwischen der bestimmte Aufsichtsmaßnahmen an sich verlangenden Aufsichtspflicht und einer Pflicht entstehen, gerade durch das Schaffen von individuellen Freiräumen der **Menschenwürde** und dem **Persönlichkeitsrecht der Kranken** (Art 1 Abs 1, 2 Abs 1 GG) sowie therapeutischen Zielsetzungen gerecht zu werden. Auch hier bedarf es einer Ausgleich schaffenden Interessenabwägung bei der Konkretisierung des gebotenen Aufsichtsmaßes (MARBURGER VersR 1971, 777, 784; vgl auch DEINERT/SCHREIBAUER DAVorm 1993, 1145). Hinsichtlich der dabei zu beachtenden Grundsätze wird auf die Abwägung des Aufsichtsanlasses mit dem Erziehungsziel verwiesen (s oben insbes Rn 80, 82). Die Aufsichtspflicht wird durch die Bestimmungen der Psychisch-Kranken-Gesetze geprägt, etwa durch § 9 Abs 1 BbgPsychKG (Zweck der Unterbringung) und durch § 15 BbgPsychKG (Gestaltung der Unterbringung). Zu beachten ist, daß etwa gegenüber gemeingefährlichen Kranken oder Behinderten, wenn also hochgradige Gefahren vom Aufsichtsbedürftigen ausgehen, der Schutz der Allgemeinheit Vorrang genießt (vgl MARBURGER VersR 1971, 777, 784). Die Gefährdung durch psychisch Kranke darf jedoch nicht über die Kategorien des Schadenersatzrechts und den durch die Schadenszuweisungen entstehenden finanziellen Druck dazu führen, daß bewährte psychiatrische Behandlungsmethoden gegen eine Rückkehr zur bloßen Verwahrung psychisch kranker Menschen ausgetauscht werden. Behandlung und Rehabilitation psychisch kranker Menschen sind vom Grundgesetz geforderte Aufgaben. Doch auch diese Erkenntnis darf nicht zu dem Ergebnis führen, daß ein geschädigter Dritter im Falle des Versagens der Behandlung für einen deliktsrechtlich zurechenbaren Schaden keinen Ersatz zu erlangen vermag und gleichsam schicksalhaft das gesamtgesellschaftliche Risiko allein zu tragen hätte. Gegen derartige Ansprüche sollten die Träger psychiatrischer Behandlungseinrichtungen durch den Aufbau kollektiver Schadenstragungs- oder Versicherungssysteme Vorsorge treffen (vgl ausf LG Bremen NJW-RR 1999, 969, 970). Beispiele: § 832 verlangt von der Mutter eines körperlich und geistig behinderten 13jährigen nicht, den Jungen auf einem Spaziergang zu begleiten, den dieser auf Anraten der Ärzte aus therapeutischen Gründen allein machen soll (LG Arnsberg FamRZ 1995, 602). Wenn kein besonderer Aufsichtsanlaß besteht, darf der Aufsichtspflichtige einen Behinderten in der Küche eines Heims mit einem Messer arbeiten lassen (OLG Hamm NJW-RR 1994, 86).

c) Reichweite der vertraglich übernommenen Aufsicht
Die konkrete Ausprägung der Aufsichtspflicht desjenigen, der die Aufsicht durch **87** Vertrag übernommen hat, richtet sich nicht allein nach einer Abwägung zwischen der Bewertung des Aufsichtsanlasses einerseits und den die Aufsichtsanforderungen senkenden Faktoren andererseits. Zunächst ist maßgeblich, welche Maßnahmen der übernehmenden Person nach dem Übernahmevertrag oblagen. Das **Maß der gebotenen Aufsicht und die Reichweite der zu treffenden Maßnahmen richten sich in erster Linie nach dem Umfang der vertraglichen Aufsichtsübernahme**. Beispiel: Hat das

18jährige Nachbarsmädchen es übernommen, während der Abwesenheit der Eltern morgens von 10–12 Uhr und nachmittags von 14–16 Uhr auf das 8jährige Kind gegen ein geringes Entgelt aufzupassen, so obliegt ihr die Aufsichtspflicht iSv § 832 von vornherein nur für den vereinbarten Zeitraum. Wenn das Kind einen Dritten nach 18 Uhr schädigt, kommt eine Haftung des Mädchens nicht in Betracht. Die gleiche Beschränkung gilt, wenn der die Aufsicht Übernehmende sich nur zur Durchführung bestimmter Maßnahmen verpflichtet hat. Auch hier besteht die Aufsichtspflicht iSd § 832 nur im vertraglich festgelegten Rahmen (eingehend ALBILT 175 f). Allgemein läßt sich sagen, daß Unterlassungen außerhalb der vertraglich vereinbarten Aufsichtsgrenzen, also maW **vertragsgerechtes Verhalten, keine Haftung des Übernehmers nach § 832 zu begründen vermag** (ALBILT 176). Eine Konkretisierung von Aufsichtsanforderungen kommt daher nur im Rahmen des Umfangs der übernommenen Aufsicht in Betracht. Insoweit gelten die allgemeinen Wertungsgrundsätze (s oben Rn 58 ff).

88 Scheidet eine Haftung des Übernehmers gerade wegen der begrenzten Aufsichtsübernahme aus, so bleibt es bei der Haftung des Aufsichtspflichtigen, der die Aufsicht übertragen hat. Dieser hat durch die nur begrenzte Aufsichtsübertragung seine eigene Aufsichtspflicht nicht erfüllt. In der Übertragung der Aufsicht kann nämlich nur insoweit eine Erfüllung der eigenen Aufsichtspflicht liegen, wie tatsächlich ein geeigneter Dritter an die Stelle des Pflichtigen tritt und die Aufsicht statt seiner ausübt (s unten Rn 116, 129).

4. Gebotene Aufsichtsmaßnahmen im Einzelfall

a) Allgemeines

89 Welche Aufsichtsmaßnahmen im Einzelfall rechtlich geboten sind, ist **Ergebnis einer Wertung**. Die Konkretisierung der Aufsichtspflicht ist Rechtsfrage. Verlangt ist eine **Abwägung** zwischen dem **Gewicht des Aufsichtsanlasses** einerseits (s Rn 58 ff) und den **die Anforderungen mindernden Faktoren** (Zumutbarkeit für den Aufsichtspflichtigen, Erziehungsgebot/therapeutische Erwägungen, Reichweite einer vertraglichen Aufsichtsübernahme [dazu im einzelnen Rn 70 ff]) andererseits.

90 Als Aufsichtsmaßnahmen stehen im wesentlichen zur Verfügung: Erklärung, Aufklärung, Belehrung, Ermahnung, Vorhaltung, Einübung, Kontrolle, Verbot und dessen Überwachung, Umgangsbeschränkungen oder -verbot, Unmöglichmachen von Verhaltensweisen, Inanspruchnahme fremder (ggf staatlicher) Erziehungs- und Aufsichtshilfe. Diese Aufsichtsmaßnahmen stehen zueinander in einem Stufenverhältnis (OLG Celle FamRZ 1998, 233). Je stärker für den Aufsichtsverpflichteten ein Aufsichtsanlaß besteht, desto intensiver und daher eingreifender muß die genügende Aufsichtsmaßnahme sein (SCHOOF 63 f). Welche der unterschiedlich intensiven Maßnahmen im Einzelfall geboten sind, bestimmt sich nach **Verhältnismäßigkeitsgesichtspunkten** (SCHMID VersR 1980, 822, 823; ALBILT 98; ECKERT 61 f; s auch OLG Düsseldorf NJW-RR 1997, 343, welches zutreffend zwischen geeigneten, mithin erforderlichen Maßnahmen einerseits und zumutbaren, mithin angemessenen Maßnahmen andererseits differenziert). Das jeweilige Aufsichtsmittel ist in seiner Wechselwirkung zwischen Aufsichtszweck und der dadurch bewirkten Einschränkung des Aufsichtsbedürftigen zu sehen. Die Verhältnismäßigkeit wird auch durch einzelne gesetzliche Bestimmungen geprägt (zB § 1631 Abs 2, Psychisch-Kranken-Gesetze [s oben Rn 86], Kita-Gesetze, Schulgesetze [s oben Rn 80],

§ 16 Abs 2 BJagdG [s unten Rn 111]). Zunächst muß die Maßnahme überhaupt **geeignet** sein, den Aufsichtszweck zu erfüllen. Sie muß daher zur Vermeidung der Drittschädigung objektiv tauglich sein. Sodann muß sich die Aufsichtsmaßnahme als **erforderlich** erweisen. Von dem Aufsichtspflichtigen kann nur das Aufsichtsmittel in seiner konkreten Ausprägung verlangt sein, das nicht nur zur Schadensvermeidung geeignet ist, sondern auch gleichzeitig für den Aufsichtsbedürftigen und den Aufsichtspflichtigen die geringste Belastung darstellt. Wird die genügende Aufsichtsmaßnahme zutreffend nach dem konkreten Aufsichtsanlaß ermittelt (s oben Rn 54 ff), ist es durchaus möglich, daß eine dem Aufsichtsanlaß entsprechende Aufsichtsmaßnahme zwar beobachtet wurde, die Schädigung jedoch durch eine einschneidendere Maßnahme vermutlich vermieden worden wäre, diese jedoch nach dem Aufsichtsanlaß (noch) nicht angezeigt, mithin nicht erforderlich war. Schließlich muß die Aufsichtsmaßnahme die Verhältnismäßigkeit im engeren Sinne beachten. Sie muß **angemessen** bzw zumutbar sein. Eine unbillige Einschränkung von Aufsichtsbedürftigem und Aufsichtspflichtigem ist zu vermeiden. Maßgebliche Relevanz haben der Erziehungszweck und die Persönlichkeitsentwicklung des Aufsichtsbedürftigen (Schoof 67 f). Konsequenterweise ist dort, wo überhaupt kein Aufsichtsanlaß besteht, auch keine Maßnahme erforderlich (Rauscher JuS 1985, 757, 761; Aden MDR 1974, 9, 10). Andererseits sollte heute auch selbstverständlich sein, daß körperliche Züchtigungen und andere die Würde des Kindes verletzende Maßnahmen als Aufsichtsmaßnahme niemals verhältnismäßig sein können (§ 1631 Abs 2); (Schoof 67).

Im allgemeinen ist, soweit Aufsichtsbedürftige von ihrer Entwicklung dafür zugänglich sind, mit den mehr erzieherisch ausgerichteten Maßnahmen zu beginnen. Im pädagogischen Bereich sollte der Ausgangspunkt und – wenn möglich – der Schwerpunkt liegen. Es ist von essentieller Bedeutung für die Entwicklung eines Kindes, daß es sich von Anfang an **Freiräume** erarbeitet, in denen es an Herausforderungen wachsen kann. Das entspricht der zu verfolgenden rechtspolitischen Zielsetzung, eine kinderfreundlichere Gesellschaft anzustreben. Dazu sollten – im Grundsatz – von den Aufsichtspflichtigen zunächst diejenigen Maßnahmen verlangt werden, welche die **Entwicklung des Kindes fördern**.

Auf der ersten Stufe sind daher **Belehrungen und Erklärungen** in Betracht zu ziehen, wobei das **Einüben von Verhaltensweisen** und das Umgehen mit Gefahren im Vordergrund stehen sollte (vgl Scheffen/Pardey Rn 248). Danach ist zB nicht unbedingt das Fernhalten von jedem Gegenstand erforderlich, der bei unsachgemäßem Umgang gefährlich werden kann: „Gerade die Erziehung des Kindes zu verantwortungsbewußtem Hantieren mit einem solchen Gegenstand ist oft der bessere Weg zur Schadensverhütung" (BGH NJW 1976, 1684). Daß somit vorrangig gleichzeitig erzieherisch wirkende Maßnahmen geboten sind, steht nicht im Widerspruch zu dem Umstand, daß § 832 nur die Aufsichts-, nicht aber die Erziehungspflichtverletzung sanktioniert (vgl aber die dahingehende Kritik von Fuchs 167 ff). Maßnahmen, die auch erzieherischen Charakter und damit eine Doppelnatur aufweisen, sind – im Ausgangspunkt – schlicht die sinnvollsten und effektivsten Aufsichtsmaßnahmen. Sie sind iRd § 832 geboten, weil und soweit sie auch Aufsichtsmaßnahmen sind. Unter Umständen bedarf es auch einer wiederholten Belehrung, selbst wenn Verstöße zunächst nicht feststellbar waren. So wenn, wie bspw in einem Ferienlager, die Gefahr besteht, daß die Belehrungen schnell in Vergessenheit geraten oder verdrängt werden (LG Landau NJW 2000, 2904).

92 Der Erfolg dieser erzieherischen Maßnahmen ist durch **Kontrollen**, die mit **Lob und Tadel** (Ermahnungen) verbunden sein sollten, zu ergründen. Erst wenn diese zutage fördern, daß bisherige Maßnahmen fruchtlos geblieben sind, ist zu stärkeren Mitteln wie **Verboten und Überwachungen** zu greifen. Verbote sind freilich auf ihre pädagogische Eignung im Einzelfall – besonders bei älteren Jugendlichen – zu überprüfen. Bei entsprechend entwickelter Aufnahmefähigkeit ist ein Verbot mit der Erklärung dieser Maßnahme zu versehen, um deren Akzeptanz zu erhöhen (BGH VersR 1964, 313, 314; RAUSCHER JuS 1985, 757, 762). Allerdings ist auf Erklärungen dort zu verzichten, wo der Aufsichtsbedürftige wegen zu geringer Einsichtsfähigkeit Erklärungen eher als verwirrend empfinden würde (BGH VersR 1964, 313, 314 für den Fall eines 4jährigen; kritisch dazu RAUSCHER aaO).

93 Mahnungen und **Verbote** genügen aber nur, wenn der Aufsichtspflichtige nach Lage des Falls von ihrer Wirkung überzeugt sein durfte (vgl BGH VersR 1965, 137). Meist – und bei Kleinkindern, deren Verhalten unberechenbar ist, regelmäßig – muß dazu je nach den Umständen des Einzelfalls die offene oder unauffällige, ständige oder stichprobenweise Überwachung treten (vgl RGZ 69, 76; BGH FamRZ 1964, 84). **Überwachungen** sind zusammen mit verschärften Ermahnungen jedoch nur vorzunehmen, wenn Anzeichen dafür sprechen, daß Belehrungen, Einübungen usw (noch) nicht angenommen worden sind. Eine generelle Überwachung „auf Schritt und Tritt" kommt dabei in aller Regel nicht in Betracht (RGZ 50, 60, 63; BGH NJW 1984, 2574, 2575; OLG Köln VersR 1969, 44; OLG Oldenburg VersR 1987, 915). Sie ist normalerweise nicht erforderlich, praktisch schwer realisierbar, vor allem aber pädagogisch ungeeignet, da sie dem Einüben von selbständigem und verantwortungsvollem Handeln entgegensteht und das für erfolgversprechende Erziehungs- und Aufsichtsmaßnahmen erforderliche Vertrauensverhältnis zwischen Aufsichtsbedürftigem und -pflichtigem beeinträchtigen kann (OLG Karlsruhe VersR 1979, 58; OLG Düsseldorf NWVBl 1996, 78; BERNING/VORTMANN JA 1986, 12, 18). Das heißt freilich nicht, daß in Fällen mit besonders gewichtigem Aufsichtsanlaß (etwa bei Verhaltensgestörtheit und ausgeprägter Zündelneigung) nicht auch eine „engmaschige Überwachung" geboten sein kann (BGH NJW 1996, 1404, 1405). Doch selbst dann ist eine jedes Risiko ausschließende Überwachung unmöglich (OLG Hamm OLGR Hamm 1994, 65; MDR 1999, 677).

94 Ggf müssen die Eltern zur **Beseitigung der Gefahrenquelle** schreiten, indem sie das gefahrbringende Verhalten unmöglich machen. So ist die **Wegnahme** gefahrbegründender Gegenstände möglich, was allerdings voraussetzt, daß mildere und erzieherisch wertvollere Maßnahmen zu keinem hinreichenden Erfolg geführt haben. So muß zB dem tollkühn rollernden Kind der Roller (vgl unten Rn 103) oder dem mit gefährlichem Spielzeug hantierenden Kind das Spielzeug weggenommen und sicher verwahrt werden. Jedoch braucht der Aufsichtspflichtige ohne besonderen Anlaß nicht damit zu rechnen, daß das Kind diese Maßnahmen umgehen könnte, wenn er sich üblicher und sachentsprechender Vorkehrungsmaßnahmen bedient (vgl unten Rn 103, 107).

95 Wenn die üblichen Vorkehrungs- und Erziehungsmaßregeln nicht ausreichen, müssen die Eltern das Kind notfalls in strenger Obhut (Hausarrest) halten oder, als letzte Konsequenz, die **Unterbringung** in einer anderen Familie bzw in einem Heim erwägen (RG Recht 1911 Nr 3326; JW 1914, 298), den Vormundschaftsrichter anrufen (§ 1631 Abs 3) oder beim Jugendamt Erziehungshilfe beantragen. Bei diesen Alternativen handelt es sich allerdings um ganz erhebliche Einschränkungen des Erziehungsrechts, das Eltern nur als letztes Mittel geboten sein kann. Die Anforderungen sind hier äußerst hoch anzusiedeln (dazu LG Hildesheim VersR 1972, 672: Eine als einziges geeignetes Mittel zur „Gefahrenabwehr" noch in Frage kommende Heimeinweisung war im Einzelfall im Hinblick auf den Erziehungsaspekt unverhältnismäßig, s oben Rn 80). Regelmäßig ist den Eltern zuzubilligen, daß sie durch ein Bündel von Aufsichtshandlungen versuchen, die einschneidende Maßnahme einer Unterbringung zu vermeiden (OLG Düsseldorf NJW-RR 1997, 343, 344). Die Trennung von der Familie, welche regelmäßig mit dem Verlust auch der letzten noch bestehenden elterlichen Erziehungsmöglichkeit einhergeht, muß das äußerste Mittel in der Kette der zumutbaren Aufsichtshandlungen bleiben. Sie kann erst dann angezeigt sein, wenn jegliche anderen Aufsichtsmaßnahmen tatsächlich erfolglos geblieben sind. Die bloße Wahrscheinlichkeit der Erfolglosigkeit ist noch nicht ausreichend.

b) Pädagogischer Ermessensfreiraum/Erschöpfung zumutbarer Maßnahmen

Bei der wertenden Bestimmung der gebotenen Aufsichtsmaßnahmen ist dem Aufsichtspflichtigen im Hinblick auf den Erziehungsaspekt ein „gewisser Freiraum pädagogisch vertretbarer Maßnahmen" zuzugestehen (BGH NJW 1980, 1044, 1045; 1984, 2574, 2576; OLG Hamm NJW-RR 1988, 798; GROSSFELD/MUND FamRZ 1994, 1504, 1507; SCHEFFEN/PARDEY Rn 250). Dieser Ermessensspielraum wirkt sich vor allem in den Fällen aus, in denen es um Aufsichtsmaßnahmen gegenüber einem sich der Volljährigkeit nähernden Jugendlichen geht, die angesichts des Aufsichtsanlasses an sich streng sein müßten (dazu oben Rn 83 ff). Zwar ist der Aufsichtspflichtige hier nicht völlig davon freigestellt, Aufsichtsmaßnahmen zu ergreifen (BGH NJW 1980, 1044, 1045). Andererseits gibt es aber gerade in diesem Fall Grenzen (s Rn 84). So wäre es lebensfremd und wohl auch unter dem Aspekt der möglichst effektiven Aufsicht kontraproduktiv, von dem Vater eines fast 18jährigen Sohns zu verlangen, diesem generell zu verbieten, in seiner Freizeit Gaststätten oder Partys zu besuchen (BGH NJW 1980, 1044, 1045; vgl LARENZ/CANARIS, Schuldrecht II/2 § 79 IV 2 c und OLG Karlsruhe VersR 1975, 430). Vielmehr kann es nach pädagogischem Ermessen uU angezeigt sein, „keine allzu große Strenge walten zu lassen und nicht auf strikter Einhaltung elterlicher Weisungen oder Empfehlungen zu bestehen, um den Kontakt zu dem Jugendlichen und die Einflußnahme auf ihn nicht zu verlieren" (BGH aaO; s dazu oben Rn 84). Insgesamt gilt grds, daß die Aufsichtsanforderungen dort erheblich abzusenken sind, wo nach den Umständen des Falls, vor allem nach allen vorausgegangenen und fehlgeschlagenen Aufsichtsmaßnahmen, die Erfolglosigkeit aller weiteren Bemühungen offensichtlich ist (dazu oben Rn 84).

5. Einzelfälle

a) Verkehrsgefahren durch spielende Kinder

Bei der Beurteilung des Umfangs der Aufsichtspflicht über Kinder, die am Straßenverkehr teilnehmen, sind **die entwicklungspsychologischen Erkenntnisse zu berücksichtigen** (oben Rn 61), welche der Neuregelung von § 828 Abs 2 zugrunde lagen. Für kleine Kinder kommt hinzu, daß sie unter allen Umständen von gefahrdrohenden Stellen ferngehalten werden müssen (BGH VersR 1965, 137; OLG München VersR 1962, 747). Andererseits soll die Möglichkeit zum Aufenthalt und Spielen im Freien selbst Kleinkindern („auch Großstadtkindern", DÖLLE II § 92 I 2 b [153]) erhalten bleiben, wenn es mit den Verkehrsverhältnissen irgendwie vereinbar ist. Zur Erfüllung der

Aufsichtspflicht genügen in dieser Altersgruppe bloße Mahnungen, Belehrungen und Verbote (die Fahrbahn nicht ohne Begleitung Erwachsener zu überqueren usw) nicht, weil bei noch nicht schulpflichtigen Kindern mangels eigenen Verantwortungsbewußtseins und altersmäßig bedingter Hingabe an das Spiel damit gerechnet werden muß, daß sie im Eifer des Spiels aus geringstem Anlaß jede Mahnung vergessen und zB unbesonnen auf die Fahrbahn laufen (OLG Köln VersR 1969, 44). Es muß wegen der Unberechenbarkeit des Verhaltens von Kindern eine **ausreichende und zumutbare Überwachung** hinzutreten. Eine ständige Beobachtung ist dagegen in der Regel nicht erforderlich (BGH FamRZ 1964, 84; vgl oben Rn 93). Unzulässig ist es aber, bereits 2jährige Kinder ohne ständige Beobachtung und Eingriffsmöglichkeit allein auf der Straße spielen zu lassen, auch wenn der Aufsichtspflichtige allein drei minderjährige Kinder zu versorgen hat (vgl auch Rn 101; aA OLG Bremen VersR 1958, 64). Bedenklich erscheint es auch, ein 5jähriges Kind selbst nach gehöriger Belehrung über das Verhalten im Straßenverkehr und gelegentlicher Überwachung allein auch auf dem Bürgersteig einer **verkehrsreichen Straße** spielen zu lassen (so aber noch BGH VersR 1957, 340; OLG Stuttgart VersR 1955, 685; OLG Celle FamRZ 1966, 107). Die Verkehrsverhältnisse haben sich im Vergleich zu den 50er und 60er Jahren, in denen die Entscheidungen ergingen, wesentlich verändert. Es sind keine Kraftdroschken mit Geschwindigkeiten von 30–35 km/h mehr unterwegs (vgl BGH VersR 1957, 340). Bei dem heutzutage auf verkehrsreichen Straßen üblichen Tempo ist es Autofahrern nicht möglich, noch rechtzeitig zu reagieren, wenn Kinder aufgrund der bereits beschriebenen kindlichen Eigenheiten (Lauf- und Erprobungsdrang, Impulsivität, Affektreaktionen, mangelnde Konzentrationsfähigkeit und gruppendynamischem Verhalten) unvermittelt auf die Straße laufen, zumindest sofern sie vorher vom Kraftfahrer nicht wahrgenommen wurden, so daß ihm ein Anpassen der Geschwindigkeit (§ 3 Abs 2a StVO) nicht möglich war (vgl JANISZEWSKI/JAGOW/BURMANN § 3 StVO Rn 51 ff). Auch 7- bis 9jährige sollten wegen der neuen entwicklungspsychologischen Erkenntnisse (oben Rn 61) nicht vollkommen unbeaufsichtigt zum Spielen auf den Bürgersteig einer verkehrsreichen Straße gelassen werden. Anderes gilt für **verkehrsberuhigte oder Tempo-30-Zonen** mit geringem Verkehrsaufkommen (vgl BGH VersR 1958, 85). Auch in diesem Umfeld gehen von Kindern Gefahren aus. Die zulässigen Höchstgeschwindigkeiten ermöglichen jedoch anders als auf Hauptverkehrsstraßen in der Regel eine rechtzeitige Reaktion. Den von Kindern ausgehenden Gefahren kann deshalb durch entsprechend vorsichtiges und verantwortungsbewußtes Verhalten der Kraftfahrer Rechnung getragen werden (Rn 100). Dadurch kann Kindern zumindest teilweise weiter der unbeaufsichtigte Aufenthalt und das Spielen im Freien ermöglicht werden.

98 **Fußballspielen** von Kindern auf der Straße ist für die Verkehrsteilnehmer gefährlich. Es besteht die Gefahr, daß der Ball andere Personen trifft oder daß die Spieler im Eifer ohne Rücksicht auf den Verkehr dem Ball nachlaufen. Das Fußballspielen eines 13jährigen Jungen, der sich trotz Ermahnungen immer wieder an dem Ballspiel seiner Freunde auf der Straße beteiligt, muß deshalb durch überraschende Kontrollen und Befragungen des Jungen über das Verbringen seiner Freizeit unterbunden werden. Ein bloßes Verbot genügt nicht (BGH FamRZ 1961, 523).

99 Auf das **Spielen und Aufhalten jüngerer Kinder auf dem Gehweg** muß sich auch der Kraftfahrer einstellen. Stellt er zB sein Kfz so in den Gehweg hineinragend ab, daß für Fußgänger nur ein schmaler Durchgang bleibt, hat er es sich selbst zuzuschreiben

(§ 254), wenn Kinder wegen der Enge des Raums aus Unvorsichtigkeit an das Kfz anstoßen und es beschädigen. Von den Eltern kann nicht verlangt werden, daß sie den Kindern das Spielen auf Gehwegen verbieten oder sie dabei beaufsichtigen, damit den Gehweg versperrende Autos nicht beschädigt werden (AG Rendsburg VersR 1966, 839).

b) Kinder als Fußgänger im Straßenverkehr
aa) Kinder ohne Begleitung Erwachsener
Inwieweit jüngeren Kindern gestattet werden kann, sich **allein als Fußgänger** auf der Straße zu bewegen, hängt ua von der Beschaffenheit der Straße (ruhige verkehrsarme Straße im Gegensatz zu belebter Durchgangsstraße, ländliche Gegend mit geringem Kfz-Verkehr im Gegensatz zur verkehrsreichen Großstadt), von Alter und Einsicht des Kindes (s oben Rn 61), von seiner Vertrautheit mit den Gefahren des Weges, von der Gewöhnung daran und von der Kenntnis verkehrsrichtigen Verhaltens beim Überqueren der Straße ab. Einem 4jährigen Kind müssen die Eltern das Überqueren einer Straße mit lebhaftem Kraftfahrzeugverkehr ohne Begleitung Erwachsener verbieten und die Beachtung des Verbots überwachen. Bloße Belehrungen und Ermahnungen des Kleinkindes zur Vorsicht beim Überschreiten der Straße genügen nicht (BGH NJW 1968, 249; s auch OLG Karlsruhe VersR 1978, 575). Nach LG Nürnberg-Fürth (VersR 1969, 576) darf ein 4jähriges Kind überhaupt nicht allein Zutritt zu Örtlichkeiten außerhalb des Hauses haben, wo durch Neugierde und Spieltrieb für das Kind selbst und andere Gefahren entstehen können. Dem ist zuzustimmen, sofern das erzieherische Anliegen, das Kind Neuland entdecken zu lassen, durch eine erkennbare Gefahrenträchtigkeit der Umgebung wertungsmäßig überwogen wird. Bedenklich erscheint es, bereits 5jährige Kinder auch nach gehöriger Einweisung und unter gelegentlicher Kontrolle allein auf den Weg zur Erledigung von Besorgungen (zum Kaufmann usw) zu schicken (dafür: OLG Stuttgart VersR 1955, 685, 686; OLG Celle VersR 1969, 333 f; vgl auch AG Prüm NZV 2007, 209, das 5jährigen die unbeaufsichtigte Teilnahme am Straßenverkehr auf einer Ortsdurchfahrtsstraße gestatten möchte). Ein fast 7jähriges normal oder gar überdurchschnittlich veranlagtes Kind, das über die wichtigsten Regeln des Straßenverkehrs belehrt ist, bedarf auf dem Schulweg allerdings keiner ständigen unmittelbaren Beobachtung und Beaufsichtigung mehr (LG Berlin VersR 1967, 237). Eine stichprobenweise Überwachung, ob sich das Kind auf dem Schulweg vor allem beim Überqueren von Straßen verkehrsgerecht verhält, reicht aus. Das gilt vor allem, wenn die Eltern durch Berufstätigkeit oder die Sorge um weitere kleine Kinder an einer ständigen Begleitung verhindert sind. Von einem solchen Kind gehen natürlicherweise dennoch Gefahren aus, zB wenn es sich vor dem Überqueren einer Straße zwar nach beiden Seiten umsieht, aber die Geschwindigkeit eines herannahenden Kfz nicht richtig einschätzt; diesen Umständen müssen die übrigen Verkehrsteilnehmer ihrerseits durch entsprechendes vorsichtiges und verantwortungsbewußtes Verhalten Rechnung tragen (LG Berlin VersR 1967, 237; vgl auch § 3 Abs 2a StVO). Die auf Bundesstraßen zulässigen Geschwindigkeiten ermöglichen jedoch kein rechtzeitiges Reagieren bei plötzlich auf die Straße laufenden Kindern, zumindest wenn sie für den Kraftfahrer vorher auf dem Bürgersteig nicht erkennbar waren (Rn 97). Soweit auf dem Schulweg Bundes- oder Hauptverkehrsstraßen überquert werden müssen, reicht es deshalb nicht aus, wenn das Kind des öfteren begleitet sowie mit den Besonderheiten und Gefahren des Schulwegs vertraut gemacht worden ist (oben Rn 61; anders noch: OLG Oldenburg VersR 1972, 54; LG Aachen RuS 1987, 225). Einem geistig behinderten 17jährigen kann gestattet werden,

den Weg zur Sonderschule allein zurückzulegen, wenn über lange Zeit kein Anlaß zur Begleitung vorlag (OLG Stuttgart Justiz 1986, 46 f).

bb) Kinder in Begleitung Erwachsener

101 Ein zweieinhalbjähriges Kind muß im Straßenverkehr noch an der Hand gehalten werden. Wenigstens aber müssen die Eltern in der Lage sein, „jederzeit in das Verhalten des Kindes korrigierend einzugreifen" (OLG Düsseldorf VersR 1992, 1233; LG Köln NJW 2007, 2563). Bei Kleinkindern muß damit gerechnet werden, daß sie zu einer rationalen Steuerung ihres Verhaltens nur begrenzt in der Lage sind. So müssen zB die Eltern eines zweieinhalbjährigen Kindes stets damit rechnen, daß es unvermittelt und ohne Grund auf die Straße läuft. Zu weitgehend ist es deshalb, auf die jederzeitige Eingriffsmöglichkeit der Aufsichtsperson zu verzichten (BERNAU DAR 2007, 651; dafür scheinbar: OLG Saarbrücken NJW 2007, 1888 = DAR 2007, 649). Wegen des geringen Gefährdungspotentials muß ein 4jähriger im Park aber nicht mehr an die Hand genommen werden, es reicht aus, wenn sich der Aufsichtspflichtige in Rufweite befindet (LG Köln Urt v 25.3.2004 – 8 O 354/03). Ein 5jähriges Kind muß auf der Straße an die Hand genommen werden, wenn es auf der gegenüberliegenden Straßenseite seinen Vater erblickt, da die Gefahr besteht, daß das Kind ohne Rücksicht auf den Verkehr die Straße überquert, um zum Vater zu gelangen (OLG Celle FamRZ 1966, 107). Anderes gilt für ein 7jähriges Mädchen, bei dem seit dem Kindergartenalter eine intensive Verkehrserziehung stattfand und das bereits seit längerer Zeit, auf dem Schulweg, ohne negativ aufzufallen, als Fußgänger am Straßenverkehr teilnahm. Der Vater muß in einem solchen Fall seine Tochter nicht an die Hand nehmen, auch wenn sie die Bitte äußert, ihrer Mutter auf die andere Straßenseite folgen zu wollen. Der verbale Hinweis, daß das zurzeit nicht möglich sei, reicht aus. Ein Mädchen dieses Alters wie ein Kleinkind trotzdem an die Hand zu nehmen, ist erst angezeigt, wenn erkennbar wird, daß es trotz des plausiblen Hinweises beabsichtigt, vollkommen unbesonnen über die Straße zu rennen (OLG Jena OLGR 1998, 101, 102). Überläßt eine Mutter ihrer ca 7^1/$_2$ Jahre alten Tochter auf einem Supermarktparkplatz das Schieben eines Einkaufswagens, muß sie sich zwischen dem Einkaufswagen und geparkten Fahrzeugen bewegen, um bei einem drohenden „Entlangschrammen" des Einkaufswagens an geparkten Fahrzeugen eingreifen zu können (AG Schwabach ZfS 2004, 447).

c) Kinder als Verkehrsteilnehmer mit Fahrzeugen oder anderen Mitteln zur schnelleren Fortbewegung
aa) Mit Fahrrädern

102 Noch **nicht schulpflichtige Kinder** dürfen sich im öffentlichen Straßenverkehr grds noch nicht gänzlich unbeaufsichtigt bewegen. Es muß eine jederzeitige Eingriffsmöglichkeit der Eltern gewahrt sein (AG Frankfurt VD 1995, 67). So bedarf es zur Erfüllung der Aufsichtspflicht der Eltern über ein selbständig fahrradfahrendes 5jähriges Kind eines ständigen Sichtkontakts und der Möglichkeit, zB durch warnende Zurufe auf das Kind einzuwirken (LG Düsseldorf VersR 1994, 484 f; OLG Düsseldorf ZFE 2002, 385; LG Saarbrücken ZfS 2004, 9). Dagegen ist es dem Aufsichtspflichtigen nicht vorwerfbar, wenn er sich 15–20 Meter von einem auf dem Bürgersteig auf einem Fahrrad mit Stützrädern fahrenden 5jährigen entfernt (AG Darmstadt ZfS 1992, 3, 4; vgl auch LG Mönchengladbach NJW 2003, 1604). Bereits bei einem dreieinhalbjährigen Kind ist nicht zu verlangen, daß die Eltern permanent die Lenkstange halten (LG München VersR 2000, 1022). Das Kind muß aber in der Lage sein, weitgehend selbstständig die

Funktionen eines Fahrrades, vor allem das Bremsen und Lenken zu beherrschen. Davon kann ausgegangen werden, wenn es bereits seit einem Jahr mit dem Fahrradfahren vertraut ist und das Fahrrad mit Stützrädern versehen ist (AG Bersenbrück VersR 1994, 108; AG Darmstadt ZfS 1992, 3, 4). Es kann nicht verlangt werden, daß erst ein Jahr auf Privatgrund oder Spielplätzen geübt wurde, bevor das Kind mit Stützrädern auf dem Gehweg fahren darf (LG München VersR 2000, 1022). Im Rahmen der Aufsichtspflicht ist es nicht vorwerfbar, wenn ein 5jähriger Junge, der bereits seit 2 Jahren ohne Stützräder fahren kann, auf einer ruhigen Anliegerstraße ohne erkennbaren Durchgangsverkehr auf der Straße ohne unmittelbare Eingriffsmöglichkeit der Aufsichtsperson fährt (OLG Hamm MDR 2000, 454, 455).

Schulpflichtigen Kindern kann ab dem 6. Lebensjahr unter bestimmten Voraussetzungen gestattet sein, sich schon allein im Straßenverkehr zu bewegen. Zu den aus §§ 1626, 1631 abzuleitenden elterlichen Pflichten gehört es auch, die Kinder zu einem selbständigen, verantwortungsbewußten und umsichtigen Verhalten im Straßenverkehr heranzuführen. Das ist den Eltern nur möglich, wenn das Kind auch altersgerecht angepaßte Möglichkeiten erhält, um sich ohne ständige Kontrolle und Anleitung im Verkehr zu bewähren (OLG Hamm NZV 2001, 42, 43). Die Aufsicht der Eltern setzt dabei voraus, daß das Kind über Regeln und Gefahren der Fortbewegung mit dem Fahrrad belehrt wurde. Die selbständige Benutzung des Rads darf erst gestattet werden, wenn sich die Eltern davon überzeugt haben, daß das Fahrrad vom Kind technisch beherrscht wird, es eine hinreichende Fahrsicherheit zeigt und bei seiner Benutzung die Verkehrsregeln einschließlich der Rücksicht auf andere Verkehrsteilnehmer selbst dann zuverlässig beachtet, wenn es sich außerhalb des Gesichtskreises der Eltern wähnt. Diese müssen sich selbst oder durch Dritte über das Fahrverhalten des Kindes auch in Situationen vergewissert haben, in denen das Kind sich unbeobachtet glauben konnte (KG MDR 1997, 840; OLG Hamm NZV 2001, 42, 43; Schoof 52 f). Eine starre Altersgrenze, ab welcher Kinder allgemein in der Lage sind, sicher mit einem Fahrrad zu fahren, gibt es nicht (OLG Hamm NZV 2001, 42; **aA** OLG Zweibrücken NJW-RR 2000, 1191, 1192 – siebeneinhalb Jahre ist die unterste Altersgrenze für ein „fahrradgeübtes" Kind; vgl auch AG Detmold NJW 1997, 1788: Kinder bis zu einem Alter von 8 Jahren dürfen nicht ohne Aufsicht mit der Möglichkeit sofortigen Einschreitens am Straßenverkehr teilnehmen; AG Traunstein NJW 2004, 3786: jedenfalls 6jährige dürfen nicht ohne Aufsicht im Straßenverkehr Fahrrad fahren; OLG Köln VersR 1969, 44: 5- und 6jährige, noch nicht schulpflichtige Kinder bedürfen bei Teilnahme am Straßenverkehr einer ständigen Beaufsichtigung durch die Eltern). Entscheidend sind vielmehr die individuellen Eigenschaften des jeweiligen Kindes (Rn 58 f). Das Maß an Kenntnis der Verkehrsvorschriften, die ein 7- oder 8jähriges Kind besitzen muß, ergibt sich aus dem Vertrauensgrundsatz, von dem ein Kraftfahrer bei der Begegnung mit ihnen ausgehen darf. Er darf erwarten, daß die Kinder eine angemessene Verkehrserziehung genossen haben und dadurch über die Verhaltensregeln im Straßenverkehr aufgeklärt sind (OLG Celle NJW-RR 1988, 216; vgl auch LG Düsseldorf VersR 1994, 484 f, wo allerdings der Fall eines 5jährigen Kindes behandelt wird). Entgegen dem OLG Hamm (NZV 2001, 42, 43; NJW-RR 2002, 236; vgl auch OLG Oldenburg VersR 2005, 807) sind die oben (Rn 61) beschriebenen neuen entwicklungspsychologischen Erkenntnisse zu berücksichtigen, aus denen sich unter anderem ergibt, daß Kinder bis zu einem Alter von 10 Jahren Geschwindigkeiten und Entfernungen nicht richtig einschätzen können. Deshalb wird eine unbeaufsichtigte Teilnahme am Straßenverkehr durch fahrradfahrende Kinder allein in verkehrsberuhigten oder Tempo-30-Zonen zulässig sein. Nur in diesen Verkehrsbereichen können die Defizite der Kinder durch entsprechend vorsichtiges und verantwortungsbewußtes Verhalten der anderen Verkehrsteilnehmer ausgeglichen werden (Rn 97, 100). Daneben kommt es darauf an, ob das Kind mit der Wegstrecke vertraut ist (BGH NJW-RR 1987, 1430 f). Dann darf ein bereits 7jähriges Kind zB den täglichen Schulweg alleine zurücklegen und ein 6- oder 7jähriges Kind auf einem nahe der elterlichen Wohnung gelegenen Fuß- oder Radweg herumfahren (AG Wetzlar VersR 2006, 1271; OLG Celle VersR 1988, 1240; vgl auch LG Bielefeld IVH 2004, 34, wonach 6jährige mit den erforderlichen individuellen Eigenschaften und Fähigkeiten auf dem Hof vor dem elterlichen Haus und der unmittelbar anschließenden Straße, die mit einer Spielstraße vergleichbar ist, Fahrrad fahren dürfen; vgl schließlich OLG Hamm VersR 2002, 376, das allerdings die entwicklungspsychologischen Erkenntnisse nicht berücksichtigt wissen will). Auf Hauptverkehrsstraßen und unbekannten Strecken mit unbekannten Gefahrensituationen hingegen bedarf es einer besonderen Beobachtung des fahrradfahrenden Kindes (zu weitgehend deshalb: LG Stade Urt v 18. 3. 2004 – 4 O 166/03 – und OLG Oldenburg VersR 1963, 491, die Kindern ab 8 Jahren die unbeaufsichtigte Verkehrsteilnahme mit dem Fahrrad auf Bundesstraßen zugestehen möchten; zu allgemein auch AG Brühl ZfS 2002, 275, das lediglich auf das Wohnumfeld und nicht darauf abstellt, ob es sich um Haupt- oder ruhige Nebenstraßen in einer Tempo-30-Zone handelt). Neben ausreichender Belehrung über die Verkehrsregeln verlangt das LG Stuttgart (NJW 1960, 1157) wegen der gestiegenen Anforderungen des Straßenverkehrs die unauffällige Überwachung noch bei einem 14jährigen Radfahrer (anscheinend einem Anfänger).

Eine **ständige Beaufsichtigung** kann nur **unter besonderen Umständen**, etwa bei Neigung des Kindes zur Unbesonnenheit oder zu dummen Streichen, verlangt werden (OLG Köln VersR 1969, 44). Die Teilnahme am Straßenverkehr in der Großstadt (Berlin) durch einen 10jährigen Jungen ist daher auch ohne Überwachung durch die Eltern unbedenklich, sofern er das Fahrrad genügend beherrscht und keine Neigung zur Unbesonnenheit besteht (LG Berlin NJW 1999, 2906). Insgesamt sind an die Überwachung des Kindes unterschiedliche Anforderungen zu stellen. Sie verringern sich, wenn das Kind längere Zeit unfallfrei gefahren ist (vgl OLG Nürnberg VersR 1962, 1116; OLG Celle NJW-RR 1988, 216). Sie verschärfen sich, wenn die Eltern Kenntnis von Umständen haben, die das Radfahren als mit besonderen Gefahren für Dritte verbunden erscheinen lassen, etwa weil Anzeichen für unüberlegtes, tollkühnes oder rücksichtsloses Verhalten des Kindes hervortreten. So haften die Eltern für den von einem 12jährigen Kind verursachten Unfall, wenn sie vorher geduldet haben, daß es mit anderen Jungen Radrennfahrten auf der Straße unternahm oder wenn sie Kenntnis davon hatten, daß die Kameraden des Kindes solche Rennfahrten unternahmen und mit einer Beteiligung des Kindes zu rechnen war (BGH VersR 1961, 838 f). Sie haften auch, wenn sie das Radfahren unter erschwerten Umständen zulassen, ohne über die besonderen Gefahren zu belehren und das Verhalten des Kindes zu überwachen (OLG München VersR 1958, 238 für den Fall, daß ein 16jähriges Mädchen in einer Hand einen aufgespannten Regenschirm trug). Gleiches kann gelten, wenn mit jüngeren Kindern eine längere Radtour in einer größeren Gruppe ausgeführt wird. Hier wird von dem Kind eine besondere Aufmerksamkeit hinsichtlich der Beibehaltung der Fahrspur und der Einschätzung der Geschwindigkeit der mitfahrenden Personen abverlangt (OLG Zweibrücken VersR 2001, 256). Ein 6jähriger fahrradgeübter Junge darf daher auch nicht in einer ihm vertrauten Fußgängerzone ohne unmittelbare Aufsicht fahren, wenn er erkennbar schnell und wild unterwegs ist und trotz erfolgter Belehrung die Verkehrsregeln auch schon in der Vergangenheit nicht hinreichend beachtete. Wenn ein Kind schon unter Aufsicht durch einen Elternteil die Verkehrsregeln nicht befolgt, kann regelmäßig nicht erwartet werden, daß es diese beachtet, wenn es unbeaufsichtigt und ohne Begleitung ist (AG Radolfzell NJW-RR 2000, 1192, 1193).

bb) Mit Rollern oder ähnlichen Fortbewegungsmitteln
Solche werden vielfach von Kindern in noch nicht schulpflichtigem Alter benutzt. **103** Die von ihnen ausgehenden Gefährdungen bestehen darin, daß sie sich auf die Fahrbahn begeben oder auf dem Bürgersteig Passanten anfahren. Dabei sind gummibereifte Stahlrohrroller und Kickboards gefährlicher als etwa Holzroller mit Abtrittmechanismus. Es ist nicht schlechthin unzulässig, einem 4jährigen Kind die Benutzung eines gummibereiften Stahlrohrrollers zu erlauben. Es kommt aber auf die Umstände des Einzelfalls an (BGH FamRZ 1968, 192; OLG Hamm NZV 1995, 112 f; LG Bochum ZfS 1986, 258). Jedenfalls müssen rollernde Kinder belehrt werden, daß sie die Fahrbahn nicht benutzen dürfen. Daneben ist eine entsprechende Überwachung erforderlich. Weiterhin müssen sie ernstlich zur Vorsicht und Rücksichtnahme auf andere Straßenbenutzer angehalten werden (BGH VersR 1958, 85; 1965, 606). Unzulänglich ist eine Beaufsichtigung, wenn Eltern, die einem 4jährigen das Fahren mit einem gummibereiften Stahlrohrroller gestatten, sich mit allgemeinen Ermahnungen begnügen oder die Mutter nur aus einiger Entfernung, etwa vom Balkon der Wohnung aus, dem Kind zusieht (BGH FamRZ 1968, 192; OLG Hamm NZV 1995, 112 f). Zu einer ständigen Überwachung, wie sie hier erforderlich ist, gehört, daß der Aufsichtspflichtige bei einer sich plötzlich verwirklichenden Gefahr rechtzeitig eingreifen kann (BGH FamRZ 1965, 75). Haben die Eltern ihrem 6jährigen Sohn den Roller wegen „tollkühnen" Fahrens weggenommen und ihm verboten, Roller zu fahren, brauchen sie, wenn keine weiteren besonderen Umstände gegeben sind, nicht noch Vorsorge dagegen zu treffen, daß er sich einen fremden Roller ausleihen könnte (LG Braunschweig VersR 1965, 248).

cc) Mit Rollschuhen und Rollerskates
Ebenfalls keine Aufsichtspflichtverletzung liegt vor, wenn ein rollschuhlaufendes **104** 11jähriges Kind auf der Fahrbahn mit einem entgegenkommenden Fahrzeug einen Unfall verursacht, sofern das Kind im allgemeinen folgsam ist und die Eltern es zusätzlich immer wieder darauf hingewiesen haben, es dürfe nicht auf der Fahrbahn Rollschuh laufen, und wenn sie dem Verbot gelegentlich durch Verstecken der Rollschuhe Nachdruck verliehen haben (BGH VersR 1965, 385). Entsprechendes gilt für Rollerskates.

dd) Mit Kraftfahrzeugen
Soweit nach § 10 FeV Minderjährigen die Führung eines Kraftfahrzeugs gestattet ist, **105** hebt eine erteilte öffentlich-rechtliche Fahrerlaubnis die Aufsichtspflicht nach § 832 nicht auf (BGH VersR 1952, 238; LM § 546 ZPO Nr 9; OLG Frankfurt VersR 1955, 550). Sie beschränkt sich im allgemeinen auf eine unauffällige wiederholte Überwachung der Fahrweise (BGH aaO). Die Eltern sind verantwortlich, wenn das Kind infolge mangelnder Aufsicht (im Übermaß) Alkohol zu sich nehmen konnte, dadurch fahruntauglich wurde und in diesem Zustand einen Unfall verursacht hat (DÖLLE II § 92 I 2 b [153]). Über die allgemeine, dem Alter angepaßte Beaufsichtigungspflicht hinausgehende Beaufsichtigungsmaßnahmen kommen in Betracht, wenn besondere Gründe (mangelnde Fahrpraxis, vorangegangener Alkoholgenuß, Neigung zu Alkoholge-

nuß) vorliegen (BGH LM Nr 1; OLG Nürnberg VersR 1958, 118; LG Bielefeld MDR 1968, 1010). Im Rahmen des zunächst bis zum 31. 10. 2010 laufenden Modellprojekts **„Begleitetes Fahren mit 17"** kommt eine Haftung des Begleiters nach § 832 in Betracht, wenn er in bezug auf den Minderjährigen aufsichtspflichtig ist (SAPP NJW 2006, 408, 409). Die sich aus § 832 ergebenden Anforderungen an die Aufsichtspflicht des begleitenden Elternteils sind um so geringer, je älter das Kind ist. Ein fast Volljähriger, der durch seine bestandene Fahrprüfung gezeigt hat, daß er sich angemessen im Straßenverkehr verhalten kann, bedarf während der Fahrt keiner besonderen Beaufsichtigung mehr (LANG/STAHL/HUBER NZV 2006, 449, 452). Der Begleiter hat sich vor der Fahrt auch nicht selbst von der Verkehrssicherheit des Fahrzeugs zu überzeugen, sondern kann darauf vertrauen, daß der minderjährige Fahrer eine entsprechende Prüfung durchgeführt hat. Nur wenn besondere Umstände vorliegen, aufgrund derer Zweifel an der Fahrtauglichkeit des Fahrers oder der Verkehrssicherheit des Fahrzeugs bestehen, kommt eine Aufsichtspflichtverletzung in Betracht, wenn der Begleiter die Fahrt dennoch ermöglicht (SAPP NJW 2006, 408, 409). Zu besonderen Vorsichtsmaßregeln zur Verhinderung der Benutzung des Wagens des Aufsichtspflichtigen zu **Schwarzfahrten** durch das Kind sind die Eltern nur verpflichtet, wenn das Kind schon früher ein Fahrzeug gegen den Willen des Halters oder ohne die erforderliche Fahrerlaubnis benutzt hat oder sonst ein außergewöhnlicher Anlaß für die Befürchtung besteht, das Kind werde mit dem Fahrzeug eine heimliche Fahrt unternehmen (BGH VersR 1954, 558; 1955, 184; NJW 1984, 1463, 1464; OLG Celle VersR 1961, 739; OLG Nürnberg VersR 1980, 96; OLG München MDR 1984, 757). Für Aufsichtspflichtverletzungen im Zusammenhang mit dem Gebrauch von Kraftfahrzeugen hat der Haftpflichtversicherer nach §§ 3 PflVG, 10 AKB auch dann direkt einzustehen, wenn nur der Aufsichtsbedürftige, welcher lediglich Fahrzeuginsasse, nicht aber Fahrzeugführer oder Fahrzeughalter war, neben dem Versicherer in Anspruch genommen wird (LG Mainz DAR 2000, 273, 274).

106 Einzelfälle: Ein Landwirt, dessen 14jähriger Sohn den väterlichen Ackerschlepper hin und wieder auf Feldwegen fährt, nicht aber – ausdrücklichem väterlichen Verbot entsprechend – auf öffentlichen Wegen, verletzt seine Aufsichtspflicht nicht, wenn er den Zündschlüssel des Schleppers im nicht abgeschlossenen Werkzeugkasten verwahrt. Er ist nicht dafür verantwortlich, wenn der Sohn den Zündschlüssel daraus entnimmt und damit eine fremde auf öffentlicher Straße stehende Planierraupe anläßt (OLG Stuttgart VersR 1966, 860). Ist den Eltern die Fahrleidenschaft des Kindes bekannt, reicht ein bloßes Verstecken des Zündschlüssels im Wohnzimmerschrank nicht aus (OLG Stuttgart RuS 1984, 203). Eltern verletzen ihre Aufsichtspflicht, wenn sie Kleinkinder in einem Kraftfahrzeug allein zurücklassen und die Gefahr besteht, daß sie die Tür öffnen und auf die Straße gelangen (OLG Oldenburg VersR 1976, 199). Gleiches gilt, wenn ein 11jähriges Mädchen als Beifahrerin ohne Beachtung des Verkehrs die Tür öffnet und dadurch ein nachfolgendes Fahrzeug beschädigt wird (LG Mainz DAR 2000, 273, 274). Auch kann ein KFZ-Führer für seine minderjährige Tochter haften, die beim Aussteigen aus dem Fahrzeug den parallel zur Fahrbahn laufenden Radfahrweg unvorsichtig überquert und dadurch Schaden verursacht (BGH VersR 1964, 1202). In einem auf einer abschüssigen Straße geparkten Fahrzeug darf ein 4jähriges Kind nicht allein zurückgelassen werden (OLG Düsseldorf OLGR 1992, 58; STIEFEL/HOFMANN § 10 AKB Rn 520 – Lösen der Handbremse). Der Halter eines Go-Karts darf seinem 9jährigen Sohn das Fahren mit dem Fahrzeug nur gestatten, wenn er sicherstellt, daß zwischen dem Go-Kart und weiteren anwesenden Kindern ein ausreichender Sicherheitsabstand besteht. Die Aufforderung an ein 8½jähriges Kind, dem Go-Kart nicht hinterherzulaufen, ist nicht ausreichend (OLG Koblenz NJW-RR 2004, 822).

d) Umgang mit gefährlichem Spielzeug
aa) Begriffsbestimmung
Ein **gefährliches Spielzeug** iS der nachstehenden Ausführungen ist ein Spielzeug nicht schon deshalb, weil es ausnahmsweise durch eine Verkettung besonders unglücklicher Umstände schon einmal erheblichen Schaden angerichtet hat oder solchen anrichten kann (RGZ 50, 60, 65; LG Frankfurt NJW-RR 1986, 112). In Betracht kommt vielmehr Spielzeug, durch dessen Verwendung erfahrungsgemäß andere leicht verletzt werden können, wie beim Werfen mit Steinen und beim Hantieren mit Flitzbogen und spitzen Pfeilen, gefährlichen Wurfpfeilen, Speeren, Luftgewehr, Armbrust, Steinschleudern, Zwillen, feststehenden Messern (Fahrtenmesser, Buschmesser), Äxten usw (BGH JZ 1955, 500; VersR 1957, 799; 1962, 1088; 1966, 368; 1973, 545; FamRZ 1964, 505; OLG Schleswig VersR 1978, 237; OLG München VersR 1979, 747; OLG Düsseldorf RuS 1997, 413; LG Aachen VersR 1971, 89; LG Wiesbaden VersR 1976, 549; OLG München ZfS 2002, 170). **Fehlt bei den Eltern die Kenntnis** vom Umgang des Kindes mit gefährlichem Spielzeug (trotz regelmäßiger Information über die Freizeitaktivitäten), so genügen sie ihrer Aufsichtspflicht, wenn sie ihre Kinder wiederholt darauf hingewiesen haben, daß das Schießen mit Gegenständen auf Lebewesen ausnahmslos verboten ist (OLG Celle FamRZ 1998, 233 – „Wurfgeschosse"). Entgegen dem OLG Düsseldorf (NJW-RR 1998, 98 f; dazu kritisch auch WOLF VersR 1998, 812, 813 und HABERSTROH VersR 2000, 806, 813 – das Gericht überdehne den Begriff der Vorhersehbarkeit und stelle Anforderungen, die gerade nicht „vernünftigerweise" gestellt werden können) kann auf eine Aufsichtspflichtverletzung nicht erkannt werden, wenn ein 6jähriger Junge mit einer Spielzeugpistole, die zum Verschießen von Pfeilen mit Saugnäpfen auf der Basis von Federkraft dient, einen Dritten verletzt, weil der Junge anstelle dieser Pfeile schmale Holzstäbe verschießt und die Eltern keine Kenntnis von der benutzten Pistole hatten und darüber hinaus davon ausgehen konnten, ihr Sohn habe keinen Zugang zu solchem Spielzeug. Dann muß, wie es die Eltern auch taten, eine allgemeine Belehrung über die Gefährlichkeit von Schußwaffen ausreichen. Trotz der weiten Verbreitung und Beliebtheit sogenannter Spielzeugwaffen unter Kindern ist es nicht als Aufsichtspflichtverletzung anzusehen, wenn die Eltern den Jungen nicht eindringlich und für ihn nachvollziehbar auf die Gefahren hinwiesen, die beim Umgang mit sogenannten Spielzeugwaffen vor allem dann drohen, wenn anstelle der zugehörigen Pfeile mit Saugnäpfen Stöcke oder andere Gegenstände in den Lauf geschoben werden. Hellseherische Fähigkeiten sind von den Eltern nicht zu verlangen. Nicht jede nur entfernte Möglichkeit einer schädigenden Handlung ist zwingend Anlaß für eine Belehrung.

Haben die Eltern Kenntnis vom Umgang des Kindes mit solchem Gerät, so müssen sie jede Sorge dafür tragen, daß durch konkrete Belehrungen, Warnungen usw und die Kontrolle ihrer Beachtung Schäden vermieden werden (BGH VersR 1966, 368). Besteht Grund zu der Annahme, daß diese Maßnahmen nicht ausreichen, ist es wegen der besonderen Gefahr notwendig, das Hantieren damit gänzlich zu verbieten oder sonst (durch Wegnahme usw) zu verhindern – wie etwa das Bogenschießen mit spitzen Pfeilen (RG LZ 1915, 525) und das Werfen spitzer Wurfpfeile (BGH FamRZ 1966, 229). Solche Maßnahmen sind nicht nur bei Kindern mit Neigung zu aggressivem

Verhalten und üblen Streichen erforderlich (dazu OLG Düsseldorf VersR 1976, 1133), sondern auch bei einem sonst wohlerzogenen 12jährigen, weil er Gefährdungen, die sich durch Übergriffe im Spieleifer und ähnlichen nach der Lebenserfahrung möglichen Komplikationen und durch Verkettung von Umständen ergeben können, nicht übersehen kann (BGH FamRZ 1966, 228).

bb) Sorge um die Freizeitgestaltung des Kindes

108 Die Notwendigkeit zu Vorkehrungen gegen die Gefahren aus gefährlichem Spiel setzt aber nicht erst ein, wenn der Aufsichtspflichtige von der Beteiligung des Kindes Kenntnis erhält. Die Eltern müssen sich vielmehr in weitem Umfang regelmäßig darum kümmern, wie das Kind seine Freizeit gestaltet; nur so können sie sich ein Urteil darüber bilden, ob das Kind die Freizeit nicht mit gefährlichen Tätigkeiten verbringt, und gegebenenfalls die zur Abstellung von Gefahren erforderlichen Schritte unternehmen. Daraus folgt jedoch nicht, daß die Eltern schon ohne konkreten Anlaß verpflichtet wären, auf das Kind Einfluß hin zu bestimmten Freizeitaktivitäten auszuüben (OLG Celle FamRZ 1998, 233). Betreibt das Kind aber seit längerer Zeit ein gefährliches Spiel und haben sich die Eltern nicht in ausreichendem Maß um die Freizeitaktivitäten des Kindes gekümmert, können sie sich, wenn es zu einem Unfall kommt, nicht darauf berufen, daß sie nichts von den Handlungen des Kindes gewußt hätten (BGH VersR 1958, 563; vgl auch OLG München ZfS 2002, 170). Strenge Anforderungen sind an die elterliche Aufsichtspflicht zu stellen, wenn die Eltern Anlaß zu der Annahme haben, daß das Kind sich an gefährlichen Spielen beteiligt oder beteiligen könnte. Anlaß zu dieser Annahme besteht nicht nur bei eigenen Wahrnehmungen der Eltern (zB Beobachtung einer Neigung des Kindes zum Spielen mit bestimmten gefährlichen Instrumenten – BGH FamRZ 1964, 505) oder bei Mitteilung von dritter Seite, sondern bereits, wenn solche Spiele in der Nachbarschaft oder im Verkehrskreis des Kindes verbreitet sind und die Eltern davon wissen oder ihre Unkenntnis durch mangelhafte Aufmerksamkeit und Desinteresse gegenüber dem Verhalten des Kindes und seiner Spielgefährten zu erklären ist (BGH VersR 1955, 421; 1961, 838; 1962, 1088; 1966, 368).

e) Umgang mit Zündmitteln

109 Besonders strenge Anforderungen an die Erfüllung von Aufsichtspflichten sind an die Belehrung über die Gefahren des Feuers und an die Überwachung eines möglichen Umgangs mit Zündmitteln zu stellen (BGH VersR 1983, 734; 1986, 1210; NJW-RR 1987, 13, 14; 1990, 1248; NJW 1984, 2574, 2575; 1993, 1003; 1995, 3385; 1996, 1404; 1997, 2047, 2048; OLG Oldenburg FamRZ 1994, 833; OLG Hamm NJW-RR 1996, 153; VersR 1998, 722; VersR 1999, 843; OLG Düsseldorf NJW-RR 1997, 343; OLGR 2001, 22, 23). Das beruht auf der Erfahrung, daß durch Kinder nicht selten Brände mit erheblichen Schäden verursacht werden. Nach dem Grundgedanken von § 832 soll dieses Risiko, das von Kindern für Dritte ausgeht, in erster Linie von den Eltern getragen werden (s oben Rn 2 ff). Ihnen ist es eher zuzurechnen als einem außenstehenden Geschädigten. Außerdem haben sie als Sorgeberechtigte und Erziehungsverpflichtete auch die Möglichkeit zur gebotenen Einwirkung auf ihr Kind. Besondere Vorsicht ist also davor geboten, daß Kinder in unreifem Alter sich unbefugt Zugang zu Streichhölzern und anderen Zündmitteln verschaffen. Bei der großen Verlockung, die für viele Kinder das Anzünden von Streichhölzern bedeutet, und der großen Gefahr, die hieraus entstehen kann, erfordert die pflichtgemäße Aufsicht in dieser Beziehung ein hohes Maß an Umsicht und Sorgfalt der Aufsichtspflichtigen (vgl dazu BGH VersR 1969, 523; NJW 1983, 2821; 1984,

2574, 2575; 1995, 3385; 1996, 1404; BayObLG VersR 1976, 570; OLG Düsseldorf VersR 1983, 89; OLG Oldenburg FamRZ 1994, 833 f; OLG Hamm NJW-RR 1996, 153; LG Heilbronn VersR 1975, 457; OLG Koblenz NJW 2004, 3047, 3048 f). So ist zB ein Feuerzeug vor einem normal entwickelten 4jährigen Kind sicher zu verwahren, wenn eine angemessene Beaufsichtigung durch die Eltern berufsbedingt nicht sichergestellt werden kann. Erzieherische Maßnahmen allein reichen hier nicht aus, „da sie ein kleines Kind auch neugierig machen und zur Übertretung von Verboten reizen können" (OLG Hamm NJW-RR 1996, 153; VersR 1998, 722 für Feuerzeug in einer Küchenschublade bei 6jährigem Kind; OLG Düsseldorf OLGR 2001, 22, 23 wiederholte Einschaltung einer Herdplatte durch ein 3jähriges Mädchen). Bei Kleinkindern liegt der Schwerpunkt der Aufsichtspflicht damit zweifelsfrei noch auf der Verhinderung des Zugriffs auf Zündmittel (OLG Koblenz RuS 1995, 413; OLG Hamm VersR 1999, 843). Bereits 2½jährige Kinder sind in der Lage ein Feuer zu entfachen, so daß auch bei Aufsichtsbedürftigen in diesem Alter entsprechende Sicherungspflichten bestehen (OLG Koblenz NJW 2004, 3047, 3049). Kinder im Alter von 6 bis 8 Jahren sind von den Eltern über die Gefährlichkeit des Anzündens von Streichhölzern aufzuklären und auf einen etwaigen Besitz von Streichhölzern zu kontrollieren. Das gilt vor allem in ländlichen Gegenden, in denen durch Entzünden von Stroh eine besondere Brandgefahr für Scheunen und Ställe besteht (OLG Düsseldorf RuS 1992, 197 f). Aus diesem Grund müssen Eltern bei einem Urlaub auf dem Bauernhof, selbst wenn schon mehrere Urlaube gleicher Art verbracht wurden, nicht nur allgemein über die Gefahren beim Umgang mit offenem Feuer belehren. Es ist zusätzlich geboten, Kinder gerade auch auf die konkreten Gefahren hinzuweisen, die vor allem für leicht brennbare Gegenstände wie Heu und Stroh bestehen (OLG München ZfS 1998, 245). Sie müssen auch verhindern, daß Kinder im elterlichen Haushalt in den Besitz von Streichhölzern gelangen. Die Möglichkeit, daß es für 7jährige heute im allgemeinen nicht allzu schwer ist, sich in Selbstbedienungsläden Streichhölzer zu verschaffen, enthebt Eltern von Kindern in diesem Alter nicht ihrer Pflicht, im Rahmen des Möglichen und Zumutbaren zu verhindern, daß diese im häuslichen Bereich in den Besitz von Streichhölzern gelangen. Im Haushalt befindliche Streichhölzer sind so zu verwahren, daß Kinder dieses Alters sie nicht ohne weiteres erblicken und erreichen können (BGH NJW 1983, 2821; NJW 1984, 2574; NJW-RR 1987, 13, 14; OLG Karlsruhe VersR 1985, 599; OLG Oldenburg VersR 1987, 915; OLG Koblenz RuS 1987, 224; OLG Düsseldorf RuS 1992, 197). Es ist daher unzureichend, wenn Wunderkerzen zusammen mit Süßigkeiten in einem Fach des Wohnzimmerschranks oder Feuerzeuge in einer Schublade in der Küche aufbewahrt werden. Solche Gegenstände müssen entweder verschlossen oder in einer für das Kind nicht erreichbaren Höhe abgelegt sein (OLG Hamm VersR 1998, 722). Allerdings kann von Eltern nicht verlangt werden, einem noch nicht 7 Jahre alten Kind das Verbot des psychischen Beistandleistens beim Spiel anderer mit Feuer zu vermitteln (BGH NJW-RR 1990, 1248; OLG Oldenburg NJW-RR 2004, 1671). Bei schon größeren Kindern, etwa im Alter von 8 bis 9 Jahren, ist es zwar grundsätzlich weitgehend der elterlichen Entscheidung vorbehalten, von welcher Art der Überwachung sie sich den besten pädagogischen Erfolg versprechen. Wenn sich aber bei diesen Kindern die nicht seltene Gefahr der Verursachung eines Brandes beim Hantieren mit Streichhölzern verwirklicht hat, so sind **strenge Anforderungen an die Aufsicht** zu stellen, weil das Risiko der Brandverursachung nicht primär zum von der Allgemeinheit zu tragenden „Lebensrisiko" gehört, sondern nach dem Grundgedanken von § 832 in erster Linie von den aufsichtspflichtigen Eltern zu tragen ist. Es genügt deshalb nicht der Nachweis, das Kind habe bis zum Brandvorfall niemals mit Streichhölzern gespielt, oder es seien ihm entsprechende pauschale Belehrungen erteilt worden, sondern die Eltern müssen – ggf im Wege der Parteivernehmung – dartun, daß sie dem Kind unter Darstellung der damit verbundenen Gefahren das nachdrückliche Verbot erteilt haben, mit Streichhölzern zu spielen (BGH NJW 1984, 2574; vgl auch OLG Düsseldorf RuS 1992, 197).

Überlassen Eltern ihren Kindern **Feuerwerkskörper**, welche an Personen unter 18 Jahre nicht abgegeben werden dürfen, verletzen sie ihre Aufsichtspflichten. Sie dürfen ihren Kindern nicht, auch nicht unter Aufsicht, den Gebrauch derartiger Feuerwerkskörper gestatten. Für 7- bis 8jährige Kinder ist jeglicher Umgang mit Feuerwerkskörpern, mögen sie öffentlich-rechtlich auch an Minderjährige abgegeben werden dürfen, ebenfalls eine Aufsichtspflichtverletzung (OLG Schleswig NJW-RR 1999, 606, 607). Frühestens ab einem Alter von 12 bis 14 Jahren kann unter besonderer Belehrung und Aufsicht die Überlassung möglich sein. Die unbeaufsichtigte Nutzung ist jedoch bis zur Volljährigkeit grds ausgeschlossen (OLG Braunschweig VersR 2005, 838; s auch unten Rn 110). Der Umgang mit Feuerwerkskörpern ist zweifelsfrei höchst gefährlich und für Kinder regelmäßig nicht angezeigt. Ebenso wie das „Zündeln" übt das Abbrennen von Feuerwerkskörpern einen besonderen Reiz auf Kinder aus. Sie sind jedenfalls bis zum genannten Alter mit der kontrollierten, verantwortungsbewußten und eine Drittgefährdung ausschließenden Handhabung regelmäßig überfordert. Die eigenen Fähigkeiten werden überschätzt. Dagegen werden die von Feuerwerkskörpern ausgehenden Gefahren weitestgehend unterschätzt (OLG Schleswig aaO). Kinder unter dem genannten Alter dürfen zum Jahreswechsel nicht völlig unbeaufsichtigt im Freien spielen. Jedenfalls eine kurzfristige und unregelmäßige Kontrolle ist, je nach Aufenthaltsbereich, zwingend angezeigt. Alle Kinder sind über die von Feuerwerkskörpern ausgehenden Gefahren ausdrücklich zu belehren. Diese Belehrung muß das Verbot umfassen, keine Feuerwerkskörper von der Straße aufzusammeln oder diese gar anzuzünden. Mit dem Herumliegen von sog „Blindgängern" ist zum Jahreswechsel stets zu rechnen. Wegen der besonderen Gefährlichkeit fehlgezündeter Feuerwerkskörper und der hohen Anziehungskraft, welche diese auf Kinder ausüben, ist eine solche Belehrung unverzichtbar (OLG Schleswig aaO). Spätestens wenn die Eltern beobachten, daß Minderjährige ohne Aufsicht zum Jahreswechsel mit Feuerwerkskörpern hantieren, werden sie auch die Taschen ihrer Kinder zu durchsuchen haben, bevor sich die Kinder unbeaufsichtigt im Freien aufhalten dürfen. UU müssen die Eltern damit rechnen, daß andere Eltern oder die Verkäufer von Feuerwerk die Ver- und Gebote nicht hinreichend beachten. Strenge Kontrolle auf Zündmittel ist zum Jahreswechsel stets geboten. Freilich muß ein Aufsichtspflichtiger ohne besondere Anhaltspunkte nicht davon ausgehen, daß sich ein Jugendlicher heimlich selbst einen Sprengkörper (Rohrbombe) bastelt und zur Explosion bringt (OLG Celle FamRZ 2000, 1214).

110 Eine besonders energische Überwachung ist immer angezeigt, wenn die **Zündelneigung** eines etwa 7- bis 9jährigen Kindes bekannt ist, das aufgrund seiner besonderen psychischen Situation zudem nicht in der Lage ist, die Gefährlichkeit des Zündelns zu erkennen (BGH NJW 1996, 1404, 1405). Dagegen darf bei einem altersgerecht entwickelten und besonnenen 12jährigen (oder beinahe 12jährigen) nicht derselbe Maßstab an die Erfüllung der Aufsichtspflicht angelegt werden (BGH NJW 1976, 1684; NJW 1993, 1003 f). Hat etwa ein 12jähriger schon oft unter elterlicher Anleitung und Aufsicht ein Grillgerät unter Verwendung von Holzkohle und Brennspiritus bedient, kann ihm das selbständige Grillen (ohne Aufsicht) erlaubt werden, wenn er eindringlich und ausführlich über die besonderen Gefahren (wie mögliche explosionsartige Verpuffungen) belehrt und zur besonderen Vorsicht ermahnt worden ist (BGH NJW 1976, 1684; vgl auch BGH RuS 1992, 233 f). Die Aufsichtspflicht gegenüber einem Jugendlichen (16 Jahre), dem die Verwendung von Spiritus zum Anzünden von Holzkohle gestattet wird, gebietet, ihn besonders auf die versteckten Gefahren hinzuweisen und zu entsprechenden Vorsichtsmaßnahmen zu ermahnen (LG Münster Jugendwohl 1998, 91 m Anm HAPPE Jugendwohl 1998, 96). Allgemein kann von den Eltern nicht mehr verlangt werden, ihre dem Grundschulalter entwachsenen Kinder in gleicher Weise wie kleinere Kinder von Zündmitteln fernzuhalten. So stellt es gleichfalls keine Aufsichtsverletzung dar, wenn eine Mutter ihren Schmuckkasten, den sie hervorgeholt hatte, um ihren Kindern alte Ketten für den Flohmarkt herauszusuchen, nicht ständig so im Auge behalten hat, daß den Kindern ein unbemerkter Zugriff auf das im Kasten liegende Feuerzeug möglich war (BGH NJW 1993, 1003 f). Auch wenn der Aufsichtsbedürftige bereits wiederholt gezündelt hatte, ist dem Aufsichtsverpflichteten der Entlastungsnachweis trotz Kenntnis der Zündelneigung und trotz des Erfordernisses einer engmaschigen Überwachung nicht unmöglich. So genügt die Mutter eines 15jährigen Schülers ihrer Aufsichtspflicht, wenn sie nach Kenntniserlangung von zwei Brandstiftungen ihres Sohnes in Gesprächen mit ihm die Motive für die Brandstiftungen zu ergründen versucht, sein Zimmer und seine Taschen nach Zündmitteln kontrolliert, bis zum Ende der Schulferien einen Stubenarrest verhängt und nach Wiederbeginn des Schulunterrichts den Sohn verpflichtet, anzugeben, wann die Schule beendet ist und ferner fordert und überwacht, daß der Junge nach Unterrichtsende unverzüglich nach Hause zurückkehrt. Für eine weitere Brandstiftung ihres Sohnes ist sie nicht verantwortlich, wenn er mittels von Mitschülern beschaffter Streichhölzer einen Reitstall während des geschwänzten Religionsunterrichts anzündet (OLG Düsseldorf NJW-RR 1997, 343).

f) Umgang mit Schußwaffen und Jagdausübung
Strenge Anforderungen an die Aufsichtspflicht sind beim Umgang eines Minderjährigen mit Schußwaffen (einschließlich Luftgewehr, Luftpistole, Schreckschußpistole) zu stellen (OLG Zweibrücken VersR 1981, 660). Der Aufsichtspflichtige ist bei Kenntnis der Vorliebe des Aufsichtsbedürftigen für Waffen, vor allem wenn er in der Vergangenheit sogar selbst Waffen für den Aufsichtsbedürftigen erworben hat, zu besonderer Beobachtung, Belehrung und Beaufsichtigung, ggf sogar zur Durchsuchung der Wohnung nach versteckten Waffen angehalten (OLG Frankfurt MDR 1997, 1028, 1029; vgl auch OLG München ZfS 2002, 170). Bestehen keine Anhaltspunkte dafür, daß der Aufsichtsbedürftige unerlaubt mit Waffen hantiert, sind die Eltern aber nicht zu regelmäßigen Durchsuchungen des Zimmers eines 16jährigen verpflichtet (LG Bonn Urt v 30.8.2004 – 6 T 231/04). Der Gebrauch von Waffen darf dem Aufsichtsbedürftigen, soweit die waffenrechtlichen Vorschriften es überhaupt zulassen, nur nach Einweisung gestattet werden, wenn der Aufsichtspflichtige sich von der Besonnenheit, dem Geschick und dem Verständnis des Aufsichtsbedürftigen überzeugt hat oder wenn er in der Lage ist, den Gebrauch selbständig zu überwachen (RGZ 52, 75). Zu den erforderlichen Maßnahmen gehören auch die – notfalls wiederholte – eindringliche Mahnung, die Waffe niemals ohne Nachprüfung, ob sie geladen ist, in die Hand zu nehmen, auf Menschen zu zielen oder gar abzudrücken. Das gilt auch, wenn der Aufsichtsbedürftige der Volljährigkeit nahe, aber geistig unbeholfen und noch ziemlich unreif ist (BGH VersR 1962, 157; FamRZ 1962, 116). Beim Verstoß gegen diese

Mahnung ist dem Aufsichtsbedürftigen die Waffe wegzunehmen. Eine Verletzung der Aufsichtspflicht kann (neben der Verletzung der einschlägigen waffenrechtlichen Vorschriften) auch in der unsicheren Verwahrung von Schußwaffen liegen, die es dem Kind ermöglicht, an die Waffe zu gelangen und mit ihr zu hantieren (RG HRR 1934 Nr 1449; s dazu auch BGH VersR 1963, 1049; OLG Schleswig VersR 1978, 238). Ist dem Aufsichtspflichtigen die Vorliebe des Aufsichtsbedürftigen für Waffen bekannt, muß das aktive Bemühen um gewissenhafte Überwachung dargelegt werden. Bloße Unkenntnis von der Existenz der Waffe und deren konkreter gefährlicher Verwendung entlastet noch nicht (OLG Frankfurt MDR 1997, 1028, 1029). Sind die Eltern damit einverstanden, daß ein Jugendlicher, der Inhaber des Jugendjagdscheins ist, die Jagd ausübt, muß ein Erziehungsberechtigter oder eine von ihm schriftlich beauftragte Aufsichtsperson ihn begleiten; die Begleitperson muß jagdlich erfahren sein. Die Aufsichtspflicht wird durch § 16 Abs 2 BJagdG geprägt (§ 835 Rn 37).

g) Weitere Einzelfälle

111a In der Wohnung muß eine Mutter ihre vier bzw zwei Jahre alten Kinder nicht ständig überwachen und ohne entsprechende Anhaltspunkte auch nicht das Öffnen des Kinderzimmerfensters durch technische Einrichtungen unmöglich machen. Es stellt deshalb keine Aufsichtspflichtverletzung dar, wenn sie im Vertrauen darauf, daß ihre Kinder schlafen oder selbständig im Kinderzimmer spielen, um 6 Uhr morgens noch Nachtruhe hält, während die Kinder aus dem Fenster Spielzeug auf parkende Autos werfen (LG Potsdam NJW-RR 2002, 1543). Ebenfalls keine Aufsichtspflichtverletzung liegt darin, 4jährige allein auf einem Anfängerhügel mit dem Schlitten fahren zu lassen (LG Stuttgart ZfS 2003, 10).

6. „Unmittelbare" und „mittelbare" Aufsichtspflicht – Übertragung der Aufsicht als pflichteneinschränkender Faktor?

112 Größte praktische Bedeutung kommt der Frage zu, wie sich die Übertragung der Aufsicht auf Dritte auf die Pflichtenstellung des Aufsichtspflichtigen auswirkt. Die Übertragung der Aufsicht zB über Minderjährige findet ständig statt. Allein die tägliche Berufstätigkeit nur eines Ehegatten geht regelmäßig mit einer (schlüssigen) Übertragung der auch dem Berufstätigen obliegenden Aufsicht auf den zu Hause bleibenden Partner einher (OLG Düsseldorf VersR 1992, 321, 322; Eckert 37). Zu denken ist ferner an die kurzfristige Aufsichtsübernahme durch Nachbarn oder Babysitter.

a) Herrschende Konzeption zur Übertragung der Aufsicht

113 Nach allgemeiner und zutreffender Auffassung ist die Aufsichtspflicht iSd § 832 **nicht höchstpersönlicher Natur**. Der Aufsichtspflichtige ist daher befugt, die Aufsicht – ohne besondere Voraussetzungen und Gründe (Albilt 179 f; Eckert 40; Schoof 68) – **auf Dritte zu übertragen** (BGH LM Nr 8c). Dadurch kann er sich freilich nicht vollständig entpflichten (BGH aaO; VersR 1965, 606; 1968, 301; NJW 1976, 1145, 1146; OLG Düsseldorf VersR 1992, 321, 322; Scheffen/Pardey Rn 259; Schoof 69):

114 Einerseits besteht jenseits des Übertragungszeitraums die Aufsichtspflicht unverändert fort (BGH NJW 1968, 1672, 1673). Das gilt vor allem für die langfristigen und erzieherisch wirkenden Aufsichtsmaßnahmen (OLG Düsseldorf VersR 1992, 321, 322 [für die Belehrungspflicht]; Albilt 192–196; Dahlgrün 189). So bleibt etwa der berufstätige Vater selbstverständlich in seiner Freizeit verpflichtet, stetig auf das Kind einzuwirken (RG Recht 1911 Nr 1553; BGH VersR 1958, 563; LG Mönchengladbach NJW 1968, 1970; DAHLGRÜN 189 f), es zB in die Verkehrsregeln einzuweisen oder Aufklärung über Feuergefahren zu betreiben.

Andererseits besteht die Aufsichtspflicht, soweit die Aufsicht übertragen worden ist, als „mittelbare" Aufsichtspflicht fort (SCHEFFEN/PARDEY Rn 257 f). Sie nimmt damit gewissermaßen einen anderen Inhalt an, zu dem Vierfaches gehört: **115**

Der Aufsichtpflichtige muß eine **geeignete Person auswählen**. Sie muß zuverlässig und gewissenhaft sein sowie den Herausforderungen, welche die Aufsichtsübernahme beinhaltet, physisch und intellektuell gewachsen sein (BGH NJW 1968, 1672, 1673; ALBILT 188; SCHOOF 70). In Betracht kommen etwa: **rüstige Großeltern** (OLG Köln FamRZ 1962, 124; OLG Celle VersR 1969, 333, 334; OLG Nürnberg VersR 1973, 720; OLG Hamm NJW-RR 1997, 344; NJW-RR 2000, 1191, 1192; LG Heilbronn VersR 1975, 497; LG Aachen RuS 1987, 225), **ältere Kinder**, die wegen ihrer Umsicht zur Aufsicht imstande sind (RG WarnR 1912 Nr 28; OLG München VersR 1954, 545, 546; ALBILT 189), **Schwager oder Schwägerin** (OLG Hamm MDR 2000, 454, 455) sowie generell **der andere Ehegatte bzw Lebenspartner**, sofern dieser nicht im Einzelfall wegen mangelnder Einsichts- oder Durchsetzungsfähigkeit keine Gewähr für eine ordnungsgemäße Aufsicht bietet (RG LZ 1919, 695 Nr 8; ALBILT 188). Die bei der Jagd eines Jugendlichen zur Begleitung beauftragte Person muß jagdlich erfahren sein (§ 16 Abs 2 BJagdG; s oben Rn 111). **116**

Der die Aufsicht Übernehmende muß **instruiert** werden. Dazu gehört eine Absprache über die zu führende Aufsicht und eine Aufklärung über bestehende besondere Aufsichtsanlässe, wie etwa bestimmte gefahrträchtige Eigenschaften des Aufsichtsbedürftigen (OLG Hamm VersR 1990, 743, 744; BERNING/VORTMANN JA 1986, 12, 18; ALBILT 190; SCHOOF 70). **117**

Der Aufsichtspflichtige ist ferner gehalten, denjenigen, der die Aufsicht übernimmt, gelegentlich zu **„kontrollieren"**, dh sich von der Sachgerechtigkeit der von ihm geführten Aufsicht ein Bild zu machen (OLG Hamm VersR 1990, 743, 744 für Ehegatten; NJW-RR 1997, 344 für Großeltern; SCHOOF 70). **118**

Schließlich ist der Aufsichtspflichtige iRd „mittelbaren Aufsicht" dazu verpflichtet, sich beim Übernehmer eingehend über das Verhalten des Aufsichtsbedürftigen zu **informieren** (BGH VersR 1958, 563; 1966, 368; OLG Köln VersR 1955, 347, 349; SCHOOF 70). Das ist erforderlich, damit er sowohl die Kontrolle über den Übernehmer ausüben als auch seine eigene Aufsichtspflicht sachgerecht wahrnehmen kann. **119**

Für die Zeit der Übertragung kommt es zu einer (temporären) **Reduktion** der Aufsichtspflicht zu einer **Organisationspflicht** (SCHOOF 69; BGH NJW 1976, 1145, 1146 für die Übertragung der Aufsicht innerhalb eines Krankenhauses, das seinerseits gem § 832 Abs 2 aufsichtspflichtig ist), welche die ordnungsgemäße Auswahl, Instruktion, Kontrolle und Information umfaßt. Der Aufsichtspflichtige kommt in diesem Fall seiner Pflicht iSv § 832 schon dadurch nach, daß er die Aufsicht auf einen verläßlichen und geeigneten Dritten überträgt und die übrigen genannten Organisationsmaßnahmen vornimmt; ob der Dritte die erforderlichen Aufsichtsmaßnahmen tatsächlich trifft, spielt demgegenüber keine Rolle (BGH NJW 1968, 1672, 1673; SCHOOF 70). Daß der Dritte seinerseits ggf der übernommenen Aufsichtspflicht nicht ausreichend nachgekommen ist, **120** gereicht dem gesetzlich Aufsichtspflichtigen daher nicht zum Nachteil, da ihm eine Pflichtverletzung des Dritten unter keinem rechtlichen Gesichtspunkt zuzurechnen ist (OLG Hamm NJW-RR 1997, 344). Eine Pflichtverletzung des originär Aufsichtspflichtigen kann sich nur aus einem Auswahl- oder Kontrollverschulden ergeben, etwa wenn sich in der Vergangenheit bereits gezeigt hatte, daß die Aufsichtsperson der übernommenen Aufgabe nicht hinreichend gewachsen war (OLG Hamm MDR 2000, 454, 455). Diese Reduktion der Aufsichtspflicht erfolgt freilich nur in dem Umfang, wie die Aufsicht auf einen Dritten übertragen wird.

121 Uneinheitlich wird die Frage beurteilt, ob diese Inhaltsänderung der Aufsichtspflicht davon abhängig ist, daß die Übertragung der **Aufsicht durch Vertrag** erfolgt, insoweit also an die Stelle der unmittelbaren Aufsicht des Aufsichtpflichtigen die rechtlich fundierte Aufsicht eines kraft Vertrags verpflichteten Aufsichtspflichtigen iSd § 832 treten muß. Teilweise wird das angenommen (STAUDINGER/SCHÄFER[12] Rn 38; SOERGEL/ KRAUSE Rn 14; HARTMANN VersR 1998, 22, 23 ff; SCHNITZERLING BlGBW 1978, 28; ders anders noch DAR 1967, 151). Überwiegend wird es dagegen für ausreichend gehalten, wenn die Aufsicht **bloß tatsächlich gefälligkeitshalber** übernommen wird, „solange nur eine ordnungsgemäße Aufsicht gewährleistet ist" (OLG Köln FamRZ 1962, 124; ferner OLG Celle VersR 1969, 333; OLG Hamm NJW-RR 1997, 344; MDR 2000, 454, 455; DEUTSCH JZ 1969, 233, 234; DAHLGRÜN 195; ALBILT 185 f; ECKERT 40 f; SCHOOF 70). Zu verlangen sein wird insoweit jedoch, daß dem nur tatsächlich die Aufsicht Übernehmenden vom Aufsichtspflichtigen zumindest die Befugnisse, welche die elterliche Sorge verleiht, zur Ausübung überlassen worden sind. Denn nur, wenn der Übernehmer auch die Rechtsmacht, gegenüber dem Aufsichtsbedürftigen Maßnahmen zu treffen, innehat, kann in diesem Sinne von einer ordnungsgemäßen Aufsicht die Rede sein. Die überwiegende Auffassung hat zur Konsequenz, daß sich der Aufsichtspflichtige im Einzelfall schon dadurch der Haftung entziehen kann, daß er die Aufsicht fehlerfrei organisiert, selbst wenn keine nach § 832 Abs 2 haftende Person an seine Stelle tritt. Es bliebe im Fall der Aufsichtsverletzung durch den tatsächlich übernehmenden Dritten ggf nur dessen Haftung nach § 823 Abs 1 (s u Rn 160 f).

b) Kritik

122 Nach herrschender Konzeption stellt die Übertragung der Aufsicht auf Dritte einen die Reichweite der Aufsichtspflicht mindernden Faktor dar. Das erscheint nicht unbedenklich. In ihrem Ausgangspunkt freilich ist der hM beizupflichten: Die Aufsichtspflicht ist nicht höchstpersönlicher Natur. Deshalb kann sich der Aufsichtspflichtige bei der Erfüllung der an ihn gerichteten konkreten Anforderungen durchaus anderer Personen bedienen. Daher ist die Aufsichtspflicht iSv § 832 dahin zu verstehen, daß der Aufsichtspflichtige dafür Sorge tragen muß, daß die erforderlichen und angemessenen Aufsichtsmaßnahmen vorgenommen werden, um Dritte vor Schaden durch den Aufsichtsbedürftigen zu bewahren. Ob er das selbst oder durch Dritte gewährleistet, ist in Anbetracht des primären Schutzzwecks von § 832, effektive Gefahrenabwehr zu sichern, prinzipiell gleichgültig (vgl auch VOLLMER JZ 1977, 171, 172 zur parallelen Problematik bei den allgemeinen Verkehrssicherpflichten iRd § 823).

123 Problematisch aber ist, daß die hM mit der Aufsichtsübertragung auf Dritte eine grundlegende Inhaltsänderung der Aufsichtspflicht iSd § 832 eintreten läßt. Aus der Pflicht, bezogen auf den Aufsichtsbedürftigen die erforderlichen Aufsichtsmaßnahmen zu ergreifen, wird eine Pflicht mit anderem Anknüpfungspunkt und anderem

Inhalt: Nach der Übertragung reduziert sich die Aufsichtspflicht als „mittelbare" (so treffend SCHEFFEN/PARDEY Rn 257 f) auf die aus § 831 bekannte Reichweite. Sie wird zu einer bloßen Pflicht zu ordentlicher Auswahl, Instruktion und Überwachung.

Es erscheint jedoch zumindest zweifelhaft, ob die sich aus § 1631 ergebende (also außerdeliktsrechtliche) Aufsichtspflicht, auf die § 832 Bezug nimmt, wirklich den von der hM vorausgesetzten flexiblen und durch eine einfache Disposition des Aufsichtspflichtigen wandelbaren Inhalt hat. § 832 verlangt dem Aufsichtspflichtigen nämlich nicht nur die Organisation der Aufsicht ab, sondern deren **tatsächliche konkrete Gewährleistung**. Wer aber einen an sich gut ausgewählten, trefflich instruierten und kontrollierten, aber in concreto jede gebotene Aufsicht unterlassenden Dritten betraut, der hat die ihm persönlich auferlegte Aufgabe, die konkreten Aufsichtsmaßnahmen zu gewährleisten, gerade nicht erfüllt. Versteht man § 832 in dem Sinne, daß der Aufsichtspflichtige für die gebotenen Aufsichtsmaßnahmen kausal geworden sein muß und für ihre tatsächliche Vornahme haftet – und für ein solches Verständnis spricht viel –, so impliziert das eine unbedingte Einstandspflicht des Aufsichtspflichtigen für seine Hilfspersonen. Dabei handelt es sich genau genommen nicht um eine Übernahme von § 278 in das Deliktsrecht, sondern um die Anwendung des Gedankens, aus dem § 278 mit der Einstandspflicht für Erfüllungsgehilfen nur die Konsequenz zieht: Jemand, der die Verpflichtung zu einem bestimmten Verhalten übernommen hat, erfüllt seine Schuld eben nicht allein dadurch, daß er einen geeigneten Dritten mit der Erfüllung beauftragt (HARTMANN VersR 1998, 22, 25). Gegen die damit aufgezeigte alternative Konzeption läßt sich einwenden, daß eine solche von § 278 ausgesprochene unbedingte Einstandspflicht für Dritte zumindest nach hM dem Deliktsrecht fremd sei (MünchKomm/MERTENS³ § 823 Rn 205; ULMER JZ 1969, 163, 171; VBAR, Verkehrspflichten 240). Zudem ließe sich auf die Parallele bei den allgemeinen Verkehrssicherungspflichten verweisen, wo man ebenfalls überwiegend von einer mit der Übertragung der Garantenstellung verbundenen Verkürzung der Pflicht zu einer Organisationspflicht ausgeht (s nur BGH VersR 1983, 152; MünchKomm/ MERTENS³ § 823 Rn 203, 204). Doch einerseits ist auch diese Position nicht unangreifbar (s etwa VBAR, Verkehrspflichten § 9; VOLLMER JZ 1977, 171); im übrigen ist auf die Repräsentantenhaftung nach § 3 HaftPflG zu verweisen. Andererseits ist zu bedenken, daß es sich bei § 832 um den Sonderfall einer ausdrücklich normierten außerdeliktsrechtlichen, dem Familienrecht entstammenden Pflicht handelt. Die Gesetzesverfasser haben die Aufsichtspflicht iSd § 832 bewußt in die Nähe einer Sonderverbindung gerückt (vgl Prot II 595; JAKUBETZKY Bem 167 ging gar von einer Anwendung des § 278 auf diese Pflicht aus). Daher liegt hier der Gedanke nicht so fern, daß der persönlich Verpflichtete, wie es für Sonderverbindungen selbstverständlich ist (vgl VOLLMER JZ 1977, 171, 172), seine Pflicht nur durch Vornahme des geschuldeten Verhaltens, nicht aber allein durch die Beauftragung und Instruktion eines zuverlässigen Dritten erfüllt. Nach der hier aufgezeigten Alternativkonzeption zur **hM** läßt demgemäß die Übertragung der Aufsicht auf Dritte die Reichweite der Aufsichtspflicht des Aufsichtspflichtigen unberührt (gegenüber der herrschenden Konzeption einschränkend bereits STAUDINGER/SCHÄFER¹² Rn 41, der eine uneingeschränkte Aufsichtspflicht des Aufsichtspflichtigen trotz Übertragung der Aufsicht auf einen Dritten annimmt, soweit er zur Aufsicht tatsächlich in der Lage ist). **Trifft der Dritte die in der konkreten Situation gebotenen Maßnahmen nicht, haftet der die Aufsicht übertragende Aufsichtspflichtige aus § 832, weil er im Ergebnis nicht die verlangte Aufsicht gewährleistet hat**. Ob und inwieweit der Dritte selbst haftet, ist demgegenüber gleichgültig. Das wird auch unter dem Aspekt des

Risikos einer Insolvenz des Dritten relevant (HARTMANN VersR 1998, 22, 25). Dieser wird häufig finanziell weniger leistungsstark sein als der Aufsichtspflichtige. Es ist angebracht, das Insolvenzrisiko denjenigen tragen zu lassen, der den Dritten auswählt. Denn er steht dem Dritten, der regelmäßig sein Vertragspartner ist, näher als der Geschädigte. Haftet auch der Dritte (zB nach § 823 Abs 1), so stehen der Aufsichtspflichtige und der Dritte dem Geschädigten als Gesamtschuldner nach § 840 Abs 1 zur Verfügung. Im Innenverhältnis ist der Dritte aufgrund der vertraglichen Übernahme – abweichend von dem Grundsatz in § 426 Abs 1 – allein verantwortlich (anders wenn zwischen dem kraft Gesetzes und dem durch Vertrag zur Führung der Aufsicht Verpflichteten ein Arbeitsverhältnis besteht – Haftungsprivileg des Arbeitnehmers); der Aufsichtspflichtige trägt insoweit das Restrisiko.

125 Spricht viel dafür, die Übertragung der Aufsicht auf einen Dritten nicht als Umstand zu begreifen, der aus der „erfolgsbezogenen" Aufsichtspflicht eine Organisationspflicht macht, so ist insoweit jedoch eine **Einschränkung** angebracht: Für den Fall der gemeinsam sorgepflichtigen **Eltern** (§ 1626 Abs 1), von denen beide aufsichtspflichtig sind (s oben Rn 12), ist eine Befugnis anzuerkennen, die Wahrnehmung der Aufsichtsaufgabe **intern aufzuteilen**; insoweit ist die familienrechtliche Zuteilung von Funktionsbereichen auch in deliktsrechtlicher Hinsicht anzuerkennen (MünchKomm/ STEIN³ Rn 14; ECKERT 26; SCHEFFEN/PARDEY Rn 261 ff). So kann etwa ein berufstätiger Elternteil für die Zeit seiner Abwesenheit die Aufsicht auf den anderen übertragen. Insoweit ist er nur noch zur partnerschaftlichen Kommunikation und Vereinbarung bzgl der Aufsichtsmaßnahmen sowie dazu verpflichtet zu überprüfen, ob der andere Elternteil den Erfordernissen der Aufsicht physisch und psychisch gewachsen ist. Er darf sich aber nicht einfach darauf verlassen, der andere Teil werde schon das Erforderliche tun (BGH VersR 1962, 157; vgl Rn 116). Ohne erkennbare Anhaltspunkte für eine unzureichende Beaufsichtigung durch den anderen Elternteil kann der abwesende Elternteil jedoch grundsätzlich davon ausgehen, daß die Aufsicht zuverlässig geführt wird (OLG Düsseldorf OLGR 2001, 22, 23).

126 Folgt man der herrschenden Konzeption, wonach sich die Übertragung der Aufsicht generell als Reduktion der Aufsichtspflicht auf eine Organisationspflicht auswirkt, so ist zumindest – entgegen der hM (s oben Rn 121) – eine Maßgabe zu beachten: Die Begrenzung auf Auswahl-, Instruktions-, Informations- und Kontrollpflichten kann jedenfalls nicht bereits durch eine bloß tatsächliche Aufsichtsübertragung eintreten. Erforderlich ist dazu vielmehr, daß durch **die Übertragung eine Aufsichtspflicht iSd § 832 Abs 2 begründet** wird, es also hinsichtlich der „unmittelbaren", uneingeschränkten Aufsichtspflicht zu einer Substitution kommt (STAUDINGER/SCHÄFER¹² Rn 38; SCHNITZERLING BlGBW 1978, 28). Denn der sekundäre Zweck von § 832, dem Geschädigten unter erleichterten Voraussetzungen zu einem Haftenden zu verhelfen, würde unterlaufen, könnte sich der Aufsichtspflichtige im Einzelfall unter erleichterten Voraussetzungen der Haftung entziehen, ohne daß eine nach § 832 haftende Person insoweit an seine Stelle träte. Eine eventuelle Haftung des Übernehmers nach § 823 vermag wegen der damit verbundenen beweisrechtlich schlechteren Position des Geschädigten die von der hM zugelassene Haftungslücke nicht vollständig zu schließen. Auch im Bereich der allgemeinen Verkehrssicherungspflichten wird die Rechtfertigung für die Begrenzung der Pflicht auf ordentliche Auswahl und Überwachung darin gesehen, daß jedenfalls der die Verkehrssicherungspflicht Übernehmende seinerseits äquivalent haftet (MünchKomm/MERTENS³ § 823 Rn 206; ULMER JZ 1969, 163,

171). Eine vertragliche Übernahme ist freilich im Verhältnis der gemeinsam **sorgeberechtigten Eltern** zueinander nicht erforderlich, da der die Aufsicht übernehmende Elternteil in jedem Fall kraft Gesetzes aufsichtspflichtig ist und eine „Haftungslücke" nicht entstehen kann.

7. Erfüllung der Aufsichtspflicht in ihrer konkreten Gestalt

a) Allgemeines

Der Aufsichtspflichtige hat seine Pflicht erfüllt, wenn er für die konkret gebotenen **127** Aufsichtsmaßnahmen Sorge getragen hat (OLG Frankfurt MDR 2001, 752). Die Erfüllungswirkung, welche die Aufsichtshaftung ausschließt, ist nicht davon abhängig, daß der Schaden tatsächlich vermieden worden ist (RGZ 50, 62; WarnR 1911 Nr 3; 1914 Nr 217; BGB-RGRK/Kreft Rn 31). § 832 impliziert **kein Einstehenmüssen für den Erfolg der gebotenen Aufsichtsmaßnahmen.**

b) Erfüllung durch teilweise Aufsichtsübertragung

Da Aufsichtspflichten „unentrinnbar" sind, kann die Übertragung der Aufsicht auf **128** einen Dritten **nicht zu einer privativen Pflichtenübernahme** führen (s oben Rn 28, 43). Die Aufsichtsübertragung ist ausschließlich unter dem Aspekt der **teilweisen Erfüllung der Aufsichtspflicht** zu bewerten. § 832 verlangt vom Aufsichtspflichtigen, daß er Rechnung dafür trägt, daß die gebotenen Aufsichtsmaßnahmen ergriffen werden; ob er die Maßnahmen in vollem Umfang selbst vornimmt oder sich teilweise Dritter bedient, ist gleichgültig (s oben Rn 113, 122).

Der ganz hM zufolge führt die Übertragung der Aufsicht auf einen Dritten dazu, daß **129** sich die Aufsichtspflicht zu einer Organisationspflicht verkürzt (s oben Rn 112 ff). Entsprechendes gilt daher für das zur Erfüllung dieser Pflicht Erforderliche: Soweit wie er die Aufsicht überträgt – im übrigen bleibt es bei den normalen Aufsichtsanforderungen, wie sie sich nach Abwägung der Erforderlichkeit und der Angemessenheit darstellen (s oben Rn 56) – genügt der Aufsichtpflichtige seiner Pflicht bereits dadurch, daß er eine geeignete Person auswählt, diese hinreichend instruiert und kontrolliert und sich schließlich über das Verhalten des Aufsichtsbedürftigen und die getroffenen Aufsichtsmaßnahmen beim übernehmenden Dritten informiert (BGH NJW 1968, 1672, 1673; oben Rn 119). Für die Erfüllung dieser „mittelbaren" Aufsichtspflicht ist gleichgültig, ob der die Aufsicht übernehmende Dritte die gebotenen Aufsichtsmaßnahmen vornimmt oder nicht (BGH aaO). Jedenfalls aber wird man verlangen müssen, daß die Übertragung der Aufsicht „durch Vertrag" erfolgt, den Dritten also eine Aufsichtspflicht nach § 832 Abs 2 trifft (s dazu oben Rn 126).

Nach der hier (s oben Rn 122 ff) vorgestellten Gegenkonzeption ändert dagegen die **130** Übertragung der Aufsicht auf Dritte grundsätzlich nichts an der Reichweite der einmal entstandenen Aufsichtspflicht. Der Aufsichtspflichtige erfüllt daher seine Pflicht aus § 832 nur, **wenn der mit der Aufsicht betraute Dritte seinerseits die erforderlichen Aufsichtsmaßnahmen vornimmt.** In diesem Sinne steht der Aufsichtspflichtige für das Versagen des Dritten ein. Eine Ausnahme gilt nur für die gemeinsam sorgeberechtigten und damit aufsichtspflichtigen Eltern: Ihnen ist entsprechend der elterlichen Funktionsverteilung die interne Aufteilung der erforderlichen Maßnahmen auch in deliktsrechtlicher Hinsicht zuzugestehen. So obliegt etwa dem allein berufstätigen Elternteil im Umfang der Übertragung der Aufsicht auf den anderen Elternteil nurmehr eine Organisationspflicht im obigen Sinne (s oben Rn 116 ff, 125).

8. Prinzip der Einzelverantwortung

131 Im Fall mehrerer Aufsichtspflichtiger, etwa gemeinsam sorgeberechtigter Eltern, verlangt das Gesetz für jeden Pflichtigen eine gesonderte Prüfung, ob er dem ihn betreffenden Gebot genügt hat. Jeder haftet nur für die **ihm persönlich vorzuwerfende Verletzung der Aufsichtspflicht (Prinzip der Einzelverantwortung)**; (BGH VersR 1966, 369; KOEBEL NJW 1960, 2227; DAHLGRÜN 180; ECKERT 26; ALBILT 151). Die gängige partielle Übertragung der Aufsicht auf einen Elternteil während der Berufstätigkeit des anderen ist im Einzelfall zu würdigen. Dabei ist davon auszugehen, daß die Eltern befugt sind, intern die Wahrnehmung der Aufsicht zu verteilen (s oben Rn 125). So kann ein berufstätiger Elternteil im Umfang der teilweisen (stillschweigenden) Übertragung der auch ihm obliegenden Aufsicht auf den anderen Teil seine Pflicht auf eine „mittelbare" Aufsichtspflicht reduzieren, die ihn nur noch zur partnerschaftlichen Absprache der Aufsichtsmaßnahmen sowie dazu verpflichtet, sich der physischen und psychischen Aufsichtseignung seines Partners zu versichern (s oben Rn 116, 125). Eine zuweilen in der Judikatur zu beobachtende Tendenz, hinsichtlich der Eltern bei der Prüfung der Pflichtverletzung entweder von vornherein eine Gesamtbetrachtung vorzunehmen (zB BGH VersR 1962, 1088; OLG Koblenz VersR 1971, 509) oder eine wechselseitige Zurechnung von Pflichtverletzungen einer Seite vorzunehmen (zB BGH FamRZ 1962, 116; OLG Oldenburg FamRZ 1969, 88 f), stellt eine fehlerhafte Gesetzesanwendung dar (GROSSFELD/MUND FamRZ 1994, 1504, 1507). Ein solches Vorgehen privilegiert regelmäßig den Geschädigten: Auf diese Weise wird zwischen dem berufstätigen, regelmäßig solventeren, sich aber oft exculpierenden Elternteil einerseits und dem zu Hause bleibenden und wegen der „größeren Gelegenheit" häufig die eigentliche Pflichtverletzung begehenden, weniger solventen Elternteil andererseits ein Haftungsverbund hergestellt. Ein solches Ergebnis erscheint – de lege ferenda – durchaus erwägenswert: Es entspricht einerseits dem in § 1357 anklingenden Gedanken, andererseits wäre durch ein zwischen beiden Elternteilen bestehendes Gesamtschuldverhältnis (§ 840 Abs 1) ein Ausgleich dafür zu erreichen, daß bei einer nach dem Leitbild der Hausfrauenehe vorgenommenen Aufsichtsverlagerung auf die Mutter diese für ihr Opfer nicht auch noch mit einem gegenüber dem Vater erheblich gesteigerten Haftungsrisiko belastet ist (zu recht kritisch zu diesem Effekt der an sich konsequenten Befugnis der Eltern zu „Aufgabenteilung" bei der Aufsicht GROSSFELD/MUND FamRZ 1994, 1504, 1508).

9. Ursächlichkeit der Aufsichtspflichtverletzung für den Schadenseintritt

132 Der Tatbestand von § 832 setzt neben der Kausalität einer Handlung des Aufsichtsbedürftigen für den Schaden daneben noch eine weitere Kausalbeziehung voraus: Auch die Aufsichtspflichtverletzung muß für den Schadenseintritt ursächlich geworden sein. Anders gewendet scheidet eine Haftung aus § 832 aus, wenn der Schaden auch bei gehöriger Erfüllung der Aufsichtspflicht eingetreten wäre (§ 832 Abs 1 S 2 2. Alt). In diesem Fall fehlt es am **Rechtswidrigkeitszusammenhang zwischen Pflichtverletzung und Schaden** (FUCHS 251). Das ist der Fall, wenn dem Aufsichtspflichtigen zwar der Vorwurf gemacht werden muß, daß er gebotene Aufsichtsmaßnahmen unterlassen hat, diese Unterlassung sich aber konkret im Schaden nicht niedergeschlagen hat.

Beispiele: Es stellt eine Aufsichtspflichtverletzung dar, wenn Eltern ihrem Kind das **133** Spielen mit einer vorn zugespitzten Holzstange gestatten oder dulden oder das Kind zu Hause über einen besonders großen Flitzebogen und Pfeile mit Eisenspitze und Gummipfropfen verfügt. Wenn der Schaden nach dem konkreten Verlauf nicht durch ein gefährliches und daher zu mißbilligendes Hantieren mit der Holzstange eintritt, sondern dem Kind nicht zum Vorwurf gereicht, bleibt die elterliche Pflichtverletzung gleichsam abstrakt und schlägt sich nicht im konkreten Schaden nieder (BGH VersR 1964, 1023, 1024). Gleiches gilt im Flitzebogenfall, wenn der Schaden nicht dadurch eintritt, daß sich die Pfeil und Bogen spezifisch anhaftende Gefahr realisiert, sondern durch ein Werfen mit dem gummibepfropften Pfeil (BGH VersR 1957, 799). Hier ist es nicht anders, als wäre mit einem Stock geworfen worden, der mit der Bogenausstattung nichts zu tun hatte. Auch die mangelnde Belehrung über mögliche Gefahren beim Umgang mit einem Eisenstampfer durch den Aufsichtspflichtigen ist nicht kausal für die Betätigung des Geräts durch einen 8jährigen, wenn sich das Kind über die damit zusammenhängenden Gefahren bewußt war und ihm durch die geschädigte Klägerin selbst kurz vor dem Vorfall untersagt wurde, den Stampfer zu betätigen (OLG Frankfurt NJW-RR 2002, 236).

In den Fällen der Übertragung der Aufsicht auf Dritte (oben Rn 112 ff) fehlt es an der **134** von § 832 verlangten Kausalität, wenn der Aufsichtspflichtige unter Verstoß gegen die Organisationspflicht einen zwar ungeeigneten Dritten ausgewählt hat, dieser aber gleichwohl in der konkreten Situation alle gebotenen Aufsichtsmaßnahmen vornimmt (OLG München VersR 1979, 747 für den Fall der Übertragung auf einen Minderjährigen; ABILT 199 f).

V. Verschulden

§ 832 regelt einen Fall der Verschuldenshaftung (s oben Rn 5 f). Die Haftung setzt **135** voraus, daß die Aufsichtspflichtverletzung als der Anknüpfungspunkt der Haftung schuldhaft (§ 276) erfolgt. Die **Unzumutbarkeit** bestimmter Aufsichtsmaßnahmen schließt nicht das Verschulden aus. Sie begrenzt bereits die Aufsichtspflicht selbst (s oben Rn 71 ff), ist also schon bei der Festlegung der konkret gebotenen Aufsichtshandlungen zu berücksichtigen.

Eine zentrale Rolle für die Verschuldensfrage spielt die **Kenntnis des Aufsichtspflich- 136 tigen von den tatsächlichen Umständen**, welche den konkreten Aufsichtsanlaß bestimmen (etwa besondere Aufsichtsanlässe darstellende Neigungen des Aufsichtsbedürftigen oder bestimmte Umstände, die gefahrbegründend wirken). Allerdings **entlastet die mangelnde Kenntnis** von diesen Umständen **allein noch nicht**. Erst **wenn die Unkenntnis nicht auf Fahrlässigkeit**, etwa bei der Kenntniserlangung von den Aktivitäten des Aufsichtsbedürftigen, **beruht**, fehlt es am Verschulden (RGZ 50, 60, 63; BGH VersR 1961, 838, 839; NJW-RR 1987, 13, 14; FUCHS 235; ALBILT 245). Vorkehrungen für alle abstrakt denkbaren Schadensrisiken sind nicht verlangt. Eine absolute Sicherheit kann und muß nicht gewährleistet werden (OLG Hamm VersR 2000, 457). Nötig ist, daß die Möglichkeit einer Schädigung nicht ganz fernliegend war (OLG Hamm MDR 1999, 677). Die Erkennbarkeit der den Aufsichtsanlaß bestimmenden Tatsachen stellt also keinen

Umstand dar, der Auswirkungen auf die Konkretisierung der Aufsichtspflicht für den Einzelfall hätte. Sie spielt vielmehr eine maßgebliche Rolle im Bereich des Verschuldens. Zu beachten ist aber der Zusammenhang zwischen Aufsichtspflichtverletzung und Schuldvorwurf: Wer sich nicht genügend darüber informiert, womit sich der Aufsichtsbedürftige beschäftigt, verletzt nicht nur seine Aufsichtspflicht; zugleich läßt sich seiner Verteidigung, er habe von den Aufsichtsanlässen nichts gewußt, entgegnen, daß gerade die Unterlassung der Informationsbeschaffung den Fahrlässigkeitsvorwurf begründet (BGH LM Nr 8; vgl auch VersR 1958, 563 und oben Rn 108).

VI. Verteilung der Darlegungs- und Beweislast

1. Allgemeines

137 Die Darlegungs- und Beweislast ist in Ansehung folgender Haftungsvoraussetzungen zu verteilen: Aufsichtsbedürftigkeit, Aufsichtspflicht, kausale und zurechenbare Schadenszufügung durch den Aufsichtsbedürftigen, Rechtswidrigkeit der Schadenszufügung, Aufsichtspflichtverletzung, deren Kausalität für den Schaden, Rechtswidrigkeit und Schuldhaftigkeit der Aufsichtspflichtverletzung.

138 Schwierigkeiten bereitet die Struktur der Haftungsvoraussetzung der **Aufsichtspflichtverletzung**. Zergliedert man dieses Merkmal, so ist zu unterscheiden zwischen denjenigen **Tatsachen, die die Grundlage der richterlichen Wertung dafür darstellen**, welche Aufsichtsmaßnahmen konkret geboten waren, und denjenigen **Tatsachen, die die Vornahme eben dieser Maßnahmen bedeuten**. Zu trennen sind bei der „Aufsichtspflichtverletzung" also **zwei Tatsachenkomplexe**: einer auf der Tatbestandsseite der Pflicht, der ihre konkrete Ausgestaltung bestimmt, und einer, der dem „Erfüllungstatbestand" zuzuordnen ist.

139 **Die Verteilung der Beweislast richtet sich nach allgemeinen Grundsätzen**, sofern nicht § 832 Abs 1 S 2 eine Beweislastumkehr anordnet. IdR hat der Geschädigte die Voraussetzungen darzulegen und zu beweisen, welche die Haftungsfolge auslösen. Wo **Rechtswidrigkeit** verlangt ist – also bei der Schadenszufügung durch den Aufsichtsbedürftigen und bei der Aufsichtspflichtverletzung selbst – wird diese durch die Tatbestandsmäßigkeit des jeweiligen Verhaltens **indiziert** (vgl STAUDINGER/SCHÄFER[12] § 823 Rn 446).

2. Beweislastumkehr nach § 832 Abs 1 S 2

a) Ratio
140 Zu den rationes der Vorschrift s oben Rn 2 ff.

b) Reichweite der Beweislastumkehr
aa) Hinsichtlich des „Genügens der Aufsichtspflicht" (§ 832 Abs 1 S 2 1. Alt)
141 Abs 2 S 1 ordnet in seiner 1. Alternative an, daß die Ersatzpflicht nicht eintritt, wenn der Aufsichtspflichtige „seiner Aufsichtspflicht genügt". Daraus folgt, daß er darlegen und beweisen muß, daß er dem konkreten aus der Aufsichtspflicht folgenden Gebot entsprochen hat. Ob eine solche Aufsichtspflicht bestand, hat hingegen der Geschädigte nachzuweisen (BERNAU 375). Erfaßt von der implizierten Beweislastumkehr ist also die **„Pflichterfüllung"** (OLG Celle VersR 1979, 476; FUCHS 211; SCHEFFEN/PARDEY

Rn 240) oder genauer: die **Tatsachen, welche die Erfüllung der Aufsichtspflicht konkret bewirken**. Der Aufsichtspflichtige muß also die Handlungsweisen darlegen und beweisen, die den gebotenen Aufsichtsmaßnahmen entsprechen. Die aufsichtspflichtigen Eltern müssen umfassend und konkret darlegen und beweisen, was sie zur Erfüllung ihrer Aufsichtspflicht unternommen haben (OLG Jena OLG-NL 1998, 101).

Gerade in Anbetracht langfristiger erzieherisch wirkender Aufsichtsmaßnahmen **142** (Ermahnungen, Unterweisungen etc), die im abgeschirmten familieninternen Bereich stattfinden, ist schon eine zeitliche Fixierung und Substantiierung für den Aufsichtspflichtigen oft äußerst schwierig. Dem ist sowohl bei der Darlegung wie beim Beweis dadurch Rechnung zu tragen, daß die Anforderungen jeweils nicht allzu hoch anzusetzen sind (BGH NJW 1984, 2574, 2576; NJW 1990, 2553, 2554 [insoweit in BGHZ 111, 282 nicht abgedruckt]; OLG Nürnberg RuS 1992, 233, 234; Scheffen/Pardey Rn 243). Auch an die Voraussetzungen einer Parteivernehmung sind keine überhöhten Anforderungen zu stellen (BGH NJW 1984, 2574, 2576; NJW 1990, 2553, 2554: Es genügt ein „gewisser Beweis, daß die Eltern im allgemeinen ihrer Aufsichtspflicht genügt haben").

§ 832 Abs 1 S 2 1. Alt vermutet dagegen **nicht die Erforderlichkeit von Aufsichtsmaß- 143 nahmen**. Dabei handelt es sich allein um eine Rechtsfrage (MünchKomm/Wagner Rn 42), die gar nicht Vermutungsgegenstand sein kann (wie sollte auch ein bestimmtes Pflichtenmaß vermutet werden?).

Vereinzelt wird, gestützt auf den der Regelung zugrundeliegenden Gedanken der **144** Leichtigkeit der Beweiserbringung (s dazu oben Rn 3), eine **teleologische Reduktion der Beweislastumkehr** bezüglich der Erfüllungshandlungen vertreten (Fuchs 222 ff). Danach soll die Beweislastumkehr nur hinsichtlich der Vornahme derjenigen Aufsichtsmaßnahmen gelten, die tatsächlich „leicht beweisbar" sind. Das seien jedoch allein diejenigen Aufsichtsmaßnahmen, die unmittelbar auf die konkrete Gefahrensituation bezogen sind und eine enge zeitliche Nähe zum Delikt aufweisen (Fuchs 222). Allgemeine Aufsichtsmaßnahmen, die (wie etwa Belehrungen oder Unterweisungen) auch eine stark erzieherische Komponente aufweisen und „deliktsferner" sind, sollen demnach nicht dem § 832 Abs 1 S 2 1. Alt unterfallen (Fuchs 224). Ihre Unterlassung wäre danach vom Geschädigten zu beweisen. Das überzeugt nicht. Zum einen ist das Kriterium der „leichten Beweisbarkeit", auf das sich die teleologische Reduktion stützt, ohnehin zweifelhaft (s oben Rn 3) und zudem nicht dafür tauglich, die der Beweislastumkehr danach unterfallenden Aufsichtsmaßnahmen einigermaßen sicher von denen zu sondern, die ihr nicht unterfallen. Zum andern ist der Aufsichtspflichtige gerade bei den deliktsferneren, langfristig angelegten erzieherischen Aufsichtsmaßnahmen – trotz aller für ihn bestehenden Beweisschwierigkeiten – erst Recht beweisnäher als der Geschädigte. Dieser müßte Umstände beweisen, die in einer vor fremdem Einblick gerade geschützten familiären Sphäre begründet sind. Da es sich für ihn schließlich insoweit auch noch um den Beweis negativer Tatsachen handeln würde, ist eine solche Restriktion der Beweislastverteilung dem Geschädigten nicht zuzumuten und nicht sachgerecht. Der Geschädigte würde aus Beweisnot fast nie seinen Schadenersatzanspruch durchsetzen können (Bernau 389). Daher muß der Aufsichtspflichtige die Maßnahmen – deliktsnahe wie -ferne – belegen, die im Einzelfall als geboten anzusehen sind. Den von Fuchs mit Recht benannten besonderen Beweisschwierigkeiten bei den erzieherischen Aufsichtsmaßnahmen ist dadurch Rechnung zu tragen, daß an deren Beweis keine zu hohen Anforderungen zu stellen sind (s oben Rn 142).

bb) Hinsichtlich der Kausalität der Pflichtverletzung für den Schaden (§ 832 Abs 1 S 2 2. Alt)

145 Die Haftung des Aufsichtspflichtigen entfällt – den Vorschriften der §§ 831 Abs 1, 833, 834 entsprechend – nach § 832 Abs 1 S 2 auch, wenn er zwar schuldhaft die Aufsichtspflicht verletzt hat, diese Verletzung aber deshalb nicht kausal für den Schaden ist, weil er auch im Fall gehöriger Aufsichtsführung eingetreten wäre. Damit ist angeordnet, daß die **Beweislast für die fehlende Kausalität** den Aufsichtspflichtigen trifft (OLG Düsseldorf NJW-RR 1998, 98, 99; OLG Karlsruhe OLGR 2006, 426). Er muß also darlegen und beweisen, daß die von ihm begangene Pflichtverletzung sich in der Schadenszufügung nicht niedergeschlagen hat, daß also das von ihm gesetzte Risiko nicht mit demjenigen identisch ist, das sich tatsächlich realisiert hat. Der Nachweis iSd § 832 Abs 1 S 2 2. Alt wird oftmals – aber keineswegs immer (vgl die in Rn 133 f genannten Beispiele) – kaum zu führen sein. Denn es **genügt für den Beweis mangelnder Kausalität nicht**, daß die Schädigung **möglicherweise** auch bei genügender Beaufsichtigung eingetreten wäre (RG WarnR 1910 Nr 60; 1912 Nr 28; Recht 1911 Nr 3321; 1922 Nr 1154; OLG Düsseldorf VersR 1992, 321, 322). Zudem wird etwa die Darlegung, daß ein Verkehrsunfall auch bei angemessener Verkehrserziehung in der konkreten Situation nicht vermieden worden wäre, über den Bereich reiner Spekulation kaum hinausgehen und selten zur gerichtlichen Überzeugung feststehen. Ergänzend wird wegen der Bedeutung der Vorschrift auf die Ausführungen zu der gleichlautenden Vorschrift des § 831 (dort Rn 113 ff) verwiesen.

cc) Hinsichtlich des Verschuldens

146 Allgemein wird davon ausgegangen, daß § 832 einen Fall der Haftung für „vermutetes Verschulden" regele (s etwa BGH LM Nr 11). Vergleicht man jedoch die Fassung des Abs 1 S 2 mit den Beweislastregeln in §§ 831, 833, 834, 836, so erscheint durchaus unklar, ob § 832 Abs 1 S 2 das Verschulden ebenso vermutet wie jene. Denn entgegen dem Beschluß der II. Komm (Prot II 593) und anders als bei den genannten Regeln fehlt hier die Bestimmung, daß sich die Entlastung auf die Beobachtung der „im Verkehr erforderlichen Sorgfalt" und damit auch auf das Verschulden zu beziehen habe (vgl Fuchs 206). Ein Umkehrschluß klingt zwar in einer Entscheidung des RG an (RGZ 50, 60, 63 widerspricht der Auffassung der Vorinstanz, daß der Beklagte die fehlende Kenntnis eines besonderen Aufsichtsanlasses – dem Schießen mit einem Flitzbogen – beweisen müsse, mit dem Hinweis, der Beklagte müsse nur die Erfüllung der Aufsichtspflicht beweisen), ist aber nicht gerechtfertigt. Wie §§ 280 Abs 1 S 2, 286 Abs 4 zeigen, ist der Gesetzgeber am ehesten geneigt, Beweiserleichterungen bei der Kategorie des Verschuldens zuzulassen. Vor diesem Hintergrund liegt es nahe anzunehmen, daß bei einer Vermutung sogar der Pflichtwidrigkeit und ihrer Kausalität für den Schaden erst Recht von einer Beweislastumkehr beim Verschulden auszugehen ist. Hinzu kommt, daß die Gesetzesverfasser die ratio der Beweislastumkehr auch darin sahen, daß es dem Charakter einer gesetzlichen Pflicht entspreche, wenn der Verpflichtete deren Erfüllung darzulegen habe (s dazu oben Rn 3). Damit wird die – vordeliktsrechtliche – Aufsichtspflicht in die Nähe einer Sonderrechtsbeziehung gerückt (s auch Rn 3), was zwar keine unmittelbare Anwendung der §§ 280 Abs 1 S 2, 286 Abs 4 rechtfertigt, wohl aber die Anwendung des darin zutage tretenden Gedankens (ähnlich Fuchs 234). § 832 (iVm dem Gedanken der §§ 280 Abs 1 S 2, 286 Abs 4) ist damit auch eine

Beweislastumkehr hinsichtlich der Schuldhaftigkeit der Aufsichtspflichtverletzung zu entnehmen (so auch BAUMGÄRTEL, Handb I Rn 3).

Hinsichtlich der Darlegungs- und Beweislast für die Vorhersehbarkeit des Aufsichts- **147** anlasses besteht in Rspr und Literatur keine Einigkeit. Zum Teil wird angenommen, diese treffe den Geschädigten (RGZ 50, 60, 63; OLG Hamm OLGZ 1991, 95, 96; ADEN MDR 1974, 9, 12; DAHLGRÜN 114, 177; BERNING/VORTMANN JA 1986, 12, 16). Er müsse eine generelle Erkennbarkeit der den Aufsichtsanlaß bestimmenden Tatsachen dartun. Dabei wird nicht berücksichtigt, daß die Erkennbarkeit des Aufsichtsanlasses nicht etwa die Reichweite der konkreten Aufsichtspflicht berührt, sondern ein **Verschuldensaspekt** ist (s oben Rn 136). Als solcher wird die Erkennbarkeit des Aufsichtsanlasses von der auch das Verschulden umfassenden Beweislastumkehr in § 832 erfaßt. Beweispflichtig dafür, daß er keine Kenntnis vom Aufsichtsanlaß und den ihn bestimmenden Tatsachen hatte und daß diese auch nicht erkennbar waren, ist also der Aufsichtspflichtige (BGH NJW-RR 1987, 13 f; ALBILT 246; FUCHS 234 f; BERNAU 381).

3. Für die Bestimmung der konkret gebotenen Aufsichtsmaßnahmen maßgebliche Tatsachen

Die Beweislastumkehr des § 832 Abs 1 S 2 beschränkt sich auf Dreierlei: die die **148** Erfüllung der konkreten Aufsichtspflicht bedingenden Tatsachen, dh die tatsächlich vorgenommenen Aufsichtsmaßnahmen, die Kausalität der Aufsichtspflichtverletzung für den Schaden sowie das Verschulden (Rn 141 ff). **Im übrigen bleibt es bei den allgemeinen Beweislastregeln.** Das gilt insbesondere für all die Tatsachen, auf deren Grundlage sich bemißt, welche Aufsichtsmaßnahmen konkret geboten waren: die den Aufsichtsanlaß bestimmenden (zB besondere Eigenschaften des Aufsichtsbedürftigen, oben Rn 58 ff; auch BGH NJW 1997, 2048, 2049) und die die Aufsichtsanforderungen mindernden Tatsachen (zB die Zumutbarkeit für den Aufsichtspflichtigen, oben Rn 70 ff).

a) Den Aufsichtsanlaß kennzeichnende Tatsachen

Die **Tatsachen, die den Aufsichtsanlaß kennzeichnen**, also Eigenschaften des Auf- **149** sichtsbedürftigen (oben Rn 59 ff) und die Gegebenheiten des Umfelds, in dem er sich bewegt (oben Rn 67 ff), hat nach allgemeinen Grundsätzen der **Geschädigte** darzulegen und zu beweisen (BERNING/VORTMANN JA 1986, 12, 16; idS wohl auch LG Bayreuth DAR 1998, 143, 144 – Nachweis, daß und in welchem Umfang eine Aufsichtspflicht bestand). Demgegenüber wird regelmäßig einschränkend formuliert, der Geschädigte habe nur die „besonderen", „atypischen" Aufsichtsanlässe darzutun (RGZ 50, 60, 63; BGH VersR 1955, 421; OLG Oldenburg SeuffA 75 Nr 159; OLG Celle VersR 1979, 476; ADEN MDR 1974, 9, 10; ALBILT 243). Ein Grund für diese Einschränkung ist nicht ersichtlich. Der Geschädigte ist vielmehr hinsichtlich **aller Tatsachen** beweisbelastet, welche den Aufsichtsanlaß konstituieren, nicht nur der „besonderen" oder „atypischen". Allerdings sind die Tatsachen, die einen „normalen" Aufsichtsanlaß begründen, regelmäßig bereits mit dem Vortrag des konkreten Schadensgeschehens dargelegt (DAHLGRÜN 174; FUCHS 215 ff): Situation, Alter des Kindes, genauer Geschehensablauf. Diese Tatsachen genügen dem Richter, um unter Rückgriff auf Erfahrungsgrundsätze bzgl der „Normaleigenschaften" des Aufsichtspflichtigen (oben Rn 60 ff) die „Normalanforderungen" zu bestimmen, die an die Aufsicht konkret zu stellen sind (BERNAU 376). Besondere Umstände, vor allem gefahrsteigernde Eigenschaften des Aufsichtsbedürftigen, die andere, verschärfte Aufsichtsmaßnahmen gebieten würden, hat der Geschädigte darüber hinaus vorzutragen und zu beweisen (OLG Düsseldorf VersR 1988, 56; OLG Celle VersR 1979, 476; OLG Schleswig NJW-RR 1999, 606; eingehend FUCHS 220, 227, 230 f; BAUMGÄRTEL, Handb I Rn 7; SCHOOF 43). So trägt ein Geschädigter die Darlegungs- und Beweislast, wenn er behauptet, daß ein Aufsichtsbedürftiger an Epilepsie erkrankt sei und deshalb einer verschärften Aufsicht bedurfte (OLG München FamRZ 1997, 740, 742). Wenn umgekehrt der Aufsichtspflichtige sich auf besondere gefahrmindernde Eigenschaften des Aufsichtsbedürftigen beruft, welche die Aufsichtsanforderungen herabsetzen würden, so ist insoweit er darlegungsbelastet (FUCHS 228).

150 Verbreitet wird eine tatsächliche Vermutung dahingehend angenommen, daß besondere Aufsichtsmaßnahmen gegenüber dem Aufsichtsbedürftigen nicht erforderlich seien (LG Heilbronn VersR 1955, 421; ADEN MDR 1974, 9, 10; DAHLGRÜN 114, 174; FUCHS 221; ALBILT 238). Das ist methodisch und sachlich zweifelhaft und im übrigen überflüssig.

b) Die Aufsichtsanforderungen mindernde Tatsachen

151 Hinsichtlich der Tatsachen, welche die Aufsichtsanforderungen im Rahmen der wertenden Abwägung mit dem Aufsichtsanlaß (dazu oben Rn 70) mindern, ist der sich darauf berufende Aufsichtspflichtige beweisbelastet. In Betracht kommen etwa besondere, eine individuelle Unzumutbarkeit bestimmter Maßnahmen begründende Umstände (dazu Rn 71 ff).

4. Vermutungsbasis

152 Die dreifache Vermutung – der Nichterfüllung der Aufsichtspflicht, deren Kausalität für den Schaden sowie deren Schuldhaftigkeit – und die damit verbundene Beweislastumkehr greifen ein, wenn folgendes feststeht: Aufsichtspflicht, vom Aufsichtsbedürftigen zurechenbar verursachter rechtswidriger Schaden **und ein bestimmte Aufsichtsmaßnahmen erfordernder Aufsichtsanlaß** (OLG Düsseldorf VersR 1988, 56; aA FUCHS 212, der das letztgenannte Erfordernis ausnehmen und damit eine Beweislastumkehr ua bzgl der Nichterfüllung der gebotenen Aufsicht auslösen will, ohne daß feststeht, daß überhaupt eine konkrete Aufsicht geboten war).

VII. Bedeutung des Mitverschuldens des Verletzten

1. Mitverschulden des verletzten Dritten

153 Fällt dem verletzten Dritten bei der Entstehung des Schadens Mitverschulden zur Last, so hat er sich dieses im Rahmen der Bemessung des Schadenersatzanspruchs aus § 832 gem § 254 anrechnen zu lassen (OLG Karlsruhe Urt v 10. 8. 2007 – 14 U 8/06; OLG München FamRZ 1997, 740, 742). Für ein Mitverschulden nach § 254 gelten die §§ 827, 828 entsprechend. Dabei kommt es auf die Fähigkeit zur Einsicht an, daß man sich selbst vor Schaden zu bewahren hat. Grundsätzlich hat der Dritte keine besonderen Vorkehrungen gegen eine Schadenszufügung zu treffen, es sei denn, es besteht konkreter Anlaß, mit einer solchen Schädigung zu rechnen. Nur wenn der Dritte die im Verkehr erforderliche Sorgfalt außer acht läßt, ist ihm ein Mitverschulden anzurechnen (BGH NJW 1983, 2821; NJW-RR 1987, 1430, 1432; MünchKomm/WAGNER Rn 38). Zur Ermittlung der Haftungsquote ist primär der Verursachungsbeitrag heranzuziehen. Das Maß des Verschuldens ist erst in zweiter Linie beachtlich und dient lediglich als Korrektiv (OLG München FamRZ 1997, 740, 742; OLG Schleswig NJW-RR 1999, 606, 607). Das Maß des Verursachungsbeitrags des Geschädigten kann sogar die Haftung wegen Aufsichtspflichtverletzung völlig verdrängen (OLG Hamm NJW-RR 1997, 344, 345).

2. Mitverschulden des Aufsichtspflichtigen bei Schädigungen seiner Person durch den Aufsichtsbedürftigen

Schädigt der Aufsichtsbedürftige den Aufsichtspflichtigen, so kann er diesem bei **154** Deliktsfähigkeit gem §§ 823 ff, sonst ggf aus § 829 haften. Im Rahmen dieser Haftung kann er dem Aufsichtspflichtigen eine Verletzung der Aufsichtspflicht (in ihrer seinem Schutz dienenden Dimension) als Mitverschulden nach § 254 entgegenhalten (OLG Zweibrücken NJW-RR 2000, 1191, 1192; BGB-RGRK/KREFT Rn 9; GEIGEL 16.4. Rn 45). Im Zweifel ist die Haftung des Aufsichtsbedürftigen gegenüber dem Aufsichtspflichtigen nicht schon wegen eines Haftungsverzichts ausgeschlossen, wenn zwischen ihnen ein verwandtschaftliches Verhältnis besteht (OLG Zweibrücken NJW-RR 2000, 1191, 1192 – Großeltern). Nahe familiäre Beziehungen begründen regelmäßig noch keinen stillschweigenden Haftungsverzicht (BGHZ 41, 81; 43, 76). Das gilt erst recht, wenn hinter dem Schädiger ein Haftpflichtversicherer steht, für dessen Versicherungsleistung jährliche Prämien gezahlt werden (s BGH NJW 1993, 3067, 3068).

VIII. Haftung wegen der Verletzung einer Verkehrssicherungspflicht

1. In der Haus- und Familiengemeinschaft

Verbreitet ist die Auffassung, daß ein Haushaltsvorstand Angehörige seines Haus- **155** stands (zB Ehegatten, volljähriges Kind, Stiefkind, Geschwister), die infolge von Krankheit hilfsbedürftig (für die Allgemeinheit gefährlich) sind, davon abhalten müsse, daß sie Dritte rechtswidrig verletzen (Schadensabwendungspflicht), auch wenn der Haushaltungsvorstand nicht iS von § 832 aufsichtspflichtig ist. Bei einer Haus- und Familiengemeinschaft könne sich für ihn die Verpflichtung ergeben, dafür zu sorgen, daß andere nicht durch Hausgenossen geschädigt werden, welche der Aufsicht bedürfen (RGZ 70, 48, 50; 92, 125; 152, 222, 226; BGH VersR 1954, 118; NJW 1958, 1774, 1775; OLG Hamm VersR 1975, 616; OLG Düsseldorf VersR 1976, 1133, 1134; LG Bielefeld NJW 1998, 2682, 2683). Diese Pflicht bestehe nur im Hinblick auf die Gefahren, die im Bereich des Hauswesens ihren Ursprung haben oder aus dem Bereich des Betreuungsverhältnisses hervorgehen (so OLG München NJW 1966, 404, 405) und von hier aus andere bedrohen (BGH NJW 1958, 1775, 1776; LG Bielefeld NJW 1998, 2682, 2683; anders OLG Düsseldorf VersR 1976, 1133, 1134 – keine Beschränkung auf den räumlichen Zusammenhang mit der Hausgemeinschaft; ähnlich OLG Celle NJW 1961, 223, 224). Die bloße Zugehörigkeit zur Familien- oder Hausgemeinschaft allein sei noch nicht geeignet, rechtliche Verpflichtungen des Haushaltungsvorstands oder Familienoberhaupts auszulösen, so daß dieser außenstehenden Personen gegenüber für jedes Fehlverhalten des zu Beaufsichtigenden haften müsse. Der Haushaltungsvorstand habe also nicht für das Wohlverhalten seiner Angehörigen einzustehen (BGH NJW 1958, 1775, 1776; LG Bielefeld NJW 1998, 2682, 2683). Die schuldhafte Verletzung der Verkehrssicherungspflicht begründe die Haftung des Betreuungspflichtigen gegenüber dem Geschädigten unmittelbar aus § 823.

156 Der BGH (LM Nr 3) und ihm folgend OLG Celle (NJW 1961, 223, 224) und OLG München (NJW 1966, 404, 405) haben die Haftung noch ausgedehnt, indem sie eine derartige Verkehrssicherungspflicht unabhängig von familienrechtlichen Beziehungen angenommen haben. Daher kann die Haftung auch den Betreiber eines Pflegeheims treffen (OLG München NJW 1966, 404, 405), sofern von dem Verhalten der „Insassen" gewisse Gefahren für Außenstehende ausgehen (MARBURGER VersR 1971, 777, 783). Die Haftung soll eingreifen, wenn eine Mehrzahl von Menschen, die wegen körperlicher oder geistiger Gebrechen eine gewisse Gefahrenquelle bedeuten, unter einheitlicher Leitung in einem offenen Heim untergebracht sind, ohne daß eine vertragliche Aufsichtsübernahme nach § 832 Abs 2 gegeben ist. So sei zB der Träger oder die Leitung eines Altenheims für einen Unfall nach § 823 verantwortlich, den der Bewohner eines Altenheims bei einem Spaziergang im Straßenverkehr verursacht, wenn sich dessen Pflegebedürftigkeit auch auf die Teilnahme am Straßenverkehr bezieht (der Betreffende also pflegebedürftig im Sinne einer von ihm ausgehenden Verkehrsgefährdung ist) und Träger oder Leitung davon Kenntnis hatten oder haben mußten (OLG Celle NJW 1961, 223). Entsprechendes soll gelten, wenn der Insasse eines offenen Heims für Geisteskranke, die keine Gefahr für die Allgemeinheit iS der Unterbringungsgesetze darstellen, bei einem Spaziergang einen Verkehrsunfall verursacht; in einem solchen Fall reicht, wenn keine besonderen Anhaltspunkte für eine von dem ungefährlichen Geisteskranken ausgehende Verkehrsgefahr vorliegen, die verkehrserforderliche Sorgfaltspflicht nicht soweit, daß ihm beim Verlassen des Hauses ein Begleiter mitgegeben werden müßte (OLG München NJW 1966, 404).

157 Die rechtliche Grundlage für die Verantwortlichkeit ist unklar. Das OLG Celle (NJW 1961, 223, 224) stützt sich darauf, daß es die Pflicht eines jeden sei, sein Verhalten im Verkehr so einzurichten, daß jede Benachteiligung anderer möglichst vermieden werde. Eine solche Rücksichtnahme auf Mitmenschen sei nicht bloß bei der Herrschaft über Sachen zu fordern, sondern auch von demjenigen, der infolge bestimmter Rechtsbeziehungen zu einem anderen eine Verfügungsmacht in bezug auf das Tun und Treiben dieser Personen oder ihren Aufenthalt besitze. Es bestehe beispielsweise eine Aufsichtspflicht des Ehemanns über seine (geisteskranke) Ehefrau aus der ihm zugewiesenen Rechtsstellung im ehelichen Haushalt und seiner tatsächlich geübten Verfügungsmacht (BGH LM Nr 8). Herangezogen wird allgemeiner die Stellung als Haushaltungsvorstand; sie begründe eine *tatsächliche* „autoritative" Einwirkungsmöglichkeit, eine gewisse tatsächliche Verfügungsmacht in bezug auf das Tun und Treiben der Haushaltsmitglieder (LG Bielefeld NJW 1998, 2682, 2683). Diese Rspr ist in mehrfacher Hinsicht angreifbar: Vom Ansatz her widerspricht es Art 6 Abs 1 GG, haftungsrechtlich an das familienrechtliche Verhältnis anzuknüpfen; denn dadurch wird die Familie benachteiligt, anstatt – wie es Art 6 Abs 1 GG verlangt – sie besonders zu schützen. Im übrigen ist die Rspr durch das geltende Familienrecht überholt. Seitdem sich im Eherecht das Leitbild der partnerschaftlichen Ehe durchgesetzt hat, existiert kein „Familienoberhaupt" im Rechtssinn und steht keinem Ehegatten eine Aufsichtspflicht oder *tatsächliche* „autoritative" Einwirkungsmöglichkeit oder Verfügungsmacht gegenüber dem anderen zu; auch im Verhältnis zu den anderen Familienmitgliedern fehlt dafür jede Rechtsgrundlage. Zwar besteht eine Beistandspflicht gegenüber dem kranken Familienangehörigen aufgrund des familienrechtlichen Verhältnisses, zB bei Ehegatten aus § 1353 (s BOSCH FamRZ 1980, 741). Diese zielt aber nur darauf ab, Schaden von dem Hilfsbedürftigen abzuwenden, und nicht von Dritten, die durch den Hilfsbedürftigen geschädigt werden. Die Konstruktion, daß die Abwendungspflicht auch dem Geschädigten gegenüber bestehe – der Schutz des Dritten also nicht nur eine Reflexwirkung der gegenüber dem zu Betreuenden bestehenden Bewahrungspflicht darstelle – ist abzulehnen (vgl dazu BGH LM Nr 3; MDR 1961, 222; auch STRUPP SeuffBl 75, 315). Für etwaige deliktische Haftungsfolgen gegenüber Dritten ist die familienrechtliche Beziehung demnach unbeachtlich; denn sie entfaltet keine Pflichten mit Außenwirkung. Auch läßt sich eine derartige dem geschädigten Dritten gegenüber bestehende Verantwortlichkeit nicht aus einer Verkehrssicherungspflicht herleiten, die auf die Unterhaltung eines Haushalts gestützt wird, dem ein infolge von Krankheit gefährliches Haushaltsmitglied angehört.

Zu warnen ist vor einer übersteigerten Pflichtenbindung desjenigen, der für Kranke **158** sorgt, von denen Gefahren für die Allgemeinheit ausgehen. Denn die Furcht vor möglichen Haftungsfolgen darf nicht die Bereitschaft mindern, sich persönlich um hilfsbedürftige Personen zu kümmern. In diesem Zusammenhang die „Rücksichtnahme auf die Mitmenschen" (OLG Celle NJW 1961, 223, 224) in den Vordergrund zu rücken, wird der Fürsorge des Helfenden nicht gerecht. Wer – egal ob aufgrund familienrechtlicher, sittlicher oder religiöser Verpflichtung oder selbstlos aus Mitmenschlichkeit – diese schwere Bürde trägt und damit letztlich die Gesellschaft entlastet, ist tendenziell haftungsrechtlich zu begünstigen. Aus dieser Sicht ist die analoge Anwendung der beweisrechtlich verschärften Haftung nach § 832 nicht angebracht (aM noch MünchKomm/MERTENS[2] § 832 Rn 9). Der Gedanke, altruistisches Handeln nicht mit übersteigerten Haftungsrisiken zu belasten, gebietet aber nicht, denjenigen, der eine hilfsbedürftige „gefährliche" Person in seine Obhut genommen hat, von jeglicher Verantwortung für diese freizuhalten und die von dieser verursachten Schäden als Risiko zu betrachten, das stets die Gesellschaft zu tragen habe. Zu fordern ist, daß die Sorgfaltsanforderungen gering gehalten werden. Der Haftungsgrund wird schon in RGZ 92, 125 angedeutet; danach muß der Vater, wenn er eingreift und auf die Lebensverhältnisse des volljährigen geisteskranken Sohns bestimmend einwirkt, dies mit der im Verkehr erforderlichen Sorgfalt tun. Bleibt die familienrechtliche Beziehung unberücksichtigt, so läßt sich folgendes Verhaltensgebot formulieren, dessen Mißachtung die Haftung nach § 823 Abs 1 auslösen kann: **Wer es übernimmt, umfassend für infolge ihrer Krankheit gefährliche Menschen zu sorgen, muß diese Aufgabe verantwortungsvoll ausführen.** Die Verantwortlichkeit besteht vor allem, aber nicht allein gegenüber dem Kranken; ein gewisses, deutlich geringeres Maß an Verantwortlichkeit übernimmt die betreuende Person auch gegenüber der Allgemeinheit. Derjenige, der die Obhut über eine für ihn erkennbar hilfsbedürftige „gefährliche" Person übernimmt und auf deren Lebensverhältnisse bestimmenden Einfluß ausübt, darf daher die Aufsicht über diese nicht rechtlich ungeordnet lassen. Zwar muß er nicht selbst die Aufsicht übernehmen, um dadurch Schäden von Dritten abzuwenden; ihm obliegt aber, beim Vormundschaftsgericht anzuregen, einen Betreuer nach § 1896 zu bestellen. Seine Pflicht ist darauf beschränkt, dafür zu sorgen, daß für die hilfsbedürftige Person ein Aufsichtspflichtiger eingesetzt wird, der uU nach § 832 haftet.

Beispiele aus der Rspr: Wegen Vernachlässigung der Verkehrssicherungspflicht in **159** ihrer Ausprägung als Beaufsichtigungspflicht macht sich zB der Ehemann verantwortlich, wenn er es schuldhaft unterläßt, die Verbringung seiner geisteskranken (gemeingefährlichen) Ehefrau in eine Heil- und Pflegeanstalt herbeizuführen oder andere geeignete Maßnahmen zu treffen, insbes wenn er den Gebrauch gefährlicher Gegenstände nicht verhindert und infolgedessen die Geisteskranke Dritte verletzt (RGZ 70, 48; OLG Hamm VersR 1975, 616), oder wenn er, auch ohne zum Vormund bestellt zu sein, keine Abhilfe dagegen schafft, daß die geisteskranke Ehefrau durch schwere Beschimpfungen Dritter fortdauernd den nachbarlichen Frieden erheblich stört (BGH MDR 1961, 322). Eine entsprechende Abwendungspflicht ergibt sich auch für die Ehefrau gegenüber dem geisteskranken Ehemann (RG WarnR 1934 Nr 53), für die Eltern gegenüber dem geisteskranken volljährigen Sohn, der in ihrem Haushalt lebt (vgl RGZ 92, 126; BayObLGZ 14, 494; LG Bielefeld NJW 1998, 2682, 2683) und für den Stiefvater gegenüber dem Stiefsohn (BGH LM Nr 3; VersR 1954, 118; aM OLG Düsseldorf VersR 1976, 1133).

2. Bei Übernahme der tatsächlichen Aufsicht/Duldung von gefährlichem Tun

160 Auch bei nur tatsächlicher Übernahme der Aufsicht kann der Beaufsichtigende, wenn auch nicht aus § 832 Abs 2, so doch aus § 823 einem Dritten für Schäden verantwortlich sein, die diesem durch das Kind zugefügt werden. Wer ein Kind beaufsichtigt, hat dabei die allgemeinen Verkehrssicherungspflichten zu erfüllen: Der Beaufsichtigende muß ein gefährliches Treiben des Kindes unterbinden; er muß Vorsichtsmaßnahmen treffen, wenn er **durch vorangegangenes Tun** eine Gefahrenlage geschaffen hat (BGH FamRZ 1968, 149 betr Mitnahme von Kindern auf einen Friedhof, wo sie durch Umstürzen von Grabsteinen Schaden verursachen).

161 Unabhängig von der Haftung aus § 832 oder neben ihr kann sich eine Haftung aus § 823 wegen **Verletzung der allgemeinen Verkehrssicherungspflicht** ergeben, wenn jemand in seinem Herrschafts- und Einwirkungsbereich gefährliches Treiben von aufsichtsbedürftigen Personen iS des § 823 zuläßt, so zB wenn Eltern es ermöglichen, daß ihr Kind in ihrer Wohnung mit anderen Kindern unbeaufsichtigt ein gefährliches Spiel betreibt und einer der Spielkameraden einem anderen oder einer dritten unbeteiligten Person dabei Schaden zufügt (vgl BGH VersR 1965, 571; FamRZ 1968, 587 betr Überlassung einer Federpistole ohne Pfeil an knapp 4jährigen).

IX. Verhältnis zu anderen Vorschriften

1. § 823

162 § 832 regelt nur den Fall, daß die Vernachlässigung der Aufsichtspflicht zur Schädigung Dritter durch den Aufsichtsbedürftigen führt. Daher kann die (für den Geschädigten beweisrechtlich ungünstigere) Haftung nach § 823 neben derjenigen aus § 832 eingreifen, wenn der Aufsichtspflichtige entweder durch positives Tun einem (anderen) deliktischen Verhaltensgebot oder -verbot zuwiderhandelt oder durch Unterlassung eine andere Pflicht als die Aufsichtspflicht verletzt: Der Vater überläßt dem Kind eine Schußwaffe und weist es in deren Bedienung ein (positives Tun).

163 Zu beachten ist aber, daß eine Haftung aus § 823 Abs 1 wegen Verletzung einer Verkehrssicherungspflicht insoweit nicht in Betracht kommt, als die in Frage stehende Unterlassung zugleich eine Aufsichtspflichtverletzung iSd § 832 darstellt. § 832 verdrängt als lex specialis § 823 Abs 1. So obliegt einem Krankenhaus zwar eine allgemeine Verkehrssicherungspflicht gegenüber den Patienten und Besuchern; sie umfaßt vor allem Maßnahmen, die verhindern sollen, daß die im Krankenhaus aufgenommenen Patienten durch andere Kranke oder Besucher zu Schaden kommen. Wenn aber das Krankenhaus nicht verhindert, daß ein von ihm aufgenommenes Kind in der Kinderstation einen Säugling verletzt, so verletzt es damit seine Aufsichtspflicht gem § 832 Abs 2 (BGH NJW 1976, 1145; s dazu oben Rn 39). Die Pflichtverletzung fällt damit in den Bereich der Spezialvorschrift des § 832.

Sofern über § 823 hinaus jedoch auch eine **vertragliche** Verbindung zwischen dem Geschädigten und dem Aufsichtspflichtigen besteht, tritt die **Schadenersatzverpflichtung** aus dem Schuldverhältnis neben die Haftung aus § 832. Hat der Aufsichtsbedürftige in der Wohnung einen Brand verursacht, kann der Aufsichtspflichtige als Mieter gegenüber dem Vermieter auch wegen Verletzung der mietvertraglichen Obhutspflicht haften. Vertragsgerecht, und somit nicht schadensursächlich, hat sich der aufsichtspflichtige Mieter nur verhalten, wenn er seiner Aufsichtspflicht auch hinsichtlich § 832 genügte (OLG Hamm NJW-RR 1996, 153; ferner BGH NJW 1997, 2047 f).

2. § 831

Zu tatbestandlichen Überschneidungen mit § 831 kann es kommen, wenn ein Aufsichtspflichtiger die Führung der Aufsicht pflichtwidrig einem anderen überläßt. Werden die Tatbestände von § 832 und von § 831 verwirklicht, weil die auf das Personal und die auf den Aufsichtsbedürftigen bezogenen Pflichten zugleich verletzt werden, kommt es zur Anspruchskonkurrenz (anders ALBILT 219, der ein Spezialitätsverhältnis annimmt). Diese kann nur entstehen, wenn der Aufsichtspflichtige (Übertragender) zugleich Geschäftsherr und derjenige, welcher die Aufsicht ausführt (Übernehmer), zugleich dessen Verrichtungsgehilfe ist (zum Begriff des Verrichtungsgehilfen § 831 Rn 59 ff), zB von den Eltern beschäftigte Tagesmutter oder von einem Krankenhausträger angestellte Kinderkrankenschwester. Haben die Eltern ein nachlässiges Kindermädchen ausgewählt und unterläßt dieses es rechtswidrig, das Kind davon abzuhalten, einen Dritten zu schädigen, haften die Eltern sowohl nach § 832 Abs 1, weil sie ihrer Aufsichtspflicht gegenüber dem Kind nicht genügt haben, als auch nach § 831 Abs 1, weil sie einen ungeeigneten Gehilfen zu einer Verrichtung eingesetzt haben. Setzt ein Krankenhausträger, welcher die stationäre Versorgung eines Kindes und damit die Aufsicht (§ 832 Abs 2) übernommen hat, in der Kinderstation für diese Aufgabe ungeeignetes Personal ein, so haftet er sowohl nach § 832 Abs 2 als auch nach § 831 Abs 1, wenn das Kind infolge mangelnder Aufsicht einen Dritten schädigt (MARBURGER VersR 1971, 777, 782). In einem Fall, in dem ein Krankenhausträger seine Organisationspflicht verletzt hat, stützte der BGH (NJW 1976, 1145, 1146) die Haftung allein auf § 832 Abs 2; daneben wäre aber auch die Haftung wegen Organisationsverschuldens aus § 831 Abs 1 in Betracht gekommen. Dagegen ist die Anspruchskonkurrenz ausgeschlossen, wenn derjenige, welcher die Aufsicht übernommen hat, selbständig, nicht weisungsgebunden handelt (zB die Großeltern des aufsichtsbedürftigen Kindes), also kein Verrichtungsgehilfe der Eltern ist (BGH NJW 1976, 1145, 1146; BERNING/VORTMANN JA 1986, 17, 19); in diesem Fall kommt eine Haftung der Eltern nach § 832 Abs 1 unter anderem in Betracht, wenn sich in der Vergangenheit gezeigt hatte, daß die Großeltern der übernommenen Aufgabe nicht in ausreichendem Maße nachkommen konnten, sei es aufgrund ihres Alters oder des auffälligen Verhaltens ihres Enkels. Auch ein Krankenhaus, ein Erziehungsheim und ein Hort sind keine Verrichtungsgehilfen der Eltern. Die Anspruchskonkurrenz entsteht ferner nicht, wenn jemand, ohne selbst zur Aufsicht rechtlich verpflichtet zu sein (zB befreundete Eltern, Nachbarn), die (nur tatsächlich übernommene) Aufsicht einer anderen dazu nicht geeigneten oder nicht hinreichend kontrollierten Person (Verrichtungsgehilfe, zB Putzfrau, Kinderfrau) überträgt; schädigt das Kind Dritte, weil diese Person das Kind nicht beaufsichtigt hat, kommt eine Haftung der befreundeten Eltern oder Nachbarn als Geschäftsherren nur nach § 831 Abs 1, aber nicht als Aufsichtspflichtige nach § 832 Abs 2 in Betracht (BGH VersR 1968, 1043). Die Haftung nach § 832 Abs 2 scheitert daran, daß sie die Aufsicht nicht vertraglich übernommen haben.

165 Besteht eine Anspruchskonkurrenz zwischen § 832 und § 831, so werden in aller Regel die Anforderungen an den jeweiligen Entlastungsbeweis hinsichtlich des Organisationsverschuldens identisch sein (ALBILT 217 f).

3. § 839

166 Nach ständiger Rspr (RGZ 154, 117 [allg zum Verhältnis von § 839 zu §§ 823 ff]; anders zuvor 65, 290 [Haftung des Lehrers nach § 832]; BGHZ 13, 25, 28; OLG Hamburg NJW-RR 1988, 799; OLG Düsseldorf NJW-RR 1996, 671; RuS 1997, 413; OLG Dresden NJW-RR 1997, 857; OLG Karlsruhe OLGR 2006, 426 [Haftung des Heimträgers für Aufsichtspflichtverletzung von Heimleiterin und Erzieherin]; LG Aachen NJW 1992, 1051) und hL (ESSER/WEYERS, Schuldrecht II § 58 II; SCHOOF 38 f) verdrängt die Haftung nach § 839 diejenige nach § 832, wenn die Amtspflichtverletzung in der Verletzung der Aufsichtspflicht besteht. Diese öffentlich-rechtlich als Amtspflicht ausgestaltete Aufsichtspflicht entspricht zwar inhaltlich der allgemeinen Aufsichtspflicht nach § 832 (BGH NJW 1985, 677, 678; OLG Düsseldorf NJW-RR 1996, 671; RuS 1997, 413; OLG Dresden NJW-RR 1997, 857, 858; OLG Hamburg OLGR 1999, 190, 191; OLG Köln MDR 1999, 997; LG Bremen NJW-RR 1999, 969; OLG Karlsruhe OLGR 2006, 426), trotzdem ist die Haftung des Beamten (im haftungsrechtlichen Sinne) für die von ihm begangenen unerlaubten Handlungen in § 839 abschließend und selbständig geregelt, so daß daneben die allgemeine Deliktshaftung keine Anwendung findet (STAUDINGER/SCHÄFER[12] § 839 Rn 8); § 839 umschließt den allgemeinen deliktischen Eingriff (MünchKomm/PAPIER § 839 Rn 170). Beamtete oder angestellte Lehrer einer staatlichen Schule (anders bei einer Privatschule), die ihre Aufsichtspflicht gegenüber ihren Schülern vernachlässigen, haften daher nicht nach § 832, sondern nach § 839 (s oben Rn 22). Das gilt auch für einen Geistlichen, der an einer staatlichen Schule Religionsunterricht erteilt. Die Amtspflicht eines Lehrers, minderjährige Schüler zu beaufsichtigen, besteht nicht nur gegenüber den Mitschülern, sondern auch gegenüber Dritten (LG Aachen NJW 1992, 1051; MünchKomm/PAPIER § 839 Rn 215). Auch der Amtsvormund (§ 55 SGB VIII) haftet uU nach § 839, weil er in Ausübung eines öffentlichen Amts handelt (BGHZ 100, 313, 315).

167 **Bisher nicht abschließend geklärt ist, ob bei einer Aufsichtspflichtverletzung** des Amtsträgers im Rahmen des § 839 die Grundsätze des § 832 Abs 1 S 2 entsprechend Anwendung finden sollen, weil andernfalls der in Ausübung eines öffentlichen Amts Aufsichtspflichtige beweisrechtlich günstiger gestellt ist als andere (private) Aufsichtspflichtige. **Allerdings** steht auch der Geschädigte besser, weil er einen leistungsfähigen Schuldner hat (OLG Dresden NJW-RR 1997, 857, 858; OLG Hamburg OLGR 1999, 190, 191). Mit Recht bezweifelt MARBURGER (VersR 1971, 777, 788; kritisch auch ECKERT

175) die sachliche Rechtfertigung dafür und hält es für sinnvoller, die Verteilung der Beweislast einheitlich aus § 832 zu entnehmen (so ausdrücklich OLG Köln MDR 1999, 997, 998; dem folgend MERTENS MDR 1999, 998, 999 beide mit ausf Begründung; offen gelassen OLG Dresden NJW-RR 1997, 857, 858; **aM** ausdrücklich OLG Karlsuhe OLGR 2006, 426; OLG Düsseldorf VersR 1996, 710; OLG Hamburg OLGR 1999, 190, 191). Wie bereits ausgeführt (Rn 3, 146), entspricht es dem Wesen der Aufsichtspflicht als einer gesetzlichen Pflicht gegenüber dem Geschädigten, daß der Pflichtige Rechenschaft darüber ablegt, was er zur Erfüllung seiner Pflicht getan hat (Prot II 595; Rechtsgedanke von §§ 280 Abs 1 S 2, 286 Abs 4). Dieses Prinzip gilt für Amtsträger nicht minder als für Private (OLG Köln MDR 1999, 997, 998). Als Konsequenz wären staatliche und private Lehrer, Amtsvormünder und private Vormünder beweisrechtlich gleichgestellt. Die ältere Rspr des BGH (BGHZ 13, 25, 28) ist überholt. Denn sowohl bei der Haftung für Tiere als auch bei der Haftung für den Zustand von Gebäuden sind nach neuerer Rspr die Beweislastregelungen des § 833 S 2 (BGH VersR 1972, 1047, 1048; OLG Frankfurt VersR 1985, 646; OLG Düsseldorf NJW-RR 1995, 661; OLG Hamm NVwZ-RR 1997, 460) bzw § 836 Abs 1 S 2 (BGH NJW-RR 1990, 1500, 1501; OLG Köln NJW-RR 1991, 33; s auch § 836 Rn 98) im Rahmen des § 839 entsprechend heranzuziehen (OLG Köln MDR 1999, 997, 998; MERTENS MDR 1999, 998). Gleiches gilt für die Beweislastumkehr nach § 18 Abs 1 S 2 StVG (BGH NJW 1958, 868, 869; VersR 1959, 455, 458; 1966, 732). Ein plausibler Grund, warum für § 832 Abs 1 S 2 etwas anderes gelten solle, ist nicht ersichtlich (OLG Köln aaO). Dem Geschädigten wird regelmäßig der Nachweis der Aufsichtspflichtverletzung ohne Einblick in die internen Vorgänge beim Verpflichteten nicht möglich sein. Dann aber nützt auch die Inanspruchnahme eines zahlungsfähigen Schuldners nichts. Zweifel hinsichtlich der Erfüllung der Aufsichtspflicht werden sich daher zu Lasten des Pflichtigen auswirken, unabhängig davon, ob die Aufsichtspflicht dem Pflichtigen aufgrund eines privatrechtlichen Rechtsverhältnisses oder als Amtspflicht obliegt (MERTENS MDR 1999, 998, 999).

X. Eigenhaftung des Aufsichtsbedürftigen, §§ 827, 828

Ob der Aufsichtsbedürftige selbst für die Schäden verantwortlich ist, die er Dritten oder auch dem Aufsichtsbedürftigen zufügt, richtet sich nach §§ 827, 828 sowie dem eine subsidiäre Haftung des Aufsichtsbedürftigen eröffnenden § 829 (zur Reform des § 828 durch das Zweite Gesetz zur Änderung schadenersatzrechtlicher Vorschriften s Rn 61). Sind sowohl der Aufsichtsbedürftige als auch der Aufsichtspflichtige einem verletzten Dritten zum Schadenersatz verpflichtet, haften sie als **Gesamtschuldner**. Im Innenverhältnis ist der Aufsichtsbedürftige ausgleichspflichtig (§ 840 Abs 2), im Fall der Haftung nach § 829 dagegen der Aufsichtspflichtige allein (§ 840 Abs 2).

Prozessual ist eine **Parteierweiterung** in zweiter Instanz durch den geschädigten Dritten auch gegen den Aufsichtsbedürftigen grds ausgeschlossen, wenn seitens des Aufsichtsbedürftigen die Einwilligung, § 263 ZPO, verweigert wird. Die Verweigerung der Einwilligung ist regelmäßig nicht mißbräuchlich. Zum Nachteil des Aufsichtsbedürftigen entfällt eine Tatsacheninstanz. Auch wird ein neuer Streitgegenstand eingeführt, für den es jedenfalls teilweise auf andere Umstände ankommt, als bei der Beurteilung der Haftung des Aufsichtspflichtigen. Hier müssen zusätzlich die zur Bewertung der Deliktsfähigkeit erforderlichen Tatsachen festgestellt werden (OLG Celle FamRZ 1998, 233, 234).

Die Auffassung, dass die Konkurrenz der zu Lasten der Aufsichtspflichtigen geltenden Haftungsnorm des § 832 mit der zu Lasten des handelnden Kindes oder Jugendlichen geltenden Haftungsnorm auf Tatbestandsebene zu berücksichtigen sei (HABERSTROH VersR 2000, 806), verkennt die Systematik der Haftungsbestimmungen bei unerlaubten Handlungen Minderjähriger. Aus § 828 ergibt sich nicht, daß stets eine Verletzung der Aufsichtspflicht iSv § 832 gegeben ist, wenn das Kind nach § 828 Abs 1, 2 nicht verantwortlich ist, weil es das 7. bzw 10. Lebensjahr noch nicht vollendet hat. Der Fall, daß die Haftung nach § 828 wegen Nichterreichens des 7. oder 10. Lebensjahres ausscheidet, andererseits die Haftung des Aufsichtspflichtigen nicht greift, ist in § 829 geregelt. Danach kann zwar der geschäftsunfähige Minderjährige unter weiteren Voraussetzungen haften, jedoch nur, „sofern der Ersatz nicht von einem aufsichtspflichtigen Dritten erlangt werden kann". Insofern knüpft § 829 in seinen Voraussetzungen an § 832 an. Die Vorschrift enthält eine Ersatzpflicht des Kindes aus Billigkeitsgründen, welche entbehrlich wäre, wenn immer eine Haftung nach § 832 bestünde, sofern der Aufsichtsbedürftige das 7. bzw 10. Lebensjahr noch nicht erreicht hat (AG Frankfurt/aM NJW-RR 1997, 1314).

XI. Exkurs: Schädigung des Aufsichtsbedürftigen

1. Schädigung durch den Aufsichtspflichtigen

169 Verletzt der Aufsichtspflichtige seine familienrechtliche Aufsichtspflicht gegenüber dem Aufsichtsbedürftigen und kommt dieser dabei zu Schaden, so kann seine Haftung aus Vertrag, § 823 (dazu BGHZ 73, 190, 194; BGH NJW 1984, 789; OLG Düsseldorf NJW-RR 1999, 1042) oder aus der Verletzung einer familienrechtlichen Pflicht folgen (FUCHS NZV 1998, 7, 9). Umstritten ist, ob auf die Haftung des Aufsichtspflichtigen für durch Aufsichtspflichtverletzungen verursachte Schäden des Minderjährigen der **Verschuldensmaßstab von § 1664 Abs 1** anwendbar ist. Teilweise wird das verneint, weil die Aufsichtspflicht nach objektiven Kriterien zu bestimmen sei (OLG Stuttgart VersR 1980, 957; LG Tübingen NJW-RR 1990, 346). Zunehmende Stimmen in Rspr und Literatur wenden sich aber gegen eine derart weitgehende Beschränkung des Anwendungsbereichs von § 1664 Abs 1. Sie wollen die Vorschrift auch auf deliktisch begründete Ersatzansprüche anwenden, sofern die zum Schadenersatz verpflichtende Handlung im inneren Zusammenhang mit der Ausübung der elterlichen Sorge steht. Vom Anwendungsbereich erfaßt werden damit auch Verletzungen des Kindes infolge mangelnder Beaufsichtigung (OLG Hamm NJW 1993, 542, 543; MDR 1999, 677, 678; OLG Düsseldorf NJW-RR 1999, 1042; ausdrücklich noch offen BGH NJW 1988, 2667, 2669; OLG Düsseldorf NJW-RR 1998, 98, 99; SUNDERMANN JZ 1989, 927, 933). Da Haftungserleichterungen in der Regel auf umfassende Wirkung angelegt sind, ist die Beschränkung der Anwendung von § 1664 systemwidrig (vgl OLG Hamm NJW 1993, 542). Eine Haftungserleichterung zugunsten des aufsichtspflichtigen Lebenspartners nach § 4 LPartG kommt nicht in Betracht, da diese nur die Erfüllung „einander" geschuldeter Pflichten betrifft.

§ 832 enthält lediglich eine ausdrückliche Regelung für die Schädigung Dritter aufgrund einer Aufsichtspflichtverletzung, nicht jedoch eine Regelung für die Schädigung des Aufsichtsbedürftigen durch eine Aufsichtspflichtverletzung des Aufsichtspflichtigen. Auch können sich die aufsichtspflichtigen Eltern gegen die Inanspruchnahme aus § 832 versichern, nicht jedoch für die Verletzung des eigenen Kindes, welchem sie gerade für die Folgen einer derartigen Schädigung persönliche Fürsorge und Schutz gewähren werden. Aus diesem Grunde ist die Anwendung des milderen Haftungsmaßstabes gem § 1664 auch im Rahmen der Personensorge nach § 1631 gerechtfertigt (OLG Düsseldorf NJW-RR 1999, 1042, 1043). Die Anwendung der Haftungsbeschränkung ist jedoch auf den Fall der sorge- oder zumindest umgangsberechtigten Eltern (zur analogen Anwendung auf den nur umgangsberechtigten Elternteil BGHZ 103, 338, 345 m Anm LANGE JZ 1989, 48) begrenzt und kann nicht im Wege der Analogie auf andere Obhutspersonen übertragen werden (BGH NJW 1996, 53 f für Au-pair-Mädchen).

Eine Haftung des Aufsichtspflichtigen folgt dagegen **nicht aus** § 832 (BGHZ 73, 190, 194; OLG Koblenz NJW-RR 1991, 543; VersR 1995, 50): Hier geht es gerade nicht um eine Verletzung der Aufsichtspflicht in ihrer von § 832 allein erfaßten Drittschutzdimension (s zur Schutzrichtung des § 832 oben Rn 4), sondern um die Verletzung der dem Aufsichtsbedürftigen gegenüber bestehenden und seinem Schutz dienenden Aufsichtspflicht. Die **Anforderungen an eine gehörige Erfüllung der Aufsichtspflicht**, wie sie für § 832 gelten, sind jedoch auch im Verhältnis zwischen Aufsichtspflichtigen und Aufsichtsbedürftigen zu beachten. Für die Frage des Umfangs der Aufsichtspflicht macht es keinen Unterschied, ob durch die Aufsicht eine Selbstschädigung des Aufsichtsbedürftigen oder eine Schädigung Dritter verhindert werden soll (LG Mannheim VersR 1999, 103; OLG Oldenburg NJW-RR 1995, 983).

Der gleiche Maßstab gilt nicht nur für kraft Gesetzes Aufsichtspflichtige (§ 832 Abs 1) und bei vertraglicher Übernahme der Aufsicht (§ 832 Abs 2), sondern auch dann, wenn **die Aufsicht** nur **aus Gefälligkeit** tatsächlich **übernommen** wurde (s oben Rn 41) und die Aufsichtsperson gegenüber dem Aufsichtsbedürftigen nach § 823 Abs 1 aufgrund einer aus dem Gefälligkeitsverhältnis resultierenden Garantenstellung für die unterlassene gehörige Beaufsichtigung haftet (LG Mannheim VersR 1999, 103; idS entscheiden auch OLG Oldenburg NJW-RR 1995, 983 und OLG Hamm VersR 2000, 457, wenn sie die von der Rspr zu § 832 entwickelten Grundsätze und Konkretisierungen der Aufsichtspflicht und ihrer Verletzung auf Haftungsfälle aus Gefälligkeiten – ohne nähere Erläuterung – übertragen). Die tatsächliche Übernahme der Obhut nur aus Gefälligkeit steht der Haftung für Schäden des Aufsichtsbedürftigen nach §§ 823 Abs 1, 276 nicht entgegen. Eine regelmäßige Haftungsmilderung auf den Maßstab des § 277 würde den Schutz des Aufsichtsbedürftigen vor fahrlässiger Schädigung durch ihre Aufsichtspersonen in unvertretbarer Weise einschränken (BGH NJW 1996, 53, 54). Aus der Gewährung einer Gefälligkeit ist grds kein Haftungsausschluß ableitbar (BGH NJW 1992, 2474). Andererseits muß es auch für die Übernahme der Aufsicht aus Gefälligkeit möglich bleiben, daß durch ein Hinzutreten besonderer Umstände eine stillschweigende **Haftungsbeschränkung** festgestellt werden kann. Wird bspw zusätzlich zur Aufsicht über ein eigenes Kind aus Gefälligkeit die Aufsicht über einen Spielkameraden übernommen, dann ist den Beteiligten offen erkennbar, daß die Aufsicht über beide Kinder tatsächlich nur einheitlich geführt werden kann. Würde die Aufsichtspflichtverletzung bei einer Schädigung des eigenen Kindes nicht zur Haftung gereichen, dann wird bei einer Schädigung im Rahmen der übernommenen Aufsicht eine Haftungsbeschränkung zu erfolgen haben. Wer hier die Aufsicht gefälligkeitshalber überträgt, handelt in dem erkennbaren Bewußtsein, mit der Aufsichtsführung des Übernehmers gegenüber dessen Kinde einverstanden zu sein. Mehr als diese

Aufsichtsführung kann der Übertragende daher gegenüber seinem Kinde ebenfalls nicht erwarten.

2. Schädigung durch einen Dritten und den Aufsichtspflichtigen

a) Gesamtschuldverhältnis

170 Verletzt ein Dritter den Aufsichtsbedürftigen, so haftet er diesem nach §§ 823 ff. Hat im Rahmen der Schadenszufügung der Aufsichtspflichtige seine auf den Aufsichtsbedürftigen bezogene und dessen Schutz dienende Aufsichtspflicht schuldhaft verletzt (soeben Rn 169), haften dem Aufsichtsbedürftigen sowohl Dritter als auch Aufsichtspflichtiger. Zwischen beiden besteht ein zum Ausgleich verpflichtendes Gesamtschuldverhältnis (BGHZ 73, 190, 192 mit Recht gegen RG Gruchot 65, 477; OLG Düsseldorf MDR 1982, 142; OLG Frankfurt ZfS 1993, 116; LG Tübingen NJW-RR 1990, 346; BGB-RGRK/Kreft Rn 10). Sie sind dann Nebentäter iSv § 840 Abs 1 (LG Mannheim VersR 1999, 103). Der BGH (aaO) weist zu Recht darauf hin, daß das Gesamtschuldverhältnis nicht durch die elterliche Verpflichtung gem §§ 1601 ff begründet werden kann, etwa für Behandlungskosten aufzukommen, sondern nur durch eine Schadenersatzhaftung. Zu beachten ist: Wenn einem Elternteil der gemilderte Verschuldensmaßstab der §§ 1664, 277 zugute kommt, fehlt es bereits am haftungsbegründenden Merkmal des Verschuldens, so daß bereits der Haftungstatbestand nicht gegeben ist. Es handelt sich nicht um den Fall eines „gestörten Gesamtschuldverhältnisses"; es besteht vielmehr mangels Haftung des Aufsichtspflichtigen schon tatbestandlich kein Gesamtschuldverhältnis, das „gestört" werden könnte (BGHZ 103, 338, 347 m abl Anm Lange JZ 1989, 48; OLG Hamm RuS 1995, 455; MDR 1999, 677, 678; OLG Schleswig NJW-RR 1999, 606, 607; OLG Düsseldorf NJW-RR 1999, 1042, 1043). Ebenfalls ausgeschlossen kann ein Gesamtschuldverhältnis zwischen Drittschädiger und Aufsichtspflichtigem sein, wenn zwischen Aufsichtspflichtigem und Aufsichtsbedürftigem eine **Haftungseinheit** iR des § 254 anzunehmen ist (dazu unten Rn 173; BGH NJW 1996, 2023, 2024 f; eingehend Roth, Haftungseinheiten bei § 254 [1982] 98 ff).

171 Haftet einem verletzten Kind neben dem Aufsichtspflichtigen der Drittschädiger, so ist die Legalzession des Ersatzanspruchs gegen den Drittschädiger gem § 116 SGB X (früher § 1542 RVO) zugunsten eines Sozialversicherungsträgers zu beachten. Versicherungsrechtlich ist ein Regreß gegen den Aufsichtspflichtigen auf der Basis des übergegangenen Schadenersatzanspruchs nicht möglich. § 67 Abs 2 VVG schließt den Übergang von Ersatzansprüchen des Versicherungsnehmers gegen einen mit ihm in häuslicher Gemeinschaft lebenden Familienangehörigen aus. Eine entsprechende Regelung findet sich in § 116 Abs 6 SGB X für den Bereich der Sozialversicherung. Um nun den Drittschädiger vor der gesamten Schadenslast zu bewahren, wird der Anspruch des verletzten Kindes anteilsmäßig um den Haftungsanteil des Aufsichtspflichtigen gekürzt. Analog § 67 Abs 2 VVG ist daher die Legalzession auf den Anteil der Haftung beschränkt, den der Drittschädiger im Innenverhältnis gegenüber dem Aufsichtspflichtigen zu tragen hätte (BGHZ 54, 256, 258; 73, 190, 195 = LM § 426 Nr 49 m Anm Dunz; OLG Frankfurt ZfS 1993, 116; Fuchs NZV 1998, 7, 11).

b) Zur Anrechnung des Mitverschuldens des Aufsichtspflichtigen

172 Haften Dritter und Aufsichtspflichtiger dem Kind, besteht zwischen ihnen ein zum Ausgleich verpflichtendes Gesamtschuldverhältnis (Rn 170). Demgegenüber kann der schädigende Dritte dem geschädigten Aufsichtsbedürftigen nicht ohne weiteres ein Mitverschulden des Aufsichtspflichtigen (gesetzlichen Vertreters) entgegenhalten (BGHZ 1, 248; 73, 190, 192; BGHZ 103, 338, 342 f; BGH FamRZ 1964, 505; VersR 1975, 133, 134 mwN; OLG Frankfurt ZfS 1993, 116; OLG Schleswig RuS 1995, 11, 12; OLG Hamm NJW-RR 1998, 1181). So zB wenn ein Kind, das an der Hand seines sich unvorsichtig verhaltenden Vaters die Straße überquert, von einem Kraftfahrzeug verletzt wird. Es gelten also die gleichen Grundsätze wie bei der Frage, ob sich ein nach § 828 Schuldunfähiger das Mitverschulden seines gesetzlichen Vertreters bei der Entstehung eines ihm zugefügten Schadens anrechnen lassen muß (vgl STAUDINGER/SCHÄFER[12] § 828 Rn 38). Eine Anrechnung des Mitverschuldens des Aufsichtspflichtigen entfällt auch, wenn der Aufsichtspflichtige dem verletzten Aufsichtsbedürftigen Unterhalt (Kosten der Heilung usw) gewährt hat und gegen den Schädiger aus Geschäftsführung ohne Auftrag oder aus ungerechtfertigter Bereicherung vorgeht; auch insoweit greift der Gedanke durch, daß § 832 dem Schutz Dritter gegen den Aufsichtsbedürftigen, nicht dem Schutz des Aufsichtsbedürftigen selbst dient (RGZ 53, 312; OLG Celle RdK 1933, 47; NJW 1962, 51; hM; **aM** KRÜCKMANN JherJb 55, 199).

173 Eine Anrechnung des Mitverschuldens des Aufsichtspflichtigen kommt jedoch in Betracht, wenn zwischen ihm und dem Aufsichtsbedürftigen eine **Haftungseinheit** besteht (zu deren Voraussetzungen s BGH NJW 1996, 2023, 2024; ausführlich ROTH, Haftungseinheiten bei § 254 BGB [1982] 98 ff). Eine solche scheidet aus, wenn der nicht deliktsfähige Aufsichtsbedürftige den Schaden nicht in zurechenbarer Weise, § 828, mitverursacht hat (BGHZ 103, 338, 344; OLG Hamm MDR 1999, 677). Haftungseinheit ist allgemein nur feststellbar, wenn der Schaden in zurechenbarer Weise verursacht wurde (OLG Düsseldorf VersR 1982, 300, 301). Im Rahmen der Ermittlung der Haftungseinheit kann sich der Aufsichtspflichtige ebenfalls auf den milderen Haftungsmaßstab des § 1664 berufen (OLG Düsseldorf NJW-RR 1999, 1042, 1043).

174 Eine **Anrechnung des Mitverschuldens** Dritter ist generell nur nach Maßgabe der insoweit von § **254 Abs 2 S 2** getroffenen Bestimmung möglich. Daher ist die Vernachlässigung der Aufsichtspflicht gem dieser Rechtsgrundverweisung nach § 278 (dazu STAUDINGER/SCHIEMANN [1998] § 254 Rn 95 ff) dem Aufsichtsbedürftigen zuzurechnen, wenn der Aufsichtspflichtige **gesetzlicher Vertreter** des aufsichtsbedürftigen Geschädigten ist und zwischen diesem und dem Ersatzpflichtigen schon vor dem Schadenseintritt eine rechtliche **Sonderverbindung**, insbes schuldrechtliche oder schuldrechtsähnliche Beziehungen bestanden, welche die Anwendbarkeit des § 278 rechtfertigen (vgl BGHZ 1, 248; 3, 46; 9, 316; 73, 192; 103, 338, 342 f; BGH VersR 1959, 1009; 1962, 783; 1964, 730; 1975, 134; 1980, 938; 1981, 855; NJW 1980, 2080; VRS 62, 338, 342; OLG Köln VersR 1982, 154; OLG Naumburg VersR 1996, 1384, 1385; OLG Celle FamRZ 1998, 233, 234; OLG Düsseldorf NJW-RR 1998, 98, 99; OLG Hamm MDR 1999, 677; RuS 2000, 237, 238; OLG Schleswig NJW-RR 1999, 606, 607; SCHMALZL VersR 1983, 280; s auch BGH NJW 1977, 1392 sowie STAUDINGER/OECHSLER [1998] § 828 Rn 38 und STAUDINGER/SCHÄFER[12] § 839 Rn 356). Als Sonderverbindungen kommen etwa in Betracht alle vom gesetzlichen Vertreter für den Aufsichtsbedürftigen abgeschlossenen Verträge, zB Beförderungs-, Behandlungsverträge etc. Gleiches gilt, wenn und soweit das zwischen dem Schädiger und dem Aufsichtspflichtigen begründete Schuldverhältnis eine Schutzwirkung zugunsten Dritter, hier in der Person des Aufsichtsbedürftigen, entfaltet (OLG Hamm RuS 2000, 237, 238 – Bewirtungsvertrag). In diesem Rahmen ist auch das Mitverschulden von Personen anrechenbar, welche der Aufsichtspflichtige mit der Beaufsichtigung betraut hat (vgl BGHZ 24, 325 betr Kinder, die als Fahrgäste der Bahn einen Unfall erleiden, wenn sie während der Fahrt im Einverständnis der Eltern von Angestellten des Jugendamts betreut werden). Für die Annahme einer Sonderverbindung ist noch nicht ausreichend, wenn der Aufsichtsbedürftige „unter den Augen" und mit Zustimmung der aufsichtspflichtigen Person des Dritten, hier der Mutter, mit diesem spielt und später bei Gelegenheit des Spiels verletzt (OLG Düsseldorf NJW-RR 1998, 98, 99; auch OLG Schleswig NJW-RR 1999, 606, 607). Ein Sonderrechtsverhältnis wird ferner auch nicht allein dadurch begründet, daß der Mutter des geschädigten Spielkameraden – von ihr stillschweigend akzeptiert – für die Dauer der Abwesenheit des Aufsichtspflichtigen faktisch die Aufsicht über beide Kinder zufällt (OLG Hamm MDR 1999, 677). Auch muß sich der verletzte Aufsichtsbedürftige ein **Mitverschulden** des Aufsichtspflichtigen (gesetzlichen Vertreters) **bei der Schadensminderung** (§ 254 Abs 2 S 1) anrechnen lassen (vgl dazu BGHZ 33, 136, 142).

Die dargestellten Grundsätze gelten auch, wenn ein weiterer Aufsichtsbedürftiger, der unter der Obhut desselben Aufsichtspflichtigen steht, vom Aufsichtsbedürftigen geschädigt wird. Auch ein anderer Aufsichtsbedürftiger, der unter der Obhut desselben Aufsichtspflichtigen steht, ist „Dritter" iSd § 832 (s oben Rn 47).

3. Geschäftsführung ohne Auftrag

175 Wenn Kraftfahrer Kinder aus Lebensgefahr retten oder vor ernsten körperlichen Schäden bewahren, stellt sich die Frage, ob und inwieweit sie das Kind und dessen Eltern aus Geschäftsführung ohne Auftrag (§ 683) in Anspruch nehmen können, wenn sie dabei selbst einen Schaden erleiden (vgl ausf OLG Jena OLG-NL 1998, 101, 102 f; ferner LAUFS NJW 1967, 2294, 2297; FRIEDRICH VersR 2000, 697; ders VersR 2005, 1660; OLG Oldenburg VersR 2005, 807). Das setzt unter anderem voraus, daß der Kraftfahrer ein fremdes Geschäft führt, was nicht der Fall ist, wenn er eine eigene Haftung aus §§ 823 ff und 7, 17, 18 StVG vermeiden will. Denn hätte er im fiktiven Fall der Kollision für den Schaden gehaftet, soll er auch die Kosten des Ausweichens tragen (BGHZ 38, 270, 273; OLG Oldenburg VersR 2005, 807; STAUDINGER/BERGMANN [2006] Vorbem 153 zu § 677; MünchKomm/SEILER § 683 Rn 23 jeweils mwN). Für die Frage der Haftung nach § 7 StVG ist maßgeblich, ob der Entlastungsbeweis nach § 7 Abs 2 StVG gelingt. Seit dem 2. SchadÄndG ist die Entlastungsmöglichkeit nach § 7 Abs 2 StVG allerdings eingeschränkt worden. Nunmehr reicht für den Ausschluß der Haftung nicht mehr ein unabwendbares Ereignis aus; erforderlich ist vielmehr, daß der Unfall durch höhere Gewalt verursacht worden ist. Höhere Gewalt ist ein betriebsfremdes, von außen durch elementare Naturkräfte oder durch Handlungen dritter Personen herbeigeführtes Ereignis, das nach menschlicher Einsicht und Erfahrung unvorhersehbar ist, mit wirtschaftlich erträglichen Mitteln auch durch äußerste, nach der Sachlage vernünftigerweise zu erwartende Sorgfalt nicht verhütet oder unschädlich gemacht werden kann und auch nicht wegen seiner Häufigkeit in Kauf zu nehmen ist (BGHZ 159, 19, 22 f; OLG Saarbrücken NZV 2006, 418, 419; OLG Oldenburg VersR 2005, 807; HENTSCHEL § 7 StVG Rn 32; JANISZEWSKI/JAGOW/BURMANN § 7 StVG Rn 18; GEIGEL 25.6 Rn 94). Selbst grobe Regelverstöße anderer Verkehrsteilnehmer stellen kein betriebsfremdes Ereignis dar, weil sie im Zusammenhang mit dem Einsatz des Fahrzeugs als Verkehrsmittel stehen. Wegen ihrer Häufigkeit, sind sie auch nicht vollkommen unvorhersehbar. Deshalb ist höhere Gewalt bei schadensauslösendem Verhalten von (nicht deliktsfähigen) Kindern im Straßenverkehr in der Regel nicht gegeben (OLG Oldenburg VersR 2005, 807; HENTSCHEL § 7 StVG Rn 33; JANISZEWSKI/JAGOW/BURMANN § 7

StVG Rn 19; FRIEDRICH VersR 2005, 1660, 1661). Etwas anderes kann allenfalls gelten, wenn der Unfall vorsätzlich durch das Kind verursacht wurde, denn vorsätzliche Eingriffe anderer in den Straßenverkehr werden als höhere Gewalt eingestuft (JA-NISZEWSKI/JAGOW/BURMANN § 7 StVG Rn 19). Ist der Fahrer nicht der Halter, führt er ein eigenes Geschäft nur, wenn er sich nicht nach § 18 Abs 1 S 2 StVG exculpieren kann, er also nicht nachweisen kann, daß er die gewöhnliche verkehrserforderliche Sorgfalt angewandt hat (vgl HENTSCHEL § 18 StVG Rn 4 mwN). Gelingt ihm die Exculpation, scheidet ein Anspruch gegen das Kind aus Geschäftsführung ohne Auftrag dennoch aus, wenn sich der Halter nicht nach § 7 Abs 2 StVG entlasten kann, weil der Fahrer in diesem Fall ausschließlich ein Geschäft des Halters führt (STAUDINGER/BERGMANN [2006] Vorbem 153 zu § 677; BGB-RGRK/STEFFEN Vor § 677 Rn 17). Damit werden sich in der Praxis kaum Konstellationen ergeben, in denen Kraftfahrer Kinder aus Geschäftsführung ohne Auftrag in Anspruch nehmen können. Das entspricht der Intention des Gesetzgebers. Mit der Änderung von § 7 Abs 2 StVG wurde unter anderem bezweckt, die Position von Kindern über die bereits in § 3 Abs 2 a StVO getroffene Regelung hinaus zu stärken. Durch § 828 Abs 2 werden Kinder bis zum vollendeten 10. Lebensjahr völlig aus der zivilrechtlichen Verantwortung im Verkehrsbereich herausgenommen; sie haften nämlich weder als Täter, noch müssen sie sich als Opfer ein etwaiges Mitverschulden gem § 254 anrechnen lassen (FRIEDRICH VersR 2005, 1660 mwN; Begr des RegE BT-Drucks 14/7752, 30).

Eine Haftung der Eltern aus Geschäftsführung ohne Auftrag ist ebenfalls nur in seltenen Konstellationen denkbar, weil Kraftfahrer, die eine eigene Haftung oder eine Haftung des Halters aus § 7 StVG abwenden wollen, auch im Verhältnis zu den Eltern kein fremdes Geschäft führen. Zu den Auswirkungen von § 828 Abs 2 auf den Anspruch gegen die Eltern aus § 832 vgl oben Rn 61.

In Fällen, in denen Ansprüche aus Geschäftsführung ohne Auftrag gegen die Eltern noch in Betracht kommen, muß nach zutreffender Auffassung des LG Berlin (VersR 1999, 1510, 1511) die Inanspruchnahme ihre Grenze finden, wo die Aufsichtspflicht endet, deren Verletzung die Haftung nach § 832 auslöst. Der Gesetzgeber hat in § 832 die Voraussetzungen und Grenzen einer Haftung der Eltern für deliktische Handlungen ihrer minderjährigen Kinder festgelegt. Der Rückgriff auf das Institut der Geschäftsführung ohne Auftrag darf nicht dazu führen, eine vom Gesetzgeber nicht gewollte Haftung der Eltern für ihre Kinder zu begründen (so auch CANARIS JZ 1963, 660). „Die Haftung der Eltern für ihre Kinder" ist durch § 832 abschließend geregelt. Genügen die Eltern den durch § 832 gesetzten Anforderungen, kann über die GoA keine weitergehende Haftung der Eltern für das Verhalten ihrer Kinder begründet werden (vgl auch STAUDINGER/BERGMANN [2006] Vorbem 154 zu § 677 mwN).

XII. Reformtendenzen

Die Kommission zur Überarbeitung des Schuldrechts hat hinsichtlich § 832 keine Änderungsvorschläge unterbreitet. Gleichwohl ist die Vorschrift in ihrer gegenwärtigen Fassung Gegenstand der Kritik. Einig sind sich die Kritiker im Gegenstand ihrer Beanstandung, der Verschuldensvermutung mit Exculpationsmöglichkeit für den Aufsichtspflichtigen (ausf BERNAU VersR 2005, 1346). Die Reformvorschläge gehen dabei jedoch in diametral entgegengesetzte Richtungen. Die eine Gruppe der Kritiker verlangt statt dessen eine objektive Einstandspflicht des Aufsichtspflichtigen für die vom Aufsichtsbedürftigen rechtswidrig verursachten Schäden (BERNING/VORT-MANN JA 1986, 12, 20; SCHLEGELMILCH 121, 128; SCHEFFEN DAR 1991, 121, 124; DINSLAGE, Dt Verkehrsgerichtstag 17 [1979] 186, 193). Dabei wird teilweise eine Übernahme der Regelung in Art 1384 code civil befürwortet, wonach lediglich der Nachweis der Unvermeidbarkeit die Haftung ausschließt (SCHLEGELMILCH aaO). Jedenfalls soll bei der Konkretisierung der jeweiligen Aufsichtspflicht darauf Rücksicht zu nehmen sein, daß die Haftungsanforderungen des deutschen Rechts beim Einstehen für die eigenen minderjährigen Kinder im Vergleich mit einzelnen anderen europäischen Rechtsordnungen eher geringen Umfang haben. Für eine Absenkung bestehe daher kein Anlaß (OLG Celle FamRZ 1998, 233). Teilweise wird das Eintreten für eine Einstandspflicht mit Reformüberlegungen hinsichtlich der Anhebung der Deliktsfähigkeit auf 10 Jahre gekoppelt (SCHEFFEN aaO, s oben Rn 61). Zur Vermeidung einer existenzvernichtenden Ersatzpflicht des Minderjährigen befürworten andere die Ergänzung von § 828 um eine sog Reduktionsklausel, nach der die Haftung des Minderjährigen gemindert werden kann (GOECKE 257; zust STEFFEN VersR 1998, 1449, 1452). Ganz entgegengesetzt haben GROSSFELD/MUND (FamRZ 1994, 1504, 1508 f) vehement für die Abschaffung der die Familien ungerechtfertigterweise belastenden Beweislastumkehr und für eine Haftungsbeschränkung analog der Arbeitnehmerhaftung auf Vorsatz und grobe Fahrlässigkeit plädiert. Auch DEUTSCH/AHRENS (Deliktsrecht Rn 3326) fordern die Abschaffung der Bestimmung, weil sie ihre frühere Funktion verloren habe, den Zugriff auf das Familienvermögen zu eröffnen. Von diesen beiden Strömungen heben sich jene ab, die aufbauend auf vHIPPEL (FamRZ 1968, 574) § 832 selbst unverändert lassen wollen und stattdessen, um der Haftungsrisiken Herr zu werden, eine Pflichtversicherung für Kinder verlangen (KÖTZ, Deliktsrecht Rn 332; vHIPPEL FamRZ 1968, 574, 575; BERNING/VORTMANN JA 1986, 12, 20; s auch SCHEFFEN ZRP 1991, 458, 463; SCHWINTOWSKI ZRP 2003, 391). Die Einführung einer Pflichtversicherung kann das Problem der Führung des Entlastungsbeweises jedoch nicht lösen (GROSSFELD/MUND FamRZ 1994, 1504, 1507; SCHOOF 136). Kinder werden damit auch zu einem Gefahrenobjekt degradiert, was mit der Achtung der Menschenwürde, Art 1 Abs 1 GG, nicht zu vereinbaren ist. Darüber hinaus ist es gerade typisch für Haftpflichtversicherungen, daß der Versicherungsnehmer gleichzeitig Nutznießer des versicherten Risikos ist (zB bei Kraftfahrzeugen, Atomanlagen). Eltern haben durch Kinder jedoch keine geldwerten Vorteile, geschweige denn Nutzungen. Ganz im Gegenteil haben sie hohe Erziehungs- und Ausbildungskosten zu tragen. Da Eltern mit der Erziehung von Kindern eine gesellschaftlich wichtige Aufgabe erfüllen (BVerfGE 103, 242 = NJW 2001, 1712), sollte man eher an eine staatliche Haftpflichtversicherung denken. Eine private Pflichtversicherung ist jedenfalls nicht angezeigt (SCHOOF 136 ff m weiteren Argumenten).

177 Wenn eine Vorschrift reformiert wird, sollte feststehen, daß die bestehende Gesetzeslage reformbedürftig ist. Dafür spricht zunächst, daß der verfassungs- und familienrechtliche Kontext, auf den § 832 Bezug nimmt, sich seit dem Inkrafttreten der Vorschrift geändert hat. Auch haben sich die Aufgabenverteilung innerhalb der Familie, das Eltern-Kind-Verhältnis und die Stellung der Familie in der Gesellschaft seitdem grundlegend gewandelt. Die Einstellung der Gesellschaft zum behinderten (aufsichtsbedürftigen) Menschen und seine Lebensführung haben sich ebenfalls verändert. Als Konsequenz daraus sind die Schadensrisiken, die von Minderjährigen oder geistig Behinderten ausgehen, heute anders zwischen dem Aufsichtspflichtigen und der Gesellschaft zu verteilen als noch beim Inkrafttreten der Vorschrift. Im einzelnen: Die Familie steht unter dem besonderen Schutz des Staates (Art 6 GG). Sein Bestreben muß es sein, zur Elternschaft zu ermutigen. Entsprechendes gilt für die Betreuung Behinderter. Daher darf der Gesetzgeber die Erziehung von Kindern oder die Sorge für Behinderte nicht mit unzumutbaren Haftungsrisiken belasten. Die Eltern bzw Betreuer nehmen selbstlos Aufgaben wahr, die von hohem Wert für die Gesellschaft sind. Das Erziehungsrecht dient vorrangig dem Kind, die Aufsichtspflicht dem Kind und der Allgemeinheit, einen eigenen Nutzen haben die Eltern kaum. Wer sich um Behinderte kümmert, nimmt selbstlos Belastungen auf sich. Das gesetzliche Leitbild für die Erziehung besteht darin, Kinder zu befähigen, selbstverantwortlich und eigenständig zu leben. Dazu müssen ihnen Freiheitsräume in einer kinderfreundlichen Gesellschaft überlassen werden. Akzeptiert die Gesellschaft, daß Kinder für ihre Entwicklung Spielräume benötigen, daß Behinderte nicht auszugrenzen, sondern in die Gesellschaft zu integrieren sind, muß sie in Kauf nehmen, daß daraus Gefahren erwachsen, die sich in Schäden Dritter realisieren, ohne daß stets jemand dafür haftet (vgl OLG Hamm MDR 2000, 454, 455). Dennoch bleibt fraglich, ob § 832 reformiert werden muß. Die Vorschrift ist zwar alt, aber durch ihre Anpassungsfähigkeit nicht überholt. Ausschlaggebend ist, welche Anforderungen daran gestellt werden, ob der Aufsichtspflichtige seine Aufsichtspflicht erfüllt hat. An diesem Punkt ist die Norm für Wertungen offen, die sich aus Art 6 GG und dem Familienrecht ergeben. Sie legen es nahe, eine Verletzung der Aufsichtspflicht **nur noch bei groben Verstößen** des Aufsichtspflichtigen anzunehmen. Damit erübrigt sich die Abschaffung des Exculpationsbeweises. Müßte der Geschädigte nachweisen, daß der Aufsichtspflichtige seine Aufsichtspflicht nicht gehörig erfüllt hat, gelangte er aus Beweisnot fast nie zum Ersatz. Denn die familiäre Sphäre ist dem Geschädigten verschlossen, Art 6 GG verbietet Dritten, in diesen Bereich (nachforschend) einzudringen. Zweifelhaft ist auch, den Haftungsmaßstab aus § 1664 in § 832 zu übertragen. Warum ein Aufsichtspflichtiger, der in eigenen Angelegenheiten sorgfältig ist, gegenüber Dritten wegen Verletzung der Aufsichtspflicht schärfer haften soll als der Nachlässige, ist nicht recht plausibel.

§ 833
Haftung des Tierhalters

Wird durch ein Tier ein Mensch getötet oder der Körper oder die Gesundheit eines Menschen verletzt oder eine Sache beschädigt, so ist derjenige, welcher das Tier hält, verpflichtet, dem Verletzten den daraus entstehenden Schaden zu ersetzen. Die Ersatzpflicht tritt nicht ein, wenn der Schaden durch ein Haustier verursacht wird, das dem Beruf, der Erwerbstätigkeit oder dem Unterhalt des Tierhalters zu dienen bestimmt ist, und entweder der Tierhalter bei der Beaufsichtigung des Tieres die im Verkehr erforderliche Sorgfalt beobachtet oder der Schaden auch bei Anwendung dieser Sorgfalt entstanden sein würde.

Materialien: E I § 734 Abs 1; II § 756; III § 817; Mot II 809–812; Prot II 2864–2868, 8497; D 99; jetzige Fassung gemäß Reichsgesetz betr Änderung des § 833 des BGB vom 30. 5. 1908 (RGBl 1908 S 313).

Schrifttum

ABELTSHAUSER, Verschuldens- oder Gefährdungshaftung für Mikroorganismen? – BGH, NJW 1989, 2947, JuS 1991, 366
BAUMGÄRTEL, Neue Tendenzen der Beweislastverteilung bei der Tierhalterhaftung, VersR 1983, Karlsruher Forum 85
BEMMANN, Das durchgehende Gespann – Zur Problematik des Schmerzensgeldanspruches, VersR 1958, 583
BERGLAR, Der Begriff des Tierhalters, dargestellt unter Heranziehung des französischen und schweizerischen Rechts (Diss Köln 1979)
BONDZIO, Immanente Haftungsbegrenzung des Tierhalters?, RdL 1972, 88
ders, Probleme der Tierhalterhaftung, RdL 1972, 147, 229, 258
ders, Zum Schutzbereich des § 833 Satz 1 BGB, SchlHA 1973, 126
BORNHÖVD, Die Grenzen der Tierhalterhaftung, JR 1978, 50
ders, Zur Tierhalterhaftung, VersR 1979, 398
DEUTSCH, Gefährdungshaftung für laborgezüchtete Mikroorganismen, NJW 1976, 1137
ders, Der Reiter auf dem Pferd und der Fußgänger unter dem Pferd – Irrwege der Rechtsprechung zur Haftung für die Tiergefahr, NJW 1978, 1998
ders, Die Haftung des Tierhalters, JuS 1987, 673
ders, Gefährdungshaftung für Mikroorganismen im Labor, NJW 1990, 751
DUNZ, Reiter wider Pferd oder Versuch einer Ehrenrettung des Handelns auf eigene Gefahr, JZ 1987, 63
EBERL-BORGES, Die Tierhalterhaftung des Diebes, des Erben und des Minderjährigen – Zugleich eine Konkretisierung des Tierhalterbegriffs, VersR 1996, 1070
HAASE, Zur Schadenszufügung „durch ein Tier" (§ 833 BGB), JR 1973, 10
HERRMANN, Die Einschränkung der Tierhalterhaftung nach § 833 S 1 BGB in der modernen Judikatur und Literatur, JR 1980, 489
HOFF, Die Feststellung des Tierhalters – Kritische Bemerkungen zur Rechtsprechung zu § 833 BGB, AcP 154 (1955) 344
HOFFMANN, Tierhalter- und Tierhüterhaftung – Ein Überblick, Zfs 2000, 181

HONSELL, Beweislastprobleme der Tierhalterhaftung – Bemerkungen zu OLG Düsseldorf VersR 1981, 82, MDR 1982, 798
KIPP, Haftung des Tierhalters gem § 833 S 1 BGB trotz Selbstgefährdung des Geschädigten?, VersR 2000, 1348
KNÜTEL, Tierhalterhaftung gegenüber dem Vertragspartner?, NJW 1978, 297
KREFT, Die Haftungsvoraussetzung „durch ein Tier" bei der Tierhalterhaftung (§ 833 BGB), VersR 1983, Karlsruher Forum 153
LITTEN, Die Ersatzpflicht des Tierhalters im Rechte des Bürgerlichen Gesetzbuches, zugleich ein Beitrag zur Lehre von der Kausalität im Rechtssinne (1905)
LORENZ, Die Gefährdungshaftung des Tierhalters nach § 833 Satz 1 BGB – Die funktionale Struktur der Gefährdungshaftung als Auslegungshintergrund für die Risikoverteilung im Tierschadensrecht (1992)
OEXMANN, Die zivilrechtliche Haftung des Pferdehalters unter Berücksichtigung reiterlicher Grundsätze und pferdepsychologischer Erkenntnisse (1988)
OHM, Zur Haftung des Tierhalters für Unfälle, die durch sein Weidevieh auf der Straße und dem Bahnkörper entstehen (§§ 831, 833, 823 BGB), VersR 1958, 744
PFAB, Brieftaube gegen Flugzeug – Zugleich ein Beitrag zur Gefährdungshaftung, VersR 2006, 894
ROTTLER, Die Tierhalterhaftung und ihre Begrenzung im deutschen, französischen und englischen Recht (Diss Freiburg 1994)
SCHLUND, Zur Tierhalterhaftung des § 833 BGB, in: FS Schäfer (1980) 223
SCHMALHORST, Die Tierhalterhaftung im BGB von 1896 (2002)
SCHMID, Zur sachgerechten Eingrenzung der Tierhalterhaftung, JR 1976, 274
SCHRADER, Die Tierhalterhaftung (§ 833 BGB) – Im Anschluß an die Entscheidungen BGH, NJW 1974, 234 und OLG Köln, NJW 1974, 2051, NJW 1975, 676
SCHÜNEMANN, Die Verantwortlichkeit des Tierhalters – BGH NJW 1976, 2130, JuS 1978, 376
SIEGFRIED, Tier und Tiergefahr als tatbestand-

liche Voraussetzungen der Gefährdungshaftung des Tierhalters (Diss Mainz 1986)
STAUDINGER/SCHMIDT, „Gutes Reiten, schlechtes Reiten" – Eine weitere Episode der Tierhalterhaftung, JURA 2000, 347
STIERLE, Die Haftung für Tiere im Bürgerlichen Gesetzbuch (Diss Stuttgart 1904)
STÖTTER, Die Beschränkung der Tierhalter-Haftung nach § 833 Satz 1 BGB durch das von der Rechtsprechung entwickelte Tatbestandsmerkmal der Tiergefahr, MDR 1970, 100
TEPLITZKY, Die Verantwortlichkeit des Tierhalters für Verkehrsunfälle durch Kleinhaustiere, NJW 1961, 1659
TERBILLE, Der Schutzbereich der Tierhalterhaftung nach § 833 S 1 BGB, VersR 1994, 1151

WEIMAR, Wann führen Verrichtungen an einem Tier zum Ausschluß der Tierhalterhaftung?, DRiZ 1956, 198
ders, Die Schadenszufügung durch ein Tier, JR 1958, 377
ders, Zweifelsfragen zur Tierhalterhaftung, JR 1963, 414
ders, Zweifelhafte Tierhaltereigenschaft, MDR 1967, 100
WESTERHOFF, Ist die Entscheidung gerecht? – Methodische Wertung am Beispiel eines Reitunfalls, JR 1993, 497
WILTS, Tierhalterhaftung für entlaufene Tiere?, VersR 1965, 1019.

Systematische Übersicht

I. Geschichtliche Entwicklung	
1. Früheres Recht	1
2. Entstehungsgeschichte des § 833	2
a) Die ursprüngliche Fassung des § 833	2
b) Die Novelle vom 30. 8. 1908	3
3. Ergänzender Schutz vor Gefahren durch gefährliche Hunde („Kampfhunde")	4
II. Grundgedanken des § 833	
1. Satz 1	5
2. Satz 2	6
III. Tier	8
1. Überblick über den Streitstand	9
2. Die funktionelle Auslegung	11
3. Die übrigen Auslegungsarten, insbes die Auslegung nach dem Wortlaut	15
4. Schutz vor Gefahren durch Mikroorganismen	20
IV. Schaden, Kausalität, Rechtswidrigkeit	
1. Schaden	21
2. Kausalität	23
3. Rechtswidrigkeit	27
V. Tiergefahr	
1. Die Tiergefahr als Tatbestandsmerkmal	28
2. Die ältere Auslegung des Merkmals Tiergefahr durch die Rechtsprechung: willkürliches Tierverhalten	29
3. Die neuere Auslegung des Merkmals Tiergefahr durch die Rechtsprechung: Unberechenbarkeit des tierischen Verhaltens	37
4. Die neuere Lehre: selbsttätiges Tierverhalten	40
a) Bloß „mechanische Wirkung" eines Tieres (körperliche Massewirkung)	42
aa) Tier als mechanisches Werkzeug	43
bb) Größe oder Gewicht des Tieres als Schadensursache	46
cc) Stürzende Tiere	47
dd) Tier als passives Verkehrshindernis	49
b) Schädigungen durch den bloßen Anblick des Tieres	51
c) Verhalten eines Tieres unter physiologischem Zwang	52
d) Tiere unter menschlicher Leitung	55
e) „Natürliches" Tierverhalten	60
aa) Krankheitsübertragung durch ein Tier	63
bb) Tierische Ausscheidungen	64
cc) Deckakt	65
VI. Tierhalter	67
1. Die Entwicklung in Rechtsprechung und Lehre	68

2. Die Indizien des Eigeninteresses
a) Sorge für Obdach und Unterhalt — 74
b) Kostentragung für den Unterhalt des Tieres — 75
c) Verlustrisiko — 77
d) Versicherung — 78
e) Nutzung im Haushalts- oder Wirtschaftsbetrieb — 80
3. Unmittelbares Abstellen auf das Eigeninteresse – Kein Eigeninteresse bei Vornahme von Verrichtungen an einem Tier — 83
4. Zusammentreffen mehrerer Personen mit Eigeninteresse — 87
a) Fälle mehrfacher Nutzung — 88
b) Haltereigenschaft — 89
5. Die Indizien der Entscheidungsgewalt — 93
a) Unmittelbarer Besitz/tatsächliche Einwirkungsmöglichkeit — 93
b) Eigentum — 95
c) Mittelbarer Besitz — 97
d) Einstellen in den Haushalts- oder Wirtschaftsbetrieb — 99
6. Unmittelbares Abstellen auf die Entscheidungsgewalt — 100
7. Verteilung der Entscheidungsgewalt auf mehrere Personen — 102
8. Einzelne typische Fallkonstellationen — 103
a) Verträge über Leistungen an oder mit dem Tier — 103
b) Nutzungsüberlassungsverträge — 104
c) Veräußerung von Tieren — 105
d) Entlaufene Tiere — 106
e) Gefundene oder zugelaufene Tiere — 108
f) Gestohlene Tiere und sonstige Fälle der Besitzentziehung — 109
g) Eheleute — 111
h) Der Erbfall — 112
9. Voraussetzungen im Hinblick auf die Person des Halters — 113
a) Geschäfts-/Deliktsunfähige und beschränkt Geschäfts-/Deliktsfähige — 113
b) Juristische Personen — 115

VII. Von § 833 S 2 erfaßte Tiere — 117
1. Haustier — 118
2. Nutztier — 122
a) Beruf, Erwerbstätigkeit, Unterhalt — 123
aa) Beruf — 127
bb) Erwerbstätigkeit — 129
cc) Unterhalt — 139
b) Die Bestimmung des Haustiers zum Nutztier — 141

VIII. Der Entlastungsbeweis nach § 833 S 2 146
1. Die im Verkehr erforderliche Sorgfalt bei der Beaufsichtigung des Tieres — 147
2. Beauftragung eines Dritten mit der Beaufsichtigung — 152
3. Einzelfälle — 155
a) Pferde — 155
aa) Fortbewegung im Straßenverkehr — 156
bb) Aufenthalt am Fahrbahnrand — 159
cc) Pferde auf der Weide — 160
dd) Sonstiges — 162
b) Hunde — 163
aa) Anforderungen an die Verwahrung im allgemeinen — 164
bb) Besonderheiten bei großen Hunden — 166
cc) Besonderheiten bei bissigen Hunden — 168
dd) Hunde im Straßenverkehr — 169
c) Kühe (Rinder) — 172
aa) Weidende Kühe — 172
bb) Viehtrieb auf der Straße — 177
cc) Sonstiges — 179
d) Schafe — 180
e) Geflügel — 183
f) Katzen — 186
4. Mangelnder Ursachenzusammenhang zwischen Sorgfaltspflichtverletzung und Schaden — 187

IX. Einschränkung und Ausschluß der Haftung infolge eines dem Geschädigten zuzurechnenden Beitrags
1. Das Verhalten des Geschädigten als mitzuberücksichtigender Beitrag — 188
a) Persönlicher Schutzbereich — 189
b) Verdrängung des § 833 durch die vertragliche Risikoverteilung — 193
c) Vertraglicher Haftungsausschluß — 195
d) § 254 — 197
2. Berücksichtigung einer dem Geschädigten zuzurechnenden Tier- oder Betriebsgefahr — 205

X. Zusammentreffen mehrerer Haftpflichtiger — 207

Titel 27 § 833
Unerlaubte Handlungen

Alphabetische Übersicht

Adäquanz	25 f	Huhn	184
Anblick, bloßer – des Tieres als Schadensursache	51	Hund	163 ff
		– bissiger	151, 168
Ausscheidungen, tierische	34, 38, 64	– gefährlicher	4, 145, 168
		– großer	165
Bakterien	8, 16		
Bazillen	16	Jagdhund	132
Beaufsichtigung	148	Juristische Personen als Halter	116, 124
– durch Dritte	152 ff		
Beruf	124, 127 f	Kampfhund	4, 145, 168
Besitz	69 f, 89 f, 93 f, 97 f	Katze	135, 186
Bestimmungsbefugnis	69 ff, 100	Kausalität	23 ff
Beweislast	2, 28, 141, 146, 187, 197	Kraftquelle, Tiere als eigene	5, 13, 41, 43 f, 46, 49 ff, 63 f
Biene	120		
Blindenhund	140	Krankheitsübertragungen bei Tieren	34, 63
Bösartiges Tier	151, 168	Kuh	172 ff
Dauer der Sorge für das Tier	68	Leihe	104
– der Nutzung des Tieres	92	Leitung, menschliche	33, 55 ff
Deckakt	34, 38, 65 f	Luxustier	5, 123, 126
Deliktsunfähige und beschränkt Deliktsfähige als Halter	113 ff	Mechanisches Werkzeug, Tier als	31, 43 ff
Dieb	101, 109 f	Miete	104
		Mikroorganismen	8 ff, 16, 20
Eheleute	91, 111	Minderjährige als Halter	115
Eigeninteresse an der Tiernutzung	68 ff, 83, 86 f	Mitverschulden	197 ff
Eigentum	71, 89 f, 95 f	Natürliches Tierverhalten	34, 38, 60 ff, 65
Entlastungsbeweis	146 ff	Nießbrauch	104
Entlaufene Tiere	106 f	Nutztier	6 f, 122 ff
Entscheidungsgewalt	71 ff, 94, 100 f, 102	Nutzungsüberlassungsvertrag	104
Erbe als Halter	112		
Erwerbstätigkeit	124, 129 ff	Obdach, Gewährung von	68, 71, 74
Gefährdungshaftung	5, 14, 28	Pacht	104
Gefälligkeit	189, 191	Passives Verkehrshindernis, Tier als	49 f
Gefundene Tiere	108	Pferd	155 ff
Geschäftsunfähige und beschränkt Geschäftsfähige als Halter	113 ff	– auf der Weide	160 f
		Physiologischer Zwang	32, 52 f, 65
Gewalt, tatsächliche Gewalt über ein Tier	93 f		
Gewicht des Tieres als Schadensursache	46	Rechtswidrigkeit	27
		Reitpferd	134
Größe des Tieres als Schadensursache	46	Rennpferd	133
		Rind	172 ff
Haftungsausschluß, stillschweigender vertraglicher	195 f	Schaden	21 f
Handeln auf eigene Gefahr	189, 192	Schaf	180 ff
Haustier	2, 118 ff		

243 Christina Eberl-Borges

Schmerzensgeld	22	Veräußerung von Tieren	105
Schreckreaktionen, menschliche	26, 51	Verlustrisiko, Tragung des -s	71, 77
Schutzbereich, persönlicher	189 ff	Verrichtungen, Vornahme von – an einem Tier	82, 84 f
Selbsttätiges Tierverhalten	40 ff		
Sorge für das Tier	68	Versicherung	78 f
Springpferd	133	Versicherungsprämien, Tragung der	71
Straßenverkehr, Tier im	150, 156 ff, 169 ff, 186	Vertrag über Leistungen an oder mit dem Tier	103
Stürzende Tiere	47 f	Viehtrieb auf der Straße	177 f
Taube	183	Viren	8, 16
Tier	8 ff		
Tiergefahr	5, 12 f, 28 ff	Wachhund	136 ff, 163 ff
– auf seiten des Verletzten	205 f	Weidende Kühe	172 ff
Tierhalter	67 ff	Willkürliches Tierverhalten	29 ff, 38, 56
		Wirtschafts- oder Haushaltungsbetrieb, Nutzung des Tieres im	68, 71, 80 ff, 99
Unberechenbarkeit des Tierverhaltens	37 ff		
Unterhalt, Gewährung von	68, 71, 74		
– des Tierhalters	124, 139 f	Zugelaufene Tiere	108
Unterhaltskosten, Tragung der	71, 75 f	Zweckbestimmung	142

I. Geschichtliche Entwicklung

1. Früheres Recht

1 Nach römischem Recht begründete eine Beschädigung durch ein Tier, abgesehen von dem Fall, daß diese nachweisbar auf dem Verschulden eines Menschen beruhte, einen Anspruch auf Schadensersatz regelmäßig nur dann, wenn das Tier den Schaden gegen die Art und Weise seiner Gattung (contra naturam sui generis) angerichtet hatte (actio de pauperie). Gleiches galt nach gemeinem Recht, auf das auch heute noch im Zusammenhang mit der Auslegung des geltenden Rechts zurückgegriffen wird (vgl HAASE JR 1973, 10, 11, 12; DEUTSCH NJW 1976, 1137; 1978, 1998 f; SCHÜNEMANN JuS 1978, 376 f). Eine Ausnahme von dem Erfordernis der Beschädigung contra naturam sui generis bestand lediglich für den Fall, daß Vieh fremde Früchte abfraß (WINDSCHEID/KIPP, Lehrbuch des Pandektenrechts, Bd 2 [9. Aufl 1906] 985 f). Haftbar war der jeweilige Eigentümer des Tieres (noxa caput sequitur), doch konnte er sich von der Schadensersatzpflicht durch die Hingabe des Tieres an den Geschädigten (noxae datio) befreien (Mot II 809). Sämtliche zur Zeit der Entstehung des BGB geltenden neueren Gesetze wichen von diesen Grundsätzen ua insofern ab, als sie den Unterschied, ob das Tier den Schaden contra oder secundum naturam sui generis angerichtet hatte, aufgegeben hatten (s Mot II 810; RGZ 14, 316 ff [zum französischen Recht]; 20, 199 ff [zum gemeinen Recht]; weitere Angaben bei STAUDINGER/SCHÄFER[12] Rn 1; s zum früheren Recht auch vGIERKE, Deutsches Privatrecht Bd III [1917] § 214 I 1; weitere rechtshistorische Hinweise bei DEUTSCH JuS 1987, 673).

2. Entstehungsgeschichte des § 833

a) Die ursprüngliche Fassung des § 833

2 E I § 734 Abs 1 erklärte den Halter eines Tieres für verpflichtet, unter Anwendung der Sorgfalt eines ordentlichen Hausvaters diejenigen Vorsichtsmaßregeln zu treffen, welche erforderlich sind, um das Tier an der Zufügung von Beschädigungen zu hindern. Nur für den aus einer schuldhaften Verletzung dieser Pflicht einem Dritten entstandenen Schaden sollte der Halter des Tieres ersatzpflichtig sein (Mot II 811 f).

Abweichend hiervon beschloß die II. Kommission, in Ansehung der Haustiere die Beweislast umzukehren, um den Geschädigten nicht schon an der Schwierigkeit des Beweises mit seinem Anspruch scheitern zu lassen. Für den durch andere Tiere entstandenen Schaden sollte unbedingt gehaftet werden, dh ohne Unterschied, ob dem Halter bezüglich der von ihm zur Abwehr der Gefahren getroffenen Vorkehrungen ein Verschulden zur Last falle oder nicht. Denn mit dem Halten wilder oder gefährlicher Tiere seien außergewöhnliche Gefahren verbunden, vor welchen auch eine sorgfältige Beaufsichtigung nicht immer schütze. Dagegen rechtfertige es sich nicht, auch bei dem Halten von Haustieren die weitergehende Haftung eintreten zu lassen, weil das Halten von Haustieren durch die moderne Kulturentwicklung bedingt sei, der Allgemeinheit zum Nutzen gereiche und der Verkehr sich auf das Halten von Haustieren eingerichtet habe (Prot II 2867 f; D II 99).

Die Reichstagskommission beschloß dagegen mit Rücksicht auf die öffentliche Sicherheit, auch denjenigen, der ein Haustier hält, für den durch das Tier verursachten Schaden unbedingt haften zu lassen (RTK 109).

Bei der dritten Lesung des Gesetzes im Reichstagsplenum wurde zunächst die Regierungsvorlage mit einer unwesentlichen Abänderung wieder hergestellt, gelegentlich der endgültigen Abstimmung aber die von der Reichstagskommission beschlossene, dem nunmehrigen Satz 1 des § 833 entsprechende Fassung angenommen (StB 3059, 3063).

b) Die Novelle vom 30. 8. 1908
Schon bald nach dem Inkrafttreten des BGB setzte eine Bewegung ein, die (insbesondere im Interesse landwirtschaftlicher Kreise) die Beseitigung oder wenigstens eine weitgehende Milderung dieser strengen Haftung erstrebte. Der 28. Deutsche Juristentag sprach sich zwar mit großer Mehrheit grundsätzlich gegen jede Einschränkung der Haftung des Tierhalters aus. Die Reformbemühungen führten aber schließlich zur Einführung des jetzigen Satzes 2 durch Gesetz vom 30. 5. 1908 (RGBl 313). Eine eingehende Darstellung der parlamentarischen Entstehungsgeschichte findet sich bei STAUDINGER/ENGELMANN[9] Anm 2.

3. Ergänzender Schutz vor Gefahren durch gefährliche Hunde („Kampfhunde")

Seit ca 1990 werden in Deutschland gefährliche Hunde als bedrohliches Phänomen wahrgenommen (KIPP NVwZ-Beil II/2001, 48; KUNZE NJW 2001, 1608, 1609). Ein beklagenswerter Vorfall in Hamburg am 26. 6. 2000, bei dem zwei freilaufende Kampfhunde auf einem Schulhof ein sechsjähriges Kind zerfleischt haben, hat zu verschärften Regelungen auf Landes- und Bundesebene geführt. Auch hat die Bundesregierung die Initiative ergriffen, um auf EU-Ebene ein generelles Verbot von gefährlichen Hunden zu erreichen (vgl BT-Drucks 14/4451 v 1.11. 2000, S 8).

Die gefährliche Hunde betreffenden Regelungen ordnen nicht – wie § 833 – eine Haftung bei bereits eingetretenen Schäden an, sondern bezwecken Gefahrenabwehr auf dem Wege des Polizei- und Ordnungsrechts. In Deutschland gilt daher derzeit keine einheitliche Regelung für gefährliche Hunde, denn das Polizei- und Ordnungsrecht ist grundsätzlich Ländersache. Die ständige Konferenz der Innenminister und -senatoren der Länder hat sich allerdings durch Beschlüsse vom 5. 5. und 28. 6. 2000 auf eine Reihe von Maßnahmen verständigt, die von den einzelnen Ländern im Gesetz- und Verordnungswege umgesetzt werden müssen (vgl BT-Drucks 14/4451, S 8). Bundeseinheitliche Regelungen wurden zudem durch das Artikelgesetz des Bundes zur Bekämpfung gefährlicher Hunde vom 12. 4. 2001 (BGBl I 530) und die Tierschutz-HundeVO vom 2. 5. 2001 (BGBl I 838) getroffen; das BVerfG hat sie durch Urteil vom 16. 3. 2004 (NVwZ 2004, 597; s dazu PESTALOZZA NJW 2004, 1840) in Teilen bestätigt, in Teilen für verfassungswidrig und nichtig erklärt.

Die landesrechtlichen Regelungen (Überblick bei JOHLEN/HORNMANN, Münchener Prozessformularbuch Verwaltungsrecht [2. Aufl 2005] Form J VI. 5. Anm 3) legen in der Regel einen Rassekatalog gefährlicher Hunde fest, wobei die Verordnungen teilweise stark differieren. (Mit-)erfaßt sind Pitbull, American Staffordshire-Terrier, Staffordshire-Bullterrier, Bullterrier und Tosa Inu. Vorgesehen sind etwa Zuchtverbote (s dazu auch SIEGEL, Natur und Recht 2004, 513, 515), eine Anzeige- und Kennzeichnungspflicht, eine Erlaubnispflicht für das Halten oder ein Leinen- und Maulkorbzwang (zu Einzelheiten der landesrechtlichen Regelungen vgl CASPAR DVBl 2000, 1580, 1582 ff; GÄNGEL/GANSEL NVwZ 2001, 1208, 1210 ff; JOHLEN/HORNMANN, Münchener Prozessformularbuch Verwaltungsrecht [2. Aufl 2005] Form J VI. 5. Anm 5, 9, 10; zur Rechtslage in Berlin vgl KUNZE NJW 2001, 1608, 1609; in Brandenburg LKV 2000, 439). Das Bundesgesetz zur Bekämpfung gefährlicher Hunde enthält in Art 1 ein Hundeverbringungs- und -einfuhrbeschränkungsgesetz. Es verbietet, gefährliche Hunde der Rassen Pitbull-Terrier, American Staffordshire-Terrier, Staffordshire-Bullterrier, Bullterrier und deren Kreuzungen ins Inland zu schaffen; weitere nach Landesrecht als gefährlich geltende Hunde dürfen nicht in das jeweilige Bundesland gebracht werden. Dieser Teil der Regelung ist vom BVerfG bestätigt worden (NVwZ 2004, 597, 599, 602). Für verfassungswidrig und nichtig erklärt hat es demgegenüber aus kompetenziellen Gründen das ebenfalls vorgesehene Verbot, Hunde zu züchten, wenn damit gerechnet werden muss, dass bei den Nachkommen erblich bedingte Aggressionssteigerungen auftreten (NVwZ 2004, 597, 602), außerdem die Strafbewehrung landesrechtlicher Verbote, einen gefährlichen Hund zu züchten oder mit ihm zu handeln (NVwZ 2004, 597, 603. S zur Frage der Verfassungsmäßigkeit derartiger Regelungen auch CASPAR DVBl 2000, 1580, 1584 ff; GÄNGEL/GANSEL NVwZ 2001, 1208, 1212 f; JOHLEN/HORNMANN, Münchener Prozessformularbuch Verwaltungsrecht [2. Aufl 2005] Form J VI. 5. Anm 6 f und KUNZE NJW 2001, 1608, 1610–1613 mit zahlreichen Rechtsprechungsnachweisen; zur Kampfhundesteuer BVerwG NVwZ 2000, 929; HAMANN NVwZ 2000, 894 f).

Die gefährliche Hunde betreffenden Regelungen ergänzen den durch § 833 bezweckten Schutz vor Tiergefahren, indem sie den Eintritt von Schäden durch gefährliche Hunde zu vermeiden suchen. Die Anwendbarkeit des § 833 wird durch diese Bestimmungen in der Regel nicht berührt. Für von gefährlichen Hunden angerichtete Schäden, vor denen § 833 schützt, haftet der Halter regelmäßig bereits deshalb, weil die Norm grundsätzlich (§ 833 S 1) eine verschuldensunabhängige Haftung anordnet (s etwa AG Bad Liebenwerda NJW-RR 1999, 1255, 1256 [Bullterrier]).

Gefährliche Hunde werden zumeist aus Prestigegründen gehalten und sind daher Luxustiere nach S 1. Zu gefährlichen Hunden, die als Nutztiere nach § 833 S 2 in Betracht kommen, s unten Rn 145; zu gefährlichen Hunden als Wachhunden s unten Rn 168.

II. Grundgedanken des § 833

1. Satz 1

Satz 1 der Vorschrift statuiert eine Ausnahme von dem Verschuldensgrundsatz, der 5 im allgemeinen die im BGB normierte Haftung aus unerlaubter Handlung beherrscht: Die Haftung des Halters setzt nicht voraus, daß ihm ein Verschulden zur Last fällt. Das bedeutet allerdings nicht, daß diese Haftung eine reine Verursachungshaftung darstellen würde. § 833 S 1 schützt vor den von Tieren ausgehenden Gefahren. Wer ein Tier hält, setzt in seinem Interesse andere diesen Gefahren aus (Prot II 2867). Als Ausgleich dafür, daß andere das Halten von Tieren und damit die von diesen ausgehenden Gefahren als „erlaubtes Risiko" dulden müssen, hat der Halter auch für die trotz aller Sorgfalt nicht zu vermeidenden Schädigungen einzustehen (vgl BGH LM Nr 7 = NJW 1974, 234, 235 = VersR 1974, 356, 357; BGH LM Nr 10 Bl 1 R = NJW 1977, 2158 = VersR 1977, 864, 865; TERBILLE VersR 1994, 1151, 1152). Die Tiergefahr ist nach dem Sinn und Zweck der Norm Tatbestandsmerkmal (näher u Rn 28). Damit ist die Luxustierhalterhaftung als Gefährdungshaftung ausgestaltet.

Die von Tieren ausgehende Gefahr beruht darauf, daß Tiere – im Gegensatz zu leblosen Sachen – als lebende, bewegliche Organismen eine eigene Kraftquelle darstellen (so SIEGFRIED 9; ähnlich BGB-RGRK/KREFT Rn 2; vgl auch LORENZ 172. Zu der – umstrittenen! – Auslegung des Merkmals Tiergefahr s näher unten Rn 29 ff). Dadurch, daß sie sich selbst, gleichsam „von sich aus" bewegen, kommt es zu Situationen, die sich menschlicher Kontrolle entziehen.

Aufgrund von Satz 2 gilt die in Satz 1 statuierte Gefährdungshaftung nur für sog Luxustiere, dh solche Tiere, die nicht als Haustiere dem Beruf, der Erwerbstätigkeit oder dem Unterhalt des Tierhalters zu dienen bestimmt sind. Im Hinblick darauf, daß sich die Luxustierhaltung nach dem 2. Weltkrieg erheblich ausgedehnt hat, ist § 833 S 1 von relativ großer praktischer Bedeutung.

2. Satz 2

Der Halter eines sog Nutztieres, dh eines Haustieres, das dem Beruf, der Erwerbs- 6 tätigkeit oder dem Unterhalt des Halters zu dienen bestimmt ist, haftet nach Satz 2 der Vorschrift nur wegen Verschuldens. Im Interesse des Verletzten werden allerdings – wie in den Fällen der §§ 831, 832, 834, 836–838 (hinsichtlich der Ursächlichkeit vgl hierzu STAUDINGER/BELLING § 836 Rn 77, 99 f mwN; MünchKomm/STEIN[3] § 836 Rn 36 mwN) – die Verletzung der im Verkehr erforderlichen Sorgfalt und die Ursächlichkeit dieser Sorgfaltspflichtverletzung für den Schaden vermutet. Diese Vermutung kann von dem Tierhalter durch den Nachweis widerlegt werden, daß er die im Verkehr erforderliche Sorgfalt bei der Beaufsichtigung des Tieres beobachtet habe oder der Schaden auch bei Anwendung dieser Sorgfalt entstanden sein würde (vgl dazu RG JW 1914, 36; BGH VersR 1955, 38 f).

7 Die ursprünglich auch für Nutztiere geltende Gefährdungshaftung nach § 833 S 1 belastete in den Jahren nach Inkrafttreten des BGB in besonderem Maße die mittleren und kleineren landwirtschaftlichen und gewerblichen Betriebe, die weitgehend auf die Haltung von Nutztieren angewiesen waren (BGB-RGRK/KREFT Rn 5). Diese Härten gaben den Anstoß zur Ergänzung und damit Abschwächung der Norm durch den jetzigen Satz 2 (vgl dazu RGZ 79, 246, 249 f). Die Einschränkung der Gefährdungshaftung scheint heute nicht mehr unbedingt geboten. Selbst in kleineren gewerblichen Betrieben spielt die Tierhaltung kaum noch eine Rolle, und in der Landwirtschaft ist die früher unumgänglich notwendige Haltung von Zugtieren durch die Technisierung weit zurückgedrängt (BGB-RGRK/KREFT Rn 6). Auch sind die mit der Nutztierhaltung – nicht anders als die mit der Luxustierhaltung – verbundenen Risiken in zumutbarer Weise versicherbar (vgl dazu auch vCAEMMERER, Reform der Gefährdungshaftung, Schriftenreihe der Juristischen Gesellschaft eV Berlin, Heft 42 [1971] 20 f; AK-BGB/KOHL Rn 1; MünchKomm/WAGNER Rn 3).

III. Tier

8 Die Frage, ob das, worauf der Schaden möglicherweise zurückzuführen ist, ein Tier darstellt, bereitet in aller Regel keine Schwierigkeiten. Problematisch ist der Tierbegriff lediglich im Hinblick auf Mikroorganismen (Bakterien, Viren).

1. Überblick über den Streitstand

9 Die Rechtsprechung hat bisher noch nicht dazu Stellung genommen, ob von Mikroorganismen verursachte Schäden von § 833 erfaßt werden. Allerdings hat der BGH in einer Entscheidung, in der es um die Infektion einer Studentin mit „leptospira bratislava" (eine Bakterienart) aus dem Labor der Tierärztlichen Hochschule ging (BGH NJW 1989, 2947, 2948), lediglich §§ 823 Abs 1, 831, nicht aber § 833 angesprochen.

10 In der Literatur ist bereits unmittelbar nach Inkrafttreten des BGB eine lebhafte Debatte zu dieser Frage entstanden, allerdings weitgehend beschränkt auf Bazillen (eine Grundform der Bakterien). Nach den ersten Jahrzehnten des letzten Jahrhunderts ist diese Diskussion erloschen und wurde Mitte der siebziger Jahre erneut belebt (durch den Beitrag von DEUTSCH NJW 1976, 1137). Damals wie heute waren und sind sowohl die eine Anwendbarkeit des § 833 auf Mikroorganismen befürwortende Auffassung (ältere Literatur: KUHLENBECK, Das Bürgerliche Gesetzbuch für das Deutsche Reich nebst dem Einführungsgesetze, Bd I [1903] Anm 3; ISRAEL JW 1902, 238 Fn 1; KRETSCHMAR JherJb 67, 233, 239 f; weitere Nachweise auf die ältere Literatur bei STAUDINGER/ENGELMANN[9] Anm 4a; neuere Literatur: DEUTSCH NJW 1976, 1137, 1138; ders NJW 1990, 751 f; ders JuS 1987, 673, 674; ABELTSHAUSER JuS 1991, 366, 367 [im Hinblick auf Bakterien]; AK-BGB/KOHL Rn 2; MEDICUS, Schuldrecht BT Rn 871; ERMAN/SCHIEMANN Rn 2; SIEGFRIED 50 [analoge Anwendung]; BAMBERGER/ROTH/SPINDLER Rn 4; Hk-BGB/STAUDINGER Rn 3 und STAUDINGER/SCHMIDT Jura 2000, 347, 349 [im Hinblick auf „tierähnliche" Mikroorganismen wie Bakterien, anders bei Viren]; JAUERNIG/TEICHMANN Rn 2 [im Hinblick auf Kleinstlebewesen, anders bei Viren]; wohl auch HESS, Die Bestimmung des Ersatzpflichtigen in der Gefährdungshaftung [1978] 122 Fn 175) als auch die eine solche Anwendbarkeit verneinende Auffassung (ältere Literatur: ENNECCERUS/LEHMANN[9] 1016 f; STAUDINGER/ENGELMANN[9] Anm 4a mwN; STIERLE 29; neuere Literatur: ABELTSHAUSER JuS 1991, 366, 367 [im Hinblick auf Viren]; LARENZ/CANARIS, Schuldrecht II/2 § 84 II 1 a;

SOERGEL/KRAUSE Rn 3; BGB-RGRK/KREFT Rn 9; LORENZ 166; PWW/SCHAUB Rn 2; PALANDT/ SPRAU Rn 4; WUSSOW/TERBILLE KAP 11 Rn 4; MünchKomm/WAGNER Rn 5) verbreitet. Dabei finden sich für das jeweilige Ergebnis unterschiedliche Begründungen. Für die Anwendbarkeit wird die nur unvollkommen kontrollierbare besondere Gefährlichkeit von Mikroorganismen geltend gemacht; die Gefährdung durch pathogene Mikroorganismen sei von derjenigen durch Makroorganismen strukturell nicht zu unterscheiden (DEUTSCH NJW 1976, 1137, 1138; ERMAN/SCHIEMANN Rn 2; SIEGFRIED 50, 147). Gegen die Anwendbarkeit des § 833 wird angeführt, Mikroorganismen seien keine Tiere, sondern Pflanzen (STIERLE 29; vgl auch PALANDT/SPRAU Rn 4). Andere Autoren stellen auf den Normzweck des § 833 S 1 ab, dh auf die Gefahrenquelle, vor welcher die Vorschrift schützen wolle: Sie wird zum Teil im aktiven Tierverhalten gesehen, so daß als Tiere nur Lebewesen in Betracht kommen sollen, die durch ihre Tätigkeit auf die Außenwelt einzuwirken befähigt und insbesondere mit Sinnesorganen und Nervensystem ausgestattet seien (BGB-RGRK/KREFT Rn 8 f). Eine andere Stimme stellt darauf ab, daß Mikro- und Makroorganismen in völlig verschiedener Weise verletzungsträchtig seien, Tiere durch ihren Körper und dessen Bewegungs- und Massewirkung auf andere Körper, Mikroorganismen durch ihre Toxizität und Vermehrungsfähigkeit innerhalb eines anderen Organismus; bei Mikroorganismen gehe die Gefahr nicht vom einzelnen Exemplar aus, sondern von ihrem massenhaften Auftreten, während die Halterhaftung immer auf das individuelle Tier abstelle (LORENZ 166; vgl auch LARENZ/CANARIS, Schuldrecht II/2 § 84 II 1 a; MünchKomm/WAGNER Rn 5). Schließlich wird die Anwendbarkeit des § 833 auf Mikroorganismen auch deshalb verneint, weil das Bundesseuchengesetz (jetzt: Infektionsschutzgesetz v 20. 7. 2000 [BGBl I 1045]) für Mikroorganismen eine abschließende Regelung enthalte und diese gerade auf eine zivilrechtliche Gefährdungshaftung verzichte (STAUDINGER/SCHÄFER[12] Rn 11; SOERGEL/ KRAUSE Rn 3; ähnlich LARENZ/CANARIS, Schuldrecht II/2 § 84 II 1 a; gegen diese Argumentation zu Recht SIEGFRIED 22 ff).

2. Die funktionelle Auslegung

Die Auslegung des Tierbegriffs ist – so wie sie von den verschiedenen Ansichten **11** vorgenommen wird, die zu unterschiedlichen Ergebnissen hinsichtlich der Anwendbarkeit des § 833 auf Mikroorganismen kommen – keine reine Wortlautauslegung: Diese Ansichten orientieren sich bei der Auslegung des Tierbegriffs an der Tiergefahr, so daß die Wortlautauslegung in eine Auslegung nach Sinn und Zweck des Gesetzes übergeht. Das ist methodisch grundsätzlich nicht zu beanstanden, führt aber hier zu Schwierigkeiten.

Dabei steht die generelle Gefährlichkeit von Mikroorganismen außer Frage: Sie können – insbesondere durch die Ausscheidung von hochgiftigen Stoffen (Toxinen) – bei Mensch, Tier und Pflanze schwerwiegende Infektionen auslösen und Krankheiten verursachen (SIEGFRIED 147 mwN auf das naturwissenschaftliche Schrifttum). Die daraus beim Entweichen von Mikroorganismen resultierende Gefahr wird durch weitere besondere Eigenschaften noch verstärkt: Mikroorganismen vermehren sich außerordentlich schnell, sie haben eine weite Verbreitung und eine große Anpassungsfähigkeit an die Umweltbedingungen (SIEGFRIED 147 mwN auf das naturwissenschaftliche Schrifttum); außerdem sind sie nicht sichtbar, was den Schutz vor ihnen erschwert.

Die Überlegung, ob Mikroorganismen in gleicher Weise gefährlich sind wie (son- **12** stige) Tiere oder nicht, ist allerdings müßig. Über die schlichte Feststellung hinaus, daß Tiere gefährlich sind, läßt sich eine allgemeine Tiergefahr nicht definieren. Jede Tierart ist vielmehr auf ihre ganz besondere Art gefährlich, Hunde ua, indem sie beißen, Pferde ua, indem sie ihren Reiter abwerfen, Bienen ua, indem sie stechen (vgl auch DEUTSCH NJW 1978, 1998, 2000, der bei der Definition der Tiergefahr gerade auf die Gefährlichkeit jeweils der einzelnen Tierart abstellt). Insofern gibt es etwa eine spezifische Hunde-, Pferde- und Bienengefahr und ebenso eine besondere Mikroorganismusgefahr (bzw eine besondere Bakterien- und Virengefahr). Sind Mikroorganismen Tiere, dann ist die Mikroorganismusgefahr eine weitere Tiergefahr, sind sie es nicht, dann ist die Mikroorganismusgefahr keine Tiergefahr. Untereinander lassen sich die einzelnen Tiergefahren im Hinblick auf das Ausmaß des zu erwartenden Schadens und die Wahrscheinlichkeit des Schadenseintritts vergleichen. Auch mag die Art der Schadensverursachung bei manchen Tieren ähnlich sein. Ein generelles Schadensbild für Tiere an sich läßt sich jedoch nicht herausbilden.

13 Die von allen Tieren ausgehende Gefahr beruht letztlich darauf, daß Tiere – im Gegensatz zu leblosen Sachen – als lebende, bewegliche Organismen eine eigene Kraftquelle darstellen (s oben Rn 5). Das Merkmal der eigenen Kraftquelle unterscheidet allerdings nicht nur die Tiere von leblosen Sachen. Auch Pflanzen sind Lebewesen und entfalten als solche aus sich selbst heraus Kraft, vor allem durch ihr Wachstum: Die Wurzeln von Bäumen sprengen im Laufe der Zeit den Asphalt einer Straße; Blütenpollen einer Pappel verunreinigen ein unter dem Baum geparktes Fahrzeug (vergleichbar dem Tierschaden durch Ausscheidungen – etwa Wachs – von Bienen, vgl RGZ 141, 406 [Verunreinigung von Tierhäuten durch Ausscheidungen von Bienen]; dazu näher u Rn 34, 64); wucherndes Unkraut „erstickt" Nutzpflanzen; eine Kokospalme tötet durch eine herabfallende Nuß einen Menschen; eine Venusfliegenfalle (Dionaea muscipula) klappt zusammen und fängt (und verdaut anschließend) ein Insekt, das sich auf sie gesetzt hat. Sicher erfolgen derartige Bewegungen von Pflanzen bei weitem langsamer als die von Tieren im allgemeinen und sind daher in der Regel noch rechtzeitig erkennbar, was Pflanzen – im Unterschied zu Tieren – nicht als besonders gefährlich erscheinen läßt. Allerdings ist innerhalb des § 833 S 1 nicht zwischen langsamen und schnellen Tieren zu unterscheiden. Für einen durch Schnecken oder eine Schildkröte verursachten Schaden kann die Tierhalterhaftung genauso eintreten wie für einen durch einen Tiger verursachten. Bei der Auslegung des § 833 S 1 ist daher zu beachten, daß die für die ratio der Norm entscheidende Tiergefahr auf einem Moment – der eigenen Kraftquelle – beruht, die zwar allen Tieren, aber eben nicht nur Tieren zu eigen ist. Daher läßt sich unter den Tierbegriff – im Rahmen einer Auslegung nach Sinn und Zweck der Norm – nicht alles fassen, was eine eigene Kraftquelle besitzt – wie etwa Mikroorganismen.

14 Die Feststellung, Mikroorganismen seien in einer (sonstigen) Tieren vergleichbaren Schwere gefährlich, genügt aus einem weiteren Grund nicht, um sie unter die Tierhalterhaftung zu fassen, etwa im Wege einer funktionellen Auslegung des Tierbegriffs. Eine solche Auslegung würde sich nicht von einer analogen Anwendung des § 833 auf Mikroorganismen unterscheiden (vgl ABELTSHAUSER JuS 1991, 366, 367). Aufgrund der geschichtlichen Entwicklung von Gefährdungshaftungstatbeständen im deutschen Privatrecht ist jedoch bei der Gefährdungshaftung allgemein eine Analogie problematisch. Die Gefährdungshaftungstatbestände wurden nur ad hoc im Rahmen der technisch industriellen Entwicklung als sonderrechtliche Regelungen

neben die nach wie vor vorherrschende Verschuldenshaftung nach § 823 Abs 1 gestellt (BRÜGGEMEIER, Deliktsrecht [1986] 49; vgl auch KÖTZ AcP 170 [1970] 1, 14 f; ders, Gefährdungshaftung, in: BMJ, Gutachten und Vorschläge zur Überarbeitung des Schuldrechts II [1981] 1779, 1785 ff; ders/WAGNER, Deliktsrecht [9. Aufl 2001] Rn 333 ff). Es gilt daher der Satz „singularia non sunt extendenda" (ABELTSHAUSER JuS 1991, 366; **aA** SIEGFRIED 33 ff; kritisch auch BAUER, in: FS Ballerstedt [1975] 305, 310). Die höchstrichterliche Rechtsprechung und weite Teile der Literatur haben daher eine Analogie in der Vergangenheit nicht zugelassen: Gerade der „Ausnahmecharakter" beispielsweise der Eisenbahn- oder Kraftfahrzeughaftpflicht führe dazu, daß solche Gesetze nicht auf einen vollkommen anderen Tatbestand wie etwa den der Luftschiffahrt ausdehnbar seien (RGZ 78, 171, 172; vgl auch RGZ 116, 286, 287; 147, 353, 355 f; RG JW 1927, 184; BGH NJW 1960, 1345, 1346).

3. Die übrigen Auslegungsarten, insbes die Auslegung nach dem Wortlaut

Es kommt somit auf die sonstigen Auslegungsarten an. Dabei gibt die Systematik des **15** Gesetzes nichts her. Auch die historische Interpretation ist wenig ergiebig. In den Materialien findet sich kein Hinweis auf Mikroorganismen. Auf dieser Grundlage läßt sich lediglich eine Vermutung dahingehend aufstellen, daß Mikroorganismen nicht unter die Tiergattungen fallen, die der Gesetzgeber des BGB von 1900 im Auge hatte. Daß sich § 833 nicht auf Mikroorganismen erstrecken sollte, kann daraus aber nicht gefolgert werden.

Demzufolge rückt bei der Bestimmung des Tierbegriffs die Auslegung nach dem **16** Wortlaut in den Vordergrund (in diesem Sinne auch WUSSOW/TERBILLE KAP 11 Rn 26). Bei der Bezeichnung Mikroorganismen handelt es sich um einen Oberbegriff für sehr unterschiedliche Phänomene. So stellen Viren lediglich Eiweißbausteine dar. Gelangt der Virus in einen lebenden Körper, sucht er sich eine Zelle, deren Oberfläche eine seiner eigenen Form entsprechende „Einbuchtung" aufweist. Er öffnet dann schlüsselartig die Zellwand und gelangt auf diese Weise in das Innere der Zelle selbst, wo er auf die Zellkernsubstanz verändernd einwirkt (vgl ABELTSHAUSER JuS 1991, 366, 367). Bakterien sind demgegenüber vielzellige Wesen, die als solche auch alle notwendigen Erbsubstanzen in sich tragen und selbständig lebens- und fortpflanzungsfähig sind (vgl ABELTSHAUSER JuS 1991, 366, 367 mwN auf das naturwissenschaftliche Schrifttum). Bazillen bilden eine Grundform der Bakterien.

Infolge neuerer naturwissenschaftlicher Erkenntnisse über derartige Kleinstlebewe- **17** sen (zu der Frage, inwieweit Viren überhaupt Leben darstellen, vgl ABELTSHAUSER JuS 1991, 366, 367 Fn 14 mwN auf das naturwissenschaftliche Schrifttum) ist in der Biologie eine tiefgreifende Systemumstellung erfolgt. Es wird heute nicht mehr nur zwischen Pflanzen und Tieren unterschieden, vielmehr hat sich als dritter, eigenständiger Sonderbereich derjenige der Mikroorganismen herausgebildet. Danach stellen Mikroorganismen also keine Tiere dar (demzufolge gelangt etwa SIEGFRIED 31 ff zu dem Ergebis, auf Mikroorganismen sei § 833 nicht direkt anwendbar).

Allerdings ist bei der Auslegung nach dem Wortlaut einer Norm nicht eine natur- **18** wissenschaftliche Betrachtungsweise (so aber LITTEN 17 f; PLANCK/PLANCK³ Anm 2a; SIEGFRIED 27 f), sondern der Wortsinn im allgemeinen Sprachgebrauch maßgebend (vgl LARENZ, Methodenlehre der Rechtswissenschaft [6. Aufl 1991] 320). Der Gesetzgeber bedient sich der allgemeinen Sprache, weil und soweit er sich an den Bürger wendet und wünscht, von ihm verstanden zu werden (LARENZ 320). – SIEGFRIED 28 und LITTEN 17 f machen demgegenüber geltend, daß der allgemeine Sprachgebrauch erfahrungsgemäß der naturwissenschaftlichen Erkenntnis nachhinke. Das rechtfertigt es aber gerade nicht, die Begriffe [jetzt schon] im [richtigen] naturwissenschaftlichen Sinne zu verstehen.). Die Vorschrift des § 833 richtet sich an die Bürger im allgemeinen, nicht nur an die Naturwissenschaftler.

19 Nach allgemeinem Sprachgebrauch ist ein Tier ein „mit Sinnes- und Atmungsorganen ausgestattetes, sich von anderen tierischen oder pflanzlichen Organismen ernährendes, in der Regel frei bewegliches Lebewesen, das nicht mit der Fähigkeit zu logischem Denken und zum Sprechen befähigt ist" (so die Definition nach DUDEN, Deutsches Universalwörterbuch [1983] Stichwort „Tier") bzw ein „einzelliges oder aus Zellen ohne feste Zellmembran aufgebautes Lebewesen (außer dem Menschen), das sich von organischen Stoffen ernährt und die Fähigkeit besitzt, sich zu bewegen und auf Reize zu reagieren" (so die Definition nach BROCKHAUS/WAHRIG, Deutsches Wörterbuch [1984] des allerdings als zoologischer Fachterminus gekennzeichneten Begriffs Tier). Danach sind Viren, die ua nicht über Atmungsorgane verfügen und nicht aus Zellen aufgebaut sind, keine Tiere. Zwar schließen die Definitionen der Wörterbücher, die im übrigen noch auf der alten Zweiteilung zwischen Tieren und Pflanzen beruhen (vgl DUDEN und BROCKHAUS/WAHRIG jeweils Stichwort „Lebewesen", „Organismus", „Mikroorganismus"), die Zugehörigkeit der Viren – kleinste Partikel, die nur auf lebendem Gewebe gedeihen (vgl DUDEN, Stichwort „Virus"; BROCKHAUS/WAHRIG, Stichwort „Virus") – zum Tierreich nicht ausdrücklich aus. Doch ist aufgrund der heutigen Aufklärung der Bevölkerung über die Funktionsweise des Aids-Virus davon auszugehen, daß Viren nicht als Tiere angesehen werden. Bakterien werden nach allgemeinem Sprachgebrauch den Pflanzen zugeordnet (vgl BROCKHAUS/WAHRIG, Stichwort „Bakterie"; nicht so eindeutig die Definition nach DUDEN, Stichwort „Bakterie"; demgegenüber definiert ABELTSHAUSER JuS 1991, 366, 367 Bakterien als Tiere, schließt dabei aber offenbar von der Qualität als Lebewesen auf die Zugehörigkeit zum Tierreich und übersieht, daß Lebewesen auch Pflanzen sein können).

Daraus folgt, daß Mikroorganismen nicht von § 833 erfaßt werden.

4. Schutz vor Gefahren durch Mikroorganismen

20 Dem Schutz vor Mikroorganismen, die bei Menschen eine Infektion oder übertragbare Krankheit verursachen können, dient das Gesetz zur Verhütung und Bekämpfung von Infektionskrankheiten beim Menschen (Infektionsschutzgesetz) v 20.7. 2000 (BGBl I 1045), das das bisher geltende Bundesseuchengesetz abgelöst hat. Es sieht eine Meldepflicht für bestimmte Krankheiten und Krankheitserreger vor und behandelt ua Maßnahmen zur Verhütung (etwa Entseuchung, Untersuchung und Beratung, Schutzimpfungen) und Bekämpfung übertragbarer Krankheiten (etwa Beobachtung des Kranken, Quarantäne). Zur Bekämpfung von Seuchen bei Haustieren s das Tierseuchengesetz (BGBl 2001 I 506).

Dem Schutz von Beschäftigten, die bei ihrer Arbeit mit biologischen Arbeitsstoffen (ua Mikroorganismen) in Kontakt kommen (wie Tätigkeiten in der Forschung, der biotechnischen Produktion, der Nahrungsmittelproduktion, der Landwirtschaft, der Abfall- und Abwasserwirtschaft und in der Gesundheitsfürsorge), dient die Verordnung der Bundesregierung über Sicherheit und Gesundheitsschutz bei Tätigkeiten mit biologischen Arbeitsstoffen (Biostoffverordnung) vom 27.1.1999 (BGBl I 50).

Danach hat zunächst eine Gefährdungsbeurteilung stattzufinden, die sich im wesentlichen nach der Art der Tätigkeit und nach dem von den biologischen Arbeitsstoffen ausgehenden Infektionsrisiko richtet. Von der ermittelten Gefährdung hängt es ab, welche Schutzmaßnahmen zu ergreifen sind (Ersetzung durch weniger gefährliche biologische Arbeitsstoffe, Hygienemaßnahmen zur Desinfektion und Dekontamination, Zurverfügungstellung geeigneter Schutzkleidung, Erstellung einer arbeitsbereichs- und -stoffbezogenen Betriebsanweisung, arbeitsmedizinische Untersuchung und Beratung der Beschäftigten usw).

IV. Schaden, Kausalität, Rechtswidrigkeit

1. Schaden

Als ersatzfähige Schäden zählt Satz 1 diejenigen auf, die aus der Tötung, Körper- oder Gesundheitsverletzung von Menschen oder aus einer Sachbeschädigung folgen. Diese Aufzählung ist abschließend. Sie kann nicht um sonstige – etwa im Rahmen des § 823 Abs 1 geschützte – Rechtsgüter ergänzt werden (ERMAN/SCHIEMANN Rn 3) **21**

Für den Schadensersatz wegen Tötung und Körper- oder Gesundheitsverletzung **22** gelten die §§ 842–846. Nach § 253 Abs 2 ist durch Zahlung von Schmerzensgeld auch der Nichtvermögensschaden zu ersetzen (MünchKomm/WAGNER Rn 53; ebenso zu § 847 aF bereits BGH LM Nr 10 = NJW 1977, 2158, 2159 = VersR 1977, 864, 866; BGH VersR 1982, 348, 349; OLG Stuttgart VersR 1978, 1123, 1124; BORNHÖVD JR 1978, 50, 54; DEUTSCH JuS 1987, 673, 679; BGB-RGRK/KREFT Rn 35; aA LARENZ/CANARIS, Schuldrecht II/2 § 84 II 1 f; kritisch auch OLG Zweibrücken NJW 1971, 2077 f). Unter der Beschädigung einer Sache ist ebenso wie bei der Verletzung des Eigentums in § 823 Abs 1 auch die Entziehung (Verschleppung durch ein Tier; BGB-RGRK/KREFT Rn 35; MünchKomm/WAGNER Rn 4) sowie die Beeinträchtigung des Nutz- und Gebrauchswerts einer Sache (zB das ungewollte Decken eines weiblichen Tieres oder das Decken eines Rassetieres durch ein Tier anderer Rasse: BGHZ 67, 129, 134 = NJW 1976, 2130, 2131; OLG Karlsruhe VersR 1969, 808, 809; OLG Köln VersR 1972, 177, 178 = JZ 1972, 408, 409 m zust Anm STÖTTER; OLG Nürnberg VersR 1970, 1059, 1060; BGB-RGRK/ KREFT Rn 35) zu verstehen. Bei Sachbeschädigungen gelten für den Umfang des Schadensersatzanspruchs §§ 249 ff.

2. Kausalität

Für die Haftung aus § 833 S 1 ist weiter Voraussetzung, daß das Tier adäquat kausal **23** für den Schaden ist. Insofern gelten die allgemeinen Regeln (vgl BGH NJW 1975, 867, 868; OLG Celle VersR 1980, 430, 431; ERMAN/SCHIEMANN Rn 5; BGB-RGRK/KREFT Rn 28; kritisch hinsichtlich der Adäquanz DEUTSCH JuS 1987, 673, 674).

Wie auch sonst mittelbare wie unmittelbare Kausalität für eine Schadensverursa- **24** chung ausreichen, ist es bei der Tierhalterhaftung nicht erforderlich, daß das Tier – etwa durch Beißen, Stechen – den Schaden unmittelbar herbeigeführt hat. Es genügt vielmehr auch ein mittelbarer Zusammenhang, eine mittelbare Mitverursachung (RGZ 50, 219, 221 f; JW 1911, 982; 1914, 471, 472; OLG Nürnberg VersR 1967, 361; NJW 1965, 694, 695; OLG Hamm VersR 1981, 85; OLG Saarbrücken NJW-RR 2006, 893, 894; ERMAN/SCHIEMANN Rn 5; PALANDT/SPRAU Rn 6; MünchKomm/WAGNER Rn 7). So ist § 833 S 1 anwendbar, wenn sich ein Reitanfänger durch das Verhalten des Pferdes verunsichern läßt und deswegen vom Pferd fällt, nachdem dieses bereits zum Stehen gekommen ist (BGH NJW 1999, 3119, 3120 m zust Anm STAUDINGER/SCHMIDT Jura 2000, 347, 352), wenn ein Briefträger vor einem Schäferhund, der zähnefletschend auf ihn zukommt, die Flucht ergreift und sich dabei verletzt (OLG Schleswig VersR 1988, 700), wenn sich Kühe auf der Straße befinden, ein Motorradfahrer deshalb bremsen muß, auf die Straße stürzt und von einem nachfolgenden LKW getötet wird (BGH VersR 1957, 167), wenn ein Hund ein Reh aufstöbert, das bei seiner Flucht einen Verkehrsunfall verursacht (OLG Nürnberg VersR 1959, 573 f), wenn ein Hund eine Schafherde in Panik versetzt, die auf eine Eisenbahnstrecke getrieben wird und mit einem S-Bahn-Zug kollidiert (OLG München VersR 1984, 1095, 1096) oder wenn ein kleiner Hund angesichts eines größeren ängstlich zurückweicht und dadurch eine ältere Dame zu Fall bringt, die ihn an der kurzen Leine führt (LG Hamburg VersR 1993, 1496, 1497).

25 Ebenso greift die Tierhalterhaftung – entsprechend den Grundsätzen zu den sog Verfolgungs- oder Herausforderungsfällen – ein, wenn sich ein Mensch durch die von dem Tier herbeigeführte Gefahr zu helfendem Eingreifen veranlaßt sieht, so wenn er ein außer Kontrolle geratenes Tier – etwa ein durchgehendes Pferdegespann – zwecks Abwendung der Gefahr zu bändigen (RGZ 50, 119, 223; **aA** BEMMANN VersR 1958, 583 f), ein in sein Grundstück eingedrungenes Tier zu vertreiben (OLG Hamm VersR 1982, 860 betr in den Hausgarten eingedrungene Pferde; LG Aurich, Jgdr Entsch, Bd VI, Sachg XI, Nr 64) oder zwei ineinander verbissene Tiere zu trennen versucht (OLG Celle VersR 1981, 1057, 1058 m Anm SCHULZE) und dabei verletzt wird oder sonstige Schäden herbeiführt. Bei unsinnigem und leichtfertigem Einschreiten kann die Adäquanz zu verneinen sein. UU ist nur der Umfang der Haftung wegen Mitverschuldens des Verletzten gem § 254 eingeschränkt (vgl OLG Celle VersR 1981, 1057, 1058; OLG Hamm VersR 1982, 860).

26 Bei menschlichen Schreckreaktionen ist in Anwendung der allgemeinen Regeln danach zu unterscheiden, ob es sich um eine ganz ungewöhnliche Reaktion handelt oder nicht. Dabei bildet die Bevölkerungsgruppe den Maßstab, der der Verletzte angehört (vgl OLG Koblenz VersR 1999, 508; OLG Köln VersR 1999, 1293, 1294). Bei kleinen Kindern, kranken oder sehr alten Menschen kann bereits das Anbellen durch einen Hund adäquat kausal für eine zum Schaden führende Schreckreaktion sein. Es kommt dabei nicht darauf an, ob von dem Tier eine Gefahr (des Beißens, Umwerfens) objektiv zu befürchten war und ob es sich um einen bissigen oder gutmütigen Hund handelte. Daher ist die Tierhalterhaftung zu bejahen, wenn eine alte Dame aus Furcht vor dem möglichen Biß eines bellend anlaufenden großen Hundes wegläuft und dabei stürzt (vgl auch RG JW 1906, 350, 351; OLG Stuttgart Recht 1918 Nr 1532), wenn sie eine Kaufhaustreppe hinaufgeht und erschrickt und stürzt, weil sich ein mit langer Leine auf dem Treppenabsatz angebundener Hund auf sie zubewegt (OLG Hamm VersR 1981, 85) oder wenn sie aus Angst vor einem großen Hund, der schwanzwedelnd auf sie zukommt, zurücktritt und stürzt (OLG Nürnberg NJW-RR 1991, 741). Außerhalb solcher, für die jeweilige Bevölkerungsgruppe nicht ganz ungewöhnlichen Reaktionen ist die Adäquanz zu verneinen (ebenso WUSSOW/TERBILLE KAP 11 Rn 5). Das gilt etwa, wenn eine besonders furchtsame oder ungewöhnlich nervenschwache Person schon durch das Anbellen oder Anspringen eines offenbar nicht zu fürchtenden kleinen Hundes erschrickt und (bei Fluchtbewegungen usw) zu Boden stürzt und sich verletzt (vgl RG JW 1908, 41, 42; vgl auch OLG Saarbrücken NJW-RR 2006, 969, 970

[Reaktion eines besonders nervösen und schreckhaften Pferdes auf ein umherlaufendes Hunderudel]).

Die Adäquanz fehlt beispielsweise auch, wenn sich jemand angesichts einer Rauferei seines Hundes mit einem anderen Hund so sehr aufregt, daß er einen Herzinfarkt erleidet (OLG Karlsruhe VersR 1993, 614, 615).

3. Rechtswidrigkeit

§ 833 S 1 ist ein Unterfall der unerlaubten Handlung. Die Norm ist deshalb unanwendbar, wenn die Einwirkung nicht rechtswidrig ist, zB wegen einer Duldungspflicht nach § 906 (BGHZ 117, 110, 111 f: Blütenbestäubung durch Bienen des Nachbarn; GEIGEL/HAAG 18. Kap Rn 1; PALANDT/SPRAU Rn 1; WUSSOW/TERBILLE KAP 11 Rn 11; mit anderer Begründung LARENZ/CANARIS, Schuldrecht II/2 § 84 II 1 d).

V. Tiergefahr

1. Die Tiergefahr als Tatbestandsmerkmal

Der Wortlaut des § 833 S 1 („durch ein Tier") deutet darauf hin, daß die Norm alle unter kausaler Beteiligung eines Tieres verursachten Schäden erfaßt. Eine derartige reine Verursachungshaftung ist von der Norm jedoch nicht bezweckt. Grund für die Einführung der Haftung waren die mit der Tierhaltung verbundenen außergewöhnlichen Gefahren (vgl Prot II 2867; D II 99). Die Auslegung der Norm hat sich hieran zu orientieren. Dementsprechend versteht die ganz hM § 833 S 1 als Gefährdungshaftung: Der Tierhalter muß für alle von dem Tier verursachten Schäden einstehen, die sich als Konkretisierung der Tiergefahr darstellen (RGZ 80, 237, 238 f; BGHZ 67, 129, 130 = NJW 1976, 2130; BGB-RGRK/KREFT Rn 2; grundlegend STIERLE 46 f, 57 f; TRAEGER, Der Kausalbegriff im Straf- und Zivilrecht – Zugleich ein Beitrag zur Auslegung des BGB [1904] 316 f; LITTEN 74 f, 79 f unter Anknüpfung an RÜMELIN, Die Gründe der Schadenszurechnung und die Stellung des deutschen bürgerlichen Gesetzbuchs zur objektiven Schadensersatzpflicht [1896] 45 f; ders, Der Zufall im Recht [1896] 41 f). Vereinzelte Stimmen in der Literatur lehnen es dagegen ab, den Tatbestand des § 833 S 1 um das Merkmal der Tiergefahr zu ergänzen (HAASE JR 1973, 10, 13; E WOLF, Schuldrecht BT 673). Auch sie befürworten allerdings eine Begrenzung des Anwendungsbereichs der Norm, indem Schäden durch Tiere unter menschlicher Leitung sowie Schäden, die das Tier nicht „durch seine Reaktion" verursacht hat, nicht erfaßt sein sollen (so HAASE JR 1973, 10, 11, 13), bzw eine „Tätigkeit des Tieres entsprechend seiner Natur" vorliegen müsse (so E WOLF, Schuldrecht BT 669, 671). Diese Ansichten ersetzen somit das Merkmal der Tiergefahr lediglich durch andere Formulierungen, legen dieses Merkmal an sich nur anders aus als die hM und sind daher letztlich allein als Kritik an dem (älteren!) Verständnis der Rechtsprechung von der Tiergefahr zu verstehen (in diesem Sinne auch SIEGFRIED 53, 56 f).

Zur Frage der Beweislastverteilung hinsichtlich des Merkmals „Tiergefahr" vgl OLG Koblenz NJW-RR 1998, 1482 f; BAUMGÄRTEL VersR 1983, Karlsruher Forum 85 f.

2. Die ältere Auslegung des Merkmals Tiergefahr durch die Rechtsprechung: willkürliches Tierverhalten

29 Für das RG bestand die Tiergefahr „in dem gefährlichen Ausbruche der tierischen Natur, in der von keinem vernünftigen Wollen geleiteten Entfaltung der tierischen organischen Kraft, in der selbständigen Entwicklung einer nach Wirkung und Richtung unberechenbaren tierischen Energie", so daß der Schaden „durch ein der tierischen Natur entspringendes, selbsttätiges willkürliches Verhalten des Tieres verursacht" worden sein müsse (RGZ 80, 237, 238 f; ähnlich RGZ 54, 73, 74; 60, 65, 68 f; 65, 103, 106; 141, 406, 407). Dieses Verständnis der Tiergefahr wurde vom BGH (BGH VersR 1959, 853, 854; 1966, 1073, 1074; NJW 1971, 509 = VersR 1971, 320; NJW 1975, 867, 868 = VersR 1975, 522), den Instanzgerichten (zB OLG Nürnberg VersR 1959, 573; 1963, 759; 1970, 1059, 1060; OLG Oldenburg VersR 1963, 444; OLG Hamburg VersR 1964, 1273, 1274; OLG Düsseldorf VersR 1975, 1122, 1123) und überwiegend auch von der Literatur übernommen (zum Grund für die ursprünglich restriktive Auslegung des Begriffs Tiergefahr vgl SIEGFRIED 72 f).

30 Eine Verwirklichung der Tiergefahr wurde anhand dieses Kriteriums des willkürlichen, dh von keinem vernünftigen Wollen geleiteten Verhaltens beispielsweise angenommen bei Scheuen (RGZ 60, 65, 68 f), Durchgehen (RGZ 50, 219, 221; 54, 73, 74 f; RG WarnR 1911 Nr 328) und Ausschlagen (RGZ 61, 316, 317 f; RG WarnR 1932 Nr 149; BGH VersR 1955, 38) von Pferden, bei Anspringen (gegen andere Tiere und Menschen) und Beißen von Hunden (OLG Stuttgart VersR 1978, 1123, 1124), bei Ausbrechen von Tieren aus einer Umzäunung auf eine Straße (BGH LM Nr 3 = VersR 1956, 127, 128: Der tierischen Natur entspreche es, auf den Straßenverkehr nicht Rücksicht zu nehmen und sich unbekümmert um den Verkehr auf der Straßenfläche zu bewegen; OLG Nürnberg VersR 1966, 42; OLG Frankfurt NJW 1976, 573, 574; im Ergebnis ebenso BGH VersR 1957, 167) und in ähnlichen Fällen (vgl beispielsweise BGH VersR 1966, 1073, 1074 [Pferd bockt vor einem Hindernis, galoppiert weiter und springt zu früh los]; BGH NJW 1975, 867, 868 [festgebundenes Kalb zerrt an seinem Strick]). Ein willkürliches Verhalten des Tieres wurde nicht dadurch ausgeschlossen, daß dieses durch einen äußeren Anreiz zu einem besonderen Verhalten, insbesondere zu jähen gewaltsamen Bewegungen veranlaßt wurde (vgl die Beispiele mit Nachweisen bei BGB-RGRK/KREFT Rn 13).

Demgegenüber führte dieses Verständnis der Tiergefahr in verschiedenen Fallgruppen dazu, daß ein Anspruch aus § 833 S 1 abgelehnt wurde:

31 Ein willkürliches Tierverhalten wurde verneint, wenn das Tier nur als **mechanisches Werkzeug** gewirkt und es an einem selbsttätigen Verhalten des Tieres selbst gefehlt hatte. Das sollte beispielsweise der Fall sein, wenn ein Mensch einem anderen ein Tier ins Gesicht schleudert, so daß der andere durch den Anprall umfällt oder daß er durch den Anprall an die Krallen usw Verletzungen im Gesicht davonträgt (vgl BGH VersR 1978, 515 [zum neuen Begriff der Tiergefahr]; vgl auch BGH NJW 1976, 2130); wenn ein Mensch im Sturz auf ein Pferd aufprallt, so daß es die Stellung seiner Beine zwangsläufig verändern muß und dabei den Menschen verletzt; oder wenn ein Tier durch ein anderes Tier (für das dessen Halter einstehen muß) mit Gewalt fortgedrängt wird (vgl auch RGZ 61, 316, 318 f).

32 Ein willkürliches Verhalten wurde auch dann verneint, wenn auf den Körper oder auf die Sinne des Tieres ein äußeres Ereignis (vgl OLG Oldenburg VersR 1963, 444) mit

übermäßiger Gewalt derart eingewirkt hatte, daß ihm gar keine Freiheit gelassen wurde, sich anders zu verhalten, das Tier also unter einem unwiderstehlichen **physiologischen Zwang** gehandelt hatte (RGZ 54, 73, 74 f: Pferd scheut, als von einem vorbeifahrenden Wagen ein Koffer herabfällt; 69, 399, 400 f: Verletzung durch einen zum Zwecke der Verschneidung niedergeworfenen Hengst; OLG München VersR 1978, 334: bei einem Hund in Vollnarkose werden durch Schmerzen oder einen äußeren Reiz nicht durch das Bewußtsein gesteuerte Muskelkontraktionen ausgelöst, wodurch die Tierärztin verletzt wird; LG Hechingen VersR 1958, 733: durch einen Bolzenschuß verletzter, aber nicht getöteter Hund beißt den mit der Tötung befaßten Tierarzt; vgl auch BGH NJW 1975, 867, 868).

Kein selbständiges, willkürliches, sondern ein unselbständiges Verhalten des Tieres **33** sollte vorliegen, wenn das Tier – beispielsweise ein vom Reiter oder Kutscher gelenktes Pferd – dem Willen und der **Leitung des Menschen** gefolgt war (vgl RGZ 50, 180, 181; BGH NJW 1952, 1329; VersR 1966, 1073, 1074; OLG Hamburg VersR 1964, 1273, 1274 [Gang mit einem Blindenhund]; OLG München OLGRspr 28, 295 [Hetzen eines Hundes auf andere Menschen]).

Kein willkürliches, sondern ein **natürliches Verhalten** sollte vorliegen, wenn das Tier **34** sich lediglich seiner natürlichen Veranlagung entsprechend verhalten hatte. Ein natürliches Verhalten wurde bejaht bei Krankheitsübertragungen bei Tieren durch Beschnüffeln (RGZ 80, 237, 240), bei tierischen Ausscheidungen (RGZ 141, 406, 407: Verunreinigung von Tierhäuten durch Ausscheidungen von Bienen; LG Köln MDR 1960, 924: durch Kuhdung verursachter Verkehrsunfall), beim Deckakt (OLG Düsseldorf VersR 1956, 226, 227 m zust Anm Voss; OLG Karlsruhe VersR 1969, 808, 809; OLG Nürnberg VersR 1970, 1059, 1060; vgl auch LG Stade VersR 1958, 812, 813; s aber auch OLG Oldenburg VersR 1963, 444; NJW 1976, 573 mit kritischer Anm Radloff NJW 1976, 1270) und in anderen Fällen (vgl etwa OLG Oldenburg VersR 1976, 644: Verstopfung des Abflusses eines Forellenteiches durch von Enten ausgerupfte Gräser und Federn).

Gegen ein solches Verständnis von der Tiergefahr ist einzuwenden, daß nach den Er- **35** kenntnissen der Tierverhaltensforschung die Reaktion des Tieres gerade nicht – der Freiheit der Willensbildung wie beim Menschen entsprechend – „willkürlich", sondern als im tierischen Organismus angelegte Reaktion auf einen auslösenden Reiz angelegt, eher zwangsläufig ist (vgl BGHZ 67, 129, 133 = NJW 1976, 2130, 2131 mwN; BGH VersR 1976, 1175, 1176; OLG Köln VersR 1972, 177, 178 = JZ 1972, 408 m zust Anm Stötter; BGB-RGRK/Kreft Rn 21; Siegfried 64 f; Stötter MDR 1970, 100, 102). Das Tier verhält sich gemäß angeborenen oder erworbenen Instinktprogrammen. In diesem Bereich für menschliche Verhaltensweisen entwickelte Begriffe („willkürlich", „von keinem vernünftigen Wollen geleitet"; vgl besonders OLG Nürnberg VersR 1959, 573, 574, das das Verhalten eines aufgescheuchten Rehs als kopflos bezeichnet – dem Reh fehle eine kühle, verstandesmäßige Überlegung mit Abwägung der Vor- und Nachteile eines bestimmten Fluchtweges) können daher nicht einfach auf Tiere übertragen werden (vgl MünchKomm/Wagner Rn 8; gegen eine „Vermenschlichung" des Tieres auch Brüninghaus, Die Stellung des Tieres im Bürgerlichen Gesetzbuch [1993] 83).

Zu Recht hat daher der BGH in seiner Entscheidung vom 6.7.1976 (BGHZ 67, 129, **36** 132 f = NJW 1976, 2130, 2131 = VersR 1976, 1090, 1091) dieses Verständnis des Merkmals Tiergefahr aufgegeben (wiederum offengelassen in BGH VersR 1976, 1175, 1176 [Urteil v 13.7. 1976]; bereits das OLG Köln hatte in VersR 1972, 177, 178 = JZ 1972, 408 und in seiner in BGH

VersR 1976, 1175, 1176 referierten Entscheidung die Unterscheidung zwischen willkürlichem und natürlichem Tierverhalten abgelehnt).

3. Die neuere Auslegung des Merkmals Tiergefahr durch die Rechtsprechung: Unberechenbarkeit des tierischen Verhaltens

37 Der BGH orientiert seine Definition der Tiergefahr nunmehr am „Sinn und Zweck der gesetzlichen Vorschrift", die Schutz vor „der Unberechenbarkeit des Verhaltens eines Tieres und der dadurch hervorgerufenen Gefährdung von Leben, Gesundheit und Eigentum Dritter" gewähren solle. Das Gericht schließt daraus, daß der Tierhalter „für all das einzustehen hat, was infolge dieser tierischen Unberechenbarkeit an Schaden entsteht". Die Tiergefahr liege ausschließlich in dem für den Halter „unberechenbaren Tierverhalten" (BGHZ 67, 129, 132 = NJW 1976, 2130, 2131; BGH LM Nr 4 = NJW 1965, 2397; VersR 1978, 515; LM Nr 11 = NJW 1982, 763, 764; NJW 1992, 2474 = VersR 1992, 1145, 1146; ihm folgend die Instanzgerichte, etwa OLG Düsseldorf VersR 1983, 115; OLG Karlsruhe MDR 1994, 453; OLG Schleswig NJW-RR 1994, 289; OLG Stuttgart VersR 1978, 1123, 1124 und in der Literatur BORNHÖVD VersR 1979, 398; HONSELL MDR 1982, 798).

38 Dieser Wandel der Rechtsprechung in der Formulierung hat sich allerdings auf die inhaltliche Bedeutung des Begriffes Tiergefahr kaum ausgewirkt. Das ließ sich bereits in BGHZ 67, 129 absehen, wo das Gericht festgestellt hat, daß dann, wenn in bisheriger Judikatur von „willkürlichem Verhalten" bzw von „von keinem vernünftigen Wollen geleiteten Tierverhalten" die Rede gewesen sei, in der Sache nichts anderes gemeint gewesen sei als die Unberechenbarkeit tierischen Verhaltens (BGHZ 67, 129, 132 f = NJW 1976, 2130, 2131; auch hat die ältere Rechtsprechung die Begriffe „willkürlich" und „unberechenbar" teilweise parallel verwandt, vgl OLG Koblenz VersR 1955, 313, wo das Verhalten eines Hundes als „typisch tierisch, willkürlich und unberechenbar" beurteilt wird; vgl auch die Verwendung der Begriffe bei HONSELL MDR 1982, 798). In der Folge haben denn auch Instanzgerichte häufig nach wie vor auf die Tiereswillkür abgestellt (vgl OLG Düsseldorf VersR 1980, 270; 1981, 82, 83; OLG Braunschweig VersR 1983, 347, 348; OLG Hamm VersR 1993, 238; OLG Schleswig VersR 1983, 470; OLG Köln VersR 1992, 846; ebenso in der Lit FIKENTSCHER, Schuldrecht [7. Aufl 1985] 784). In den schon bisher als Ausprägung der Tiergefahr anerkannten Fällen wird § 833 S 1 auch heute angewandt. Die Fallgruppen, in denen eine Verwirklichung der Tiergefahr abgelehnt wurde, sind im wesentlichen beibehalten worden. Lediglich beim sog natürlichen Tierverhalten (generell kritisch zu dieser Kategorie BGHZ 67, 129, 131 = NJW 1976, 2130; diese Kategorie gänzlich ablehnend OLG Köln VersR 1972, 177, 178 = JZ 1972, 408 m zust Anm STÖTTER) zeichnet sich eine Verschiebung ab: Anerkannt ist bereits, daß der tierische Deckakt (ebenso für sog Hengstmanieren als Reaktion auf die Stute OLG Düsseldorf NJW-RR 1994, 92, 93) heute dem Bereich der Tiergefahr zuzurechnen ist; allerdings bezieht sich diese Rechtsprechung nur auf den Fall, daß der Deckakt ohne Wissen und Willen des Tierhalters vollzogen worden ist (vgl BGHZ 67, 129, 133 = NJW 1976, 2130, 2131; OLG Köln VersR 1972, 177, 178; OLG Hamm NJW-RR 1994, 804; OLG Schleswig NJW-RR 1994, 289; ohne eine entsprechende Einschränkung OLG Düsseldorf NJW-RR 1994, 92, 93 im Hinblick auf sog Hengstmanieren). Nach OLG Karlsruhe (MDR 1994, 453) greift auch bei tierischen Ausscheidungen die Tierhalterhaftung ein (aA OLG Frankfurt VersR 1985, 1189, 1190 noch unter Bezugnahme auf das RG [Krankheitsübertragung zwischen Bienenvölkern]; AG Frankenberg-Eder AgrarR 1988, 318 [Beschmutzung der Außenfassade eines Hauses durch ein Kraftfahrzeug, das durch einen Kuhfladen fuhr]; offengelassen in BGHZ 67, 129, 131 = NJW 1976, 2130).

Dem „neuen" Begriff der Unberechenbarkeit ist entgegenzuhalten, daß er unscharf 39
und mißverständlich ist. Es bleibt offen, ob auf die abstrakte oder konkrete Unberechenbarkeit abgestellt werden soll. Abstrakt gesehen ist gerade damit zu rechnen, daß Hunde beißen, Pferde scheuen, Bienen stechen usw (vgl DEUTSCH NJW 1978, 1998, 2000; AK-BGB/KOHL Rn 5; SCHÜNEMANN JuS 1978, 376, 378; SIEGFRIED 69; MünchKomm/WAGNER Rn 8 f). Auch auf die konkrete Situation bezogen gibt es tierische Verhaltensweisen, die zumindest für den Halter berechenbar sind (Hund, der jeden Briefträger zu beißen versucht; Pferd, das durch ungewohnte Geräusche erschreckt wird und durchgeht; Hund, der läufigen Hündinnen nachzustellen versucht).

Gegen die praktischen Auswirkungen des Unberechenbarkeitskriteriums in der Rechtsprechung, die kaum zu anderen Ergebnissen gelangt als nach Maßgabe des Willkürlichkeitskonzepts, ist anzuführen, daß der Anwendungsbereich des § 833 S 1 dadurch seinem Sinn und Zweck zuwider zu sehr eingeschränkt wird (ähnlich BGB-RGRK/KREFT Rn 20; LARENZ/CANARIS, Schuldrecht II/213 [1994] 616; SCHÜNEMANN JuS 1978, 376, 378; SIEGFRIED 68).

4. Die neuere Lehre: selbsttätiges Tierverhalten

Mit einem Teil der Literatur (LORENZ 172, 178; PFAB VersR 2006, 894, 896 [eigene Ener- 40
gieentfaltung des Tieres]; PWW/SCHAUB Rn 4; SCHMID JR 1976, 274, 275; SIEGFRIED 68, 79, 98; MünchKomm/WAGNER Rn 9; in der Sache genauso BGB-RGRK/KREFT Rn 20; KREFT VersR 1983, Karlsruher Forum 153; außerdem DEUTSCH NJW 1978, 1998, 2000 f; TERBILLE VersR 1994, 1151, 1153 und AK-BGB/KOHL Rn 5 [die jeweils typischen tierischen Eigenschaften machten die Tiergefahr aus]; vgl auch HOFFMANN Zfs 2000, 181, 182, der neben der Selbständigkeit allerdings auch die Willkürlichkeit und die Unberechenbarkeit nennt; s auch bereits vGIERKE, Deutsches Privatrecht Bd III [1917] § 214 I 2 d) ist die Tiergefahr in dem selbsttätigen Verhalten des Tieres zu sehen (auch in der Rechtsprechung ist von der Notwendigkeit eines selbsttätigen Tierverhaltens die Rede, und zwar in dem Sinne, daß nur ein selbsttätiges Verhalten ein unberechenbares Verhalten sein könne, vgl BGH VersR 1978, 515). Allein diese Ansicht entspricht dem Sinn und Zweck des § 833 S 1.

Die als Gefährdungshaftung ausgestaltete Luxustierhalterhaftung nach § 833 S 1 41
wurde deshalb eingeführt, weil mit dem Halten wilder oder gefährlicher Tiere außergewöhnliche Gefahren verbunden sind (Prot II 2867; D II 99). Die Ursache dieser Gefahren liegt darin, daß Tiere – im Gegensatz zu leblosen Sachen – als lebende, bewegliche Organismen eine eigene Kraftquelle darstellen (so SIEGFRIED 9; ähnlich BGB-RGRK/KREFT Rn 2; vgl auch LORENZ 172; SOERGEL/KRAUSE Rn 8). Tiere bewegen sich „von selbst", und infolge mancher tierischer Eigenschaft kann diese Beweglichkeit gefährlich werden. Auf diese Weise ergibt sich eine Vielzahl möglicher Tiergefahren. Die Unberechenbarkeit tierischen Verhaltens ist nur eine davon, weitere sind etwa die Beeinflußbarkeit des Tieres durch den Menschen, die Neigung zu Schreckreaktionen oder der Verteidigungsinstinkt. Der Schutzbereich des § 833 S 1 würde verkürzt, wollte man nur die Kategorie der Unberechenbarkeit tierischen Verhaltens unter die Norm fassen. Sie muß sich vielmehr auf alle tier-eigentümlichen Verhaltensweisen erstrecken.

a) Bloß „mechanische Wirkung" eines Tieres (körperliche Massewirkung)
In der Fallgruppe, bei der das Tier lediglich wie ein lebloser Gegenstand („tote 42

Masse") „mechanisch gewirkt" haben soll, werden verschiedene Konstellationen zusammengefaßt.

aa) Tier als mechanisches Werkzeug

43 Wird ein Tier wie eine leblose Sache gleichsam als Werkzeug zu einer Schädigungshandlung benutzt (Beispiel: Tier als „Wurfgeschoß"; vgl FLEISCHAUER JW 1901, 880, 881; SIEGFRIED 81), wirkt nach allgM keine Tiergefahr mit (RGZ 80, 237, 239; BGH VersR 1978, 515; BGB-RGRK/KREFT Rn 24; KREFT VersR 1983, Karlsruher Forum 153, 156; LORENZ 178; TERBILLE VersR 1994, 1151, 1153; vgl auch MünchKomm/WAGNER Rn 12), so daß die Tierhalterhaftung nicht eingreift. Dieser Ansicht ist beizupflichten. Die tierische Eigenschaft, die hier (mit-)kausal für den Schaden ist, liegt allein darin, daß das Tier eine Masse hat. Diese Masse hat das Tier aber nicht selbst eingesetzt, dh das Tier trat nicht als eigene Kraftquelle in Erscheinung. Damit ist das die Tiergefahr begründende Moment hier nicht mit im Spiel. Es hat vielmehr eine Eigenschaft des Tieres gewirkt, die keine Tiergefahr ausmacht. Diese Eigenschaft teilt das Tier mit allen anderen Bestandteilen der körperlichen Welt. Der Schädiger hätte sich genausogut einer Sache bedienen, etwa mit einer Sache werfen können. Es ist hier ohne Bedeutung, daß der Schädiger gerade zu einem Tier gegriffen hat.

44 Anders ist die Rechtslage allerdings zu beurteilen, wenn es bei dem Tier etwa zu einer Schreckreaktion kommt und diese wiederum zu einer Verletzung führt, beispielsweise wenn die auf einen Menschen geworfene Katze sich im Fallen festhalten will und dabei durch ihre Krallen Hautverletzungen verursacht. In diesem Fall wirkt das Tier (auch) als eigene Kraftquelle, so daß es um eine Tiergefahr geht. Es ist gerade typisch für ein Tier, daß es sich, wenn es geworfen wird, aus Schreck oder aus einem Verteidigungsinstinkt heraus bewegt. Sachen, die auf einen Menschen geworfen werden, bewegen sich demgegenüber nur infolge physikalischer Kräfte, etwa der Schwerkraft, und nicht von selbst.

45 Bei mehraktigen Geschehensabläufen ist zu beachten, daß eine sich in einem Akt verwirklichte Tiergefahr in den weiteren Akten fortwirken kann, so daß (auch) in letzteren das Tier nicht als mechanisches Werkzeug fungiert. So lag es in dem der Entscheidung LG Kiel VersR 1969, 456 zugrundeliegenden Sachverhalt: Ein Hund war plötzlich vor das erste von drei hintereinander fahrenden Kraftfahrzeugen gelaufen und wurde von diesem angefahren; dadurch prallte der Hund gegen den zweiten Wagen und flog schließlich noch gegen das dritte Fahrzeug. Das LG hat eine Tierhalterhaftung nur für die Schäden am ersten Fahrzeug bejaht. Die auf den ersten Zusammenstoß folgenden Bewegungen des Tieres ließen sich nicht mehr auf ein typisches Tierverhalten zurückführen. Der Hund sei vielmehr insoweit Spielball der verschiedenen, von den beteiligten Fahrzeugen ausgehenden Kräfte gewesen. Dem LG ist entgegenzuhalten, daß die drei Akte dieses Geschehens nicht isoliert betrachtet werden können. Wie der erste Zusammenstoß für die beiden anderen kausal war, so erstreckt sich auch die beim ersten Zusammenstoß mitwirkende Tiergefahr auf die anderen beiden (im Ergebnis ebenso BGB-RGRK/KREFT Rn 25).

bb) Größe oder Gewicht des Tieres als Schadensursache

46 Die Tierhalterhaftung ist zu verneinen, wenn der Schaden ausschließlich durch Größe oder Gewicht des Tieres verursacht worden ist. Das ist etwa der Fall, wenn eine auf einem Fahrzeug beförderte Giraffe lediglich infolge ihrer Größe einen in

den lichten Raum über der Fahrbahn hineinragenden Gegenstand beschädigt oder wenn der Boden eines Fahrzeugs, mit dem ein Elefant befördert wird, ausschließlich infolge des großen Gewichts des Tieres (und nicht etwa wegen Trampelns oder ähnlichem) durchbricht (Beispiele nach KREFT VersR 1983, Karlsruher Forum 153, 156). In diesen Fällen wirkt sich nicht die eigene Kraftquelle des Tieres aus, vielmehr wirken die Tiere nicht anders als gleich große oder gleich schwere leblose Gegenstände (KREFT VersR 1983, Karlsruher Forum 153, 156; BGB-RGRK/KREFT Rn 27).

cc) Stürzende Tiere

Wenn in Rechtsprechung und Lehre von der Fallgruppe „Schädigung aufgrund der **47** bloßen Körpermasse" bzw „des Gewichtes des Tieres" die Rede ist (vgl OLG Dresden SeuffA 58 Nr 186; SächsA 1915, 8, 9 [Schädigung „durch die auf das Tier wirkende Schwerkraft"]; OLG Braunschweig VersR 1983, 347, 348; LORENZ 113; SIEGFRIED 94), geht es in der Sache meist um stürzende Tiere, insbesondere Pferde, die auf Menschen oder Sachen fallen und dadurch Schaden verursachen. Die hM hält in diesen Fällen § 833 S 1 für unanwendbar, weil das Tier nur als tote Masse wirke (OLG Braunschweig VersR 1983, 347, 348; im Ergebnis ebenso OLG Frankfurt Recht 1907 Nr 456; vgl auch OLG München VersR 1958, 424: Ein beladener Wagen rutscht auf Glatteis aus und reißt das den Wagen ziehende Pferdegespann mit, wodurch es zum Zusammenstoß mit einem entgegenkommenden Pkw kommt). Eine Tiergefahr soll lediglich dann vorliegen, wenn das Hinstürzen Folge vorangegangener typischer tierischer Aktivitäten war wie zB Durchgehen, Scheuen usw (RG JW 1911, 366; 1914, 36; OLG Dresden SeuffA 58 Nr 186; OLG Braunschweig VersR 1983, 347, 348; BGB-RGRK/KREFT Rn 24).

Eine Tiergefahr verwirklicht sich aber nicht nur in den zuletzt genannten Fällen. **48** Stürzt ein Tier aus Erschöpfung (so wohl in OLG Dresden SeuffA 58 Nr 186), so hat die tiertypische Eigenschaft mitgewirkt, uU bis zur Erschöpfung weiterzulaufen bzw sich bis zur Erschöpfung voranzutreiben zu lassen. Auch bei einer beim Kalben niederstürzenden Kuh (Fall des OLG Dresden SächsA 1915, 8) ist eine Tiergefahr mit im Spiel, da der Geburtsvorgang gerade Ausdruck des Lebens, der eigenen Kraftquelle des Tieres ist. Selbst das schlichte Stolpern geht auf die Eigenschaft des Tieres als lebendem, eigenbeweglichem Organismus zurück, so daß das Stürzen gerade eine der Gefahren ist, die von Tieren drohen. Bei Schäden durch stürzende Tiere tritt daher in aller Regel die Tierhalterhaftung ein (ebenso DEUTSCH NJW 1978, 1998, 2000 f; AK-BGB/KOHL Rn 5; MEDICUS, Schuldrecht BT Rn 873; SCHÜNEMANN JuS 1978, 376, 378; SIEGFRIED 96; TERBILLE VersR 1994, 1151, 1153; vgl auch KREFT VersR 1983, Karlsruher Forum 153, 156). Die Grenze ist erst dann überschritten, wenn das Tier niedergestoßen, also als mechanisches Werkzeug benutzt wird. Dann ist aber die zuerst genannte Fallgruppe einschlägig.

dd) Tier als passives Verkehrshindernis

In den Fällen, in denen ein Schaden durch ein ruhig auf einem Verkehrskörper **49** befindliches Tier entsteht, hat die ältere Rechtsprechung eine Tiergefahr verneint (OLG Königsberg Recht 1908 Nr 69 [ein Eisenbahnzug überfährt ruhig auf den Gleisen stehende Kühe und entgleist dadurch]; RG Recht 1909 Nr 1779 [ein Radfahrer stürzt über einen auf der Straße liegenden ⟨schlafenden⟩ oder ruhig stehenden Hund]; ebenso BROX, Besonderes Schuldrecht 394; ESSER/WEYERS, Schuldrecht II § 58 III 1 b [Stolpern über einen schlafenden Hund]; WEIMAR JR 1963, 414, 415; ders MDR 1964, 901, 902), während die neuere zur Anwendung des § 833 S 1 gelangt (BGH LM Nr 3 = VersR 1956, 127 f; OLG Karlsruhe VersR 1955, 510; OLG Celle

VersR 1980, 430, 431; OLG Hamm VersR 1982, 1009, 1010; OLG Frankfurt VersR 1982, 908; OLG Saarbrücken NJW-RR 2006, 893, 894; ebenso DEUTSCH NJW 1978, 1998, 2001; LARENZ/CANARIS, Schuldrecht II/2 § 84 II 1 c; MünchKomm/WAGNER Rn 14; KREFT VersR 1983, Karlsruher Forum 153, 156; MEDICUS, Schuldrecht BT Rn 873; SIEGFRIED 86, 89 f). Der neueren Rechtsprechung ist zu folgen. Es kann nicht allein darauf abgestellt werden, daß sich das Tier zum Unfallzeitpunkt nicht bewegt hat, sondern ruhig auf der Straße lag, saß oder stand. Die eigene Kraftquelle des Tieres hat sich ausgewirkt, indem sich das Tier auf die Straße begeben hat. In der Situation des Tieres auf der Straße wirkt diese Kraftquelle fort. Die tiertypische Eigenschaft, die dabei die Tiergefahr begründet, liegt darin, daß sich Tiere ohne Rücksicht auf den Verkehr auf die Fahrbahn begeben und darauf verweilen (vgl BGH LM Nr 3 = VersR 1956, 127, 128; KREFT VersR 1983, Karlsruher Forum 153, 156). Die Wahl des Verkehrskörpers als Aufenthalts- bzw Ruheort ist eine der zahlreichen eigentümlichen, vom Menschen nicht voll beherrschbaren tierischen Eigenschaften, die eine Gefährdung mit sich bringen (SIEGFRIED 88 f).

Die gleichen Grundsätze gelten auch, wenn sich das Tier auf einem Gehweg befindet und ein Fußgänger darüber stolpert (vgl SIEGFRIED 92 f). Der Umfang der Tierhalterhaftung wird in solchen Fällen allerdings unter Umständen durch das Mitverschulden des Geschädigten eingeschränkt.

An der Beurteilung ändert sich nichts, wenn das Tier, als der Unfall passierte, bereits tot war, vorausgesetzt, es ist kraft seiner eigenen Energie in den Verkehr gelangt (vgl OLG Celle VersR 1980, 430, 431; vgl MünchKomm/WAGNER Rn 14).

50 Die Tierhalterhaftung ist zu verneinen, wenn sich das Tier gerade keinen „unpassenden" Aufenthalts- oder Ruheort ausgesucht hat. Fällt etwa jemand über den Kopf eines Hundes, der sich in seine Hundehütte zurückgezogen hat und eben mit dem Kopf im Freien liegt, so hat bei dem Sturz keine Tiergefahr mitgewirkt. Entsprechendes gilt selbst dann, wenn das Tier in Bewegung war. So hatte im Fall des OLG Celle HRR 1935 Nr 1658 (vgl auch OLG Königsberg Recht 1908 Nr 69; RG Recht 1906 Nr 3194) ein Motorradfahrer einen ruhig des Weges laufenden Hund von hinten angefahren und war dabei zu Schaden gekommen. Der im Laufen begriffene Hund entwickelte zwar eigene Energie, trat also als Kraftquelle in Erscheinung. Da sich der Hund allerdings verkehrsgerecht verhielt, wurde diese Kraftquelle nicht aufgrund einer Tiereigenschaft gefährlich (im Ergebnis ebenso BGB-RGRK/KREFT Rn 26).

b) Schädigungen durch den bloßen Anblick des Tieres
51 Durch den bloßen Anblick eines Tieres entstandene Schäden können die Tierhalterhaftung begründen (ebenso DEUTSCH NJW 1978, 1998, 2001; BGB-RGRK/KREFT Rn 26; aA LORENZ 172, 178, nach dem nur das aktive, nicht aber das passive Tier als Ansatzpunkt der Tierhalterhaftung in Betracht komme). Bricht etwa ein Tiger aus dem Zoo aus und dringt er in ein Warenhaus oder ein öffentliches Verkehrsmittel ein, dann sind die Verletzungen, die die vor dem Anblick des Tieres flüchtenden Menschen sich zuziehen, selbst dann auf die „Tiergefahr" zurückzuführen, wenn sich das Tier völlig ruhig verhält und nicht einmal bewegt (Beispiel von DEUTSCH NJW 1978, 1998, 2001; vgl auch LG Hamburg VersR 1993, 1496, 1497: Ein kleiner Hund weicht angesichts eines größeren ängstlich zurück und bringt dadurch eine ältere Dame, die ihn an der kurzen Leine führt, zu Fall). Darauf, daß sich das Tier im Moment der Flucht- oder Schreckreaktion in Ruhe befindet, kommt es nicht an, weil die Kausalität hier nicht physisch, sondern psychisch vermittelt wird. Diese

Reaktion wurde jedenfalls dadurch veranlaßt, daß die betreffenden Menschen wußten, was für schlimme Verletzungen Tiger verursachen können, und daß sie eine sofortige Flucht daher für notwendig hielten. Damit spielte die Eigenschaft des Tieres als eigene Kraftquelle eine entscheidende Rolle bei der Verletzung. Letztlich hat die tierische Fähigkeit zur Eigenbewegung zur Verletzung geführt. Die Tiergefahr ist in derartigen Fällen immer zu bejahen. Problematisch kann lediglich die Kausalität werden (dazu oben Rn 26).

c) Verhalten eines Tieres unter physiologischem Zwang
An der Fallgruppe des unter physiologischem Zwang handelnden Tieres, bei der die 52 Rechtsprechung eine Tierhalterhaftung ablehnt (s oben Rn 32), sind die Voraussetzungen problematisch, unter denen ein physiologischer Zwang vorliegt. Es sollen nur seltene Fälle in Betracht kommen, „in denen ein äußeres Ereignis auf Körper oder Sinne eines Tieres mit so übermächtiger Gewalt einwirkt, daß dem Tiere gar keine Freiheit zu irgendeinem anderen Verhalten gelassen wird" (RG JW 1933, 693). Bei Vorkommnissen des täglichen Lebens (RGZ 60, 65, 68) wie zB beim Scheuen vor flatternder Wäsche (RGZ 60, 65, 68), vor einem herankommenden Kraftwagen (RGZ 82, 112, 113; vgl auch BGH VersR 1963, 1141, 1142) oder vor einem niederfallenden Papierdrachen (RG Recht 1913 Nr 3134) soll dagegen eine Tiergefahr zu bejahen sein. Die Unterscheidung ist allerdings nicht klar: Die Tierhalterhaftung wurde in Fällen, in denen ein Pferd beim Kupieren des Schwanzes vor Schmerzen ausschlug (RG Recht 1909 Nr 470) oder ein Rind bei einer Impfung mit den Hörnern stieß (RG JW 1933, 693 f), bejaht, in einem Fall, in dem ein zum Verschneiden niedergeworfener und festgehaltener Hengst um sich schlug (RGZ 69, 399, 400 f), verneint.

Mit der hL (AK-BGB/KOHL Rn 5; BGB-RGRK/KREFT Rn 22; KREFT VersR 1983, Karlsruher 53 Forum 153, 155; SIEGFRIED 135; TERBILLE VersR 1994, 1151, 1153; aA MünchKomm/WAGNER Rn 13) ist eine Einschränkung der Tierhalterhaftung durch die Kategorie des unter physiologischem Zwang handelnden Tieres abzulehnen. Durch Einwirkungen mit „übermächtiger Gewalt" werden die von Tieren drohenden Gefahren wie etwa Schlagen, Beißen, Stechen, Kratzen geradezu provoziert. Es liegt in der Natur von Tieren als lebenden, eigenbeweglichen Organismen, auf Einwirkungen verschiedenster Art in irgendeiner Form zu reagieren. Schädigende Verhaltensweisen werden dadurch gerade hervorgerufen und die tierische Energie mobilisiert. In allen diesen Fällen verwirklicht sich daher eine Tiergefahr (vgl BGB-RGRK/KREFT Rn 22; SIEGFRIED 136 f; TERBILLE VersR 1994, 1151, 1153; WEIMAR JR 1958, 377).

Einwirkungen mit „übermächtiger Gewalt" stehen der Tierhalterhaftung deshalb 54 dann nicht entgegen, wenn die Einwirkung einen Anstoß zu einem Verhalten des Tieres gegeben hat. Eine Haftung ist dagegen zu verneinen, wenn es infolge der Einwirkung zu einer Kraftentfaltung kommt, die kein selbsttätiges Verhalten des Tieres darstellt, ähnlich der Fallgruppe, in der das Tier als mechanisches Werkzeug verwendet wird (vgl LITTEN 97; SIEGFRIED 144 f: ein orkanartiger Wirbelwind schleudert eine Taube in einen Korb Erdbeeren; vgl auch BGH VersR 1978, 515; PALANDT/SPRAU Rn 7; diese Fälle werden häufig unter dem Stichwort „höhere Gewalt" diskutiert, vgl RGZ 54, 407, 408; OLG Hamm Recht 1902, 588 Nr 2679; BGB-RGRK/KREFT Rn 33).

d) Tiere unter menschlicher Leitung
Tierisches Verhalten kann vom Menschen geleitet sein, wobei die Intensität der 55

Leitung mehr oder weniger stark ausgeprägt sein kann. So wurde Leitung auch bejaht, wenn der Führer, ohne die Zügel zu halten, neben dem Fuhrwerk herging und gegebenenfalls durch Zurufe einwirkte (RGZ 65, 103, 105 f) oder wenn der Leitende zeitweise seiner Aufgabe nicht die nötige Aufmerksamkeit zuwandte, zB der Kutscher eingeschlafen war, das Pferd sich aber in der angegebenen Richtung weiterbewegte (OLG Colmar OLGRspr 14, 52). Leitung liegt auch vor beim Hetzen eines Hundes auf einen Menschen (OLG München OLGRspr 28, 295 f) oder beim Werfen eines Balles, den der Hund apportieren soll (OLG Oldenburg VersR 1954, 27 f).

56 Bei Schädigungen durch Tiere unter menschlicher Leitung versagt die hM einen Ersatzanspruch aus § 833 S 1, weil sich keine Tiergefahr verwirklicht habe (RGZ 50, 180, 181; 65, 103, 106; RG Recht 1908 Nr 1558; BGH NJW 1952, 1329; 1966, 1073, 1074; OLG Oldenburg VersR 1954, 27, 28; OLG Düsseldorf VersR 1970, 333, 334; 1981, 82, 83; OLG Schleswig VersR 1983, 470; 1990, 1024; OLG Hamm VersR 1993, 238; LG Nürnberg-Fürth NZV 1993, 282, 283; BORNHÖVD VersR 1979, 398 f; FLEISCHAUER JW 1901, 880, 881; SCHMID JR 1976, 274, 276; SCHÜNEMANN JuS 1978, 376, 378; PALANDT/SPRAU Rn 7; im Ergebnis ebenso HAASE JR 1973, 10, 11): Nicht das als Werkzeug gebrauchte Tier, sondern derjenige, der sich dieses Werkzeugs zu seinem Handeln bediene, sei Urheber des Schadens (RGZ 50, 180, 181; 65, 103, 106; BGH NJW 1952, 1329; OLG Düsseldorf MDR 1975, 229). Dabei setzt die Verneinung der Tiergefahr voraus, daß das Tier ausschließlich unter menschlicher Leitung handelte. War daneben noch tierische Willkür im Spiel (etwa beim Bocken, Beißen, Schlagen, Hochgehen; vgl RGZ 80, 237, 240; RG Recht 1908 Nr 2559; 1909 Nr 1308; BGH VersR 1966, 1073, 1074; NJW 1986, 2501; OLG Düsseldorf VersR 1981, 82, 83; OLG München VersR 1981, 937; PALANDT/SPRAU Rn 7), soll Tiergefahr vorliegen, nicht aber, wenn das Tier nur aus aufgezwungener Notwendigkeit handelte (weil ihm das vom Menschen abverlangte Tun überhaupt nicht möglich ist, wenn etwa ein Pferd die bisherige Bewegung im Lauf nicht abbrechen kann; vgl RG WarnR 1908 Nr 377). Die menschliche Leitung soll unbedeutend sein, der Tiergefahr also nicht entgegenstehen, wenn sie selbst aus einem willkürlichen Tierverhalten erwachsen ist (etwa wenn ein Pferd bockt und der Reiter zur Behebung der Gefahr Maßnahmen trifft, die wiederum das Pferd zu einem schadensverursachenden Verhalten bringen; vgl WEIMAR MDR 1964, 901; offengelassen in BGH NJW 1952, 1329).

57 Der hM ist entgegenzuhalten, daß eine besonders gefährliche tiertypische Eigenschaft, die zu einer haftungsbegründenden Tiergefahr führt, gerade darin besteht, daß Tiere menschlicher Leitung Folge leisten, daß sich beispielsweise Hunde hetzen lassen (vgl bereits FLEISCHAUER JW 1901, 880, 881). Daher sind auch Tiere unter menschlicher Leitung von § 833 S 1 erfaßt (im Ergebnis ebenso DEUTSCH NJW 1978, 1998, 2000; ders JuS 1981, 317, 321; AK-BGB/KOHL Rn 5; BGB-RGRK/KREFT Rn 23; KREFT VersR 1983, Karlsruher Forum 153, 156; LARENZ/CANARIS, Schuldrecht II/2 § 84 II 1 c; SOERGEL/KRAUSE Rn 8; SIEGFRIED 125; SCHULZE VersR 1981, 1058 f; TERBILLE VersR 1994, 1151, 1153; MünchKomm/WAGNER Rn 12; ESSER/WEYERS, Schuldrecht II § 58 III 1 b). Auch die Motive (II 813) sind bei gehetzten Tieren von einer Tierhalterhaftung (die zum damaligen Zeitpunkt allerdings noch als Haftung für vermutetes Verschulden konzipiert war) ausgegangen. Schließlich ist auf die Parallele zur Kraftfahrzeug-Halterhaftung nach § 7 StVG hinzuweisen: Dort bezieht die Rechtsprechung auch die vorsätzliche Verwendung eines Kfz als Waffe in den sachlichen Schutzbereich der Norm mit ein (BGHZ 37, 311, 315; dazu DEUTSCH NJW 1978, 1998, 2000).

Die Bejahung der Tierhalterhaftung in den Fällen von Tieren unter menschlicher 58
Leitung hat zur Konsequenz, daß der Geschädigte unter Umständen gegen zwei
Schuldner – den Halter und den Leiter, die ja nicht identisch sein müssen – vorgehen
kann: Der Leiter haftet aus § 823, sofern ihm ein Verschulden zur Last fällt. Im
Innenverhältnis zwischen Leiter und Halter ist dann gem § 840 Abs 3 der Leiter
allein verpflichtet.

Wie in den Fällen menschlicher Leitung ist auch in denjenigen Fällen die Tiergefahr 59
zu bejahen, in denen das verletzende Verhalten des Tieres erst durch unbefugte
fremde menschliche Einwirkung veranlaßt oder ermöglicht wurde, so zB wenn ein
Dritter den bisher friedlichen Hund durch Steinwürfe wild macht oder den ange-
ketteten Wachhund von seiner Kette löst (vgl auch RG Gruchot 47, 404 f).

e) „Natürliches" Tierverhalten

Bei sog natürlichem Tierverhalten hat früher die hM eine Tierhalterhaftung abge- 60
lehnt (s oben Rn 34). Inzwischen zeichnet sich in diesem Bereich ein Wandel in
Richtung auf eine Bejahung der Tiergefahr ab; allerdings kann die Rechtsprechung
bisher nur im Hinblick auf eine Unterfallgruppe als gefestigt gelten, nämlich den
ohne Wissen und Willen des Tierhalters vollzogenen tierischen Deckakt (s oben
Rn 38).

Die Ablehnung der Tierhalterhaftung bei „natürlichem Tierverhalten" knüpft an 61
römisch-rechtliches Gedankengut an (s oben Rn 1): Mit der actio de pauperie konnte
der Geschädigte nur dann Ersatz vom Eigentümer des Tieres verlangen, wenn dieses
den Schaden gegen die Art und Weise seiner Gattung („contra naturam sui generis")
angerichtet hatte. Dem lag die Vorstellung eines Tierverschuldens zugrunde (vgl RGZ
48, 259, 261; HAASE JR 1973, 10, 12; DEUTSCH NJW 1978, 1998, 1999; auch bei § 833 wurde teilweise
von einem Tierverschulden gesprochen, vgl ISAY Gruchot 48, 511, 514; WEIMAR VersN 1951, 89).
Mit diesen Vorstellungen hat der Gesetzgeber des BGB ausdrücklich gebrochen und
eine weitergehende Haftung statuiert (s oben Rn 1 f). Durch die Kategorie des „natürlichen Tierverhaltens" werden die römisch-rechtlichen Vorstellungen entgegen
dem Willen des Gesetzgebers wiederbelebt (ebenso SIEGFRIED 63 f).

Im übrigen ist die Kategorie des „natürlichen Tierverhaltens" in Abgrenzung zum 62
willkürlichen Tierverhalten entwickelt worden, so daß die Unterscheidung auf An-
schauungen beruht, die den Erkenntnissen der Tierverhaltensforschung widersprechen (s oben Rn 35). Das „natürliche Tierverhalten" ist daher als Merkmal für die
Entscheidung über das Vorliegen einer Tiergefahr ungeeignet (ebenso BGB-RGRK/
KREFT Rn 21). Es sind vielmehr oft gerade die für eine Tierart „natürlichen", dh
typischen Eigenschaften und Verhaltensweisen, die eine Tiergefahr ausmachen (vgl
auch BGH NJW 1976, 2130).

aa) Krankheitsübertragung durch ein Tier

In dieser Fallgruppe geht es um die Konstellation, daß sich ein krankes und ein 63
gesundes Tier beschnüffeln und das gesunde Tier dabei angesteckt wird (vgl den RGZ
80, 237 zugrundeliegenden Sachverhalt). In derartigen Fällen ist die Tierhalterhaftung zu
bejahen (ebenso Hk-BGB/STAUDINGER Rn 4; SIEGFRIED 107; vgl auch BGB-RGRK/KREFT Rn 21;
MünchKomm/WAGNER Rn 16). Es hat sich das der Tiergefahr zugrundeliegende Moment
– die Tatsache, daß ein Tier eine eigene Kraftquelle darstellt – aktualisiert. Dabei ist

nicht auf den schlichten Zustand des Tieres als Träger von Krankheitserregern abzustellen, sondern auf die im Beschnüffeln liegende Aktivität des Tieres. Diese Aktivität braucht nicht unmittelbar kausal für den Schaden zu sein. Es genügt vielmehr, wenn das Tier mittelbar kausal geworden ist (s dazu o Rn 24), indem es durch seine Aktivität die Gelegenheit für eine Schädigung eröffnet hat – etwa indem es sich auf die Straße gelegt und dadurch einen Unfall provoziert hat (zur Fallgruppe „Tier als passives Verkehrshindernis" s oben Rn 49 f) oder indem es ein anderes Tier beschnüffelt und dadurch die Übertragung der Krankheit ermöglicht hat.

Daß Tiere andere Tiere oder Menschen beschnüffeln oder belecken, ist eine typische Eigenschaft vieler Tierarten. Die Tatsache, daß es sich somit um ein „natürliches" Tierverhalten handelt, hindert die Bejahung einer Tiergefahr gerade nicht.

bb) Tierische Ausscheidungen

64 Auch bei tierischen Ausscheidungen ist entgegen der hM (s oben Rn 34, 38) die Tiergefahr zu bejahen (ebenso OLG Karlsruhe MDR 1994, 453 [Hund uriniert auf einen wertvollen Teppich]; HOFFMANN Zfs 2000, 181, 183; SIEGFRIED 111, 114; einschränkend AK-BGB/KOHL Rn 5 [„jedenfalls außerhalb von ländlichen Nebenwegen"]; BGB-RGRK/KREFT Rn 21 [Tiergefahr bejaht bei Hundekot auf dem Gehweg, verneint bei Kuhdung auf der Straße]; vgl auch STAUDINGER/ SCHÄFER[12] Rn 32). Daß es sich bei solchen Ausscheidungen um einen natürlichen Vorgang handelt, ändert an diesem Ergebnis nichts. Sie sind auf das Tier als eigene Kraftquelle zurückzuführen. Darüber hinaus ist es tiertypisch, daß das Tier da ausscheidet, wo es gerade steht oder geht, anstatt sich einen Ort auszusuchen, wo die Ausscheidung nicht gefährlich werden kann.

Eine Einschränkung der Tierhalterhaftung des Umfangs nach – uU bis auf Null – kann im Einzelfall gem § 254 aufgrund eines Mitverschuldens des Geschädigten erfolgen. So muß beispielsweise in ländlichen Gebieten mit Kuhdung auf der Straße gerechnet werden. Am Vorliegen einer Tiergefahr ändert das Mitverschulden allerdings nichts.

cc) Deckakt

65 Der tierische Deckakt ist generell verwirklichte Tiergefahr (ebenso AK-BGB/KOHL Rn 5; BGB-RGRK/KREFT Rn 21; SIEGFRIED 119; STÖTTER MDR 1970, 100, 103; vgl auch OLG Köln VersR 1972, 177, 178 = JZ 1972, 408 f m zust Anm STÖTTER). Das gleiche gilt für sog Hengstmanieren als Reaktion auf die Stute (OLG Düsseldorf NJW-RR 1994, 92, 93). Eine Tiergefahr läßt sich nicht mit der Begründung verneinen, das Tier stehe dabei unter dem physiologischen Zwang des Geschlechtstriebes (so zum Teil die ältere Rechtsprechung: OLG Nürnberg VersR 1975, 1059, 1060; LG Kassel VersR 1955, 699, 700) oder es verhalte sich nur seiner natürlichen Veranlagung gemäß (so zum Teil die ältere Rechtsprechung: OLG Düsseldorf VersR 1956, 226, 227 m zust Anm Voss; OLG München OLGZ 1971, 404, 405). Als Einschränkungen der Tiergefahr sind die Kategorien des physiologischen Zwangs und des natürlichen Tierverhaltens abzulehnen (zum physiologischen Zwang s oben Rn 53; zum natürlichen Tierverhalten s oben Rn 61). Die Tiergefahr läßt sich aber auch nicht auf die Fälle von Deckakten beschränken, die von den Tieren ohne Wissen und Willen ihrer Halter vollzogen werden (so aber OLG Düsseldorf MDR 1975, 229; LG Mainz MDR 1960, 496; SCHÜNEMANN JuS 1978, 376, 378 [tierische Deckakte, die nicht vom Menschen „geplant und gelenkt" sind]; PALANDT/SPRAU Rn 7; diese Möglichkeit läßt sich auch der BGH in seiner neueren Rechtsprechung, wonach die Tiergefahr aus dem unberechenbaren

Tierverhalten herzuleiten sei, offen, vgl BGHZ 67, 129, 133 = NJW 1976, 2130, 2131; vgl auch BGB-RGRK/KREFT Rn 21: in der Regel vertraglicher, zumindest stillschweigender Haftungsausschluß). Der Deckakt des männlichen Hundes beispielsweise ist nichts anderes als die Resultate der jeweiligen Triebkonstellation von Hündinnen und Rüden (BGHZ 67, 129 = NJW 1976, 2130, 2131; vgl auch OLG Köln VersR 1972, 177, 178). Das Tierverhalten ist das gleiche, ob der Halter danebensteht oder nicht. Menschliche Leitung und Lenkung steht der Tiergefahr generell nicht entgegen (s oben Rn 57).

Ein Mitverschulden des Geschädigten kann auch in der Fallgruppe des tierischen **66** Deckaktes den Ersatzanspruch umfangmäßig begrenzen (vgl LG Kassel Zfs 1981, 263: Der Halter des belegten Tieres verstößt gegen seine Schadensminderungspflicht, wenn er trotz Kenntnis des Deckaktes eine gefahrlos mögliche Abtreibung unterläßt). So endete auch das BGHZ 67, 129 (= NJW 1976, 2130) zugrundeliegende Verfahren, in dem es um die Deckung einer läufigen reinrassigen Chow-Chow-Hündin durch einen Bastard-Rüden ging, nicht mit der Verurteilung des Bastard-Halters, sondern mit der Abweisung der Klage des Chow-Chow-Halters: Diesem war wegen der Läufigkeit der Hündin, durch die der Rüde angelockt worden war, selbst eine Tiergefahr zuzurechnen, und er hatte ausreichende Schutzmaßnahmen gegen die Gefahr des Gedecktwerdens unterlassen (ganz ähnlich OLG Hamm NJW-RR 1994, 804). Auch im Fall des OLG Oldenburg NJW 1976, 573 hätte auf beiden Seiten eine Tiergefahr berücksichtigt werden müssen (ebenso RADLOFF in einer Anmerkung zu dieser Entscheidung NJW 1976, 1270): Dort weideten auf der durch einen Elektrozaun eingefriedeten Wiese des Halters A Mastbullen, auf der unmittelbar angrenzenden, nur durch einen Graben getrennten Wiese des Halters B Rinder. Ein brünstiges Rind übersprang den Graben und kroch unter dem Elektrozaun hindurch zur Bullenweide. Ein Bulle brach sich beim Bespringen des Rindes ein Bein und mußte notgeschlachtet werden. Das OLG Oldenburg stellte bei der Verurteilung des Halters B allein auf die diesem zuzurechnende Tiergefahr ab, weil brünstige Rinder zu „willkürlicher" Aktivität neigten.

VI. Tierhalter

Nach § 833 S 1 haftet für den Schaden derjenige, der das Tier „hält". **67**

Zur Haftung für Schäden, die durch Wild – also halterlose Tiere (STAUDINGER/BELLING § 835 Rn 24) – verursacht werden, s §§ 29 ff BJagdG und die Kommentierung hierzu bei § 835.

Für die Ermittlung des Halters geben weder das Gesetz noch die Gesetzesmaterialien weiterführende Hinweise. Rechtsprechung und Literatur haben eine Reihe von Entscheidungskriterien entwickelt, die nebeneinander Verwendung finden.

1. Die Entwicklung in Rechtsprechung und Lehre

In der Rechtsprechung des RG, die zunächst vom BGH und den Instanzgerichten **68** übernommen worden ist, finden sich zwei verschiedene Umschreibungen des Begriffs Tierhalter. Das RG stellte auf den gewöhnlichen Sprachgebrauch ab und bezeichnete als Tierhalter denjenigen, der im eigenen Interesse durch Gewährung von Obdach und Unterhalt die Sorge für das Tier übernommen hatte, und zwar nicht nur zu einem ganz vorübergehenden Zweck, sondern für einen Zeitraum von gewisser Dauer (RGZ 52, 117, 118 und darauf Bezug nehmend RGZ 55, 163, 166; OLG Koblenz VersR 1955, 423, 424; OLG Hamm VersR 1970, 729, 730; vgl auch BGH LM Nr 10 = NJW 1977, 2158 = VersR 1977, 864, 865). Nach einer späteren Modifikation dieser Formulierung durch das RG ist Tierhalter, wer das Tier in seinen Wirtschaftsbetrieb oder – im weitesten Sinne verstanden – in seinen Haushaltungsbetrieb eingestellt hat, um es auf diese Weise dauernd seinen Zwecken dienstbar zu machen (RGZ 62, 79, 81 und darauf Bezug nehmend RGZ 66, 1, 3; BGH VersR 1956, 574; NJW 1971, 509 = VersR 1971, 320; OLG Frankfurt VersR 1956, 454; OLG Nürnberg VersR 1964, 1178, 1179; OLG Düsseldorf VersR 1972, 403; OLG Nürnberg MDR 1978, 757).

69 Heute sieht die Rechtsprechung die Kriterien des RG als regelmäßig hinreichende, nicht aber schlechthin notwendige Voraussetzungen der Gefahrverantwortung an (so ausdrücklich OLG Hamm VersR 1973, 1054). Ausreichen soll beispielsweise ein Eigeninteresse am Tier und eine Besitzstellung irgendwelcher Art, zumindest dann, wenn die Bestimmungsbefugnis darüber hinzukommt, ob und durch wen das Tier betreut werden und ob es am Leben bleiben, die Tiergefahr also fortbestehen soll (OLG Hamm VersR 1973, 1054). Je nach Fallgestaltung wird auf unterschiedliche Kriterien abgestellt (vgl etwa BGH LM Nr 10 = NJW 1977, 2158 = VersR 1977, 864, 865 [eigenes Interesse, Sorge für Obdach und Unterhalt, Kostentragung, Interesse am Wohlergehen des Tieres, Tragung des Verlustrisikos]; VersR 1988, 609, 610 [Bestimmungsmacht, eigenes Interesse, Kostentragung, Verlustrisiko]; OLG Köln VersR 1976, 197 f [tatsächliche Verfügungsgewalt für eine nicht nur vorübergehende kurze Zeit, Verwendung im eigenen Interesse und zum eigenen Nutzen, also im eigenen „Wirtschaftsbetrieb"]; OLG Celle AgrarR 1977, 178, 179 [Eigentum, Befugnis zur Erteilung von Weisungen an den unmittelbaren Besitzer]; OLG Frankfurt VersR 1976, 1138 [Eigentum, mittelbarer Besitz, Entscheidungsmacht, Kostentragung]; KG VersR 1981, 1035 [Besitz – auch mittelbarer – im eigenen Interesse, tatsächliche Übernahme der Sachherrschaft; Unterhaltskostentragung]; OLG Düsseldorf VersR 1983, 543 [Eigentum, Entscheidungsgewalt hinsichtlich Betreuung und Existenz]; OLG Saarbrücken VersR 1988, 752 [Eigeninteresse, Gewährung von Obdach und Unterhalt, Übernahme der Sorge, Dauerhaftigkeit, Verlustrisiko, Entscheidungsmacht]). Dabei sind – im Vergleich zur Rechtsprechung des RG – weitere Indizien für das Vorliegen des Eigeninteresses, nämlich die Tragung der Unterhaltskosten (OLG Celle VersR 1979, 161; vgl dazu auch OLG Hamm VersR 1970, 729, 730), der Versicherungsprämien (OLG Celle VersR 1979, 161) oder des Verlustrisikos (BGH LM Nr 10 = NJW 1977, 2158 = VersR 1977, 864, 865), und der Bestimmungsbefugnis, nämlich das Eigentum an dem Tier (vgl OLG Hamm VersR 1973, 1054; OLG Frankfurt VersR 1976, 1138; vgl auch OLG Düsseldorf VersR 1983, 543), herausentwickelt worden.

70 Die Literatur (zu den weit auseinandergehenden Definitionsversuchen der Anfangszeit vgl STAUDINGER/ENGELMANN[9] Anm 5) zieht zur Bestimmung des Tierhalters dieselben Kriterien heran wie die Rechtsprechung und verwendet sie – ähnlich wie die neuere Rechtsprechung – als Indizien für die Haltereigenschaft. Die einzelnen Kriterien werden dabei unterschiedlich und nicht einheitlich gewichtet. Manche Autoren legen das Schwergewicht auf das Eigeninteresse (DEUTSCH JuS 1987, 673, 678; ESSER/WEYERS, Schuldrecht II § 58 III 1 a; ERMAN/SCHIEMANN Rn 8), andere auf die Bestimmungsbefugnis (BERGLAR 102 f; BORNHÖVD JR 1978, 50, 51; ders VersR 1979, 398; vgl auch HOFF AcP 154 [1955] 344, 364 ff; MEDICUS, Schuldrecht BT Rn 872, die in erster Linie auf das Eigentum abstellen). Die meisten Autoren befürworten eine Kombination von Eigeninteresse und Bestimmungsbefugnis (BONDZIO RdL 1972, 229, 230; BGB-RGRK/KREFT Rn 39; LARENZ/CANARIS,

Schuldrecht II/2 § 84 II 1 b; LORENZ 182 f; PALANDT/SPRAU Rn 10; MünchKomm/WAGNER Rn 20; siehe auch WUSSOW/TERBILLE KAP 11 Rn 26: Eigeninteresse und Verlustrisiko).

Das Eigeninteresse und die Entscheidungsgewalt (Bestimmungsbefugnis, Herrschaft) bilden die beiden grundlegenden Aspekte der Tierhaltereigenschaft, auf die alle Kriterien, die in Rechtsprechung und Literatur zur Bestimmung des Tierhalters entwickelt worden sind, zurückgeführt werden können: Die Kriterien Obdach und Unterhalt sowie Tragung der Unterhaltskosten, Versicherungsprämien und des Verlustrisikos sind Indizien für das Eigeninteresse. Es ist davon auszugehen, daß die Lasten aus der Existenz eines Tieres regelmäßig derjenige trägt, der auch die Nutzungsvorteile daraus zieht. Die Kriterien des unmittelbaren und mittelbaren Besitzes sowie das Eigentum sind Anhaltspunkte für die bestimmende Herrschaft über Existenz und Verwendung des Tieres. Die Einstellung und Verwendung im eigenen Wirtschaftsbetrieb ist als Indiz doppeldeutig. Wer das Tier in seinen Wirtschaftsbetrieb einstellt, der nutzt und beherrscht es gleichzeitig (LORENZ 183 f).

71

Es ist richtig, bei der Bestimmung des Halterbegriffs auf das Eigeninteresse und die Entscheidungsgewalt abzustellen. Diese beiden Aspekte ergeben sich aus der ratio des § 833 S 1: Für den Schaden durch ein Tier soll diejenige Person haften, die um ihres Interesses willen, also weil sie vom Tier den Nutzen hat, andere Menschen der Tiergefahr aussetzt. Halter ist deshalb, wer dafür verantwortlich ist, daß die Gefahrenquelle überhaupt besteht und in bestimmter Weise verwendet wird (Entscheidungsgewalt) und aus diesem Bestehen den Nutzen zieht (Eigeninteresse). Wer über die Existenz und Verwendung des Tieres bestimmt, also die bestimmende Herrschaft über die Gefahrenquelle ausübt, soll auch für die hieraus sich ergebenden Folgen verantwortlich sein. Daneben steht gleichwertig der Gedanke des gerechten Vorteilsausgleichs: Wer den Nutzen aus dem Tier zieht, soll andererseits die hieraus entstehenden Lasten tragen (LORENZ 182 f).

72

Durch die beiden Aspekte Nutzung im Eigeninteresse und Entscheidungsgewalt ist die Halterschaft ein rein tatsächliches Verhältnis (ebenso OLG Kassel OLGRspr 9, 42 f; ENNECCERUS/LEHMANN 1017; GEIGEL/HAAG 18. Kap Rn 2; BGB-RGRK/KREFT Rn 39; vgl SOERGEL/KRAUSE Rn 12). Daß die Nutzung des Tieres etwas rein Tatsächliches ist, bedarf keiner näheren Begründung. Aber auch die Entscheidungsgewalt ist tatsächlicher Art. Sie ist als Herrschaftstatbestand, nicht als Herrschaftsbefugnis (Befugnis, über die Existenz und Verwendung des Tieres zu bestimmen) zu verstehen (aA LORENZ 222 f, s aber auch 226 f; vgl auch BORNHÖVD JR 1978, 50, 51). Zwar kann in einer Reihe von Fallkonstellationen von der Herrschaftsbefugnis auf die tatsächliche Herrschaft geschlossen werden, nämlich dann, wenn der Eigentümer das Tier einem anderen überläßt (zu diesen Fallkonstellationen näher unten Rn 104). Diese Lösung für Fälle eines Herrschaftstatbestandes mit rechtsgeschäftlicher Grundlage ist jedoch nicht verallgemeinerungsfähig. Sie bedeutet jedenfalls nicht, daß die Herrschaftsbefugnis – ein Merkmal rechtlicher Qualität – die Halterschaft prägen würde. Denn auch, wer sich die Herrschaft über ein Tier anmaßt, kann – wie allgemein anerkannt ist (näher unten Rn 110) – Halter werden.

73

2. Die Indizien des Eigeninteresses

a) Sorge für Obdach und Unterhalt

74 In Rechtsprechung und Lehre wird zur Bestimmung der Haltereigenschaft häufig auf die Sorge für Obdach und Unterhalt abgestellt (RGZ 52, 117, 118; RG WarnR 1910 Nr 332; 1911 Nr 121; BGH LM Nr 10 = NJW 1977, 2158 = VersR 1977, 864, 865; OLG Hamm VersR 1970, 729, 730; OLG Saarbrücken VersR 1988, 752; LG Aachen VersR 1991, 356; LARENZ/CANARIS, Schuldrecht II/2 § 84 II 1 b; WEIMAR MDR 1967, 100; vgl auch OLG Nürnberg VersR 1964, 1178, 1179). Bei diesem Kriterium ist allerdings zwischen den Versorgungsmaßnahmen (Fütterung, Pflege etc) und der Lastentragung für diese Versorgung zu unterscheiden. Die tatsächliche Versorgung des Tieres allein genügt für die Haltereigenschaft nicht; hinzukommen muß, daß die Versorgung im eigenen Interesse des Betroffenen erfolgt (vgl OLG Hamm VersR 1970, 729, 730). Deshalb wird nicht Halter, wer gelegentlich das Vieh eines Dritten mitversorgt und kontrolliert (BGH VersR 1985, 665 f; LORENZ 186 f). Konkrete Sorgemaßnahmen können allenfalls als Anhaltspunkt für die Lastentragung dienen, die ihrerseits auf das Eigeninteresse hinweist (LORENZ 186).

b) Kostentragung für den Unterhalt des Tieres

75 Der Gedanke der Unterhaltskostentragung findet sich in der Rechtsprechung (BGH LM Nr 10 = NJW 1977, 2158 = VersR 1977, 864, 865; BGH VersR 1982, 348; 1988, 609, 610; OLG Frankfurt VersR 1976, 1138; OLG Celle VersR 1979, 161; 1986, 396; KG VersR 1981, 1035) und zum Teil auch in der Literatur (LARENZ/CANARIS, Schuldrecht II/2 § 84 II 1 b; BGB-RGRK/KREFT Rn 39, 44; LORENZ 187 f). In BGH LM Nr 10 (= NJW 1977, 2158 = VersR 1977, 864) gelangte der BGH zur Haltereigenschaft des Eigentümers eines Reitpferdes, der dieses als Kapitalanlage erworben und es – weil selbst nicht Reiter – auf einem Gut untergebracht hatte, wo es auf seine Kosten zusammen mit anderen Pferden versorgt, aufgezogen und zugeritten wurde und eine Dressur- und Springausbildung erhalten sollte. Der Inhaber des Gutes (Verwahrer und Pfleger) nutzte das Tier auch für eigene Zwecke (Erteilung von Reitunterricht). Der BGH stellte darauf ab, daß der Eigentümer am Wohlergehen des Pferdes interessiert war und die Kosten hierfür trug. Die Kostentragung durch den Eigentümer gab – neben der Tatsache, daß das Pferd regelmäßig durch den Eigentümer bewegt wurde – auch den Ausschlag im Falle eines Pferdes, das bei einem Reitverein untergebracht war und dort auch zum Reitunterricht zur Verfügung stand (BGH VersR 1982, 348). Bei dieser Argumentation blieb es auch in einem Fall, in dem ein Pferd zum Kutschpferd ausgebildet werden sollte, jedoch abredewidrig zum Reitunterricht verwendet wurde (BGH VersR 1988, 609, 610). Das OLG Celle (VersR 1979, 161) sah einen Verwahrer als Halter an, der alle Kosten für Unterhalt, Unterbringung, Pflege und tierärztliche Versorgung trug.

76 Die Tragung der Unterhaltskosten ist ein wichtiges Indiz für die Bestimmung der Haltereigenschaft, kann jedoch nicht immer als ausschlaggebend angesehen werden (vgl etwa OLG Hamm 1970, 729, 730 f). Das folgt daraus, daß die Kostentragung zwar belegt, wer sich einen Nutzungsvorteil aus dem Tier verspricht, nicht aber, ob er ihn auch tatsächlich erlangt (vgl LORENZ 187). Die Fälle, in denen ein zur Pflege usw anvertrautes Tier abredewidrig verwendet wird, zeigen, daß das Eigeninteresse (auch) bei demjenigen liegen kann, der nicht die Unterhaltskosten trägt. Die Frage der Haltereigenschaft von Eigentümer oder unmittelbarem Besitzer kann dann nicht danach entschieden werden, wer die Kosten für das Tier trägt.

c) Verlustrisiko

77 Manche Autoren sehen im wirtschaftlichen Risiko des Verlustes einen – mitunter sogar den wichtigsten – Hinweis auf die Haltereigenschaft (BGB-RGRK/KREFT Rn 39; ERMAN/SCHIEMANN Rn 7; MünchKomm/WAGNER Rn 20). Auch in der Rechtsprechung wird dieses Kriterium erwähnt; es hat aber bisher noch nie eine für die Entscheidung ausschlaggebende Rolle gespielt (vgl BGH LM Nr 10 = NJW 1977, 2158 = VersR 1977, 864, 865; VersR 1982, 348; 1988, 609, 610; OLG Saarbrücken VersR 1988, 752). In der Tat erscheint seine Reichweite begrenzt. Wird ein Tier zur Nutzung überlassen, also sowohl durch den Eigentümer (mittelbar, durch die Nutzungsüberlassung) als auch durch den unmittelbaren Besitzer genutzt, dann trifft der Wegfall der Vorteile aus der Nutzung (hierauf bezieht sich das Verlustrisiko) Eigentümer und unmittelbar Nutzenden gleichermaßen (vgl LORENZ 188). In diesen Fällen ist das Kriterium des Verlustrisikos nicht geeignet, den Halter zu bestimmen.

d) Versicherung

78 Manche Autoren sehen im Zweifel denjenigen als Halter an, der das Tier versichert hat oder die Tiergefahr mit dem geringsten Aufwand versichern kann (AK-BGB/KOHL Rn 8; MünchKomm/STEIN[3] Rn 19; vgl auch DEUTSCH JuS 1987, 673, 678). Auch in der Rechtsprechung finden sich Fälle, in denen auf die Versicherung des Tieres abgestellt wurde. So wurde die Haltereigenschaft eines Vereins, bei dem ein Pferd vom Eigentümer untergestellt war, daraus hergeleitet, daß der Verein neben den Unterhalts- und Unterbringungskosten auch die Kosten der Versicherung trug (OLG Celle VersR 1979, 161). Schließt eine Ehefrau für einen im ehelichen Haushalt gehaltenen Hund auf ihren Namen eine Haftpflichtversicherung ab, so soll sie grundsätzlich als Halterin anzusehen sein, zumindest neben ihrem Ehemann (KG VersR 1987, 1042; ähnlich LG Osnabrück NJW-RR 1998, 959).

79 Bei dem Kriterium der Versicherung/Versicherbarkeit ist zwischen der Sach- und der Halterhaftpflichtversicherung zu unterscheiden. Eine Sachversicherung wird gegen den Verlust des Tieres abgeschlossen. Das Kriterium der Versicherung deckt sich in diesem Fall mit dem des Verlustrisikos und unterliegt den gleichen Bedenken. Auch der Abschluß einer Haftpflichtversicherung hat als Indiz einen begrenzten Wert. Er belegt in der Regel nur, daß die betreffende Person glaubte, die Halterhaftung fürchten zu müssen. Auf diese Weise zeichnet das Kriterium lediglich den Stand der Rechtsprechung zur Haltereigenschaft nach. Allein in den Fällen, in denen ein Tier vom Halter einem anderen überlassen wird und die Parteien eine ausdrückliche Vereinbarung über die Versicherungspflicht treffen, bildet die Versicherung ein Indiz für das Eigeninteresse: Die Vereinbarung macht deutlich, wen die Parteien selbst als den überwiegend Interessierten angesehen haben (LORENZ 189).

e) Nutzung im Haushalts- oder Wirtschaftsbetrieb

80 Die Nutzung eines Tieres im eigenen Haushalts- oder Wirtschaftsbetrieb ist in Rechtsprechung (RGZ 62, 79, 81; RG JW 1911, 279; OLG Köln VersR 1976, 197) und Literatur (BORNHÖVD JR 1978, 50, 51; SOERGEL/KRAUSE Rn 12; ENNECCERUS/LEHMANN 1017; LORENZ 190; ERMAN/SCHIEMANN Rn 7; MünchKomm/WAGNER Rn 24) ein wichtiges Indiz für das Eigeninteresse. Eine solche Nutzung ist allerdings kein unerläßliches Merkmal, da ein Tier auch halten kann, wer selbst keinen Hausstand oder Geschäftsbetrieb unterhält (im Ergebnis ebenso OLG Hamm VersR 1973, 1054; HOFF AcP 154 [1955] 344, 348; E WOLF, Schuldrecht BT 670; vgl auch BGB-RGRK/KREFT Rn 39; LARENZ, Methodenlehre der Rechtswissenschaft [6. Aufl 1991] 222).

81 Dieses Kriterium ist insofern problematisch, als bei Nutzung durch eine weitere Person häufig zweifelhaft ist, ob das Tier nach wie vor im bisherigen Haushalts- oder Wirtschaftsbetrieb eingestellt oder bereits aus diesem ausgeschieden ist. Die Bedeutung dieser Nutzung gibt in solchen Fällen den Ausschlag, ob sich das Tier noch im bisherigen Haushalts- und Wirtschaftsbetrieb befindet. Damit wird auf das überwiegende Eigeninteresse selbst abgestellt, und das Kriterium des Haushalts- und Wirtschaftsbetriebs erscheint nur als Umweg. Diese Problematik machen einige Fallbeispiele aus der Rechtsprechung deutlich: Bei stundenweiser Vermietung eines Pferdes zum Reiten sollte dieses noch immer dem Wirtschaftsbetrieb des Eigentümers angehören und nicht (vorübergehend) daraus ausscheiden; gerade durch die Vermietung diene es weiterhin dessen eigenem Interesse und Nutzen (RG WarnR 1912 Nr 254; 1915 Nr 237). Ein Pferd, das vom Eigentümer einem anderen dauerhaft in Pension gegeben wurde, sollte damit nicht notwendig aus dem Wirtschaftsbetrieb des Eigentümers ausscheiden (OLG Köln VersR 1976, 197 f). Andererseits wurde eine Narrenzunft, die ein Pferd für einen Umzug entliehen hatte, für die Dauer der Überlassung als Halterin angesehen, weil das Tier aus dem Wirtschaftsbetrieb des Eigentümers ausgeschieden sei und ausschließlich den betriebsfremden Zwecken des Entleihers gedient habe, nicht aber, auch nicht wenigstens zugleich, dem Wirtschaftsbetrieb seines seitherigen und künftig auch wieder in diese Stellung einrückenden Halters (OLG Frankfurt VersR 1956, 454). Auch als ein Eigentümer sein Zugpferd für eine Fahrt vermietet hatte, sollte das Tier zwar nicht auf Dauer, wohl aber für eine gewisse Zeit aus dem Wirtschaftsbetrieb des Vermieters ausgeschieden und in den des Mieters eingestellt worden sein; es habe nicht mehr dem Eigentümer, sondern dem Mieter zu dessen alleinigem Nutzen als Betriebsmittel gedient, so daß die Tiergefahr nunmehr vom Betrieb des Mieters ausging, nicht von dem des Eigentümers (RGZ 62, 79, 84, 85). Bei Ehegatten sollte es maßgeblich darauf ankommen, daß der fragliche Wachhund im gemeinsamen Hausstand und im Eigeninteresse beider Ehegatten verwendet wurde; sie waren deshalb Mithalter (OLG Nürnberg VersR 1964, 1178, 1179).

82 Unproblematisch ist das Kriterium der Nutzung im Haushalts- oder Wirtschaftsbetrieb, wenn der unmittelbare Besitzer das Tier nicht nutzt, sondern nur Verrichtungen an ihm vornimmt. So dient ein Pferd, das einem Tiertrainer übergeben wird, weiterhin den Zwecken des Eigentümers, scheidet also nicht aus dessen Betrieb aus (RG WarnR 1908 Nr 317; LORENZ 190).

3. Unmittelbares Abstellen auf das Eigeninteresse – Kein Eigeninteresse bei Vornahme von Verrichtungen an einem Tier

83 In Rechtsprechung (RGZ 66, 1, 3; 168, 331, 332; BGH VersR 1976, 1175, 1176; vgl auch BGH LM Nr 10 = NJW 1977, 2158 = VersR 1977, 864, 865) und Literatur (DEUTSCH JuS 1987, 673, 678; BGB-RGRK/KREFT Rn 39; LARENZ/CANARIS, Schuldrecht II/2 § 84 II 1 b; ERMAN/SCHIEMANN Rn 7; GEIGEL/HAAG 18. Kap Rn 2) wird bei der Bestimmung des Tierhalters häufig auch unmittelbar auf das Eigeninteresse an dem Tier abgestellt.

84 Mit Hilfe des unmittelbaren Heranziehens des Kriteriums Eigeninteresse werden

diejenigen Fälle aus dem Halterbegriff ausgeschieden, in denen eine Person nur Verrichtungen an einem Tier vornimmt, es aber nicht selbst nutzt. Der Nutzer zieht Vorteile aus dem Tier: Er verwertet die Substanz oder Leistung des Tieres, so daß Gegenstand der Nutzung das Tier selbst ist (LORENZ 185). Nur in diesem Fall liegt das für die Haltereigenschaft erforderliche Eigeninteresse vor. Wer demgegenüber aufgrund eines Auftrags-, Geschäftsbesorgungs-, Arbeits-, Dienst- oder Werkvertrags Tiere vermittelt (vgl RGZ 66, 1), transportiert (vgl RGZ 168, 331, 332 f; dazu auch BGH VersR 1978, 515) oder versorgt (vgl RGZ 168, 331, 332 f; RG JW 1917, 287), zieht den Vorteil aus seiner eigenen Leistung am Tier oder mittels des Tieres, nicht aber – wie der Entleiher, Mieter oder Pächter eines Tieres – aus der Nutzung des Tieres (RGZ 66, 1, 3 f; 168, 331, 332; LORENZ 185). Er handelt nicht im Eigeninteresse, sondern in dem des Eigentümers.

So dient ein Pferd, das dem Tiertrainer übergeben wird, weiterhin den Zwecken **85** seines Eigentümers, nicht etwa denen des Trainers, denn dieser versieht nur eine ihm aufgetragene Verrichtung; wenn der Trainer wegen des hierfür gezahlten Entgelts aus seiner Tätigkeit auch einen eigenen Vorteil erlangt, so entsteht dieser nicht aus der Nutzung des Pferdes, sondern ist der Ertrag seiner Arbeit (RG WarnR 1908 Nr 317; LORENZ 191). Ein Hund, der zum Tierarzt gebracht wird, um dort gebadet zu werden, dient weiter dem Interesse des Eigentümers (AG Berlin-Lichterfelde JW 1937, 3107; LORENZ 191). Ein Verwalter, der den Betrieb völlig selbständig führt, wirtschaftet nicht im eigenen Interesse, sondern im Interesse und für Rechnung des Eigentümers der im Betrieb gehaltenen Tiere und wird nicht deren Halter (RG Gruchot 47, 404; LORENZ 191).

Die Nutzung des Tieres im Eigeninteresse ist in den verschiedensten Formen mög- **86** lich, zB um seine Arbeitsleistung zu nutzen (Zugtier, Wachhund), um Erzeugnisse des lebenden Tieres (Milch, Eier, Schafwolle, Jungtiere) zu gewinnen, Freude an seinem Besitz oder dem Umgang mit ihm zu haben (Hund, Katze, Papagei, Singvogel), aus seiner Veräußerung Gewinn zu erzielen, es künftig als Nahrungsmittel zu verwenden. Tierhalter ist etwa die Gemeinde bezüglich des von ihr zu Zuchtzwecken angeschafften Zuchtstiers, auch wenn sie diesen zur Unterbringung und Betreuung einem Gemeindeangehörigen übergibt (RG JW 1917, 287). Tierhalter ist auch ein Reitsportverein (Idealverein), der seine Pferde seinen Mitgliedern zur Erlernung des Reitens und zur Ausübung des Reitsports zur Verfügung stellt; sein eigenes Interesse an der Verwendung der Pferde besteht darin, daß er ohne Gewinnstreben seinen satzungsmäßigen Aufgaben nachkommt (vgl LM Nr 11 = BGH NJW 1982, 763, 764). Eine Nutzung im Eigeninteresse liegt auch dann vor, wenn das Tier erworben wird, um es alsbald zu töten und daraus Nutzen zu ziehen; Tierhalter ist daher der Fleischgroßhändler oder Metzger bzgl der zum Schlachten gekauften Tiere (RGZ 79, 246, 247; OLG Düsseldorf MDR 1982, 935, 936).

4. Zusammentreffen mehrerer Personen mit Eigeninteresse

Nutzen mehrere Personen ein Tier in gleichartiger Weise (zB Familienangehörige **87** betreiben mit verteilten Aufgaben eine Hundezucht), so halten sie das Tier gemeinschaftlich und sind alle Halter.

Auch im Falle der Nutzungsüberlassung können mehrere Personen in bezug auf dasselbe Tier ein (unterschiedliches) Eigeninteresse verfolgen. Der Eigentümer kann sein Tier nutzen, indem er es durch andere nutzen läßt. Der Mieter zieht Vorteile aus dem unmittelbaren Gebrauch, dem Eigentümer fließt der Mietzins zu. In diesen Fällen ist zu entscheiden, ob beide Nutzer Mithalter sind oder ob eine Person allein (diejenige mit dem überwiegenden Interesse) Halter ist.

a) Fälle mehrfacher Nutzung

88 Die Nutzung kann zentraler Gegenstand eines Vertrages zwischen den Beteiligten sein. Als solcher Nutzungsüberlassungsvertrag kommt in erster Linie der Mietvertrag in Betracht.

Ein Nutzungsrecht kann aber auch innerhalb eines sonstigen Rechtsverhältnisses zusätzlich vereinbart werden, etwa bei einem Tierpensionsvertrag (BGH LM Nr 10 = NJW 1977, 2158 = VersR 1977, 864 f: Der Eigentümer bringt sein Pferd auf einem Gut unter, wo es versorgt wird und Dritte es aufgrund vertraglicher Vereinbarung reiten dürfen; OLG Hamm VersR 1973, 1054: Der Eigentümer bringt seinen Jagdhund bei einem Förster unter, der das Tier auch für sich verwenden darf).

Schließlich kommen auch Fälle in Betracht, in denen der Nichteigentümer das Tier unberechtigt benutzt (BGH VersR 1988, 609, 610: Der Eigentümer stellt sein Pferd auf einem Reiterhof ein, wo es zum Kutschpferd ausgebildet werden soll; der Verwahrer nutzt es ohne Erlaubnis zum Reitunterricht).

b) Haltereigenschaft

89 Die Frage, welcher der beiden Nutzer oder ob beide Nutzer zugleich Tierhalter sind, beurteilt sich nach der jeweiligen Intensität des Eigeninteresses.

So bleibt in einer ersten Gruppe von Fällen der Eigentümer Halter, ohne daß der unmittelbare Besitzer ebenfalls Halter wird. Als Alleinhalter wurde beispielsweise der Eigentümer angesehen, der seine Pferde für kurzzeitige Ausritte vermietete (BGH VersR 1987, 198, 200; vgl auch OLG Köln VersR 1976, 197, 198), der seine Pferde auf lange Zeit für die Arbeit unter Tage an eine Zeche vermietete (RG WarnR 1915 Nr 237), der sein Pferd für zehn Wochenstunden einem Reitverein zur Verfügung stellte, dabei die Kosten für das Pferd und das Risiko seines Verlustes trug, sich um das Tier kümmerte und es regelmäßig bewegte (BGH VersR 1982, 348), der sein Pferd zur Pflege und Ausbildung langfristig an einen anderen übergeben hatte und weiterhin sämtliche Unterhaltskosten des Tieres trug (BGH VersR 1988, 609, 610) oder der seinen Jagdhund bei einem Förster unterbrachte, der das Tier auch für sich verwenden durfte, wobei daneben der Eigentümer den Hund noch regelmäßig selbst zur Jagd benutzte (OLG Hamm VersR 1973, 1054; vgl auch die Fälle BGH LM Nr 10 = NJW 1977, 2158 = VersR 1977, 864; OLG Frankfurt VersR 1976, 1138; OLG Celle VersR 1986, 396).

90 In einer zweiten Gruppe von Fällen wird der unmittelbare Besitzer zum Halter, während der Eigentümer die Haltereigenschaft verliert. So lag es in einem Fall, in dem der Eigentümer sein Pferd auf Dauer einem Reitverein als Schulpferd überließ, der alle Kosten für Unterhalt, Unterbringung, Pflege und tierärztliche Versorgung trug und dem die Gebühren aus der Nutzung des Pferdes zuflossen; zwar durfte der Eigentümer das Pferd auch selbst reiten, wegen der vielfältigen Möglichkeiten, andere Pferde zu reiten, fiel das Interesse des Eigentümers am Reiten dieses Pferdes aber gegenüber dem Interesse des Vereins an der Verwendung als Schulpferd nicht ins Gewicht (OLG Celle VersR 1979, 161 f). Alleinhalter war auch ein Forstbeamter, der einen Jagdhund, der sich bei seinem Eigentümer nicht wohl fühlte, zu sich nahm und diesen – gegen Erstattung der Futter- und Arztkosten sowie Steuer und Versicherung durch den Eigentümer – versorgte und über Jahre als Begleithund im Revier benutzte, wobei er in der Verwendung des Tieres völlig frei war und eine Rückgabe an den Eigentümer nicht vorgesehen war (OLG Hamm VersR 1970, 729, 730 f). In einem Fall, in dem der Gerichtsvollzieher einen Hund pfändete und den Gewahrsam dem Gläubiger übertrug, weil er selbst den bissigen Hund nicht verwahren wollte, wurde der Gläubiger Halter, denn er verwahrte das Tier nicht nur als Pfandstück, sondern behandelte es wie einen ihm gehörenden Haushund (OLG Colmar OLGRspr 14, 50, 51). Alleinhalterin war auch eine Narrenzunft, die ein Pferd für einen Umzug entlieh (OLG Frankfurt VersR 1956, 454).

In einer dritten Gruppe von Fällen sind die Beteiligten Mithalter. So wurde ein **91** Ehemann als Mithalter des Wachhundes seiner Ehefrau angesehen, weil das Tier auch in seinem Interesse gehalten wurde: Hielt er sich am Wochenende in der Ehewohnung auf, diente das Tier auch seinem Schutz; solange er abwesend war, hatte er ein eigenes Interesse am Schutz seiner Ehefrau und seiner Wohnung (OLG Nürnberg VersR 1964, 1178, 1179).

Als Kriterium für die Haltereigenschaft wird auch die Nutzungsdauer herangezogen **92** (vgl RGZ 52, 117, 118; 55, 163, 166; RG JW 1915, 91, 92; BGH NJW 1971, 509 = VersR 1971, 320; VersR 1987, 198, 200; OLG Köln VersR 1976, 197, 198; OLG Düsseldorf VersR 1972, 403; OLG Hamm VersR 1970, 729, 730; OLG Saarbrücken VersR 1988, 752; DEUTSCH JuS 1987, 673, 678; ENNECCERUS/LEHMANN 1017; ERMAN/SCHIEMANN Rn 7 f; JAUERNIG/TEICHMANN Rn 3). Die Aussagekraft dieses Kriteriums ist allerdings begrenzt (kritisch auch RGZ 62, 79, 81 f, 84 f; OLG Frankfurt VersR 1956, 454; BGB-RGRK/KREFT Rn 39; LORENZ 196 f; gänzlich ablehnend BERGLAR 103 f). So hat es in der Rechtsprechung auch nicht zu einer eindeutigen Abgrenzung geführt. Einerseits wird der unmittelbare Besitzer in manchen Fällen bei nur kurzfristiger Nutzungsüberlassung als Halter angesehen (RGZ 62, 79, 84 f [Überlassung eines Pferdes für die Dauer einer Fahrt]; OLG Frankfurt VersR 1956, 454 [Vermietung eines Pferdes für einen Rosenmontagsumzug]). Andererseits soll die langfristige Nutzung durch ihn nicht zwangsläufig zum Wechsel der Halterschaft führen: So konnten langfristig vermietete Grubenpferde auch weiter dem Wirtschaftsbetrieb des Eigentümers dienen, da sein Betrieb gerade in der langfristigen Vermietung bestand (RG WarnR 1915 Nr 237), und Pferde auch weiterhin den Interessen ihres Eigentümers dienen, während sie längerfristig einem anderen in Pension gegeben und von diesem auch genutzt wurden (BGH LM Nr 10 = NJW 1977, 2158 = VersR 1977, 864, 865; vgl auch BGH VersR 1988, 609, 610).

5. Die Indizien der Entscheidungsgewalt

a) Unmittelbarer Besitz/tatsächliche Einwirkungsmöglichkeit

Das RG (RGZ 55, 163, 165 f; RG JW 1916, 907, 908) und ein Teil der Lehre (ENNECCERUS/ **93** LEHMANN 1017) sehen im unmittelbaren Besitz bzw in der tatsächlichen Gewalt ein Indiz für die Haltereigenschaft. Aus diesem Grunde wurde der Entleiher eines Pferdefuhrwerks als Halter angesehen (vgl RGZ 62, 79, 84 f; vgl auch RG JW 1911, 279), ebenso der Pfandgläubiger, der schon vor der Verwertung eines gepfändeten Hundes an diesem Besitz erlangt hatte (OLG Colmar OLGRspr 14, 50, 51).

94 Der Aspekt der Entscheidungsgewalt meint allerdings nicht die konkrete tatsächliche Einflußmöglichkeit über das Tier, sondern die abstrakte Entscheidungsgewalt über Existenz und Verwendung des Tieres. Das ergibt sich aus dem Sinn und Zweck der Norm: Für Tierschäden soll einstehen, wer die Gefahrenquelle schafft und über die Art ihrer Verwendung bestimmt; hierfür maßgebend ist aber gerade nicht die unmittelbare Einflußmöglichkeit auf das Tier, sondern die Entscheidungsmöglichkeit über die Schaffung und Erhaltung der Gefahrenquelle (LORENZ 198). Die Möglichkeit, auf das Tier unmittelbar einzuwirken, besagt nichts über die Verantwortlichkeit für Existenz und Verwendungsweise des Tieres. Die tatsächliche Einflußmöglichkeit allein, über die etwa der unmittelbare Besitzer verfügt, kann daher nicht als Kriterium zur Ermittlung des Halters herangezogen werden (ebenso BORNHÖVD VersR 1979, 398; HOFF AcP 154 [1955] 344, 365; LORENZ 201). Erst recht ist der bloße Besitzdiener (§ 855) nicht Tierhalter (RGZ 52, 117, 118; BGB-RGRK/KREFT Rn 49). Auch die Rechtsprechung hat darauf hingewiesen, daß allein die tatsächliche Herrschaft über das Tier, dh der unmittelbare Besitz, für die Halterschaft keine Rolle spielt (BGH VersR 1988, 609, 610; vgl auch BGH VersR 1978, 515). Der unmittelbare Besitz bzw die sonstige tatsächliche Einwirkungsmöglichkeit können die Haltereigenschaft daher nicht begründen. Umgekehrt entfällt die Haltereigenschaft nicht durch die zeitweilige Aufgabe der unmittelbaren Einwirkungsmöglichkeit (RG WarnR 1908 Nr 317: Pferd in der unmittelbaren Verfügungsgewalt des Tiertrainers; AG Berlin-Lichterfelde JW 1937, 3107: eintägige Überlassung eines Hundes an einen Tierarzt; BGH VersR 1978, 515: zum Transport überlassenes Pferd; RG JW 1917, 287: Unterbringung des gemeindeeigenen Zuchtstiers für längere Zeit bei einem Bauern, der gegen Entgelt die Fütterung und Wartung des Tieres übernahm; vgl auch OLG Hamburg HRR 1936 Nr 872: Haltereigenschaft der Käuferin eines Tigers, der sich während des Transports auf hoher See befand, obwohl die Käuferin noch keinerlei Einflußmöglichkeit auf das Tier hatte).

b) Eigentum

95 In Rechtsprechung und Lehre ist immer wieder darauf hingewiesen worden, daß die Halterschaft ein rein tatsächliches Verhältnis sei und die rechtliche Herrschaft, also das Eigentum am Tier, für die Ermittlung des Halters keine Rolle spiele (RGZ 55, 163, 165; 62, 79, 84; RG WarnR 1910 Nr 332; RG JW 1916, 907, 908; BGH VersR 1956, 574; OLG Nürnberg VersR 1964, 1178 f; OLG Düsseldorf VersR 1972, 403; KG VersR 1981, 1035; ENNECCERUS/LEHMANN 1017; ERMAN/SCHIEMANN Rn 7; SOERGEL/KRAUSE Rn 12; vgl auch OLG Hamm VersR 1970, 729, 730 f). Zum Teil hat die Rechtsprechung im Gegensatz dazu das Eigentum aber auch als Indiz für die Haltereigenschaft herangezogen (OLG Hamburg HRR 1936 Nr 872 [obiter]; OLG Hamm VersR 1973, 1054; OLG Frankfurt VersR 1976, 1138; OLG Düsseldorf VersR 1983, 543; vgl auch OLG Hamburg OLGRspr 14, 44). Eine Reihe von Autoren sieht im Eigentum einen bedeutsamen Hinweis auf den Halter (BORNHÖVD VersR 1979, 398; HOFF AcP 154 [1955] 344, 359, 365; LARENZ/CANARIS, Schuldrecht II/2 § 84 II 1 b [Eigenbesitzer]; LORENZ 202; MEDICUS, Schuldrecht BT Rn 872; MünchKomm/WAGNER Rn 20; E WOLF, Schuldrecht BT 670).

96 Die für die Haltereigenschaft maßgebliche Entscheidungsgewalt über die Existenz und Verwendung des Tieres ergibt sich regelmäßig aus dem Eigentum und liegt nur ausnahmsweise bei anderen Personen, wenn sie diesen übertragen oder von ihnen unberechtigt in Anspruch genommen wird. Das Eigentum kann daher als Indiz für die Haltereigenschaft herangezogen werden. Die Dauer der Eigentümerstellung spielt dabei keine Rolle. Auch Metzger und Viehhändler sind Tierhalter, selbst wenn sie die erworbenen Tiere alsbald schlachten oder weiterveräußern wollen (RGZ 79, 246, 247; 168, 331, 332; RG WarnR 1937 Nr 34; BGB-RGRK/Kreft Rn 39, 47).

c) **Mittelbarer Besitz**
In der Rechtsprechung wird neuerdings zur Begründung der Haltereigenschaft auf 97 den mittelbaren Besitz abgestellt (OLG Hamm VersR 1973, 1054; OLG Frankfurt VersR 1976, 1138; KG VersR 1981, 1035; vgl auch Wussow/Kuntz Rn 559). Dagegen ist einzuwenden, daß für die Entscheidungsgewalt nicht der mittelbare Besitz als solcher, sondern die konkrete Ausgestaltung des Rechtsverhältnisses zwischen dem Eigentümer und dem unmittelbaren Besitzer von Bedeutung ist. Die Nutzungsvereinbarung berechtigt den unmittelbaren Besitzer zum Besitz auf Zeit und schränkt dadurch die Entscheidungsbefugnis des Eigentümers über sein Tier ein. Dessen Haltereigenschaft kann aufrechterhalten bleiben, aber auch untergehen (vgl Lorenz 203 f).

Wie problematisch das Abstellen auf den mittelbaren Besitz sein kann, zeigt die 98 Entscheidung KG VersR 1981, 1035. In dem zugrundeliegenden Sachverhalt gab der Besitzer einen Hund, dessen Eigentümer im Gefängnis saß, bei einem Dritten in Pflege. Damit übernahm er nach Ansicht des Gerichts für mehrere Monate, also nicht nur vorübergehend, die Sachherrschaft und begründete dadurch seine Verantwortlichkeit für die Gefahrenquelle: Er habe bestimmt, daß der Hund nicht ins Tierheim kommen, sondern durch den Dritten verwahrt werden solle, bis der Eigentümer wieder aus der Haft entlassen werde; seine Handlungsweise habe die Existenz des Hundes gesichert und diesen gefährdend auf die Umwelt einwirken lassen. Dieser Begründung ist entgegenzuhalten, daß der mittelbare Besitzer hier im Auftrag oder zumindest in Geschäftsführung ohne Auftrag für den Eigentümer gehandelt hatte. Er hatte seine tatsächliche Einwirkungsmöglichkeit auf den Hund dazu genutzt, den (vermeintlichen) Willen des Eigentümers zu verwirklichen. Die Entscheidungsgewalt lag danach beim Eigentümer, nicht beim mittelbaren Besitzer (kritisch auch Lorenz 205).

d) **Einstellen in den Haushalts- oder Wirtschaftsbetrieb**
Die Verwendung des Tieres im eigenen Haushalts- oder Wirtschaftsbetrieb (gele- 99 gentlich wird allgemeiner vom Einflußbereich gesprochen, weil der Halter eines Reitpferdes heute idR keinen eigenen Wirtschaftsbetrieb hat, noch das Tier im eigenen Haushaltungsbetrieb unterbringen kann, vgl OLG Celle VersR 1979, 161 [„Einfluß- und Verfügungsbereich"]) kann außer der wirtschaftlichen Nutzungsmöglichkeit für eigene Zwecke (dazu oben Rn 80 ff) auch dessen Aufenthalt im eigenen räumlichen Machtbereich (einschließlich der Möglichkeit tatsächlicher Einflußnahme [darauf stellen ab: RGZ 62, 79, 85: Bei kurzfristiger Überlassung eines Pferdes übt der Eigentümer nicht mehr die tatsächliche Gewalt aus, die es ihm ermöglichen würde, der von dem Pferd ausgehenden Gefahr vorbeugend entgegenzuwirken; OLG Frankfurt VersR 1956, 454; vgl auch RG WarnR 1915 Nr 237: Bei Vermietung von Pferden an einen Grubenbetrieb übte der Stallmeister weiterhin die Aufsicht aus, auch während die Tiere in der Grube eingesetzt wurden]) oder die Entscheidungsgewalt in bezug auf das Tier (darauf stellt ab: RG JW 1911, 279: Der zeitweilige Nutzer konnte selbständig über die Arbeitspferde verfügen und Anordnungen treffen) umfassen. Die Nutzung im Eigeninteresse und die Entscheidungsgewalt sind Aspekte der Haltereigenschaft.

Die tatsächliche Einwirkungsmöglichkeit sagt nichts über die Entscheidungsgewalt aus und kann die Haltereigenschaft daher nicht begründen (s oben Rn 94). Insofern ist das Kriterium des Einstellens in den Haushalts- oder Wirtschaftsbetrieb auch hinsichtlich des Aspekts der Entscheidungsgewalt problematisch (vgl LORENZ 205 f; zur Problematik hinsichtlich des Aspekts Eigeninteresse s oben Rn 81).

6. Unmittelbares Abstellen auf die Entscheidungsgewalt

100 In neueren Entscheidungen wird bei der Bestimmung der Haltereigenschaft unmittelbar auf die Bestimmungsbefugnis abgestellt (BGH VersR 1988, 609, 610; OLG Hamm VersR 1973, 1054: Der Eigentümer, der seinen Jagdhund bei einem Forstbeamten in Pflege gab, der das Tier als Wachhund, bei Dienstgängen und bei Jagden verwendete, blieb Halter, weil er die Vereinbarung jederzeit widerrufen und die Tiergefahr durch ständige Haltung des Hundes in einem Zwinger weitgehend oder durch Tötung des Tieres gänzlich ausschließen konnte; OLG Köln VersR 1976, 197, 198: Der Eigentümer, der die Aufsicht über sein Pferd dem Inhaber eines Gutes bzw dem dortigen Reitlehrer übertragen hatte, blieb Halter, weil ihm die Weisungsbefugnis verblieb; OLG Frankfurt VersR 1976, 1138: Der Eigentümer, der sein Pferd im Stall eines Reitvereins unterstellte, es dort füttern und versorgen ließ und Dritten gestattete, das Tier nach Belieben zu reiten, blieb Halter, denn er allein hatte nach wie vor darüber zu entscheiden, wer das Tier versorgte und was mit ihm geschehen würde, wenn das Tier – wegen bestimmter Unarten – eine erhebliche Gefahr für die Allgemeinheit darstellen sollte; OLG Celle AgrarR 1977, 178, 179: Ein Landwirt, der dem Viehhändler seine Kuh in Kommission gab, blieb Halter, weil er dem Kommissionär Weisungen hinsichtlich der Kuh erteilen konnte; vgl auch KG VersR 1981, 1035; OLG Düsseldorf VersR 1983, 543; OLG Saarbrücken VersR 1988, 752; AG Mosbach, Jagdr Entsch, Bd VII, Sachg XI, Nr 71 [zum Auswildern ausgesetzter Rehbock]). Auch eine Reihe von Autoren erwähnt die Entscheidungskompetenz über Existenz und Verwendung des Tieres als wesentliches Kriterium der Haltereigenschaft (BERGLAR 102; BONDZIO RdL 1972, 229, 230; BORNHÖVD VersR 1979, 398; ders JR 1978, 50, 51; GEIGEL/HAAG 18. Kap Rn 2; BGB-RGRK/KREFT Rn 39; LARENZ/CANARIS, Schuldrecht II/2 § 84 II 1 b; SOERGEL/KRAUSE Rn 12; PALANDT/SPRAU Rn 10; SCHLUND, in: FS Schäfer 223, 225; aA WUSSOW/TERBILLE Kap 11 Rn 26).

101 Da die Entscheidungsgewalt eines der beiden Hauptkennzeichen der Halterschaft darstellt, ist es richtig, bei der Bestimmung des Halters hierauf abzustellen. Zu beachten ist allerdings, daß es auf die tatsächliche Beherrschung des Tieres ankommt, nicht auf die rechtliche Befugnis dazu. Zwar fällt oft beides zusammen, so daß von der Befugnis auf den Herrschaftstatbestand geschlossen werden kann. In Fällen, in denen jemand – zB ein Dieb – unberechtigt über ein Tier bestimmt, ist aber allein entscheidend, wer die Macht darüber ausübt, ob das Tier existiert und in welcher Weise es verwendet wird (s unten Rn 110).

7. Verteilung der Entscheidungsgewalt auf mehrere Personen

102 Ist die Entscheidungsgewalt über das Tier zwischen verschiedenen Personen aufgeteilt, so ist Mithalterschaft möglich (BORNHÖVD VersR 1979, 398; vgl auch BGB-RGRK/KREFT Rn 42; LORENZ 207; OLG Hamm VersR 1973, 1054). Es kommt dann darauf an, welcher Grad von Entscheidungsbefugnissen zur Halterschaft führt. In den Nutzungsüberlassungsfällen kann die Verteilung der Entscheidungsbefugnisse zur Alleinhalterschaft des Eigentümers, zur Mithalterschaft von Eigentümer und Nutzungsberechtigtem oder zur Alleinhalterschaft des Nutzungsberechtigten führen.

8. Einzelne typische Fallkonstellationen

a) Verträge über Leistungen an oder mit dem Tier

Arbeits-, Dienst-, Werk-, Verwahrungs-, Auftrags- und Geschäftsbesorgungsverträge **103** beinhalten regelmäßig keine Nutzungsübertragung, dh der Arbeitnehmer, Dienstverpflichtete usw hat kein Eigeninteresse an dem Tier. Tierhalter bleibt deshalb der Eigentümer (RGZ 52, 117, 118; 66, 1, 3; 168, 331, 332; RG WarnR 1908 Nr 317; RG JW 1917, 287; BGH VersR 1978, 515 [die Frage, ob auch der Transporteur Halter ist, wurde offengelassen]; OLG Celle AgrarR 1977, 178, 179 [Transport- und Kommissionsabrede]; OLG Saarbrücken VersR 1988, 752 [Betreuung eines Hundes während eines Krankenhausaufenthaltes des Halters]; BGB-RGRK/ KREFT Rn 45 f; vgl SOERGEL/KRAUSE Rn 14; MünchKomm/WAGNER Rn 26).

b) Nutzungsüberlassungsverträge

Miete und Leihe berechtigen den Mieter bzw Entleiher zur Nutzung des Tieres auf **104** Zeit, so daß eine Aufteilung von Nutzungsinteresse und Entscheidungsgewalt vorliegt. Bei kurzfristiger Nutzungsüberlassung bleibt es in der Regel bei der Halterschaft des Eigentümers (DEUTSCH JuS 1987, 673, 678; BGB-RGRK/KREFT Rn 44; AK-BGB/ KOHL Rn 8; MEDICUS, Schuldrecht BT Rn 872; vgl SOERGEL/KRAUSE Rn 14; MünchKomm/WAGNER Rn 25; aA BERGLAR 98 ff, 103 f; vgl auch HOFF AcP 154 [1955] 344, 365; OLG Frankfurt VersR 1976, 1138), beispielsweise wenn er sein Pferd zum Ausreiten vermietet (RG WarnR 1912 Nr 254; BGH NJW 1986, 2883, 2884; VersR 1987, 198, 200), stundenweise einem anderen zum Ausreiten überläßt (OLG Köln VersR 1976, 197, 198) oder aus Entgegenkommen sein Pferd für einen Transport zur Verfügung stellt (RG JW 1915, 91, 92). Bei einer Nutzungsüberlassung für längere Zeit geht zumeist die überwiegende Bestimmungsgewalt und Nutzungsmöglichkeit auf den Mieter bzw Entleiher über. Es findet dann ein Halterwechsel statt (BGB-RGRK/KREFT Rn 44; vgl MünchKomm/WAGNER Rn 25; vgl aber auch LARENZ/CANARIS, Schuldrecht II/2 § 84 II 1 b: Grundsätzlich bleibe es bei der Halterschaft des Vermieters) oder es kommt jedenfalls zur Mithalterschaft von Eigentümer und Mieter bzw Entleiher (DEUTSCH JuS 1987, 673, 678; BGB-RGRK/KREFT Rn 44; MünchKomm/STEIN[3] Rn 20; vgl OLG Hamm VersR 1973, 1054; vgl auch RG JW 1911, 279; GEIGEL/HAAG 18. Kap Rn 3). Allerdings kann auch bei Nutzungsüberlassung des Tieres für längere Zeit der Eigentümer allein Halter bleiben, wenn er trotz der längerfristigen Überlassung seine Bestimmungsmöglichkeit nicht verliert; dieser Fall wurde bei der langjährigen Überlassung von Grubenpferden (RG WarnR 1915 Nr 237) oder der einwöchigen Vermietung von Zugpferden für Werbefahrten (BGH NJW 1971, 509 = VersR 1971, 320) angenommen. Umgekehrt ist auch bei kurzzeitiger Nutzungsüberlassung ein Halterwechsel möglich (RGZ 62, 79, 85; OLG Frankfurt VersR 1956, 454).

Bei Pacht und Nießbrauch (etwa eines landwirtschaftlichen Betriebes) werden – zumeist langfristig – Nutzungsvorteile in erheblichem Umfang übertragen. Deshalb ist in der Regel der Pächter bzw Nießbraucher Halter (vgl OLG Frankfurt VersR 1956, 454; BGB-RGRK/KREFT Rn 44).

c) Veräußerung von Tieren

Wird ein Tier verkauft und übereignet, so gehen Entscheidungsgewalt und Eigen- **105** interesse an dem Tier vom Verkäufer auf den Käufer über. Die Halterschaft zu einzelnen Zeitpunkten innerhalb dieser Phase bestimmt sich danach, inwieweit Entscheidungsgewalt und Eigeninteresse noch beim Verkäufer oder schon beim Käufer liegen. Solange der Verkäufer Eigentümer ist und das Tier nicht übergeben oder versandt hat, ist er Halter (RG JW 1930, 2421, 2422; OLG Hamburg OLGRspr 14, 44; BGB-RGRK/KREFT Rn 47; LORENZ 216; ERMAN/SCHIEMANN Rn 8; SOERGEL/KRAUSE Rn 18; Münch-Komm/WAGNER Rn 23; WEIMAR MDR 1967, 100, 101). Er bleibt daher auch bei Annahmeverzug des Käufers weiter Halter (WEIMAR MDR 1967, 100, 101). Wenn der Eigentumsübergang und die Übergabe an den Käufer erfolgt sind, ist dieser Halter (LORENZ 216). Er bleibt es, auch wenn er berechtigterweise die Wandlung verlangt, bis zur Rückgabe des Tieres an den Verkäufer (vgl OLG Kassel SeuffA 59 Nr 257; OLG Naumburg SeuffA 58 Nr 210; ROTH JW 1913, 69; ERMAN/SCHIEMANN Rn 8). Problematischer ist die Bestimmung des Halters, wenn das Tier noch beim Verkäufer bleibt, obwohl dieser nicht mehr Eigentümer ist (vgl RG WarnR 1910 Nr 332), wenn sich das Tier auf dem Transport befindet, also vom Verkäufer abgesandt worden, aber noch nicht beim Käufer angekommen ist (vgl OLG Hamburg HRR 1936 Nr 872; BGB-RGRK/KREFT Rn 47), wenn das Tier an den Käufer übergeben wird, obwohl er noch kein Eigentum erworben hat, wie beim Vorbehaltskauf, oder beim Kauf auf Probe (§ 495; vgl dazu OLG Kassel SeuffA 59 Nr 257 [während der Probezeit Halterschaft nur des Probekäufers]; BGB-RGRK/KREFT Rn 47 [Halterschaft des Verkäufers; bei längerer Probezeit möglicherweise Mithalterschaft von Probekäufer und -verkäufer]). Die Entscheidungsgewalt und das Eigeninteresse von Verkäufer und Käufer an dem Tier sind in diesen Fällen im einzelnen zu gewichten. Oft hilft ein Vergleich mit der bei einzelnen Nutzungsüberlassungsverträgen bestehenden Situation weiter (vgl LORENZ 216). Beim Versendungskauf ist der Käufer bereits Halter des Tieres auf dem Transport (OLG Hamburg HRR 1936 Nr 872; BGB-RGRK/KREFT Rn 47; MünchKomm/WAGNER Rn 23). Beim Kauf auf Probe ist zu berücksichtigen, ob der Kaufvertrag unter der aufschiebenden oder auflösenden Bedingung (§ 158) der Billigung bzw Nichtbilligung geschlossen ist. Bei aufschiebender Bedingung tritt der Gefahrübergang abweichend von §§ 446, 447 erst mit der Billigung ein (BGB-RGRK/MEZGER § 495 Rn 7; Hk-BGB/SAENGER §§ 454, 455 Rn 1 und 5), so daß bis zu diesem Zeitpunkt der Verkäufer das Verlustrisiko trägt, was für seine Halterschaft spricht.

d) Entlaufene Tiere

106 Bei entlaufenen Tieren wurde früher auf die unmittelbare Einwirkungsmöglichkeit abgestellt und zwischen vorübergehender Besitzentziehung und endgültigem Besitzverlust unterschieden (RG JW 1930, 2421 f; OLG Oldenburg SeuffA 75 Nr 21; ENNECCERUS/LEHMANN 1017; vgl dazu WEIMAR JR 1963, 414, 415; WILTS VersR 1965, 1019, 1020 auch mwN aus der Lit). Die Halterschaft war beendet, wenn keine oder nur geringe Aussicht bestand, das Tier wiederzuerlangen. Heute vertritt der BGH die Ansicht, daß allein mit dem Entlaufen eines Tieres die Haltereigenschaft und damit die Haftung grundsätzlich noch nicht entfalle, auch wenn das Tier für den Halter als endgültig verloren gelten müsse (BGH LM Nr 4 = NJW 1965, 2397; VersR 1978, 515; ihm folgend BONDZIO RdL 1972, 229, 230; DEUTSCH JuS 1987, 673, 678; ESSER/WEYERS, Schuldrecht II § 58 III 1 a; LARENZ/CANARIS, Schuldrecht II/2 § 84 II 1 b; WILTS VersR 1965, 1019, 1020 unter Auseinandersetzung mit abweichenden Auffassungen; WUSSOW/TERBILLE KAP 11 Rn 34).

107 Fest steht, daß zumindest bei endgültigem Besitzverlust ein Nutzen des Tieres im Eigeninteresse und eine Entscheidungsgewalt über das Tier nicht mehr vorliegen. Die Halterschaft ist damit nach den bisherigen Kriterien entfallen. Dennoch erscheint es unbillig, dem Geschädigten einen Ersatzanspruch zu verweigern. Eine Lösung dieses Konflikts ist möglich, wenn nicht auf das unmittelbar schadensstiftende Tierverhalten, sondern auf das Entlaufen selbst als Verletzungsursache abgestellt wird. Zum Zeitpunkt des Entlaufens bestand die Halterschaft noch, und auf die zwischenzeitliche Beendigung der Halterschaft kommt es nicht an: Der Halter haftet für die Schaffung und Unterhaltung der Gefahrenquelle, daher treffen ihn auch die Folgen des Entlaufens (ebenso AK-BGB/Kohl Rn 8; Soergel/Krause Rn 13; BGB-RGRK/ Kreft Rn 40; Lorenz 218; Wilts VersR 1965, 1019, 1020 unter Hinweis auf § 7 Abs 3 StVG; vgl auch MünchKomm/Wagner Rn 22). Diese Nachwirkung der Halterschaft entfällt, sobald eine andere Person (zB der Finder) Halter wird (ebenso Esser/Weyers, Schuldrecht II § 58 III 1 a; BGB-RGRK/Kreft Rn 40 für den Fall des Diebstahls; Lorenz 218; Wilts VersR 1965, 1019, 1020; vgl Soergel/Krause Rn 13; offengelassen in BGH LM Nr 4 = NJW 1965, 2397).

e) Gefundene und zugelaufene Tiere

108 Nach Rspr (OLG Nürnberg MDR 1978, 757; LG Düsseldorf VersR 1968, 99; LG Mönchengladbach VersR 1967, 486) und Lit (Deutsch JuS 1987, 673, 678; AK-BGB/Kohl Rn 8; BGB-RGRK/ Kreft Rn 48; Larenz/Canaris, Schuldrecht II/2 § 84 II 1 b; Lorenz 218 f; Medicus, Schuldrecht BT Rn 872; Erman/Schiemann Rn 8; Palandt/Sprau Rn 10; Weimar MDR 1957, 658) wird der Finder eines Tieres nicht Halter, solange er es nicht im eigenen Interesse in Besitz nimmt, also solange er zu erkennen gibt, daß er das Tier an den Eigentümer zurückzugeben beabsichtigt. Das kann vor allem der Fall sein, solange er das Tier für den ihm bekannten Halter verwahren will oder solange er Ermittlungen nach dem unbekannten Halter anstellt. Daß der Finder in Erwartung eines Finderlohnes handelt, begründet keine Nutzung des Tieres im eigenen Interesse (Weimar MDR 1964, 901, 902). Tierhalter ist auch nicht ein Tierschutzverein, der herrenlos herumstreunenden Tieren Obdach und Pflege gewährt und sie bei Nichtermittlung des Eigentümers von Fall zu Fall an Tierliebhaber weiterverkauft (LG Mönchengladbach VersR 1967, 486; bei den Verkäufen machte der Tierschutzverein zur Bedingung, daß das verkaufte Tier an den Eigentümer zurückzugeben sei, wenn dieser sich später noch melde). Dagegen wird der Finder Halter, sobald er die Absicht kundtut, das Tier für sich zu behalten, oder die zunächst vorhandene Rückgabeabsicht später aufgibt. Ein Hinweis darauf kann sich auch aus der Besitzdauer ergeben (OLG Nürnberg MDR 1978, 757 [Zeitraum von fast sechs Monaten]; vgl auch LG Paderborn NJW-RR 1996, 154).

f) Gestohlene Tiere und sonstige Fälle der Besitzentziehung

109 Die Tierhaltereigenschaft endet, wenn das Tier dem Halter auf Dauer, zB durch Diebstahl, entzogen wird (OLG Oldenburg SeuffA 75 Nr 21; BGB-RGRK/Kreft Rn 40; Larenz/Canaris, Schuldrecht II/2 § 84 II 1 b). Das gleiche gilt, wenn ein tollwütiges oder tollwutverdächtiges Tier dem Halter zwecks Tötung weggenommen wird (vgl § 24 TierSG). Dagegen endet die Tierhaltereigenschaft nicht schon dadurch, daß das Tier vorübergehend in amtliche Verwahrung genommen wird (RG JW 1913, 431 f betr die bei einer Hundesperre eingegangenen Hunde).

110 Durch einen Diebstahl wird nicht nur die bisherige Halterschaft beendet, sondern zugleich die des Diebes begründet (Eberl-Borges VersR 1996, 1070, 1071; AK-BGB/Kohl Rn 8; Larenz/Canaris, Schuldrecht II/2 § 84 II 1 b; Lorenz 220; Medicus, Schuldrecht BT Rn 872; Erman/Schiemann Rn 8). Der Dieb nutzt das Tier nicht für den Eigentümer, sondern für eigene Zwecke. Er erkennt nicht die Bestimmungsbefugnis des Eigentümers an, sondern bestimmt selbst über das Tier. Daß er unberechtigt die Bestimmungsbefugnis ausübt, hindert seine Halterschaft nicht. Für die Halterschaft genügt ein Herrschaftstatbestand, eine Herrschaftsbefugnis ist nicht erforderlich (s oben Rn 73): Die Entscheidungsgewalt besteht in der Verantwortlichkeit dafür, daß die Gefahrenquelle überhaupt besteht und in bestimmter Weise verwendet wird. Diese Verantwortlichkeit trifft auch den Dieb, der sich – unrechtmäßig – in den Besitz des Tieres gebracht hat (eingehend EBERL-BORGES VersR 1996, 1070, 1071).

g) Eheleute

111 Eheleute sind regelmäßig Mithalter der im gemeinsamen Haushalt lebenden Tiere, unabhängig davon, wer deren Eigentümer ist (vgl OLG Düsseldorf VersR 1972, 403; LG Osnabrück NJW-RR 1998, 959). Solche Tiere werden von den Eheleuten meist gemeinsam genutzt, und die Eheleute entscheiden auch gemeinsam darüber. Unabhängig vom Güterstand ist der Ehemann Tierhalter des der Frau gehörenden Tieres, wenn er es im eigenen Interesse (nämlich im Rahmen der Ehe als Lebens- und Schicksalsgemeinschaft und damit zu seinem und seiner Frau Wohl) in dem von ihm geleiteten landwirtschaftlichen Betrieb verwendet (vgl LG Kiel SchlHA 1955, 129; s auch RGZ 158, 341, 344).

h) Der Erbfall

112 Halter ist, wer ein Tier erbt, dessen Halter der Erblasser war. Zwar liegen die Halterkriterien, von denen bisher ausgegangen wurde, beim Erben nicht ohne weiteres vor. Das Tier mag sich im Nachlaß befinden, ohne daß es vom Erben im eigenen Interesse genutzt wird. Auch steht bei Eintritt des Erbfalls oft nicht fest, wer Erbe ist. Der Erbe kann die Erbschaft ausschlagen (§§ 1942 ff). Wer zur Zeit des Erbfalls bereits gezeugt, aber noch nicht geboren war (vgl § 1923 Abs 2), wird nur Erbe, wenn er nach dem Erbfall auch lebend zur Welt kommt (PALANDT/HEINRICHS § 1 Rn 7, PALANDT/EDENHOFER § 1923 Rn 6). In diesen Fällen ist (zusätzlich) die Entscheidungsgewalt zweifelhaft. Doch gelten die genannten Halterkriterien für den Erben nicht zwingend. Sie sind aus der ratio des § 833 S 1 entwickelt worden, und zwar im Hinblick auf die Situation des lebenden Menschen. Beim Erbfall ist wiederum auf die ratio der Norm zurückzugreifen. Danach soll bei Tierschäden eine Haftung eintreten, wenn andere der Tiergefahr zum eigenen Nutzen einer Person ausgesetzt wurden. Das bleibt auch dann der Fall, wenn diese Person später stirbt, denn das Tier und damit die Tiergefahr existieren nach wie vor deshalb, weil der Erblasser die gefährliche Situation geschaffen hatte. In Anbetracht der ratio des § 833 S 1 erscheint es nicht gerechtfertigt, einem nach dem Erbfall durch das Tier Geschädigten einen Ersatzanspruch zu versagen, nur weil der Halter gestorben ist. Es entspricht vielmehr der Billigkeit, Ersatz aus dem Nachlaß zu gewähren. Daher muß der Erbe, der in die vermögensrechtliche Stellung des Erblassers eintritt (§ 1922 Abs 1), für den Tierschaden einstehen. Der Erbe ist in diesem Sinne Halter (eingehend EBERL-BORGES VersR 1996, 1070, 1072 f; vgl auch MünchKomm/WAGNER Rn 29).

9. Voraussetzungen im Hinblick auf die Person des Halters

a) Geschäfts-/Deliktsunfähige und beschränkt Geschäfts-/Deliktsfähige

113 Unter welchen Voraussetzungen Geschäfts-/Deliktsunfähige und beschränkt Geschäfts-/Deliktsfähige – insbesondere Minderjährige – Tierhalter sind und nach § 833 haften, ist umstritten. Ein Teil der Lit wendet §§ 104 ff analog an; die Halterschaft kann danach nur durch Handlungen des gesetzlichen Vertreters oder mit dessen Zustimmung begründet werden (so CANARIS NJW 1964, 1987, 1991; LARENZ/CANARIS, Schuldrecht II/2 § 84 II 1 b, I 2 g; GEIGEL/HAAG 18. Kap Rn 4; Hk-BGB/STAUDINGER Rn 6; STAUDINGER/SCHMIDT Jura 2000, 347, 349; JAUERNIG/TEICHMANN Rn 3; WEIMAR MDR 1964, 208;

1967, 100, 101). Ein anderer Teil der Lit wendet §§ 828f analog an (so BONDZIO RdL 1972, 229, 231; vCAEMMERER, in: FS Flume [1978] Bd I 359, 363; DEUTSCH JuS 1981, 317, 324; AK-BGB/ KOHL Rn 8; MEDICUS, Schuldrecht BT Rn 872; MünchKomm/WAGNER Rn 30; vgl auch BGB-RGRK/KREFT Rn 42; LORENZ 221; ERMAN/SCHIEMANN § 827 Rn 1: § 827f gelte auch hinsichtlich der Begründung der Haltereigenschaft). Nach einer dritten Auffassung kann der Geschäfts-/Deliktsunfähige und der beschränkt Geschäfts-/Deliktsfähige auf dreierlei Art Halter werden: durch Handlungen seines gesetzlichen Vertreters, durch eigene Handlungen mit Einverständnis des gesetzlichen Vertreters sowie durch eigene Handlungen ohne Einverständnis des gesetzlichen Vertreters, wobei § 828 analog gilt; kommt es im zuletzt genannten Fall nicht zu einer Halterschaft, kann analog § 829 eine Billigkeitshaftung eintreten (DEUTSCH JuS 1987, 673, 678; HOFMANN NJW 1964, 228, 232; PALANDT/SPRAU Rn 10). Nach einer vierten (älteren) Ansicht kommt es weder für den Erwerb der Haltereigenschaft noch für die Haftung auf Geschäfts- oder Deliktsfähigkeit an (vgl die Nachweise bei CANARIS NJW 1964, 1987, 1990 Fn 26; HOFMANN NJW 1964, 228, 229 Fn 9).

Die Begründung der Haltereigenschaft ist nicht der richtige Ansatzpunkt für den **114** Schutz Geschäfts-/Deliktsunfähiger und beschränkt Geschäfts-/Deliktsfähiger. Danach würde beispielsweise ein Volljähriger, der wegen Geisteskrankheit geschäftsunfähig wird, für solche Tiere haften, die er vor dem Verfall in Geisteskrankheit angeschafft hat, nicht aber für solche Tiere, die er erst nach diesem Zeitpunkt angeschafft hat. Für diese Unterscheidung gibt es keine Rechtfertigung.

Nach der ratio des § 833 S 1 ist für das Tier verantwortlich, wer die bestimmende **115** Herrschaft über seine Existenz und Verwendung ausübt und die Vorteile aus der Nutzung zieht, ohne daß es darauf ankommt, wie diese Lage herbeigeführt worden ist. Ob ein Geschäfts-/Deliktsunfähiger oder ein beschränkt Geschäfts-/Deliktsfähiger Tierhalter ist, beurteilt sich daher nach den üblichen Kriterien, nämlich dem Eigeninteresse und der Entscheidungsgewalt. Dabei ist das Kriterium der Nutzung im Eigeninteresse unproblematisch, da hierzu nur die natürliche Willensfähigkeit erforderlich ist. Im Hinblick auf die Entscheidungsgewalt ist danach zu unterscheiden, ob der gesetzliche Vertreter des Geschäfts-/Deliktsunfähigen bzw beschränkt Geschäfts-/Deliktsfähigen Kenntnis von dem Tier hat oder nicht. Hat beispielsweise ein Minderjähriger ein Tier mit Wissen der Eltern, so entscheidet sich nach dem Reifegrad des Minderjährigen, ob er selbst oder seine Eltern kraft ihrer elterlichen Sorge (§ 1626 Abs 1) über das Tier bestimmen. Entsprechend ist die Entscheidungsgewalt über das Tier verteilt. Beherrschen die Eltern das Tier, so sind sie Halter, da sie das Tier auch nutzen: Sie belassen es ihrem Kind zu erzieherischen Zwecken. Haben die Eltern keine Kenntnis von dem Tier, so entscheidet der Reifegrad des Minderjährigen darüber, ob aus seiner Herrschaft über das Tier seine Verantwortlichkeit für die Existenz und Verwendung des Tieres abzuleiten ist (eingehend EBERL-BORGES VersR 1996, 1070, 1073 ff). In ähnlicher Weise kommt es bei Volljährigen darauf an, inwieweit der Betreffende seine Angelegenheiten selbst wahrnehmen kann (vgl § 1896 Abs 1 S 1), ob für ihn ein Betreuer bestellt ist (der dann dem Wohl des Betreuten verpflichtet ist, vgl § 1901) und wie weit dessen Aufgabenkreis reicht (vgl § 1896 Abs 2 S 1).

b) Juristische Personen

Auch juristische Personen, insbesondere der Staat, können Tierhalter sein (RGZ 76, **116**

225, 226, 227 [Reichsmilitärfiskus]; RG JW 1917, 287 [Gemeinde]; BGH NJW 1971, 509 = VersR 1971, 320 [eingetragener Verein]; VersR 1972, 1047, 1048 [Land]; BGB-RGRK/Kreft Rn 42; MünchKomm/Wagner Rn 28). So ist eine Stadtgemeinde, die in ihrem Stadtwald ein dem Publikum zugängliches eingezäuntes Wildgehege unterhält, Halterin der im Gehege frei umherlaufenden Tiere. Ihr Eigeninteresse folgt daraus, daß sie das Wild im Rahmen der Daseinsvorsorge für ihre Bürger hält; zur Förderung des Wohls ihrer Einwohner gehöre auch die kulturelle und soziale Betreuung (BGH VersR 1976, 1175, 1176). Durch Hinweise „Betreten auf eigene Gefahr" kann sie ihre Haftung nicht ausschließen (BGH VersR 1976, 1175, 1177). Halter sind nicht die einzelnen Amtsträger, denen von ihrem Dienstherrn Tiere (etwa Pferde oder Hunde) zur dienstlichen Verwendung zugewiesen worden sind (vgl BGH VersR 1972, 1047, 1048; OLG Hamm OLGRspr 20, 270; BGB-RGRK/Kreft Rn 49).

VII. Von § 833 S 2 erfaßte Tiere

117 Die Verschuldenshaftung nach S 2 gilt für Haustiere, die dem Beruf, der Erwerbstätigkeit oder dem Unterhalt des Tierhalters zu dienen bestimmt sind.

1. Haustier

118 Das Gesetz definiert den Begriff Haustier nicht. Maßgeblich für die Auslegung ist der gewöhnliche Sprachgebrauch. Danach sind Haustiere zahme – im Gegensatz zu den gezähmten (§ 960 Abs 3) – Tiere, die vom Menschen zu seinem Nutzen (zu haus-, land- und ernährungswirtschaftlichen Zwecken, vgl MünchKomm/Wagner Rn 35) in seiner Wirtschaft gezogen und gehalten zu werden pflegen und dabei durch Erziehung und Gewöhnung der Aufsicht und dem beherrschenden Einfluß des Menschen unterstehen (RGZ 79, 246, 248; 158, 388, 391). Den Gegensatz zu den zahmen Tieren bilden die wilden und die gezähmten wilden Tiere (§ 960). Keine Haustiere sind zB Damwild in Gattern für die Fleischerzeugung (OLG Nürnberg NJW-RR 1991, 1500, 1501; vgl dazu auch Mitzschke/Schäfer, Kommentar zum Bundesjagdgesetz [4. Aufl 1982] § 20 Rn 21) oder Tiere in Pelzfarmen. Ebenso ist zB ein gezähmtes Reh, auch wenn es wie ein Haustier im Hause gehalten wird und die Gewohnheiten eines Haustiers angenommen hat, niemals ein Haustier. Dagegen gehört zum Begriff des Haustiers nicht, daß es stets oder hauptsächlich „im Haus" oder in bestimmter räumlicher Nähe dazu gehalten wird. Auch das Weidevieh auf Almen bleibt Haustier (OLG München OLGRspr 34, 124, 125).

119 Im einzelnen sind Haustiere danach Pferd, Esel, Maulesel, Rind, Schwein, Schaf, Ziege, Hund, Katze, zahmes Kaninchen, Hausgeflügel (einschließlich Tauben und Pfauen) usw. Gezähmte Tiere sind dagegen ua im Haus gehaltene Raben, Kanarienvögel, Wellensittiche, Papageien, Meerschweinchen, Fische im Aquarium. Denkbar ist, daß im Lauf der Zeit durch Fortschritte der Tierzucht und Änderungen der Gewohnheiten und Bedürfnisse gewisse Tiergattungen, die in der Gegenwart keine Haustiere sind, diese Eigenschaften erlangen. Maßgebend für die Haustiereigenschaft ist im übrigen die inländische Verkehrsauffassung. Tiere, die in anderen Ländern, Breiten und Erdteilen bei veränderten klimatischen und sonstigen Verhältnissen Haustiere sein mögen wie Kamel, Büffel, Rentier und Lama, verlieren diese Eigenschaft, wenn sie aus ihrem Verwendungsland ins Inland verbracht werden.

Streitig ist, ob die Biene (vgl dazu §§ 961–964) ein Haustier ist. Die Frage ist mit der **120** hM zu verneinen. Danach sind Bienen entweder wilde Tiere oder, wenn zahme Tiere, so doch keine Haustiere, weil es an der zum Begriff des Haustiers erforderlichen Möglichkeit einer Beaufsichtigung und Beherrschung durch den Halter fehlt (RGZ 141, 406, 407; 158, 388, 391 f; OLG Karlsruhe OLGRspr 28, 298; OLG Kiel SeuffA 76 Nr 115; BGB-RGRK/KREFT Rn 75; vgl MünchKomm/WAGNER Rn 34; Nachweise über das ältere Schrifttum bei STAUDINGER/ENGELMANN[9] Anm 7b; aA ROHDE VersR 1968, 227, 229, 230; WEBER DGWR 1942, 56, 66). Bei den parlamentarischen Beratungen des § 833 S 2 wurden mehrfach gestellte Anträge, die Haustiereigenschaft der Bienen ausdrücklich anzuerkennen, abgelehnt, weil – nach der Stellungnahme der Regierungsvertreter – die Biene dem menschlichen Haushalt zu ferne, nicht in dem engen Kulturzusammenhang mit dem Volksleben und nicht so in der Macht des Halters stehe, daß er darüber wie über die anerkannten Haustiere verfügen könne (vgl Verhandlungen des Reichstags, 12. Legislaturperiode, Bd 247 Nr 858, 943; s auch die Nachweise in RGZ 141, 406, 407). Über Abwehransprüche gegen den Bienenhalter zur Verhinderung des Eindringens von Bienen auf ein fremdes Grundstück, wo die Gefahr der Verletzung von Menschen durch Bienenstiche besteht, vgl OLG Köln RdL 1968, 46, 47 f.

Auch wenn ein Tier gattungsmäßig ein Haustier ist, fällt es nach Sinn und Zweck der **121** Vorschrift nicht unter § 833 S 2, wenn es nicht als Haustier, der Üblichkeit entsprechend, sondern etwa als Versuchstier in wissenschaftlichen Instituten, zur Serumgewinnung usw oder als Schaustück in zoologischen Gärten gehalten wird (RGZ 79, 246, 248; BGB-RGRK/KREFT Rn 75; PALANDT/SPRAU Rn 16; aA ERMAN/SCHIEMANN Rn 9; MünchKomm/WAGNER Rn 35).

2. Nutztier

Die Gefährdungshaftung entfällt nach S 2 nur für solche Haustiere, die dem Berufe, **122** der Erwerbstätigkeit oder dem Unterhalt des Tierhalters zu dienen bestimmt sind.

a) Beruf, Erwerbstätigkeit, Unterhalt

Den Gegensatz zum Nutztier bildet das Haustier als sog Luxustier wie zB der Hund, **123** der zum Vergnügen, zur Unterhaltung, oder ein Pferd, das zu Sportzwecken gehalten wird. Das gleiche Tier kann je nach der Person des Halters oder der ihm von diesem gegebenen Zweckbestimmung (s unten Rn 142) unter S 1 oder S 2 des § 833 fallen: Ein vom Landwirt zu Zuchtzwecken gehaltenes Vollblutpferd ist Nutz-(Erwerbs-)tier, wird aber zum Luxustier, wenn es an einen anderen übergeht, der es nur zu Spazierfahrten benutzt (RGZ 79, 246, 249), oder an einen Rennstall, der aus Liebhaberei gehalten wird (vgl BGH VersR 1955, 116).

Halter eines Nutztieres können auch der Staat und sonstige juristische Personen des **124** öffentlichen oder privaten Rechts sein. Zwar hat eine juristische Person nicht einen „Beruf" im eigentlichen Sinn. An die Stelle des „Berufs" treten aber die Aufgaben, die für die juristische Person durch ihre Zweckbestimmung und die darauf beruhenden Verwaltungseinrichtungen gegeben sind. Ist das Tier dazu bestimmt, dem Aufgabenbereich und den Zwecken der juristischen Person zu dienen, so dient es dem „Beruf" oder der Erwerbstätigkeit, ggf auch dem „Unterhalt" (zB bei einem Wohltätigkeitsverein, der ihm angehörige alte Menschen mit Essen versorgt und selbst Schweine mästet, vgl BGB-RGRK/KREFT Rn 77) seines Halters (vgl RGZ 76, 225,

227 f [Militärpferde]; BGH VersR 1972, 1047, 1048 [Polizeihund]; 1985, 646 [Polizeipferd]; OLG Celle OLGRspr 20, 271 f [Militärpferde]; OLG Celle VersR 1972, 469 f [Pferde eines Reitvereins werden bei Lehrgängen verwendet, die auch anderen als Vereinsmitgliedern offenstehen]; OLG Frankfurt VersR 1995, 1362 [Idealverein setzt Ponys für therapeutisches Reiten und Kinderreitunterricht ein]). Beispielsweise dienen dem „Beruf" einer öffentlichrechtlichen Körperschaft die Zuchtpferde staatlicher Gestüte, die Dienstpferde der Polizei, die Melde-, Rettungs- und Suchhunde der Polizei und Bundeswehr (BGH VersR 1972, 1047, 1048 [Polizeihund]; vgl OLG Celle VersR 1972, 469) und der von der Gemeinde zu Zuchtzwecken gehaltene Gemeindebulle (JOSEF Gruchot 53, 28, 41).

125 Keine Nutztiere sind Tiere, die ein Idealverein zu einem Gebrauch durch seine Mitglieder hält, wenn dieser Gebrauch – wären die Mitglieder selbst Tierhalter – nicht die Voraussetzungen des § 833 S 2 erfüllte. Keine Nutztiere sind beispielsweise die von einem Idealverein gehaltenen Reitpferde, die den sportlichen Zwecken seiner Mitglieder (Ausbildung beim Reiten, Zurverfügungstellen bei Ausritten) zu dienen bestimmt sind (BGH NJW 1971, 509 = VersR 1971, 320; LM Nr 11 = NJW 1982, 763, 764 = JR 1982, 330, 331 m Anm SCHLUND; LM Nr 12 = NJW 1982, 1589; VersR 1986, 345, 346; OLG München VersR 1981, 937, 938).

126 Die Pferde des Reitvereins bleiben auch Luxustiere, wenn der Verein sie in geringem Umfang wie ein wirtschaftlicher Verein, zB durch gelegentliches kurzfristiges Vermieten, nutzt (BGH NJW 1971, 509 = VersR 1971, 320; BGH LM Nr 12 = NJW 1982, 1589; vgl aber auch OLG Celle VersR 1972, 469 f, wonach Pferde eines Reitvereins, die bei Lehrgängen verwendet werden, welche auch anderen als Vereinsmitgliedern offenstehen, Nutztiere sind). In diesem Fall kommt es nicht darauf an, ob das Pferd im Zeitpunkt der Schadensverursachung entsprechend seiner allgemeinen Zweckbestimmung für Sportzwecke oder aber ausnahmsweise wie ein Nutztier eingesetzt war (BGH NJW 1971, 509 = VersR 1971, 320; LM Nr 12 = NJW 1982, 1589). Pferde eines gewerblich betriebenen Reitinstituts sind dagegen Nutztiere (BGH LM Nr 10 = NJW 1977, 2158, 2159 = VersR 1977, 864, 866; OLG München VersR 1987, 493; vgl auch BGH VersR 1986, 345, 346).

aa) Beruf

127 Beruf iS des § 833 S 2 ist eine fortdauernde Tätigkeit, die – wie zB die des Beamten – nicht (primär) auf Erwerb gerichtet ist. Durch die fehlende Gewinnerzielungsabsicht unterscheidet sich der Beruf von der Erwerbstätigkeit. Eine Abgrenzung ist jedoch nicht erforderlich, da Beruf und Erwerbstätigkeit gleichermaßen von § 833 S 2 erfaßt sind (vgl auch die neutrale Begriffsbestimmung des Berufs in RGZ 76, 225, 227 als „einer dauernden, selbstgewählten und den Lebenszweck eines Menschen bildenden Tätigkeit").

128 Dem Beruf zu dienen bestimmt ist zB der Jagdhund des Försters (OLG Bamberg NJW-RR 1990, 735), der Wachhund des Bahnwärters bei einem Schrankenposten in einsamer Gegend (OLG Königsberg JW 1932, 2089), der Hütehund des Schäfers (BGH LM Nr 4 = NJW 1965, 2397; vgl auch BGH LM Nr 2 = VersR 1953, 308 [Erwerbstätigkeit]), der einen Blinden bei der Berufsausübung – sei es auch nur auf dem Weg zur Arbeitsstätte – führende Blindenhund (BGB-RGRK/KREFT Rn 78).

bb) Erwerbstätigkeit

129 Erwerbstätigkeit iS des § 833 S 2 ist eine auf die Erzielung von Einnahmen (Gewinn) gerichtete Tätigkeit. Sie muß einen wesentlichen Teil der Gesamttätigkeit des Hal-

ters darstellen (vgl OLG Düsseldorf VersR 1995, 186). Anderenfalls liegt im allgemeinen eine Tätigkeit aus Liebhaberei vor. Besitzt eine Brauerei ein Pferdegespann, das zu Reklamezwecken leere Bierfässer durch die Kölner Innenstadt fährt, so sind die Pferde Luxustiere (AG Köln NJW 1986, 1266). Auch wer neben seiner Hauptberufstätigkeit Kaninchen, Hühner oder Tauben züchtet, tut dies in der Regel zur Freizeitbeschäftigung und aus Liebhaberei. Eine wesentliche Grundlage des Erwerbs (ebenso wie des Unterhalts) bildet diese Tätigkeit auch dann nicht, wenn sich gewisse Einnahmen durch Verkauf (oder Ersparnisse durch Eigenverbrauch) ergeben. Daher dienen weder die Kleintiere selbst noch der zu ihrer Bewachung gehaltene Hund der Erwerbstätigkeit (OLG Frankfurt VersR 1965, 576 f). Ebenso ist der Jagdhund des Jagdpächters ein Luxustier, auch wenn das erlegte Wild verkauft wird.

130 Der Erwerbstätigkeit dienen vor allem Haustiere, die in gewerblichen oder landwirtschaftlichen Betrieben als Zug-, Last-, Zucht- oder Schlachtvieh gehalten werden. Das Tier, das der Metzger kauft, um es zu schlachten und weiterzuveräußern, oder das der Viehhändler erwirbt, um es mit Gewinn lebend weiterzuverkaufen, „dient" ebenso ihrer Erwerbstätigkeit wie das Tier, das der Landwirt oder ein Züchter lediglich zum Zwecke des Verkaufs aufzieht und von dem er keinen anderen Nutzen hat und erwartet als den Verkaufserlös (RGZ 79, 246, 247; RG WarnR 1912 Nr 389; 1937 Nr 34; RG Recht 1921 Nr 1368; OLG Düsseldorf VersR 1983, 543).

131 Der Erwerbstätigkeit des Landwirts dient die Kuh, deren Milch, und das Geflügel, dessen Eier er verkauft. Der Erwerbstätigkeit des Schäfers dient der Hütehund, der für das Zusammenbleiben der Herde zu sorgen hat (BGH LM Nr 2 = VersR 1953, 308).

132 Jagdhunde fallen unter S 2, wenn die Jagdausübung, zu der sie verwendet werden, Erwerbstätigkeit, dh eine Erwerbsquelle darstellt, wie beim Jagdaufseher oder Wildhüter, oder wenn sie als Wachhunde benutzt werden. Dagegen ist der Jagdhund des Jagdpächters ein Luxustier. Die Jagdausübung durch den Jagdpächter stellt ihrer Idee nach (vgl § 1 BJagdG) keine Erwerbstätigkeit dar (vgl OLG Nürnberg NJW 1965, 694, 695; vgl auch OLG Nürnberg VersR 1959, 573).

133 Renn- und Springpferde sind nicht schon deshalb Nutztiere, weil sie Gewinne einbringen können. Oft dienen sie einem sportlichen, nicht einem wirtschaftlichen Zweck, aus dem unter normalen Umständen ein bestimmter und sicherer Ertrag zu erwarten ist (vgl BGH VersR 1955, 116; LG Hamburg VersR 1954, 515). Das Pferd eines Trabertrainers zum Trainieren und zum Einsatz bei Trabrennen dient dagegen der Erwerbstätigkeit des Trabertrainers (OLG Düsseldorf VersR 1993, 115).

134 Die gewerbsmäßige Vermietung von Reitpferden dient der Erwerbstätigkeit des Vermieters, auch wenn sich die Nutzung durch den jeweiligen Mieter sonst nicht vom Ausritt des Pferdehalters auf einem Luxuspferd unterscheidet (hM: BGH NJW 1986, 2501, 2502; OLG Schleswig VersR 1983, 1084; Honsell MDR 1982, 798, 799 f; vgl auch OLG Karlsruhe VersR 1983, 928). Die Gegenansicht (MünchKomm/Stein[3] Rn 32) widerspricht dem klaren Wortlaut der Vorschrift.

135 Katzen dienen der Erwerbstätigkeit (oder auch dem Unterhalt), wenn sie in Mühlen, Gastwirtschaften, landwirtschaftlichen Betrieben usw zum Schutz von Vorräten gegen Mäuse und Ratten gehalten werden (OLG Oldenburg VersR 1957, 742; LG Oldenburg

1960, 840; LG Traunstein VersR 1966, 198; LG Bielefeld VersR 1982, 1083; LG Kiel NJW 1984, 2297).

136 Der Erwerbstätigkeit können insbesondere auch Wachhunde dienen. Ein Wachhund ist ein Hund, dessen Aufgabe darin besteht, den Eintritt Unbefugter in Grundstücke, Räume usw oder Zutritt zu bestimmten Sachen durch Bellen oder Angriff auf den Eindringling zu verhindern oder seinem Führer bei der Abwehr rechtswidriger Angriffe behilflich zu sein (zB der Begleithund eines Wächters auf seinen Kontrollgängen). Für die Nutztiereigenschaft des Wachhundes ist maßgebend, daß er zur Erwerbstätigkeit (oder auch zum Beruf) des Halters in unmittelbarer Beziehung steht. Ob eine solche Beziehung vorliegt, richtet sich wesentlich nach der Üblichkeit im Verkehr (OLG Stuttgart HRR 1930 Nr 110). Die Tendenz der Rechtsprechung ist deutlich einengend (vgl OLG Köln VersR 1999, 1293, 1294: Der Hund müsse in erheblichem Umfang zur Förderung der beruflichen Tätigkeit des Halters eingesetzt werden; es müsse ein besonderes berufsbedingtes Sicherungsbedürfnis vorliegen).

137 Unter § 833 S 2 fällt danach zB der Hund zur Bewachung nachts leerstehender Räume wie Geschäftsräume, Fabrikations-, Werk- und Produktionsstätten, auch einer Gaststätte innerhalb der Stadt (vgl OLG Karlsruhe VersR 1954, 562; OLG Nürnberg VersR 1963, 759). Nutztier ist auch der Hofhund eines Gehöfts, auf dem der Halter Landwirtschaft und eine Gastwirtschaft betreibt (RG JW 1917, 286 f; SeuffA 87 Nr 131; BGH VersR 1967, 1001, 1002; OLG Koblenz VersR 1955, 313, 314; **aA** OLG Köln VersR 1999, 1293, 1294 betr landwirtschaftlichen Betrieb im unmittelbaren Ortsbereich); der Hund zur Bewachung eines einsam gelegenen Ausflugslokals (BGH LM Nr 3a = VersR 1965, 719, 720); der Hund zum Schutz des öfter allein diensttuenden weiblichen Dienstpersonals einer nachts durchgehend geöffneten Gastwirtschaft und zur Bewachung der Vorräte und Zahlungsmittel einer Metzgerei (BGH VersR 1959, 853, 854); der Hund zur Bewachung eines Kiosks und der darin verwahrten Warenvorräte (OLG München VersR 1957, 119). Dagegen ist § 833 S 2 grundsätzlich unanwendbar, wenn der Hund der Bewachung von Wohngrundstücken und -räumen dient (OLG Frankfurt VersR 1965, 576, 577; LG Amberg VersR 1955, 768; LG Flensburg VersR 1987, 942) oder zur Beruhigung für besonders ängstliche Personen gehalten wird (OLG Stuttgart HRR 1930 Nr 110). Das allgemeine, jedermann zukommende Sicherungsbedürfnis, aus dem heraus ein Hund gehalten wird, genügt nicht für die Annahme der Nutztiereigenschaft (BGH VersR 2005, 1254, 1255; OLG Frankfurt OLG Report Frankfurt 2004, 398; OLG Köln VersR 1999, 1293, 1294).

138 Der Hund muß ferner seiner Art nach als Wachhund geeignet sein. Das ist zB bei einem Schäferhund der Fall, auch wenn er nicht als Wachhund geschult oder abgerichtet ist; er schreckt allein durch seine Anwesenheit fremde Personen von dem Betreten des bewachten Geländes und von Diebstählen ab (OLG München VersR 1984, 1095, 1096). Seiner Art nach nicht als Wachhund geeignet ist demgegenüber ein Dackel, der von Haus aus ein Jagdhund ist und von einem Nichtjäger vorwiegend aus Vergnügen und Liebhaberei gehalten wird (OLG München HRR 1941 Nr 230). Der Hund muß sich in einem zweckentsprechenden räumlichen Verhältnis zu den zu bewachenden Räumen oder Gegenständen befinden. Die Wachhundeigenschaft eines Hundes, der ein Grundstück bewachen soll, wird aber nicht dadurch ausgeschlossen, daß er vorwiegend in einem Zwinger gehalten wird und dort auch noch angekettet ist, denn durch eine solche Einschränkung seiner Bewegungsfreiheit wird die Zweckerreichung nicht unmöglich gemacht, da der Hund durch Bellen Unbefugte abschrecken und menschliche Hilfe herbeiführen kann (OLG Nürnberg VersR 1963, 759). Im übrigen ist es ohne Bedeutung, ob die konkrete Ausgestaltung des Wachhundschutzes notwendig war. Wenn mehrere Wachhunde gehalten werden, so kann die Anwendbarkeit des § 833 S 2 nicht deshalb in Frage gestellt werden, weil zum Schutz ein Wachhund genügt hätte (RG HRR 1931 Nr 111).

cc) Unterhalt

Unterhalt iS des § 833 S 2 sind die Mittel für den Lebensbedarf, die auf andere Weise **139** als durch Berufsausübung oder Erwerbstätigkeit erlangt werden. Dem Unterhalt dient zB die Kuh, deren Milch, und das Schwein, dessen Fleisch im Haushalt des Halters verbraucht werden soll (vgl RGZ 79, 246, 247 f).

Ein Blindenhund (vgl dazu WEIMAR VersN 1954, 124; DEUTSCH JuS 1987, 673, 679) dient der **140** Erwerbstätigkeit, wenn er den Blinden auf seinen dem Erwerb dienenden Gängen (zur Arbeitsstätte usw) geleitet. Dagegen dient er bei einem blinden Invaliden, der keine Erwerbstätigkeit mehr ausübt, dem Unterhalt, wenn dieser des Hundes bedarf, um die zur Erhaltung seiner Existenz erforderlichen Wege (zum Einkaufen von Lebensmitteln und Kleidungsstücken, zum Arzt usw) auszuführen (vgl LG Mainz JW 1927, 1226; für Anerkennung der Nutztiereigenschaft des Blindenhundes im Ergebnis auch ESSER/ WEYERS, Schuldrecht II § 58 III 1 c; BGB-RGRK/KREFT Rn 81; LARENZ/CANARIS, Schuldrecht II/2 § 79 V 2 a; WEIMAR JR 1982, 401, 402; **aA** noch ders VersN 1954, 124, 125).

b) Die Bestimmung des Haustiers zum Nutztier

Das Tier muß dem Beruf, der Erwerbstätigkeit oder dem Unterhalt zu dienen **141** bestimmt sein. Die Beweislast für diese Zweckbestimmung trifft den Halter.

Wo sich die Zweckbestimmung nicht ohne weiteres aus der Natur der Sache ergibt, **142** ist die dem Tier vom Halter verliehene Zweckbestimmung maßgebend (BGH VersR 1955, 116; 1962, 807, 808; 2005, 1254 f [sog „potentiell doppelfunktionale" Tiere]), es sei denn, daß sie mit den tatsächlichen Gegebenheiten nicht mehr im Einklang steht (vgl BGH NJW-RR 1986, 572, 573) oder daß sie nach den gegebenen Umständen mit vernünftigen Erwägungen eines verständigen Tierhalters nicht vereinbar ist (RG HRR 1931 Nr 111; BGH VersR 1962, 807, 808). Nicht erforderlich ist, daß das Tier für die ihm zugedachten Aufgaben bereits voll geeignet ist; auch ein erst in der Abrichtung befindlicher Hirten- oder Jagdhund ist Nutztier iS des § 833 S 2 (BGH LM Nr 4 = NJW 1965, 2397). Die verliehene Zweckbestimmung wird auch nicht schon dadurch bedeutungslos, daß das Tier wegen seiner individuellen Eigenschaften für die ihm zugedachten Aufgaben wenig geeignet ist wie zB bei der Bestimmung eines tauben Hundes zum Wachhund (OLG München HRR 1939 Nr 418). Daß die Zweckbestimmung nach außen (etwa für den Verletzten oder einen Dritten) erkennbar geworden ist, ist nicht erforderlich (ebenso BGB-RGRK/KREFT Rn 76).

Das Haustier muß im Zeitpunkt der Schadensverursachung den in Satz 2 bezeich- **143** neten Zwecken zu dienen bestimmt sein. Ein früheres Arbeitspferd, das im maßgeblichen Zeitpunkt wegen Altersschwäche das Gnadenbrot genießt, fällt ebensowenig unter Satz 2 (sondern unter Satz 1) wie der Jagdhund, der erst künftig als Wachhund verwendet werden soll. Dagegen ist es ohne Bedeutung, ob das Tier gerade im Zeitpunkt der Schadensverursachung entsprechend der ihm allgemein gegebenen Zweckbestimmung tatsächlich dient (RGZ 76, 225, 229; RG WarnR 1912 Nr 430; JW 1917, 286 f; BGH NJW 1971, 509 = VersR 1971, 320; LM Nr 12 = NJW 1982, 1589; OLG Koblenz VersR 1955, 313, 314; 1992, 1017). Daher haftet zB nur nach § 833 S 2 der Fiskus, wenn das Dienstpferd befugterweise zu einem privaten Ausritt benutzt wird (RGZ 76, 225, 229), der Landwirt, wenn er sein Ackerpferd zu einer Spazierfahrt benutzt, falls das Pferd bei dieser Gelegenheit Schaden stiftet, oder der Halter eines Wachhundes, welcher aus dem Zwinger entweicht und auf der Straße einen Unfall verursacht (vgl auch OLG Nürnberg VersR 1963, 759).

144 Die Anwendung des Satzes 2 setzt *nicht* voraus, daß das Tier *ausschließlich* einem der in Satz 2 bezeichneten Zwecke dienen soll (RG JW 1911, 45, 46). Es muß aber *überwiegend* einem solchen Zweck dienen (BGH NJW 1971, 509 = VersR 1971, 320; VersR 2005, 1254, 1255). Es genügt beispielsweise nicht, daß der Halter das Tier nur nebenbei oder gelegentlich zu einer Erwerbstätigkeit benutzt, es etwa nur gelegentlich vermietet (RG WarnR 1910 Nr 445; RG JW 1911, 45, 46; BGH NJW 1971, 509 = VersR 1971, 320).

145 Auch gefährliche Hunde (s oben Rn 4) können zu Nutztieren bestimmt werden. Das gilt umso mehr, als nach einer Ansicht nicht bestimmte Hunderassen deshalb generell gefährlich sind, weil ihnen ursprüngliche Hemmungen „weggezüchtet" worden seien, vielmehr die Gefährlichkeit auch von Hunden der fraglichen Rassen von ihrem individuellen Wesen abhänge (die Frage kann noch nicht als geklärt gelten, vgl BerlVerfGH NVwZ 2001, 1266, 1268 f; RhPfVerfGH NVwZ 2001, 1273, 1275 f; BUSSE FAZ v 7. 8. 2001, 4). Berichtet wird von gefährlichen Hunden, die als Therapie- oder Rettungshunde ausgebildet sind (s BUSSE FAZ v 7. 8. 2001, 4; GÄNGEL/GANSEL NVwZ 2001, 1208, 1209 f mwN). Zu beachten sind in derartigen Fällen allerdings die öffentlich-rechtlichen Beschränkungen des Haltens derartiger Hunde. Ein Tier, das aufgrund einer (rechtmäßigen) öffentlich-rechtlichen Norm nicht gehalten werden darf, kommt auch nicht als Nutztier in Betracht. Richtet es Schaden an, so steht seinem Halter nicht der Entlastungsbeweis nach § 833 S 2 offen. Ist das Halten des Hundes erlaubnispflichtig und wurde die Erlaubnis nicht eingeholt, so kommt es für die Nutztierbestimmung darauf an, ob im konkreten Fall die Voraussetzungen für die Erlaubniserteilung vorliegen. Zu gefährlichen Hunden als Wachhunden s unten Rn 168.

VIII. Der Entlastungsbeweis nach § 833 S 2

146 Der Tierhalter haftet für ein Nutztier nach § 833 S 2 nicht, wenn er bei der Beaufsichtigung des Tieres die im Verkehr erforderliche Sorgfalt beobachtet hat oder der Schaden auch bei Anwendung dieser Sorgfalt entstanden wäre. Daß dies der Fall ist – daß ihn also kein Verschulden trifft oder keine Kausalität vorliegt – hat der Tierhalter zu beweisen. Ähnlich wie in §§ 831 Abs 1 S 2, 832 Abs 1 S 2, 834 S 2, 836 Abs 1 S 2 vorgesehen, ordnet damit auch § 833 S 2 eine Umkehr der Beweislast an. Der Tierhalter hat insofern die Möglichkeit, sich zu entlasten. Er muß nachweisen, daß er sich der objektiv zu beurteilenden Verkehrssicherungspflicht entsprechend verhalten hat. Der Tierhalter muß dagegen nicht auch vortragen und ggf aufklären, auf welche Weise das Tier im konkreten Fall die Sicherungsmaßnahmen überwunden hat (LG Köln NJW-RR 2001, 1606 mwN auch zur Gegenansicht).

In einem vom OLG Düsseldorf (NJW-RR 2001, 890) entschiedenen Fall hatte es ein Pferdehalter möglich gemacht, daß Menschen die Pferdeweide betreten und überqueren. Zum Unfallzeitpunkt befanden sich mehrere braune Pferde auf der Weide, und eine Person wurde durch eines der braunen Pferde verletzt. Der Verletzte konnte das Pferd später nicht identifizieren. Nach OLG Düsseldorf (NJW-RR 2001, 890, 891) muß der Tierhalter zu seiner Entlastung alle braunen Pferde benennen, die sich zur fraglichen Zeit auf der Weide befanden, und für deren bisherige Friedfertigkeit Beweis antreten.

1. Die im Verkehr erforderliche Sorgfalt bei der Beaufsichtigung des Tieres

Hinsichtlich des Verschuldens stellt § 833 S 2 auf die im Verkehr erforderliche **147** Sorgfalt ab. Die Formulierung entspricht der Definition der Fahrlässigkeit in § 276 Abs 1 S 2 und ist entsprechend auszulegen. Abzustellen ist daher auf das Maß an Sorgfalt, das von einem besonnenen und umsichtigen Tierhalter in der jeweiligen Situation verlangt werden muß (vgl BGH LM Nr 2 = VersR 1953, 308; VersR 1956, 574, 575; LM Nr 8 = VersR 1976, 1086, 1087; BORNHÖVD VersR 1979, 398, 401). Die Anwendung aller Sorgfalt kann nicht verlangt werden (BGH LM Nr 2 = VersR 1953, 308; LM Nr 8 = VersR 1976, 1086, 1087). Allerdings stellt die Rechtsprechung an die im Verkehr erforderliche Sorgfalt oft erhebliche Anforderungen (vgl zB OLG Köln MDR 1973, 582, 583; OLG Celle VersR 1975, 665, 666; OLG Frankfurt NJW 1976, 573, 574; VersR 1982, 908; OLG Düsseldorf MDR 1979, 1023; OLG Koblenz VersR 1992, 1017 f).

Unter „Beaufsichtigung" ist die Sorge zu verstehen, daß das Tier keinen Schaden **148** anrichtet (OLG Nürnberg VersR 1968, 285). Sie umfaßt die Sorge für die Verwahrung, den Unterhalt, die Verwendung und die Leitung des Tieres. Wie in den Fällen der §§ 831, 832 wird der Entlastungsbeweis nicht schon durch den Nachweis erbracht, daß der Tierhalter im allgemeinen regelmäßig bei Beaufsichtigung des Tieres die im Verkehr erforderliche Sorgfalt beobachtete, sondern nur durch den Nachweis, daß er diese Sorgfalt bei dem fraglichen Unfall beobachtet hat (vgl dazu OLG Karlsruhe VersR 1983, 928). Gelingt ihm dieser Nachweis, so ist es bedeutungslos, ob er bei anderen Gelegenheiten diese Sorgfalt vernachlässigt hat. Andererseits umfaßt aber die Sorgfalt „bei der Beaufsichtigung" nicht nur die Maßnahmen, die im Zeitpunkt des Unfalls zu dessen Vermeidung erforderlich waren, sondern erstreckt sich auf alles, was schon vorher nach den Erfordernissen des Verkehrs zumutbarerweise möglich und nötig war, um Schädigungen durch die Tiergefahr zu vermeiden. Der Tierhalter muß also zB nicht nur vermeiden, daß ein für eine bestimmte Fahrt ungeeignetes Pferd an den Wagen gespannt wird (vgl OLG Koblenz VersR 1992, 1017 f), sondern muß schon vorher generell darauf achten, daß für solche Fahrten nur geeignete Tiere verwendet werden, damit im Einzelfall die Auswahl gar nicht auf das ungeeignete Pferd fallen kann (vgl auch BGH LM Nr 2 = VersR 1953, 308 betr Anforderungen an den Hütehund des Schäfers).

Im übrigen kommt es für die Frage, welche Aufsichtsmaßnahmen im konkreten Fall **149** geboten waren, auf die Tierart, den Charakter des Tieres und die örtlichen Verhältnisse an (vgl OLG Nürnberg VersR 1963, 759 f). Beispielsweise muß der Halter bei Tieren auf der umfriedeten Weide nicht nur die Eignung der Umzäunung, Ausbrüche zu verhindern, genau überprüfen, sondern auch solche Tiere, die bei Einbruch der Dunkelheit wegzukommen trachten – etwa weil sie zum ersten Mal auf der Weide sind –, nach Einbruch der Dunkelheit besonders auf ihr Verhalten kontrollieren (OLG Nürnberg VersR 1966, 42 f).

150 Wer mit einem Tier am Straßenverkehr teilnimmt, hat wie jeder andere Verkehrsteilnehmer die allgemeinen Grundregeln des § 1 StVO zu beachten: Er ist zu ständiger Vorsicht und zur Rücksichtnahme gegenüber den anderen Verkehrsteilnehmern angehalten und muß sich so verhalten, daß kein anderer geschädigt, gefährdet oder mehr, als nach den Umständen unvermeidbar, behindert oder belästigt wird. Darüber hinaus konkretisiert § 28 StVO die Sorgfaltsanforderungen für die Teilnahme mit (bestimmten) Tieren am Straßenverkehr (vgl JANISZEWSKI/JAGOW, StVO [16. Aufl 2000] § 28 Rn 1). Danach sind Haus- und Stalltiere, die den Verkehr gefährden können, von der Straße fernzuhalten; sie sind dort nur zugelassen, wenn sie von geeigneten Personen begleitet sind, die ausreichend auf sie einwirken können. Diese Vorschriften – die nicht nur für Nutztiere gelten – können auch zur Bestimmung der erforderlichen Sorgfalt nach § 833 S 2 herangezogen werden. Im Hinblick auf die heutige Dichte des Straßenverkehrs sind an geeignete Maßnahmen zur Vermeidung von Verkehrsgefährdungen strengere Anforderungen zu stellen als früher. Das ist bei Heranziehung älterer Rechtsprechung zu beachten.

151 Ist ein Tier bereits in der Vergangenheit durch Aggressivität in Erscheinung getreten, so sind strenge Anforderungen an die Sorgfaltspflichten des Halters zu stellen. Bei einem Hund muß der Halter in einem solchen Fall durch Anlegen eines Maulkorbs verhindern, daß der Hund Menschen anfällt (OLG Karlsruhe VersR 2001, 724). Das Anlegen eines Maulkorbs ist auch innerhalb von Wohnräumen geboten, wenn die Wohnung unverschlossen gehalten wird, der Hund also ins Freie entweichen kann, oder die Wohnung häufig von dritten Personen betreten wird (OLG Karlsruhe VersR 2001, 724). Wird das Tier im Haus gehalten, sind in jedem Fall die besonderen Voraussetzungen an das Halten in Räumen nach § 5 iVm § 2 Tierschutz-Hundeverordnung (TierSchHuV v 2. 5. 2001 [BGBl I 838], geändert durch Art 3 G v 19. 4. 2006 [BGBl I 900]) zu beachten (Einfall von natürlichem Tageslicht, ausreichende Frischluftversorgung usw). Ist dem Halter eine sichere Verwahrung eines bösartigen Tieres nicht möglich, so muß er es abschaffen (RG DRiZ 1931 Rspr Sp 12; OLG Karlsruhe HRR 1940 Nr 422).

2. Beauftragung eines Dritten mit der Beaufsichtigung

152 Der Tierhalter kann die Beaufsichtigung des Tieres einem Dritten überlassen: Er kann einen Tierhüter iS des § 834 bestellen oder sonst eine andere Person mit Verrichtungen betrauen, die mit der Beaufsichtigung des Tieres verbunden sind. In diesem Fall stehen die Tierhalterhaftung aus § 833 und die Haftung für den Dritten als Verrichtungsgehilfen nach § 831 selbständig nebeneinander (RGZ 76, 225, 230; OLG Koblenz VersR 1955, 313, 314; WEIMAR MDR 1964, 651; BAUMGÄRTEL, Handbuch der Beweislast im Privatrecht Bd 1 [2. Aufl 1991] Rn 14; vgl auch BGH VersR 1956, 516, 517).

153 In Rspr und Lit findet sich die Ansicht, der Entlastungsbeweis des Tierhalters nach § 833 S 2 gehe über den Entlastungsbeweis des Geschäftsherrn nach § 831 Abs 1 S 2 hinaus (RGZ 76, 225, 230 f; OLG Oldenburg VersR 1954, 146; 1959, 218; OLG Nürnberg VersR 1968, 258; GEIGEL/HAAG 18. Kap Rn 25; WEIMAR MDR 1964, 651). Dabei bleibt weitgehend unklar, inwieweit das der Fall sein soll. Es wird ausgeführt, der Tierhalter habe nicht nur – wie der Geschäftsherr im Rahmen des § 831 – bei der Auswahl der Verrichtungsgehilfen (Tierhüter) und ihrer Beaufsichtigung die im Verkehr erforderliche Sorgfalt zu wahren (vgl dazu OLG Düsseldorf VersR 1967, 1100, 1101), sondern er habe weiter alles zu tun, was die gehörige Sorgfalt bei der Beaufsichtigung der Tiere erfordert (RG WarnR 1911 Nr 377; 1912 Nr 389; 1915 Nr 21; 1927 Nr 160; RG JW 1928, 2318 f; OLG Nürnberg VersR 1964, 1178, 1179; 1959, 218). Er werde von seiner persönlichen Aufsichtspflicht niemals ganz frei und dürfe keinesfalls selbst ganz untätig bleiben und alles seinen Leuten überlassen (RG WarnR 1929 Nr 145; BGH VersR 1954, 531, 532 [der Tierhalter müsse überwachen, ob Gerätschaften, Zaumzeug usw in genügendem Umfang und in brauchbarem Zustand zur Verfügung stehen]; BGB-RGRK/Kreft Rn 83; vgl auch OLG Celle AgrarR 1977, 178, 179 [Mitteilungspflicht bei Wildheit des Tieres, Pflicht zur Verfolgung des entlaufenen Tieres]).

Richtig ist, daß sich die Beaufsichtigung in § 831 Abs 1 S 2 auf den Verrichtungsgehilfen, in § 833 S 2 dagegen auf das gehaltene Tier bezieht. In der Sache liegt allerdings kein Unterschied darin, ob ein Tier durch Einsatz eines Dritten beaufsichtigt wird (an § 833 S 2 angelehnte Formulierung) oder ob die Verrichtung, zu der ein Gehilfe bestellt wird und von der dessen Beaufsichtigung abhängt, in der Beaufsichtigung eines Tieres besteht (an § 831 Abs 1 S 2 angelehnte Formulierung). In beiden Fällen reicht es in der Regel nicht aus, daß der Tierhüter/Verrichtungsgehilfe mit der erforderlichen Sorgfalt ausgewählt wird. Dieser muß auch beaufsichtigt werden, insbesondere müssen die notwendigen Weisungen erteilt und deren Einhaltung überwacht werden (vgl OLG Koblenz VersR 1955, 313, 314; OLG Düsseldorf VersR 1967, 1100, 1101). Das gilt im Rahmen des § 831 Abs 1 S 2 genauso wie im Rahmen des § 833 S 2. Dem Dritten sind daher nicht nur als Tierhüter, sondern auch als Verrichtungsgehilfen besondere gefährliche Eigenschaften des Tieres – etwa seine „Wildheit" – mitzuteilen. Noch mehr ist in beiden Fällen erforderlich, wenn sich der Einsatz des Tierhüters/Verrichtungsgehilfen als nicht ausreichend erweist. So kann sich für den Tierhalter auch als Geschäftsherrn die Pflicht zur Verfolgung des entlaufenen Tieres ergeben. Nicht nur der Entlastungsbeweis nach § 833 S 2, sondern auch der nach § 831 Abs 1 S 2 mißlingt, wenn der Tierhalter/Geschäftsherr nicht für das notwendige Material (Gerätschaften, Zaumzeug) sorgt. Sofern sich ein geringerer Sorgfaltsmaßstab ergibt, gilt er ebenfalls im Rahmen beider Normen. So genügt auch der Tierhalter bei ruhigen und straßensicheren Pferden unter normalen Umständen seiner Pflicht zur sorgfältigen Beaufsichtigung der Tiere bereits dadurch, daß er sie einem zuverlässigen Tierhüter in die Hand gibt (so OLG Oldenburg VersR 1959, 218; VersR 1954, 146 im Hinblick auf Kühe; OLG Nürnberg VersR 1964, 1178, 1179 im Hinblick auf Hunde; vgl auch OLG München VersR 1984, 1095, 1096; Ohm VersR 1958, 744). **154**

3. Einzelfälle

a) Pferde
Bei Pferdehaltung ergibt sich die Frage nach der erforderlichen Sorgfalt vor allem im Hinblick auf Auswirkungen auf den Straßenverkehr. **155**

aa) Fortbewegung im Straßenverkehr
Die sorgfaltsgerechte Verwendung von Pferden im Straßenverkehr setzt nach § 28 Abs 1 S 2 StVO (dazu bereits o Rn 150) die Geeignetheit der Begleitperson(en) und eine ausreichende Einwirkungsmöglichkeit voraus. Die Anforderungen hieran hängen vom Charakter des Pferdes und von den Verkehrsverhältnissen ab. Es kommt darauf an, ob das Pferd verkehrssicher (verkehrsgewohnt) ist oder nicht, dh ob es im Straßenverkehr ruhig ist und auch keine gefährlichen Eigenschaften als Zugtier hat. **156**

Ob das Pferd auf einem Feldweg oder auf einer belebten Bundesstraße eingesetzt wird, macht für die Sorgfaltsanforderungen selbstverständlich einen großen Unterschied.

157 Das OLG Karlsruhe (NJW 1963, 498) hat den Führer eines verkehrssicheren Zugpferdes auch beim Befahren einer Bundesstraße mit lebhaftem Verkehr nicht für verpflichtet gehalten, neben dem Pferd einherzugehen und es am Zügel oder Halfter zu führen. Ob dies auch heute noch gilt, ist zweifelhaft. Es ist zu bedenken, daß sich ein nach heutigem Eindruck lebhafter Verkehr wohl von den damaligen Verhältnissen unterscheidet. Nach OLG Celle (VersR 1956, 593, 594) braucht der Führer eines verkehrssicheren Pferdes beim Herannahen von Kraftfahrzeugen – es sei denn, das Pferd gibt Zeichen von Nervosität von sich – nicht vom Bock zu steigen und das Pferd an die Zügel zu nehmen. Auch hier ist nach den heutigen Verkehrsverhältnisses genauer zu differenzieren.

Bereits früher war beim Führen junger, noch nicht verkehrssicherer Pferde auf belebter Straße besondere Vorsicht geboten (vgl BGH VersR 1961, 346 f).

158 Der Führer muß links von dem Pferd gehen. Er kann daher nicht zwei Pferde ungekoppelt (dh wenn sie untereinander nicht durch Zügel verbunden sind), keinesfalls kann er mehr als vier Pferde zugleich führen. Ein Reiter hat über mehr als zwei Handpferde (dh solche, die er neben sich am Zügel führt) nicht die erforderliche Gewalt (JANISZEWSKI/JAGOW, StVO [16. Aufl 2000] § 28 Rn 7). Auch ein auf einem Pferdefuhrwerk mitfahrender Führer muß jederzeit in der Lage sein, einem Erschrecken und möglichen Durchgehen der Pferde sachgemäß zu begegnen. Nicht ausreichend ist es daher, wenn er seitlich auf dem Bodenbrett des (nicht mit einer Handbremse ausgestatteten) Wagens zwischen dem Vorder- und Hinterrad sitzt und dabei keinen festen Halt hat (OLG Schleswig VersR 1958, 472, 473).

bb) Aufenthalt am Fahrbahnrand
159 Nach § 14 Abs 2 StVG muß ein Führer, der sein Fahrzeug verläßt, die nötigen Maßnahmen treffen, um Unfälle oder Verkehrsstörungen zu vermeiden. Nach den Verwaltungsvorschriften zu § 14 StVG bedeutet das, daß ein bespanntes Fuhrwerk nur unbeaufsichtigt stehen gelassen werden darf, wenn die Zugtiere abgesträngt und kurz angebunden sind. Damit ist allerdings nur das Minimum der Vorsichtsmaßnahmen gekennzeichnet.

Zum Halten eines landwirtschaftlichen Gespanns am Straßenrand vgl AG Heidelberg VersR 1955, 448; zum Abstellen eines landwirtschaftlichen Gespanns auf einem Feldweg OLG Koblenz VersR 1953, 119.

Zu den Anforderungen an die Beaufsichtigung eines unruhigen Reitpferdes bei einer während eines Ausritts in Straßennähe eingelegten Rast vgl BGH VersR 1964, 1197 f.

cc) Pferde auf der Weide
160 Pferde auf der Weide (dazu SCHMIDT, Weidesicherung und Straßenverkehr, DAR 1965, 174 ff) müssen durch sichere Umschließung am Verlassen des Weideplatzes gehindert werden. Das Weide-(Koppel-)tor muß so beschaffen sein, daß es nicht nur gegen Einwir-

kungen der auf der Weide untergebrachten Tiere, sondern auch gegen voraussehbare Einwirkungen von außen, sei es durch fremde Tiere, sei es durch unbefugte Personen, hinreichende Sicherheit bietet. Das gilt ganz besonders bei Weiden an oder in der Nähe von verkehrsreichen Straßen (BGH VersR 1959, 759, 760; 1964, 595, 596; LM Nr 5 = VersR 1967, 906, 907; OLG Hamm, Jagdr Entsch, Bd V, Sachg XI, Nr 53; BORNHÖVD VersR 1979, 398, 401; vgl auch OLG Celle VersR 1971, 942 betr weidende Rinder). Ist mit einem Öffnen des Tores durch Unbefugte zu rechnen, so genügt der Verschluß des Koppeltores mit einer Drahtschlinge nicht (BGH VersR 1959, 759, 760; 1964, 595, 596; 1966, 186, 187; vgl auch OLG Celle VersR 1971, 942). Die Verschließung muß – jedenfalls bei Weiden zur Nachtzeit – durch ein nur mit einem Schlüssel zu öffnendes Schloß gesichert sein (BGH LM Nr 5 = VersR 1967, 906, 907; vgl auch bereits BGH VersR 1959, 759, 760). Entsprechendes gilt für Pferde im Stall (OLG Nürnberg MDR 2004, 996 f). S zur Frage der Weidesicherung auch OLG Oldenburg DAR 1961, 233 f; 1964, 217 f; OLG Celle RdL 1962, 105 f (weidende Kühe). Vgl auch ergänzend u Rn 173 ff betr weidende Rinder.

Grundsätzlich besteht keine Verpflichtung, die gegen ein Ausbrechen von Pferden **161** ausreichend schützende Umzäunung eines Pferdekrals zusätzlich auch dagegen zu sichern, daß kleine Kinder unter dem Zaun in den Kral hineinkriechen und sich so der Gefahr von Verletzungen durch einen Huftritt aussetzen (BGH VersR 1992, 844, 845).

dd) Sonstiges
Auch außerhalb des Straßenverkehrs muß der Pferdehalter selbst bei einem ruhigen **162** Pferd mit unberechenbarem Verhalten rechnen (BGH VersR 1955, 38). Es muß deshalb auch auf dem Hof unter Beaufsichtigung bleiben, wenn es nicht abgesträngt ist (BGH RdL 1956, 186, 187).

Seiner Beaufsichtigungspflicht genügt der Pferdehalter nicht, wenn er Dritte ohne besondere Vorkehrungsmaßregeln veranlaßt, sich in die gefährliche Nähe eines Pferdes zu begeben (BGH VersR 1955, 38 = JZ 1955, 87). Wird es Spaziergängern und Wanderern ermöglicht, die Weidefläche zu betreten und zu überqueren, und hat eines der weidenden Pferde bereits einmal Eigenschaften gezeigt, die ein aggressives Verhalten gegenüber Menschen besorgen lassen, so genügt nicht der allgemeine Hinweis, das Betreten der Wiese erfolge „auf eigene Gefahr"; den Tierhalter trifft vielmehr eine weitergehende Verpflichtung, vor von den Tieren ausgehenden Gefahren zu warnen oder andere Vorkehrungen zum Schutz von Passanten zu treffen (OLG Düsseldorf NJW-RR 2001, 890, 891).

b) Hunde
Bei der Haltung von Hunden als Nutztieren steht heute die Verwendung als Wach- **163** hund (dazu o Rn 136 ff) im Vordergrund. Dessen Beaufsichtigung besteht im allgemeinen in der gehörigen Verwahrung, wenn und soweit der Halter (oder ein von ihm bestellter Dritter) ihn nicht durch unmittelbare persönliche Einwirkung leitet.

aa) Anforderungen an die Verwahrung im allgemeinen
Der Wachhund für Gebäude oder Grundstücke darf zur Bewachung des Objekts nur **164** insoweit frei umherlaufen, als er dabei andere Personen als unbefugt Eindringende oder Verweilende nicht verletzen kann (vgl BGH VersR 2005, 1254, 1255: bei durch Außenklinke zu öffnender Haustür genügt Warnschild nicht; OLG München, Jagdr Entsch, Bd V, Sachg XI, Nr 56). Es muß verhindert werden, daß er sich unbeaufsichtigt von dem ihm

zugewiesenen Platz entfernt, es sei denn, daß ausnahmsweise sein dabei eingeschlagener Weg (etwa zur Rückkehr in das Gebäude) und sein Verhalten auf diesem Weg infolge Abrichtung oder Gewöhnung als ungefährlich erprobt sind (OLG Nürnberg VersR 1963, 759, 760). Auf jeden Fall müssen Vorkehrungen getroffen werden (beispielsweise genügend hohe Umschließung, Anlegen einer Laufkette, s dazu § 7 Abs 2 TierSchHuV), die verhindern, daß der Hund unbeaufsichtigt auf die Straße gelangt (s unten Rn 169).

165 Der kräftige Hofhund eines landwirtschaftlichen Anwesens, der bei freiem Herumlaufen erhebliche Schäden an Körper und Gesundheit anrichten könnte, muß, falls er nicht unter Aufsicht einer hierzu geeigneten Person steht, in zuverlässiger Weise an einer Laufkette (s oben Rn 164) angebunden sein, wenn Kleinkinder ohne weiteres auf den frei zugänglichen Hof gelangen und sich dem Hund gegenüber unvernünftig verhalten können (BGH VersR 1967, 1001, 1002). Bei einem ausgewachsenen, als Wachhund eines Gehöfts eingesetzten Schäferhund, auch wenn er sich bisher als gutmütig und friedfertig erwies und tagsüber frei im Hof umherlief, ohne Schaden anzurichten, kann erfahrungsgemäß nicht ausgeschlossen werden, daß seine ursprünglichen Jagdinstinkte durchbrechen. Es muß deshalb durch eine geeignete Maßnahme sichergestellt werden, daß er sich nicht ohne Aufsicht vom Hof entfernt und frei in der Flur herumläuft (LG Trier VersR 1978, 239: der Hund war in eine in größerer Entfernung vom Hof weidende Schafherde eingebrochen; ganz ähnlich OLG München VersR 1984, 1095, 1096).

bb) Besonderheiten bei großen Hunden
166 Auch ein an sich harmloser und gutmütiger Wachhund bedarf besonderer Beaufsichtigung, wenn er, wie ein ausgewachsener Bernhardiner, Dritten allein schon durch seine Größe und sein Gewicht gefährlich werden kann, zB indem er sich aufrichtend seine Pfoten auf die Schultern eines Menschen zu legen versucht (BGH LM Nr 3a = VersR 1965, 719, 720). Er muß – wie ein bissiger Hund (Rn 168) – so gehalten werden, daß Verletzungen Befugter, die die normalen Zugänge des Anwesens benutzen, nach menschlichem Ermessen vermieden werden (vgl BGH aaO).

167 Sehr viel geringere Anforderungen an die Aufsichtspflicht sind aber zu stellen zum Schutz der auf einem Bauernhof wohnenden Angehörigen oder dort üblicherweise tätigen Personen, die mit dem gutartigen Wachhund vertraut sind. Wenn zB das 7jährige Enkelkind des Bauern aus täglicher Erfahrung weiß, daß der an einer Laufkette befestigte, an sich gutartige Hund die Angewohnheit hat, beim Herannahen von Hausbewohnern vor Freude hochzuspringen, so gehört es nicht zu den Aufsichtspflichten des Großvaters, dem Kind den Umgang mit dem Hund zu untersagen oder in anderer Weise Vorsorge zu treffen, daß der Hund das Kind innerhalb seines begrenzten Bewegungsraums nicht erreichen kann (BGH LM Nr 13 = NJW 1983, 1311 = JR 1983, 327, 328 m zust Anm SCHLUND).

cc) Besonderheiten bei bissigen Hunden
168 Ein bissiger Hund muß grundsätzlich an einer Laufkette (§ 7 TierSchHuV) angekettet liegen (vgl LG Essen VersR 1956, 459; vgl auch OLG Düsseldorf VersR 1981, 1035, 1036). Der Halter eines Hofhundes genügt seiner Sorgfaltspflicht, wenn er den Hund an einer Laufkette ankettet, die den Hund nicht weiter als bis auf 3 m an die Hofeinfahrt und die dort befindliche Tür hingelangen läßt, und darüber hinaus ein Warnschild angebracht hat, das auf das Vorhandensein eines bissigen Wachhundes hin-

weist (OLG Stuttgart VersR 1955, 686; ähnlich OLG Frankfurt VersR 1983, 1040). Das Anbringen eines Warnschildes allein ist allerdings keine genügende Vorkehrungsmaßnahme, wenn auch für befugt sich Nähernde Gefahren drohen, etwa weil sie das Schild übersehen; jedoch stellt es im allgemeinen ein mitwirkendes Verschulden (§ 254) dar, wenn der Geschädigte die Warnung nicht beachtet (vgl aber auch OLG Düsseldorf VersR 1981, 1035, 1036). Wird der Hund in einem eingefriedeten Raum gehalten, so muß die Einfriedung so hoch sein, daß er nicht über sie hinweg nach Vorübergehenden schnappen kann (OLG Nürnberg VersR 1959, 933, 934). Wegen der Rücksichtnahme auf spielende Kinder s auch o Rn 165.

Ein bösartiger Hund, der trotz Vorkehrungsmaßnahmen schon einmal Unheil angerichtet oder sich von der Laufkette losgerissen hat, darf nicht mehr als Wachhund verwendet werden (vgl RG WarnR 1928 Nr 101).

Soll ein gefährlicher Hund (s oben Rn 4) als Wachhund dienen, so richten sich die Sorgfaltsanforderungen nach der vom individuellen Wesen abhängigen Gefährlichkeit des Tieres (zu der Frage, wann gefährliche Hunde überhaupt als Nutztiere in Betracht kommen, s oben Rn 145). Je gefährlicher der Hund, desto größere Bedeutung kommt der sicheren Verwahrung (s oben Rn 151) zu (BGH VersR 2005, 1254, 1255). Ein gefährlicher Hund, der nach seinem Naturell Menschen angreift und seinen Biß erst lockert, wenn das Opfer leblos liegen bleibt, muß an einer Laufkette angekettet sein oder im Zwinger oder einer sicheren Hütte, aus der er nicht entweichen kann, gehalten werden. Es genügt nicht, daß eine Verletzung befugter Personen ausgeschlossen ist (s oben Rn 164). Vielmehr dürfen auch Unbefugte nicht von dem Hund angegriffen werden können. Angriffe durch derart gefährliche Hunde sind ein unverhältnismäßiges Mittel, um Unbefugte vom Eindringen in ein Gebäude oder Grundstück abzuhalten. Solche Hunde können nur insoweit als Wachhunde eingesetzt werden, als bereits ihr bloßer Anblick (nebst eventuellem Gebell) abschreckend wirkt.

dd) Hunde im Straßenverkehr

Im Hinblick auf § 28 StVO (vgl dazu o Rn 150) gehört zur Beaufsichtigung eines Wachhundes auch die Vorkehrung, daß er nicht unbemerkt führerlos auf die Straße gelangt (OLG Nürnberg VersR 1963, 759, 760; OLG Hamburg MDR 1969, 73 f). Ein großer Wachhund, selbst wenn er im allgemeinen friedlich ist, bedeutet auf der Straße eine Gefahr für die Verkehrsteilnehmer; deshalb sind strenge Anforderungen an den Nachweis gehöriger Beaufsichtigung zu stellen, wenn der Halter den Hund auf die Straße gelangen läßt (BGH VersR 1962, 807, 808). Ein Jagdhund darf nicht unangeleint zur Nachsuche auf ein angeschossenes Stück Wild angesetzt werden, wenn die Gefahr nicht auszuschließen ist, daß er ohne Einwirkungsmöglichkeit des Jägers in den öffentlichen Verkehr gelangt (OLG Oldenburg DAR 1962, 212 f).

Nach § 28 Abs 1 S 3 StVO ist es verboten, Tiere – also auch Hunde – von Kraftfahrzeugen aus zu führen. Zugelassen ist aber nach § 28 Abs 1 S 4 StVO das Führen von Hunden von Fahrrädern aus.

Nach der Verwaltungsvorschrift zu § 28 StVO ist es in der Regel nicht zu beanstanden, wenn Hunde auf Straßen mit mäßigem Verkehr nicht an der Leine, sondern durch Zuruf und Zeichen geführt werden (dazu BGH NZV 1991, 277; BayObLG VRS 57, 407, 410; 72, 366; OLG Düsseldorf VRS 68, 144; OLG Koblenz VersR 1999, 508). Auch hier gilt, daß besondere Situationen weitergehende Beaufsichtigungsmaßnahmen erfordern können. So muß die Begleitperson einen sonst verkehrssicheren (aufs Wort gehorchenden) Hund zurückrufen, wenn dieser sich unmittelbar am Fahrbahnrand so verhält, daß bei einem Fahrzeugführer die nicht unbegründete Befürchtung hervorgerufen werden kann, der Hund werde in die Fahrbahn laufen (OLG Köln VM 1964 Nr 75). Ein verkehrsungewohnter Hund muß auch auf Straßen mit mäßigem Verkehr rechtzeitig an Leine oder Halsband gehalten werden (OLG Koblenz VersR 1955, 313 f). Entsprechendes gilt bei schwerhörigen Hunden (OLG München HRR 1939 Nr 418).

171 Läuft der unbeaufsichtigt (nicht gehörig beaufsichtigt) gebliebene Hund einem Kraftfahrzeug plötzlich in den Weg, so kann dem Fahrer nicht (iS eines Mitverschuldensvorwurfs) entgegengehalten werden, daß er, statt gefahrvoll zu bremsen oder dem Hund auszuweichen und dabei selbst Schaden zu erleiden, hätte weiterfahren sollen, auch auf die Gefahr hin, den Hund zu töten oder zu verletzen (OLG Nürnberg VersR 1963, 759, 760). Die mitursächliche Betriebsgefahr des Kfz-Halters, der, seinen natürlichen Hemmungen folgend, ein Überfahren des Hundes zu vermeiden sucht, wird meist hinter dem erheblich schwereren (vermuteten) Verschulden des Tierhalters als der Hauptursache des Unfalls so sehr zurücktreten, daß sie praktisch außer Betracht bleiben kann (vgl auch BGH VRS 10, 1 f).

c) Kühe (Rinder)
aa) Weidende Kühe

172 Die Maßnahmen, die notwendig sind, um das Ausbrechen weidender Kühe aus dem Weideplatz zu verhindern, sind im wesentlichen die gleichen wie bei weidenden Pferden (s oben Rn 160 f).

173 Der Weideplatz muß auch hier so eingefriedet sein, daß ein genügender Schutz gegen Ausbrecher gewährleistet ist. Dem genügt zB nicht ein 1,30 m hoher und aus drei bis vier Stacheldrahtreihen bestehender Weidezaun, da bekannt ist, daß Rinder auch einen solchen Zaun überspringen können, wenn sie durch von außen auf sie einwirkende Ereignisse, wie streunende Hunde, in eine gewisse Erregung geraten (OLG Hamm VersR 1982, 1009, 1010; NJW-RR 2006, 36; vgl aber auch OLG Köln VersR 1993, 616). Die Einfriedung muß auf ihre ordnungsgemäße Beschaffenheit laufend überwacht werden (OLG Celle RdL 1967, 47; OLG Hamm VersR 1982, 1009, 1010).

174 Das Weidetor muß nicht nur gegen Einwirkung der auf der Weide untergebrachten Tiere (vgl dazu OLG Celle VersR 1975, 665, 666), sondern auch gegen voraussehbare Einwirkungen von außen, sei es durch unbefugte Personen, sei es durch fremde Tiere, hinreichende Sicherheit bieten (BGH VersR 1959, 759 f; 1966, 758, 759 m zust Anm Schmidt VersR 1966, 849; BGH LM Nr 8 = VersR 1976, 1086, 1087; OLG Celle VersR 1971, 942). Ein ordnungsmäßig errichteter und ständig überwachter Elektrozaun (wegen der an ihn zu stellenden technischen Anforderungen vgl die Nachweise in OLG Frankfurt VersR 1982, 908), der nur eine psychologische Schranke (Erschrecken der Tiere durch Stromstöße) darstellt, mag zwar im allgemeinen geeignet sein, ein weidegewohntes und mit Futter ausreichend versorgtes Tier vom Verlassen des Weideplatzes abzuhalten (Hütefunktion); den Anforderungen an die im Verkehr erforderliche Sorgfalt zum Schutz Dritter entspricht er aber nur, wenn er auch in besonderen Situationen geeignet ist, das Ausbrechen in gleicher Weise zu verhindern wie ein fest verankerter Weidezaun, zB ein Unterkriechen ausschließt und einem gewaltsamen Ausbruch erschreckter Tiere standhält (BGH LM Nr 8 = VersR 1976, 1086, 1087; OLG Frankfurt NJW 1976, 573, 574; VersR 1982, 908; OLG Hamm VersR 1980, 197; SCHMIDT VersR 1966, 849; vgl auch OLG Frankfurt VersR 1978, 645; **aA** OLG München VersR 1984, 1095, 1097 im Hinblick auf Schafherden).

Besonders wirksame Sicherungsvorkehrungen sind – wie bei Pferden (o Rn 160) – **175** geboten, wenn die Weideplätze sich in der Nähe starken Verkehrs (von Autobahnen, Bahnkörpern oder belebten Straßen) befinden (BGH VersR 1966, 758, 759; LM Nr 8 = VersR 1976, 1086, 1087; OLG Celle VersR 1971, 942; OLG Oldenburg NZV 1991, 115 f; OLG Köln VersR 1993, 616; LG Flensburg VersR 1987, 826; vgl auch OHM VersR 1958, 744). Weideplätze, die sich in der Nähe (etwa 300 m entfernt) einer Bundesstraße befinden und bei denen des öfteren fremde, nicht zu ihrem Betreten befugte Personen (Spaziergänger, Pilz- oder Holzsammler) gesehen worden sind, müssen durch Tore gesichert sein, die mit Vorhängeschloß und Kette versehen sind oder die sich zumindest nach ihrem Öffnen wieder selbsttätig schließen (OLG Celle RdL 1967, 47; vgl auch BGH LM Nr 5 = VersR 1967, 906, 907 [weidende Pferde]; OLG Bamberg Zfs 1982, 353 [weidende Schafe]).

Wegen der Umzäunung bei Weidevieh auf Almen vgl OLG München OLGRspr 34, 124 f.

Über eine ausreichende Einfriedung des Weideplatzes hinaus können weitere Auf- **176** sichts- und Überwachungsvorkehrungen geboten sein. So ist bei Jungrindern, die sich erstmals allein auf der Weide befinden, nicht nur die Sicherheit der Umzäunung genau zu prüfen, sondern auch ihr Verhalten auf der Weide nach Einbruch der Dunkelheit zu beobachten und zu kontrollieren (OLG Nürnberg VersR 1966, 42 f).

bb) Viehtrieb auf der Straße

Auch Vieh, das auf der Straße getrieben wird (dh sich unter der Aufsicht eines **177** Hüters frei bewegt, also nicht an einer Leine geführt wird), muß gem § 28 Abs 1 S 2 StVO von geeigneten Personen begleitet sein, die ausreichend auf es einwirken können.

Kinder sind zum Treiben von Großvieh auf verkehrsreichen Straßen in der Regel ungeeignet (LG Paderborn VersR 1955, 176 betr 8jährigen Jungen). Ein gehbehinderter Erwachsener ist allein ungeeignet, vier Kühe auf einer befahrenen Straße zu treiben; er muß sie entweder paarweise zusammenkoppeln und an einem Seil leiten oder eine zweite Person oder einen Hütehund zur Unterstützung zuziehen (OLG Nürnberg RdL 1967, 78).

Die Zahl der erforderlichen Treiber bemißt sich nach der Menge des getriebenen **178** Viehs und nach den Verkehrsverhältnissen der benutzten Wegstrecke. Mit der Steigerung des Verkehrs sind die Anforderungen an Zahl und Eignung der Treiber im Laufe der Zeit gestiegen. Im einzelnen ist auf die Kommentierungen zu § 28 StVO zu verweisen (zB GEIGEL/ZIERES 27. Kap Rn 641 ff). Zum Treiben einer Herde von 9 bis 10 Kühen durch eine 6–7 m breite Ortsstraße mit lebhaftem Durchgangsverkehr sind – auch wenn die Kühe verkehrsgewöhnt und normalerweise (objektiv) friedfertig sind – mindestens zwei Personen (eine vorweg, eine am Ende der Herde) notwendig (OLG Nürnberg VersR 1968, 285 f). Mit Berufung auf Personalmangel kann sich der Halter nicht entlasten (vgl OLG Nürnberg VersR 1968, 285, 286).

Größte Sorgfalt ist geboten, wenn Vieh bei Dunkelheit quer über die Straße getrieben wird. UU müssen die Tiere einzeln geführt werden (BayObLG DAR 1973, 109 f zu § 10 StVO).

cc) Sonstiges

179 Beim Transport von Schlachtvieh ist der durch Wechsel der gewohnten Umgebung erhöhten Gefahr, daß Tiere sich losreißen, durch besondere Überprüfung der mitgelieferten Stricke oder Ketten auf ihre Festigkeit Rechnung zu tragen (OLG Düsseldorf VersR 1983, 543, 544).

Im Rinderstall müssen die Rinder so gehalten werden, daß sie nicht beim bloßen Öffnen einer Stalltür entlaufen können; das gilt, wenn der Halter damit rechnen muß, daß Dritte im Stall nach ihm suchen (OLG Oldenburg NJW-RR 1999, 1627, 1628).

d) Schafe

180 Der Halter von Schafen genügt seiner Beaufsichtigungspflicht, wenn er zum Zusammenhalten seiner Herde einen Hütehund verwendet, der den Anforderungen bei einer Eignungsprüfung entspricht (OLG Oldenburg DAR 1957, 16, 17). Ist das der Fall, so scheitert der Entlastungsbeweis nicht an der Tatsache, daß sich einzelne Tiere abgesondert haben, denn damit muß der Verkehr rechnen (vgl auch LG Köln VersR 1953, 439 f).

181 Zum Treiben einer Schafherde auf der Straße genügt bei Tageslicht nach der Verwaltungsvorschrift zu § 28 StVO in der Regel ein Schäfer, wenn ihm je nach Größe der Herde ein Hund oder mehrere zur Verfügung stehen. Mindestens zwei Schäfer sind aber erforderlich, wenn eine Beleuchtung nötig ist, also während der Dämmerung, bei Dunkelheit oder wenn die Sichtverhältnisse es sonst erfordern (§ 17 Abs 1 S 1 StVO). Denn sonst kann die Herde nicht vorn und am Ende – wie § 28 Abs 2 S 2 Nr 1 StVO es vorschreibt – genügend mit Warnleuchten abgesichert werden. Wird die ganze Straßenbreite in Anspruch genommen, ist der Gegenverkehr ausreichend zu warnen, sofern die Herde nicht rechtzeitig zu sehen ist (BayObLG NZV 1989, 482). Über die Sorgfaltsanforderungen, wenn große Schafherden Bahnübergänge mit automatischen Schranken überqueren sollen, vgl LG Düsseldorf VersR 1965, 390, 391.

182 Über Nacht darf eine Schafherde nicht ohne Aufsicht oder anderweitige Sicherung auf freier Weide verbleiben (OLG München VersR 1984, 1095, 1096 f). Nicht erforderlich ist, daß die Sicherung bei einer durch außergewöhnliche Umstände (zB Einbrechen eines fremden Hundes) in der Herde entstandene Panik ein Ausbrechen der Schafe verhindert (OLG Karlsruhe VersR 1955, 510: Einsperren in einem – nicht notwendig ausbruchssicheren – Pferch genügt, auch in der Nähe einer Autobahn; OLG München VersR 1984, 1095, 1097: Elektrozaun genügt, auch bei nahegelegener, häufig befahrener Bahnstrecke; aA OLG München VersR 1991, 561; LG Darmstadt NJW-RR 1999, 1630). Auch muß der Schäfer nicht bei der Herde bleiben (OLG Karlsruhe VersR 1955, 510: Abwesenheit des Schäfers für einige Nachtstunden; OLG München VersR 1984, 1095, 1097: kurzzeitige Abwesenheit des Schäfers, weil dieser „Toilette" machte; LG Trier VersR 1978, 239, 240: Abwesenheit des Schäfers während der ganzen Nacht; Wussow/Terbille Kap 11 Rn 64). AA OLG Düsseldorf VersR 1967, 1100, 1101 betr eine Herde von 600 Schafen, die nachts aus einem als ausbruchssicher geltenden Pferch ausbrach und die in unmittelbarer Nähe befindlichen Gemüsefelder abfraß oder zertrampelte: Der Schäfer dürfe sich – jedenfalls, wenn bei einem Ausbruch der

Schafe Dritte geschädigt werden können – mit seinem Schäferwagen nur soweit entfernen, daß er ein außergewöhnliches Verhalten der Schafe bemerken könne. Das Gericht stellte darauf ab, daß wegen der schreckhaften Veranlagung von Schafen mit der Entstehung von Panik durch nächtliche Geräusche gerechnet werden müsse.

e) Geflügel

Für **Tauben** gelten landesrechtlich angeordnete Flugsperrzeiten während der Saat- und Erntezeit. In diesen Zeiten müssen die Tauben eingesperrt sein, will der Halter seiner Beaufsichtigungspflicht genügen. Eine andere Möglichkeit, Tauben zu beaufsichtigen, gibt es nicht. Sie entziehen sich ihrer Natur nach jeder Einwirkung. Außerhalb der Flugsperrzeiten sind daher keine besonderen Sorgfaltsanforderungen einzuhalten. Auch § 28 StVO ist auf Tauben nicht anwendbar. Da sie sich nicht dauernd einsperren lassen, gehören sie nicht zu den Haus- und Stalltieren (BRUTSCHER, Tiere im Straßenverkehr – aus polizeilicher Sicht, Die Polizei 1992, 147, 148; JANISZEWSKI/JAGOW, StVO [16. Aufl 2000] § 28 Rn 2). **183**

Dagegen gehören **Hühner** zu den Haus- und Stalltieren, die nach § 28 Abs 1 S 1 StVO von der Straße fernzuhalten sind (vgl die Verwaltungsvorschrift zu § 28 StVO). Der Halter muß daher den Hühnerauslauf einzäunen (vgl LG Osnabrück VersR 1979, 1019; BGB-RGRK/KREFT Rn 93; GEIGEL/HAAG 18. Kap Rn 31; vgl zur älteren, weniger strengen Rechtsprechung STAUDINGER/SCHÄFER[12] Rn 139). **184**

Auch **Großgeflügel** (Gänse, Puten, Enten) ist von der Straße fernzuhalten (vgl aber auch OLG Oldenburg DAR 1961, 344; LG Göttingen DAR 1956, 104). **185**

f) Katzen

Auf Katzen ist – ebenso wie auf Tauben (s oben Rn 183) – § 28 StVO nicht anwendbar (OLG Oldenburg VersR 1957, 742; BRUTSCHER Die Polizei 1992, 147, 148; JANISZEWSKI/JAGOW, StVO [16. Aufl 2000] § 28 Rn 2). Sie entziehen sich ihrer Natur nach jeder Einwirkung, die sie am freien Umherlaufen hindert. Besondere Sorgfaltsanforderungen an den Halter einer Katze als Nutztier bestehen daher nicht, insbesondere muß sie nicht eingesperrt gehalten werden. Der Halter kann deshalb nicht in Anspruch genommen werden, wenn die Katze beim Laufen über die Straße einen Kfz-Unfall verursacht (OLG Oldenburg VersR 1957, 742 m zust Anm WEIMAR VersR 1958, 332; LG Oldenburg VersR 1960, 840; LG Bielefeld VersR 1982, 1083; LG Kiel NJW 1984, 2297; HENTSCHEL, Straßenverkehrsrecht [36. Aufl 2001] § 28 StVO Rn 5; vgl auch BGB-RGRK/KREFT Rn 92; aA TEPLITZKY NJW 1961, 1659, 1660 f; Wussow/TERBILLE Kap 11 Rn 65) oder – der Lebenserfahrung zuwider – einen Menschen oder einen Hund anfällt (LG Traunstein VersR 1966, 198). S in diesem Zusammenhang auch LG Augsburg NJW 1985, 499 f; AG Passau NJW 1983, 2885 f zum Unterlassungsanspruch des Grundeigentümers bei Besitzstörung durch vogeljagende Katzen eines anderen Grundeigentümers. **186**

4. Mangelnder Ursachenzusammenhang zwischen Sorgfaltspflichtverletzung und Schaden

Die Haftung entfällt nach § 833 S 2 nicht nur dann, wenn der Halter bei der Beaufsichtigung die im Verkehr erforderliche Sorgfalt beobachtet hat, sondern auch dann, wenn der Schaden auch bei Anwendung dieser Sorgfalt entstanden wäre. Die Beweislast für die fehlende Kausalität zwischen Sorgfaltspflichtverletzung und Scha- **187** den trägt somit der Nutztierhalter. Entsprechende Vorschriften finden sich in §§ 831 Abs 1 S 2, 832 Abs 1 S 2 und 834 S 2.

IX. Einschränkung und Ausschluß der Haftung infolge eines dem Geschädigten zuzurechnenden Beitrags

1. Das Verhalten des Geschädigten als mitzuberücksichtigender Beitrag

188 Die Tierhalterhaftung kann im Hinblick auf die Person des Geschädigten eingeschränkt oder ganz ausgeschlossen sein, nämlich dann, wenn er sich dem Tier bewußt angenähert hat. Die Problematik tritt heute vor allem im Bereich des Reitsports auf: Beispielsweise verletzt das Pferd seinen Reiter (durch Beißen, Ausschlagen, Abwerfen des Reiters usw), der es vom Halter gemietet hat. Für eine Einschränkung oder einen Ausschluß der Tierhalterhaftung gibt es hier verschiedene dogmatische Ansatzpunkte, nämlich die Begrenzung des persönlichen Schutzbereichs des § 833 nach dessen ratio, die Verdrängung des § 833 durch die vertragliche Risikoverteilung, den vertraglichen (stillschweigenden) Haftungsausschluß sowie § 254. Die dogmatische Einordnung ist deshalb von erheblicher Bedeutung, weil in Schadensfällen, die nicht in den Schutzbereich des § 833 fallen, bei denen nach der vertraglichen Risikoverteilung keine Haftung eintritt oder bei denen ein vertraglicher Haftungsausschluß zum Tragen kommt, eine Haftung aus § 833 gänzlich ausgeschlossen ist, während durch die Anwendung des § 254 eine Quotierung ermöglicht wird (einschließlich einer Haftungsreduzierung auf Null).

a) Persönlicher Schutzbereich

189 Verschiedene Ansichten gelangen aufgrund des Normzwecks des § 833 zu einer Begrenzung des persönlichen Schutzbereichs dieser Norm in den Fällen, in denen der Geschädigte ohne sozialen Zwang oder soziale Notwendigkeit (OLG Zweibrücken NJW 1971, 2077, 2078; OLG Frankfurt VersR 1976, 1138; LG Duisburg VersR 1972, 475; LG Wuppertal VersR 1975, 435; LG Landau VersR 1976, 103, 104) oder überwiegend in seinem eigenen Interesse (BGH LM Nr 7 = NJW 1974, 234, 235 = VersR 1974, 356, 357; LM Nr 10 = NJW 1977, 2158 f = VersR 1977, 864, 865; LM Nr 11 = NJW 1982, 763, 764; OLG Köln VersR 1976, 197, 198; OLG Celle VersR 1981, 663; 1990, 794; OLG Düsseldorf NJW-RR 2001, 390, 391; vgl auch OLG München VersR 1981, 937; Schrader NJW 1975, 676, 677) der Tiergefahr ausgesetzt war, in denen er selbst die Gefahr beherrschte (OLG Zweibrücken NJW 1971, 2077, 2078; OLG Köln VersR 1976, 197, 198; 1982, 559; KG VersR 1986, 820, 821; OLG München VersR 1987, 493, 494; OLG Celle VersR 1990, 794; OLG Düsseldorf NJW-RR 2001, 390, 391; vgl auch BGH VersR 1972, 1047, 1048: Habe der Verletzte das Tier in seiner Obhut und Gewalt und unter seinem Einfluß gehabt, so müsse er bei Geltendmachung eines Anspruchs aus § 833 beweisen, daß er seiner eigenen Sorgfalt genügt habe und ihn an der Entstehung des Schadens ein eigenes Verschulden nicht treffe), ihm das Tier aus Gefälligkeit zur Nutzung überlassen war (vgl BGH LM Nr 10 = NJW 1977, 2158 = VersR 1977, 864, 865; OLG Celle VersR 1986, 396 f; OLG Düsseldorf VersR 1992, 251; offengelassen in BGH LM Nr 7 = NJW 1974, 234, 235 = VersR 1974, 356, 357) oder er auf eigene Gefahr handelte (BGH LM Nr 7 = NJW 1974, 234, 235 = VersR 1974, 356; LM Nr 10 = NJW 1977, 2158 = VersR 1977, 864, 865; VersR 1978, 515; NJW 1986, 2883, 2884; Urt v 20. 12. 2005 – VI ZR 225/04; OLG Frankfurt VersR 1981, 935; 1983, 1040; 1985, 670; KG VersR 1986, 820, 821; OLG Nürnberg VersR 1999, 240, 241 [keine Tierhalterhaftung gegenüber dem gewerblichen Betreiber einer Tierklinik, der ein Tier zum Zweck einer Behandlung oder Diagnose vom Tierhalter übernommen hat]; LG Itzehoe NJW-RR 1991, 1500; Deutsch NJW 1978, 1998, 2002; ders JuS 1987,

673, 677; DUNZ JZ 1987, 63, 67; KIPP VersR 2000, 1348, 1349 f; AK-BGB/KOHL Rn 9; LARENZ/ CANARIS, Schuldrecht II/2 § 84 II 1 e [freiwillige Selbstgefährdung]; SCHMID JR 1976, 274, 277; SCHRADER NJW 1975, 676, 677; vgl Hk-BGB/STAUDINGER Rn 7). Ein Haftungsausschluß wegen Handelns auf eigene Gefahr wird von der Rechtsprechung und einem Teil der Literatur allerdings nur in Fällen befürwortet, in denen sich der Verletzte einer besonderen Tiergefahr ausgesetzt hat, die über die gewöhnliche Tiergefahr hinausgeht (erhöhte Tiergefahr), beispielsweise wenn ein Reiter ein Tier übernimmt, das erkennbar bösartiger Natur ist oder erst zugeritten werden muß, oder wenn der Ritt seiner Art nach besonders gefährlich war (Dressurreiten, Springen, Fuchsjagd; vgl BGH VersR 1955, 116; LM Nr 7 = NJW 1974, 234, 235 = VersR 1974, 356; LM Nr 10 = NJW 1977, 2158 = VersR 1977, 864, 865; VersR 1978, 515; NJW 1986, 2883, 2884; OLG Frankfurt VersR 1981, 935; OLG München VersR 1981, 937; OLG Köln VersR 1989, 62; OLG Koblenz NJW-RR 1998, 1482; OLG Hamm NJW-RR 2001, 390 [„Rückwärtsrichten" beim Dressurreiten beinhalte keine besondere Gefahr]; ebenso AK-BGB/KOHL Rn 9; LOOSCHELDERS, Die Mitverantwortlichkeit des Geschädigten im Privatrecht [1999] 450–455). Ein anderer Teil der Literatur gelangt auch in Situationen gewöhnlicher Tiergefahr zu einem Haftungsausschluß wegen Handelns auf eigene Gefahr (vgl DEUTSCH NJW 1978, 1998, 2002; DUNZ JZ 1987, 63, 67; KIPP VersR 2000, 1348, 1349 f; LARENZ/CANARIS, Schuldrecht II/2 § 84 II 1 e [freiwillige Selbstgefährdung]).

Alle diese Ansichten sind abzulehnen. Der Begriff des sozialen Zwangs ist zu unbestimmt, unklar und konturlos, um eine eindeutige Begrenzung des Schutzbereichs zu gewährleisten. Die Meinungen über das sozial Notwendige gehen weit auseinander. Darüber hinaus wird die Anwendbarkeit des § 833 durch das Merkmal des sozialen Zwangs entgegen dem klaren Wortlaut dieser Norm zu sehr eingeengt. Durch § 833 wird nicht nur geschützt, wer sich aus sozialer Notwendigkeit mit einem Tier abgibt, sondern jedermann, dem die Entfaltung der Gefahr nur gegen Schadloshaltung zugemutet werden kann (in diesem Sinne BGH VersR 1976, 1175, 1176 f; LM Nr 10 = NJW 1977, 2158, 2159 = VersR 1977, 864, 865 f; VersR 1976, 197, 198; OLG Düsseldorf VersR 1975, 1122, 1123; OLG Köln VersR 1977, 938; OLG Celle VersR 1979, 161; OLG Koblenz MDR 1979, 229; OLG München VersR 1981, 937; OLG Schleswig VersR 1990, 869; BORNHÖVD VersR 1979, 398, 399; DEUTSCH NJW 1978, 1998, 2001; ders JuS 1987, 673, 677; HERRMANN JR 1980, 489, 493; HOFFMANN Zfs 2000, 181, 185; KNÜTEL NJW 1978, 297; AK-BGB/KOHL Rn 9; SCHMID JR 1976, 274, 276; STÖTTER JZ 1972, 409, 410; vgl auch OLG Köln NJW 1974, 2051). **190**

Das Eigeninteresse des Geschädigten als unmittelbarem Tiernutzer ebenso wie die Gefahrbeherrschung durch ihn sind Merkmale, die zur Bestimmung des Halters dienen. Überwiegt das Nutzungsinteresse des Geschädigten gegenüber dem des Eigentümers und beherrscht der Geschädigte im Gegensatz zum Eigentümer die Tiergefahr, so ist der Geschädigte bereits selbst Tierhalter. Eine zusätzliche Begrenzung des Schutzbereichs kann sich aus den Merkmalen Eigeninteresse und Gefahrbeherrschung nicht ergeben (LORENZ 249; in diesem Sinne zum Eigeninteresse ebenso BORNHÖVD VersR 1979, 398, 399 f; ders JR 1978, 50, 53; HERRMANN JR 1980, 489, 493; zur Gefahrbeherrschung BGH LM Nr 11 = NJW 1982, 763, 764; VersR 1986, 345, 346; 1993, 369, 370; HERRMANN JR 1980, 489, 493). Das gleiche gilt für das Kriterium der Überlassung aus Gefälligkeit, das lediglich als Indiz für das überwiegende Interesse des Geschädigten fungiert (vgl OLG Celle VersR 1986, 396 f; gegen einen Haftungsausschluß wegen Überlassung aus Gefälligkeit auch BGH NJW 1992, 2474 f = VersR 1992, 1145, 1146 f; OLG Hamm NJW-RR 2001, 19). **191**

192 Auch der Aspekt des Handelns auf eigene Gefahr rechtfertigt keine Einschränkung des Schutzbereichs des § 833 (kritisch auch BORNHÖVD VersR 1979, 398, 400 f). In Fällen „gewöhnlicher" Tiergefahr läßt sich die Gefahrverantwortung nicht gänzlich – mit der Folge eines Haftungsausschlusses – vom Halter auf den Verletzten verschieben, denn die Halterschaft bedingt, daß (zumindest auch) der Halter für die Tiergefahr verantwortlich ist; trüge er insofern keine Verantwortung, wäre er nicht Tierhalter (s oben Rn 72). Eine daneben noch bestehende Gefahrverantwortung des Verletzten läßt sich nur dadurch berücksichtigen, daß das Gewicht der beiderseitigen Verantwortung gegeneinander abgewogen wird, was nur im Rahmen des § 254 möglich ist. Aber auch im Hinblick auf die Situationen erhöhter Gefahr ist eine Begrenzung des persönlichen Schutzbereichs und damit ein gänzlicher Haftungsausschluß abzulehnen. Zwar kann in solchen Fällen dem Verletzten daraus, daß er sich der erhöhten Gefahr bewußt ausgesetzt hat, ein Schuldvorwurf gemacht werden, der über seine Verantwortung in Situationen gewöhnlicher Gefahr hinausgeht. Dieser Vorwurf bewirkt jedoch nicht, daß die Fälle aus dem persönlichen Schutzbereich des § 833 fallen. Denn auch bei erhöhter Gefahr ist die Tiergefahr – der Grund für die Haftung aus § 833 – gerade nicht ausgeschaltet, sondern die Verletzungswahrscheinlichkeit des Tierverhaltens wird gesteigert (vgl LORENZ 177). Die Frage der Haftung kann daher ebenfalls nur im Wege einer Gegenüberstellung und Abwägung der beiden mitwirkenden Beiträge (erhöhte Tiergefahr einerseits, Eigenverschulden des Verletzten andererseits) beantwortet werden.

b) Verdrängung des § 833 durch die vertragliche Risikoverteilung
193 Teilweise wird angenommen, daß die Risikoverteilung eines zwischen Tierhalter und Geschädigten bestehenden Vertrages sich auch auf § 833 auswirke. So soll beispielsweise die Haftungsbeschränkung auf Vorsatz und grobe Fahrlässigkeit bei der Leihe (§ 599) zu einem Ausschluß der Tierhalterhaftung – als Haftung für Zufallsschäden – führen (BGH LM Nr 7 = NJW 1974, 234, 235 = VersR 1974, 356 f; OLG Düsseldorf VersR 1992, 251; im Ergebnis ebenso AK-BGB/KOHL Rn 10; ähnlich KNÜTEL NJW 1978, 297, 298 mit dem zusätzlichen Erfordernis, der Halter dürfe dem Geschädigten gegenüber – anders als gegenüber Dritten – das Tier nicht im eigenen Interesse verwendet haben; vgl auch BGH LM Nr 10 = NJW 1977, 2158 = VersR 1977, 864, 865 [offen gelassen]).

194 Dieser Ansatz ist abzulehnen. Würde die vertragliche Risikoverteilung auch im Rahmen des § 833 gelten, so wäre zumindest die Luxustierhalterhaftung grundsätzlich ausgeschlossen, falls ein Vertragsverhältnis zwischen Tierhalter und Geschädigtem besteht: Was für die Leihe gilt, müßte auch für andere Vertragstypen gelten, und im vertraglichen Bereich wird grundsätzlich nur bei Verschulden gehaftet (vgl SCHRADER NJW 1975, 676, 677; s auch WUSSOW/TERBILLE Kap 11 Rn 107).

c) Vertraglicher Haftungsausschluß
195 Rechtsprechung (vor allem die ältere, vgl RG JW 1905, 143; WarnR 1909 Nr 100; 1912 Nr 430; RGZ 58, 410, 412 f; 67, 431, 433 f; vgl auch BGH LM Nr 5a = NJW 1968, 1932 f; LM Nr 10 = NJW 1977, 2158, 2159 = VersR 1977, 864, 866; OLG Celle VersR 1982, 704 f m Anm KIEL) und Literatur (BGB-RGRK/KREFT Rn 67; HERRMANN JR 1980, 489, 495 f; vgl auch WEIMAR DRiZ 1956, 198, 199) berücksichtigen den eigenen Beitrag des Verletzten teilweise dadurch, daß sie einen stillschweigenden vertraglichen Haftungsausschluß annehmen (vgl dazu auch BORNHÖVD VersR 1979, 398, 401 f). Besteht ein Vertrag, so wird dieser ergänzend ausgelegt, anderenfalls ein isolierter vertraglicher Haftungsausschluß konstruiert.

Die Ermittlung eines nicht ausdrücklich geäußerten Parteiwillens erfolgt allgemein **196**
– also auch im Falle von Tierschäden – auf der Grundlage der jeweils beteiligten Interessen. Dabei greifen Rechtsprechung und Literatur im Rahmen des § 833 auf dieselben Kriterien zurück, die auch für eine Einschränkung des persönlichen Schutzbereichs dieser Norm fruchtbar gemacht werden: die selbständige Herrschaft des Verletzten über das Tier (RGZ 58, 410, 412 f; RG JW 1905, 143; RG WarnR 1912 Nr 430; BGB-RGRK/Kreft Rn 67; Herrmann JR 1980, 489, 496; vgl auch Weimar DRiZ 1956, 198, 199), das überwiegende Eigeninteresse des Verletzten an dem Tier (OLG Saarbrücken NJW-RR 1988, 1492, 1493; Herrmann JR 1980, 489, 496; BGB-RGRK/Kreft Rn 67; Palandt/Sprau Rn 11), die Übernahme einer erhöhten Gefahr durch den Verletzten (RG JW 1905, 143; BGB-RGRK/Kreft Rn 67; Herrmann JR 1980, 489, 496) und das Vorliegen einer Gefälligkeit (RGZ 67, 431, 434; RG WarnR 1908 Nr 157; Nr 158). Daß diese Kriterien nicht geeignet sind, einen Ausschluß der Tierhalterhaftung zu begründen, ist bereits aufgezeigt worden (s oben Rn 191 f). Ein vertraglicher Haftungsausschluß ist daher aus den gleichen Gründen abzulehnen wie eine Einschränkung des Schutzbereichs.

d) § 254
Der richtige Ort für die Berücksichtigung des Verletztenbeitrags ist nach alledem **197**
§ 254 (ebenso BGH VersR 1982, 348, 349; NJW 1986, 2883, 2884; VersR 1992, 902; 1993, 369, 370; OLG München VersR 1999, 585; OLG Düsseldorf NJW-RR 2001, 890, 892; Bornhövd VersR 1979, 398, 400, 401; Lorenz 319, 321; Erman/Schiemann Rn 6; vgl MünchKomm/Wagner Rn 13; vgl auch BGH LM Nr 10 = NJW 1977, 2158, 2159 = VersR 1977, 864, 866; LM Nr 11 = NJW 1982, 763, 764, 765; zur Beweislastverteilung vgl Baumgärtel VersR 1983, Karlsruher Forum 85, 87 f).

Ein relevanter Beitrag des Verletzten zur Schadensentstehung liegt dann vor, wenn **198**
er eine Situation erhöhter Verletzungsgefahr herbeigeführt hat und diese Gefahr erkennen und vermeiden konnte (Lorenz 288, 321). Die erhöhte Verletzungsgefahr muß sich aus einem Verhaltensfehler des Verletzten ergeben. Der Verhaltensfehler kann auch darin bestehen, daß sich der Verletzte – ohne weiteren Verhaltensfehler – in eine Situation besonders erhöhter Gefahr begeben hat, deren Entstehung von seinem eigenen Verhalten im übrigen unabhängig ist (Lorenz 288 f, 321). Im Rahmen der Abwägung gegenüber der Gefahrverantwortung des Tierhalters bemißt sich das Gewicht des Verletztenbeitrags nach seinem objektiven Anteil an der Verletzung und nach dem Grad des Sorgfaltsverstoßes gegen das eigene Sicherheitsinteresse des Verletzten (vgl Lorenz 289 f, 321 f). Hinsichtlich des Verletztenbeitrags ist ein strenger Maßstab anzulegen, wenn der Verletzte, etwa als Reiter, selbst unmittelbar auf das Tier einwirken konnte (BGH LM Nr 11 = NJW 1982, 763, 765; Lorenz 290).

Ein relevanter Verletztenbeitrag liegt danach vor, wenn die erhöhte Verletzungsge- **199**
fahr aus einer **besonderen Schwäche** (etwa einem konstitutionellen Mangel) **des Verletzten** folgt. Der Verhaltensfehler besteht in diesem Fall darin, daß sich der Verletzte in Kenntnis seiner besonderen persönlichen Eigenschaften, welche die Wirkungsmöglichkeit des Tierverhaltens auf seine Rechtsgüter erhöhen, in die Nähe des Tieres begibt (vgl Lorenz 278 f). Beispiele: Reiten ohne ausreichende Reitkenntnisse (BGH VersR 1993, 369, 370; OLG München VersR 1999, 585); ein als besonders ungestüm bekanntes Pony wird ohne Aufsicht von einem 10jährigen Mädchen geritten, obwohl dieses weiß, daß es selbst keine geübte und im Umgang mit Pferden erfahrene Reiterin ist (LG Berlin MDR 1974, 314); ein Reitschüler macht, obwohl er die ganze Nacht nicht geschlafen hat und im Verlauf der Reitstunde schon mehrfach

abgeworfen worden ist, die besonders schwierige Übung „Traben ohne Zügel und ohne Bügel mit hinter dem Kopf verschränkten Armen" mit (BGH VersR 1982, 348, 349); jemand betreibt trotz leicht brüchiger Knochen („Glasknochen") weiterhin Reitsport (vgl BGH VersR 1984, 286, 287); jemand versucht trotz Kenntnis seiner latenten Erkrankung an Psoriasis und trotz Kenntnis, daß diese Krankheit jederzeit zum Ausbruch kommen kann, seinen Dackel mit Gewalt von einer Beißerei abzuhalten (OLG Celle VersR 1981, 1057, 1058).

200 Erheblich ist auch die erkennbar **gesteigerte Verletzungsträchtigkeit eines Tieres** (vgl LORENZ 279 ff). Beispiele: Ein Passant geht dicht an einem Pferdegespann vorbei, obwohl eines der Pferde durch einen Maulkorb als besonders gefährlich gekennzeichnet ist (RG JW 1906, 739); Reiten auf einem als besonders ungestüm bekannten Pony (LG Berlin MDR 1974, 314); bekannte Aggressivität einer Rasse von Kampfhunden (OLG Koblenz MDR 1979, 229); Warnung des Verletzten vor der Annäherung an das Tier (RG JW 1906, 349, 350), etwa durch ein Warnschild (vgl OLG Frankfurt VersR 1983, 1040; LG Memmingen VersR 1979, 874; s aber auch OLG Düsseldorf VersR 1981, 1035, 1036 zur zweifelhaften Aussagekraft des Schildes „Vorsicht bissiger Hund"). Auch das ungewöhnliche Verhalten eines Tieres kann es als unvorsichtig erscheinen lassen, weiterhin in dessen Nähe zu bleiben. Bsp: Jemand wird beim Springreiten von einem Hindernisteil getroffen, weil er sich nicht aus der Gefahrenzone entfernt hat, obwohl er aus Erfahrung wußte, daß ein bestimmtes Sprungpferd üblicherweise Schwierigkeiten macht (BGH VersR 1966, 1073, 1074; ähnlich OLG Düsseldorf NJW-RR 2006, 93 f: Aufenthalt in der Nähe eines Pferdes, das beim Verladen bekannterweise Schwierigkeiten macht).

201 Ein relevanter Verletztenbeitrag kann sich ferner aus einem **Verhaltensfehler im Umgang mit dem Tier** ergeben (vgl LORENZ 282 f). Beispiele: Reiten ohne Schutzkappe (BGH VersR 1993, 369, 371; OLG Düsseldorf VersR 1983, 1039); Reiten in einer Gruppe ohne ausreichenden Sicherheitsabstand (OLG Hamburg VersR 1982, 779 f; OLG Hamm NZV 1994, 436, 437); Reizen des Tieres durch einen Schlag oder Zuruf (RG Recht 1915 Nr 881; ähnlich LG Rottweil NJW-RR 1988, 539 [Streicheln einer fremden Katze]; vgl auch BGH VersR 1981, 1178, 1179); jemand klopft in Gegenwart eines Hundes dessen Halter auf die Schulter, was das Tier als Angriff auffaßt (OLG Stuttgart VersR 1953, 293); jemand streichelt einen in zutraulicher Weise herankommenden, aber mit Bißwunden bedeckten Hund, der durch eine schmerzhafte Berührung seiner Wunden gereizt wird (RG WarnR 1908 Nr 291); Aufforderung an den Halter, seinen Hund freizulassen, wobei sich der eigene Hund im Raum befindet und die beiden Hunde sich nicht kennen (OLG Nürnberg VersR 1967, 361, 362); Nichtverschließen einer Stalltür (BGH NJW 1975, 867, 868); Duldung des Zurücklassens eines Hundes im später beschädigten Kfz (LG Nürnberg-Fürth VersR 1989, 1278). Auch eine fahrlässige Fehlsteuerung des Tieres ist im Rahmen des § 254 zu berücksichtigen: So etwa, wenn ein Reiter mit seinem Pferd auf einem Asphaltweg zu schnell in die Kurve galoppiert, das Pferd ins Rutschen gerät und fällt und dadurch der Reiter verletzt wird (MünchKomm/STEIN³ Rn 16; vgl auch BGH LM Nr 11 = NJW 1982, 763, 764; OLG Düsseldorf VersR 1981, 82, 83) oder wenn der Reiter verletzt wird, weil er sein Pferd zu eng am Zügel führt und es ihm deshalb auf die Hacken tritt (MünchKomm/STEIN³ Rn 16; vgl auch OLG Schleswig VersR 1983, 470).

202 Weiterhin können **Verhaltensfehler bei der Abwehr einer Tierbedrohung** zu einer Haftungseinschränkung wegen Mitverschuldens führen (vgl LORENZ 283 ff). Beispiele: Ein Radfahrer versetzt einem angreifenden Hund vom Rad aus einen besonders heftigen Fußtritt (OLG Hamburg OLGRspr 14, 48); falsche Reaktion des Lenkers auf das Scheuen des Pferdes (OLG München VersR 1989, 861); jemand versucht, mit bloßen Händen beißende Hunde zu trennen (RG JW 1914, 471, 472; OLG Koblenz MDR 1979, 229; VersR 1986, 247; OLG Stuttgart VersR 1978, 1123, 1124; s aber auch LG Flensburg VersR 1997, 457, 458). Im Hinblick auf die psychische Situation eines von einem Tier angegriffenen Menschen sind an die zu beachtende Sorgfalt allerdings in der Regel geringere Anforderungen zu stellen. Beispiele: Ein Pferdefuhrwerk gerät außer Kontrolle, rast eine abschüssige Wegstrecke hinunter und droht jeden Augenblick umzustürzen; um sich zu retten, springt ein Mitfahrer vom Wagen ab, und zwar entgegen der Fahrtrichtung und trotz seiner Ungeschicklichkeit und Unbeholfenheit aufgrund seines großen Körpergewichts (RG JW 1907, 307, 308: Mitverschulden verneint); ein Reitpferd verweigert die Parade, und der Verletzte reagiert darauf unsachgemäß, weil er keine Zeit zu ruhiger Überlegung hat (BGH VersR 1986, 345, 346: Mitverschulden verneint).

Ein Mitverschuldensanteil kann sich schließlich daraus ergeben, daß der Verletzte **203** **unzureichende Vorsorge gegen mögliche Tiereinwirkungen** getroffen hat (vgl LORENZ 285 f). Beispiele: Die Besitzerin einer läufigen Rassehündin führt diese ohne weitere Schutzvorkehrungen spazieren, die Hündin wird durch einen Bastardrüden gedeckt (BGHZ 67, 129, 134 = NJW 1976, 2130, 2131; vgl auch OLG Hamm NJW-RR 1994, 804; zur Sicherung eines Geländes gegen das Eindringen von Bastardrüden vgl OLG Hamm NJW-RR 1990, 1052, 1053); ein Hundebesitzer betritt mit einem nicht angeleinten Hund ein Kasino und wird, als sich dieser mit einem anderen verbeißt, bei dem Versuch, die Hunde zu trennen, durch den anderen Hund verletzt (OLG Stuttgart VersR 1978, 1123, 1124: Der Verletzte hätte den von ihm mitgeführten Hund vor dem Betreten des Kasinos anleinen müssen); ein Motorradfahrer fährt mit erheblich überhöhter Geschwindigkeit und kommt deshalb beim Zusammenstoß mit einem Hund zu Fall (RG WarnR 1909 Nr 11); das regelwidrige Verhalten eines Autofahrers führt zu einem Unfall im Zusammenwirken mit einem Tier (BGH VersR 1961, 346, 347; OLG Nürnberg VersR 1966, 42, 43; OLG Celle VersR 1980, 430, 431; LG Wiesbaden VersR 1976, 179 f); zwei Jogger nähern sich zwei von weitem zu sehenden Hunden, ohne das Tempo zu verringern oder einen Bogen zu laufen, und einer der Jogger stürzt über den einen Hund, der plötzlich über den Weg läuft (OLG Koblenz NJW 2003, 2834 f). Weiterer Fall: BGH VersR 1966, 1073, 1074; vgl auch BGH VersR 1981, 1178, 1179.

Allein die Annäherung an ein Tier stellt noch keinen relevanten Verletztenbeitrag **204** dar (vgl OLG Hamm VersR 1973, 1054, 1055 [Aufenthalt in der Nähe eines Hundes]; OLG Saarbrücken NJW-RR 1988, 1492, 1493; OLG Schleswig VersR 1990, 869 [Betreten einer Pferdebox]; OLG Koblenz NJW-RR 2006, 529, 530 [Heranreiten von hinten an ein anderes Pferd]). Insbesondere ist der Reitsport nicht generell aus der Tierhalterhaftung ausgegrenzt (BGH LM Nr 10 = NJW 1977, 2158 f = VersR 1977, 864, 865; LM Nr 11 = NJW 1982, 763, 764; NJW 1986, 2883, 2884; OLG Köln VersR 1976, 197, 198; OLG München VersR 1981, 937; OLG Frankfurt VersR 1985, 670; OLG Celle VersR 1986, 396; OLG Düsseldorf VersR 1986, 1244; BORNHÖVD VersR 1979, 398, 401 [Reiten sei grundsätzlich eine „sozialadäquate" Betätigung]; LOOSCHELDERS, Die Mitverantwortlichkeit des Geschädigten im Privatrecht [1999] 455 f; vgl auch OLG Karlsruhe VersR 1989, 860).

2. Berücksichtigung einer dem Geschädigten zuzurechnenden Tier- oder Betriebsgefahr

205 Wird ein Tier von einem anderen verletzt, hat dabei aber eine Tiergefahr des verletzten Tieres mitgewirkt, so erhält dessen Halter keinen vollen Schadensersatz, sondern der Anspruch wird analog § 254 gekürzt (BGH NJW 1976, 2130, 2131 [Deckakt bei Hunden], insoweit in BGHZ 67, 129 nicht abgedruckt; VersR 1985, 665, 666 [Pferdepfleger versuchen, ein Rind von der Pferdekoppel zu vertreiben, dabei erschreckt das Rind eine Stute, die davongaloppiert und sich verletzt]; OLG Düsseldorf VersR 1975, 1122, 1123 [zwei Pferde weiden gemeinsam auf einer Koppel, eines schlägt das andere mit den Hufen – direkte Anwendung des § 254]; NJW-RR 1994, 92, 93 [sog Hengstmanieren als Reaktion auf die Stute]; NJW-RR 1999, 1256, 1257 [„Machtkampf" zweier etwa gleichaltriger junger Hengste]; BGB-RGRK/KREFT Rn 60; MünchKomm/WAGNER Rn 55). Gleiches gilt, wenn einer der beiden Halter verletzt wird (OLG Celle VersR 1981, 1057, 1058 [Beißerei zwischen zwei Hunden und Verletzung des einen Halters, der die Hunde zu trennen versuchte]; OLG Koblenz VersR 1984, 394 f [Ein Schäferhund stürzt sich auf einen Pudel, dieser läuft um seine Halterin herum, wodurch sich die Leine um ihre Beine schlingt und die Halterin hinfällt]; OLG Hamm NJW-RR 1995, 598 [Zwei Hunde spielen miteinander, dabei wird ein Halter vom Hund des anderen Halters umgerannt und verletzt]; OLG Saarbrücken NJW-RR 2006, 969, 970 [Ein Pferd wird durch ein herumlaufendes Hunderudel erschreckt und wirft seinen Reiter ab]; OLG Frankfurt Urt v 12.1.2007–19 U 217/06 [Drei Hunde tollen miteinander, wobei einer einen der Halter umrennt; das Gericht berücksichtigt die Tiergefahr von allen drei Hunden, allerdings mit unterschiedlichen Anteilen]). Beide Halter haben einen gekürzten Ersatzanspruch, wenn sich zwei Tiere gegenseitig verletzen (OLG Düsseldorf NJW-RR 1994, 92, 93). Die Anrechnung der eigenen (Tier- oder Betriebs-)Gefahr entspricht einem allgemeinen Grundsatz im Bereich der Gefährdungshaftung. Er ist in neueren Gesetzen, die eine Gefährdungshaftung statuieren, ausdrücklich festgelegt, so in § 17 Abs 1 S 2 StVG und in § 41 Abs 1 S 2 LuftVG.

Sind allerdings zwei Personen Halter desselben Tieres und wird eine von dem Tier verletzt, stehen ihr keine Ansprüche aus § 833 S 1 gegen den anderen Halter zu; denn der Tierhalter selbst fällt nicht in den Schutzbereich des § 833 (OLG Köln NJW-RR 1999, 1628).

206 Eine dem Geschädigten zuzurechnende Tiergefahr kann auch dann mitgewirkt haben, wenn dieser keinen Schadensersatzanspruch aus Tierhalterhaftung, sondern aus anderen Gründen geltend macht. Hat der Schädiger schuldhaft gehandelt, so wird der Anspruch in entsprechender Anwendung des § 840 Abs 3 nicht nach § 254 gekürzt (OLG Hamm VersR 1991, 676, 677: Rinder fraßen giftige Abfälle).

Der Geschädigte muß sich auch eine sonstige Gefahr, deren Verwirklichung einen Gefährdungshaftungstatbestand verwirklicht – etwa die Betriebsgefahr seines Kraftfahrzeugs (vgl § 17 StVG) –, anrechnen lassen (vgl OLG Nürnberg VersR 1959, 573, 574; OLG Köln VersR 1992, 846; s aber auch OLG Hamm, Jagdr Entsch, Bd V, Sachg XI, Nr 53 [bloße Betriebsgefahr des Kraftfahrzeugs tritt hinter der Tierhalterhaftung zurück]; s auch OLG Düsseldorf NJW-RR 1999, 1622, 1623 f zu § 33 Abs 1 S 1 LuftVG – Scheuen eines Pferdes beim Landeanflug eines Heißluftballons).

X. Zusammentreffen mehrerer Haftpflichtiger

Sind mehrere Personen Halter desselben Tieres, so haften sie nach § 840 Abs 1 als **207** Gesamtschuldner (OLG Celle OLGRspr 5, 250). Ist der Schaden durch das Zusammenwirken mehrerer Tiere verschiedener Halter verursacht, so haften sie ebenfalls nach § 840 Abs 1 als Gesamtschuldner (vgl RGZ 60, 313, 315). Der Ausgleich im Innenverhältnis erfolgt nach § 426.

Wird ein Schaden durch ein Tier und zugleich durch die unerlaubte Handlung eines **208** Dritten verursacht (zB jemand macht bewußt ein Pferd scheu, das einen Dritten verletzt), so haften nach § 840 Abs 1 der Tierhalter und der aus unerlaubter Handlung Ersatzpflichtige dem Geschädigten als Gesamtschuldner. Im Innenverhältnis haftet gem § 840 Abs 3 nur der schuldhaft handelnde Verursacher.

Wird der Schaden eines Dritten durch ein Tier und ein Kraftfahrzeug verursacht, so **209** erfolgt nach § 17 Abs 2 StVG der Ausgleich zwischen den Haftpflichtigen in einer dem § 254 entsprechenden Weise. Bei Verschulden des Fahrers gelten auch § 9 StVO iVm § 254 (OLG Nürnberg VersR 1966, 42, 43). Bei der Abwägung von Kfz-Betriebsgefahr und Tiergefahr kann die erstere uU ganz zurücktreten, so zB wenn ein Tier aus einer schlecht gesicherten Weide ausbricht und plötzlich auf eine verkehrsreiche Fahrbahn läuft (vgl BGH VersR 1964, 595, 596; 1964, 1197, 1198; 1966, 186, 188; SCHMIDT VersR 1966, 849; vgl auch OLG Nürnberg VersR 1963, 759, 761 [1/4 Mitverursachungsanteil]). Ein Ausgleich nach § 17 Abs 2 StVG entfällt, wenn der Tierhalter den Entlastungsbeweis nach § 833 S 2 führt (RGZ 82, 112, 115; 96, 130, 132; 129, 55, 59).

Ein Ausgleich zwischen den Haftpflichtigen entsprechend § 254 erfolgt gem § 41 **210** Abs 2 LuftVG auch bei Schadensverursachung durch Zusammenwirken von Tier und Luftfahrzeug (RGZ 158, 34, 39 f zu § 27 Abs 2 aF LuftVG) sowie gem § 13 HPflG bei Zusammenwirken von Tier und Bahn oder Energieanlage.

§ 840 Abs 3 ist unanwendbar, wenn der Dritte nur aus Gefährdung, nicht aus Ver- **211** schulden oder vermutetem Verschulden haftet (OLG Hamm NJW 1958, 346, 347 = VersR 1958, 33 f mit insoweit zust Anm BÖHMER VersR 1958, 290; BGB-RGRK/KREFT Rn 54; vgl auch OLG Celle AgrarR 1977, 178, 179 f). § 17 Abs 2 StVG gilt auch dann für den Ausgleich zwischen Tierhalter und Kraftfahrzeughalter, wenn einer von ihnen oder beide auch aus Verschulden oder vermutetem Verschulden haften (RGZ 96, 68, 69 f).

§ 834
Haftung des Tieraufsehers

Wer für denjenigen, welcher ein Tier hält, die Führung der Aufsicht über das Tier durch Vertrag übernimmt, ist für den Schaden verantwortlich, den das Tier einem Dritten in der im § 833 bezeichneten Weise zufügt. Die Verantwortlichkeit tritt nicht ein, wenn er bei der Führung der Aufsicht die im Verkehr erforderliche Sorgfalt beobachtet oder wenn der Schaden auch bei Anwendung dieser Sorgfalt entstanden sein würde.

Materialien: E I § 734 Abs 2; II § 757; III § 818; Mot II 812 f; Prot II 2864–2868, 8497; D 99.

Schrifttum

HOFFMANN, Tierhalter- und Tierhüterhaftung – Ein Überblick, Zfs 2000, 181
WEIMAR, Die Aufsichtshaftung des Tierhüters, MDR 1968, 640.

Systematische Übersicht

I.	**Grundgedanken der Regelung**	1
II.	**Schadensverursachung durch ein Tier**	4
III.	**Tierhüter**	5
1.	Gegensatz von Tierhüter und Tierhalter	6
2.	Führung der Aufsicht über ein Tier	7
3.	Übernahmevertrag	9
a)	Vertragsschluß	11
b)	Gesetzliche Pflicht zur Führung der Aufsicht	15
c)	Geschäftsführung ohne Auftrag; tatsächliche Aufsichtsführung	16
d)	Haftung außerhalb des § 834	17
4.	Selbständige Aufgabenerfüllung	19
5.	Einzelbeispiele	22
IV.	**Der Entlastungsbeweis**	23
V.	**Das Verhältnis verschiedener Haftungsnormen**	
1.	Das Verhältnis der Tierhalter- zur Tierhüterhaftung	26
a)	Die Haftung gegenüber Dritten	26
b)	Die Haftung zwischen den Vertragspartnern	27
2.	Das Verhältnis des § 834 zu § 831, wenn der Tierhüter sich eines anderen Tierhüters bedient	29

Alphabetische Übersicht

Amtspflicht	18
Aufsichtsführung	7 f
Ehegatten	15
Entlastungsbeweis	2, 23 ff
Finder	15 f
Gesamtschuldner	26
Geschäftsführung ohne Auftrag	16
Gesetzliche Aufsichtspflichten	10, 15, 17
Gesetzlicher Vertreter	15, 17 f
Hilfsdienste, unselbständige	20
Kind, hausstandsangehöriges	15
Kutscher als Tierhüter	21
Reitlehrer	22
Selbständigkeit	17, 19 ff
Staat als Halter	18
Tatsächliche Übernahme der Aufsicht	10, 16 f
Tierhüter	5 ff
Übernehmerhaftung	3
Vertrag	9 ff
Viehkommissionär	22

I. Grundgedanken der Regelung

Ist durch ein Tier ein Schaden entstanden, so haftet neben dem Tierhalter (§ 833) **1** gem § 834 auch ein etwaiger Tierhüter, dh wer für den Tierhalter die Führung der Aufsicht über das Tier durch Vertrag übernommen hat. Dabei unterscheidet § 834 – anders als § 833 – nicht zwischen der Haftung für Luxustiere und der Haftung für Nutztiere. Der Tierhüter haftet – wie der Nutztierhalter nach § 833 S 2 – immer nur wegen Verschuldens. § 834 sieht keine Gefährdungshaftung vor.

Die Haftung des Tierhüters beruht auf vermutetem Verschulden und vermutetem **2** Ursachenzusammenhang zwischen – vermuteter – schuldhafter Verletzung der Aufsichtsführungspflicht und dem Schaden. Gegenüber dem vermuteten Verschulden und der vermuteten Ursächlichkeit steht dem Tierhüter nach § 834 S 2 der Entlastungsbeweis offen. Die Haftung des Tierhüters entspricht damit der Haftung des Geschäftsherrn nach § 831 Abs 1 (vgl § 831 Abs 1 S 2), der Haftung des Aufsichtspflichtigen nach § 832 Abs 1 (vgl § 832 Abs 1 S 2), der Haftung des Nutztierhalters nach § 833 S 2 und der Haftung des Grundstücksbesitzers, Gebäudebesitzers und Gebäudeunterhaltungspflichtigen nach §§ 836–838 (vgl § 836 Abs 1 S 2; hinsichtlich der vermuteten Ursächlichkeit vgl MünchKomm/STEIN[3] § 836 Rn 36 mwN).

§ 834 stellt einen Fall der gesetzlich geregelten Übernehmerhaftung dar. Ähnliche **3** Vorschriften finden sich in den §§ 831 Abs 2, 832 Abs 2 und 838 1. Fall.

II. Schadensverursachung durch ein Tier

Gem § 834 S 1 muß ein Tier einem Dritten in der in § 833 bezeichneten Weise **4** Schaden zugefügt haben. Hinsichtlich der erforderlichen Schadensverursachung durch ein Tier gilt also das gleiche wie zur Tierhalterhaftung (vgl OLG Hamm VersR 1993, 238). Vgl zur Tiereigenschaft, zum Schaden, zur Kausalität, zur Rechtswidrigkeit und zur Tiergefahr die Ausführungen zu § 833. Der Tierhüter haftet insbesondere auch auf Schmerzensgeld (BGH VersR 1982, 348, 350).

III. Tierhüter

Gem § 834 S 1 ist Tierhüter, wer für den Tierhalter die Führung der Aufsicht über **5** das Tier durch Vertrag übernimmt.

1. Gegensatz von Tierhüter und Tierhalter

Der Tierhüter ist nicht selbst Tierhalter. Erfüllt derjenige, der die Tieraufsicht über- **6** nimmt, die Kriterien der Haltereigenschaft, ist er also – neben oder anstelle des ursprünglichen Halters – Tierhalter, so haftet er nach § 833. Eine Haftung nach § 834 – mit der generellen Möglichkeit der Exculpation nach § 834 S 2 – kommt dann nicht mehr in Betracht.

2. Führung der Aufsicht über ein Tier

§ 834 ist dem § 833 S 2 nachgebildet. Wenn § 834 beim Tierhüter von der „Führung **7** der Aufsicht über ein Tier", § 833 S 2 beim Tierhalter dagegen von der „Beaufsichtigung des Tieres" spricht, so liegt darin kein inhaltlicher Unterschied (aA BGB-RGRK/Kreft Rn 1; anders auch noch Staudinger/Schäfer[12] Rn 2). Beidesmal ist die Tragung der Sorge gemeint, daß Dritten durch das Tier kein Schaden entsteht. Den Tierhüter treffen dabei dieselben Sorgfaltspflichten wie den Tierhalter, der das Tier unmittelbar selbst beaufsichtigt.

8 Unterschiede in der Aufsichtsführung bzw Beaufsichtigung ergeben sich nur je nachdem, ob die betreffende Person das Tier unmittelbar selbst beaufsichtigt oder einen anderen mit der Aufsicht betraut hat. Ob es sich bei der betreffenden Person um einen Tierhalter oder einen Tierhüter handelt, ist unerheblich. Auch der Tierhüter kann die Aufsicht einem anderen überlassen (vgl RGZ 168, 331, 333), sofern nicht eine Aufsichtsführung durch den Tierhüter persönlich vereinbart ist. Wer einen anderen mit der Aufsicht betraut, wird nicht von seiner eigenen (gesetzlichen oder vertraglich übernommenen) Aufsichtspflicht frei. Zu der Sorge, daß das Tier Dritten keinen Schaden zufügt, gehört dann etwa die Bestellung eines oder, wenn erforderlich, mehrerer geeigneter Tierhüter, die Unterweisung und Leitung und die Überwachung der Befolgung erteilter Weisungen (vgl OLG Düsseldorf VersR 1967, 1100, 1101; OLG Nürnberg VersR 1968, 285, jeweils zu § 833 S 2).

3. Übernahmevertrag

9 § 834 setzt voraus, daß die Führung der Aufsicht über das Tier durch Vertrag übernommen worden ist. Aus der vertraglich übernommenen Aufsichtspflicht wird also kraft § 834 eine gesetzliche Verantwortung Dritten gegenüber (vgl Weimar MDR 1968, 640).

10 Die Worte „durch Vertrag" sind erst durch die Reichstagskommission in den Text der Norm eingefügt worden. Dadurch sollte klargestellt werden, daß die nur tatsächliche Übernahme der Aufsicht nicht von § 834 erfaßt ist (RTK II 108 f; vgl auch RG JW 1905, 202, 203). Auf eine bloß tatsächliche Übernahme der Aufsicht bezieht sich § 834 daher nicht (RGZ 50, 244, 247; RG JW 1905, 202, 203; OLG Nürnberg NJW-RR 1991, 1500, 1501). Wegen des klaren Wortlauts gilt die Norm darüber hinaus nicht im Falle gesetzlicher Aufsichtspflichten (Weimar MDR 1968, 640 f). Liegt kein Übernahmevertrag vor, so kommt keine Haftung nach § 834, sondern vor allem nach § 823 in Frage.

a) Vertragsschluß

11 Durch das Erfordernis, daß die Übernahme der Aufsichtsführung durch Vertrag erfolgt sein muß, ähnelt § 834 dem § 832 Abs 2. Auf die dortigen Ausführungen zum Übernahmevertrag wird verwiesen (Staudinger/Belling § 832 Rn 29 ff).

12 Nach bisher hM muß der Vertrag wirksam sein (vgl RG JW 1905, 202; PWW/Schaub Rn 2; so auch noch Staudinger/Belling/Eberl-Borges [1997] Rn 12), wofür der Wortlaut der Norm spricht. Allerdings ist zu beachten, daß der Gesetzgeber durch die Worte „durch Vertrag" die nur tatsächliche Übernahme der Aufsicht aus dem Anwendungsbereich des § 834 heraushalten wollte (s oben Rn 10). Daher muß es – ebenso wie im Rahmen der §§ 831 Abs 2, 832 Abs 2 (s Staudinger/Belling § 831 Rn 126, § 832 Rn 40) und auch des § 838 (s Staudinger/Belling § 838 Rn 4) – genügen, wenn der Übernehmer mit Rechtsbindungswillen die Verantwortung übernimmt, mag auch

der Übernahmevertrag selbst unwirksam sein (ebenso jetzt ERMAN/SCHIEMANN Rn 2; BAMBERGER/ROTH/SPINDLER Rn 2; MünchKomm/WAGNER Rn 5). Es ist also nach dem Grund für die Nichtigkeit des Vertrages zu differenzieren. Wer hinsichtlich seiner Person alle Voraussetzungen für einen wirksamen Vertragsschluß erfüllt, muß für die Verletzung der übernommenen Pflicht einstehen. Die mangelnde Bevollmächtigung des für den Tierhalter handelnden Vertreters beim Abschluß des Übernahmevertrages befreit den Tierhüter beispielsweise nicht von der Haftung nach § 834.

Im übrigen braucht der Vertrag nicht mit dem Tierhalter selbst geschlossen zu werden (RGZ 168, 331, 333; OLG München VersR 1957, 31). Erforderlich ist nur, daß nach dem Inhalt des Vertrages die Aufsicht für den Tierhalter übernommen wird.

Der Vertragsabschluß kann auch stillschweigend geschehen, wie zB wenn ein Viehtreiber den Transport des Tieres übernimmt (RG JW 1905, 202, 203; WEIMAR MDR 1968, 640, 641). Ob die Aufsichtsführung nur tatsächlich übernommen (vgl OLG München VersR 1999, 585 [erfahrene Reiter schließen sich gefälligkeitshalber einem Ausritt von Reitanfängern an]) oder stillschweigend vertraglich vereinbart wurde, kann zweifelhaft sein. Für die Abgrenzung gelten ähnliche Grundsätze wie im Bereich des § 832 Abs 2 (s § 832 Rn 32 ff). **13**

Nicht erforderlich ist, daß der Vertrag in erster Linie auf die Übernahme der Aufsicht, auf die Verhütung von Schädigungen Dritter durch das Tier gerichtet ist. Die Aufsichtsführung kann vielmehr Bestandteil eines anderen Vertrages sein. Beispielsweise bedeutet die Übernahme der Gewalt über das Tier zwecks Verwahrung, Abrichtung zur Jagd, Zureiten usw die stillschweigende Übernahme der Aufsichtsführung (RG JW 1905, 202, 203; OLG Hamburg VersR 1965, 1009). **14**

b) Gesetzliche Pflicht zur Führung der Aufsicht
Infolge des Erfordernisses der vertraglichen Übernahme der Aufsichtsführung bezieht sich § 834 nicht auf gesetzliche Aufsichtspflichten. Die Norm ist daher unanwendbar, wenn die Aufsichtsführung in Erfüllung einer gesetzlichen Verpflichtung zu Leistungen erfolgt, zu denen auch die Beaufsichtigung gehört. Das gilt etwa im Hinblick auf die Aufsichtspflichten des gesetzlichen Vertreters eines Tierhalters (elterliche Sorge, §§ 1626 Abs 1, 1631 Abs 1), auf die Pflicht eines Ehegatten zur Mitarbeit als Beitrag zum Familienunterhalt (§ 1360) oder aus der ehelichen Lebensgemeinschaft (§ 1353 Abs 1; dazu WEIMAR MDR 1963, 366, 367), auf die Dienstleistungspflicht des hausstandsangehörigen Kindes im Hauswesen oder Geschäft der Eltern (§ 1619; WEIMAR MDR 1968, 640, 641), auf die Verwahrungspflicht des Finders eines Tieres nach § 966 Abs 1 (WEIMAR MDR 1968, 640, 641; zur Verwahrungspflicht des Pfandgläubigers vgl WEIMAR MDR 1968, 640, 641 f). Tierhüter ist auch nicht, wer nach § 16 der NaturschutzVO vom 18. 3. 1936 (BGBl I 181) – soweit diese der Verfügung des Landesgesetzgebers unterliegende Vorschrift noch gilt oder sich in den neuen landesrechtlichen Naturschutzergänzungsgesetzen inhaltlich wiederfindet (dazu MITZSCHKE/SCHÄFER, Kommentar zum Bundesjagdgesetz [4. Aufl 1982] § 25 Rn 90) – eine fremde streunende Katze einfängt und auf begrenzte Dauer verwahrt. **15**

c) Geschäftsführung ohne Auftrag; tatsächliche Aufsichtsführung
Mangels Übernahmevertrags ist § 834 außerdem unanwendbar, wenn der die Aufsicht Übernehmende nur als Geschäftsführer ohne Auftrag handelt oder wenn je- **16**

mand die Aufsicht nur tatsächlich führt (RTK 108 f). Das gilt etwa für den Hausstandsangehörigen des Tierhalters, der während dessen vorübergehender Abwesenheit das Tier betreut (vgl WEIMAR MDR 1963, 366, 367; OLG Nürnberg NJW-RR 1991, 1500, 1501). Auch wer – wie ein Finder – einen ihm zugelaufenen Hund nur vorübergehend in Verwahrung und Pflege nimmt, um ihn nach Ermittlung des Eigentümers diesem zurückzugeben, ist nicht Tierhüter (LG Düsseldorf VersR 1968, 99).

d) Haftung außerhalb des § 834

17 Im Falle der Verletzung gesetzlicher Pflichten zur Aufsichtsführung über ein Tier spricht vieles für eine analoge Anwendung des § 834, sofern die erforderliche Selbständigkeit (dazu u Rn 19 ff) des Aufsichtspflichtigen gegeben ist. Die Einfügung des Merkmals „durch Vertrag" in den Text des § 834 diente der Klarstellung, daß eine nur tatsächliche Aufsichtsführung nicht erfaßt werde (RTK 108 f). Wenn dadurch außerdem die Fälle gesetzlicher Aufsichtspflichten aus dem Anwendungsbereich des § 834 herausgefallen sind, so ist dies offenbar nur versehentlich geschehen. Die Motive zu § 834 (Mot II 812 f) weisen noch ausdrücklich darauf hin, daß auch der gesetzliche Vertreter des Tierhalters von der Norm erfaßt wird. Daher erscheint als eigentlicher Haftungsgrund des § 834, daß derjenige, den eine Rechtspflicht zur Beaufsichtigung eines Tieres trifft – und eine solche kann sich sowohl aus Vertrag als auch aus Gesetz ergeben –, bei Verletzung dieser Pflicht mit der Beweislastumkehr des § 834 haftet. Es ist kein Grund erkennbar, warum der gesetzlich Verpflichtete insofern besser behandelt werden sollte als der vertraglich Verpflichtete.

18 Im übrigen haftet, wer die Beaufsichtigung des Tieres nicht durch Vertrag für den Tierhalter übernommen hat, nur nach den allgemeinen Vorschriften für Schäden, die das Tier Dritten zufügt. In Frage kommt vor allem eine Haftung aus § 823. Die Haftung kann sich zB aus der Verletzung einer Verkehrssicherungspflicht oder der Pflicht zur Abwendung der durch vorangegangenes Tun geschaffenen Gefahrenlage ergeben. Bei dem gesetzlichen Vertreter des Tierhalters kommt auch eine Haftung aus § 832 in Betracht, wenn es um die Verletzung der Aufsicht über den Tierhalter geht. Ist der Staat oder eine sonstige öffentlichrechtliche Körperschaft Tierhalter – wie etwa im Falle von Polizeipferden und Polizeihunden –, so sind die dienstlich mit der Führung der Aufsicht über die Tiere betrauten Amtsträger nicht kraft Vertrags tätig. Ihnen obliegt es vielmehr aufgrund ihrer Amtspflicht, die Tiere zu überwachen (OLG Hamm VersR 1996, 237, 238; WEIMAR MDR 1968, 640, 641). Es finden in diesen Fällen ggf § 839, Art 34 GG Anwendung.

4. Selbständige Aufgabenerfüllung

19 Nicht jeder, zu dessen vertraglich übernommenen Verpflichtungen der Umgang mit Tieren und deren Betreuung gehört, ist Tierhüter iS des § 834. Der Begriff ist einschränkend auszulegen. Das folgt daraus, daß der Tierhüter wie der Halter eines Nutztieres nach § 833 S 2 aus vermuteter Schuld haftet. Das ist nur gerechtfertigt, wenn der Tierhüter dem Tier gegenüber eine Stellung innehat, die der des Tierhalters nahekommt. Zum Wesen der vertraglich übernommenen „Führung der Aufsicht über das Tier" iS des § 834 gehört deshalb, daß der Übernehmende auch bei einem zwischen ihm und dem Tierhalter bestehenden Abhängigkeitsverhältnis ein gewisses Maß selbständiger Gewalt über das Tier erlangt. Ihm muß also eine gewisse

Selbständigkeit bei dem Ergreifen von Maßnahmen zukommen, die dem Schutz Dritter gegen die von dem Tier drohenden Gefahren dienen.

Der erforderlichen Selbständigkeit ermangelt, wer hinsichtlich der Behandlung des Tieres völlig von den Weisungen des Tierhalters (Dienstherrn) abhängig ist (BGB-RGRK/KREFT Rn 3). Personen, die im allgemeinen nur unselbständige Hilfsdienste bei der dem Halter obliegenden Betreuung und Nutzung des Tieres leisten, die nur bei der dem Dienstherrn obliegenden Führung der Aufsicht mitwirken, sind nicht Tierhüter iS des § 834 (RGZ 50, 244, 248; OLG Stuttgart Recht 1914 Nr 1272; WEIMAR MDR 1968, 640, 641). Daher sind beispielsweise Pferdepfleger, Stallburschen oder -mägde regelmäßig nicht Tierhüter.

Ein Kutscher eines Pferdefuhrwerks ist Tierhüter, wenn er allein eine Fahrt durchführt. Dann hat er nämlich das gewisse Maß selbständiger Gewalt über das Tier und selbständiger Entschließung über die nach Sachlage nötigen und zweckmäßigen Gefahrverhütungsmaßnahmen. Es ist ihm also eine wirkliche Aufsicht übertragen. Dagegen ist der Kutscher nicht Tierhüter, wenn er das Pferdefuhrwerk lenkt, während der Dienstherr (Halter) selbst mitfährt (OLG Naumburg SeuffA 59 Nr 258).

Der Leiter eines Betriebes ist nicht schon in dieser Eigenschaft Tierhüter eines Hundes, der im Betrieb gehalten wird (RG JW 1911, 218, 219).

5. Einzelbeispiele

Als Tierhüter kommen zB in Betracht: ein Viehkommissionär, dem das Tier zum Verkauf übergeben ist (BGH VersR 1959, 802; OLG München VersR 1957, 31; 1958, 461); ein Schäfer oder ein anderer Hüter oder ein Treiber einer Viehherde (OLG Nürnberg VersR 1968, 285); derjenige, der ein fremdes Tier in „Pension" nimmt (OLG Hamm VersR 1975, 865); der Reiter, der ein fremdes Pferd vorübergehend zum selbständigen Ausreiten mietet (BGH NJW 1987, 949, 950; OLG Saarbrücken VersR 1988, 1080); ein Entleiher, sofern er nicht selbst Tierhalter wird. Tierhüter ist auch ein Unternehmer, der es vertraglich übernommen hat, auf einem städtischen Schlachthof das Schlachtvieh von der Laderampe zum Stall und von dort nach einer Ruhepause zur Waage in der Verkaufshalle zu bringen (RGZ 168, 331, 333). Der BGH hat den landwirtschaftlich ausgebildeten Schwiegersohn des Tierhalters, auf dessen Hof er in verantwortlicher Stellung mitarbeitete, als Tierhüter angesehen (BGH VersR 1963, 1141, 1142). Demgegenüber fehlt es nach OLG Düsseldorf VersR 1981, 82 dem an einer Reitschule angestellten Reitlehrer an dem zur Tierhütereigenschaft nötigen Maß selbständiger Gewalt über die beim Unterricht verwendeten Pferde.

IV. Der Entlastungsbeweis

Der Tierhüter haftet nach § 834 S 2 nicht, wenn er bei der Aufsichtsführung die im Verkehr erforderliche Sorgfalt beobachtet hat oder der Schaden auch bei Anwendung dieser Sorgfalt entstanden wäre. Daß dies der Fall ist – daß ihn also kein Verschulden trifft oder keine Kausalität vorliegt – hat der Tierhüter zu beweisen (RGZ 168, 331, 333). Ähnlich wie in §§ 831 Abs 1 S 2, 832 Abs 1 S 2, 833 S 2, 836 Abs 1 S 2 vorgesehen, ordnet damit auch § 834 S 2 eine Umkehr der Beweislast an. Der Tierhüter hat insofern die Möglichkeit, sich zu entlasten. Zur Beweislast bei § 834 insgesamt vgl BAUMGÄRTEL, Handbuch der Beweislast im Privatrecht Bd 1 (2. Aufl 1991).

24 Die Rechtsprechung stellt an den Entlastungsbeweis nach § 834 S 2 – wie an den nach § 833 S 2 (s § 833 Rn 147) – strenge Anforderungen (vgl OLG München VersR 1957, 31). Beispielsweise hatte in einem vom OLG München (VersR 1966, 1083, 1084) entschiedenen Fall der Tierhüter ein Kalb am Kettenhalfter über einen schneebedeckten Hof zu führen; das Tier stürzte infolge der Schneeglätte zu Boden und riß den Tierhüter mit um, so daß dieser die Herrschaft über das Tier verlor, das auf die Autobahn lief, wo es mit einem Fahrzeug zusammenstieß. Der Entlastungsbeweis nach § 834 S 2 wurde als mißlungen angesehen, weil die Möglichkeit nicht auszuschließen war, daß der Tierhüter auch beim Sturz des Tieres nicht die Herrschaft darüber verloren hätte, wenn er die Schneeglätte vorher durch Bestreuen beseitigt hätte.

25 Zum Umfang der Sorgfaltspflicht beim Führen einer Kuh zum Schlacht- und Viehhof s OLG München VersR 1957, 31 f; 1958, 461. Zur Sorgfaltspflicht des Treibers einer Kuhherde, deren Beaufsichtigung im Straßenverkehr seine Möglichkeiten übersteigt, vgl OLG Nürnberg VersR 1968, 285, 286. Im übrigen wird auf die Ausführungen zum Entlastungsbeweis des Tierhalters nach § 833 S 2 verwiesen (§ 833 Rn 146 ff).

V. Das Verhältnis verschiedener Haftungsnormen

1. Das Verhältnis der Tierhalter- zur Tierhüterhaftung

a) Die Haftung gegenüber Dritten

26 Die Gefährdungshaftung des Tierhalters aus § 833 S 1 wird nicht dadurch berührt, daß er einen geeigneten Tierhüter bestellt hat und dieser sich entlasten kann. Über das Verhältnis von § 833 S 2 zu §§ 834, 831 s STAUDINGER/EBERL-BORGES § 833 Rn 152 ff.

Sind sowohl Tierhüter als auch Tierhalter verantwortlich, so haften sie dem Verletzten gem § 840 Abs 1 als Gesamtschuldner (RGZ 60, 313, 315). Für die Ausgleichung im Innenverhältnis gilt nicht § 840 Abs 3, vielmehr ist nach Maßgabe des Vertragsverhältnisses in entsprechender Anwendung des § 254 auf die Verantwortungsanteile abzustellen (vgl WUSSOW/KUNTZ [14. Aufl 2002] Rn 581). Dabei wird sich oft ergeben, daß der Tierhüter den Schaden im Innenverhältnis voll zu tragen hat. Macht der Tierhalter gegen den Tierhüter auf Grund des bestehenden Vertragsverhältnisses nach den Regeln der positiven Vertragsverletzung Regreßansprüche geltend, so muß der Tierhüter entsprechend § 282 aF (§ 280 Abs 1 S 2 nF) sein Nichtverschulden beweisen (BAUMGÄRTEL, Handbuch der Beweislast im Privatrecht Bd 1 [2. Aufl 1991] § 834 Rn 3).

b) Die Haftung zwischen den Vertragspartnern

27 § 834 regelt nur die Haftung des Tierhüters gegenüber Dritten. Inwiefern der Tierhüter dem Tierhalter verantwortlich ist, wenn letzterer durch das Tier geschädigt wird, richtet sich nach den zwischen ihnen bestehenden vertraglichen Beziehungen, im übrigen nach den allgemeinen deliktsrechtlichen Vorschriften.

Da die Übernahme der Aufsichtsführung nicht ohne weiteres den Verzicht auf die **28** Tierhalterhaftung in sich schließt, haftet der Tierhalter dem Tierhüter gegenüber grundsätzlich nach § 833, wenn letzterer Schaden durch das Tier erleidet (RG JW 1905, 393; OLG Frankfurt MDR 1996, 590; s aber auch § 104 SGB VII, der Ansprüche des Tierhüters [als Arbeitnehmer] gegen den Halter [als Unternehmer] wegen Personenschäden weithin ausschließt). Aus dem vertraglichen Verhältnis folgt aber die Beweispflicht des Tierhüters dafür, daß ihn an der Schädigung kein Verschulden trifft oder daß der Mangel in der Aufsichtsführung für den Schadenseintritt nicht ursächlich geworden ist (vgl RGZ 58, 410, 413; RG JW 1905, 393; BGH VersR 1972, 1047, 1048; BGB-RGRK/KREFT Rn 7; WEIMAR MDR 1968, 640, 642). Gelingt ihm dies nicht, so ist sein Ersatzanspruch nach Maßgabe des § 254 zu kürzen (RGZ 58, 410, 413 f; RG JW 1905, 393; 1905, 528; OLG Hamm VersR 1975, 865; OLG Frankfurt MDR 1996, 590; WUSSOW/TERBILLE Kap 11 Rn 71).

2. Das Verhältnis des § 834 zu § 831, wenn der Tierhüter sich eines anderen Tierhüters bedient

Der Tierhüter kann grundsätzlich einen Dritten mit der Aufsicht über das Tier **29** betrauen (s oben Rn 8). Der Dritte kann dann selbst Tierhüter sein, muß es aber nicht. Hat es beispielsweise ein Unternehmer vertraglich übernommen, auf einem städtischen Schlachthof das Schlachtvieh von der Laderampe zum Stall und von dort nach einer Ruhepause zur Waage in der Verkaufshalle zu bringen, so trifft die Haftung aus § 834 sowohl den Unternehmer als auch den als Viehtreiber Angestellten des Unternehmers (RGZ 168, 331, 333). Im Falle eines Tierschadens haftet der Unternehmer sowohl nach § 834 als auch nach § 831, die selbständig nebeneinanderstehen. Für das Verhältnis zwischen § 834 und § 831 gilt im übrigen das gleiche wie für das Verhältnis zwischen § 833 S 2 und § 831 (s STAUDINGER/EBERL-BORGES § 833 Rn 152 ff).

§ 835
(aufgehoben)

(1) Wird durch Schwarz-, Rot-, Elch-, Dam- oder Rehwild oder durch Fasanen ein Grundstück beschädigt, an welchem dem Eigentümer das Jagdrecht nicht zusteht, so ist der Jagdberechtigte verpflichtet, dem Verletzten den Schaden zu ersetzen. Die Ersatzpflicht erstreckt sich auf den Schaden, den die Tiere an den getrennten, aber noch nicht eingeernteten Erzeugnissen des Grundstücks anrichten.

(2) Ist dem Eigentümer die Ausübung des ihm zustehenden Jagdrechts durch das Gesetz entzogen, so hat derjenige den Schaden zu ersetzen, welcher zur Ausnutzung der Jagdrechte nach dem Gesetz berechtigt ist. Hat der Eigentümer eines Grundstücks, auf dem das Jagdrecht wegen der Lage des Grundstücks nur gemeinschaftlich mit dem Jagdrecht auf einem anderen Grundstück ausgeübt werden darf, das Jagdrecht dem Eigentümer dieses Grundstücks verpachtet, so ist der letztere für den Schaden verantwortlich.

(3) Sind die Eigentümer der Grundstücke eines Bezirks zum Zwecke der gemeinschaftlichen Ausübung des Jagdrechts durch das Gesetz zu einem Verbande vereinigt, der nicht als solcher haftet, so sind sie nach dem Verhältnisse der Größe ihrer Grundstücke ersatzpflichtig.

Materialien: E II § 758; III § 819; Mot II 817; Prot II 653; D 99. S Staudinger/BGB-Synopse 1896-2000 § 835; Bauer (Hrsg), Sammlung deutscher Jagdgesetze (2. Aufl 1896).

Schrifttum

vBar, Gemeineuropäisches Deliktsrecht I (1996)
ders, Unerlaubte Handlungen, Schadensersatz und Schmerzensgeld (3. Aufl 1995)
Bauer, Die Preußische Jagdordnung vom 15. Juli 1907 (6. Aufl 1933)
Becker, Das Recht der unerlaubten Handlungen (1976)
Behr/Ott/Nöth, Die deutsche Reichsjagdgesetzgebung (1935)
Behrend/Knütel/Kupisch/Seiler (Hrsg), Corpus Iuris Civilis II Digesten 1–10 (1995)
Brunner, Deutsche Rechtsgeschichte, Erster Band (2. Aufl 1906)
Busch/Erler/Lobe/Michaelis/Oegg/Sayn/Schliewen/Seyfarth, Das Bürgerliche Gesetzbuch mit besonderer Berücksichtigung des Reichsgerichts (1929)
Conradi, Das hessische Jagdrecht (1926)
Dalcke/Delius, Preußisches Jagdrecht (6. Aufl 1914)
Delius, Das Jagdrecht in der gerichtlichen Praxis, I. Bd, Erster Teil (1930)
Dernburg, Das bürgerliche Recht des Deutschen Reichs und Preußens, II. Bd Die Schuldverhältnisse, 2. Abteilung Einzelne Obligationen (1./2. Aufl 1901)
Dickel, Über das Hegerecht des Jagdberechtigten und die Ersatzpflicht des Militärfiskus für Schädigung der Jagd durch Truppenübungen, Festgabe der Berliner juristischen Fakultät für Otto von Gierke zum Doktor-Jubiläum (1910)
Dietlein, Das System der Wildschadenshaftung im Lichte des drittschützenden Charakters von § 21 BJagdG, AgrarR 1996, 241
ders, Verfassungsfragen einer Novellierung des Bundesjagdgesetzes, Beilage III/2003 zu AUR 9/2003
Drees/Thies, Wild- und Jagdschaden (8. Aufl 2006)
Ebner, Das Preußische Jagdrecht (1908)
Enneccerus/Lehmann, Lehrbuch des Bürgerlichen Rechts, Zweiter Band, Recht der Schuldverhältnisse (1954)
Esser, Grundlagen und Entwicklung der Gefährdungshaftung (1969)
Esser/Weyers, Schuldrecht II, Teilband 2 (8. Aufl 2000)
Fitzner/Oeser, Jagdrecht Brandenburg (2. Aufl 2006)
Franke, Gutachten XII, Verhandlungen des achtzehnten Deutschen Juristentags, I. Bd (1886) 161–212
vGierke, Deutsches Privatrecht, Dritter Band, Schuldrecht (1917)
Glaser, Das Jagdrecht im Spannungsfeld bundesstaatlicher Gesetzgebung, NUR (2007) 29, 439–502
Goeser, Entstehungsgeschichte des Bundesjagdgesetzes, Wissenschaftliche Dienste des Deutschen Bundestages, Reg-Nr WF V G 192/03 (2004)
Junghans (Hrsg), Die Reformation in Augenzeugenberichten (2. Aufl 1980)
Klotz, Das badische Jagdgesetz (1914)
Kohl, Jagd und Revolution (1993)
Larenz/Canaris, Lehrbuch des Schuldrechts II/2 (13. Aufl 1994)
Lauven, Zur Ersatzpflicht für Wildschäden unter Berücksichtigung des Eigenverschuldens des Geschädigten, AgrarR 1990, 149

ders, Das Wild- und Jagdschadensverfahren (in den neuen Bundesländern), AgrarR 1998, 401
LEENEN, Verkehrssicherungspflicht und Wildgefahr, DAR 1973, 317
LINNENKOHL, Bundesjagdgesetz (12. Aufl 1997)
LOOSCHELDERS, Die Mitverantwortlichkeit des Geschädigten im Privatrecht (1999)
LORZ/METZGER/STÖCKEL, Jagdrecht/Fischereirecht (3. Aufl 1998)
MITZSCHKE/SCHÄFER, Kommentar zum Bundesjagdgesetz (4. Aufl 1982)
MÖRSCHELL, Gutachten XIII, Verhandlungen des achtzehnten Deutschen Juristentags, I. Bd (1886) 213–253
E W MÜLLER, Die Wildschadensvorschriften des deutschen bürgerlichen Rechts (Diss Erlangen 1903)
SCHERPING/VOLLBACH, Das Reichsjagdgesetz vom 3. Juli 1934 (4. Aufl 1938)
OERTMANN, Bürgerliches Gesetzbuch, Zweites Buch, Recht der Schuldverhältnisse (3. u 4. Aufl 1910)
PLANCK, Kommentar zum Bürgerlichen Gesetzbuch nebst Einführungsgesetz, Recht der Schuldverhältnisse (Besonderer Teil) (Nachdruck 1981)
PESSLER, Das Jagdrecht und die Jagdgesetze des Herzogthums Braunschweig (1895)

PUSCHMANN, Jagd-, Forst- und Vogelschutz im Herzogtum Anhalt mit dem Gesetz, betr den Ersatz von Wildschaden und dem Reichs-Vogelschutzgesetz (1908)
RAMPACHER, Die im Königreich Württemberg geltenden Vorschriften über 1) Das Jagdrecht und die Ausübung der Jagd; 2) Den Ersatz des Wildschadens ... (1900)
vREPGOW, Der Sachsenspiegel, hrsg v CLAUS-DIETER SCHOTT (2. Aufl 1991)
STOLLENWERK, Wildschaden und Wildschadensersatz, RdL 1995, 227
THIES, Pauschalierende Wildschadensersatzklauseln im Lichte des AGBG, AgrarR 2000, 177
WAENTIG, Ueber die Haftung für fremde unerlaubte Handlungen nach römischem, gemeinem, königlich sächsischem und neuerem deutschen Reichsrechte (1875)
WAGNER, Probleme der Abschußplanung und der Wildschadenshaftung im Wald, AgrarR 1998, 240
WÄCHTER, Pandekten, II Besonderer Theil (1881)
vWYSS, Die Haftung für fremde Culpa nach römischem Recht (1867).

Systematische Übersicht

I. **Überblick**
1. Historische Entwicklung und gegenwärtiger Rechtszustand _____ 1
2. Gesetzestext der §§ 29–35 BJagdG _____ 1

II. **Regelungssystematik der §§ 29–35 BJagdG** _____ 2

III. **Wildschadenersatz nach den §§ 29 ff BJagdG**
1. Grundsätze der Haftung _____ 3
2. Wildschaden _____ 4
a) Wild _____ 5
b) Beschädigung eines Grundstücks _____ 6
3. Ersatzpflichtiger _____ 8
a) Beschädigung von Grundstücken, die zu einem gemeinschaftlichen Jagdbezirk gehören oder einem solchen angegliedert sind (§ 29 Abs 1 BJagdG) _____ 9
b) Beschädigung von Grundstücken, die einem Eigenjagdbezirk angegliedert sind (§ 29 Abs 2 BJagdG) _____ 10
c) Beschädigung von Grundstücken, die zu einem Eigenjagdbezirk gehören (§ 29 Abs 3 BJagdG) _____ 11
d) Schäden durch Wild aus Gehegen _____ 12
4. Ersatzberechtigter _____ 13
5. Art und Umfang der Ersatzpflicht _____ 14
a) Grundsätze _____ 14
b) Formularmäßige Wildschadensklauseln _____ 15
6. Haftungsminderung und Haftungsausschluß _____ 18

IV. Haftung für Wildschäden außerhalb der §§ 29 ff BJagdG
1. Vertragliche Ansprüche _____ 20
2. Deliktische Ansprüche _____ 21
3. Öffentlich-rechtliche Ersatz- und Entschädigungsansprüche _____ 25

V. Jagdschadenersatz nach § 33 BJagdG
1. Grundsätze der Haftung _____ 26
2. Jagdschaden _____ 27
  a) Beschädigung eines Grundstücks __ 27
  b) Mißbräuchliche Jagdausübung _____ 28
3. Ersatzpflichtiger _____ 30

4. Ersatzberechtigter _____ 31
5. Inhalt und Umfang der Ersatzpflicht _____ 32

VI. Haftung für Jagdschäden nach allgemeinem Deliktsrecht _____ 33

VII. Geltendmachung von Wild- und Jagdschaden
1. Wahrung der Anmeldefrist _____ 41
2. Behördliches Vorverfahren und gerichtliche Geltendmachung _____ 42
3. Beweisfragen _____ 44

Alphabetische Übersicht

Abschußplanung _____ 22, 25
Abwehrmaßnahmen gegen Wildschäden __ 19
Amtshaftung _____ 25, 35, 40
Anmeldefrist _____ 41

Beweislast _____ 44

Entlastungsbeweis _____ 12, 30
Eingriff, enteignungsgleicher _____ 25
Erzeugnisse _____ 4, 6

Fallenjagd _____ 33
Feststellungsverfahren _____ 42
Formularverträge _____ 9, 15 ff

Gehegewild _____ 5, 12
Gesellschaftsjagd _____ 33
Gewinn, entgangener _____ 14

Haftung bei Einsturz eines Jagdhochsitzes _____ 39
Haftung des Aufsichtspflichtigen _____ 37
Haftung des Tierhalters _____ 38
Haftung für Verrichtungsgehilfen _____ 33, 36
Haftungsübernahme des Jagdpächters __ 9 ff

Jagdaufseher _____ 28, 30, 40
Jagdgast _____ 15, 30
Jagdhochsitz _____ 39
Jagdhund _____ 38
Jagdschaden _____ 27 ff
Jagdunfall _____ 33
Jugendjagdschein _____ 37

Mitverschulden _____ 18 f, 32

Regreßanspruch der Jagdgenossenschaft __ 9
Rücksichtnahmepflicht des Jagdausübenden _____ 26

Schadensberechnung _____ 14, 32
Schadenspauschalierung in Formularverträgen _____ 15 f
Schalenwild _____ 5
Schutzgesetz _____ 23, 34
Schutzvorkehrungen gegen Wildschaden __ 19
Straßenverkehrsteilnehmer _____ 33 ff
Subsidiaritätsklausel _____ 9

Tierhalterhaftung _____ 24, 38
Treibjagd _____ 33

Verkehrs(sicherungs)pflicht _____ 23, 33
Verkehrsunfälle _____ 7, 33 ff
Vorverfahren _____ 42

Warnschilder _____ 35
Wildschaden _____ 4 ff
Wildschadensklauseln _____ 9, 15 ff
Wildschadenersatzpauschalen _____ 16
Wildschadensverhütungspauschalen _____ 17
Wildwechsel _____ 7, 33 ff

Zuständigkeit des Amtsgerichts _____ 43

§ 835

I. Überblick

1. Historische Entwicklung und gegenwärtiger Rechtszustand

Grundsätzlich besteht keine Haftung für durch freilebende Tiere angerichtete Verletzungen und Verluste. Das Verhalten von Tieren stellt sich als Naturereignis dar (vis major). Dem römischen Recht war eine Verpflichtung zum Ersatz des Wildschadens mangels Verschuldens fremd. Jeder konnte sich durch Tötung des Wildes selbst schützen (dazu berechtigt heute § 228 nicht, vgl DALCKE/DELIUS 149 f). Es herrschte das Prinzip des freien Tierfangs. Von diesem Grundsatz ging auch der Sachsenspiegel aus (vREPGOW Sachsenspiegel 149, II 61 § 1). Es war das Recht eines jeden waffenfähigen Mannes, ein Persönlichkeitsrecht, im Kampf ums Dasein wilde Tiere zu töten. Doch der Sachsenspiegel sah bereits für die Bannforste Beschränkungen dieses Rechtsprinzips vor (vREPGOW Sachsenspiegel 150, II 61 § 2). Die schonungslose Ausübung des Jagdrechts und die damit einhergehenden Schäden an Gärten, Feldern und Höfen trugen zu den Bauernaufständen in der ersten Hälfte des 16. Jahrhunderts bei. (So beklagte der Baltringer Haufen im Jahr 1525, daß „in etlichen orteren die öbrigkeit uns das gewilde zu trutz und mächtigen Schaden haben will", es sei wider Gott und Menschen, leiden zu müssen, daß „das unser, so gott den menschen zu nutz hat machen lassen, die unvernünftigen zu unnutz erfressen". „Auch hat an einigen Orten die Obrigkeit das Wild uns zum Trotz und mächtigen Schaden, so daß wir es leiden und dazu schweigen müssen, daß die unvernünftigen Tiere das Unsere [das Gott dem Menschen zum Nutzen hat wachsen lassen] mutwillig zum Unnutzen abfressen, was wider Gott und den Nächsten ist" JUNGHANS 291). Seit Anfang des 17. Jahrhunderts ist im deutschen Rechtsraum die unbedingte Haftung für Wildschäden bekannt (eingehend 18. Deutscher Juristentag, Gutachten XIII MÖRSCHELL 213, 215–228; ESSER 48; in der gemeinrechtlichen Praxis seit dem 16. Jahrhundert vGIERKE, Privatrecht III, 948; E W MÜLLER 6). Erst mit Anerkennung des Jagdrechts, das dem Jagdberechtigten den Vorteil des Wildbestands zuweist (Prot II 825), war die Grundlage für die Wildschadenersatzpflicht gegeben. Dabei wurde noch bis Mitte des 19. Jahrhunderts an die Hege eines übermäßigen Wildbestands angeknüpft („Jagdluxus", 18. Deutscher Juristentag, Gutachten XII FRANCKE 161, 162; DICKEL 359–364). In der Praxis war die Verfolgung dieser Ansprüche in fast allen Fällen ausgeschlossen (18. Deutscher Juristentag, 1886, Gutachten XII FRANCKE 161, 163; BRANDT 36) und § 25 Abs 1 Preußisches Jagdpolizeigesetz v 7.3.1850 (Gesetz-Samml f d Königlichen Preußischen Staaten 1850, Nr 13, 3165, 171) bestimmte sogar noch: „Ein gesetzlicher Anspruch auf Ersatz des durch das Wild verursachten Schadens findet nicht statt." Dagegen ordnete § 1 Preußisches Wildschadengesetz v 11.7.1891 (Gesetz-Samml f d Königlichen Preußischen Staaten 1891, Nr 26, 307) an: „Der durch Schwarz-, Roth-, Elch- und Damwild sowie Rehwild und Fasanen auf und an Grundstücken angerichtete Schaden ist dem Nutzungsberechtigten ... zu ersetzen."

Die bürgerlich-rechtliche Wild- und Jagdschadenhaftung hat eine wechselvolle Geschichte hinter sich (eingehend EBNER, Pr Jagdrecht 265–269; STAUDINGER/SCHÄFER[12] Rn 1 ff; KOHL 18–41). Die Auseinandersetzungen um den Wildschadenersatz wurden mit großer Schärfe geführt (Landwirtschaftsminister vLucius im preußischen Landtag: „Kaum wird ein Gegenstand leidenschaftlicher behandelt, kaum eignet sich ein zweiter mehr zu agitatorischem Mißbrauch als gerade die Wildschadenersatzfrage"; und weiter: „Darüber wird auch der passionierteste Jagdfreund nicht im Zweifel sein, daß es nichts Erbitterndes giebt wie wirklich berechtigte Klagen über Wildschaden", zitiert nach E W MÜLLER 2). Der erste Entwurf des BGB überließ Bestimmungen über Wildschaden noch den Landesgesetzen (Art 43 E I: „Unberührt bleiben die Vorschriften der Landesgesetze über Jagd und Fischerei, mit Einschluß der Vorschriften über den Ersatz des Wildschadens."). Man sah den Wildschadenersatz „in engem Zusammenhang mit dem Jagdrechte" (DERNBURG II 2 § 397 S 652), welches landesgesetzlich geordnet wurde. Die Kommission für die zweite Lesung des Entwurfs des Bürgerlichen Gesetzbuchs hielt dagegen nach eingehender Beratung die reichsgesetzliche Regelung des materiellen Wildschadenersatzes im Interesse der Rechtseinheit für „unerläßlich" (DERNBURG II 2 § 397 S 652; Prot II 811–824). Es blieb zwar dabei, daß das Jagdrecht Sache der Länder sein sollte (Art 69–72 EGBGB; Art 69 aF: „Unberührt bleiben die landesgesetzlichen Vorschriften über Jagd und Fischerei, unbeschadet der Vorschrift des § 958 Absatz 2 des Bürgerlichen Gesetzbuchs und der Vorschriften des Bürgerlichen Gesetzbuchs über den Ersatz des Wildschadens."). Der Ersatz von Wildschäden wurde aber im Bürgerlichen Gesetzbuch und somit reichsrechtlich durch § 835 geregelt (DERNBURG II 2 § 397 S 651–654). Die nähere Ausgestaltung der Wildschadenhaftung, besonders die formelle Einzelregelung, blieb wegen der engen Verbundenheit dieser Frage mit dem Jagdrecht (BRANDT 36) weiterhin der Landesgesetzgebung überlassen. Erst das Reichsjagdgesetz (RJagdG) vom 3.7.1934 (RGBl I 549) schuf eine einheitliche Rechtslage. An die Stelle von § 835, von Art 70–72 EGBGB und von Art 69 EGBGB – soweit dieser die Jagd betraf – traten gemäß § 71 Abs 2 RJagdG die §§ 44–50 RJagdG. Diese enthielten ein zwischen Wild- und Jagdschäden differenzierendes Haftungssystem. Nach dem 2. Weltkrieg wurde das RJagdG in einigen Ländern aufgehoben und durch die vormals geltenden Vorschriften (einschließlich § 835) bzw neue Landesjagdgesetze ersetzt. Diesen neuerlichen Zustand der Rechtszersplitterung beseitigte das Bundesjagdgesetz (BJagdG) vom 29.11.1952 (BGBl I 780).

Neuerdings können aufgrund von Art 74 Abs 1 Nr 28, 72 Abs 3 S 1 Nr 1 GG die Bundesländer das Jagdwesen abweichend vom BJagdG regeln (GLASER NUR (2007) 29, 439–446). Nach STAUDINGER/MAYER (Art 69 EGBGB Rn 6; aA JARASS/PIEROTH Art 74 Rn 67; vMÜNCH/KUNIG Art 75 Rn 29) gehört auch das „Jagd-Zivilrecht", einschließlich der „Vorschriften über den Wild- und Jagdschaden", zum Jagdwesen. Wäre das Jagdwesen in diesem umfassenden Sinn zu verstehen, drohte (wieder) die seit Inkrafttreten des BGB überwundene Zersplitterung des Wild- und Jagdschadenersatzrechts (zu den gegenwärtigen Reformvorschlägen s DIETLEIN Beil III/2003, AUR 9/2003, 19). Das materielle Recht über die Verpflichtung zum Ersatz des Wild- und Jagdschadens ist aber **Teil des bürgerlichen Rechts** iSv Art 74 Abs 1 Nr 1 GG. Es unterliegt daher der Vollkompetenz des Bundes. Bei der kompetenzrechtlichen Einordnung sind der jeweils sachnähere Anknüpfungspunkt (ROZEK, in: vMANGOLDT/KLEIN/STARCK Art 75 Rn 46) und der historische Hintergrund (Tradition des Rechtsgebiets; BVerfGE 42, 20, 30; vMÜNCH/KUNIG Art 74 Rn 8) zu berücksichtigen. Beim materiellen Wild- und Jagdschadenersatzrecht geht es um die rechtlichen Beziehungen Privater zueinander (vgl EBNER, Pr Jagdrecht 265). Dieser Regelungsgegenstand ist typisch für das bürgerliche Recht. Daher gehören Streitigkeiten wegen Wildschadens nach § 23 Nr 2d GVG zu den Zivilsachen (vgl Rn 43). Auch entspricht es der Rechtstradition, zwischen der „civilrechtlichen und der öffentlichrechtlichen Seite des Jagdrechts" (18. Deutscher Juristentag, Gutachten XII FRANCKE 161, 166; Gutachten XIII MÖRSCHELL 213, 238; Prot II 824; Art 55, 69 EGBGB aF; vgl auch Stellungnahme d Bundesregierung BT-Drucks I/1813 Anlage 2, 21) zu unterscheiden und die „civilrechtliche Seite" dem bürgerlichen Recht, die „öffentlichrechtliche Seite" (zB das formelle Verfahren zur Verfolgung von Wildschadenansprüchen) dem Jagdwesen zuzuordnen. In seinem Gutachten für den 18. Deutschen Juristentag (1886) bejahte Mörschell (Gutachten XIII 213, 238) die Frage, ob die Bestimmungen über den Wildschadenersatz „dem Gebiete des Privatrechts (Civilrechts) angehören", als „zweifellos". Aus wohlerwogenen, guten Gründen war es erklärter Wille der Väter des BGB, das materielle Wild- und Jagdschadenersatzrecht als bürgerliches Recht reichsgesetzlich zu regeln. Was bis zum Inkrafttreten des RJagdG Teil des BGB und damit bürgerliches Recht war, mutiert nicht dadurch zum Jagdwesen, daß die Materie in einem Sondergesetz (RJagdG) außerhalb des BGB geregelt wurde. Dafür, daß durch die Föderalismusreform die seit weit über 100 Jahren für richtig gehaltene Einheitlichkeit des materiellen Wild- und Jagdschadenersatzrechts aufgegeben werden sollte, bestehen – soweit ersichtlich – weder Anhaltspunkte noch Sachgründe, zumal § 29 Abs 4 BJagdG den Bundesländern seit jeher eine begrenzte Abweichungskompetenz verschafft (bezüglich der Wildarten, die als Schadenwild gelten; **aA** Glaser NuR [2007] 29, 439, 444 „Systemwettbewerb" unter den Bundesländern, „innovative Lösungen"). Die Bundesländer haben daher keine Abweichungskompetenz aufgrund von Art 72 Abs 3 S 1 Nr 1 GG bezüglich des materiellen Rechts über die Verpflichtung zum Ersatz des Wild- und Jagdschadens. Durch die Föderalismusreform lebt ein ähnlicher Rechtszustand wieder auf, wie er sich schon aus Art 69 EGBGB aF ergab, also bis zum Inkrafttreten des RJagdG. Daß die dadurch erfolgte Vereinheitlichung des Jagdwesens abgeschwächt werden sollte, ist einsichtig, aber nicht, daß der Zustand restauriert werden sollte, wie er in der zweiten Hälfte des 19. Jahrhunderts bestand.

Die das Wild- und Jagdschadensrecht betreffenden Vorschriften dieses Gesetzes – in der Fassung der Bekanntmachung vom 29. 9. 1976 (BGBl I 2849) – sind nachfolgend abgedruckt.

2. Gesetzestext der §§ 26–35 BJagdG

VII. Abschnitt
Wild- und Jagdschaden

1. Wildschadensverhütung

§ 26
Fernhalten des Wildes

Der Jagdausübungsberechtigte sowie der Eigentümer oder Nutzungsberechtigte eines Grundstückes sind berechtigt, zur Verhütung von Wildschäden das Wild von den Grundstücken abzuhalten oder zu verscheuchen. Der Jagdausübungsberechtigte darf dabei das Grundstück nicht beschädigen, der Eigentümer oder Nutzungsberechtigte darf das Wild weder gefährden noch verletzen.

§ 27
Verhinderung übermäßigen Wildschadens

[1] Die zuständige Behörde kann anordnen, daß der Jagdausübungsberechtigte unabhängig von den Schonzeiten innerhalb einer bestimmten Frist in bestimmtem Umfang den Wildbestand zu verringern hat, wenn dies mit Rücksicht auf das allgemeine Wohl, insbesondere auf die Interessen der

Land-, Forst- und Fischereiwirtschaft und die Belange des Naturschutzes und der Landschaftspflege, notwendig ist.

[2] Kommt der Jagdausübungsberechtigte der Anordnung nicht nach, so kann die zuständige Behörde für dessen Rechnung den Wildbestand vermindern lassen. Das erlegte Wild ist gegen angemessenes Schußgeld dem Jagdausübungsberechtigen zu überlassen.

§ 28
Sonstige Beschränkungen in der Hege

[1] Schwarzwild darf nur in solchen Einfriedungen gehegt werden, die ein Ausbrechen des Schwarzwildes verhüten.

[2] Das Aussetzen von Schwarzwild und Wildkaninchen ist verboten.

[3] Das Aussetzen oder das Ansiedeln fremder Tiere in der freien Natur ist nur mit schriftlicher Genehmigung der zuständigen obersten Landesbehörde oder der von ihr bestimmten Stelle zulässig.

[4] Das Hegen oder Aussetzen weiterer Tierarten kann durch die Länder beschränkt oder verboten werden.

[5] Die Länder können die Fütterung von Wild untersagen oder von einer Genehmigung abhängig machen.

2. Wildschadensersatz

§ 29
Schadensersatzpflicht

[1] Wird ein Grundstück, das zu einem gemeinschaftlichen Jagdbezirk gehört oder einem gemeinschaftlichen Jagdbezirk angegliedert ist (§ 5 Abs. 1), durch Schalenwild, Wildkaninchen oder Fasanen beschädigt, so hat die Jagdgenossenschaft dem Geschädigten den Wildschaden zu ersetzen. Der aus der Genossenschaftskasse geleistete Ersatz ist von den einzelnen Jagdgenossen nach dem Verhältnis des Flächeninhalts ihrer beteiligten Grundstücke zu tragen. Hat der Jagdpächter den Ersatz des Wildschadens ganz oder teilweise übernommen, so trifft die Ersatzpflicht den Jagdpächter. Die Ersatzpflicht der Jagdgenossenschaft bleibt bestehen, soweit der Geschädigte Ersatz von dem Pächter nicht erlangen kann.

[2] Wildschaden an Grundstücken, die einem Eigenjagdbezirk angegliedert sind (§ 5 Abs. 1), hat der Eigentümer oder der Nutznießer des Eigenjagdbezirks zu ersetzen. Im Falle der Verpachtung haftet der Jagdpächter, wenn er sich im Pachtvertrag zum Ersatz des Wildschadens verpflichtet hat. In diesem Falle haftet der Eigentümer oder der Nutznießer nur, soweit der Geschädigte Ersatz von dem Pächter nicht erlangen kann.

[3] Bei Grundstücken, die zu einem Eigenjagdbezirk gehören, richtet sich, abgesehen von den Fällen des Absatzes 2, die Verpflichtung zum Ersatz von Wildschäden (Absatz 1) nach dem zwischen dem Geschädigten und dem Jagdausübungsberechtigten bestehenden Rechtsverhältnis. Sofern nichts anderes bestimmt ist, ist der Jagdausübungsberechtigte ersatzpflichtig, wenn er durch unzulänglichen Abschuß den Schaden verschuldet hat.

[4] Die Länder können bestimmen, daß die Wildschadensersatzpflicht auch auf anderes Wild ausgedehnt wird und daß der Wildschadensbetrag für bestimmtes Wild durch Schaffung eines Wildschadensausgleichs auf eine Mehrheit von Beteiligten zu verteilen ist (Wildschadensausgleichskasse).

§ 30
Wildschaden durch Wild aus Gehege

Wird durch ein aus einem Gehege ausgetretenes und dort gehegtes Stück Schalenwild Wildschaden angerichtet, so ist ausschließlich derjenige zum Ersatz verpflichtet, dem als Jagdausübungsberechtigten, Eigentümer oder Nutznießer die Aufsicht über das Gehege obliegt.

§ 31
Umfang der Ersatzpflicht

[1] Nach den §§ 29 und 30 ist auch der Wildschaden zu ersetzen, der an den getrennten, aber noch nicht eingeernteten Erzeugnissen eines Grundstücks eintritt.

[2] Werden Bodenerzeugnisse, deren voller Wert sich erst zur Zeit der Ernte bemessen läßt, vor diesem Zeitpunkt durch Wild beschädigt, so ist der Wildschaden in dem Umfange zu ersetzen, wie er sich zur Zeit der Ernte darstellt. Bei der Feststellung der Schadenshöhe ist jedoch zu berücksichtigen, ob der Schaden nach den Grundsätzen einer ordentlichen Wirtschaft durch Wiederanbau im gleichen Wirtschaftsjahr ausgeglichen werden kann.

§ 32
Schutzvorrichtungen

[1] Ein Anspruch auf Ersatz von Wildschaden ist nicht gegeben, wenn der Geschädigte die von dem Jagdausübungsberechtigten zur Abwehr von Wildschaden getroffenen Maßnahmen unwirksam macht.

[2] Der Wildschaden, der an Weinbergen, Gärten, Obstgärten, Baumschulen, Alleen, einzelstehenden Bäumen, Forstkulturen, die durch Einbringen anderer als der im Jagdbezirk vorkommenden Hauptholzarten einer erhöhten Gefährdung ausgesetzt sind, oder Freilandpflanzungen von Garten- oder hochwertigen Handelsgewächsen entsteht, wird, soweit die Länder nicht anders bestimmen, nicht ersetzt, wenn die Herstellung von üblichen Schutzvorrichtungen unterblieben ist, die unter gewöhnlichen Umständen zur Abwendung des Schadens ausreichen. Die Länder können bestimmen, welche Schutzvorrichtungen als üblich anzusehen sind.

3. Jagdschaden

§ 33
Schadensersatzpflicht

[1] Wer die Jagd ausübt, hat dabei die berechtigten Interessen der Grundstückseigentümer oder Nutzungsberechtigten zu beachten, insbesondere besäte Felder und nicht abgemähte Wiesen tunlichst zu schonen. Die Ausübung der Treibjagd auf Feldern, die mit reifender Halm- oder Samenfrucht oder mit Tabak bestanden sind, ist verboten; die Suchjagd ist nur insoweit zulässig, als sie ohne Schaden für die reifenden Früchte durchgeführt werden kann.

[2] Der Jagdausübungsberechtigte haftet dem Grundstückseigentümer oder Nutzungsberechtigten für jeden aus mißbräuchlicher Jagdausübung entstandenen Schaden; er haftet auch für den Jagdschaden, der durch einen von ihm bestellten Jagdaufseher oder durch einen Jagdgast angerichtet wird.

4. Gemeinsame Vorschriften

§ 34
Geltendmachung des Schadens

Der Anspruch auf Ersatz von Wild- oder Jagdschaden erlischt, wenn der Berechtigte den Schadensfall nicht binnen einer Woche, nachdem er von dem Schaden Kenntnis erhalten hat oder bei Beobachtung gehöriger Sorgfalt erhalten hätte, bei der für das beschädigte Grundstück zuständigen Behörde anmeldet. Bei Schaden an forstwirtschaftlich genutzten Grundstücken genügt es, wenn er zweimal im Jahre, jeweils bis zum 1. Mai oder 1. Oktober, bei der zuständigen Behörde angemeldet wird. Die Anmeldung soll die als ersatzpflichtig in Anspruch genommene Person bezeichnen.

§ 35
Verfahren in Wild- und Jagdschadenssachen

Die Länder können in Wild- und Jagdschadenssachen das Beschreiten des ordentlichen Rechtsweges davon abhängig machen, daß zuvor ein Feststellungsverfahren vor einer Verwaltungsbehörde (Vorverfahren) stattfindet, in dem über den Anspruch eine vollstreckbare Verpflichtungserklärung (Anerkenntnis, Vergleich) aufzunehmen oder eine nach Eintritt der Rechtskraft vollstreckbare Entscheidung (Vorbescheid) zu erlassen ist. Die Länder treffen die näheren Bestimmungen hierüber.

II. Regelungssystematik der §§ 26–35 BJagdG

2 Die Gesetzessystematik der §§ 26–35 BJagdG wurde weitgehend unverändert aus dem RJagdG übernommen. Nach allgemeinen Vorschriften zur Wildschadensverhütung (§§ 26–28 BJagdG) folgen die eigentlichen Haftungstatbestände. Dabei ist zwischen dem durch Wild verursachten Wildschaden (§§ 29–32 BJagdG) und dem bei der Jagdausübung entstandenen Jagdschaden (§ 33 BJagdG) zu unterscheiden. Für die Geltendmachung des Schadens und das Verfahren gelten schließlich gemeinsame Vorschriften (§§ 34–35 BJagdG). Die nachfolgende Kommentierung folgt der Systematik des Gesetzes, wobei die Verbindungen zum allgemeinen Delikts- und Schadensrecht des BGB im jeweiligen Zusammenhang erörtert werden.

III. Wildschadenersatz nach §§ 29 ff BJagdG

1. Grundsätze der Haftung

3 Die §§ 29, 30 BJagdG begründen grundsätzlich (Ausnahme: § 29 Abs 3 S 2 BJagdG) eine verschuldensunabhängige Pflicht zur Kompensation für durch Wild verursachte Schäden an Grundstücken. Ersatzberechtigt ist der Grundstücksberechtigte (Eigentümer oder Nutznießer), ersatzpflichtig idR der Jagdausübungsberechtigte. Die dogmatische Einordnung ist umstritten. Teilweise wird eine Gefährdungshaftung (vGIERKE, Privatrecht III, 949; BGB-RGRK/KREFT Rn 5; LARENZ/CANARIS, Schuldrecht II/2 § 84 II 2; ESSER 78), teils eine dem Aufopferungsgedanken entspringende, § 906 und § 14

BImSchG nahestehende Ausgleichs- bzw Einstandspflicht (BECKER 468; MünchKomm/ WAGNER Rn 6; ERMAN/SCHIEMANN Rn 2; SOERGEL/KRAUSE Rn 4; LORZ/METZGER/STÖCKEL § 29 Rn 2; MITSCHZKE/SCHÄFER § 29 Rn 6; ESSER/WEYERS, Schuldrecht II/2 § 64 1; mit eingehender Begründung LG Krefeld Jagdr Entsch Bd II Sachg IX Nr 21) angenommen. Mitunter wird der Sinn von § 29 BJagdG darin gesehen, den Eigentümer dafür zu entschädigen, daß zugunsten des Jagdberechtigten die Wilddichte zu hoch ist (AG Fürstenfeldbruck Jagdr Entsch Bd XII Sachg IX Nr 116). Nach vGIERKE (aaO; ähnlich PESSLER 138) sei die Haftung darauf zurückzuführen, daß der Jagdausübungsberechtigte es unterlasse, das ihm zustehende ausschließliche Aneignungsrecht an einem herrenlosen Tier auszuüben. Durch die Vergütung von Wildschaden soll schließlich eine gewisse Wildhege ermöglicht werden (BAUER, Jagdordnung § 51 Bem 2 S 311). Richtigerweise wird man differenzieren müssen: Die in § 29 BJagdG geregelte Ersatzpflicht für Wildschäden findet ihre Rechtfertigung darin, daß der Grundstücksberechtigte aufgrund des Ausschlusses seiner Jagdbefugnis zugunsten des Jagdausübungsberechtigten bestimmte Beeinträchtigungen durch Wild jagdlich nicht abwehren darf („Duldungszwang", ESSER 78; PLANCK Anm 1; E W MÜLLER 23; AG Mayen Jagdr Entsch Bd III Sachg IX Nr 38). Der Eigentümer muß Schädigungen durch das nahrungsuchende Wild hinnehmen. Er hat keinen Einfluß auf den Wildbestand. Dem Jagdausübungsberechtigten ist es eher möglich, durch geeignete Maßnahmen wie Bejagung und Fütterung einen Wildschaden zu vermeiden, als dem Geschädigten, dessen Einwirkungsmöglichkeiten rechtlich und faktisch gering sind (AG Mülheim Jagdr Entsch Bd VII Sachg IX Nr 77). Die Wildschadenshaftung stellt einen Ausgleich dafür dar, daß dem Grundeigentümer ausreichende Abwehrmöglichkeiten gegen das schadenverursachende Wild versagt sind (AG Mayen Jagdr Entsch Bd III Sachg IX Nr 38). Diese Konstellation steht der bürgerlich-rechtlichen Aufopferungshaftung („dulde und liquidiere") zumindest sehr nahe. Insoweit ist der Ersatzanspruch kein Deliktsanspruch (ENNECCERUS/LEHMANN § 259 IV; anders BEHR/OTT/NÖTH 327). Anders verhält es sich bei der Haftung für aus Gehegen entwichenes Wild nach § 30 BJagdG, der hinsichtlich des Haftungsgrunds § 833 S 1 ähnelt. Das Gesetz knüpft die Ersatzpflicht unabhängig von der Frage der Jagdausübungsberechtigung an die Person des Aufsichtspflichtigen. Dieser Fall läßt sich deshalb eher dem Bereich der Gefährdungshaftung zuordnen. Soweit das LG Krefeld (Jagdr Entsch Bd II Sachg IX Nr 21) aus der Qualifizierung der Wildschadenshaftung als Ausgleichshaftung schließt, § 830 Abs 1 S 2 sei unanwendbar, ist dem nicht zu folgen. Es besteht kein Grund, § 830 Abs 1 S 2 nicht entsprechend anzuwenden, wenn der Schaden zB durch Wild- oder durch Haustiere (Wild- oder Haustauben) verursacht worden ist. Die Vorschrift gilt auch entsprechend für den Ausgleichsanspruch nach § 906 Abs 2 S 2 (s oben § 830 Rn 78) und Entschädigungsansprüche aus enteignendem und enteignungsgleichem Eingriff (BGHZ 101, 106, 111 = NJW 1987, 2811, 2812).

2. Wildschaden

Wildschaden iSv §§ 29 ff BJagdG ist nicht jeder durch wildlebende Tiere hervorgerufene Schaden, etwa durch Verbiß von Borkenkäfern, Hasen etc (AG Fürstenfeldbruck Jagdr Entsch Bd XII Sachg IX Nr 116). Vielmehr beschränkt das Gesetz die Ersatzpflicht auf durch bestimmte Tierarten hervorgerufene Schäden an Grundstücken und – unter bestimmten Voraussetzungen – deren Erzeugnissen. Nach AG Fürstenfeldbruck (Jagdr Entsch Bd XII Sachg IX Nr 116) ist der Wildschaden hinzunehmen, wenn er auch bei sehr geringer Wilddichte entstanden wäre (Tragbarkeitsgrenze).

a) Wild

5 Ersatzfähig nach § 29 BJagdG sind nur Schäden, die durch Schalenwild, Wildkaninchen oder Fasanen verursacht werden. Diese auf § 44 Abs 1 RJagdG zurückgehende Regelung bedeutet eine erhebliche Abweichung von § 835 insofern, als Ersatz für Schaden, der durch Wildkaninchen verursacht wird, erstattet werden muß. Zum Schalenwild gehören Wisente, Elch-, Rot-, Dam-, Sika-, Reh-, Gams-, Stein-, Muffel- und Schwarzwild (§ 2 Abs 3 BJagdG). Die Aufzählung der Wildarten, die als Schalenwild gelten, ist erschöpfend (vgl BAUER, Jagdordnung § 51 Bem 3 S 312). Durch Landesrecht kann aber die Ersatzpflicht auf weitere Tierarten ausgedehnt werden (§ 29 Abs 4 BJagdG). Bei Schäden durch aus Gehegen entwichene Tiere ist die Haftung auf Schalenwild begrenzt (§ 30 BJagdG). Diese Entscheidung des Gesetzgebers darf nicht durch Rückgriff auf allgemeine Rechtsinstitute (etwa § 823 Abs 1; dazu ausführlich Rn 23) überspielt werden.

b) Beschädigung eines Grundstücks

6 § 29 BJagdG setzt die Beschädigung eines Grundstücks voraus. Das Grundstück muß zu einem Jagdbezirk (§§ 7, 8 BJagdG) gehören oder einem solchen angegliedert (§ 5 Abs 1 BJagdG) sein. Eine Haftung für Wildschäden in befriedeten Bezirken kann nicht aus § 29 BJagdG abgeleitet werden (AG Mülheim Jagdr Entsch Bd VII Sachg IX Nr 77). Eine bestimmte Nutzungsart wird nicht vorausgesetzt; der Wildschadenersatz ist nicht auf land- oder forstwirtschaftlich genutzte Grundstücke beschränkt (BGB-RGRK/KREFT Rn 10); denn es werden nicht die land- und forstwirtschaftlichen Belange geschützt. Der Schaden kann am Bewuchs (zB Verbiß, Abäsen, Aufnahme der Aussaat oder Früchte, Benagen, Schälen, Verliegen, Zerstampfen, Zertreten, Aufscharren, Plätzen, Fegen, Schlagen, Abrupfen, Abbrechen, Bereiten von Lagerstätten, Bauen, Röhren, Kesseln) oder an der Substanz des Grundstücks (zB durch Zerwühlen des Bodens, zB am Brachland, an Wegen, Straßengräben, Seen, Teichen, Sportplätzen, und durch Brechen von Schwarzwild) entstehen (BAUER, Jagdordnung § 51 Bem 7 S 313; BEHR/OTT/NÖTH 328; STOLLENWERK RdL 1995, 227). Darüber hinaus erweitert § 31 BJagdG die Haftung auf Schäden an Erzeugnissen, die bereits vom Grundstück getrennt und damit keine wesentlichen Bestandteile iSv § 94 Abs 1 S 1 mehr sind, aber noch nicht eingeerntet wurden.

7 Von der Wildschadenshaftung nach dem BJagdG nicht erfaßt werden Schäden an Personen und beweglichen Sachen. Damit sind vor allem durch Wild(-wechsel) verursachte Verkehrsunfälle dem Anwendungsbereich der §§ 29 ff BJagdG weitgehend entzogen. Eine analoge Anwendung scheidet angesichts des eindeutigen Gesetzeswortlauts und fehlender Vergleichbarkeit aus (OLG Hamm VersR 1957, 472). Jedoch kann eine Haftung nach den §§ 823 ff in Betracht kommen (dazu unten Rn 33 ff). Die §§ 29 ff BJagdG regeln nicht den Ersatz von Aufwendungen für die Anbringung von Schutzvorrichtungen zur Verhütung von Wildschäden (OLG Koblenz Jagdr Entsch Bd II Sachg IX Nr 22).

3. Ersatzpflichtiger

8 Das Gesetz gewährt dem Grundstücksberechtigten einen Ausgleich für Schäden, die er dadurch erleidet, daß er sich des Wildes nicht frei erwehren darf (s oben Rn 3). Folgerichtig zieht es als Ersatzpflichtigen grundsätzlich denjenigen heran, der die Vorteile daraus zieht, nämlich den Jagdausübungsberechtigten (Prot II 825; vGIERKE,

Privatrecht III 950; BAUER, Jagdordnung § 51 Bem 2 S 311; zum Inhalt des Jagdausübungsrechts und seiner Abgrenzung zum Jagdrecht ausführlich LORZ/METZGER/STÖCKEL § 3 Rn 3 ff; vgl auch BAUR/STÜRNER, Sachenrecht § 27 Rn 65 ff).

a) Beschädigung von Grundstücken, die zu einem gemeinschaftlichen Jagdbezirk gehören oder einem solchen angegliedert sind (§ 29 Abs 1 BJagdG)

Das Jagdausübungsrecht in einem gemeinschaftlichen Jagdbezirk steht der Jagdgenossenschaft zu (§ 8 Abs 5 BJagdG). Gleiches gilt für Grundstücke, die einem solchen Jagdbezirk angegliedert sind. Für Wildschäden ist deshalb nach § 29 Abs 1 S 1 BJagdG grundsätzlich die Jagdgenossenschaft ersatzpflichtig. Im Innenverhältnis haften die Jagdgenossen (= Grundstückseigentümer, § 9 BJagdG) anteilig nach der Größe ihrer Grundstücke (§ 29 Abs 1 S 2 BJagdG).

Nutzt die Jagdgenossenschaft – wie regelmäßig, vgl § 10 Abs 1 BJagdG – die Jagd durch Verpachtung, so ist nach § 29 Abs 1 S 3 BJagdG der Jagdpächter ersatzpflichtig, wenn und soweit er die Haftung im Pachtvertrag wirksam übernommen hat. Die grundsätzliche Haftung der Jagdgenossenschaft kann also abgewälzt werden. Der Jagdpächter tritt insoweit an die Stelle der Jagdgenossenschaft. Haben mehrere Jagdpächter vertraglich die Ersatzpflicht übernommen, haften sie als Gesamtschuldner (§§ 421, 427; LG Arnsberg Jagdr Entsch Bd VIII Sachg IX Nr 86). Bei vertraglicher Übernahme des Wildschadenersatzes durch den Jagdpächter haftet die Jagdgenossenschaft subsidiär, soweit der Geschädigte vom Jagdpächter keinen Ersatz erlangen kann (§ 29 Abs 1 S 4 BJagdG; früher § 44 Abs 1 RJagdG; AG Bühl Jagdr Entsch Bd VII Sachg IX Nr 72). Es handelt sich also nicht um eine gesamtschuldnerische Haftung, entsprechend etwa § 838 (Pächter; s unten § 838 Rn 2) oder des ehemaligen Art 12 Jagd- u Fischereigesetz Großherzogtum Hessen (BAUER, Sammlung 96) und Art 3 Abs 1 Hess Wildschadensgesetz (CONRADI, Hess Jagdrecht 104). § 29 Abs 1 S 4 BJagdG verstärkt den Gläubigerschutz gegenüber älteren landesrechtlichen Regelungen, wie zB § 5 Wildschadengesetz Herzogtum Anhalt („Ist die Ausübung der Jagd auf den gemeinschaftlichen Jagdbezirken verpachtet, so trifft an Stelle der Jagdgemeinschaft den Jagdpächter die Ersatzpflicht", PUSCHMANN 89), indem sie die Jagdgenossenschaft aus der Haftung nicht (vollends) entläßt.

Die vertragliche Haftungsübernahme durch den Jagdpächter löst Rechtswirkungen nicht nur zwischen den Vertragsparteien, sondern auch im Außenverhältnis zum (zunächst nur potentiell) Geschädigten aus (BEHR/OTT/NÖTH 329; AG Bühl Jagdr Entsch Bd VII Sachg IX Nr 72). Sie bedeutet also nicht lediglich eine Erfüllungsübernahme iSv § 415 Abs 3 S 1, sondern wird als Vertrag zugunsten Dritter gesehen (ENNECCERUS/LEHMANN § 259 II 1; AG Walsrode Jagdr Entsch Bd VII Sachg IX Nr 80), offenbar weil der Geschädigte einen weiteren Schuldner erhält. Diese Regelung beruht auf § 44 Abs 1 S 3, 4 RJagdG und weicht von § 835 ab. Danach richtete sich der Wildschadenersatzanspruch gegen die Jagdgenossenschaft, nicht gegen den Jagdpächter, der den Wildschaden übernommen hat. Er haftete nur im Innenverhältnis. Die Jagdgenossenschaft konnte beim Jagdpächter Regreß nehmen (DALCKE/DELIUS 140). Durch § 44 Abs 1 S 3, 4 RJagdG wollte man Schwierigkeiten vermeiden, die sich aus einem solchen Verfahren ergeben (BEHR/OTT/NÖTH 330).

Die Tragweite der Subsidiaritätsklausel in § 29 Abs 1 S 4 BJagdG ist umstritten. Im Schrifttum wird die Auffassung vertreten, die Jagdgenossenschaft hafte im Falle der

Haftungsübernahme des Jagdpächters nach Art eines gewöhnlichen Bürgen (Lorz/ Metzger/Stöckel § 29 Rn 4; Mitzschke/Schäfer § 29 Rn 12). Die Inanspruchnahme der Jagdgenossenschaft wäre danach vom vorherigen erfolglosen Versuch der Zwangsvollstreckung in das Vermögen des Jagdpächters abhängig (vgl §§ 771, 772) (Behr/ Ott/Nöth 330). Diese Ansicht überzeugt wenig, wenngleich sie nicht ohne historisches Vorbild ist (Art 193 Abs 3 Ausführungsgesetz zum BGB [Königreich Württemberg]: „Neben dem Jagdpächter ... haftet die Gemeinde wie ein Bürge", [Rampacher 35]; Art 6 Wildschadensgesetz Sachsen-Meiningen [Bauer, Sammlung 164]: „Ist das Jagdrecht verpachtet oder sonst dessen Ausübung einem anderen vom Jagdberechtigten überlassen, so haftet dieser für die Vergütung des Wildschadens nur insoweit, als sie von dem Jagdinhaber wegen Zahlungsunfähigkeit nicht beigetrieben werden kann"; s auch Nachw bei vGierke, Privatrecht III 952 Fn 80). Sie übersieht, daß die nachrangige Bürgenhaftung durch Vertrag zwischen dem Gläubiger und dem Bürgen zustande kommt, während die nachrangige Haftung der Jagdgenossenschaft durch ihre Vereinbarung mit dem Jagdpächter (Vertrag zwischen den [späteren] Schuldnern) ausgelöst wird. Dieser konstruktive Unterschied spricht gegen die Anwendung der Bürgschaftsregeln. Die Entlastung der Jagdgenossenschaft im Außenverhältnis hängt allein vom Willen der Vertragsparteien ab. Dadurch wird die relative Wirkung der Obligation in Frage gestellt. Die oben erwähnte im Königreich Württemberg bestehende Bürgenhaftung begegnete diesem Einwand nicht, weil sie – vom Parteiwillen unabhängig – durch Gesetz (Art 193 Abs 3 Ausführungsgesetz zum BGB [Königreich Württemberg]) angeordnet wurde.

Da der Geschädigte an der Haftungsübernahme unbeteiligt ist und sich diese zu seinen Gunsten (Enneccerus/Lehmann § 259 II 1) und nicht zu seinen Lasten auswirken soll, sind etwaige Nachteile für den Geschädigten infolge der Nachrangigkeit der Haftung der Jagdgenossenschaft durch enge Auslegung der Subsidiaritätsklausel zu vermeiden. Dafür spricht der Wortlaut von § 29 Abs 1 S 4 BJagdG. Im Unterschied zu Art 193 Abs 3 Ausführungsgesetz zum BGB (Königreich Württemberg) ist keine Rede davon, daß die Jagdgenossenschaft „wie ein Bürge" haftet. Stattdessen hafteten nach § 22 der ehemaligen Jagdordnung Hannover (Bauer, Sammlung 17) die Verpächter „nur aushilfsweise". Auch nach geltendem Recht soll die Jagdgenossenschaft bereits haften, wenn der Geschädigte vom Pächter keinen Ersatz erlangen *kann* (nicht: konnte). Der Gesetzgeber orientierte sich offenbar an den – insoweit dem Wortlaut nach vergleichbaren – §§ 839 Abs 1 S 2 und 829. Die Bestimmungen erfordern keine Vorausklage oder gar Vorausvollstreckung. Somit sind diese Maßnahmen auch nicht gegen den Jagdpächter erforderlich (vgl zu § 839 MünchKomm/Papier § 839 Rn 318; zu § 829 Staudinger/Oechsler § 829 Rn 39). Auch wird die Subsidiaritätsklausel durch das Erfordernis der Zumutbarkeit beschränkt. Daher darf man vom Geschädigten keinen sinnlosen oder unzumutbaren Aufwand verlangen. In diese Richtung zielte auch § 21 Nr 3 Badisches Jagdgesetz, wonach die „Einrede der Vorausklage" der Gemeinde „nicht zusteht", wenn es sich um einen Jagdpächter handelt, der im Deutschen Reich keinen Wohnsitz und auch keinen für ihn als Selbstschuldner bürgenden zahlungsfähigen Bevollmächtigten hat (Klotz 39).

§ 29 Abs 1 S 4 BJagdG enthält eine zur Klagebegründung gehörende Anspruchsvoraussetzung (negatives Tatbestandsmerkmal). Der Geschädigte muß also im Prozeß gegen die Jagdgenossenschaft darlegen und beweisen, daß eine Inanspruchnahme des

Jagdpächters nicht erfolgversprechend ist. Gelingt ihm das, kann die Jagdgenossenschaft sich nicht auf die Subsidiaritätsklausel berufen. Das ist interessengerecht, weil die Jagdgenossenschaft den Jagdpächter auswählt und dessen Bonität prüfen kann und soll. Hat die Jagdgenossenschaft Ersatz geleistet, steht ihr aufgrund der vertraglichen Haftungsübernahme ein Regreßanspruch gegen den Jagdpächter zu.

Verklagt der Geschädigte zunächst den Jagdpächter und beruft sich dieser auf die Unwirksamkeit der vertraglichen Haftungsübernahme, kommt eine Streitverkündung des Klägers gegenüber der Jagdgenossenschaft in Betracht (§§ 72 ff ZPO). Das Risiko, in der Zwangsvollstreckung gegen den Jagdpächter auszufallen, rechtfertigt die Streitverkündung nicht (vgl MünchKomm/SCHILKEN ZPO § 72 Rn 6).

Bei formularmäßigen Wildschadenersatzklauseln ist deren Vereinbarkeit mit §§ 305–310 zu beachten (dazu unten Rn 15 ff).

b) Beschädigung von Grundstücken, die einem Eigenjagdbezirk angegliedert sind (§ 29 Abs 2 BJagdG)

In einem Eigenjagdbezirk ist grundsätzlich der Eigentümer jagdausübungsberechtigt **10** (§ 7 Abs 4 S 1 BJagdG). An seine Stelle tritt der Nutznießer, wenn ihm die Nutzung des ganzen Eigenjagdbezirks zusteht (§ 7 Abs 4 S 2 BJagdG). Da sich die Jagdausübungsberechtigung in einem Eigenjagdbezirk auch auf Grundstücke erstreckt, die diesem Eigenjagdbezirk angegliedert sind (§ 5 Abs 1 BJagdG), läßt § 29 Abs 2 S 1 BJagdG den Eigentümer oder Nutznießer des Eigenjagdbezirks auch für Wildschäden an angegliederten Grundstücken haften. Bei Verpachtung an einen Jagdpächter ist dieser ersatzpflichtig, wenn er im Pachtvertrag die Haftung für Wildschäden übernommen hat (§ 29 Abs 2 S 2 BJagdG). Eigentümer oder Nutznießer haften aber subsidiär (§ 29 Abs 2 S 3 BJagdG). Im übrigen gelten die oben in Rn 9 dargestellten Grundsätze.

c) Beschädigung von Grundstücken, die zu einem Eigenjagdbezirk gehören (§ 29 Abs 3 BJagdG)

Schäden an Grundstücken treffen in der Regel den Eigentümer. Da dieser in einem **11** Eigenjagdbezirk grundsätzlich auch zur Ausübung der Jagd berechtigt ist (vgl oben Rn 9), fallen Geschädigter und Jagdausübungsberechtigter häufig zusammen, so daß sich die Frage privatrechtlicher Ersatzansprüche nicht stellt (de se queri debet = etwas sich selbst zuschreiben müssen; zu öffentlich-rechtlichen Entschädigungs- und Ersatzansprüchen vgl unten Rn 25). Anders kann es jedoch sein, wenn dem Eigentümer ausnahmsweise die Jagdausübungsberechtigung – wie im Falle der Jagdpacht – fehlt oder – wie im Fall der Verpachtung des Grundstücks – der Pächter den Schaden erleidet. In diesen Fällen richtet sich die Ersatzpflicht nach dem zwischen dem Geschädigten und dem Jagdausübungsberechtigten bestehenden Rechtsverhältnis (§ 29 Abs 3 S 1 BJagdG). Die nähere Ausgestaltung der Haftung bleibt also den Parteien überlassen. Die gesetzliche Haftung beschränkt sich – unter Durchbrechung des Prinzips der verschuldensunabhängigen Wildschadenshaftung – auf Schäden, die der Jagdausübungsberechtigte durch unzulänglichen Abschuß verschuldet hat (§ 29 Abs 3 S 2 BJagdG; LG Mönchengladbach Jagdr Entsch Bd II Sachg IX Nr 30). Erforderlich ist also wenigstens Fahrlässigkeit.

d) Schäden durch Wild aus Gehegen (§ 30 BJagdG)

12 Nach § 30 BJagdG trifft die Ersatzpflicht für Schäden durch aus einem Gehege entwichenes (Schalen-) Wild denjenigen, dem als Jagdausübungsberechtigten, Eigentümer oder Nutznießer die Aufsicht über das Gehege obliegt. Die Vorschrift geht in ihrem Anwendungsbereich dem § 29 BJagdG vor. Ersatzpflichtig ist allein der Aufsichtspflichtige unabhängig davon, wer nach § 29 BJagdG haften würde. § 30 BJagdG setzt kein Verschulden voraus und sieht auch – anders als noch § 45 Abs 2 RJagdG – keine Entlastungsmöglichkeit vor. Dennoch wird teilweise eine Verschuldenshaftung angenommen (Mitzschke/Schäfer § 30 Rn 8; dagegen mit Recht Lorz/Metzger/Stöckel § 30 Rn 3 mwN; neuerdings Drees/Thies 13). Diese Auffassung findet im Gesetz keine Stütze (mehr). Sie ist auch sachlich nicht gerechtfertigt, weil mit der Einrichtung eines Wildgeheges – ähnlich der Haltung eines Luxustiers (§ 833 S 1) – eine besondere Gefahrenquelle geschaffen wird, deren Beherrschung allein im Verantwortungsbereich des Aufsichtspflichtigen liegt.

4. Ersatzberechtigter

13 Ersatzberechtigt nach den §§ 29, 30 BJagdG ist der Geschädigte. Das kann der Grundstückseigentümer, aber auch ein anderer Nutzungsberechtigter (Nießbraucher, Pächter etc) sein.

5. Art und Umfang der Ersatzpflicht

a) Grundsätze

14 Art und Umfang des Schadenersatzes bestimmen sich grundsätzlich nach den §§ 249 ff (vgl Lorz/Metzger/Stöckel § 31 Rn 1; allgM). Gemäß § 252 erstreckt sich die Ersatzpflicht auch auf den entgangenen Gewinn (LG Freiburg AgrarR 2000, 316: Ernteausfall nach Rehverbiss in einem Weinberg). Nach § 31 Abs 2 S 1 BJagdG ist bei Beschädigung von Bodenerzeugnissen vor der Ernte hinsichtlich der Schadensberechnung auf den Wert zum Zeitpunkt der Ernte abzustellen (LG Waldshut-Tiengen Jagdr Entsch Bd VI Sachg IX Nr 65; zur Berücksichtigung eines möglichen Wiederanbaus s Rn 18). Im Regelfall besteht der Schaden in dem Wert der Früchte abzüglich ersparter Ernte- und Absatzkosten (Drees/Thies 29; ausführlich zur Schadensberechnung Stollenwerk RdL 1995, 227; AG Bühl Jagdr Entsch Bd VII Sachg IX Nr 72 – betr Schälschäden, Einfluß unregelmäßiger natürlicher Ereignisse [Schneebruch, Sturm]; zur Berücksichtigung von Reserveursachen wie zB Vernässung LG Verden/Aller Jagdr Entsch Bd V Sachg IX Nr 54).

b) Formularmäßige Wildschadensklauseln

15 § 29 enthält nachgiebiges Recht. Durch Vertrag zwischen dem Grundeigentümer und dem Jagdberechtigten kann der Wildschadenersatz anders geordnet oder ganz ausgeschlossen werden (vgl BGB-RGRK/Oegg[7] § 835 Bem 1). Formularmäßige Jagdpachtverträge enthalten häufig Wildschadensklauseln. Sie sind keine überraschenden Klauseln iSv § 305c (LG Kreuznach Jagdr Entsch Bd XIII Sachg IX Nr 126). Soweit solche Klauseln Schadenersatzpflichten abweichend von der gesetzlichen Regelung der §§ 29 ff BJagdG regeln (zB Übernahme der Ersatzpflicht für Wildschäden durch den Jagdpächter anstelle der Jagdgenossenschaft, vgl § 29 Abs 1 S 1, 3 BJagdG) unterliegen sie nach § 307 Abs 3 der **Inhaltskontrolle**. Demgegenüber sollen nach Ansicht des BGH Klauseln, die dem Jagdpächter Pauschalbeträge für Wildschäden lediglich als „Teile des Gesamtpreises für die Verpachtung der Jagdnutzung" aufer-

legen, der richterlichen Inhaltskontrolle entzogen sein (Beschluß v 30.11. 2000 – III ZR 151/00 – [Nichtannahme der Sprungrevision], NJW-RR 2001, 343; ebenso OLG Koblenz AgrarR 2000, 190; OLG Celle Jagdr Entsch Bd XIII Sachg IX Nr 124; OLG Koblenz, Jagdr Entsch Bd XIII Sachg IX Nr 149; ablehnend THIES AgrarR 2000, 177, 181; allgemein zur Problematik materieller Inhaltskontrolle im Leistungsbereich STAUDINGER/COESTER [1998] AGBG § 8 Rn 18 ff). Ob es sich im konkreten Einzelfall bei der vereinbarten Wildschadenspauschale um einen pauschalierten Schadenersatzanspruch oder um eine Preisabrede handelt, ist durch Vertragsauslegung zu ermitteln (OLG Celle Jagdr Entsch Bd XIII Sachg IX Nr 124). Kontrollfrei sind auch Klauseln, die eine Übernahme oder Pauschalierung von Wildschäden durch einen Jagdgast im Rahmen einer entgeltlichen Jagderlaubnis nach § 11 Abs 1 S 3 BJagdG iVm Landesjagdrecht vorsehen (BGH NJW-RR 1999, 125). Klauseln, die ihrem Wortlaut nach eine über den sachlichen Anwendungsbereich der §§ 29 ff BJagdG hinausgehende Haftung vorsehen (zB „Ersatz sämtlicher Wildschäden"), sind regelmäßig einschränkend dahingehend auszulegen, daß nur für Wildschäden iSd BJagdG gehaftet werden soll (vgl THIES AgrarR 2000, 177, 178).

Ist die Inhaltskontrolle eröffnet, so waren den Wildschadenersatz pauschalierende **16** Klauseln unwirksam, wenn die Pauschale den nach dem gewöhnlichen Lauf der Dinge zu erwartenden Schaden überstieg (§ 11 Nr 5a AGBG) oder wenn dem Jagdpächter der Nachweis abgeschnitten wurde, daß ein Schaden tatsächlich gar nicht entstanden oder wesentlich niedriger ist als die Pauschale (§ 11 Nr 5b AGBG). Die Rechtsprechung hat an die Formulierung solch pauschalierender Klauseln im Hinblick auf die Eröffnung des Gegenbeweises bereits in der Vergangenheit strenge Maßstäbe angelegt (vgl etwa OLG Hamm NJW-RR 1995, 624: Ausschluß des Gegenbeweises schon durch die Formulierung „Pauschalentschädigung"; OLG Zweibrücken Jagdr Entsch Bd XII Sachg IX Nr 111; OLG Celle OLGR 1998, 123, 124; eingehend zur Problematik der Gegenbeweismöglichkeit STAUDINGER/COESTER-WALTJEN [1998] AGBG § 11 Nr 5 Rn 19). Mit der Übernahme des AGBG in das BGB hat der Gesetzgeber diese Maßstäbe nochmals verschärft: § 309 Nr 5b macht die Wirksamkeit der Klausel nunmehr von einem ausdrücklichen Hinweis des Verwenders auf die Möglichkeit des Gegenbeweises abhängig. Dem wird die Vertragspraxis Rechnung zu tragen haben.

Klauseln über Wildschadensverhütungspauschalen fallen nicht unter § 309 Nr 5, weil **17** deren Anwendungsbereich auf Schadenersatzansprüche beschränkt ist. Jedoch können einheitliche Pauschalen für die Verhütung und Abgeltung von Wildschäden wegen Verstoßes gegen das Transparenzgebot von § 307 Abs 1, 2 unwirksam sein (eingehend THIES aaO mwN; vgl auch OLG Hamm NJW-RR 1995, 624; OLG Stuttgart OLGR 2001, 207).

6. Haftungsminderung und Haftungsausschluss

Die Haftung für Wildschäden nach §§ 29 ff BJagdG kann aufgrund eines Verhaltens **18** des Geschädigten gemindert oder sogar ganz ausgeschlossen sein. Das in § 254 verankerte Prinzip der Schadensteilung bei Mitverursachung oder Mitverschulden gilt als allgemeiner Rechtsgrundsatz des Schadensrechts auch im Rahmen des Wildschadenersatzes (RGZ 52, 349, 351; BAUER, Jagdordnung, Nachtrag zu S 320, S 556; eingehend LAUVEN AgrarR 1990, 149 ff; vgl auch LINNENKOHL § 32 Rn 1; LORZ/METZGER/STÖCKEL § 31 Rn 2 und § 32 Rn 1; BGB-RGRK/KREFT Rn 17). So kann ein anrechenbares Mitverschulden gegeben sein, wenn der Geschädigte dem Schadenseintritt durch nicht ordnungsge-

§ 835
19

mäße Landbewirtschaftung Vorschub leistet, etwa bei verspätetem Einbringen der Ernte, durch Einpflügen von Bodenfrüchten oder Unterpflügen von abgehächseltem, nicht abgeerntetem Mais mit nachfolgender Getreideaussaat (LG Schwerin, Jagdr Entsch Bd XIII Sachg IX Nr 130). Auch bei unterlassener Information des Jagdausübungsberechtigten vor dem Anbau potentiell wildgefährdeter Pflanzen (zur Informationspflicht LG Koblenz Jagdr Entsch Bd XI Sachg IX Nr 106 betr Aussaat und Milchreife von Mais; AG Diez/Lahn Jagdr Entsch Bd V Sachg IX Nr 60) kann ein Mitverschulden in Betracht kommen. Landwirte sind gehalten, die Bejagungsmöglichkeit durch das Anlegen von Sichtstreifen zwischen Hauptfrucht und Waldrand sowie von Bejagungsschneisen in der Hauptfrucht zu verbessern; Schutzmaßnahmen und Ansitzeinrichtungen sind zu dulden. Das Mitverschulden kann auch darin bestehen, daß der Geschädigte die Anwendung gebräuchlicher Abwehrmittel (Klappern, Scheuchen) unterläßt (s auch § 26 BJagdG). Dazu kann auch die Anbringung oder Reparatur von Zäunen oder sonstigen Einfriedungen gehören, je nach Lage der besonderen Verhältnisse (OERTMANN 114) und vorbehaltlich landesrechtlicher Bestimmungen. Dagegen wird man von einem Landwirt unter dem Gesichtspunkt der Schadensabwendungs- und -minderungspflicht nicht verlangen können, wildgefährdeten Anbau von vornherein ganz zu unterlassen (AG Diez/Lahn Jagdr Entsch Bd V Sachg IX Nr 60; vgl DREES/THIES 31; **aA** LORZ/METZGER/STÖCKEL § 31 Rn 2). Die Grenze bildet das Verbot des Rechtsmißbrauchs (§ 242): „Ein Ersatz für Wildschaden findet nicht statt, wenn die Umstände ergeben, daß die Bodenerzeugnisse in der Absicht gezogen oder erheblich über die gewöhnliche Erntezeit hinaus auf dem Felde belassen sind, um Schadenersatz zu erzielen" (§ 4 Preußisches Wildschadengesetz v 11.7. 1891, Gesetz-Samml f d Königlichen Preußischen Staaten 1891, Nr 26, 307, 308; ebenso SCHERPING/VOLLBACH, RJagdG § 44 Erl 1). Ein Verstoß gegen § 242 ist auch dann zu bejahen, wenn der Eigentümer bestehende Schutzvorrichtungen eingehen läßt, ohne den Jagdausübungsberechtigten davon in Kenntnis zu setzen (BGB-RGRK/OEGG[7] § 835 Bem 7).

19 Sonderregelungen enthalten § 31 Abs 2 S 2 und § 32 BJagdG (AG Walsrode Jagdr Entsch Bd VII Sachg IX Nr 80). Die Haftung des Ersatzpflichtigen ist für eine Reihe von Objekten ausgeschlossen, die von ihrer Natur her einer erhöhten Wildschadensgefahr ausgesetzt sind und deshalb einen besonderen Schutz durch den Eigentümer oder sonstigen Nutzungsberechtigten erfordern (BGH LM Nr 25 zu § 546 ZPO). Die Gefahr eines besonders hohen Schadens soll zugunsten des grundsätzlich Ersatzpflichtigen abgemildert werden. Es verstößt gegen Treu und Glauben, wer jede Maßregel zur Abwendung oder zur Minderung des Schadens unterläßt und gleichwohl den vermeidbar gewesenen Schaden ersetzt verlangt (SCHERPING/VOLLBACH, RJagdG § 47 Erl 2). Soweit og Sonderregelungen reichen, ist § 254 unanwendbar. Das wirkt sich im Anwendungsbereich von § 31 Abs 2 S 2 BJagdG kaum aus, weil dieser nur eine besondere Ausprägung des Mitverschuldensgedankens enthält. Demgegenüber verlagert § 32 BJagdG das Schadensrisiko in vollem Umfang auf den Geschädigten, wenn dieser vom Jagdausübungsberechtigten getroffene Abwehrmaßnahmen unwirksam macht (Abs 1). Nach Abs 2 S 1 wird – soweit die Länder nichts anderes bestimmen – derjenige Wildschaden nicht ersetzt, der an Weinbergen, Gärten, Obstgärten, Baumschulen, Alleen, einzelnstehenden Bäumen, Forstkulturen, die durch Einbringungen anderer als der im Jagdbezirk vorkommenden Hauptholzarten einer erhöhten Gefährdung ausgesetzt sind, oder Freilandpflanzen von Garten- oder hochwertigen Handelsgewächsen entsteht, wenn die Herstellung von üblichen Schutzvorrichtungen unterblieben ist, die unter gewöhnlichen Umständen zur Abwendung des

Schadens ausreichen. Gleiches kann gelten, wenn die Schutzvorrichtung nicht ordnungsgemäß unterhalten wird (AG Cochem Jagdr Entsch Bd VIII Sachg IX Nr 84). Der Gesetzgeber geht davon aus, daß Anlagen und Anpflanzungen der bezeichneten Art einer erhöhten Wildschadensgefahr ausgesetzt sind und deshalb einen besonderen Schutz durch den Eigentümer oder sonstigen Nutzungsberechtigten erfordern. Forstkulturen einer Nebenholzart sind für das Wild ungewohnt und werden deshalb bevorzugt geäst, verbissen, gefegt und geschält. Das gilt auch für Freilandpflanzungen in Gemüseanbaugebieten, die erfahrungsgemäß das Wild anziehen und bei denen die Gefahr, daß sie durch Wildkaninchen beschädigt werden, besonders groß ist. Dem Ersatzpflichtigen kann die Auferlegung einer so hohen Gefahr nicht ohne weiteres zugemutet werden. Die erhöhte Gefährdung ist nicht konkret festzustellen; es ist kein Tatbestandsmerkmal, das kumulativ zum Begriff „andere als der ... vorkommenden Hauptholzarten" erfüllt sein muß. Nordmanntannen sind in Nordrhein-Westfalen andere als im Jagdbezirk vorkommende Hauptholzarten, die einer erhöhten Gefährdung ausgesetzt sind (OLG Hamm Jagdr Entsch Bd XI Sachg IX Nr 101). Die Länder können nach § 32 Abs 2 S 1 BJagdG andere Bestimmungen treffen. Von dieser Möglichkeit haben zB das Land Nordrhein-Westfalen in § 33 Abs 1 LJG-NRW und das Land Brandenburg in § 45 Abs 1 BbgJagdG Gebrauch gemacht. Danach ist der Wildschaden neben den im Jagdbezirk vorkommenden Hauptholzarten, und ohne daß es der üblichen Schutzvorrichtungen bedarf, auch für „geeignete Holzarten" zu ersetzen. Als geeignete Holzarten gelten: Buche, Eiche, Roteiche, Ahorn, Esche, Kiefer (nicht in Brandenburg), Lärche, Fichte und Douglasie unter der Voraussetzung, daß der Anteil der eingebrachten anderen geeigneten Holzarten an der Gesamtfläche der Forstkultur mindestens 20 vH beträgt. Gärten sind Flächen, die unabhängig von Größe und Lage dem Gartenbau, der Obstgewinnung oder Zierzwecken dienen. Sie können gewerbsmäßig (Gärtnerei, Obstplantage), für den häuslichen Bedarf (Haus- oder Schrebergärten) oder zu Luxuszwecken (Golfplatz, Sportflugplatz) betrieben werden. Dabei ist der Begriff des Gartens weit auszulegen. Entsprechend dem allgemeinen Sprachgebrauch sind unter Garten auch in der freien Natur gelegene Rasenflächen zu verstehen. Ganz allgemein sind unabhängig von dem Vorhandensein von Zierpflanzen jegliche Grünanlagen als „Garten" anzusehen. So hat die Rechtsprechung einen Golfplatz und einen Sportflugplatz-Rasen als „Garten" eingestuft (AG Bad Neuenahr Jagdr Entsch Bd XIV Sachg IX Nr 153; AG Walsrode RdL 1990, 151). Gartengewächse sind Gemüse-, Obst- und Zierpflanzen, die üblicherweise in Gärten oder in der für Gärtnereien typischen Anbauweise gezogen werden, ohne daß es darauf ankommt, ob der Anbau flächenmäßig groß oder klein ist und ob er gewerbsmäßig oder nur für den eigenen Bedarf vorgenommen wird (BGH Jagdr Entsch Sachg IX Bd XIII Nr 147 = NJW-RR 2004, 1468). Hochwertige Handelsgewächse sind solche, die für den direkten Endverbrauch nicht geeignet sind, jedoch den Rohstoff für wertvolle Waren abgeben, die durch Be- oder Verarbeitung haltbar gemacht werden und handelsfähig sind. Eine umfangreiche Judikatur hat sich zum Begriff der Garten- oder hochwertigen Handelsgewächse entwickelt (AG Walsrode Jagdr Entsch Bd VII Sachg IX Nr 80 zum Begriff des Gartens; OLG Hamm AgrarR 1996, 265; AG Bad Neuenahr Jagdr Entsch Bd XIV Sachg IX Nr 153; grundlegend zum Begriff des Gartengewächses BGH LM Nr 25 zu § 546 ZPO; BGH Jagdr Entsch Bd XIII Sachg IX Nr 147 = NJW-RR 2004, 1468; auch LG Heilbronn Jagdr Entsch Bd XIII Sachg IX Nr 143; s auch LG Heidelberg Jagdr Entsch Bd XII Sachg IX Nr 112 und AG Walsrode Jagdr Entsch Bd XIII Sachg IX Nr 133; BGH Jagdr Entsch Bd XIII Sachg IX Nr 147 betr Spargel als Gartengewächs; dagegen OLG Karlsruhe Jagdr Entsch Bd XIII Sachg IX Nr 146; LG Frankfurt/M Jagdr Entsch Bd IX Sachg IX Nr 92 betr Sonnenblumen als Zier- und Gartengewächse;

AG Bruchsal Jagdr Entsch Bd XI Sachg IX Nr 102 betr Hybridmais als hochwertiges Handelsgewächs; jedoch nicht biologisch angebaute Kartoffeln AG Celle Jagdr Entsch Bd IX Sachg IX Nr 89; AG Saarburg Jagdr Entsch Bd IX Sachg IX Nr 87 betr Obstbäume; AG Meldorf Jagdr Entsch Bd VII Sachg IX Nr 66 betr grüne Bohnen als Gartengewächs; LG München II Jagdr Entsch Bd III Sachg IX Nr 36 betr Hopfen als hochwertiges Handelsgewächs; ebenso AG Pfaffenhofen Jagdr Entsch Bd II Sachg IX Nr 23; AG Hermeskeil Jagdr Entsch Bd III Sachg IX Nr 37; LG Baden-Baden Jagdr Entsch Bd XIII Sachg IX Nr 129 Jagdr Entsch Bd XIII Sachg IX Nr 144 betr Erdbeere als Gartengewächs bei feldmäßigem Anbau; LG Bonn Jagdr Entsch Bd III Sachg IX Nr 40 betr Kohlrabi, Eissalat, Endivien als Gartengemüse; AG Landau Jagdr Entsch Bd III Sachg IX Nr 41 betr Kopfsalat; AG Rüdesheim Jagdr Entsch Bd XIII Sachg IX Nr 137 betr Körnererbsen als Gartengewächs; dagegen AG Gießen Jagdr Entsch Bd XIII Sachg IX Nr 138; AG Daun Jagdr Entsch Bd XIV Sachg IX Nr 154 betr Futtererbsen als Gartengewächs AG Öhringen Jagdr Entsch Bd XIII Sachg IX Nr 142 betr Zucchini kein Gartengewächs; dagegen LG Heilbronn Jagdr Entsch Bd XIII Sachg IX Nr 143). Nach bisheriger Einschätzung handelt es sich beim Anbau von Mais und anderen Feldfrüchten zur Gewinnung von Energie derzeit nicht um Sonderkulturen. Nach § 32 Abs 2 S 2 BJagdG können die Länder bestimmen, welche Schutzmaßnahmen als üblich anzusehen sind, vgl zB § 11 DVO-BbgJagdG. Zur Abwehr von Schwarzwild dürfte ein Zaun von 1,50 m Höhe als üblich gelten, durch Pfähle so befestigt, daß ein Hochheben ausgeschlossen ist (OLG Braunschweig Jagdr Entsch Bd XII Sachg IX Nr 109; LG Trier Jagdr Entsch Bd VII Sachg IX Nr 81), zur Abwendung eines Schadens von Wildkaninchen ein Zaun aus Drahtgeflecht von 1,20 m Höhe über der Erde und 0,30 m in der Erde (AG Meldorf Jagdr Entsch Bd VII Sachg IX Nr 66), zur Sicherung von Hopfenfeldern Maschendrahtzäune von 1,50 m Höhe oder Elektrozäune (LG München II Jagdr Entsch Bd III Sachg IX Nr 36). Liegen die Voraussetzungen des § 32 BJagdG vor, scheidet eine Schadensteilung nach § 254 aus.

IV. Haftung für Wildschäden außerhalb der §§ 29 ff BJagdG

1. Vertragliche Ansprüche

20 Neben der Haftung für Wildschäden nach den §§ 29 ff BJagdG können vertragliche Schadenersatzansprüche gegeben sein, wenn Vertragsbeziehungen zwischen Jagdausübungsberechtigtem und Grundstücksberechtigtem bestehen. Auch vertragliche Abreden zwischen Jagdausübungsberechtigtem und Jagdgenossenschaft können Ansprüche des Grundstücksberechtigten begründen, wenn jene – was im Einzelfall durch Auslegung zu ermitteln ist – als Vertrag zu seinen Gunsten (§ 328) oder mit Schutzwirkung für ihn (§ 328 analog) zu verstehen sind. Übernimmt der Jagdpächter vertraglich gegenüber der Jagdgenossenschaft die Kosten für Wildschadensverhütungsmaßnahmen, stellt das einen Vertrag zugunsten Dritter, nämlich aller Jagdgenossen dar (OLG Karlsruhe Jagdr Entsch Bd VIII Sachg IX Nr 85). Auf diese Weise kann vor allem die begrenzte gesetzliche Haftung nach § 29 Abs 1 S 3 BJagdG durch Vertrag erweitert werden (zB Ersatz von Wildschaden verursacht durch Wildtauben, LG Krefeld Jagdr Entsch Bd II Sachg IX Nr 21).

2. Deliktische Ansprüche

21 Angesichts der materiell (auf Schäden an Grundstücken durch bestimmte Wildarten) und formell (durch Anmeldefrist und Vorverfahren) beschränkten Wildschadenshaftung nach den §§ 29 ff BJagdG ist die Frage von Bedeutung, in welchem Verhältnis die Regelungen des BJagdG zu den allgemeinen deliktischen Ersatzansprüchen nach den §§ 823 ff stehen (DALCKE/DELIUS 148; EBNER, Pr Jagdrecht, 270: § 835 und § 823 Abs 2 nebeneinander anwendbar; zum BJagdG ebenso MünchKomm/WAGNER Rn 14; SOERGEL/KRAUSE Rn 6; sich ausschließend BGHZ 62, 265, 270; eingehend schon OLG Zweibrücken Ebners Zeitsch I 248; BEHR/OTT/NÖTH 327; DREES/THIES 11; DIETLEIN AgrarR 1996, 241). „Mit Blick auf Personenschäden sowie Schäden an beweglichen Sachen liegt" für MünchKomm/WAGNER (Rn 14) „die Notwendigkeit des Rückgriffs auf § 823 Abs 1 auf der Hand."

Die Wildschadenshaftung und die Deliktshaftung schließen sich tatbestandlich aus. **22** Wird der Schaden nur durch das Verhalten (Rn 6) des Wildes verursacht, kommen allein Ansprüche nach § 29 BJagdG in Betracht. Die Bestimmung regelt abschließend den Sachverhalt (aber auch nur diesen), daß „durch Schalenwild, Wildkaninchen oder Fasanen (ein Grundstück) beschädigt" wird (beiläufig, aber klar Pr OVG, Pr Verw-Bl 32, 646 aE: „Bezüglich des Schadens, der auf anderen Ursachen beruht, also z B durch Menschen ... bewirkt ... ist, ... gelten die allgemeinen Grundsätze des bürgerlichen Rechts über Schadensersatz."). Das stellte schon § 19 Abs 2 Preußisches Wildschadengesetz v 11.7. 1891 (Gesetz-Samml f d Königlichen Preußischen Staaten 1891, Nr 26, 307, 310: „Wildschadenersatz kann nur auf Grund und nach Maßgabe dieses Gesetzes gefordert werden.") klar. Bei dieser Lage scheiden Ansprüche nach **§ 823 Abs 1** offenkundig aus; denn „wer" iSv § 823 Abs 1 ist eine Person und nicht ein Tier. Um die Haftung aus Deliktsrecht auszulösen, muß die Beeinträchtigung des Geschädigten wenigstens mittelbar auf den Willen desjenigen zurückgehen, von dem die Einwirkung ausgeht (vgl OLG Braunschweig Jagdr Entsch Bd IX Sachg XI Nr 88). Das Eigentum oder das Recht zur Aneignung als solches ermöglicht aber keinerlei tatsächliche Einflußmöglichkeit auf das Tier (vBAR, Gemeineuropäisches Deliktsrecht I Rn 208). Der Wildschaden ist nach heutigem Verständnis kein „durch menschliche Tätigkeit mitveranlaßter Uebelstand" (vgl 18. Deutscher Juristentag, Gutachten XII. FRANCKE 161, 162). Die von MünchKomm/WAGNER (Rn 14) aufgeworfene Frage, warum „ausgerechnet das BJagdG eine abschließende Regelung der allgemeinen deliktsrechtlichen Sorgfaltspflichten des Jagdberechtigten darstellen" soll, stellt sich bei § 29 BJagdG mithin gar nicht. Diese Bestimmung hat mit Pflichtverletzungen des Jagdberechtigten nichts zu tun (E W MÜLLER 36). Der Ersatzanspruch besteht bei ordnungsgemäßer Hege und setzt keinen Verstoß etwa gegen §§ 26–28 BJagdG voraus. Bekanntlich stellt die Wildschadenshaftung einen Ausgleich dafür dar, daß dem Grundeigentümer ausreichende Abwehrmöglichkeiten gegen das schadenverursachende Wild versagt sind (oben Rn 3) (bürgerlich-rechtliche Aufopferungshaftung) und der Jagdberechtigte den Vorteil der Jagd genießt (Vorteilsprinzip; Prot II 825; näher oben Rn 3; E W MÜLLER 23). § 29 BJagdG durchbricht den Grundsatz, wonach keine Haftung für durch freilebende Tiere angerichtete Verletzungen und Verluste besteht (oben Rn 1). Mit Rücksicht auf die schwierige Lage der mittleren und kleineren Landwirte (vgl E W MÜLLER 25 f) hat der Gesetzgeber des BGB ausnahmsweise eine solche Haftung vorgesehen, wenn bestimmte Rechtsgüter (nur Grundstücke) durch bestimmte Wildtierarten (sog eigentliches Schadenwild, vgl Prot II 824) beeinträchtigt werden. Der Ausnahmecharakter der Ersatzpflicht kann und darf nicht durch Rückgriff auf § 823 Abs 1 (oder auf andere allgemeine Rechtsinstitute) überspielt werden (dazu Rn 5). Dazu käme es aber, wenn der Jagdberechtigte nach Deliktsrecht Ersatz für Schäden leisten sollte, die an anderen Rechtsgütern und/oder durch andere Tiere verursacht worden sind. Keinerlei Ersatzpflicht besteht somit zB, wenn ein Mensch oder Hund durch einen Keiler oder eine Bache angenommen wird; ebenso haftet niemand für Schäden am Kraftfahrzeug durch Marder, am Geflügelbestand durch Greifvögel, am Fischbestand durch Kormorane oder Graureiher, an Schafherden durch Wölfe, für Schäden an landwirtschaftlichen Kulturen durch Wildgänse, Schwäne oder Kraniche, wie auch für Schäden an Feldfrüchten durch Hasen oder Wildtauben (Fitzner/Oeser § 29 BJagdG Rn 2; Bauer, Jagdordnung § 51 Bem 3 S 312). Das Verhalten dieser Wildtiere und anderer Tiere stellt sich als vom Geschädigten hinzunehmendes Naturereignis dar, für das der Jagdberechtigte nicht haftet (casum sentit dominus) (Rn 1). Soll die Ersatzpflicht generell auf sämtliches bejagbare Wild ausgeweitet werden, müßte der Gesetzgeber § 29 Abs 1 BJagdG entsprechend ändern (diese Forderung ist alt, vgl Prot II 648, 806; zu Reformvorschlägen Dietlein AUR 2003, Beilage III, 1, 19; Köhne AUR 2006, 418, 419; derzeit ist die Novellierung des BJagdG vom Tisch). Im übrigen ist auf § 29 Abs 4 BJagdG zu verweisen. Folge einer solchen Ausweitung des Wildschadenersatzes wären die drastische Reduzierung des Wildbestands und -besatzes und nachlassendes Interesse an der Pacht schadensgefährdeter Reviere.

Dagegen kommt als nach § 823 Abs 1 (ggf auch Abs 2) haftungsbegründendes menschliches Verhalten die übermäßige Hege des Wildes in Betracht (E W Müller 6; Bauer, Jagdordnung § 51 Bem 6 S 313 mwN; Ebner, Pr Jagdrecht, 265; vgl ALR I 9 §§ 141–147; hist Dickel 451–461). Äsungsverbesserung durch Wildäsungsflächen (Bejagungshilfe) ist keine Überhege, wohl aber die Fütterung von Schalenwild außerhalb von Notzeiten (vgl zB § 41 BbgJagdG), Wildmast und Trophäenzucht (wie von Göring in seinem Revier betrieben; „Jagdluxus", 18. Deutscher Juristentag, Gutachten XII Francke 161, 162) sowie das Aussetzen von Wild (vgl zB § 42 BbgJagdG). Die Verletzungshandlung kann beispielsweise auch darin bestehen, daß jemand schuldhaft einen Wildzaun offenstehen läßt, der das Wild vom Eindringen in Gärten und bestellte Felder abhalten soll (Nachw bei Delius Jagdrecht ger Praxis, Bd I 179). Die Haftung wegen des Unterlassens ausreichender Bejagung wird regelmäßig am Fehlen einer entsprechenden Rechtspflicht zum Handeln scheitern. Eine solche Pflicht ergibt sich nicht aus §§ 1 Abs 2, 21 Abs 1 BJagdG (vgl oben Rn 22). Auch auf die Verletzung allgemeiner Verkehrspflichten kann eine Haftung grundsätzlich nicht gestützt werden. Nach Auffassung des BGH folgt das aus dem abschließenden Charakter der jagdgesetzlichen Regelungen im Hinblick auf die Frage, inwieweit der Jagdausübungsberechtigte bei Fehlen besonderer vertraglicher Abmachungen den Grundstücksberechtigten durch jägerische Maßnahmen vor Wildschäden zu schützen hat (BGHZ 62, 265, 270; vgl auch Lorz/Metzger/Stöckel § 29 Rn 3; Drees/Thies 11). Ob diese Begründung angesichts der grundlegenden Unterschiede zwischen Wildschadens- und Deliktshaftung überzeugend ist, mag zweifelhaft sein (Canaris, in: FS Larenz 1983, 55 f). Dennoch ist dem BGH im Ergebnis zuzustimmen (aA Canaris aaO; MünchKomm/Wagner Rn 14). Eine etwaige dem Jagdausübungsberechtigten obliegende Bejagungspflicht bedarf zur Begründung und Begrenzung einer deliktischen Haftung im Hinblick auf Inhalt und Reichweite der Konkretisierung durch die Jagdbehörde (zB behördliche Anordnung oder behördlich festgesetzter oder bestätigter Abschußplan [§ 21 Abs 2 BJagdG]). Dazu sind neben den berechtigten Interessen der Land- und Forstwirtschaft auch Belange des Natur- und Landschaftsschutzes, also öffentlich-rechtliche Gesichtspunkte, zu berücksichtigen (vgl §§ 21 Abs 1, 27 Abs 1 BJagdG). Die notwendige Abwägung dieser unterschiedlichen Belange kann allein die Jagdbehörde zuverlässig treffen. Weder der Jagdausübungsberechtigte noch – im nachhinein – das Zivilgericht („Abschußplan kraft Richterrechts") sind dazu imstande. Es hätte zunächst den Wildbestand bzw -besatz zu dem Zeitpunkt festzustellen, zu dem es die Bejagungspflicht in Erwägung zieht; das ist unmöglich. Bleibt die Jagdbehörde untätig oder legt sie keine bestimmten Abschußzahlen fest und findet sich der Geschädigte damit ab, kann das nicht zu Lasten des Jagdausübungsberechtigten gehen, indem ihm eine allgemeine Verkehrspflicht auferlegt wird, deren Inhalt er von sich aus regelmäßig nicht feststellen kann.

Ansprüche aus § 823 Abs 2 wegen Verletzung eines jagdrechtlichen Schutzgesetzes **23** können nicht darauf gestützt werden, daß der Jagdausübungsberechtigte gegen § 1 Abs 2 S 2 BJagdG („Die Hege muß so durchgeführt werden, daß Beeinträchtigungen einer ordnungsgemäßen land-, forst- und fischereiwirtschaftlichen Nutzung, insbesondere Wildschäden, möglichst vermieden werden.") oder § 21 Abs 1 BJagdG („Der Abschuß des Wildes ist so zu regeln, daß die berechtigten Ansprüche der Land-, Forst- und Fischereiwirtschaft auf Schutz gegen Wildschäden voll gewahrt bleiben...") verstoßen hat. Denn die §§ 1 Abs 2, 21 Abs 1 BJagdG stellen keine Schutzgesetze iSd § 823 Abs 2 dar, weil sie sich in erster Linie an die Jagdbehörde richten und dem betroffenen Grundstückseigentümer nicht die Rechtsmacht verleihen, mit den Mitteln des Privatrechts unmittelbar gegen den Jagdausübungsberechtigten vorzugehen (BGH LM Nr 25 zu § 546 ZPO; BGHZ 62, 265, 266; LG Kleve AgrarR 1996, 267; AG Bruchsal Jagdr Entsch Bd XI Sachg IX Nr 102; PALANDT/SPRAU § 823 Rn 63; DREES/THIES 8; MITZSCHKE/SCHÄFER § 29 Rn 1; DIETLEIN AgrarR 1996, 241, 242; teilweise abweichend WAGNER AgrarR 1998, 240, 244: Haftung nach §§ 823 Abs 2 iVm § 21 BJagdG bei „untragbaren Wildschäden"). Der Grundstückseigentümer muß sich vielmehr an die zuständige Jagdbehörde halten und seine Ansprüche gegebenenfalls verwaltungsgerichtlich durchsetzen (BVerwGE 98, 118: Verpflichtungsklage auf Erhöhung der im Abschußplan festgesetzten Abschußzahlen; vgl auch VGH München AgrarR 1998, 259). Kumulative deliktische Ansprüche gegen den einzelnen Jagdgenossen oder die Jagdgenossenschaft sind mit der gesetzlichen Konzeption der öffentlich-rechtlichen Abschußplanung und -kontrolle grundsätzlich unvereinbar (dazu ausführlich DIETLEIN AgrarR 1996, 241, 243). Anderes kann ausnahmsweise gelten, wenn die Behörde die allgemeinen gesetzlichen Verpflichtungen konkretisiert und dem Jagdausübungsberechtigten nach § 27 Abs 1 BJagdG durch Verwaltungsakt die Reduzierung des Wildbestands aufgegeben hat. In diesem Fall kann § 27 Abs 1 BJagdG iVm dem erlassenen Verwaltungsakt Schutzgesetzcharakter haben und den Jagdausübungsberechtigten bei schuldhafter Pflichtverletzung (zB Nichteinhaltung der Abschußzahlen) zum Schadenersatz nach § 823 Abs 2 verpflichten (BGH aaO; AG Eisleben Jagdr Entsch Bd XIII Sachg IX Nr 125; BGB-RGRK/KREFT Rn 7; ERMAN/SCHIEMANN § 823 Rn 156). Die Erwägungen des BGH lassen sich auf den behördlich festgesetzten oder bestätigten Abschußplan (§ 21 Abs 2 BJagdG) übertragen. Dessen schuldhafte Mißachtung kann deshalb ebenfalls deliktische Schadenersatzansprüche auslösen (zu § 835 aF DALCKE/DELIUS 148).

Ansprüche aus § 833 kommen bei Schäden durch Wild nicht in Betracht, weil dieses **24** keinen „Halter" hat (AG Celle Jagdr Entsch Bd XIII Sachg XI Nr 113). Allerdings können Wildschadens- und Tierhalterhaftung zusammentreffen, wenn der Schaden sowohl durch gehaltene (zB Haustauben) als auch wildlebende (zB Fasanen) Tiere verursacht wird (vgl BGB-RGRK/KREFT Rn 6).

3. Öffentlich-rechtliche Ersatz- und Entschädigungsansprüche

Der Pflicht der Jagdbehörde zur Vermeidung von Wildschäden durch Abschußpla- **25** nung und -kontrolle (§ 21 BJagdG) steht ein subjektives Recht des Grundeigentümers auf Wahrnehmung dieser Pflicht gegenüber, das auf dem Verwaltungsrechtsweg durchzusetzen ist (vgl oben Rn 22). Versagt der verwaltungsgerichtliche Primärrechtsschutz, kommen Ansprüche auf Entschädigung wegen enteignungsgleichen Eingriffs und – bei schuldhaftem Handeln eines Amtsträgers – Schadenersatz wegen Amtspflichtverletzung nach Art 34 GG iVm § 839 in Betracht (BGHZ 91, 243; BGH Jagdr Entsch Bd VII Sachg IX Nr 74; WAGNER AgrarR 1998, 240, 244 ff). Diese Ansprüche sind vor allem für Inhaber nicht verpachteter Eigenjagdbezirke von Bedeutung, denen die Möglichkeit der Schadloshaltung nach §§ 29 ff BJagdG nicht offensteht (vgl oben Rn 11). Haftungsbegründende Eingriffe bzw Pflichtverletzungen können etwa die Aufhebung der Jagdzeit durch Erlaß einer Verordnung, der Nichterlaß einer Ausnahmeregelung nach § 27 BJagdG (BGH Jagdr Entsch Bd VII Sachg IX Nr 74), die Festsetzung zu niedriger Abschußzahlen oder eine mangelhafte behördliche Durchführungskontrolle des Abschußplans sein (Einzelheiten bei DIETLEIN AgrarR 1996, 241, 245). Ersatzpflichtig ist der Staat nicht etwa, weil er in einem Nationalpark die Schwarzwildjagd eingeschränkt hat (OLG Braunschweig Jagdr Entsch Bd XII Sachg IX Nr 109).

V. Jagdschadenersatz nach § 33 BJagdG

1. Grundsätze der Haftung

26 § 33 Abs 1 BJagdG begründet zunächst eine durch beispielhafte („insbesondere") Aufzählungen näher konkretisierte allgemeine Rücksichtnahmepflicht des Jagdausübenden gegenüber den Interessen des Grundstückseigentümers oder Nutzungsberechtigten (vgl LORZ/METZGER/STÖCKEL § 33 Rn 1, 4). Schon der Sachsenspiegel enthielt eine solche Bestimmung: „Nimant en muz de sat tretten durch iagenz willen, noch beizen, sint der zit daz daz korn letken hat" („Niemand darf bei Jagen und Hetzen die Saat betreten von der Zeit an, zu der das Korn Knoten angesetzt hat und aufschießen will"; vREPGOW Sachsenspiegel 150, II 61 § 5).

Der eigentliche Haftungstatbestand findet sich erst in § 33 Abs 2 BJagdG. Er begründet eine Ersatzpflicht des Jagdausübungsberechtigten gegenüber dem Grundstückseigentümer oder Nutzungsberechtigten „für jeden aus mißbräuchlicher Jagdausübung entstandenen Schaden". Die Ersatzpflicht erstreckt sich auch auf vom Jagdausübungsberechtigten bestellte Jagdaufseher sowie Jagdgäste (§ 33 Abs 2 HS 2 BJagdG). Damit wird dem Jagdausübungsberechtigten das Fehlverhalten Dritter deliktisch umfassend zugerechnet, ohne daß es auf eigenes Verschulden ankommt (SOERGEL/KRAUSE Rn 14). Ein Auswahl- oder Überwachungsverschulden des Jagdausübungsberechtigten wird nicht vorausgesetzt.

Die auf § 48 Abs 2 RJagdG zurückgehende Regelung dient dem Interesse des Geschädigten. Der Normzweck besteht darin, wegen der Unübersichtlichkeit der natürlichen Gegebenheiten die Beweislast des Geschädigten zu erleichtern. Er soll sich nicht damit „abmühen" müssen, den Schadenstifter zu ermitteln, sondern stets den Jagdausübungsberechtigten in Anspruch nehmen können (BEHR/OTT/NÖTH 347; SCHERPING/VOLLBACH, RJagdG § 48 Erl 3; vgl auch § 23 des ehemaligen Kurhessischen Gesetzes [BAUER 23] zur Haftung des Jagdpächters für Jagdgäste); dieser bleibt auf den Regreß verwiesen (dazu Rn 30). Das Regelungsziel ist recht schlicht (s oben § 831 Rn 134).

Durch das unbedingte Einstehen des Jagdausübungsberechtigten für Jagdaufseher und Jagdgäste wird die Haftung gegenüber dem Recht der unerlaubten Handlungen erheblich verschärft. Dieses wird von dem Grundsatz beherrscht, daß nur haftet, wer als selbstverantwortlich handelndes Individuum auf vorwerfbare Weise allgemeine Sorgfaltsverbote verletzt hat; dagegen wird für das schädigende Verhalten anderer Personen bei unerlaubten Handlungen nicht gehaftet (BGHZ 1, 248, 251; zum individualistischen Haftungskonzept s oben § 831 Rn 5); der BGH (aaO) wertet § 831 als Ausnahme. § 835 blieb diesem Grundsatz insofern treu, als danach kein Jagdschaden (nur Wildschaden) zu ersetzen war. § 33 Abs 2 HS 2 BJagdG stellt gegenüber den Haftungsregeln des BGB eine auf § 48 Abs 2 RJagdG zurückgehende Durchbrechung dar. Sie geht noch weiter als § 831 (diese Vorschrift sollte freilich durch den Referentenentwurf eines Gesetzes zur Änderung und Ergänzung schadenersatzrechtlicher Vorschriften des Bundesministeriums der Justiz von 1967 [E-1967] ähnlich wie § 33 Abs 2 HS 2 BJagdG konzipiert werden; dazu § 831 Rn 132). § 33 Abs 2 HS 2 BJagdG durchbricht auch § 830 Abs 1 S 2. Danach haften mehrere Beteiligte nur, wenn jeder von ihnen eine unerlaubte Handlung begangen hat, aber unklar ist, wessen Handlung zur Verletzung und zum Schaden geführt hat (Alternativtäterschaft; vgl DEUTSCH Rn 151 f). Die Haftung von Alternativtätern gilt von jeher als Ausnahme; Analogien wurden abgelehnt (DEUTSCH Rn 157). Im Gegensatz dazu haftet der Jagdausübungsberechtigte nach § 33 Abs 2 HS 2 BJagdG für den Jagdaufseher und den Jagdgast, selbst wenn jener sich in jeder Hinsicht rechtmäßig verhalten hat. Dogmatisch steht die Regelung der Repräsentantenhaftung (§ 3 HaftpflG) (LARENZ/CANARIS § 84 II 2), der adjektizischen Haftung (§§ 484, 510 HGB) und der Leutehaftung (§ 428 HGB; s oben § 831 Rn 16, 44, 46) nahe; dabei geht es aber ausschließlich um Hilfspersonen (dazu unten). MünchKomm/WAGNER (Rn 10) sieht in § 32 Abs 2 BJagdG „eine moderne und sachgerechte Lösung der Problematik des Gehilfenversagens durch Zurechnung fremden Fehlverhaltens". Dabei scheint mancherlei übersehen zu werden. § 32 Abs 2 BJagdG erfaßt die mißbräuchliche Jagdausübung durch Jagdgehilfen gerade nicht; für diese gilt nach wie vor § 831. Von Gehilfenversagen kann bezüglich des Jagdgastes keine Rede sein. Der Jagdgast ist kein Gehilfe des Jagdausübungsberechtigten, weder Verrichtungsgehilfe iSv § 831, noch Erfüllungsgehilfe iSv § 278 (RGZ 128, 39, 42; BAUER, Jagdordnung, Nachtrag zu S 42, S 478), sondern eben Gast. Die (unbedingte, adjektizische) Haftung des Gastgebers für seine Gäste ist dem gegenwärtigen deutschen Recht fremd, ebenso wie die personenrechtliche Verbundenheit als Haftungsgrund (s oben § 831 Rn 1). Die Zurechnung läßt sich auch nicht damit begründen, daß die Pflichten nach § 33 Abs 1 BJagdG, deren Verletzung zur Haftung nach § 33 Abs 2 BJagdG führt, nicht bloß allgemeine Rechtspflichten sind (BGHZ 9, 301, 302; 24, 188, 191), „die allen Rechtsgenossen im Interesse des Zusammenlebens auferlegt sind" (HEINRICH STOLL AcP 136 [1932] 257, 298; STAUDINGER/J SCHMIDT [1995] § 242 Rn 1223), sondern daß es sich um Rücksichtnahmepflichten in einer individualisierten Rechtsbeziehung (nämlich gegenüber dem Grundstückseigentümer oder Nutzungsberechtigten) handelt, ähnlich den Pflichten, die sich aus § 241 Abs 2 ergeben. In der Sonderbeziehung existiert zwar die Verschuldenszurechnung (§ 278), aber eben nur für Erfüllungsgehilfen. Der Jagdgast ist aber keine Hilfsperson des Jagdausübungsberechtigten, so daß die Zurechnung des Fremdverschuldens sogar noch weitergeht als nach § 278. Ferner ist die Lösung wenig sachgerecht, weil sich die Unterschiedlichkeit der Haftung für das Fehlverhalten des Jagdhelfers einerseits und des Jagdgastes andererseits im Hinblick auf den Normzweck von § 33 Abs 2 BJagdG schwer erklären läßt (kritisch schon BEHR/OTT/NÖTH 347); die Beweislage ist für den Geschädigten nicht leichter, wenn ein Jagdgehilfe den Schaden verursacht. Überdies kann der Jagdausübungsberechtigte der strengeren Haftung nach § 33 Abs 2 HS 2 BJagdG ausweichen, indem er die Jagd in seinem Revier statt Jagdgästen bevorzugt Jagdgehilfen gestattet, etwa zur Erfüllung des Abschußplans. Darüber hinaus ist die Lösung nach heutigem Verständnis des Worts schwerlich „modern", sondern eher rückwärtsgewandt, beruht sie doch auf der Gesetzgebung von 1934 (nach GOESER 8–10 kein „Nazigesetz"). Die historischen Wurzeln reichen bis in die fränkische Zeit zurück (BRUNNER, 399 f: „Der Volksgenosse, der einen Fremden behaust und beschützt, haftet seinerseits für das, was dieser verbricht"; vGIERKE, Privatrecht III 923); auch dem römischen Recht war die schuldunabhängige Haftung des Wohnungsinhabers (habitator) für seine Gäste (hospites) nicht unbekannt (ULPIAN, CIC Dig 9.3 Nr 1 S 771, actio de his qui effuderint vel deiecerint; dazu unten § 836 Rn 1; vWYSS 68; WAENTIG 62; WÄCHTER 493 f). Schließlich wird bezüglich des Jagdausübungsberechtigten das Verschuldensprinzip zugunsten einer „Gefährdungshaftung für das Verhalten anderer" aufgegeben (ESSER/WEYERS, Schuldrecht II/2 § 64, 1; LARENZ/CANARIS § 84 III 2 b, 618), obwohl von der Jagd durch den Jagdaufseher und den Jagdgast keine durch den Jagdausübungsberechtigten ausgelöste erhöhte, sein unbedingtes Einstehen rechtfertigende Gefährdung ausgeht. Der Jagdausübungsberechtigte haftet somit aufgrund der bloßen Möglichkeit, daß der Schaden auf seiner mißbräuchlichen Jagdausübung beruht. Ihm ist der Beweis abgeschnitten, daß nicht sein Verhalten, sondern das des Jagdaufsehers oder des Gastes für den Jagdschaden ursächlich war. Bezüglich des Jagdgastes schießt die Regelung über den Normzweck, soweit erkennbar, hinaus, bezüglich des Jagdgehilfen bleibt sie dahinter zurück. Um die Beweisnot des Geschädigten abzumildern, hätte es genügt, daß die mißbräuchliche Jagdausübung durch den Jagdausübungsberechtigten wegen seiner Beweisnähe und wegen der primär ihm zustehenden Jagdausübungsberechtigung widerleglich vermutet wird, anstatt ihn ohne eigenes Verschulden für den Jagdaufseher und den Jagdgast unbedingt haften zu lassen.

Die Norm hat mithin nur eine schwache dogmatische Legitimation; ihr fehlt die innere Rechtfertigung. Das legt eine restriktive Auslegung des Haftungstatbestands von § 33 Abs 2 BJagdG nahe (anders aber BEHR/OTT/NÖTH 345).

2. Jagdschaden

a) Beschädigung eines Grundstücks

Der Begriff des Jagdschadens wird vom Gesetz zwar in § 33 Abs 2 HS 2 BJagdG verwendet, aber nicht definiert. Nach § 33 Abs 2 HS 1 BJagdG wird für jeden aus mißbräuchlicher Jagdausübung entstandenen Schaden gehaftet. Dem Wortlaut nach ist die Ersatzpflicht also – anders als nach § 29 BJagdG – nicht auf Schäden an Grundstücken begrenzt. Eine solche Einschränkung ist aber durch den Normzweck von § 33 Abs 2 BJagdG und die daran orientierte restriktive Auslegung geboten. Die Vorschrift soll nur einen Ausgleich für das Betretungsrecht im Rahmen der Jagdausübung schaffen (OLG Düsseldorf Jagdr Entsch Bd XIV Sachg XI Nr 123; SCHERPING/VOLLBACH, RJagdG § 48 Erl 1; deutlich in Art 13 des ehemaligen Jagdgesetzes Oldenburg [BAUER, Sammlung 128; FITZNER/OESER § 33 BJagdG Rn 4]). Dementsprechend ist auch der Kreis der Ersatzberechtigten auf den Grundstückseigentümer oder Nutzungsberechtigten begrenzt. Faßte man den Schadensbegriff weiter, indem Personenschäden und Schäden an beweglichen Sachen miteinbezogen werden, ließe sich schwerlich begründen, warum das Gesetz zum Ersatz dieser Schäden gegenüber dem Grundstückseigentümer und dem Nutzungsberechtigten, aber nicht anderer Personen verpflichtet. Hinzu kommt der systematische Zusammenhang mit Abs 1, der ebenfalls allein auf die Interessen des Grundeigentümers bzw Nutzungsberechtigten abstellt (vgl auch § 34 BJagdG). Schließlich erscheint ein unbedingtes Einstehen des Jagdausübungsberechtigten für Jagdaufseher und Jagdgäste für jedwede Schäden unzumutbar. Dem Recht der unerlaubten Handlungen ist die Wertung zu entnehmen, daß den Jagdausübungsberechtigten für sonstige Schäden ohne Verschulden keine Haftung treffen soll. Die deliktsrechtliche Grundentscheidung zu modifizieren, ist nur im Hinblick auf den besonderen oben beschriebenen Normzweck von § 33 BJagdG (Ausgleich für das Betretungsrecht) gerechtfertigt. Daher ist der infolge Verendens einer Zuchtstute entstandene Schaden kein Jagdschaden (OLG Düsseldorf Jagdr Entsch Bd XIV Sachg XI Nr 123).

b) Mißbräuchliche Jagdausübung

Nach § 33 Abs 2 HS 1 BJagdG muß der Schaden aus mißbräuchlicher Jagdausübung **28** entstanden sein. Das Tatbestandsmerkmal Jagdausübung ist iSv § 1 BJagdG (eng) auszulegen (dagegen BEHR/OTT/NÖTH 345; zur Auslegung s oben Rn 26). Die Gesetzesformulierung („aus") fordert zunächst einen sachlichen Zusammenhang mit der Jagd. Schäden, die lediglich „bei Gelegenheit" der Jagdausübung entstehen, zB durch Abpflücken fremden Obstes oder durch einen Jagdaufseher, welcher die Gelegenheit eines Kontrollgangs benutzt, um im Nachbarrevier zu wildern, sind nicht nach § 33 BJagdG ersatzfähig (LINNENKOHL § 33 Rn 2; LORZ/METZGER/STÖCKEL § 33 Rn 4).

Eine Entschädigungspflicht sieht das Gesetz nicht vor, wenn die Schranken des **29** schonenden Gebrauchs – des civiliter uti – nicht überschritten werden. Den zumutbaren und nicht vermeidbaren, in der Regel unbedeutenden Jagdschaden muß der Grundstückseigentümer oder Nutzungsberechtigte in Kauf nehmen. Dieser Schaden ist durch den Pachtzins abgegolten. Daher ist weitere Voraussetzung, daß die Jagd mißbräuchlich ausgeübt wurde. Der Begriff der Mißbräuchlichkeit iSd § 33 Abs 2 HS 2 BJagdG wird ganz überwiegend mit Verschulden gleichgesetzt (BGB-RGRK/ KREFT Rn 18; ERMAN/SCHIEMANN Rn 3; MITZSCHKE/SCHÄFER § 33 Rn 8; LORZ/METZGER/STÖCKEL § 33 Rn 4; DREES/THIES 34). Dem dürfte zumindest im Ergebnis zu folgen sein, da Mißbrauch ohne Sorgfaltspflichtverstoß kaum denkbar ist (vgl ESSER/WEYERS, Schuldrecht II/2 § 64 1). Anknüpfungspunkt für mißbräuchliches Verhalten ist § 33 Abs 1 BJagdG. Es kann also vor allem darin bestehen, daß besäte Felder und nicht abgemähte Wiesen nicht hinreichend geschont, auf mit reifender Halm- oder Samenfrucht bestandenen Feldern Treibjagden abgehalten oder unter Beschädigung reifender Früchte Suchjagden veranstaltet werden (Einzelheiten bei LORZ/METZGER/STÖCKEL § 33 Rn 1 ff). In Betracht kommt aber auch ein Verstoß gegen die allgemeine Pflicht zur Rücksichtnahme (vgl oben Rn 26).

3. Ersatzpflichtiger

Zum Ersatz des Jagdschadens ist der Jagdausübungsberechtigte (§§ 3, 11 BJagdG) **30** verpflichtet. Das gilt nach § 33 Abs 2 HS 2 BJagdG auch, wenn der Schaden durch einen von ihm bestellten Jagdaufseher oder einen Jagdgast verursacht wird (zum behördlich bestätigten Jagdaufseher [§ 25 BJagdG] s unten Rn 40). Den Jagdausübungsberechtigten trifft nach § 33 Abs 2 HS 2 BJagdG eine unbedingte Einstandspflicht für von Jagdaufseher oder Jagdgast verursachte Jagdschäden. Der Jagdausübungsberechtigte kann sich daher auch nicht wie nach § 831 Abs 1 S 2 durch den Nachweis fehlenden

Verschuldens entlasten (vgl BGB-RGRK/KREFT Rn 18). Allerdings wird man ein Verschulden des Jagdaufsehers oder Jagdgastes fordern müssen. Das ergibt sich zwar nicht unmittelbar aus dem Wortlaut von § 33 Abs 2 HS 2 BJagdG, folgt aber aus dem systematischen Zusammenhang mit HS 1. Das dort aufgestellte Erfordernis der mißbräuchlichen Jagdausübung gilt für alle Fälle der Jagdschadenshaftung (LORZ/ METZGER/STÖCKEL § 33 Rn 4; FITZNER/OESER § 33 BJagdG Rn 3; vgl auch BGB-RGRK/KREFT Rn 18). § 33 Abs 2 HS 2 BJagdG erweitert die Einstandspflicht des Jagdausübungsberechtigten in persönlicher, nicht aber in sachlicher Hinsicht.

Der Jagdausübungsberechtigte kann beim Jagdaufseher und beim Jagdgast nach §§ 426, 421, 823 Rückgriff nehmen. UU haften sie dem Jagdausübungsberechtigten auch nach § 280 Abs 1, wenn zwischen beiden ein Schuldverhältnis besteht. Beim Jagdgast liegt die Haftung eher fern; denn zB eine Treibjagd ist in aller Regel eine gesellschaftliche Veranstaltung, bei der es sich beiderseits um Gefälligkeiten ohne rechtlichen Charakter handelt (RGZ 128, 39, 42), anders verhält es sich beim zahlenden Jagdgast.

4. Ersatzberechtigter

31 Ersatzberechtigt ist der geschädigte Grundstückseigentümer oder der Nutzungsberechtigte (§ 33 Abs 2 BJagdG). Insoweit kann auf die Ausführungen zur Wildschadenshaftung (oben Rn 13) verwiesen werden.

5. Inhalt und Umfang der Ersatzpflicht

32 Für den Jagdschadenersatz gelten die §§ 249 ff ohne Einschränkungen. Sonderregelungen wie bei der Wildschadenshaftung enthält das Gesetz nicht.

VI. Haftung für Jagdschäden nach allgemeinem Deliktsrecht

33 § 33 BJagdG schließt eine Haftung nach den §§ 823 ff nicht aus. Jeder Jäger ist für Schäden, die er im Rahmen der Jagdausübung durch schuldhaftes Verhalten verursacht, nach Maßgabe des **§ 823 Abs 1** ersatzpflichtig (vgl BGH AgrarR 2001, 17; OLG Celle AgrarR 1996, 261). Die Haftung kann sich beispielsweise aus der Benutzung fehlerhafter Schußwaffen und Patronen, aus nachlässiger Verwahrung von Schußwaffen, aus unvorsichtiger Handhabung des Gewehrs und unvorsichtigem Schießen ergeben. Typischer Anwendungsbereich der deliktischen Haftungsnormen sind Jagdunfälle. Schon früh wurde die Frage erörtert, unter welchen Voraussetzungen der Errichter von Fallgruben zur Jagd von Bären und Hirschen für die aus dieser Gefahrenquelle resultierenden Unfälle verantwortlich ist (PAULUS, CIC Dig 9. 2 Nr 28 S 752). Auch in heutiger Zeit kommt es noch gelegentlich vor, daß (sogar alte passionierte) Jäger (LG Mönchengladbach Jagdr Entsch Bd XIII Sachg XI Nr 110), ahnungslose (gelegentlich auch neugierige) Spaziergänger, Kinder oder Hunde (AG Rottweil Jagdr Entsch Bd V Sachg XI Nr 57) durch nicht hinreichend kenntlich gemachte (etwa durch Warnschild [AG Neuß Jagdr Entsch Bd VI Sachg XI Nr 62 – auch zum Mitverschulden eines Spaziergängers]; AG Lichtenfels Jagdr Entsch Bd V Sachg XI Nr 52 betr Schwanenhals) oder gesicherte (durch Umzäunung oder Fangbunker) Fallen verletzen (LG Augsburg Jagdr Entsch Bd VIII Sachg XI Nr 81; AG Oberndorf Jagdr Entsch Bd V Sachg XI Nr 58 – hier *keine* Verletzung der Verkehrssicherungspflicht). Allerdings hat sich die Problematik aufgrund

veränderter Jagdmethoden insgesamt verlagert. In der Rechtsprechung dominieren heute (Un-)Fälle mit Schußwaffen, etwa die Verletzung eines Jagdteilnehmers oder Jagdhundes durch Büchsen- oder Schrotschüsse (RGZ 128, 39, 43 f; OLG Oldenburg VersR 1980, 339; OLG Koblenz Jagdr Entsch Bd VIII Sachg XI Nr 79 betr auch Mitverantwortung des Durchgehschützen; OLG München Jagdr Entsch Bd VIII Sachg XI Nr 80; LG Göttingen Jagdr Entsch Bd XIII Sachg XI Nr 109 betr Jagdhund, auch Mitverschulden; LG Oldenburg Jagdr Entsch Sachg XI Bd VII Nr 67; LG Passau Jagdr Entsch Bd VII Sachg XI Nr 68; LG Kaiserslautern Jagdr Entsch Bd VII Sachg XI Nr 75 betr Bestimmung des Werts eines Jagdgebrauchshunds; LG Lüneburg Jagdr Entsch Bd V Sachg XI Nr 48 betr Erstattung der Behandlungskosten bei Verletzung eines Hundes; AG St Goar Jagdr Entsch Bd XIII Sachg XI Nr 118; LG Traunstein Jagdr Entsch Bd V Sachg XI Nr 50 betr Berücksichtigung des Affektionsinteresses bei Schadensersatz für Verletzung eines Hundes) oder unbeabsichtigtes Lösen eines Schusses (BGH VersR 1958, 851; zu den Sorgfaltspflichten eines Schützen OLG Saarbrücken Jagdr Entsch Bd VII Sachg XI Nr 74; LG Kassel Jagdr Entsch Bd II Sachg XI Nr 24; OLG Oldenburg Jagdr Entsch Bd II Sachg XI Nr 26 [Gesellschaftsjagd]). Auch unbeteiligte Dritte können Opfer unerlaubter Handlungen im Rahmen der Jagdausübung sein, wenn etwa das Pferd eines zufällig vorbeikommenden Reiters durch Schußknall in Panik gerät und Verletzungen erleidet (OLG Saarbrücken Jagdr Entsch Bd VII Sachg XI Nr 74). Die Veranstaltung und Durchführung einer Jagd bringt regelmäßig Gefahren für andere Jagdteilnehmer und unbeteiligte Dritte mit sich (RGZ 128, 39, 43). Aus der Schaffung dieser Gefahrenquelle ergeben sich *Verkehrssicherungspflichten* des Jagdveranstalters- oder -organisators, die diesen zu Schutzmaßnahmen und im Falle deren Unterlassens zum Schadensersatz nach § 823 Abs 1 verpflichten können (BGH AgrarR 1976, 233 = VersR 1976, 593; eingehend STAUDINGER/HAGER [1999] § 823 Rn E 367 ff; OLG Düsseldorf Jagdr Entsch Bd XIV Sachg XI Nr 123). So darf etwa bei einer Treib- oder Drückjagd das Wild nicht in Richtung auf eine befahrene Straße getrieben oder gedrückt werden (BGH aaO), sondern das Treiben muß von der Straße möglichst wegführen. Durch möglichst dichte Treiberketten ist einem Auswechseln des Wildes nach rückwärts zusätzlich vorzubeugen, etwa durch Anbringen von „Jagdlappen"; auch mag die Aufstellung einer Postenkette erforderlich sein (BGH aaO; ebenso LG Rostock Jagdr Entsch Bd XIII Sachg XI Nr 117). Den Jagdveranstalter trifft die Pflicht, sich entweder vor Beginn einer Treibjagd zu vergewissern, daß sich im Bereich der Jagd keine Tiere befinden, welche durch die Schüsse der Jäger, den dadurch erzeugten Lärm und die Hunde gefährdet werden können, oder aber Eigentümer oder sonstige Nutzer von der bevorstehenden Jagd zu unterrichten, damit diese ihrerseits Schutzvorkehrungen für die durch die Jagd gefährdeten Tiere treffen können (OLG Düsseldorf Jagdr Entsch Bd XIV Sachg XI Nr 123). Der Veranstalter einer Drückjagd muß aber nicht damit rechnen, daß ein aufgescheuchtes Wildschwein in ein Wohnhaus durch die geschlossene Terrassentür eindringt und Schaden anrichtet (LG Lüneburg Jagdr Entsch Bd XIII Sachg XI Nr 112, bestätigt durch OLG Celle Jagdr Entsch Bd XIII Sachg XI Nr 115).

Treib- oder Gesellschaftsjagden sind in der Regel gesellschaftliche Veranstaltungen, Einladungen und Teilnahme sind Gefälligkeiten ohne rechtlichen Charakter. Der veranstaltende Jagdherr ist daher nicht Geschäftsherr der teilnehmenden Jagdgäste und haftet bei Jagdunfällen nicht für diese aus § 831 (auch § 278 ist unanwendbar, RGZ 128, 39, 42), wenn sie sich gegenseitig oder wenn sie Treiber oder unbeteiligte Dritte verletzen. Er kann sich aber selbst im Einzelfall aus § 823 Abs 1 verantwortlich machen, wenn er schuldhaft ungeeignete Personen (zB ohne Jagdschein oder ihm als unvorsichtig bekannte Schützen, RGZ 128, 39) zuläßt oder nicht von der weiteren Teilnahme an der Jagd ausschließt oder wenn er als Veranstalter (Jagdleiter) nicht die erforderlichen Vorkehrungen zur gefahrlosen Durchführung der Jagd trifft (vgl dazu BGH VersR 1966, 190; auch BEHR/OTT/NÖTH 581) oder unsachgemäße Anordnungen über die Durchführung der Jagd erteilt.

34 In Betracht kommen ferner Ersatzansprüche nach **§ 823 Abs 2** wegen Verstoßes gegen ein Schutzgesetz, zB § 303 StGB (Tötung eines Hundes; AG Neuss Jagdr Entsch Bd VII Sachg XI Nr 73 betr auch Mitverschulden; LG Rottweil Jagdr Entsch Bd VI Sachg XI Nr 65 betr auch Tötungsrecht wegen Wilderns) oder § 20 Abs 1 BJagdG („An Orten, an denen die Jagd nach den Umständen des einzelnen Falles die öffentliche Ruhe, Ordnung oder Sicherheit stören oder das Leben von Menschen gefährden würde, darf nicht gejagt werden."). Diese Vorschrift dient vor allem auch dem Schutz von Straßenbenutzern, die durch die Jagdausübung gefährdet werden, und stellt ein die allgemeine Verkehrssicherungspflicht konkretisierendes Schutzgesetz iSd § 823 Abs 2 dar (vgl BGH aaO; OLG Celle VersR 1974, 1087, 1088; LG Aachen Jagdr Entsch Bd VIII Sachg XI Nr 82; ERMAN/SCHIEMANN § 823 Rn 163). Aus § 20 BJagdG ist kein generelles Verbot herzuleiten, in der Nähe von Bundes- oder anderen Straßen die Jagd auszuüben (LG Aachen Jagdr Entsch Bd VIII Sachg XI Nr 82; AG Freising Jagdr Entsch Bd V Sachg XI Nr 55).

35 Allerdings ist der Jagdausübungsberechtigte nicht verpflichtet, den Straßenverkehr vor allgemeinen Gefahren durch Wildwechsel in seinem Jagdbezirk zu schützen. Nicht alle nachteiligen Auswirkungen der Jagd können von dem Verkehr ferngehalten werden; das gilt gerade für die Beeinträchtigung des Straßenverkehrs durch bei der Jagd aufgestörtes Wild (LG Rostock Jagdr Entsch Bd XIII Sachg XI Nr 117). Abwehr und Steuerung solcher durch die Widmung der Straße geschaffenen Gefahren obliegt nicht dem Jagdausübungsberechtigten, sondern den für die Unterhaltung und Sicherung der Straße verantwortlichen Stellen (vgl BGH, VersR 1979, 593). Aus der Sicht der Verkehrsteilnehmer ist es unter gewöhnlichen Umständen unerheblich, ob das Wild von einem Jäger oder aus anderen Gründen, etwa bei Wald- oder Feldarbeiten oder von Spaziergängern ungewollt oder bewußt aufgeschreckt worden ist. Deshalb tritt auch der Gesichtspunkt, daß der Jäger das Wild planmäßig aufsucht, es bewußt aufstört, für die Beurteilung der zu verlangenden Gefahrabwehr zurück (LG Aachen Jagdr Entsch Bd VIII Sachg XI Nr 82). Der Verkehrsteilnehmer muß auf Straßen, die über Land oder durch Wald führen, mit der Begegnung mit flüchtendem Wild rechnen (AG Freising Jagdr Entsch Bd V Sachg XI Nr 55). Die Verletzung der Warnpflicht (zB Aufstellen von Warnschildern) kann Amtshaftungsansprüche nach § 839 begründen (OLG Stuttgart DAR 1965, 49; OLG Celle VersR 1967, 382; LEENEN DAR 1973, 317).

36 Durch § 33 Abs 2 HS 2 BJagdG (zuvor § 48 Abs 2 RJagdG) hat die Haftung des Jagdausübungsberechtigten nach **§ 831 Abs 1** für durch den Jagdaufseher verursachte Jagdschäden iSd BJagdG (s oben Rn 27) an praktischer Bedeutung verloren. Nach § 831 haftet der Jagdausübungsberechtigte aber für vom Jagdaufseher verursachte Schäden, die keine Jagdschäden sind, zB Personenschäden (RG WarnR 1928 Nr 76; LG Augsburg Jagdr Entsch Bd VIII Sachg XI Nr 81). Nach dieser Bestimmung haftet der Jagdausübungsberechtigte auch, wenn sonstige Verrichtungsgehilfen Schäden verursachen (zB Arbeiter beim Bau von Jagdeinrichtungen). Richten Jagdgäste andere Schäden als Jagdschäden an, wird dadurch weder eine Haftung des Jagdausübungsberechtigten nach § 33 Abs 2 HS 2 BJagdG, noch nach § 831 Abs 1 ausgelöst (Jagdgäste sind keine Verrichtungsgehilfen, RGZ 128, 39, 42; BAUER, Jagdordnung, Nachtrag zu S 42, S 478).

Richtet der Inhaber eines Jugendjagdscheins (§ 16 BJagdG) Schaden an, kann eine 37
Haftung des Aufsichtspflichtigen nach § 832 ausgelöst werden (§ 832 Rn 111). Die an
die Aufsichtspflicht zu stellenden Anforderungen sind hoch (vgl § 16 Abs 2, 3
BJagdG: Begleitung durch jagdlich erfahrene Person; Verbot der Teilnahme an
Gesellschaftsjagden).

In Betracht kommt ferner eine Haftung des jagenden Tierhalters nach § 833 (BEHR/ 38
OTT/NÖTH 585–590). Sie kann durch das Verhalten von Jagdhunden (der Jagdhund des
Försters ist Berufstier iSv § 833 S 2) ausgelöst werden, etwa wenn ein Hund bei der
Nachsuche nach angeschossenem Wild auf eine öffentliche Straße gelangt (OLG
Bamberg NJW-RR 1990, 735 = Jagdr Entsch Bd VIII Sachg XI Nr 78 – Ein Jagdhund darf nicht
unangeleint zur Nachsuche auf ein angeschossenes Wild angesetzt werden, wenn die Gefahr besteht,
daß der Hund in den öffentlichen Straßenverkehr gelangt, ohne daß der Jäger ausreichend auf ihn
einwirken kann). oder ein Reh aufstöbert und dieses bei der Flucht einen Verkehrsunfall verursacht (OLG Celle VersR 1959, 573).

Kommt es durch Einsturz eines Jagdhochsitzes oder Ablösung von Teilen desselben 39
zu Personen- oder Sachschäden, kann ein Ersatzanspruch nach § 836 gegeben sein
(§ 836 Rn 19, 58).

Soweit der behördlich bestätigte (§ 25 BJagdG) Jagdaufseher in Ausübung der ihm 40
übertragenen öffentlichen Gewalt handelt, greift nicht § 33 BJagdG, sondern die
Haftung gem § 839, Art 34 GG ein. Ein behördlich bestätigter Jagdaufseher, der bei
Ausübung des Jagdschutzes (vgl § 25 BJagdG) Zwangsmaßnahmen anwendet, han-
delt in Ausübung der ihm durch die Bestätigung übertragenen öffentlichen Gewalt.
Demzufolge haftet bei schuldhafter Amtspflichtverletzung nicht der private Revier-
inhaber, der ihn bestellt, sondern gemäß Art 34 GG der Staat, dessen Behörde ihn
bestätigt hat (RGZ 142, 190; OLG Celle VersR 1962, 451), oder die öffentlich-rechtliche
Körperschaft (Gemeinde, Jagdgenossenschaft), in deren Diensten er steht (vgl MITZ-
SCHKE/SCHÄFER, BJagdG[4] Rn 28 zu § 25 BJagdG). Die Haftung nach § 839, Art 34 GG kann
auch eingreifen, wenn Polizeibeamte bei Ausübung des Jagdschutzes den Verhältnis-
mäßigkeitsgrundsatz mißachten, indem sie einen Deutsch-Langhaar beschießen,
weil er unrechtmäßig Stockenten jagt (OLG Frankfurt Jagdr Entsch Bd IX Sachg XI Nr 91).
Zu berücksichtigen ist aber das Mitverschulden des Hundeführers, wenn er es
duldet, daß sich der Jagdhund aus seinem Einwirkungsbereich entfernt.

VII. Geltendmachung von Wild- und Jagdschaden

1. Wahrung der Anmeldefrist

Nach § 34 S 1 BJagdG erlischt der Anspruch auf Wild- oder Jagdschadenersatz nach 41
den §§ 29 ff BJagdG (nicht nach anderen Vorschriften!), wenn der Berechtigte den
Schadensfall nicht binnen Wochenfrist ab tatsächlicher oder bei Beachtung gehöriger Sorgfalt möglicher Kenntnis bei der zuständigen Behörde anmeldet. Bei forstwirtschaftlich genutzten Grundstücken genügt die Anmeldung jeweils zum 1. 5. oder
1. 10. des Jahres (§ 34 S 2 BJagdG) (vgl LG Arnsbach Jagdr Entsch Bd VIII Sachg IX Nr 86).
Die Fristberechnung richtet sich nach §§ 186 ff.

Die kurze Frist soll schnell Rechtsklarheit schaffen und andere Schadensursachen so weit wie möglich ausschließen (vgl FITZNER/OESER § 34 BJagdG Rn 1) (Beweissicherung). Eine Anmeldung ist nur dann ausreichend, wenn aus ihr hervorgeht, welcher Schaden wo genau durch welche Schadensursache entstanden ist. Die Regelung beruht auf der Überlegung, daß Feststellungen über die Schadensursache schnell getroffen werden müssen, da es vielfach auch für einen erfahrenen Schätzer sehr schwer ist, erst nach längerer Zeit festzustellen, ob der angemeldete Schaden lediglich durch Schadwild im Sinne des § 29 BJagdG verursacht wurde, oder ob er auch bzw allein auf Witterungsverhältnisse (Frost, Regen, Hagel, Hitze), Bestellungs- oder Düngungsfehler oder ähnliches zurückzuführen ist (Beweissicherung). Da bei der Schadenfeststellung schnell vergängliche Merkmale wie Fährten, Spuren oder Geläuf, Losung oder Gestüber, Verbißstellen sowie Zahnabdrücke eine Rolle spielen und das äußere Bild der Schadensverursachung sich rasch ändern kann, sind diese genauen Angaben innerhalb der einwöchigen Frist unabdingbar (AG Koblenz Jagdr Entsch Bd VII Sachg IX Nr 69; AG Bad Neustadt a d Saale Jagdr Entsch Bd XIII Sachg IX Nr 123). Vereinzelt wird der Sinn auch darin gesehen, daß der Geschädigte nach dem Rechtsgedanken von § 254 seinen Anspruch einbüßt, wenn er nicht dem Jagdausübungsberechtigten durch Anmeldung des Schadens Gelegenheit gibt, durch Verwittern oder andere Maßnahmen das Wild zu vergrämen und damit die Schadensquelle zu beseitigen (AG Saarlouis Jagdr Entsch Bd V Sachg IX Nr 59).

Nach ihrem Wortlaut und Normzweck ist die Frist als *materiell-rechtliche Ausschlußfrist* anzusehen (DREES/THIES 35 mwN aus der Rechtsprechung; LORZ/METZGER/STÖCKEL § 34 Rn 2; AG Plön Jagdr Entsch Bd XII Sachg IX Nr 117; nach AG Bühl Jagdr Entsch Bd VII Sachg IX Nr 72 „Anspruchsvoraussetzung"), nicht als Verjährungsfrist. Sie ist weder verlänger- noch verzichtbar, Fristversäumung ist von Amts wegen zu berücksichtigen und kann nicht durch Wiedereinsetzung in den vorigen Stand geheilt werden (allgemein zu Ausschlußfristen MünchKomm/GROTHE § 194 Rn 7–9).

Maßgeblich für den Fristlauf ist die Kenntnis oder verschuldete (§ 276) Unkenntnis des Schadens. Die Frist beginnt, sobald der Verdacht eines Wildschadens naheliegt (LG Itzehoe Jagdr Entsch Bd X Sachg IX Nr 98; LG Hagen Jagdr Entsch Bd XI Sachg IX Nr 107). Eine positive Kenntnis davon, daß die festgestellten Schäden von Wild herrühren, ist nicht erforderlich. Zur Einhaltung der Anmeldefrist gehört die Angabe darüber, wann der Schaden festgestellt wurde (AG Daun Jagdr Entsch Bd XII Sachg IX Nr 110). Entsteht fortlaufend Wildschaden, so ist dieser von Woche zu Woche anzumelden (LG Osnabrück Jagdr Entsch Bd IX Sachg IX Nr 91; AG Saarlouis Jagdr Entsch Bd V Sachg IX Nr 59). Es gehört zu den Obliegenheiten eines Landwirts, seine Grundstücke in regelmäßigen Abständen auf deren Zustand zu überprüfen (LG Trier Jagdr Entsch Bd VIII Sachg IX Nr 82), nach LG Hechingen (Jagdr Entsch Bd VIII Sachg IX Nr 83) einmal im Monat; nach AG Kirchhain (Jagdr Entsch Bd XIII Sachg IX Nr 132) sind in der Erntezeit einwöchige Kontrollen erforderlich; in der winterlichen Vegetationspause sind zweiwöchige Kontrollen nicht ausreichend.

2. Behördliches Vorverfahren und gerichtliche Geltendmachung

§ 35 BJagdG ermächtigt die Länder, das Beschreiten des ordentlichen Rechtswegs in Wild- und Jagdschadenssachen von der vorherigen Durchführung eines *verwaltungsbehördlichen Feststellungsverfahrens* abhängig zu machen und dieses Verfahren im einzelnen auszugestalten (zum Begriff des Wildschadens VG Düsseldorf Jagdr Entsch Bd IX

Sachg IX Nr 95; zum Begriff des Jagdschadens LG Trier Jagdr Entsch Bd IX Sachg IX Nr 96). Von dieser Ermächtigung haben alle Bundesländer Gebrauch gemacht (zum Verfahren in den neuen Bundesländern LAUVEN AgrarR 1998, 401). Die Durchführung des Vorverfahrens ist *Zulässigkeitsvoraussetzung* für einen nachfolgenden Zivilprozeß (von Amts wegen zu prüfende Prozeßvoraussetzung für die Beschreitung des Zivilrechtswegs: OLG Hamm Jagdr Entsch Bd XI Sachg IX Nr 101; Einzelheiten bei LORZ/METZGER/STÖCKEL zu § 35). Das Vorverfahren dient der raschen Erledigung des behaupteten Schadens sowie einer gütlichen Einigung der Beteiligten. Es handelt sich um zwingendes Recht. Die Beteiligten können auf die Durchführung des Vorverfahrens nicht verzichten (LG Verden Jagdr Entsch Bd VII Sachg IX Nr 78), wenn sie den Rechtsweg beschreiten wollen. Das Recht der Beteiligten, Wild- und Jagdschadenssachen ohne Vorverfahren durch Vereinbarung zu regeln, bleibt unberührt (vgl § 25 Abs 5 AVBayJG). Bei Untätigkeit der Verwaltungsbehörde ist die Eröffnung des Rechtswegs zu den ordentlichen Gerichten durch Art 19 Abs 4 GG geboten (LG Mannheim Jagdr Entsch Bd IX Sachg IX Nr 94; AG Freudenstadt Jagdr Entsch Bd VII Sachg IX Nr 76; ebenso bei Ablehnung des Vorverfahrens vgl LG Hannover Jagdr Entsch Bd VI Sachg IX Nr 63). „Beteiligte" sind die Geschädigten und die zum Schadenersatz Verpflichteten einschließlich der Jagdgenossenschaft und der Jagdpächter, die einen Schaden ganz oder teilweise zu erstatten haben. Der das Vorverfahren abschließende Vorbescheid hat die Qualität eines Verwaltungsakts. Aus ihm kann die Zwangsvollstreckung betrieben werden. Seine Vollstreckbarkeit wird nicht durch Klageerhebung beseitigt. Nach §§ 719, 707 ZPO kann die einstweilige Einstellung der Zwangsvollstreckung beantragt werden (LG Trier Jagdr Entsch Bd VII Sachg IX Nr 71). Gegen den Vorbescheid ist die Klage im Zivilrechtsweg zulässig. In Wildschadenssachen ist also nicht der Verwaltungsrechtsweg gegeben (VG Koblenz Jagdr Entsch Bd II Sachg IX Nr 19). Sämtliche Streitigkeiten, die im Zusammenhang mit Wildschäden entstehen, sind dem ordentlichen Rechtsweg zugewiesen (AG Koblenz Jagdr Entsch Bd VII Sachg IX Nr 69). Die Klage muß den Anforderungen von § 253 ZPO entsprechen (LG Hildesheim Jagdr Entsch Bd IX Sachg IX Nr 93). An die von der Behörde getroffenen Feststellungen ist das Gericht aber nicht gebunden.

Für Streitigkeiten wegen *Wildschadens* ist nach § 23 Nr 2d GVG ohne Rücksicht auf **43** den Streitgegenstand das *Amtsgericht sachlich zuständig*. Streitigkeiten wegen Jagdschadens werden von der Vorschrift nicht erfaßt (ZÖLLER/GUMMER GVG § 23 Rn 15; DREES/THIES 51; LORZ/METZGER/STÖCKEL § 35 Rn 1; LINNENKOHL § 35; aA BGB-RGRK/KREFT Rn 19).

3. Beweisfragen

Die Darlegungs- und Beweislast bei der gerichtlichen Geltendmachung von Wild- **44** und Jagdschäden richtet sich grundsätzlich nach den allgemeinen Regeln (vgl etwa ZÖLLER/GREGER vor § 284 Rn 15 ff). Beweisschwierigkeiten des Geschädigten vor allem bei Jagdschäden, die aus einer größeren Jagdgesellschaft heraus verursacht werden (zB Treibjagd), lassen sich durch Anwendung des § 830 Abs 1 S 2 überwinden (BGH VersR 1962, 430: Haftung mehrerer Jäger bei Verletzung eines Passanten; OLG Oldenburg VersR 1980, 339: Verletzung eines Jagdteilnehmers durch Schrotschüsse; ebenso LG Passau Jagdr Entsch Bd VII Sachg XI Nr 68; ausführlich zur Beteiligtenproblematik § 830 Rn 65 ff). Soweit das LG Krefeld (Jagdr Entsch Bd II Sachg IX Nr 21) aus der Qualifizierung der Wildschadenshaftung als Ausgleichshaftung schließt, § 830 Abs 1 S 2 sei unanwendbar, ist dem nicht zu folgen. Es besteht kein Grund, § 830 Abs 1 S 2 nicht entsprechend anzuwenden, wenn der Schaden zB durch Wild- oder durch Haustiere (Wild- oder Haustauben) verursacht worden ist. Die Vorschrift gilt auch entsprechend für den Ausgleichsanspruch nach § 906 Abs 2 S 2 (§ 830 Rn 78) und Entschädigungsansprüche aus enteignendem und enteignungsgleichem Eingriff (BGHZ 101, 106, 111 = NJW 1987, 2811, 2812). Nach der Rechtsprechung ist für die form- und fristgerechte Anmeldung eines Schadensfalls der mögliche Anspruchsberechtigte beweispflichtig (LG Itzehoe Jagdr Entsch Bd X Sachg IX Nr 98; LG Hagen Jagdr Entsch Bd XI Sachg IX Nr 107; AG Saarlouis Jagdr Entsch Bd V Sachg IX Nr 59).

Zum Nachweis der Fristwahrung gehört auch der Nachweis des Zeitpunkts der Schadensentstehung (LG Osnabrück Jagdr Entsch Bd IX Sachg IX Nr 91) sowie der Vortrag, wer den Schaden festgestellt haben soll und wie der Schaden konkret aussah (AG Schwedt/Oder Jagdr Entsch Bd XIII Sachg IX Nr 140). Diese Verteilung der Behauptungs- und Beweislast für die Wahrung der Ausschlußfrist von § 34 BJagdG ist sowohl im Hinblick auf die allgemeinen Grundsätze als auch auf den Wortlaut der Vorschrift nicht unproblematisch. Grundsätzlich hat der Kläger die anspruchsbegründenden, der Beklagte die anspruchsvernichtenden Tatsachen zu beweisen. Daß eine materielle Ausschlußfrist nicht gewahrt wurde, ist eine anspruchsvernichtende Tatsache. Danach müßte – entgegen der Rechtsprechung – der in Anspruch genommene Schädiger darlegen und beweisen, daß und wann der Ersatzberechtigte von dem Schaden Kenntnis erlangt hat oder hätte erlangen können. Der Ersatzberechtigte hat dann die Vornahme der fristwahrenden Anmeldung darzulegen und zu beweisen (vgl BayObLG NJW 1967, 57; PALANDT/HEINRICHS vor § 194 Rn 23; BAUMGÄRTEL, Handbuch der Beweislast § 186 Rn 1, 2; unklar LORZ/METZGER/STÖCKEL § 34 Rn 2).

§ 836
Haftung des Grundstücksbesitzers

(1) Wird durch den Einsturz eines Gebäudes oder eines anderen mit einem Grundstück verbundenen Werkes oder durch die Ablösung von Teilen des Gebäudes oder des Werkes ein Mensch getötet, der Körper oder die Gesundheit eines Menschen verletzt oder eine Sache beschädigt, so ist der Besitzer des Grundstücks, sofern der Einsturz oder die Ablösung die Folge fehlerhafter Errichtung oder mangelhafter Unterhaltung ist, verpflichtet, dem Verletzten den daraus entstehenden Schaden zu ersetzen. Die Ersatzpflicht tritt nicht ein, wenn der Besitzer zum Zwecke der Abwendung der Gefahr die im Verkehr erforderliche Sorgfalt beobachtet hat.

(2) Ein früherer Besitzer des Grundstücks ist für den Schaden verantwortlich, wenn der Einsturz oder die Ablösung innerhalb eines Jahres nach der Beendigung seines Besitzes eintritt, es sei denn, dass er während seines Besitzes die im Verkehr erforderliche Sorgfalt beobachtet hat oder ein späterer Besitzer durch Beobachtung dieser Sorgfalt die Gefahr hätte abwenden können.

(3) Besitzer im Sinne dieser Vorschriften ist der Eigenbesitzer.

Materialien: E I 735 Abs 1; II 759; III 820.

Titel 27
Unerlaubte Handlungen

§ 836

Schrifttum

vBar, Verkehrspflichten: Richterliche Gefahrsteuerungsgebote im deutschen Deliktsrecht (1980)
ders, Deliktsrecht in Europa, England und Wales, Niederlande (1993)
ders, Gemeineuropäisches Deliktsrecht I (1996)
Dernburg, Das bürgerliche Recht des Deutschen Reichs und Preußens, Zweiter Band, Die Schuldverhältnisse, Zweite Abteilung, Einzelne Obligationen (1. u 2. Aufl 1901)
Belling/Riesenhuber, Beweislastumkehr und Mitverschulden, ZZP 108 (1995) 455
Engert, Die Haftpflicht der Mineralöl- Fernleitungs-Unternehmer, BB 1963, 657
Filthaut, Straßenverkehr und gefährliche Anlagen im Sinne von § 2 HaftpflG, NZV 1989, 460
ders, Der nachbarrechtliche Ausgleichsanspruch (§ 906 Abs 2 S 2 BGB) als anderweitige Ersatzmöglichkeit zur Haftung für Schäden durch gefährliche Anlagen (§ 2 HaftpflG), VersR 1992, 150
Horst, Haftung für Sturmschäden, GE 2002, 970
Hugger/Stallwanger, Dachlawinen – Verkehrssicherungspflicht und Haftung, DAR 2005, 665
Lotze, Die Schadenshaftung nach §§ 836 bis 838 BGB (1911)
Mull, Die Haftung für Einsturzschäden nach den §§ 836–838 BGB in der Rechtsprechung des Reichsgerichts (1996)
Petershagen, Die Gebäudehaftung (2000)
Schmid, Haftung für Überschwemmungsschäden, VersR 1995, 1269
Staudinger/Heinze, Der Grabstein – Stein des Anstoßes, Jura 2003, 581
Wächter, Pandekten, II Besonderer Theil (1881)
Waentig, Ueber die Haftung für fremde unerlaubte Handlungen nach römischem, gemeinem, königlich sächsischem und neuerem deutschen Reichsrechte (1875)
Weimar, Die Haftung bei Ablösen von Firmenschildern, ZMR 1960, 328
ders, Die Verkehrssicherungspflicht bei Grabsteinen und Grabdenkmälern, MDR 1963, 985
vWyss, Die Haftung für fremde Culpa nach römischem Recht (1867).

Systematische Übersicht

I. Entstehungsgeschichte	1
II. Grundgedanke der Regelung	
1. Verschuldens- und Kausalitätsvermutung	2
2. Bedeutung der Norm im System des deliktischen Haftungsrechts	3
3. Reichweite des Tatbestands	6
4. Entsprechende Anwendung von § 836	12
5. Verhältnis zu anderen Haftungsnormen	15
III. Einsturz eines Gebäudes oder eines anderen mit einem Grundstück verbundenen Werks	
1. Gebäude	17
2. Ein anderes mit einem Grundstück verbundenes Werk	18
a) Begriff des Werks	18
b) Beispiele von Werken iSv § 836	19
c) Beispiele, in denen ein Werk iSv § 836 nicht vorliegt	20
d) Einsturz eines Gebäudes oder Werks	21
IV. Ablösung von Teilen des Gebäudes oder Werks	
1. Teile des Gebäudes oder Werks	22
2. Beispiele für Teile eines Gebäudes oder Werks	23
3. Beispiele, bei denen die Eigenschaft als Gebäude- oder Werksteil nicht gegeben ist	24
4. Unfertige Teile	25
5. Dachlawinen	26
6. Ablösung von Teilen	27
7. Beispiele für die Ablösung von Teilen eines Gebäudes oder Werks	28
V. Sonstige Fälle	29

VI. Kausalität für den Einsturz oder die Ablösung — 30
1. Fehlerhafte Errichtung bzw mangelhafte Unterhaltung — 31
2. Adäquate Verursachung durch die haftungsbegründenden Tatumstände — 32
3. Schutzbereich der Norm — 34

VII. Kausalität für die Rechtsgutverletzung
1. Adäquanz der Verursachung — 35
2. Schutzzweck der Norm — 37
   a) Erfordernis der bewegend wirkenden Kraft in der Rechtsprechung — 37
      aa) Adäquat verursachte Schäden — 38
      bb) Nicht adäquat verursachte Schäden — 40
   b) Stellungnahme — 42
   c) Bestimmung des Schutzbereichs der Norm — 45
   d) Grenzen des Schutzbereichs — 49
      aa) Hinzutretende sonstige Ursachen — 51
      bb) Schäden bei Herstellung und Abbruch von Bauwerken — 52

VIII. Der nach § 836 zu ersetzende Schaden
1. Umfang — 53
2. Anspruch auf Vorbeugemaßnahmen — 54

IX. Anspruchsberechtigte
1. Grundsatz — 55
2. Ausschluß des Ersatzanspruchs — 56

X. Mitwirkendes Verschulden des Verletzten — 57

XI. Ersatzpflichtige
1. Eigenbesitzer — 61
   a) Grundsatz — 61
   b) Begriff des Eigenbesitzers — 62
   c) Besitz aus Erbschaft — 63
      aa) Grundsatz — 63
      bb) Umfang der Verkehrssicherungspflicht — 64
      cc) Abwesende Erben — 65
2. Fremdbesitzer — 66
3. Haftung des früheren Eigenbesitzers — 67

XII. Mehrheit von Ersatzpflichtigen — 68

XIII. Beweislast des Geschädigten
1. Umfang — 71
2. Beweiserleichterung durch Anscheinsbeweis — 73
3. Beschädigung durch einen Dritten — 76

XIV. Entlastungsbeweis des Eigenbesitzers im allgemeinen
1. Eigenbesitzer — 77
2. Inanspruchnahme von Hilfskräften — 79

XV. Beweis der Erfüllung der Sorgfaltspflicht
1. Maßstab — 80
   a) Absperrungen, Betretungsverbote — 81
   b) Grenzen der Sorgfaltspflicht — 82
   c) Verkehrserforderliche Sorgfalt im Einzelfall — 83
2. Erforderliche Sorgfalt bei der Errichtung eines Gebäudes (Werks) — 84
   a) Eigenhändige Errichtung — 84
   b) Errichtung durch einen beauftragten Fachkundigen — 85
   c) Bauordnungsrechtliche Anforderungen — 86
3. Anforderungen an die ordnungsgemäße Unterhaltung — 87
   a) Regelmäßige Überprüfung — 87
   b) Zeitabstände — 90
   c) Besondere Anforderungen — 91
   d) Nachprüfung durch einen befähigten Sachkundigen — 93
   e) Unzulängliches Entkräftungsvorbringen — 94
   f) Kasuistik — 95

XVI. Juristische Personen als Eigenbesitzer — 97

XVII. Fehlende Kausalität bei Sorgfaltsvernachlässigung — 99

XVIII. Vertraglicher Ausschluß der Haftung — 101

XIX. Landesgesetzliche Vorbehalte — 102

XX. Reformvorschläge — 103

Titel 27
Unerlaubte Handlungen

§ 836

Alphabetische Übersicht

Abbruch	15, 34, 52, 56
Ablösung	8, 27, 28
Abnahme, baubehördliche – des Werks	86
Abriß	
s Abbruch	
Abwesenheitspfleger	65
Adäquate Verursachung	32, 35
Amtshaftung	15
Anscheinsbeweis	73
Antenne	88
Ausbesserungsarbeiten	60, 89
Ausschluß der Haftung	56, 101
Bahndamm	19
Bau- und Ingenieurkunst	4, 7, 10 ff, 29, 35, 42, 46, 104
Baugerüst	19, 38, 42
Baugrube	19
Bauzaun	19
Beherrschungswille	62
Behördliche Überprüfung	86
Besitzer	62
Bewegend wirkende Kraft	37 ff
Beweiserleichterung	73
Beweislast	3, 71 ff
Beweislastumkehr	2 f, 10, 43, 47, 76
Bodenbelag	23, 27, 35, 38, 89
Boot	13
Böschung	19
Bösgläubigkeit	62
Brunnen	19
Dachlawinen	26
Dachziegel	23, 43, 50, 89, 92
Deich	19, 21, 35
Deliktsrecht, Bedeutung des § 836 im	3
Deliktsunfähiger Besitzer	5
DIN-Normen	10, 73, 80
Dritte als Schädiger	16, 32, 50 ff, 62, 70, 76, 82, 100
Durchrostung	32
Eigenbesitzer	61
Einrichtungsteile	49
Einsturz	21
Eiszapfen	26
Entlastungsbeweis	77
Entsprechende Anwendung	12 ff
Erbe	63 ff
Erdhaufen	20
Erdvertiefung	19
Erdwerk	19
Errichtung, fehlerhafte	31
Fahnenstange	23
Fahrzeug	13
Fehlerhafte Errichtung	31
Fensterladen	23
Fensterscheibe	23
Feuersicherheit	88
Firmenschild	19
Fremdbesitzer	66
Früherer Eigenbesitzer	67
Fußbodenbelag	23, 27, 35, 38, 89
Gebäude	17
Gefährdungshaftung	2, 5, 14, 42, 103
Geländer	23
Gemeingefährliche Mängel	8, 10, 29, 42 f, 46, 49, 104
Gemeinschaftsverhältnis, nachbarliches	15, 54, 104
Gesamtschuldner	68 ff
Geschädigter	55
Geschäftsführung ohne Auftrag	54
Grabstein	19, 62, 95
Grundgedanke des § 836	2
Hausverwaltung	94
Hinweisschild	19
Hochspannungsdraht	41
Jagdhochsitz	19, 58
Jagdhütte	58
Juristische Personen	97, 98
Kamin	23, 88, 95
Kanalisation	19, 40
Kanalschacht	11, 19, 40
Katastrophen	17, 60
Kausalität	2, 30 f, 35 f, 71, 99, 100
Kausalitätsvermutung	2 f
Kausalzusammenhang	
s Kausalität und adäquate Verursachung	

Kinetische Energie
  s bewegend wirkende Kraft
Körperschaften des öffentlichen Rechts — 98
Kraftstoffbehälter — 11, 19, 27, 40, 43 f
Kran — 18, 35

Landesrecht — 10, 102
Leuchtfeuer — 33

Mangelhafte Unterhaltung — 31, 87 f
Mast — 19, 23, 52, 83
Mechanische Mängel
  s Stabilitätsmängel
Mehrfache Haftung
  s Gesamtschuldner und Verhältnis
  zu anderen Normen
Mehrheit von Ersatzpflichtigen
  s Gesamtschuldner
Messezelt — 19
Mietverhältnis — 7 f, 60, 96
Minderjähriger/Jugendlicher Besitzer — 5
Miterbe — 65
Mitwirkendes Verschulden — 57 f

Nachbar — 3, 54
Naturerscheinungen — 20
Naturkatastrophen — 32, 75
Nebeneinanderbestehen von Haftungsgründen — 15

Oberirdische Einrichtungen — 19

Reformvorschläge — 103 f
Rohbauten — 9, 17, 25, 52
Rohrleitung — 11, 19, 29, 39 f, 43 f, 49, 51, 98, 103
Rolladen — 23
Ruine — 9, 17, 49, 92

Schaden — 57 f
Schaufensterscheibe — 23
Schild — 19
Schlachthaus — 23
Schlammasse — 20, 40
Schnee — 26
Schneegitter — 26
Schornstein
  s Kamin
Schutzbereich des § 836 — 15, 34, 40, 45 ff, 105
Schutzzweck — 4, 30, 37, 45 f

Sorgfaltserfüllung — 80 f
Sphäre — 2, 4, 47, 52
Stabilitätsmängel — 7 f, 10 ff, 29, 46
Stadtgemeinde — 98
Standfestigkeit — 95
Starkstromleitung — 19, 23, 40 f, 44, 103
Staudamm — 27, 35, 39, 44, 48
Steinkreuz — 19
Straßenbeleuchtungsanlage — 19
Sturmschäden — 32, 75
Substanzmängel — 7, 46

Tatbestandliches Leitbild — 7 f, 49
Technische Baubestimmungen — 10
Teerpappendach — 23
Teil eines Gebäudes (Werks) — 22 f
Terrasse — 19
Theatersaal — 23
Torpfeiler — 19
Transparent — 23
Treppengeländer — 23
Trümmer — 20, 40, 53
Trümmergrundstück — 60, 92, 98

Überprüfung, regelmäßige — 87 f
Überschwemmung — 40, 55
Umweltgefahren — 6 f, 11, 14, 42
Unbefugtes Betreten — 58, 81
Unterhaltung — 87 f
Unterirdische Anlage — 19
Unzulängliches Entkräftungsvorbringen — 94
Ursache der Ablösung
  s Adäquanz

Verbot — 58 f, 61
Verfallene Baulichkeiten
  s Ruine
Verhältnis zu anderen Normen — 15 f
Verkehrssicherungspflicht — 1 f, 7, 11, 19, 26, 33, 42 f, 45, 50 f, 64 f, 83, 98, 104
Verrichtungsgehilfe — 34, 52, 97
Verschuldensvermutung — 2 f, 4, 98
Versorgungsleitung — 19
Vertragsverhältnis — 15, 60
Vertrauen — 4, 55, 96
Vorbeugemaßnahmen — 3, 54
Vorschriftsmäßige Errichtung — 84 f

Wahlfeststellung — 32

Werk, mit einem Grundstück		Zaun	19
verbundenes	18 f	Zubehör	3, 29, 49
Witterung	75	Zumutbares Maß der Sorgfalts-	
Wohnungseigentum	68	anforderungen	33, 54, 64
Wohnwagen	18 f	Zweckbestimmung	2, 8 f, 47, 49, 55, 91

I. Entstehungsgeschichte

Die historische Wurzel der Gebäudehaftung liegt in der cautio damni infecti des **1** römischen Rechts (vBar, Gemeineuropäisches Deliktsrecht Rn 231 Fn 1398; Petershagen 27–52). Deren Inhalt bestand in einer vertraglichen Verpflichtung des Gebäudeeigentümers gegenüber dem Nachbarn, bei drohendem Gebäudeeinsturz eine Sicherheitsleistung auf Verlangen des Nachbarn zu erbringen und im Falle der tatsächlichen Schädigung diese auszugleichen (vgl die Darstellung bei Oftinger, Schweizerisches Haftpflichtrecht § 19 Rn 5 f; Mull 21). Ein Ersatzanspruch ergab sich somit nur aufgrund eines vertraglichen Schuldverhältnisses, nicht jedoch aus dem Recht der unerlaubten Handlungen (lex Aquilia) (Petershagen 25 f). Dort galt der Grundsatz, daß niemand für einen Schaden verantwortlich sei, der durch seine leblosen Sachen angerichtet wurde, sofern der Eigentümer das schädigende Ereignis nicht durch eine positive Handlung verursacht hatte (Mugdan II 455). Auch die deliktsrechtlichen Beratungen zum Entwurf des BGB waren von dieser Auffassung geprägt. Daher wurde § 729 des 1. Entwurfs, der eine Haftung für die durch Ausgießen, Auswerfen oder Aushängen von Sachen aus Gebäuden entstehenden Schäden vorsah (nach dem Vorbild der actio de his qui effuderint vel deiecerint [dazu Petershagen 26; vWyss 66–70; Waentig 61–64]; Wächter 493 f), nicht in das BGB übernommen (Mugdan II 448 ff, 1121, 1303; vBar 58). Von diesem Grundsatz wurde für Grundstücke abgesehen. Doch auch insoweit sah sich der Gesetzgeber durch § 735 des 1. Entwurfs (heute § 836) nur veranlaßt, „wegen des Einsturzes der darauf befindlichen Gebäude und sonstigen Werke Vorsorge zu treffen", weil ein positives Handeln oft nicht gegeben ist, aber durch den Einsturz große Gefahren für die Allgemeinheit drohen (Mugdan II 455 f, 1150 f). Im übrigen erwähnte lediglich § 704 Abs 1 des 1. Entwurfs als Form der schädigenden Handlung auch ein Unterlassen; *allgemeine* Verkehrssicherungspflichten, deren Verletzung eine Haftung durch Unterlassen auslösten, wurden im BGB nicht statuiert. Gleichwohl sieht heute die Rspr in § 836 den „Niederschlag des allgemeinen Grundsatzes der Verkehrssicherungspflicht" (BGHZ 58, 149, 156; s unten Rn 3). Sie entwickelte aus einer Analogie zu § 836 Pflichten zur Gefahrvermeidung und -abwendung im Rahmen des § 823 Abs 1 (RGZ 52, 373; 54, 53) mit der Begründung, bei der Gebäudehaftung handele es sich um den Spezialfall eines allgemeinen Rechtsgedankens (**aA** vBar, Verkehrspflichten 19, der unter Hinweis auf die historische Entwicklung den singulären Charakter der Norm betont). Es ist unübersehbar, daß sich der historische Gesetzgeber der Bedeutung der Verkehrssicherungspflichten, wenn überhaupt, nur wenig bewußt war. Er glaubte, „Normalgefahren" mit nachbar-, polizei- und strafrechtlichen Vorschriften ausreichend entgegentreten zu können (Mugdan II 456). Daraus erklärt sich die enge, reformbedürftige Fassung des Wortlauts von § 836 (s unten Rn 104), bei dem man eher den Schutz vor schon im römischen Recht erkannten großen Allgemeingefahren, als die Begründung von Sorgfaltspflichten zum Schutz vor typischen Gebäudegefahren des Besitzers vor Augen hatte. Erst mit der Entwicklung der Verkehrsicherungspflichten trat diese Funktion auch bei der Gebäudehaftung in den Vordergrund.

Im Laufe der Gesetzesberatungen wurde entgegen den ersten Entwürfen (I § 735; II § 759) der Tatbestand erweitert, indem das Merkmal der Ablösung von Teilen etc hinzugefügt wurde. In ausländischen Rechtsordnungen ist der Tatbestand teils enger, teils weiter gefaßt (zur Rechtslage in anderen europäischen Staaten vBAR, Gemeineuropäisches Deliktsrecht Rn 223–236; PETERSHAGEN 45–98). Ausgedehnt ist die Haftung beispielsweise in England und in der Schweiz: So trifft den *occupier of premises „a duty to take such care as in all the circumstances of the case is reasonable to see that the visitor will be reasonably safe in using the premises for the purposes for which he is invited or permitted by the occupier to be there"* (Occupier's Liability Act 1957 – zitiert nach vBAR, Deliktsrecht in Europa, England und Wales 81; s auch *Occupier's Liability Act 1984*). In der Schweiz hat der „Eigentümer eines Gebäudes oder eines anderen Werkes ... den Schaden zu ersetzen, den diese infolge von fehlerhafter Anlage oder Herstellung oder von mangelhafter Unterhaltung verursachen" (Art 58 SchweizOR). Das schweizerische Recht läßt keine Beschränkung auf bestimmte Mängel erkennen. Es kommt – wie auch nach niederländischem Recht (Art 6:174 Abs 1 BW [vBAR, Gemeineuropäisches Deliktsrecht Rn 228; deutsche Übersetzung in vBAR, Deliktsrecht in Europa, Niederlande 42]) – nicht darauf an, ob der Schaden durch einen Einsturz verursacht wurde. Zu beobachten ist die Tendenz zu einer verschärften und erweiterten Haftung, wenngleich das Schrifttum dagegen Bedenken äußert (OFTINGER, Schweizerisches Haftpflichtrecht II BT § 19 Rn 10 S 168). Das französische (Ccfr 1384 I, 1385) und das italienische Recht (Ccit 2951, 2053) sehen eine umfassende Haftung für bewegliche und unbewegliche Sachen vor. Art 1384 Ccfr lautet: *„On est responsable non seulement du domage que l'on cause par son propre fait, mais encore de celui qui est causé par le fait des personnes dont on doit répondre, ou des choses que l'on a sous sa garde."* Daneben regelt Art 1386 Ccfr (*„Le propriétaire d'un batiment est responsable du dommage causé par sa ruine, lorsqu'elle est arrivée par une suite du défaut d'entretien ou par le vice de sa construction."*) die klassische Gebäudehaftung (vertiefend vBAR, Gemeineuropäisches Deliktsrecht Rn 223, 226). Wie Art 1386 Ccfr und § 836 begrenzt das österreichische Recht (§ 1319 ABGB) die Haftung auf den Einsturz und die Ablösung von Teilen. Die bloße Mangelhaftigkeit oder Funktionsuntüchtigkeit begründet die Haftung nicht. Der historische Rückblick und der internationale Vergleich machen deutlich, daß der deutsche Gesetzgeber mit § 836 keine umfassende Haftung für alle Umweltrisiken eines Grundstücks schaffen wollte, die sich aus *Errichtungs- oder Unterhaltungsmängeln* ergeben; der Gesetzgeber war aus seinem damaligen Verständnis bestrebt, den Tatbestand zu begrenzen.

II. Grundgedanke der Regelung

1. Verschuldens- und Kausalitätsvermutung

2 Das BGB kennt eine unbedingte Haftung des Besitzers für seine Sachen – von Tierschäden abgesehen – nicht, insbesondere auch nicht bezüglich der Gebäude (DERNBURG § 398 II). § 836 stellt also – anders als § 833 S 1 (vgl § 833 Rn 4) – keine Ausnahme von dem das Deliktsrecht prägenden Verschuldensgrundsatz in Form einer Gefährdungshaftung (FIKENTSCHER, Schuldrecht Rn 1282) bzw der in Art 58 SchweizOR geregelten sog Kausalhaftung dar (vgl BREHM, Das Obligationsrecht Art 58

Rn 90 und zu abweichenden älteren deutschen Regelungen COSACK, Lehrbuch des Deutschen bürgerlichen Rechts I 606). Im Unterschied zu § 38 der Haftungsordnung des von der Akademie für Deutsches Recht im Jahr 1941 vorgelegten Systems des Volksgesetzbuches (SCHUBERT [Hrsg], Protokolle der Ausschüsse Bd 3 [1988] 145), wonach eine Gefährdungshaftung für Schäden durch Bauwerke, herabfallendes Gestein oder umfallende Bäume eingreifen sollte, ordnet § 836 die Haftung des Eigenbesitzers eines Gebäudes oder eines anderen mit einem Grundstück verbundenen Werks für ein vermutetes eigenes Verschulden bei der Errichtung oder Unterhaltung des Gebäudes bzw des Werks an. Sie weist dabei trotz des Verschuldenserfordernisses gewisse Ähnlichkeiten mit der Gefährdungshaftung auf (VBAR, Verkehrspflichten 103, spricht von einer „geistesgeschichtlichen Verwandtschaft"). Auch wenn die Beweislastumkehr ihre Ursache in der Beweisnot des Geschädigten hat (MUGDAN II 1151), so ist damit faktisch auch eine materiellrechtliche Haftungsverschärfung verbunden. Denn der Grundstücksbesitzer haftet auch dann, wenn er nicht beweisen kann, daß ihn keine Schuld trifft. An die Stelle einer reinen Verschuldenshaftung tritt eine objektivere Haftung. Dennoch ist die durch die fehlerhafte Errichtung oder mangelhafte Unterhaltung geschaffene spezifische Gefahr nicht so hoch, daß eine schuldunabhängige Gefährdungshaftung gerechtfertigt wäre. Weder die Tatsache, daß jemand ein Gebäude unterhält, noch das Vorliegen eines Mangels am Gebäude, den der Besitzer nicht kannte und auch nicht hätte erkennen können, begründet eine Zustandshaftung. Das zeigt auch ein Vergleich mit der Haftung für Schäden, die durch Rohr- und Leitungsbrüche eines Gebäudes entstanden sind. Aufgrund der dort drohenden außergewöhnlichen Gefahren ist für eine Haftung ein Verschulden nicht erforderlich (§ 2 HaftPflG). Diese Norm soll eine Schutzlücke füllen. Der Gesetzgeber war im Hinblick auf BGHZ 55, 229 davon ausgegangen, daß ein Ersatzanspruch wegen der durch Bruch einer Wasserrohrleitung verursachten Schäden nur aus § 836 hergeleitet werden kann. Die Geltendmachung des Anspruchs auf Schadenersatz sah er jedoch wegen der Möglichkeit des Entlastungsbeweises vielfach als nicht erfolgversprechend an (BT-Drucks 8/108 S 7, 14; BGH NJW 2003, 2377, 2379).

Es wird widerleglich vermutet, daß den Eigenbesitzer ein Verschulden an der fehlerhaften Errichtung oder Unterhaltung des Gebäudes bzw des Werks trifft, weil er es unterlassen hat, die zur Abwendung der Gefahr im Verkehr erforderlichen Sorgfaltsmaßnahmen zu treffen (BGH LM Nr 4; NJW-RR 2006, 1098; BAUMGÄRTEL/LAUMEN Rn 1 mwN; BGB-RGRK/KREFT Rn 2). Weiterhin wird widerleglich vermutet, daß zwischen dem vermuteten schuldhaften Verhalten und dem Einsturz bzw der Ablösung von Teilen ein ursächlicher Zusammenhang besteht (RG LZ 1922, 232; BGH LM Nr 4; NJW-RR 1988, 853; 2006, 1098; BGB-RGRK/KREFT Rn 2). Dagegen wird nicht von der Vermutung erfaßt, daß die mangelhafte Errichtung bzw Unterhaltung auch für den beim Dritten eingetretenen Schaden ursächlich geworden ist (BGH LM Nr 4; BAUMGÄRTEL/LAUMEN Rn 4). Die Ursächlichkeit des Fehlers, mithin die Kausalität zwischen der mangelhaften Errichtung oder Unterhaltung für den Schaden, hat der Geschädigte darzulegen und gegebenenfalls zu beweisen (BGH NJW-RR 2006, 1098). Die beiden Kausalitätsfragen sind daher sorgfältig zu trennen (ERMAN/SCHIEMANN Rn 6). § 836 enthält damit im Ergebnis eine uneingeschränkte *Verschuldensvermutung* sowie eine eingeschränkte *Kausalitätsvermutung*.

Diese Verschuldensvermutung gilt auch bei öffentlich-rechtlicher Ausgestaltung der Verkehrssicherungspflicht und Haftung aus § 839, Art 34 GG (BGH NJW-RR 1990,

1500; OLG Köln NJW-RR 1991, 33; s auch Rn 15; § 832 Rn 167). Die Beweislastumkehr beruht nicht darauf, daß Gebäude besonders gefährlich sind, oder darauf, daß den Gebäudebesitzer wahrscheinlich ein Verschulden trifft, weil Errichtungsfehler oder Instandhaltungsmängel besonders häufig sind (*keine tatsächliche*, sondern eine *technische Vermutung*, Belling/Riesenhuber ZZP 108, 455, 460; vgl BGHZ 51, 91, 106). Die Beweislastumkehr wegen Verletzung der *Gebäudesicherungspflicht* muß gegenüber der Beweislastverteilung bei der Verletzung *sonstiger Verkehrssicherungspflichten* sachlich gerechtfertigt sein, damit im wesentlichen gleiche Sachverhalte nicht beweisrechtlich willkürlich verschieden behandelt werden. Die Umkehrung der Beweislast hat ihren Grund und ihre Rechtfertigung darin, daß der Schadensfolge keine gewöhnliche, sondern eine spezifische, gerade durch fehlerhafte Errichtung oder mangelhafte Unterhaltung herbeigeführte Gefahrenlage zugrunde liegt (BGH NJW 1961, 1670). Die Beweislastumkehr nach § 836 ist dadurch zu erklären, daß der schadenverursachende Mangel und die dadurch ausgelöste Gefahr aus einer gegenüber Dritten abgeschirmten, dem Besitzer vorbehaltenen, aber von ihm eröffneten, nur von ihm überschaubaren und nur von ihm beherrschbaren *Sphäre seines Gebäudes* (Larenz/Canaris, Schuldrecht II/2 § 79 VI 1 a; MünchKomm/Wagner [2004] Rn 2; Soergel/Krause Rn 4) stammt *(Beweisnähe des Eigenbesitzers)*. Für den Verletzten ist der den Schaden auslösende Mangel des Bauwerks nicht wahrnehmbar; denn ihm bleibt die Art und Weise der Errichtung und Unterhaltung des Gebäudes verborgen. Er kann nicht wissen, welche Maßnahmen der Besitzer zur Instandhaltung des Gebäudes ergriffen hat. Das schädigende Ereignis trifft ihn überraschend. Aus diesen Umständen erklärt sich seine Beweisnot. Diese dem Verletzten verschlossenen Vorgänge kann nur der Gebäudebesitzer aufklären. Die wesentliche Zweckbestimmung von § 836 liegt darin, daß der Gebäudebesitzer die *Aufklärungslast* für solche Umstände tragen soll, die nur er beherrschen und weitaus besser erkennen kann als der Verletzte; ihm sind allenfalls Rückschlüsse möglich. Dem *Gebäudebesitzer* ist das *Risiko der Unaufklärbarkeit* für Umstände aus der Gebäudesphäre zugewiesen (BGHZ 51, 91, 106).

2. Bedeutung der Norm im System des deliktischen Haftungsrechts

3   § 836 enthält nach heutigem Verständnis **keinen eigenständigen Tatbestand** für die Haftung des Eigenbesitzers bei Schädigungen Dritter aufgrund mangelhafter Errichtung oder Unterhaltung eines Gebäudes oder Werks. Geregelt wird lediglich eine besondere Ausprägung der für jedermann bestehenden, materiell auf § 823 beruhenden allgemeinen Verkehrs(sicherungs)pflichten (BGH NJW-RR 2006, 1098; OLG Koblenz NVwZ-RR 2004, 322; OLG Celle BauR 2006, 388; LG Gera NJW-RR 2002, 961; Larenz/Canaris, Schuldrecht II/2 § 79 VI 1 a; BGHZ 58, 149, 156: „Niederschlag des allgemeinen Grundsatzes der Verkehrssicherungspflicht"; MünchKomm/Wagner [2004] Rn 2; Soergel/Krause Rn 2; Geigel/Schlegelmilch 19. Kap Rn 1). Danach hat jeder für den durch seine Sachen verursachten Schaden einzustehen, soweit er ihn bei billiger Rücksichtnahme auf die Interessen anderer hätte verhüten müssen bzw können (BGH NJW 1961, 1670, 1671; BGHZ 55, 229, 235; 58, 149, 156; NJW 1985, 1076; NJW-RR 1988, 853; OLG Celle OLGR Celle 1994, 281; OLG Karlsruhe VersR 1989, 82; OLG Düsseldorf NJW-RR 1995, 1230; BGB-RGRK/ Kreft Rn 1 mwN; zu Nachweisen aus der älteren Rspr vgl Staudinger/Schäfer[12] Rn 3). § 836 begründet eine Rechtspflicht mit hohen Anforderungen zur Sorge für die Vermeidung von Errichtungsmängeln, zur kontinuierlichen Unterhaltung des Gebäudes und Bauwerks und zu sorgsamer und fortgesetzter Überwachung seines Zustands (Ge-

fahrenabwehr) (BGH VersR 1968, 972, 973; 1987, 1096, 1097; RG WarnR 1919, Nr 169). Trotz gewisser Parallelen wäre es zu eng, § 836 als eine *„Produzentenhaftung für Gebäude"* zu kennzeichnen; denn die Gebäudehaftung gilt weder dem Bauunternehmer, noch ist sie auf den Bauherrn oder auf den Herstellungsvorgang beschränkt, sondern trifft den jeweiligen Besitzer des Grundstücks fortwährend.

Die Bedeutung von § 836 erschöpft sich darin, eine dem Verletzten – im Vergleich zu § 823 Abs 1 – günstigere **Beweislastverteilung** anzuordnen (BGH VersR 1976, 1086; OLG Celle BauR 2006, 388; BGB-RGRK/Kreft Rn 3; MünchKomm/Wagner [2004] Rn 3). Die Verschuldens- und eingeschränkte Kausalitätsvermutung erleichtert ihm den Beweis einer haftungsbegründenden Verletzung der Verkehrssicherungspflicht durch den Eigenbesitzer des Gebäudes oder Werks. Des Rückgriffs auf § 836 bedarf es daher nicht, wenn das Verschulden bzgl der in der Norm genannten Fälle der Verletzung der Verkehrssicherungspflicht feststeht (BGH VersR 1969, 517). Die Grundsätze des § 836 gelten auch, wenn die Lösung eines Teils des Gebäudes und der Schadenseintritt innerhalb ein- und desselben Gebäudes erfolgen, so etwa, wenn durch ein Zubehörstück einer Eigentumswohnung die Beschädigung einer anderen Wohnung verursacht wird (OLG Düsseldorf NJW-RR 1995, 587). In den Fällen, in denen es an einem Tatbestandsmerkmal von § 836 fehlt, kommt weiterhin eine Haftung des Eigenbesitzers wegen Verletzung der allgemeinen Verkehrssicherungspflicht (§ 823) in Betracht (Soergel/Krause Rn 3). Ein vorbeugender Abwehranspruch des Grundstücksnachbarn wegen der von einem Gebäude oder einem Werk ausgehenden Gefahren ist in § 908 geregelt.

§ 836 ist eine Sonderregelung für die *Gebäudesphäre*. Ohne Rekurs auf Wertungs- **4** gesichtspunkte ist die Bestimmung einer Sphäre nicht möglich. Deren Abgrenzung ist nach dem *Schutzzweck und dem Telos* der Norm vorzunehmen. Der Eigenbesitzer haftet für den seiner Kontrolle unterliegenden Gefahrenbereich (BGH NJW 1979, 309). Dementsprechend sollen der Eigenbesitzer bzw die ihm nach §§ 837, 838 gleichgestellten Personen auch nur für die besonderen, typischen Gefahren haften, die durch die Errichtung begründet werden und denen nur durch die Beachtung der Erfahrungsregeln der Bau- und Ingenieurkunst bei der Errichtung in Verbindung mit sachentsprechender Unterhaltung begegnet werden kann (BGH NJW 1961, 1670). § 836 ist auch eine Ausprägung der *Vertrauenshaftung*, wobei freilich ein geringerer Vertrauensgrad als in der Sonderbeziehung vorausgesetzt wird. Begibt sich jemand in die vom Gebäudebesitzer eröffnete Sphäre, verläßt er sich berechtigterweise darauf, daß die nach den Regeln der Bau- und Ingenieurkunst gebotenen Vorkehrungen gegen den Einsturz, die Ablösung von Teilen oder sonstige gemeingefährliche Umstände getroffen wurden. Unter dem Vertrauensschutzgesichtspunkt konzentriert sich die Gebäudesphäre auf den vom Gebäudebesitzer eröffneten Bereich, wenngleich typische Gebäudegefahren auch darüber hinauswirken können.

Da es sich bei § 836 nicht um eine Gefährdungshaftung, sondern um eine *Haftung für* **5** *vermutetes Verschulden* handelt, finden die §§ 827, 828 Anwendung (BGB-RGRK/ Kreft Rn 6; Soergel/Krause Rn 6). Gegen den nicht deliktsfähigen Eigenbesitzer ist daher auch bei Vorliegen der sonstigen Voraussetzungen ein Anspruch aus § 836 nicht gegeben (RG WarnR 1914 Nr 332; 1916 Nr 278; JW 1915, 580; Dernburg § 398 III 3). Im Gegensatz zum niederländischen Recht (Art 6:183 Abs 1 BW [deutsche Übersetzung in vBar, Deliktsrecht in Europa, Niederlande 42]) kommt es bei jugendlichen Besitzern auf deren Einsichtsfähigkeit an, § 828 (RG WarnR 1916 Nr 278; OLG Hamm VersR 1977, 531). § 829 ist aber anwendbar (RG JW 1915, 580; RG WarnR 1916 Nr 278; OLG Hamm VersR 1977, 531). Auch die Haftung der schuldunfähigen Personen durch ihre gesetzlichen Vertreter unter entsprechender Anwendung von § 278 findet im Gesetz keine Stütze. § 278 ist im Rahmen von § 836 nicht anwendbar (BGB-RGRK/KREFT Rn 6).

3. Reichweite des Tatbestands

6 Die Reichweite des Tatbestands ist nicht abschließend geklärt. Die hM orientiert sich an dem eng gefaßten Wortlaut der Norm. Danach erfaßt die (beweisrechtlich erleichterte) Haftung nach § 836 nur die Fälle des Einsturzes eines Gebäudes oder Werks oder die Ablösung von Teilen. Andere Gebäude- oder Werkmängel, welche fremde Rechtsgüter, vor allem Leben und Gesundheit, gefährden, führen danach nur zur Haftung nach § 823 Abs 1, die für den Verletzten beweisrechtlich ungünstiger ist. Vor allzu *begrifflicher Einengung* des Tatbestands ist zu warnen. Elementare Gebäudegefahren haftungsrechtlich verschieden zu behandeln, läßt sich häufig sachlich nicht rechtfertigen. Vertreten wurde, praktisch *alle Umweltrisiken eines Grundstücks*, die sich aus *Errichtungs- oder Unterhaltungsmängeln* ergeben, in Übereinstimmung mit den gesetzlichen Wertungen der §§ 836 bis 838 zu behandeln (MünchKomm/STEIN[3] Rn 2). Nach noch weitergehender Ansicht soll das in § 836 zum Ausdruck kommende Prinzip der Beweislastverteilung für sämtliche Sachgefahren gelten, unabhängig davon, ob sie von Immobilien oder von Mobilien ausgehen. Es müsse für die Schlüssigkeit einer Schadenersatzklage ausreichen, wenn der Anspruchsteller die Fehlerhaftigkeit der für den Schaden ursächlichen Sache darlegt und gegebenenfalls nachweist, daß sie sich in einem objektiv verkehrswidrigen Zustand befunden habe. Stehe das fest, obliege es dem beklagten Sachhalter, darzulegen und im Streitfall zu beweisen, daß er die erforderlichen Sorgfaltsmaßnahmen bei der Herstellung und Unterhaltung der Sache beachtet habe (MünchKomm/WAGNER [2004] Rn 5). Geboten ist stattdessen die Analogie im Einzelfall, die sich an dem in § 836 erkennbaren Haftungsgrund orientiert. Zu vermeiden ist die vom Regelungsplan des Gesetzgebers allzu weit entfernte *konturenlose Ausweitung* des Tatbestands.

7 § 836 Abs 1 nennt als *haftungsauslösendes Geschehen* nur den *Einsturz* eines Gebäudes oder eines anderen mit einem Grundstück verbundenen Werks und die *Ablösung* von Teilen des Gebäudes oder des Werks. Wenn infolgedessen der in der Bestimmung genannte Verletzungserfolg eintritt, wird die Haftung ausgelöst. Die Merkmale Einsturz und Ablösung, an denen sich die Gesetzesauslegung orientieren muß, sollen den Tatbestand nicht abschließend auf diese Vorfälle begrenzen; sie kennzeichnen aber das *tatbestandliche Leitbild*, das dem Gesetzgeber vorschwebte. Rechtstechnisch haben die Ereignisse Einsturz und Ablösung die Funktion, *Rückschlüsse* auf bestimmte Fehler oder Mängel bei der Errichtung oder Unterhaltung des Gebäudes oder Werks zu ermöglichen, die zu vermeiden die Verkehrssicherungspflicht des Besitzers gebietet. Der eigentliche *Haftungsgrund* besteht darin, daß der Gebäude- bzw Werkbesitzer durch bestimmte, noch näher zu definierende Fehler bei der Errichtung oder durch Mängel bei der Unterhaltung erhöhte Gefahren für Leben, Körper, Gesundheit und Eigentum anderer auslöst (OLG Koblenz NVwZ-RR 2004, 322 f). Einsturz und Ablösung beschreiben *besonders gefährliche Folgewirkungen konkreter Gebäude- oder Werkmängel*, die ihrerseits aus der Verletzung *anerkannter Regeln der Bau- und Ingenieurkunst* resultieren. Der deutsche Gesetz-

geber nahm freilich – anders als der schweizerische (vgl Art 58 SchweizOR; s PETERSHAGEN 60) – *nicht sämtliche Fehler* bei der Anlage oder Herstellung von Gebäuden oder Werken und *nicht sämtliche Mängel* bei deren Unterhaltung zum Anlaß für die beweisrechtlich erleichterte Haftung nach § 836 Abs 1. Sie wird im Gegensatz zum schweizerischen (Art 58 SchweizOR) und niederländischen (Art 6:174 Abs 1 BW; deutsche Übersetzung in vBAR, Deliktsrecht in Europa, Niederlande 42) Recht, das auf das Merkmal des Einsturzes verzichtet, auch nicht schon dadurch ausgelöst, daß das Bauwerk den Anforderungen, die man unter den gegebenen Umständen stellen darf, nicht genügt. Der Tatbestand nach § 836 ist auch erheblich enger als derjenige nach § 536a, der an den Fehler iSv § 536 anknüpft („Fehler, der ihre Tauglichkeit zum vertragsmäßigen Gebrauch aufhebt"). Die Gefahren müssen aus Mängeln der Bausubstanz entstehen, wobei freilich nicht jedwede Substanzmängel gemeint sind, sondern nur solche, welche die *mechanische Festigkeit und Standsicherheit (Stabilitätsmängel)* beeinträchtigen. Einsturz und Ablösung umschreiben nämlich Gefahren, die sich aus der *Statik* und *Dynamik* eines Bauwerks ergeben. Sie müssen aus seiner Masse, seiner Dynamik und der Spannung seines Materials resultieren. Es geht um den gesamten *physikalischen Wirkungsbereich* eines Bauwerks (so für die gleichlautenden Tatbestandsmerkmale des § 1319 ABGB: RUMMEL/REISCHAUER Rn 2). Physikalisch oder idS mechanisch wirken einstürzende Häuser, Gebäudeteile, die auf Passanten herabfallen, abreißende Brüstungen, welche den Haltsuchenden in die Tiefe stürzen lassen. Sonstige Gefahren, etwa chemische Ausdünstungen durch Holzschutzmittel, Asbeststaub oder ähnliches wirken idS nicht physikalisch, weil sie die Stabilität des Bauwerks nicht betreffen.

Aus dem *tatbestandlichen Leitbild* ebenso wie aus der *Entstehungsgeschichte* von **8** § 836 ist erkennbar, daß eine Haftung nur für *gemeingefährliche Mängel* gewollt war (SOERGEL/KRAUSE Rn 2), also solche, die *erhebliche Gefahren für einen unbestimmten Personenkreis (jedermann)* auslösen. Die Notwendigkeit einer besonderen deliktischen Haftung wurde zunächst nur wegen des Einsturzes der auf einem Grundstück befindlichen Gebäude und sonstigen Werke gesehen, weil dadurch „zahlreiche Dritte in erheblichem Maße geschädigt werden" können (MUGDAN II 455 f). Die gleichen Einsturzgefahren verwirklichen sich, zwar in kleinerem Rahmen, aber mit demselben Gefährdungspotential, bei der *Ablösung einzelner Gebäudeteile*. Dementsprechend wurde der Tatbestand um dieses Merkmal erweitert, das vorher in der nicht übernommenen Sonderregelung von § 729 ALR geregelt und zunächst nicht Gegenstand der Diskussion um die Neuregelung war (vgl MUGDAN II aaO). Die Haftung nach § 836 ist auf gravierende Gefahren mit hohem Schadenspotential beschränkt. Die Beschränkung des Tatbestands auf erhebliche Gefahren, die durch Mängel der mechanischen Festigkeit und Standsicherheit (Stabilitätsmängel) ausgelöst werden, ist dadurch gerechtfertigt, daß die deliktische Haftung nur bei Verstößen gegen elementare Verhaltensgebote eingreift. § 836 muß gegenüber den vertraglichen und quasi-vertraglichen Haftungsinstituten unterscheidbar bleiben. Anders als nach § 536a begründet § 836 somit keine Haftung für jegliche, sondern nur für erhebliche, gemeingefährliche Mängel des Gebäudes oder Werks.

Sinn der Haftung ist ferner, eine besondere Verantwortlichkeit für einen bestimmten **9** vom Besitzer *eröffneten* und *beherrschten* Bereich zu schaffen. Bis zur Fertigstellung des Gebäudes oder Werks fehlt es an der Zweckbestimmung des Gebäudes für den öffentlichen Verkehr. Entsprechendes gilt für Ruinengrundstücke oder leerstehende

Häuser, die nicht mehr benutzt werden. In diesen Fällen ist daher § 836 nicht anwendbar (aA BGB-RGRK/KREFT Rn 10; SOERGEL/KRAUSE Rn 7).

10 *Zusammenfassend* ist festzustellen: Das eigentliche *Fehlverhalten*, das durch die Beweislastumkehr und die Haftung in § 836 sanktioniert wird, also der *Haftungsgrund*, besteht darin, daß der Besitzer in einem von ihm eröffneten und beherrschten Bereich erhebliche, jedermann drohende, verborgene Gefahren mit hohem Schadenspotential geschaffen hat, die auf Mängeln der mechanischen Festigkeit und Standsicherheit (Stabilitätsmängel) des Gebäudes oder Werks beruhen (OLG Koblenz NVwZ-RR 2004, 322 f), welche durch die Beachtung der dem Schutz von Leben, Körper oder Gesundheit von Menschen oder dem Schutz von Sachen dienenden anerkannten Regeln der Bau- und Ingenieurkunst zu vermeiden sind. Anders gewendet: § 836 Abs 1 gebietet, Gebäude oder Werke entsprechend den anerkannten Regeln der Bau- und Ingenieurkunst so zu errichten und zu unterhalten, daß sie frei von verborgenen gemeingefährlichen Stabilitätsmängeln sind, damit erhöhte Gefahren für die Schutzgüter des § 836 vermieden werden. Regeln der Bau- und Ingenieurkunst ergeben sich beispielsweise aus den Landesbauordnungen (etwa betr Standsicherheit, Bauprodukte, Bauarten) sowie Technischen Baubestimmungen, die von den Obersten Baubehörden der Bundesländer zur Wahrung der in den Landesbauordnungen beschriebenen öffentlichen Belange erlassen werden. Diese gelten iSd Bauordnungsrechts als allgemein anerkannte Regeln der Technik. Auch DIN-Normen können durch bauaufsichtsrechtliche Einführung zu Technischen Baubestimmungen erhoben werden, so bspw durch die Bekanntmachung der Technischen Baubestimmungen nach § 3 Abs 3 BbgBauO des Ministeriums für Infrastruktur und Raumordnung des Landes Brandenburg vom 1. 6. 2006 (Amtsblatt für Brandenburg 2006, 442, zuletzt geändert durch Bekanntmachung vom 15. 12. 2006; Amtsblatt für Brandenburg 2007, 4), den Runderlaß über die Einführung Technischer Baubestimmungen nach § 3 Abs 3 BauO NRW vom 8. 11. 2006 (Ministerialblatt NRW 2006, 582), die Liste der Technischen Baubestimmungen des Landes Berlin (Abl Berlin Nr 3 vom 20. 1. 2006) bzw die Liste der Technischen Baubestimmungen in Vollzug von Art 3 Abs 1 S 1 BayBO in der Fassung der Bekanntmachung des Bayerischen Staatsministeriums des Innern vom 11. 12. 2006. Darüber hinaus kommt auch eine Verletzung ungeschriebener Regeln der Bau- und Ingenieurkunst in Betracht.

11 Den Haftungsgrund von § 836 auf die Schaffung solcher Gefahren zurückzuführen, welche durch die *Verletzung der anerkannten Regeln der Bau- und Ingenieurkunst zur Vermeidung von Stabilitäts- und Konstruktionsmängeln* ausgelöst werden, hat *Konsequenzen*. Einerseits greift § 836 *nicht bei jeglichen Gefahren* ein, die von einem Gebäude ausgehen: Werden aus einem Gebäude Flüssigkeiten gegossen oder Gegenstände geworfen, sind das – entsprechend der historischen Entwicklung – keine Fälle von § 836. Denn nicht die anerkannten Regeln der Bau- und Ingenieurkunst verbieten dieses Verhalten, sondern die allgemeine Pflicht zur Rücksichtnahme auf andere (vgl oben Rn 6). Auch andere Gefahren, die in einem Gebäude lauern, lösen nicht notwendig die Rechtsfolge von § 836 aus; bleiben beispielsweise gebohnerte Flächen ungesichert, verstößt dieser Zustand nicht gegen die Regeln der Bau- und Ingenieurkunst, sondern gegen die allgemeine Verkehrssicherungspflicht und wird somit der Verletzung der Streupflicht bei Schneeglätte gleichbehandelt. § 836 – in seiner unmittelbaren Anwendung – greift auch nicht bei jedweden Fehlern bei der Anlage oder Herstellung eines Gebäudes oder bei deren mangelhafter Unterhaltung ein, also nicht wenn beispielweise der Fluchtweg fehlt oder verstellt ist, die Feuerlöschanlage versagt (Konstruktionsmängel), verbotene Holzschutzmittel oder Asbest verwendet werden (chemisch wirkende Materialmängel). Zwar beruhen diese Fehler auf der Verletzung der anerkannten Regeln der Bau- und Ingenieurkunst; sie führen aber nicht zu Stabilitätsmängeln. § 836 gilt auch nicht für sämtliche Gefahren, die von einem Grundstück ausgehen, zB durch umstürzende Bäume, herabfallende Äste (MUGDAN II 456; aA MünchKomm/STEIN³ Rn 2: „Umweltgefahren" – anders nach der cautio damni infecti des römischen Rechts [PETERSHAGEN 28, 124–126] und im österreichischen Recht [PETERSHAGEN 47; vBAR, Gemeineuropäisches Deliktsrecht Rn 233]; zur Haftung für Baumsturzschaden an im Wald geparkten PKW s OLG Koblenz Jagdr Entsch Bd VII Sachg XI Nr 72) oder durch einen sich vom Grundstück lösenden Felsblock (DERNBURG § 398 II). Denn die Regeln der Bau- und Ingenieurkunst können nur bei von Menschenhand geschaffenen Gebilden beachtet werden (vgl RGZ 60, 138). Dementsprechend stellt § 836 vorrangig auf die Begriffe Gebäude und Werk ab, nicht aber auf den Begriff des Grundstücks. *Andererseits* ist die Gebäudehaftung nicht auf die Fälle des Einsturzes oder der Ablösung beschränkt. Haben Stabilitätsmängel andere als diese Schadensereignisse zur Folge (zB um- oder abstürzender Tank, Bruch der Versorgungsleitungen durch Absenkung eines Gebäudeteils, Risse im Fußboden) und wird dadurch der in § 836 genannte Verletzungserfolg bewirkt, ist dessen Tatbestand erfüllt (anders die **hM**, weil nicht durch die kinetische Energie verursacht, zB RGZ 172, 156 [Feuer nach Gasrohrbruch]; BGH WM 1976, 1056 [Leck im Öltank] vgl zum Begriff der kinetischen Energie Rn 37). So liegt gleichermaßen ein Stabilitätsmangel vor, wenn jemand auf einen mangelhaft gefaßten Kanalschachtdeckel tritt, dieser kippt und den Betroffenen verletzt, auch wenn sich der Deckel dabei nicht ablöst (Fall BGE 45 II 333/34 zu Art 58 Schweiz OR).

4. Entsprechende Anwendung von § 836

Die Besonderheit der in § 836 geregelten Gefahrenlage soll nach wohl noch hM die entsprechende Anwendung der Vorschrift ausschließen (BGH NJW 1961, 1670, 1672; VersR 1961, 806, 808; 1976, 1084, 1086; 1983, 588; ausdrücklich offengelassen jetzt in NJW-RR 2006, 1098; SOERGEL/KRAUSE Rn 16). Dem ist nicht zu folgen. Auf Ereignisse, die einem *Einsturz* oder einer *Ablösung von Teilen im wesentlichen ähneln*, ist die Vorschrift *analog* anzuwenden. Indem der Gesetzgeber durch seine Orientierung am Einsturz oder an der Ablösung nur Mängel der mechanischen Festigkeit und Standsicherheit (Stabilitätsmängel) und die dadurch ausgelösten Gefahren erfaßt hat, entstehen Wertungswidersprüche, die sich nur durch die Analogie überwinden lassen. So läßt sich kaum rechtfertigen, daß nicht nach § 836 gehaftet werden soll, wenn ein Mensch getötet oder verletzt wird, weil gegen die Anforderungen des Brand- oder Blitzschutzes (Konstruktionsmängel) verstoßen wurde. Bei dem Brand eines Gebäudes, dessen Brandschutzanlage versagt, ist die verschärfte Haftung nach § 836 nicht nur gerechtfertigt, wenn das Gebäude oder Teile davon (zB Dachstuhl) das Opfer erschlagen, sondern auch wenn die Flammen oder der Rauch den Tod verursacht haben (gegen die Analogie beim Brand: PETERSHAGEN 139). Fehlt ein Fluchtweg, kann bei einem Brand die Lebensgefahr genauso hoch sein wie beim Einsturz eines Gebäudes. Gleiches gilt, wenn regelwidrig leicht entflammbare Materialien verbaut wurden oder der Rauchabzug nicht funktioniert, was verheerende Folgen haben kann, wie es beispielsweise bei Großbränden in öffentlichen Gebäuden immer wieder der Fall ist. Unstreitig ist der Tatbestand von § 836 erfüllt, wenn ein Mensch von einer Loggia stürzt, weil die mangelhaft angebrachte Sicherung beim Abstützen des Geschädigten bricht (Fall nach BGH NJW 1985, 1076). In diesem Fall war die Festigkeit der Brüstung ungenügend. Fehlt eine solche aber völlig, resultiert die Absturzgefahr offenkundig nicht aus ihrer mangelhaften Stabilität, sondern daraus, daß eine Brüstung gar nicht vorhanden ist. Im letzten Fall liegt keine Ablösung iSd § 836 vor; doch ist ein fehlendes Geländer nicht minder gefährlich als ein instabiles. Zwar liegt der Mangel nicht direkt in der Instabilität eines bestimmten Gebäudeteils, doch in der mangelhaften Konstruktion; beides sind Fehler der Bauwerkssubstanz mit gleichem Gefährdungspotential (PETERSHAGEN 141). Ebensowenig kann es einen Unterschied machen, ob ein Fenster wegen eines mangelhaft eingebauten Sturzes aus dem Rahmen gerissen wird, wenn sich jemand dagegen lehnt, oder ob sich ein Fensterflügel wegen seiner mangelhaften Konstruktion bloß öffnet, wenn in beiden Fällen jemand in die Tiefe fällt. Durch moderne Bautechniken und -materialien treten neuartige konstruktive Mängel an Bauwerken immer mehr in den Vordergrund und lösen eine Vielzahl von Gefahren aus, die beim Inkrafttreten der Vorschrift noch nicht bekannt waren. Die Hauptgefahren von Gebäuden oder Werken nur in Mängeln der mechanischen Festigkeit und Standsicherheit zu sehen, ist durch katastrophale Ereignisse widerlegt worden.

Bei der analogen Anwendung von § 836 ist aber dennoch Zurückhaltung geboten, selbst wenn sich die beweisrechtliche Besserstellung des Gebäudebesitzers bzw die Benachteiligung des Verletzten, der auf § 823 verwiesen wird, im Einzelfall nicht ohne weiteres rechtfertigen läßt. Die *Beweisnähe* des Besitzers und die *Beweisnot* des Geschädigten sind bei vielen Mängeln gegeben, die aus dem Verstoß gegen die Regeln der Bau- und Ingenieurkunst folgen; das allein rechtfertigt die Analogie noch nicht (SOERGEL/KRAUSE Rn 16 lehnt zwar die Analogie mangels Regelungslücke ab, hält es jedoch in geeigneten Fällen für richtig, die Beweislastverteilung nach § 836 auf die Haftung wegen Verletzung von Verkehrssicherungspflichten nach § 823 Abs 1 zu übertragen). Die Analogie setzt zunächst voraus, daß der Besitzer in einem von ihm eröffneten und beherrschten Bereich jedermann drohende verborgene Gefahren geschaffen hat, die auf Mängeln der Substanz oder Konstruktion des Gebäudes oder des Werks beruhen; diese Gefahren müssen die gleiche hohe Intensität aufweisen, wie sie mit dem Einsturz des Gebäudes oder der Ablösung von Teilen verbunden ist. Die durch Analogie zu erfassenden Bauwerksmängel müssen hinsichtlich des Gefährdungspotentials ähnlich sein. Sie müssen in einem kurzen Zeitraum mit erheblicher Wirkintensität schwere Schäden verursachen können. Das ist zB der Fall, wenn in einem dem öffentlichen Verkehr dienenden Gebäude gegen die Regeln der Technik hoch brennbare Dämmaterialien verbaut wurden, nicht aber wenn dort formaldehydhaltige Holzschutzmittel erst bei langanhaltender und dauernder Einwirkung gesundheitsschädigend wirken.

13 Auch ein Vergleich mit der Entwicklung der Produzentenhaftung legt den Schluß nahe, daß bei vergleichbaren Gefahrenlagen dem Geschädigten der Schutz von § 836 zuteil werden muß. Die Gebäudehaftung diente als Vorbild für die Beweislastverteilung im Rahmen der deliktischen Produkthaftung (BGHZ 51, 91 – Hühnerpest; vgl auch BGH NJW-RR 2006, 1098; MUSIELAK/FOERSTE[5] § 286 ZPO Rn 37); beide haben ihre materiellrechtliche Grundlage in der Verkehrspflichtverletzung. Ebenso wie bei der Gebäudehaftung ist die Beweislastverteilung bei der Produzentenhaftung das Ergebnis einer Abwägung zwischen den materiellen Schadenszuständigkeiten. Die Rspr zur Produzentenhaftung hat sich jedoch nicht auf die in BGHZ 51, 91 gewonnenen

Erkenntnisse zur Haftung des Herstellers beim Inverkehrbringen von Produkten beschränkt. Vielmehr ist den wirtschaftlichen und technischen Entwicklungen, die zu völlig neuen Gefahren führen können, durch eine Verschärfung und Erweiterung der Haftung Rechnung getragen worden, um so den Opferschutz auch weiterhin zu gewährleisten. Demgegenüber findet die Beweislastumkehr bei der Gebäudehaftung immer noch ihre Grenzen im Wortlaut der Norm. Diese Ungleichbehandlung durch die Rspr trotz technischer Weiterentwicklungen auf beiden Gebieten, die zu keiner anderen Beweislastverteilung führen können, ist sachlich nicht gerechtfertigt.

Der BGH (NJW-RR 2006, 1098) hat jetzt ausdrücklich offengelassen, ob entgegen der gefestigten Rspr die Beweislastverteilung nach § 836 auch auf bewegliche Sachen, vor allem „komplexe" Anlagen wie Fahrzeuge und Schiffe, und auch für nicht auf Masseeinwirkung beruhende Schädigungen entsprechend anzuwenden ist. In der genannten Entscheidung prüft der BGH den Tatbestand von § 836 für die Explosion eines Sportboots. Er verneint die Haftung des Bootseigners, weil die Verschuldensvermutung des § 836 widerlegt wurde. Die ernsthafte Möglichkeit des Eintritts des Schadens auf einer anderen Ursache als der fehlerhaften Errichtung oder Bedienung oder der mangelhaften Unterhaltung des Boots war dargelegt. Weil dem Geschädigten auch die Verschuldensvermutung des § 836 nicht zum Klageerfolg verhalf, konnte der BGH die Beantwortung der Frage der entsprechenden Anwendung von § 836 auch offenlassen. Er zeigt jedoch durch diese Entscheidung zumindest die Bereitschaft, möglicherweise zukünftig erneut diese Frage gegebenenfalls auch abweichend von der bisherigen Rspr beantworten zu wollen. Die Entscheidung läßt gewisse Sympathien für eine Ausweitung des Anwendungsbereichs von § 836 auf jedenfalls größere bewegliche Sachen wie Fahrzeuge und Boote erkennen. Die Aufgabe der älteren Rspr, die einer solchen Analogie bisher ablehnend gegenüberstand, erscheint daher nicht unwahrscheinlich (EBERT jurisPR-BGHZivilR 26/2006 Anm 1). Das sinngemäße Verhältnis von Vermutung und Entlastungsbeweis iSv § 836 war auch Gegenstand einer weiteren Entscheidung (BGH VersR 2005, 123). Zu prüfen war ein nachbarrechtlicher Ausgleichsanspruch entsprechend § 906 Abs 2 S 2. Der Grundstückseigentümer hatte einige Bäume gerodet. Bei einem Sturm sind die verbliebenen Bäume teilweise umgestürzt. Da die Bäume vor der Rodung vergleichbaren Stürmen standhielten, stritt ein Anscheinsbeweis (Vermutung iSv § 836) für die Behauptung des geschädigten Nachbarn, erst die Rodung eines Teils der Bäume sei die Ursache für das Umstürzen der verbliebenen Bäume. Dagegen war jedoch dem Grundstückseigentümer der Entlastungsbeweis zu eröffnen, der Sturm hätte die verbliebenen Bäume auch entwurzelt, wenn nicht schon zuvor einige Bäume gerodet worden wären (s dann zu diesem Entlastungsbeweis Rn 75).

Soweit in früheren Entscheidungen versucht wurde, Unbilligkeiten durch die Ausdehnung des Anwendungsbereichs von § 836 zu vermeiden (etwa BGHZ 55, 229, 232), haben diese Entscheidungen ihre Bedeutung durch die Erweiterung der Gefährdungshaftung nach § 2 HaftPflG verloren (vgl dazu FILTHAUT NZV 1989, 460; s auch oben Rn 2). Der nach § 12 HaftPflG mögliche Rückgriff auf § 836 kommt bei Anwendbarkeit des § 2 HaftPflG nur noch in Betracht, um eine über die §§ 5 f HaftPflG hinausgehende Haftung des Eigenbesitzers nach den allgemeinen Vorschriften zu erreichen. Soweit dagegen im Schrifttum vertreten wird, alle denkbaren auf Errichtungs- oder Unterhaltsmängeln beruhenden *Umweltrisiken* eines Grundstücks nach den gesetzlichen Wertungen der §§ 836–838 zu behandeln (MünchKomm/STEIN[3] Rn 2 f, 24), trägt diese Ansicht der in § 836 geregelten besonderen Gefahrenlage nicht Rechnung. Das in der Norm zum Ausdruck kommende Prinzip der Beweislastverteilung auf sämtliche Sachgefahren verallgemeinernd anzuwenden (MünchKomm/WAGNER [2004] Rn 5), sprengt in jeglicher Hinsicht den Ausnahmecharakter der Vorschrift als einen die allgemeinen Regelungen verdrängenden Spezialtatbestand (SOERGEL/ KRAUSE Rn 6, 16). Die Begrenzung auf gemeingefährliche Mängel von Gebäuden oder Werken auch bei einer entsprechenden Anwendung der Norm ist beizubehalten.

5. Verhältnis zu anderen Haftungsnormen

15 § 836 berührt weder die Haftung eines Beteiligten aufgrund sonstiger deliktischer Anspruchsgrundlagen, noch verschuldensunabhängige Ansprüche aus einem nachbarrechtlichen Gemeinschaftsverhältnis. Sie können in entsprechender Anwendung von § 906 Abs 2 S 2 gegeben sein, wenn zwar die sonstigen Voraussetzungen von § 836 vorliegen, es aber an einem Verschulden des Eigenbesitzers fehlt (BGHZ 58, 149, 158; BGH VersR 1985, 740; NJW 2003, 2377; MünchKomm/WAGNER [2004] Rn 3; zum nachbarrechtlichen Ausgleichsanspruch: FILTHAUT VersR 1992, 150). Beim Bruch einer öffentlich-rechtlich betriebenen Wasserleitung wird die verschuldensunabhängige Haftung unter dem Gesichtspunkt des enteignungsgleichen Eingriffs abgelehnt und nur die Verschuldenshaftung nach § 836 für anwendbar gehalten (BGHZ 55, 229, 231; 125, 19, 21; BGH NJW 2003, 2377, 2378). Durch das Vorliegen eines Vertragsverhältnisses zwischen dem Eigenbesitzer und dem Geschädigten wird die Haftung nach § 836 nicht ausgeschlossen (BGH VersR 1959, 948; BGB-RGRK/KREFT Rn 29; MünchKomm/WAGNER [2004] Rn 3). Anders kann es sein, wenn der zugrundeliegende Vertrag den Geschädigten zum Abbruch des in Rede stehenden Gebäudes oder zur Vornahme von Reparaturen daran verpflichtet. In diesen Fällen ist uU der Schutzbereich des § 836 nicht berührt (vgl unten Rn 34 und 52).

Stammt aber im Bereich der Amtshaftung nach § 839 die Schadenursache nur aus dem Bereich der Verkehrssicherungspflicht, tritt eine Haftung auch nach §§ 823, 836 zurück. § 839 regelt auch in Ansehung der §§ 836 ff die Folgen einer Amtspflichtverletzung abschließend (BGH NJW 1985, 1287, 1289). Trotzdem gilt auch zu § 839 die Beweislastregelung aus §§ 836 ff (OLG Köln NJW-RR 1991, 33; LG Osnabrück [5.3.2003, 1 O 2803/02] IBRRS 41910; MünchKomm/WAGNER [2004] Rn 3 mwN). Wirken mehrere Ursachen aus verschiedenen Pflichtenkreisen zusammen, kann die allgemeine Haftung wegen unerlaubter Handlungen mit der Amtshaftung konkurrieren. Das ist nicht anzunehmen, wenn ausschließlich Zubehör einer Straße den Schaden verursacht, für welchen der Träger der Straßenbaulast nach § 839 einzustehen hat (OLG Koblenz NVwZ-RR 2005, 276).

16 § 254 gilt auch im Rahmen der Haftung aus § 836 für den Ersatzanspruch des Geschädigten (BGH NJW 1951, 229; VersR 1960, 426, 427; 1965, 801, 802; 1873, 836, 838; NJW 1985, 1076, 1077; NJW-RR 1990, 1423, 1425; BGB-RGRK/KREFT Rn 30; MünchKomm/WAGNER [2004] Rn 25 f; SOERGEL/KRAUSE Rn 6 und unten Rn 57 ff). Ein Mitverschulden kann vor allem in Betracht kommen, wenn der Einsturz oder die Ablösung sowohl durch fehlerhafte Errichtung bzw Unterhaltung als auch durch ein Verhalten des Geschädigten herbeigeführt wurde (vgl LG München VersR 1992, 193). Umgekehrt begründet § 836 bei Beschädigung eines Gebäudes durch einen Dritten allein keine Vermutung für ein Mitverschulden des Besitzers an dem Einsturz etc (BGHZ 79, 259).

III. Einsturz eines Gebäudes oder eines anderen mit einem Grundstück verbundenen Werks

1. Gebäude

Der auch sonst im BGB (§§ 94, 95, 585, 908, 912) und in anderen Gesetzen (§§ 243 **17** Abs 1 S 2 Nr 1, 4; 305, 306, 306a StGB) verwendete Begriff meint ein zum Aufenthalt von Menschen oder Tieren oder zur Aufbewahrung von Sachen bestimmtes umschlossenes Behältnis, das nach den Regeln der Baukunst oder der Erfahrung hergestellt und mit dem Grund und Boden fest verbunden ist (BGB-RGRK/KREFT Rn 10; SOERGEL/KRAUSE Rn 7). Dazu gehören auch unvollendete Rohbauten (BGH VersR 1958, 488) und zwar bereits bezogene, in einzelnen Teilen aber noch unfertige Häuser (BGH NJW 1985, 1076), sowie verfallene Bauten (RG WarnR 1912 Nr 78) einschließlich der infolge von Naturkatastrophen oder von Kriegsereignissen unbewohnbar gewordenen Gebäuderuinen (BGHZ 1, 103; LM Nr 2, 4 und 5; JZ 1962, 96). Der letzte Aspekt wurde vor allem in der ersten Nachkriegszeit relevant (vgl dazu STAUDINGER/SCHÄFER[11] Rn 90).

2. Ein anderes mit einem Grundstück verbundenes Werk

a) Begriff des Werks

Mit „Werk" ist ein einem bestimmten Zweck dienender, von Menschenhand nach **18** den Regeln der Baukunst oder der Erfahrung unter Verbindung mit dem Erdkörper hergestellter Gegenstand gemeint (RGZ 60, 139; 76, 261; HRR 1930 Nr 904; BGH NJW 1961, 1670; OLG Rostock NJW-RR 2004, 825). Es macht keinen Unterschied, ob die Herstellung auf Dauer oder zu einem vorübergehenden Zweck (Fahrnisbauten) erfolgt (RG WarnR 1909 Nr 23; JW 1910, 288; BGHZ 58, 149) und welcher Art die Verbindung mit dem Erdkörper ist, ob es sich also um unterirdische Anlagen oder um mit dem Erdboden verbundene oberirdische Anlagen handelt, ob die Verbindung eher lose oder eine tiefergründige ist usw. In diesem Sinne mit dem Boden verbunden ist zB auch ein auf Schienen montierter beweglicher Baukran (OLG Düsseldorf VersR 1976, 94; OLG Bamberg RuS 1989, 357). Eine Verbindung iSv § 94 ist nicht erforderlich (MünchKomm/WAGNER [2004] Rn 9; SOERGEL/KRAUSE Rn 8). Die Verbindung mit dem Grund und Boden durch die eigene Schwere des Werks genügt (OLG Rostock NJW-RR 2004, 825; LG Karlsruhe NJW-RR 2002, 1541 für einen Wohnwagen). Das Werk darf bedingt durch seine Schwerkraft nicht ohne weiteres fortbewegt werden können (SOERGEL/KRAUSE Rn 8), wie es zB bei Fahrzeugen, Leitern oder Baumaterial der Fall ist (MünchKomm/WAGNER [2004] Rn 9; BGB-RGRK/KREFT Rn 13). Bei selbsttragenden Konstruktionen von Werbe- oder Firmenschildern, die nicht fest mit einem Gebäude verbunden sind, wird es daher auf deren Größe, Gewicht und eine etwaige Verankerung im Boden ankommen (vgl RG JW 1906, 423, 424; 1916, 1019; BGB-RGRK/KREFT Rn 12; MünchKomm/WAGNER [2004] Rn 9; PETERSHAGEN 114, 121). Die begriffliche Abgrenzung zwischen Gebäude und Werk ist ohne praktische Bedeutung und in Ansehung des umfassenderen Begriffs des Werks, welcher auch Bauwerke mit einschließt, völlig entbehrlich (SOERGEL/ KRAUSE Rn 7).

b) Beispiele von Werken iSv § 836

Mit dem Boden verbundene Baugerüste (RG JW 1910, 288; HRR 1935 Nr 370, BGH VersR **19** 1959, 694; OLG München SeuffBl 76, 438; OLGZ 28, 309; BGH NJW 1997, 1853; 1999, 2593, 2594; OLG Koblenz OLGR 2002, 468; OLG Rostock OLGR 2003, 372); auf Schienen montierte

Turmdrehkräne (OLG Düsseldorf VersR 1976, 94; OLG Bamberg RuS 1989, 357); eine Rutschanlage zur Beförderung von Gegenständen auf einem Bau (RG HRR 1935 Nr 730); mit dem Boden verbundene Zäune jeder Art, insbesondere Bauzäune (RG LZ 1921, 268; LG Gera NJW-RR 2002, 961); durch Einlassen von Pfählen mit dem Grund verbundene Zelte, Schaubuden und Verkaufsstände (RG DJZ 1908, 341; RG WarnR 1909 Nr 23; JW 1916, 1019); auch ein Messezelt (OLG Rostock NJW-RR 2004, 825), ein Zirkuszelt (OLG Hamm NJW-RR 2002, 92) und der Vorbau eines Wohnwagens (LG Karlsruhe NJW-RR 2002, 1541); ein in den Boden fest eingerammtes Turngerät (RG Recht 1920 Nr 656); eine fest in das Erdreich eingelassene Kinderschaukel (OLG Celle VersR 1985, 35); Bretterverschläge (RG HRR 1938 Nr 436); Grabsteine (BGH NJW 1977, 1392, OLG Hamm NVwZ 1982, 333; OLG Rostock OLGR 2003, 348; LG Freiburg NJW-RR 1996, 476); ein in die Böschung einer Straße eingegrabenes altes Steinkreuz (BGHZ 37, 165; OLG Karlsruhe VersR 1978, 471); Umgrenzungsmauern und die damit verbundenen Torflügel (RG WarnR 1920 Nr 12); Torpfeiler einer Einfahrt (OLG Naumburg SeuffA 57 Nr 62); Terrassen und Gartentreppen, Signalmasten (RG JW 1913, 808); Straßenlampen (LG Aachen NZV 1989, 29); an einer Halterung mit dem Boden verbundenes Hinweisschild (OLG Koblenz NVwZ-RR 2004, 322, 323); ein Carport (OLG Hamm NJW-RR 1995, 1230 mAv K Schmidt JuS 1996, 172); eine Garage (OLG Saarbrücken NJW-RR 2006, 1255, 1257); Schleusenanlagen (RG HRR 1930 Nr 1104; RG Kiel Recht 1906 Nr 690, SeuffA 64 Nr 92; OLG München VersR 1978, 554); Jagdhochsitze (OLG Stuttgart VersR 1977, 384, zum Umfang der Verkehrssicherungspflicht bei Hochsitzen vgl OLG Braunschweig RuS 1993, 339); Brücken (BGH VersR 1959, 948; NJW-RR 1988, 853); ein allein infolge seiner Schwerkraft auf einem Grundstück stehender Bierpavillon (OLG Düsseldorf VersR 1999, 854); von Menschenhand geschaffene Erdwerke wie Wasserstaudämme (RGZ 97, 114), Bahndämme (RG JW 1908, 196), Deiche (RG WarnR 1913 Nr 417), Böschungen (RGZ 60, 138), Kanäle; von Menschenhand geschaffene Erdvertiefungen mit und ohne inneren Ausbau oder oberirdische Abdeckung wie Baugruben (RG WarnR 1909 Nr 303), Öltanks (BGH WM 1976, 1056), Brunnen (AG Bad Homburg RRa 2004, 111, 113), plattenbedeckte Durchlässe zur Regenwasserableitung (RGZ 76, 260), abgedeckte Kellerschächte, Überfluthydranten (OLG Karlsruhe OLGE 28, 310; LG Ellwangen VersR 1962, 75); unterirdische Anlagen wie Luftschutzstollen (BGH LM Nr 9; VersR 1956, 348), Wasserleitungs- und Kanalisationsschächte (OLG Karlsruhe OLGE 28, 310; OLG Stuttgart VersR 1964, 1275; näher zur Haftung für Überschwemmungsschäden Schmid VersR 1995, 1269); unterirdische Kraftstoffbehälter (BGH WM 1976, 1056); Gülle- oder Jauchegruben mit Abdeckung (LG Kiel RuS 1998, 153; AG Nordhorn [17.6.2004, 3 C 1223/03]) unter dem Erdboden verlegte Versorgungsleitungen wie Gas-, Wasser- und andere Rohrleitungen (BGHZ 55, 229; BGH NJW 2003, 2377, 2379; OLG Hamm VersR 1978, 1146; zu Mineralölfernleitungen Engert BB 1963, 657); oberirdische, mit dem Boden verbundene Versorgungsleitungen und -einrichtungen wie Wasserstaustufen (BGH MDR 1979, 206); Starkstromleitungen (RGZ 147, 353; SeuffA 79 Nr 168; HRR 1925 Nr 1633); Fernsprech- und Telegrafenleitungen (OLG Hamm JW 1927, 2438; OLG Stuttgart VRS 7, 246); Straßenlaternen jeder Art (RG Recht 1919 Nr 2121; SeuffA 75 Nr 76; AG Krefeld VersR 1968, 103; LG Osnabrück [5.3.2003, 1 O 2803/02] IBRRS 41910); an Häusern angebrachte Firmenschilder, wobei es auf die Größe des Schildes, die Art der Zusammenfügung seiner Bestandteile und die Gefahr der Ablösung einzelner Teile ankommt (RG JW 1916, 1019; OLG Celle OLGE 34, 127; Weimar ZMR 1960, 328; Petershagen 121 ff vertritt dagegen die Ansicht, Firmenschilder könnten auch als Gebäudeteile eingeordnet werden. Der Werkbegriff werde nur deswegen gebraucht, weil beim Regreß der Gefahrnächste – in aller Regel der Mieter als Eigenbesitzer – verpflichtet werden solle).

c) Beispiele, in denen ein Werk iSv § 836 nicht vorliegt

Ein nur angelehnter Bauzaun oder ein nur an die Wand gelehnter Torflügel sind **20** zwar von Menschenhand zu einem bestimmten Zweck hergestellt, aber kein Werk iSv § 836, weil es an der Verbindung mit dem Grundstück fehlt (RG LZ 1921, 268; OLG Karlsruhe VersR 1955, 718; SOERGEL/KRAUSE Rn 10). Daher unterfallen auch zusammengekehrte Abfallhaufen nicht dem Werkbegriff des § 836 (OLG Frankfurt VersR 1978, 157; MünchKomm/WAGNER [2004] Rn 9). Weil nicht von Menschenhand zu einem bestimmten Zweck hergestellt, sind keine Werke iSv § 836 die Naturerscheinungen wie natürlich gewachsene Felsen, Bäume (MUGDAN II 456) und natürliche Bodenbepflanzungen (RGZ 149, 205, 210; BGB-RGRK/KREFT Rn 13). Weil zwar menschliches Zutun vorliegt, aber keine Herstellung „nach gewissen Regeln der Kunst oder Erfahrung" gegeben ist, sind zusammengeschüttete Schlammassen und Erdhaufen keine Werke (RGZ 60, 138, 139; MünchKomm/WAGNER [2004] Rn 9; SOERGEL/KRAUSE Rn 10; GEIGEL/SCHLEGELMILCH 19. Kap Rn 5; anders OLG Kiel OLGE 9, 46). Entsprechendes gilt für durch ständige Benutzung angelegte (Alpen-)Wanderwege (EBERT VersR 2006, 899). Nur eine Naturerscheinung liegt auch vor, wenn die im Wasser liegenden Trümmer einer im Krieg gesprengten Brücke sich durch Schlammansammlung im Laufe der Zeit zu einer Schlammauer verdichten und eine Art Sperrmauer bilden. Denn selbst wenn das für die Wasserwirtschaftsbehörde von Vorteil ist, so fehlt es doch an der für den Begriff des Werks erforderlichen Erstellung durch menschliches Tun zu einem bestimmten Zweck nach technischen Kunst- oder Erfahrungsregeln (BGH NJW 1961, 1670; BGB-RGRK/KREFT Rn 13; PETERSHAGEN 112).

d) Einsturz eines Gebäudes oder Werks

Einsturz ist der Zusammenbruch des gesamten Gebäudes bzw Werks infolge Lösung **21** der Verbindungen, die es zusammenhalten (RGZ 97, 112, 114; RG Recht 1913 Nr 2297; BGH NJW 1971, 2308; BGB-RGRK/KREFT Rn 18). Ein Einsturz liegt auch vor, wenn eine Schleuse in einem Deich zwar nicht als solche einstürzt, aber als ganzes weggerissen wird, nachdem die umgebenden Deichteile, die zusammen mit der Schleuse ein einheitliches Werk bilden, weggespült sind (RG HRR 1930 Nr 1104). § 836 ist dagegen unanwendbar, wenn ein Gebäude oder ein Werk wegen Baufälligkeit, zur Errichtung eines Neubaus oder aus anderen Gründen planvoll eingerissen und niedergelegt wird (RG Recht 1912 Nr 1790; HRR 1929 Nr 1313; BGH NJW 1979, 30; MünchKomm/WAGNER [2004] Rn 13; vgl auch unten Rn 34 und 52), mag der „Abriß nach Plan" teilweise auch schneller als zunächst beabsichtigt erfolgen (BGB-RGRK/KREFT Rn 18).

IV. Ablösung von Teilen des Gebäudes oder Werks

1. Teile des Gebäudes oder Werks

Teile iSv § 836 sind nicht nur die wesentlichen Bestandteile iSv § 93 (MünchKomm/ **22** WAGNER [2004] Rn 11; SOERGEL/KRAUSE Rn 6), sondern alle – auch kleinste – Gegenstände, die mit dem Gebäude oder Werk in eine derartige tatsächliche Verbindung gebracht werden, daß die dem Besitzer obliegende Fürsorge für die Beschaffenheit des Gebäudes oder Werks die Vermeidung einer fehlerhaften Einrichtung bei der Herstellung der Verbindung oder einer mangelhaften Unterhaltung während der Dauer der Verbindung mitumfaßt (BGB-RGRK/KREFT Rn 14 im Anschluß an RGZ 60, 421, 422). Eine solche tatsächliche Verbindung liegt aber nur vor, wenn die Sache zur Herstellung des Gebäudes oder Werks eingefügt oder sonstwie aus baulichen Gründen oder zu baulichen Zwecken an ihm angebracht ist, wenn also eine nicht bloß äußerliche, sondern der Bindung und dem Zweck des Ganzen dienende und in diesem Sinn organische „baumäßige" Verbindung der Sache mit dem Gebäude bzw Werk gegeben ist (RGZ 107, 337, 339; HRR 1929 Nr 1313; BGH NJW 1961, 1670, 1672; OLG Celle BauR 1992, 251). Die Verfestigung der Verbindung durch Einmauern des Teils, Einmörteln, Anschmieden usw ist nicht erforderlich, es kann genügen, wenn das Teil nur durch seine Schwerkraft dem Ganzen eingefügt ist (BGH VersR 1959, 694; s auch oben Rn 18). Entscheidend ist also nicht das Mittel der Verbindung, sondern die sachgerechte Einfügung der Teile zum bestimmungsgemäßen Zweck des Werks (OLG Celle BauR 1992, 251). Ein Holzbrett, welches als Trittbrett in eine Rüstung eingelegt wurde, gehört zu den Teilen der Rüstung, ist mithin Teil dieses Werks. Ein anderes Holzbrett, welches zum Zwecke der Fertigung von Putzkanten an Fensterlaibungen benötigt und vorbereitend auf der Rüstung abgelegt wird, ist kein Teil dieses Werks. Ebenso fehlt es dem vom Fensterbrett herabfallenden Blumentopf an der Eigenschaft, Teil des Gebäudes zu sein, weil eine hinreichend feste Verbindung nicht bestand (vgl MünchKomm/WAGNER [2004] Rn 11). Im Gegensatz dazu dürfte jedoch ein schwerer Spiegel, der nicht in eine Wand eingelassen, sondern an ihr aufgehängt und am unteren Rande mit eisernen Klammern gestützt ist, Teil des Gebäudes iSv § 836 sein (aA RGZ 107, 337, 339; BGB-RGRK/KREFT Rn 17; s unten Rn 24).

2. Beispiele für Teile eines Gebäudes oder Werks

23 Erker, Balkon, Schornstein (RG JW 1936, 2913; OLG Köln NJW-RR 1992, 858), Zimmerdecke (BGH LM Nr 11), Fußboden und Fußbodenbelag wie Holzdielen und Steinfliesen (RGZ 52, 238; JW 1904, 486; 1912, 242), Treppengeländer und Treppenstufen (OLG Hamburg OLGE 18, 86; RG JW 1911, 450; RG WarnR 1913 Nr 13), Fenster und Fensterscheiben (RGZ 113, 286; LG Aachen RuS 1989, 358), Fensterläden (RGZ 60, 421; OLG Karlsruhe VersR 1955, 718; OLG Stuttgart VersR 1958, 85), Vorfenster (OLG Karlsruhe OLGE 34, 128), Rolläden (RG WarnR 1909 Nr 101), Jalousiestücke (OLG Karlsruhe OLGE 14, 52), die Kette eines Klappfensters (RG BayZ 1907, 237), Riegel an Oberfenstern (RGZ 113, 286), Ziergitter (BGH VersR 1963, 94), Geländer auf einem Flachdach (OLG Saarbrücken NJW-RR 2006, 1255, 1257), die Platten eines Wellblechdachs (BGH VersR 1960, 426), eines Teerpappendachs (BGH NJW 1993, 1782; OLG Düsseldorf NJW-RR 1992, 1244), eines Eternitplattendachs (OLG Köln VersR 2005, 512) oder einer Giebelverkleidung (OLG Nürnberg OLGR 2000, 349; LG Offenburg NJW-RR 2002, 596); die Arretierungsvorrichtung eines Fahrstuhls (RG WarnR 1914 Nr 334), Garagentore (AG Nürtingen WuM 1989, 184), Schaufensterscheibe (OLG Koblenz NJW-RR 1998, 673).

Teile eines Gebäudes oder Werks sind ferner Dachaufsätze (RG JW 1904, 91), Gesimsstücke (RG JW 1903, 115), einzelne Steine und Dachziegel (RG HRR 1928 Nr 1978; OLG Düsseldorf NJW-RR 1992, 1440; 2003, 885; OLG Frankfurt OLGZ 1993, 188; LG Ansbach NJW-RR 1996, 278; LG Nürnberg-Fürth NJOZ 2003, 1681; AG Mönchengladbach NJW-RR 2002, 596), Ösen zum Einhängen einer Treppe (RG JW 1932, 1208), der zur Befestigung eines Signalmastes dienende Nagel (RG JW 1913, 869), Haken für Gardinenstangen (KG JW 1924, 1380), Fahnenstangen (OLG Hamm Recht 1905 Nr 1860), eine auf die Duschwanne gesetzte Duschkabine, deren Rahmen fest mit dem umgebenden Mauerwerk verbunden ist (BGH NJW 1985, 2588). Die Galeriebrüstung ist Teil eines Theatersaals (RG JW 1909, 275), der zum Aufhängen der Tierkörper dienende Haken Teil eines Schlachthauses (OLG Marienwerder OLGE 28, 310). Die Ablösung eines Schildes von seiner mit dem Boden verbundenen Halterung (OLG Koblenz NVwZ-RR 2004, 322, 323) oder eines an einem Gebäude angebrachten Transparentes (OLG Koblenz OLGR 2002, 446) sind weitere Beispiele.

3. Beispiele, bei denen die Eigenschaft als Gebäude- oder Werksteil nicht gegeben ist

Gebäudeteil ist zwar ein in die Wand eingelassener schwerer Spiegel, nicht aber, da **24** es an einer baumäßigen Verbindung fehlt, ein bloß an der Wand aufgehängter Spiegel, auch wenn er nach unten durch eiserne Klammern gestützt wird (RGZ 107, 337, 339; s aber oben Rn 22). Gleiches gilt bei Blumentöpfen, die in einer Vorrichtung am Balkongeländer aufgehängt sind, oder bei einer mit einer Kette an einem Gebäude befestigten beweglichen Treppe (RG Recht 1907 Nr 3513) sowie bei Gegenständen, die schon vor dem Unfall aus dem baulichen Zusammenhang herausgelöst worden sind (RG WarnR 1920 Nr 12; LZ 1921, 268; BGB-RGRK/KREFT Rn 17).

4. Unfertige Teile

Bei einem erst im Aufbau begriffenen Gebäude (Werk) liegt ein Gebäudeteil vor, **25** wenn das den Unfall verursachende Teil schon so mit dem zu errichtenden Gebäude verbunden war, daß es seinen späteren Aufgaben zu dienen in der Lage gewesen wäre, wenn es nicht den Errichtungsfehler aufgewiesen hätte (BGH LM Nr 11 = VersR 58, 488, 489; SOERGEL/KRAUSE Rn 14). Damit ist Gebäudeteil eine neu gegossene Betondecke, die im wesentlichen abgebunden und deshalb tragfähig ist, aber nach dem Abbau der Schalung zusammenstürzt (BGH aaO). Gebäudeteil ist auch ein einzelnes, einem Baugerüst lose eingefügtes Brett, wenn seine Schwerkraft eine genügend feste baumäßige Verbindung mit dem Baugerüst schafft (BGH VersR 1959, 694; 1969, 37). Dagegen ist ein noch nicht endgültig eingefügter Träger, der während des Einbaus abstürzt, noch kein Gebäudeteil, weil die baumäßige Verbindung fehlt (RG WarnR 1912 Nr 78; BGB-RGRK/KREFT Rn 17). Das gilt auch für die auf dem Baugerüst erst zum Einbau bereitliegenden Ziegel (BGH LM Nr 11) oder den auf dem Gerüst stehenden Eimer mit Mörtel (BGH VersR 1953, 401).

5. Dachlawinen

Schnee und Eiszapfen auf Hausdächern oder Vorsprüngen sind mangels fester bau- **26** licher Verbindung mit dem Gebäude nicht Teile iSv § 836 (OLG München HRR 1941 Nr 481; OLG Köln VersR 1958, 114; OLG Düsseldorf VersR 1961, 911; OLG Stuttgart DAR 1964, 214; BGB-RGRK/KREFT Rn 17; SOERGEL/KRAUSE Rn 14; GAISBAUER VersR 1971, 199). Die Norm ist daher nicht anwendbar, wenn durch herabstürzenden Schnee oder durch sich lösende Eiszapfen Rechtsgüter Dritter geschädigt werden (BGH NJW 1955, 300; LG Berlin VersR 1967, 69; OLG Hamm NJW-RR 1987, 412; 2003, 1463; OLG Jena WuM 2007, 138). Die Haftung des Gebäudebesitzers kann sich nur wegen Verletzung der allgemeinen Verkehrssicherungspflicht aus § 823 Abs 1 ergeben. Im Rahmen der allgemeinen Verkehrssicherungspflicht kann ein Hauseigentümer aus einem Unterlassen nur in Anspruch genommen werden, wenn er eine Rechtspflicht hatte, Vorkehrungen zu treffen, um einen durch Schneesturz entstehenden Schaden abzuwenden (OLG Jena WuM 2007, 138). Dabei hängt es von Umständen des Einzelfalls ab, ob der Hauseigentümer für die Folgen eines Schneesturzes vom Dach haftet (OLG Stuttgart VersR

1983, 934; OLG Dresden r+s 1997, 396). Ganz allgemein sind zunächst die Passanten selbst verpflichtet, sich durch Achtsamkeit vor der Gefahr der Verletzung durch herabfallenden Schnee zu schützen (OLG Hamm NJW-RR 2003, 1463; OLG Jena WuM 2007, 138). Eine Verkehrssicherungspflicht gegen das Abgehen von Dachlawinen besteht nur unter *besonderen Umständen* (OLG Karlsruhe NJW-RR 1986, 1404; OLG Dresden WuM 1997, 377; OLG Hamm NJW-RR 2003, 1463; OLG Jena WuM 2007, 138). Das gilt auch, wenn eine Abstellfläche für Kraftfahrzeuge vorhanden ist (OLG Karlsruhe NJW 1983, 2946; OLG Köln VersR 1988, 1244). So kann es darauf ankommen, ob eine Gegend als schneereich oder -arm gilt und ob Schneeauffanggitter ortsüblich oder durch die Landesbauordnung bzw Ortssatzung vorgeschrieben sind (OLG Saarbrücken VersR 1985, 299; OLG Köln VersR 1988, 1244; OLG Köln NJW-RR 1992, 858; OLG Zweibrücken OLGR 2000, 7; OLG Jena WuM 2007, 138). Entsprechendes gilt für Schilder mit Warnhinweisen vor Dachlawinen (OLG Hamm NJW-RR 2003, 1463, 1464). Sind solche Warnschilder aber in unmittelbarer Nähe zum Gebäude, von welchem die Schneelawine abging, vorhanden, schließt das Mitverschulden nach § 254 die Haftung regelmäßig aus (OLG Jena WuM 2007, 138).

6. Ablösung von Teilen

27 Unter Ablösung von Teilen ist **jede unwillkürliche Aufhebung der Verbindung zum übrigen unversehrt gebliebenen Ganzen** zu verstehen (OLG Koblenz OLGR 2002, 468; OLG Saarbrücken NJW-RR 2006, 1255, 1257; SOERGEL/KRAUSE Rn 15). Der Begriff der Ablösung erfordert nicht die völlige Trennung des Teils vom Ganzen (GEIGEL/SCHLEGELMILCH 19. Kap Rn 7). Vielmehr genügt auch eine teilweise Loslösung oder eine Lockerung der Verbindung (BGH VersR 1961, 806; OLG Rostock NJW-RR 2004, 825). Es reicht aus, wenn das Teil nur in seinem eigenen inneren Zusammenhang oder Zusammenhalt beeinträchtigt wird (RGZ 131, 1, 6; RG HRR 1940 Nr 154; OLG Celle BauR 1992, 251; OLG München NJW-RR 1995, 540; BGB-RGRK/KREFT Rn 19), also auch bei Auf- und Seitwärtsbewegungen von Bauwerksteilen, sofern eine mechanische Veränderung des Teils stattgefunden hat (PETERSHAGEN 134). Keine Ablösung liegt vor, wenn ein Rolladen in seiner Führung herabgleitet, ohne in seiner Form oder seinem inneren Zusammenhang verändert bzw in seiner Verbindung mit dem Gebäude gelöst oder gelockert worden zu sein (RG WarnR 1909 Nr 101; s auch OLG München VersR 1978, 553, 554; SOERGEL/KRAUSE Rn 15). Anders wurde entschieden, als ein Garagentor schlagartig infolge Trennung vom elektrischen Anschluß herabfiel (OLG München NJW-RR 1995, 540, 541; SOERGEL/KRAUSE Rn 15; PETERSHAGEN 131 f: § 836 analog). Zur Ablösung genügt es, wenn infolge mangelhafter Beschaffenheit des Gebäudeteils, die auch durch Witterungseinflüsse herbeigeführt sein kann, der Zusammenhang mit dem Gebäude gelockert war, mag auch letzten Endes die völlige Ablösung durch menschliche Tätigkeit (Anstoßen, Anlehnen, Auftreten) bewirkt sein (RG WarnR 1919 Nr 169; s unten Rn 32). Eine Ablösung liegt auch vor, wenn eine unterirdisch verlegte Gas- oder Wasserleitung bricht (BGHZ 55, 235; BGH VersR 1976, 1085; NJW 2003, 2377, 2379; OLG Hamm VersR 1978, 1146) oder ein unterirdisch angebrachter Kraftstofftank infolge eines Risses undicht wird (BGH WM 1976, 1057), wenn das Brett eines Fußbodenbelags (RG JW 1912, 242), das Brett eines Laufstegs (RG HRR 1935 Nr 1515), die angerostete Platte eines Wellblechdachs (BGH VersR 1960, 426) beim Betreten durchbricht oder wenn von einem Damm Teile durch Überflutung abgetrennt werden (BGHZ 58, 149). Zum Begriff der Ablösung ist auch nicht erforderlich, daß das Werk teilweise zerstört oder vernichtet wird; sie liegt schon vor, wenn ein als Befestigungsmittel dienender Nagel herausgezogen (RG JW 1913, 868) oder der Deckel eines Wasserleitungsschachts verschoben wird (OLG Karlsruhe OLGZ 28, 310). Die bloße Verstopfung einer Kanalisation ist kein Ablösen und lediglich nach § 823 zu beurteilen (BGH VersR 1961, 806, 808; MünchKomm/WAGNER [2004] Rn 13; SOERGEL/KRAUSE Rn 15; PETERSHAGEN 131 f).

7. Weitere Beispiele für die Ablösung von Teilen eines Gebäudes oder Werks

Durchbrechen des Fußbodens (RGZ 52, 236), Abstürzen einzelner Steine, Balken, von Teilen des Verputzes oder einer Stuckverkleidung (OLG Hamburg OLGE 4, 285), Herunterklappen eines Klappfensters infolge unzulänglicher Befestigung (RG HRR 1940 Nr 154), Abbrechen der sichernden Laufstange von einer Galerie (RG HRR 1929 Nr 1313), Absturz eines Fahrstuhls infolge Zerreißens des ihn tragenden Seils (RG WarnR 1914 Nr 334), Bruch des eine Luke verschließenden Deckels (RG JW 1904, 486), Loslösung einer in Laufschienen geführten Tür (RG Recht 1911 Nr 1746), Herabfallen einer Starkstromleitung (RG HRR 1925 Nr 1633), Zersplitterung einer Glasscheibe (OLG Hamburg OLGE 5, 249; vgl aber OLG Düsseldorf VersR 1982, 1201).

V. Sonstige Fälle

Daneben kann nach der oben Rn 6 bis 14 befürworteten Auslegung des Tatbestands die Gebäudehaftung bei Schädigungen eingreifen, die aus Stabilitätsmängeln resultieren, aber nicht durch den Einsturz des Gebäudes oder die Ablösung von Teilen verursacht worden sind. Haben Mängel der mechanischen Festigkeit und Standsicherheit (Stabilitätsmängel) andere als diese Schadensereignisse zur Folge (zB um- oder abstürzender Tank, Bruch der Versorgungsleitungen durch Absenkung eines Gebäudeteils, Risse im Fußboden), ist der Tatbestand von § 836 Abs 1 erfüllt (anders die hM, weil nicht durch die kinetische Energie verursacht, zB RGZ 172, 156 [Feuer nach Gasrohrbruch]; BGH WM 1976, 1056 [Leck im Öltank]; vgl zum Begriff der kinetischen Energie Rn 37).

§ 836 ist analog anzuwenden, wenn Gebäude oder Werke entsprechend den anerkannten Regeln der Bau- und Ingenieurkunst nicht frei von *gemeingefährlichen Mängeln* errichtet und unterhalten sind, so daß erhöhte Gefahren für das Leben, den Körper oder die Gesundheit von Menschen oder für Sachen entstehen. Das ist der Fall beim Brand eines Gebäudes, wenn nicht durch den Einsturz, sondern durch das Feuer Menschen zu Schaden kommen, weil Fluchtwege fehlen, verstellt oder nicht gekennzeichnet sind. Gleiches gilt bei der Verwendung leicht entflammbarer Materialien (aA OLG Hamm NJW-RR 1987, 1315, 1316), bei einem nicht funktionierenden Rauchabzug oder beim Fehlen einer Brüstung zur Verhinderung des Absturzes. Bei schleichenden chemischen Ausdünstungen, etwa durch formaldehydhaltige Holzschutzmittel oder durch asbesthaltiges Dämmaterial, fehlt es dagegen an dem eine Analogie rechtfertigenden gemeingefährlichen hohen Schadenspotential. Auch werden Mängel des Zubehörs nicht erfaßt, das nicht zu der wesentlichen Gebäudesubstanz gehört, auch wenn es gleichermaßen gemeingefährlich wirken kann, zB beim Öffnen der Tür zu einem Fahrstuhlschacht, bevor der Fahrstuhl die Etage erreicht hat.

VI. Kausalität für den Einsturz oder die Ablösung

30 Die Ersatzpflicht nach § 836 setzt voraus, daß der **Einsturz oder die Ablösung adäquat durch die fehlerhafte Errichtung oder die mangelhafte Unterhaltung des Gebäudes bzw des Werks** verursacht wurden (RGZ 52, 239; 97, 114; SOERGEL/KRAUSE Rn 17). Das ist nicht der Fall, wenn die Möglichkeit eines Einsturzes oder einer Ablösung durch die in Rede stehende Ursache nach der allgemeinen Lebenserfahrung so wenig wahrscheinlich ist, daß sie vom Eigenbesitzer nicht berücksichtigt werden mußte. Darüber hinaus muß die konkrete Ursache des Einsturzes bzw der Ablösung vom Schutzzweck der Norm erfaßt sein.

1. Fehlerhafte Errichtung bzw mangelhafte Unterhaltung

31 Die Fehlerhaftigkeit der Errichtung und die Mangelhaftigkeit der Unterhaltung lassen sich nicht allein nach formalen Kriterien wie der Einhaltung von Vorschriften der Landesbauordnungen oder technischer Normen beurteilen (MünchKomm/WAGNER [2004] Rn 15). Vielmehr ist materiell danach zu fragen, ob das Gebäude in einer Art und Weise errichtet bzw unterhalten wurde, daß es den Anforderungen entsprach, die unter Berücksichtigung der voraussehbaren – nicht ganz unwahrscheinlichen – Umstände an seine Widerstandsfähigkeit und Sicherheit zu stellen waren. Fehlerfrei sind Gebäude demnach, wenn sie weder einstürzen noch sich Teile von ihnen ablösen und die Gebäude daher nicht Rechtsgüter Dritter gefährden (RGZ 76, 260; BGHZ 58, 155; BGH DRiZ 1962, 423; BGB-RGRK/KREFT Rn 22).

2. Adäquate Verursachung durch die haftungsbegründenden Tatumstände

32 Für den Einsturz bzw die Ablösung ist es grundsätzlich ohne Bedeutung, wie die Trennung oder Lockerung der Verbindung eintritt, ob also beispielsweise eine Wasserleitung ohne äußere Einwirkung – etwa durch Durchrostung – von selbst undicht wird (RGZ 133, 1; BGHZ 55, 229; BGH MDR 1983, 1000) oder ob die Trennung etc auf eine äußere Einwirkung zurückzuführen ist. Solche äußeren Einwirkungen können vor allem in einem Verhalten des Eigenbesitzers bzw einer dritten Person oder in klimatischen Faktoren wie Stürmen, Überflutungen uä liegen. Bei einer (Mit-)Verursachung durch menschliches Zutun kommt es nicht darauf an, ob schuldhaftes oder schuldloses Verhalten oder das Tun eines Schuldunfähigen vorliegt. Häufig wird ein menschliches Verhalten mitursächlich für von § 836 erfaßtes Geschehen etwa beim Haltsuchen des Verletzten an der provisorischen Absicherung einer noch nicht fertiggestellten Loggia, was den Bruch der Absicherung mit der Folge eines Sturzes des Verletzten bewirkt (BGH NJW 1985, 1076; vgl weiter OLG Naumburg SeuffA 57 Nr 62 [Einsturz eines Pfeilers infolge Anfahrens mit einem Erntewagen]; RG JW 1908 Nr 1561 [Festhalten eines Kindes an einem ungenügend befestigten Pfeilerkopf]; RG JW 1913, 869 [Herausziehen eines der Befestigung dienenden Nagels durch ein spielendes Kind]; RG WarnR 1913 Nr 365; OLG Hamm VersR 1972, 1173 [Anlehnung an eine ungenügend befestigte Säule, Stützen auf ein den Druck nicht aushaltendes Gesims]; OLG Koblenz OLGR 2002, 468 [Abstützen eines Handwerkers an einer unzureichend befestigten Diagonalverstrebung des Baugerüsts]; LG Gera NJW-RR 2002, 961 [Anlehnen an einen Zaun beim Urinieren]; OLG Saarbrücken NJW-RR 2006, 1255 [Festhalten an einem Geländer auf einem Garagenflachdach]). Zur Anwendung von § 836 genügt es in derartigen Fällen, wenn die fehlerhafte Errichtung oder mangelhafte Unterhaltung die wesentliche adäquate Ursache der Ablösung ist (RG HRR 1929 Nr 1313; OLG Koblenz

NVwZ-RR 2004, 322, 323), wenn also als Folge der fehlerhaften Errichtung oder der mangelhaften Unterhaltung eine Lage bestand, bei der das Hinzutreten eines besonderen auslösenden Umstands wie etwa eines menschlichen Verhaltens die Ablösung bewirken konnte (RG WarnR 1919 Nr 169; BGH NJW 1985, 1076 mwN; SOERGEL/ KRAUSE Rn 20). Die fehlerhafte Errichtung oder mangelhafte Unterhaltung muß also einerseits die wesentliche, braucht aber andererseits nicht die alleinige Ursache des Einsturzes (der Ablösung) zu sein (BGHZ 58, 153; LM Nr 4). Die Freiheit von Fehlern bei der Errichtung und von Mängeln bei der Unterhaltung setzt also auch voraus, daß Gebäude oder Werk auch bei einer nach Lage der Dinge voraussehbaren – wenn auch selteneren – Einwirkung menschlicher oder klimatischer Art hinreichende Widerstandsfähigkeit gegen Einsturz oder Ablösung von Teilen bieten (RG WarnR 1913 Nr 965; BGHZ 58, 149; BGH DRiZ 1962, 422). Läßt sich nicht klären, ob Einsturz bzw Ablösung die Folge fehlerhafter Errichtung oder aber mangelhafter Unterhaltung sind, so ist insoweit eine Wahlfeststellung zulässig, solange dem Eigenbesitzer dadurch nicht die Möglichkeit des Entlastungsbeweises abgeschnitten wird (BGH VersR 1962, 1105, 1106; BGB-RGRK/KREFT Rn 23; GEIGEL/SCHLEGELMILCH 19. Kap Rn 12).

Nach den oben genannten Grundsätzen scheidet eine Haftung nach § 836 aus, wenn **33** Einsturz oder Ablösung von Teilen ausschließlich auf einer außergewöhnlichen (Natur-)Katastrophe beruhen, mit der nach Lage der Dinge nicht gerechnet werden mußte (BGHZ 58, 153; BGH VersR 1960, 428; s auch unten Rn 75). Daher kommt es im Einzelfall darauf an, ob die den Schaden (mit-)verursachende Wetterlage bei Errichtung und Unterhalt des Gebäudes noch zu berücksichtigen war oder nicht (zB muß ein Leuchtfeuer in einer Art und Weise errichtet werden, daß es auch stärksten Stürmen trotzt). Diese Frage kann nur für den Einzelfall unter Berücksichtigung der lokalen Gegebenheiten und etwaiger klimatischer Besonderheiten beantwortet werden, ggf unter Berücksichtigung eines Sachverständigengutachtens (OLG Köln NJW-RR 1992, 858; OLG Hamm OLGR Hamm 1993, 65; OLG Düsseldorf OLGR Düsseldorf 1992, 289). Ebenso ist § 836 auch nicht anwendbar, wenn Einsturz oder Ablösung die Folge eines vorsätzlichen menschlichen Verhaltens ist, gegen das Vorkehrungen zu treffen dem Eigenbesitzer nicht möglich oder aber nicht zumutbar ist (OLG Stuttgart VersR 1964, 1275; LG Hamburg VersR 1974, 915; OLG Hamm VersR 1978, 331; instruktiv BGH VersR 1987, 1096 [Auf einem Grundstück wird von Unbekannten ein Brand gelegt, bezüglich dessen eine Verletzung der Verkehrssicherungspflicht des Grundstückseigentümers ausscheidet. Beim Übergreifen des Brands auf das Nachbargrundstück wird das dort stehende Haus beschädigt.] und LG Essen ZfS 1988, 345 [Ein Garagendach bricht durch das Aufspringen eines Dritten ein, wodurch ein vom Mieter in die Garage eingestelltes KFZ beschädigt wird]).

3. Schutzbereich der Norm

Der Schutzbereich von § 836 ist nicht berührt und eine Haftung des Eigenbesitzers **34** daher ausgeschlossen, wenn ein Abbruchunternehmer oder seine Arbeitnehmer beim Einsturz des Gebäudes oder bei der durch die Abbrucharbeiten verursachten Ablösung von Teilen einen Schaden erleiden (BGH NJW 1979, 309; OLG Karlsruhe VersR 1989, 82; OLG Rostock NJW-RR 2004, 825; GEIGEL/SCHLEGELMILCH 19. Kap Rn 2; s auch unten Rn 52). Durch seine Tätigkeit schafft der Abbruchunternehmer neue, von dem Eigenbesitzer nicht mehr uneingeschränkt beherrschbare, vom Gebäude ausgehende Gefahren. Die dadurch eintretende Neuverteilung der Risikobereiche entspricht nicht mehr dem § 836 zugrundeliegenden Gedanken, wonach der Eigenbesitzer für den seiner Kontrolle unterliegenden Gefahrenbereich haften soll (BGH NJW 1979, 309). So verhält es sich auch, wenn ein Arbeitnehmer der Rüstbaufirma unmittelbar durch Arbeiten an einem Baugerüst verletzt wird (OLG Rostock OLGR 2003, 372). Als Grund für das Versagen der Haftung nach § 836 zu Lasten des Abbruchunternehmers gilt, ein zum Abbruch freigegebenes Gebäude kann nicht mehr fehlerhaft im Sinne der Norm sein. Der Abbruchunternehmer hat in eigener Verantwortung zu prüfen, auf welche Art und Weise das Gebäude oder Werk bei Meidung von Schäden abzutragen ist (MünchKomm/WAGNER [2004] Rn 26). Das gilt allerdings nicht, wenn die Abbrucharbeiter durch einen Einsturz oder eine Teilablösung geschädigt werden, die nicht durch die Abbrucharbeiten verursacht wurden (BGH NJW 1979, 309). Entstehen beim Abbruch eines Hauses Schäden am benachbarten Grundstück, so ist der Schutzbereich von § 836 betroffen (GEIGEL/SCHLEGELMILCH 19. Kap Rn 2). Ein Anspruch aus § 836 besteht, wenn das Abbruchunternehmen nicht sorgfältig ausgewählt, instruiert oder überwacht (BGH VersR 1968, 972) wurde. Ein Anspruch aus § 831 scheidet aus, weil der Abbruchunternehmer nicht weisungsgebunden und daher nicht Verrichtungsgehilfe ist (BGH VersR 1987, 1096). Zum Schutzbereich von § 836 bei Arbeiten an Telegraphenleitungen vgl weiter OLG Karlsruhe NJW-RR 1988, 152.

VII. Kausalität für die Rechtsgutverletzung

1. Adäquanz der Verursachung

35 Der Einsturz des Gebäudes oder die Ablösung von Gebäudeteilen (oder besser allgemeiner: die Mißachtung der anerkannten Regeln der Bau- und Ingenieurkunst) muß die **Verletzung von Leben, Körper, Gesundheit oder Eigentum** des Geschädigten adäquat kausal verursacht haben. Nach allgemeinen Kausalitätsgrundsätzen muß die Rechtsgutverletzung weder allein noch unmittelbar durch den Einsturz oder die Teilablösung verursacht sein. Es reicht aus, daß der Einsturz oder die Ablösung **eine adäquate Bedingung** für die Rechtsgutverletzung gewesen ist, wenn auch im Zusammenhang **mit anderen Umständen**. ZB ist die fehlerhafte Aufstellung eines Krans durch die Unterlassung einer Schienenfahrbegrenzung adäquate Bedingung für die Rechtsgutverletzung, wenn der Kran von den Schienen herunterfährt und umstürzt (OLG Bamberg RuS 1989, 357). Die Adäquanz kann auch gegeben sein, wenn der Einsturz oder die Ablösung von Teilen den Schaden nur **mittelbar** verursacht hat (RGZ 52, 239; JW 1913, 869; RG WarnR 1913 Nr 417; HRR 1930 Nr 1104; BGH VersR 1960, 426, 427; 1973, 43; NJW 1961, 1671; 1972, 725; JZ 1962, 96). Das ist zB der Fall, wenn durch den Einsturz oder die Ablösung *andere Massen* in Bewegung versetzt werden und den Schaden verursachen (RGZ 97, 114 [Bruch eines Staudamms]; JW 1905, 370; RG WarnR 1913 Nr 417 [Sturz durch einen abgelösten Bodenbelag]; HRR 1930 Nr 1104 [Deichbruch, bei dem erst das stehende Wasser auf Feldern Schaden stiftet]). Ein Beispiel ist der Rohrbruch und die Entstehung des Schadens erst durch das austretende Wasser (BGH WM 1985, 1041; NJW 2003, 2377, 2379; siehe auch Rn 39).

36 Auch ein unmittelbarer **zeitlicher Zusammenhang** ist nicht erforderlich. Es genügt, daß durch die Ablösung eines (Befestigungs-)Teils ein Gefahrzustand verursacht wurde, der erst später zum Schadensereignis führt (RG WarnR 1913 Nr 365 [Entfernung eines Befestigungsnagels, weswegen der damit zunächst gesicherte Signalmast erst geraume Zeit später umkippt]; BGB-RGRK/KREFT Rn 26). Adäquat verursacht ist auch die Verletzung eines Arbeitnehmers, der durch ein Dach oder ein Fußbodenbrett bricht, wenn sich

zuvor auch nur ein Teil des Dachs oder des Bodens in seinem inneren Zusammenhang getrennt oder gelockert hat, das übrige Werk aber unversehrt geblieben ist (OLG Celle BauR 1992, 251).

2. Schutzzweck der Norm

a) Erfordernis der bewegend wirkenden Kraft in der Rspr

Vielfach wird versucht, den Tatbestand von § 836 zu begrenzen, vermutlich weil häufig zu hohe Anforderungen an den Exculpationsbeweis gestellt werden. Um die haftungsbegründenden Ursachenabläufe einzuengen, wird verlangt, daß sich die Verletzung im Verlauf des Einsturzes oder der Ablösung von Teilen ereignet haben oder daß sie durch die *bewegend wirkende Kraft (kinetische Energie)* des Einsturzes oder der Ablösung herbeigeführt werden müsse. Die hM rechtfertigt dieses Erfordernis mit dem Sinn und Zweck der Vorschrift (RG Recht 1910 Nr 3921; RGZ 172, 161; BGH LM Nr 12; VersR 1961, 803, 805; 1976, 1084, 1085; NJW-RR 1990, 1500, 1510; BGB-RGRK/ KREFT Rn 27; STAUDINGER/SCHÄFER[12] Rn 49; PALANDT/SPRAU Rn 10; JAUERNIG/TEICHMANN Rn 7; GEIGEL/SCHLEGELMILCH 19. Kap Rn 10). Die Norm nehme eine Sonderstellung nur für die *typischen Gefahren* ein, die sich aus der fehlerhaften Errichtung oder mangelhaften Unterhaltung von Gebäuden und anderem mit einem Grundstück verbundenen Werk ergeben (STAUDINGER/SCHÄFER[12] Rn 49). Verfehlungen, die im wesentlichen erst durch die Vernachlässigung etwa der auf den Verkehr und seine Sicherheit zu nehmenden Rücksichten Schaden gestiftet haben, sollen von § 836 nicht erfaßt werden (BGH VersR 1961, 803, 805). Nach zutreffender **aA** fehlt dagegen dem Erfordernis der bewegend wirkenden Kraft die innere Rechtfertigung zur Bestimmung der typischen Einsturz- und Ablösungsgefahr (MünchKomm/WAGNER [2004] Rn 6, 18; ERMAN/SCHIEMANN Rn 7; SOERGEL/KRAUSE Rn 21; BAMBERGER/ROTH/SPINDLER Rn 16). Beleg ist einmal die Widersprüchlichkeit der dazu ergangenen Entscheidungen (SOERGEL/ KRAUSE Rn 21). Auch ist in Ansehung der Beweissituation, vor welcher § 836 bewahren soll, kein Unterschied zu erkennen, ob ein Kraftfahrer auf ein bereits auf der Straße liegendes abgelöstes Bauteil auffährt oder dieses Bauteil unmittelbar auf das vorbeifahrende Auto herabfällt (MünchKomm/WAGNER [2004] Rn 6).

aa) Adäquat verursachte Schäden

Die Rspr hat die Haftung nach § 836 bejaht, sowohl wenn durch die Ablösung der Unterlagen eines Bodenbelags die abstürzenden Teile jemanden verletzen, als auch wenn jemand durch die entstehende Lücke stürzt und sich beim Aufprall auf den darunter liegenden Boden verletzt (RGZ 52, 236; RG WarnR 1913 Nr 417); ebenso wenn ein Glasreiniger durch die angerostete Platte des von ihm betretenen Wellblechdachs stürzt (BGH VersR 1960, 426) bzw wenn ein Gerüstbenutzer durch ein zur Gerüsterstellung verwendetes Brett bricht (BGH NJW 1997, 1853) oder wenn jemand an einer provisorischen Brüstung einer Loggia Halt sucht und abstürzt, weil die Bretter nachgeben (BGH NJW 1985, 1076). Die Rechtsgutverletzung muß also nicht notwenig durch die schadhaften Gebäudeteile verursacht werden, sondern kann auch durch den Sturz ausgelöst werden. Um dem Erfordernis der bewegend wirkenden Kraft zu genügen, wurde mitunter folgende Begründung konstruiert: Sofern ein Werk dazu bestimmt sei, als Schutz gegen die Fortbewegung eines anderen Körpers zu dienen, sei es unerheblich, ob der Einsturz oder die Teilablösung positiv den anderen Körper fortbewegt oder ob negativ das Werk seine Schutzbestimmung nicht mehr erfülle und die Fortbewegung des anderen Körpers bedinge. Bemerkenswert ist, daß der BGH

(BGH NJW 1985, 1076 – Loggia; BGH NJW 1997, 1853 – Baugerüst; vgl aber auch die Anm von KULLMANN LM Nr 25 zu diesem Urteil, der zumindest eine „irgendwie" geartete Bewegung für erforderlich hält) neuerdings das Erfordernis der bewegend wirkenden Kraft (kinetische Energie) des Einsturzes oder der Ablösung unerwähnt läßt.

39 In den Fällen der **mittelbaren Verursachung** wurde die Ursächlichkeit angenommen, wenn zB freigesetztes ausströmendes Wasser Schäden verursachte, indem ein verankertes Schiff infolge der Teilablösung eines Flußstauwehrs losgerissen und beschädigt wurde (BGH MDR 1979, 206) oder bei dem Bruch eines Staudamms für Fischteiche (RGZ 97, 112). Nicht nur das in Bewegung gesetzte Wasser soll ursächlich für die Schäden iSv § 836 sein, sondern auch dessen längeres Stehenbleiben auf den Feldern, das die Bodenbeschaffenheit verschlechterte (RG HRR 1930 Nr 1104). Wasserschäden an einem Grundstück durch Bruch einer Wasserleitung (BGHZ 55, 229, 235; BGH NJW 2003, 2377, 2379; RGZ 133, 1, 6; vgl dazu BGH WM 1976, 1056, 1057) oder an einer Wohnung durch den Bruch eines Wasserrohrs in der darüber liegenden Wohnung gelten auch als adäquat verursacht.

bb) Nicht adäquat verursachte Schäden

40 In den Fällen, in denen die bewegend wirkende Kraft einem herabgefallenen Gegenstand nicht mehr innewohnt, wird dagegen regelmäßig die Adäquanz verneint. Löst sich ein Gebäudeteil, das sodann als Hindernis auf der Straße liegen bleibt und stürzt ein Fußgänger später darüber, sind seine Verletzungen nicht mehr iSv § 836 verursacht (RG Recht 1910 Nr 3921; vgl dazu BGH NJW 1961, 1670). Ebenso sei zu urteilen, wenn ein Draht (als Teil eines Bauwerks durchaus von § 836 erfaßt) auf die Straße fällt und nach einiger Zeit ein Unfall durch das Überfahren des Drahts verursacht wird (LG Konstanz MDR 1958, 691). Von der Rspr wird die Adäquanz ferner abgelehnt, wenn das aus einem abgelösten Regenrohr fließende Wasser von der Straße her in einen Keller eindringt und dort Gegenstände durchfeuchtet (RG Prax VersR 1930, 7) oder wenn die Trümmer einer eingestürzten Brücke Schlamm anstauen und Überschwemmungen verursachen (BGH NJW 1961, 1670). Wird durch die Ablösung eines Verschlusses zum Kanalisationssystem ein Kanalschacht offengelegt und jemand beim Hineinfahren verletzt, gilt das gleiche (OLG Stuttgart VersR 1964, 1275).

Sofern ein gebrochenes Abwasserrohr sich mit Schutt füllt, der Wasser aufstaut und aus einer Schiebenaht austreten läßt, wobei es Schäden verursacht, ist nach der Rspr der Schutzbereich von § 836 auch verlassen (BGH VersR 1983, 588). Gleiches gilt, wenn aus dem Riß eines Öltanks der versickernde Kraftstoff durch seine chemische Wirkung das Grundwasser beeinträchtigt und nicht durch seine bewegend wirkende Kraft (BGH WM 1976, 1058). Wird ferner bei dem Einsturz oder der Teilablösung eines Gebäudes ein Gasrohr oder ein Stromkabel geöffnet und dadurch ein Mensch verletzt, ist nach der Rspr die Adäquanz zu verneinen, weil es an der kinetischen Energie fehlt.

41 Allerdings ist die Rspr nicht frei von Widersprüchen. Reißt ein Hochspannungsdraht und fällt er zu Boden, so daß sich später ein Mensch durch die Berührung des Drahts verletzt, weil die Leitung noch unter Strom steht, ist zwar die bewegend wirkende Kraft mit dem Reißen des Drahts abgeschlossen; das hinderte aber nicht die Haftung aus § 836 (RGZ 147, 353, 356 und JW 1938, 1254; wegen der Inkonsequenz kritisch: BGB-RGRK/ KREFT Rn 27 und STAUDINGER/SCHÄFER[12] Rn 50).

b) Stellungnahme

Vom Ansatz her ist es einerseits richtig, § 836 nur für die *typischen Gebäudegefahren* **42** und nicht für sämtliche Umweltgefahren eines Grundstücks eingreifen zu lassen. Gefahren, die durch sonstige Verfehlungen (Verletzung allgemeiner Verkehrssicherungspflichten) entstehen, sind § 823 Abs 1 zuzuordnen (BGH VersR 1961, 803, 805). Um typische Gebäudegefahren handelt es sich nur, wenn sie aus der Verletzung der spezifischen *Gebäudesicherungspflicht* und nicht aus einer *sonstigen Verkehrssicherungspflicht* resultieren, der in gleicher Weise Nichtgebäudebesitzer unterliegen. Die Gebäudesicherungspflicht wird verletzt, wenn Gebäude (oder Werke) nicht entsprechend den anerkannten Regeln der Bau- und Ingenieurkunst so errichtet und unterhalten werden, daß sie frei von *gemeingefährlichen Mängeln* sind, und dadurch erhöhte Gefahren für das Leben, den Körper oder die Gesundheit von Menschen oder für Sachen entstehen. Mehr als zweifelhaft ist dagegen die Annahme, daß *typische Gebäudegefahren* nur durch die bewegend wirkenden Kräfte des Einsturzes oder der Ablösung entstünden. Zwar ist das Merkmal der bewegend wirkenden Kraft geeignet, eine typische Gefahr durch ein Gebäude zu beschreiben. Die bewegend wirkende Kraft ist jedoch keineswegs die einzige Gebäudegefahr, welche der Tatbestand von § 836 in direkter oder analoger Anwendung erfaßt. Es gibt weitere Gefahren, die von der Bewegung unabhängig sind oder nach Beendigung der Bewegung noch fortwirken. Es läßt sich kaum leugnen, daß Gebäudegefahren zum einen auch im Stillstand bestehen (fehlende Brüstung, mangelhafte Brandsicherung, gefährliche Elektroinstallation), zum anderen nicht nur durch Kräfte, sondern auch durch die (chemische) Beschaffenheit vom Gebäude trennbarer Stoffe (Kontamination durch Asbest, leichte Entflammbarkeit von Dämmaterial) entstehen können. Die auf die RG-Rspr zurückgehende Tatbestandsverengung ist begrifflich und sollte von der modernen Rspr aufgegeben werden; in diese Richtung deuten BGH NJW 1985, 1076 (Loggia) und BGH NJW 1997, 1853 (Baugerüst). Anders als bei der Gefährdungshaftung nach § 2 HaftPflG, bei welcher dem Zurechnungszusammenhang mangels der Erfordernisse der Rechtswidrigkeit und des Verschuldens die besondere Bedeutung zukommt, die Haftung einzugrenzen, kann das Haftungsmaß von § 836 besser durch die Anforderungen an die Sorgfaltspflichten sowie den Exculpationsbeweis bestimmt werden.

Zur Verdeutlichung: Ein porös gewordener Treibstofftank schädigt nicht durch die **43** kinetische Energie des austretenden Inhalts, sondern durch dessen chemische Eigenschaften (dazu BGH WM 1976, 1056, 1057 f). Ein morsches oder fehlendes Geländer stellt eine typische Gebäudegefahr dar, obwohl die Rechtsgutverletzung dadurch verursacht wird, daß es den Sturz des Passanten zuläßt und nicht selbst Bewegungsenergie auf ihn ausübt. Eine typische Gefahr durch ein mangelhaftes Gebäude realisiert sich auch, wenn ein Dachziegel nicht im Flug einen Passanten oder ein Fahrzeug trifft, sondern auf die Straße unmittelbar vor ein Auto fällt und dieses nicht mehr über einen hinreichenden Bremsweg verfügt, um einer schadensstiftenden Kollision zu entgehen. Zwar ist der Ziegel in einem Ruhezustand, seine kinetische Energie ist erschöpft; doch ändert das nichts daran, daß er soeben vom fehlerhaften Dach eines Hauses gefallen ist und einen Unfall verursacht hat. Entsprechendes gilt, wenn ein sich von seiner Halterung ablösendes Schild nicht vertikal nach unten fällt, sondern wegen Sturms nahezu horizontal wegfliegt und auf ein vorbeifahrendes Fahrzeug trifft (offen gelassen OLG Koblenz NVwZ-RR 2004, 322, 323). Hier kann sich eine gemeingefährliche Gefahr iSd § 836 realisiert haben, die keine sog *Normalge-*

fahr (STAUDINGER/SCHÄFER[12] Rn 49) ist. Einen ähnlichen Fall hatte der BGH (NJW-RR 1990, 1500) zu entscheiden. Ein mangelhaft befestigtes Regenfallrohr war von einer Autobahnbrücke auf die Fahrbahn gefallen. Unklar blieb der Umstand, wie lange es schon dort gelegen hatte, als der Kläger mit 160 km/h darüber fuhr. Das Ergebnis der Beweisaufnahme ergab, daß das Rohr so kurz vor das herannahende Fahrzeug fiel, daß dieses praktisch in das herabstürzende Hindernis hineinfuhr. Das Gericht ließ es als bewegend wirkende Kraft gelten, obwohl das Rohr mit hoher Wahrscheinlichkeit bereits die Fahrbahn erreicht hatte. Hätte es dort nur einige Sekunden länger gelegen und hätte der Fahrer bei angepaßter Geschwindigkeit ausweichen können, wäre ihm nicht der Vorteil der Beweislastumkehr nach § 836 zugute gekommen. Er hätte zur Haftungsbegründung wegen Verletzung der allgemeinen Verkehrssicherungspflicht die volle Beweislast getragen. Der Fall zeigt, daß über die Einschränkung der Schadenverursachung durch die kinetische Energie die rechtliche Situation vom Zufall abhängt. Es gibt keine innere Rechtfertigung dafür, einen Unterschied zu machen, ob das Rohr von der Brücke auf den passierenden Wagen fällt oder bereits auf der Straße liegend den Fahrer so überrascht, daß er weder bremsen noch ausweichen kann (MünchKomm/WAGNER [2004] Rn 6).

44 Die Einschränkung auf die *kinetische Energie* eines Gebäudes als typische Gebäudegefahr führt zu *Widersprüchen* in der Fallpraxis der Rspr und zu gekünstelten Begründungen. Einerseits wird die Adäquanz auch bei mittelbaren und zeitlich auseinanderfallenden Bedingungen des Einsturzes und der Teilablösung angenommen, andererseits werden alle Gefahren, denen nicht mehr die bewegend wirkende Kraft innewohnt, als *Normalgefahren* (STAUDINGER/SCHÄFER[12] Rn 49) dargestellt. Die Widersprüche dieser Rspr zeigen sich auch in den Fällen mittelbarer Auswirkungen der kinetischen Energie. Es genügte den Anforderungen der Rspr für die Haftung nach § 836, daß die durch einen brechenden Damm in Bewegung gesetzten Wassermassen erst durch das *Stehenbleiben* Schäden auf den Feldern verursachten genauso wie das *Durchbrechen* durch ein schadhaftes Dach bzw ein Gerüstbrett und den dadurch dem Verletzten entstandenen Sturzverletzungen. In beiden Fällen hat sich die einem Bauwerk innewohnende kinetische Energie nur *technisch mittelbar* bzgl der einwirkenden Energie der Wassermassen, wie auch nur *zeitlich mittelbar* durch den Einbruch eines schon längere Zeit schadhaften Dachs verwirklicht. Zwar haben sich die Problemfälle der mittelbaren Einwirkungen durch § 2 HaftPflG (vorausgehend § 1a ReichshaftPflG) insofern erledigt, als eine Gefährdungshaftung für Schäden durch Rohr- und Leitungsbrüche eines Gebäudes geschaffen wurde. Diese umfaßt Schäden, die durch Gasexplosionen nach einem Rohrbruch entstehen, Stromschläge oder Wasserschäden durch beschädigte Leitungen oder eine Ölverseuchung durch einen undichten Tank, deren Subsumierung unter § 836 stets unklar und widersprüchlich gewesen ist. Doch bleiben alle übrigen Fälle der mittelbaren Schadenverursachung offen und bewirken rechtlich bedenkliche Konstruktionen. Wenn in dem als Beispiel genannten Durchbruch durch eine Decke das Erfordernis der kinetischen Energie bejaht wird, weil es ohne Bedeutung sei, ob der Schaden positiv durch die Bewegung eines Gebäudeteils oder negativ durch die *Fortbewegung des menschlichen Körpers* verursacht werde, werden Ursache und Wirkung der Haftung vertauscht und der stürzende Körper einem fallenden Gebäudeteil gleichgesetzt. Ein in Bewegung gesetzter menschlicher Körper verletzt sich nicht an einem ruhenden Gebäudeteil durch die kinetische Energie dieses Teils, auch nicht durch die des Bodens, auf den der Körper prallt, sondern durch die eigene Fortbewegungskraft. Gleiches gilt, wenn jemand sich gegen eine ungenügend befestigte Brüstung lehnt, diese abreißt und sich die Person im Fallen verletzt.

c) Bestimmung des Schutzbereichs der Norm

Ob sich eine typische Gebäudegefahr in einem Schaden verwirklicht hat oder ob dieser aus der Verletzung einer sonstigen Verkehrssicherungspflicht resultiert, ist vor allem nach dem Schutzbereich von § 836 zu bestimmen. Während es hinsichtlich der Adäquanz nur auf die abstrakte Wahrscheinlichkeit des Schadenseintritts ankommt und dadurch allgemein nicht vorhersehbare Geschehensabläufe von der Haftung ausgeschlossen werden, wird die Haftung nach der Schutzzwecklehre dadurch eingeschränkt, daß der Haftungsgrund **(der Schutzzweck der Norm)** berücksichtigt wird (zur Überschneidung der Schutzzwecklehre und der Adäquanztheorie: LANGE, Schadensersatz § 3 IX 3). Der Schädiger soll nur für diejenigen Verletzungshandlungen haften, welche die in der betreffenden Norm zum Ausdruck kommende Verhaltenspflicht verhindern soll. Der Schaden muß Folge des verletzten Verhaltensgebots sein, das die Norm aufstellt. Jeder Schaden ist also darauf zu untersuchen, ob er aus dem Bereich der Gefahren stammt, zu deren Abwendung das Verhaltensgebot der Norm besteht. Es muß ein innerer Zusammenhang mit der vom Schädiger zu verantwortenden Gefahrenlage bestehen, nicht nur eine zufällige äußere Verbindung (BGHZ 27, 37; 35, 315; 57, 137, 142).

Regelmäßig wird der Schutzzweck der Norm durch Auslegung und Anwendung der einzelnen Tatbestandsmerkmale bestimmt. Der in § 836 geregelten Haftung des Gebäudebesitzers liegt der allgemeine Gedanke zugrunde, daß jeder für den durch seine Sachen verursachten Schaden einzustehen hat, soweit er ihn bei billiger Rücksichtnahme hätte verhüten müssen bzw. können (s oben Rn 3; BGHZ 58, 149, 156; BGH VersR 1968, 972; NJW 1979, 309; OLG Rostock OLGR 2003, 372). Wie bereits ausgeführt (Rn 1), besteht nach der Vorstellung des historischen Gesetzgebers das durch § 836 sanktionierte Fehlverhalten (Verletzungshandlung), also der *Haftungsgrund*, darin, daß der Besitzer in einem von ihm eröffneten und beherrschten Bereich erhebliche, jedermann drohende, verborgene Gefahren mit hohem Schadenspotential geschaffen hat, die auf Mängeln der mechanischen Festigkeit und Standsicherheit (Stabilitätsmängel) des Gebäudes oder Werks beruhen, welche durch die Beachtung der dem Schutz von Leben, Körper oder Gesundheit von Menschen oder dem Schutz von Sachen dienenden anerkannten Regeln der Bau- und Ingenieurkunst zu vermeiden sind. Nach heutigem, durch das Entstehen neuer Baugefahren verändertem Verständnis der Norm gebietet § 836 Abs 1, Gebäude oder Werke entsprechend den anerkannten Regeln der Bau- und Ingenieurkunst so zu errichten und zu unterhalten, daß sie frei von *gemeingefährlichen Substanzmängeln* sind, um ein erhöhtes Gefährdungspotential bei der bestimmungsgemäßen Nutzung des Bauwerks für die in § 836 Abs 1 genannten Schutzgüter zu vermeiden.

Auch die innere Rechtfertigung für die Beweislastumkehr bietet gewisse Anhaltspunkte für die Abgrenzung typischer Gebäudegefahren von sonstigen Gefahren, deren Verwirklichung jeder Verursacher vorzubeugen hat, nicht nur der Gebäudebesitzer. Die Beweislastumkehr nach § 836 ist dadurch zu erklären, daß der schadenverursachende Mangel und die dadurch ausgelöste Gefahr aus einer gegenüber Dritten abgeschirmten, dem Besitzer vorbehaltenen, aber von ihm eröffneten, nur vom ihm überschaubaren und nur von ihm beherrschbaren *Sphäre seines Gebäudes*

(LARENZ/CANARIS, Schuldrecht II/2 § 79 VI 1 a) stammt *(Beweisnähe)*. Dem Verletzten ist die Art und Weise der Errichtung des Gebäudes unbekannt; er kann nicht wissen, welche Maßnahmen der Besitzer zur Instandhaltung des Gebäudes ergriffen hat *(Beweisnot)*. Die wesentliche Zweckbestimmung von § 836 liegt darin, daß der Gebäudebesitzer die *Aufklärungslast* für solche Umstände tragen soll, die nur er beherrschen und weitaus besser erkennen kann als der Verletzte; diesem sind allenfalls Rückschlüsse möglich. Dem *Gebäudebesitzer* ist das *Risiko der Unaufklärbarkeit* für Umstände aus der Gebäudesphäre zugewiesen (BGHZ 51, 91, 106). Die Gebäudesphäre und damit der Schutzbereich von § 836 endet demnach dort, wo bei generalisierender Betrachtung keine – aus den genannten Gründen – besondere Beweisnähe des Gebäudebesitzers und keine über das normale Maß hinausgehende Beweisnot des Verletzten mehr besteht.

48 Unter diesen Gesichtspunkten ist es folgerichtig, daß die Haftung nach § 836 nicht schon endet, wenn der Schaden nicht unmittelbar während des Einstürzens oder der Teilablösung eintritt. Im Wege der Auslegung ist eine Haftung auch zu bejahen, wenn weder eine unmittelbare Einwirkung noch ein unmittelbarer zeitlicher Zusammenhang bestehen, wie beim Wasserschaden nach einem Dammbruch bzw beim Sturz durch eine morsche Decke oder ein schadhaftes Brett. Freilich kann mit zeitlichem Abstand des Ereignisses (auf die Straße gefallene, nicht weggeräumte Ziegel) die Verletzung der Gebäudesicherungspflicht in die Verletzung einer sonstigen Verkehrssicherungspflicht übergehen. Auf der Straße vom Gebäudebesitzer liegengelassene Ziegel besitzen dann eine ähnliches Gefährdungspotential wie unsachgemäß gelagertes oder ungesichertes unverarbeitetes Baumaterial. Folglich ist das Aufklärungsrisiko nach der allgemeinen Beweislastregel (uU Beweis des ersten Anscheins) zu verteilen.

d) Grenzen des Schutzbereichs

49 Der Schutzbereich von § 836 erfaßt nicht jede erdenkliche Gefahr, die in einem Gebäude droht und sich in einem Schaden verwirklicht: Weil nur die Mängel der *Bauwerkssubstanz* relevant sind (alle sonstigen Gefahren durch Herabfallen etc von Zubehör im Sondertatbestand des § 729 wurden nicht ins BGB übernommen, s oben Rn 1), führen Schäden, die durch *Einrichtungen* verursacht werden, welche nicht Teile der Bauwerkssubstanz sind, nicht zur Haftung nach § 836. Das gilt für das Mobiliar ebenso wie für eingebaute technische Einrichtungen, zB einen Fahrstuhl (aA PETERSHAGEN 128 f der über eine analoge Anwendung eine Haftung bejaht, weil die Gebäudegestaltung auf den Einbau eines Fahrstuhls ausgerichtet worden sei und dieser somit einen engen Bezug zum Gebäudezweck aufweise). Indem das tatbestandliche Leitbild von § 836, ausgehend vom schlimmsten Fall, dem Einsturz, eine gemeingefährliche Wirkung der Bauwerksmängel verlangt, kommt es im Einzelfall auf das jeweilige Gefährdungspotential an. Dieses hängt ua davon ab, ob die durch den Mangel ausgelöste Gefahr erkennbar oder verborgen ist. So macht es einen Unterschied, ob ein Dachziegel in den fließenden Verkehr gefallen ist, wo er als erst im letzten Moment sichtbares Hindernis einen schweren Unfall verursachen kann, oder ob er auf dem Bürgersteig liegt, wo allenfalls ein unachtsamer Fußgänger darüber stolpern kann. Ein von einer Brücke abgelöstes und im Schatten auf der Autobahn liegendes Regenfallrohr gefährdet den Fahrer weitaus stärker, als wenn das Rohr im beleuchteten Parkhaus liegt, wo eine geringe Fahrgeschwindigkeit vorgeschrieben ist. Je offenkundiger die aus dem Bauwerksmangel resultierende Gefahr und je dementsprechend geringer das Gefährdungspotential ist, desto weiter entfernt sich der eingetretene Schaden aus dem Schutzbereich von § 836. Ferner werden vom Schutzbereich solche Gefahren nicht erfaßt, die nicht im Zusammenhang mit der Zweckbestimmung des Bauwerks auftreten. Die Zweckbestimmung eines dem öffentlichen Verkehr dienenden Gebäudes ist erst erfüllt, wenn der Zugang eröffnet ist. Solange es eine Baustelle ist, muß mit überall lauernden Gefahren gerechnet werden, nicht aber bei dem gewöhnlichen Betrieb (zutreffend hält MünchKomm/WAGNER [2004] Rn 8 daher fest, das Gebäude müsse im Zeitpunkt des Schadeneintritts bereits *entsprechend gewidmet* sein). Diese Zweckbestimmung endet, wenn das Haus erkennbar nicht mehr bewirtschaftet, vor allem nicht mehr bewohnt wird. In einem leerstehenden Gebäude oder in einer Ruine ist gleichermaßen mit allen erdenklichen Gefahren zu rechnen wie auf einer Baustelle.

Der Schutzbereich wird auch verlassen, wenn Bauwerksteile durch das **Zutun Dritter** eine Gefahr verursachen, etwa Kinder heruntergefallene Ziegel auf die Straße werfen (Bsp STAUDINGER/SCHÄFER[12] Rn 49). Unter diesem Gesichtspunkt erscheint die Ergebnisorientierung in einer der grundlegenden Entscheidungen des RG (Recht 1910 Nr 3921; s auch OLG Celle VersR 1991, 1382, 1383 [von Dritten aus der Öffnung entnommener und auf die Straße gelegter Gullydeckel]) richtig, wenn auch die Begründung nicht überzeugt. Die Haftung des Unterhaltspflichtigen für die abgelöste Bürgersteigrinnenabdeckung, die auf der Straße liegend einen Schaden verursacht hat, ist nicht mangels der beweglich wirkenden Kraft abzulehnen, sondern bereits aus Adäquanzgesichtspunkten. Weil eine solche Rinnenabdeckung jedermann zugänglich ist, überdies wegen ihrer Beweglichkeit leicht vom Gesamtwerk abgelöst werden kann, ist hier ein Lebenssachverhalt gegeben, der nach allgemeinem Erfahrungswissen auf eine Einwirkung durch einen Dritten schließen läßt, wofür der Bauwerksverantwortliche zu Recht keine Haftung zu übernehmen hat. Eine andere Frage ist es, ob den Pflichtigen eine allgemeine Verkehrssicherungspflicht trifft, Vorkehrungen gegen die mißbräuchliche Handhabung solcher beweglichen Teile zu treffen. Ebenso ist es unwahrscheinlich, daß sich ohne die Einwirkung Dritter ein Stück Draht aus einem Zaun löst und auf die Straße gerät, wo es einen Unfall verursacht (LG Konstanz MDR 1958, 691). 50

aa) Hinzutretende sonstige Ursachen
Schäden, die an einem LKW durch teilweisen Einsturz der Straßendecke entstehen, fallen nicht unter § 836, wenn die Ursache ein defektes Abwasserrohr war, durch das die Abwässer in ein unter der Straße liegendes Gewölbe eindringen und es durch anhaltende Einwirkung und Durchfeuchtung instabil werden und schließlich einstürzen ließen (OLG Sachsen-Anhalt VersR 1994, 1432). In solchen Fällen von **Kausalitätsketten** sind die Grenzen ebenfalls mittels der Adäquanzlehre zu ziehen. Ein Straßenunterhaltspflichtiger kann sich nicht seiner Haftung dadurch entziehen, daß er die Straße über ein fremdes Bauwerk verlegt und bei Schäden auf die Unterhaltspflicht dessen Besitzers verweist. 51

Legt ein Unbekannter auf einem Grundstück einen Brand, ohne daß eine Verkehrssicherungspflichtverletzung des Eigentümers anzunehmen ist und beschädigt das Feuer beim Übergreifen auch das Haus des Nachbargrundstücks, so ist kein Fall des § 836 gegeben (BGH VersR 1987, 1096), weil regelmäßig durch die Einwirkung eines Dritten der Zurechnungszusammenhang zum Bauwerkspflichtigen durchbrochen wird.

bb) Schäden bei Herstellung und Abbruch von Bauwerken

52 Unter dem Gesichtspunkt der Sphärenzuordnung ist der Schutzbereich des § 836 auch verlassen, wenn durch das erlaubte oder in Auftrag gegebene Einwirken Dritter bei Arbeiten am Bauwerk **neue, vom Besitzer nicht, allenfalls beschränkt beherrschbare Gefahren** entstehen und Schäden verursachen, die nicht ihre alleinige Ursache in dessen fehlerhaftem Zustand haben (s oben Rn 34). Der Grundstücksbesitzer haftet daher nicht für solche Gefahren, die ein Unternehmer oder dessen Verrichtungsgehilfe erst durch vertragliche Arbeiten an einem Bauwerk neu schafft. Das gilt im Verhältnis zu jedem Unternehmer, der Arbeiten an einem Werk durchführt. Gegenstand dieser Arbeiten kann die Errichtung, Bearbeitung oder Beseitigung (Abbruch) des Gebäudes oder Werks sein. Die Einschränkung des Schutzbereichs ist gerechtfertigt. Der Grundstücksbesitzer kann die mit der Verrichtung der Arbeiten am Gebäude oder Werk durch den Unternehmer geschaffenen Gefahren nicht, allenfalls nur beschränkt, beherrschen. Im Gegensatz dazu obliegt dem Unternehmer die Pflicht, sich vor Beginn der Arbeiten und während ihrer Durchführung ständig zu vergewissern, ob er die Arbeiten gefahrlos durchzuführen vermag. Deshalb kommt eine Haftung des Grundstücksbesitzers nach § 836 nur in Betracht, soweit das zum Schaden führende Ereignis unabhängig von den Arbeiten des Unternehmers eingetreten ist oder wäre (OLG Rostock OLGR 2003, 372). Das ist zunächst regelmäßig dann der Fall, wenn die Tätigkeit des Abbruchunternehmers oder seiner Arbeiter zum Einsturz des Gebäudes oder zur Ablösung von Gebäudeteilen beigetragen hat (BGH NJW 1979, 309 – offengelassen, ob der Gebäudebesitzer Dritten aus § 836 haftet, so aber BGH VersR 1968, 972 bei Verletzung der Überwachungspflicht durch den Gebäudebesitzer; RG WarnR 1919, Nr 169; SOERGEL/KRAUSE Rn 18; ERMAN/SCHIEMANN Rn 7) oder wenn der Arbeitnehmer einer Rüstbaufirma anläßlich von Arbeiten an einem Baugerüst verletzt wird (OLG Rostock OLGR 2003, 372). Läßt ein Mitarbeiter einer mit dem Abbau von Telegraphenleitungen beauftragten Fachfirma Sicherungsmaßnahmen außer acht und verletzt sich, weil er mit dem nicht ordnungsgemäß eingegrabenen Telegraphenmast zu Boden stürzt, ist der Schutzbereich von § 836 daher nicht mehr berührt (OLG Karlsruhe VersR 1989, 82). Der Eigentümer eines Grundstücks haftet für Schäden, die durch den Abbruch seines Hauses am Nachbargrundstück entstehen nur, wenn er das beauftragte Abrißunternehmen, das mangels Weisungsbefugnis nicht sein Verrichtungsgehilfe ist, nicht sorgfältig ausgewählt und über die Einzelheiten der Maßnahme unterrichtet hat (BGH VersR 1987, 1096; LM Nr 16) sowie bei unzureichender Überwachung des Unternehmens.

VIII. Der nach § 836 zu ersetzende Schaden

1. Umfang

53 Nach § 836 werden Schäden ersetzt, die aus der Tötung eines Menschen, der Verletzung des Körpers oder der Gesundheit eines Menschen und der Beschädigung einer Sache entstehen, jedoch keine anderen Schäden, wie zB ein zeitweiliger Freiheitsentzug nach Einschluß in den Trümmern eines Gebäudes. Reine Vermögensschäden sind nicht nach § 836 zu ersetzen (MünchKomm/WAGNER [2004] Rn 17). Die Erweiterung des Haftungsumfangs wird allgemein abgelehnt mit Hinweis auf den Ausnahmecharakter der Vorschrift (BGH WM 1976, 1056, 1058; BGB-RGRK/KREFT Rn 25; **aA** MünchKomm/STEIN[3] Rn 24). Für den Umfang des Schadenersatzes nach § 836 gelten die allgemeinen Haftungsvorschriften (betr Tötung und Körperverletzung s §§ 842 ff), insbesondere § 253 Abs 2 (§ 847 aF), weil § 836 ein Fall der deliktischen Haftung ist.

2. Anspruch auf Vorbeugemaßnahmen

Nicht erst der eingetretene Schadensfall kann über § 836 reguliert werden, sondern unter besonderen Umständen besteht schon im Vorfeld ein Anspruch auf Vorbeugemaßnahmen. Nach einem in der II. Kommission gestellten Antrag sollte der Anspruch jedem zustehen, der vom Einsturz eines Bauwerks bedroht ist, konnte sich aber in diesem Umfang nicht durchsetzen (Prot II 657). Nunmehr kann jeder Grundstückseigentümer, der von der Einsturzgefahr eines Gebäudes auf dem **Nachbargrundstück** bedroht wird, von dessen Eigentümer im Rahmen des Zumutbaren Schadensvorbeugung verlangen (BGHZ 58, 149, 156; DERNBURG § 398 V). Ist gegebenenfalls die Durchführung sofortiger Maßnahmen zur Abwendung einer Gefahr unzumutbar und die drohende Beeinträchtigung vorübergehend hinzunehmen, steht aber dem Betroffenen ein Anspruch auf angemessenen Ausgleich zu (BGHZ 58, 149, 157 ff; vgl zu den nachbarrechtlichen Ansprüchen STAUDINGER/ROTH [2002] § 908, zu Ersatzansprüchen aus GoA gem § 683 nach Selbstvornahme vgl BGHZ 16, 12, 16; BGH WM 1976, 1060).

IX. Anspruchsberechtigte

1. Grundsatz

Jeder, der unmittelbar einen Schaden an den von § 836 bezeichneten Rechtsgütern erleidet, ist anspruchsberechtigt. Bei der Beschädigung einer Sache ist das deren Eigentümer oder Besitzer (BGB-RGRK/KREFT Rn 31), zB ein Grundstückseigentümer, dessen Land beim Bruch eines Flußdeichs durch das stehenbleibende Überschwemmungswasser Schaden erleidet. Er war nach der Zweckbestimmung des Deichs, nicht nur Sonderzwecken der unmittelbaren privaten Anlieger, sondern auch dem Schutz der Allgemeinheit vor großflächiger Überschwemmung zu dienen, berechtigt, auf den dauernden Schutz durch den Deich zu vertrauen und die Bebauung seines Landes danach einzurichten (vgl RG HRR 1930 Nr 1104). Dagegen hat nach Schadenseintritt der Erwerber eines Grundstücks keinen Ersatzanspruch, wenn er zur Beseitigung des Schadens Aufwendungen macht, da es sich um einen nicht ersatzfähigen allgemeinen Vermögensschaden handelt (BGH WM 1976, 1058, auch kein Anspruch aus § 823 Abs 1). Im Fall einer Tötung sind auch Dritte nach § 844 ersatzberechtigt.

2. Ausschluß des Ersatzanspruchs

Wer vertraglich Arbeiten an einem Bauwerk wie zB den Abriß übernimmt, hat grundsätzlich selbst keinen Ersatzanspruch für Schäden, die in seinem verantwortlichen Bereich durch Einsturz oder Teilablösung des Werks verursacht werden (zB OLG Karlsruhe VersR 1989, 82 [Arbeiten an einer Telegraphenleitung]; s oben Rn 52). Denn durch seine eigenen eingesetzten Arbeiter und Gerätschaften schafft er innerhalb des Verantwortungsbereichs des Gebäudepflichtigen neue, von diesem nicht, allenfalls beschränkt beherrschbare Gefahren (BGH NJW 1979, 309; OLG Rostock OLGR 2003, 372), deren Risiken er selbst zu tragen hat. Es ist die Aufgabe eines jeden gewissenhaften Unternehmers, sich vor Beginn der Arbeiten und während ihrer Ausführung ständig zu vergewissern, ob diese gefahrlos durchgeführt werden können. Nur wenn er zuvor seine begründeten Bedenken gegenüber dem Besitzer geäußert hat, kann er einen möglichen Anspruch offen halten. Trotz dieser Einschränkung, die sich aus dem Gedanken ergibt, daß jeder für den durch seinen Einsatz verursachten Schaden selbst einzustehen hat, soweit er diesen bei billiger Rücksichtnahme hätte verhindern können (vgl oben Rn 2), ist die Haftung des Gebäudepflichtigen gegenüber Abrißunternehmen nicht generell ausgeschlossen, sofern der Einsturz oder die Teilablösung unabhängig von der Verantwortung des Abbruchunternehmens Schäden verursacht. Offen gelassen wurde dabei die Frage, ob das auch gilt, wenn die Abbrucharbeiten, etwa bei der entstehenden Erschütterung, zwar für den Einsturz (die Ablösung) mitursächlich sind, der Abbruchunternehmer aber die Primärursache, zB einen Konstruktionsfehler bei der Bauerrichtung nicht erkennen konnte. Fraglich ist, inwieweit diese Grundsätze auch für andere an einem Werk arbeitende Unternehmer gelten (bejahend MünchKomm/STEIN³ Rn 30). Unberührt bleibt dagegen die Haftung des Gebäudepflichtigen gegenüber unbeteiligten Dritten (BGH VersR 1968, 972; offengelassen in BGH VersR 1978, 1160).

X. Mitwirkendes Verschulden des Verletzten

57 Das mitwirkende Verschulden des Verletzten kann nach den allgemeinen Vorschriften (§ 254) zur Minderung oder zum Ausschluß der Haftung berücksichtigt werden (s bereits oben Rn 16). Das Mitverschulden ist vom Anspruchsgegner zu beweisen (vgl BGHZ 79, 259, 264; BGH NJW 1981, 983, 984; BGB-RGRK/KREFT Rn 30).

58 Die Haftung nach § 836 wegen fehlender *Aktivlegitimation* beim **unbefugten Betreten** eines Bauwerks insgesamt zu versagen (MünchKomm/WAGNER [2004] Rn 26), geht fehl. Die Pflicht, ein Gebäude oder Werk ordnungsgemäß zu errichten und zu unterhalten, läßt sich nicht gegenüber Befugten oder Unbefugten trennen. **Meist** wird vom *Mitverschulden* bei dem unbefugten Betreten eines Bauwerks durch den Verletzten ausgegangen, auch wenn die Gefahr nicht unbedingt erkennbar gewesen ist (OLG Stuttgart VersR 1977, 385 [Jagdhütten, Hochsitze]; dazu auch MITZSCHKE/SCHÄFER, Komm zum BJagdG Rn 19 f des Anhangs zu § 18 BJagdG; LG Gera NJW-RR 2002, 961 [unbefugtes Anlehnen an einen Zaun als Abgrenzung zu einem Bahndamm]; BGB-RGRK/KREFT Rn 30). Gleiches soll gelten, wenn sich jemand unbefugt an einem Werk iSv § 836 zu schaffen macht. So ist bei einem durch ein umfallendes Grabmal getöteten zwölfjährigen Schulkind das Sichhinwegsetzen über ein entsprechendes Verbot als Mitverschulden zu einem Drittel bewertet worden (LG Freiburg NJW-RR 1996, 476). Das Verbot muß aber deutlich erkennbar gewesen sein. Verkehrssicherungspflichten auch gegenüber unbefugten Nutzern des Werks oder Gebäudes bestehen eher, wo mit der Gefährdung Dritter im Hinblick auf die örtlichen Verhältnisse gerechnet werden muß, vor allem, wenn der betreffende Bereich Unbefugte zur Benutzung reizt (LG Gera NJW-RR 2002, 961). Wenn sich der Geschädigte selbst zwar unbefugt im Bereich des Gebäudes aufhält, andere Dritte jedoch gleichfalls als Befugte der Gefahr ausgesetzt waren, es mithin vom Zufall abhing, ob ein Befugter oder ein Unbefugter Schaden nahm, ist für Mitverschulden wegen unbefugten Betretens aber kein Raum (OLG Saarbrücken NJW-RR 2006, 1255, 1257). Dann aber gilt die Norm auch für einen nächtlichen Einbrecher in ein Kaufhaus, welcher von einem herabfallenden Kronleuchter getroffen wird (**aA** MünchKomm/WAGNER [2004] Rn 26). Kein Mitverschulden kommt daher in Betracht, wenn der Besitzer einer Scheune bei einer Veranstaltung ein Verbot, den Scheunenboden zu betreten, nur in einem Teil des Gebäudes durch ein Schild kenntlich macht, ferner den Zutritt nicht durch das Entfernen einer Leiter unterbindet und jemand in Unkenntnis des Verbots durch den Scheunenboden bricht und schwer verletzt wird (BGH VersR 1989, 203). Aus dem Normzweck von § 836 folgt, daß ein Mitverschulden des Geschädigten, der sein Kfz im Halteverbot parkte, wo es durch herabfallende Fassadenteile beschädigt wurde, nicht in Betracht kommt (OLG Dresden NJW 1994, 225), weil die Zielrichtung des Verbots nur der Leichtigkeit des Verkehrs dienen soll, nicht aber zur Absicherung gefährlicher Grundstücke.

Unabhängig von einem Verbot seitens des Eigenbesitzers kann das Mitverschulden **59** auch in **tatsächlicher Hinsicht** begründet sein. Wenn zB ein Passant auf der Straße strauchelt und sich an einer Steinsäule festhält, durch deren Umstürzen er verletzt wird, soll ihm ein hälftiges Mitverschulden zugerechnet werden (LG München VersR 1992, 193).

Vor allem im Rahmen eines **Vertragsverhältnisses** zwischen dem Pflichtigen und dem **60** Verletzten, bei dem die Haftung nach § 836 nicht generell ausgeschlossen ist (vgl oben Rn 15), kann der Einwand des Mitverschuldens erhoben werden. Den mit Ausbesserungsarbeiten betrauten Unternehmer trifft beim Betreten eines erkennbar gefährlichen Arbeitsplatzes, etwa eines alten Dachbodens zwecks Dachdeckerarbeiten, eine eigene Prüfungs- und Sicherungspflicht (BGH VersR 1965, 801). Zur Frage des Mitverschuldens des Mieters, der den Vermieter nicht gemäß § 536c auf eine drohende Gefahr hingewiesen hat, vgl RG Gruchot 56, 962; Recht 1912 Nr 1902; RG WarnR 1916 Nr 223; BGH NJW 1951, 229; 1977, 1237. Über Mitverschulden bei Verletzung durch Einsturz (Teilablösung) von Trümmergrundstücken aus Kriegs- und Katastrophenzeiten s BGHZ 1, 103; OLG Frankfurt NJW 1948, 426. Kein Mitverschulden ist gegenüber einer Mieterin anzunehmen, wenn sie das langsame Ablösen von Schrauben an einem Garagentor nicht bemerkte und nur ein Fachmann dies hätte sehen können (AG Nürtingen WuM 1989, 184). Die Verschuldensvermutung der Norm gilt nicht im umgekehrten Sinne, wenn der Gebäudeeigentümer bei Arbeiten an dem Gebäude geschädigt wird. Er muß sich daher im Rahmen des ihm entgegengehaltenen mitwirkenden Verschuldens nicht in bezug auf die technische Sicherheit seines Gebäudes entlasten (MünchKomm/WAGNER [2004] Rn 25).

XI. Ersatzpflichtige

1. Eigenbesitzer

a) Grundsatz
Im Unterschied zur Gebäudehaftung in Frankreich, Belgien, Italien und Spanien **61** (vBAR, Gemeineuropäisches Deliktsrecht Rn 234) ist nach § 836 Abs 3 der Eigenbesitzer und nicht der Eigentümer ersatzpflichtig. Eigenbesitzer ist iSv § 872 die natürliche oder juristische Person, welche das Gebäude oder Werk als ihr gehörend oder wie ihr gehörend besitzt (RG JW 1916, 39; BGB-RGRK/KREFT Rn 32). Dabei haftet nach § 836 Abs 3 generell nur, wer Eigenbesitzer zur Zeit des Unfalls ist, bzw ein früherer Eigenbesitzer unter den Voraussetzungen des Abs 2. Der *Eigentümer* haftet nur insoweit, als er auch *Eigenbesitzer* ist. Die Unterscheidung ist wichtig, weil nicht jeder Eigentümer eines Grundstücks zugleich die Fürsorge für dort befindliche Bauwerke ausübt oder ausüben kann, zB wenn ihm der Besitz widerrechtlich vor-

enthalten wird. Möglich ist aber auch die Trennung der Pflichtigkeit vom Eigenbesitz. Das ist der Fall, wenn bei der Ergreifung des Eigenbesitzes an einem fremden Grundstück (zB der Fahrbahn angrenzenden Böschung durch den Wegebaulastpflichtigen bei Übernahme der Wegebaulast) der Besitz an Gebäuden und anderen Werken ausgenommen wird und dem Eigentümer als Eigenbesitzer verbleibt (BGH NJW 1962, 1565, 1567).

b) Begriff des Eigenbesitzers

62 Wer iSv § 872 eine Sache als Eigenbesitzer, mithin „als ihm gehörig" besitzt, muß einen darauf gerichteten Willen zur Beherrschung der Sache *wie eine eigene* haben. Der Eigenbesitzer muß sich nicht unbedingt für den Eigentümer halten, es genügt sein Wille, eine dem Inhalt des Eigentums entsprechende Stellung zur Sache innezuhaben (RG JW 1916, 39, 40; vgl ferner STAUDINGER/BUND [2007] § 872; BGB-RGRK/KREFT Rn 32). Entscheidend ist daher der **Beherrschungswille** und seine Reichweite. Eigenbesitzer ist auch der durch im Grundbuch eingetragene Vormerkung gesicherte Grundstückskäufer ab dem Zeitpunkt der vereinbarten Übergabe und des vereinbarten Übergangs von Nutzen, Lasten und Gefahren (LG Tübingen VersR 1990, 1245; GEIGEL/SCHLEGELMILCH 19. Kap Rn 13). Der Eigenbesitz an einem Grundstück schließt die darauf befindlichen Bauwerke und ihre Teile nur insoweit ein, als sich der Besitzwille konkret auch darauf erstreckt (BGH LM Nr 9; VersR 1969, 517; s auch OLG Frankfurt VersR 1978, 967 [nur zu einem vorübergehenden Zweck mit dem Grundstück verbundenes Gebäude]). Eine Haftung besteht daher nicht für Werke, die ohne oder gegen den Willen und ohne die Kenntnis des Grundstückeigentümers und Eigenbesitzers auf seinem Land oder an seinen dortigen Werken entstehen. Der Wille zum Eigenbesitz muß daher gerade auch das schadenverursachende Werk umfassen (SOERGEL/KRAUSE Rn 22). Wird zB von dritter Seite auf einem Gelände der früheren Reichsbahn ein Luftschutzstollen angelegt, ohne deren Zutun und ohne daß sie es hätte verhindern können, haftet sie nicht für die Gefahren, die von dort ausgehen (BGH LM Nr 9). Allerdings kann später ein entsprechender **Besitzergreifungswille** entstehen (Zur Frage der Haftung der beiden Grundstücksbesitzer, wenn sich von der auf beiden Grundstücken stehenden Grenzmauer [sog halbscheidige Mauer] Teile lösen, s LG Karlsruhe VersR 1955 Rspr Nr 23492; zur Frage des Eigenbesitzes am Grabstein eines Erdbegräbnisses s WEIMAR MDR 1963, 985). Für den Eigenbesitzer kommt es nicht darauf an, ob er unmittelbaren oder mittelbaren Besitz gemäß § 868 hat oder ob er gut- oder bösgläubig ist (vgl BGH VersR 1961, 353, 355; RG LZ 1916, 57; RG JW 1924, 1380; BGB-RGRK/KREFT Rn 32; **aA** für den mittelbaren Besitz: HERRMANN NJW 1997, 153, 155).

Durch die Vermietung oder Verpachtung eines Grundstücks wird die den Grundstücksbesitzer nach § 836 treffende Haftung nicht berührt (RG LZ 1916, 57; KG JW 1924, 1380). Mieter oder Pächter haften grundsätzlich nicht nach dieser Bestimmung (im Gegensatz zu § 1319 ABGB [vBAR, Gemeineuropäisches Deliktsrecht Rn 235]; s zur Haftung von Mieter und Pächter auch § 837 Rn 7 und § 838 Rn 8). Der Mieter oder Pächter eines Grundstücks kann jedoch als Eigentümer des von ihm auf dem Grundstück errichteten Gebäudes, welches er nach Ablauf der Mietzeit wieder zu entfernen hat, welches also nur zu einem vorübergehenden Zweck mit dem Grundstück verbunden ist, nach § 836 haften (OLG Frankfurt VersR 1978, 966, 967; BGB-RGRK/KREFT Rn 32; PALANDT/SPRAU Rn 12).

c) Besitz aus Erbschaft
aa) Grundsatz

Da der Erbe *kraft Gesetzes* in die Rechtsstellung des Erblassers einrückt, wird er, **63** wenn der Erblasser Eigenbesitzer war, ohne weiteres Eigenbesitzer iSv § 836 nach § 857, auch wenn er weder von dem Erbfall noch von dem Eigenbesitz des Erblassers Kenntnis hatte (BGB-RGRK/Kreft Rn 32; Soergel/Krause Rn 22). Es ist also nicht notwendig, daß der Erbe oder die Miterbengemeinschaft erneut den Willen fassen, Eigenbesitzer eines Grundstücks zu sein (BGH LM Nr 6).

bb) Umfang der Verkehrssicherungspflicht

Der Alleinerbe und jeder Miterbe eines Bauwerks, der von dem Erbfall Kenntnis **64** erlangt, muß sich zur Wahrung seiner Verkehrssicherungspflicht alsbald über die Erbmasse unterrichten und etwaige zur Gefahrenabwehr erforderliche und zumutbare Maßnahmen ergreifen. Ist er dazu persönlich nicht in der Lage, muß er einen Vertreter oder Verwalter bestellen. Die Verkehrssicherungspflicht hängt dabei nicht davon ab, ob das Grundstück einen Gewinn abwirft. Das gilt namentlich dann, wenn der Erbe (Miterbe) über eigene Mittel verfügt; er muß auch sein übriges Vermögen in zumutbarer Weise verwerten, wenn er die Erbschaft behalten und deren Substanz erhalten will (BGH LM Nr 6). Erben, die ihre Unkenntnis vom Erbfall nicht zu vertreten haben, haften nicht (BGH LM Nr 6; BGB-RGRK/Kreft Rn 32), können sich jedenfalls regelmäßig nach Abs 1 S 2 entlasten (MünchKomm/Wagner [2004] Rn 27).

cc) Abwesende Erben

Den abwesenden **Alleinerben**, der von dem Erbfall Kenntnis erlangt, trifft die Ver- **65** kehrssicherungspflicht auch dann, wenn er zugleich erfährt, daß bereits ein Abwesenheitspfleger gemäß § 1911 Abs 1 bestellt ist. Denn die behördliche Bestellung eines Abwesenheitspflegers stellt den Erben nicht von jeder Verantwortung frei und hat nicht den Sinn, dem handlungsfähigen Erben die Obhutspflicht über das Erbe abzunehmen. Er muß nunmehr die notwendigen Schritte ergreifen, damit die Bestellung des Pflegers aufgehoben werden kann, und selbst die Verkehrssicherungspflichten erfüllen (BGH LM Nr 6). Erlangt ein **Miterbe** zunächst allein Kenntnis von dem Erbfall, während die übrigen Miterben nicht erreichbar sind, so kann er gemäß § 2038 Abs 1 allein berechtigt und verpflichtet sein, die im Interesse Dritter notwendigen Verkehrssicherungsmaßnahmen zu treffen. Andernfalls haftet er nach § 836, sofern er sich nicht entlasten kann (vgl BGHZ 6, 76 ff; BGH LM Nr 6).

2. Fremdbesitzer

Eine Haftung des Fremdbesitzers kommt nur aus § 838, nicht aber nach § 836 in **66** Betracht. ZB haftete ein (in der Nachkriegsbesatzungszeit) von der Militärregierung gemäß MilRegGes Nr 52 bestellter Treuhänder (custodian) für den Schaden durch Einsturz eines von ihm verwalteten Gebäudes nicht unmittelbar aus § 836, aber aus § 838 iVm § 836 (BGHZ 21, 285, 290 ff, vgl § 838 Rn 4). Entsprechendes gilt jetzt für die Haftung des Insolvenzverwalters als Fremdbesitzer nur nach § 838 (MünchKomm/Brandes [2007] InsO § 61 Rn 61; MünchKomm/Wagner [2004] Rn 5).

3. Haftung des früheren Eigenbesitzers

Nach § 836 Abs 2 ist auch der frühere Eigenbesitzer haftbar, wenn das schädigende **67**

Ereignis innerhalb eines Jahres nach Beendigung seines Besitzes eintritt. Dadurch soll sich der Eigenbesitzer nicht durch Aufgabe des Besitzes seiner Verantwortlichkeit entziehen können (Prot II 656; MünchKomm/WAGNER [2004] Rn 28). Über die Berechnung der Jahresfrist s §§ 187 Abs 1, 188 Abs 2. Wegen der Beendigung des unmittelbaren Besitzes vgl § 856, wegen des mittelbaren Eigenbesitzes s die Anm zu § 872. Früherer Besitzer iSd § 836 Abs 2 im Verhältnis zum Erben ist insbesondere auch der Erblasser (OLG Kassel OLGE 28, 311; BGB-RGRK/KREFT Rn 34), dessen Eigenbesitz ohne weiteres auf den Erben übergeht (oben Rn 63). Wegen der Beweislast s Rn 72.

XII. Mehrheit von Ersatzpflichtigen

68 Die **gegenwärtigen** gemeinschaftlichen Eigenbesitzer eines Grundstücks (Mitbesitz nach § 866, vgl Erl dort) haften dem Verletzten nach § 840 Abs 1 als Gesamtschuldner (BGB-RGRK/KREFT Rn 35; MünchKomm/WAGNER [2004] Rn 29; s auch AG Mönchengladbach NJW-RR 2002, 596 für Miteigentum nach WEG). Das gleiche gilt für mehrere **frühere** Eigenbesitzer (§ 836 Abs 2), nicht nur wenn sie Mitbesitzer nach § 866 waren, sondern auch, wenn sie innerhalb der einjährigen Frist nacheinander Besitzer des Grundstücks waren. Eine gesamtschuldnerische Haftung tritt schließlich ein, wenn **beide Besitzer**, sowohl der gegenwärtige nach § 836 Abs 1, als auch der frühere nach § 836 Abs 2, ersatzpflichtig sind (OLG Düsseldorf VersR 1952, 134; BGB-RGRK/KREFT Rn 34 f). Die Grundsätze des § 830 Abs 1 S 2 sind auch im Rahmen der §§ 836, 838 anwendbar (BGHZ 55, 96, 98; BGH VersR 1956, 627, 629; vgl zur Möglichkeit der Streitverkündung gem § 72 ZPO bei der Nachhaftung im Fall der Entlastung des früheren Besitzers durch den Nachweis des Verschuldens seines Nachfolgers: PETERSHAGEN 176 ff).

69 Die Ausgleichung im Innenverhältnis richtet sich nach den eventuellen vertraglichen Beziehungen, ansonsten nach § 426, während § 840 Abs 3 in diesem Fall unanwendbar ist. Wegen des Ausgleichs, wenn dazu eine Haftung aus § 838 tritt, vgl § 838 Rn 2.

70 Besteht **neben einer Haftung aus § 836 die eines sonstigen Dritten**, zB aus § 823 oder § 831, gilt im Verhältnis zum Verletzten auch hier § 840 Abs 1. Dagegen ist für den Ausgleich im Innenverhältnis, soweit es sich um den aus den allgemeinen Vorschriften haftenden Dritten handelt, § 840 Abs 3 anwendbar. Dann muß der Dritte im Verhältnis zu dem Besitzer oder den Besitzern den Schaden allein tragen (BGB-RGRK/KREFT Rn 36; PALANDT/SPRAU Rn 12).

Dieser Innenausgleich basiert auf dem – fragwürdigen – Gedanken, daß die Verantwortlichkeit des unmittelbaren Schädigers grundsätzlich höher anzusetzen ist als die des mittelbaren Schädigers, der aufgrund mangelhafter Überwachung des Gebäudes haftet. Abgesehen davon, daß durch diese Regelung das Ausmaß des jeweiligen Verschuldens im Innenausgleich überhaupt keine Berücksichtigung findet (vgl MünchKomm/STEIN[3] § 840 Rn 25), versagt sie auch dann, wenn der Dritte aufgrund der Gefährdungshaftung zum Ersatz verpflichtet ist. Es geht über den Normzweck von § 840 Abs 3 hinaus, den Anwendungsbereich auf Dritte zu erstrecken, die weder aus nachgewiesenem noch aus vermutetem Verschulden haften (STAUDINGER/VIEWEG [2007] § 840 Rn 82). Im Fall der Gefährdungshaftung ist daher § 840 Abs 3 unanwendbar (heute hM; OLG Schleswig NJW-RR 1990, 470; § 833 Rn 208; ERMAN/SCHIEMANN Rn 15; **aA** RGZ 53, 115, 121; 58, 335, 336). Nach dem Normzweck bedarf es der Privilegierung nach § 840

Abs 3 auch nicht, wenn der Sorgfaltsverstoß des Eigenbesitzers positiv nachgewiesen und nicht nur durch die Verschuldensvermutung des § 836 belegt ist (ERMAN/SCHIEMANN Rn 15; STAUDINGER/VIEWEG [2007] § 840 Rn 83). Der Anwendungsbereich von § 840 Abs 3 wird auf Fälle zu beschränken sein, in denen der Eigenbesitzer *nur* auf Grund der Verschuldensvermutung nach § 836 haftet, dem Dritten jedoch die Pflichtverletzung positiv nachgewiesen ist (MünchKomm/WAGNER [2004] Rn 29).

XIII. Beweislast des Geschädigten

1. Umfang

Die Beweislast des Geschädigten besteht in fünffacher Hinsicht (MünchKomm/WAGNER **71** [2004] Rn 30; SOERGEL/KRAUSE Rn 29). Er muß *erstens* den gegenwärtigen oder früheren Eigenbesitz des in Anspruch Genommenen beweisen (BGH LM Nr 9) und *zweitens* seinen Schaden. Er hat *drittens* den Beweis der objektiven Fehlerhaftigkeit der Einrichtung (BGH NJW-RR 2006, 1098; OLG Zweibrücken NJW-RR 2002, 749; OLG Koblenz NVwZ-RR 2004, 322, 323; OLG Rostock NJW-RR 2004, 825; OLG Köln VersR 2005, 512), *viertens* der Ursächlichkeit der Mängel für den Einsturz oder die Teilablösung und *fünftens* deren Ursächlichkeit für den Schaden (BGH NJW-RR 2006, 1098; OLG Zweibrücken NJW-RR 2002, 749; OLG Rostock NJW-RR 2004, 825; OLG Köln VersR 2005, 512) zu führen. Der Beweispflicht genügt der Kläger zB, wenn er darlegt, daß der schadenverursachende Einsturz oder die Teilablösung durch normale Witterungseinflüsse herbeigeführt wurden (RG JW 1936, 2913; OLG Rostock NJW-RR 2004, 825; ERMAN/SCHIEMANN Rn 14). Dagegen braucht er wegen § 836 Abs 1 S 2 nicht zu beweisen, daß den Besitzer oder jemand anderen ein Verschulden an Fehlern und Mängeln bei Errichtung und Unterhaltung trifft (RG Recht 1907 Nr 1835; HRR 1929 Nr 1313; BGH LM Nr 4; NJW 1954, 913, 914; VersR 1956, 627, 629; BB 1976, 1343; OLG Frankfurt VersR 1978, 966). Das Fehlen der Verletzung von Sorgfaltspflichten hat der Eigenbesitzer zu beweisen (ERMAN/SCHIEMANN Rn 14). Würde der Verletzte auch das Verschulden des Eigenbesitzers beweisen, haftete dieser schon nach § 823 Abs 1.

Gegenüber dem **früheren Besitzer** (s Rn 67) hat der Kläger weiter zu beweisen, daß ab **72** der Beendigung von dessen (Eigen-)Besitz bis zum Einsturz oder der Ablösung noch kein Jahr verstrichen ist (BGB-RGRK/KREFT Rn 34).

2. Beweiserleichterung durch Anscheinsbeweis

Hat eine Einrichtung Mängel, die nach dem **natürlichen Verlauf** der Dinge und nach **73** der Erfahrung des Lebens besonders geeignet sind, einen bestimmten schädlichen Erfolg zu begünstigen, und tritt dieser Erfolg ein, so ist, wenn keine andere Ursache des Schadens feststellbar ist, bis zum Beweis des Gegenteils anzunehmen, daß sie zu dem schädlichen Erfolg mindestens als eine der Ursachen beigetragen haben; diese faktische Vermutung hat durch Beweis des Gegenteils zu widerlegen, wer die Mängel vertreten muß (RG LZ 1919, 1014 betr fehlerhaft errichtete Mauer; OLG Düsseldorf MDR 1975, 843 betr Einsturz eines Turmdockkrans; BGH NJW 1997, 1853 betr Durchbruch eines zur Gerüststellung verwendeten, zum Begehen durch Gerüstbenutzer bestimmten Bretts). Für den Eintritt der Verschuldensvermutung nach § 836 Abs 1 S 1 ist daher der Nachweis ausreichend, das Gebäude oder Werk bzw ein bauliches Bestandteil des Gebäudes oder Werks sei in einem objektiv mangelhaften Zustand gewesen. Der Beweis einer

Fehlerhaftigkeit des Bauwerks wird dem Geschädigten durch den Beweis des ersten Anscheins erleichtert. Ordnungsgemäß errichtete oder unterhaltende Bauwerke verlieren weder Teile, noch stürzen sie ein (BGHZ 58, 149, 154 f; BGH NJW-RR 2006, 1098). Ob ein Verstoß gegen DIN-Vorschriften vorlag, ist für die Verschuldensvermutung noch ohne Bedeutung. Diese Frage stellt sich erst im Zusammenhang mit dem Entlastungsbeweis (BGH NJW 1997, 1853). Der Anscheinsbeweis erstreckt sich auch auf die Kausalität für das schädigende Ereignis in Form des Einsturzes oder der Ablösung von Teilen (BGHZ 58, 149, 154; BGH VersR 1994, 324, 325; NJW-RR 2006, 1098).

74 Kommt es schon **verhältnismäßig kurze Zeit** nach der Errichtung eines Gebäudes (Bauwerks) zum Einsturz oder zur Ablösung von Teilen, spricht die Vermutung dafür, daß es fehlerhaft errichtet ist, zB wenn eine Neubaudecke schon nach wenigen Wochen bricht (BGH MDR 1958, 326). Der Pflichtige kann sich dann nur durch andere Tatsachen entlasten, etwa die übermäßige Beanspruchung der Deckenfläche.

75 Der Anscheinsbeweis gilt auch bei **Witterungseinflüssen**, mit denen naturgemäß zu rechnen ist. Nach der Lebenserfahrung legt die Ablösung von Gebäudeteilen infolge von Witterungseinflüssen die mangelhafte Errichtung oder Unterhaltung nahe (OLG Köln VersR 2005, 512). Dem Geschädigten kommt für den Beweis des objektiven Mangels der erste Anschein der fehlerhaften Errichtung und Unterhaltung eines Gebäudes auch zugute, wenn infolge eines ungewöhnlich starken Sturms der Windstärke 12 bis 13 Beaufort Gebäudeteile losgelöst werden (BGH NJW 1993, 1782, 1783; OLG Zweibrücken NJW-RR 2002, 749). Der Unterhaltspflichtige muß erhebliche Sturmstärken in seine Betrachtung mit einbeziehen und entsprechende Vorsorge für die Festigkeit der Teile des Gebäudes oder Werks treffen. In der Regel ist der Anscheinsbeweis noch nicht erschüttert, war Schadenursache eine Sturmböe (OLG Koblenz OLGR 2002, 446; OLG Düsseldorf NJW-RR 2003, 885; OLG Rostock NJW-RR 2004, 825; OLG Köln VersR 2005, 512; LG Karlsruhe NJW-RR 2002, 1541; LG Offenburg NJW-RR 2002, 596). Die Grenze auf 12 Beaufort der auf 17 Stufen erweiterten Skala ist derzeit noch gerechtfertigt. Windstärken bis 12 Beaufort sind die Grenze der Windlast nach den für die Baustatik geltenden Normen der DIN 1055 Teil 4 (OLG Koblenz NVwZ-RR 2004, 322, 323). Nach DIN 4112 gilt für fliegende Bauten eine geringere Windlast, welche sich für flachere Bauten noch reduziert. Hier kann schon ein Wert von 9 Beaufort die Haftung ausschließen (LG Karlsruhe NJW-RR 2002, 1541). Nur außergewöhnliche Naturereignisse, denen auch ein fehlerfrei errichtetes oder mit der erforderlichen Sorgfalt unterhaltenes Bauwerk nicht standhalten könnte, lassen den Anscheinsbeweis entfallen (BGH NJW 1972, 724; 1993, 1782, 1783; 1999, 2593; OLG Hamm OLGR 1992, 123 [7 Beaufort]; OLG Koblenz NVwZ-RR 2004, 322, 323; OLG Rostock NJW-RR 2004, 825; OLG Köln VersR 2005, 512; LG Baden-Baden VersR 2003, 517). Keinesfalls außergewöhnlich idS sind Windgeschwindigkeiten von 120 km/h, wenn auch zB am Niederrhein selten damit gerechnet werden muß (OLG Düsseldorf VersR 1993, 841). Kann jedoch nach Schätzungen des Deutschen Wetterdienstes nicht ausgeschlossen werden, daß dieser Richtwert erheblich überschritten wurde, kommt ein Anscheinsbeweis dagegen nicht in Betracht (OLG Hamm OLGR Hamm 1993, 65 [Hangartor]). Entscheidend sind nicht die mittleren Windgeschwindigkeiten, sondern die Sturmspitzen (OLG Koblenz NVwZ-RR 2004, 322, 324). Jedenfalls Werte im mittleren Bereich von 14 Beaufort (Sturm „Lothar" – Weihnachten 1999) bzw von mehr als 150 km/h erschüttern den Anscheinsbeweis (OLG Zweibrücken NJW-RR 2002, 749; OLG Koblenz NVwZ-RR 2004, 322, 323). Es ist unerheblich, ob das Gebäude oder Werk ordnungsgemäß errichtet bzw unterhalten

war, wenn es auch in diesem Falle nicht den extremen Witterungseinflüssen standgehalten hätte (LG Karlsruhe NJW-RR 2002, 1541; s auch Rn 99).

Doch auch ungewöhnlich starke Stürme von 12 oder mehr Beaufort müssen nicht zwingend den Anscheinsbeweis vereiteln. Zu Recht weist das OLG Koblenz (OLGR 2002, 446) selbst für Windstärken bis zu 200 km/h darauf hin, daß ein Sturm regelmäßig mit einer gewissen zeitlichen Verzögerung aufzieht. Im Wetterbericht werden meist auch vorab Sturmwarnungen ausgesprochen. Diese Umstände ermöglichen entsprechende Vorkehrungen. Dann kann es auch Aufgabe des Gebäudeeigentümers sein, für in besonderer Weise dem Angriff des Windes ausgesetzte Teile (hier ein an der Außenwand des Gebäudes angebrachtes Leuchttransparent mit den Maßen 1750 × 230 cm) ergänzende Sicherungsmaßnahmen, notfalls sofort und vor Ort, zu treffen.

3. Beschädigung durch einen Dritten

In dem völlig anders gelagerten Fall, daß ein Gebäude von einem Dritten beschädigt wird, zB durch Anprall eines von der Fahrbahn abgekommenen Kfz, und der Verletzer sich gegenüber dem Schadenersatzanspruch des Hauseigentümers darauf beruft, diesen treffe ein Mitverschulden (§ 254) an dem eingetretenen Schaden, weil er in diesem Ausmaß nur auf fehlerhafte Errichtung oder mangelhafte Unterhaltung des Gebäudes zurückzuführen sei, kommt eine Beweislastumkehr idS, daß der Geschädigte ein fehlendes Mitverschulden beweisen müßte, nicht in Betracht; auch eine entsprechende Anwendung des § 836 ist ausgeschlossen (BGHZ 79, 259 und dazu Anm DUNZ LM Nr 18; SOERGEL/KRAUSE Rn 6; GEIGEL/SCHLEGELMILCH 19. Kap Rn 3). Anders als die Gefährdungshaftung beruht § 836 nicht auf dem allgemein erhöhten Risiko durch Bauwerke, sondern darauf, daß dem Geschädigten die Aufklärung der Verschuldensfrage nicht zumutbar ist, weil er keinen Einblick in die Sphäre des Bauwerksbesitzers hat. Wer selbst schädigt, bedarf aber eines solchen beweisrechtlichen Schutzes gerade nicht (ERMAN/SCHIEMANN Rn 13).

XIV. Entlastungsbeweis des Eigenbesitzers im allgemeinen

1. Eigenbesitzer

Der Beweis des ersten Anscheins kann durch feststehende (erwiesene oder unstreitige) Tatsachen entkräftet werden, nach welchen die Möglichkeit eines anderen als des typischen Geschehensablaufs ernsthaft in Betracht kommt (BGH VersR 1994, 324, 325; 1997, 835, 836; 2006, 931). So besteht beispielsweise kein Erfahrungssatz, daß ein Wasserrohrbruch auf fehlerhafter Errichtung oder Unterhaltung beruht (LG Heidelberg VersR 1977, 47). Der **gegenwärtige Besitzer** kann einen Entlastungsbeweis in mehrfacher Hinsicht führen. Er kann nachweisen, daß er während seiner Besitzzeit die zur Abwendung von Gefahren im Verkehr erforderliche Sorgfalt beobachtet hat. Er kann aber auch beweisen, daß der Schaden trotz seiner Sorgfalt entstanden sein würde (RG LZ 1922, 232; BGH LM Nr 4; OLG Hamm NJW-RR 2002, 92; OLG Rostock NJW-RR 2004, 825; SOERGEL/KRAUSE Rn 25; MünchKomm/WAGNER [2004] Rn 24). Ist nachgewiesen, daß die Ablösung eines Gebäudeteils auf mangelhafter Errichtung beruhte, konnte ferner der Eigenbesitzer auch nicht belegen, daß er auf die Unterhaltung des Gebäudes die nötige Sorgfalt verwandt habe, kann er sich dennoch durch den Beweis entlasten, daß auch bei regelmäßiger sorgfältiger fachmännischer Überprüfung der Mangel nicht entdeckt worden wäre (BGB-RGRK/KREFT Rn 52). Letztlich kann der Eigenbesitzer auch den Beweis der ernsthaften Möglichkeit führen, daß die Schädigung auf einer anderen Ursache als der fehlerhaften Errichtung oder mangelhaften Unterhaltung beruht (BGH NJW-RR 2006, 1098).

Seine Entlastungspflicht erstreckt sich nicht auf die Sorgfalt seines Vorbesitzers (RG JW 1904, 487; 1913, 867; OLG München OLGE 36, 139). Wer also als Käufer eines Grundstücks ein fertiges Haus übernommen hat, kann sich auf den Nachweis ordnungsgemäßer Unterhaltung beschränken, wozu aber auch gehört, daß ein später erkannter oder bei entsprechender Sorgfalt erkennbarer Errichtungsfehler beseitigt wird (vgl unten Rn 86).

78 Ein **früherer Besitzer** hat darzutun, daß er während seiner Besitzzeit die verkehrserforderliche Sorgfalt für Errichtung bzw Unterhaltung beobachtet hat *oder* daß ein späterer Besitzer durch Beobachtung dieser Sorgfalt in der Lage gewesen wäre, die Gefahr abzuwenden (Prot II 655). Er muß mithin die Verabsäumung der Sorgfalt durch den späteren Besitzer dahingehend dartun, daß dieser in der Lage war, für die Abwendung der Gefahr Sorge zu tragen. Daß der spätere Besitzer dieses unterlassen hat, ist nicht nachzuweisen, weil feststeht, daß die Gefahr nicht abgewendet wurde (BGB-RGRK/KREFT Rn 40).

2. Inanspruchnahme von Hilfskräften

79 Der Entlastungsbeweis nach § 836 geht weiter als die allgemeine Exculpation des Geschäftsherrn nach § 831 (BGH VersR 1959, 694; LM Nr 12a; OLG Stuttgart VRS 7, 246; LG Nürnberg-Fürth NJOZ 2003, 1681). Es genügt daher nicht die Entlastung des Besitzers, er habe die Wahrnehmung der ihm obliegenden Sorgfaltspflichten einem sorgfältig ausgewählten und allgemein überwachten Fachkundigen übertragen. Es ist der Entlastungsbeweis nach § 836 vielmehr darauf zu richten, daß der Eigenbesitzer die zur Abwendung der spezifischen Gefahren des § 836 verkehrserforderliche Sorgfalt beobachtet habe (RG HRR 1935 Nr 1515; BGH MDR 1968, 916). Das ist der Fall, wenn er seine Hilfspersonen mit den erforderlichen Weisungen und Unterrichtungen versehen und sich überzeugt hat, daß sie die übernommenen Aufgaben ordnungsgemäß ausführen (BGH VersR 1965, 802; 1976, 67; OLG Düsseldorf NJW-RR 2003, 885). Darüber hinaus muß er auch selbst alle erforderlichen Maßnahmen zur Gefahrenabwehr ergreifen (zur Verhinderung des Eigenbesitzers an der persönlichen Sorge vgl unten Rn 94).

XV. Beweis der Erfüllung der Sorgfaltspflicht

1. Maßstab

80 Generell müssen an die Befolgung der Rechtspflicht zur Unterhaltung des Bauwerks und damit der sorgfältigen und fortgesetzten Überwachung seines Zustands sowie an die Substantiierungs- und Beweispflicht **hohe Anforderungen** gestellt werden (BGH NJW 1993, 1782, 1783; OLG Düsseldorf NJW-RR 2003, 885; OLG Köln VersR 2005, 512). Dabei genügt es im allgemeinen zur Wahrung der im Verkehr erforderlichen Sorgfalt, wenn der Haftpflichtige einen **zuverlässigen Fachkundigen** mit der regelmäßigen Nachprüfung betraut (BGH VersR 1976, 66 mwN; 1988, 629; SOERGEL/KRAUSE Rn 26). Wie auch im

sonstigen Recht der Verkehrssicherung können dabei die Sorgfaltsanforderungen auch über den DIN-Normen liegen (BGH VersR 1988, 629, 630 f; NJW 1997, 1853; Münch-Komm/WAGNER [2004] Rn 15).

a) Absperrungen, Betretungsverbote

Der Gebäudeunterhaltspflichtige braucht nicht alle erdenklichen Gefahren eines 81 Bauwerks der in § 836 beschriebenen Art vollständig auszuschließen. Bei jeglichen Anforderungen an die Gefahrensicherung ist stets auf die Sicherungserwartungen des Verkehrs abzustellen (BGH VersR 1985, 336; 1990, 1280; LG Gera NJW-RR 2002, 961). Der Besitzer eines Hochstandes ist gegenüber unbefugten Dritten nicht generell verpflichtet, diesen in einem gefahrenfreien Zustand zu erhalten, wohl aber **Maßnahmen** gegen die unerlaubte Benutzung zu ergreifen (OLG Braunschweig RuS 1993, 339). Ebenso muß der Gebäudebesitzer bei einer Baustelle diese nicht unbedingt so sichern, daß ein ungefährliches Betreten möglich ist, sondern er kann sich auch dadurch entlasten, daß er einen **deutlichen Hinweis** auf die Gefährlichkeit der Baustelle bzw des Baugerüsts gegeben hat oder zur Schadensabwehr ein inhaltlich eindeutiges und für etwaige Benutzer erkennbares **Verbot** des Betretens ausgesprochen hat (BGH NJW 1985, 1076; MDR 1999, 1067). Auf eine „Gefahr, die vor sich selbst warnt", müssen potentielle Opfer jedoch nicht extra aufmerksam gemacht werden (SOERGEL/ KRAUSE Rn 26).

b) Grenzen der Sorgfaltspflicht

Die Anforderungen an die Entlastung dürfen auch **nicht überspannt** werden. Ab- 82 solute Sicherheit im Sinne des Ausschlusses jedweden Risikos ist nicht verlangt (MünchKomm/WAGNER [2004] Rn 20). Es muß zB bei der Errichtung nicht mit allen denkbaren Gefahren durch das *Fehlverhalten Dritter* gerechnet werden. Ein Gastwirt haftet daher nicht für die Verletzung eines Gastes durch den herabgefallenen Splitter eines Glasdachs, das durch den Aufprall eines Sektkorkens beschädigt wurde, weil er diese Gefahr bei der Errichtung nicht bedacht hat (RG LZ 1915, 1525). Wenn auch ein Besitzer idR den Anforderungen der verkehrsüblichen Sorgfalt genügt, indem er einen Fachkundigen mit der Herstellung und Unterhaltung beauftragt, kann das aber nicht generell gefordert werden, wenn es sich um **technisch einfache** und **prinzipiell ungefährliche Werke** handelt (dazu unten Rn 85). Oder falls ein zuverlässiger Handwerker die Arbeiten übernommen hat, bedarf es nicht mehr einer fachkundigen Nachprüfung der Arbeitsleistung, es sei denn der Besitzer hegt ernsthafte Zweifel (RG JW 1908, 480; 1932, 1208).

c) Verkehrserforderliche Sorgfalt im Einzelfall

Im weiteren kommt es nicht nur allgemein auf die Erkennbarkeit des Mangels bei 83 der sorgfältigen Untersuchung an, sondern darauf, ob auch die **verkehrserforderliche Sorgfalt im Einzelfall** beobachtet worden ist (RG WarnR 1916 Nr 223; BGB-RGRK/KREFT Rn 37). Die Bundespost genügte etwa ihrer Sicherungspflicht für einen angefahrenen und schrägstehenden Telefonmasten nicht durch eine sog Klopfprobe (OLG Koblenz VersR 1989, 159). Bei einer Hängeseilbrücke kann das Auftreten von Korrosionsschäden an den Bodenverankerungen gebieten, nicht nur exemplarisch eine der Aufhängungen freizulegen und zu überprüfen, sondern sämtliche kritischen Detailbereiche, vor allem wenn in der Fachwelt dort auftretende Probleme allgemein bekannt sind (BGH MDR 1988, 758). Es gehört nicht zu den Verkehrssicherungspflichten eines Pensionsinhabers, nach jedem Gastwechsel alle in Frage kommenden Gebäudeteile auf etwaige durch den letzten Gast verursachte Mängel zu untersuchen (BGH NJW 1985, 2588 [Duschkabine]).

2. Erforderliche Sorgfalt bei der Errichtung eines Gebäudes (Werks)

a) Eigenhändige Errichtung

84 Wer ein Bauwerk errichtet, setzt sich der Haftung nach § 836 aus, wenn es nicht frei von objektiven Fehlern, dh unter Verletzung der anerkannten Regeln der Bau- und Ingenieurskunst gebaut wird (vgl dazu Rn 31), und er dabei als Bauherr nicht die im Verkehr erforderliche Sorgfalt beachtet hat. Worin die verkehrserforderliche Sorgfalt besteht, bemißt sich zum einen nach den gewöhnlichen Regeln des Handwerks, zum anderen aber auch nach den äußeren Umständen, wie den örtlichen Gegebenheiten. Die Notwendigkeit des Anbringens von Schneefanggittern muß zB danach beurteilt werden, wie sich die örtlichen Witterungsbedingungen gestalten, ferner ob etwa wegen der Steilheit des Dachs verstärkt mit Dachlawinen zu rechnen ist und ob eine Gefahr für Dritte zB wegen der Verkehrsverhältnisse besteht (vgl hierzu Rn 26).

b) Errichtung durch einen beauftragten Fachkundigen

85 Sofern der Grundstücksbesitzer das Bauwerk nicht selbst, sondern durch einen beauftragten Sachkundigen errichten läßt, erfüllt er damit im allgemeinen seine Sorgfaltspflicht (RGZ 76, 260, 262; RG WarnR 1909 Nr 302; 1916 Nr 223; LZ 1922, 232; JW 1932, 1208; BGH LM Nr 8; LM Nr 1 zu § 837; BGB-RGRK/Kreft Rn 42). Falls durch die Errichtung eines Bauwerks Gefahren für Dritte in Betracht kommen, die über die üblichen, von jedem Gebäude ausgehenden Gefahren hinausgehen, ist auch ein Laie als Bauherr verpflichtet, die ordnungsgemäße Errichtung zu überprüfen, ausgenommen die möglichen verborgenen Mängel (RG JW 1932, 1208).

c) Bauordnungsrechtliche Anforderungen

86 Allein die bauordnungsrechtliche Abnahme eines Werks durch die Baubehörde oder die sonstige baupolizeiliche Billigung ihres Zustands wirkt für sich allein nicht schlechthin haftungsausschließend (Erman/Schiemann Rn 10). Staatliche Kontrollen vermögen die dem Besitzer obliegende Überwachungspflicht nicht schlechthin zu ersetzen (Soergel/Krause Rn 26). Sie sind zunächst nur ein Indiz und bieten damit nur eine gewisse Gewähr für die Beachtung der bauordnungsrechtlichen Vorschriften (RG JW 1909, 275; LZ 1921, 226; BGH NJW 1956, 508; LM Nr 8). Wenn aber die Errichtung vorschriftsmäßig nach den allgemeinen bauordnungsrechtlichen Vorschriften oder den besonderen baupolizeilichen Anforderungen erfolgt ist, kann dieser Umstand schon zur Entlastung genügen. Falls sich nämlich der Bauherr auf die Sachgerechtigkeit zentraler Weisungen oder die Sachkenntnis der Baubehörde verläßt, trifft ihn kein Verschulden, selbst wenn eine objektiv fehlerhafte Errichtung gegeben ist. Allerdings darf er nicht untätig bleiben, falls er eine Gefahr erkennt, auch wenn es ihm an entsprechender Sachkunde fehlt (BGHZ 1, 103). Das gilt erst recht, wenn er selbst sachkundig ist und etwa Fehler des Bauplans oder seiner Ausführung erkannte oder hätte erkennen müssen (RG LZ 1916, 1240; BGH LM Nr 1; BGB-RGRK/Kreft Rn 42). Die erfolgte bauordnungsrechtliche Abnahme entläßt also den Besitzer nicht allgemein aus seiner Verantwortung, sondern bietet nur die Gewähr, daß die einschlägigen Vorschriften beobachtet worden sind.

Fehlt es dagegen an einer erforderlichen Baugenehmigung des eingestürzten Bauwerks, so scheitert daran bereits der Entlastungsbeweis, da im Genehmigungsverfahren der Nachweis der Standsicherheit erbracht werden muß, unabhängig davon, ob der Pflichtige die Notwendigkeit der Baugenehmigung kannte (OLG Hamm NJW-RR 1995, 1230 [Carport]; PALANDT/SPRAU Rn 13; GEIGEL/SCHLEGELMILCH 19. Kap Rn 15).

3. Anforderungen an die ordnungsgemäße Unterhaltung

a) Regelmäßige Überprüfung

Eine der Sorgfaltspflicht entsprechende Fürsorge für ein Gebäude oder ein Werk erfordert die regelmäßige Überprüfung dessen Zustands. Ein genereller Maßstab von Anforderungen an die Intensität und zeitliche Häufigkeit der Überprüfungen existiert nicht. Er muß erst im Einzelfall bestimmt werden. Auch bei einem Dach kommt es grundsätzlich zunächst darauf an, inwieweit Gefahren für die Allgemeinheit zu befürchten sind. Konkret ist bei der Bestimmung des Maßstabs für die Überprüfung eines Dachs zu beachten, ob es sich um ein alleinstehendes Gebäude ohne Publikumsverkehr handelt, das Dach schon älter ist, bereits zuvor Schäden vorlagen oder die Dachkonstruktion zu besonderer Schadenanfälligkeit neigt (OLG Köln VersR 2005, 512). Es ist nicht nur zu kontrollieren, ob das Gebäude oder Werk den Anforderungen zur Zeit der Errichtung noch entspricht, sondern es sind auch spätere Einwirkungen zu berücksichtigen, mit denen zuvor noch nicht gerechnet werden konnte. So hat der Eigentümer eine Schaufensterscheibe, die vor mehr als 40 Jahren eingebaut wurde und dem seit dieser Zeit zunehmenden Straßenverkehr ausgesetzt war, auf ihre Bruchsicherheit zu überprüfen (OLG Koblenz NJW-RR 1998 673). Allerdings richtet sich die Frage, welche Sicherheit und welcher Gefahrenschutz zu gewährleisten ist, nicht ausschließlich nach den modernsten Erkenntnissen und dem neusten Stand der Technik. Es besteht auch in Ansehung von § 836 keine generelle Pflicht, ältere Bauwerke an die jeweils aktuell geltenden Standards anzupassen. Ansonsten wäre der Gebäudeunterhaltspflichtige gezwungen, die Bausubstanz ständig zu ändern, um den gesteigerten sicherheitsrechtlichen Anforderungen zu genügen (OLG Karlsruhe OLGR 2002, 309; OLG Saarbrücken NJW-RR 2006, 1255, 1256). Vom Eigenbesitzer zu verlangen, er müsse sich im Rahmen der fortlaufenden Überwachung und Überprüfung des baulichen Zustands in regelmäßigen Abständen über die Fortentwicklung der bautechnischen Standards informieren und das Bauwerk daraufhin überprüfen, ob es noch dem aktuellen Stand der Technik entspricht, um festgestellte Fehler zu beseitigen (MünchKomm/WAGNER [2004] Rn 19), ist eine überzogene Forderung. Auf jeden Fall aber sind je nach Gefahrenpotential *sicherheitsrelevante Bauteile* binnen angemessener Frist den neuen technischen Erkenntnissen anzupassen (OLG Hamm NJW-RR 1989, 736, 737; OLG Dresden VersR 1995, 1501, 1502; OLG Saarbrücken NJW-RR 2006, 1255, 1256).

Auch darf der Pflichtige bei konkreten Anhaltspunkten für eine Gefahr nicht so lange warten, bis über die Presse Warnungen herausgegeben werden (vgl BGH LM Nr 17 bzgl der Teilzerstörung einer Wasserstaustufe durch die Explosion einer Faulschlamm-Gasbildung als Folge einer erst in neuester Zeit eingetretenen anorganischen Verunreinigung des Flußwassers). Das Erfordernis der Regelmäßigkeit der Überprüfung bedeutet, daß es nicht genügt, wenn erst *anläßlich* der offensichtlich zutage tretenden Mängel Vorkehrungen zur Schadensverhinderung getroffen werden. Insbesondere reicht der Nachweis der regelmäßig nach Schäden vorgenommenen Reparaturen nicht aus (OLG Düsseldorf NJW-RR 1996, 278 bei einem steilen und alten Kirchturmdach in exponierter

Lage; anders zuvor OLG Düsseldorf ZfS 1989, 154). Je älter ein Gebäude ist, desto höher sind die Anforderungen an die Überprüfungsmaßnahmen zu stellen (BGH NJW 1993, 1782; ERMAN/SCHIEMANN Rn 11).

88 Außer bei einfach aufgebauten Werken muß der Pflichtige die regelmäßige Prüfung durch **zuverlässige Sachkundige** durchführen lassen (BGH VersR 1976, 66; OLG Düsseldorf NJW-RR 2003, 885; OLG Köln VersR 2005, 512; LG Offenburg NJW-RR 2002, 596). Auch an die Entlastung des Eigenbesitzers für die verkehrssorgfältige *Unterhaltung* nach § 836 Abs 1 S 2 sind dabei strengere Anforderungen zu stellen, als an die Entlastung des Geschäftsherrn nach § 831 Abs 1 S 2 (BGH MDR 1968, 916; NJW-RR 1988, 853, 854; LG Nürnberg-Fürth NJOZ 2003, 1681). Die Beauftragung eines zuverlässigen Fachmanns genügt nur, wenn dieser sachgerecht instruiert und hinsichtlich seiner Zuverlässigkeit im Allgemeinen beaufsichtigt wird (OLG Düsseldorf NJW-RR 2003, 885). Die Nachprüfung muß **gefahrspezifisch** erfolgen. Sofern eine Fernsehantenne an einem Kamin bereits fehlerhaft errichtet ist und diesen bei einem Sturm zum Einsturz bringt, kann sich daher der Unterhaltspflichtige nicht damit entlasten, daß der Schornsteinfeger, der den Kamin regelmäßig gesäubert und untersucht hat, ihn nicht auf den Mangel hingewiesen habe (OLG Köln VersR 1992, 1018; MünchKomm/WAGNER [2004] Rn 24). Die periodische Kontrolle der Feuersicherheit eines Hochkamins durch den Bezirksschornsteinfegermeister befreit auch nicht den Besitzer von der Pflicht zur Überprüfung des Kamins auf Standsicherheit, weil diese Prüfungen nicht notwendig übereinstimmen (BGH NJW 1956, 506; BGB-RGRK/KREFT Rn 44). Bei einem Dach genügt die Sichtprüfung an der Oberfläche nicht. Die Überprüfung hat im Rahmen der technischen Möglichkeiten alle Konstruktionselemente zu erfassen, bei denen auftretende Mängel zu einer Lösung von Gebäudeteilen führen können (OLG Köln VersR 2005, 512).

89 Auch eine bloße **Teilprüfung** und **Teilausbesserung** ist ungenügend, ebenso, wenn ein Sachkundiger nicht mit einer umfassenden Nachprüfung betraut wird. Die Prüfung des Dachziegelbelags und eines Teils des Dachbodenbelags (und dessen Erneuerung) auf Undichtigkeit reicht nicht aus, wenn von der Prüfung des gesamten Dachbodens abgesehen wird (BGH VersR 1965, 801; 1976, 67; OLG Köln VersR 2005, 512; vgl auch Teilprüfung einer Eisenkonstruktion bzgl der offensichtlich mangelhaften Stellen RG Recht 1914 Nr 350). Da sich die Überprüfung auf alle Gefahren erstrecken muß, mit denen nach der Lebenserfahrung zu rechnen ist, darf sie sich nicht nur auf die Feststellung mehr oder minder offensichtlicher Mängel beschränken (OLG Düsseldorf NJW-RR 2003, 885). Hinsichtlich der bauordnungsrechtlichen Erfordernisse und Genehmigungen gilt das zur Errichtung Gesagte entsprechend (s oben Rn 86).

b) Zeitabstände

90 Feste Regeln, in welchen **Abständen** eine Überprüfung zu erfolgen hat, existieren nicht (OLG Köln VersR 2005, 512). Ist der Gebäudeteil, von dem das schädigende Ereignis ausging, drei Jahre zuvor saniert worden, kann sich der Besitzer nicht ohne weiteres auf die Fehlerfreiheit verlassen, vor allem wenn nur ein Teilbereich betroffen war. Andererseits ist es auch nicht selbstverständlich, daß der Besitzer bereits wieder mit ernsthaften Schäden zu rechnen hatte. Doch kann eine anschließende **jährliche** Kontrolle von einem Fachunternehmen durchaus genügen (BGH NJW 1993, 1782). ZB wird für eine über die Straße ragende Markise mindestens eine jährliche Untersuchung verlangt (RG JW 1931, 194). Für ein mehr als 50 Jahre altes Dach eines nicht alleinstehenden Gebäudes im Bereich von erheblichem Fußgängerverkehr und

Abstellplätzen für Kraftfahrzeuge soll eine Frist von einem Jahr nicht zu beanstanden sein (OLG Köln VersR 2005, 512). Andererseits werden bei einem 40 Jahre alten Dach Überprüfungen zweimal jährlich verlangt (AG Freiberg Schaden-Praxis 2002, 258). Die Überprüfung eines Daches im Abstand von 3 Monaten durch eine „alteingesessene und für ihre gute Arbeit bekannte Dachdeckerfirma" (OLG Düsseldorf NJW-RR 2003, 885) wird wohl auf jeden Fall genügen.

c) Besondere Anforderungen
Es können sich besondere Sorgfaltsanforderungen zum einen aus der jeweiligen 91 Beschaffenheit und Zweckbestimmung eines Gebäudes ergeben, zum anderen aus seiner örtlichen Umgebung. Eine erhöhte Sorgfalt ist immer dann zu fordern, wenn ein Gebäude dem **öffentlichen Verkehr** gewidmet ist und stark frequentiert wird, vor allem der verstärkten Ansammlung von Menschen dient (Bahnhöfe, Verwaltungsgebäude, Vergnügungsstätten). Das gilt vor allem bei Schulen und Kindergärten, weil bei Kindern, anders als bei Erwachsenen, nicht die Beobachtung der eigenen Sorgfalt zu erwarten ist, so daß häufigere und umfassende Überprüfungen geboten sind (RG LZ 1921, 226). Ganz allgemein hat sich die Dauer der Wiederkehr der Gebäudedurchsicht nach der Beschaffenheit und örtlichen Lage, nach der Art des Materials und dessen Anfälligkeit gegen äußere Einflüsse, nach der Art und Häufigkeit der Benutzung sowie nach dem gefahrbedrohten Personenkreis zu richten. Individuelles Kriterium sind vor allem die besonders Wind und Wetter ausgesetzten Gebäudeteile, aber auch die dem Publikumsverkehr zugewandten Straßenseiten (BGB-RGRK/Kreft Rn 44).

Der **schlechte Zustand** von Gebäuden in den **neuen Bundesländern** rechtfertigte 92 insgesamt keine Haftungsfreistellung von Gebäudeeigentümern, war aber für das Maß der im Verkehr erforderlichen Sorgfalt zu berücksichtigen, das sich zudem nach den weiteren örtlichen Begebenheiten und Zeitumständen richtete (OLG Dresden DtZ 1994, 79 [herabstürzende Fassadenteile]; Soergel/Krause Rn 28). Damit wurde die Rspr fortgeführt, die bereits anläßlich der Sorgfalt für **Trümmergrundstücke** und Gebäuderuinen aufgestellt wurde (vgl grundlegend BGHZ 1, 103, 105; umfassende Darstellung bei Rn 90 in der 11. Aufl; BGB-RGRK/Kreft Rn 49–51). Auch der Umstand, daß ein Bauwerk dem *Denkmalschutz* untersteht und zB an die Sanierung besondere Anforderungen gestellt werden, enthebt nicht von der Sorge um die Gefahrenfreiheit (BGH VersR 1958, 178, 179). Der Entlastungsbeweis wird auch nicht dadurch geführt, daß der Verpflichtete erklärt, daß infolge eines Unwetters nicht nur Dachziegel vom eigenen als **unbewohntes Sanierungsobjekt** erworbenen Gebäude gefallen seien, sondern auch von den Dächern neuerer Gebäude, wenn keine detaillierten Angaben über deren Zustand gemacht werden (OLG Frankfurt NJW-RR 1992, 164).

d) Nachprüfung durch einen befähigten Sachkundigen
Sofern der Eigenbesitzer sachkundig ist und die Überprüfung selbst vornimmt, trifft 93 ihn die volle Darlegungslast des § 836 Abs 1 S 2. Im allgemeinen aber genügt der Haftpflichtige seiner Sorgfaltspflicht, wenn er zuverlässige Fachkräfte mit den Instandhaltungsarbeiten und der erforderlichen Überprüfung beauftragt (BGH NJW 1993, 1782; VersR 1976, 66; LG Nürnberg-Fürth NJOZ 2003, 1681; LG Offenburg NJW-RR 2002, 596). Insofern gilt auch das zur Sorgfalt bei der Errichtung Gesagte (vgl oben Rn 85 f). Ist er aber selbst nicht überzeugt, daß die Nachprüfung ordnungsgemäß erfolgt ist (vgl RG JW 1906, 336; LZ 1916, 1241) oder kennt er sogar den gefahrdrohenden Zustand,

kann er sich nicht mit Verweis auf den sachkundigen Prüfer entlasten, wenn er selbst nicht die erforderlichen Maßnahmen ergriffen hat, um die Gefahr abzuwenden (RG HRR 1935 Nr 1515; BGHZ 1, 103, 106; LG Karlsruhe VersR 1955, 492).

e) Unzulängliches Entkräftungsvorbringen

94 Eine Vielzahl von Entlastungsvorbringen ist darauf gerichtet, daß etwa das Dach, von dem die schädigenden Ziegel gefallen waren, gerade erst repariert worden war. Dieses Vorbringen ist ungenügend, da eine Reparatur idR nur die teilweise Überprüfung der gesamten Konstruktion bedeutet, nämlich nur der Stelle, die gerade schadenanfällig gewesen ist. Außerdem deutet der zuvor behobene Schaden gerade auf den unzulänglichen Zustand der Bausubstanz hin und sollte dem Pflichtigen als Indiz dienen, daß noch weiteres Schadenspotential gegeben ist (Rn 89). Zur Entkräftung des Vorwurfs mangelhafter Unterhaltung reicht es auch nicht aus, wenn der Besitzer geltend macht, er sei durch auswärtigen Wohnsitz, Abwesenheit, Krankheit usw an der persönlichen Sorge für Gefahrenfreiheit verhindert gewesen. Bei persönlicher Verhinderung muß er seiner Sorgfaltspflicht durch Bestellung, Unterweisung und allgemeine Überwachung eines in Bausachen erfahrenen zuverlässigen Verwalters genügen (vgl RG WarnR 1910 Nr 333; JW 1932, 1210; HRR 1935 Nr 1515; BGH LM Nr 6; LG Nürnberg-Fürth NJOZ 2003, 1681; BGB-RGRK/Kreft Rn 45), während die Übertragung der Hausverwaltung als solche an einen Rechtsanwalt oder eine Grundstücksverwaltungsgesellschaft nicht ausreicht (BGH VersR 1976, 66). Die Beauftragung eines fachkundigen Hausverwalters und dessen allgemeine Beaufsichtigung ist nicht ausreichend, wenn das Gebäude oder Werk mit besonderen Gefahrenquellen behaftet ist. In diesem Fall ist der Verwalter in besonderem Maße anzuweisen und zu unterrichten (LG Nürnberg-Fürth NJOZ 2003, 1681). Der Besitzer kann sich auch nicht darauf berufen, daß ihm die zur Gefahrenabwehr erforderlichen erheblichen Geldmittel gefehlt hätten (RG LZ 1920, 46; Recht 1921 Nr 2381; OLG Kiel OLGE 9, 47; Dernburg § 398 III 3: „Im Sinne des Gesetzes ist Geldmangel Verschulden!"; Erman/Schiemann Rn 11). Zur Entlastung genügt auch nicht, wenn der nicht fachkundige Besitzer Arbeiten, die Fachkunde erfordern, selbst vornimmt, ohne die Arbeit durch einen Fachkundigen nachprüfen zu lassen (vgl RG Gruchot 56, 926).

f) Kasuistik

95 Die Kasuistik zur Frage der Erfüllung der Sorgfaltspflicht bei der Unterhaltung (in Auswahl): RG JW 1904, 91: Zeitabstände für Nachschau durch den Hausbesitzer; RG JW 1907, 45: Sicherheit von Dachfenstern; RG JW 1909, 275: Theatersaal; RG JW 1915, 190; 1916, 1910: Festigkeit des Verputzes in Gastwirtschaften und Räumen, in denen Tanzveranstaltungen stattfinden; RG WarnR 1914 Nr 55: Ablösung eines Fensterflügels; RG LZ 1916, 475: Befestigung einer außen am Haus angebrachten Bogenlampe; RG JW 1931, 194: Befestigung einer in den Luftraum über einer öffentlichen Straße hineinragenden Markise; RG JW 1931, 3446: Hof-(Schiebe-)tor; BGH NJW 1956, 506: Standfestigkeit eines Hochkamins; OLG Hamburg VersR 1978, 747: Verschraubung einer Dachluke; OLG Hamm VersR 1978, 1146: Sicherheit eines Wasserbauwerks; OLG Karlsruhe OLGR 2002, 309: unerkannt gebliebener Materialfehler; OLG Rostock OLGR 2003, 348 und § 837 Rn 6: Standfestigkeit eines Grabsteins; LG Nürnberg-Fürth NJOZ 2003, 1681: stark gegliedertes Dach mit steilen Schrägen und teilweise alter Dachziegelsubstanz in Gefahrenbereich mit häufigem Publikumsverkehr; OLG Köln VersR 2005, 512: Eternitplattendach einer

Werkhalle; OLG Saarbrücken NJW-RR 2006, 1255, 1256: Geländer auf einem Garagenflachdach – Korrosionsschutz.

Verneint wurde (unter gewöhnlichen Umständen) eine Verletzung der Sorgfaltspflicht, wenn der Erwerber eines Hauses es nicht unmittelbar nach der Übernahme eingehend auf nicht wahrnehmbare Schäden untersuchen läßt (vgl RG Recht 1910 Nr 699; RG WarnR 1916 Nr 223; s auch OLG München OLGE 36, 138; SOERGEL/KRAUSE Rn 27); wenn der Besitzer das erst vor verhältnismäßig kurzer Zeit (ein halbes Jahr) vor dem Unfall errichtete Gebäude, mit dessen Überwachung er überdies einen zuverlässigen Mieter beauftragt hatte, nicht in der Zwischenzeit bis zum Unfall durch einen Sachverständigen untersuchen ließ (RG JW 1907, 45; LZ 1918, 843; SOERGEL/KRAUSE Rn 27; BGB-RGRK/KREFT Rn 48), wenn der Hausbesitzer im Vertrauen auf die von der Baubehörde veranlaßten Sicherungsmaßnahmen in den darauf folgenden ersten Monaten erneute Vorkehrungen nicht für erforderlich hielt (BGH VersR 1958, 178). 96

XVI. Juristische Personen als Eigenbesitzer

Für die Erfüllung der Sorgfaltspflicht gelten die Maßstäbe, die an eine Privatperson angelegt werden, gleichermaßen auch für juristische Personen. Für den nach § 836 zu führenden Entlastungsbeweis ist es daher unerheblich, ob der Verantwortliche, dessen Verschulden zu überprüfen ist, Vertreter nach §§ 30, 31, 89 oder Verrichtungsgehilfe nach § 831 ist. Inhalt und Anforderungen an den zu führenden Nachweis zur Widerlegung der Schuldvermutung sind jeweils gleich (RG JW 1913, 867; OLG Hamburg HRR 1928 Nr 1978; BGB-RGRK/KREFT Rn 47). Danach haftet zB eine Aktiengesellschaft für die verschiedenen örtlichen Leiter der einzelnen Werksniederlassungen (RG HRR 1935 Nr 1515) allein nach dem strengeren Maßstab von § 836 (vgl oben Rn 79), ohne daß es auf die Unterscheidung nach verfassungsmäßigem Vertreter oder Verrichtungsgehilfen ankommt (so auch BGB-RGRK/KREFT Rn 47). 97

Genauso nach § 836 haften die **Körperschaften des öffentlichen Rechts** als Eigenbesitzer von Gebäuden und anderen Werken (vgl für Wegweisertafeln OLG Köln NJW-RR 1991, 33), weil sie für die Erfüllung der Verkehrssicherungspflichten nach privatrechtlichen Grundsätzen einzustehen haben. Eine **Gemeinde** haftet als Eigenbesitzerin des Friedhofs bereits nach § 836 Abs 1 und Abs 3 für vermutetes eigenes Verschulden (LG Freiburg NJW-RR 96, 476 f), ebenso als Trägerin der Straßenbaulast beim Einbruch einer Brücke (OLG Celle OLGR Celle 94, 281; vgl auch BGH LM Nr 5 [Trümmergrundstück]; VersR 1958, 194 [Wasserrohrsystem]; RG JW 1923, 1026 [Sielanlagen]; Recht 1921 Nr 2180 [Bahnhofsgebäude]). Bei einer gleichzeitig erfüllten Amtspflichtverletzung ist die in § 836 enthaltene Beweislastregelung und Verschuldensvermutung nicht durch § 839 als lex specialis ausgeschlossen (OLG Köln NJW-RR 1991, 33; s auch oben Rn 16). 98

XVII. Fehlende Kausalität bei Sorgfaltsvernachlässigung

Obgleich die Norm einen derartigen **Entlastungsbeweis** explizit nicht vorsieht, kann sich, auch wenn die Nichtbeachtung der im Verkehr erforderlichen Sorgfalt feststeht, der verantwortliche Besitzer dahingehend entlasten, daß der Schaden auch bei Anwendung der nötigen Sorgfalt entstanden wäre (RG LZ 1922, 231; BGH LM Nr 4; LG Karlsruhe NJW-RR 2002, 1541; LG Nürnberg-Fürth NJOZ 2003, 1681; MünchKomm/WAGNER [2004] Rn 24; SOERGEL/KRAUSE Rn 25; ERMAN/SCHIEMANN Rn 9; JAUERNIG/TEICHMANN Rn 9; 99

BAMBERGER/ROTH/SPINDLER Rn 21; GEIGEL/SCHLEGELMILCH 19. Kap Rn 16). Das ist zB möglich, wenn er zwar nicht nachweisen kann, die erforderliche Sorgfalt aufgebracht zu haben, wohl aber, daß der Mangel derart verborgen war, daß ihn auch ein sachkundiger und zuverlässiger Unternehmer bei einer eventuellen Inspektion nicht hätte finden können (BGB-RGRK/KREFT Rn 52). Von dieser Ursächlichkeit ist die objektive Kausalität einerseits zwischen Mangel und Einsturz (Teilablösung) und andererseits zwischen letzteren und der Rechtsgutverletzung zu unterscheiden, deren Beweislast beim Geschädigten liegt (vgl oben Rn 71).

100 Weist der Pflichtige den Umstand fehlender Kausalität zwischen Schaden und schuldhafter Sorgfaltspflichtverletzung nach, wird er nach hM von der Haftung frei, obwohl diese Rechtsfolge in § 836 anders als in den §§ 831 bis 834 **nicht ausdrücklich geregelt** ist (RG LZ 1922, 222; BGH LM Nr 4; BGB-RGRK/KREFT Rn 52; WEIMAR ZMR 1960, 328; BAUMGÄRTEL, Handb I Rn 9 Fn 30 mwN).

Den Beweis muß der Besitzer in vollem Umfang zur Überzeugung des Gerichts führen, Zweifel hinsichtlich der Kausalität zwischen Verschulden und Schadenseintritt gehen zu seinen Lasten (BGH LM Nr 4). ZB haftet ein Gebäudebesitzer nicht, wenn ein Dritter durch einen Sprung durch ein Garagendach einbricht und das darin stehende Fahrzeug beschädigt, auch wenn bei der Errichtung der Garage unter vollständiger Beachtung der Herstellerangaben der Schaden möglicherweise hätte vermieden werden können (LG Essen ZfS 1988, 345).

XVIII. Vertraglicher Ausschluß der Haftung

101 Der **vertragliche Ausschluß** der Haftung nach § 836 ist – im Rahmen von §§ 276 Abs 3, 138 – nach den allgemeinen Vorschriften zulässig (RG WarnR 1916 Nr 223; OLG München SeuffA 70 Nr 174; BGB-RGRK/KREFT Rn 29). Ein Haftungsausschluß durch einseitige Willenserklärung ist ausgeschlossen (BGH VersR 1957, 132; BGB-RGRK/KREFT Rn 29).

XIX. Landesgesetzliche Vorbehalte

102 Vgl EGBGB Art 105–107; s auch Art 67.

XX. Reformvorschläge

103 Der **Referentenentwurf** eines Gesetzes zur Änderung und Ergänzung schadenersatzrechtlicher Vorschriften 1967 (E-1967, vgl insbesondere § 831 Rn 132) sah keine Änderung der §§ 836 bis 838 vor. Andere in Art 3 des E-1967 vorgesehene Erweiterungen der Gefährdungshaftungstatbestände sind dagegen umgesetzt worden, wie § 2 HaftPflG, der nunmehr die von § 836 bisher ausgeschlossenen Fälle mittelbarer Schadenverursachung erfaßt, etwa durch Gasrohr- und Stromleitungsbrüche bei Einsturz bzw Teilablösung eines Gebäudes (vgl oben Rn 14). Auch künftig sollte der Gesetzgeber an der Verschuldenshaftung festhalten und keine Gefährdungshaftung einführen (vorgesehen in § 38 der Haftungsordnung des von der Akademie für Deutsches Recht im Jahr 1941 vorgelegten Systems des Volksgesetzbuches, SCHUBERT [Hrsg], Protokolle der Ausschüsse Bd 3 [1988] 145).

Gegen die bestehende Fassung von § 836 wurden aber im Schrifttum Bedenken **104**
geäußert, weil der Tatbestand Schäden durch unsachgemäße Tiefbauweise nicht
erfassen könne (ESSER/WEYERS, Schuldrecht II [6. Aufl 1984] § 58 III 2 a; deutlicher ESSER,
Schuldrecht II [3. Aufl 1969] § 110 II 2); Schäden durch die Absenkung des Grundwassers
(RGZ 167, 14) oder infolge von Erschütterungen durch Rammstöße (BGH VersR 1965,
1204, 1205; 1966, 757) würden nicht erfaßt, weil in diesen Fällen es an einem Einsturz
bzw einer Teilablösung mangelt. Der Forderung nach einer entsprechenden Tatbestandserweiterung ist entgegenzuhalten, daß die genannten Gefahren bereits im
Vorfeld der Gebäudehaftung entstehen, nämlich durch die Erschließung des Grundstücks und Vorarbeiten zur Errichtung des Bauwerks. Der Herstellungsvorgang ist
mit eigenen Gefahren verbunden, die ebenso wie diejenigen beim Abriß eines Gebäudes von § 836 nicht erfaßt werden (STAUDINGER/SCHÄFER[12] Rn 96). Diese Gefahren
fallen nicht unter die Verkehrssicherungspflicht für Einsturz und Teilablösung, weil
sie nicht vom Zustand des Gebäudes ausgehen. Neben der Haftung aus § 823 für die
Verkehrssicherungspflichtverletzung bei dem Bauvorhaben kommt in diesen Fällen
aber eine nachbarrechtliche Haftung in Betracht (vgl oben Rn 15).

Rechtspolitisch zu kritisieren ist, daß § 836 in seiner heutigen Fassung überholt
wirkt, weil gemeingefährliche Gefahren von Gebäuden oder Werken nicht mehr
nur von Mängeln der mechanischen Festigkeit und Standsicherheit ausgehen. *De
lege ferenda* sollte der Gesetzgeber für die Haftung nach § 836 – wie im schweizerischen (Art 58 SchweizOR) und niederländischen (Art 6:174 Abs 1 BW; deutsche
Übersetzung in vBAR, Deliktsrecht in Europa, Niederlande 42) Recht – auf den Einsturz oder
die Ablösung verzichten (ähnlich vBAR, Gemeineuropäisches Deliktsrecht Rn 228). Die
moderne niederländische Gesetzgebung hat sich bewußt von der Regelung in
Art 1405 BW (1838) abgewandt; danach haftete der Eigentümer eines Gebäudes
nur für dessen ganzen oder teilweisen Einsturz (PETERSHAGEN 71). vBAR (Gemeineuropäisches Deliktsrecht Rn 228) ist darin zuzustimmen, daß das BW damit einen eigenständigen und gelungenen Schritt getan hat.

Künftig sollte auch in Deutschland die Gebäudehaftung ausgelöst werden, **wenn der
Besitzer ein Gebäude oder Werk fehlerhaft angelegt oder hergestellt oder mangelhaft
unterhalten hat und durch daraus resultierende Mängel ein Mensch getötet, der Körper
oder die Gesundheit eines Menschen verletzt oder eine Sache beschädigt worden ist;
fehlerhaft angelegt, hergestellt oder unterhalten ist ein Gebäude oder Werk, wenn seine
Beschaffenheit den anerkannten Regeln der Bau- und Ingenieurkunst zum Schutz
dieser Rechtsgüter nicht entspricht.** Auf diese Weise wird nicht nur die Verletzung
der Rechtspflicht zur Sorge für die Vermeidung von Errichtungsmängeln, zur kontinuierlichen Unterhaltung des Gebäudes und Bauwerks und zu sorgsamer und
fortgesetzter Überwachung seines Zustands (Gefahrenabwehr; s oben Rn 3) mit einer
wirkungsvollen haftungsrechtlichen Sanktion belegt, sondern es lassen sich auch
gekünstelte Konstruktionen und widersprüchliche Ergebnisse (s oben Rn 12; „Ungereimtheiten", so PETERSHAGEN 101) vermeiden.

Der historische Gesetzgeber glaubte, sich darauf beschränken zu können, nur wegen
drohenden Einsturzes die Haftung des Gebäudebesitzers nach § 836 auszulösen.
Zum einen erschien die Einsturzgefahr offenbar als besonders bedrohlich für die
Allgemeinheit. Zum anderen nahm der Gesetzgeber an, im übrigen genügten nachbar-, polizei- und strafrechtliche Bestimmungen (MUGDAN II 456). Die moderne Ent-

wicklung widerlegt diese Annahmen: Es hat sich gezeigt, daß auch andere Mängel als solche, die in der mechanischen Festigkeit und Standsicherheit des Gebäudes bestehen und zum Einsturz führen, jedermann drohende, verborgene Gefahren mit hohem Schadenspotential auslösen (vor allem Konstruktionsmängel; s oben Rn 12). Der gefährliche Zustand von Gebäuden ist in einem weiteren Sinne sanktionsbedürftig als der historische Gesetzgeber annahm. Katastrophale Ereignisse (zB Brand von Flughafengebäuden) haben vor Augen geführt, daß die Hauptgefahren von Gebäuden oder Werken keineswegs nur aus Stabilitätsmängeln hervorgehen, sondern beispielsweise auch durch die Verarbeitung ungeeigneter Baumaterialien und fehlerhafter Installationen ausgelöst werden können. Außerdem bietet das Nachbar-, Bau- und Strafrecht – ohne die Gebäudehaftung – Opfern aus dem allgemeinen Publikum keinen ausreichenden Rechtsschutz. Im Gegensatz zum deliktischen Haftungsrecht schützt namentlich das Baurecht das allgemeine Publikum, den quivis ex populo, nur reflexartig und weithin nur präventiv vor Gebäudegefahren. Überdies hat in einer von staatlichem Paternalismus freien Bürgergesellschaft vorrangig das Privatrecht, nicht das öffentliche Recht, die Aufgabe, Individualrechtsgüter zu schützen. Da sich die Normsituation von § 836 in verschiedener Hinsicht verändert hat (neue Gebäudegefahren, stärkere Bedeutung des privatrechtlichen Schutzes), läßt sich die enge Fassung des Wortlauts von § 836 nicht aufrechterhalten. Ohne eine Erweiterung könnte die Bestimmung obsolet werden, indem sich die Gebäudehaftung in den Tatbestand von § 823 verlagert (in diesem Sinn vBar, Verkehrspflichten 20) – mit den nachteiligen beweisrechtlichen Folgen für den Geschädigten.

105 Die überwiegende Kritik des Schrifttums im Rahmen des § 836 richtet sich weniger gegen die geltende Regelung als vielmehr gegen die Einschränkung ihres Anwendungsbereichs, wie sie seit den Entscheidungen des RG (zB RG Recht 1910 Nr 3921; RGZ 172, 161; BGH LM Nr 12) von der Rspr praktiziert und von der Lehre weithin akzeptiert wird. Hauptziel der Kritik ist die Beschränkung der Haftung auf Schäden, die durch die bewegend wirkende Kraft des Einsturzes oder der Teilablösung herbeigeführt wurden (MünchKomm/Wagner [2004] Rn 6, 18; Erman/Schiemann Rn 7; Soergel/Krause Rn 21; Bamberger/Roth/Spindler Rn 16). Wie oben dargestellt (Rn 37 ff), führt diese Begrenzung des Schutzbereichs von § 836 zu sachlich nicht zu rechtfertigenden Unterscheidungen. Statt einer Reform bedarf es einer Neubestimmung des Schutzbereichs der Norm.

§ 837
Haftung des Gebäudebesitzers

Besitzt jemand auf einem fremden Grundstück in Ausübung eines Rechts ein Gebäude oder ein anderes Werk, so trifft ihn an Stelle des Besitzers des Grundstücks die im § 836 bestimmte Verantwortlichkeit.

Materialien: E I § 735 Abs 2; II § 760; III § 821;
Mot II 819; Prot II 657.

Schrifttum

MÜLLER/HANNEMANN, Die Haftung für Schäden durch umgestürzte Grabsteine, MDR 1975, 796.

I. Grundgedanke der Norm

Durch § 837 kommt es zu einer Verlagerung der Haftung aus § 836 auf den in Ausübung eines Rechts handelnden Besitzer des Gebäudes oder sonstigen Werks. Dieser haftet an Stelle des Eigenbesitzers des Grundstücks, weil er die von dem Werk ausgehenden Gefahren eher beherrschen und entsprechende Abwehrmaßnahmen treffen kann als der Eigenbesitzer des Grundstücks (Mot II 819 und Prot II 657; RGZ 59, 8; SOERGEL/KRAUSE Rn 1; BGB-RGRK/KREFT Rn 1; PETERSHAGEN 179). § 837 setzt voraus, daß der Besitz am Grundstück und an dem auf dem Grundstück befindlichen Gebäude oder sonstigen Werk auseinanderfallen (RGZ 59, 8; BGB-RGRK/KREFT Rn 1 mwN). Die Fremdheit des Grundstücks ist kein echtes Tatbestandsmerkmal. Sie hat lediglich Abgrenzungsfunktion. Ist der Eigenbesitzer des Werks zugleich Eigentümer des Grundstücks, haftet er bereits aus § 836. Übt er hingegen den Besitz in Ausübung eines – auch nur vermeintlichen – Rechts auf seinem unerkannt eigenen Grundstücks aus, hindert das nicht die Haftung aus § 837 (MünchKomm/WAGNER [2004] Rn 2). 1

Anders als bei § 838 tritt die Haftung aus § 837 nicht neben, sondern *an die Stelle* der Haftung des Eigenbesitzers aus § 836. Fallen Eigenbesitz am Grundstück und Eigenbesitz am Werk auseinander, gilt allein § 837. Beide Vorschriften schließen einander aus (BGH VersR 1961, 353, 355; NJW 1977, 1392; OLG Rostock OLGR 2003, 348). Das gilt auch, wenn im konkreten Fall ausnahmsweise auch der Eigenbesitzer des *Grundstücks* in der Lage ist, die zur Abwehr der von dem *Werk* ausgehenden Gefahr erforderlichen Maßnahmen zu treffen, da auch in diesem Fall der Grund für die gesetzliche Haftungsverlagerung, die an den Besitz des Werks anknüpft, eingreift (SOERGEL/KRAUSE Rn 1; BGB-RGRK/KREFT Rn 3; BGH NJW 1977, 1392, 1393; aA KG NJW 1971, 661; vgl auch MÜLLER/HANNEMANN MDR 1975, 796). Allerdings kommt auch in diesem Fall eine – gesamtschuldnerisch neben die Haftung des Werkbesitzers aus § 837 tretende – Haftung des Grundstückseigenbesitzers aus § 823 wegen Verletzung der Verkehrssicherungspflicht in Betracht (BGH NJW 1977, 1392; OLG Hamm NVwZ 1982, 333; OLG Rostock OLGR 2003, 348), für die dann aber nicht die Erleichterung der Verschuldensvermutung des § 836 gilt (LARENZ/CANARIS, Schuldrecht II/2 § 79 VI 2 c).

Haftet neben dem aus § 837 Verpflichteten ein Dritter aus unerlaubter Handlung – als Erbauer, Träger der Verkehrssicherungspflicht oder auch als früherer Besitzer nach § 836 Abs 2 (vgl BGB-RGRK/KREFT Rn 7) – so haften beide gemäß § 840 Abs 1 als Gesamtschuldner (BGH NJW 1971, 2308; 1977, 1392, 1393). Im Innenverhältnis haftet der Dritte allein (vgl § 840 Abs 3 als Ausnahme zu § 426). Das soll aber nicht im Verhältnis zwischen dem früheren Grundstücksbesitzer und dem nach § 837 Haftpflichtigen gelten, § 426 also dann Anwendung finden (BGB-RGRK/KREFT Rn 7). 2

3 Beweislast: Anstelle des Merkmals **Eigenbesitz am Grundstück** bei § 836 muß der Geschädigte den Eigenbesitz am Gebäude oder Werk iSd § 837 beweisen (BGB-RGRK/Kreft Rn 4).

II. Besitz an dem Gebäude oder dem sonstigen Werk

4 Nur der *Eigenbesitzer* haftet gemäß § 837 für die von dem Werk ausgehenden Gefahren, obwohl eine dem § 836 Abs 3 entsprechende Bestimmung bei § 837 fehlt (RGZ 59, 8; RG JW 1916, 39). Auf die Eigentumsverhältnisse am Gebäude oder sonstigen Werk kommt es nicht an (BGB-RGRK/Kreft Rn 1).

5 Das Besitzrecht kann öffentlich-rechtlicher oder privatrechtlicher Natur, schuldrechtlich oder dinglich sein (RG Recht 1913 Nr 1887; SeuffA 79 Nr 168; HRR 1935 Nr 730; 1940 Nr 1389). Das Besitzrecht muß nicht wirklich bestehen. Es ist ausreichend, wenn der Besitzer es wie ein bestehendes Recht ausübt (RG JW 1916, 39; Soergel/Krause Rn 1; MünchKomm/Wagner [2004] Rn 4). Auch dann hat er allein die notwendige Einwirkungsmöglichkeit (Jauernig/Teichmann Rn 2). Inhalt des Rechts muß aber stets auch sein, daß den Besitzer des Werks an Stelle des Eigenbesitzers des Grundstücks die Verantwortung für die fehlerhafte Errichtung oder die mangelhafte Unterhaltung des Werks treffen soll (RGZ 59, 8; BGH VersR 1961, 356; Erman/Schiemann Rn 2; Palandt/Sprau Rn 2).

6 Als Rechte iSd § 837 kommen in Betracht: Nießbrauch und Grunddienstbarkeit (RG Recht 1914 Nr 1838: Hauseigentümer, der an dem Grundstück vor seinem Haus, wo sich ein Lichtschacht im Bürgersteig befindet, eine Dienstbarkeit hat; BGB-RGRK/Kreft Rn 5; Erman/Schiemann Rn 3; Palandt/Sprau Rn 2; Petershagen 196) sowie Erbbaurecht, soweit in Ausübung dieser Rechte ein Gebäude oder anderes Werk errichtet wird. Nach **aA** (Soergel/Krause Rn 4; MünchKomm/Wagner [2004] Rn 5) soll für Nießbrauch und Grunddienstbarkeit nur § 838 gelten. Vor allem den Nießbraucher treffe gemäß § 1041 gerade nicht die alleinige Verantwortung für die Unterhaltung des Gebäudes. Deswegen sei die durch § 837 bewirkte Haftungskanalisierung auf den Nutzungsberechtigten unter Ausschluß des Eigentümers unangemessen. Dem ist nicht zu folgen. Der Besitz, nicht aber das Eigentum, ist der wesentliche Grund für die gesetzliche Haftungsverlagerung in der Norm. Der Besitzer (s Rn 1) ist eben eher in der Lage, die Gefahr zu beherrschen. Die **aA** läßt sich auch nicht mit der dort genannten Entscheidung (BGH NJW-RR 1990, 1423, 1424) begründen. Der BGH hat lediglich darauf erkannt, daß Nießbrauch und andere Dienstbarkeiten (auch) Nutzungsrechte iSv § 838 Fall 2 sind. Es macht für die Haftung des Nießbrauchers keinen Unterschied, ob er selbst besitzt (§ 837) oder nicht (§ 838).

Ein Bauunternehmer, der auf einem fremden Grundstück ein Baugerüst errichtet, hat ein Besitzrecht an dem Gerüst aus dem Bauvertrag, dessen Erfüllung die Errichtung bzw Unterhaltung des Gerüsts erfordert, und haftet nach § 837, obwohl er zur Errichtung des Gerüsts nicht nur berechtigt, sondern aufgrund des Vertrages auch verpflichtet ist (RG Recht 1910 Nr 1257; BGH VersR 1959, 694; OLG Koblenz OLGR 2002, 468; OLG Rostock OLGR 2003, 372; weiter RG SeuffA 76 Nr 116 zu einem Bauzaun). Gleiches gilt für denjenigen, der auf einem fremden Grundstück zu Bauarbeiten einen freistehenden oder auf Schienen montierten Kran betreibt (LG Traunstein VersR 1956, 310; OLG Düsseldorf VersR 1976, 96), für einen Maler, der ein Gerüst an einer Hauswand errichtet (OLG Hamburg LZ 1924, 239; vgl auch RG HRR 1935, 730 für eine ebenfalls an der Hauswand errichtete Rutschwand), die Errichtung von Messezelten (OLG Rostock NJW-RR 2004, 825) oder einen Zirkusbetreiber für Zelt und Tragegerüst der Zuschauerränge (OLG Hamm NJW-RR 2002, 92). Auch der Besitzer einer elektrischen Leitungsanlage auf einem fremden Grundstück fällt unter § 837 (RG JW 1913, 868; 1916, 39; RG SeuffA 79, 168), ebenso der nutzungsberechtigte Inhaber einer Grabstelle, der dort einen Grabstein setzt (BGH NJW 1971, 2308; 1977, 1392 mwN; OLG Rostock OLGR 2003, 348). Der Anstaltsträger (Besitzer oder Eigentümer) des Friedhofs wird dagegen nicht von § 837 erfaßt, selbst wenn ihm nach der zugrundeliegenden Friedhofsordnung ein Mitspracherecht bezüglich der Gestaltung und Aufstellung zusteht (BGH NJW 1977, 1392; BGHZ 34, 206; OLG Rostock OLGR 2003, 348). Er kann aber neben dem Grabstelleninhaber wegen Verletzung der allgemeinen Verkehrssicherungspflicht haftbar sein (BGH NJW 1977, 1392; OLG Rostock OLGR 2003, 348). Die Bundespost haftete nach § 837, wenn sie aufgrund ihres Nutzungsrechts aus dem TelegrafenwegeG auf fremden Grundstücken Telegrafenmasten aufstellte (OLG Stuttgart VRS 7, 246). § 837 kommt auch zur Anwendung, wenn ein anderer als der Deicheigentümer und Deichbesitzer in einen Deich eine Schleuse einbaut und diese unterhält (RG HRR 1930 Nr 1104).

Mieter und Pächter eines Gebäudes oder Werks unterliegen im Regelfall nicht der **7** Haftung aus § 837, da die Pflicht zur Unterhaltung der Mietsache gemäß § 536 den Vermieter trifft (RGZ 59, 8; MünchKomm/WAGNER [2004] Rn 3). Auch besitzt der Mieter im Regelfall das Gebäude nicht abgesondert vom Grundstück, da der Besitz am Gebäude auch das Grundstück erfaßt, auf dem das Gebäude steht (RGZ 59, 8; OLG Frankfurt VersR 1951, 103; BGB-RGRK/KREFT Rn 6) bzw ist nicht Eigenbesitzer des Gebäudes (BGH NJW-RR 1990, 1423; LG Bad Kreuznach VersR 1986, 199). Eine Haftung des Mieters aus § 837 kommt aber für die von ihm selbst am Gebäude angebrachten Einrichtungen in Betracht (etwa für Firmenschilder RG LZ 1916, 1241; OLG Celle OLGE 34, 127), sowie in den Fällen, wo der Mieter oder der Pächter auf dem gemieteten Grundstück ein Gebäude oder Werk iSd § 95 errichtet, an dem er Eigenbesitz hat (RGZ 59, 8; BGB-RGRK/KREFT Rn 6; vgl RG Recht 1908, 3265: Ein Gastwirt, der auf einem von ihm gemieteten Platz ein Restaurationszelt errichtet, haftet gemäß § 837; weiter RG WarnR 1910 Nr 242). Diese Konstellation kann auch gegeben sein, wenn der Mieter ein massives Gebäude auf dem Grundstück errichtet, daß aufgrund der Parteivereinbarung entgegen § 94 nicht Eigentum des Grundstückseigentümers werden soll. Voraussetzung ist dann aber, daß sich der Mieter vertraglich verpflichtet hat, nach Ablauf der Mietzeit den ursprünglichen Zustand des Grundstücks wieder herzustellen (OLG Frankfurt VersR 1978, 966). Hat der Vermieter im Mietvertrag die Unterhaltung übernommen, so folgt seine Haftung aus § 838, nicht aus § 837. Schließlich kommt immer eine Haftung des Mieters oder Pächters aus § 823 wegen Verletzung der allgemeinen Verkehrssicherungspflicht in Betracht (LG Bad Kreuznach VersR 1986, 199; MünchKomm/WAGNER [2004] Rn 3).

§ 838
Haftung des Gebäudeunterhaltungspflichtigen

Wer die Unterhaltung eines Gebäudes oder eines mit einem Grundstück verbundenen Werkes für den Besitzer übernimmt oder das Gebäude oder das Werk vermöge eines ihm zustehenden Nutzungsrechts zu unterhalten hat, ist für den durch den Einsturz oder die Ablösung von Teilen verursachten Schaden in gleicher Weise verantwortlich wie der Besitzer.

Materialien: E I § 735 Abs 3; II § 761; II § 822; Mot II 819, Prot II 657.

Schrifttum

WEIMAR, Haftet ein gesetzlicher Vertreter aus vermutetem Verschulden gemäß § 838 BGB?, MDR 1957, 272

ders, Haftet ein Hausverwalter gemäß § 838?, MDR 1959, 724.

I. Grundgedanke der Norm

1 Die Norm begründet – anders als § 837 – die *zusätzliche* Haftung des kraft Übernahme oder aufgrund eines Nutzungsrechts zur Unterhaltung des Gebäudes oder sonstigen Werks Verpflichteten neben der Haftung des Eigenbesitzers des Grundstücks aus § 836 bzw des Gebäudebesitzers aus § 837 (BGH NJW 1977, 1392). Ein Verwalter fremden Vermögens, zu dessen Aufgaben die Unterhaltung des Werks oder Gebäudes gehört, übernimmt die dem Eigenbesitzer gegenüber der Allgemeinheit obliegenden Pflichten (OLG Koblenz NVwZ-RR 2004, 322). In dieser Funktion – der Erweiterung des Kreises der Haftungsverpflichteten – entspricht die Vorschrift §§ 831 Abs 2, 832 Abs 2 und 834 (SOERGEL/KRAUSE Rn 1; MünchKomm/WAGNER [2004] Rn 1). Bei der Bestimmung handelt es sich um einen gesetzlich geregelten Fall der Haftung des Übernehmers von Verkehrssicherungspflichten (MünchKomm/WAGNER [2004] Rn 1; SOERGEL/KRAUSE Rn 1; vgl dazu BGH NJW-RR 1990, 1423). Der Unterhaltungspflichtige wird dem Haftungsregime von § 838 unterworfen, was wegen des subsidiär ohnehin geltenden § 823 Abs 1 seine praktische Bedeutung in der Beweislastverteilung hat (MünchKomm/WAGNER [2004] Rn 1). Er muß nicht selbst Besitzer des Gebäudes oder Werks sein (BGB-RGRK/KREFT Rn 1; SOERGEL/KRAUSE Rn 1).

2 Der Gebäudeunterhaltungspflichtige und die nach §§ 836, 837 Verpflichteten haften bei einem Schadenseintritt gemäß § 840 Abs 1 als Gesamtschuldner (MünchKomm/WAGNER [2004] Rn 1). Der Grundstücksbesitzer kann sich aber uU durch den Beweis von der Haftung nach § 836 befreien, daß er sich auf den unterhaltungspflichtigen Dritten habe verlassen dürfen (BGB-RGRK/KREFT Rn 7). Er muß den Übernehmenden sorgfältig auswählen, auf bereits vorhandene Gefahrenquellen aufmerksam machen und bei besonderem Anlaß überwachen (LARENZ/CANARIS, Schuldrecht II/2 § 79 VI 2 d; SOERGEL/KRAUSE Rn 2; MünchKomm/WAGNER [2004] Rn 1; GOTTSCHALG NZM 2002, 590, 593). Der nach § 838 Unterhaltungspflichtige kann sich, da er in gleicher Weise wie der Grundstücksbesitzer verantwortlich ist, wie dieser durch den Beweis

seines Nichtverschuldens von der Haftung befreien (RG WarnR 1913 Nr 13). Bei Vorliegen einer Gesamtschuld richtet sich der Ausgleich im Innenverhältnis nach § 426 (PALANDT/SPRAU Rn 2). Bei gesamtschuldnerischer Haftung mit einem Dritten, nicht in §§ 836, 837 Genannten – etwa dem Erbauer – gilt die Spezialregelung des § 840 Abs 3 (BGB-RGRK/KREFT Rn 7).

Die vertragliche Übernahme der Gebäudeunterhaltung bzw das Nutzungsrecht sind vom Geschädigten zu beweisen (BAUMGÄRTEL/LAUMEN § 838 Rn 1; vgl auch § 832 Rn 40). **3**

II. Anspruchsvoraussetzungen

Nach der früher vorherrschenden Betrachtungsweise lag eine „**Übernahme**" iSd § 838 nur vor, wenn sich der in Anspruch Genommene vertraglich zur Unterhaltung des Gebäudes oder Werks verpflichtet hatte (so auch heute noch JAUERNIG/TEICHMANN Rn 1; GEIGEL/SCHLEGELMILCH 19. Kap Rn 21; zu der Problematik ausführlich Petershagen 187 ff). Gegen diese Sichtweise spricht der Wortlaut der §§ 831 Abs 2, 832 Abs 2 und 834 Abs 1, nach denen die Haftung des Übernehmers nur eintritt, wenn die Übernahme der einem anderen obliegenden Unterhaltungspflicht durch Vertrag erfolgt (s oben § 831 Rn 126; § 832 Rn 40). Eine entsprechende Einschränkung fehlt in § 838. Freilich darf dieser Unterschied nicht überbewertet werden, weil sich kaum nachweisen läßt, daß er dem Gesetzgeber bewußt und von ihm gewollt war. **4**

Eine solche Beschränkung entspricht – wenn auch die Übernahme in den meisten Fällen durch einen Vertrag erfolgen wird – nicht mehr der Rechtsentwicklung, zumal selbst im Zusammenhang mit §§ 831, 832, 834 eine wirksame Übernahmeverpflichtung, dh rechtsgeschäftliche, Vertrauen begründende Gewährsübernahme, statt eines wirksamen Übernahmevertrags, genügen soll. Entscheidend ist auch für § 838, daß der Übernehmer sich verbindlich für zuständig erklärt, vor allem daß er – sich selbst bindend – die Verantwortung für das Gebäude und die Obhut für den ordnungsgemäßen baulichen Zustand (PETERSHAGEN 190) übernimmt. Es genügt wie bei §§ 831, 832 die tatsächliche Aufgabenübernahme im Einverständnis mit dem primär Sicherungspflichtigen (SOERGEL/KRAUSE Rn 2; MünchKomm/WAGNER [2004] Rn 4). Diese Position entspricht der Rspr des BGH. Das Gericht hat der vertraglichen Übernahme durch ein – aufgrund behördlicher Bestellung begründetes – gesetzliches Schuldverhältnis vertragsähnlicher Natur, das im Ergebnis ähnliche Verpflichtungen wie ein vertragliches Geschäftsbesorgungsverhältnis erzeugt, jedenfalls für den Fall gleichgestellt, daß der behördlich bestellte Verwalter freiwillig tätig wird und eine Vergütung erhält (BGHZ 21, 285 für die Haftung eines Custodian [Treuhänder] nach MilRegG Nr 52, eines Konkursverwalters oder eines Zwangsverwalters. Ebenso jetzt für die Haftung des Insolvenzverwalters nach § 838: MünchKomm/BRANDES [2007] § 61 InsO Rn 61; MünchKomm/WAGNER [2004] Rn 5). Teilweise wird aus der Erweiterung des Adressatenkreises von § 838 durch die Entscheidung BGHZ 21, 285 gefolgert, daß es für die Anwendbarkeit der Norm genügt, wenn die Übernahme der Gebäudeunterhaltung einseitig und rein tatsächlich erfolgt, solange der Übernehmende damit nur ein eigenes Interesse verfolgt (BGB-RGRK/KREFT Rn 3; MünchKomm/STEIN[3] Rn 2 Fn 2; **aA** jetzt: MünchKomm/WAGNER [2004] Rn 5).

Damit dürfte die Tragweite der BGH-Entscheidung überschätzt worden sein, zu deren Verständnis die besondere Konfliktlage zu berücksichtigen ist: Würde durch einen Hoheitsakt die Verwaltung eines Grundstücks unter Ausschluß der Befugnisse und des Besitzes des bisherigen Besitzers auf einen Dritten übertragen werden, ohne daß dieser Dritte damit auch der Haftung aus § 836 unterliegt, weil er nicht Eigenbesitzer wird, so würde bei gleichbleibender Gefahrenlage der Geschädigte die durch die Beweislastverteilung in den §§ 836, 838 begründeten Vorteile verlieren. Zur Vermeidung dieser Unbilligkeit hat der BGH der vertraglichen Übernahme die Bestellung durch Hoheitsakt gleichgestellt. Der BGH (VersR 1990, 1280, 1281) hat seine Rspr zutreffend fortgeführt. Gebäudeunterhaltungspflichtig iSv § 838 ist danach, wer die Zuständigkeit übernommen hat, dafür zu sorgen, daß keine Schäden durch den Einsturz des Gebäudes oder die Ablösung von Gebäudeteilen entstehen. Der BGH verlangte nicht, daß die Übernahme der Zuständigkeit durch Vertrag erfolgt sein müsse (im konkreten Fall war freilich ein solcher geschlossen worden).

Dann ist es nach dem Normzweck konsequent, in Fällen öffentlich-rechtlicher Verantwortungsübertragung, auch wenn diese ohne Rücksicht auf finanzielle Interessen erfolgt, die Haftung von § 838 auf denjenigen zu erstrecken, der im Auftrag eines anderen für die Überwachung des Werkes verantwortlich ist. So ist der Bund Eigentümer der Bundesautobahnen, Art 90 Abs 1 GG. Sie werden nach Art 90 Abs 2 GG von den Ländern verwaltet. Der Bund ist auch Träger der Straßenbaulast, § 5 Abs 1 S 1 FStrG. Die Erfüllung der Aufgaben, die dem Träger der Straßenbaulast obliegen, wird durch die Straßenaufsicht sichergestellt. Die Länder üben diese Straßenaufsicht im Auftrag des Bundes aus, § 20 Abs 1 FStrG. Die Länder sind Fremdbesitzer der Bundesautobahnen. Sie handeln nicht in Ausübung eines Rechts im Sinne von § 837, sondern auf Grund von Pflichten im Rahmen der Bundesauftragsverwaltung. Sie haften daher nach § 838 für die Bundesautobahnen kraft gesetzlicher Übernahme (OLG Koblenz NVwZ-RR 2004, 322). Auch den Verwalter nach § 15 Abs 1 VermG trifft die Übernehmerhaftung (BAMBERGER/ROTH/REINERT Rn 3).

5 Der vereinzelt vertretenen Ansicht, daß auch der gesetzliche Vertreter etwa eines Minderjährigen der Haftung aus § 838 unterliegt (DITTENBERGER, Der Schutz des Kindes [1903] 64; offengelassen von BGHZ 21, 285, 291; vgl auch WEIMAR MDR 1957, 272), kann nicht beigetreten werden. Die Haftung aus § 838 knüpft an die freiwillige Übernahme der Unterhaltspflicht an. Davon kann beim gesetzlichen Vertreter nicht die Rede sein. Auch die Entscheidung BGHZ 21, 285 (dazu oben Rn 4) läßt für behördlich bestellte Vertreter (etwa einen Vormund) keinen anderen Schluß zu, da diese zur Übernahme der Vormundschaft verpflichtet sind (§ 1785) und daher nicht wie die in der Entscheidung Genannten freiwillig tätig werden. Die Haftung der Eltern als gesetzliche Vertreter kommt daher nur in Betracht, wenn sie ein Nutzungsrecht am Kindesvermögen haben (dazu unten Rn 8).

6 Unabhängig von der Art und Weise der Übernahme greift die Haftung aus § 838 nur ein, wenn gerade die Verantwortlichkeit für Schäden des Gebäudes oder sonstigen Werks Inhalt der übernommenen Verpflichtung ist (ERMAN/SCHIEMANN Rn 2). Gerade die **Unterhaltung** des Gebäudes oder Werks muß übernommen sein. Die Pflicht zur Errichtung eines Gebäudes oder Werks genügt nicht. Bauunternehmer, Architekten und Materiallieferanten haften nur nach den allgemeinen Vorschriften, vor allem nach § 823 Abs 1 (MünchKomm/WAGNER [2004] Rn 2). Auch soll die bloße Verpflichtung, das Gebäude oder Werk zu unterhalten, ohne aber für die möglichen Schäden einzustehen, nicht ausreichend sein (RG JW 1916, 1019; BGH VersR 1952, 207; BGB-RGRK/KREFT Rn 4; ERMAN/SCHIEMANN Rn 2). Die Übernahme der Verkehrssicherungs-

pflicht kann sich auch nur auf bestimmte abgrenzbare Teile eines Gebäudes oder Werks oder auf einzelne Aspekte der Verkehrssicherung beziehen (BGH VersR 1990, 1280; MünchKomm/WAGNER [2004] Rn 3). So kann die Unterhaltungspflicht iSd § 838 auf die Sorge für die Standsicherheit eines Gebäudes beschränkt sein (BGH LM Nr 3). Ob in einem konkreten Fall die Unterhaltungspflicht übernommen wurde, muß nicht ausdrücklich im zugrundeliegenden Vertrag geregelt sein, sondern kann sich auch aus dessen Sinn und Zweck ergeben (BGHZ 6, 315; LM Nr 2 zu § 836; BGB-RGRK/KREFT Rn 4). Der Vertrag muß nicht notwendigerweise mit dem Besitzer des Grundstücks oder des Gebäudes geschlossen sein (ERMAN/SCHIEMANN Rn 2). Der Wegfall der öffentlich-rechtlichen Polizeipflicht, für den ordnungsgemäßen Zustand der Sache zu sorgen, läßt die zivilrechtliche Haftung aus §§ 836, 838 nicht entfallen (BGHZ 6, 315).

Die Haftung aus § 838 kann den Mieter oder den Pächter treffen, sofern diese **7** Personen unter Abweichung von §§ 535 Abs 2, 581 die Pflicht zur Unterhaltung des Gebäudes oder Werks übernommen haben (BGB-RGRK/KREFT Rn 4; zu den Anforderungen an eine solche Übernahme BGH NJW-RR 1990, 1423). Typischer Adressat der Norm ist der vertraglich bestellte Hausverwalter (vgl BGHZ 6, 315). Fraglich ist aber, ob dessen Haftung allein schon durch die Übernahme der Hausverwaltung ausgelöst wird. Nach BGH VersR 1952, 207 wird die Tätigkeit des Hausverwalters nicht von § 838 erfaßt, wenn er Reparaturen nur nach vorheriger Einwilligung und nach Weisung des Eigentümers vornehmen lassen darf (vgl aber auch BGH VersR 1953, 340). Anders soll es aber sein, wenn der Verwalter die Pflicht übernommen hat, notwendige Reparaturen durchführen zu lassen, wobei nur solche Ausgaben mit dem Eigentümer abgesprochen werden müssen, welche die laufenden Einnahmen übersteigen (BGHZ 6, 315), oder wenn der Hausverwalter nur für die Vornahme außergewöhnlicher Instandsetzungsarbeiten der Zustimmung des Eigentümers bedarf (MünchKomm/WAGNER [2004] Rn 4). Letztlich kommt es nach der Rspr für die Haftung des Hausverwalters nach § 838 auf die zwischen dem Eigentümer und dem Verwalter im Einzelfall getroffenen Abreden an (BGH LM Nr 3). Dagegen soll der Hausverwalter zur Vermeidung von Unsicherheiten immer von § 838 erfaßt sein (AG Mainz VersR 1955, 111; WUSSOW/KUNTZ Rn 613; WEIMAR MDR 1959, 724).

Dem kann in dieser allgemeinen Form nicht zugestimmt werden. Ohne Berücksichtigung des Umfangs der sich aus dem Innenverhältnis zwischen Eigentümer und Verwalter ergebenden vertraglichen Pflichten kann nicht beurteilt werden, ob im Einzelfall die Übernahme der Verpflichtung vorliegt, die Verkehrssicherungspflicht bezüglich des Gebäudes oder Werks zu übernehmen. Dem Verwalter obliegt zunächst der Entlastungsbeweis. Da der Geschädigte keinen Einblick in das Innenverhältnis zwischen Verwalter und Besitzer hat, gehört hierzu der Umfang des vereinbarten Pflichtenkreises und deren Beachtung (MünchKomm/WAGNER [2004] Rn 4). Auch wenn eine Übernahme vorliegt, haftet ein Gebäudeverwalter nicht für Schäden, auf deren Eintritt er sich nicht vorbereiten konnte (LG Halle/Saale RuS 1994, 97: Keine Haftung für den Einsturz eines unterirdischen Gewölbes, das bereits seit Jahrzehnten in Vergessenheit geraten war).

Der Verwalter einer Wohnungseigentümergemeinschaft fällt – im Hinblick auf § 27 Abs 1 Nr 2 WEG – unter § 838 (BGH NJW 1993, 1782; OLG Düsseldorf NJW-RR 1995, 587; OLGZ 1993, 107; GOTTSCHALG NZM 2002, 590, 592). Zur Eigenhaftung der Wohnungseigentümer neben dem Verwalter der Eigentümergemeinschaft vgl OLG Düsseldorf

NJW-RR 1995, 587; OLG Frankfurt OLGZ 1993, 188. Diese können die Pflicht zur Mängelrüge verletzen. Für den Ausgleich nach § 426 Abs 1 zwischen dem Verwalter und den Eigentümern ist von einer anderen Bestimmung zu Lasten des Verwalters auszugehen. Dieser trägt im Innenverhältnis den Schaden allein. Die Eigentümer dürfen regelmäßig darauf vertrauen, der Verwalter erfülle seine gesetzliche Pflicht aus § 27 Abs 1 Nr 2 WEG. Anders kann es sein, wenn schadhafte Stellen offensichtlich sind, der Verwalter darauf auch hinwies und sachdienliche Sanierungsvorschläge unterbreitete, die Eigentümer jedoch gleichwohl untätig blieben (GOTTSCHALG NZM 2002, 590, 593).

III. Unterhaltungspflicht aufgrund eines Nutzungsrechts

8 Die Unterhaltungspflicht kann sich gemäß § 838 HS 2 auch aus einem gesetzlichen oder rechtsgeschäftlichen (WEIMAR MDR 1957, 272) Nutzungsrecht ergeben. Durch die Erwähnung dieses Falles im Gesetz soll die Unterhaltungspflicht des Nutzungsberechtigten nicht nur gegenüber dem Eigentümer, sondern auch gegenüber Dritten verdeutlicht werden (Prot II 657). Das Nutzungsrecht kann am Gebäude allein oder zugleich auch am Grundstück bestehen (BGB-RGRK/KREFT Rn 6). Zu den Nutzungsrechten gehören der Nießbrauch (§ 1041; vgl BGH NJW-RR 1990, 1423, 1424), die Grunddienstbarkeit (im Fall des § 1021 Abs 1 S 2) sowie das Recht der Eltern am Vermögen ihres Kindes, soweit sie nach Maßgabe des § 1649 Abs 2 von ihrem Recht Gebrauch machen, die Einkünfte aus einem zum Kindesvermögen gehörenden Gebäude oder Werk für sich zu verwenden (WEIMAR MDR 1957, 272; BGB-RGRK/KREFT Rn 6; BAMBERGER/ROTH/SPINDLER Rn 5). Über diesen Fall hinaus besteht ein Nutzungsrecht der Eltern am Vermögen des Kindes nicht (WUSSOW/KUNTZ Rn 613). Nach aA (PETERSHAGEN 199 ff; MünchKomm/WAGNER [2004] Rn 7) haften die Eltern nach § 838 unabhängig davon, ob sie auch die Einkünfte aus einer zum Kindesvermögen gehörenden Immobilie für sich beanspruchen, weil sie schon kraft der Vermögenssorge nach § 1626 zur Unterhaltung des Grundstücks gesetzlich verpflichtet sind. Letztlich begründet die Miete als solche keine Verpflichtung zur Unterhaltung des Mietobjekts, vgl § 535 Abs 2 (BGH VersR 1990, 1280).

Sachregister

Die fetten Zahlen beziehen sich
auf die Paragraphen, die mageren Zahlen
auf die Randnummern.

Abbruch
  Gebäudehaftung **836** 15, 34, 52, 56, 104
Abriss
  s Abbruch
Abschussplanung
  Ersatzpflicht **835** 22, 25
Ad-hoc-Mitteilung
  Organmitglieder, Haftung **830** 57
Adjektizische Haftung
  Ausrüster **831** 44, 55
  Jagdschadensersatz **835** 26
  Reeder **831** 16, 44, 55
  Schiffseigner **831** 16, 44
Aids
  s HIV-Infektion
Alleen
  Wildschadensersatz **835** 19
Allgemeine Geschäftsbedingungen
  Haftungsausschluss des Geschäftsherrn **831** 17
Allgemeines Persönlichkeitsrecht
  Aufsichtsmaßnahmen **832** 70
  Rechtswidrigkeit **831** 69
Altenheim
  Aufsichtsübernahme **832** 39
  Gefahrabwendungspflicht **832** 39
Alter
  Aufsichtsbedürftige **832** 58 f
  Altersgruppen **832** 61
Alternativtäter
  Schadensverursachung **830** 96 ff
  Verurteilung **830** 99
Amtshaftung
  Abschussplanung **835** 22, 25
  Amtsvormund **832** 166 f
  Aufsichtspflicht, Verletzung **832** 166 f
  Ausübung öffentlicher Gewalt **831** 41, 66
  Gebäudehaftung **836** 2, 15
  Geisteskranke, Schädigung durch **832** 27
  Gemeindliche Unternehmen **831** 66
  Heim öffentlich-rechtlicher Trägerschaft **832** 19
  Jagdaufseher, behördlich bestätigter **835** 40
  Krankenhausträger **832** 39
  Lehrer **832** 22, 166 f
  Militärische Vorgesetzte **832** 23
  Staatliche Unternehmen **831** 66
  Strafvollzugsbeamte **832** 23
  Subsidiaritätsklausel **831** 42
  Tiere, Überwachung **834** 18
  Unterbringung **832** 39

Amtshaftung (Forts)
  Verkehrssicherungspflicht **836** 15
  Wildwechsel, Warnpflicht **835** 35
Amtsvormund
  Haftung **832** 166
Anfängeroperation
  Aufsichtspflicht des Krankenhausträgers **831** 106
Anglo-amerikanischer Rechtskreis
  Entlastungsbeweis **831** 132
  Geschäftsherrnhaftung **831** 134
Anlagenhaftung
  Atomrecht **831** 51
  Haftpflichtgesetz **831** 47
  Wasserhaushaltsrecht **831** 52
Annahmeverzug
  Tierhaltereigenschaft **833** 105
Anpflanzungen
  Wildschadensgefahr, erhöhte **835** 19
Anscheinsbeweis
  Ausgleichsanspruch, nachbarrechtlicher **836** 13
  Entlastungsbeweis **831** 118, 122
  Gebäudehaftung **836** 73 ff
  Witterungseinflüsse **836** 75
  Organisationsverschulden **831** 21
Anspruchskonkurrenz
  Aufsichtspflichtverletzung **832** 164 f
  Geschäftsherrnhaftung **831** 21, 35, 37, 44
Anstalt
  Aufsichtsübernahme, vertragliche **832** 39
Anstifter
  s a Anstiftung
  Begriff **830** 28 ff
  Vorsatz **830** 8, 32
Anstiftung
  Anstifter
  s dort
  Begriff **830** 29 f, 33
  Begünstigung **830** 49
  Bestimmen zur Tat **830** 29 ff
  Deliktsunfähigkeit **830** 36, 60
  Doppelvorsatz **830** 31
  Einsichtsfähigkeit **830** 36
  Fahrlässigkeitsdelikt **830** 35
  Gefährdungsdelikt **830** 35
  Gefährdungshaftung **830** 56
  Kausalität **830** 2
  Mittel **830** 30
  Pflichtdelikt **830** 35
  Rechtswidrigkeit **830** 59
  Schuldform **830** 31 f

Anstiftung (Forts)
  Strafrecht **830** 21
  Tätigkeitsdelikt, schlichtes **830** 35
  Tatentschluss **830** 33
Anteilszweifel
  Kausalität, kumulative **830** 68 f
Antidiskriminierung
  s a Diskriminierung
  Schutzpflichten des Arbeitgebers
    831 54a, 66
  Mitarbeiterschulung **831** 54a
Approbation
  Verrichtungsgehilfe **831** 103
Aquarium
  s Fische im Aquarium
Arbeitgeber
  Außenhaftung **831** 13
  Dienstverschaffungsvertrag **831** 66
  Direktionsrecht **831** 60
  Leiharbeitsvertrag **831** 66
  Schutzpflichten nach AGG **831** 54a, 66
Arbeitnehmer
  Aufsichtspflicht, Übernahme **832** 124
  Außenhaftung, subsidiäre **831** 13
  Geschäftsherrnhaftung, Reform **831** 133
  Innerbetrieblicher Schadensausgleich
    831 14 f
    Freistellungsanspruch **831** 14 f
    Haftungsprivilegierung, sozialversicherungsrechtliche **831** 15a
  Mitnahme des Arbeitgebers im eigenen
    Wagen **831** 66
  Personalakten, Einsichtsrecht des
    prospektiven Arbeitgebers **831** 103
  Regressanspruch **831** 15
  Übernahmevertrag **831** 129
  Weisungsgebundenheit **831** 60
Arbeitsstoffe, biologische
  Beschäftigtenschutz **833** 20
Arbeitsteilung
  Einstandspflicht, deliktsrechtliche **831** 5
  Geschäftsherrnhaftung, Reform **831** 134
  Organisationspflichtverletzung **831** 20
Arbeitsunfall
  Unternehmer, Regresshaftung **831** 53
    Exculpierung **831** 53
Arbeitsverhältnis
  Fehlerhaftes **831** 34
Arbeitsvertrag
  Tier, Leistungen an/mit **833** 103
  Vertrag mit Schutzwirkung zugunsten
    Dritter **831** 33
Architekt
  Deliktshaftung **838** 6
  Verrichtungsgehilfeneigenschaft
    831 60, 66
Arzneimittelhaftung
  Contergan-Schäden **830** 113
  DES-Präparat **830** 109 ff

Arzneimittelhaftung (Forts)
  HIV-Infektion **830** 108
  Marktanteilshaftung **830** 109 ff
  Massenschäden **830** 108 ff
Arzt
  Approbation **831** 103
  Assistenzarzt **831** 106
    Anfängeroperation **831** 106
  Aufsichtsübernahme, vertragsmäßige
    832 38
  Belegarzt **831** 66
  Chefarzt, angestellter **831** 66, 106
  Gemeinschaftspraxis **831** 66
  Konsiliararzt, niedergelassener **831** 66
  Leitender **831** 106
  Stationsarzt **831** 66
  Urlaubsvertretung **831** 66
  Verfassungsmäßig berufener Vertreter
    831 106
  Verrichtungsgehilfe des Krankenhausträgers **831** 66, 106
  Vertrauensarzt **831** 66
Arzthelferin
  Injektionen, Verabreichung **831** 106
  Medizinische Geräte, Bedienung **831** 106
Asbest
  Gebäudehaftung **836** 7, 11 f, 29
  Schadensverursachung **830** 108
Atomrecht
  Kernanlagen, Haftung für **831** 51
  Pariser Übereinkommen **831** 51
Aufsichtsanlass
  s Aufsichtspflicht
Aufsichtsbedürftigkeit
  s a Aufsichtspflicht
  Altersgruppen **832** 61
  Behinderte **832** 177
  Beweislast **832** 137
  Blinde **832** 10
  Charakter des Aufsichtsbedürftigen
    832 58 f
  Eigenhaftung des Aufsichtsbedürftigen
    832 168
    Gesamtschuldnerische Haftung **832** 168
    Parteierweiterung **832** 168
  Eigenschaften des Aufsichtsbedürftigen
    832 55, 58 ff
  Epileptiker **832** 10, 27
    Beweislast **832** 149
  Minderjährige **832** 9
    s a dort
  Verheiratete **832** 13
  Schadensgeneigtheit Umfeld/Situation
    832 55, 58, 61, 67 ff
  Taubstumme **832** 10
  Volljährige **832** 10, 27
Aufsichtshaftung
  s Tierhüterhaftung

Aufsichtspflicht
s a Aufsichtsbedürftigkeit
Allgemeinheit, Schutz der **832** 4
Amtspflicht **832** 166 f
Aufsicht, tatsächliche **832** 8, 29 f, 40 f
Aufsichtsanlass **832** 55 f, 58 ff, 89
  Eigenschaften des Aufsichtsbedürftigen **832** 55, 58 ff, 149
  Exzesse des Aufsichtsbedürftigen **832** 66
  Geminderter **832** 62, 70 ff, 148
  – Beweislast **832** 151
  Gesteigerter **832** 62 ff
  Kenntnis **832** 136, 147
  Schadensgeneigtheit Umfeld/Situation **832** 55, 58, 61, 67 ff, 149
  Verhalten, Gefährlichkeit **832** 67 ff
  Vorverhalten **832** 58
Aufsichtsmaßnahmen **832** 52, 54, 70, 89 ff
  Angemessenheit **832** 90
  Aufklärung **832** 90
  Aufsichtshilfe **832** 90
  Belehrung **832** 90 f, 93, 97
  – Feuerwerkskörper **832** 109
  Beweislast **832** 150
  Einübung **832** 90 f, 93
  Erforderlichkeit **832** 56, 58, 90, 143
  Erklärung **832** 90 f
  Ermahnung **832** 90, 92 f, 97, 142
  Ermessensspielraum **832** 96
  Erziehungsauftrag **832** 56, 89
  Erziehungshilfe **832** 90
  Erziehungszielbestimmung **832** 56, 90
  Geeignetheit **832** 90, 92
  Gefahrenquelle, Beseitigung **832** 90, 94
  Kontrolle **832** 90, 92
  Überwachung **832** 90, 92 f, 100, 103
  Umgangsbeschränkung **832** 90
  Unterbringung **832** 95
  Verbot **832** 90, 92, 97
  – Pädagogische Eignung **832** 90, 93
  Verhältnismäßigkeit **832** 56, 71, 90
  Verhaltensweisen, Unmöglichmachen von **832** 90, 94, 103, 111
  Vorhaltung **832** 90
  Vorhersehbarkeit von Schäden **832** 55
  Zumutbarkeit **832** 58, 61, 70 ff, 89 f, 135, 148
  – Berufstätigkeit **832** 74, 100, 112
  – Kinderzahl **832** 75, 97, 100
Babysitter **832** 35, 112
Beistand **832** 17
Betreuungshelfer **832** 17
Bewährungshelfer **832** 20
Beweislast **832** 137
Ehegatten **832** 26 f
Elterliche Sorge **832** 12, 14
Entäußerbarkeit, fehlende **832** 28, 42 f, 128
Erfüllung **832** 3, 42 f, 52, 57, 127 f, 141, 169, 177

Aufsichtspflicht (Forts)
Erziehungsauftrag **832** 80
Erziehungsbeistand **832** 17, 20
Erziehungspflicht **832** 80
Fahrradfahren **832** 61 f, 64, 102
Familienrechtliche **832** 11 f, 169
Gefahrensituation, konkrete **832** 52 f
Gegenvormund **832** 17
Genügen
 s Erfüllung
Geschäftsherr **831** 9
Gesetzliche **832** 1, 28, 42, 72 ff
Höchstpersönlichkeit **832** 113, 122
Inhalt **832** 52, 54 ff
Inhaltsänderung **832** 115 ff, 123
 s a Organisationspflicht
Jugendjagdscheinsinhaber **832** 111; **835** 37
über Minderjährige **832** 9, 11 f
Mittelbare **832** 42 f, 115 ff, 123, 129, 131
Nachbarn **832** 35, 112
Organisationspflicht **832** 74, 120 f, 124 ff, 129 f, 134, 164
Personensorge **832** 11 f, 14, 18
Pfleger **832** 16
Übertragung **832** 28, 42, 112 ff, 128 ff
 Auswahl **832** 116, 123 f, 126, 129
 Information **832** 119, 126, 129
 Inhaltsänderung der Aufsichtspflicht **832** 123
 s a Organisationspflicht
 Insolvenzrisiko **832** 124
 Instruktion **832** 117, 123 f, 126, 129
 Kausalität **832** 134
 Kontrolle **832** 118, 123 f, 126, 129
 Pflichtenübernahme, privative **832** 28, 42 f, 128
Umgangsberechtigte **832** 14, 18
Verhinderung der Schädigung Dritter **832** 52 f
Verletzung
 s Aufsichtspflichtverletzung
Vertragliche **832** 29 ff, 43, 76, 129
 s a Aufsichtsvertrag
 Reichweite **832** 70, 87, 89, 122, 130
über Volljährige **832** 10, 24
Vormund **832** 16
Waffen **832** 58, 107, 111, 162
 Spielzeugwaffen **832** 107
Zweistufenaufsicht **831** 85; **832** 164
Aufsichtspflichtige
Berufstätigkeit **832** 74
Haftung **832** 3 ff
 s a Aufsichtspflichtverletzung
Mehrere **832** 18
Aufsichtspflichtverletzung
Anspruchskonkurrenz **832** 164 f
Aufsichtsbedürftiger, Schädigung durch Aufsichtspflichtigen **832** 4, 169

Aufsichtspflichtverletzung (Forts)
  Aufsichtspflicht
    s dort
  Beweislast **832** 137 ff, 148 ff
    Aufsichtsanlass **832** 148 f
  Beweislastumkehr **832** 3, 8, 139, 141 ff, 152
    Kausalität **832** 145, 148
    Pflichterfüllung **832** 141 ff, 148
    Verschulden **832** 146 ff
  Darlegungslast **832** 137 ff
    s a Beweislast
  de lege ferenda **832** 176 f
  Drittschutz **832** 4, 169
  Einzelverantwortung, Prinzip der **832** 131
  Gesamtschuldnerische Haftung **832** 18, 168, 170, 172
  Geschädigte **832** 47, 174
    Geschwister des Aufsichtsbedürftigen **832** 47
    Mitverschulden **832** 153
  Haftung des Aufsichtspflichtigen **832** 3 ff, 57
    Schadenszufügung durch Aufsichtsbedürftigen **832** 45 ff, 154
  Haftungsausschluss **832** 3
    Verwandtschaftliche Beziehungen **832** 154
  Haftungseinheit Aufsichtsbedürftiger/Aufsichtspflichtiger **832** 173
  Jugendjagdscheinsinhaber **832** 111; **835** 37
  Kausalität **832** 3, 5 f, 48, 132 ff
  Mitverschulden des Aufsichtspflichtigen **832** 172 ff
  Mitverschulden schädigender Dritter **832** 172, 174
  Mitverschulden des Verletzten **832** 153 f
  Schadenszufügung **832** 45 ff
    Schaden des Aufsichtsbedürftigen **832** 47, 169
    – Eigenübliche Sorgfalt **832** 169, 177
    Widerrechtlichkeit **832** 49 f, 139
  Unterlassungsdelikt **832** 2
  Verkehrssicherungspflichtverletzung **832** 2, 4, 155 ff, 162 f
  Verschulden des Aufsichtsbedürftigen **832** 51
  Verschulden des Aufsichtspflichtigen **832** 5, 135 f
    Vermutetes **832** 6, 146, 176
Aufsichtsübernahme
  Anspruchskonkurrenz **832** 164
  Gefälligkeitshalber **832** 32, 35, 40, 121, 169
  Haftungsbeschränkung **832** 169
  Schädigung durch Aufsichtspflichtigen **832** 169
  Übertragung der Aufsichtspflicht **832** 112 ff
  Verkehrssicherungspflichtverletzung **832** 41, 44, 160 f

Aufsichtsverschulden
  Entlastungsbeweis **831** 115
Aufsichtsvertrag
  Aufsichtspflicht, selbständige **832** 42
  Ausdrücklicher Vertragsschluss **832** 32 f
  Beweislast **832** 40
  Entgeltlichkeit **832** 33, 38, 76
  Gefälligkeit
    s Aufsichtsübernahme
  Innenverhältnis **832** 70, 89
  Rechtsbindungswille **832** 32 f
  Schaden des Aufsichtsbedürftigen **832** 47
  Schwarzarbeit **832** 40
  Stillschweigender Vertragsschluss **832** 32 f, 41
  Täuschung durch Erstgarant **832** 40
  Übernahme der Aufsicht **832** 29 ff, 38, 40, 87 f
    Dauer **832** 33 f
    Ferienbesuch **832** 34
    Reichweite **832** 70, 87 f
    Tatsächliche **832** 41, 44
    Weiterübertragung **832** 43
    Zumutbarkeit **832** 72, 76
  Unentgeltlichkeit **832** 33
  Unterbringung **832** 39
  Vertragspartner **832** 31
    Geschäftsfähigkeit, beschränkte **832** 40
    Geschäftsunfähigkeit **832** 40
  Wirksamkeit **832** 40 f
Auftrag
  Tier, Leistungen an/mit **833** 103
Ausbildende
  Aufsichtspflicht, gesetzliche **832** 21
  Aufsichtspflicht, vertragliche **832** 21
  Betreuungspflicht **832** 21
  Haftung für aus dem Betrieb hervorgehende Gefahren **832** 21
Ausführung der Verrichtung
  s Verrichtungsgehilfe
  Ausführungsleitung
  s Leitungssorgfalt
Auskunftei
  Haftung **831** 66
Ausrichtungspflicht
  Geschäftsherr **831** 2
  Verhaltenspflicht **831** 3
Ausrüster
  Haftung **831** 44
Auswahlpflicht
  Geschäftsherr **831** 2, 9
  Verhaltenspflicht **831** 3
Auswahlsorgfalt
  Auskünfte Dritter **831** 103
  Erstübertragung von Aufgaben **831** 101
  Führungszeugnis, polizeiliches **831** 103
  Selbstauskunft des Gehilfen **831** 103
  Sorgfaltsmaßstab **831** 94 f
  Zuverlässigkeitsprüfung **831** 94, 103

Auswahlverschulden
  Bewährung des Gehilfen **831** 98 f
  Eigenverschulden des Geschäftsherrn
    831 55
  Entlastungsbeweis **831** 115
  Mitverschulden des Geschädigten **831** 39
Auszubildende
  Verrichtungsgehilfeneigenschaft **831** 66
Autobahnen
  Unterhaltungspflicht **838** 4

Babysitter
  Aufsichtsübernahme **832** 35, 112
Bäume, einzelnstehende
  Beweislastverteilung **836** 13
  Wildschadensersatz **835** 19
Baggerführer
  Abweichen vom Auftrag **831** 90
  Instruktionspflicht **831** 97
  Überwachungspflicht des Geschäftsherrn
    831 99, 106
  Unzuverlässigkeit **831** 99
  Verrichtungsgehilfeneigenschaft **831** 64 f
Bahnangestellte
  Verrichtungsgehilfeneigenschaft **831** 66
Bahnhof
  Gebäudehaftung **836** 91
Bahnverkehr
  Aufsichtspflicht **832** 61
Bakterien
  Tierbegriff **833** 8 ff
  Tiergefahr **833** 12
  Tierhalterhaftung **833** 9 f
Bank
  Depositenkasse, Vorsteher **831** 66
  Kreditvermittler **831** 66
  Zweigniederlassungsleiter **831** 66
Baugenehmigung
  Gebäudehaftung **836** 86, 89
Baugerüst
  Werkeigenschaft **836** 19
Baugrube
  Werkeigenschaft **836** 19
Bauherr
  Gebäudehaftung **836** 84 ff
  s a dort
  Verrichtungsgehilfen **831** 66
Baumschulen
  Wildschadensersatz **835** 19
Bauordnungsrecht
  Gebäudehaftung **836** 10, 26, 31, 86, 89
Bauunternehmer
  Baugerüst, Besitzrecht am **837** 6
  Deliktshaftung **837** 6
  Verrichtungsgehilfeneigenschaft **831** 65 f
Bauzaun
  Werkeigenschaft **836** 19 f
Bazillen
  s Bakterien

Beamte
  Eigenhaftung **831** 41
  Nicht-beamtete Mitarbeiter **831** 41
  im haftungsrechtlichen Sinn **831** 41
  im statusrechtlichen Sinn **831** 41
  Subsidiaritätsklausel **831** 41
Beaufsichtigung
  Tierhalterhaftung **833** 146 ff; **834** 7 f
  s a dort
  Beaufsichtigung durch Dritte **833** 152 ff
Bedienungspersonal
  Verrichtungsgehilfeneigenschaft **831** 66
Befähigungsnachweis, amtlicher
  Auswahlsorgfalt **831** 103
Begleitetes Fahren mit 17
  Aufsichtspflicht **832** 105
Begünstigung
  Anstiftung **830** 49
  Beihilfe **830** 49
Behandlungsfehler
  Operation, gemeinsame **830** 26
  Verrichtungsgehilfen, Haftung für **831** 66
Behinderte
  Integration **832** 177
Beihilfe
  Begünstigung **830** 49
  Beihilfehandlung **830** 39
    Solidarisierungshandlung **830** 40
  Beweislastumkehr **830** 45
  Deliktsunfähigkeit **830** 60
  Gefährdungshaftung **830** 56
  Gehilfe **830** 38 ff
    s a dort
  Kausalität **830** 2, 39 ff
    Verstärkerkausalität **830** 41
  Physische **830** 44
  Psychische **830** 41, 43 f
    Demonstration, unfriedliche **830** 53
    Fluglotsenstreik **830** 48
  Rathilfe **830** 43
  Rechtswidrigkeit **830** 59
  Strafrecht **830** 21
  Versuchte **830** 42
  Vollendete **830** 42
Beistand
  Aufsichtspflicht **832** 17
Belegarzt
  Haftung **831** 66
Beleghebamme
  Haftung **831** 66
Belgien
  Gebäudehaftung **836** 61
Bereichshaftung
  Geschäftsherrnhaftung, Reform **831** 133
Bergwerk
  Betreiberhaftung **831** 47
Berufsausbildung
  Betreuungspflicht **832** 21

Beschaffungspflicht
  Bereitstellung **831** 112
  Beschaffung **831** 112
  Delegierbarkeit **831** 111
  Einweisung **831** 112
  Entlastungsbeweis **831** 115
  Gerätschaften **831** 109, 112
  Vorrichtungen **831** 109, 112
Beschaffungssorgfalt
  Beweislast **831** 108
  Geschäftsherrnpflicht **831** 108 ff
Beseitigungsanspruch, negatorischer
  Beteiligung mehrerer **830** 78
Besitz
  Tierhaltereigenschaft **833** 69, 71, 93 f
    Mittelbarer Besitz **833** 97 f
    Unmittelbarer Besitz **833** 93 f
Besitzdiener
  Tierhaltereigenschaft **833** 94
Bestandteile, wesentliche
  Gebäudehaftung **836** 22
Bestimmen
  Anstiftung **830** 29
Beteiligte
  Begriff **830** 65
  Unaufklärbarkeitsrisiko **830** 66
Beteiligung mehrerer
  Alternativtäter **830** 96 ff
  Arzneimittelhaftung **830** 108 ff
  Beweislastverteilung **830** 114 ff
  Beweisnotlage **830** 94 f, 103
  Deliktsfähigkeit **830** 81, 117
  Dienstrecht, öffentliches **830** 78 f
  Entlastungsbeweis **830** 102, 115 ff
  Folgeschaden **830** 91 ff
  Gefährdungshaftung **830** 72 ff, 79, 86
  Gefährdungshandlungen **830** 101 ff
    Einheitlichkeit **830** 101, 103 ff
    Gleichartigkeit **830** 101, 105
  Haftungsgrundlage **830** 102
  Kanalschachtbeispiel **830** 96 ff
  Kausalität, alternative **830** 67, 75, 83, 87, 90
  Kausalität, kumulative **830** 68 f, 75, 83, 87, 90
  Kausalität, potentielle **830** 75, 87 ff, 105, 110
  Massenkarambolage **830** 107
  Massenschäden **830** 106 ff
  Mitverschulden des Geschädigten **830** 61, 84 f
  Naturereignis **830** 83
  Nebentäterschaft, potentielle **830** 65, 70
  Produkthaftung **830** 108 ff
  Rechtswidrigkeit **830** 80, 117
  Schadensverursachung **830** 13
  Selbstverletzung **830** 84, 107
  Unaufklärbarkeitsrisiko **830** 66, 90, 103
  Unerlaubte Handlung **830** 55, 79, 82

Beteiligung mehrerer (Forts)
  Verbindung der Beteiligten **830** 101 f
  Vermutetes Verschulden **830** 72
  Verschuldenshaftung **830** 76, 80 f, 117
  Vertragliche Schadensersatzansprüche **830** 77, 79
  Verursachungsbeitrag **830** 7
  Wildschaden, Anspruch auf Ersatz **830** 78 f
Betreuung
  Aufsichtsbedürftigkeit **832** 10
  Aufsichtspflicht **832** 24 f
    Aufgabenkreis, übertragener **832** 26
  Personensorge **832** 25
Betreuungshelfer
  Aufsichtspflicht **832** 17
Betriebsleiter
  Tierhütereigenschaft **834** 20
  Übernehmerhaftung **831** 130
Betriebsrisiko
  Einstandspflicht **831** 5, 7
Bewährungshelfer
  Aufsichtspflicht **832** 20
  Berichtspflicht **832** 20
Beweislast
  Anstiftung **830** 36
  Beteiligung mehrerer **830** 114 ff
  Entlastungsbeweis
    s dort
  Mittäterschaft **830** 22, 25
Beweislastumkehr
  s a Entlastungsbeweis
  Anstiftung **830** 45
  Aufsichtspflichtverletzung **832** 1, 3, 6, 8, 139, 141 ff, 152
  Beihilfe **830** 45
  de lege ferenda **831** 134
  Gebäudehaftung **836** 2, 13
  Geschäftsherrnhaftung **831** 6
  Mittäterschaft **830** 20
  Tierhalterhaftung **833** 146
  Tierhüterhaftung **834** 23
Bienen
  Haustiereigenschaft **833** 120
  Tiergefahr **833** 12
Bierpavillon
  Werkeigenschaft **836** 19
Billigkeitshaftung
  Aufsichtsbedürftige **832** 168
  Beteiligung mehrerer **830** 72, 81
  Deliktsunfähigkeit **830** 60
  Gebäudehaftung **836** 5
  Geschäftsherr **831** 8
  Tierhalter **833** 113
Binnenschifffahrt
  Schiffseignerhaftung **831** 44
Blinde
  Aufsichtsbedürftigkeit **832** 10

Brand
　Aufsichtspflicht **832** 69
　s a Zündeln
　Gebäudebesitzer, Haftung **836** 29
Briefträger
　Tierhalterhaftung **833** 24
Brücke
　Werkeigenschaft **836** 19
Bundesstraßenverwaltung
　Länder **831** 61
　Selbstverwaltungskörperschaften **831** 61

Carport
　Werkeigenschaft **836** 19
Chefarzt
　Aufnahmevertrag, gespaltener **831** 66
　Stationsarzt, Haftung für **831** 66
　Übernehmerhaftung **831** 129 f
　Verrichtungsgehilfe des Krankenhausträgers **831** 66
Code civil
　s Frankreich
Codice civile
　s Italien
Common Law
　s a Anglo-amerikanischer Rechtskreis
　Geschäftsherrnhaftung **831** 134
culpa in contrahendo
　Geschäftsherrnhaftung, Reform **831** 133 f
　Schuldverhältnis, gesetzliches **831** 26, 30
　Sonderverbindungen **831** 26
culpa in eligendo sive custodiendo sive inspiciendo
　Geschäftsherr, Ersatzpflicht **831** 1
culpa in eligendo vel in custodio
　Geschäftsherr, Ersatzpflicht **831** 1

Dach
　Überprüfungspflicht **836** 87
　Dachboden **836** 89
Dachdecker
　Überwachungspflicht des Geschäftsherrn **831** 106
Dachlawine
　Gebäudebesitzer, Haftung **836** 26, 84
Damwild
　Haustiereigenschaft **833** 118
　Wildschadensersatz **835** 5
DDR
　Geschäftsherrnhaftung **831** 134
Deckakt
　Nutz- und Gebrauchswert, Beeinträchtigung **833** 22
　Tiergefahr **833** 38, 60, 65 f
Deich
　Gebäudehaftung **836** 19, 21, 35, 55
Deliktsfähigkeit
　Anstiftung **830** 36, 60
　Aufsichtsbedürftiger **832** 49, 51, 168, 175

Deliktsfähigkeit (Forts)
　Bahnverkehr **832** 61
　Beihilfe **830** 60
　Gebäudebesitzer **836** 5
　Geschäftsherr **831** 8
　Kinder **832** 175
　Mittäterschaft **830** 60
　Reduktionsklausel **832** 176
　Straßenverkehr **832** 61
　Tierhaltereigenschaft **833** 113 ff
　Verrichtungsgehilfe **831** 4
Demonstration, unfriedliche
　Beihilfe, psychische **830** 53
　Mittäterschaft **830** 50 ff, 82
　Teilnehmerhaftung **830** 50 ff
Demonstrationsfreiheit
　Gewaltanwendung **830** 50, 54
Denkmalschutz
　Sorgfaltsanforderungen **836** 92
Dezentraler Entlastungsbeweis
　s Entlastungsbeweis
Dieb
　Tierhaltereigenschaft **833** 109 f
Diensthunde
　Aufsichtsführung über **834** 18
　Nutztiereigenschaft **833** 124
　Tierhalter **833** 116
Dienstpferde
　Aufsichtsführung über **834** 18
　Nutztiereigenschaft **833** 124
　Tierhalter **833** 116
Dienstverschaffungsvertrag
　Entsendender Unternehmer, Haftung **831** 66
Dienstvertrag
　Tier, Leistungen an/mit **833** 103
　Weisungsgebundenheit **831** 60
DIN-Normen
　Technische Baubestimmungen **836** 10, 31, 73, 75, 80
　Windlast **836** 75
Diskriminierung
　s a Antidiskriminierung
　Arbeitskollegen, Verrichtungsgehilfeneigenschaft **831** 66
Doppelvorsatz
　Anstiftung **830** 31
Drittschadensliquidation
　Geschäftsherrnhaftung, Reform **831** 133
Drogensucht
　Aufsichtsanlass, gesteigerter **832** 64

Ehegatten
　Anstellungsverhältnis **831** 66
　Aufsichtspflicht **832** 26 f, 157
　Aufteilung **832** 125, 130 f
　Organisationspflicht **832** 130
　Aufsichtsübernahme **832** 112, 116, 118
　Beistandspflicht **832** 157

Ehegatten (Forts)
Berufstätigkeit **832** 131
Eltern
  s Eltern/Elternteil
Familienunterhalt, Mitarbeitspflicht
  834 15
Generalvollmacht **831** 66
Mitwirkung in Beruf/Geschäft des
  anderen **831** 66
Schadensabwendungspflicht **832** 159
Tierhaltereigenschaft **833** 78, 81, 91, 111
Tierhütereigenschaft **834** 15
Verrichtungsgehilfeneigenschaft **831** 66
  Entlastungsbeweis **831** 66
Eigenbesitzer
Gebäudehaftung **836** 2 ff, 61 f, 77; **837** 1, 4 ff
  s a dort
Eigeninteresse
  s Tierhalter
Eigenjagdbezirk
  s Jagdbezirk
Eigentumswohnung
Gebäudehaftung **836** 3
Eigenübliche Sorgfalt
Schädigung durch Aufsichtspflichtigen
  832 169 f, 173, 177
Einsichtsfähigkeit
Anstiftung **830** 36
Aufsichtsbedürftiger **832** 51, 63, 69
Gebäudebesitzer **836** 5
Eisenbahnverkehr
  s a Haftpflichtgesetz
Verkehrsrichtiges Verhalten **831** 77
Eiszapfen
Gebäudebesitzer, Haftung **836** 26
Elchwild
Wildschadensersatz **835** 5
Elterliche Sorge
  s a Eltern/Elternteil
Alleinentscheidungsrecht des nicht sorge-
  berechtigten Elternteils **832** 14
Aufsichtspflicht **832** 80
Beschränkung **832** 14
Entzug **832** 12, 14
Erziehungsauftrag **832** 56, 70, 77 ff
Erziehungspflicht **832** 80
Inhaber **832** 12
Ruhen **832** 12
Sorgeerklärung **832** 15
Tierhütereigenschaft **834** 15
Eltern/Elternteil
Aufsicht, tatsächliche **832** 8, 164
Aufsichtspflicht **832** 11 f, 14, 18 f, 27, 78 f
  Aufteilung **832** 125 f, 130
  Kinder, volljährige geisteskranke **832** 24
  Ruhen **832** 19
  Verletzung **832** 131
Aufsichtsübernahme gefälligkeitshalber
  832 35

Eltern/Elternteil (Forts)
Berufstätigkeit **832** 131
Eigenübliche Sorgfalt **832** 169 f, 173, 177
Elterliche Sorge **832** 12, 14
  s a dort
Gebäudeunterhaltungspflicht **838** 8
Geschäftsführung ohne Auftrag, Haftung
  aus **832** 175
Nicht miteinander verheiratete **832** 15, 125
Schadensabwendungspflicht **832** 159
Schädigung durch Kind **832** 47
Energieanlage
Betreiberhaftung **831** 47
England
Gebäudehaftung **836** 1
Enteignender Eingriff
Beteiligung mehrerer **830** 78
Enteignungsgleicher Eingriff
Abschussplanung **835** 22, 25
Beteiligung mehrerer **830** 78
Wasserleitungsbruch **836** 15
Entlastungsbeweis
Anscheinsbeweis **831** 118, 122
Aufsichtsverschulden **831** 115
Auswahlpflicht **831** 96 f
Auswahlsorgfalt **831** 101 ff, 115
Beschaffungssorgfalt **831** 108 ff, 115
Beteiligung mehrerer **830** 102, 115 ff
Beweislast **831** 117
de lege ferenda **831** 119, 131 ff
Dezentraler **831** 11, 19, 116, 120 ff, 131
  Zwischengehilfe **831** 65, 100, 121 f
Einweisungspflicht **831** 96 f
Erfüllungsgehilfen, Haftung für **831** 24
Gebäudehaftung **836** 42, 77, 79, 94
Haushalte, private **831** 133
Kausalität, fehlende **831** 113 ff
Kleinbetriebe **831** 133
Leitungssorgfalt **831** 107
Personenverantwortung **831** 94 ff
Rechtsvereinheitlichung, internationale
  831 132 ff
Sachverantwortung **831** 108 ff
Tierhalterhaftung **833** 146 ff, 153 f
Tierhüterhaftung **834** 23 ff
Übernehmerhaftung **831** 123
Übertragungssorgfalt **831** 104
Überwachungspflicht **831** 96 f, 105 f
Verkehrsrichtiges Verhalten des Gehilfen
  831 116
Entleiher
Tierhalter **833** 93
Tierhüter **834** 22
Entwicklungsstand
Aufsichtsbedürftige **832** 58 ff
Entwicklungspsychologie **832** 97, 102
Epileptiker
Aufsichtsbedürftigkeit **832** 10, 27

Erbbaurecht
Gebäudebesitzer, Haftung **837** 6
Erbe
Gebäudehaftung **836** 63 ff
  Alleinerbe **836** 64
  – Abwesender **836** 65
  Miterbe **836** 64
  – Abwesender **836** 65
Tierhaltereigenschaft **833** 112
Erdwerke
Werkeigenschaft **836** 19 f
Erfolg
s Taterfolg
Erfolgshaftung
Einstandspflicht, unbedingte **831** 55
Gastwirtshaftung **831** 43
Gehilfenhaftung **831** 11, 43, 55
Jagdschadenshaftung **831** 55; **835** 26, 36
Unlauterer Wettbewerb **831** 49
Erfolgsunrecht
s Widerrechtlichkeit
Erfüllungsgehilfenhaftung
Erfüllungsgehilfe, Begriff **831** 24
Garantiehaftung **831** 24
Geschäftsherrnhaftung, Verhältnis zu **831** 35 f
Unternehmer **831** 24
Vermögensschäden **831** 24
Verschuldensfähigkeit **831** 39
Zurechnung fremden Verschuldens **831** 23
Erzieher
Aufsichtsübernahme, vertragsmäßige **832** 38
Erziehung
Erziehungsstand **832** 59, 62 f, 82
Fehlgeschlagene **832** 83 f
Pädagogischer Ermessensfreiraum **832** 96
Erziehungsauftrag
Aufsichtsmaßnahmen **832** 56, 70, 77 ff
Eltern **832** 80
Kindertagesstätte **832** 80
Schule **832** 80
Erziehungsbeistand
Aufsichtspflicht **832** 17, 20
Erziehungsheim
Aufsichtsübernahme, vertragliche **832** 39
Verrichtungsgehilfe der Eltern **832** 164
Erziehungshilfe
Aufsichtsmaßnahme **832** 90, 95
Aufsichtspflicht, Ruhen **832** 19
Erziehungsmaßregeln
Aufsichtspflicht, Ruhen **832** 19
Erziehungszielbestimmung
Aufsichtsmaßnahmen **832** 56, 70, 80 f, 84 f
Familie, Autonomie **832** 80
Selbständigkeit der Kinder **832** 68, 80 f
Europäische Union
Deliktsrecht, einheitliches **831** 134

Europäische Union (Forts)
Dienstleistungen im Binnenmarkt, Richtlinie **831** 134
Dienstleistungs-Haftungsrichtlinie, Entwurf **831** 134
European Group on Tort Law **831** 134
Schuldrecht, einheitliches **831** 134
Study Group on a European Civil Code **831** 134
European Group on Tort Law
Geschäftsherrnhaftung **831** 134
Exculpation
s Entlastungsbeweis
Exzess
Aufsichtsbedürftiger **832** 66
Mittäter **830** 58
Teilnehmer **830** 58

Fabrik
Betreiberhaftung **831** 47
Fahrlässigkeit
Haftungsbeschränkung auf grobe **831** 36
Mittäterschaft **830** 16, 18
Fahrlässigkeitsdelikt
Beihilfe **830** 46
Mittelbare Täterschaft **830** 34
Schutzgesetzverletzung **830** 35
Fahrlehrer
Überwachungspflicht des Geschäftsherrn **831** 106
Verrichtungsgehilfeneigenschaft **831** 66
Fahrradfahren
Aufsichtspflicht **832** 61 f, 64, 102
Fahrzeuge
Beweislastverteilung entsprechend Gebäudehaftung **836** 13
Faktisches Vertragsverhältnis
Dauerschuldverhältnis, in Vollzug gesetztes **831** 34
Familie
Autonomie **832** 70, 80
Schutz des Staates, besonderer **832** 177
Fasanen
Wildschadenshaftung **835** 5, 22, 24
Feuerwerk
Beteiligung mehrerer **830** 118
Feuerwerkskörper
Aufsichtspflichtverletzung **832** 109
Feuerzeug
Aufsichtspflicht **832** 61, 69, 109
Fiktionshaftung
Organisationsverschulden, korporatives **831** 42
Finnland
s a Nordischer Rechtskreis
Geschäftsherrnhaftung **831** 134
Fische im Aquarium
Haustiereigenschaft **833** 119

Fiskus
　Staatshaftung **831** 41
　Tierhalterhaftung **833** 143
Fleischgroßhändler
　Tierhalter **833** 86
Flughafen
　Betreiberhaftung **831** 66
　Wildschadensersatz **835** 19
Fluglotsenstreik
　Gehilfenhaftung **830** 48
Flugplatz
　s Flughafen
Folgeschadensfälle
　Kausalität **830** 91 ff
Forsteigentümer
　Verkehrssicherungspflicht, Überwachungspflicht bei Übertragung **831** 106
Forstkulturen
　Wildschadensersatz **835** 19
　　Hauptholzarten **835** 19
　　Holzarten, geeignete **835** 19
Fortsetzungstat
　Strafrecht **830** 63
　Zivilrechtliche Haftung **830** 63
Frachtführer
　Erfüllungsgehilfen, Haftung für **831** 46
　Leutehaftung **831** 46
Frankreich
　Aufsichtspflichtverletzung **832** 176
　Entlastungsbeweis **831** 132, 134
　Gebäudehaftung **836** 1, 61
　Geschäftsherrnhaftung **831** 1, 134
Freilandpflanzungen
　Wildschadensersatz **835** 19
Freistellungsanspruch, arbeitsrechtlicher
　Haftungsprivilegierung, sozialversicherungsrechtliche **831** 15a
　Innerbetrieblicher Schadensausgleich **831** 14 ff
　Pfändbarkeit **831** 15
Fremdbesitzer
　Gebäudehaftung **836** 66; **838** 4
Führerschein
　Verrichtungsgehilfe **831** 103
Fundtiere
　Tierhaltereigenschaft **833** 108
　Tierhütereigenschaft **833** 16
　Verwahrungspflicht des Finders **834** 15

Gabelstaplerfahrer
　Überwachungspflicht des Geschäftsherrn **831** 106
Gärten
　Wildschadensersatz **835** 19
Gärtnerei
　Wildschadensersatz **835** 19
Gamswild
　Wildschadensersatz **835** 5

Garage
　Werkeigenschaft **836** 19
Gartengewächse
　Wildschadensersatz **835** 19
Gastwirtshaftung
　Gastwirt, Geschäftsherrneigenschaft **831** 66
　Leutehaftung **831** 43
Gebäudebesitzer, Haftung
　Besitzrecht **837** 5 f
　Beweislast **837** 3
　Eigenbesitzer **837** 4 ff
　Erbbaurecht **837** 6
　Gesamtschuldnerische Haftung **837** 2
　Grunddienstbarkeit **837** 6
　Mieter **837** 7
　Nießbrauch **837** 6
　Pächter **837** 7
Gebäudehaftung
　Abbruch **836** 15, 21, 34, 52, 56, 104
　Ablösung von Teilen **836** 1, 7 f, 11 f, 27 f, 32, 88, 105
　Aktivlegitimation **836** 58
　Amtshaftung **836** 2, 15
　Asbest **836** 7, 11 f, 29
　Aufklärungslast **836** 2
　Bau- und Ingenieurkunst, anerkannte Regeln der **836** 7, 10 ff, 17, 29, 42, 46, 84
　　Adäquanz **836** 35
　　Gebäudehaftung de lege ferenda **836** 104
　　Haftungsgrund **836** 46
　　Vertrauensschutz **836** 4
　Baugerüst **836** 19, 25, 34, 38, 52, 81; **837** 6
　Bauordnungsrecht **836** 10, 26, 31, 86, 89
　Baustelle **836** 49, 81
　Bearbeitung **836** 52
　Besitzrecht **837** 6
　　s a Gebäudebesitzer, Haftung
　Beweislast **836** 3, 13, 71 f, 76
　　Anscheinsbeweis **836** 48, 73 ff, 77
　　Aufklärungsrisiko **836** 48
　　Beweislastumkehr **836** 2, 13
　　Verteilung **836** 3
　Blitzschutz **836** 12
　Brandschutz **836** 12
　de lege ferenda **836** 103 ff
　Deliktsfähigkeit **836** 5
　Deliktshaftung **836** 15
　DIN-Vorschriften **836** 10, 31, 73, 75, 80
　　Windlast **836** 75
　Eigenbesitzer **836** 2 ff, 61 f, 77; **837** 1
　　Beherrschungswille **836** 62
　　Besitzergreifungswille **836** 62
　　Entlastungsbeweis
　　　s dort
　　Erbe **836** 63 ff
　　Früherer **836** 67 f, 78
　　Juristische Personen **836** 97 f

Gebäudehaftung (Forts)
- Mehrere **836** 68 ff
- Eigentumswohnung **836** 3
- Einsturz **836** 1, 7 f, 11 f, 21, 32, 49, 104
- Energie, kinetische **836** 11, 29, 37 ff, 105
- Entlastungsbeweis **836** 42, 77, 79
  - Entkräftungsvorbringen, unzulängliches **836** 94
  - Hausverwaltung **836** 94
  - Hilfskräfte **836** 79
  - Juristische Personen **836** 97 f
  - Reparatur, vorangegangene **836** 94
  - Sorgfaltsvernachlässigung **836** 99 f
- Errichtung **836** 52
- Errichtungsmängel **836** 1 ff, 6 f, 30 f, 84 ff
- Ersatzberechtigung **836** 55 f
- Ersatzpflicht
  - s Eigenbesitzer
- Fenster **836** 12
- Fremdbesitzer **836** 66; **838** 4
- Gebäude **836** 11, 17
  - Rohbau **836** 17
  - Teile **836** 22 ff
  - – Unfertige **836** 25
- Gebäudegefahren **836** 1, 4, 6, 42, 45 ff, 104
- Gebäudesphäre **836** 2, 4, 47, 52
- Gefahrenabwehr **836** 3, 79; **837** 1
- Geländer **836** 12
- Gemeingefährlichkeit **836** 8, 14, 29, 43, 46, 49, 104
- Gesamtschuldnerische Haftung **836** 68 ff; **837** 2
- Grundstücksmiete **836** 62
- Grundstückspacht **836** 62
- Haftungsausschluss **836** 56 f
  - Vertraglicher **836** 101
- Haftungsgrund **836** 7, 10, 46
- Haftungsminderung **836** 57
- Hilfskräfte **836** 79
- Holzschutzmittel **836** 7, 11 f, 29
- Kausalität **836** 30 ff
  - Einwirken Dritter **836** 51 f
  - Hinzutretende Ursachen **836** 51
  - Kausalitätsketten **836** 51
  - Rechtsgutverletzung **836** 35 ff
  - Vermutung **836** 2
- Konstruktionsmängel **836** 11 f, 104
- Kraft, bewegend wirkende
  - s Energie, kinetische
- Landesrecht **836** 102
- Mitverschulden **836** 16, 57 ff
  - Vertragsverhältnis **836** 60
- Nachbarrecht **836** 15
- Naturerscheinungen **836** 20
- Naturkatastrophe **836** 33, 75
- Normalgefahren **836** 43 f
- Produkthaftung, Vorbild für **836** 13
- Schaden **836** 53
- Schmerzensgeld **836** 53

Gebäudehaftung (Forts)
- Schutzbereich **836** 15, 34, 40, 47, 49 ff, 105
- Schutzzweck der Norm **836** 4, 30, 37, 45 ff
- Sorgfaltspflicht **836** 42, 80 ff, 97 ff
  - s a Überprüfungspflicht
  - Absperrungen **836** 81
  - Betretungsverbote **836** 81
  - Errichtung **836** 84 ff
  - Öffentlicher Verkehr **836** 91
  - Sanierungsobjekt **836** 92
  - Trümmergrundstücke **836** 92
  - Unterhaltung **836** 87 ff
  - Zustand, schlechter **836** 92
- Stabilitätsmängel **836** 7 f, 10 ff, 29, 46
- Stand der Technik **836** 87
- Substanzmängel **836** 7, 46
- Teile **836** 22 ff
- Tiefbau **836** 104
- Überprüfungspflicht **836** 87 f
  - s a Sorgfaltspflicht
  - Abstände **836** 90, 95
  - Sachkunde **836** 88, 93
  - Teilausbesserung **836** 89
  - Teilprüfung **836** 89
- Überschwemmung **836** 40, 55
- Umweltrisiken **836** 1, 6, 14, 42
- Unterhaltung, ordnungsgemäße **836** 87 ff
- Unterhaltungsmängel **836** 1 ff, 6 f, 30 f
- Verkehrspflichtverletzung **836** 3, 13, 58
- Verschuldensvermutung **836** 2, 5, 73
- Vorbeugemaßnahmen **836** 3, 54
- Werbeschilder **836** 18
- Werk **836** 11, 18 ff
  - Oberirdische Anlagen **836** 19
  - Teile **836** 22 ff
  - – Unfertige **836** 25
  - Unterirdische Anlagen **836** 19
- Witterungseinflüsse **836** 27, 75, 84
- Zweckbestimmung von Gebäuden **836** 9, 49, 91

Gebäudeunterhaltungspflicht, Haftung bei
- Beweislast **838** 3
- Gesamtschuldnerische Haftung **838** 2
- Gesetzliche Vertreter **838** 5, 8
- Nutzungsrecht **838** 8
- Übernehmerhaftung **838** 1, 4
- Unterhaltungspflicht **838** 6 ff
  - Grunddienstbarkeit **838** 8
  - Hausverwalter **838** 7
  - Kindesvermögen **838** 8
  - Miete **838** 8
  - Nießbrauch **838** 8
  - Wohnungseigentümergemeinschaft, Verwalter **838** 7

Gefährdungshaftung
- Anstiftung **830** 35
- Beihilfe **830** 56
- Beteiligung mehrerer **830** 56, 72 ff, 86
- Haftpflichtgesetz **836** 14

Gefährdungshaftung (Forts)
Kausalität, potentielle **830** 75, 89, 110
Mittäterschaft **830** 56
Tierhalterhaftung **833** 2, 5, 28
Luxustiere **833** 5
Verschuldenshaftung, Zusammentreffen mit **830** 76
Gefahrenquellen
Aufsichtsbedürftigkeit **832** 2 f, 8, 30, 32, 94, 156
Gebäudehaftung **836** 94
Gebäudeunterhaltungspflicht **838** 2
Jagdschadenshaftung **835** 33
Mikroorganismen **833** 10
Tierhalterhaftung **833** 72, 94, 98, 107, 110
Verkehrssicherungspflichten **831** 9
Wildgehege **835** 12
Geflügel
Beaufsichtigungspflicht **833** 183 ff
Nutztiereigenschaft **833** 131
Gegenvormund
Aufsichtspflicht **832** 17
Gehilfe
s a Beihilfe
Begriff **830** 38
Tatbeitrag **830** 40 ff
Verantwortlichkeit **830** 2
Verrichtungsgehilfe
s dort
Vorsatz **830** 8, 31 f, 46
Gemeinde
Gebäudehaftung **836** 98
Gemeindliche Unternehmen, Haftung **831** 66
Nutztierhaltung **833** 124
Tierhalter **833** 86
Verkehrssicherungspflicht **831** 66
Gemeines Recht
Geschäftsherr, Ersatzpflicht **831** 1
Tier, Beschädigung durch ein **833** 1
Gemeinschaftspraxis
Geschäftsherrnhaftung **831** 66
Verrichtungsgehilfeneigenschaft zusammenarbeitender Ärzte **831** 66
Gemüseanbau
Wildschadensersatz **835** 19
Gerätschaften
Arbeitszeug **831** 111
Beschaffungspflicht **831** 108 ff
Hilfsmittel, sachliche **831** 111
Werkzeug **831** 111
Gerichtsvollzieher
Amtshaftung **831** 66
Verrichtungsgehilfeneigenschaft **831** 66
Gesamtschuld, gestörte
Haftungsprivilegierung, sozialversicherungsrechtliche **831** 15a

Gesamtschuldnerische Haftung
Aufsichtsbedürftiger/Aufsichtspflichtiger **832** 168
Aufsichtspflichtige, mehrere **832** 18
Aufsichtspflichtiger/Drittschädiger **832** 170 f
Legalzession zugunsten Sozialversicherungsträger **832** 171
Mitverschulden des Aufsichtspflichtigen **832** 172
Bahn/Tier, Zusammenwirken **833** 210
Energieanlage/Tier, Zusammenwirken **833** 210
Gebäudehaftung **836** 68 ff; **837** 2; **838** 2
Gefährdungshaftung **833** 211
Gehilfe **830** 47
Geschäftsherr **831** 13, 15a f
Haftungseinheit **831** 16
Innenverhältnis, Ausgleichspflicht im
Aufsichtspflichtverletzung **832** 70, 124, 168, 171
Beteiligte, mehrere **830** 5
Gebäudehaftung **836** 69 f; **837** 2; **838** 2
Geschäftsherrnhaftung **831** 7, 13 f, 16, 123
– Regress **831** 14
Jagdgenossenschaft **835** 9
Tierhalterhaftung **833** 58, 207 f
Tierhüterhaftung **834** 26
Kraftfahrzeug/Tier, Zusammenwirken **833** 209, 211
Luftfahrzeug/Tier, Zusammenwirken **833** 210
Nebentäterschaft **830** 6
Reeder/Gehilfe **831** 44
Tierhalterhaftung **833** 207 ff
Tierhüter **834** 26
Übernehmer/Geschäftsherr **831** 123
Verrichtungsgehilfe **831** 13, 15a f
Geschäftsbesorgungsvertrag
Tier, Leistungen an/mit **833** 103
Geschäftsfähigkeit
Aufsichtsübernehmender **832** 40
Tierhaltereigenschaft **833** 113 ff
Geschäftsführung ohne Auftrag
Aufsichtsübernahme **832** 35, 172, 175
Nachbargrundstück, Maßnahmen zur Gefahrabwendung **836** 54
Tierbetreuung **833** 98; **834** 16
Übernehmerhaftung **831** 125
Geschäftsherrnhaftung
Anspruchskonkurrenz **831** 21, 35, 37, 44; **832** 164 f
Arbeitsteilung **831** 5
Aufsichtspflicht **831** 9 f, 120
Schwarzfahrten **831** 106
Ausrichtungspflicht **831** 2 f
Auswahlpflicht **831** 2 f, 9 f, 94, 96 f, 120
Auswahlsorgfalt **831** 101 ff

424

Geschäftsherrnhaftung (Forts)
Begriff **831** 63 ff
Beschaffungspflicht **831** 108 ff
Stand der Technik **831** 109
Beschaffungssorgfalt **831** 108
Bestellung des Verrichtungsgehilfen **831** 63
Betriebsrisiko **831** 5, 7
Beweislastverteilung **831** 18
Billigkeitshaftung **831** 8
de lege ferenda **831** 131 ff
　Beweislastumkehr **831** 134
　Haftungshöchstgrenzen **831** 134
Deliktstatbestände außerhalb BGB **831** 55
Deliktsunfähigkeit **831** 8
Drittschäden **831** 24
Einweisungspflicht **831** 96 f, 103 f
Entlastungsbeweis **831** 5, 7, 10 ff, 38, 76, 93
　Dezentraler **831** 11, 19, 116, 120 ff, 131
　– Zwischengehilfe **831** 65, 100, 121 f
　Übernehmerhaftung **831** 123
Erfüllungsgehilfenhaftung, Verhältnis zu **831** 35 f
Gesamtschuldnerische Haftung **831** 13
Haftungsausschluss, vertraglicher **831** 17
　Allgemeine Geschäftsbedingungen **831** 17
Kausalitätsvermutung **831** 6, 10, 93
Kind **831** 61
Leitungspflicht **831** 10, 94, 96, 120
Leitungssorgfalt **831** 107
Mehrere Geschäftsherrn **831** 65
Mitverschulden des Verletzten **831** 40, 55
Mündel **831** 61
Organisationspflichten **831** 10 ff
　Betriebliche **831** 9, 11, 19
　Körperschaftliche **831** 9, 11, 42
Organisationsrisiko **831** 5
Organisationsverschulden **831** 10 f, 19, 42, 123
Personalrisiko **831** 5
Regress **831** 14
　Innerbetrieblicher Schadensausgleich **831** 14 ff
Schwarzfahrt **831** 88 ff
Übernehmerhaftung **831** 123 ff
　s a dort
Übertragungssorgfalt **831** 104
Überwachungspflicht **831** 2 f, 9 f, 94, 96 f, 103, 106
　Einzelanweisungen **831** 99
　Schulung **831** 106
　Unfallverhütungsvorschriften **831** 106
Überwachungssorgfalt **831** 105 ff
Verantwortungsbereich **831** 56, 65
Verkehrspflichtverletzung **831** 3, 5, 56
Verkehrssicherungspflichten **831** 5, 7, 9 f, 12, 19
Verletzung **831** 2 f, 40

Geschäftsherrnhaftung (Forts)
Verrichtungsgehilfen
　s dort
Verschulden **831** 1, 5 ff, 73, 76
　Beweislastumkehr **831** 6
　culpa in eligendo sive custodiendo sive inspiciendo **831** 1
　culpa in eligendo vel in custodio **831** 1
　Entlastungsbeweis
　　s dort
　Vermutetes **831** 5 ff, 10, 55, 93
　– Personenverantwortung **831** 93 f
　– Sachverantwortung
　Weisungsgewalt **831** 63, 65
Geschwister
Schädigung durch aufsichtsbedürftige Geschwister **832** 47, 174
Gesellschaft
Fehlerhafte **831** 34
Gesellschaft bürgerlichen Rechts
Geschäftsherreigenschaft **831** 66
Gesellschafterhaftung **831** 42
Gesellschaftsjagd
Jagdschadenshaftung **835** 33
Gesetzliche Vertreter
Aufsichtspflichtige **832** 174
Tierhalter **834** 15, 17 f
Verrichtungsgehilfen **831** 61
Gestüte, staatliche
Nutztierhaltung **833** 124
Gesundheitsverletzung von Menschen
Tierhalterhaftung **833** 21 f
Gewässerverunreinigung
Anlagenhaftung **831** 52
Gewerbebetrieb
Verkehrssicherungspflichten **831** 12
Gewerbebetrieb, Recht am eingerichteten und ausgeübten
Demonstration, unfriedliche **830** 50
Rechtswidrigkeit **831** 69
Gleisanlage
Vorrichtungen **831** 111
Globalabtretung
Anstiftung **830** 37
GmbH
Zahlungsunfähigkeit **830** 34
GmbH-Geschäftsführer
Durchgriffshaftung **831** 130
Übernehmerhaftung **831** 130
Verrichtungsgehilfeneigenschaft **831** 66
Golfplatz
Wildschadensersatz **835** 19
Grabstein
Standfestigkeit **836** 95
Werkeigenschaft **836** 19
Großbetrieb
Entlastungsbeweis, dezentraler **831** 120 ff
Großdemonstration, unfriedliche
s Demonstration, unfriedliche

Großeltern
  Aufsichtsübernahme **832** 34 f, 116, 118
    Anspruchskonkurrenz **832** 164
    Verrichtungsgehilfeneigenschaft **832** 164
Grube
  Betreiberhaftung **831** 47
Grunddienstbarkeit
  Gebäudebesitzer, Haftung **837** 6
  Gebäudeunterhaltungspflicht **838** 8
Grundstück
  s a Gebäudehaftung
  Wildschadensersatz **835** 3, 6
Grundstücksbesitzer
  Gebäudehaftung
  s dort
Grundstückseigentümer
  Jagdausübungsberechtigung **835** 9, 11
Grundstücksinventar, Veräußerung
  Mittäterschaft **830** 26
Güllegruben
  Werkeigenschaft **836** 19
Güterbeförderung
  Überwachungspflichten des Geschäftsherrn **831** 106

Haftpflichtgesetz
  Betreiberhaftung **831** 47
  Entlastungsbeweis **831** 47
  Repräsentantenhaftung **831** 47; **832** 124
  Rohrleitungsbruch **836** 2
  Sachschäden **831** 47
Haftpflichtversicherung
  Entlastungsbeweis de lege ferenda **831** 132
  Kinder **832** 176
  Tierhaltereigenschaft **833** 78 f
Handeln auf eigene Gefahr
  Tierhalterhaftung **833** 189, 192
Handelsgewächse, hochwertige
  Wildschadensersatz **835** 19
Handelsvertreter
  Verrichtungsgehilfe **831** 60
Handlungsunrecht
  s Widerrechtlichkeit
Handlungswille
  Mittäterschaft **830** 12
Handwerker
  Verrichtungsgehilfeneigenschaft **831** 60, 66
Hausangestellte
  Verrichtungsgehilfeneigenschaft **831** 66
Hausarrest
  Aufsichtsmaßnahme **832** 95
Hauseigentümer
  Streupflicht **831** 106
  s a dort
  Überwachungspflichten **831** 106
Hausgärten
  Wildschadensersatz **835** 19

Haushaltsvorstand
  Aufsicht, tatsächliche **832** 8
  Schadensabwendungspflicht **832** 155 ff
Hauskind
  Tierhütereigenschaft **834** 15
  Verrichtungsgehilfeneigenschaft **831** 66
Haustiere
  Begriff **833** 118 ff
  Beweislastumkehr **833** 2
  Bienen **833** 120
  Büffel **833** 119
  Esel **833** 119
  Fernhalten von der Straße **833** 150, 184
  Geflügel **833** 119, 129
  Hunde **833** 119
  s a dort
  Kamele **833** 119
  Kaninchen, zahme **833** 119, 129
  Katzen **833** 119
  Lamas **833** 119
  Luxustiere **833** 123
  Maulesel **833** 119
  Nutztiere **833** 6, 122 ff
  s a dort
    Zweckbestimmung durch
      Halter **833** 141 ff
  Pfauen **833** 119
  Pferde **833** 119
  Reh, gezähmtes **833** 118
  Rentiere **833** 119
  Rinder **833** 119
  Schafe **833** 119
  Schweine **833** 119
  Serumgewinnung, Haltung zur **833** 121
  Tauben **833** 119, 129
  Tierhalterhaftung **833** 117, 122
    Kausalität **833** 187
  Verkehrsauffassung, inländische **833** 119
  Verschuldenshaftung **833** 117
  Versuchstier **833** 121
  Weidevieh **833** 118
  Ziegen **833** 119
  Zoo, Haltung im **833** 121
  Zweckbestimmung **833** 123, 141 ff
Hausverwalter
  Gebäudeunterhaltungspflicht **838** 7
Hebamme
  Beleghebamme **831** 66
  Überwachungspflicht des Geschäftsherrn **831** 106
  Verrichtungsgehilfeneigenschaft **831** 66, 106
Hehlerei
  Anstiftung **830** 49
  Beihilfe **830** 49
Heimunterbringung
  Aufsichtsmaßnahmen **832** 95
  Aufsichtspflicht **832** 19, 62 f

Heimunterbringung (Forts)
  Aufsichtsübernahme, vertragliche **832** 39, 63, 76
Herausgeber
  Geschäftsherrnhaftung **831** 42, 66
Hilfspersonen
  s a Verrichtungsgehilfe
  Ungeeignete **831** 2 f
Himalaya-Klausel
  Haftungsprivilegierung **831** 44
HIV-Infektion
  Schadensverursachung **830** 108
Hochsitz
  Schadensersatzpflicht **835** 39; **836** 19, 58
Höhere Gewalt
  Schadenszufügung durch Kinder **832** 175
Holzschutzmittel
  Gebäudehaftung **836** 7, 11 f, 29
Hort
  Verrichtungsgehilfeneigenschaft **832** 164
Hühner
  Beaufsichtigungspflicht **833** 184
Hunde
  Beißerei **830** 56; **833** 25
  Bissige **833** 168
  Blindenhunde **833** 128
    Erwerbstätigkeit des Tierhalters **833** 140
    Unterhalt des Tierhalters **833** 140
  Deckakt **833** 65 f
  Diensthunde **833** 116
  Gefährliche Hunde **833** 4
    Einfuhr **833** 4
    Halterhaftung **833** 4
    Landesrecht **833** 4
    Nutztierbestimmung **833** 145
    Rassekatalog **833** 4
    Wachhunde **833** 168
    Zuchtverbot **833** 4
  Große **833** 166 f
  Haltung in Räumen **833** 151
  Hofhunde **833** 137, 165, 168
  Hütehunde **833** 128, 131, 180
    Nutztier **833** 142
  Jagdhunde **833** 169
    Berufstier **835** 38
    Jagdschadenshaftung **835** 38
    Luxustier **833** 129, 132
    Nutztier **833** 128, 132, 142 f
  Kampfhunde
    s Gefährliche Hunde
  Laufkette **833** 164 ff
  Luxustiere **833** 4, 129
  Maulkorb **833** 151
  Meldehunde **833** 124
  Nutztierbestimmung **833** 141 ff, 163
  Polizeihunde
    s Diensthunde
  Rettungshunde **833** 124
  Straßenverkehr **833** 164, 169 ff

Hunde (Forts)
  Suchhunde **833** 124
  Tiergefahr **830** 56; **833** 12
  Tierhalter **833** 86
  Wachhunde **833** 86, 128, 136 ff, 169
    Beaufsichtigungspflicht **833** 163 ff, 169
    – Verwahrung, gehörige **833** 164 f, 168
    Nutztiereigenschaft **833** 128, 136 ff
  Zugelaufene **833** 108; **834** 16

Idealverein
  Nutztiere **833** 125
  Tierhaltereigenschaft **833** 86, 125 f
Immissionen
  Ausgleichsanspruch **830** 78
Inhaltskontrolle
  Wildschadensklauseln **835** 15 f
  Wildschadensverhütungspauschalen **835** 17
Injektion
  Übertragung auf Hilfspersonal **831** 106
Innerbetrieblicher Schadensausgleich
  Freistellungsanspruch des Arbeitnehmers **831** 14 ff
  Haftungsprivilegierung, sozialversicherungsrechtliche **831** 15a
  Verrichtungsgehilfenhaftung **831** 14
Insolvenzmasse
  Zurechnung **831** 54
Insolvenzverwalter
  Gebäudehaftung **836** 66
  Haftung, persönliche **831** 54, 62
  Gehilfenverschulden **831** 54
Italien
  Gebäudehaftung **836** 1, 61
  Geschäftsherrnhaftung **831** 1, 134

Jagdaufseher
  Amtshaftung **835** 40
  Jagdschadenshaftung **835** 26, 30
  Verrichtungsgehilfenhaftung **835** 36
Jagdausübung
  Abschussplan **835** 22 f
  Aufsichtspflicht **832** 111; **835** 37
    Verhältnismäßigkeit **832** 90
  Bejagungspflicht **835** 22
  Betretungsrecht **835** 27
  Drückjagd **835** 33
  Eigenjagdbezirk **835** 10
  Ersatzpflicht **835** 26 ff
  Geschäftsherrnhaftung **831** 55, 66; **835** 36
  Gesellschaftsjagd **835** 33, 37
  Jagdgenossenschaft **835** 9
  Jagdschadenshaftung **831** 55, 66; **835** 26
    s a dort
  Jugendjagdschein **832** 111; **835** 37
    Begleitperson **832** 111, 116
  Missbräuchlichkeit **835** 27, 29
  Rücksichtnahmepflicht **835** 26, 29
  Schusswaffen **832** 111; **835** 33

Jagdausübung (Forts)
Suchjagd **835** 29
Treibjagd **831** 66; **835** 29 f, 33, 44
Verrichtungsgehilfeneigenschaft **831** 66
Wildschadenshaftung **835** 8
s a dort
Jagdbezirk
Eigenjagdbezirk **835** 10
Gemeinschaftlicher **835** 9
Wildschadensersatz **835** 6, 9
Jagdgast
Jagdschadenshaftung **835** 26, 30, 36
Jagdgehilfen
Jagdausübung, missbräuchliche **835** 26
Jagdgenossenschaft
Jagdausübungsrecht **835** 9
Wildschadensersatzpflicht **835** 9
Streitverkündung **835** 9
Subsidiaritätsklausel **835** 9
Jagdhochsitz
Schadensersatzpflicht **835** 39; **836** 19, 58
Jagdhunde
Berufstier **835** 38
Jagdschadenshaftung **835** 38
Luxustier **833** 129, 132
Nutztier **833** 128, 132, 142 f
Straßenverkehr **833** 169
Jagdpacht
Wildschadensersatzpflicht **835** 9
Haftungsübernahme, vertragliche **835** 9, 20
– Haftungserweiterung **835** 20
– Wildschadensersatzklauseln **835** 15 ff
Jagdrevierinhaber
Geschäftsherr **831** 66
Jagdschadenshaftung
s a Wildschadenshaftung
Anmeldefrist **835** 41, 44
Beweislast **835** 44
Deliktshaftung **835** 33
Schutzgesetzverletzung **835** 34
Drückjagd **835** 33
Ersatzberechtigung **835** 31
Ersatzpflicht **835** 1 f, 30, 32
Jagdaufseher **835** 26, 30
Jagdgast **835** 26, 30
Jagdgehilfe **835** 26
Gesellschaftsjagd **835** 33
Grundstücksbeschädigung **835** 27
Jagdausübung, missbräuchliche **835** 28 ff
Regress **835** 26, 30
Rücksichtnahmepflicht **835** 26, 29
Suchjagd **835** 29
Tierhalterhaftung **835** 38
Treibjagd **831** 66; **835** 29 f, 33, 44
Vorverfahren **835** 42
Zumutbarkeit des Schadens **835** 29
Zuständigkeit, sachliche **835** 43

Jagdschutz
Zwangsmaßnahmen **835** 40
Jagdunfall
Deliktshaftung **835** 33
Japan
Geschäftsherrnhaftung **831** 134
Jauchegruben
Werkeigenschaft **836** 19
Jugendliche
s Kinder
Juristische Personen
Gebäudehaftung **836** 97 f
Haftungsausschluss **831** 42
Verrichtungsgehilfen **831** 61
Organhaftung **831** 42
Juristische Person des öffentlichen Rechts **831** 42
Mitursächliches Verhalten **831** 39
Organisationsverschulden
s dort
Tierhaltereigenschaft **833** 116
Nutztierhaltung **833** 124
Verrichtungsgehilfen **831** 11

Kampfhunde
s Hunde
Kanalschachtbeispiel
Alternativtäter, Schadensverursachung **830** 96 ff
Kanarienvögel
Haustiereigenschaft **833** 119
Kaninchen
Haustiereigenschaft **833** 119, 129
Wildschadensersatz **835** 5, 19, 22
Schutzmaßnahmen **835** 19
Katzen
Beaufsichtigungspflicht **833** 186
Haustier **833** 119
Mitverschulden des Verletzten **833** 201
Nutztiereigenschaft **833** 135, 186
Straßenverkehr **833** 186
Streunende **834** 15
Tiergefahr **833** 44
Tierhaltereigenschaft **833** 86
Tierhütereigenschaft **834** 15
Kauf
Tierhaltereigenschaft **833** 105
Kauf auf Probe
Tierhaltereigenschaft **833** 105
Kausalität
Alternative **830** 67, 75, 83, 87, 90; **835** 26
Anteilszweifel **830** 68
Beteiligte, mehrere **830** 66
Haftungsausfüllende **830** 1
Haftungsbegründende **830** 1
Kausalitätsverdacht **830** 20
Kumulative **830** 68 f, 75, 83, 87, 90
Mittäterschaft **830** 2, 13, 19, 25
Beweislastumkehr **830** 20

Kausalität (Forts)
Tatbeitrag, objektiver **830** 13
Potentielle **830** 75, 87 ff, 105, 110
Tierhalterhaftung **833** 23 ff
Urheberzweifel **830** 67
Verschuldensprinzip **830** 14
Kernanlagen
Haftung **831** 51
Kinder
s a Minderjährige
Alter **832** 58 f
Altersgruppen **832** 61, 81
Aufsichtsmaßnahmen
s Aufsichtspflicht
Aufsichtspflicht **832** 11 ff
s a dort
Übernahme, vertragliche **832** 29 ff
– Stiefkind **832** 37
Aufsichtsübernahme durch **832** 116
Bauernhof, Aufenthalt auf **832** 68
Besuche, gegenseitige **832** 36
Charakter **832** 58 f, 62 f
Deliktsfähigkeit **832** 49, 51, 61, 175
Einsichtsfähigkeit **832** 51, 63, 69
Elterliche Sorge
s dort
Entwicklungspsychologie **832** 61, 97, 102
Entwicklungsstand **832** 58 f, 64, 82, 91
Erziehung **832** 78 ff, 177
Erziehungshilfe **832** 90, 95
Erziehungsstand **832** 59, 62 f, 82
Fahrradfahren **832** 61 f, 64, 102
Ferienlager, Aufenthalt im **832** 68
Feuer, Umgang mit **832** 69, 73, 109, 114
Feuerwerkskörper **832** 109
Freiräume **832** 81 f, 91, 177
Freizeitbad, Aufenthalt im **832** 61, 68
Freizeitgestaltung **832** 108
Fußballspielen **832** 64, 98
Fußgänger **832** 100 f
Garten, Aufenthalt im **832** 68
Gefährliche Gegenstände **832** 69, 94, 107 f
Gefahr, Umgang mit **832** 81, 91
Gesetzliche Vertreter, Haftung des Kindes
für **831** 61
Grundstück, eingefriedetes **832** 68
Gruppendynamik **832** 61, 68, 97
Haftpflichtversicherung **832** 176
Hausarrest **832** 95
2-jährige **832** 68, 97, 101, 109, 111a
4-jährige **832** 48, 61, 68, 100 f, 103, 109, 111a
5-jährige **832** 61, 97, 100 f
6-jährige **832** 61, 66, 68, 73, 102 f, 109
7- bis 9-jährige **832** 61, 69, 81, 97, 100 f, 103, 109 f
10-jährige **832** 102
11-jährige **832** 61, 66, 103, 106
12-jährige **832** 48, 61, 69, 102, 109 f

Kinder (Forts)
13-jährige **832** 61
14-jährige **832** 106
17-jährige **832** 9, 61, 83, 85, 96, 105, 111
Jugendliche **832** 61, 73, 83, 110
Jugendjagdschein **832** 111
Sorgfaltsanforderungen **832** 51
Kaufhaus, Aufenthalt im **832** 68
Kickboard **832** 103
Kinderheim **832** 31, 38 f, 63
Kleinkinder **832** 48, 61, 68 f
Straßenverkehr **832** 97, 101
Überwachung **832** 93, 111a
Zündmittel **832** 109
Krankenhausaufenthalt **832** 39
Messer **832** 69
Persönlichkeitsentwicklung **832** 81, 90
Pflegschaft **832** 15
Pflichtversicherung **832** 176
Roller **832** 103
Rollerskates **832** 103
Rollschuhe **832** 104
Schadensgeneigtheit des Umfelds **832** 68 f
Schlitten **832** 111a
Schulweg **832** 61, 100 ff
Schusswaffen, Umgang mit **832** 58, 107, 111, 162
Spielplatz, Aufenthalt auf **832** 68
Spielzeug, gefährliches **832** 107
Stahlrohrroller **832** 103
Straßenverkehr **832** 68, 97 ff
s a dort
Gehweg **832** 99, 102
Straßenüberquerung **832** 48, 61, 68, 97, 100 f, 106, 172
Überwachung **832** 61, 74, 76, 111a
Unterbringung **832** 95
Verhalten, Gefährlichkeit **832** 62 ff, 68
Vorverhalten **832** 58, 62
Verhaltensauffälligkeiten **832** 59, 62, 74, 93
Verkehrserziehung **832** 101, 114
Verkehrsraum, öffentlicher **832** 68
Verkehrsteilnehmer **832** 102
s a Straßenverkehr
Verrichtungsgehilfeneigenschaft **831** 66
Vormundschaft **832** 16
Zeltlager **832** 39
Zündelneigung **832** 64, 69, 74, 93, 109 f
Kinderarzt
Verrichtungsgehilfe des Krankenhausträgers **831** 66
Kinderbetreuer
Schwarzarbeit **832** 40
Verrichtungsgehilfeneigenschaft **831** 66
Kindergärten
Gebäudehaftung **836** 91
Kindergärtnerin
Aufsichtsübernahme, vertragsmäßige **832** 38

Kindergeburtstag
  Aufsichtsübernahme **832** 36
Kinderheim
  Aufsichtsübernahme **832** 31, 38 f, 63
Kinderpflegerin
  Aufsichtsübernahme, vertragsmäßige
  832 38
Kindertagesstätte
  Aufsichtsmaßnahmen **832** 90
  Aufsichtsübernahme **832** 40
  Erziehungsauftrag **832** 77, 80
Kleinkinder
  s Kinder
Klinik
  s Krankenhaus
Klinik, psychiatrische
  s Psychiatrische Klinik
Körperschaft
  s a Juristische Personen
  Eigenverschulden **831** 42
  des öffentlichen Rechts **836** 98
  Organhaftung **831** 42
  Organisationsverschulden **831** 9, 11, 42
  Sondervertreter **831** 9
  Verfassungsmäßiger Vertreter **831** 9
  Verein, nicht rechtsfähiger **831** 42
Körperverletzung von Menschen
  Tierhalterhaftung **833** 21 f
Kommanditgesellschaft
  Organhaftung **831** 42
  Organisationsverschulden **831** 11
Konsiliararzt, niedergelassener
  Verrichtungsgehilfe des Krankenhausträgers **831** 66
Kraftfahrer
  Abweichen vom Auftrag **831** 90
  Auswahl **831** 94
  Eignung, charakterliche **831** 106
  Eignung, fachliche **831** 106
  Eignung, körperliche **831** 106
  Fahrlehrer **831** 66, 94
  Firmenchauffeur **831** 66
  Gabelstaplerfahrer **831** 106
  Gerätschaften **831** 111
  Geschäftsführung ohne Auftrag **832** 175
  Lastkraftfahrer **831** 90, 106
  Mitnahme betriebsfremder Personen
  831 91
  Schwarzfahrten **831** 106
  Taxifahrer **831** 66
  Übertragungssorgfalt **831** 104
  Überwachungssorgfalt **831** 106
    Außerbetrieblicher Bereich **831** 106
    Innerbetrieblicher Bereich **831** 106
  Verrichtungsgehilfeneigenschaft **831** 66
  Zuverlässigkeitsprüfung **831** 103
Kraftfahrzeughalterhaftung
  Beteiligung mehrerer **830** 86
  Betriebsgefahr **833** 209

Kraftfahrzeughalterhaftung (Forts)
  Geschäftsführung ohne Auftrag **832** 175
  Hilfspersonen, Einstandspflicht für **831** 50
  Kausalität, potentielle **830** 89
  Pflichtversicherungsgesetz **831** 47a
  Schwarzfahrt **831** 88 ff
  Zulassung von Fahrten **831** 92
Kran
  Werkeigenschaft **836** 18 f, 35
Kranführer
  Verrichtungsgehilfeneigenschaft **831** 66
Krankenhaus
  Aufsichtspflicht **832** 120, 163
  Aufsichtsübernahme, vertragliche
  832 39, 76
  Anspruchskonkurrenz **832** 164
  Organisationsverschulden **832** 120, 164
  Personal **832** 38 f
  Überwachungspflicht **831** 106
  Verkehrssicherungspflicht **832** 163
  Verrichtungsgehilfe der Eltern **832** 164
Krankenhausarzt
  Verrichtungsgehilfe des Krankenhausträgers **831** 66
  Belegarzt **831** 66
  Konsiliararzt, niedergelassener **831** 66
Krankenschwester
  Injektionen, Verabreichung **831** 106
  Medizinische Geräte, Bedienung **831** 106
  Verrichtungsgehilfeneigenschaft **831** 66
Krankentransport
  Überwachungspflicht des Geschäftsherrn
  831 106
Kreditvermittler
  Verrichtungsgehilfeneigenschaft **831** 66
Kühe
  s Rinder
Kutscher
  Tiergefahr **833** 33, 55
  Tierhütereigenschaft **834** 21

Landesrecht
  Gebäudehaftung **836** 102
  Gefährliche Hunde **833** 4
  Jagdrecht **835** 1
Landwirt
  Nutztierhaltung **833** 130 f
  Tierhüter **834** 22
  Verrichtungsgehilfeneigenschaft **831** 66
Lastschriftverfahren
  Anstiftung **830** 37
Lasttiere
  Nutztiereigenschaft **833** 130
Lehrer
  Aufsichtspflicht **832** 22, 167
  Amtspflicht **832** 22, 166
Lehrlinge
  Aufsichtspflicht **832** 21

Leiharbeit
  Auswahlsorgfalt **831** 65
  Einweisung **831** 65
  Entleiher **831** 65
  Geschäftsherren, mehrere **831** 65
  Überwachung **831** 65
  Verleiher **831** 65
    Haftung **831** 66
Leihe
  Tiernutzungsüberlassung **833** 104
Leitungen
  Werkeigenschaft **836** 19
Leitungssorgfalt
  Durchführung der Verrichtung **831** 107
  Erforderlichkeit **831** 107
    Beweislast **831** 107
  Gefährliche Tätigkeiten **831** 107
  Umfang **831** 107
  Verrichtungsperson, Eigenschaften **831** 107
Leuchtfeuer
  Gebäudehaftung **836** 33
Leutehaftung
  Frachtführer **831** 46
  Jagdschadenshaftung **835** 26
  Luftfrachtführer **831** 45
  Spediteur **831** 46
Lkw-Fahrer
  s Kraftfahrer
Lotsen
  Haftung für **831** 44
Luftfrachtführer
  Haftung **831** 45
  Warschauer Abkommen **831** 45
Luxustiere
  Brauereipferde **833** 129
  Gefährdungshaftung **833** 5
  Gefährliche Hunde **833** 4
  Haustiere **833** 123
  Jagdhund **833** 129
  Reitpferde **833** 125 f
  Tierhalterhaftung **833** 7

Markenrechtsverletzung
  Geschäftsinhaber, Haftung **831** 49
  Schadensersatz **831** 49
Marktanteilshaftung
  Arzneimittelhaftung **830** 109 ff
Massehaftung
  Handlungen des Insolvenzverwalters **831** 54
Massenkarambolage
  s Massenschäden
Massenschäden
  Arzneimittelhaftung **830** 108 f
  Contergan-Schäden **830** 113
  HIV-Schäden **830** 113
  Massenkarambolage **830** 107
  Produkthaftung **830** 108 ff

Massenschäden (Forts)
  Schadensausgleich **830** 106
Medizinisches Hilfspersonal
  Injektionen, Verabreichung **831** 106
  Medizinische Geräte, Bedienung **831** 106
Meerschweinchen
  Haustiereigenschaft **833** 119
Messezelt
  Werkeigenschaft **836** 19
Metzger
  Tierhalter **833** 86, 96
Miete
  Gebäudebesitzer **837** 7
  Gebäudehaftung **836** 62
  Gebäudeunterhaltungspflicht **838** 7
  Obhutspflichten **831** 28; **832** 163
  Tiernutzungsüberlassung **833** 88, 104
  Vertrag mit Schutzwirkung zugunsten Dritter **831** 33
Mikroorganismen
  Beschäftigtenschutz **833** 20
  Infektionsschutz **833** 20
  Tierbegriff **833** 8 ff
  Tierhalterhaftung **833** 9 f
  Tierseuchen **833** 20
Minderjährige
  s a Kinder
  Alter **832** 9
  Aufsichtsbedürftigkeit **832** 1, 9, 61, 63
  Begleitetes Fahren mit 17 **832** 105
  Billigkeitshaftung **832** 168
  Eigenhaftung **832** 61, 85, 168
  Entwicklung, individuelle **832** 9
  Kraftfahrzeugführung, gestattete **832** 105
  Personensorge **832** 11
  Psychisch Kranke **832** 86
  Schüler **832** 22
  Soldaten **832** 23
  Straffällige **832** 63, 73, 80
  Strafgefangene **832** 23
  Tierhaltereigenschaft **833** 113 ff
  Verheiratete **832** 13
  Volljährigkeit, bald eintretende **832** 9, 61, 83, 85, 96, 105, 111
Mitbesitz
  Gebäudehaftung **836** 68 ff
Miterben
  Gebäudehaftung **836** 63 ff
  Verrichtungsgehilfeneigenschaft **831** 66
Mittäterschaft
  Begriff **830** 10 ff, 21
  Beweislast **830** 22, 25
  Delikt, fahrlässiges **830** 16
  Deliktsunfähigkeit **830** 60
  Demonstration, unfriedliche **830** 50 ff
  Entschluss, gemeinschaftlicher **830** 12
  Exzess des Mittäters **830** 58
  Gefährdungshaftung **830** 56
  Haftungsbegründung **830** 14

Mittäterschaft (Forts)
Handlungswille, gemeinsamer **830** 12, 18
Kausalität **830** 2, 19, 25
Rechtswidrigkeit **830** 59
Schadensverursachung **830** 7
Strafrecht **830** 11, 21
   animus-Theorie **830** 21
   Beurteilung, abweichende **830** 64
   Tatherrschaftslehre **830** 21
Tatbeitrag, objektiver **830** 11
   Demonstranten **830** 51 f
   Kausalität **830** 13
Tatentschluss **830** 33
   Demonstranten **830** 51 f
Tatwille **830** 18
Unterstützungsbeitrag **830** 11
   Psychischer **830** 11
Verantwortlichkeit **830** 2
Verursachungsbeitrag **830** 7
Vorsatz **830** 8, 11 f, 16 ff
Mittelbare Täterschaft
Deliktsunfähigkeit **830** 60
Schutzgesetzverletzung **830** 46
Mitverschulden
Aufsichtspflichtverletzung **832** 39, 153 f, 172, 174
   Aufsichtspflichtiger **832** 172 ff
Beteiligung mehrerer **830** 61, 84 f
Gebäudehaftung **836** 16, 57 ff
Gehilfenverhalten **831** 40
Geschäftsherrnhaftung **831** 39 f, 55
Mehrere Beteiligte **830** 61, 84
Schadensteilung **831** 40
Tierhalterhaftung **833** 49, 64, 66, 168, 171, 188, 197 ff, 205 f
Verrichtungsgehilfe **831** 39
Verschuldensgrad **831** 40
Wildschadenshaftung **835** 18 f
Mündel
Gesetzliche Vertreter, Verrichtungs-
   gehilfeneigenschaft **831** 61
Muffelwild
Wildschadensersatz **835** 5
Mutter
Sorgerecht **832** 15

Nachbarn
Aufsichtsübernahme **832** 35, 112, 164
   Geschäftsführung ohne Auftrag **832** 35
Nachbarrecht
Ausgleichsanspruch **836** 13, 15
Nachbargrundstück, Einsturzgefahr von Gebäuden auf **836** 54
Narrenzunft
Tierhalter **833** 81, 90
Naturkatastrophe
Gebäudehaftung **836** 33, 75

Nebentäterschaft
Aufsichtsbedürftiger, Schädigung durch Aufsichtspflichtigen und Dritten **832** 170
Gesamtschuldnerische Haftung **830** 6
Kausalität **830** 65
Potentielle **830** 65, 70
Niederlande
Gebäudehaftung **836** 1, 7, 104
Nießbrauch
Gebäudebesitzer, Haftung **837** 6
Gebäudeunterhaltungspflicht **838** 8
Tiernutzungsüberlassung **833** 104
Nötigung
Demonstration, unfriedliche **830** 50
Nordischer Rechtskreis
Entlastungsbeweis **831** 132
Nutztiere
Beaufsichtigung
   s Tierhalterhaftung
Begriff **833** 6
Entlastungsbeweis **833** 146 ff
Gefährliche Hunde **833** 145
Tierhalterhaftung **833** 6 f, 117 ff
   Entlastungsbeweis **833** 146
   – Beaufsichtigung des Tieres **833** 147 ff
   durch Dritte **833** 152 ff
Wachhunde **833** 136 ff
Zugtiere **833** 7
Zweckbestimmung **833** 123, 142 ff
   Beruf des Tierhalters **833** 122, 124, 127 f
   – Juristische Personen **833** 124
   – Staat **833** 124
   Beweislast **833** 141
   Erwerbstätigkeit des Tierhalters **833** 122, 129 ff
   Unterhalt des Tierhalters **833** 122, 139

Obhut
Gefährliche Personen **832** 158
Tatsächliche **832** 8
Obhutspflichten
Vertragshaftung **831** 28; **832** 163
Obhutsübernahme
Aufsichtspflicht, vertragliche **832** 39
Obstgärten
Wildschadensersatz **835** 19
Öltank
Werkeigenschaft **836** 19
Österreich
Entlastungsbeweis **831** 132
Gebäudehaftung **836** 62
Offene Handelsgesellschaft
Gesellschafter, Verrichtungsgehilfeneigenschaft **831** 66
Organhaftung **831** 42
Organisationsverschulden **831** 11
Omnibus
Überwachungspflicht des Geschäftsherrn **831** 106

Ordnungsgemäßes Verhalten
  Beweislast **831** 77
  Rechtfertigungsgrund **831** 77
Organbestellung
  Organisationspflicht, körperschaftliche **831** 9
Organgemeinschaft
  Verrichtungsgehilfeneigenschaft der Organmitglieder **831** 66
Organhaftung
  Fiktionshaftung **831** 42
  Gesellschaft bürgerlichen Rechts **831** 42
  Haftungskonzept **831** 5
  Juristische Personen des öffentlichen Rechts **831** 42
  Verfassungsmäßig berufene Vertreter **831** 42
  Vorstandsmitglieder **831** 42
Organisationshaftung
  Geschäftsherrnhaftung, Reform **831** 133 f
Organisationspflichten
  Aufsichtspflicht **832** 74, 120 f, 124 ff, 129 f, 134, 164
  Betriebliche **831** 9, 12
  Delegierung **831** 11, 21
  Körperschaftliche **831** 9, 12
  Organisationsverschulden
    s dort
  Verkehrssicherungspflichten **831** 11 f, 20
Organisationsrisiko
  Einstandspflicht **831** 5
Organisationsverschulden
  Anscheinsbeweis **831** 21, 122
  Anspruchskonkurrenz **832** 164
  Aufsichtsanweisungen, allgemeine **831** 20
  Betriebliches **831** 19 f
  Geschäftsherr **831** 10, 19, 123
    Geschäftsherrnhaftung, Reform **831** 133
  Körperschaftliches **831** 9, 11, 42
  Selbständigkeit **831** 21

Pacht
  Gebäudebesitzer **837** 7
  Gebäudehaftung **836** 62
  Gebäudeunterhaltungspflicht **838** 7
  Jagdpacht
    s dort
  Tiernutzungsüberlassung **833** 104
Papageien
  Haustiereigenschaft **833** 119
  Tierhalter **833** 86
Pariser Übereinkommen
  Kernanlagen, Haftung für **831** 51
Parteierweiterung
  Aufsichtspflichtverletzung **832** 168
Parteivernehmung
  Aufsichtspflichtverletzung **832** 109, 142
Pelztiere
  Haustiereigenschaft **833** 118

Persönlichkeitsentwicklung
  Aufsichtsbedürftige **832** 81, 90
Persönlichkeitsrecht
  s Allgemeines Persönlichkeitsrecht
Personalakten
  Einsichtsrecht des prospektiven Arbeitgebers **831** 103
Personalleiter
  Dezentraler Entlastungsbeweis **831** 120, 122
  s a Entlastungsbeweis
Personalrisiko
  Einstandspflicht **831** 5
Personenbeförderung
  Überwachungspflichten des Geschäftsherrn **831** 106
Personensorge
  Aufsichtspflicht **832** 11
  Beistand **832** 17
  Betreuer **832** 24 f
  Betreuungshelfer **832** 17
  Elterliche Sorge **832** 12, 14, 18
  Erziehungsbeistand **832** 17
  Gegenvormund **832** 17
  Pfleger **832** 16, 24
  Umgangsrecht **832** 14, 18
  Vormund **832** 16
Pfadfinderlager
  Aufsichtsübernahme **832** 39
Pfandgläubiger
  Tierhalter **833** 90, 93
Pferde
  Beaufsichtigungspflicht **833** 162
  Dienstpferde **833** 116; **834** 18
  Gespann **833** 25, 47, 129, 148, 156 ff, 200, 202
    Kutscher **834** 21
    Überwachungspflicht des Geschäftsherrn **831** 106
  Handpferde **833** 158
  Haustier **833** 124
  Luxustier **833** 124, 126
  Nutztiereigenschaft **833** 125 f, 143
  Pensionspferde **831** 66
  Pferdefuhrwerk
    s Gespann
  Polizeipferde
    s Dienstpferde
  Reitpferde **831** 66; **833** 75, 99, 125, 134, 159, 202
    Vermietung **833** 134
  Rennpferde **833** 133
  Schulpferde **833** 90
  Springpferde **833** 133
  Straßenverkehr **833** 155 ff
    Verkehrssicherheit **833** 156 f
  Stürzende **833** 47
  Tiergefahr **833** 12, 47
  Tierhalter **833** 86

Pferde (Forts)
  Haftung **833** 188
  Vermietung **833** 134
  Weidesicherung **833** 160 ff
Pferdepfleger
  Tierhütereigenschaft **834** 20
Pflegeeltern
  Aufsichtsübernahme, vertragsmäßige **832** 37
Pflegeheim
  Aufsichtsübernahme **832** 39
  Verkehrssicherungspflicht **832** 156 f
Pflegepersonal
  Aufsichtsübernahme, vertragsmäßige **832** 38 f, 164
Pfleger
  Aufsichtspflicht **832** 16, 19, 24
    Aufsichtsbedürftigkeit des Pfleglings **832** 10
    Mehrere Aufsichtsbedürftige **832** 47, 174
    Ruhen **832** 19
  Personensorge **832** 16
Pflichtdelikt
  GmbH, Zahlungsunfähigkeit **830** 34
  Vorsatz **830** 46
Pflichtversicherungsgesetz
  Gehilfenhaftung **830** 48
Polizeihunde
  s Diensthunde
Polizeipferde
  s Dienstpferde
Positive Vertragsverletzung
  Beweiserleichterung **831** 24
  Geschäftsherrnhaftung, Reform **831** 133 f
  Vertragshaftung **831** 27, 30
Preußisches Allgemeines Landrecht
  Geschäftsherr, Ersatzpflicht **831** 1
Principles of European Tort Law
  Haftung für Hilfspersonen **831** 134
Produkthaftung
  Anscheinsbeweis **831** 21
  Kausalitätsvermutung **831** 10
  Marktanteilshaftung **830** 109
  Massenschäden **830** 108
  Verschuldensvermutung **831** 10
Psychiatrische Klinik
  Aufsichtspflicht **832** 39
Psychisch Kranke
  Aufsichtspflicht **832** 70, 77, 86, 90
  Gemeingefährlichkeit **832** 86
  Menschenwürde **832** 86
  Persönlichkeitsrecht **832** 70, 86
  Psychisch-Kranken-Gesetze **832** 77, 86, 90
  Therapieerfordernisse **832** 70, 77, 86, 89
Psychische Beihilfe
  s Beihilfe

Raben
  Haustiereigenschaft **833** 119
Rahmenrechte
  Rechtswidrigkeit **831** 69
Rathilfe
  Kausalität **830** 43
Rechtsanwalt
  Haftung **831** 66
  Verrichtungsgehilfeneigenschaft **831** 66
Rechtsanwaltssozietät
  Scheinsozius, Haftung **831** 42
Rechtsvereinheitlichung, internationale
  Geschäftsherrnhaftung, Reform **831** 132, 134
Rechtswidrigkeit
  s a Widerrechtlichkeit
  Anstiftung **830** 59
  Beihilfe **830** 59
  Beteiligung mehrerer **830** 80
  Mittäterschaft **830** 59
  Verkehrsrichtiges Verhalten
    s dort
  Verrichtungsgehilfenhandeln **831** 68 ff
Reeder
  Haftung für Hilfspersonen **831** 16, 44
Rehwild
  Wildschadensersatz **835** 5
Reiseveranstalter
  Leistungsträger, Verrichtungsgehilfeneigenschaft **831** 66
Reiter
  Anfänger **833** 24
  Mitverschulden **833** 198 ff
  Tierhüter **834** 22
  Verletzung durch Pferd **833** 188 ff
Reitlehrer
  Tierhütereigenschaft **834** 22
Reitpferde
  s Pferde
Reitverein
  Nutztiere **833** 125
  Tierhaltereigenschaft **833** 86, 125
Rennpferde
  Nutztiereigenschaft **833** 133
Repräsentantenhaftung
  Haftpflichtgesetz **831** 47
  Jagdschadensersatz **835** 26
  Organhaftung **831** 42
  Verrichtungsgehilfenhaftung **831** 134
Restaurantführer
  Testesser **831** 66, 86
Rinder
  Kalben **833** 48
  Nutztiereigenschaft **833** 131
  Straßenverkehr **833** 177 f
  Tierhalter **833** 86
  Weidesicherung **833** 172 ff
Römisches Recht
  actio de pauperie **833** 1, 61

Römisches Recht (Forts)
  Gebäudehaftung **836** 1
  Hilfspersonen, Haftung für **831** 1
  Noxalhaftung **831** 1
  Tier, Beschädigung durch ein **833** 1
  Tierverschulden **833** 61
  Wildschadensersatz **835** 1
Rohbauten
  Gebäudehaftung **836** 17
Romanischer Rechtskreis
  s a Frankreich
  Geschäftsherrnhaftung **831** 134
Rotwild
  Wildschadensersatz **835** 5
Rügepflichtverletzung
  Deliktische Ansprüche **831** 36
Ruinen
  Gebäudehaftung **836** 9, 17

Sachbearbeiter
  Unerlaubte Handlung, Zurechnung **831** 42
Sachbeschädigung
  Nutz- und Gebrauchswert, Beeinträchtigung **833** 22
  Sachentziehung **833** 22
  Tierhalterhaftung **833** 21 f
Sachen, bewegliche
  Beweislastverteilung entsprechend Gebäudehaftung **836** 13
Sachsenspiegel
  Jagdrecht **835** 1
  Rücksichtnahmepflicht **835** 26
Schadensausgleich, innerbetrieblicher
  s Innerbetrieblicher Schadensausgleich
Schadensschätzung
  Beteiligung mehrerer **830** 69
Schäfer
  Tierhüter **834** 22
  Verrichtungsgehilfeneigenschaft **831** 66
Schafe
  Beaufsichtigungspflicht **833** 180
  Straßenverkehr **833** 181
  Weidesicherung **833** 182
Schalenwild
  Wildschadensersatz **835** 5
Schaukel
  Werkeigenschaft **836** 19
Schienenverkehr
  Betreiberhaftung **831** 47
  Überwachungspflichten **831** 106
Schiffe
  Beweislastverteilung entsprechend Gebäudehaftung **836** 13
Schifffahrt
  Ausrüsterhaftung **831** 44
  Haftung, adjektizische **831** 44, 55
  Binnenschifffahrt **831** 44
  Himalaya-Klausel **831** 44
  Lotsen **831** 44

Schifffahrt (Forts)
  Reederhaftung **831** 44, 133
  Haftung, adjektizische **831** 16, 44, 55
  Schiffszusammenstoß **831** 44
  Weisung **831** 44
  Schiffsbesatzung **831** 44
  Verfrachterhaftung **831** 44
Schiffseigner
  Haftung für Hilfspersonen **831** 16, 44
Schild
  Werkeigenschaft **836** 18 f
Schildkröten
  Tierhalterhaftung **833** 13
Schlachtvieh
  Nutztiereigenschaft **833** 130
  Transport **833** 179
Schleusenanlage
  Werkeigenschaft **836** 19
Schmerzensgeld
  Tierhüterhaftung **834** 4
Schnecken
  Tierhalterhaftung **833** 13
Schnee
  Gebäudebesitzer, Haftung **836** 26
Schrebergärten
  Wildschadensersatz **835** 19
Schreckreaktion, menschliche
  Tierhalterhaftung **833** 26
Schüler
  Aufsichtsbedürftigkeit **832** 22
Schulbus
  Überwachungspflicht des Geschäftsherrn **831** 106
Schuldprinzip
  s Verschuldensprinzip
Schule
  Erziehungsauftrag **832** 80, 90
  Gebäudehaftung **836** 91
Schulpferde
  s Pferde
Schulweg
  Aufsichtspflicht **832** 61, 100 ff
Schusswaffen
  Aufsichtspflicht **832** 58
  Jagdunfälle **835** 33
Schutzgesetzverletzung
  Anstiftung **830** 31
  Fahrlässigkeitsdelikt **830** 35
  Mittelbare Täterschaft **830** 46
  Verrichtungsgehilfe **831** 2
Schutzwirkung
  s Vertrag mit Schutzwirkung zugunsten Dritter
Schutzzweck der Norm
  Gebäudehaftung **836** 30, 37, 45 ff
  Übernehmerhaftung **831** 126
Schwägerin/Schwager
  Aufsichtsübernahme **832** 116

Schwarzarbeit
  Kinderbetreuung **832** 40
Schwarzfahrt
  Anstiftung **830** 37
  Geschäftsherrnhaftung **831** 88
  Halterhaftung **831** 88
  Überwachungssorgfalt **831** 106
  Umweg **831** 90
Schwarzwild
  Wildschadensersatz **835** 5 f, 22, 33
  Schutzmaßnahmen **835** 19
Schwebebahn
  Betreiberhaftung **831** 47
Schweden
  s a Nordischer Rechtskreis
  Geschäftsherrnhaftung **831** 134
Schweiz
  Befreiungsbeweis **831** 134
  Entlastungsbeweis **831** 132, 134
  Gebäudehaftung **836** 1, 7, 104
  Kausalhaftung **836** 2
  Geschäftsherr, Ersatzpflicht **831** 1
Seehandel
  s Schifffahrt
Selbständige
  s a Unternehmer
  Autonome Tätigkeit **831** 57, 59 f
  Verrichtungsgehilfe **831** 60
Selbstverletzung
  Ersatzanspruch **830** 84, 107
Seniorenwohnheim
  Aufsichtsübernahme **832** 39
  Gefahrabwendungspflicht **832** 39
Sexuelle Belästigung
  Schutzpflichten des Arbeitgebers **831** 54a
Sikawild
  Wildschadensersatz **835** 5
Singvogel
  Haustiereigenschaft **833** 119
  Tierhalter **833** 86
Sonderverbindung
  Aufsichtspflicht, Übernahme **832** 124, 174
  Geschäftsherrnhaftung **831** 5, 23, 37, 39, 44, 53, 122, 133
  Insolvenzrecht **831** 54
Sorgfalt, eigenübliche
  Schädigung durch Aufsichtspflichtigen **832** 169 f, 173, 177
Sozialversicherungsträger
  Ersatzanspruch, Legalzession **832** 171
Spanien
  Gebäudehaftung **836** 61
Spediteur
  Erfüllungsgehilfen, Haftung für **831** 46
  Leutehaftung **831** 46
Spezialtransport
  Überwachungspflicht des Geschäftsherrn **831** 106

Spielstraße
  Aufsichtspflicht **832** 61
Spielzeug
  Gefährliches **832** 107
Sportbootexplosion
  Beweislastverteilung entsprechend
  Gebäudehaftung **836** 13
Springpferd
  Nutztiereigenschaft **833** 133
Staat
  Amtshaftung **831** 42; **834** 18
  s a dort
  Tierhaltereigenschaft **833** 116; **834** 18
  Nutztierhaltung **833** 124
  Unternehmen, Haftung **831** 66
Stallburschen
  Tierhütereigenschaft **834** 20
Stalltiere
  Fernhalten von der Straße **833** 150, 184
Statiker
  Verrichtungsgehilfeneigenschaft **831** 60, 66
Steinbruch
  Betreiberhaftung **831** 47
Steinwild
  Wildschadensersatz **835** 5
Stiefelternteil
  Aufsicht, tatsächliche **832** 8
  Aufsichtsübernahme, vertragsmäßige **832** 37
  Schadensabwendungspflicht **832** 159
Stiefkind
  Aufsichtsübernahme durch Stiefelternteil **832** 37
Stiere
  Tierhalter **833** 86
Strafrecht
  animus-Theorie **830** 21
  Anstiftung **830** 21
  Schuldform **830** 32
  Beihilfe **830** 21, 47
  Gehilfe **830** 38
  Mittäterschaft **830** 11, 21, 47
  Tatherrschaftslehre **830** 21
  Täterschaft/Teilnahme, Abgrenzung **830** 27
Strafvereitelung
  Anstiftung **830** 49
  Beihilfe **830** 49
Straßenlaternen
  Werkeigenschaft **836** 19
Straßenverkehr
  s a Verkehrsunfall
  Begleitetes Fahren mit 17 **832** 105
  Gefahrträchtigkeit **832** 68 f
  Haustiere **833** 150, 184
  Hunde **833** 164, 169 ff
  Katzen **833** 186
  Kinder **832** 61, 68 f, 97 ff

Straßenverkehr (Forts)
Begleitung durch Erwachsene **832** 100 ff
Entwicklungspsychologie **832** 97
Erkennbarkeit für Autofahrer **832** 97, 100
Fahrradfahren **832** 61 f, 64, 102
Fußgänger **832** 100 f
Kleinkinder **832** 48, 68, 97
– im Kraftfahrzeug **832** 106
Landwirtschaft **832** 106
Rollerfahren **832** 103
Schulpflichtige **832** 102
Schwarzfahrten mit Kfz des Aufsichtspflichtigen **832** 105
Überwachung **832** 61, 68 f
Verkehrserziehung **832** 101 f
Kraftfahrzeugführung, gestattete **832** 105
Kraftfahrzeughalterhaftung **830** 86
Massenkarambolage **830** 107
Pferde **833** 155 ff
Schadensgeneigtheit **832** 68 f
Schienenverkehr **831** 106
Spielstraße **832** 61, 102
Stalltiere **833** 150, 184
Tempo-30-Zone **832** 61, 97, 102
Tiere **833** 150, 184 f; **835** 7
Sorgfaltsanforderungen des Tierhalters **833** 150
Verkehrsberuhigte Zone **832** 61, 97, 102
Verkehrsrichtiges Verhalten **831** 76 f, 116
Viehtrieb **833** 177 f, 181
Wildwechsel **835** 7, 33 ff
Streichhölzer
s a Zündeln
Aufsichtspflicht **832** 58, 61, 69, 109
Streik
Fluglotsenstreik **830** 48
Gewerkschaft, Gehilfenhaftung **830** 48
Streitverkündung
Aufsichtsübernahme **832** 40
Gebäudehaftung **836** 68
Übernehmerhaftung **831** 123
Wildschadenshaftung **835** 9
Streupflicht
Beteiligte **830** 118
Verrichtungsgehilfenhaftung **831** 21, 66, 121
Überwachungspflicht bei Übertragung **831** 106
Verkehrssicherungspflicht **831** 9
Study Group on a European Civil Code
Arbeitgeberhaftung **831** 134
Sturmschäden
Gebäudehaftung **836** 32
Anscheinsbeweis **836** 75
Beweislastverteilung **836** 13
Windstärken **836** 75
Subsidiaritätsklausel
Jagdgenossenschaft, Haftung **835** 9

Subunternehmer
Übernehmerhaftung **831** 129
Verrichtungsgehilfeneigenschaft **831** 66
Tätigkeitsdelikt, schlichtes
Anstiftung **830** 35
Tagesmutter
Aufsichtsübernahme, vertragsmäßige **832** 38
Anspruchskonkurrenz **832** 164
Tatentschluss
Anstiftung **830** 33
Taterfolg
Mittäterschaft **830** 11 ff, 16 ff
Tauben
Beaufsichtigungspflicht **833** 183
Flugsperrzeiten **833** 183
Taubstumme
Aufsichtsbedürftigkeit **832** 10
Taxifahrer
Überwachungspflicht des Geschäftsherrn **831** 106
Technische Normen
Gebäudehaftung **836** 31
Teilnahme
Anstiftung **830** 2, 28 ff
Beihilfe **830** 2
Strafrecht **830** 27
Zivilrecht **830** 27
Teilnehmerhaftung
Demonstration, unfriedliche **830** 50 ff
Tempo-30-Zone
Aufsichtspflicht **832** 61, 97
Terrasse
Werkeigenschaft **836** 19
Terrorangriff
Flughafenbetreiber, Haftung **831** 66
Testamentsvollstrecker
Haftung, persönliche **831** 62
Legalobligationen **831** 23
Tierarzt
Behandlungsfehler **830** 26
Tiere
Diebstahl **833** 109 f
Entlaufene **833** 106 f
Gefundene **833** 108
Gewicht **833** 46 f, 166
Gezähmte **833** 118
Größe **833** 46, 166
Haustiere
s dort
Luxustiere
s dort
Mikroorganismen **833** 8 ff
Nutztiere
s dort
Stürzende **833** 47 f
Tiergefahr
s dort

Tiere (Forts)
  Tierverschulden **833** 61
  Transport **833** 105
  Veräußerung **833** 86, 105
  Verkehrshindernis **833** 49 f
  Wild **833** 67; **835** 5
  Wilde Tiere **833** 118
  Zahme
    s Haustiere
Tiergefahr
  Anblick des Tieres **833** 51
  Anrechnung **830** 56
  Ausscheidungen **833** 13, 34, 38, 64
  Beweislastverteilung **833** 28
  Deckakt **833** 38, 60, 65 f
  Einwirkung, unbefugte **833** 59
  Erhöhte **833** 189, 192
  Gewöhnliche **833** 189, 192
  Haftungsgrund **833** 5, 11 ff, 28 ff
  Handeln auf eigene Gefahr **833** 189
  Krankheitsübertragung **833** 34, 63
  Leitung, menschliche **833** 55 ff
  Massewirkung, körperliche **833** 42 ff
  Mikroorganismen **833** 11 ff
  Schreckreaktion des Tieres **833** 44
  Tierverhalten, natürliches **833** 34 ff, 38, 60 ff
  Tierverhalten, selbsttätiges **833** 40 ff
  Tierverhalten, Unberechenbarkeit **833** 37 ff
  Tierverhalten, willkürliches **833** 29 ff
    Zwang, physiologischer **832** 32, 52 ff
  Werkzeug, Tier als **833** 31, 43 ff, 54
Tierhalter
  Begriff **833** 67 ff
  Besitz am Tier **833** 69, 71, 93 f
    Besitzentziehung **833** 109 f
    Besitzverlust **833** 106 f
    Mittelbarer **833** 97 f
    Unmittelbarer **833** 93 f
  Besitzdiener **833** 94
  Bestimmungsbefugnis **833** 69, 71, 100 f
    Bestimmung, unberechtigte **833** 110
  Deliktsfähigkeit **833** 113 ff
  Ehegatten **833** 78, 81, 91, 111
  Eigeninteresse **833** 68 ff, 83 ff, 191
    Arbeitsleistung des Tieres **833** 86
    Arbeitsvertrag **833** 103
    Auftragsvertrag **833** 103
    Dienstvertrag **833** 103
    Erzeugnisse des lebenden Tieres **833** 86
    Freude am Besitz/Umgang **833** 86
    Gefahrbeherrschung **833** 120, 191
    Geschäftsbesorgungsvertrag **833** 103
    Kauf **833** 105
    – Kauf auf Probe **833** 105
    – Tiere auf dem Transport **833** 105
    – Versendungskauf **833** 105
    Leihe **833** 104

Tierhalter (Forts)
    Mietvertrag **833** 104
    Nahrungsmittel, Verwendung des Tieres als **833** 86
    Nießbrauch **833** 104
    Nutzungsinteresse **833** 191
    Nutzungsüberlassung **833** 87 ff, 102, 104
    – Dauer **833** 92, 104
    – Nutzung, unberechtigte **833** 88
    Pacht **833** 104
    Veräußerung des Tieres **833** 86, 105
    Verwahrungsvertrag **833** 103
    Werkvertrag **833** 103
  Eigentum am Tier **833** 69, 71, 73, 95 f, 103 f
  Einstellen in den Haushalts- oder Wirtschaftsbetrieb **833** 99
  Einflussbereich **833** 99
  Eltern **833** 115
  Entlaufene Tiere **833** 106 f
  Entscheidungsgewalt **833** 69, 71 ff, 93 ff, 100 ff, 105
  Geerbte Tiere **833** 112
  Gefundene Tiere **833** 108
  Geschäftsfähigkeit **833** 113 ff
  Gesetzlicher Vertreter **834** 15, 17 f
  Gestohlene Tiere **833** 109 f
  Haftung **833** 2 f
    s a Tierhalterhaftung
  Herrschaft über das Tier **833** 71, 73
    Angemaßte **833** 110
  Idealverein **833** 86, 124 f
  Juristische Personen **833** 116
  Mehrere Personen **833** 87 ff, 102
  Minderjährige **833** 113 f
  Mithalter **833** 81, 87, 91, 102, 111
  Nutzung im Haushalts- oder Wirtschaftsbetrieb **833** 68, 80 f
  Obdach, Gewährung von **833** 68 f, 71, 74
  Tierschutzverein **833** 108
  Tierhüter **834** 6
  Tiertrainer **833** 82, 85
  Unterhalt, Gewährung von **833** 68 f, 71, 74
    Kostentragung **833** 69, 74 ff
  Verlustrisiko **833** 69, 77, 105
  Verrichtungen am Tier, Vornahme von **833** 83 ff
  Versicherung des Tieres **833** 69, 78
    Halterhaftpflichtversicherung **833** 79
    Sachversicherung **833** 79
  Versorgung, tatsächliche **833** 74
  Zugelaufene Tiere **833** 107 f
Tierhalterhaftung
  Aufsichtsführung **834** 7 f
  Billigkeitshaftung **833** 113
  Entlastungsbeweis **833** 146, 148 ff
  Gefährdungshaftung **833** 2, 5, 28
  Gefälligkeitsüberlassung **833** 189, 191
  Gesamtschuldnerische Haftung **833** 207 ff
    Bahn/Tier, Zusammenwirken **833** 210

Tierhalterhaftung (Forts)
　Energieanlage/Tier, Zusammen-
　　wirken **833** 210
　Gefährdungshaftung **833** 211
　Kraftfahrzeug/Tier, Zusammen-
　　wirken **833** 209, 211
　Luftfahrzeug/Tier, Zusammen-
　　wirken **833** 210
　Tierhüter **834** 26
　Unerlaubte Handlung eines
　　Dritten **833** 208
　Haftungsausschluss, vertraglicher
　　833 188, 195
　Handeln auf eigene Gefahr **833** 189, 192
　Kausalität **833** 23 ff, 51, 187
　　Mittelbare **833** 24, 63
　　Potentielle **830** 89
　Luxustiere **833** 5, 41
　Mitverschulden des Geschädigten **833** 49,
　　64, 66, 171, 188, 197 ff
　　Annäherung ans Tier **833** 188, 204
　　Nichtbeachtung Warnschild **833** 168
　　Tiergefahr des verletzten
　　　Tieres **833** 205 f
　　Verhaltensfehler **833** 198 ff
　　– Tierbedrohung, Abwehr **833** 202
　　– Tiereinwirkungen, unzureichende
　　　Vorsorge **833** 203
　　– Umgang mit dem Tier **833** 201
　　– Verletzungsträchtigkeit des Tieres,
　　　gesteigerte **833** 200
　Nutztiere **833** 6 f, 117 ff
　　Entlastungsbeweis **833** 146, 148 ff
　　– Sorgfaltsanforderungen **833** 147
　Rechtswidrigkeit **833** 27
　Risikoverteilung, vertragliche **833** 188,
　　193 f
　Schäden, ersatzfähige **833** 21 f
　Schreckreaktion, menschliche **833** 26
　Schutzbereich, persönlicher **833** 188 ff
　　Notwendigkeit, soziale **833** 189 f
　　Zwang, sozialer **833** 189 f
　Tiergefahr
　　s dort
　Tierhalter
　　s dort
　Tierhüter, Verantwortlichkeit gegenüber
　　834 28
　Tierhüterbestellung **834** 26
　Verschulden **833** 147
　Wildschäden **835** 24
Tierhüter
　Aufsichtsführung über ein Tier **834** 7 f
　　Weiterübertragung **834** 8, 29
　Begriff **834** 1, 5 ff, 19
　Haftung
　　s Tierhüterhaftung
　Selbständigkeit **834** 17, 19 ff

Tierhüterhaftung
　Aufsichtspflichten, gesetzliche **834** 10,
　　15, 17
　Beaufsichtigung des Tieres **834** 7 f
　Entlastungsbeweis **833** 152; **834** 23 ff
　Gesamtschuldnerische Haftung **834** 26
　Kausalitätsvermutung **834** 2
　Regress des Tierhalters **834** 26
　Tierhalter, Verantwortlichkeit gegenüber
　　834 27
　Tierhüter
　　s dort
　Übernahmevertrag **834** 9 ff
　　Aufsichtsübernahme, tatsäch-
　　　liche **834** 13
　　Vertragsschluss **834** 11
　　– Rechtsbindungswille **834** 12
　　– Stillschweigender **834** 14
　　– Wirksamkeit **834** 12
　Übernehmerhaftung **834** 1, 3
　Verschulden **834** 1
　Vermutetes **834** 2
Tierpension
　Nutzungsüberlassung innerhalb des Tier-
　　pensionsvertrags **833** 88
　Tierhüter **834** 22
Tierschutzverein
　Tierhaltereigenschaft **833** 108
Tierseuchen
　Haustiere **833** 20
Tiertrainer
　Tierhalter **833** 82, 85
Tierverhalten
　s Tiergefahr
Tiger
　Tierhalterhaftung **833** 13
Tötung eines Menschen
　Tierhalterhaftung **833** 21 f
Tollwut
　Tierhaltereigenschaft **833** 109
Transparenzgebot
　Wildschadensverhütungspauschalen
　　835 17
Trecker
　Überwachungspflicht des Geschäftsherrn
　　831 106
Treibjagd
　Jagdschadenshaftung **831** 66; **835** 29 f, 33
　Beweislast **835** 44
Trümmergrundstücke
　Mitverschulden **836** 60
　Sorgfaltsanforderungen **836** 92
Türsteher
　Verrichtungsgehilfeneigenschaft **831** 66

Überfall
　Mittäterschaft **830** 11

Übernahmevertrag
s a Übernehmerhaftung
Aufsichtsübernahme **832** 29 ff
s a Aufsichtsvertrag
Rechtsbindungswille **831** 125 f; **832** 30, 32 f; **834** 12
Tierhüterhaftung **834** 9 ff
s a dort
Verkehrspflicht, eigene **831** 127 ff
Wirksamkeit **831** 126; **834** 12
Übernehmerhaftung
Allgemeine **831** 124, 126
Arbeitnehmer **831** 129
Aufsichtspersonal **831** 130
Betriebsleiter **831** 130
Chefarzt **831** 129 f
Eigenhaftung des Übernehmers **831** 123 f, 128 f
Entlastungsbeweis **831** 123
Gebäudeunterhaltungspflichtiger **838** 1 ff
Gefälligkeitshalber **831** 125 f
Gesamtschuldnerische Haftung **831** 123
Geschäftsführung ohne Auftrag **831** 125; **834** 16
GmbH-Geschäftsführer **831** 129 f
Kausalitätsvermutung **831** 123 f
Leitende Angestellte **831** 130
Polier **831** 112, 130
Schutzzweck der Norm **831** 126
Selbstbindung **831** 126; **834** 4
Streitverkündung **831** 123
Subunternehmer **831** 129
Tierhüterhaftung **834** 1, 3
s a dort
Übernahmevertrag
s dort
Vermögensschäden **831** 124
Verschuldensvermutung **831** 123 f
Vorarbeiter **831** 130
Werksleiter **831** 130
Überwachungspflicht
Aufsichtspflichtige **832** 90, 92 f, 100, 103
Einzelanweisungen **831** 99
Geschäftsherr **831** 2 f, 9 f, 94, 96 f, 103, 105 ff
Tierhüter **834** 18
Verhaltenspflicht **831** 3
Überwachungssorgfalt
Kraftfahrer **831** 106
s a dort
Verrichtungsgehilfe **831** 105 ff
Überwachungsverschulden
Eigenverschulden des Geschäftsherrn **831** 55
Mitverschulden des Geschädigten **831** 39
Umgangsrecht
Aufsichtspflicht des nicht sorgeberechtigten Elternteils **832** 14
Obhutsaufgaben **832** 14

Umwelthaftungsrecht
Beteiligung mehrerer **830** 74
Unlauterer Wettbewerb
Geschäftsinhaber, Haftung **831** 49
Schadensersatz **831** 49
Unterbringung
Amtshaftung **832** 39
Aufsichtsmaßnahme **832** 95
Zwangsbehandlung **832** 39
Unternehmen
Gemeindliche **831** 66
Staatliche **831** 66
Unternehmer
s a Selbständige
Bauunternehmer
s dort
Erfüllungsgehilfe **831** 24
Verrichtungsgehilfe **831** 60, 66
Unternehmerrisiko
Geschäftsherrnhaftung **831** 133 f
Unterstützungsbeitrag
Mittäterschaft **830** 11
Urheberrechtsverletzung
Gehilfenhaftung **830** 48
Geschäftsinhaber, Haftung **831** 49
Schadensersatz **831** 49
Urheberzweifel
Kausalität, alternative **830** 67
USA
Unternehmerhaftung **831** 134

Verabredung zu unerlaubter Handlung
Rücktritt eines Beteiligten **830** 62
Veräußerung
Tierhaltereigenschaft **833** 105
Verbot
Aufsichtsmaßnahme **832** 90
Überwachung **832** 90
Verein, eingetragener
Haftung **831** 66
Tierhaltereigenschaft **833** 86, 124 f
Verrichtungsgehilfeneigenschaft der Mitglieder **831** 66
Verein, nicht rechtsfähiger
Verfassungsmäßig berufener Vertreter, Haftung **831** 42
Vereinsvormund
Aufsichtspflicht **832** 47
Verfassungsmäßig berufener Vertreter
Organhaftung **831** 42
Verfrachter
Haftung **831** 44
Vergnügungsstätten
Gebäudehaftung **836** 91
Verhalten, ordnungsgemäßes
s Ordnungsgemäßes Verhalten
Verhaltensauffälligkeiten
Aufsichtsbedürftige **832** 59, 64

Verhaltensforschung
Tiergefahr **833** 35, 62
Verjährung
Deliktische Ansprüche **831** 35 f
Hemmung **831** 35
Vertragliche Ansprüche **831** 35 f
Verkehrsberuhigte Zone
Aufsichtspflicht **832** 61, 97
Verkehrserziehung
Aufsichtsmaßnahmen **832** 101 f
Darlegungslast **832** 145
Verkehrspflicht
Übernehmerhaftung
s dort
Verhaltenspflicht **831** 3, 56
Verkehrspflichtverletzung
Anstiftung **830** 31
Übernehmerhaftung **831** 123 f
Verkehrsrichtiges Verhalten
Beweislast **831** 77
Rechtfertigungsgrund **831** 76 f, 116, 118 f
Verkehrssicherungspflichten
Allgemeine **831** 9, 27; **832** 163; **835** 22, 34; **836** 1, 11, 26, 42, 45, 50 f, 104
Aufsichtspflicht **832** 2
Aufsichtsübernahme, tatsächliche **832** 41, 160 f
Beaufsichtigungspflicht **832** 159
Beweislastverteilung **831** 18; **836** 3
Delegierung **831** 9
Eigentum **831** 12
Gebäudehaftung **836** 1 f, 7, 11, 42 f, 45, 83, 98, 104
Erbe **836** 64 f
Gefahrenquellen **831** 9
s a dort
Gemeinde **831** 66
Geschäftsherrnpflichten **831** 2 f, 5, 9
Gewerbebetrieb, gefährlicher **831** 12
Hauseigentümer **836** 26
Dachlawine **836** 26
Jagd **835** 33
Organisationspflichten **831** 9 ff
s a dort
Pflichtverletzung durch mehrere Beteiligte **830** 118
Streupflicht **831** 9, 106
Überwachungspflichten **831** 106
Verkehrsunfall
s a Straßenverkehr
Auffahrunfall **830** 118
Ausweichen **832** 175
Folgeschadensfälle **830** 91 ff
Gestellter **830** 26
Höhere Gewalt **832** 175
Massenkarambolage **830** 107
Tiergefahr **833** 49 f
Unfallhergang, unaufklärbarer **831** 118
Wildwechsel **835** 7

Verleger
Aufsichtspflichtverletzung **831** 66
Geschäftsherrnhaftung **831** 66
Restaurantführer **831** 66
Vermögensinteressen
Geschäftsherr, Ersatzpflicht **831** 2
Vermögensschaden
Erfüllungsgehilfenhaftung **831** 24
Gebäudehaftung **836** 55
Geschäftsherrnhaftung **831** 10
Übernehmerhaftung **831** 124
Vermögensstraftat
Geschäftsherr, Ersatzpflicht **831**, 2, 12
Verrichtungsgehilfen
Approbation **831** 103
Arbeitnehmer **831** 15
Freistellungsanspruch **831** 15
Regressanspruch **831** 15
Ausführung der Verrichtung **831** 79 ff
Anlass der Ausführung
s Gelegenheit der Ausführung, Handeln bei
Aufgabenkreis **831** 80 ff
Gelegenheit der Ausführung, Handeln bei **831** 81 f, 87
– Vorsätzliche Handlungen **831** 83
Mitnahme betriebsfremder Personen **831** 91
Schwarzfahrt **831** 88 ff
Zusammenhang, innerer **831** 80 ff, 86 f
Befähigungsnachweis, amtlicher **831** 103
Begriff **831** 59 ff
Bestellung durch Geschäftsherrn **831** 55 f, 63
Bewährung **831** 98 f
Deliktsfähigkeit **831** 4
Eigenhaftung **831** 13
Eignung **831** 102 f
Charakterliche **831** 103
Fortbestehende **831** 105
Eignungsprüfung **831** 103
Einstellung **831** 95, 97 f, 101 f
Bewerberauswahl **831** 95, 102
Führerschein **831** 89, 99, 103, 106
Führungszeugnis, polizeiliches **831** 103
Gehilfenverhalten **831** 40
Gesamtschuldnerische Haftung **831** 13
Geschäftsherrnhaftung
s dort
Haftung für
s Geschäftsherrnhaftung
Haftungsprivilegierung **831** 15a
Handlungsunfähigkeit **831** 4
Mehrere **831** 100
Mitverschulden **831** 39
Personalakten **831** 103
Qualifikation **831** 102

Verrichtungsgehilfen (Forts)
Rechtswidrigkeit des Gehilfenhandelns
    831 68 ff
    s a Widerrechtlichkeit
Regress des Geschäftsherrn 831 14
Sachkunde 831 94, 103
Schadenszufügung durch Verrichtungs-
    gehilfen 831 55
Schutzgesetzverletzung 831 2
Straftaten 831 83 f
Tätigkeit, Art der 831 105
Unerlaubte Handlung 831 4
    Rechtswidrigkeit 831 4
Unzuverlässigkeit 831 99
Verhalten 831 40
Verkehrsrichtiges Verhalten 831 116
Verschulden 831 4, 39, 55, 68, 72, 75
Verschuldensfähigkeit 831 39
Vorstrafen 831 97, 103
Weisungsgebundenheit 831 24, 56 f, 59 f
Zeugnisse 831 103
Zwischengehilfe 831 100, 121 f
Verrichtungsgehilfenhaftung
    s Geschäftsherrnhaftung
Verschulden, vermutetes
Beteiligung mehrerer 830 72
Geschäftsherrnhaftung 831 5 ff, 10, 38
    Mitwirkendes Verschulden des
        Verletzten 831 40
Verschuldensprinzip
Geschäftsherr, Ersatzpflicht 831 1, 6
Kausalität 830 14
Versendungskauf
Tierhaltereigenschaft 833 105
Versicherungsvertrag
Beteiligung mehrerer 830 99
Legalzession, Haftungskürzung bei
    832 171
Versuchstiere
Haustiereigenschaft 833 121
Vertrag mit Schutzwirkung zugunsten Dritter
Arbeitsvertrag 831 33
Geschäftsherrnhaftung, Reform 831 133 f
Gläubigernähe 831 32
Haftungsgrund 831 31
Leistungsnähe 831 32
Mietvertrag 831 33
Schuldverhältnis, vertragsähnliches
    gesetzliches 831 30 f
Schutzbedürftigkeit des Dritten 831 32
Schutzwirkung 831 31
Werkvertrag 831 33
Vertragsähnliche Haftung
Anspruchskonkurrenz 831 35
Erfüllungsgehilfen, Haftung für 831 23
Vertragshaftung
Anspruchskonkurrenz 831 35, 37; 832 163
Beteiligung mehrerer 830 77
Beweiserleichterung 831 24

Vertragshaftung (Forts)
culpa in contrahendo
    s dort
Einwirkungsmöglichkeit auf Rechtsgüter
    des Vertragspartners, erhöhte 831 23
Erfüllungsgehilfen, Haftung für 831 23 f
Freizeichnung 831 37
Gläubigerinteresse 831 24
Inanspruchnahme gewährten Vertrauens
    831 23
Integritätsschutz 831 26, 30, 35
Nebenpflichten 831 27, 31, 37
    s a Positive Forderungsverletzung
Obhutspflichten 831 28, 35
Vertrag mit Schutzwirkung zugunsten
    Dritter
    s dort
Wildschaden 835 20
Vertragsverhältnis
Faktisches 831 34
Vertragsverhandlungen, Verschulden bei
    s culpa in contrahendo
Vertreter, verfassungsmäßig berufene
    s Körperschaft
Verursachung
    s Schadensverursachung
Verursachungshaftung
Geschäftsherr 831 5
Verursachungsprinzip
Schadensersatz 830 1
Verwahrungsvertrag
Tier, Leistungen an/mit 833 103
Verwaltungsgebäude
Gebäudehaftung 836 91
Verwandte
Aufsichtsübernahme 832 34 f
Vieh
Schlachtvieh 833 130, 179
Weidevieh 833 118, 149, 160, 172 ff, 182
Viehhändler
Tierhalter 833 96
Nutztierhaltung 833 130
Viehkommissionär
Tierhüter 834 22
Viehtrieb
Straßenverkehr 833 177 f
Viren
Tierbegriff 833 8 ff
Tiergefahr 833 12
Tierhalterhaftung 833 9 f
Volljährige
Aufsichtsbedürftigkeit 832 1, 10, 27
Kinder, geisteskranke volljährige 832 24
Betreuung 832 10, 24 ff
Verhaltensauffälligkeiten 832 59
Vormund
Amtsvormund 832 166
Aufsichtspflicht 832 16, 19, 167
Mehrere Aufsichtsbedürftige 832 47

Vormund (Forts)
  Ruhen **832** 19
  Vereinsvormund **832** 47
  Gegenvormund **832** 17
  Legalobligationen **831** 23
Vorrichtungen
  Beschaffungspflicht **831** 108 ff
  Betriebseinrichtungen **831** 111
  Hilfsmittel, sachliche **831** 111
Vorsatz
  Anstifter **830** 46
  Gehilfe **830** 46
  Haftungsbeschränkung **831** 36
  Mittäterschaft **830** 12
  Schadensteilung zu Lasten des Geschädigten **831** 40
Vorstandsmitglied
  Organhaftung **831** 42
Vorstrafen
  Zuverlässigkeitsprüfung **831** 103
Vorverfahren
  Jagdschadenshaftung **835** 42
  Wildschadenshaftung **835** 21, 42

Wachhunde
  Gefährliche Hunde **833** 168
  Tierhalter **833** 86
Waffen
  Aufsichtspflicht **832** 58, 107, 111, 162; **835** 33
Wanderwege
  Werkeigenschaft **836** 20
Warenterminoptionsgeschäft
  Mittäterschaft **830** 26
Warschauer Abkommen
  s Luftfrachtführer
Wasserhaushaltsrecht
  Anlagenhaftung **831** 52
  Beteiligung mehrerer **830** 74
Wasserrohrbruch
  Gebäudehaftung **836** 2
Weidevieh
  Haustiereigenschaft **833** 118
  Weidesicherung **833** 160, 172 ff, 182
  Almen **833** 175
  Aufsichtsmaßnahmen **833** 149
Weinberge
  Wildschadensersatz **835** 19
Weisungsgebundenheit
  Abhängigkeit, soziale **831** 57
  Organisationssphäre **831** 56 f
  Verrichtungsgehilfe **831** 56 ff
  Weisungsbindung **831** 57 f
  Weisungsrecht **831** 58
Wellensittiche
  Haustiereigenschaft **833** 119
Werk
  s Gebäudehaftung

Werkvertrag
  Obhutspflichten **831** 28
  Tier, Leistungen an/mit **833** 103
  Vertrag mit Schutzwirkung zugunsten Dritter **831** 33
  Vertragshaftung **831** 29
  Weisungsgebundenheit des Werkunternehmers **831** 60
Werkzeug
  s Gerätschaften
Widerrechtlichkeit
  s a Rechtswidrigkeit
  Begriff **831** 67
  Erfolgsunrecht **831** 68 f, 71 ff, 78
    Indizwirkung des Verletzungserfolgs **831** 69, 78
    – Mittelbare Rechtsgutverletzung **831** 69, 78
    – Unmittelbare Rechtsgutverletzung **831** 78
  Rechtfertigungsgrund **831** 69
  Verkehrsrichtiges Verhalten **831** 77
  Handlungsunrecht **831** 68, 70 ff, 74, 78
  Verkehrsrichtiges Verhalten **831** 77
Wild
  Aussetzen **835** 22
  Bejagung, unzureichende **835** 22
  Schadwild **835** 5, 41
  Schalenwild **835** 4 f
    Fütterung **835** 22
  Tiere, halterlose **833** 67; **835** 24
  Trophäenzucht **835** 22
  Wildmast **835** 22
  Wildschadenshaftung
    s dort
Wildgehege
  Schadensersatzpflicht **835** 12
Wildkaninchen
  Wildschadensersatz **835** 5, 19, 22
Wildschadenshaftung
  s a Jagdschadenshaftung
  Abschussplanung **835** 22, 25
  Anmeldung **835** 21, 41
    Beweislast **835** 44
    Frist **835** 41
  Aufopferungshaftung **835** 3, 22
  Begriff **835** 4, 22
  Beteiligte **830** 78
  Deliktshaftung **835** 21 f
    Schutzgesetzverletzung **835** 23
  Ersatzberechtigung **835** 13
  Ersatzpflicht **835** 1 ff, 14 ff
    Gewinn, entgangener **835** 14
    Grundstücksbeschädigung **835** 6
    – Bewuchs **835** 6
    – Eigenjagdbezirk **835** 10 f
    – Erzeugnisse des Grundstücks **835** 6, 14
    – Grundstücksnutzung **835** 6

Wildschadenshaftung (Forts)
  – Jagdbezirk, gemeinschaftlicher **835** 9
  Schaden **835** 14
  Wildarten **835** 5, 22
  Gefährdungshaftung **835** 3,
  Haftungsausschluss **835** 18 f
  Haftungserweiterung **835** 20
  Haftungsminderung **835** 18
  Hege, übermäßige **835** 22
  Mitverschulden **835** 18 f
  Notstand **835** 1
  Rechtsmissbrauch **835** 18
  Rechtsweg **835** 42
  Schadwild **835** 5, 41
  Schutzvorrichtungen **835** 18 f
  Tierhalterhaftung **835** 24
  Tragbarkeitsgrenze **835** 4
  Verkehrsunfall **835** 7
  Vertragliche **835** 20
  Vorverfahren **835** 21, 42
    Vorbescheid **835** 42
  Wilddichte **835** 3 f
  Wildgehege **835** 12
  Wildschadensgefahr, erhöhte **835** 19
  Wildschadensklauseln
    s dort
  Zuständigkeit, sachliche **835** 43
Wildschadensklauseln
  Inhaltskontrolle **835** 15 ff
    Wildschadensverhütungs-
    pauschale **835** 16 f
Wildschweine
  s Schwarzwild
Wildwechsel
  s Straßenverkehr
Wisente
  Wildschadensersatz **835** 5

Zäune
  Werkeigenschaft **836** 19
Zelte
  Werkeigenschaft **836** 19

Zeltlager
  Aufsichtsübernahme **832** 39
Zirkuszelt
  Werkeigenschaft **836** 19
Zootiere
  Haustiereigenschaft **833** 121
Zuchtvieh
  Nutztiereigenschaft **833** 130
Zündeln
  Aufsichtspflicht **832** 69, 73 f, 109 f
    Zündelneigung **832** 64, 66, 69, 82, 93,
    109 f
Zugtiere
  s a Pferde
  Nutztiereigenschaft **833** 7, 86, 130
  Straßenverkehr **833** 156 f
Zusammenwirken
  Beweislastumkehr **830** 4
  Delikt, fahrlässiges **830** 16
  Schadensverursachung **830** 2 f
Zuverlässigkeitsprüfung
  Alkoholkonsum **831** 103
  Kraftfahrer **831** 103
  Vorstrafen **831** 103
Zwangsbehandlung
  Amtshaftung **832** 39
Zweistufenaufsicht
  Überwachung durch Hilfspersonen **831** 85;
    832 164
Zweitschädiger
  Verkehrsunfall **830** 81 ff
Zwischengehilfe
  Auswahlüberwachung **831** 100
  Entlastungsbeweis, dezentraler **831** 121 f
  Gehilfenüberlassung **831** 65

J. von Staudingers
Kommentar zum Bürgerlichen Gesetzbuch
mit Einführungsgesetz und Nebengesetzen

Übersicht vom 1. Mai 2008
Die Übersicht informiert über die Erscheinungsjahre der Kommentierungen in der 13. Bearbeitung und deren Neubearbeitungen (= Gesamtwerk STAUDINGER). *Kursiv* geschriebene sind die geplanten Erscheinungsjahre.

Die Übersicht ist für die 13. Bearbeitung und für deren Neubearbeitungen zugleich ein Vorschlag für das Aufstellen des „Gesamtwerk STAUDINGER" (insbesondere für solche Bände, die nur eine Sachbezeichnung haben). Es wird empfohlen, die Austauschbände chronologisch neben den überholten Bänden einzusortieren, um bei Querverweisungen auf diese schnell Zugriff zu haben. Bei Platzmangel sollten die ausgetauschten Bände an anderem Ort in gleicher Reihenfolge verwahrt werden.

	13. Bearb.	Neubearbeitungen	
Buch 1. Allgemeiner Teil			
Einl BGB; §§ 1–12; VerschG	1995		
Einl BGB; §§ 1–14; VerschG		2004	
§§ 21–79		2005	
§§ 21–89; 90–103 (1995)	1995		
§§ 90–103 (2004); 104–133; BeurkG	2004	2004	
§§ 134–163	1996	2003	
§§ 164–240	1995	2001	2004
Buch 2. Recht der Schuldverhältnisse			
§§ 241–243	1995	2005	
§§ 244–248	1997		
§§ 249–254	1998	2005	
§§ 255–292	1995		
§§ 293–327	1995		
§§ 255–314		2001	
§§ 255–304			2004
AGBG	1998		
§§ 305–310; UKlaG		2006	
§§ 311, 311a, 312, 312a–f			2005
§§ 311b, 311c			2006
§§ 315–327		2001	
§§ 315–326			2004
§§ 328–361	1995		
§§ 328–361b		2001	
§§ 328–359			2004
§§ 362–396	1995	2000	2006
§§ 397–432	1999	2005	
§§ 433–534	1995		
§§ 433–487; Leasing		2004	
Wiener UN-Kaufrecht (CISG)	1994	1999	2005
§§ 488–490; 607–609		*2008*	
VerbrKrG; HWiG; § 13a UWG	1998		
VerbrKrG; HWiG; § 13a UWG; TzWrG		2001	
§§ 491–507			2004
§§ 516–534		2005	
§§ 535–563 (Mietrecht 1)	1995		
§§ 564–580a (Mietrecht 2)	1997		
2. WKSchG; MÜG (Mietrecht 3)	1997		
§§ 535–562d (Mietrecht 1)		2003	2006
§§ 563–580a (Mietrecht 2)		2003	2006
§§ 581–606	1996	2005	
§§ 607–610	./.		
§§ 611–615	1999	2005	
§§ 616–619	1997		
§§ 620–630	1995		
§§ 616–630		2002	
§§ 631–651	1994	2000	2003
§§ 651a–651l	2001		
§§ 651a–651m		2003	
§§ 652–704	1995		
§§ 652–656		2003	
§§ 657–704		2006	
§§ 705–740	2003		
§§ 741–764	1996	2002	
§§ 765–778	1997		
§§ 779–811	1997	2002	
§§ 812–822	1994	1999	2007
§§ 823–825	1999		
§§ 826–829; ProdHaftG	1998	2003	
§§ 830–838	1997	2002	2008
§§ 839, 839a	2002	2007	
§§ 840–853	2002	2007	
Buch 3. Sachenrecht			
§§ 854–882	1995	2000	2007
§§ 883–902	1996	2002	

	13. Bearb.	Neubearbeitungen		
§§ 903–924; UmweltHaftR	1996			
§§ 903–924		2002		
UmweltHaftR		2002		
§§ 925–984; Anh §§ 929 ff	1995	2004		
§§ 985–1011	1993	1999	2006	
ErbbVO; §§ 1018–1112	1994	2002		
§§ 1113–1203	1996	2002		
§§ 1204–1296; §§ 1–84 SchiffsRG	1997	2002		
§§ 1–64 WEG	2005			

Buch 4. Familienrecht

§§ 1297–1320; Anh §§ 1297 ff; §§ 1353–1362	2000	2007		
§§ 1363–1563	1994	2000	2007	
§§ 1564–1568; §§ 1–27 HausratsVO	1999	2004		
§§ 1569–1586b	2010			
§§ 1587–1588; VAHRG	1998	2004		
§§ 1589–1600o	1997			
§§ 1589–1600e		2000	2004	
§§ 1601–1615o	1997	2000		
§§ 1616–1625	2000	2007		
§§ 1626–1633; §§ 1–11 RKEG	2002	2007		
§§ 1638–1683	2000	2004		
§§ 1684–1717	2000	2006		
§§ 1741–1772	2001	2007		
§§ 1773–1895; Anh §§ 1773–1895 (KJHG)	1999	2004		
§§ 1896–1921	1999	2006		

Buch 5. Erbrecht

§§ 1922–1966	1994	2000	
§§ 1967–2086	1996		
§§ 1967–2063		2002	
§§ 2064–2196		2003	
§§ 2087–2196	1996		
§§ 2197–2264	1996	2003	
§§ 2265–2338a	1998		
§§ 2265–2338		2006	
§§ 2339–2385	1997	2004	

EGBGB

Einl EGBGB; Art 1, 2, 50–218	1998	2005	
Art 219–222, 230–236	1996		
Art 219–245		2003	

EGBGB/Internationales Privatrecht

Einl IPR; Art 3–6	1996	2003		
Art 7, 9–12	2000			
Art 7, 9–12, 47		2007		
IntGesR	1993	1998		
Art 13–18	1996			
Art 13–17b		2003		
Art 18; Vorbem A + B zu Art 19		2003		
IntVerfREhe	1997	2005		
Kindschaftsrechtl Ü; Art 19	1994			
Art 19–24		2002		
Art 20–24	1996			
Art 25, 26	1995	2000	2007	
Art 27–37	2002			
Art 38	1998			
Art 38–42		2001		
IntWirtschR	2000	2006		
IntSachenR	1996			

Vorläufiges Abkürzungsverzeichnis	1993			
Das Schuldrechtsmodernisierungsgesetz	2002	2002		
Eckpfeiler des Zivilrechts		2005		
BGB-Synopse 1896–1998	1998			
BGB-Synopse 1896–2000		2000		
BGB-Synopse 1896–2005			2006	
100 Jahre BGB – 100 Jahre Staudinger (Tagungsband 1998)	1999			

Demnächst erscheinen

§§ 1922–1966	1994	2000	2008	
Eckpfeiler des Zivilrechts		2005	2008	
§§ 883–902	1996	2002	2008	
§§ 823 E–I, 824, 825	1999	2008		
LebenspartnerschaftsG		2008		

Dr. Arthur L. Sellier & Co. KG – Walter de Gruyter GmbH & Co. KG oHG, Berlin
Postfach 30 34 21, D-10728 Berlin, Telefon (030) 2 60 05-0, Fax (030) 2 60 05-222

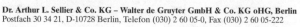